W0410832

Avertissement

La Grèce traverse encore une crise économique d'une ampleur sans précédent. Depuis mai 2010, des mesures d'austérité visant à renflouer les caisses de l'Etat ont été votées les unes après les autres : baisse des salaires et des retraites, augmentation des impôts, multiplication de taxes diverses, flexibilité des contrats de travail... Cette « cure » subie par la population a eu comme résultat la fermeture de très nombreux commerces à travers le pays. Malgré notre vigilance, nous espérons que tous les établissements contactés et cités dans ce guide seront toujours ouverts à l'été 2020.

DODÉCANÈSE

ÉDITION
Directeurs de collection et auteurs : Dominique AUZIAS et Jean-Paul LABOURDETTE
Auteurs : Céline CHAUDEAU-JURY, Joseph VANILLA, Pauline BOYER, Jean-Paul LABOURDETTE, Dominique AUZIAS et alter
Directeur Editorial : Stéphan SZEREMETA
Rédaction Monde : Caroline MICHELOT, Morgane VESLIN, Pierre-Yves SOUCHET, Jimmy POSTOLLEC, Elvane SAHIN, Natalia COLLIER
Rédaction France : Elisabeth COL, Tony DE SOUSA, Mélanie COTTARD, Sandrine VERDUGIER

FABRICATION
Responsable Studio : Sophie LECHERTIER assistée de Romain AUDREN
Maquette et Montage : Julie BORDES, Sandrine MECKING, Delphine PAGANO, Laurie PILLOIS
Iconographie et Cartographie : Anne DIOT assistée de Julien DOUCET

WEB ET NUMÉRIQUE
Directeur Web : Louis GENEAU de LAMARLIERE
Chef de projet et développeurs : Nicolas de GUENIN, Adeline CAUX, Kiril PAVELEK
Intégrateur Web : Mickael LATTES
Webdesigner : Caroline LAFFAITEUR
Community Traffic Manager : Alice BARBIER, Mariana BURLAMAQUI

DIRECTION COMMERCIALE
Directeur commercial : Guillaume VORBURGER assisté de Manon GUERIN
Responsable Régies locales : Michel GRANSEIGNE
Gestion commerciale : Vimla MEETOO et Assa TRAORE
Chefs de Publicité Régie nationale : Caroline AUBRY, François BRIANCON-MARJOLLET, Perrine DE CARNE MARCEIN, Caroline PREAU
Chefs de Publicité Régie internationale : Jean-Marc FARAGUET, Guillaume LABOUREUR, Camille ESMIEU assistés de Claire BEDON
Régie ÎLES GRECQUES : Nicolas JACQUES **avec la collaboration de** GUILLERMOU Maurin

DIFFUSION ET PROMOTION
Directrice des Ventes : Bénédicte MOULET assistée d'Aissatou DIOP, Marianne LABASTIE, Sidonie COLLET
Responsable des Ventes : Jean-Pierre GHEZ assisté de Nelly BRION
Relations Presse-Partenariats : Jean-Mary MARCHAL

ADMINISTRATION
Président : Jean-Paul LABOURDETTE
Directrice des Ressources Humaines : Dina BOURDEAU assistée de Sandra MORAIS et Eva BAELEN
Directrice Administrative et Financière : Valérie DECOTTIGNIES
Comptabilité : Jeannine DEMIRDJIAN, Adrien PRIGENT et Faiza ALILI
Recouvrement : Fabien BONNAN assisté de Sandra BRIJLALL et Vinoth SAGUERRE
Responsable informatique : Adam M'RAH
Standard : Assa TRAORE

■ PETIT FUTÉ ÎLES GRECQUES 2020 ■
LES NOUVELLES ÉDITIONS DE L'UNIVERSITÉ
18, rue des Volontaires - 75015 Paris.
✆ 01 53 69 70 00 - Fax 01 42 73 15 24
Internet : www.petitfute.com
SAS au capital de 1 000 000 €
RC PARIS B 309 769 966
Couverture : Iles grecques - Oia à Santorin © Netfalls
Impression : IMPRIMERIE CHIRAT - 42540 Saint-Just-la-Pendue
Achevé d'imprimer : décembre 2019
Dépôt légal : 08/01/2020
ISBN : 9782305026572

Pour nous contacter par email, indiquez le nom de famille en minuscule suivi de @petitfute.com
Pour le courrier des lecteurs : info@petitfute.com

BIENVENUE DANS LES ÎLES GRECQUES !

« Sans qu[e l'homme] en prenne conscience, la mer Égée dit et redit sans cesse, depuis des milliers d'années, par la bouche du clapotis de ses vagues, sur l'immense étendue de ses côtes : voilà qui tu es ! »

- L'espace de l'Egée, Odysseas Elytis

Le voyageur qui aura succombé au chant des sirènes grecques n'aura que l'embarras du choix pour se découvrir lui-même. Non seulement sur les bords de la mer Egée, la plus emblématique des mers grecques, mais également sur les rives de la mer Ionienne, trop souvent oubliée. Entre croissants de sable qui s'étendent sur des kilomètres et petites criques de galets cachées, les terres insulaires de Grèce invitent évidemment au farniente. Mais ces îles sont également le berceau de certaines des plus anciennes civilisations européennes et se sont enrichies de mille influences à travers une histoire tourmentée. On ne se lasse pas de leurs paysages variés, ni d'un certain regard sur la vie qui s'y épanouit dans un rythme cadencé par le soleil et la mer. La devise des Grecs est de ne rien précipiter, de prendre les choses tranquillement, dans une relation au temps inégalée. Etudiez la façon particulière qu'ont les hommes de s'asseoir sur les terrasses, et vous verrez que trois chaises sont plus confortables qu'une seule. Sortez goûter l'air vespéral sous la tonnelle d'une petite taverne aux arômes d'origan et prolongez votre soirée aux sons enivrants d'un bouzouki arrosé d'ouzo... En bref, prenez le temps de vivre et vous serez étonné de constater que nous avons tous quelque chose de grec en nous. Les Cyclades, le Dodécanèse, les îles Saroniques, les îles Ioniennes, les Sporades et les îles du nord Egée sont là pour vous le prouver.

L'équipe de rédaction

PEFC™
10-31-1895
Certifié PEFC
Ce produit est issu de forêts gérées durablement et de sources contrôlées.
pefc-france.org

IMPRIMÉ EN FRANCE

SOMMAIRE

INVITATION AU VOYAGE

DÉCOUVERTE

ATHÈNES ET L'ATTIQUE

ÎLES SARONIQUES

ÎLE D'EUBÉE ET LES SPORADES

CYCLADES

ÎLES DU NORD DE L'ÉGÉE

ÎLES IONIENNES

PENSE FUTÉ

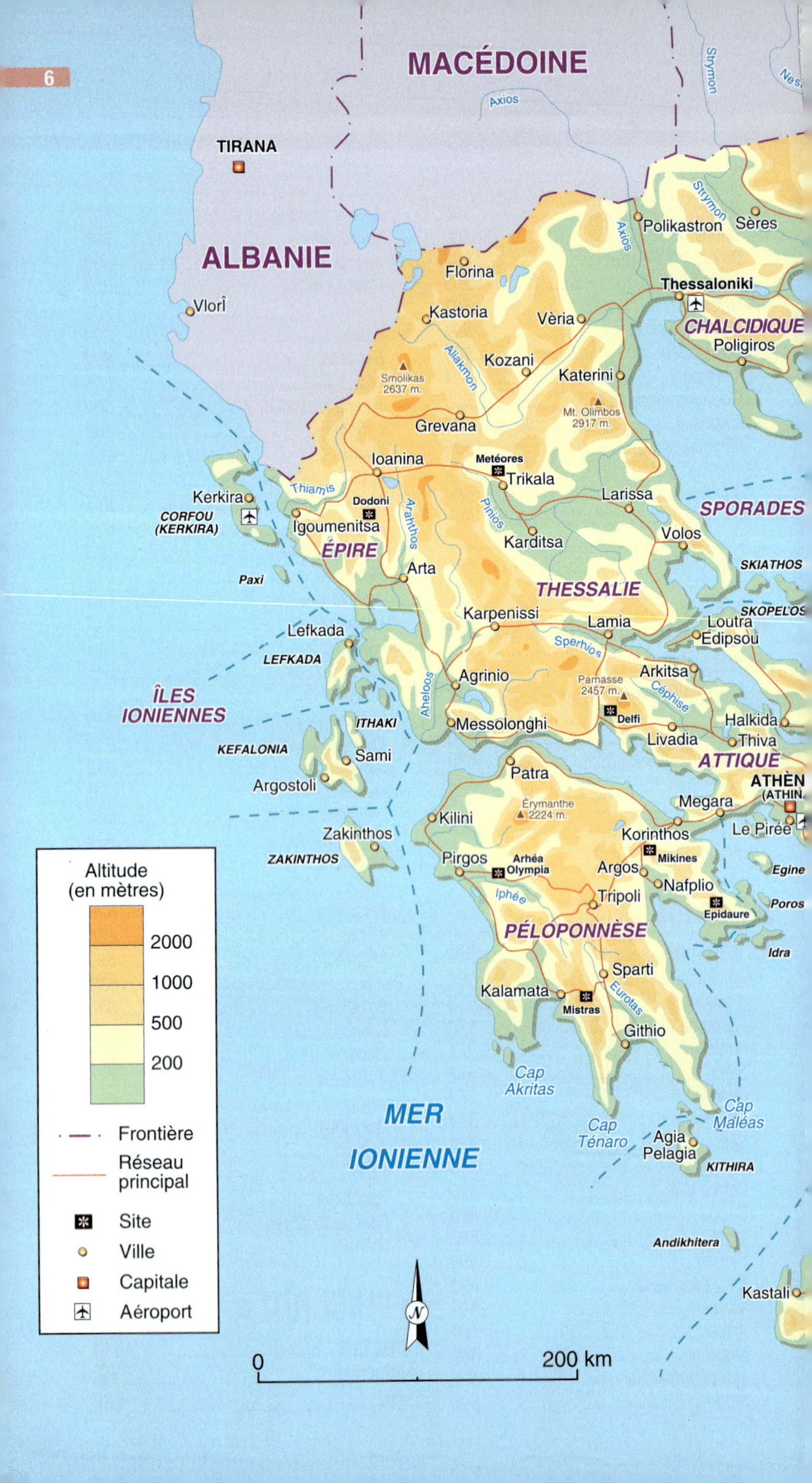
MACÉDOINE
ALBANIE
TIRANA
Vlorî
Axios
Strymon
Polikastron
Sères
Florina
Thessaloniki
Kastoria
Vèria
CHALCIDIQUE
Poligiros
Aliakmon
Kozani
Katerini
Smolikas 2637 m.
Mt. Olimbos 2917 m.
Grevana
Ioanina
Metéores
Trikala
Thiamis
Kerkira
CORFOU (KERKIRA)
Dodoni
Igoumenitsa
Arahthos
Pinios
Larissa
SPORADES
Karditsa
Volos
ÉPIRE
SKIATHOS
Paxi
Arta
THESSALIE
SKOPELOS
Karpenissi
Lamia
Loutra Édipsou
Lefkada
LEFKADA
Sperhios
Agrinio
Arkitsa
ÎLES IONIENNES
Aheloos
Parnasse 2457 m.
Céphise
Delfi
Halkida
ITHAKI
Messolonghi
Livadia
Thiva
KEFALONIA
Sami
ATTIQUE
Argostoli
Patra
Érymanthe 2224 m.
Megara
Kilini
Korinthos
Le Pirée
Zakinthos
ZAKINTHOS
Pirgos
Arhéa Olympia
Mikines
Argos
Egine
Nafplio
Iphée
Tripoli
Epidaure
Poros
PÉLOPONNÈSE
Idra
Sparti
Kalamata
Mistras
Eurotas
Githio
Cap Akritas
MER IONIENNE
Cap Ténaro
Agia Pelagia
Cap Maléas
KITHIRA
Andikhitera
Kastali
N
0
200 km
Altitude (en mètres)
2000
1000
500
200
Frontière
Réseau principal
Site
Ville
Capitale
Aéroport

BULGARIE
TURQUIE
Orestia
Evros
Nestos
Istanbul
Philippes
Xanthi
Komotini
Souflion
Drama
Kavala
MER DE MARMARA
Alexandroupoli
Thassos
THASSOS
Bandirma
SAMOTHRACE
Karya
LIMNOS
GÖKÇEADA
Mirina
BOZCAADA
AGIOS EFSTRATIOS
Edremit
Jiura
ALONNISSOS
LESBOS
Mitilini
SKIROS
TURQUIE
MER ÉGÉE
Kimi
PSARA
Izmir
Chios
CHIOS
EUBÉE (EVIA)
Karistos
Kusadasi
ANDROS
SAMOS
Samos
Lavrio
KEA
TINOS
IKARIA
Fourni
Giaros
MIKONOS
Arki
SYROS
Rinia
PATMOS
KITHNOS
NAXOS
PAROS
LEROS
Bodrum
Marmaris
SERIFOS
Kalimnos
SIFNOS
CYCLADES
Kos
AMORGOS
KOS
MILOS
IOS
DODÉCANÈSE
SIMI
Sikinos
Rhodes
Folegandros
TILOS
ANAFI
ASTIPALEA
Sirna
Halki
THIRA
RHODES
Saria
MER DE CRÈTE
KARPATHOS
Karpathos
Hania
Rethymno
Héraklion (Iraklio)
Sitia
KASSOS
2453 m.
Knossos
Idi 2456 m.
Dikti 2148 m.
CRÈTE
Ierapetra

© POKE

Corfou est réputé pour la richesse de ses couleurs.

© IAN WOOLCOCK - SHUTTERSTOCK.COM

Monastère datant du XVe siècle sur le Mont Philerimos à Rhodes.

© IMAGIN.GR PHOTOGRAPHY - SHUTTERSTOCK.COM

Eglise traditionnelles d'Oia, à Santorin.

© LUCIANBOLCA

La plage d'Egremni, longue de 4 kilomètres, sur l'île de Leucade.

LES PLUS DES ÎLES GRECQUES

Des îles variées dont on ne se lasse pas

Rares sont les contrées d'où l'on revient en sachant que l'on y retournera forcément. Les îles grecques font partie de ces endroits où l'on est comme attiré à nouveau, tous les ans. En effet, impossible de se lasser de cette multitude d'archipels, tant chaque île est unique et offre de multiples visages. Mosaïque de paysages et d'ambiances, la découverte des îles grecques semble quasiment inépuisable.

Le climat de l'olivier

Les îles grecques bénéficient d'un climat à dominante méditerranéenne, dit aussi « climat de l'olivier ». On dit que la Grèce a le climat le plus doux du bassin méditerranéen et les îles sont là pour le prouver avec seulement quelques mois par an à éviter (décembre-mars). Ici, le soleil ne vous fera pas faux bond, avec 3 000 heures d'ensoleillement par an environ. Présent partout dès les premiers jours de printemps, il se fait féroce les mois d'été. Heureusement, vous pourrez toujours faire la sieste à l'ombre d'un tamaris.

Une histoire millénaire et un patrimoine culturel unique

Berceau de la civilisation occidentale et de la démocratie, la Grèce a plus d'une histoire à nous raconter. Que ce soit face à des ruines antiques ou sur la terrasse d'un kafeneion, l'histoire est omniprésente et fièrement entretenue par les Grecs qui se feront un plaisir de vous la conter. Le patrimoine historique et artistique des îles grecques est immense : le moindre village regorge de trésors antiques, de chapelles byzantines, de forteresses vénitiennes ou de cavernes cachant des hydres invincibles...

Une terre majestueuse et diversifiée

Les îles grecques offriront au voyageur de nombreuses possibilités de vacances « nature ». Les amoureux de mer et de sports nautiques s'en donneront bien évidemment à cœur joie, mais tous les autres y trouveront aussi leur compte. Ainsi, les amateurs de marche seront ravis. De nombreuses îles sont traversées de sentiers et de chemins balisés. Petit à petit, les îles grecques ont compris qu'il y avait beaucoup à parier sur un tourisme des terres, au-delà d'un simple tourisme balnéaire et les municipalités développent cette activité de plus en plus.

Des plages propres et somptueuses

Bien que les Grecs ne soient pas les rois de la protection de l'environnement, les plages tiennent une place à part dans leur cœur et elles sont régulièrement nettoyées et protégées. De gros efforts ont été fournis pour garantir la propreté des plages grecques et leur qualité s'est considérablement améliorée. D'ailleurs, la grande majorité bénéficie aujourd'hui du fameux pavillon bleu européen, signe que les eaux sont propres et que la gestion environnementale des côtes est correcte. Faut-il repréciser ici que les îles grecques abritent certaines des plus belles plages de Grèce et d'Europe ?

© GIM42 - ISTOCKPHOTO

Nissyros, Nikia.

Un paradis pour les sports nautiques

Les îles grecques ne sont pas les Caraïbes ni la Grande Barrière de corail, certes. Et pourtant, la mer Egée et la mer Ionienne vous réserveront de belles surprises. Vous aurez ainsi l'occasion de pratiquer la plongée sous-marine pour découvrir des épaves et autres curiosités naturelles. Et vous aurez peut-être même la chance de croiser les derniers phoques moines de la Méditerranée. Les surfeurs trouveront leur bonheur à Tinos notamment, tandis que les véliplanchistes iront du côté de Paros, Naxos, Rhodes ou encore Kos, également réputées auprès des amateurs de kitesurf. Enfin, partout on pourra pratiquer la voile.

La fête au quotidien

La Grèce est un pays de fête, cette dernière est en effet ancrée dans la tradition. Toute occasion est bonne pour danser et écouter de la musique en buvant un raki ou un ouzo. Ainsi, même dans les petits villages ou sur les îles isolées, les bars sont régulièrement remplis jusqu'à tard dans la nuit. Sans parler des grandes destinations festives comme Mykonos par exemple. Les traditions religieuses sont également consciencieusement respectées par tous et donnent lieu à de grandes célébrations : mariages, baptêmes, les fêtes de tous les saints patrons... Autant de bonnes occasions pour boire, manger et danser.

Les plaisirs de la table

Poulpe grillé, feuilles de vigne, tsatziki, mais tellement plus encore. A la rencontre de ce peuple à la forte personnalité, vous aurez également l'occasion de goûter des vins originaux – du rouge sirupeux au blanc résiné – et déguster d'excellents mezzés cuisinés sous le patronage de la vénérée huile d'olive. Chaque île apporte aussi son lot d'originalité dans la cuisine grecque traditionnelle et vous ne manquerez pas de goûter aux spécialités locales, comme le vin blanc de Santorin, les fromages de Naxos, les pistaches d'Égine, les vins cuits de Samos ou l'ouzo de Lesbos.

Un pays chaleureux

Les Grecs sont fiers de leur pays, de son histoire riche en anecdotes et en hauts faits qui ont marqué plusieurs générations. C'est sans doute la richesse de ce passé qui a offert aux Grecs ce caractère unique et ce charme qui les caractérisent. Tantôt bourru, tantôt affectueux, c'est dans tous les cas un peuple attachant qui vous étonnera par ses élans de générosité et son hospitalité, parfois déconcertants.

Loin des foules... en juin et septembre

Certes, il faut pouvoir se libérer en dehors des vacances scolaires. Mais heureux seront ceux qui pourront partir en juin ou septembre, loin des foules et lorsque les prix sont encore moitié moins chers qu'en plein mois d'août ! Le printemps, notamment, est une saison idyllique pour les amoureux de marche, car les îles sont alors couvertes de fleurs, chose qui paraît inenvisageable en été. Les amoureux de mer préféreront le mois de septembre, largement ensoleillé et bénéficiant d'eaux chauffées pendant tous les mois de canicule estivale.

Une destination très sûre

Ultime précision qui a son importance : les îles grecques restent parmi les destinations les plus sûres d'Europe. À part une petite délinquance localisée dans les grands centres festifs, on se sent quasiment toujours en sécurité. Les îles sont également une destination idéale pour les femmes seules et les familles.

Patitiri à Alonnisos.

FICHE TECHNIQUE

Argent

L'euro, monnaie adoptée depuis le 1er janvier 2002. Se prononce « èvro » et a sa propre écriture sur le billet : *EYPO*.

- **Petit budget :** de 30 € (en dormant au camping) à 80 € (en logeant en pension basique) par jour, en dînant sur le pouce ou dans les tavernes traditionnelles, en limitant les déplacements inter-îles et en se déplaçant sur place à pied ou au moyen des transports en commun.
- **Moyen budget :** entre 90 et 140 € par jour en dormant dans des pensions ou de petits hôtels de charme, en dînant dans des tavernes traditionnelles avec quelques petits écarts dans des restaurants plus raffinés et en louant une voiture pour vos déplacements.
- **Gros budget :** à partir de 150 € pour se faire plaisir sans compter : hôtel, location de voiture, tavernes et restaurants... tout est possible !

Destination en bref

Le pays

- **Régime politique** : la Grèce est une république démocratique depuis 1974 et la Constitution a été promulguée en 1975.
- **Président de la République** : Prokópis Pavlópoulos a été élu en février 2015 pour un mandat de cinq ans, grâce au soutien d'Aléxis Tsípras, de la Nouvelle démocratie et des Grecs indépendants, avec une majorité écrasante de 233 voix contre 30.
- **Capitale** : Athènes.

La population

- **Langue** : le grec moderne.
- **Religion officielle** : chrétienne orthodoxe.
- **Population** : 10 738 000 habitants (2017).
- **Espérance de vie** : 81 ans.

L'économie grecque (source OCDE)

- **Taux de chômage** : 18,7 % (2018).
- **Taux de chômage chez les moins de 25 ans** : 39,6 %, soit avant-dernier pays de l'OCDE (2018).
- **PIB par habitant** : 23 600 € (2017).
- **Salaire minimum** : 650 € bruts par mois (2019).

Le drapeau grec

Il est composé de neuf bandes horizontales égales, alternativement bleues et blanches. Le coin supérieur gauche du drapeau abrite une croix blanche sur fond bleu évoquant la religion orthodoxe. Le blanc et le bleu, choisis pour emblème pendant la guerre d'indépendance, sont officiellement adoptés par Otton de Bavière en 1833, lorsque celui-ci monte sur le trône de Grèce. Les neuf bandes horizontales correspondent aux neuf syllabes du cri de guerre de l'Indépendance : *Eleutheria i thanatos* signifiant « La liberté ou la mort ».

Téléphone

- **La suppression des frais d'itinérance** des portables en 2017 permet l'usage des portables sans coût supplémentaire dans l'espace communautaire. Faites simplement attention du côté de certaines îles du Dodécanèse ou du nord Egée qui captent le réseau mobile turc : des frais s'appliqueront à cette occasion et peuvent se révéler très onéreux.
- **A Athènes comme dans les îles,** il faut toujours composer l'indicatif, généralement entre parenthèses, quel que soit l'endroit où l'on se trouve. Exemple : pour obtenir le (22290) 68120, parfois encore noté à l'ancienne avec des parenthèses, on compose les dix numéros.
- **Pour appeler la Grèce de l'étranger,** il faut simplement composer les 10 numéros après le 00 et l'indicatif de la Grèce, le 30.
- **Pour appeler l'étranger de la Grèce,** on compose d'abord le 00 pour avoir l'international, puis l'indicatif du pays, par exemple le 33 pour la France, le 1 pour le Canada, le 32 pour la Belgique, le 41 pour la Suisse ou le 352 pour le Luxembourg, et enfin le numéro du destinataire, privé du premier 0.

Inflation (légale) des prix à Pâques

Attention, pour la Pâque orthodoxe, dont la date varie entre avril et mai, les prix augmentent partout dans le pays : de 8 à 10 % selon les établissements. Ne vous en étonnez pas : cC'est une fête aussi importante que Noël et cette hausse est acceptée par tous les Grecs. Pour info, la prochaine Pâque orthodoxe sera fêtée le dimanche 19 avril 2020.

- **Les cabines téléphoniques** ont disparu ou ne fonctionnent plus. Il est plus courant d'acheter une carte SIM pour son téléphone portable si on veut un numéro grec.
- **Les cafés Internet ont presque disparu :** on capte de plus en plus facilement du wifi gratuit sur son ordinateur portable ou son smartphone...

Décalage horaire

Une heure de plus côté grec par rapport à la France métropolitaine.

Formalités

Pour les ressortissants de l'Union européenne, la carte d'identité suffit, ou le passeport. Pour les mineurs non accompagnés, une autorisation de sortie du territoire est exigée (formulaire dans les mairies ou commissariats de police). Il n'est pas demandé de visa pour les ressortissants canadiens si leur séjour est d'une durée inférieure à trois mois. Pour les Suisses, il est nécessaire de pouvoir présenter une carte d'identité ou un passeport en cours de validité.

Climat

On annonce chaque année 3 000 heures de soleil... Concrètement, le climat est très chaud en juillet et août et agréable dès le mois de mai et jusqu'en octobre. Bien sûr, plus vous descendez au sud, plus il fait chaud : à Rhodes, par exemple, vous vous baignerez encore en novembre...

Saisonnalité

Dans les îles, la saison touristique dure traditionnellement de début mai, où le temps est déjà clément, jusqu'à mi-octobre – voire fin octobre –, où la pluie commence à tomber. Les mois de juillet et août sont considérés comme la haute saison (voire très haute saison en août). Il faut savoir que le climat des îles vous permet de les découvrir dans des périodes beaucoup plus calmes et sereines, c'est-à-dire aux mois de mai, juin et septembre.

Athènes

Janvier	Février	Mars	Avril	Mai	Juin	Juillet	Août	Sept.	Octobre	Nov.	Déc.
6°/ 13°	7°/ 14°	8°/ 16°	11°/ 20°	16°/ 25°	20°/ 30°	23°/ 33°	23°/ 33°	19°/ 29°	15°/ 24°	12°/ 19°	8°/ 15°

Patras

Janvier	Février	Mars	Avril	Mai	Juin	Juillet	Août	Sept.	Octobre	Nov.	Déc.
5°/ 14°	6°/ 15°	6°/ 17°	9°/ 20°	12°/ 23°	16°/ 28°	18°/ 31°	18°/ 31°	16°/ 28°	13°/ 24°	10°/ 20°	7°/ 16°

Thessalonique

Janvier	Février	Mars	Avril	Mai	Juin	Juillet	Août	Sept.	Octobre	Nov.	Déc.
2°/ 9°	2°/ 12°	5°/ 14°	10°/ 20°	18°/ 29°	21°/ 32°	21°/ 32°	17°/ 28°	17°/ 28°	13°/ 22°	9°/ 16°	4°/ 11°

IDÉES DE SÉJOUR

Séjours courts

L'essentiel des Cyclades... en une semaine

Jour 1 : Athènes. Visite de l'Acropole et déjeuner à Plaka. Balade dans l'Agora, le temple de Zeus, et remontée vers la place du Parlement en passant par les Jardins nationaux. Un coup d'œil à la relève de la garde et café sur la place Kolonaki. L'après-midi, ascension au mont Lycabette et dîner à Psiri ou Gazi, dans les quartiers branchés d'Athènes.

Jour 2 : départ pour Santorin. Départ en avion (30 minutes) ou en bateau, du Pirée (entre 5 et 7 heures). Arrivée spectaculaire sur cette île rocheuse, modelée par les convulsions du volcan, avec ses maisons blanches à flanc de falaises. Balade à Fira mais dormez à Oia.

Jour 3 : Oia. Admirer le lever ou le coucher du soleil sur la caldeira. Excursion possible vers l'île voisine de Thirassia, l' « antithèse » préservée de Santorin, séparée de l'île suite à une explosion volcanique.

Jour 4 : excursion sur le volcan. Baignade dans les eaux chaudes du volcan. Dans l'après-midi, visite du site d'Akrotiri, la « Pompéi » grecque, et promenade sur la Red Beach, quelques centaines de mètres plus bas.

Jour 5 : Milos, l'île de la Vénus de Milo, aux plages somptueuses. Visite des plages du sud-est, des villages de pêcheurs du nord et de l'incroyable Sarakiniko d'une blancheur irréelle. Nuit à Pollonia.

Jour 6 : excursion à la journée sur un bateau qui vous fera faire le tour de l'île. Plongée et baignade dans les falaises de Kleftiko. Soirée à Plaka.

Jour 7 : retour à Athènes en avion ou en bateau. Visite du Musée archéologique avant de reprendre la route vers la France.

Athènes et le golfe Saronique

Cet itinéraire est bien sûr modulable dans la durée. Vous pouvez le faire dans un sens ou dans l'autre ou choisir seulement une ou deux escapades. Toutes les îles du golfe Saronique peuvent se visiter en une journée à partir d'Athènes.

Jour 1 : Athènes et les grands monuments. Visitez l'Acropole tôt le matin et allez vous balader entre Plaka et Monastiraki. Une visite de l'Agora est recommandée, mais vous pouvez opter pour une balade vers Syntagma et les ambiances plus branchées de Psiri. En fin d'après-midi, pourquoi ne pas monter au mont Lycabette pour profiter d'une vue superbe sur la capitale ? Terminez la journée avec un dîner dans le quartier chic de Kolonaki ou son opposé, le quartier anarchiste et étudiant d'Exarchia.

Jour 2 : Hydra, l'un des plus beaux ports de Grèce. Dans cette île interdite aux voitures, vous vous promènerez dans un dédale de maisons aux volets bleus serrées dans des ruelles blanchies à la chaux. Un petit port débordant de charme et de navires de plaisance au mouillage. De belles demeures de marchands aux couleurs pastel face à la mer, marquée par les nombreux artistes et intellectuels qui y ont vécu.

L'île de Kastri et les ruines de Kos.

Jour 3 : Egine, l' « île aux pistaches ». A 40 minutes d'Athènes, vous aimerez le calme et la beauté discrète de cette île dominée par ses maisons néoclassiques, sa blanche église d'Aghios Nikolaos et ses calèches. Ne manquez pas d'aller voir l'unique colonne rescapée du fameux temple d'Apollon ainsi que le temple d'Aphaïa, à quelques kilomètres du port.

Jour 4 : arrivée à Poros, l'île la plus proche du continent. De cette île boisée, on peut apercevoir les maisons aux toits de tuiles de Galatas, dans le Péloponnèse, et le fameux Lemonodassos, la forêt des Citronniers.
Si vous prolongez d'une journée, vous pourrez même emprunter le bac et rejoindre le continent en moins de 30 minutes.

Jour 5 : Spetses l'aristocrate, « l'île aux Pins », est noyée dans la verdure et résonne d'abord du son des calèches qui battent le pavé et longent les maisons blanches. Elles y remplacent agréablement les voitures. L'eau des plages est propre et limpide, et la corniche grouille d'insouciants vacanciers. Que peut-on exiger de plus pour un week-end avant de retrouver la capitale…

Jour 6 : retour à Athènes et les musées que vous n'aurez pas eu le temps de visiter. La visite du Musée archéologique vous prendra bien la matinée par exemple. On rejoint ensuite le marché central pour un déjeuner haut en couleur avant d'aller vers le Céramique et le marché aux puces de Monastiraki. Une excursion sur l'Aréopage et la Pnyx peut être agréable pour finir la journée, avant d'aller dîner à Plaka.

Séjour long, les îles grecques en 3 semaines

Jour 1 : Athènes. La visite de l'Acropole est évidemment incontournable avant d'aller déjeuner à Plaka. L'après-midi, promenez-vous dans l'Agora si le temps s'y prête, ou optez pour une balade vers Syntagma et les Jardins nationaux où vous admirerez la relève de la garde. D'autres préféreront les ambiances plus branchées d'Exarchia ou Psiri.

Jour 2 : Paros. Départ en ferry pour l'île renommée pour son marbre blanc. Arrivée à Parikia, la capitale culturelle de l'île. Visite du port, du château construit au XIIIe siècle, du Musée archéologique et de l'église aux Cent Portes. N'oubliez pas de vous perdre dans les ruelles de la vieille ville.

Jour 3 : séjour dans le joli port de Naoussa, près des belles plages de l'est.

Jour 4 : excursion pour Antiparos, l'île bohème et familiale où la jet-set décontractée vient passer ses étés au calme.

Jour 5 : Santorin. Direction Oia et ses maisons blanches à flanc de falaise. Arrivée spectaculaire sur cette île rocheuse, modelée par les convulsions du volcan, avec ses maisons blanches à flancs de falaise.

Jour 6 : excursion et baignade dans les eaux chaudes du volcan, visite du site d'Akrotiri, la « Pompéi » grecque, et promenade sur la Red Beach, la plage volcanique au sable rouge.

Jour 7 : Thirassia, en face de Santorin, l' « antithèse » préservée de Santorin, séparée de l'île suite à une explosion volcanique.

Jour 8 : vol Santorin-Rhodes. Première balade dans la cité des Chevaliers de l'Ordre de Saint-Jean.

Jour 9 : à défaut de voir le colosse de Rhodes, l'une des sept merveilles du monde anciennement située à l'entrée du port de la ville de Rhodes, vous visiterez la ville médiévale, les remparts et le palais des Grands Maîtres.

Jour 10 : la ville antique, les temples, le panorama du haut du mont Smith.

Jour 11 : Lindos et son acropole, son promontoire coiffé de la citadelle et son village fleuri.

Jour 12 : Kamiros. Les fouilles, achevées en 1929, ont révélé les ruines de plusieurs maisons ainsi que celles de l'agora et d'un temple dédié à Athéna.

Jour 13 : journée à Symi, réputée pour son architecture néoclassique, aux maisons pastel. Ne manquez pas de monter à la chora immaculée en surplomb du port.

Jour 14 : Kos. Les amateurs de vieilles pierres, aimeront son célèbre *asclepieion* et les fanatiques du bronzage auront l'embarras du choix.

Jour 15 : Patmos, « la Jérusalem de la mer Egée » où saint Jean l'évangéliste eut la révélation de l'Apocalypse en 95-97 apr. J.-C. lors de son exil sur l'île.

Jour 16 : Samos. L'île de Pythagore et de la déesse Héra, à l'extrémité de la mer Egée, est réputée pour son vin doux, ses beautés naturelles, et ses eaux cristallines.

Jour 17 : Samos-Athènes (en avion). Passez la soirée dans les quartiers animés de Monastiraki, Gazi ou Psiri.

Jour 18 : visite du cap Sounion, au sud d'Athènes, et baignade dans les environs.

Jours 19 et 20 : excursion dans les îles Saroniques, à Egine, Hydra, et Spetses, en « banlieue » d'Athènes.

Jour 21 : Athènes et ses musées : avant de prendre l'avion, faites un tour, au choix, au Musée archéologique ou au Musée de l'Acropole.

Le port de Thira à Santorin.

Vue sur l'Acropole, à Athènes.

Séjours thématiques

- **La route d'Ulysse :** le héros a mis 10 ans avant de rentrer, mais vous pouvez néanmoins retrouver sa trace. Selon l'historien anglais Tim Severin (qui a refait le voyage à sa façon pour le livre *Sur les traces d'Ulysse*), Ulysse a quitté Troie au nord-est de la mer Egée vers le sud. Il aurait séjourné à Cythère où nous vous suggérons de commencer votre périple. L'île de Circé pourrait être Paxos (autre point de départ possible) et l'épisode des sirènes pourrait se dérouler à Leucade dans les îles Ioniennes. Ulysse aurait ensuite coulé au large de Corfou. Et finalement, des années plus tard, il aurait retrouvé Pénélope et son île d'Ithaque.

- **Balade gréco-turque :** selon la durée de vos vacances, vous pourrez agréablement parcourir les îles du Dodécanèse ou celles du nord de la mer Egée. C'est à la carte. Si vous êtes déterminé, vous pouvez même commencer par la petite Kastellorizo à l'est de Rhodes où les 300 habitants se rendent fréquemment à Kas, en Turquie. De Rhodes, vous pouvez vous rendre à Marmaris. Et de Symi, près de Rhodes, vous pouvez rejoindre la jolie station balnéaire de Datça. De Kos, des bateaux font la navette avec Bodrum. De Samos, vous irez à Kusadasi, de Chios à Cesme, et de Lesbos à Ayvalik. Vous pourrez même pousser jusqu'à Troie, l'une des villes turques les plus proches de Lesbos. Et évidemment, vous offrir un crochet par Istanbul (encore appelée Constantinople par les Grecs) avant de regagner Athènes.

- **La route des vins des îles :** cet itinéraire peut couvrir les régions viticoles de trois archipels.

Dans les Cyclades, le sol volcanique de Santorin est propice à la culture de vignes surprenantes qui n'ont ni piquet ni fil et rampent à même le sol (à cause de la force des vents). Deux cépages dominent, l'assirtiko et le vinsando. Les meilleurs vins sont secs et fruités. Et une partie de la récolte de vinsando est mise à sécher pour produire un vin doux naturel rosé, excellent à l'apéritif. A proximité, Paros n'est pas seulement connue pour son marbre blanc mais aussi pour son vin blanc (cépage Monemvasia), assez sec. Dans le nord Egée, Samos affiche un vignoble de plus de 2 000 ha de muscat blanc aménagé en étroites terrasses, et produit le célèbre vin éponyme. Enfin, vous pouvez même poursuivre jusqu'aux îles Ioniennes. La Céphalonie produit notamment un muscat assez réputé.

- **Les plages de fête :** pour faire la fête après une journée détente à la plage, Santorin, Paros, Ios et Mykonos sont incontournables dans l'archipel des Cyclades. Du côté du Dodécanèse, on ajoutera Rhodes et Kos comme grandes destinations festives. Sans oublier de commencer ou finir ce séjour noctambule par les plages de Glyfada et Vouliagmeni en banlieue d'Athènes…

- **Les îles « périphériques » d'Athènes :** Egine, Poros, Hydra, Spetses et un détour par l'Eubée. Toutes autour et à moins de 2 heures de la capitale.

Quelle île choisir : à chacun son Odyssée…

C'est la question qui embarrasse la plupart des agences de voyages (si, si) mais aussi des amoureux de la Grèce en général. Selon l'île que vous choisirez, le séjour ne sera pas le même. De façon générale, on dira qu'une population jeune et festive se dirigera spontanément vers Rhodes, Ios et Mykonos (avec une petite réserve au niveau budget, pour cette dernière, à moins d'être prêt à tenter la belle étoile). Pour être bluffé par les paysages, difficile de faire l'impasse sur Santorin, Folégandros, Amorgos ou Zakynthos. Mais pour des vacances familiales, les plages des Cyclades en général, et de Paros et Naxos en particulier, mais aussi de Corfou. Les amoureux de la nature se rabattront volontiers sur les Sporades (Alonissos en particulier) ou Thassos ou Samothrace, au nord de la mer Egée.

Enfin, impossible d'oublier les amateurs de mythologie et de sites archéologiques : passage obligé sur l'île-musée de Delos ou à Ithaque. Mais grâce aux nombreuses liaisons et combinaisons maritimes : un centre d'intérêt n'exclut pas l'autre. On peut ainsi festoyer à Mykonos et embarquer au petit matin sur une navette pour Delos ! Un dernier point cependant : la spécificité d'une île tient surtout… au calendrier. Contre toute attente, certains ont passé des vacances familiales et pas très onéreuses à Mykonos en juin par exemple. En dehors du plein été, chaque île est à réinventer !

COMMENT PARTIR ?

PARTIR EN VOYAGE ORGANISÉ

Spécialistes

■ **ARTS ET VIE**
251, rue de Vaugirard (15e) Paris
✆ 01 40 43 20 21
www.artsetvie.com
info@artsetvie.com
Autres agences à Grenoble, Lyon, Marseille et Nice.
Depuis plus de 50 ans, Arts et Vie, association culturelle de voyages et de loisirs, développe un tourisme ouvert au savoir et au bonheur de la découverte. L'esprit des voyages culturels Arts et Vie s'inscrit dans une tradition associative et tous les voyages sont animés et conduits par des accompagnateurs passionnés et formés par l'association. A destination des îles grecques, l'offre est diversifiée, notons entre autres « Les îles ioniennes, sur les pas d'Ulysse » en 10 jours.

■ **ATALANTE**
36, quai Arloing
Lyon
✆ 04 72 53 24 80
www.atalante.fr
lyon@atalante.fr
Ouvert du lundi au vendredi de 9h à 18h et le samedi de 10h à 13h et de 14h à 18h.
Atalante est spécialisée dans les voyages à pied. Trekking de haut niveau ou simples promenades dans les campagnes, il y en a pour toutes les conditions physiques. Elle s'attache à faire découvrir à ses clients des régions du monde aux modes de vie préservés, riches de traditions et de cultures uniques. Vous pourrez ainsi profiter d'un circuit de 8 jours « Le Grand Bleu des Cyclades » où vous découvrirez les îles de Santorin et Amorgos.

▸ **Autres adresses :** Bruxelles - rue César-Frank, 44A, 1050 ✆ +32 2 627 07 97 • Paris – 18, rue Séguier, 75006, fond de cour à gauche, 1er étage ✆ 01 55 42 81 00

■ **CLUB FAUNE VOYAGES**
14, rue de Siam (16e)
Paris
✆ 01 42 88 31 32
www.club-faune.com
tourisme@club-faune.com
M° Rue de la Pompe.
Ouvert du lundi au vendredi de 9h à 19h.
Club Faune crée des voyages sur mesure pour les individuels en quête de dépaysement et de détente. Votre agent de voyages mettra son savoir-faire à l'œuvre pour construire un parcours selon vos envies à Mykonos. Demandez les bonnes adresses le long du petit port de Chora, et dans ruelles tortueuses dans l'Alefkandra ou « petite Venise », profitez de la vie nocturne animée après la visite du village typique Ano Mera et les promenades sur de superbes plages.... Club Faune se fera un plaisir de vous accueillir dans son agence pour élaborer avec vous le voyage qui vous ressemble.

■ **COMPTOIR DES VOYAGES**
2-18, rue Saint-Victor (5e) Paris
✆ 01 53 10 30 15
www.comptoir.fr
Ouvert du lundi au vendredi de 9h30 à 18h30, et le samedi de 10h à 18h30.
Cette agence de voyages propose des séjours à la carte et des circuits élaborés par des spécialistes originaires ou ayant vécu dans le pays. Pour visiter les Cyclades autrement, « Mes vacances chez Apollon et Vénus » pourront retenir votre attention : entre Sifnos et Milos, un autotour de 9 jours idéal pour les familles.

■ **DÉTOURS**
80, boulevard Raspail (6e)
Paris
✆ 01 45 44 48 49
www.detours.fr
opera@detours.fr
Spécialiste des îles Grecques depuis 30 ans, l'offre de Détours est très large : des réservations de billets d'avion en vols réguliers et charters, une sélection d'hôtels et des locations d'appartements, des locations de voitures, séjours, croisières, combinés. Ce voyagiste spécialisé dans le voyage à la carte donne l'occasion de concocter son séjour selon ses envies et son budget à Rhodes, Mykonos, Corfou etc.

■ **GRAND ANGLE**
Le Village
Autrans-Méaudre en Vercors
✆ 04 76 95 23 00
www.grandangle.fr
info@grandangle.fr
Lundi-vendredi, 8h30-12h30 et 13h30-18h30 ; samedi, 9h-12h et 14h-17h.

Spécialiste de la randonnée, du trek et du raid, Grand Angle propose toutes sortes de randonnées : à pied, à cheval, à VTT, avec des mulets, des ânes ou des chameaux, accompagnées ou en liberté. Le tour-opérateur réalise aussi des voyages sur mesure selon les envies et les goûts des voyageurs. De nombreux circuits sont programmés dans les îles grecques : les Cyclades, Corfou, Karpathos, Rhodes et Symi en randonnée à pied ou en voiture, libre ou guidée. Parmi ces voyages, on trouve « Les Cyclades orientales » (14 jours) ou « Corfou la Verte » (8 jours).

■ HÉLIADES

✆ 0 892 23 15 23
www.heliades.fr
resaweb@heliades.fr
Appeler du lundi au vendredi de 9h à 19h et le samedi de 10h à 18h.
Héliades est le spécialiste de la Grèce et de ses îles depuis plus de 30 ans. Cette agence offre une très large gamme de voyages vers ces destinations : séjours en hôtels toutes catégories et hôtels-clubs, locations d'appartements, de studios ou de villas... Pour les circuits, plusieurs formules sont proposées : les « classiques », avec des itinéraires très complets et exclusifs ; les « combinés », qui se font au départ de deux hôtels pour un bon équilibre entre détente et découverte. Parmi toutes ces possibilités, plusieurs options originales : les périples dans les îles pour découvrir deux ou trois îles à votre rythme ; les îles en croisière, alliées à un séjour à Athènes ; les randonnées dans les îles et sur le continent, pour une approche nature. Avec Héliades, les îles Grecques se déclinent également par thèmes : en famille, en formule All Inclusive, charme ou agrotourisme, plongée, thalasso, etc. Héliades propose également des vols secs, avec des départs de Paris et des villes de province.

■ NOMADE AVENTURE

40, rue de la Montagne-Sainte-Geneviève (5e)
Paris
✆ 01 46 33 71 71
www.nomade-aventure.com
infos@nomade-aventure.com
M° Maubert-Mutualité ou RER Luxembourg.
Ouvert du lundi au samedi de 9h30 à 18h30. Circuits sur mesure. Activités.
Nomade Aventure, comme son nom l'indique doublement, est une agence qui vous change de vos habitudes sédentaires. Avec ses voyages placés sous le thème de la nature, de la culture et de la rencontre, elle vous propulse vers de nouvelles aventures. Loin des meutes de touristes, vous mettrez à profit les bonnes connaissances des agents sur la région en profitant à la fois de circuits originaux et de spots incontournables. Nomade Aventure fait de votre voyage de véritables vacances en vous permettant de vous détendre, ils prévoient des hébergements chez l'habitant pour découvrir comment vivent vraiment les gens du pays, des aventures en individuel, en famille ou en petits groupes, des itinéraires à pied ou en transports locaux, si bizarres soient-ils... Nomade Aventure, c'est l'authenticité, la créativité et surtout la passion, chez ceux qui organisent comme chez ceux qui partent... Une idée des destinations, pour vous faire rêver ? Vous n'aurez que l'embarras du choix, dans les Cyclades un circuit trek (dynamique) de 8 jours entre Naxos et Santorin : Lumières des Cyclades.

▶ **Autres adresses :** à Lyon, Toulouse et Marseille.

■ ROOTS TRAVEL

17, rue de l'Arsenal (4e)
Paris
✆ 01 42 74 07 07
www.rootstravel.com
Bureaux ouverts du lundi au samedi de 10h à 13h et de 14h à 18h.
Spécialiste des Cyclades de l'ouest et du sud dont Sifnos, Kythnos, Milos, Serifos ou encore Folegandros, Roots Travel propose des séjours comprenant les vols, les bateaux, les transferts et des hébergements authentiques. Vous pourrez voir toutes les propositions de séjours ou d'hébergements sur leur site internet qui est régulièrement remis à jour.

Généralistes

Vous trouverez ici quelques tours-opérateurs généralistes qui produisent des offres et revendent le plus souvent des produits packagés par des agences spécialisées sur telle ou telle destination. S'ils délivrent des conseils moins pointus que les spécialistes, ils proposent des tarifs généralement plus attractifs.

■ PROMOVACANCES
✆ 08 99 65 48 50
www.promovacances.com
Ouvert du lundi au vendredi de 8h à minuit. Le samedi de 9h à 23h. Dimanche de 10h à 23h.
Promovacances propose de nombreux séjours touristiques, des week-ends, ainsi qu'un très large choix de billets d'avion à tarifs négociés sur vols charters et réguliers, des locations, des hôtels à prix réduits. Également, des promotions de dernière minute, les bons plans du jour. Informations pratiques pour préparer son voyage : pays, santé, formalités, aéroports, voyagistes, compagnies aériennes.

■ UCPA
12, rue des Halles (1er)
Paris
✆ 3260
www.ucpa-vacances.com
M° Châtelet ou Les Halles.
Agence ouverte du lundi au vendredi de 9h à 20h, le samedi de 9h à 19h. Nocturne le jeudi jusqu'à 22h.
Cette association unique en France propose depuis 1965 des vacances sportives à destination des adultes, mais aussi des enfants et des adolescents. Elle a inscrit à son catalogue un séjour pour les adultes, intitulé « Belvédères du Fouta ». Le programme sur 16 jours prévoit notamment un trek de 8 jours au cœur du massif du Fouta Djalon, « très connoté aventure ».

▸ **Autres adresses :** à Lyon et à Nantes.

Sites comparateurs

Plusieurs sites permettent de comparer les offres de voyages (packages, vols secs, etc.) et d'avoir ainsi un panel des possibilités et donc des prix. Ils renvoient ensuite l'internaute directement sur le site où est proposée l'offre sélectionnée. Attention cependant aux frais de réservation ou de mise en relation qui peuvent être pratiqués, et aux conditions d'achat des billets.

■ EASYVOYAGE
✆ 08 99 19 98 79
www.easyvoyage.com
contact@easyvoyage.fr
Le concept peut se résumer en trois mots : s'informer, comparer et réserver. Des infos pratiques sur plusieurs destinations en ligne (saisonnalité, visa, agenda...) vous permettent de penser plus efficacement votre voyage. Après avoir choisi votre destination de départ selon votre profil (famille, budget...), le site vous offre la possibilité d'interroger plusieurs sites à la fois concernant les vols, les séjours ou les circuits.
Grâce à ce méta-moteur performant, vous pouvez réserver directement sur plusieurs bases de réservation (Lastminute, Go Voyages, Directours... et bien d'autres).

■ JETCOST
www.jetcost.com
contact@jetcost.com
Jetcost compare les prix des billets d'avion et trouve le vol le moins cher parmi les offres et les promotions des compagnies aériennes régulières et *low cost*. Le site est également un comparateur d'hébergements, de loueurs d'automobiles et de séjours, circuits et croisières.

■ VIVANODA.FR
www.vivanoda.fr
contact@vivanoda.fr
Un site français indépendant né d'un constat simple : quel voyageur arrive facilement à s'y retrouver dans les différents moyens de transports qui s'offrent à lui pour rejoindre une destination ? Vivanoda permet de comparer rapidement plusieurs options pour circuler entre deux villes (avion, train, autocar, ferry, covoiturage).

PARTIR SEUL

En avion

Le prix moyen d'un aller-retour Paris-Athènes varie entre 150 et 450 € (basse saison/haute saison). A noter que la variation de prix dépend de la compagnie empruntée mais, surtout, du délai de réservation.
Pour obtenir des tarifs intéressants, il est indispensable de vous y prendre très en avance. Pensez à acheter vos billets six mois avant le départ !

Principales compagnies desservant la destination

■ AEGEAN AIRLINES
Aeroport Paris Charles de Gaulle Terminal 1
✆ +33 1 70 03 13 23
fr.aegeanair.com
paris-sales@aegeanair.com
Aegean Airlines est la plus importante compagnie aérienne grecque depuis son rachat

d'Olympic Air en 2013. Elle devient membre du réseau Star Alliance en 2010, premier réseau aérien mondial, et a été récompensée 9 fois « Meilleure Compagnie Régionale Europe » par Skytrax.
Aegean dessert Athènes toute l'année de Paris, Lyon et Marseille ; 2 à 3 fois par jour au départ de Paris Roissy CDG Terminal 1.
En été, de nombreux vols directs vers Athènes depuis la province, au départ de Bordeaux, Lille, Luxembourg, Lyon, Marseille, Nantes, Nice ou Toulouse, offrant ainsi de nombreuses correspondances sur l'ensemble du réseau domestique grec et ses 34 destinations intérieures, dont la totalité des îles grecques disposant d'un aéroport.
Pour la saison 2020, Aegean desservira aussi Héraklion, Thessalonique, Rhodes et Kalamata en vols directs au départ de Paris Roissy CDG Terminal 1 ; ainsi que de nombreux vols directs de province au départ de Bordeaux, Lyon, Marseille, Nantes et Toulouse, vers Athènes et Héraklion ; de Nice, Lille et Luxembourg vers Athènes ; de Metz, Brest et Deauville vers Heraklion ; de Lyon et Marseille vers Rhodes ; et de Lyon et Nantes vers Kalamata.

■ AIR FRANCE
✆ 36 54
www.airfrance.fr
Air France propose 4 vols directs et quotidiens de Paris à Athènes (durée de vol : 3 heures 15), au départ de Roissy – Charles de Gaulle, au terminal 2D.

■ TRANSAVIA
Grèce
www.transavia.com
contact@fr.transavia.com
1 vol direct quotidien Paris Orly-Athènes en été. La filiale du groupe Air France-KLM propose aussi des liaisons directes avec Santorin, Rhodes et Corfou en été.

■ EASYJET
✆ 08 20 42 03 15
La première compagnie aérienne « à petits prix » d'Europe propose de relier Athènes à Paris Orly en saison à raison de trois vols par semaine. La compagnie vole également depuis Orly pour Rhodes et Mykonos en juillet et août.

Aéroports

■ AEROPORT DE GENÈVE
✆ +41 22 717 71 11
www.gva.ch

■ AÉROPORT DE PARIS-ORLY
✆ 39 50
www.orly-aeroport.fr

■ AÉROPORT DE PARIS ROISSY-CHARLES-DE-GAULLE
✆ 39 50
www.parisaeroport.fr

■ AÉROPORT INTERNATIONAL DE BRUXELLES
Leopoldlaan,
Zaventem (Belgique)
✆ +32 2 753 77 53
www.brusselsairport.be/fr
comments@brusselsairport.be

Sites comparateurs

Certains sites vous aideront à trouver des billets d'avion au meilleur prix. Certains d'entre eux comparent les prix des compagnies régulières et *low-cost*. Vous trouverez des vols secs (transport aérien vendu seul, sans autres prestations) au meilleur prix.

■ EASY VOLS
✆ 08 99 19 98 79
www.easyvols.fr
Comparaison en temps réel des prix des billets d'avion chez plus de 500 compagnies aériennes.

OPTION WAY
✆ 04 22 46 05 23
www.optionway.com
contact@optionway.com
Du lundi au jeudi, et le samedi de 8h à 20h, le vendredi de 8h à 19h.
Option Way est l'agence de voyage en ligne au service des voyageurs. L'objectif est de rendre la réservation de billets d'avion plus simple, tout en vous faisant économiser. 3 bonnes raisons de choisir Option Way :

- **La transparence comme mot d'ordre.** Finies les mauvaises surprises, les prix sont tout compris, sans frais cachés.
- **Des solutions innovantes et exclusives** qui vous permettent d'acheter vos vols au meilleur prix parmi des centaines de compagnies aériennes.
- **Le service client,** basé en France et joignable gratuitement, est composé de véritables experts de l'aérien. Ils sont là pour vous aider, n'hésitez pas à les contacter.

En bus

LE BUS DIRECT-PARIS AÉROPORT
✆ 01 64 02 50 14
www.lebusdirect.com
Les cars Air France, désormais rebaptisés Le bus direct, desservent Roissy et Orly 1, 2, 3 et 4, 7j/7.

- **Ligne 1 :** Orly-Montparnasse-Trocadéro-Paris-Etoile de 6h30 à 23h50. Dans le sens inverse de 4h40 à 21h40. Fréquence toutes les 30 min. Aller simple : 12 €. Aller-retour : 20 €. Gratuit pour les moins de 4 ans.
- **Ligne 2 :** Roissy-CDG-Porte Maillot-Etoile/Champs-Elysées de 5h30h à 23h30. Dans le sens inverse de 5h à 22h. Fréquence : toutes les 30 min. Aller simple : 18 €. Aller-retour : 31 €. Gratuit pour les moins de 4 ans.
- **Ligne 3 :** Roissy-CDG-Orly de 6h10 à 21h50. Dans le sens inverse de 6h35 à 21h50. Fréquence : toutes les 25 min. Aller simple : 22 €. Aller-retour : 37 €. Gratuit pour les moins de 4 ans.
- **Ligne 4 :** Roissy CDG-Gare de Lyon-Montparnasse de 5h45 à 22h45. Dans le sens inverse de 5h15 à 21h45. Aller simple : 18 €. Aller-retour : 31 €. Gratuit pour les moins de 4 ans.
- **Autre adresse :** Paris-Charles-de-Gaulle 95700 Roissy-en-France

En bateau

EUROMER & CIEL VOYAGES
5 - 7, quai de Sauvages
Montpellier
✆ 04 67 65 95 12
www.euromer.com
Ouvert du lundi au samedi de 9h à 18h45 et le samedi de 9h à 17h45.
Euromer est le spécialiste des traversées maritimes au départ d'Europe. Les compagnies Anek Lines, Minoan Lines, Superfast Ferries, Ventouris Ferries, Hellenic Seaways, G.A. Ferries, Agoudimos Lines, Endeavor Lines, European Seaways et Blue Star Ferries sont représentées en France par la centrale de réservation France Euromer.
Toutes les îles grecques (Anafi, Amorgos, Astypalea, Chios, Donoussa, Folegandros, Ios, Iraklia, Kalymnos, Kastelloriso, Kimolos, Kos, Koufonissi, Leros, Lesvos, Milos, Mykonos, Naxos, Nisyros, Paros, Patmos, Rhodes, Samos,

QuotaTrip, l'assurance d'un voyage sur-mesure

Une nouvelle plateforme en ligne de voyages personnalisés est née : QuotaTrip. Cette prestation gratuite et sans engagement joue les intermédiaires inspirés en mettant en relation voyageurs et agences de voyages locales, toutes choisies pour leur expertise et leur sérieux par Petit Futé. Le principe est simple : le voyageur formule ses vœux (destination, budget, type d'hébergement, transports ou encore le type d'activités) et QuotaTrip se charge de les transmettre aux agences réceptives. Ensuite, celles-ci adressent un retour rapide au voyageur, avec différents devis à l'appui (jusqu'à 4 par demande). La messagerie QuotaTrip permet alors d'échanger avec l'agence retenue pour finaliser un séjour cousu main, jusqu'à la réservation définitive. Un détail qui compte : un système de traduction est proposé pour converser sans problème avec les interlocuteurs locaux. Une large sélection d'idées de séjours créée à partir des fonds documentaires du Petit Futé complète cette offre. QuotaTrip est la promesse d'un gain de temps aussi bien dans la préparation du voyage qu'une fois sur place puisque tout se décide en amont.
En bref, avec ce nouvel outil, fini les longues soirées de préparation, le stress et les soucis d'organisation, créer un voyage sur-mesure est désormais un jeu d'enfant : www.quotatrip.com !

Santorin, Serifos, Schninoussa, Serifos, Sifnos, Sikinos, Spetses, Syros, Tilos, Tinos...) sont proposées en ferries classiques et/ou en navires rapides depuis Le Pirée. A noter également des départs quotidiens d'Ancône et de Venise vers Igoumenitsa, Corfou ou Patras. Correspondances en autocar de Patras à Athènes. Départs quotidiens de Bari vers Igoumenitsa, Corfou ou Patras. Départs quotidiens de Brindisi vers Corfou, Igoumenitsa ou Patras. Possibilité de camping à bord pour caravanes et camping-cars. Traversées à la carte, à des tarifs compétitifs. Enfin Euromer relie quotidiennement la Crète au Pirée. Réductions pour les groupes, familles, étudiants.

Autres adresses : Agence à Béziers (✆ 04 67 48 15 15), Sète (✆ 04 67 65 95 11) et Avignon (✆ 04 32 74 64 30)

MINOAN LINES

www.minoan.gr

Leader dans le secteur du transport de passagers, Minoan Lines dispose d'une flotte de 7 navires et propose quotidiennement des liaisons Le Pirée – Héraklion, mais aussi un itinéraire Ancône – Igoumenitsa – Patras, renforcé par une ligne Trieste – Ancône – Igoumenitsa – Patras. A bord, retrouvez salles de gym, Spas, bars, boutiques et restaurants.

Location de voitures

ALAMO RENT A CAR

✆ 08 05 54 25 10

www.alamo.fr

Avec plus de 40 ans d'expérience, Alamo possède actuellement plus d'1 million de véhicules au service de 15 millions de voyageurs chaque année, répartis dans 1 248 agences implantées dans 43 pays. Alamo met tout en œuvre pour une location de voiture sans souci.

BSP AUTO

www.bsp-auto.com

Site comparatif acccessible 24h/24. Ligne téléphonique ouverte du lundi au vendredi de 9h à 21h30 et le week-end de 9h à 20h.

Il s'agit là d'un prestataire qui vous assure les meilleurs tarifs de location de véhicules auprès des grands loueurs dans les gares, aéroports et les centres-villes. Le kilométrage illimité et les assurances sont souvent compris dans le prix.

Les bonus BSP : réservez dès maintenant et payez seulement 5 jours avant la prise de votre véhicule, pas de frais de dossier ni d'annulation (jusqu'à la veille), la moins chère des options zéro franchise.

BUDGET
✆ 08 25 00 35 64
www.budget.fr
Budget possède de multiples agences à travers le monde. Les réservations peuvent se faire sur leur site, qui propose également des promotions temporaires. En agence, vous trouverez le véhicule de la catégorie choisie (citadine, ludospace économique ou monospace familial...) avec un faible kilométrage et équipé des options réservées (sièges bébé, porte-skis, GPS...).

SE LOGER

Il existe en Grèce 3 saisons : la basse saison de mi-avril à fin mai et de fin septembre à fin octobre, la moyenne saison en juin et septembre, la haute saison en juillet et août. Les prix peuvent varier du simple au double voire triple sur certaines îles entre la basse et la haute saison. Vous l'aurez compris, non seulement vous trouverez bien plus facilement un hébergement en basse saison, mais en plus il sera bien moins cher. Notez toutefois que tous les prix sont négociables et que, hors saison, ne pas marchander revient à faire cadeau au loueur de la marge de négociation qu'il a forcément incluse dans le premier prix qu'il vous annonce. En haute saison, en revanche, les chambres sont souvent rares et vous serez heureux d'en trouver une ; marchander devient alors impossible. A cette période, il est fortement conseillé de réserver.

Hôtels

Les prix sont sévèrement contrôlés par l'Office national du tourisme (EOT) en fonction de la catégorie de l'hôtel. Il existe six catégories d'hôtels en Grèce : catégories L (luxe) et A, B, C, D et E. Mais attention, ces catégories sont différentes de celles pratiquées dans les autres pays européens et elles ne reflètent qu'un niveau d'équipement, non la qualité intrinsèque de l'hôtel.Ainsi, un excellent hôtel qui ne propose pas de télévision dans ses chambres sera dans la catégorie C alors qu'un autre établissement, sale et bruyant, pourrait se trouver dans la catégorie B. Ne vous fiez donc pas aveuglément à ces catégories, n'attendez pas non plus le même confort d'un 4-étoiles grec que d'un homologue français. Ce guide ne mentionne donc pas les catégories, mais décrit uniquement la qualité et le prix des établissements.

Chambres d'hôtes

Dans les îles, plutôt que de loger chez l'habitant, vous trouverez des *domatias*, sur la propriété de l'habitant mais indépendantes. De la simple chambre au complexe de studios indépendants en passant par une série d'appartements, les caractéristiques des locations chez l'habitant sont très variées.Généralement ouvert d'avril à octobre, ce type de logement présente une solution plus économique que la chambre d'hôtel classique. Le touriste dispose de sa propre chambre avec ou sans kitchenette, mais toujours à des prix raisonnables.Les propriétaires viennent souvent proposer leurs studios ou *domatias* aux arrêts de bus ou à la descente des ferries. Soyez vigilant, comparez les prix, faites-vous préciser exactement l'emplacement de la *domatia* et si possible regardez des photos. Mais rassurez-vous, de manière générale, les chambres sont propres et fonctionnelles même si elles ne sont pas d'un charme absolu. Ne payez jamais plus d'une nuit à l'avance et n'hésitez pas à partir si cela ne vous plaît pas. Cette solution vous permettra parfois de nouer des contacts avec des locaux.

Auberges de jeunesse

Les auberges de jeunesse sont peu nombreuses et sachez qu'à part celle d'Athènes, elles font rarement partie de l'International Youth Hostel Federation et n'en respectent donc pas forcément les standards. Néanmoins, elles restent souvent le moyen le plus économique pour passer la nuit et elles n'imposent pas de couvre-feu. Pour les jeunes, elles sont également un des lieux de contact privilégiés avec des homologues étrangers.

Campings

Le camping est largement pratiqué en Grèce. Vous trouverez des campings organisés sur de nombreuses îles car le camping sauvage est interdit en principe. Cependant, certaines îles sont réputées pour leur tolérance vis-à-vis du *free camping*. Il en est ainsi de Nissiros et Tilos dans le Dodécanèse, des Petites Cyclades ou d'Anafi dans l'archipel cycladique ou encore d'Ikaria dans les îles du nord Egée. Attention : les jeunes Grecs sont adeptes de ce mode économique d'hébergement, notamment depuis les débuts de la crise, et les plages de camping sauvage deviennent vite bondées quand ils prennent leurs vacances, au mois d'août.

Tourisme rural – Agritourisme

Le tourisme rural est seulement émergent sur les îles grecques. Si le mouvement est timide, il existe. On commence aussi à voir émerger des établissements avec une sensibilité écologique.

SE DÉPLACER

Avion

Malgré son rachat par Aegean Airlines, la compagnie Olympic Air continue à fonctionner en nom propre et assure des liaisons régulières entre les principales villes du pays. C'est un excellent moyen de parcourir les îles bien que plus onéreux (sauf à réserver très longtemps à l'avance). Sachez que tout le trafic aérien intérieur est organisé autour d'Athènes et que, par conséquent, les liaisons transversales sont plus compliquées. Mais il existe aussi des compagnies locales qui couvrent certaines régions.

Bateau

Quelques grandes compagnies de ferry se retrouvent partout sur le territoire national. Les principales sont Superfast Ferries, Blue Star Ferries, Flying Dolphins et Minoan Lines. Les horaires sont à peu près respectés et, souvent, vous avez la possibilité d'embarquer aussi votre voiture.Les fréquences des départs indiquées dans ce guide sont susceptibles d'avoir changé et ne sont là que pour vous donner une idée de la densité du trafic maritime en direction de votre destination. Il est donc préférable de se renseigner au préalable sur les horaires, les prix et la durée du trajet.

Bus

La compagnie nationale de bus se nomme KTEL. Son réseau est assez étendu sur tout le territoire grec et ses prix sont plutôt raisonnables. Méfiez-vous tout de même des horaires et de la fréquence des bus dans certains petits villages reculés des îles. Nous vous conseillons de demander toujours confirmation des horaires auprès de personnes compétentes et de vérifier la destination du bus auprès de son chauffeur. Les bus KTEL permettent de se déplacer dans tout le pays pour des prix vraiment raisonnables. Leur site est très bien fait et vous renseigne sur les horaires des diverses lignes : www.ktel.org.

Voiture

La voiture peut se révéler le moyen de locomotion le plus efficace sur certaines îles, notamment si vous souhaitez explorer les petites criques et les recoins cachés. Cependant, nous vous recommandons la plus grande prudence au volant, tant les Grecs sont inventifs en matière d'interprétation du code de la route. Lorsqu'une voiture a décidé de vous doubler, il est recommandé de vous rabattre sur la bande d'arrêt d'urgence afin de la laisser passer. Les lignes au milieu de la route ne servent à rien, mais sachez pour votre culture générale que deux lignes blanches signifient l'interdiction de dépasser… En ville, et surtout à Athènes, le klaxon est l'arme principale. N'hésitez pas à en user, voire à en abuser. Dès que le feu passe au vert, c'est un concert de klaxons que vous entendrez dans votre dos si vous mettez plus d'un dixième de seconde à démarrer. Le tout est de ne pas se vexer et de garder son calme en toutes circonstances. Nous vous conseillons en outre d'apprendre rapidement l'alphabet grec étant donné que ce n'est pas bien difficile et que la transcription en alphabet latin des panneaux indicatifs portant la transcription, lorsqu'elle existe, apparaît souvent bien loin après les premiers. Pour les tarifs des agences de location de voitures, reportez-vous aux rubriques correspondantes dans chacune des villes évoquées dans ce guide.

Taxi

Chaque île a sa compagnie de taxis de couleur différente. L'endroit où les taxis sont les plus déroutants est sans aucun doute Athènes, même si les choses progressent petit à petit. Ne vous étonnez pas si les taxis athéniens ne consentent à vous prendre que si votre destination leur convient, si vous n'avez pas trop de bagages, etc. Sur les îles, les taxis peuvent prendre plusieurs passagers à la fois, mais ne vous y trompez pas, vous paierez le même prix et chacun des passagers sera contraint de payer le prix correspondant à sa course. Quant aux craintes des touristes en arrivant à l'aéroport d'Athènes, elles seront apaisées depuis l'instauration d'un forfait pour le trajet aéroport/centre-ville (38 € en journée et 50 € entre minuit et 5h).

Deux-roues

Dans quasiment toutes les îles, on pourra aussi louer des motos ou des scooters. Explorer les fins fonds de la Grèce en moto est une charmante aventure qui vous plonge au cœur de la population. Cependant, il faudra faire doublement attention en conduisant pour éviter les accidents. N'imitez pas les Grecs : portez le casque… et sur la tête ! En ce qui concerne le vélo, il y a possibilité d'en louer dans les grands centres touristiques et dans beaucoup de villes.

Auto-stop

En règle générale, nous ne recommandons plus l'auto-stop en Europe. Il y a peu d'auto-stoppeurs sur les routes de Grèce.

DÉCOUVERTE

Thira à Santorin.

LES ÎLES GRECQUES EN 20 MOTS-CLÉS

Âne

C'est un cliché de carte postale que l'on voit encore déambuler dans certaines îles. Si leur population a dégringolé depuis un demi-siècle, les ânes savent encore se rendre utile sur l'île d'Hydra (où les voitures sont interdites), à Santorin où il balade les touristes et dans beaucoup d'autres îles où, avec une corbeille sur chaque flanc, ils battent le pavé des ruelles en pente pour remonter les marchandises aux villages.

Atlantide

Les vestiges de cette civilisation légendaire dorment-ils quelque part au large de Santorin comme on le soutient là-bas ? Malgré les nombreuses inexactitudes relayées par Platon, plusieurs arguments historiques permettent de situer l'Atlantide dans un périmètre grec. Les secrets du déclin de la civilisation minoenne seraient-ils gravés dans la caldeira ?

Bleu

C'est un cliché et une réalité dans les îles grecques : des maisons d'un blanc éclatant jouxtent des églises au dôme d'un bleu resplendissant et des plages dorées bordent une mer bleu turquoise… On comprend pourquoi Luc Besson a tourné son film *Le Grand Bleu* dans ces îles… plus précisément à Amorgos.

Délos

A 30 minutes de la mondaine et turbulente Mykonos, survit un monde de silence et de mémoire… Cette « île musée », figée dans le temps (ses seuls habitants sont ses gardiens), a été classée patrimoine de l'humanité par l'Unesco en 1990. L'île est habitée depuis l'époque préhistorique, mais ce sont les Ioniens, vers le Ier millénaire av. J.-C., qui ont fait de Délos ce centre panhellénique politique et religieux, comparable à Olympie et à Delphes.

Églises

Tout s'explique : la population grecque est composée à 98 % de chrétiens orthodoxes, la plupart pratiquants. La Grèce et la Russie sont les seuls pays à avoir une telle proportion d'orthodoxes. Dès le Ier siècle apr. J.-C., la Grèce devient un centre très actif du christianisme, grâce surtout aux prédications de saint Paul à Athènes ainsi qu'à Corinthe. De son côté, la petite île de Patmos dans le Dodécanèse entre dans l'histoire religieuse quand saint Jean, qui s'y trouvait exilé, y a eu les visions qu'il consigne dans son *Apocalypse*.

Éponges

On ne les vend pas aux touristes pour rien : la pêche des éponges se pratique depuis l'Antiquité. Les anciens attribuaient aux éponges des

© LEOKS / SHUTTERSTOCK.COM

Panorama d'Hydra.

vertus médicales. Kalymnos est aujourd'hui le principal et l'un des derniers centres de pêche aux éponges dans les îles grecques.

Feta

Nul ne peut ignorer ni éviter ce fromage national au nom si banal. Le saviez-vous ? « Feta » signifie tout simplement « tranche » dans la langue d'Homère. Mais on ne badine pas avec ce fromage blanc saumuré. La Grèce a ainsi obtenu pour elle seule auprès de la Commission européenne l'Appellation d'Origine Contrôlée. Malgré leurs contestations et leur production de fromages similaires, la France, l'Allemagne et le Danemark furent déboutés. C'est écrit dans le marbre : la feta grecque est unique...

Frappé

Cette boisson glacée, à base de Nescafé, montée en mousse et qu'on déguste extrêmement lentement en terrasse, a détrôné le traditionnel café grec (ou turc, c'est selon) depuis longtemps. Il se commande sans sucre (*sketo*), un peu sucré (*métrio*) ou très sucré (*glyko*).

Hydra

Un dédale de maisons en pierre aux volets bleus, serrées dans des ruelles blanchies à la chaux... Hydra prétend régulièrement, avec quelques bonnes raisons, au titre de plus joli port de la Méditerranée. Ici, pas de voitures. Seuls les ânes et les mules ont droit de cité dans ses ruelles pavées... Vous n'aurez aucun mal à comprendre pourquoi le chanteur et poète Leonard Cohen y a vécu 7 ans dans les années 1960.

Kalokairi

Ce mot, signifiant « été » est évidemment à connaître. Mais certains cinéphiles, fans du film « Mamma Mia », tourné en Grèce, n'ont pas oublié qu'il s'agissait du nom – imaginaire – de l'île où se déroule cette comédie musicale avec Meryl Streep, rythmée par les chansons d'ABBA. Sachant qu'une grande partie du film a été tournée à Skiathos et Skopelos, dans les Sporades, nombreux sont quand même les touristes à chercher Kalokairi. Ils ne sont pas déçus : les bateaux d'excursion leur montrent encore volontiers différents lieux de tournage...

Mastic

De Chios évidemment. Cherchez des chewing-gums au mastic vendus sous la marque « Elma ». Chios est le seul endroit au monde à produire le mastic (*masticha*), sorte de résine extraite d'une variété de lentisque. Hippocrate lui-même n'a eu de cesse d'en vanter les vertus. Quelques siècles plus tard, certains assurent encore que le mastic régule la tension artérielle et réduit le taux de cholestérol. Mais le mastic est surtout utilisé pour la confection de gâteaux, ouzo et autre raki.

Odyssée

On ne présente plus le long et beau voyage d'Ulysse qui, selon de nombreux historiens, se serait déplacé pour l'essentiel autour des côtes grecques, entre la mer Egée, Cythère, la Céphalonie et surtout Ithaque.

Ouzo

Le seul alcool grec exporté dans le monde entier. Bien qu'il soit élaboré dans plusieurs régions de Grèce, l'île verte de Lesbos (appelée aussi Mytilène, du nom de sa capitale) est sans conteste le berceau de l'ouzo. Chaque année au début du mois d'août dans le petit village de Lisvori, au sud de Lesbos, des agriculteurs et leurs familles récoltent les précieuses graines d'anis qu'ils feront sécher avant de les envoyer aux distilleries. Bu sans eau, « à la grecque », l'ouzo renforce, paraît-il, le goût des mezzés. Pour le déguster en taverne, versez l'ouzo, l'eau, et les glaçons sans déroger à cet ordre. Lorsque l'ouzo est versé trop rapidement, l'alchimie et le goût sont altérés. C'est pourquoi on ne conserve jamais l'ouzo au réfrigérateur. Et on ne le boit pas d'un trait !

Pâques

Vous n'y couperez pas si vous êtes en Grèce durant cette période. Au programme : une semaine au ralenti rythmée par les célébrations religieuses. La procession de l'*epitafios* le vendredi, la messe du samedi soir, suivie d'un grand repas et de la *mayiritsa* (une soupe d'abats), et le lundi de Pentecôte, 50 jours plus tard, une nouvelle célébration. Attention, les hôtels, notamment dans les îles religieuses comme Tinos, affichent souvent complet.

Pastèque

Karpouzi en grec, et traditionnellement le fruit de l'été. La pastèque s'achète au kilo dans les supermarchés et auprès des marchands ambulants. Et c'est souvent le cadeau de la maison, dans les tavernes, après un bon repas en plein cagnard.

Periptero

Véritables fourre-tout, ces kiosques mythiques vendent journaux, cigarettes, snacks, bonbons, boissons, souvenirs... L'offre est vaste ! Dans les îles, les *periptero* savent s'adapter et proposent des glaces, toujours. Et du matériel de plage, souvent. A l'origine du nom, l'adjectif « peripteros » qui signifiait « entouré de colonnes ».

Platane

Symbole de la régénération dans la mythologie grecque, son bois aurait, selon une légende parmi d'autres, servi à fabriquer de cheval de Troie. On raconte aussi sur l'île de Kos que l'arbre de la lace éponyme, la Platia Platanou, descendrait d'un Platane que l'enfant du pays, Hippocrate, aurait connu. Quoi qu'il en soit, ces arbres, relativement rares en Grèce, jouissent encore aujourd'hui d'une aura particulière.

Superstitions

Déjà très forte il y a plus de 2 000 ans, la notion de « mauvais œil » (*kako mati*, ou tout simplement *mati*) est gravée dans le cœur et l'âme des Grecs. Ne vous étonnez pas de les voir postillonner (*ftoussou*) pour conjurer le mauvais sort. Ces *ftoussou* sont particulièrement pratiqués auprès des nouveau-nés, à tel point que des panneaux les interdisent dans les maternités ! Autre superstition : depuis l'invasion des Ottomans au XVe siècle (un mardi), les Grecs refusent de faire des transactions importantes le... mardi.

Ya sas

Bien que le sens de la politesse grec soit parfois un peu déroutant, on vous gratifiera presque partout d'un *ya sas* pour vous accueillir et vous dire au revoir. Si vous engagez un brin la conversation avec un Grec, celui-ci vous quittera peut-être sur un *ya sou* plus familier mais aussi plus amical. En revenant le lendemain au même endroit, la même personne prononcera éventuellement un simple *ya*, encore plus familier, encore plus amical. Cette manière de saluer est bien pratique.

Zorba

A la simple évocation du film *Zorba le Grec*, on a envie d'ébaucher un pas de sirtaki. Tout le monde connaît cette mélodie, alanguie au début et qui peu à peu s'emballe. On imagine aussi souvent que cette musique appartient au folklore traditionnel grec. Faux : la musique a été composée par Mikis Theodorakis pour les besoins du film avec Anthony Quinn, sorti sur les écrans en 1964 et adapté du roman *Alexis Zorba* du célèbre Nikos Kazantzakis.

Faire / Ne pas faire

Faire

- **Se mettre au rythme du pays** : déjeuner vers 14h-15h et dîner vers 22h.
- **Goûter au retsiné** lors d'un repas.
- **Si l'occasion se présente**, assister à un mariage pour expérimenter le sens de la fête grecque.
- **Si vous allez au restaurant avec des Grecs**, payez la note ou faites-vous offrir le repas, mais évitez de faire le décompte de ce que chacun a mangé pour payer uniquement votre part.
- **S'asseoir à un *kafeneio*** et observer les vieux du village palabrer et jouer au *tavli* (backgammon).
- **Si vous louez un deux-roues**, faites-le dans un établissement important qui propose des modèles récents. Les accidents de scooter sont plus que courants en grèce. Si vous vous déplacez en deux-roues, même par 40 °C, portez toujours un pantalon, des chaussures fermées et une veste en plus de votre casque. Vous limiterez les dégâts en cas de chute.
- **Pensez à respecter l'environnement** : ne rien laisser derrière soi en pleine nature, même si les locaux ne sont pas forcément des modèles !

Ne pas faire

- **Entrer** dans une église ou un monastère en maillot de bain ou en short. Au contraire, prévoir des vêtements décents.
- **S'impatienter** lorsque le service est un peu long dans un restaurant. En Grèce, on ne se presse pas.
- **Déranger** les gens ou faire du bruit à l'heure de la sieste, entre 15h et 17h. C'est sacré !
- **Photographier** des hommes portant leur costume traditionnel sans leur avoir préalablement demandé l'autorisation.

SURVOL DES ÎLES GRECQUES

Selon la mythologie grecque, lorsque Dieu créa le monde, il distribua toute la terre disponible à l'aide d'un tamis ; quand tous les pays furent suffisamment pourvus, il jeta par-dessus son épaule les cailloux restés dans le tamis et créa ainsi la Grèce.

GÉOGRAPHIE

La Grèce forme une péninsule au sud-est de l'Europe et couvre une superficie de 131 957 km². Un cinquième de cette surface correspond aux quelque 6 000 îles et îlots du pays dispersés dans la mer Egée et la mer Ionienne, entre l'île de Corfou à l'ouest, l'île de Rhodes à l'est et l'île de Crète au sud.

Parmi ces 6 000 îles, seules 227 sont véritablement habitées et regroupent 15 % de la population grecque. Les îles se répartissent en six ensembles majeurs : les îles Ioniennes, les îles Saroniques, les Cyclades, le Dodécanèse, les îles de la mer Egée et les Sporades. Les deux plus grandes îles, la Crète et Eubée, occupent une place à part.

Sur les 15 000 km de côtes grecques, 4 000 km correspondent aux contours de la côte continentale, auxquels il faut rajouter les 11 000 km de côtes des îles.

Le pays est montagneux à 80 % et les deux tiers du territoire ont une morphologie accidentée. La chaîne du Pindos traverse le pays du nord-ouest au sud-est. Le contraste entre la plus haute montagne du pays (le mont Olympe à 2 917 m) et l'eau bleue de la Méditerranée est époustouflant ; c'est l'une des principales caractéristiques de la géographie grecque. Les plus longs fleuves du pays sont l'Aliakmon avec ses 297 km de long et l'Achéloos, mais aucun fleuve n'est navigable.

Au nord, une frontière de 1 180 km sépare la Grèce de l'Albanie, de la République de Macédoine du Nord, de la Bulgarie et de la Turquie. La Grèce est divisée en 51 départements (*nomoi*) et 13 régions (*periferies*) dont 4 pour les îles : îles Ioniennes, Egée-Septentrionale, Egée-Méridionale et Crète. Le mont Athos bénéficie, lui, d'un statut à part, en tant que République monastique autonome.

CLIMAT

Si le climat en Grèce est globalement méditerranéen tempéré, il diffère selon les régions. En Macédoine et en Epire, au nord du pays, les hivers sont plus rigoureux qu'ailleurs et les étés plus humides et chauds.

Le Sud du pays ainsi que les îles s'apparentent plus au climat méditerranéen classique avec des hivers doux et des étés très chauds et secs. L'été, les températures moyennes oscillent entre 27 °C et 31 °C, le mercure atteignant parfois les 40 °C. Mais très souvent, cette chaleur ne se fait pas véritablement sentir à cause d'un puissant vent du nord, le *meltemi*. Ce vent qui balaie la côte orientale de la Grèce continentale et les îles de la mer Egée (surtout les Cyclades) apporte un rafraîchissement souvent bienvenu. Il arrive qu'en début et fin de saison (mai et octobre) le *meltemi* procure une mauvaise surprise à tous les touristes qui auraient oublié leurs pulls en laine et leurs coupe-vent. Parfois vraiment violent, le *meltemi* perturbe les horaires des ferries (surtout ceux des hydroglisseurs et autres *Flying Dolphins*) et rend impraticables certaines plages trop exposées.

© THECRISS

Paysage de l'île de Thassos.

Des îles en zone sismique

Depuis les années 2000, le pays dénombre dans la zone une trentaine de tremblements de terre importants. En juillet 2017, une secousse de 6,7 sur l'échelle de Richter à Kos, dans le Dodécanèse, a causé la mort de deux touristes sous l'éboulement de pierres d'un bar et fait une centaine de blessés. Deux mois plus tôt, le précédent, sur l'île de Lesbos, avait fait un mort, une dizaine de blessés et de lourds dégâts matériels. L'île grecque de Kos est située dans une zone sismique connue, à la frontière de deux plaques tectoniques qui convergent l'une vers l'autre : au nord, la plaque eurasienne et, au sud, la plaque africaine. Ce rapprochement entraîne la déformation de la croute terrestre et le mouvement d'autres failles comme celle d'une faille située tout près de Kos. Bien qu'il ne s'agisse pas de failles majeures, d'autres secousses sont à prévoir. Quand cela arrive, les autorités consulaires sont particulièrement actives et vigilantes.

ENVIRONNEMENT – ÉCOLOGIE

Crise oblige, avouons-le, l'écologie n'est pas la préoccupation première de la Grèce. Dans un communiqué de presse, le 25 juillet 2019, la Commission européenne a ainsi déclaré avoir saisi la Cour de justice de l'Union européenne d'un recours contre la Grèce pour « incapacité à protéger correctement la biodiversité ». De même, bien que les sacs plastique en Grèce soient devenus payants depuis le 1er janvier 2018, l'utilisation du plastique ne cesse d'augmenter !

Malgré tout, l'importance de la sauvegarde et de la protection de l'environnement constitue une préoccupation très récente en Grèce mais qui prend de l'ampleur, tout comme l'écotourisme. L'été dernier encore, d'importants incendies ont ravagé les alentours d'Athènes et l'île d'Eubée, rappelant les citoyens et les touristes à la plus grande vigilance en pleine nature, au milieu d'arbres souvent asséchés par le climat. Il faut dire que le pays revient de loin. L'olivier par exemple, l'arbre préféré des Grecs pour son huile et son bois, est directement responsable de l'aridité des sols et du paysage rocailleux dans une grande partie de la Grèce ! En effet, dès l'Antiquité, les Grecs ont commencé à détruire les forêts primitives afin de les remplacer par des oliviers, mais ceux-ci n'ayant pas de racines de surface pour maintenir les sols, les couches fertiles ont été progressivement emportées par l'érosion. L'expansion de la marine grecque et de la construction navale, puis l'explosion touristique et les feux de forêt, n'ont pas favorisé la protection de l'environnement. Tous ces facteurs ont conduit à une déforestation à outrance aux conséquences néfastes pour le pays. Ainsi, un grand nombre de mesures nationales et locales ont été prises ces dernières années pour lutter contre la déforestation. L'Union européenne apporte également son soutien au vaste projet écologique de la Grèce. Néanmoins, de nombreux Grecs n'ont pas encore pris conscience de ce phénomène et continuent à maltraiter la nature en construisant des complexes hôteliers à tout va ou simplement en se délestant, sans autre forme de procès, de leurs ordures ménagères dans la nature.

PARCS NATIONAUX

Malgré la crise, le pays conserve dix parcs nationaux. La plupart se trouve en Grèce continentale ou en Crète. Enfin, le pays compte 400 zones supplémentaires protégées, dans le cadre du plan européen Natura 2000.

Les parcs nationaux

- **Le Parc national du mont Parnès** se trouve ainsi à 40 km au nord d'Athènes. La montagne, qui culmine à 1 413 m, est largement recouverte de forêts, principalement de sapins de Céphalonie, mais aussi de pins d'Alep et de chênes. La flore du parc se compose en outre de plus de 1000 autres espèces de plantes (crocus, tulipes, lys, etc.). Le Parnès héberge enfin de nombreuses espèces d'oiseaux et reste le seul lieu de Grèce où l'on rencontre le cerf élaphe.
- **Le Parc national du mont Ainos**, le seul dans les îles, est une petite chaîne montagneuse

de Céphalonie, dans la région des îles Ioniennes. Son point culminant est le Mégas Sorós qui pointe à 1 628 m, dans le prolongement de la chaîne montagneuse du Pinde, qui commence en Serbie et traverse l'Albanie. Le Parc a été créé pour protéger sa flore. Le sapin de Céphalonie, notamment, est menacé de disparition par hybridisation. Le mont Ainos et le mont Kalon sont aussi des habitats privilégiés pour certains oiseaux de proie, dont le faucon lanier et le circaète Jean-le-Blanc.

Les réserves aquatiques

- **Le Parc national marin d'Alonissos** (ou Parc national marin des Sporades) est le premier Parc national marin grec.
- **Le Parc national marin de Zante** est le deuxième Parc national marin créé en Grèce, après celui des Sporades. Il a été créé en 1999. C'est le premier parc méditerranéen qui protège une zone de ponte pour la tortue caouanne.

FAUNE ET FLORE

Faune

La faune grecque est particulièrement riche. Ce sont notamment les ornithologues qui y trouveront leur bonheur ; la Grèce et ses îles sont en effet un des lieux de passage obligé pour plus de la moitié des oiseaux migrateurs connus en Europe. Le mont Ainos et le mont Kalon sont des habitats privilégiés pour certains oiseaux de proie, dont le faucon lanier, espèce rare et menacée d'extinction. Chaque année, 140 paires de faucons d'Eléonore, sur les 3 000 derniers recensés dans le monde, arrivent de Madagascar et nidifient en pleine mer Egée, à 100 km de Rhodes, sur la petite île de Tilos.

- **La mer Egée** abrite également une population importante de dauphins et les derniers phoques moines, espèce malheureusement en voie de disparition, d'où une réserve maritime au large des côtes d'Alonissos.
- **Les plages de Zakynthos** sont abritent les plus importants lieux de ponte de la fausse tortue de mer *Caretta caretta*. Chaque année, au début de juin, les femelles de cette espèce protégée arrivent sur les plages du Sud pour y enterrer leurs œufs.

Flore

La Grèce ne se résume pas au pays de l'olivier. Même si la forêt couvre un cinquième du territoire du pays et laisse la belle place aux pins, peupliers et autres cyprès malgré la pression immobilière, la flore exceptionnelle du pays lui donne encore davantage de couleurs. Car la Grèce possède une flore inégalée en Europe. Avec plus de 6 000 espèces, dont 200 endémiques, ses fleurs sont spectaculaires, affichant même une centaine de variétés d'orchidées.

Les géographes expliquent qu'elles continuent de prospérer parce que la plupart des terres, impropres à l'agriculture intensive, auraient échappé aux ravages des engrais chimiques… Le printemps commence dès le début mars dans les régions les plus chaudes et atteint son apogée au mois de mai quand les fleurs sauvages tapissent les quatre coins de la Grèce. Et si cette richesse florale ne survit pas à la chaleur de l'été grec, on assiste à un véritable second printemps à l'automne. La flore du Parc national de Parnès, près d'Athènes, se compose de plus de 1 000 espèces de plantes (crocus, tulipes, lys, etc.). On y trouve aussi des sapins de Céphalonie, mais aussi des pins d'Alep et des chênes (verts et kermès). Dans le Parc national du mont Ainos en Céphalonie, on trouve d'importantes populations de sauge de Jérusalem et de violette de Céphalonie, autre espèce endémique.

Pélican.

Civilisation minoenne (2000 - 1500 av. J.-C.)

La civilisation grecque a commencé en Crète. A cette époque, la grande île a le quasi-monopole du commerce maritime en Méditerranée. Knossos, sa capitale, rassemble des artistes de haut niveau et les maisons de son palais connaissent un degré de confort et de raffinement aujourd'hui inimaginable. Dans le domaine des sports, une place spéciale est réservée à la tauromachie. A la tête d'une flotte importante, le roi Minos conquiert les Cyclades et leur transmet certains aspects de la brillante civilisation crétoise, dont la disparition subite et mystérieuse, vers 1500 av. J.-C., demeure une énigme de l'histoire. Elle est due soit à une invasion, soit, plus probablement, à un séisme qui aurait sa source dans la caldeira du volcan de Santorin.

Civilisation mycénienne (1500 - 1100 av. J.-C.)

A peu près à la même époque, la tribu des Achéens, venue du nord, conquiert une grande partie de la Grèce et y fonde plusieurs villes. Mycènes, la plus florissante, donnera son nom à leur civilisation. Ces guerriers sont éblouis par la civilisation crétoise. Ils invitent des artistes de cette île pour apprendre leurs techniques. Vers 1200, unies pour la première fois, toutes les tribus grecques partent à la conquête de la ville de Troie, dont le siège durera 10 ans. Selon la légende, l'objet de cette guerre est l'enlèvement de la belle Hélène, épouse de Ménélas, roi de Sparte, par Pâris, fils de Priam, roi de Troie. Homère a conté dans *L'Iliade* les détails de cette aventure, non confirmée par les découvertes archéologiques. On sait seulement que, vers le XIe siècle, des Grecs s'installent en Asie Mineure. A peu près à la même époque, les Doriens, une tribu plus guerrière que les Achéens, arrivent en Grèce. Les Doriens vont conquérir presque tout le pays, sauf l'Eubée et l'Attique, détruisant sur leur passage la civilisation mycénienne et introduisant un mode de vie basé sur la discipline militaire.

Époque géométrique et archaïque (1100 - 500 av. J.-C.)

Dans les régions épargnées par les Doriens, les arts sont toujours florissants, comme en témoignent les vases à motifs géométriques qui datent de cette période. Vers 900, un alphabet est créé, et au VIIe siècle commence à se propager l'appellation « hellène » qui englobe toutes les populations d'origine grecque. Selon la mythologie, Zeus, fâché contre les hommes, provoque pour les punir un cataclysme qui les fait tous périr, à l'exception du roi Deucalion et de son épouse Pyrrha, réfugiés dans une barque au sommet du mont Parnasse. Suivant les conseils de l'oracle de Delphes, les époux jettent derrière eux des pierres qui sont aussitôt transformées en êtres humains.Le fils de Deucalion, Hellen, aura trois fils, Doros, Eole et Xouthos et deux petits-

Le Parthénon sur l'Acropole.

fils, Achéos et Ion, qui donneront leurs noms aux tribus grecques. C'est l'époque qualifiée d' « archaïque ». D'importantes colonies grecques se développent en Syrie, en Italie, en Sicile, en Egypte, au Pont-Euxin et en Ligurie. Vers cette époque, le gouvernement aristocratique laisse la place aux tyrans, tandis que Sparte et Athènes se disputent l'hégémonie des tribus grecques.

Époque classique (500 - 300 av. J.-C.)

Grâce aux réformes de Solon, à l'administration magistrale de Pisistrate et à l'œuvre de Clisthène, véritable fondateur de la démocratie, Athènes est en plein essor tandis que Sparte, disciplinée sous les lois austères de Lycurgue, est une puissante cité guerrière. L'Empire perse en pleine expansion se heurte aux cités grecques. En 490, les Athéniens triomphent de l'armée de Darius, roi des Perses, à Marathon ; en 480, la flotte grecque détruit celle de Xerxès, successeur de Darius, à Salamine. Entre-temps, les Spartiates livrent le combat héroïque des Thermopyles, où Léonidas et 300 hommes se battent contre l'ennemi perse avec la certitude de mourir jusqu'au dernier. En 479, les Grecs triomphent des Perses à la bataille de Platées. Toutes ces victoires contribuent à faire d'Athènes le centre du monde grec. L'Acropole est dotée de temples merveilleux, les artistes créent des chefs-d'œuvre, la philosophie est florissante avec Socrate et Platon.La cité peut enfin consolider des institutions démocratiques non seulement exemplaires pour l'époque, mais sans précédent dans l'histoire du monde occidental. C'est le fameux siècle de Périclès. La démocratie grecque instaure un système fiscal qui essaie de prendre en compte les différences de niveau économique des citoyens et de donner aux citoyens pauvres les moyens de s'instruire et de suivre les manifestations culturelles aux frais de la cité. Tout citoyen libre est autorisé à participer à l'administration publique, mais peut aussi exercer un contrôle sur le bon fonctionnement des institutions. On comprend qu'une telle société ait vu naître des hommes tels qu'Hérodote, Eschyle et Phidias. Malheureusement les miracles ne peuvent pas durer et la guerre meurtrière du Péloponnèse, avec la victoire de Sparte (en 400), change définitivement la civilisation athénienne. Unir la Grèce a été l'un des rêves de Philippe II, roi de Macédoine. Mais ce qu'il ne pourra accomplir – Philippe II est mort assassiné –, son fils Alexandre le réalisera. Lorsque les conditions difficiles de la vie de soldat causent sa mort, en 323 av. J.-C., à l'apogée de sa gloire, Alexandre le Grand n'a que 33 ans. Aujourd'hui, on a de la peine à concevoir comment ce jeune roi a pu, en si peu de temps, conquérir et unir la Grèce, puis mener contre les Perses une campagne qui le conduira en Asie Mineure, en Syrie, en Egypte, en Perse et en Inde, autant de pays où l'on trouve encore les traces de son passage et l'influence de la civilisation grecque.

Porte principale du palais des Grands Maîtres à Rhodes.

Période hellénistique (300 - 214 av. J.-C.)

L'unité des cités grecques ne survivra pas à Alexandre le Grand. Le monde grec entre dans une période de décadence dont les Romains tirent profit. Rivalisant entre eux, les généraux d'Alexandre créent de nouveaux royaumes où l'on voit rayonner des villes comme Alexandrie et Pergame. Autant de centres en plein essor qui attirent de nombreux hommes de science et artistes tout en appauvrissant le pays en ressources humaines. C'est l'époque d'Epicure, de Zénon, père du stoïcisme, et des statuettes de Tanagra.

Période romaine (214 av. J.-C. – 200 apr. J.-C.)

Les conflits internes et l'émigration vers les colonies de l'Asie Mineure ont laissé la Grèce affaiblie, une proie facile pour la nouvelle puissance naissante, Rome. Corinthe, dernier bastion, tombe en 146 av. J.-C. Cependant, la civilisation grecque attire les nouveaux conquérants qui l'acceptent, l'adoptent et aident à sa propagation. L'empereur Hadrien contribue notamment de manière essentielle à l'essor du pays, tandis que des mécènes, tel Hérode Atticus, construisent d'importants monuments. En 50 apr. J.-C., l'apôtre Paul visite la Grèce et introduit le christianisme dans le pays. Les *Evangiles*, écrits en langue grecque, vont rapidement détrôner le panthéon olympien.

CHRONOLOGIE

La Grèce antique

- **2800 à 2200 av. J.-C** > Civilisation cycladique.
- **2000 à 1450 av. J.-C** > Civilisation minoenne en Crète.
- **1400 à 1000 av. J.-C**> Civilisation mycénienne.
- **Vers 1200 av. J.-C** > Civilisation des Doriens.
- **490 av. J.-C** > La première guerre médique s'achèvera avec la victoire des Athéniens à Marathon sur les Perses de Darios.
- **480 av. J.-C**> La seconde guerre médique a lieu, elle aboutira à la victoire des Grecs à Salamine, sous la conduite de Thémistocle, sur les Perses de Xerxès.
- **450 à 429 av. J.-C** > C'est l'époque de Périclès et de l'apogée athénienne.
- **431 à 404 av. J.-C** > La guerre du Péloponnèse commence, Sparte en ressortira vainqueur.
- **359 av. J.-C** > Avènement de Philippe II de Macédoine.
- **364 à 324 av. J.-C** > Alexandre le Grand s'illustre dans des conquêtes qui le mèneront jusqu'en Inde. Il meurt en 323 av. J.-C.

L'hellénisme de l'époque romaine et de Byzance

- **146 av. J.-C** > La Grèce passe sous la domination romaine pour devenir ultérieurement province romaine sous l'empereur Auguste.
- **330** > Constantinople est fondée et devient la capitale de l'empire romain.
- **395** > Création de l'empire romain d'Orient ou empire byzantin (395 - 1453) de langue et de civilisation grecques, avec Constantinople comme capitale.
- **863** > Cyrille et Méthode commencent l'évangélisation des Slaves et créent l'alphabet cyrillique.
- **XIe et XIIe siècles** > L'humanisme byzantin s'épanouit.
- **1054** > Schisme entre l'Eglise catholique romaine et l'Eglise orthodoxe grecque.
- **1204** > La IVe croisade, sous la conduite des Vénitiens, prend Constantinople. L'Empire byzantin connaît la période dite de la Francocratie.
- **1261** > Michèle Paléologue fonde la dynastie des Paléologues. L'Empire byzantin est reconstitué.
- **XIIIe et XIVe siècles** > On assiste à une renaissance culturelle à Byzance.
- **1453** > Mahomet II prend Constantinople, fait qui consacre la fin de l'Empire byzantin. La Grèce passe sous la domination turque. La Crète quant à elle ne sera prise qu'en 1669.

La domination ottomane

- **Fin du XVIIIe siècle** > La renaissance hellénique se fait jour.
- **1768-1774** > La Russie obtient un droit de protection des Grecs de l'Empire ottoman suite à la guerre russo-turque.
- **1770** > Les Grecs se révoltent contre les Turcs dans le Péloponnèse. De 1790 à 1803 c'est au tour de l'Epire de se soulever.
- **1821** > Début du soulèvement grec contre les Turcs. Des héros grecs de l'indépendance s'illustrent par leur courage : Botzaris, l'archevêque Germanos, Mavromichalis, Ypsilantis, Mavrocordatos, Kolokotronis, Karaïskakis, Makrigiannis.
- **1822** > L'Assemblée nationale d'Epidaure proclame l'indépendance de la Grèce. Massacre des Grecs de Chio par les Turcs (voir le tableau de Delacroix au Louvre). Missolonghi, ville où mourra le poète anglais Lord Byron en 1824 est assiégée.
- **1827** > A la bataille de Navarin, Français, Anglais et Russes détruisent la flotte turco-égyptienne.
- **1829** > L'Empire ottoman signe le traité d'Andrinople, reconnaissant ainsi l'autonomie de la Grèce.
- **1830** > Protocole de Londres : reconnaissance de fait de l'indépendance de la Grèce.

Le nouvel État grec

- **1831** > Ioannis Capodistria est assassiné. Imposé par les puissances française, anglaise et russe, Othon de Bavière devient roi de Grèce à 18 ans.
- **1863** > Georges Ier, prince danois, monte à son tour sur le trône.
- **1875** > Sous la pression des libéraux, le régime évolue vers un système parlementaire.
- **1909** > Un coup d'Etat dirigé par une ligue militaire oblige Georges Ier à nommer Eleftherios Venizélos Premier ministre.
- **1912-1913** > Suite aux guerres balkaniques, la Grèce agrandit peu à peu son territoire.

1917 > La Grèce se joint à la Triple Entente dans la Première Guerre mondiale.

1919 > Les traités donnent à la Grèce la Thrace, les îles d'Imbros et Ténédos et la région de Smyrne en Asie Mineure.

1923 > Le traité de Lausanne consacre la victoire turque dans la guerre qui opposera la Grèce à la Turquie en 1921. Un échange de population est organisé entre les deux pays. Le roi Constantin abdique. Son fils Georges II monte sur le trône et abdiquera peu après.

1924 > La République est proclamée. Venizélos retourne au pouvoir et tente de stabiliser le pays.

1935 > Le roi Georges II revient et rétablit la constitution de 1911.

1936 > Venizélos meurt à Paris. Un régime autoritaire est installé par le général Metaxas.

1940-1941 > L'Italie attaque la Grèce et se retrouve en position difficile. Les Allemands interviennent et occupent toute la Grèce jusqu'en octobre 1944.

1946-1949 > La guerre civile grecque commence et s'achève par la défaite des communistes.

La Grèce contemporaine

1952 > La Grèce adhère à l'OTAN.

1960> Début de l'essor du tourisme.

1967> Un coup d'Etat est fomenté par une junte militaire menée par le général Papadopoulos. La dictature dite des Colonels durera jusqu'en 1974.

1974> Le coup d'Etat à Chypre renverse le président Makarios. L'armée turque intervient et occupe encore aujourd'hui la partie nord de l'île. La démocratie est restaurée en Grèce, la République est proclamée et Caramanlis devient chef du gouvernement.

1975> Signature de la Constitution.

1981> La Grèce entre dans la CEE. Les socialistes accèdent au pouvoir sous la direction d'Andréas Papandréou.

2001-2002 > La Grèce adhère à l'Union économique et monétaire. Entrée dans la zone euro.

2004> Après onze ans de pouvoir du Pasok (parti socialiste grec), les libéraux de droite (Nea Democratia) reprennent la tête du Parlement grec.

1er mai 2004 > La partie grecque de l'île de Chypre entre dans l'Union européenne alors que sa partie occupée par les Turcs est refusée.

Octobre 2009> Les socialistes de Georges Papandréou remportent les élections législatives anticipées demandées par le Premier ministre conservateur Costas Caramanlis après 6 ans au gouvernement. Le Pasok accède donc au pouvoir pour 4 ans et décide de faire la vérité sur le déficit budgétaire du pays. C'est le début d'une crise sans précédent en Grèce.

Octobre 2011> L'Europe valide un plan de sauvetage et réduit la dette de 50 % en échange de mesures drastiques dans le pays.

Novembre 2011> Mise en place d'un gouvernement d'union nationale dirigé par Lucas Papadémos pour établir le plan de sauvetage.

Juin 2012> Des élections nationales se tiennent à nouveau. L'avance du parti de droite Nouvelle Démocratie se confirme, suivi par le Syriza (coalition de gauche radicale). Emergence du parti Aube dorée, qualifié de néo-nazi, qui entre au Parlement.

Septembre 2013> Suite au décès de Pavlos Fyssas, rappeur grec, poignardé par un membre d'Aube dorée, le leader du parti et plusieurs députés sont arrêtés pour appartenance à une organisation criminelle.

Janvier 2015> Alors que les plans d'austérité s'enchaînent mais que la dette continue à augmenter, le mécontentement de la population atteint des niveaux records avec manifestations et émeutes. C'est le parti radical de gauche, Syriza, qui gagne les élections de janvier 2015 sur un programme anti-austérité. Alexis Tsipras devient Premier ministre.

Juin 2015> La Grèce est officiellement en défaut de paiement. Tsipras organise un référendum pour accepter ou rejeter le nouveau plan d'austérité. Le « non » l'emporte et les négociations reprennent pour éviter une sortie de la zone euro par la Grèce.

Août et septembre 2015> Un nouveau plan d'austérité est conclu, Tsipras démissionne. Des élections anticipées sont organisées en septembre 2015 : Tsipras est réélu mais avec un taux d'abstention record.

Août 2018> Fin du dernier plan d'austérité. Retour de la croissance.

Janvier 2019> Le Parlement grec ratifie l'accord dit « de Prespa » qui rebaptise le pays voisin en République de Macédoine du Nord.

Juillet 2019> Kyriakos Mitsotakis (Nouvelle Démocratie) remporte les élections législatives et devient Premier ministre.

Période byzantine (330 - 1453)

Fondateur de Constantinople en 330, l'empereur Constantin met en place les bases du grand Empire byzantin qui, durant quelque onze siècles d'existence, devra affronter maints ennemis : les Perses, les Arabes, les Turcs, les Huns, les Slaves… Fer de lance de cet empire, l'Eglise byzantine – sa rupture avec Rome date de 1054 – est très puissante et ses monastères étonnamment prospères. Au cours des siècles, les législateurs byzantins vont prendre certaines mesures favorables aux femmes : ils leur garantissent notamment la jouissance de leurs biens, interdisent la répudiation, et accordent à la mère les mêmes droits qu'au père sur les enfants. Les œuvres sociales sont aussi encouragées avec la création d'hôpitaux, d'hospices et d'orphelinats. Au VIe siècle, Justinien et son épouse Théodora contribuent à l'essor des arts et des lettres (on doit à Justinien la construction de la magnifique église Sainte-Sophie, à Constantinople). Un deuxième âge d'or s'ouvre pour Byzance avec la dynastie macédonienne (867-1056). Le commerce, l'artisanat, les sciences et les arts prospèrent, et le faste de la cour, malgré ses intrigues, fait rêver les Européens, tandis que le danger permanent des invasions bulgares rend la société de Constantinople palpitante et créative. En 972, la princesse Theophano, sœur de Basile II, épouse l'empereur allemand Othon ; elle emmène avec elle des savants, ce qui permet d'établir un contact fructueux entre la civilisation byzantine et l'Occident. En 1204, lors de la quatrième croisade, les croisés prennent Constantinople et y fondent un Empire latin qui va durer jusqu'en 1261. Ces quelques années suffiront pour détruire la cohésion de la civilisation byzantine et créer les circonstances propices à sa décadence. L'affaiblissement de l'Empire byzantin sera vite perçu par les Ottomans : en 1453, Constantinople tombe aux mains des Turcs, un événement aujourd'hui encore ressenti tragiquement par beaucoup de Grecs.

Occupation turque et résistance (1453 - 1830)

En 1669, avec la prise de la Crète, la Grèce est occupée par les Turcs. Désormais maîtres du pays pour près de quatre siècles, les Turcs imposent de lourdes taxes et pratiquent une politique d'enrôlement de force des enfants pour en faire de redoutables soldats, les janissaires. Pour autant, ils font montre d'une grande tolérance envers la religion orthodoxe, ce qui explique peut-être que l'identité nationale grecque ait pu survivre durant une aussi longue occupation. Ce sont d'ailleurs les églises qui, au XVIIIe siècle, organisent les premières « écoles secrètes », tandis que dans les montagnes, des bandits, les kleftes, jouent les Robin des bois contre les Turcs.

En 1814, des commerçants grecs d'Odessa fondent la Filiki Etairia, société secrète pour la libération du pays. Le 25 mars 1821, au monastère d'Aghia Lavra, à Kalavrita, le patriarche Germanos lève le drapeau révolutionnaire, donnant le signal du commencement des combats pour l'indépendance. Les affrontements sont sanglants et le destin de plusieurs héros tragique, comme celui d'Athanassios Diakos qui meurt embroché après avoir combattu l'armée turque avec seulement quarante hommes. Ces exploits ayant réussi à toucher l'opinion publique européenne, plusieurs personnalités déclarent leur soutien à la cause grecque : le poète anglais lord Byron se rend sur place, Chateaubriand, Lamartine, Hugo, la duchesse de Plaisance prennent publiquement parti pour la Grèce indépendante. Devenu Premier ministre à Londres, lord Canning persuade la France et la Russie d'intervenir avec l'Angleterre pour mettre fin à la guerre. En juin 1827, les trois puissances signent un traité reconnaissant l'autonomie de la Grèce. Après deux autres années de guerre, en 1829, les Russes, vainqueurs des Ottomans, obligent le sultan à signer le traité d'Andrinople qui garantit l'indépendance grecque.

Le nouvel État grec

Jean Capo d'Istria, premier gouverneur de la Grèce indépendante, meurt assassiné à Nauplie en 1831. Deux ans plus tard, commence le règne d'Othon de Bavière. Mais la vie politique du pays reste influencée par les grandes puissances, ce qui crée des mécontentements et conduit à la destitution d'Othon en 1862. Son successeur est Georges Ier, prince du Danemark. Après son élection, l'Angleterre donne à la Grèce les îles Ioniennes. En 1878, le traité de Santo Stefano rend la Thessalie et une partie de l'Epire à la Grèce. En 1911, Vénizelos, un homme à la forte personnalité qui va marquer l'histoire du pays et sera adoré par ses partisans, est nommé Premier ministre. Durant la guerre des Balkans (1912-1913), l'armée grecque commandée par Vénizelos libère la Macédoine et l'Epire, la Crète et les îles de la mer Egée... hormis les îles du Dodécanèse. Celles-ci sont occupées dès 1912 par le royaume italien, devenu l'Italie fasciste dix ans plus tard. A la fin de la Première Guerre mondiale, la Grèce, qui était du côté de l'Entente, reçoit la Thrace et Smyrne. En 1922, les forces grecques sont défaites par l'armée turque en Asie Mineure, et cet événement prend des dimensions catastrophiques : les Turcs forcent des flots de réfugiés à retourner sur le continent, massacrant tous les habitants d'origine grecque de Smyrne.

L'entre-deux-guerres est, comme ailleurs en Europe, une période d'instabilité politique chronique. Après l'avènement de la République qui suit la destitution du roi Georges II, la monarchie est rétablie par un nouveau coup d'Etat en 1935. L'année suivante, le général Ioannis Metaxas abolit la Constitution et s'attribue les pleins pouvoirs : c'est le début d'une dictature inspirée de l'Italie fasciste. De nombreux opposants politiques notamment communistes sont envoyés en exil ou dans des camps de travail.

Pourtant proche de l'idéologie et des pratiques mussoliniennes, Metaxas refuse de laisser passer les troupes italiennes et donc de s'allier au fascisme : c'est le « non » prononcé par Metaxas le 28 octobre 1940 qui marque le basculement de la Grèce dans les nations alliées. Cependant, les troupes italiennes avancent dans la région d'Epire. La Grèce résiste et, après un combat héroïque, repousse les forces fascistes en Albanie. Mais elle n'arrive pas à se défendre face aux armées nazies. L'occupation allemande est très dure et la résistance s'organise. Mais très vite des dissensions internes émergent entre les différentes factions de partisans et le Royaume-Uni qui refusent de voir la Grèce basculer vers un régime communiste à la sortie de la guerre.

En 1947, le traité de Paris rend à la Grèce l'archipel du Dodécanèse qui rejoint enfin le pays l'année suivante. Le pays n'est pas au bout de ses souffrances puisque, aussitôt, commence la guerre civile entre libéraux et communistes dont les conséquences seront tragiques pour le pays. Cette guerre civile durera deux ans (1947-1949). Avec l'aide des Britanniques, l'armée grecque vainc l'armée communiste, l'ELAS. Ses partisans sont exilés ou emprisonnés. La division du pays laissera des séquelles qui influenceront considérablement la vie politique du pays jusqu'à aujourd'hui.

De l'instabilité à la dictature des colonels

La Grèce s'efforce d'entreprendre sa modernisation agricole et industrielle, se tournant aussi vers le tourisme au début des années 1960. Malgré ces efforts, le pays accuse toujours un retard économique, mais les difficultés sont avant tout politiques. Les gouvernements successifs (Constantin Caramanlis est élu Premier ministre en 1955, son mandat se prolongeant jusqu'en 1963, puis Giorgios Papandréou qui lui succède en 1964) ne jouissent pas d'une grande assise, légitimés seulement par la couronne. La Constitution, sous couvert de dispositions démocratiques, garantit un rôle d'intervention au monarque. Les libertés ne sont qu'apparentes, notamment en ce qui concerne le droit de grève et la liberté de la presse. Corruptions et querelles intestines minent l'Etat. Dans ce contexte instable, l'armée constitue le seul pouvoir fort. Parallèlement, les structures sociales évoluent rapidement. L'émigration interne a donné naissance à une classe moyenne revendicatrice et souhaitant modernisation et démocratie. La scolarisation progresse et les étudiants de l'enseignement supérieur s'affirment comme des acteurs essentiels de la vie publique. C'est dans ce climat que se produit en avril 1967 le coup d'Etat de Papadópoulos, Pattakos et Makarezos. L'objectif est clair : le bond en avant vers le progrès passe par l'élimination de toute tendance vers le parlementarisme. Déclarant fidélité à la couronne, les trois militaires procèdent à des arrestations massives visant à neutraliser l'opposition (les chefs des partis sont ainsi arrêtés à leur domicile) et à des déportations, notamment d'intellectuels, vers les îles de Yaros et Leros.

En août, un groupe de jeunes militants centristes fomente une tentative d'assassinat contre Papadópoulos sous l'égide de Panagoulis, mais celle-ci échoue. Toutes les réformes du gouvernement Papandréou sont abolies et les libertés suspendues. La junte militaire affiche son slogan : « Nous voulons sauver la Grèce des Grecs chrétiens. » Les mesures sont radicales : plus de pantalons pour les femmes et plus de cheveux longs pour les hommes. Cette dictature ne laisse pas les autres pays européens indifférents qui, au nom de la violation des droits de l'Homme, décident d'exclure la Grèce du Conseil européen le 31 août 1968. Si l'action de Panagoulis a échoué, elle a néanmoins valeur de symbole, un acte d'accusation contre le régime dont le retentissement sera international. Son procès est l'occasion de dénoncer la torture et le rôle de l'Otan dans le coup d'Etat. La mort de Georges Papandréou donne lieu à des funérailles qui se transforment en manifestations contre la dictature. Il n'y en aura plus jusqu'en novembre 1973, quand les étudiants de Polytechnique se barricadent dans l'enceinte de leur université. Une révolte armée sanglante s'organise contre la junte des colonels. Les militaires éloignent alors les colonels et autorisent un retour progressif des partis. En 1974, les militaires commettent l'erreur de vouloir renverser le président chypriote Makarios, ce qui donne un prétexte à l'armée turque pour envahir une partie de l'île de Chypre...

QUELQUES FIGURES HISTORIQUES

Alexandre le Grand (356 - 323 av. J.-C.). Il a eu Aristote pour précepteur et, pour lui enseigner l'art de la guerre, les campagnes de son père Philippe II, contre les Thraces et les Illyriens. Il lui succède en 336, à l'âge de 20 ans. Sa vie est marquée par la constitution d'un empire dont la réalisation lui coûtera la vie à 33 ans. Empire qui ne lui survivra pas. Après avoir vaincu les peuples révoltés de Grèce, Alexandre initie une politique expansionniste au détriment des Perses, conquérant l'Egypte, où il fonde Alexandrie, et s'empare de Babylone et de Persépolis qu'il fait brûler. Il traverse le Tigre et l'Euphrate, soumet les Perses, puis entreprend l'étonnante expédition qui le mènera au-delà de l'Indus, en Inde du Nord, où son souvenir encore vivace nourrit la légende. Miné par la maladie et les privations de sa vie de soldat (certains historiens affirment qu'il a été assassiné), Alexandre le Grand meurt dans la ville dont il rêvait de faire la capitale de son empire, Babylone.

Aristophane (vers 445 - 380 av. J.-C.). Poète satirique athénien fort apprécié de son temps, il critique avec un humour caustique l'actualité sociale et politique. De son œuvre de 44 pièces, appartenant à la comédie ancienne, 11 pièces seulement nous sont parvenues. De tendance conservatrice, il attaque les démocrates en guerre contre Sparte dans *Les Acharniens*, raille les philosophes tels que Socrate ou Euripide dans *Les nuées* et *Les Grenouilles* ou encore traite de problèmes sociaux dans *L'Assemblée des femmes*.

Aristote (384 - 322 av. J.-C.). Philosophe né à Stagire, en Macédoine, il a été le précepteur d'Alexandre le Grand à partir de 342 mais plus encore, l'élève brillant de Platon. Très vite, pourtant, il crée sa propre école à Athènes, rivale de l'académie de Platon : le Lycée ou *Peripatos*, sorte de péristyle où l'on apprend en discutant et en se promenant. Aristote s'intéressera à la physique, à la métaphysique, aux sciences naturelles, à la littérature.

Démocrite (vers 460 - 370 av. J.-C.). Philosophe né à Abdère, il hérite de la tradition philosophique d'Ionie. Aucun texte original ne nous étant parvenu, c'est Aristote et Diogène Laërce qui nous ont fait connaître sa philosophie. Fondateur de son école, sa pensée définit la nature comme une infinité d'atomes, particules invisibles, indestructibles et complémentaires entre elles, dont le mouvement dans le vide est à l'origine des êtres, des mondes et de l'univers. Pour lui, le bonheur est à rechercher dans la modération des désirs.

Eschyle (vers 525 - 456 av. J.-C.). Né à Eleusis, il est considéré comme le fondateur de la tragédie grecque. De ses 90 œuvres nous n'en connaissons que 7, dont Les *Perses* et *Prométhée enchaîné*. Il a donné au drame ses lois rigoureuses en faisant une plus grande place aux dialogues et à l'action aux dépens du coryphée. Il a introduit le masque et a innové en matière de mise en scène.

Euripide (480 - 406 av. J.-C.). C'est dans une ville d'Athènes déclinante, où les classes sociales, les traditions et les institutions deviennent vacillantes, qu'Euripide compose ses 92 pièces, dont 18 seulement nous sont parvenues. C'est une œuvre qui rompt avec la célébration traditionnelle du passé et qui innove en s'interrogeant sur les passions des hommes de son temps. La modernité de son œuvre lui a valu une gloire posthume.

Héraclite (vers 540 - 480 av. J.-C.). Philosophe, né à Ephèse. Il nous reste des fragments de son ouvrage *De l'Univers* qui aborde autant la physique ou la politique que la théologie. Il y définit le feu comme l'élément primitif de la matière. Le monde, perpétuellement en mouvement et en devenir, trouve son origine et son harmonie dans le conflit des contraires.

Hérodote (484 - 425 av. J.-C.). Conteur, voyageur, Hérodote est surtout le premier historien grec. Né en Asie Mineure, il est marqué dès son plus jeune âge par la coalition de la Grèce contre l'invasion des Perses qui dominent à peu près toute l'Asie occidentale. En témoignent ses 9 ouvrages historiques, qui retracent les antécédents et le déroulement des guerres médiques. Hérodote enquête sur les mœurs, les coutumes, la façon de vivre de chaque peuple. Il est considéré par Cicéron comme « le père de l'histoire ».

Homère. On sait peu de chose sur la vie de ce maître des poètes grecs, si ce n'est qu'il a vécu dans la première moitié du VIIIe siècle, à Smyrne notamment. La tradition le dit aveugle. Cela ne l'a point empêché de conter ses deux superbes épopées, *L'Iliade* et *L'Odyssée*. La première retrace la guerre de Troie et célèbre la prouesse individuelle. L'inspiration héroïque éclate aussi dans la seconde, l'odyssée initiatique d'Ulysse, un homme qui, en 20 ans de guerres et d'aventures, ne désespérera jamais de retrouver sa patrie et sa femme.

Périclès (vers 495 - 429 av. J.-C.). La célèbre statue du musée du Vatican le représente casqué. Cet orateur démocrate a eu d'abord des accents guerriers avant de se consacrer à l'épanouissement culturel d'Athènes dont il parachève la démocratisation de la vie politique. Réélu régulièrement durant 30 ans, il abandonne peu à peu ses rêves d'un impérialisme athénien pour se tourner vers des sources spirituelles et intellectuelles. C'est ainsi sous Périclès qu'Athènes voit la construction de l'Acropole, et que Le Pirée bénéficie de l'érection de ses fortifications.

Phidias (vers 490 - 431 av. J.-C.). Elève d'Agéladas d'Argos, ce sculpteur a été chargé par son ami Périclès de la décoration du Parthénon et de la direction de la construction de l'Acropole. Ses œuvres les plus connues sont l'*Athéna Promachos* (vers 453), bronze de 8 m de hauteur placé sur l'Acropole, et l'*Apollon de Cassel* (vers 460). Son talent s'illustre en particulier dans les statues chryséléphantines (ivoire et or) d'Athéna pour le Parthénon et de Zeus pour le temple d'Olympie, dont il ne reste aujourd'hui que des fragments.

Platon (vers 428 - 348 av. J.-C.). On l'imagine dispensant son enseignement dans les jardins d'Académos, là où il avait créé son académie, le doigt levé, comme nous le montre Raphaël dans *L'Ecole d'Athènes*. La connaissance pour lui n'est concevable que si l'on dirige l'âme vers la contemplation du Bien et du Vrai. Toute son œuvre s'applique à transmettre cet idéal : *L'Apologie de Socrate*, *Le Banquet* (sur l'amour), *La République* (sur l'organisation de l'Etat), *Les Lois* (sur celles de la cité).

Polyclète (Ve siècle av. J.-C.). Sculpteur et architecte originaire d'Argos et élève d'Agéladas, ses œuvres obéissent à la théorie des proportions du corps humain qu'il avait énoncée dans son ouvrage *Canon*. La statue du *Doryphore*, le porteur de lance, considérée comme une base du classicisme, et le *Diadumène* représentant un athlète se couronnant (conservé au musée d'Athènes) serviront de modèles à ses successeurs.

Praxitèle (vers 390 - 330 av. J.-C.). Né à Athènes, ce sculpteur a créé avec l'*Aphrodite* de Cnide (copie antique), un type d'Aphrodite dont l'harmonie des courbes a influencé l'époque hellénistique. Il ne reste de lui, malheureusement, qu'une seule œuvre : la célèbre statue en marbre représentant Hermès, jouant avec l'enfant Dionysos, conçue pour le temple d'Héra à Olympie. Elle se trouve aujourd'hui au musée d'Olympie.

Pythagore (VIe siècle av. J.-C.). C'est l'austérité qui règle la vie de ce philosophe et mathématicien né à Samos. Cette école, qui a le caractère d'une secte, vise à retrouver dans l'univers des relations numériques et tend parallèlement vers la perfection morale par le biais de l'ascétisme. On lui doit des découvertes arithmétiques, géométriques et astronomiques (comme le théorème du carré de l'hypoténuse).

Socrate (vers 470 - 399 av. J.-C.). Philosophe athénien, hostile à tout enseignement dogmatique, il n'a jamais écrit aucun traité de philosophie. Sa pensée est surtout connue par *Les Dialogues* de Platon, *Les Nuées* d'Aristophane et *Les Mémorables* de Xénophon. Sa méthode repose sur des interrogations qui doivent amener ses interlocuteurs à dépasser leurs propres contradictions. En résumé, il s'efforce de perfectionner la devise : *Connais-toi toi-même*. Accusé d'impiété envers la religion d'Etat et de corruption de la jeunesse, il est condamné à boire la ciguë (plante toxique des chemins et des décombres) après avoir refusé de s'enfuir par respect des lois de la cité.

Sophocle (entre 496 et 494 - 406 av. J.-C.). *Œdipe roi*, *Antigone*, *Electre* sont les pièces les plus célèbres de ce poète tragédien né à Colone. Sur plus d'une centaine de pièces créées, 7 nous sont connues. Contrairement à Eschyle chez qui les dieux jouent un rôle primordial dans les affaires humaines, l'œuvre de Sophocle semble influencée par le spectacle d'une Athènes démocratique à l'apogée de son système social et politique.

Statue de Platon devant l'académie des sciences d'Athènes.

De l'avènement de la démocratie...

Un désastre qui permettra le retour au pouvoir d'une personnalité respectée par toute la classe politique, Konstantin Karamanlis, jusqu'alors exilé à Paris. Un référendum est aussitôt organisé pour décider si la Grèce sera une monarchie constitutionnelle ou une République.

La majorité des votants ayant opté pour la République, la Constitution prévoit des élections pour la désignation des 300 membres du Parlement qui à leur tour élisent Karamanlis président de la République. Farouchement pro-européen, Caramanlis sera l'artisan de l'entrée de la Grèce dans la CEE (1981).

Cette même année, le Parti socialiste (PASOK) d'Andréas Papandréou remporte les élections. Papandréou restera au pouvoir pendant sept ans. En 1988, son gouvernement est impliqué dans une série de scandales économiques majeurs. Le PASOK perd la majorité des sièges au Parlement. Tzannis Tzannetakis, une personnalité de la droite, grâce à une coalition avec le Parti communiste, entreprend le processus de catharsis (épuration) qui aboutit à la poursuite judiciaire de plusieurs personnalités du PASOK, dont Andréas Papandréou lui-même.

En 1990, après trois élections consécutives, Konstantin Mitsotakis, chef du parti libéral de la Nouvelle Démocratie, devient Premier ministre et Konstantin Karamanlis retourne à la présidence de la République. Mais la situation du pays ne s'améliore que lentement, et des rumeurs de corruption en 1992 et une affaire d'écoute téléphonique en 1993 finissent par déstabiliser le gouvernement de Mitsokakis qui perd sa majorité parlementaire à la fin de la même année. Les élections anticipées en octobre 1993 redonnent la majorité parlementaire au PASOK de Papandréou, qui malgré son mauvais état de santé dirigera le parti jusqu'à sa mort le 26 juin 1996. Costas Simitis, opposant ouvert à Papandréou, prend alors la tête du PASOK et le réoriente politiquement. Appartenant à la même école politique que Tony Blair, Simitis fait pencher le PASOK vers le centre et en arrive même à s'accorder avec la Nouvelle Démocratie sur les grandes orientations à suivre. Il s'efforce également d'approfondir les liens de la Grèce avec l'Union européenne et de faire participer son pays à l'Union monétaire. En politique locale, les relations avec la Turquie restent très délicates, la guerre menaçant d'éclater à plusieurs reprises et fragilisant la stabilité politique. En 2004, la Nouvelle Démocratie reprend à nouveau la main. Kostas Caramanlis (le neveu du restaurateur de la démocratie) est élu le 7 mars 2004 pour 4 ans. Il devient à 47 ans le plus jeune Premier ministre de l'histoire politique de la Grèce. Il promet un renouveau politique et économique. En vain.

... à la rigueur économique

Georges Papandréou est devenu Premier ministre après que la gauche (PASOK, socialiste) a remporté les élections législatives anticipées en octobre 2009. Le pays est confronté à la plus grave crise économique de son histoire. Afin de freiner l'inflation et réduire le déficit budgétaire, le gouvernement, étroitement surveillé par les créanciers européens et le FMI, impose une politique d'austérité drastique. Dans ce contexte, un sentiment d'insécurité et de peur se développe, sur lequel va surfer l'Aube dorée, un parti d'extrême droite qualifié de néo-nazi, pour gagner quelques sièges au Parlement lors des élections nationales anticipées de mai 2012. Les années suivantes sont marquées par une instabilité politique chronique, la montée du parti radical de gauche Syriza et l'accumulation des plans d'austérité pour sauver l'économie grecque et éviter les effets dévastateurs d'un Grexit ou sortie de la Grèce de la zone euro. L'homme politique qui a marqué cette période est Alexis Tsipras, élu Premier ministre en janvier 2015 et chef du parti Syriza. Les années qui suivent son élection sont faites de démissions successives et de négociations entre créanciers internationaux et institutions grecques alors que le pays doit faire face à une fuite des cerveaux, notamment chez les jeunes diplômés. A ces défis nationaux se rajoute la crise des réfugiés qui culmine à l'été 2015 avec l'afflux toujours grandissant de personnes fuyant le Moyen-Orient par les côtes turques et accostant tant bien que mal sur les côtes grecques, notamment dans les îles du Dodécanèse et de nord Egée. La situation devient bientôt catastrophique : la Grèce doit faire face seule à une réelle crise humanitaire avant que l'Union européenne ne négocie avec la Turquie l'installation de camps de réfugiés sur son territoire. Au cours de 2016-2017, le flux de réfugiés se tarit en Grèce. En 2018, le dernier plan d'austérité d'une douloureuse série prend fin et la Grèce semble renouer avec la croissance. Début 2019, le salaire minimum en Grèce a augmenté de 11 %, passant de 586 euros brut à 650 euros. Le Premier ministre, Alexis Tsipras, se félicite d'une « première depuis dix ans ». Cela ne l'empêchera pas d'être battu aux élections législatives, six mois plus tard, par la droite de Kyriakos Mitsotaki qui promet d'alléger les charges des Grecs, rincés par la crise...

POLITIQUE ET ÉCONOMIE

Politique

Fidèle à son cliché mythique d'inventeur de la démocratie, le peuple grec se passionne pour la vie politique. Athènes, la capitale, focalise les enjeux les plus houleux puisque c'est là que se prennent les décisions nationales et les débats y sont souvent vifs et bien alimentés.

Structure étatique

La Grèce est une République parlementaire depuis le 8 juillet 1974. La constitution actuelle est votée en 1975 et amendée en 1986. L'Assemblée nationale, le *Vouli,* est élue pour 4 ans au suffrage universel : 300 députés y représentent 50 circonscriptions.
Le président de la République est élu par le Parlement pour une période de 5 ans, renouvelable une fois. Avec des pouvoirs limités, son rôle est plutôt représentatif. C'est le Premier ministre qui forme et dirige le gouvernement. Officiellement, le pouvoir exécutif est aux mains des ministres. En réalité, les 9 régions du pays jouissent d'importantes responsabilités administratives.
Culture politique oblige, le suffrage en Grèce est obligatoire ; tout citoyen de plus de 18 ans a droit au vote mais ne peut être éligible qu'à partir de 25 ans.

Partis

Le régime grec est une démocratie pluraliste. Deux grands courants ont dominé la scène politique pendant plusieurs décennies (le ND et le Pasok), mais la crise qui frappe le pays a changé la donne. Les élections législatives anticipées de septembre 2015 ont été remportées par les radicaux de gauche de Syriza, sans obtenir la majorité absolue. Ils forment depuis lors un gouvernement de coalition avec les Grecs indépendants. Sans changement imprévu, les prochaines élections auront lieu en octobre 2019.

- **Syriza** est depuis 2015 le premier parti politique du pays. C'est un parti de coalition de gauche, réunissant des partis d'extrême gauche, des éco-socialistes et des trotskystes luttant contre les politiques d'austérité imposées à la Grèce. Longtemps petit parti d'opposition, le parti a connu une ascension fulgurante au cours des 5 dernières années, portée par le mécontentement grandissant de la population face à la crise économique.
- **Nouvelle Démocratie** est un parti conservateur et libéral et le principal parti d'opposition à Syriza. Membre du Parti populaire européen à l'image du parti des Républicains, de la CDU ou du Parti populaire espagnol, il se trouve à la droite de l'échiquier politique grec.
- **Le MeRA25,** acronyme grec de "Front de désobéissance réaliste européenne à l'horizon 2025", a été créé en 2018 par l'ancien ministre des Finances grec, Yanis Varoufakis, figure anti-austérité, qui a quitté Syriza.

© LUCIAN BOLCA

Marble Beach, près de Thassos.

- **Le Kinal,** né sur les cendres du Pasok (socialiste), est un mouvement lancé en 2017 qui regroupe le Mouvement socialiste panhellénique (PASOK), le Mouvement des socialistes démocrates (KIDISO), La Rivière (To Potámi) et la Gauche démocrate (DIMAR).
- **Aube dorée**, le parti d'extrême-droite souvent considéré comme un parti néo-nazi, est actuellement en perte de vitesse mais reste présent dans le paysage politique.

Enjeux actuels

Depuis le début de la crise économique en 2009-2010, l'enjeu central de toute la politique est de faire sortir le pays de la récession. Les autres enjeux majeurs, dont certains sont liés, sont les suivants :

- **L'Union européenne et l'euro**. En 1981, la Grèce est devenue le dixième pays membre de l'Union européenne. En 2002, elle entre dans la zone euro. Avec une économie basée sur l'agriculture et le tourisme, la Grèce bénéficie de nombreuses subventions européennes. L'accueil des Jeux olympiques en 2004 a renforcé l'aide financière accordée au pays pour améliorer les infrastructures (routes, aéroports, métro...). Mais elle a aussi masqué ses déficits. La crise de la dette grecque prend de plus en plus d'ampleur à partir de 2009. Les plans de sauvetage de l'UE injectent des liquidités dans l'économie grecque, mais ne réduisent ni la crise ni la dette. Depuis, les Grecs reprochent à l'UE ses politiques autoritaires d'austérité qui plongent de plus en plus le pays dans la crise. Les relations sont tendues, notamment avec l'Allemagne qui ne souhaite pas plier face aux demandes grecques. En 2015 se pose la question d'un « Grexit », soit une sortie de la zone euro de la Grèce : Alexis Tsipras organise un référendum qui vote largement pour le « Grexit », mais ces résultats ne sont finalement pas pris en compte et, malgré des tensions très fortes entre la Grèce et le reste de l'UE, le pays est maintenu dans la zone euro. Aujourd'hui, les relations de défiance réciproque doivent être améliorées pour envisager l'avenir de la Grèce dans l'UE de manière plus sereine. Les relations récentes semblent aller dans ce sens.
- **La crise des réfugiés.** L'autre enjeu majeur de la politique grecque contemporaine concerne la gestion de l'afflux massif de réfugiés sur les côtes grecques. Fuyant pour la plupart les conflits du Moyen-Orient (guerre civile en Syrie, zones sous contrôle de l'Etat islamique, Irak), ces populations ont massivement débarqué sur les côtes des îles du Dodécanèse et du nord de l'Egée. Ces îles sont les premières concernées, car elles sont la porte d'entrée à l'UE la plus proche de la Turquie et des zones de conflit. La Grèce n'est pas en mesure de gérer seule cet exode et les autorités présentes sur les îles sont très largement dépassées. L'été 2015 a montré que cette crise humanitaire pouvait tourner à l'émeute si des mesures globales, à la fois au niveau européen et international, n'étaient pas rapidement mises en place. Des négociations avec la Turquie ont quelque peu tari ce flux d'arrivants au cours de 2016-2017, mais l'instabilité politique de la région compromet le fait de trouver une solution à un problème géopolitique global et majeur.
- **Relations avec ses voisins.** Située au centre d'un triangle d'influence comprenant les Balkans, l'Europe de l'Ouest et le Proche-Orient, la Grèce a une position stratégique pour l'OTAN. Membre de cette dernière, elle cultive malgré tout de bonnes relations avec la Russie. Une minorité de Grecs revendique toujours à l'Albanie du sud, ce qu'elle appelle l' « Epire du Nord ».

Touristes à Athènes.

La Grèce a longtemps reproché également à la Macédoine d'avoir « volé » le nom de la dynastie d'Alexandre le Grand. Après d'âpres négociations et la réticence d'une partie de la population grecque, l'accord de Prespa a été conclu le 12 juin 2018 et est entré en vigueur le 12 février 2019 : l'ancienne FYROM (Former Yougoslavian Republic of Makedonia) a finalement obtenu le droit de s'appeler République de Macédoine du Nord. Enfin, la Grèce a toujours eu des rapports mouvementés avec la Turquie qui occupe encore le nord de Chypre. Des contentieux portent aussi sur la souveraineté de certaines îles de la mer Egée en raison d'une extension des eaux territoriales grecques près des côtes turques. La Grèce accueille des réfugiés kurdes, une position mal vue par les autorités turques. Les relations entre les deux pays restent tendues.

Économie

Un an après la sortie du plan d'aide européen, l'économie grecque a retrouvé quelques couleurs, mais le tableau général reste en demi-teinte. Selon les dernières statistiques connues de l'OCDE, 184 714 millions d'euros en 2018 contre 180 218 un an plus tôt, soit une croissance annuelle de 2,49 %. Le chômage est passé à 21,5 % de la population active à 18,7% en 2018. Cependant, chez les Grecs de moins de 25 ans, le chômage tourne toujours autour de 40 %. Le produit intérieur brut (PIB) par habitant en Grèce en 2018 était de 17 200 euros, soit 56 % du PIB moyen européen (à 28 membres). La Grèce est très dépendante de l'Union européenne qui représente environ 65 % des exportations et des importations grecques. A ce jour, environ 4 % des activités économiques proviennent de l'agriculture, 15 % de l'industrie et 81 % des services.

Principales ressources

La PAC (politique agricole commune) fonctionne très bien en Grèce, de nombreux agriculteurs bénéficient de subventions de l'Union européenne. Traditionnellement, l'économie de la Grèce est basée sur l'agriculture. Le secteur représente 4 % du PIB et emploie 13 % de la population active. Les principales récoltes sont le tabac (premier producteur européen) et le coton (cinquième exportateur du monde). La Grèce dispose également d'un cheptel d'ovins important et l'industrie de la pêche est développée dans les régions côtières.L'agriculture reste une activité principale dans les îles, surtout pour le marché local. Elle demeure toutefois difficile dans certaines îles en raison des conditions météorologiques (sécheresses, pluies torrentielles...) et de la nature des sols (érosions, aridité...). Dans les îles, la culture est typiquement méditerranéenne : vigne, olives, agrumes, amandes, figues... Cultures qui contribuent à la beauté des paysages. La moitié des productions insulaires sont des oliveraies, un tiers des vignobles et un quart des vergers. Ce n'est pas par hasard si la Grèce est le troisième producteur mondial d'huile d'olive et le onzième producteur de vin... La Grèce dispose de larges réserves de minerais et d'or, selon un rapport des Nations unies. Plus gros producteur européen de bauxite, cinquième producteur mondial de lignite, la Grèce dispose aussi de minerais ferronickels, de magnésite, de perlite et de quelques gisements d'or, d'argent et de cuivre qu'elle relance en raison de la hausse de la demande mondiale pour ces métaux.La Grèce, au carrefour de trois continents, bénéficie d'une situation favorable. Ses ports sont toujours classés dans les 60 premiers mondiaux.

Place du tourisme

Avec 15 000 km de côtes (dont les deux tiers sont insulaires), le littoral grec permet une activité touristique unique en Europe et en Méditerranée. Le tourisme constitue ainsi une des principales ressources du pays. Tous les ans, la Grèce accueille plus de touristes que le nombre de sa population nationale ! Et les records annuels sont pulvérisés d'une année sur l'autre, tant et si bien que certaines destinations manquent d'imploser en saison.
Si cette tendance se maintient, en dépit des revenus générés évidemment bienvenus dans un pays en crise, le pays pourrait subir les effets négatifs d'un trop-plein touristique, notamment en termes écologiques. Le nombre de touristes ayant visité la Grèce en 2018 s'est élevé à 30,1 millions, une hausse de 10,8 % des arrivées par rapport à l'année 2017, soit près de trois fois la population grecque dans son ensemble ! Le tourisme représente près de 20 % du PIB soit un ratio tourisme/PIB quasiment trois fois plus élevé qu'en France, pourtant réputée pour ses revenus liés au tourisme. Les revenus générés par le tourisme ont augmenté de 10,1 % par rapport à 2017, atteignant 16,1 milliards d'euros.

Enjeux actuels

Depuis 2009, la crise de la dette grecque est dans tous les esprits. Impossible d'y échapper : l'avenir de l'économie grecque est encore très incertain. Au moment où nous écrivons ce guide, la crise n'a pas encore dit son dernier mot et l'économie parallèle reste importante. Il est donc compliqué de dresser un portrait valable de l'économie du pays, malgré les récents cris de joie face à la reprise de la croissance : les Grecs eux-mêmes restent très sceptiques face à ces chiffres qui représentent mal leur réalité et l'état catastrophique des services publics élémentaires (santé et éducation surtout).

Les origines de la crise

A l'origine de la crise, des mensonges d'Etat et des chiffres falsifiés pour entrer dans la zone euro et couvrir un déficit public bien au-delà des limites autorisées par les critères de Maastricht. Ceux-ci sont dévoilés à l'occasion d'une crise financière mondiale d'ampleur inédite.A l'automne 2008, le monde de la finance fait face à l'un des plus gros crashs des dernières décennies. La banque d'investissement Lehman Brothers annonce officiellement qu'elle dépose le bilan le 15 septembre 2008. C'est le début d'une crise financière mondiale qui bientôt se développe en crise économique globale. Les Etats-Unis sont touchés de plein fouet dès septembre 2008. L'Europe est préservée quelque temps avant d'être elle aussi frappée.Avec une économie fragile, fortement dépendante de subventions européennes et largement souterraine, la Grèce n'est pas épargnée et connaît la récession. A l'automne 2009, le gouvernement grec du socialiste Georges Papandréou, fraîchement élu, décide de faire la vérité sur le déficit budgétaire du pays : 12,7 % du PIB et non 3 % comme le prévoient les accords de Maastricht. C'est le début d'un engrenage qui coûte cher au pays. Les marchés perdent confiance. Les taux de la dette grecque grimpent. Le pays emprunte à des coûts de plus en plus prohibitifs.

Drapeau grec.

Les débuts d'une politique d'austérité drastique

Dès décembre 2009, le gouvernement de Papandréou lance le tout premier plan de rigueur pour réduire les déficits. Il met en place des mesures comme la réduction de 10 % des frais de fonctionnement de l'Etat ou le gel du recrutement des fonctionnaires. Début 2010, le gouvernement lance un deuxième plan de rigueur pour couper encore les dépenses de l'Etat. Rapidement, ces mesures d'austérité provoquent des manifestations, car nombre de simples citoyens ont l'impression de « payer » pour les autres, et notamment les gouvernements précédents. L'Etat doit geler les salaires des fonctionnaires (13 % de la population active), supprimer les primes des treizième et quatorzième mois et augmenter l'âge moyen de la retraite jusqu'alors fixé à 53 ans. En outre, il doit aussi combattre, à plus grande échelle, la fraude fiscale et l'économie parallèle. Mais cela ne convainc pas les investisseurs et la notation du pays bascule dans la catégorie spéculative.

Les plans de sauvetage internationaux

Pour éviter la faillite de la Grèce, les pays de la zone euro lancent un premier plan de sauvetage international en mai 2010 : 110 milliards d'euros sont prêtés sur trois ans dont 30 milliards pris en charge par le FMI. Malgré les réformes, le pays frôle une deuxième fois le défaut de paiement en juillet 2011. Les créanciers internationaux approuvent le 22 juillet 2011 un nouveau plan d'aide à Athènes de 109 milliards d'euros, assorti d'une participation des banques et assureurs européens sous la forme d'un échange de dette. Mais la Grèce doit encore prendre des mesures drastiques d'austérité pour montrer sa volonté de réformer l'économie, retrouver la croissance et rembourser ses créanciers. S'enchaînent alors plans d'austérité sur plans d'austérité : la Grèce met en œuvre 7 plans de rigueur supplémentaires entre 2011 et 2015. Le mécontentement de la population prend de plus en plus d'ampleur et l'instabilité gouvernementale devient chronique.

La menace du Grexit

Alors que l'année 2014 semble voir une relative amélioration de la croissance économique, la dette quant à elle ne fait qu'augmenter de

Le parlement grec à Athènes.

mois en mois. En janvier 2015, le parti radical de gauche Syriza remporte les élections législatives sur son programme anti-austérité. Le nouveau gouvernement entend tenir une position ferme face aux bailleurs internationaux et à l'UE pour renégocier les accords. Il demande de nouvelles aides internationales, un allégement de la dette et l'arrêt des plans d'austérité. Le bras de fer reprend de plus belle, mais les créditeurs n'entendent pas sauver la Grèce sans contreparties d'austérité : en juin 2015, le pays fait officiellement défaut. Les banques sont fermées, le cap de la faillite, jusqu'alors évité, est franchi. Alexis Tsipras lance un référendum pour demander au pays s'il accepte le dernier plan de rigueur exigé par les créanciers internationaux. La population rejette l'accord : se pose alors la question d'un « Grexit », c'est-à-dire une sortie de la zone euro pour la Grèce, mais il est évité par la négociation d'un nouvel accord avec l'UE.

Le durcissement

Le dernier accord conclu avec les créanciers européens et internationaux date de juillet 2015. L'Union européenne y prévoit d'accorder 86 milliards de prêt à la Grèce sur trois ans si de nouvelles mesures d'austérité sont mises en place. Parmi les mesures prioritaires il faut noter : allongement de l'âge de la retraite à 67 ans, baisse des pensions, hausse des cotisations maladies pour les retraités et introduction d'une cotisation sur les retraites complémentaires, unification des caisses de sécurité sociale, hausse de la TVA, hausse des impôts... Il s'agit du plus dur plan d'austérité depuis le début de la crise. Alexis Tsipras démissionne après avoir signé cet accord qui apparaît comme un échec de sa politique de renégociation. Il est cependant réélu quelques semaines plus tard aux élections anticipées de septembre 2015, avec un taux d'abstention record dans un pays où le vote est obligatoire.

Un avenir incertain

Depuis, l'enjeu majeur est de mener le pays vers la reprise économique. Le gouvernement grec s'attelle aux réformes avec plus de vigueur que jamais, suscitant de nouvelles manifestations de grande ampleur, courant 2016. La croissance est stabilisée autour de 0 % et le gouvernement continue à mettre en place des réformes à marche forcée. Tant et si bien que l'UE et le FMI acceptent enfin de renégocier un allégement de la dette grecque. Celui-ci est discuté à l'été 2017 et prévoit des facilités de remboursement avec une extension des maturités de la dette. En août 2018, le dernier plan d'aide se termine enfin et la reprise semble s'amorcer avec une croissance estimée à 2,32 % pour 2019. Pourtant, la situation reste fragile et il est difficile d'entrevoir une réelle sortie de crise dans un avenir proche : les structures économiques et sociales de la Grèce ont été profondément mises à mal et il faudra encore de nombreuses années pour que les traces de cette crise se dissipent.

POPULATION ET LANGUES

Population

La population de la Grèce s'élève à environ 11 millions d'habitants, dont plus de 4 millions pour la seule agglomération d'Athènes. A cette population vivant en Grèce, il convient d'ajouter environ 7 millions de Grecs vivant à l'étranger dont plus de 3 millions en Europe.

La population grecque est assez jeune, même si le taux de natalité est en forte baisse depuis de nombreuses années (1,5 enfant par femme). L'exode rural vers Athènes a profondément marqué la démographie de la Grèce ces 15 dernières années, mais on assiste à un certain renversement de la tendance avec un essor de nombreux grands centres urbains régionaux. Aujourd'hui, 60 % des Grecs vivent dans les villes. 15 % de la population habitent dans les îles, même si de nombreux Athéniens y vivent 6 mois dans l'année pour leurs activités touristiques (hôtels, pension, restos...).

La population immigrée vient principalement de l'Europe de l'Est (Albanie, Kosovo...) mais aussi des pays arabes et asiatiques. Pourtant peu nombreuse, elle suscite parfois des réflexes xénophobes.

Langue

Le grec est une langue vieille de plus de 3 000 ans et qui a évolué comme toutes les langues. Mais le grec moderne est resté étonnamment proche du grec ancien. Cette langue a façonné la pensée des plus grands philosophes et auteurs de la civilisation occidentale. La logique intrinsèque de la langue grecque semble être ce qui a permis sa conservation. Comme beaucoup d'habitants de pays dont la langue est peu enseignée, les Grecs maîtrisent au moins une, voire deux langues étrangères. Chez les jeunes, il est presque considéré comme honteux de ne pas parler l'anglais, qui arrive en tête du palmarès des langues étrangères apprises.

Les minorités ethniques en Grèce

Bienvenue dans la mosaïque ethnique des Balkans ! Comme ses voisins, la Grèce a connu depuis l'Antiquité de nombreux brassages de populations. Dire que les Grecs d'aujourd'hui sont les descendants directs de Thucydide et Homère serait oublier les invasions romaines, slaves, franque, vénitienne et ottomane. Comme les Français ne sont plus tout à fait des Gaulois, les Grecs ne sont plus tout à fait des... Grecs ! D'ailleurs, comme en France, la Grèce ne prend pas en compte officiellement l'origine ethnique de ses citoyens. Tous sont, en théorie, membres de l'« helleniki ethniki koinonia » : la nation grecque moderne.

- **Turcs.** C'est la seule minorité ethnique reconnue officiellement, une exception dans le code de la nationalité grecque. En vertu du Traité de Lausanne de 1923, tous les citoyens grecs musulmans de Thrace occidentale font partie de la « minorité turque », et bénéficient à ce titre d'un statut particulier : enseignement bilingue, nomination des muftis par l'Etat... Le hic, c'est que ce statut inclut tous les musulmans de la région, quelles que soient leurs langues et origines : Pomaques, Roms, Méglénites, Avdétis, Grecs noirs... En tout, la région compterait

Lexique

- **Bonjour / Bonsoir :** καλημέρα / καλησπέρα (prononcer kaliméra / kalispéra)
- **Comment allez-vous ?** Τι κανετε ; (Ti kanété ?)
- **Très bien, merci, et vous ?** Καλά, ευχαριστώ. Και εσείς ; (Kala, efkharisto, ke esis ?)
- **Parlez-vous français/anglais ?** Μιλατε γαλλικα / αγγλικά ; (Miláte galiká / angliká ?)
- **Je comprends/ Je ne comprends pas :** καταλαβαινω / Δεν καταλαβαινω (Katalavéno / den katalavéno)
- **Au revoir :** Τα λεμε (Ta leme)
- **Merci beaucoup :** ευχαριστώ πολύ (Efkharîsto poli)
- **Excusez-moi :** Συγνωμη (Signómi)
- **Je suis Français :** Είμαι Γάλλος (Eímai Gállos)
- **Je m'appelle... :** Με λενε... (Me lene...)
- **Non merci :** Οχι, Ευχαριστω (Ochi, efkharisto)
- **Oui/Non :** Ναι / Οχι (Né, óchi)

Le grec, une langue « géniale »

Qui eut cru qu'un ivre intitulé *La Langue géniale : 9 bonnes raisons d'aimer le grec*, devienne un succès de librairie. C'est pourtant ce qui est arrivé à Andrea Marcolongo, une helléniste italienne. Publié en 2017, cet hommage au grec ancien s'est déjà vendu à 300 000 exemplaires en Italie et a été imprimé dans 27 pays ! Elle explique notamment comment le grec ancien possède une richesse incroyable : par exemple, un temps de verbe peut exprimer tout à la fois le souhait, la possibilité, l'optatif... Elle s'intéresse aussi à l'étymologie et montre comment un terme comme *pashko*, un mot qui est à la racine à la fois de patience et de passion, exprime à la fois la douleur et l'enthousiasme. Passionnant. Pour prolonger la réflexion, après *La Langue géniale,* elle vient de publier *La Part du héros* dans lequel elle nous raconte le mythe des Argonautes.

150 000 musulmans dont environ deux-tiers de Turcs à proprement parler. Si les différentes communautés entretiennent de bons rapports, le sort des Turcs de Grèce est régulièrement à l'origine de bisbilles entre Athènes et Ankara.

Albanais. Outre l'importante communauté d'immigrés albanais arrivée à partir des années 1990 (près d'un million de personnes avant la crise de 2009), la Grèce compte une très ancienne population albanaise sur son territoire. Au sein de cette minorité, on distingue les Avranites, albanais orthodoxes largement hellénisés et difficiles à comptabiliser tant ils se sont fondus dans la population grecque, et les Tsamides, albanais musulmans et albanophones. Considérés comme des alliés des communistes durant la guerre civile de 1946-1949, la plupart des Tsamides ont été chassés de Grèce par les nationalistes. Ils seraient encore 6 000 à vivre dans l'Epire, le long de la frontière albanaise. Là encore, cette minorité est l'enjeu de relations diplomatiques souvent houleuses avec Tirana, d'autant qu'il existe une minorité grecque de l'autre côté de la frontière.

Roms. Ils seraient 140 000 à travers la Grèce, majoritairement de religion orthodoxe. Les Roms musulmans vivant en Thrace sont considérés par les autorités comme faisant partie de la minorité turque. Selon l'Union européenne, c'est en Grèce que les Roms font l'objet des plus graves discriminations (chômage, manque d'accès aux services publiques, interpellations arbitraires, etc.).

Aroumains. Appelés « Valaques » par les Grecs, ils seraient environ 150 000 répartis au nord du pays, et 300 000 à travers les Balkans. Leur origine est mal connue : ils sont considérés en Grèce comme des Grecs romanisés et en Roumanie comme des Roumains ? C'est principalement par leur langue dérivée du latin qu'ils se distinguent du reste de la population. Mais le nombre de locuteurs ne serait plus que de quelques milliers aujourd'hui en Grèce. Parmi les Valaques, en majorité orthodoxes, on distingue quelque 2 000 Méglénites, qui sont eux de tradition musulmane et considérés comme « turcs ».

Slaves. Après le rattachement de Thessalonique à la Grèce en 1912, les autorités ont procédé à une hellénisation de la population en chassant la plupart des Slaves de la région. Quelques petites communautés subsistent néanmoins. C'est le cas des Pomaques, des Bulgares musulmans estimés à 15 000 principalement en Macédoine et en Thrace orientale où ils sont considérés comme « turcs ». On compte en outre environ 10 000 Bulgares orthodoxes et 15 000 Slaves de République de Macédoine du Nord, eux aussi orthodoxes. Faute d'enseignement, leurs langues et dialectes seraient en perte de vitesse.

Romaniotes. Alors que Thessalonique abrita l'une des plus importantes communautés juives au monde jusque dans les années 1940, on compte désormais moins de 10 000 Juifs dans toute la Grèce. Juifs hellénisés dont l'origine remonte à l'Antiquité, les Romaniotes sont présents principalement à Thessalonique, Athènes et dans l'Epire. L'écrivain suisse Albert Cohen est né à Corfou de père romaniote.

Avdétis. Il s'agit des descendants de Juifs de Thessalonique convertis à l'islam à partir du XVIIIe siècle. Assimilés aux Turcs, ils continueraient de pratiquer certains rites juifs. Leur nombre est estimé à environ un millier, répartis entre Ioannina, Thessalonique et Alexandroupolis.

Grecs noirs. Avec moins de 1 000 individus, c'est la minorité la plus méconnue de Grèce. Répartis entre six villages au sud de Xanthi (Thrace orientale), ces Grecs noirs ou Afro-Turcs connaissent eux-mêmes assez mal leurs origines. De récentes recherches ont toutefois prouvé qu'il s'agissait de descendants de serfs et esclaves soudanais amenés d'Egypte par les sultans ottomans au XVIIIe siècle. Très bien intégrés à la population pomaque et rom, ils pratiquent l'islam, parlent grec et turc et sont assimilés par l'Etat à la minorité turque.

MODE DE VIE

A la frontière de l'Orient et de l'Occident, au cœur de la Méditerranée, la Grèce est géographiquement, historiquement et culturellement imprégnée de sa position privilégiée.

MŒURS ET FAITS DE SOCIÉTÉ

La famille

Plus encore avec la crise, la famille constitue la cellule de base de la société grecque. Elle centralise un important réseau de solidarité qui comble entre autres une insuffisance de prise en charge sociale. Ce n'est pas un vain mot : depuis 2009, il n'est plus rare de voir des familles quitter Athènes et retrouver le giron parental en province, faute d'avoir trouvé un emploi. Ou, à l'inverse, des familles accueillant leurs aînés privés d'une retraite suffisante... Plusieurs générations vivent ainsi sous le même toit et les maisons de retraite se font vides. Le village d'origine canalise un fort attachement et il n'est pas rare d'assister à un retour massif des « émigrés » nationaux et internationaux au moment des fêtes. Le réseau de parenté reste fort et contribue à entretenir une solidarité élargie. Les entreprises familiales sont nombreuses, vous remarquerez nettement cette tendance dans les activités touristiques.

Les femmes

Dans l'imaginaire social grec, les femmes sont le pilier de la vie familiale. Si, en société, l'homme grec parle fort, gesticule beaucoup et joue ostensiblement avec son komboloï (chapelet de perles), la cellule familiale est dirigée d'une main de fer par les femmes qui se font entendre aussi fort que les hommes. Celles-ci vivent dans un respect énorme pour toute la chose familiale. Traditions et religion, très prégnantes, ne constituent pas foncièrement un poids pour la liberté, plutôt des occasions de fête et de réunions familiales. Mais il n'est pas à négliger que bien des luttes sont à mener pour les femmes grecques, et les femmes en général, car parfois les esprits sont fermés et la société immobile face à l'évolution de leur statut dans l'imaginaire social, ainsi que dans la vie sociale (salaires encore inégaux, etc.).

Les enfants

Ils sont souvent les rois de la famille, les caprices et les libertés de mouvement sont assez tolérés, mais cela ne veut pas dire qu'il n'y a pas de limites, elles sont tout simplement différentes. Avec 1,33 enfant par femme, les familles nombreuses sont assez rares. Les Grecs se montrent d'une grande générosité et affectivité

© LUKASZIMILENA – SHUTTERSTOCK.COM

Survol de Mykonos.

avec les enfants, les leurs comme les vôtres. A la naissance d'un enfant, on se doit de lui donner le prénom de la grand-mère ou du grand-père. C'est pour cela que l'on retrouve un peu partout en Grèce les mêmes prénoms. Un bébé ne sera appelé par son prénom qu'à partir du moment où il sera baptisé. Si le baptême traîne, l'enfant peut s'appeler bébé, baby ou béba pendant plusieurs mois...

Éducation

L'Etat moderne s'est efforcé de perpétuer la longue tradition grecque en matière d'éducation. De gros efforts ont ainsi été consentis durant les deux derniers siècles pour le développement de l'école publique. Aujourd'hui, l'éducation est en principe gratuite à tous les niveaux d'enseignement et elle est obligatoire jusqu'à 16 ans. L'école publique obligatoire commence vers l'âge de 5 ans. L'école se terminant vers 15h-16h, les parents doivent trouver une solution pour que leurs enfants soient surveillés jusqu'à leur retour du travail, vers 19h. L'Etat grec est très en retard sur le sujet de la petite enfance et, avec la crise et la pression de la troïka qui oblige la Grèce à se séparer de ses fonctionnaires, de nombreux postes d'enseignants de maternelles et de primaires ont été supprimés. En primaire et secondaire, les motifs de mécontentement et les faiblesses du système sont nombreux. Ce système scolaire est un modèle un peu ancien qui a connu ses limites avec la crise. En effet, dans les lycées grecs, la réussite est avant tout indépendante de l'argent puisqu'il est « quasiment obligatoire » de suivre des cours particuliers en parallèle de l'école, cours payants organisés par des établissements annexes, qui sont les seuls à fournir les connaissances nécessaires pour réussir aux panhelléniques, les examens finaux équivalents de notre baccalauréat – mais dont le résultat suit un algorithme qui détermine l'université où leurs études se poursuivront. Le lycée ne fournit qu'un matériel d'apprentissage superficiel et défaillant, insuffisant donc, et les parents avaient prévu d'investir dans les classes privées de leurs enfants afin d'obtenir un classement qui leur permettra d'entrer dans les universités qu'ils auront choisies. Mais la crise, et son côté imprévisible, a surpris bien des familles qui n'ont pas pu investir autant qu'ils l'auraient voulu et cela a mené à beaucoup de déceptions chez les jeunes, casés dans des universités qui ne sont pas celles qu'ils espéraient à cause de leurs résultats.Ce sont souvent les professeurs des écoles qui agrémentent leur salaire en travaillant le soir dans le privé. Ces dernières années, le gouvernement a tenté de mettre en place une réforme du système éducatif, sans succès.

En promenade à Mykonos.

Aujourd'hui, les enseignants sont trop peu nombreux à être embauchés, et leurs salaires se réduisent à vue d'œil. Dans les classes, quasiment aucun outil pédagogique n'est mis à disposition des élèves et de leurs enseignants. Les établissements et infrastructures ne sont plus entretenus, car les municipalités qui en ont désormais la charge ne peuvent pas subvenir à ces dépenses.

Homosexualité

Entre mythe et réalité sociale, l'homosexualité grecque antique est un sujet qui fait parler. On sait désormais que les relations entre personnes du même sexe étaient, à l'époque, complémentaires de l'hétérosexualité qui était gage de reproduction de la cité. Elle était perçue positivement, comme en témoigne la pratique attestée des mariages collectifs. Pourtant, aucune répercussion directe de l'Antiquité grecque n'est sensible dans le pays. En effet, le pays n'est pas très tolérant sur la question, et les avancées sociales sont plus lentes qu'ailleurs en Europe. En milieu rural, l'homosexualité est loin d'être acceptée dans les mœurs. Les jeunes homosexuels s'éloignent de leur maison pour vivre leur vie là où ils seront le mieux acceptés. Cependant, le mardi 22 décembre 2015 est devenu une date historique pour les couples homosexuels car le parlement grec a adopté une loi ouvrant l'union civile aux couples de même sexe. Cette loi est considérée pour beaucoup (194 députés sur 300) comme une grande avancée d'un point de vue culturel et religieux malgré la résistance de l'Eglise orthodoxe.

RELIGION

Les Grecs sont, dans leur très grande majorité (88 %) chrétiens orthodoxes, les autres étant musulmans (5,3 %) ou de religions diverses (0,5 %). L'église grecque orthodoxe est autocéphale et a ses propres statuts, mais sa doctrine est indissolublement rattachée à celle du Patriarcat œcuménique de Constantinople. Les popes sont des fonctionnaires du ministère de l'Education et des Cultes, très présents dans la vie privée comme dans la vie publique. Ils peuvent se marier et avoir des enfants. L'Immaculée Conception de la Vierge Marie n'est pas reconnue. L'institution religieuse est privilégiée dans la société grecque, ses fonctionnaires notamment ne sont pas touchés par les mesures d'austérité que subissent le reste de la population. En fait, l'Eglise n'est pas encore séparée de l'Etat. La religion est l'un des piliers fondamentaux de l'Etat, avec l'armée (neuf mois de service militaire pour les jeunes garçons). La religion orthodoxe est ainsi pratiquée et enseignée dans les écoles publiques – en outre, le ministère en charge de l'école s'appelle «Ministère de l'Education et de la Religion». En 2000, sous la pression de l'Union européenne et au prix d'un lourd contentieux avec l'Eglise, le gouvernement a finalement supprimé la mention de la religion sur la carte d'identité. Il est difficile d'évaluer l'influence politique et économique de l'Eglise, mais il est d'usage de consulter le patriarche pour la plupart des grandes décisions politiques. En outre, de nombreux représentants de l'Eglise siègent aux conseils d'administration des grandes entreprises grecques. La rumeur veut également que l'Eglise contrôle 6 % de la Banque nationale de Grèce et qu'elle demeure le premier propriétaire foncier du pays. En témoigne le très fameux mont Athos, situé au sud-est de la Macédoine sur la péninsule de Chalcidique, territoire auto-administré avec de nombreux monastères, formant depuis un millénaire un centre monastique orthodoxe.

Croyants sans être très pratiquants, les Grecs préfèrent quand même se marier à l'église et respectent les fêtes religieuses traditionnelles qui rythment l'année : cela va d'une grande fête de plusieurs jours pour la Pâque à un cierge allumé à l'église pour la célébration de sa « fête » (jour où l'on célèbre le saint dont on porte le nom). Les églises sont très nombreuses dans Athènes comme dans les petits villages. Les grecs les fréquentent régulièrement, parfois par réflexe traditionnel plus que par conviction. Dans les métros, il est courant de voir des croyants se signer lorsque l'on passe devant une église ou une station portant le nom d'un saint. Ils craignent aussi le mauvais œil – *kako mati* - dont ils se protègent en portant du bleu ou une amulette. La plus grande fête est Pâques, pour qui chaque lieu a ses propres traditions. Par exemple, sur l'île de Corfou, on jette des amphores du balcon – signe que l'on se débarrasse de l'année passée. Dans les Cyclades, des sortes d'épouvantails sur un âne représentent Judas et sont, après une parade où le prêtre chante, brûlés sur la place publique. L'influence religieuse est telle qu'elle s'exprime aussi beaucoup dans le langage : exclamations et injures font souvent appel au nom de Dieu ou des saints. Ainsi, le « père Noel » grec est le Saint Vassili – ce qui démontre l'omniprésence de la religion dès le premier âge.

Ce qu'on dénote dans les comportements religieux en Grèce, c'est avant tout que la population se tourne de plus en plus vers la religion en vieillissant, ayant grandit avec tous ces codes au quotidien. On s'aperçoit vite que les personnes âgées sont bien plus impliquées dans la pratique de la religion et dans le respect des valeurs qui en découlent. Cependant, au sein de la jeunesse grecque, ce n'est pas un désintérêt croissant qui se traduit mais bien une animosité qui se dégage vis-à-vis de la religion, notamment à cause de son encrage en politique – nouvel opium du peuple de ces jeunes. Ils ont souvent le blasphème facile, résultat de la lassitude envers les discours ultra-religieux qu'ils entendent souvent, dans leur famille ou ailleurs. La génération réclame une mise à distance du religieux et du politique, ce que leur promis le gouvernement Syriza. A suivre...

Toutefois, au vu de l'importance symbolique et pratique de la religion, ne vous aventurez pas à en critiquer les coutumes.

Les popes et l'impôt en temps de crise

Signe des temps, les Grecs sont las. Même s'ils restent très croyants et respecteux de leur église, ils tolèrent de moins en moins que les popes échappent à l'impôt. En 2011, le gouvernement de Georges Papandréou avait exonéré de la taxe spéciale crise, payée par tous les Grecs, les propriétés religieuses. Décriée depuis, l'Eglise orthodoxe (par ailleurs le plus grand propriétaire foncier du pays) se défend en invoquant son aide sociale envers les nécessiteux. Une molle défense, guère convaincante aux yeux de l'opinion publique. Mais de là à voir un gouvernement prendre des mesures drastiques...

Clocher de l'église
Saint Nicholas de Skiathos.

ARTS ET CULTURE

ARCHITECTURE

Riche de son histoire et de sa géographie, la Grèce a hérité de diverses influences architecturales sur le continent comme sur les îles. Le style classique des temples nous émerveille depuis l'Antiquité, les églises byzantines n'ont rien perdu de leur charme oriental et le médiéval italien a finement marqué les cités. Les particularités régionales et locales, dans leurs couleurs et dans leurs formes, viennent enrichir cet héritage cosmopolite pour mieux nous surprendre encore.

L'architecture antique. Majestueusement représenté par les temples, l'art antique s'est développé dans un style sobre et élaboré à la fois, dans des sites souvent exceptionnels. L'ensemble des édifices religieux forme le sanctuaire dont le temple incarne le haut lieu spirituel. Seuls les prêtres et certains fidèles ont accès à celui-ci. Devant le temple, se dresse l'autel sur lequel on offre le sacrifice. La décoration des colonnes surmontées des chapiteaux définit le style du temple : l'ordre dorique (simple) au VIIe siècle av. J.-C ; l'ordre ionique (orné) au VIe siècle av. J.-C ; et l'ordre corinthien (richement orné) au Ve siècle av. J.-C.

L'architecture byzantine. Il est essentiellement caractérisé par des œuvres et des édifices religieux orthodoxes (églises, monastères, basiliques, fresques, icônes...). Les églises byzantines répondent toujours aux mêmes formes architecturales : plan en croix grecque avec une coupole centrale. Elles représentent l'univers, lui-même une création divine. Ces microcosmes sont ornés par des fresques, des mosaïques et des icônes. Dans la religion orthodoxe, l'icône est vénérée comme une image sacrée. Elle est plus qu'une simple représentation, elle est censée incarner un saint ou une divinité. Dans les églises et les foyers, l'icône est sollicitée pour ses miracles et ses pouvoirs de guérison. Les Grecs ne plaisantent pas avec ce culte, attention donc aux maladresses.

L'architecture médiévale. L'influence des Génois, des Vénitiens et des chevaliers de Saint-Jean a marqué la construction de fortifications (citadelles, château, vieilles villes...). Forteresse, le *kastro* domine souvent la partie haute du port. Elancé vers le ciel depuis la mer, il domine la côte depuis sa colline, une position géographique qui fait de lui un lieu incontournable. A l'abri du soleil et du vent, il offre des moments de promenade apaisants. Aujourd'hui la tour centrale forme souvent une citerne pour recueillir l'eau de pluie. De l'époque médiévale, vous pourrez aussi remarquer les *archontika,* anciennes demeures seigneuriales habitées autrefois par les descendants des seigneurs franco-vénitiens depuis le XIIIe siècle.

L'architecture ottomane. La domination ottomane a duré suffisamment longtemps pour laisser des traces, mais finalement de manière relativement subtile. On trouve aujourd'hui peu d'éléments architecturaux venus d'Orient, mais la période ottomane correspond à une période de liberté cultuelle : la profusion d'églises et de chapelles datant de cette époque en est un signe.

L'architecture néoclassique. L'indépendance de la Grèce est marquée par l'installation de

Que rapporter de son voyage ?

Dans les nombreuses échoppes du quartier de Plaka d'Athènes, comme dans les magasins de souvenirs des îles, les propositions ne manquent pas. La profusion de magnets à coller sur son frigo ou les vagues copies de vases antiques ne sauraient cacher quelques bonnes idées. Si vous vous intéressez aux objets d'art, regardez plutôt dans les boutiques des grands musées qui recèlent les plus belles reproductions de bijoux, icônes et autres statues. Il existe encore de grands créateurs de bijoux avec, parmi les marques plus contemporaines, Folli Follie. Vous pouvez aussi rapporter des produits locaux délicieux : huile d'olive, miel, pistaches, fromages, épices ou ouzo. Enfin, le plus simple et le plus authentique des cadeaux reste, à nos yeux, le *komboloï* : ce joli chapelet, religieux à l'origine, que les Grecs égrènent pour s'occuper les doigts dans la rue, au café ou au bureau. On en trouve partout, à tous les prix.

Yorgos Lanthimos : la nouvelle vague grecque

C'est un drôle de courant que le quotidien anglais *The Guardian* a baptisé « *the weird greek cinema* », c'est-à-dire le « cinéma grec bizarroïde ». Quoi qu'il en soit Yorgos Lanthimos bénéficie d'une grande notoriété à l'international depuis son succès cinématographique *Canine* (*Dogtooth*), qui a remporté le prix Un Certain Regard à Cannes en 2009. En 2016, son septième film, *Le Homard* (*The Lobster*), s'offre un casting international, de Colin Farrell à Léa Seydoux, et remporte également un franc succès, dépassant les frontières helléniques. Il est encore revenu en compétition à Cannes en 2017 avec *La Mise à mort du cerf sacré*, un huis clos pervers et violent avec (encore) Colin Farrell et Nicole Kidman.

Yorgos Lanthimos a étudié à l'école de cinéma Stavrakos à Athènes. Il s'est marié avec l'actrice française Ariane Labed, rencontrée lors du tournage du film *Attenberg* d'Athina-Rachel Tsangari.

la monarchie : le premier roi de Grèce, Othon de Bavière, fait venir un architecte allemand, Ernst Ziller, à Athènes. Celui-ci s'inspire des canons antiques pour marquer l'urbanisme de la nouvelle capitale. Demeures patriciennes aux frontons sages, mosaïques folles et colonnes majestueuses fleurissent à Athènes mais aussi dans les îles de pouvoir, comme à Syros la capitale administrative des Cyclades. Signe d'opulence et de réussite sociale, l'architecture néoclassique est reprise par des particuliers dans certaines îles comme Andros, Symi ou Halki.

CINÉMA

Les débuts (1910-1940)

Les débuts du cinéma grec remontent aux années 1910 avec des réalisateurs comme Kostas Bahatoris ou Orestis Laskos. La production reste très restreinte jusqu'aux années 1930, période à laquelle le cinéma grec entre en crise avec l'arrivée du cinéma parlant. La Seconde Guerre mondiale n'arrange pas les choses et il faut donc attendre les années 1950 pour voir un renouveau du cinéma grec. L'heure est aux mélodrames, qui mêlent tradition antique et réalisme moderne.

L'âge d'or (1950-1960)

C'est Michel Cacoyannis qui opère une véritable révolution dans le cinéma grec et lui ouvre les portes de la gloire. Avec *Stella, femme libre*, en 1955, le réalisateur renouvelle les codes et révèle l'actrice Mélina Mercouri. Celle-ci a connu une renommée mondiale grâce au film de Jules Dassin, *Jamais le dimanche*, hommage comique au *Stella* de Cacoyannis et sorti en 1960. Les années qui suivent sont réellement l'apogée du cinéma grec. En 1964, Cacoyannis, encore lui, fait jouer Anthony Quinn et l'actrice tragique Irène Papas dans la mythique adaptation à l'écran du roman de Kazantzakis, *Zorba le Grec*.Dès les années 1960, la production cinématographique grecque s'emballe. Le cinéma national est soutenu, qu'il s'agisse du cinéma grand public ou du cinéma d'auteur. Certaines productions se tournent de plus en plus vers des films commerciaux. La star de l'époque est l'actrice Alíki Vouyoukláki qui tourne dans des films à succès comme *Ma fille la socialiste* en 1966. Mais le cinéma d'auteur reste florissant avec des réalisateurs comme Cacoyannis évidemment, mais aussi Jules Dassin, Koundoros, Alexandrakis...

Le Nouveau Cinéma Grec (1970-1980)

La dictature des Colonels marque un point d'arrêt particulièrement brutal pour le cinéma grec. La censure et l'avènement de la télévision ruinent la création cinématographique qui entre dans une phase de déclin. Cacoyannis ou Koundoros préfèrent s'expatrier, mais le cinéma d'auteur qui reste sur place cherche à contourner les obstacles. C'est ainsi que Theo Angelopoulos peut émerger comme grand réalisateur de son temps. En proposant une approche symboliste et abstraite, il déjoue la censure. C'est le tournant du nouveau cinéma grec, avec notamment le film *La Reconstitution*, sorti en 1970.Incontournable, Theo Angelopoulos est le maître incontesté de cette nouvelle vague qui déferle dans les années 1970 et se poursuit jusque dans les années 1980. Il a survolé le cinéma grec jusqu'à sa mort en 2012, récompensé en 1998 de la palme d'or au festival de Cannes pour son film *L'Eternité et un jour*. En 2004 il sort *Eleni*, premier volet d'une trilogie restée inachevée.

La crise et le renouveau depuis 1990)

Dès le milieu des années 1980, des difficultés économiques freinent la production cinématographique et le cinéma grec entre en crise. Les années 1990 ne produisent rien de marquant. Mais bientôt, une nouvelle génération de réalisateurs prend le relais à la fin des années 2000. L'un des films les plus populaires de l'histoire récente du cinéma grec est *Politiki Cusina* (2003). Distribué à l'étranger sous le nom de *A Touch of Spice*, le réalisateur Tassos Boulmetis y déroule une grande fresque historico-romantique qui traite de l'expulsion des Grecs de Constantinople. Mais le plus intéressant est ailleurs et les années 2000 et 2010 voient l'émergence d'un cinéma d'auteur riche et conscient des enjeux que traverse la société grecque. En 2001, un véritable ovni apparaît dans les salles du monde entier signé Panos Koutras : *L'Attaque de la moussaka géante*. Ou l'histoire d'un extraterrestre-moussaka qui sème la panique dans les rues d'Athènes... Depuis, d'autres noms intéressants émergent dans le monde du cinéma grec contemporain qui lutte pour sa survie dans un contexte de crise économique. En dépit du manque de moyens, il connaît un renouveau défiant la crise et son absurdité.

On peut noter le travail de Dennis Illiadis (*La Dernière maison sur la gauche* en 2009) ou encore d'Athina Rachel Tsangari qui a présenté son dernier long-métrage, *Chevalier* (2015), au festival de Locarno et a gagné le prix du meilleur film au festival BFI de Londres la même année. Le chef de file de cette nouvelle vague, Yorgos Lanthimos, a reçu le prix du Jury à Cannes en 2015 pour son film *The Lobster*, le Prix du meilleur scénario pour *Mise à mort du cerf sacré*, présenté à Cannes en 2017, et le Lion d'Argent à la Mostra de Venise pour son dernier film, *The Favourite* en 2018. Parmi la jeune génération, le réalisateur grec Vasilis Kekatos a remporté la Palme d'Or du meilleur court métrage à Cannes, en 2019, pour son film *La Distance entre le ciel et nous*.

LITTÉRATURE

Littérature antique

Fondateurs de la philosophie occidentale, les célèbres Socrate, Platon et Aristote marquent aujourd'hui encore les œuvres contemporaines. Leurs pensées ont influencé de nombreux domaines : religion, politique, sciences, art, littérature. Ils incarnaient la philosophie comme art de la pensée, à la source de toute création artistique. Parmi eux, les dramaturges antiques tiennent une place particulière. Le théâtre grec serait né à la faveur de cérémonies religieuses en l'honneur de Dionysos au Ve siècle av. J.-C. Au départ, il avait une fonction de *catharsis* dans la vie sociale. Par la suite, Eschyle, Sophocle et Euripide ont mis en exergue ce qui devient plus tard la tragédie grecque avec des pièces aussi célèbres que *Antigone*, *Œdipe roi* ou *Andromaque*. Le théâtre grec a aussi su se diversifier grâce à des auteurs comme Aristophane, considéré par beaucoup comme le père de la comédie.

La marque de l'héritage homérique

En littérature, Homère, auteur de *L'Iliade* et de *L'Odyssée*, a marqué le passage d'une littérature orale à une littérature écrite. Considérées comme des textes fondamentaux, ces deux œuvres évoquent principalement les thèmes de l'épopée, du voyage et de l'altérité. Elles rappellent les rapports entre les anciens et les morts, basés essentiellement sur le souvenir du défunt et les offrandes. On sait peu de choses sur la vie de ce maître des poètes grecs, si ce n'est qu'il a vécu dans la première moitié du VIIIe siècle, à Smyrne notamment. La tradition le dit aveugle.

Littérature moderne

L'histoire de la littérature grecque moderne est étroitement liée à la question de la langue. Au IIIe siècle av. J.-C., des linguistes décident de figer le grec littéraire dans une sorte de crispation archaïsante. C'est la *catharévoussa*. Elle s'oppose au grec vivant, que l'on appelle la langue démotique et qui évolue au fil des siècles. Celle-ci triomphera finalement dans la littérature à partir du XIXe siècle, mais cette opposition linguistique a largement paralysé l'expression littéraire grecque. Forme du nationalisme, la littérature grecque a par ailleurs pâti d'un manque d'identification nationale face à de multiples occupants (Vénitiens, Génois, Croisés, Ottomans). La poésie orale grecque est la première forme littéraire moderne à se structurer. On note ici le rôle du poète du XVIIe siècle, Vitsentzos Cornaros, qui, dans son *Erotokritos*, reprend la tradition des chants populaires crétois et rejette une langue figée et savante. Ces chants populaires locaux ont une importance primordiale dans l'émergence d'une littérature grecque moderne et permettent l'utilisation de la langue démotique, vivante et parlée, comme langage poétique et littéraire. Le

© CUNFEK – ISTOCKPHOTO

Vieille ville de Pyrgi, Chios.

clivage entre libéraux et réactionnaires perdure jusqu'au XIXe siècle. Le poète Dionysios Solomos (1798-1857) s'inscrit dans la lignée du chant populaire et réalise la synthèse poétique qui permet la victoire du démoticisme. La littérature grecque moderne est née. Une figure domine cette nouvelle génération qui va s'illustrer jusque vers 1920. C'est le poète Costis Palamas (1859-1943), dont l'œuvre est le reflet du lyrisme nationaliste en vogue dans le nouvel Etat grec. La génération de 1880 puise allègrement dans le folklore populaire, comme A. Papadiamantis (1851-1911), maître en la matière.

Littérature contemporaine

Comme pour mieux faire écho à ses ancêtres, la Grèce a hébergé deux prix Nobel de littérature en 1963 et 1979, respectivement Georges Seféris et Odysseus Elytis. Qu'elle soit d'inspiration religieuse, philosophique ou politique, la littérature grecque a toujours rayonné sur l'Europe et sur le monde et reste une source de fierté. Citons également Nikos Kazantzakis qui doit sa renommée à son œuvre la plus célèbre – *Alexis Zorba*, 1946 -, adaptée au cinéma sous le nom de *Zorba le Grec*, avec Anthony Quinn dans le rôle titre. Constantin Cavafy (1863-1933) continue de donner à la poésie grecque ses lettres de noblesse. Enfin, Stratis Tsirkas (1911-1980) est considéré comme l'un des meilleurs romanciers contemporains. Sa trilogie *Cités à la dérive* (1960-1965) a remporté, en France, le prix du meilleur livre étranger et nous offre une plongée dans les tiraillements que vivent les partisans grecs pendant la Seconde Guerre mondiale. Tiraillements qui annoncent la guerre civile et l'instabilité politique chronique de la Grèce contemporaine. Des écrivains encore plus récents comme Vassilis Alexakis, Takis Théodoropoulos, Alexis Stamatis, Ersi Sotiropoulos ou Petros Markaris ont une production littéraire remarquable. Avec son dernier livre, *La Clarinette* (publié en 2015), Vassilis Alexakis reste un des grands écrivains actuellement en vie.

MÉDIAS LOCAUX

Avec la crise, le paysage médiatique a lui aussi été profondément bouleversé.

- **Télévision.** Le 12 juin 2013, le monde entier a été témoin de l'écran noir brutal imposé au groupe audiovisuel public grec ERT (Elliniki Radiofonía Tileórasi). En cause, officiellement, les coûts exorbitants de la télévision publique. Un an plus tard, Nerit (Nouvelle Radio-Internet-Télévision grecque), la nouvelle télévision publique grecque, a commencé à émettre. À cette chaîne s'ajoutent quatre principales chaînes privées : Mega, Star, Antenna et Alter (où Nikos Aliagas a débuté, pour la petite histoire). Leurs programmes sont assez similaires. À noter que les films et séries étrangers sont diffusés en version originale sous-titrée en grec.

- **La presse écrite** a traversé aussi quelques tempêtes. *Eleftherotypia*, qui a longtemps fait figure de *Libération* grec, a fermé pendant presque deux ans, faute de pouvoir payer ses salariés, avant de paraître à nouveau.

On comptera aussi deux autres quotidiens de référence, *To Vima* et *Kathimerini*, respectivement ancrés à gauche et à droite. Si les kiosques sont bien achalandés en journaux, la plupart sont des quotidiens sportifs.

■ LEPETITJOURNAL.COM GRECE
www.lepetitjournal.com/athenes
Lepetitjournal.com est un journal en ligne à destination des Français de l'étranger, des francophones locaux et des touristes. Il présente au quotidien un mélange d'informations locales : actu, infos pratiques et économiques. Un agenda culturel de la ville d'Athènes : cinéma en français, théâtre, concerts... Vous y trouverez également des petites annonces et de bons conseils de voyage, ainsi que des idées d'escapades touristiques. La version grecque est basée à Athènes.

■ ODYSSEUS
odysseus.culture.gr
Le site du ministère de la Culture est disponible en anglais et liste tous les sites archéologiques de Grèce, avec descriptif détaillé et informations pratiques.

■ VISIT GREECE
www.visitgreece.gr
visitgreece@gnto.gr
Le très beau site officiel de l'office de tourisme grec. Disponible uniquement en anglais ou en grec, il regorge d'infos sur les destinations, les hôtels et les différents moyens de transport. Et les plus hermétiques aux langues pourront toujours télécharger de jolies photos et autres fonds d'écran.

MUSIQUE

L'origine mythique de la musique est véhiculée par les divinités et les héros grecs qui utilisent un support musical. Le premier instrument dont on a réellement une trace est la lyre à sept cordes, pratiquée dès 1400 av. J.-C. A l'époque des philosophes, l'instrument de musique est reconnu comme ayant une véritable fonction dans la vie sociale et religieuse. C'est d'ailleurs à cette période que les rapports entre les sons sont découverts pour prendre une dimension mathématique puis éducative.
L'époque classique permet la double expansion du travail vocal et instrumental, notamment à travers les concours musicaux dont l'importance est cruciale dans la cité. La plupart des philosophes sont aussi et avant tout des musiciens. On sait également que les représentations de pièces de théâtre, en particulier des tragédies, sont enrichies de chants, de morceaux de musique et de danses.
Sous d'autres formes aujourd'hui, la danse et la musique continuent de jouer un rôle important dans la vie des Grecs. Les danses folkloriques sont le reflet des spécificités régionales, mais partagent des fondements communs. Par exemple, à l'instar du syrtos, de nombreuses danses sont exécutées en rond. En effet, à l'origine, en formant un cercle, les danseurs entendaient se protéger des influences néfastes. Ces danses se font parfois sur des airs de bouzouki, une sorte de mandoline très répandue en Grèce et amenée par les réfugiés d'Asie mineure au début du 20e siècle. Le bouzouki sera l'instrument principal du genre musical rébétiko. La musique populaire prend son essor après la guerre, justement avec le rébétiko, qui devient réellement connu au début des années 1960 grâce à deux compositeurs de renom : Manos Hatzidakis qui a composé *Les Enfants du Pirée*, et Mikis Theodorakis qui a signé la musique de *Zorba le Grec*. Le rébétiko se jouait à l'origine dans les faubourgs des villes : à Athènes, les tavernes du quartier du port de Pirée en sont le théâtre, fréquentées par des hommes citadins et déracinés, amateurs d'alcool et de cigarettes. La musique exprime une contestation, un refus des conventions sociales. Le mot « rebete » signifie « hors-la-loi » en turc et par ailleurs, la musique s'inspire considérablement des chansons orientales traditionnelles. Le spleen du rébétiko s'exprimait sous plusieurs formes de danses aux gestes lents et lourds qui se terminaient par de violents

Bouzoukis.

jets d'assiettes au sol. Le répertoire repose ainsi sur des thèmes mélancoliques tels que l'amour déçu, la pauvreté, la prison, la drogue... Aujourd'hui il est rare d'assister à de telles représentations sauf si elles sont reconstituées pour les besoins touristiques. Toutefois, les chanteurs de rébétiko et les musiciens qui les accompagnent existent encore – le genre étant devenu bien plus populaire et au gout de la majorité qu'autrefois, c'est la musique que l'on entend le plus fréquemment dans les cafés et les tavernes.

La musique grecque contemporaine puise son inspiration dans ce passé riche et chargé d'influences diverses. La scène jazz/swing est particulièrement active dans les grandes villes de Grèce, avec pour grands noms les désormais célèbres groupes Imam Baildi, Gadjo Dilo, Penny and the Swingin' Cats... Le folk est aussi à l'honneur, avec des chanteurs populaires comme Panos Mouzourakis, Kostis Maravegias et Alkistis Protopsalti (cette dernière a été nommée en 2015... vice-ministre du tourisme, durant le gouvernement provisoire entre deux élections). Ces musiciens et chanteurs associent des mélodies balkaniques et méditerranéennes à des sonorités ancrées dans le jazz et le folk, ou encore le reggae et la bosa nova.

Les artistes modernes se sont inspirés du rébétiko dès les années 1980, en comprenant son potentiel. Ils sont nombreux à s'être fait un nom : Stavros Xarhakos, Georgios Dalaras, Nikos Papazoglou... Mais c'est encore davantage l'intérêt porté aux paroles – qui se veulent poétiques et, souvent, politiques – qui naît directement en référence à la musique traditionnelle. Tout en conservant l'usage des airs et des instruments caractéristiques de la musique grecque de l'époque, les chanteurs et groupes contemporains sont plus rock'n'roll que leurs ancêtres mais abordent les mêmes thèmes. Leur liste est longue mais, parmi ces chanteurs à textes, on retrouve Thanasis Papakonstantinou, Sokratis Malamas, Giannis Charoulis, Giannis Aggelakas... Le jeune groupe Ταδε prend d'ailleurs la relève, en mettant en musique des poèmes récités dans une superposition de voix profondes, dont la complainte fait écho à celle des anciens fêtards mélancoliques qui fréquentaient les kaféneio du Pirée.

PEINTURE ET ARTS GRAPHIQUES

L'art byzantin entre peinture religieuse et icônes

Dans la religion orthodoxe, l'icône est vénérée comme une image sacrée. Elle est plus qu'une simple représentation, elle est censée incarner un saint ou une divinité. Dans les églises et les foyers, l'icône est sollicitée pour ses miracles et ses pouvoirs de guérison. Les Grecs ne plaisantent pas avec ce culte, attention donc aux maladresses. Après la période des peintures religieuses datant de l'époque byzantine, les influences se sont multipliées, notamment italiennes.

Peinture moderne entre nationalisme et influences extérieures

A partir du XIXe siècle, les artistes grecs, très attachés à leur culture et à leur héritage, se sont exprimés à travers leur histoire. La guerre d'indépendance a notamment marqué les esprits et suscité des vocations : Theodoros Vryzakis et Dyonissios Tsokos ont illustré cette période avec talent, entre portraits et scènes de batailles, très idéalisés.Les peintres grecs célèbres des XIXe et XXe siècles furent fortement influencés par les écoles de Munich, comme Nikiforos Lytras, Constantinos Volanakis, Nikolaos Gysis, et Georgios Iakovides. C'est ensuite l'influence de Paris que l'on sent apparaître, notamment au travers des œuvres de Périclès Pantazis qui s'essaie à l'impressionnisme. Petit à petit, des mouvements post-impressionnistes émergent en Grèce : fauvisme et expressionnisme, entre autres. Ainsi Constantinos Maleas (1879-1928), proche du fauvisme, est considéré comme l'un des précurseurs de l'art moderne grec, avec ses paysages du pays dont il présente des interprétations très personnelles.Outre ces évolutions tournées vers l'Occident, les influences byzantines et orientales persistent et se rapprochent de l'art populaire. Theophilos Hadjimichail se fait connaître comme peintre naïf dans les années 1930.

Art contemporain

Après la Seconde Guerre mondiale, certains artistes comme George Bouzianis (1885-1959) ont réussi à développer l'art moderne grec et ont permis l'éclosion d'un art contemporain original, à l'image de Yannis Tsarouchis (1910-1989) ou de Alekos Fassianos (né en 1935). Aujourd'hui, l'art contemporain grec est représenté par des peintres comme Nikos Baikas, mais également par des plasticiens (Georgos Hadjimichalis, Andréas Angelidakis...) et des photographes (Lizzie Calligas, Panos Kokkinias, Nikos Markou...) de renommée internationale.

FESTIVITÉS

Les Grecs aiment faire la fête : tout touriste aura l'occasion de s'en apercevoir. Mais même si elle n'a pas besoin de raison particulière pour s'animer, la population suit aussi scrupuleusement un calendrier festif plus officiel, ponctué de nombreuses cérémonies religieuses.

Janvier

■ ÉPIPHANIE

6 janvier.

L'Epiphanie est célébrée dans les villages de bord de mer par une bénédiction des eaux et une procession.

■ FÊTE DE SAINT BASILE

1er janvier.

Fête de saint Basile, Agios Vassilis, le père Noël grec. Les enfants grecs font le tour des maisons en chantant des *kalanda*.

Février

■ CARNAVAL

En février ou en mars selon les années.

L'Αποκριά désigne les festivités du carnaval en Grèce, souvent très suivies et appréciées. Elles se déroulent le plus souvent au cours des trois semaines qui précèdent le lundi pur (qui tombe quarante jours avant Pâques).

▶ **A Skyros**, dans les Sporades, est sans doute organisé le carnaval le plus « sauvage » de Grèce. Pendant trois semaines, les locaux les plus robustes défilent chaque week-end revêtus d'une cape de chèvre et font sonner des cloches dans un spectacle aussi burlesque que bruyant.

■ LUNDI PUR

En février ou mars selon les années.

Le « Katheri Deftera » – ou lundi pur – est une grande fête populaire et religieuse qui se tient le 1er lundi du carême orthodoxe, c'est donc le début d'une période de jeûne qui durera 40 jours et se prolongera le temps de la Semaine sainte, avant Pâques. Le prochain aura lieu le 2 mars 2020.

Mars

■ COMMÉMORATION DU DÉBUT DE LA LUTTE NATIONALE GRECQUE CONTRE LES TURCS EN 1821

25 mars.

Nombreux défilés dans les grandes villes, organisés par l'armée, les écoles et les associations religieuses.

Avril

■ PÂQUES

La prochaine Pâques orthodoxe aura lieu le 19 avril 2020.

La plus grande fête religieuse grecque, dont la date varie chaque année, est l'occasion de deux jours de fête et de recueillement. Vous n'y couperez pas si vous êtes en Grèce durant cette période. Au programme : une semaine au ralenti rythmée par les célébrations religieuses. La procession de l'*epitafios* le vendredi, la messe du samedi soir, suivie d'un grand repas et de la *mayiritsa* (une soupe d'abats), et le lundi de Pentecôte, 50 jours plus tard, une nouvelle célébration. Attention les hôtels affichent souvent complets.

■ VENDREDI SAINT

Mars ou avril.

Nombreuses processions religieuses toute la journée. Elles se terminent par un grand bûcher sur lequel sont conduites des poupées représentant Judas.

Mai

■ FÊTE DU PRINTEMPS

1er mai.

Les familles accrochent des guirlandes de fleurs au-dessus des portes des maisons et aux capots des voitures. Couronnes et bouquets ne seront décrochés que fin juin.

■ MEDIEVAL ROSE FESTIVAL

RHODES CHORA – ΧΩΡΑ
www.medievalfestival.gr
info@medievalfestival.gr

Dernier week-end de mai.

Tous les ans depuis 2006, le dernier week-end de mai est l'occasion d'une grande célébration médiévale dans la vieille ville de Rhodes. Trompettes et costumes sont de sortie, on assiste à des concerts de chants médiévaux, des démonstrations d'armes et des défilés. Pour faire revivre un peu de la période des Chevaliers...

Juin

■ AGIOS NIKITAS

En juin.

Le 21 juin, l'île de Nissiros fête Agios Nikitas dans une grande célébration du saint patron de l'île. On mange, on boit, on danse.

■ **FESTIVAL DE THASSOS**
THASSOS – LIMENAS
✆ +30 25930 58374
Juillet et août.
Au programme, des représentations de théâtre et de tragédies grecques, de la danse traditionnelle et contemporaine et bien sûr de la musique sur l'île de Thassos.

■ **FESTIVAL ÉGÉEN**
A Skiathos, le festival Egéen propose chaque année, de juin à octobre, une variété de spectacles (concerts, danse, tragédies grecques).

Juillet

■ **AGIOS PANTELEIMON**
Le 27 juillet.
La fête d'Agios Panteleimon ou Saint Pantaléon est la plus grosse célébration de l'île de Tilos. Pendant trois jours, tous les habitants de Tilos se retrouvent pour fêter le saint patron de l'île. L'occasion de grands banquets et dégustations de vins.

■ **FÊTE D'AGIA MARINA**
PLATANOS
17 juillet
La fête du 17 juillet qui se déroule sur le port d'Agia Marina est la fête principale de l'île de Leros. Les habitants se retrouvent pour deux jours de festivités et des festins à n'en plus finir.

■ **INTERNATIONAL FILM FESTIVAL PATMOS**
Fin juillet.
Pendant une semaine, à la fin juillet, Patmos accueille un festival de cinéma international. Des réalisateurs, des scénaristes et des comédiens viennent participer à des conférences et des projections. Un des plus importants festivals du genre en Grèce.

Août

■ **AGIOS IOANNIS**
DIAFANI
Le 29 août.
Tous les 29 août, les habitants de Karpathos se rendent sur le site antique de Vourkounda pour célébrer Agios Ioannis, en son église. C'est une fête assez spectaculaire, qui se déroule sur deux jours, avec un grand festin, de la musique et de la danse.
Pour plonger dans les racines traditionnelles de Karpathos.

■ **ASSOMPTION**
L'assomption ou fête de la Vierge est célébrée avec une ferveur tout particulière dans les îles du Dodécanèse. Partout, des processions religieuses ont lieu, dans tous lieux saints et églises. Après le service religieux, l'ambiance est à la fête dans tous les villages.

Septembre

■ **PANAGHIA KALAMIOTISSA**
A Anafi, le 8 septembre, on célèbre la fête de Panaghia Kalamiotissa avec de la viande aux macaronis pour tout le monde. Des fidèles arrivent même en caïque de Santorin.

Octobre

■ **JOUR DU NON**
28 octobre.
Jour du Non, fête nationale en l'honneur de la résistance face aux fascistes italiens en 1940. Défilés militaires.

Novembre

■ **FÊTE DU MONASTÈRE PANORMITIS**
Le 8 novembre.
Le 8 novembre a lieu la plus grande célébration religieuse de l'île de Symi au monastère Saint-Michel Panormitis. Saint patron des pêcheurs, il est vénéré par une grande partie de l'île. Processions, célébrations, banquets, musique et danse sont au rendez-vous.

■ **HIPPOKRATEIA FESTIVAL**
KOS CHORA – ΧΩΡΑ
Juillet-août.
A partir du mois de juillet et jusqu'à la fin août, la ville de Kos accueille son plus important festival culturel, le Hippokrateia Festival. Le serment d'Hippocrate est déclamé le jour de l'ouverture puis se succèdent concerts, lectures et spectacles antiques ou modernes pendant presque deux mois. La plupart des événements se tiennent dans le château médiéval ou sur la place Eleftherios.

■ **KALYMNOS CLIMBING FESTIVAL**
Mi-octobre.
A la mi-octobre, tous les meilleurs grimpeurs d'Europe et du monde se retrouvent sur l'île de Kalymnos pendant une petite semaine pour participer à un des meilleurs festivals d'escalade qui soit.

Décembre

■ **NOËL**
25 décembre.
Moins importante que Pâques, la fête de Noël est toutefois célébrée. Signe de l'occidentalisation, les sapins, les décorations et les cadeaux ont fait leur apparition.

CUISINE GRECQUE

On distingue différents types de restauration. Dans les souvlakeria de base, pas chères du tout, vous mangerez des brochettes ou des gyros pitas (sandwiches à base de poulet ou de porc) à emporter. L'ouzerie sert principalement des mezzés (et le petit ouzo qui va bien pour les accompagner...). Les tavernes ou les psarotavernas (tavernes de poisson) servent des repas plus complets, et la carte varie peu d'un établissement à l'autre : ce sont tous les classiques de la cuisine grecque. Les restaurants ou estiatório sont souvent plus raffinés, à la fois dans la cuisine proposée, le service et le cadre. De manière générale, en Grèce et sur les îles, le repas est un moment chaleureux et convivial au cours duquel on mange bien. La cuisine est simple, pas toujours variée ni gastronomique. Le restaurateur grec se soucie peu de la forme : le contenu de l'assiette est la seule chose qui compte. La qualité du service et l'art de la table sont secondaires. Vous aiderez à mettre la nappe et le couvert car le serveur vous apporte une corbeille avec pain, serviettes, fourchettes et couteaux qu'il pose simplement sur la table. Les plats sont généralement servis en même temps que les entrées au milieu de la table. Sachez que le couvert, le pain et parfois même les amuse-gueules vous seront facturés. Préférez évidemment les restaurants fréquentés par les locaux : c'est souvent bon signe. Pas d'inquiétude non plus s'il n'y a pas de menu en anglais : vous y choisirez souvent directement votre plat en cuisine !

PRODUITS CARACTÉRISTIQUES

Originale et copieuse, la cuisine grecque est basée sur les fruits et les légumes méditerranéens (huile d'olive, poivrons, aubergines, agrumes…). Les herbes et la fraîcheur des produits offrent des saveurs très parfumées. Il existe des similitudes avec la cuisine turque, les deux pays revendiquant les mêmes influences.

- **Les mezzés**, servis en accompagnement de l'ouzo, à l'heure de l'apéritif ou au début du repas, se présentent sous la forme d'un assortiment d'entrées prévues pour plusieurs personnes. Chacun picore dans les assiettes parmi un choix souvent impressionnant. Ils peuvent constituer un repas à part entière.
- **Horiatiki :** autrement dit la salade grecque – tomate, concombre, oignon, olive et feta, le tout couvert d'huile d'olive et d'origan.
- **Tsatziki :** préparation à base de yaourt, concombre et ail pilé. Servi frais comme hors-d'œuvre ou pour accompagner des viandes.
- **Dolmadakia :** traditionnellement, il s'agit de feuilles de vigne fourrées d'oignons, d'ail, et de riz (relevé avec de l'aneth et du jus de citron). Il existe d'autres variantes, notamment les feuilles de vigne farcies à la viande hachée. Elles sont servies chaudes ou froides.
- **Mélitzanosalata :** salade d'aubergines.
- **Taramosalata :** œufs de poisson.
- **Houmous :** purée à base de pois chiches.
- **Kalamarakia et octapodi :** respectivement des petits calmars frits et des poulpes que l'on fait griller après les avoir fait sécher au soleil.
- **Tomatés keftédès :** boulettes de tomates parfumées à la menthe et à l'origan.
- **Pipériès yémistes :** poivrons farcis au riz.
- **Tiropita :** feuilleté chaud fourré de feta, *spanakopita* (épinard).
- **Bougatsa :** sorte de *pita* sucrée, fourrée à la crème pâtissière et saupoudrée de cannelle, que l'on mange au petit déjeuner.
- **En plat principal**, vous trouverez toutes sortes de grillades, des poulets rôtis et parfois des abats.
- **Souvlaki :** brochette de viande (bœuf, agneau ou porc).
- **Keftédès :** boulettes de viande hachée et de mie de pain parfumées avec de l'oignon, de l'origan et des herbes aromatiques.
- **Païdakia :** côtelettes d'agneau.
- **Moussaka :** viande hachée avec des aubergines, des pommes de terre et de la béchamel.
- **Kleftiko :** agneau enveloppé dans une pâte feuilletée et cuite dans un pot en terre avec des légumes. *Kleftiko* signifie « voleur ». La recette proviendrait des voleurs d'agneaux qui, après s'être enfuis dans les montagnes, préparent, enveloppent la bête avec des légumes et l'enterrent dans un trou au-dessus duquel ils font un feu pour tromper leurs poursuivants. Ils n'ont plus alors qu'à savourer la nourriture.
- **Poissons.** La Grèce a longtemps eu, à tort, la réputation de ne pas être un pays de poisson.

S'il est vrai que les crevettes et autres gambas servies dans les restaurants des grandes villes sont la plupart du temps surgelées et hors de prix, vous trouverez de nombreux poissons frais et de très bonne qualité dans les îles. Rouget, daurade, espadon, crevette, poulpe, calmar, friture, etc., constituent les classiques, mais vous trouverez également de nombreuses autres variétés. Attention cependant, les prix au poids sont souvent très chers et nous ne saurions trop vous recommander d'aller jeter un œil en cuisine pour voir la taille du poisson…

- **Les desserts** ne constituent pas une spécialité grecque, ils se résument souvent à une part de pastèque, de melon ou de pâtisseries. Celles-ci sont diverses et souvent préparées à base d'amandes, de pistaches ou de sésame, parfumées au miel, à la fleur d'oranger ou à la cannelle.
- **Baklava :** gâteau en forme de losange à base de pâte feuilletée fourrée de noix, de pistache ou d'amandes et nappée de sirop à la cannelle ou aux clous de girofle. Avec quelques variantes, on trouve aussi le *kataifi*.
- **Yaourt au miel :** préparation simple et délicieuse grâce à la fraîcheur et à la qualité des produits.

Les boissons

- **L'ouzo** est le pastis local et se boit généralement à l'apéritif. Les Grecs le boivent sec avec un glaçon, mais vous pouvez aussi le diluer directement. Dans un restaurant, il est souvent moins cher de commander une petite bouteille pour deux ou trois personnes plutôt que de prendre des verres séparés.
- **Le raki ou le tsipouro.** C'est l'alcool qui accompagne les classiques nuits grecques aux airs de rebétiko. Servi dans des verres à shot, ne vous faites pas avoir en l'avalant d'un coup. Très fort, le raki se déguste à petites gorgées. Quant au tsipouro, il en est une version moins corsée. Cet alcool de raisin se déguste aussi chaud, avec du miel : demandez du *rakomelo* si vous avez attrapé froid !
- **La Grèce produit des vins de table tout à fait corrects.** Le retsina est le vin de table par tradition. Dans l'Antiquité, les jarres étaient enduites de résine pour améliorer leur étanchéité. Cette tradition a été perpétuée, conférant au vin ce petit arrière-goût résiné très spécial. Depuis les années 1980, la Grèce a subi une révolution dans ce domaine. Elle produit des AOC de cépages grecs autochtones de grande qualité. Pour les blancs, goûtez les châteaux Matsas, Tsandali, Strofilia ; pour les rosés, Tsandali et Calligas ; pour les rouges, Naoussa Boutari, Hadjimihali, Porto Karras. Amateurs de vins liquoreux, n'omettez pas de tester les vins de Samos ou certaines micro-cuvées (assez chères) de Santorin comme le vinsanto ou le mezzo. A noter que tous les vins (même les blancs) sont souvent servis à température ambiante.
- **Enfin, il existe plusieurs types de cafés.** Le café grec (équivalent du café turc) n'est pas filtré, mieux vaut attendre quelques minutes pour que la couche de marc se dépose au fond de la tasse. L'expresso est de plus en plus répandu aussi. Le café frappé est servi froid avec des glaçons, nappé d'une mousse. L'expresso ou le cappuccino se dégustent froids aussi : vous verrez des verres en plastique flanqués d'une petite paille partout en Grèce. Cet *expresso fredo*, essayez-le sucré (*glyko*), moyen (*metrio*), amer (*sketo*), avec du lait (*me gala*) ou sans lait (*choris gala*), ça rafraîchit et c'est excellent.

Tzatziki, spécialité grecque.

HABITUDES ALIMENTAIRES

Ne vous étonnez pas de voir les Grecs manger à toute heure. La nourriture joue un rôle très important et elle est partout présente dans la rue. Quant aux horaires des repas, ils correspondent à une tradition méditerranéenne.

Le petit déjeuner. Souvent frugal, il est pris à toute vitesse. Clairement, ce n'est pas le point fort de la gastronomie locale. Quand un restaurant propose un petit déjeuner inclus, il n'y a pas forcément de quoi se réjouir, à moins qu'un vrai buffet ne soit proposé. La formule se réduit souvent à une boisson chaude et du pain pas forcément grillé. Il vaut mieux souvent se rabattre sur un café un peu touristique et commander... un petit déjeuner « continental ».

Le déjeuner. Il est pris tard en semaine vers 14h30 ou 15h30, moment pendant lequel chacun trouve l'occasion de raconter les événements de la journée. Il se réduit souvent à une salade grecque et quelques mezzés, surtout en été, où la chaleur ne donne pas très faim. Attention, mieux vaut être prévenu d'une petite habitude locale : chacun se sert soit dans sa petite assiette ou, plus généralement, picore dans les plats communs. Le sens du partage et de la générosité à la grecque ! A moins de fréquenter un grand restaurant, cette pratique est courante partout...

Pas de grignotage en journée mais une perfusion au « café frappé ». S'il n'est pas pris en terrasse, faute de temps, vous remarquerez souvent ces gobelets en plastique fermés percés d'une paille chez les commerçants ou dans les administrations.

Le dîner. On dîne à partir de 22h, surtout pour accompagner le vin et s'amuser entre amis. C'est le moment gastronomique de la journée, même si ce n'est pas très diététique de manger (un peu lourd souvent) si tard. Les touristes mangeant souvent plus tôt que les locaux, beaucoup de restaurants servent toute la journée. Mais si vous préférez manger dans une ambiance locale, tentez de vous calquer sur ces horaires tardifs et festifs.

RECETTES

Dolmadakia

Ingrédients pour 4 personnes. 20 feuilles de vigne • 2 petits oignons • 2 gousses d'ail • 5 cuillères à soupe d'huile d'olive • 120 g de riz à grains longs • 40 g de pignons • 40 g de raisins secs • 1/2 bouquet de persil • 6 feuilles de menthe • 1 pincée de cumin • sel • poivre • 4 c. à soupe de jus de citron.

Préparation. Rincer les feuilles de vigne et égouttez-les sur un torchon. Peler les oignons et l'ail, les hacher finement et les faire blondir dans 2 cuillères à soupe d'huile d'olive. Verser ensuite le riz et le faire revenir pendant 3 minutes. Ajouter les pignons, les raisins secs rincés à l'eau chaude et 10 cl d'eau. Faire cuire le tout à feu moyen en remuant de temps en temps, jusqu'à ce que le liquide ait été absorbé. Laisser refroidir.

Hacher finement le persil et la menthe lavés et séchés. Les ajouter au riz, ainsi que le cumin. Saler et poivrer. Etaler les feuilles de vigne, côté lisse dessous, et déposer sur chacune 1 c. ou 2 c. à café de farce. Rabattre les côtés longs de la feuille sur la farce, puis la rouler en partant du bas jusqu'à la pointe. Mettre ensuite les feuilles de vigne farcies dans une casserole. Arroser de jus de citron et du reste d'huile d'olive.

Verser assez d'eau chaude pour recouvrir les feuilles. Mettre un couvercle et faire cuire 1 heure 30 à feu moyen, en rajoutant de l'eau si nécessaire. Laisser refroidir dans le jus de cuisson.

Tsatziki

Ingrédients. Préparation à base de yaourt, concombre et ail pilé.

Préparation. Eplucher, hacher finement et saler un concombre puis l'égoutter quelques minutes. Mélanger le concombre avec un yaourt grec, ou à défaut du fromage blanc, assaisonner avec une gousse d'ail haché, une pincée de sel, quelques gouttes de citron et de l'huile d'olive (3 cuillères à soupe). Mélanger le tout. Servir frais comme hors-d'œuvre ou pour accompagner des viandes.

JEUX, LOISIRS ET SPORTS

La Grèce continue à défendre sa réputation internationale de destination festive. Tout est fait pour qu'on s'y sente bien, de jour comme de nuit. Les activités nocturnes sont incroyablement nombreuses, et ses habitants méritent leur réputation d'oiseaux de nuit. Le jour, de nombreux sports et activités nautiques sont au programme.

Disciplines nationales

Le football

A voir les maillots de l'équipe nationale encore en vente à Plaka (si, si...), le pays ne s'est toujours pas remis. Alors que la Grèce ne s'est qualifiée ni pour les Coupes du Monde 1998 et 2002, ni pour les Championnats d'Europe 1996 et 2000, l'équipe de Grèce surprend tous les observateurs lors de l'Euro 2004 en le remportant au Portugal face au pays organisateur, l'année des Jeux Olympiques. Même si la performance n'a pas été égalée depuis, ce sport reste le plus populaire et certains résultats surprenants. Ainsi, lors du Mondial 2014, le pays s'est invité en huitième de finale, battu par le Costa Rica. En 2018, l'équipe nationale grecque ne s'est pas qualifiée pour participer au Mondial.

Le basket

Deuxième sport le plus populaire en Grèce après le football, l'équipe nationale de basket-ball grecque a longtemps fait partie des meilleures équipes du monde. Une nouvelle ère dans l'histoire du basket-ball grec a débuté au début des années 2000 avec les Jeux olympiques d'été de 2004 à Athènes (Grèce). En 2005, elle remporte le Championnat d'Europe. L'année suivante, elle s'incline en finale face à l'Espagne, et l'équipe est à la peine depuis.

L'athlétisme

Malgré la déchéance de Costas Kenteris et Katerina Thanou, exclus pour dopage des Jeux olympiques d'Athènes en 2004, l'athlétisme reste une discipline en vogue. Ne serait-ce qu'avec le marathon d'Athènes, très populaire, qui continue d'avoir lieu chaque année. Autre motif de fierté : la Grecque Ekaterini Stefanidi, championne olympique en titre, a décroché le titre de championne du monde du saut à la perche en 2017 à Londres, en passant une barre à 4,91 m. Avant elle, en 2016, Anna Korakaki a remporté la médaille de bronze en pistolet à 10 m et la médaille d'or en pistolet à 25 m aux Jeux olympiques d'été à Rio de Janeiro, offrant à son pays sa première médaille d'or depuis les Jeux d'Athènes.

Activités à faire sur place

Outre la visite de ses innombrables sites touristiques, la Grèce reste l'eldorado des baigneurs.

- **Pays de naissance des Jeux olympiques**, elle représente le lieu idéal pour la natation en mer ou en piscine.
- **La planche à voile**, spécialité notamment des côtes ventées de Paros ou de Mykonos, est très pratiquée.
- **La plongée**, proposée par de multiples écoles, se pratique près des côtes d'Amorgos, Grand Bleu oblige, mais aussi à Ios, où le film fut aussi tourné.
- **Le jet-ski** est aussi devenu très à la mode. Rares sont les plages touristiques qui n'en louent pas.
- **L'exploration de grottes marines** ou de gorges est aisée, et de nombreuses excursions sont proposées. On en trouve dans tous les archipels, à Kythnos, Corfou, Lesbos, Chios et Zakynthos par exemple.
- **Enfin le canoë-kayak**, moins courant dans les îles, se pratique beaucoup dans les Sporades et sur les côtes de l'Attique.
- **Par ailleurs, on peut pratiquer en Grèce certains sports extrêmes :** alpinisme, parapente ou escalade (à Kalymnos, le paradis de l'escalade grecque, qui compte 400 voies différentes) ou randonnée ou VTT (dans les vallons de Syros par exemple ou dans les plaines de Naxos). Les agences spécialisées et les centres d'information locaux vous guideront vers des expériences uniques. De la même façon, la Grèce se prête également au tourisme écologique, du fait de ses écosystèmes extrêmement variés : forêts, montagnes, fleuves, lacs, gorges, grottes, cascades… tout y est.

ENFANTS DU PAYS

Vassilis Alexakis

La moitié de son cœur se trouve en France, mais le public grec considère l'auteur de La Langue maternelle comme un véritable enfant du pays. Il partage son temps entre Paris, Athènes et l'île de Tinos. Né le 25 décembre 1943 à Santorin, il est arrivé en France à l'âge de 17 ans pour entrer à l'Ecole de journalisme de Lille. L'écrivain grec est journaliste, dessinateur, cinéaste. Il a signé des romans, des nouvelles et des aphorismes et même un recueil de dessins. Avec beaucoup de légèreté et d'humour, il relate une petite histoire, la sienne, ses amours, ses enfants, les Jeux olympiques, la victoire de la Grèce à l'Euro 2004, le Rwanda, le 11-Septembre. Il évoque aussi, avec beaucoup de retenue et de pudeur, son enfance en Grèce, les vacances, les souvenirs de ce temps béni où sa mère vivait encore. Son roman *Ap. J.-C.*, paru en 2007 chez Stock, a obtenu le Grand Prix du Roman de l'Académie française et avec L'enfant grec paru en 2012, il trimballe le lecteur entre Paris et Athènes.

Théo Angelopoulos

Sa mort, en janvier 2012, a profondément attristé les Grecs. Le réalisateur de renommée internationale est mort après avoir été renversé par un motard dans la rue, sur le port du Pirée. Ses films décrivent souvent une Grèce grise, battue par la pluie et ses désillusions, mais ont contribué au rayonnement intellectuel du pays. Son long-métrage *L'Eternité et un jour* (1998) lui a valu la Palme d'or au Festival de Cannes. Son dernier film, *Eleni*, est une fresque historique et contemplative qui a nécessité 2 ans de tournage.

Odysseas Élytis

Cet ami de Séféris et d'Embiricos est le second lauréat du prix Nobel en 1979. Proche des innovations poétiques françaises du XXe siècle (comme le surréalisme, l'écriture automatique et la révélation du subconscient), il puise aussi dans la riche tradition de la langue grecque et se fait le chantre d'un mode de vie dionysiaque. Ces idées sont développées dans son œuvre *Axion Esti* (1960), une composition poétique de style incantatoire, qui lui a valu une notoriété internationale, notamment grâce à la musique de Mikis Théodorakis. Il meurt en 1996.

Costa-Gavras

Ce cinéaste d'origine grecque a été naturalisé français et vit maintenant aux Etats-Unis. Il est à l'origine de nombreux films à scandale et à succès : *Z*, *L'Aveu*, *Missing*, *Music Box* ou plus récemment *Amen*, *Eden à l'Ouest* et *Le Capital* en 2012. Son dernier film sorti en 2019, *Adults in the room*, est basé sur le livre de Yanis Varoufakis sur les « coulisses » de la crise grecque de 2015.

Stelios Haji-Ioannou

Il a créé EasyJet en 1995. Fils d'un armateur grec, ce milliardaire chypriote, né à Athènes, est devenu le roi du discount aérien. On pourrait comparer Stelios à Icare, sauf qu'il ne s'est pas encore brûlé les ailes.

Mgr Ieronimos

L'archevêque d'Athènes et de toute la Grèce a été intronisé le 16 février 2008. Il succède au très médiatique Mgr Christodoulos. Ce chef de l'Eglise (non séparée de l'Etat) orthodoxe du pays reste une personnalité politique de premier plan puisqu'il guide 97 % des âmes grecques. Dans un pays où même les chauffeurs de bus troquent leurs sapins parfumés pour des portraits de la Vierge, il s'exprime sur tous les chapitres…

Angelique Ionatos

Née à Athènes, elle quitte la Grèce à 15 ans pour la Belgique, puis la France. Elle travaille en tant que compositrice à la mise en musique des grands poètes grecs contemporains : Odysséas Elytis, Cavaly, Ritsos… Parmi ses CD les plus connus : Sappho de, Mytilène, O Erotas, Thalassa.

Christos Lambrakis

Personnage légendaire du monde de la presse, il possède deux journaux de référence (*To Vima* et *Ta Nea*) et quatre magazines. L'héritier est à la tête d'un énorme groupe multimédia. Le groupe Lambrakis détient aussi la majorité des actions de la plus importante chaîne de télévision commerciale, Megachannel, et de nombreuses radios. Grand amateur de musique, Christos Lambrakis a aussi contribué considérablement à la réalisation du Palais de la Musique.

Petros Markaris

Morts aux banquiers ! *Lixiprothesma Dania* (*Liquidations à la grecque* en français) est le premier volet d'une trilogie sur la crise grecque. A Athènes, quatre financiers (banquiers grecs et étrangers, agents de notation) sont tour à tour retrouvés décapités à l'épée. Le commissaire Charitos mène l'enquête. Et l'auteur du livre, Petros Markaris, porte la voix de son pays... Son dernier opus, *Offshore*, est sorti en 2018.

Melina Mercouri

L'une des rares personnalités à avoir marqué aussi bien la vie culturelle que politique du pays. Actrice et auteur à succès (*Jamais le dimanche*, *Je suis née grecque*), l'égérie de Jules Dassin devient ministre de la Culture après la victoire électorale du PASOK. En 1985, elle fait d'Athènes la capitale culturelle de l'Europe. Elle meurt en 1994, ce qui provoque un deuil national sincère.

Nana Mouskouri

Qui a oublié les lunettes noires et le look intellectuel de Nana Mouskouri ? Une chose est sûre : cette chanteuse est aussi connue au Japon, en Allemagne ou en France qu'elle l'est en Grèce. Les Grecs lui ont même pardonné d'habiter en Suisse.

Aristote Onassis

Comment l'oublier ? Cet armateur grec multimilliardaire est aussi connu pour sa réussite dans les affaires que pour ses liaisons amoureuses. Armateur à succès, il fonde également la compagnie aérienne grecque Olympic Airways, ce qui fait de lui l'un des hommes les plus riches de Grèce. Mais la presse people l'aime surtout pour ses liaisons tumultueuses avec Athina Stavrou Livanou, Maria Callas et enfin Jackie Kennedy, après l'assassinat de son mari John Fitzgerald Kennedy. Il l'épouse en 1968 et meurt en 1975.

Sakis Rouvas

Dans un autre genre, cet éphèbe aux grands yeux verts est depuis plus de 15 ans le dieu incontesté de la pop grecque. Il détient notamment le record du nombre de concerts donnés dans son pays. Apollon a de l'endurance, normal : c'est un ancien gymnaste et perchiste de haut niveau. Kati apo mena, 21os Akatallitos ou Ola Kala : ses succès, calibrés pour devenir des tubes, mêlent ambiances disco et rythmes traditionnels. En Grèce, vous n'échapperez pas à ses mélodies.

George Seferis

Ce diplomate de carrière né en 1900, a reçu le prix Nobel en 1963. Admirateur et traducteur de T.-S. Elliot, de Pound, de Valéry et de Michaux, il adapte de nouvelles tendances littéraires qu'il introduit dans ses collections de poésie publiées dans une édition finale en 1961, sous le simple titre de Poèmes. Un grand nombre de ses poèmes ont été mis en musique, notamment par Manos Hatzidakis, Mikis Theodorakis ou Stavros Xarchakos et sont encore connus et appréciés par un large public. Il meurt en 1971.

Alexis Tsipras

Le dirigeant de Syriza, la gauche radicale, a prêté serment le 26 janvier 2015 en tant que Premier ministre de la Grèce, au lendemain de la victoire de son parti aux élections législatives grecques. Il n'a que 40 ans mais possède déjà une longue expérience politique. Cependant, fait notable, il n'est pas issu d'une dynastie de politiciens comme beaucoup d'autres candidats. Côté politique, il entend gouverner le pays et surtout changer de politique. Faute de pouvoir arriver à ses fins, il signe un nouvel accord impliquant de nouvelles mesures d'austérité. Il démissionne mais retrouve la confiance des Grecs et redevient Premier ministre en septembre 2015.

Mikis Théodorakis

Ce passionné de politique né en 1925, illustre compositeur du film *Zorba le Grec*, essaie toujours de concilier ses tournées aux quatre coins du monde avec une participation active aux grands débats politiques de son pays. Mikis Théodorakis a été élevé en 2007 au grade de commandeur de la Légion d'honneur.

Vassilis Vassilikos

Un temps ambassadeur de la Grèce auprès de l'Unesco à Paris, il est l'auteur du livre mythique *Z*, adapté au cinéma par Costa-Gavras. Ses mémoires littéraires, qu'il a aussi publiées, sont le roman d'une vie riche en rencontres – W.-H. Auden, Yves Montand, Simone Signoret, Jean-Paul Sartre, Marguerite Duras, Italo Calvino, Théodorakis...

SANS OUBLIER LES DIEUX DE L'OLYMPE

Aphrodite (ou Vénus dans la mythologie romaine) est la déesse de l'Amour et de la Beauté. Dans l'*Iliade* d'Homère, elle est la fille de Zeus et Dionè. Elle est aussi la femme d'Héphaïstos, le dieu du Feu. La légende la plus connue s'y rapportant renvoie à la guerre de Troie. Eris, déesse de la Discorde, furieuse de ne pas avoir été invitée au mariage du roi Pélée et de la nymphe de la mer Thétis, jette par dépit une pomme d'or dans la salle du banquet avec l'inscription « A la plus belle ! ». Zeus refuse de choisir entre Héra, Athéna et Aphrodite qui demandent à Pâris, prince de Troie, d'être le juge. Le malheureux choisit Aphrodite qui lui a promis, en échange, la plus belle femme du monde. Il réclame Hélène de Troie, femme du roi grec Ménélas, l'enlève et provoque... la guerre de Troie.

Apollon est le fils de Zeus et de Léto, tout comme sa sœur Artémis, né sur l'île infertile de Délos. Il est le dieu de la Lumière et de la Musique. Cette figure magnifique multiplie les amours avec des nymphes et des mortelles. Daphné, une des rares à ne pas lui céder, se transforme en laurier pour lui échapper. Il a eu de nombreux enfants, parmi lesquels Orphée.

© VOLK65

Statue d'Apollon, académie d'Athènes.

Artemis (ou Diane), fille de Zeus et de Léto, est la sœur jumelle d'Apollon. Déesse de la Chasse et de l'Accouchement, elle empêche les Grecs de s'embarquer pour la guerre de Troie jusqu'à ce qu'ils lui aient sacrifié une jeune vierge, Iphigénie, sauvée juste avant le sacrifice.

Athéna (ou Minerve) est sortie adulte et en armes du front de Zeus. Déesse des cités grecques, de l'Industrie et des Arts, son temple principal est situé à Athènes. Mais elle est surtout la déesse de la Sagesse et de la Guerre. Athéna est le principal soutien du camp des Grecs pendant la guerre de Troie. Mais après la chute de Troie, quand les Grecs oublient de respecter le droit d'asile de son autel, elle ordonne à Poséidon de provoquer les tempêtes qui détruisent la plupart des bateaux grecs revenant de la guerre.

Déméter (ou Cérés) est la déesse de la Fertilité, déesse mère de la terre. On la connaît surtout par sa fille Perséphone, née de ses amours avec Zeus, qui est enlevée par Hadès dans le monde des Enfers. Sa mère erre dans le monde jour et nuit, rongée par l'angoisse et la tristesse...

Dionysos (ou Bachus), fils de Sémélé, morte pendant sa grossesse à cause de la jalousie d'Héra, est sauvé par son père Zeus qui s'empare de l'enfant, ouvre sa cuisse et l'y place jusqu'à ce qu'il puisse naître à terme, loin de la jalousie d'Héra. Lorsque le jour de la naissance arrive, Zeus rompt les points de suture et met au monde son fils. Dionysos est le dieu du Vin. Son culte est lié au vin, à la danse et conduit l'homme à s'écarter des principes.

Hadès (ou Pluton) est le dieu des Morts. Il est le fils des titans Cronos et Rhéa, le frère de Zeus et de Poséidon. Quand les trois frères se partagent l'univers après avoir renversé Cronos, Hadès reçoit le monde souterrain. Avec sa reine, Perséphone, qu'il a enlevée au monde d'en haut, il règne sur le royaume des morts. Ce monde souterrain est divisé en deux régions : l'Erèbe, où passent les morts juste après leur décès et le Tartare, la région la plus profonde, gardé par Cerbère, le chien à trois têtes et à queue de dragon.

Héphaïstos (ou Vulcain), fils de Zeus et d'Héra est le dieu du Feu, de la Métallurgie et de l'Art. Son atelier se situe à Limnos. Ses bras sont forts alors que ses jambes sont atrophiées. Il serait boiteux à cause de son père : un jour où

Zeus et Héra se disputaient, il aurait soutenu sa mère. De colère, Zeus l'aurait attrapé par une jambe et l'aurait précipité de l'Olympe. A moins qu'il soit né boiteux et que, rongée par la honte, Héra ait elle même décidé de cacher sa naissance en le jetant de l'Olympe. Il se raconte que, pour se racheter face à Héphaïstos, Zeus aurait décidé de lui donner Aphrodite pour épouse.

- **Hermès** (ou Mercure) est le messager des dieux, fils de Zeus et de Maia. On le reconnaît à ses sandales ailées, symboles de sa vélocité. Ce dieu multiple accompagne les âmes des morts vers le royaume d'Hadès et possède des pouvoirs magiques sur le sommeil et sur les rêves. Dieu du Commerce et des Professions itinérantes, il protège aussi les voyageurs et les commerçants. Il est aussi dieu des Athlètes, dieu de la Chance et de la Richesse.

- **Héra** (ou Junon) est la reine des dieux, fille des titans Cronos et Rhéa, sœur et femme de Zeus. Déesse du Mariage et protectrice des femmes mariées, elle est la mère d'Arès, dieu de la Guerre, d'Héphaïstos, dieu du Feu, d'Hébé, déesse de la Jeunesse, et d'Ilithyie, déesse de la Naissance. Cette femme jalouse persécute les maîtresses de Zeus et leurs enfants. Vexée par le prince troyen Pâris qui lui a préféré Aphrodite, elle aide notamment les Grecs lors de la guerre de Troie.

- **Hestia** (ou Vesta) est la déesse vierge du Foyer, la fille aînée des titans Cronos et Rhéa. On la cite très peu dans les mythes mais la plupart des villes avaient un foyer public où brûlait son feu sacré.

- **Poséidon** (ou Neptune) est le dieu de la Mer, fils de Cronos et Rhéa, frère de Zeus et d'Hadès. Il est le père de plusieurs enfants célèbres pour leur cruauté comme le géant Orion et le Cyclope Polyphème. Poséidon joue un grand rôle dans les mythes et les légendes grecs. Il dispute notamment sans succès le contrôle d'Athènes à Athéna.

- **Zeus** (ou Jupiter) est le dieu du Ciel et souverain des dieux de l'Olympe. Ses temples principaux sont à Dodone, en Epire, et à Olympie, où les Jeux olympiques sont célébrés en son honneur tous les 4 ans. Il est le plus jeune fils des titans Cronos et Rhéa, et le frère des divinités Poséidon, Hadès, Hestia, Déméter et Héra. Selon un des mythes sur sa naissance, Cronos, craignant d'être détrôné par ses enfants, les avalait à leur naissance. Zeus est sauvé par sa mère, Rhéa, qui le cache en Crète, où il est nourri au lait de la chèvre Amalthée et élevé par les nymphes. A l'âge adulte, il force Cronos à restituer ses autres enfants, qui vont se venger de leur père. Dès lors, Zeus règne sur le ciel et sur l'univers. Ses frères, Poséidon et Hadès, reçoivent la charge de la mer et du monde souterrain. La terre est dirigée par les trois frères. Dans les écrits d'Homère, Zeus est décrit comme le dieu de la Justice et du Pardon, père de nombreux dieux et de héros (nés de relations avec des mortelles). Il semble que les légendes les plus tardives essaient de montrer Zeus sous un jour plus plaisant. La plus célèbre des statues le représentant, sculptée par Phidias, en or et en ivoire, est érigée à Olympie.

Statue d'Athéna, académie d'Athènes.

Vue sur l'Acropole.

ATHÈNES
ET L'ATTIQUE

Les environs d'Athènes

ATHÈNES

★★★★

Athènes, grâce aux Jeux olympiques de 2004 et en dépit de la crise qui la frappe depuis 2010, n'a cessé de s'embellir pour se hisser au rang des plus grandes capitales européennes. Dotée d'infrastructures modernes, son riche passé fait partie intégrante de la trépidante vie qui y règne. Il faut oser se perdre dans Athènes, parmi ses 4,5 millions d'habitants. Visiter le Musée archéologique, refaire l'histoire au musée Benaki, le monde à Exarcheia, se perdre dans le marché aux puces, boire un ouzo en haut du Lycabette, dîner dans les tavernes du vieil Athènes, à Plaka, ou dans les restos branchés de Psiri. On peut aussi se baigner à Athènes, à Paléo Faliro pas très loin du Pirée ou sur les plages de Kalamaki et Voula. Mieux encore : s'offrir le temps d'une escapade sur les îles… sans quitter le golfe Saronique.

Histoire

Les origines millénaires

Les Pélasges, les premiers habitants d'Athènes, s'abritaient dès le VIe millénaire av. J.-C. dans les grottes du rocher de l'Acropole et, en cas de danger, se réfugiaient sur son sommet. Athènes est un nom préhellénique, comme Athéna, la déesse protectrice de la ville, qui, selon les archéologues, a d'abord été adorée en Crète minoenne.Le nom d'Athéna provient probablement d'un mot pélasgien ou étrusque qui signifiait « céramique » ; on peut donc émettre l'hypothèse qu'à l'origine la cité se réduisait au simple quartier du Céramique. Selon la mythologie, Poséidon et Athéna voulaient acquérir la terre de l'Attique, et les dieux avaient promis de la donner à celui qui offrirait à ses habitants le cadeau le plus utile. Poséidon frappa la terre de son trident et on vit jaillir une source sur l'Acropole. Athéna proposa un olivier et remporta le concours.

La période mycénienne : les premiers rois athéniens

Mais l'histoire d'Athènes commence en réalité pendant la période mycénienne (vers 1600 av. J.-C.). Le palais fortifié des premiers rois de la ville, où se déroulaient les cérémonies religieuses, se trouvait sur l'Acropole. Ces rois mythiques (Kekrops, Ion, Egée, Thésée, Kodros) étaient considérés comme des divinités avant l'adoration des douze dieux de l'Olympe. Thésée a réussi à unifier tous les quartiers de l'Attique en une cité organisée, avec Athènes comme capitale.

De l'époque archaïque à la période classique : le développement de la démocratie

Après Kodros, le règne héréditaire fut aboli et l'Acropole devint un lieu sacré où se concentraient les temples et les monuments. La cité antique comportait dans ses murailles trois grandes collines : l'Acropole, l'Aréopage et la Pnyx. Le Lycabette n'était pas compris dans cette enceinte. Le quartier qui se trouvait au nord et nord-est de l'Acropole se nommait Céramique et comprenait l'Agora et la Stoa Poecile. Derrière les murailles, le Céramique se transformait en nécropole. La position géographique de la ville a favorisé le développement d'une communauté prospère. Oliviers, figuiers et vignes abondaient. Les montagnes protégeaient la cité d'une invasion soudaine et les trois ports naturels de l'Attique favorisaient le commerce maritime. Solon, au VIe siècle av. J.-C., prit les premières mesures qui allaient permettre le développement de la démocratie. En effet, il abolit la nécessité d'une origine aristocratique pour l'exercice du pouvoir politique. Ces réformes provoquèrent le mécontentement des classes privilégiées et la montée au pouvoir du tyran Pisistrate.Mais le grand réformateur de la Constitution et père du régime démocratique fut Clisthène, qui accéda au pouvoir en 508 av. J.-C. L'assemblée du peuple, Ecclésia, se réunissait une fois par mois sur la Pnyx ; chaque citoyen pouvait prendre la parole et proposer des projets de loi. Les représentants au Sénat (Boulê des 500) n'étaient pas élus mais tirés au sort, au nombre de cinquante pour chaque tribu. Leur rôle était de préparer le travail de l'assemblée et de faire face aux questions urgentes. L'Ecclésia du Dème ne contrôlait pas seulement la législation mais aussi la justice. Clisthène rétablit également la pratique de l'ostracisme envers les individus nuisibles au bien public. Un aspect original de la démocratie athénienne était que chaque citoyen devenait, au moins une fois dans sa vie, membre du Sénat pour un an.

Le siècle de Périclès : les monuments de l'Acropole voient le jour

L'essor athénien a atteint son apogée au Ve siècle au temps de Périclès. Ce dernier, en recourant au talent du sculpteur Phidias, fit reconstruire la cité en la dotant de temples en marbre, décorés de statues magnifiques. A cette époque, l'Acropole prit la forme que nous lui connaissons aujourd'hui. Ictinos, Mnésiclès et Callicrates furent les architectes qui contribuèrent à façonner la nouvelle image de la cité. Mais les maisons du peuple restaient modestes. Les Athéniens étaient beaucoup plus généreux envers les divinités qu'envers eux-mêmes, sans doute parce qu'ils passaient une grande partie de leur vie à l'extérieur, surtout sur l'Agora, centre des conversations, des querelles politiques et des commérages.

De la guerre du Péloponnèse à la période hellénistique : le déclin d'Athènes

La guerre du Péloponnèse qui se termine par la défaite d'Athènes marque le déclin de cette cité-Etat qui, néanmoins, ne perd pas complètement son rayonnement culturel. Socrate, Platon, Aristophane, Thucydide vécurent à cette époque. Peut-être que la condamnation injuste de Socrate à boire la ciguë symbolise la fin du rayonnement d'Athènes qui, en 338 av. J.-C., fut conquise par Philippe II, père d'Alexandre le Grand.

La période romaine : la renaissance de l'architecture

Deux siècles plus tard, en 146, Athènes dut se soumettre aux Romains. L'empereur Hadrien, au IIe siècle, dota la ville de nouveaux monuments comme l'Olympieion et la bibliothèque ; à la même époque, Hérode Atticus construisit le célèbre Odéon où l'on peut encore aujourd'hui suivre des représentations théâtrales et musicales.

La période byzantine : le développement de l'Eglise orthodoxe

L'an 395 apr. J.-C. marque la concession d'Athènes à Byzance. Peu à peu, les écoles philosophiques sont fermées, les temples transformés en églises chrétiennes. Après la chute de Constantinople, Athènes connaît la domination des Francs, puis celle des Catalans, des Napolitains et des Vénitiens. Les Turcs, qui conquirent la ville en 1456, ont transformé le Parthénon en mosquée et l'Erechthéion en appartements du harem ! L'Europe du XVIe siècle ne connaît pas de grands voyageurs en dehors des pèlerins et des marins, aussi a-t-on très peu d'informations sur la vie athénienne à cette époque. Mais au XVIIe siècle, le monde antique devint à la mode et des aristocrates commencèrent à s'intéresser à cette ville qui recelait tant de trésors archéologiques. Selon Cornelius Magni, qui accompagnait le marquis de Nointel, ambassadeur de France à la Porte, plusieurs voyageurs collectionnaient les statues et lorsque la sculpture était trop volumineuse, ils la décapitaient, tout simplement !

La période turque : après trois siècles d'occupation naît la résistance

En 1687, les Vénitiens assiègent Athènes ; une poudrière explose et endommage sérieusement le Parthénon. Mais un an après, les Turcs reprennent la ville. A cette époque, l'actuelle capitale grecque comptait de 9 000 à 11 000 habitants divisés en quatre castes : les *archontes* (nobles), les *noikokyraioi* (maîtres

Vue sur Athènes.

de maison), les *pazarites* (commerçants) et les *xotarides* (étrangers). La noblesse était concentrée dans le quartier de Plaka.

Vers l'indépendance : Athènes redevient capitale de la Grèce

La guerre pour l'indépendance fut catastrophique pour Athènes puisque seulement 60 maisons de la ville résistèrent aux combats. En 1834, la nouvelle capitale du jeune Etat grec, gouverné par Othon de Bavière, ne comptait plus que 4 000 habitants. Mais des architectes inspirés exprimèrent leur talent dans des bâtiments de style néoclassique qui influencent toute l'architecture de la ville. On peut en voir aujourd'hui la version populaire dans les quartiers de Plaka, Neapoli, Thiseio, Metaxourgeio et Psiri. En 2004, Athènes organise les Jeux olympiques. Après quelques années de forte croissance, la crise de 2010 a abîmé la bonne humeur générale. Néanmoins, la capitale renaît peu à peu comme en témoignent les réouvertures progressives de magasins... au moins dans l'hypercentre touristique.

La ville aujourd'hui

Depuis quelques années, la capitale cherche à se départir de ses clichés. « Les gens pensent qu'Athènes est une ville sale et bruyante, reconnaît Dora Bakoyannis, l'ancienne maire de la ville, je préfère dire que c'est une ville vibrante et qui ne dort jamais. » Les Athéniens sortent moins qu'avant en cette période de crise, mais pour autant, les rues sont rarement désertes en centre-ville.

Certains quartiers, qualifiés autrefois de populaires, revivent grâce à une clientèle jeune à la recherche de nouveaux lieux où se rencontrer et s'exprimer. C'est le cas du quartier de Psiri ou encore celui de Gazi qui ont vécu un véritable renouveau : il faut oser se perdre dans ces endroits populaires en pleine réhabilitation où se mélangent galeries, magasins branchés, restaurants, cafés et théâtres. « Ce n'est pas dans les musées ni dans les sites archéologiques qu'on a le rapport à l'Antiquité le plus vivant, mais à travers les gens », promet l'écrivain Vassilis Alexakis qui, lorsqu'il rentre à Athènes, aime flâner dans le quartier d'Exarchia. « J'aime ces endroits populaires où il subsiste quelque chose de l'esprit démodé de la ville. » Et peut-être serez-vous saisi alors à votre tour par le *nostos*... Attention : ce terme, l'un des mots-clés de l'*Odyssée*, est le symptôme d'un désir de revenir...

QUARTIERS

Athènes est vaste, mal connue et souvent mal considérée. Avec ses 4,5 millions d'habitants, elle abrite plus d'un tiers de la population nationale et de nombreux trésors cachés. Surnommée Tsimentoupoli (la ville de ciment), Athènes souffre d'une piètre réputation : densité, bruit, embouteillages, patrimoine mal conservé, pollution.... Pourtant ce cliché athénien est bien loin de la réalité et les curieux sauront découvrir une ville ouverte, large, verte, aérée, calme et langoureuse. C'est que la capitale grecque offre réellement des quartiers et des contrastes surprenants. Pour vous aider à mieux vous repérer dans le centre-ville, nous avons découpé la ville touristique en cinq quartiers aux particularités bien déterminées.

Plaka et Monastiraki ★★★★

Cœur historique et touristique de la ville, le rocher de l'Acropole s'élève au beau milieu d'Athènes. A ses pieds se prélassent les quartiers de Plaka, Monastiraki et Thissio. Incontournables, ils offrent de magnifiques promenades en plein centre-ville, un patrimoine unique et des terrasses ensoleillées à l'infini. On y accède par les stations de métro suivantes : Akropoli, Monastiraki et Thissio.

▸ **Plaka.** Entre les axes perpendiculaires de Fillelinon et de Mitropoleos, les rues deviennent soudain plus étroites, bordées de belles villas néoclassiques. Certaines, animées et piétonnes, alignent tavernes, terrasses de cafés, et boutiques de souvenirs. La promenade y est agréable à toute heure de la journée et le soir... Si le touriste y est omniprésent, il se mèle aux quelques locaux résidents ou habitués des lieux. En s'enfonçant un peu plus dans ce vieux quartier, accroché au flanc nord-est de l'Acropole, le charme d'un voyage dans le temps ne rate jamais son effet. On y sent le mode de vie d'autrefois, dans ces ruelles enchevêtrées dont les hautes bâtisses néoclassiques, couleur crème aux volets verts, aux tuiles ocre et rondes, aux balcons en fer forgé débordants de fleurs, cachent parfois des jardins clos et boisés, enserrés derrières de hauts murs. Au détour d'un chemin en escalier, découvrez quelques maisons datant de l'occupation turque restées intactes ou en éboulis. Des églises byzantines jalonnent également votre déambulation. Paisible et calme, ce quartier invite à la flânerie et à la rêverie. Quelques musées ont élu domicile dans ces belles demeures, que l'on ne situe que muni d'un plan détaillé du quartier.

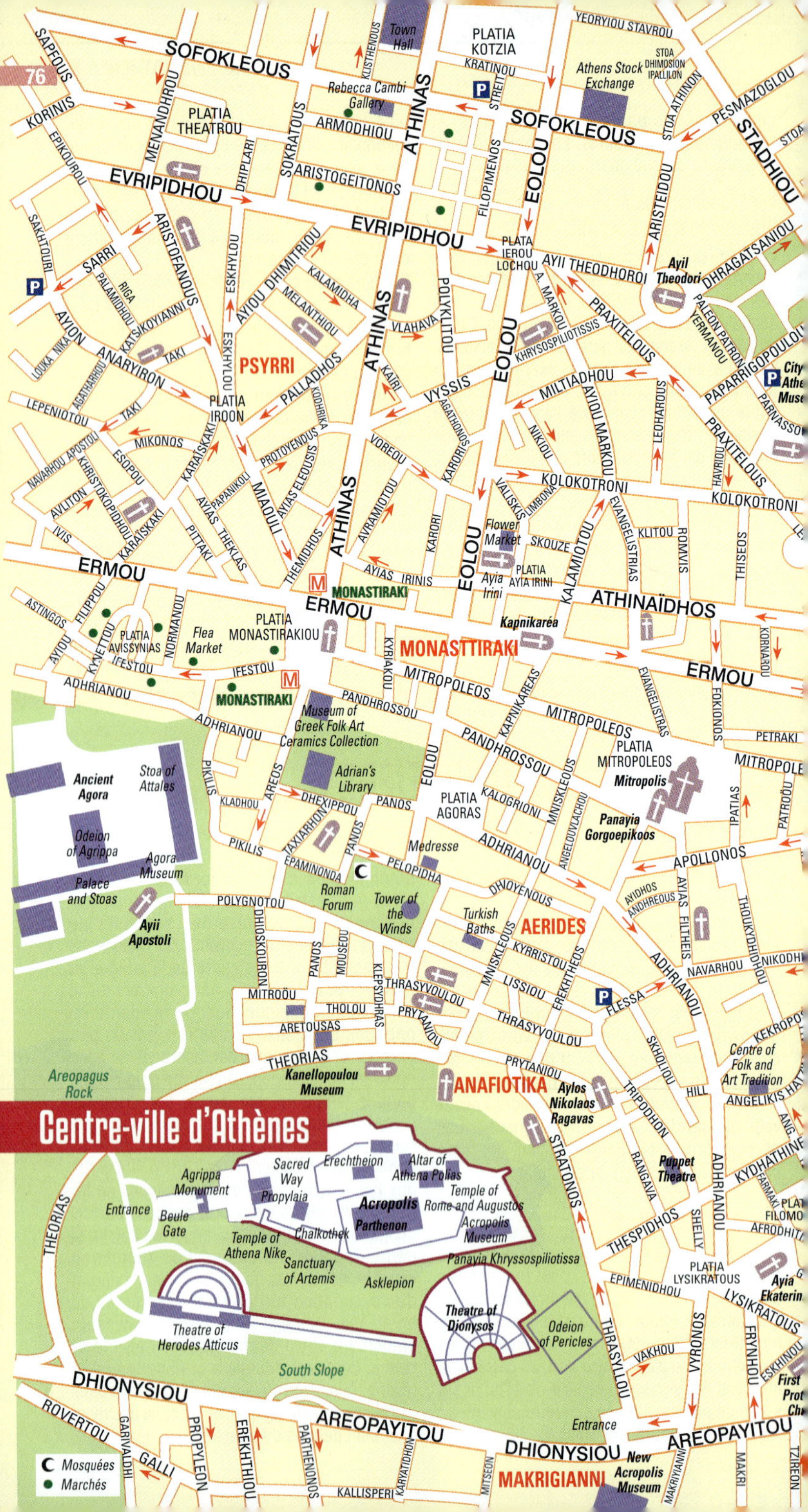
Centre-ville d'Athènes
SOFOKLEOUS
SAPFOUS
KORINIS
EPIKOUROU
MENANDHROU
PLATIA THEATROU
SOKRATOUS
KLISTHENOUS
Town Hall
PLATIA KOTZIA
KRATINOU
STREIT
Rebecca Cambi Gallery
ARMODHIOU
ATHINAS
YEORYIOU STAVROU
Athens Stock Exchange
STOA DHIMOSION IPALLILON
STOA ATHINON
PESMAZOGLOU
STADHIOU
EVRIPIDHOU
DHIPLARI
ARISTOGEITONOS
FILOPIMENOS
EOLOU
ARISTEIDOU
SAKHTOURI
SARRI
ARISTOFANOUS
ESKHYLOU
AYIOU DHIMITRIOU
KALAMIDHA
MELANTHIOU
PLATIA IEROU LOCHOU
AYII THEODHOROI
Ayii Theodori
DHRAGATSANIOU
PALEON PATRON YERMANOU
PAPARRIGOPOULOU
City of Athens Museum
PARNASSOU
RIGA PALAMIDHOU
AYION ANARYIRON
LOUKA NIKA
KATSIKOYIANNI
TAKI
PSYRRI
PLATIA IROON
PALLADHOS
VLAHAVA
POLYKLITOU
KAIRI
A. MARKOU
KHRYSOSPILIOTISSIS
PRAXITELOUS
VYSSIS
MILTIADHOU
AYIOU MARKOU
LEOHAROUS
HAVRIOU
LEPENIOTOU
AGATHARHOU
MIKONOS
KARAISKAKI
KODHRIKA
PROTOYENOUS
AYIAS ELEOUSIS
AGATHONOS
KARORI
VOREOU
NIKIOU
KOLOKOTRONI
NAVARHOU APOSTOLI
KHRISTOKOPIDHOU
ESOPOU
AVLITON
IVIS
PAPANIKOLI
MIAOULI
AYIAS THEKLAS
PITTAKI
THEMIDHOS
AVRAMIOTOU
VALAORITOU
LIMBONA
Flower Market
SKOUZE
KALAMIOTOU
EVANGELISTRIAS
KLITOU
ROMVIS
THISEOS
ERMOU
MONASTIRAKI
AYIAS IRINIS
Ayia Irini
PLATIA AYIA IRINI
ATHINAÏDHOS
ASTINGOS
FILIPPOU
PLATIA AVISSYNIAS
KYNETTOU
AYIOU
IFESTOU
NORMANOU
Flea Market
PLATIA MONASTIRAKIOU
KYRIAKOU
MONASTTIRAKI
Kapnikaréa
KORNAROU
ADHRIANOU
MITROPOLEOS
PANDHROSSOU
KAPNIKAREAS
FOKIONOS
PETRAKI
Museum of Greek Folk Art Ceramics Collection
Ancient Agora
Stoa of Attalos
Adrian's Library
PLATIA MITROPOLEOS
Mitropolis
MITROPOLE
Odeion of Agrippa
PIKILIS
KLADHOU
AREOS
DHEXIPPOU
PANOS
PLATIA AGORAS
KALOGRIONI
MNISIKLEOUS
ANGELOUVLACHOU
Panayia Gorgoepikoos
IPATIAS
PATROOU
Agora Museum
Palace and Stoas
TAXIARHON
EPAMINONDA
Medresse
PELOPIDHA
APOLLONOS
Ayii Apostoli
POLYGNOTOU
Roman Forum
Tower of the Winds
DHIOYENOUS
AYIDHOS ANDHREOU
AYIAS FILTHEIS
THOUKYDHIDHOU
Turkish Baths
AERIDES
DHIOSKOUROU
MOUSEOU
KLEPSYDHRAS
KYRRISTOU
EREKHTHEOS
NAVARHOU NIKODHI
MITROÛOU
THRASYVOULOU
LISSIOU
FLESSA
THOLOU
PRYTANIOU
ARETOUSAS
SKHOLIOU
KEKROPOS
THEORIAS
Kanellopoulou Museum
ANAFIOTIKA
Aylos Nikolaos Ragavas
TRIPODHON
HILL
Centre of Folk and Art Tradition
ANGELIKIS HATZ
Areopagus Rock
STRATONOS
RANGAVA
Puppet Theatre
ADHRIANOU
KYDHATHINE
Agrippa Monument
Sacred Way
Erechtheion
Altar of Athena Polias
Propylaia
Acropolis
Parthenon
Temple of Rome and Augustos
Acropolis Museum
Entrance
Beule Gate
Temple of Athena Nike
Chalkothek
Sanctuary of Artemis
Asklepion
Panayia Khryssospiliotissa
THESPIDHOS
SHELLY
PLATIA FILOMO
AFRODHITI
PLATIA LYSIKRATOUS
EPIMENIDHOU
LYSIKRATOUS
Ayia Ekaterin
Theatre of Dionysos
Odeion of Pericles
Theatre of Herodes Atticus
South Slope
THRASYLLOU
VYRONOS
VAKHOU
FRYNHOU
ESKHINOU
First Prot Chi
DHIONYSIOU
ROVERTOU GALLI
GARIVALDHI
PROPYLEON
EREKHTHIOU
PARTHENONOS
AREOPAYITOU
KARYATIDHON
MITSEON
KALLISPERI
MAKRIGIANNI
New Acropolis Museum
MAKRIYIANNI
MAKRI
TZIREON
Mosquées
Marchés

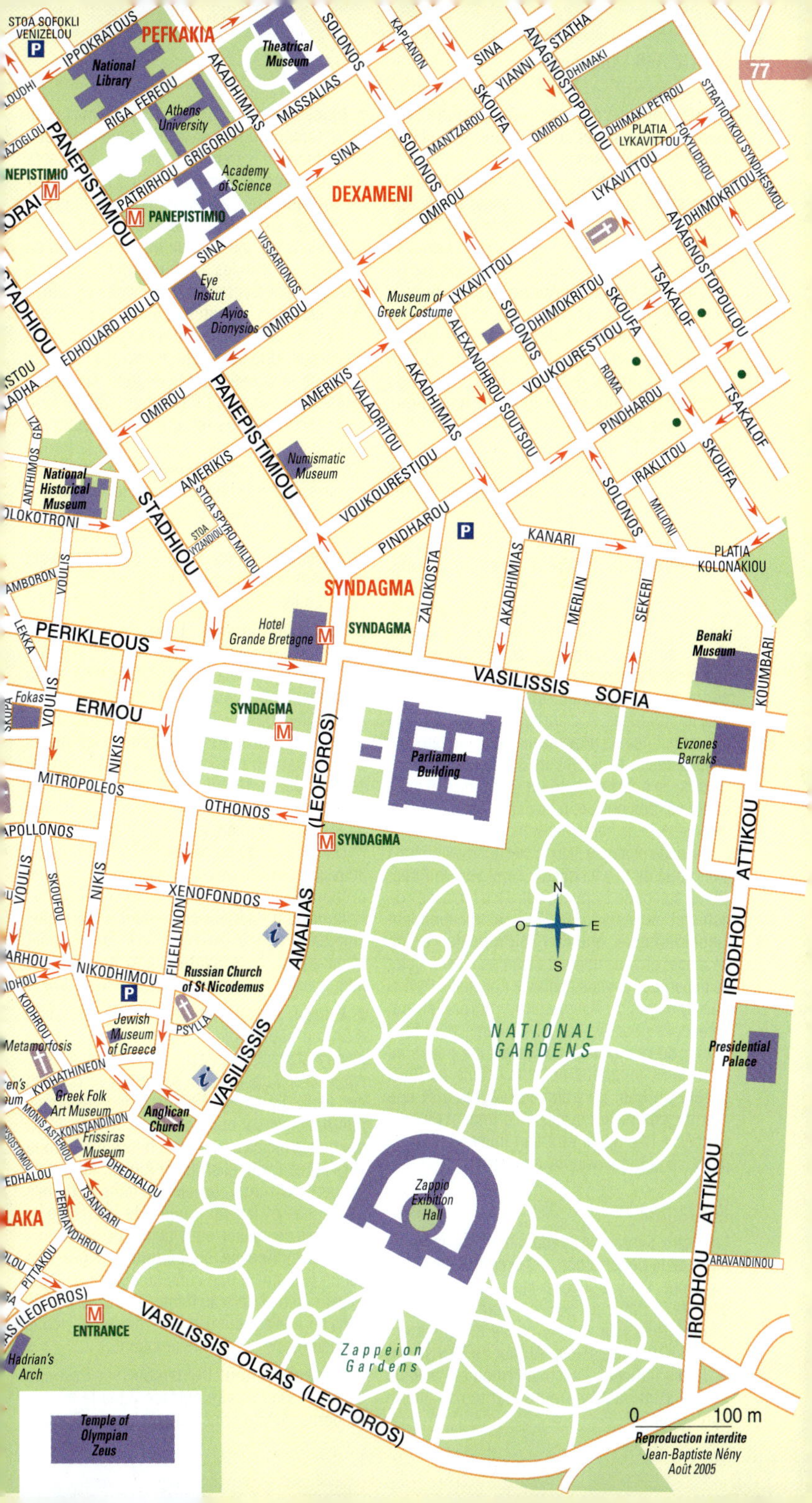
STOA SOFOKLI VENIZELOU
PEFKAKIA
IPPOKRATOUS
National Library
Theatrical Museum
SOLONOS
KAPLANON
SINA
ANAGNOSTOPOULOU
STATHA
DHIMAKI
RIGA FEREOU
Athens University
AKADHIMIAS
MASSALIAS
YIANNI
SKOUFA
MANTZAROU
OMIROU
DHIMAKI PETROU
PLATIA LYKAVITTOU
STRATIOTIKOU SYNDHESMOU
FOKYLIDHOU
PANEPISTIMIOU
PATRIRHOU GRIGORIOU
Academy of Science
SINA
DEXAMENI
LYKAVITTOU
DHIMOKRITOU
PANEPISTIMIO
Eye Insitut
Ayios Dionysios
VISSARIONOS
Museum of Greek Costume
ALEXANDHROU
TSAKALOF
STADHIOU
EDHOUARD HOU LO
VOUKOURESTIOU
ROMA
AMERIKIS
VALAORITOU
PINDHAROU
SOUTSOU
IRAKLITOU
National Historical Museum
Numismatic Museum
STOA SPYRO MILIOU
STOA VYZANDIOU
KANARI
MILIONI
PLATIA KOLONAKIOU
KOLOKOTRONI
VOULIS
SYNDAGMA
ZALOKOSTA
MERLIN
SEKERI
Hotel Grande Bretagne
PERIKLEOUS
LEKKA
Benaki Museum
VASILISSIS SOFIA
KOUMBARI
Fokas
ERMOU
(LEOFOROS)
Parliament Building
Evzones Barraks
NIKIS
MITROPOLEOS
OTHONOS
APOLLONOS
AMALIAS
SKOUFOU
XENOFONDOS
FILELLINON
NIKODHIMOU
Russian Church of St Nicodemus
IRODHOU ATTIKOU
N
O
E
S
NATIONAL GARDENS
Jewish Museum of Greece
PSYLLA
VASILISSIS
KODHROU
Metamorfosis
KYDHATHINEON
Greek Folk Art Museum
Presidential Palace
Anglican Church
MONIS ASTERIOU
KONSTANDINON
Frissiras Museum
DHEDHALOU
TSANGARI
PERRIANDHROU
PLAKA
PITTAKOU
Zappio Exibition Hall
ARAVANDINOU
ENTRANCE
(LEOFOROS)
Hadrian's Arch
VASILISSIS OLGAS (LEOFOROS)
Zappeion Gardens
Temple of Olympian Zeus
0
100 m
Reproduction interdite
Jean-Baptiste Nény
Août 2005

Habité depuis l'époque préhistorique, il a traversé l'histoire et connaît tous les secrets de la cité. Au XIIe siècle, le quartier fut déserté après un raid barbare et ne fut réinvestit qu'au XVIe siècle par les soldats albanais au service des Turcs. Ces Albanais le nommèrent Pliakou Athina (Vieille Athènes), et de là viendrait le nom de Plaka. Mais une « plaque » de pierre, récemment trouvée près de l'église Aghios Georgios, donnerait une autre explication à l'origine du nom de Plaka... Après l'indépendance, les couches supérieures de la société athénienne vinrent résider à Plaka.
Aujourd'hui Plaka est le quartier touristique d'Athènes par excellence, très sûr et sans circulation. Il respire, à son rythme, loin de l'agitation de la ville moderne. N'hésitez pas à vous y perdre pour quelques heures et à vous asseoir à l'une de ses terrasses, dans le haut de la vieille ville, plus paisible.

Monastiraki et Thissio. Lorsque vous aurez fait le plein de sérénité, vous serez prêt à affronter le quartier fourmillant de Monastiraki, surtout connu pour son marché aux puces dans les petites ruelles qui mènent de l'Ancienne Agora à la place Avissinias. Vous y trouverez de tout, des antiquités les plus rares aux gadgets les plus improbables. A la sortie du métro, la ruelle couverte d'Ifestou propose un bazar moderne de chaussures et de vêtements de marques. Collé à l'Agora, ce quartier restreint renferme des sites antiques, des églises byzantines, deux vieilles mosquées et de belles maisons du XIXe siècle. La promenade piétonne le long de l'Agora et du train électrique de la ville qui descend vers le Pirée, se fait au coude à coude, entre les terrasses de cafés et de restaurants. Elle reste cependant incontournable, que l'on soit athénien ou de passage, et vous conduit jusqu'à Thissio, point de départ de l'avenue piétonne Apostolou Pavlou puis Dionyssiou Areopagitou, agréablement aménagée pour les Jeux olympiques, pour faire le tour du rocher de l'Acropole. Une pause au parc de Philopappou et de la colline du Pnyx offrent un bain de fraîcheur végétale et une vue magnifique sur la ville en grimpant un peu. L'accès à l'Acropole et à son musée se font à partir de la Dionyssiou Areopagitou.

Syntagma ★★

Le métro Syntagma, débouchant sur la vaste place de la Constitution, est le centre de la ville moderne. On y trouve le siège du Parlement grec et le cœur du pouvoir politique. Nœud central de la ville, vous y passerez forcément au cours de votre séjour. Autour du Parlement, le Jardin national, l'avenue Ermou et l'avenue Panepistimiou rayonnent depuis la place Syntagma.

Place Syntagma. La place Syntagma (place de la Constitution) est le lieu emblématique de l'Athènes d'aujourd'hui. Scène des violents affrontements et manifestations relayés par les médias internationaux pendant la crise, son image a été légèrement ternie. Elle reste cependant un lieu central et convivial où se concentrent tous les attributs modernes de la ville. La place Syntagma, aménagée de bancs et de pelouses, de cafés et d'une zone de wifi gratuit, constitue le point de rendez-vous de nombreux Athéniens. Elle bourdonne à toute heure de la journée. Juste en face, se dresse l'élégante bâtisse du Parlement, la *Vouli*, où se prennent toutes les décisions politiques engageant l'avenir du pays. Devant la tombe du soldat inconnu, la relève de la garde des Evzones, dont les chaussures à pompons battent le pavé, est d'ailleurs une attraction appréciée des touristes qui s'y pressent, caméra au poing. Ils portent les uniformes de leurs ancêtres qui libérèrent la Grèce du joug ottoman durant la guerre d'Indépendance (1821-1828).

Le Jardin national et ses alentours. Non loin de là, le Jardin national, autrefois attenant au Palais royal, est une oasis de paix et de verdure, en plein milieu de la ville. Ces allées, aménagées dès 1838, sont bordées de mille variétés d'arbres et de plantes ; ses petits plans d'eau et son zoo attirent les nounous et leurs petits Athéniens en poussettes. A la sortie du jardin, côté sud, on jette un œil au majestueux Zappion et au stade de marbre : le Kallimarmaro, où se déroulèrent les premiers Jeux olympiques modernes. Pour la découverte archéologique, on visite le temple de Zeus et la porte d'Hadrien, également à deux pas. Empruntez ensuite l'avenue Irodou Attikou, pour rejoindre la place Syntagma et Kolonaki, et apercevoir le Palais Maximou, sur votre droite.

Ermou. L'artère commerciale et piétonne d'Ermou débute place Syntagma, et conduit jusqu'à Monastiraki, en passant par l'incroyable chapelle de Kapnikareas, véritable ovni posé en ces lieux. Toutes les plus grandes enseignes internationales y ont pignon sur rue. Pour les boutiques moins branchées, bifurquez à droite vers la rue Evangelistrias et Aiolou. Autour de la rue Kolokotroni, on plonge dans l'Athènes populaire, et les boutiques de mercerie et d'articles de maison sont légion. De nombreux bars branchés se succèdent, au gré des zones piétonnes, dans une ambiance à la fois foisonnante et hors du temps. Il faut se perdre dans les ruelles pour découvrir de petites perles cachées dans le tumulte ambiant.

Panepistimiou. Déboucher sur l'avenue Stadiou, c'est refaire surface dans le monde moderne. Artère principale de la ville, Stadiou

Quartier de Syntagma.

et ses parallèles Panepistimiou et Akadimias, desservent les principaux quartiers de la capitale. Musée historique de la ville, Université d'Athènes et Bibliothèque Nationale sont autant de bâtiments à visiter où à découvrir, en passant : vous ne les louperez pas à pied ou en bus, de toute façon, car ils sont forts de leur imposante architecture. La circulation est incessante et les Athéniens apprécient de s'isoler dans les nombreuses *stoa*, passages couverts, formés entre deux immeubles.

Kolonaki ★★

Kolonaki, quartier bourgeois par excellence, est une oasis qui a été plus épargnée par la crise que d'autres coins moins fortunés d'Athènes. Très agréable et calme, les boutiques de luxe et les ateliers de couturiers s'y succèdent, tandis que restaurants et cafés chics offrent d'agréables terrasses pour regarder le beau monde athénien. La population de Kolonaki est en effet constituée de grands armateurs grecs, d'une partie de la bourgeoisie intellectuelle et culturelle athénienne et de certains hommes politiques parmi les plus connus. Au-delà de belles et onéreuses adresses shopping, vous y trouverez de très bons restaurants, souvent plus chers que la moyenne athénienne mais agréables pour se faire plaisir.

Installé sur les contreforts du mont Lycabette, le quartier de Kolonaki offre des ruelles pentues, qui se transforment en escaliers ombragés, grimpant jusqu'au pied de la plus haute colline d'Athènes. Depuis le mont Lycabette, la vue sur la ville est impressionnante. Dans sa partie basse, le quartier est flanqué au sud d'ambassades, de ministères et de grands musées sur l'avenue Vassilisis Sofias. Ainsi, vous trouverez ici certains des plus beaux musées d'Athènes, dont le Musée Benaki ou encore le Musée d'art cycladique.

Ironie du sort, ce quartier très bourgeois est limitrophe du quartier pauvre et anarchiste d'Exarchia, qui s'étend à l'ouest. À la limite de cette frontière, « une zone tampon » offre un mélange agréable combinant la douceur de vivre de Kolonaki et la touche alternative et authentique d'Exarchia. Les nombreux cafés et restaurants de Skoufa sont ainsi archi-bondés du matin au soir, pris d'assaut par la jeunesse active d'Athènes. Les francophones y apprécient le café de l'Institut français et le siège de l'École française d'archéologie, dotée d'un jardin romantique et d'une excellente bibliothèque.

Omonia et Exarchia ★

Omonia et Exarchia, côte à côte, sont deux quartiers qui sont les parents pauvres du développement touristique de la ville. Entre les deux, le Musée archéologique est la plus importante attraction culturelle de la zone. Quartiers saturés, à l'architecture dense et mal entretenue, ils méritent une visite pour prendre le pouls du quotidien athénien depuis la crise. A noter cependant, il s'agit des deux seuls quartiers un peu dangereux de la capitale grecque, à la fois centre des trafics illégaux de la ville (Omonia) et de la tension politique entre gauche radicale et police (Exarchia). Nous vous déconseillons d'y séjourner car l'offre hôtelière y est de mauvaise qualité. Au-delà de ces aspects peu engageants, Exarchia et Omonia offrent une immersion dans les enjeux contemporains de la Grèce : vous y découvrirez la réalité grecque sans ambages.

Omonia. La place d'Omonia abrite quelques bâtisses néoclassiques, mais le vaste rond-point en ciment de la place peine à trouver une identité malgré les efforts récents. Ce quartier, sale et bruyant, n'est pas franchement attirant. Le matin, vous serez étourdi par les voitures qui klaxonnent, les marchands ambulants qui vendent des *koulouria* (pains au sésame) et les travailleurs pressés qui s'engouffrent dans le métro. Le soir, le quartier devient le royaume des marginaux : clandestins en quête de travail, prostituées, dealers et drogués se mêlent aux oiseaux de nuit qui viennent acheter les journaux du matin avant d'aller se coucher. D'autres encore s'attardent dans les cafés en discutant football ou politique. Pourtant, la place d'Omonia est un point de départ. De là, vous suivrez la rue piétonne Thémistokleous et ses ouzeries, le marché central, le quartier de la Bourse avec ses bâtiments néoclassiques et les petits vendeurs de pacotille. La rue Athinas vous mènera jusqu'aux vieilles Halles (XIXe siècle) qui proposent un vaste choix de viandes, poissons, légumes et fromages. C'est aussi de cette place que partent les rues Stadiou et Panepistimiou, grosses artères commerçantes qui vont jusqu'à Syntagma, l'avenue 3-Septembriou qui conduit vers le Musée archéologique, l'avenue Pireos qui mène jusqu'au Pirée, et Aghiou Konstandinou jusqu'aux gares. Omonia, la plus vieille place centrale d'Athènes, possède de nombreux restaurants rapides. Les hôtels les moins chers risquent d'être très bruyants.

Exarchia. Quartier dit tantôt anarchiste, tantôt bohème, d'autres fois simplement qualifié d'alternatif, c'est le quartier emblématique de l'Ecole polytechnique qui a vu naître la révolte des étudiants contre la dictature des Colonels. L'école est en libre accès et son architecture est surprenante, surtout mêlée à l'usage que ses étudiants, des jeunes architectes justement, en ont fait : graffitis gigantesques, fresques murales et tags, le contraste offre le charme d'un paradoxe. Chargée d'histoire, vous verrez dans sa cour l'ancienne porte d'entrée qu'un tank de la dictature avait écrasée en 1973, afin de mettre fin à la révolte. Le quartier reste aujourd'hui investi par les jeunes et les artistes, dans cette ambiance qui se veut donc clairement contestataire. Délimité par Akadimias, Zoodohou Pigis et la colline Strefi, il vit au rythme des bars étudiants, politisés et tendance. Au croisement des rues Koletti et Messologiou, de jolis bars colorés s'étalent dans les rues piétonnes et créent une ambiance détendue et conviviale pour passer la soirée. Passez par la jolie rue Kallidromiou, qui a son marché de produits locaux et légumes le samedi matin, ainsi que quelques cafés et restaurants. Les centres névralgiques du quartier sont les rues Valtetsiou (nombreux restaurants), Themistokleous (nombreux bars) et la place Exarchia, largement squattée mais entourée de cafés agréables. Seul quartier d'Athènes sans présence policière, on trouve ici ce que l'on veut... La police anti-émeutes est postée à l'entrée du quartier et il arrive régulièrement que des échauffourées éclatent en soirée, avec usage de bombes lacrymogènes. Dans la journée en revanche, on s'y promène tranquillement, histoire de humer un quartier athénien, marginal, authentique et engagé. Graffitis sur les murs, terrasses de café sur les trottoirs, Exarchia se présente tel qu'il est, sans parure, dans une force d'âme et une dynamique d'esprit. C'est un quartier où le fond prime sur la forme et où les idées et mouvements de pensée prennent vie, au fond des troquets. Une plongée incontournable dans l'Athènes vibrante d'aujourd'hui.

Psiri et Gazi ★

Si Psiri, accolé à Monastiraki, est partie prenante du centre-ville, le quartier de Gazi s'en éloigne un peu vers l'ouest. Voici deux quartiers, autrefois populaires, qui ont revêtu, ces dernières années, les atours de la vie nocturne et branchée de la capitale.

Psiri. L'artère Athinas, qui mène au métro Monastiraki, délimite la frontière est du quartier de Psiri. Derrière la haute rangée d'immeubles de l'avenue, les ruelles se multiplient et s'entrecroisent autour des places Iroon et Saint-Anargyron, cœurs de ce quartier de noctambules. L'endroit était peu fréquenté jusqu'au début des années 1990 mais la réhabilitation d'échoppes et d'ateliers en boîtes de nuit *underground*, théâtres et cafés, l'ont transformé, petit à petit, en un lieu alternatif à la mode. Maintenant, les touristes sont très largement aux terrasses des restaurants ou dans les ruelles du quartier. L'architecture typique de Psiri, avec ses maisons basses, lui donne des allures de village. De minuscules tavernes et de *mezzedopolia*, dont les chaises et tables tiennent le pavé, nourrissent les habitants depuis des décennies, tandis que de nouvelles adresses de cuisine moderne et internationale, voient le jour. La journée, d'anciennes échoppes et brocanteurs d'objets improbables rendent aux ruelles leur âme populaire tandis que le soir, des groupes d'Athéniens et de touristes investissent les pubs, bars et clubs à la mode. Depuis plusieurs années, cependant, l'engouement suscité par Psiri semble s'estomper et les plus branchés se déportent vers Gazi, juste derrière l'ancienne usine à gaz, aujourd'hui Technopolis.

Gazi. On déboule à Gazi via la promenade plantée d'Ermou, à partir de Thissio, ou par le métro Keramikos, dont la bouche s'ouvre sur la place centrale très animée du quartier. Autour de celle-ci, les terrasses de bar et les *rooftops* se côtoient, débordant de jeunes et de musique *mainstream*. Mieux vaut s'éloigner un peu si l'on préfère le calme et l'authenticité. Aux alentours, les ruelles s'entrelacent, délimitées par la voie ferrée, la Iera Odos et l'avenue Pireos. Dans ce quartier très populaire, certaines façades de très belles demeures néoclassiques subsistent, à côté de maisonnettes, très basses et toutes simples, abritant des familles d'immigrés ou d'artisans. La rupture avec le centre-ville existe, l'ambiance et le rythme de vie un peu différents. Certains coins de rues semblent venir d'un autre âge. Ainsi, la jeunesse athénienne s'est appropriée ce quartier populaire, devenu zone ultra-branchée. Restaurants, bars et clubs sont légions, éparpillés dans un espace qui conserve tout de même, heureusement, son caractère d'autrefois. Quelques coins de Gazi ont aussi la réputation d'être les lieux de rassemblement et de fête pour la communauté LGBT de la ville. A Gazi, il y a autant de clubs qui passent des hits internationaux que de petits bars alternatifs qui jouent du jazz : l'esprit est le même partout, faire la fête.

SE DÉPLACER

L'arrivée

Avion

Un vol entre Paris et Athènes dure de 3 heures à 3 heures 30 environ. Certaines compagnies relient directement Athènes à d'autres villes françaises, comme c'est le cas de Marseille, Nice, Lyon, entre autres. Des vols low cost sont disponibles de l'aéroport international Venizelos, ce qui vous permettra de trouver des A/R à moindre prix mais à des horaires peu pratiques, au départ de Paris. L'aéroport est situé à 30-35 km du centre-ville. Pour le rejoindre, plusieurs options développées ici. Notez qu'il existe un pass touristique de 3 jours valable dans tous les transports et incluant un aller-retour à l'aéroport au tarif de 22 €.

- **Bus urbain.** Des lignes express bleu et jaune ont été mises en place pour desservir l'aéroport. Les bus se prennent au niveau des arrivées : le kiosque vous vendra les tickets (6 € par adulte, 3 € pour les étudiants). Plusieurs lignes en fonction de votre lieu de résidence. La ligne X95 mène au centre-ville, à Syntagma, en environ une heure (plus ou moins selon l'horaire et le trafic) et il y a un bus toutes les quinze minutes, de jour et de nuit. Le bus est moins cher, plus fréquent, et souvent plus rapide que le métro : vous pouvez le privilégier en fonction de sa convenance avec votre destination.
En outre : La ligne X93 part des terminaux de bus nationaux KTEL (Kifissiou et Liossion) toutes les 30-45 minutes environ. Durée du trajet : 65 minutes. La ligne X96 part du port du Pirée toutes les 15-30 minutes, jour et nuit. Durée du trajet : 90 minutes. La ligne X97 part de la station de bus Daphni toutes les heures. Durée du trajet : 70 minutes.

- **Métro.** Le métro est un moyen simple de se rendre à l'aéroport, de n'importe quelle station de la ville. Ligne 3, de Monastiraki ou Syntagma, compter environ 35 minutes et 10 € jusqu'à l'aéroport (tarifs spéciaux : 18 € pour 2 personnes et 5 € pour étudiant). Fréquence : toutes les 30 minutes environ à partir de 6h le matin, jusqu'à 23h30 le soir, au départ de l'aéroport. La ligne bleue est celle qui y mène, mais attention : tous les métros n'ont pas l'aéroport pour terminus.

- **Suburbain.** Un train de banlieue relie l'aéroport au nord de la ville, au port du Pirée et même à Corinthe (durée du trajet 1 heure 20). Correspondance avec le métro. Pour informations, consultez www.trainose.gr (en anglais).

- **Bus régionaux.** Vers et en provenance de Rafina (environ toutes les heures de 4h50 à 22h15, 3 €, 30 minutes), Lavrio (toutes les heures de 6h30 à 22h, 4 €, 40 minutes) et Markopoulo (toutes les heures de 6h30 à 22h, 2 €, 15 minutes). Bus KTEL, au niveau des arrivées.

- **Taxis.** Le transfert en taxi de l'aéroport au centre-ville est soumis depuis peu à un forfait. Comptez 38 € en journée et 50 € la nuit, entre minuit et 5h. Les taxis vous attendent au niveau des arrivées de l'aéroport et se prennent à n'importe quel endroit en ville, à condition de les héler. Si vous les réservez à partir de l'hôtel, le tarif sera majoré d'environ 5 €. Pour réserver un taxi à l'avance, vous pouvez appeler le (+30) 210 523 9524.

- **Voiture de location.** L'aéroport est très bien indiqué du centre-ville. Suivre le petit sigle avion Eleftherios Venizelos et préparer 2,80 € pour pouvoir emprunter la voie express qui mène à l'embarquement. A l'aéroport, chaque loueur de voitures, ou presque, a une succursale dans le terminal. Muni d'un GPS ou d'une bonne carte, vous ne devriez pas avoir trop de mal à rallier votre hôtel.

■ AÉROPORT INTERNATIONAL ELEFTHERIOS VENIZELOS
Spata
✆ +30 210 353 0000
www.aia.gr – airport_info@aia.gr
Cet aéroport récent est bien agencé, propre, calme et moderne. Vous y trouverez restaurants, banques et parking. L'office de tourisme de l'aéroport, ouvert de 8h à 22h, tient à votre disposition de nombreux prospectus et pourra vous renseigner dès votre arrivée. Et le wifi est gratuit dans tout l'aéroport.

Autre adresse : Pour les départs ✆ +30 210 996 44 66. Pour les arrivées ✆ +30 210 353 00 00.

Train

■ PROASTIAKOS
✆ 1110
www.trainose.gr
Billets en fonction de la destination de 1,40 € à 14 €.
Inauguré à la veille des Jeux olympiques, le suburbain ou « Proastiakos » relie maintenant l'aéroport au centre-ville ainsi que la ville de Corinthe (Kiato). Deux lignes Pirée – Ano Liossa et Kiato – Aéroport E. Venizelos. Les horaires et tarifs sont consultables sur le site.

Bus

■ KTEL ATHENES
✆ +30 210 880 8080
www.ktelbus.gr – info@ktelattikis.gr
Attention : il y a 2 terminaux principaux pour les bus, selon les destinations.
La compagnie KTEL relie toutes les villes. Il est plus développé que le réseau ferré et est très prisé des Grecs. **Le terminal A** se trouve au 100 rue Kifissou (+30 210 512 4910) et **le terminal B** au 260 rue Liossion (+30 210 831 7153). Le site web vous donnera toutes les informations nécessaires pour vos déplacements dans la région.

Bateau

Il y a trois ports à Athènes : le Pirée, Lavrio et Rafina. La plupart des ferries se prennent au célèbre port du Pirée, et desservent quasiment toutes les îles de la Grèce. Rafina dessert prioritairement Andros, mais aussi Tinos, Mykonos, Ios, Naxos et Santorin. Lavrio est le port de prédilection lorsqu'il s'agit de se rendre à Kea ou à Kythnos. Certains ferries desservent aussi des îles de l'Est comme Agios Efstratios et Lemnos. Pour les horaires, se renseigner dans n'importe quelle agence de voyages. Par ailleurs, beaucoup de journaux athéniens publient les horaires, chaque jour. Sinon, consultez les sites : www.viva.gr ou wwww.gtp.gr qui vous donneront tous les renseignements nécessaires ou appelez le 14541 ou 14944.

Pour se rendre au Pirée, prendre l'avenue Pireos en voiture, qui part d'Omonia, le métro (terminus de la ligne 1) ou encore le bus urbain de la compagnie ETHEL (www.oasa.gr), numéro 40, rue Filellinon à Syntagma, qui part toutes les 10 minutes de 5h à minuit et toutes les demi-heures pendant la nuit. Sur le port du Pirée, vous pouvez emprunter la navette gratuite qui relie les différents terminaux.

Pour se rendre à Rafina, prendre le bus Suburbain qui part de Pedion Areos, le parc à côté du métro Victoria. Environ toutes les heures et 70 minutes de trajet. En voiture, prévoir aussi 1h15 en partant d'Omonia ou Syntagma. En revanche, seulement à 20 minutes de l'aéroport. Tickets 2,50 €.

Pour se rendre à Lavrio, prendre le bus Suburbain de Pedion Areos et prévoir quasiment deux heures de transports. Tickets 5 €. En voiture, 1h15 en partant d'Omonia ou Syntagma.

■ BLUE STAR FERRIES
1-7 rue Lysikratous & Evripidou, Kallithea
✆ +30 210 891 9800
www.bluestarferries.com
bluestarferries@bluestarferries.com
Du Pirée vers les Cyclades et les îles du Dodécanèse.

■ MINOAN LINES
✆ 801 11 75 000
www.minoan.gr – info@minoan.gr
M° Panepistimiou.
Liaisons entre la Crète, Patras, Igoumenitsa, et l'Italie.

En ville

Depuis 2018, une carte de transport à puce magnétique, l'Ath.ena Card, a remplacé les billets papier. Gratuite et rechargeable, elle se trouve aux guichets des stations de métro ou aux distributeurs automatiques. Elle est disponible en version nominative avec photo ou en version anonyme.

Métro

■ MÉTRO
✆ +30 210 679 2399
www.ametro.gr – info@ametro.gr
Valable durant 90 min, chaque trajet revient à 1,40 € l'unité, à recharger au préalable sur la nouvelle Ath.ena Card. Il fonctionne de 5h à minuit tous les jours, et jusqu'à 2h les vendredis et samedis (sauf sur la ligne 1). Aéroport-centre : 10 €. Pass illimité journée : 4,50 € (sauf trajets aéroport). Pass 3 jours : 22 € (comprenant un aller-retour pour l'aéroport). Pass 5 jours : 9 €

(ne comprend pas les trajets pour l'aéroport). Certaines stations de métro d'Athènes impressionnent : extrêmement propres et spacieuses, avec des quais et couloirs tout en marbre et même des collections de découvertes antiques ou des ruines ! Les stations principales desservies actuellement sont les suivantes :

- **Ligne 1 :** Pirée, Monastiraki, Omonia, Victoria (Musée archéologique), Stade olympique, Kifissia.
- **Ligne 2 :** Anthoupoli, Aghios Antonios, Gare de Larissa, Omonia, Syntagma, Syngrou, Akropoli, Aghios Dimitrios, Elliniko.
- **Ligne 3 :** Agia Marina, Egaleo, Monastiraki, Syntagma, Doukissis Plakentias, Aéroport.

Bus

Moyens de transport pratiques et fréquents, les bus et les trolleys sillonnent la ville et les environs nuit et jour. La fréquence de passage varie de 5 à 25 min selon les lignes. Pour obtenir des informations sur les lignes et les horaires, il faut vous procurer un plan dans les hôtels, à l'aéroport ou à l'office du tourisme. Ne comptez pas en trouver aux arrêts de bus. En outre, gardez en tête que les bus de journée ne suivent aucune règle de régularité : il ne faut pas trop s'y fier si l'on est pressé, ils peuvent subir beaucoup de retard ou ne jamais arriver. En revanche, les bus de nuit sont généralement d'une régularité minutée et fonctionnent au rythme d'un bus par heure.

■ TROLLEY

✆ 185
www.athens-trolley.gr
grammatia@athens-trolley.gr
Valable durant 90 min, chaque trajet revient à 1,40 € l'unité, à recharger au préalable sur la nouvelle Ath.ena Card.
Les trolleys jaunes sont aussi très pratiques pour les petits trajets, leurs itinéraires sont assez bien indiqués dans les endroits fréquentés : Omonia, Syntagma, Victoria, place Exarchia, Ermou, Athinas… Les stations sont les mêmes que celles des bus OASA et certains trajets sont d'ailleurs sensiblement identiques.

Tramway

■ TRAMWAY

✆ +30 210 997 8000
www.tramsa.gr – info@tramsa.gr
Valable durant 90 min, chaque trajet revient à 1,40 € l'unité, à recharger au préalable sur la nouvelle Ath.ena Card.
Le tramway athénien dessert toute la côte sud et ses plages, au départ de la place Syntagma. Il longe la côte du stade Irinis – SEF à Glyfada, tranquillement, sans se presser. On reconnaît ses stations à son logo : un petit arbre au feuillage vert. Il faut compter environ 40 minutes pour rejoindre la mer et les plages depuis le centre-ville.

Taxi

Les taxis athéniens mériteraient une sévère critique, mais ils restent fort utiles et surtout très économiques quand on sait les pratiquer. On les interpelle par un petit signe de la main et une fois assis on tient le compteur à l'œil. Le tarif de nuit est valable de minuit à 5h du matin. La prise en charge est de 1,19 €, le kilomètre dans le centre est à 0,74 € le jour et 1,19 € la nuit. Pour le trajet aéroport-centre-ville, un forfait spécial est entré en vigueur : 38 € le jour et 50 € la nuit. Le montant minimum d'une course est de 3,50 € environ dans le reste de la Grèce.

■ TAXI BEAT

11 Sina ✆ + 30 2118 008919
www.thebeat.co help@taxibeat.com
L'application permet de commander un des plus proches taxis, de sélectionner selon son choix le conducteur ou la conductrice et de suivre l'avancée du véhicule jusqu'à son arrivée. On peut noter le trajet à la fin.

Vélo

Le vélo a fait son apparition dans les rues et les environs d'Athènes, et quelques pistes cyclables commencent à être aménagées dans la ville malgré un tracé parfois chaotique et les artères pentues du centre. Il faut cependant être très prudent car les automobilistes grecs ne sont pas habitués au vélo et leur conduite aléatoire représente un vrai danger pour les cyclistes. Petit à petit, les vélos sont acceptés dans certains moyens de transport urbains, à certaines heures et sous conditions. Se renseigner avant de prévoir une excursion de ce genre : par exemple auprès de l'agence WeBikeAthens.

Moto / Scooter

Moyens de transport très répandus en ville car il sont économiques et permettent d'éviter les embouteillages. Mais conduire un scooter à Athènes relève cependant du domaine de l'art. Méfiez-vous ! Et ne vous laissez pas impressionner par ces livreurs qui, le casque au bras, brûlent un feu rouge ou passent sur un trottoir, le téléphone portable à l'oreille !

À pied

Les déplacements en centre-ville se font le plus souvent à pied. Si dans le centre-ville, les trottoirs sont bien aménagés ainsi que plusieurs zones piétonnes, ce n'est pas le cas partout. Il faut parfois descendre du trottoir pour éviter arbres, voitures, scooters, motos, ou terrasses de café ! Faites très attention en traversant, les conducteurs grecs passent au orange, voire au rouge !

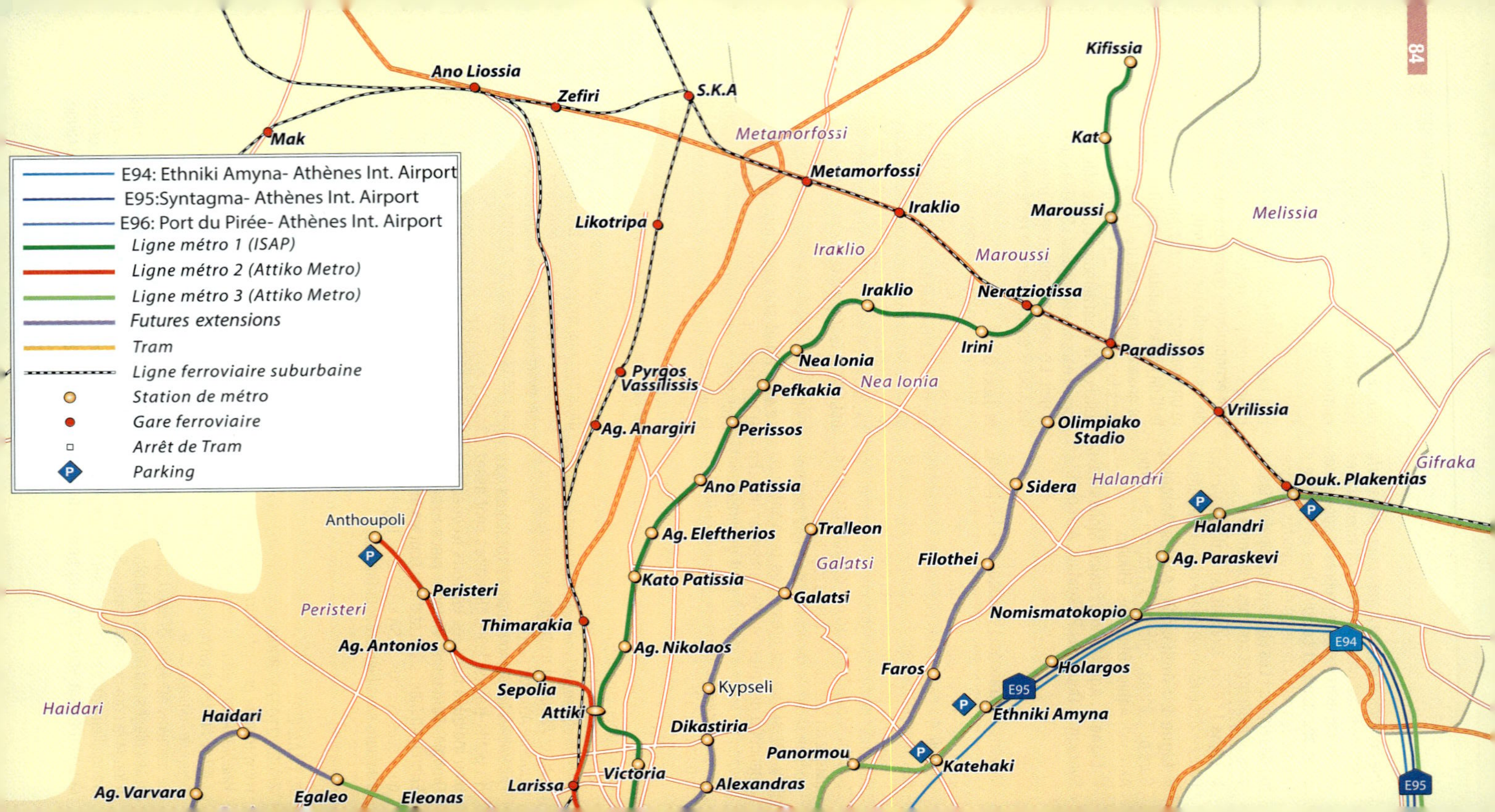
E94: Ethniki Amyna- Athènes Int. Airport
E95:Syntagma- Athènes Int. Airport
E96: Port du Pirée- Athènes Int. Airport
Ligne métro 1 (ISAP)
Ligne métro 2 (Attiko Metro)
Ligne métro 3 (Attiko Metro)
Futures extensions
Tram
Ligne ferroviaire suburbaine
Station de métro
Gare ferroviaire
Arrêt de Tram
Parking
Kifissia
Kat
Maroussi
Melissia
Metamorfossi
Iraklio
Neratziotissa
Irini
Paradissos
Vrilissia
Olimpiako Stadio
Sidera
Halandri
Gifraka
Douk. Plakentias
Ag. Paraskevi
Nomismatokopio
Holargos
Ethniki Amyna
Katehaki
Faros
Filothei
Panormou
Nea Ionia
Pefkakia
Perissos
Ano Patissia
Ag. Eleftherios
Kato Patissia
Ag. Nikolaos
Tralleon
Galatsi
Kypseli
Dikastiria
Alexandras
Victoria
Attiki
Larissa
Sepolia
Thimarakia
Ag. Antonios
Peristeri
Anthoupoli
Haidari
Ag. Varvara
Egaleo
Eleonas
Ano Liossia
Zefiri
S.K.A
Mak
Likotripa
Pyrgos Vassilissis
Ag. Anargiri
E94
E95
P

Les transports d'Athènes

PRATIQUE

■ **OFFICE DE TOURISME**
18-20 rue Dionysiou Aeropagitou
✆ +30 210 331 0392
www.visitgreece.gr
M° Akropoli.
Ouvert du lundi au vendredi de 9h à 20h, le samedi de 10h à 16h.
Des informations sur les hôtels, les sites, les transports, et surtout des cartes d'Athènes. Une mine d'informations à retrouver depuis chez vous, sur le site de l'organisation, très riche (en anglais).

■ **PROFIL VOYAGES**
3-5 rue Athanase Axarlian (ex rue Lekka).
✆ +30 210 323 9482
www.profilvoyages.gr – info@profilvoyages.gr
Voici une agence francophone pour groupes et particuliers. Françoise Deschamps, la responsable, vit en Grèce depuis 30 ans. Elle vous concoctera un itinéraire sur mesure et s'occupera de vos réservations d'avion, de bateau, de voiture, d'hôtel, etc. vous faisant profiter des ses tarifs très préférentiels obtenus auprès des hôteliers et loueurs de voiture.

SE LOGER

Il est primordial d'être bien logé à Athènes. C'est dans votre hôtel que vous vous reposerez ; que vous vous isolerez du bruit de la ville et de la chaleur ambiante, parfois très lourde. Le classement établi par l'office du tourisme n'est pas fiable car ses critères ne sont pas mis à jour. Les hébergements confortables, voire de luxe, sont légion à Athènes, à condition de mettre le prix. Les bonnes adresses, pas chères, sont rares et prises d'assaut. Les hôtels trop bon marché offrent un confort basique et, souvent, de petits inconvénients qui peuvent nuire à votre séjour : pas de climatisation, mauvaise isolation sonore, vétusté de la salle de bains…
Pour un hôtel confortable, il faut compter aux alentours de 100 €. La haute saison, à Athènes, contrairement à ce que l'on pourrait penser, n'est pas juillet et août, mais au printemps et à l'automne. Les prix sont alors à leur maximum. Dans tous les cas, n'hésitez pas à négocier, certains hôteliers sont disposés à baisser les prix en fonction de la demande. Les hôtels se concentrent surtout à Plaka et autour des places de Syntagma et d'Omonia (nous vous déconseillons cette dernière).
Dans les quartiers limitrophes du centre-ville, vous pourrez trouver à vous loger confortablement et pour des tarifs intéressants : les options Airbnb ont flambé dans les quartiers de Koukaki, Petralona et Pagrati, souvent au grand dam des Athéniens eux-mêmes qui ne trouvent plus à s'y loger de manière permanente. Malgré ce problème réel, vous découvrirez à cette occasion des coins peu touristiques mais authentiques de l'Athènes d'aujourd'hui. Profitez-en pour faire marcher l'économie de quartier en vous rendant dans les restaurants et cafés que vous y trouverez.

Plaka et Monastiraki

Loger dans le cœur touristique de la ville offre des avantages incomparables mais il faudra y mettre le prix : sans taper dans la gamme Luxe forcément, la plupart des adresses du quartier sont des hôtels de charme. Les budgets plus serrés pourront opter pour des auberges de jeunesse.

Bien et pas cher

ATHENS BACKPACKERS

12 rue Makri
Makriyanni
✆ +30 21 0922 4044
www.backpackers.gr/
info@backpackers.gr
M° Acropoli.
Nuit entre 20 et 85 € selon la période et la catégorie. Petit-déjeuner compris. Wifi gratuite. Accessible pour les personnes à mobilité réduite. Laverie. Parking gratuit.
Beaucoup de places pour dormir en dortoirs, et quelques chambres privées. C'est spacieux, propre, bien équipé (kitchenette). Le personnel est très chaleureux et tous les employés parlent un très bon anglais, afin de faciliter le plus grand nombre de conversations. L'ambiance rappelle l'auberge de jeunesse, en favorisant les activités de groupe, les rencontres entre voyageurs. Il y a un bar sur le *rooftop* au 5e étage, avec une vue sympathique sur l'Acropole. Le quartier contient beaucoup de restaurants et de commerces, et on s'y sent très en sécurité lorsque l'on est un voyageur solitaire.

HOTEL MARBLE HOUSE

35 An. Zinni
Koukaki
✆ +30 210 922 8294
www.marblehouse.gr
info@marblehouse.gr
M° Sygrou Fix.
De 30 à 90 € selon la période et la catégorie. Petit-déjeuner non-compris. Avantageux pour les familles.
Un petit hôtel familial de 16 chambres bien aménagées et bien tenues. Des chambres simples, doubles et triples et même quadruples pour les familles sont disponibles. Douze d'entre elles possèdent une salle de bains privée, les quatre autres sont avec salle de bains sur le palier à partager avec une seule autre chambre. Non loin des bus et de la station de métro Syngrou-Fix (direct depuis l'aéroport), il est cependant placé un peu à l'écart du centre-ville dans une impasse résidentielle tranquille. Il fait partie des hôtels les plus économiques du quartier.

Confort ou charme

ATHENS CENTER SQUARE

Angle avec la rue Athinas
15 Aristogeitonos
Monastiraki
✆ +30 210 32 22 706
www.athenscentersquarehotel.gr
acs@athenshotelsgroup.com
M° Monastiraki (direct depuis l'aéroport international et le port du Pirée) à 300 m.
Chambre double à partir de 120 € en saison. Petit déjeuner compris.
Au cœur de la ville, cet hôtel 3 étoiles se démarque par son style moderne et sa simplicité. Il faut reconnaître que ses couleurs vivantes donnent un petit coup de fraîcheur salutaire à l'hôtellerie traditionnelle du pays. Toutes les chambres sont confortables et originales, avec les équipements nécessaires. Grand buffet sucré/salé et chaud/froid pour le petit déjeuner. Bar panoramique sur le toit, avec vue unique sur le quartier illuminé et sur l'Acropole, ouvert de 18h à minuit. Le service est effectué avec chaleur et professionnalisme.

HERMES HOTEL

19 Apollonos
Plaka
✆ +30 210 32 22 706
www.hermeshotel.gr
hermes@athenshotelsgroup.com
M° Syntagma.
Chambre double à partir de 120 € environ selon la période et les promotions. Possibilité de chambres familiales.
Cet établissement jouit d'une situation vraiment idéale dans Plaka près de Syntagma. L'hôtel, rénové en 2016, possède 45 chambres tout confort avec parquet et salle de bains en marbre. Un petit déjeuner copieux est servi sous forme de buffet. Bénéficiant d'un superbe emplacement, l'hôtel dispose de tout le confort souhaitable à Athènes. Vous trouverez aussi une salle de jeux pour les petits enfants, un bar, une terrasse sur le toit avec vue panoramique. L'hôtel est idéal pour les familles, à des prix abordables. L'accueil est exemplaire, chaleureux.

HÔTEL PLAKA

7 Kapnikareas & Mitropoleos
Plaka
✆ +30 210 32 22 706
www.plakahotel.gr
plaka@athenshotelsgroup.com
M° Monastiraki.
A partir de 120 € environ selon la période et la catégorie, avec le petit déjeuner.
Bel emplacement dans Plaka, avec plusieurs sites archéologiques, musées et l'Acropole à proximité de ses 67 chambres. Vous n'aurez pas de groom à l'entrée, mais le confort et la déco de goût ainsi que la qualité du service vous rappelleront les grands hôtels. Le petit déjeuner est copieux, varié, et au bar, les cocktails sont, eux aussi, excellents. Le petit plus est sans doute la terrasse d'été sur le toit avec sa superbe vue sur l'Acropole et le centre d'Athènes. Même groupe que les hôtels Hermès. L'équipe est francophone. Possibilité de chambres mitoyennes.

Luxe

ATHENS WAS

5 rue Dionysiou Areopagitou
✆ +30 210 92 49 954
www.athenswas.gr
info@athenswas.gr
M° Acropoli.

Chambre double en été à partir de 250 €, petit déjeuner compris. Suites pour quatre personnes également disponibles.

Cet hôtel design ouvert en avril 2015 dispose d'un atout majeur : une terrasse splendide avec vue panoramique sur l'Acropole et sur la colline du Lycabète. Côté confort, l'adresse n'est pas en reste, et les chambres de 28 m^2 affichent un décor chic et soigné où moquettes épaisses côtoient un mobilier élégant.

Même sans y résider, il est possible de venir y prendre un verre, au bar de l'hôtel situé sur la terrasse, ou déguster les plats soigneusement préparés par le chef Alexandre Charalampopoulos et son équipe. A savoir que le *dress code* est à l'élégance (ouvert entre 18h et 23h).

Syntagma

Dans l'hypercentre d'Athènes, les options hébergement ne sont pas forcément bon marché mais l'emplacement est idéal pour rayonner partout à pied dans la capitale.

HERODION

4 rue Rovertou Galli 4
✆ +30 210 92 36 832
www.herodion.gr
herodion@herodion.gr
M° Acropoli.

Chambre entre 115 € et 250 € environ, selon la période et la catégorie. Petit-déjeuner compris. Wifi gratuit. Spa. Aménagements pour personnes à mobilité réduite. Laverie.

Grand hôtel de près de 90 chambres, moderne et confortable, l'Hérodion est idéalement situé à cinq minutes du musée de l'Acropole. Pas loin des métros, des commerces et des lieux touristiques, son emplacement est vraiment idéal. Sa terrasse sur le toit est munie d'un bar. Son agréable jardin d'hiver permet de faire une pause au calme entre la visite du musée et la découverte des ruelles de Plaka. Il offre une vue directe sur l'Acropole. Le petit-déjeuner est copieux et très satisfaisant, il en est de même pour le restaurant gastronomique de la terrasse. S'il dispose de tous les équipements attendus dans un hôtel de cette envergure, il peut en plus se vanter d'avoir le charme rare de l'hospitalité à la méditerranéenne mêlée à l'élégance des beaux quartiers.

HÔTEL ACHILLEAS

21 Lekka
✆ +30 210 323 3197
www.achilleashotel.gr
achilleas@tourhotel.gr
M° Syntagma

Ouvert toute l'année. Chambre double de 70 € à 200 € selon la période et la catégorie, petit déjeuner en buffet compris.

En plein quartier de Syntagma dans une ruelle, voici un hôtel 3-étoiles, confortable et calme malgré sa situation centrale (pile entre Plaka et Syntagma). Très agréable, il a été rénové en 2019. Bien-être et modernité caractérisent aujourd'hui l'atmosphère de ce lieu. Il est idéal pour les familles car possibilité de chambres (avec parquet) quadruples spacieuses à des prix très corrects. Possibilité de service en chambre et personnel vraiment accueillant et chaleureux. Air conditionné, wifi. Parking souterrain pratique juste à côté de l'hôtel.

MÉTROPOLIS

46 rue Mitropoleos
✆ +30 210 321 7469
www.hotelmetropolis.gr
info@hotelmetropolis.gr
Entre les stations de métro Syntagma et Monastiraki.

Chambre double à partir de 80 €. Petit déjeuner sur demande : 6 €.

Depuis la rue, vous trouverez ce bâtiment face la cathédrale. Les chambres les moins chères sont petites et à l'arrière tandis que les chambres standards offrent salle de bain privative et balcon (jolie vue sur l'Acropole ou sur l'église Metropolis). Internet sans fil, TV, air conditionné, téléphone, coffre-fort, parking. Son plus grand atout est son emplacement idéal, entre Syntagma et Monastiraki. Notons un petit coin de paradis flanqué au 5e étage : un bar tout en fleurs et une magnifique vue sur l'Acropole et la cathédrale où vous prendrez le petit-déjeuner.

Kolonaki

Fidèle à sa réputation de quartier chic, Kolonaki offre des options hébergement luxueuses. Ce ne sera donc pas pour toutes les bourses, mais les chanceux qui pourront se le permettre auront droit à un séjour élégant et raffiné.

ART SUITES ATHENS

88 rue Mihalakopoulou 88A & 3 rue Sevasteias, Ilissia
✆ +30 210 52 40 501
www.artsuitesathens.gr
info@artsuitesathens.com
M° Megaro Moussikis.

Tarifs à partir de 85 € la chambre double avec petit déjeuner.

VERSION NUMÉRIQUE
OFFERTE
Obtenez votre guide numérique en scannant le QR code
ou rendez-vous sur le site
www.ebookfute.com
avec le code avantage
R2KN8Q
petit futé
2020
ÎLES GRECQUES
OFFERT
WWW.PETITFUTE.COM
OFFRE VALABLE JUSQU'À L'ARRÊT DE COMMERCIALISATION DU TITRE EN FRANCE MÉTROPOLITAINE ET DANS LE MONDE ET SOUS RÉSERVE QUE LE NOMBRE DE TÉLÉCHARGEMENTS SOIT INFÉRIEUR OU ÉGAL AU NOMBRE D'EXEMPLAIRES DE GUIDES PAPIER IMPRIMÉS. FORMATS DISPONIBLES POUR SMARTPHONES, TABLETTES, LISEUSES ET ORDINATEURS PC OU MAC.
© PERFECTLAB - SHUTTERSTOCK.COM

A côté du Megaro Moussikis, au calme dans le quartier résidentiel d'Ilisia. Chacune des 10 suites décorées individuellement mesurent entre 45 et 55 m². De style un peu froid, elles sont cependant très pratiques et agréables car entièrement équipées de kitchenettes. Ce boutique-hôtel moderne possède aussi un bain bouillonnant, le wi-fi gratuit, une TV LCD, une piscine extérieure, l'air conditionné, un bar, une laverie... non loin des attractions principales de la ville. C'est le deuxième établissement d'Athens Art Hotel. Une valeur sûre.

■ PERISCOPE
22 rue Charitos
✆ +30 210 729 7200
www.yeshotels.gr/periscope
info@periscope.gr
M° Evangelismos.
Chambres doubles standard à partir de 180 €. Suites pour deux personnes et penthouse disponible au dernier étage.
L'établissement occupe 6 étages et offre 21 chambres douillettes. Il fournit une piscine privée et le wifi gratuit. D'une modernité exemplaire, cet hôtel est situé dans une rue calme du quartier. Minimalisme tendance, design au goût parfait : voici une adresse pour les amateurs d'esthétique contemporaine. Grande luminosité dans la plupart des chambres supérieures et confort absolu. Il dispose aussi d'un restaurant. C'est l'adresse arty-chic de Kolonaki. Et les clients peuvent admirer une vue à couper le souffle sur la colline de Lycabette.

■ SAINT-GEORGE LYCABETTUS
2 rue Kleomenous,
Au pied du mont Lycabette
✆ +30 210 741 6000
www.sglycabettus.gr
info@sgl.gr
M° Evangelismos ou Syntagma puis 15 minutes de marche en pente raide.
Chambre double à partir de 136 €. Prix variables selon la vue et la saison.
En contrebas du mont Lycabette, à l'ombre de sa dense pinède, le Saint-Georges jouit d'une belle réputation. A deux pas des boutiques et cafés branchés de Kolonaki, il offre une vue sur les toits de la ville, l'Acropole et, au loin, le Pirée. Cette adresse 4-étoiles compte 25 chambres et 7 étages, et une piscine sur le toit. Tout en offrant un confort haut de gamme, le Saint-Georges assure une ambiance familiale et chaleureuse. Les chambres sont équipées d'air climatisé, d'un minibar, d'un coffre-fort, d'une TV satellite, d'un sèche-cheveux, d'un accès gratuit à Internet... Accueil exemplaire.

Omonia et Exarchia

Nous vous avons recommandé d'éviter ces deux quartiers la nuit, et de privilégier d'autres coins de la capitale pour vous loger. Ceci étant dit, quelques établissements font la différence, alors que la sécurité revient progressivement, notamment dans Exarchia. Voici donc quelques adresses à prendre en considération.

■ ART HÔTEL
27 Marni, Omonia
✆ +30 210 524 0501
www.arthotelathens.gr
info@arthotelathens.gr
M° Omonia.
A partir de 85 € la double avec petit déjeuner.
Dans un bâtiment néoclassique de 1930, les 30 chambres (suites comprises) sont décorées de manière originale et dans un style moderne. Chacune a une identité particulière, avec notamment une attention particulière apportée à la lumière. Salon, bar et restaurant sont au rez-de-chaussée. Au sous-sol, on trouve une salle de conférence et des expositions d'art. Un hôtel élégant grâce à ce mélange d'ancien et de moderne. Service en chambre quotidien, accès Internet rapide, bain bouillonnant dans les suites. Situé à proximité du Musée archéologique.

■ HÔTEL EXARCHION
55 rue Themistokleous
Sur la place Exarchia
✆ +30 210 38 00 731
www.exarchion.com
info@exarchion.com
M° Omonia.
Ouvert toute l'année. Chambres avec air climatisé, télévision, minibar sur option, salle de bains. Chambre double à partir de 58 € sans petit déjeuner. Petit déjeuner : 4 € par personne.
Cet hôtel très fonctionnel a l'avantage d'être situé dans un quartier particulièrement vivant (surtout le soir), proche du centre et pas encore trop touché par le tourisme. Il dispose d'un *roof garden* qui n'est pas très haut mais qui offre une vue correcte sur Athènes. Pratique si vousvoulez fuir les zones touristiques pour une ou deux nuits. L'accueil est sympathique et familial.

■ NOVOTEL
4 rue Michail-Voda-et-Liosion
✆ +30 210 820 0700
www.novotel.com
H0866@accor.com
M° Larissis.
Ouvert toute l'année. Chambres doubles à partir de 100 €. Petit déjeuner complet à 12 € par personne ou express à 6 €.

Belles chambres très confortables et bien aménagées, modernes mais peu spacieuses. Piscine, roof garden et restaurant. Aire de jeux pour les enfants. Le gage de la qualité du service d'un hôtel de la chaîne Accor. Les chambres climatisées du Novotel Athens sont équipées d'un bureau et d'un coin salon avec un canapé-lit. Elles comprennent également une télévision par satellite, un coffre-fort pour ordinateur portable et un minibar. Une salle de sport entièrement équipée est installée au 7e étage. Vous trouverez aussi un parking souterrain gratuit.

Psiri et Gazi

Les options hébergement dans Psiri et Gazi sont meilleur marché que dans le reste du centre-ville, notamment parce qu'elles se situent légèrement à l'écart du centre touristique.

■ APOLLO HOTEL

10 rue Achilleos, Gazi
✆ +30 210 5238303
www.apollonhotel-athens.com
info@apollonhotel-athens.com
M° Metaxourgeio.
Chambre à partir de 50 €, augmente selon la période et la catégorie. Petit déjeuner compris. Wifi. Climatisation.
Hôtel sans prétention, et bien desservi par les transports en commun car juste à côté du métro Metaxourgio, il est central sans être au cœur de la vie athénienne touristique. Cependant, vous aurez la possibilité de trouver dans le quartier de chouettes adresses pour boire un verre ou manger. Quant à l'hôtel, il dispose d'une terrasse sur le toit, d'un bar, d'un restaurant… Les prestations sont de qualité raisonnables (avec un bon petit déjeuner !), mais ce sont surtout les prix – compétitifs – qui attirent la clientèle dans ses petites chambres.

■ CECIL HOTEL

39 Athinas, Psiri
✆ +30 210 3218 005
www.cecil.gr
info@cecil.gr
M° Monastiraki.
Ouvert toute l'année. Chambre à partir de 55 €, selon la période et la catégorie. Petit déjeuner inclus.
C'est davantage un hôtel pratique, de par sa location, qu'autre chose. Dans le centre-ville, près de la place Monastiraki, cet hôtel dispose de 39 chambres équipées d'une salle de bains privée, de l'air conditionné et TV. Esprit rétro, décoration minimale mais charmante, propre et plaisant. Préférez les chambres sur cour si possible, il y a moins de bruit. Le Cecil Hotel est bien situé, à deux pas du quartier en vogue de Psiri et près de la place très centrale Omonia, l'occasion de découvrir un coin d'Athènes plein de charme.

■ HÔTEL ARION

18 rue Agiou Dimitriou
✆ +30 210 32 40 415
www.arionhotel.gr
arion@tourhotel.gr
M° Monastiraki.
Ouvert toute l'année. Chambre double à partir de 60 € en basse saison et jusqu'à 120 €, petit déjeuner compris.
Une bonne adresse à Psiri, toute proche de Monastiraki et de son métro ! Arion se situe au cœur du nouveau quartier de la vieille ville, dans une rue très calme. Cet hôtel allie service, confort et esthétique. Meublées avec goût, les chambres disposent d'immenses baies vitrées offrant une vue imprenable sur Plaka. Préférez, autant que possible, les étages élevés avec vue sur l'Acropole illuminée ; sinon, il y a toujours la terrasse pour la photo panoramique ! Air climatisé, TV satellite, réfrigérateur. Possibilité d'être pris en charge dès l'aéroport.

SE RESTAURER

Avant de choisir votre table, sachez que les *estiatoria* désignent les restaurants plus chers et raffinés que les *taverna* qui proposent une ambiance et une cuisine plus « familiales » ; les *psistaryes* sont généralement spécialisés dans les grillades. Les *psarotaverna* servent du poisson (prix au kilo, souvent élevés) et les *mezedopolia* et *ouzeri* proposent des *mezzedes* (des hors-d'œuvre) que se partage en général toute la tablée. Vous trouverez des tavernes partout, les meilleures étant souvent celles nichées dans des ruelles. N'hésitez pas à entrer dans ces petites tavernes sans prétention. Et préférez les endroits fréquentés par des Grecs plutôt que ceux qui sont remplis de touristes.

Plaka et Monastiraki

Bien et pas cher

■ O PLATANOS

4 rue Diogenous, Plaka
✆ +30 210 322 0666
M° Monastiraki.
Comptez environ 15 € par personne. Ouvert tous les jours de 11h30 à minuit.

Une institution depuis 1932, qui est citée dans tous les guides du monde. Vous passerez un moment agréable dans cette taverne classique d'Athènes, active hiver comme été, à côté de l'agora romaine. La renommée de cette taverne, d'ailleurs réputée pour son *retsina* maison, s'étend aussi à sa cuisine. Un peu touristique, certes, mais les plats (très nombreux) sont plus que corrects, et les prix également. Les serveurs viendront vous présenter sur un grand plateau les spécialités et mezzedes de la maison, l'occasion de tester des mets qui vous sont encore méconnus !

TO DIPORTO

9 Socratous ✆ +30 210 321 1463
M° Monastiraki.
Ouvert tous les jours, sauf le dimanche, de 8h à 18h. Compter 10 € par personne.
La taverne Diporto assure avant tout le voyage dans le temps et dans l'authenticité. La taverne des « maudits » d'autrefois, fréquentée par des poètes de l'entre-deux-guerres, a rouvert ses portes pour le plus grand plaisir des Athéniens qui apprécient les vraies valeurs de la vie. La cuisine est traditionnelle, le vin résiné en vrac excellent. C'est *cult* et c'est un *must* absolu.

STOU MEIDANI

3 Socratous
✆ +30 210 324 9073
www.stoumeidani.gr – info@stoumeidani.gr
M° Monastiraki.
Ouvert tous les jours du matin jusqu'au dernier client et le dimanche jusqu'à 18h. Comptez 15 € par personne.
Depuis 1964, ce *mezzedopoleio* est au service de sa fidèle clientèle et se renouvelle sans cesse en proposant des plats de la cuisine traditionnelle grecque. Les poissons sont du jour, les grillades juteuses, les mets délicieux. Cuisine maison, y compris les feuilles de vigne. L'ambiance est toujours festive, surtout pendant les soirées et midis musicaux. Souvent débordé de clients, la réservation est recommandée. Musique live vendredi soir, samedi midi et soir et dimanche midi. Prix très corrects. Une valeur sûre de la capitale.

Bonnes tables

EAT AT MILTON'S

91 rue Adrianou
Plaka
✆ +30 210 32 49 129
www.eatatmiltons.gr
info@eatatmiltons.gr
M° Monastiraki.
Ouvert tous les jours de 9h jusqu'à 1h environ. Service du midi : de 11h30 à 17h. Service du dîner : de 18h30 à 23h30. A midi menu à 25 € et dîner entre 25 et 45 € environ.
Le chef étoilé Alain Parodi, auparavant à Cannes, a préféré déployer son talent et son savoir-faire en plein cœur de Plaka depuis maintenant 10 ans. Dans un établissement ouvert toute la journée, le chef et son équipe expérimentée proposent une cuisine méditerranéenne, plutôt novatrice que nouvelle. Les plats sont succulents, la pâtisserie surprenante. Service impeccable. Le menu change selon la saison.

Dolmadakias.

POINT A

Au 5e étage de l'Hotel Herodion
4 Rovertou Galli
Plaka
✆ +30 210 923 6832
www.acropolispoint.com
pointa@herodion.gr
M° Acropolis.
Ouvert tous les jours à partir de 19h. Comptez 25 € par personne.
Point A est plus qu'un restaurant, c'est une expérience unique où vous apprécierez une des plus belles vues sur le rocher sacré et le musée de l'Acropole. La magie opère aussi dans l'assiette avec des plats succulents issus d'une cuisine grecque éclectique et inventive, originalement présentée. C'est aussi une adresse tendance pour boire de délicieux cocktails – pensez à réserver en haute saison. Le personnel sympathique accorde vraiment une attention toute particulière aux détails. Bref, c'est un petit bijou. Coup de cœur garanti.

Syntagma

Bien et pas cher

AVOCADO

30 rue Nikis
✆ +30 210 323 7878
www.avocadoathens.com
happy@avocadoathens.com
Métro Syntagma.
Du lundi au vendredi de 11h à 22h30 et le samedi de 12h à 22h30. Fermé le dimanche. A partir de 15 € par personne.
Un nouveau venu dans le tout petit monde du végétarien à Athènes ! On y mange bien, des plats d'inspirations indienne, mexicaine ou italienne, avec la garantie d'une cuisine à base d'ingrédients naturels. L'ambiance est zen, les habitués sont des yogi et danseurs des écoles des alentours mais aussi les cadres en pause-déjeuner. Attention : la terrasse est minuscule et il y a peu de tables. Mais il reste la possibilité de prendre un sandwich ou une salade pas très chers, d'attraper un jus, ou de piocher dans le reste de la carte toujours très accessible.

TAZZA

5 Petraki
✆ +30 210 331 1999
www.tazza.gr
info@tazza.gr
M° Syntagma.
Ouvert tous les jours de 8h à minuit. Entre 10 € et 20 € par personne.
Au calme, bien que dans le quartier de Syntagma, dans des petites ruelles parallèles à Ermou, le restaurant-bistrot Tazza propose une cuisine originale, puisqu'elle modernise les traditions culinaires grecques : vous trouverez par exemple un cheese-cake fait de crème de feta, de tomates, d'olives et de croûton – une sorte de réactualisation à l'européenne du dakos crétois ! Et c'est un peu cela tout le long du menu, on va de découvertes en bonnes surprises.
En plus, les prix sont franchement abordables. Et on peut profiter du grand choix de boissons du bar à vin.

TO MAVRO PROVATO

Pagrati
31 Arrianou
✆ 30 210 722 3466
M° Evangelismos.
Ouvert du lundi au samedi de 13h à 1h et le dimanche de 13h à 19h. Comptez autour de 18 € par personne.
Le succès de ce *mezzedopoleio,* depuis son ouverture, tient à la créativité de ses chefs et à la qualité des matières premières. La fraîcheur des salades proposées et la fantaisie avec laquelle on mélange les ingrédients traditionnels grecs vous surprendront. La réservation est vivement recommandée.

Bonnes tables

O TZITZIKAS KI O MERMIGAS

12-14 Mitropoleos
✆ +30 210 324 7607
www.tzitzikasmermigas.gr/syntagma/
syntagma@tzitzikasmermigas.gr
M° Syntagma.
Ouvert tous les jours midi et soir. A partir de 20 € par personne. Ouvert de 13h à 1h.
Très bonne cuisine traditionnelle. Une adresse essentiellement fréquentée par les Grecs du quartier, surtout au moment de la pause repas. Légèrement en retrait du brouhaha de Syntagma, on se sentirait presque dans un village sur sa terrasse ombragée pourtant en bord de route.

TILEMACHOS

10 Panepistimiou
✆ +30 210 3613300
www.telemachosathens.gr/el/menu
telemachosathens@gmail.com
M° Syntagma.
Ouvert tous les jours de 13h à 1h. Comptez à partir de 20 € par personne.
Niché au fond d'une galerie de la rue Panepistimiou, cet établissement a un charme fou. Salle à haut plafond, lustre énorme à l'entrée, salle de bains avec miroirs, service impeccable, plats délicieux… Le menu maîtrisé qui tourne autour de la viande, la grande liste de vins grecs et internationaux, la gamme d'excellents fromages et de pâtisseries sont les secrets de son succès.

Kolonaki

DEXAMENI CAFÉ

Place Dexameni
✆ +30 21 0722 4609
M° Syntagma ou Evangelismos.
Ouvert tous les jours de 9h à 1h en saison. Comptez 10 € par personne.
Sur la jolie place de Dexameni, les enfants de Kolonaki jouent au calme, pendant que leurs parents partagent mezze et ouzo au café du même nom. On aime beaucoup cet établissement estival, où l'on déguste une délicieuse fava et ses anchois marinés, un rafraîchissant dakos crétois ou encore du poulpe grillé, à l'ombre des grands arbres. C'est pour nous une adresse coup de cœur. On apprécie le service dynamique et efficace et les plats goûteux, copieux et pas chers. Fréquenté par de nombreux locaux mêlés aux touristes venant ou allant au Lycabette.

IZAKAYA

5 rue Leventi
Kolonaki
✆ +30 210 72 44 406
M° Evangelismos.
Ouvert du lundi à jeudi de 20h à 0h30. Le vendredi et le samedi fermeture à 1h. Compter à partir de 35 € par personne.
Il se passe quelque chose en ce moment à Athènes autour de la cuisine asiatique. Les inconditionnels de la cuisine japonaise diront que *izakaya* est l'équivalent de *gastropub,* ce qui en grec correspond à *taverne* ! Izakaya, établissement tout récent situé à Kolonaki, avec son atmosphère très décontractée, amène l'esprit de la cuisine *fusion* japonaise à Athènes. Grande variété de sushis et de sashimis. La carte des vins et de sakés est variée. Le service est impeccable et le chef, toujours présent et agréable, vous comble avec ses spécialités et ses informations.

NAKAMA

5 Massalias
✆ +30 210 361 6053
www.nakama.gr
M° Panepistimio.
Ouvert tous les jours de 13h à minuit. Environ 20 € par personne.
Restaurant de sushis à la frontière occidentale du quartier de Kolonaki, à des prix accessibles. A Nakama, on s'en sort pas trop mal et on se régale : sushis, tempuras épicées, soupes… Déco ultra-moderne, service très professionnel, on n'en attend pas moins d'un tel lieu. C'est idéal pour un repas agréable quand on aime les sushis et que l'on cherche à varier un peu des tavernes traditionnelles grecques ! A noter, les options végétariennes sont rares. Large choix, qualité remarquable, et tout cela avec des prix grecs : c'est tout simplement parfait.

YOLENI'S

9 Solonos
✆ +30 212 222 236 23
www.yolenis.com
info@yolenis.com
M° Syntagma.
Ouvert tous les jours de 8h à minuit et de 10h à minuit le dimanche. Comptez 20 € par personne.
Un espace différent, conceptuel : on y mange frais et léger, mais on peut aussi y faire ses courses. Il s'agit à la fois d'une épicerie fine, qui vend toutes sortes de produits traditionnels grecs à ramener chez soi (fromages grecs, huile d'olive, etc.) et de plusieurs restaurants thématiques. Vous aurez aussi la possibilité de visiter la cave à vin et ses quelque 180 bouteilles. Egalement, possibilité de prendre des cours de cuisine grecque. Bref, un excellent déjeuner, une cuisine grecque fraîche et délicieuse et un accueil chaleureux.

Omonia et Exarchia

AMA LACHEI -STIS NEFELIS

69 rue Kallidromiou, Exarchia
✆ +30 210 38 45 978
Ouvert tous les jours entre 13h et 0h30. Le lundi, ouvert entre 19h et 0h. Compter entre 15 et 20 € par personne.
Ama Lachei Stis Nefelis est plus qu'un *mezedopoleio.* Une ancienne école primaire, abritée dans un bâtiment néoclassique, entièrement rénovée, avec une sublime cour intérieure, pleine d'arbres, de bougainvilliers et de géraniums, est devenue le joyau de Kallidromiou et une adresse à ne pas manquer. Dans une atmosphère rappelant Athènes au XIXe siècle, on goûte des plats succulents selon les recettes traditionnelles. Grande variété des fromages, des vins grecs en bouteille. Il est conseillé de réserver.

KAPETAN MIHALIS

3 Feidiou
✆ +30 210 382 0073
M° Panepistimio ou Omonoia.
Ouvert tous les jours de midi à minuit. Samedi ouvert jusqu'à 18h30. Fermé le dimanche. Comptez 12 € par personne.
Une taverne crétoise authentique pour un délicieux déjeuner et une valeur sûre depuis de longues années, ce *mezzedopoleio* de la rue Feidiou propose des mets préparés chaque jour avec des produits frais venant du Marché couvert d'Athènes. Le raki est fait maison par un petit producteur crétois, le vin en vrac est exceptionnellement bon à boire. Endroit fétiche des intellos et des acteurs, les locaux affluent et les jeunes y apprennent à apprécier la cuisine traditionnelle. Un incontournable si l'on aime l'authentique et des plats simples et sans prétention.

■ **PRIGUIPAS**
23 rue Charilaou Trikoupi
Exarchia
✆ +30 211 405 00 70
www.prigkipas.gr
M° Panepistimio.
Ouvert tous les jours de midi à 1h. Compter autour de 10 € par personne pour un repas complet.
Costas le propriétaire, originaire du nord de la Grèce, est devenu avec son petit restaurant Priguipas le point de référence de street-food de la capitale, et non sans raisons. S'appuyant sur le savoir-faire familial, il propose des souvlakis juteux, des kebabs à la viande hachée de veau et d'agneau qu'on mélange au lait des buffles, des sandwiches à la truite que l'on fume sur place ou au sanglier, des frites ou des salades faites maison… A emporter ou à manger sur place, c'est une expérience culinaire réjouissante à ne pas manquer.

■ **SALERO**
51 Valtetsiou
Exarchia
✆ +30 210 381 3358
www.salero.gr/
salero@hotmail.com
M° Omonia.
Ouvert tous les jours de 13h à 2h30. Comptez 15 € par personne environ.
Salero est l'une des pépites de la rue Valtetsiou, dans le quartier d'Exarchia. L'ambiance y est calme, accompagnée par un peu de musique jazz ou latine et d'un service particulièrement attentionné et agréable. On s'y régale de quelques tapas qui reprennent les codes des *mezzes* grecs pour les transformer en mets gastronomiques. On peut aussi s'y voir servir des plats copieux et délicieux. En intérieur ou dans la cour colorée, on passe une formidable soirée. En plus, c'est aussi un bar à vin qui dispose d'une belle carte.

Psiri et Gazi

■ **KANELLA**
70 av. Constantinoupoleos & Evmolpidon
Gazi ✆ +30 210 34 76 320
www.kanellagazi.gr/index.php/homepage
kanellagazi@gmail.com
M° Kerameikos.
Ouvert tous les jours, de midi à 3h. Le vendredi et le samedi fermeture à 7h ! ! ! Comptez autour de 15 € par personne.
En plein cœur du quartier de Gazi où les vestiges du passé industriel sont encore présents, Kanella a su gagner le cœur de sa clientèle athénienne grâce à sa cuisine de grand-mère ! Les propriétaires de l'établissement ont réussi leur pari de créer une « néo-taverne » en proposant des plats simples et délicieux comme l'agneau avec des pommes de terre au four, un classique, ainsi que la salade de lentilles. Ambiance chaleureuse.

■ **OINOPOLEION**
Psiri, 12 Eschylou ✆ +30 213 008 1461
www.oinopoleio.gr/index.php/en/
oinopoleion.cookhouse@gmail.com
M° Monastiraki.
Ouvert tous les jours, sauf le lundi, de midi à minuit, le vendredi fermeture à 1h. Comptez autour de 15 € par personne.
Comme son nom l'indique, cette taverne mise prioritairement sur la qualité de son vin, l'*oinos*. En effet, le vin en vrac ou en bouteille, provenant des vignobles de Markou, propriétaire de l'établissement, est une très bonne étiquette. Le rouge ou le blanc accompagnent des plats traditionnels et des spécialités, comme les raviolis à la grecque au fromage frais ou la *fava* aux oignons caramélisés.

■ **O TYPOGRAFOS**
18 rue Kodratou, Metaxourghio
✆ +30 213 099 30 67
otypografos@gmail.com
M° Metaxourghio.
Ouvert tous les jours, du matin jusqu'à 2h. Le dimanche de 11h à 0h30. Compter autour de 15 € par personne.
Dans l'ancienne imprimerie tenu par son père, le chef Andreas Eftaxias a créé un des meilleurs *mezedopoleía* d'Athènes. Le chef propose quotidiennement une réédition plus que succulente des anciennes recettes traditionnelles grecques : la fava aux oignons caramélisés, les sardines farcies, les feuilles de vigne farcies, les crevettes, le steak de veau…. Bref, O Typografos (l'imprimeur) est une excellente occasion pour vous initier à la cuisine grecque et connaître, en même temps, un ancien quartier populaire en pleine évolution.

■ **TO GAZOHORI**
Gazi
61, rue Persephonis et Dekeleon
✆ 210 3424044 – gazohori@gmail.com
M° Keramikos.
Ouvert entre 10h et 3h. Fermé le mardi. Compter autour de 12 € par personne.
En plein cœur de Gazi, cet établissement est très fréquenté par les locaux, surtout les jeunes, grâce à ses *mezzedes* et son ambiance décontractée et conviviale. C'est pittoresque et familial. La cour intérieure où s'alignent les tables colorées est une petite oasis loin du bruit du quartier. Mais l'intérieur n'est pas mal non plus, notamment avec ses jolies peintures murales dans l'escalier et à l'étage. Parmi les plats proposés, la pomme de terre farcie et la salade Gazohori sont à déguster. La qualité du raki et du *rakomelo* est très bonne.

SORTIR

A Athènes, ville méditerranéenne, les gens sortent beaucoup et souvent très tard. Les terrasses de café sont bondées du matin au soir, jusque vers 21h, tous les jours de la semaine et le week-end. Ici, l'apéro n'a pas la faveur des locaux et les premiers verres se prennent à table puis dans les bars à partir de 21h30 jusqu'à 2h-3h du matin. Il est ensuite temps de se diriger vers les clubs de nuit jusqu'au petit matin, essentiellement dans le quartier de Gazi/Keramikos, mais aussi ailleurs en fonction des événements. Dans des quartiers comme Exarchia, on préfère rester assis sur la place ou dans les rues adjacentes et, en fin de semaine, ça grouille de jeunes alternatifs et autres internationaux de passage qui se rencontrent autour des bières peu chères qu'on achète au *biradiko*. La jeunesse grecque sort tous les jours en été, puisque, dans l'après-midi, la sieste est de rigueur. En hiver, c'est surtout le week-end que les rues de la capitale s'animent.

Cafés – Bars

Plaka et Monastiraki

■ SIX D.O.G.S.
6 Avramiotou, Monastiraki
✆ +30 210 321 0510
www.sixdogs.gr
M° Monastiraki.
Ouvert tous les jours de 10h à 3h et le vendredi et samedi soir jusqu'au matin. Boissons à partir de 6,50 €.
Concerts de musique électronique ou événements live, il y a toujours une soirée prévue dans cette ruelle à deux pas du métro. Et s'il est agréable d'aller y boire un frappé en journée, l'endroit se remplit très rapidement en fin d'après-midi et la musique s'y fait plus forte. Le lieu se prête à toutes sortes de projets culturels et musicaux. Avant-gardiste.

■ TIKI BAR
15 Falirou
Au sud de l'Acropole, quartier Koukaki
✆ +30 210 923 6908
www.tikiathens.com/gr
M° Acropoli.
Ouvert de 12h à 2h. Si la clientèle reste, cela peut être jusqu'au petit matin.
Ouvre dans la matinée pour servir des cafés, mais se distingue surtout pour son ambiance nocturne. Dans ce bar à la décoration originale, qui se veut à la fois punk et *lounge*, les références musicales des années 1960 à 1980 s'enchaînent pour le plaisir des clients. La liste des cocktails est longue, et quelques snacks (comme le fameux Tiki Burger) permettent d'éponger l'alcool que vous aurez, pour sûr, envie de consommer tout au long de la soirée.

Syntagma

■ ODORI VERMUTERIA DI ATENE
2 Skouleniou
✆ +30 210 331 4674
M° Panepistimio.
Comptez 15 € par personne. Cocktails à partir de 9 €.
Dans une ambiance sophistiquée et chic inspirée de la campagne italienne d'autrefois, vous pouvez goûter un verre de vermouth aux arômes fins d'épices ou d'herbes. Six étiquettes de vermouth vous sont proposées ainsi qu'une carte très variée de cocktails et de boissons. Cela vaut vraiment le détour.

■ THE GIN JOINT
1 Christou Lada
✆ +30 210 321 8646
M° Panepistimio.
Ouvert tous les jours de 12h à 3h. Cocktail à partir de 7 €. Fermé le lundi.
Bar très branché, au cœur du centre-ville sur la place Karytsi, pour les inconditionnels de gin et les amateurs de cocktails originaux. Décor inspiré de la prohibition aux Etats-Unis, musique des années 1930 et 1940, ambiance décontractée, ce bar est une référence et il vaut vraiment le détour.

Kolonaki

■ ARBARORIZA
33 Eratosthenous
✆ +30 210 701 9530
Cocktail entre 5 et 7 €. Ouvert tous les jours de 10h à 3h.
Une visite par ici ne vous laissera pas indifférent. Arbaroriza tient son succès de ses cocktails originaux préparés à base d'alcools grecs tels que le *raki* ou le *tsipouro*. Sur sa terrasse, qui surplombe la place Plastira à Pagrati, on passe des nuits très agréables et très conviviales. Arbaroriza propose également des snacks, des petits plats et des salades savoureuses que l'on peut déguster confortablement assis à table ou sur des banquettes spécialement conçues pour une restauration rapide mais non sans allure. A noter, une belle identité distincte, aussi.

■ LYKOVRISI
8 place Ph. Etaireias
Kolonaki
✆ +30 210 3617 289
M° Evangelismos.

Ouvert tous les jours de 10h à 23h environ, les horaires peuvent être variables.
Ce café sur la place Kolonaki est, au milieu de tous les autres, une réelle institution pour les Athéniens. Il n'est certes pas à l'image parfaite que les touristes peuvent se construire d'Athènes ni du quartier, mais il a le privilège de ressembler à la Grèce d'autrefois. On y va en journée pour un café, prendre le temps de savourer le moment, discuter avec d'autres habitués ou le patron, et on en ressort ravi. Possibilité de manger sur place, une cuisine copieuse, mais pas extraordinaire cependant.

Omonia et Exarchia

■ FRAU
6 rue Feidiou
✆ +30 210 381 0640
M° Panepistimio ou Omonoia.
Ouvert du lundi au vendredi de 8h à 4h. Le samedi et le dimanche ouvert de midi à 4h.
Cet *all day* café-bar est un point de rencontre des jeunes acteurs et artistes grecs qui, très souvent, ont la charge du programme musical et des booms organisées spontanément. L'ambiance est toujours agréable et dure jusqu'au petit matin.

■ O PAPPOUS
Exarcheia
2 Pheidiou
✆ +30 210 330 0060
M° Panepistimio ou Omonoia.
Ce bistrot se transforme en scène musicale à partir de 22h. Pendant la semaine, des groupes de jeunes chanteurs et musiciens agrémentent les soirées avec des chansons grecques qui ont marqué le siècle dernier. Les vendredi, samedis et dimanches, on afflue pour écouter les histoires de *rebetika* racontées par le Papi (Pappou), au piano, et sa bande. Des soirées inoubliables en perspective. La réservation est vivement conseillée.

Psiri et Gazi

■ CABEZON
110 rue Kerameikou
Metaxourghio
✆ +30 2155 506 414
M° Metaxourghio.
Ouvert tous les jours de midi à 3h. Bières à partir de 2,50 €. Cocktails à partir de 5 €. Pour un repas, compter 10 € par personne environ, avec une boisson incluse.
Cabezon, autrement dit têtu, est un *bar all day* bien décidé à offrir à sa clientèle les soirées les plus cool d'Athènes. Dans la cour intérieure, tapissée des petits cailloux blancs, sous les arbres et à la belle étoile, le temps semble s'arrêter et les bandes des copains refont le monde. Les plats et les snacks sont très soigneusement préparés. La musique, en sourdine, peut parfois devenir l'occasion d'un petit concert improvisé. La qualité des boissons vous incite à vous amuser jusqu'au petit matin.

■ LITTLE KOOK
17 G. Karaiskaki, Psiri
✆ +30 210 321 4144
info@littlekook.gr
M° Monastiraki.
Ouvert de 11h à minuit tous les jours de la semaine.
Little Cook est une institution à Athènes et l'établissement n'a cessé de s'étendre dans la rue Pitaki. Le premier bâtiment, surplombé d'un grand dragon que l'on ne peut manquer, abrite sur plusieurs étages un salon de thé qui sert de délicieux et copieux desserts. A l'intérieur, on retrouve un univers féerique dont chaque détail est inspiré par les contes, un peu à la *Alice au Pays des Merveilles*. Même le personnel est tenu de jouer le jeu... et on les plaint un peu à vrai dire d'avoir à porter des costumes ridicules... Parfaits pour les enfants et les familles.

Clubs et discothèques

■ BOOZE COOPERATIVA
57 Kolokotroni
✆ +30 211 405 3733
www.boozecooperativa.com
booze.crossteam@gmail.com
M° Monastiraki
Ouvert tous les jours de 11h à 3h (et jusqu'à minuit le dimanche).
Un bar décoré comme nul autre, des objets divers et inexplicables, des pans de murs entiers recouverts de peintures, une mezzanine qui expose des photographies, une architecture hors du commun... A Booze, l'art est partout. L'endroit inclut également une galerie d'art, un théâtre, et organise un tas d'événements artistiques et culturels pendant l'année. LGBT-friendly. L'endroit vaut vraiment le détour car c'est une institution culturelle qui s'apprécie, selon les heures, pour son bar, sa galerie d'art, son théâtre ou sa piste de danse.

REPÉREZ LES MEILLEURES VISITES

★ INTÉRESSANT ★★ REMARQUABLE ★★★ IMMANQUABLE ★★★★ INOUBLIABLE

CINDERELLA

3 Leventi
✆ +30 21 0722 2977
M° Evangelismos.
Ouvert le vendredi et le samedi uniquement de minuit à 6h. Boissons à 10 €.
Avec un décor disco, Cinderella est un club où l'on peut danser jusqu'au petit matin dans une atmosphère rose bonbon fluo. Mettez-vous sur votre 31 et allez passer une nuit inoubliable si la musique des années 1980 et 1990 vous interpelle.

HOXTON

Gazi, 42 Voutadon
✆ +30 210 341 3395
M° Kerameikos.
Ouvert du lundi au vendredi de minuit à 3h, le samedi de minuit à 4h et le dimanche de minuit à 3h30.
Tous les genres de musique sont représentés ici, mais surtout de la pop et du rock. Dans ce bar-club sont régulièrement organisés des concerts ainsi que des expositions de peinture et de photographie contemporaines. En journée, il est également possible d'y manger ou d'y boire un thé parmi la grande sélection de saveurs disponible.

ROMANTSO

3-5 Anaxagora
✆ +30 216 700 3325
www.romantso.gr
romantso@romantso.gr
Un des clubs immanquables situé en plein centre-ville. Dans cet immense bâtiment à l'architecture surprenante (un sous-sol et quatre étages), on trouve non seulement un café-bar et un club, mais aussi une plateforme créatrice (studios photo disponibles pour jeunes artistes, etc.) et un centre culturel (accueil pour expositions, ateliers…). Des concerts *live* et des soirées musicales très variées s'y organisent à peu près tous les week-ends. En été, on ouvre le *rooftop* pour quelques soirées à danser, endiablés, sous le clair de lune.

Spectacles

Plaka et Monastiraki

CENTRE CULTUREL ONASSIS

107-109 avenue Syngrou
Au sud de l'Acropole, quartier Koukaki
✆ +30 213 017 8000
www.onassis.org
contact@onassis.li
M° Siggrou-Fix.
Heures d'ouverture variables selon les spectacles.
Athènes, qui manquait cruellement d'une salle de spectacle d'envergure, est désormais enrichie d'un gigantesque complexe de 18 000 m² entièrement dédié à l'art (danse, théâtre et arts plastiques), inauguré en décembre 2010. Ce bâtiment signé par Architecture Studio, un bureau français, est une vraie réussite : un colossal bloc enveloppé de marbre blanc. Les Athéniens plébiscitent les salles de ce centre culturel à la programmation démocratique et à la portée de tous.

CINÉ PARIS

22 Kydathinaion, Plaka
✆ +30 210 322 2071
www.cineparis.gr
info@cineparis.gr
M° Syntagma
Billet : 8 € (5 € le jeudi).
En terrasse au cœur de Plaka avec l'Acropole en arrière-plan, c'est l'un des cinémas les mieux situés de la capitale, avec le Parthénon dans le coin de l'œil. À l'entrée, un petit magasin propose des affiches grecques de films internationaux. L'expérience d'une séance de cinéma en plein air est à ne pas manquer à Athènes. Pas loin, celui de Thission propose également un choix de films autant pour des cinéphiles inconditionnels que pour les amateurs du septième art. Les films sont en version originale, la plupart du temps en anglais ou en français.

CINÉ THISSION

Thissio, 7 Apostolou Pavlou
✆ +30 210 342 0864
www.cine-thisio.gr
hello@cine-thisio.gr
M° Thissio.
Ouvert tous les jours. Les séances commencent à partir de 20h30. Tickets du lundi au mercredi à 6 € et du jeudi au dimanche à 8 €.
Cinéma de plein air emblématique d'Athènes avec un choix de films aussi bien pour des cinéphiles inconditionnels que pour les amateurs du septième art. Les films sont en version originale, la plupart du temps en anglais ou en français.

TAF – THE ART FOUNDATION

5 rue Normanou
✆ +30 210 3238 757
www.theartfoundation.gr
info@theartfoundation.gr
M° Monastiraki.
Ouvert du dimanche au samedi de 10h à 3h.
TAF est le lieu de toutes les rencontres intellectuelles et branchées, partageant une vive passion pour l'art contemporain et l'innovation. Galerie culturelle, TAF propose théâtre, expositions, concerts live : vérifiez la programmation une fois sur place. Il est aussi possible de venir tout simplement y boire un coup et profiter du cadre exceptionnel de cette vieille bâtisse de 1870 rénovée, autour de son patio ombragé. Le bar dispose de quelques bonnes bières artisa-

nales. Le cadre vaut le coup d'œil, surtout avec ses expositions temporaires dans les locaux.

Syntagma

■ **CINE AIGLI**
Jardin du Zappéion
✆ +30 210 3369 300
www.aeglizappiou.gr
info@aeglizappiou.gr
M° Syntagma.
Ticket : 8,50 €.
Un cinéma de plein air un peu plus chic que les autres du fait de sa situation : non loin du palais présidentiel, dans la cour du majestueux Zappéion.

Omonia et Exarchia

■ **CINÉ RIVIERA**
46 Valtetsiou
✆ +30 210 38 44 827
7 € le ticket. Tous les soirs en été.
Petit cinéma rose dans la rue Valtetsiou, qui joue en plein air des films en toutes les langues, sous-titrés en grec.

■ **CINÉ VOX**
82 Themistokleous
✆ +30 210 33 01 020
www.summercinemas.gr/cinemas/vox
Billet : 7 €. Réductions diverses pour les enfants, les étudiants. Billet : 5 € tous les lundis.
Situé tout à côté de la place Exarchia, les films sont ici projetés sur le toit de l'immeuble, sous les étoiles. Quartier artistique oblige, les films sont souvent pour cinéphiles avertis.

Psiri et Gazi

■ **TECHNOPOLIS**
100 av. Peiraios, Gazi
✆ +30 210 346 1589
www.technopolis-athens.com
info@athens-technopolis.gr
M° Kerameikos ou Thissio.
Ouverture variable selon l'événement, se renseigner à l'avance.
Situé dans l'un des plus importants monuments industriels de la ville, là où depuis 1854 il y avait une usine de gaz, Technopolis a été reconverti en centre culturel à la fin des années 1990. C'est aujourd'hui un lieu de rencontre à l'occasion d'événements culturels variés (musique, danse, cinéma, théâtre, arts plastiques...) qui accueille toute l'année des expositions. L'architecture du bâtiment, si particulière avec ses immenses cheminées dressées vers le ciel, est mise en valeur par un bel éclairage. Lieu très convivial où se mêlent familles et jeunes branchés.

À VOIR - À FAIRE

Les 10 immanquables

▶ **L'Acropole.** Sur et autour du rocher sacré de l'Acropole, occupé dès le néolithique et naturellement fortifié, se concentrent monuments et sites archéologiques, symboles du berceau de la civilisation occidentale : le Parthénon, les Propylées, le temple d'Athéna, l'Erechthéion...

▶ **Une promenade dans Plaka,** en se laissant guider par le dédale des ruelles, les chats libres et espiègles, les recoins désertés ou les terrasses bondées, les demeures néoclassiques ou les vieilles bâtisses abandonnées. Un voyage dans le temps, une pause au cœur de la ville.

▶ **Le musée archéologique.** Même si vous n'êtes pas fan d'archéologie, ce musée subjugue le visiteur par la richesse, la diversité et la beauté de ses collections.

▶ **Le musée de l'Acropole,** dernier grand musée d'Athènes à avoir vu le jour et toujours l'objet d'une polémique féroce entre pro et anti. Magnifique pour certains, à la défaveur des œuvres pour d'autres. Choisissez votre camp !

▶ **Le Jardin national.** Havre de paix et de fraîcheur au cœur de la ville, le Jardin national est aussi un lieu idéal pour une pause sandwich ou une sieste sur un banc. Au milieu d'une flore riche et protectrice.

▶ **Le marché central.** La *Varvakeios*, rue Athinas, est le plus grand marché de poisson et de viande de la capitale. On y trouve aussi du fromage, des épices et fruits secs ainsi que des légumes. Vers midi, tous les jours, l'animation y est à son comble.

▶ **L'ascension du mont Lycabette.** Caractéristique avec sa chapelle blanche au sommet et sa pinède odorante, le Lycabette est la plus célèbre colline d'Athènes. De là, la vue sur le Pirée et la ville est impressionnante.

▶ **Le musée Benaki.** Une matinée au musée Benaki pour tenter de comprendre la Grèce moderne, ses coutumes et sa modernité empreinte de contradictions.

▶ **La colline du Pnyx.** Pour une demi-heure de méditation, seul, face à l'Agora et au rocher de l'Acropole.

▶ **Le musée d'Art cycladique.** Un saut dans le 3e millénaire av. J.-C. et ses statuettes de marbre blanc, étonnamment modernes.

Plaka et Monastiraki ★★★★

ACROPOLE ★★★★

✆ +30 210 9238 747
www.etickets.tap.gr
M° Akropolis ou Thissio.
Tous les jours de 8h à 20h en été et 15h en hiver. Billet : 20 € (ou 30 € avec d'autres sites, valable 5 jours).

Histoire. L'Acropole est un site naturellement fortifié sur trois de ses versants, forçant ainsi le visiteur à y accéder par l'ouest. Cette position privilégiée a incité l'homme à s'y installer dès l'époque néolithique : des traces d'habitations ont été retrouvées sur le versant nord-ouest. La cité se développa de façon importante jusqu'à l'époque mycénienne et, au début du XIIIe siècle av. J.-C., on aménagea le haut de la colline pour y construire le palais du roi. C'est également à cette époque que l'Acropole se dota de ses premiers remparts qui entouraient totalement le rocher et étaient renforcés par un bastion dont il reste des vestiges sous le petit temple d'Athéna Nikè. De même, on construisit une citerne souterraine secrète qui permettait à la cité d'être alimentée en eau en cas de siège. Les vestiges mycéniens qui ont été retrouvés sur l'Acropole sont rares du fait de la grande quantité de bâtiments qui y ont été construits par la suite, mais ces quelques vestiges laissent penser qu'Athènes n'avait rien à envier aux autres grands centres mycéniens comme Tirynthe ou Mycènes.
La civilisation mycénienne déclina, mais l'Acropole continua d'être habitée jusqu'à l'abolition de la monarchie et la mise en place du régime aristocratique. A ce moment-là, le centre névralgique de la cité se déplaça vers l'Agora située juste en contrebas de l'Acropole. C'est d'ailleurs à ce même moment que le terme « acropole » (qui signifie « extrémité de la ville »), par opposition à la ville basse, s'imposa, et l'Acropole devint un lieu de culte. Le premier temple de l'Acropole fut construit en l'honneur d'Athéna au VIIIe siècle av. J.-C., selon les témoignages d'Homère, mais ce n'est que sous Pisistrate qu'apparut le culte d'Athéna, protectrice de la ville. En 556 av. J.-C., Pisistrate organise les Panathénées et aménage l'accès occidental à l'Acropole, il construit également un temple à la déesse sur l'ancien temple du VIIIe siècle (près de l'Erechthéion). En 556 av. J.-C., Pisistrate organise les Panathénées et aménage l'accès occidental à l'Acropole. C'est après leur victoire sur les Perses à Marathon que les Athéniens se prennent d'une fièvre constructrice sur l'Acropole : ils érigent l'immense propylée qui orne l'entrée du site ainsi que le vieux Parthénon, aujourd'hui disparu et jadis situé à l'emplacement du Parthénon actuel. Ces travaux ne furent malheureusement jamais achevés puisque les Perses saccagèrent la ville en 480 av. J.-C. Dans leur grand malheur, les Athéniens décidèrent de laisser les monuments dans leur état de ruine pour se souvenir à jamais de l'affront.C'est sous Périclès que l'Acropole s'orne des monuments qui en font le joyau d'aujourd'hui : l'actuel Parthénon, les Propylées, le temple d'Athéna Nikè et l'Odéon du versant sud sont construits sous la supervision du grand sculpteur Phidias. Cette œuvre est rendue possible par l'exploitation des mines d'argent de Laurion ainsi par le transfert du trésor de la ligue de Délos à Athènes. Unies contre les Perses, les cités grecques se placent sous la protection d'Athéna. Cette alliance donne à Athènes un rayonnement politique considérable dont va profiter Périclès. Cependant, les guerres du Péloponnèse mettent un terme à cette phase de construction qui ne s'achèvera finalement qu'après la mort de Périclès en 429 av. J.-C. La défaite d'Athènes, en 404, mit un terme définitif à toute construction sur le site de l'Acropole. Par la suite, Alexandre le Grand, après sa victoire de Granique en 334 av. J.-C., consacra au Parthénon quelques boucliers perses et une partie de son butin de guerre. En 304 av. J.-C., Demetrios Poliorcète fit du Parthénon sa demeure et Eumène II, roi de Pergame, fit construire un portique sur le versant sud. En 86 av. J.-C., les Romains emmenés par Sylla pillent Athènes et massacrent ses habitants retranchés dans l'enceinte de l'Acropole. A la fin du Ier siècle av. J.-C., on construit un temple circulaire dédié à Rome et Auguste ; en 52 av. J.-C., les Propylées sont dotés de leur escalier de marbre monumental, et ce n'est qu'en 160-161 apr. J.-C. qu'Hérode Atticus fait construire l'Odéon que l'on aperçoit maintenant sur le versant sud de l'Acropole.La suite de l'histoire de l'Acropole est marquée par une succession d'occupations malheureuses qui ont causé des dommages irréparables au site : les Byzantins transforment les temples en églises chrétiennes, les Turcs transforment le Parthénon en mosquée, puis en poudrière, alors que l'Erechthéion abrite le harem du commandant turc. Le temple d'Athéna Nikè est démoli. En 1799 et 1802-1803, l'ambassadeur anglais Elgin obtient du sultan l'autorisation d'enlever les plus belles pièces sculptées qui ornaient encore les monuments pour les transférer au British Museum. Lors de la guerre d'Indépendance en 1827, un obus turc endommage gravement le portique des Caryatides de l'Erechthéion. Dès la libération d'Athènes, en 1833, l'Etat grec nouvellement formé entreprit de restaurer les monuments endommagés et de poursuivre les fouilles sur le site.

© MILOSK50 - SHUTTERSTOCK.COM

Le rocher sacré de l'Acropole est le lieu de visite incontournable d'Athènes.

© OLEG ATLANTIC - SHUTTERSTOCK.COM

Pour admirer les vestiges archéologiques d'Athènes, rendez-vous au musée de l'Acropole.

© PAVLEMARJANOVIC - SHUTTERSTOCK.COM

L'erechthéion est orné de quatre portiques, dont le plus connu, celui des Caryatides.

© SAMOT - SHUTTERSTOCK.COM

Construit en quinze ans, le Parthénon est le sympole de la Grèce antique.

Aujourd'hui, l'Acropole doit lutter contre des problèmes très différents, telle la pollution. En effet, l'oxyde de soufre attaque la pierre des monuments et remet en cause la survie du site. Le Parthénon actuel se trouve sur l'emplacement d'un temple plus vieux, appelé « vieux Parthénon », construit en 490 av. J.-C. et détruit par les Perses en 480-479 av. J.-C. Ce n'est que sous Périclès, en 447 av. J.-C., que les travaux pour la construction d'un nouveau temple dédié à la déesse furent entrepris. Achevés en 432 av. J.-C., les travaux furent supervisés par l'un des plus grands sculpteurs grecs de tous les temps : Phidias, ami de Périclès. Le temple est de style dorique avec quelques éléments ioniques. Il est construit en marbre pentélique et se compose d'un sécos (demeure de dieu) et d'une pièce occidentale. Le temple compte 8 colonnes en façade et 17 colonnes sur les longs côtés. Le sécos mesure 30 m de longueur, mais son originalité vient du fait qu'il est incroyablement large pour l'époque.Le culte était généralement rendu en plein air. La raison de cette dimension exceptionnelle vient du fait que le sécos devait abriter une statue colossale en or et en ivoire de la déesse Athéna, œuvre du sculpteur Phidias. Au pied de la statue était disposé un bassin qui dispensait l'humidité nécessaire à la bonne conservation de l'ivoire.

Visite du site

En franchissant l'entrée du site du théâtre de Dionysos, vous pénétrez dans le berceau du théâtre antique, sur le versant sud-est de l'acropole d'Athènes. Il doit évidemment son nom à Dionysos, dieu du vin. Les grandes fêtes des Dionysies s'y tenaient chaque année en son honneur (chants rituels, danses et sacrifices rituels et autres représentations théâtrales). Les plus grands tragédiens et comiques y ont débuté. A l'origine de l'art dramatique, les fêtes étaient organisées dans le théâtre en l'honneur du dieu Dionysos (dieu du vin et de l'ivresse) et donnaient lieu à des scènes mimées, chantées et parlées. Le premier théâtre construit sur l'emplacement devait être sommaire et simplement appuyé sur quelques remblais de terre. Ce n'est qu'au Vᵉ siècle av. J.-C. que le théâtre prit l'aspect qu'il conserve aujourd'hui. Des auteurs comme Sophocle, Eschyle, Euripide ou Aristophane ont foulé les « planches » de ce théâtre. Achevé vers 330, il accueillit par la suite les jeux des Romains, qui modifièrent sensiblement le monument : c'est de cette époque que datent les bas-reliefs qui ornent le fond de la scène, représentant la naissance de Dionysos. Le théâtre accueillit des gladiateurs et même des jeux nautiques, avec une scène transformée en bassin pour l'occasion. Il pouvait abriter de 14 000 à 17 000 spectateurs, les sièges à dossier du premier rang étaient réservés de droit aux notables et mécènes du théâtre. La place la plus importante, le siège du milieu au premier rang, était réservée au prêtre de Dionysos.

Visite de l'Acropole.

Odéon d'Hérode Atticus. En remontant depuis le théâtre vers l'entrée du site de l'Acropole, vous vous trouvez au sommet de l'odéon d'Hérode Atticus. Ce monument, achevé vraisemblablement vers 161 apr. J.-C., comporte toutes les caractéristiques d'un odéon romain, avec les colonnes du fond de la scène qui encadrent des niches abritant des statues. Son état de conservation exceptionnel en fait un des monuments les plus intéressants du site, et des manifestations culturelles ont toujours lieu entre ses murs. Hérode Atticus, originaire de Marathon et héritier d'une grosse fortune, dépensa beaucoup d'argent afin de faire construire plusieurs bâtiments publics dans toute la Grèce. Celui-ci était destiné à des concours musicaux et d'art dramatique. 5 000 personnes pouvaient y loger, ses murs étaient couverts de plaques de marbre tout comme le sol qui comprenait également des mosaïques. La toiture était probablement en bois de cèdre.

Le temple d'Athéna Niké se trouve sur votre droite lorsque vous montez les marches du grand escalier. Il fut construit sous Périclès sur les ruines du bastion mycénien. Les travaux furent entrepris en 437 av. J.-C., mais interrompus par la guerre du Péloponnèse et terminés en 427-424 av. J.-C. Le temple se compose d'un sécos (demeure du dieu) et de deux colonnades ioniques sur les façades est et ouest. Les frises ioniques représentaient à l'ouest l'assemblée des douze dieux. Celle à l'est, avec les Athéniens se battant contre les Perses et des Grecs, se trouve au British Museum.

▶ **Les Propylées.** Cette colonnade fut construite entre 437 et 432 av. J.-C. sous Périclès pour signifier que l'Acropole appartenait au peuple d'Athènes. Le bâtiment est révolutionnaire pour l'époque : c'est le premier propylée à présenter une façade sous la forme d'un temple. La partie centrale des Propylées est constituée de deux portiques à six colonnes, l'un s'ouvrant sur l'intérieur du sanctuaire et l'autre sur l'extérieur. Les espaces entre les colonnes servaient de lieu d'accès aux fidèles, alors que le passage central permettait le passage des animaux lors des sacrifices.

▶ **Le Parthénon** comporte quelques originalités architecturales utilisées par les bâtisseurs pour lui donner cet aspect grandiose qu'il a aujourd'hui. Les surfaces horizontales du temple ne sont pas planes mais convexes, les colonnes s'amincissent vers le haut et les colonnes d'angle ont un diamètre légèrement supérieur à celui des autres. Tout cela pour corriger les déformations naturelles de l'œil humain et donner ainsi au bâtiment toute sa majesté !
La frise dorique extérieure ne comprenait pas moins de 92 métopes, toutes sculptées. A l'est était représentée une gigantomachie, c'est-à-dire un combat entre les dieux de l'Olympe et les géants. A l'ouest, on trouvait une amazonomachie, c'est-à-dire un combat entre les Grecs et les Amazones. Au sud étaient représentés des combats contre les centaures et au nord des scènes de la guerre de Troie. Certaines métopes sont encore en place, d'autres sont exposées au Louvre, au British Museum ou au musée de l'Acropole.Le Parthénon était aussi décoré de deux frontons (est et ouest) qui représentaient, à l'ouest, la dispute entre Poséidon et Athéna pour la possession de l'Attique et, à l'est, la naissance d'Athéna. Mais la pièce sculptée la plus célèbre du Parthénon est certainement sa frise intérieure, œuvre de Phidias. Sur 160 m de longueur, elle représentait la plus célèbre manifestation cultuelle de Grèce à cette époque : les grandes Panathénées. Ces fêtes, qui duraient une semaine, comprenaient des concours musicaux et d'athlétisme, leur point d'orgue étant évidemment la grande procession qui suivait la Voie sacrée depuis le Céramique jusqu'à la grande statue en bois d'Athéna Polias de l'Erechthéion afin de lui remettre un nouveau péplos (tunique). La remise du péplos était suivie du sacrifice d'une centaine d'animaux et d'un festin auquel prenaient part tous les citoyens. La frise de Phidias représente 360 personnages ainsi qu'une foule d'animaux se dirigeant tous vers l'est où avait lieu la cérémonie.A l'exception de quelques plaques, la majeure partie de la frise se trouve dispersée entre le British Museum, le Louvre et le musée de l'Acropole.

▶ **L'Erechthéion,** temple mythique sur la fameuse Acropole d'Athènes, est l'un des plus sacrés de la colline et de toute la ville. Au nord de l'Acropole, joyau et chef-d'œuvre de l'art ionique, le très élégant Erechthéion fut érigé au Ve siècle av. J.-C. à l'endroit même où, selon la légende, Athéna et Poséidon se seraient disputés pour la possession d'Athènes. C'est à côté de ce temple qu'aurait poussé l'olivier sacré d'Athéna et que se trouvait le puits d'eau salée, cadeau de Poséidon dont le trident aurait laissé une marque sur le mur nord du bâtiment. L'architecte de l'Erechthéion est resté inconnu, mais il a su exploiter les irrégularités du sol pour construire un ensemble de plusieurs bâtiments sur différents niveaux. Dans ce temple étaient adorées plusieurs divinités : Athéna Polias, mais aussi Poséidon et d'autres encore liées à l'histoire légendaire d'Athènes, comme Erechthée à qui le temple doit son nom. Le temple est orné de quatre portiques sur chacun de ses côtés : celui du côté sud-est, certainement le plus connu, est celui des Caryatides. Les colonnes doriques y sont remplacées par des figures féminines d'une grâce parfaite lorsqu'on sait le poids qui pèse sur leur tête. En fait, c'est leur chevelure épaisse et les plis nombreux de leurs vêtements qui renforcent la structure et permettent à l'ensemble de rester debout. Celles que vous voyez en place sur le monument ne sont que des moulages : sur les six korês, cinq seulement sont visibles au musée de l'Acropole, la sixième étant au British Museum.

■ ODÉON D'HÉRODE ATTICUS ★★★

Rue Dionyssiou Areopagitou
✆ +30 210 3232771
Versant sud de l'Acropole.
En remontant depuis le théâtre vers l'entrée du site de l'Acropole, vous vous trouvez au sommet de l'odéon d'Hérode Atticus. Ce monument, achevé vraisemblablement vers 161 apr. J.-C., comporte toutes les caractéristiques d'un odéon romain, avec les colonnes du fond de la scène qui encadrent des niches abritant des statues. Son état de conservation exceptionnel en fait un des monuments les plus intéressants du site, et des manifestations culturelles ont toujours lieu entre ses murs. Hérode Atticus, originaire de Marathon et héritier d'une grosse fortune, dépensa beaucoup d'argent afin de faire construire plusieurs bâtiments publics dans toute la Grèce. Celui-ci était destiné à des concours musicaux et d'art dramatique. 5 000 personnes pouvaient y loger, ses murs étaient couverts de plaques de marbre tout comme le sol qui comprenait également des mosaïques. La toiture était probablement en bois de cèdre.

Monastiraki et Plaka

Voreou
Niklou
Aiolou
Kolokotron
Leocharous
Lekka
Karytsi
Stadiou
Karori
Kalamiotou
Evangelistrias
Romvis
Thiseos
Athinaidos
Perikleous
Fokionos
Vers Syntagma
M
Mitropoleos
Ermou
Voulis
Nikis
Petraki
Kalogrioni
Adrianou
Mnisikleous
Benizelou Palaiologo
Pentelis
Apollonos
Skoufou
Diogenous
Musée d'instruments de musique populaire
Agias Filotheis
Ipitou
Lysiou
Flessa
PLAKA
Scholeiou
Kodrou
Prytaneiou
Kekropos
Musée d'Art folklorique populaire
Filellinon
Anafiotika
Sellaf
Kydathinaion
Monis Asteriou
Musée des enfants
Ragkava
Daidalou
Tsagkari
Parthénon
Afroditis
Pittakou
Thalou
Leoforos Vassilissis Amalias
L. Vas. Olgas
Théâtre de Dionysos
Thrasyllou
Vyronos
Dionysiou Aeropagitou
Kallisperi
Mitsaion
Statigou Makrygianni
Makri
Tziraion
Acropole
Musée de l'Acropole
0
120 m
N

ANCIENNE AGORA ★★★★

✆ +30 210 321 0185 – www.etickets.tap.gr M° Monastiraki. Trois portes donnent accès au site de l'Agora.

Tous les jours de 8h à 20h en été. Billet : 8 € (ou 30 € combiné avec l'Acropole et d'autres sites, valable 5 jours).

Histoire. L'agora est certainement le centre de toute grande ville grecque : c'est là que les décisions politiques sont prises, que les prisonniers sont jugés et que sont également installées les boutiques. D'abord simple esplanade, l'Agora d'Athènes s'est progressivement enrichie de portiques à colonnades où les citoyens pouvaient se rafraîchir. Elle a pris la forme qu'on lui connaît aujourd'hui au VIe siècle av. J.-C. Les bâtiments bordaient alors le site sur son côté ouest, mais furent détruits par les Perses en 480 av. J.-C. Durant le reste du Ve siècle, les Athéniens reconstruisent leur Agora et l'ornent d'autres bâtiments au nord et au sud. Peu après 450 av. J.-C., on débute la construction du temple d'Héphaistos, plus connu sous le nom de Théséion, celui que vous voyez encore debout surplombant l'ensemble du site.
Le IVe siècle est marqué par de gros efforts de construction, mais ce n'est qu'au IIe siècle av. J.-C. que l'on ajoute à l'Agora les colonnades (portique ou *stoa*) qui l'entouraient comme le portique d'Attale, reconstruit par l'Ecole Américaine d'Archéologie pour abriter le musée du site de l'Agora.
En 86 av. J.-C., le sac d'Athènes par les Romains de Sylla endommage gravement les bâtiments au sud de l'Agora. Vers 15 av. J.-C., Agrippa fit construire l'Odéon dans l'axe de la place centrale, et l'on démonte également les temples de la campagne d'Attique pour les reconstruire sur le site de l'Agora, en particulier le temple d'Arès. Au IIe siècle apr. J.-C., d'autres bâtiments sont construits, comme la Bibliothèque de Pantainos, le Nymphée et la Basilique. En 267 apr. J.-C., les Hérules, barbares venus du Nord, saccagent Athènes. On arrache alors les pierres des monuments pour construire un mur d'enceinte autour de l'Agora, les sophistes construisent de luxueuses habitations sur les pentes nord de l'Aréopage, on bâtit également le palais des Géants sur les ruines de l'Odéon. Vers la fin du VIe siècle apr. J.-C., le site est abandonné et recouvert peu à peu d'épaisses couches d'alluvions. Vers l'an mille, on y bâtit l'église des Saints-Apôtres.

Visite guidée du site. Nous vous proposons une visite guidée du site de l'Agora, qui part de l'entrée sud, c'est-à-dire la plus proche de l'Acropole. Vous entrez donc sur le site en suivant la voie des antiques Panathénées, où une immense procession partait du Céramique pour aboutir à l'Erechthéion sur l'Acropole en traversant l'Agora par la Voie sacrée. Vous pouvez d'ailleurs voir les traces du dallage en marbre qui recouvrait la route ainsi que les profondes marques laissées probablement par le passage des chars.
Sur votre droite, avant d'entrer sur le site proprement dit, une série de boutiques abritées par une colonnade, de l'autre côté de la voie se trouve le temple du sud-est dont on ignore la divinité. On sait cependant que ces colonnes ont été récupérées sur le temple d'Athéna de Sounion. Après avoir passé la porte du site, vous verrez sur votre gauche, près de la petite église des Saints-Apôtres, les fondations de la fontaine publique du sud-est, du VIe siècle av. J.-C.
Nous vous proposons de prendre à gauche pour longer les vestiges du portique sud de l'Agora. Ce vaste ensemble de colonnades se composait d'un premier portique intermédiaire qui encadrait, avec un deuxième portique plus au sud, une vaste place rectangulaire. A l'ouest de celle-ci se trouvait un bâtiment de plan carré qui servait de tribunal, même si des inscriptions trouvées sur le site nous ont appris que des séances se tenaient au-dehors sous les colonnades. Au tribunal, que l'on appelle l'Héliée, est accolée une fosse carrée dallée qui est le reste d'une horloge à eau ou clepsydre et qui date vraisemblablement du IVe siècle av. J.-C.
En continuant vers l'ouest, après la fontaine, vous tomberez sur un bâtiment qui fut peut-être la prison de Socrate, ainsi que des bustes de prisonniers parmi lesquels l'un d'eux pourrait représenter Socrate lui-même.
Nous vous proposons à présent de remonter vers le nord du site en passant au pied du promontoire rocheux sur lequel se dresse le temple d'Héphaistos. Vous allez ainsi passer devant les bâtiments ouest de l'Agora, les plus anciens du site. Vous passez d'abord devant la base circulaire de la tholos. Bâtie vers 460 av. J.-C., elle servait de quartier général et de cantine aux prytanes, le comité de présidence du Conseil des 500, ou *boulê*. S'y trouvait également un jeu de poids et mesures étalon. Les réunions du Conseil avaient lieu dans l'édifice dont on devine les fondations derrière la tholos : le *bouleutérion*.
Les archives du Conseil étaient conservées sur des papyrus, des parchemins ou dans le marbre, dans un autre bâtiment construit à côté de la tholos : le *metrôon*. Vous le reconnaîtrez au portique ionique qui se trouve sur le devant et qui date du IIe siècle av. J.-C. Devant le *metrôon*, de l'autre côté du chemin prévu pour la visite, se tient une plate-forme rectangulaire de grande taille entourée d'une balustrade restaurée. Il s'agit du monument des Héros éponymes.

L'agora était le centre névralgique de l'ancienne ville d'Athènes.

La tête Despinis est un fragment de statue grecque antique représentant une femme.

La Stoa d'Attale abrite aujourd'hui le musée de l'Agora.

L'agora romaine est une ancienne place publique d'Athènes. Ses ruines se visitent aujourd'hui.

Au milieu de la balustrade se dressaient les statues de bronze de dix héros légendaires qui avaient donné leur nom aux dix tribus ou circonscriptions politiques du territoire d'Athènes. Derrière, vous apercevez la base d'un immense autel qui devait être dédié à Zeus.

En continuant vers le nord, vous passez devant ce qui reste d'un petit temple ionique dédié à Apollon Patrôos, construit en 340-330 av. J.-C., puis devant un bâtiment plus imposant composé de deux ailes : c'est le portique de Zeus Eleuthérios, dieu de la Liberté. C'est ici que l'on vénérait tous les personnages qui ont contribué à la liberté de la cité. Encore à droite de cet édifice se dresse enfin le portique royal, de dimension plus réduite que son voisin. Il fut bâti probablement vers 460 av. J.-C., certainement d'abord pour abriter et exposer les lois édictées par Solon. Il a ensuite servi de quartier général à l'un des principaux magistrats d'Athènes : l'Archonte Roi. C'est ici que Socrate vint répondre à l'interrogatoire qui devait entraîner sa condamnation à mort.

A présent, nous vous invitons à admirer de plus près le merveilleux temple qui se dresse au-dessus de vos têtes : le temple d'Héphaistos, plus connu sous le nom de Théséion. Les sculptures des deux frontons ont été perdues, en revanche subsistent des fragments de la frise dorique et des métopes qui illustrent les travaux d'Héraclès et les exploits de Thésée de qui il tire son surnom. Attardons-nous maintenant sur les bâtiments du centre de l'Agora. En longeant le mur de la ligne de chemin de fer vers l'est, on découvre l'angle de ce qui fut l'autel des Douze Dieux, le reste du monument étant derrière le mur de séparation. Fondé en 522 av. J.-C. par Pisistrate le Jeune, ce sanctuaire était dédié aux douze dieux de l'Olympe et servait de repère pour la mesure des distances depuis Athènes.

Dirigeons-nous maintenant vers les colossales statues qui se dressent au milieu du site : elles représentent des tritons (mi-hommes, mi-poissons) et des géants (mi-hommes, mi-serpents). Ces statues ont été prélevées sur la façade de l'odéon d'Agrippa, aujourd'hui disparu. En passant entre les géants, vous arrivez sur les ruines de l'odéon lui-même. Son architecture était remarquable par l'absence de colonnes à l'intérieur, ce qui est sans doute la première cause de l'effondrement de son toit vers 170 av. J.-C. Aujourd'hui, vous pouvez admirer la scène dallée de marbre. Les Hérules détruisirent l'odéon en 267 apr. J.-C. et les Athéniens utilisèrent les pierres du bâtiment pour doter la ville d'une nouvelle fortification. Les fondations en ciment qui recouvrent aujourd'hui la place de l'ancien odéon appartenaient à un grand complexe architectural connu sous le nom de palais des Géants.

Nous vous proposons dès à présent de vous rendre dans la *stoa* d'Attale qui abrite aujourd'hui le musée de l'Agora. Ce portique doit son nom au roi Attale II, roi de Pergame de 159 à 138 av. J.-C., geste de reconnaissance classique pour un prince d'Attique envoyé à Athènes dans sa jeunesse pour y recevoir une éducation correcte.

La *stoa* se compose de deux étages de 21 locaux chacun. Ces pièces étaient occupées par des boutiques mais aussi des bureaux de l'administration.

■ ARÉOPAGE ET LA PNYX ★★★★

M° Thissio, puis remontez à pied la rue piétonne Apostolou Pavlou. Ou M° Acropolis et descendez la Dionysiou Areopagitou.

Entrée libre.

▸ **L'Aréopage.** Du point de vue géologique, la colline de l'Aréopage est un énorme bloc de marbre gris bleu veiné de rouge, qui domine l'Agora d'Athènes. Politiquement, ce fut surtout le haut lieu de la démocratie athénienne : l'Aréopage constituait en effet la haute instance juridique qui jugeait les dieux, les héros et les hommes accusés de meurtre. Au sommet de la colline qui a pris le nom des juges, on pouvait trouver la pierre de l'outrage, siège de l'accusé, et la pierre du ressentiment, siège de l'accusateur. Saint Paul s'adressa aux Athéniens pour la première fois en 54 apr. J.-C., de cette colline.

▸ **La colline de la Pnyx.** Lieu où se réunissait l'assemblée du peuple et où se déroulaient les votes, à main levée. On voit encore les tribunes des orateurs. En contrebas, Athènes s'étend de part et d'autre et en face se dresse l'Acropole. Aujourd'hui très peu fréquentée, cette colline verte, boisée d'oliviers, est un havre de tranquillité et constitue une agréable promenade. **La colline des Muses, ou colline de Philopappou,** possède un monument funéraire consacré à un bienfaiteur romain de la ville d'Athènes, du même nom. Tout autour, le parc de Philoppapou est une oasis de verdure et de fraîcheur. N'hésitez pas à vous perdre dans ses profondeurs, au gré des chemins de terre qui le parcourent. **Non loin, la colline des Nymphes** porte, sur son sommet, un bel observatoire, d'architecture néoclassique, datant du XIXe siècle. Ces collines offrent un point de vue incroyable sur la ville et le Parthénon.

■ MUSÉE DE L'ACROPOLE ★★★★

Rue Dionysiou Areopagitou
✆ +30 210 900 0900
www.theacropolismuseum.gr
M° Acropolis.

Du 1er avril au 31 octobre : lundi de 8h à 16h, de mardi à dimanche de 8h à 20h, vendredi de 8h à 22h. Entrée : 5 €.

Un premier concours d'architecture avait été lancé en 1976. Dix ans plus tard, Mélina Mercouri avait relancé le projet, dans le cadre de sa campagne et pour fournir un écrin digne de ce

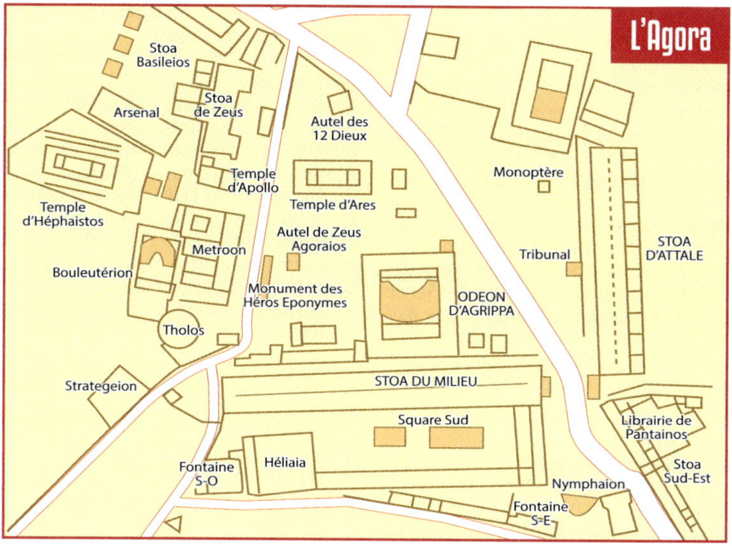

nom aux frises du Parthénon en Grèce. Alors qu'il est ambassadeur de Grande-Bretagne à Constantinople, Lord Elgin (1766-1841) avait en effet décroché certains des plus beaux trésors du Parthénon, encore exposés à ce jour au British Museum, qui en a la « garde » et s'oppose encore à leur restitution. En 2000, l'Organisme pour la construction du nouveau musée de l'Acropole organisa un nouvel appel d'offre dans le cadre de l'Union européenne. Il aurait du être terminé pour les Jeux olympiques de 2004, mais cela valait la peine d'attendre. Imaginé par l'architecte franco-suisse Bernard Tschumi, le nouveau musée de l'Acropole a finalement ouvert ses portes en juin 2009 après plusieurs années de travaux.
Cette gigantesque structure de verre, d'acier et de béton est en contact visuel direct avec le rocher sacré. Ses baies vitrées reflètent habilement l'Acropole, visible presque tout au long de la visite et surtout sur la terrasse de son merveilleux café. A peine arrivé, le visiteur découvre, sur pilotis et en sous-sols des vestiges archéologiques de la ville. Les collections sont ensuite organisées en cinq thèmes : les pentes de l'Acropole, l'Acropole archaïque, le Parthénon, les monuments de l'Acropole classique et les « autres collections ». Partout, le bâtiment exploite la lumière naturelle pour mettre en valeur ses quelque 4 000 pièces.

- **Au rez-de-chaussée,** le musée comprend un niveau d'exposition des antiquités de l'Acropole, des vestiges de l'ancienne Athènes, qui attestent une occupation à partir de la fin du néolithique (env. 3000 av. J.-C.). Au premier étage, on trouvera des objets de l'époque archaïque et de la période ayant suivi la construction du Parthénon, dont deux lionnes tirant le dieu Taurus et une statue représentant « Triton et le monstre à trois corps ».

- **Au deuxième étage, un centre multimédia diffuse des documentaires.** A noter que l'on peut aussi accéder sans billet (et sans faire la queue non plus si on ne souhaite rien visiter d'autre) à la grande terrasse ouverte sur l'Acropole qui abrite un agréable café-restaurant ombragé.

- **Au troisième étage, la visite se termine en apothéose dans la salle du Parthénon,** conçue de manière à restituer les dimensions et l'orientation du Parthénon. Elle présente la fameuse frise, du moins ce qu'il en reste en Grèce. À l'origine, cette magistrale composition sculpturale de 160 m de long était constituée de 115 blocs : elle comprenait 378 figures, humaines ou divines, et plus de 200 animaux (principalement des chevaux). En « reconstituant » le puzzle de la frise du Parthénon, le musée de l'Acropole rappelle élégamment que seul un tiers des vestiges retrouvés est exposé ici. En effet, les deux tiers restants, sobrement estampillés « BM » rappellent que l'essentiel est toujours détenu par le British Museum de Londres (même si quelques fragments sont aussi disséminés dans d'autres institutions européennes, dont le Louvre). Pour la petite – et la grande – histoire, avec la mise en valeur de l'Acropole et la construction de ce musée somptueux, les Grecs espèrent un jour récupérer leurs frises. Le British Museum continue de se réfugier derrière ses titres de propriété…

Syntagma ★★

JARDIN NATIONAL ★

M° Syntagma

Ouvert tous les jours de 8h à 20h.

Le Jardin royal a été dessiné en 1839 par la première reine de Grèce, Amalia, qui souhaitait en faire la cour du palais royal (c'est maintenant la cour du Parlement). Près de 500 espèces de plantes, provenant des cinq continents, y figurent. Le parc, avec ses allées bien entretenues, ses statues académiques et ses escaliers majestueux, est emblématique des jardins publics néoclassiques. Au milieu d'une végétation luxuriante, suivez les pancartes : vous arriverez dans le bois du Zappeion par la grande route piétonne qui longe l'arrière du palais du même nom.

OLYMPIÉION ★★

Av. Amalia et Vass. Olga

✆ +30 210 922 6330

M° Acropolis.

Tous les jours de 8h à 20h en été. Billet : 8 € (ou 30 € combiné avec l'Acropole et d'autres sites, valable 5 jours).

Ce site permet de découvrir les vestiges du temple colossal de Zeus olympien : 15 colonnes dressées qui sont encore bien impressionnantes. Il faut dire que l'Olympiéion fut le plus grand temple jamais construit en Grèce ! Commencé par Pisistrate au VIe siècle av. J.-C., il fut achevé 600 ans plus tard par l'empereur Hadrien avant d'être détruit par les Barbares. Le soleil couchant baigne d'une magnifique teinte dorée les colonnes rescapées, et l'on comprend cet ermite stylite qui, au XVIIe siècle, choisit le sommet de l'une d'entre elles pour installer sa cabane !

PORTE D'HADRIEN ★

Av. Amalia et Vass. Olga

M° Acropolis.

Sur le côté nord-ouest du temple de l'Olympiéion se trouve la Porte d'Hadrien, un impressionnant arc en marbre de 18 mètres de haut. La porte d'Hadrien a été construite en l'honneur de l'empereur Hadrien, au IIe siècle apr. J.-C. Elle délimitait la frontière entre l'antique cité de Thésée et la nouvelle cité romaine qui s'étendait de l'actuelle avenue Amalias jusqu'à l'Illissos. Il s'agit d'une arche unique de style romain, encadrée par deux colonnes, de style corinthien. Au-dessus, les deux statues de Thésée et d'Hadrien étaient érigées au même niveau.

STADE DE MARBRE (KALLIMARMARO) ★

Avenue Vasileos Konstantinou

✆ + 30 210 7522 984

www.panathenaicstadium.gr

info@panathenaicstadium.gr

M° Syntagma. Rejoindre le stade en coupant à travers le Jardin national.

Entrée 5 €, réduit 2,50 €. Du lundi au vendredi de 7h30 à 14h30.

Derrière le Jardin national, à l'entrée du quartier de Pangrati, le Kallimarmaro ou « stade de marbre » est également appelé le stade Panathinaiko. Il accueillit en 1896 les premiers Jeux olympiques de l'ère moderne et l'arrivée du marathon pendant les Jeux de 2004. Il fut construit à l'emplacement d'un stade antique et entièrement recouvert de marbre. C'est aussi ici que se termine le marathon annuel qui reprend le tracé historique de la course entre Marathon et Athènes.

Kolonaki ★★

MUSÉE BENAKI ★★★

1 Koumbari et av. Vassilis Sofias

✆ +30 210 367 1000

www.benaki.gr – benaki@benaki.gr

M° Syntagma.

Mercredi et vendredi de 9h à 17h, jeudi et samedi de 9h à minuit et dimanche de 9h à 15h. Fermé le mardi. Entrée : 9 €.

Anthoni Benaki a passé trente-cinq ans à réunir tous ces objets, datant de la préhistoire à nos jours, abrités aujourd'hui par ce joli musée d'architecture néoclassique. Le collectionneur donna sa maison et ses pièces rares à l'Etat en 1931. Une gigantesque annexe très moderne a également ouvert ses portes avenue Pireos, hébergeant des expositions temporaires de grande qualité.

- **Au rez-de-chaussée,** des objets datant des périodes romaine, byzantine et post-byzantine. Notamment, de très beaux bijoux en or, de belles mosaïques et des objets religieux. Salle 12, des icônes magnifiques. Remarquez en particulier celle représentant sainte Anne et la Vierge ainsi qu'un superbe retable.
- **Au premier étage** sont exposés des objets d'art populaire marquant le développement de l'hellénisme durant les périodes de domination étrangère.

En particulier une très belle collection de costumes des XVIIIe et XIXe siècles ainsi que, dans la salle 14, une magnifique reconstitution d'intérieur. Les salles 17 et 19 abritent celle d'un hôtel particulier de Kozani en Macédoine. Vous remarquerez l'alternance de vases sculptés et d'aigles à double tête caractéristiques de l'art néo-hellénique.

Dans la salle 23, une admirable collection d'illustrations du Parthénon. Dans la salle 26, un immense retable représentant saint Jean-Baptiste, la Vierge à l'Enfant, le Christ et saint Georges terrassant le dragon.

Le mont Lycabette et Kolonaki
MONT LYCABETTE
NEAPOLI
PEFKAKIA
DEXAMENI
KOLONAKI
MARASLIO
Théâtre Likavitos
Agios Georgios
Funiculaire Lycabettus
Agios Nikolaos
Agios Dionissios
Agios Sriridon
Kimissi Théotokou
Stade du Panathinaikos
Hôpital El. Venizelou
Hôpital Nautical
Hôpital Nimis
Hôpital Alexandria
Hôpital Eginitio
Hôpital Evangelismos
Evangelismos
Megaro Moussikis
Parc Eleftherias
Athènes Concert Hall
Ambassade des USA
Square Venizelou Elenas
Square Mavili
Square Kitsiki
Square Damde
Square Dexameni
Square Fil. Eterias
Square Megalitou Genous Scholi
Pinacothèque nationale d'Athènes
Musée de la guerre
Musée Byzantin
Musée Benaki
Gagosian Gallery
Vers le musée d'art cycladique
0
200 m
Edifice religieux
Musée
Curiosité
Station de métro
Ambassade
Hôpital
Alexandras
Armatolon Klefton
Agion Pandon
Al. Manoutiou
Pan Kiriakou
Tsoha
Vournazou
Elenas Venezelou
Konari
Nikotsara
Gerodimou
Paugenessias
Daskalogiani
Mela
Kotieou
Filimonos
Pitrans Gerost.
Skopêtea
Qelonos
Dorileou
Tim Vassou
D. Soutsou
Lautos Kokali
Athineon Ervon
Dimorarous
Dimoratous
Dimokratous
Evzonon
Vassili Sofias
Semitelou
Lourou
Dionissou Eginitou
Mihalakopoulou
Papadiamanopoulou
Papadianaopoulou
Konstandinou
Bensi
Iridanou
Sisini
Monis Pietram
Anapiron
Genadiou
Iassou
Ravine
Ipsilandou
Ipsilandaou
Vassilissis Sofias
Souidias
Xenokratous
Aristodimou
Aristipou
d'Istria
Marasli
Doras
Hoida
Kleomenous
Ploutharou
Spefsipou
Haritos
Patriariu Idakim
Alopekis
Karneadou
Loukianou
Irodotou
Rongakou
Sth. Sindesmou
Fokilidou
Likavitou
Dimonritou
Voukourestiou
Solomos
Pridarou
Anagonstopoulo
Tsakalou
Skoufa
Irialitou
Kanri
Sekeri
Koumari
Neof Vamva
Neof Douka
Kapsali
Herssonos
Omaki
Sina
Prassa
Asklipiou
Ipokratous
Itis
Dafnon
Patr. Fotiou
Isidorou
Doxapatri
Dafnominli
Ouranou
Kom.
Sarantapihou

Syntagma
PANEPISTIMIOU
Agios Georgios
Alsos Lykavittou
vers le Musée national archéologique (150 m)
Musée de la ville d'Athènes
Musée numismatique
Omonoia M
Panepistimiou M
Chalkokondyli
Veranzerou
Xouthou
Satovriandou
Titris Sep.
Sokratous
Peiraios
Aiolou
Kaningos
Tzortiz
Akadimias
Solonos
Themistokleous
Emmanouil Benaki
Nikitara
Kiatas
Zalongou
Zoodochou Pigis
Feidiou
Eleftheriou Venizelou
Stadiou
Athinas
Kratinou
Sofokleous
Armodiou
Aristogeitonos
Filopoimenos
Evripidou
Polykletou
Kalamida
Agiou Markou
Vyssis
Miltiadou
Praxitelous
Aristeidou
Dragatsaniou
Paparigopoulou
Kolokotroni
Auramiotou
Karori
Thiseos
Chavr.
Karitsy
Edouardou Lo
Riga Feraiou
Ippokratous
Charilaou Trikoupi
Mavromichali
Navarinou
Asklipiou
Metaxa
Koletti
Arachovis
Diditou
Valtetsiou
Eresou
Dervenion
Methonis
Trapezountiou
Smolensky
Isavron
Tsimiski
Doxapatri
Sarantapichou
Dafnomili
Askliiou
Nikiforou Ouranou
Sergiou
Prosvasi Lykavittou
Prosvasi Agiou Isidorou
Leontos Sgourou
G. Prassa
Delfon
Massalias
Gianni Statha
Anagnostopoulou
Sina
Skoufa
Omirou
Lykavittou
Dimokritou
Voukourestiou
Amerikis
Chersonos
Ilia Rogkakou
Fokylidou
Tsakalof
Pindarou
Iraklietou
Kleomenous
Deinokratous
Achaiou
Ploutarchou
Xenokratous
Glykonos
Spefsippou
Charitos
Leventi
Patriarchou Ioakeim
Alopekis
Karneadou
Marasli
Aristodimou

SYNTAGMA
PLAKA
Place Syntagma
Syntagma
Evangelismos
Monastiraki
Akropole
Musée Benaki
Parlement hellénique
Musée des fouilles du métro
Jardin national
Musée hébraïque de Grèce
Porte d'Hadrien
Olympiéion
Stade de Marbre (Kallimarmaro)
Colline de l'Acropole
Lofos Akropolis
Lofos Ardittou
Alsos Pagkratiou
Leoforos Vasilissis Sofias
Leoforos Vasilissis Konstantinou
Leoforos Vasilissis Amalias
Leoforos Vasilissis Olgas
Leoforos Vasileos Georgiou Defterou
Irodou Atikou
Ardittou
Eftychidou
Filellinon
Othanos
Rizari
Irodotou
Ypsilantu
Solonos
Merlin
Mourouzi
Lykeiou
Stisichorou
Meleagrou
Rigillis
Isiodou
Fokianou
Efforionos
Zappa
Agras
Archelaou
Polemokratous
Amynta
Arrianou
Ellanikou
Pafsaniou
Nikosthenous
Athanasias
Ippodamou
Diofantou
Aristoxenou
Arktinou
Ironda
Nikis
Voulis
Mitropoleos
Ermou
Petraki
Patroou
Ypatias
Agios
Apollonos
Benizelou
Filotheis
Flessa
Adrianou
Kekropos
Monis Ast.
Daidalou
Pittakou
Geronta
Thalou
Lysikratous
Tripodon
Vyronos
Makri
Tziraion
Lempesi
Thrasyllou
Dionusiou Areopagitou
Kallisperi
Rovertou Gkalli
Zitrou
Prytaneiou
Lysiou
Kyrristou
Diogenous
Pandrosou
Aiolou
Thrasyvoulou
Tholou
Theorias
0
200 m
N

Au deuxième étage, on se balade à travers la culture, l'économie de la société grecque avant la guerre, via des livres, des instruments de musique traditionnels et autres outils de cette époque.

Au troisième étage, les objets évoquent le passage entre la guerre d'Indépendance et la formation de l'Etat moderne. A l'entrée, une carte de membre de la Philiki Etaireia, la société secrète formée en vue de préparer la guerre d'Indépendance. Beaucoup d'armes dans cette salle ainsi que des portraits de généraux. Au fond de la salle, des photos de Costis Palama, poète moderne engagé dans la lutte pour l'indépendance, et de Constantin Cavafy, poète de la diaspora grecque.

Musée et boutiques. Le Musée Benaki est l'un des grands dons qui a augmenté les actifs de l'État, et en même temps, il est la plus ancienne organisation muséale, opérant en Grèce comme une institution de droit privé. Il se compose de 6 lieux d'exposition (le bâtiment principal, l'édifice Pireos, le musée d'art islamique, le studio Yannis Pappas, la galerie Ghikas et la résidence Delta) et de nombreux départements spéciaux tels que les archives, la bibliothèque, les programmes éducatifs et la boutique.

MUSÉE D'ART CYCLADIQUE : LA COLLECTION GOULANDRIS ★★★

4 rue Néophytou Douka ✆ +30 210 722 8321
www.cycladic.gr – museum@cycladic.gr
M° Evangelismos.
Ouvert lundi, mercredi, vendredi, samedi de 10h à 17h, jeudi de 10h à 20h, dimanche 11h à 17h. Entrée 7 €.

Au rez-de-chaussée, des textes explicatifs sur la civilisation cycladique au IIIe millénaire av. J.-C. et des cartes préparent le visiteur à appréhender cette civilisation.

Au premier étage, la collection cycladique s'organise chronologiquement pour permettre au visiteur de comprendre l'évolution de l'art du cycladique ancien au cycladique récent en passant par le cycladique moyen. Vous noterez l'apparition des idoles à bras croisés ainsi que de très beaux personnages en mouvement, ce qui est assez inhabituel dans l'art de cette civilisation. Remarquez enfin l'immense idole de la troisième section (1,40 m).

Au deuxième étage, la première section présente des céramiques de l'âge du bronze, la deuxième section abrite des objets plus récents de l'époque géométrique, comme une gigantesque amphore ainsi que de très beaux bijoux en or. La troisième section montre des objets archaïques comme des terres cuites béotiennes. La quatrième section présente des vases à figures noires ainsi que deux belles hydries (vases à trois anses) en bronze. La cinquième section s'ouvre sur des céramiques à figures rouges, mais il faut surtout remarquer le superbe cratère attique du centre de la salle au décor représentant un retour de banquet.

Le troisième étage est réservé à des expositions temporaires.

Au quatrième étage, un très beau sarcophage mycénien au décor peint ainsi qu'une collection de casques, d'épées et de strigiles en bronze. Remarquez, pour finir, le petit kouros de Chypre.

Omonia et Exarchia ★

MUSÉE NATIONAL ARCHÉOLOGIQUE D'ATHÈNES ★★★★

44 rue Patission ✆ +30 8213 573
www.namuseum.gr – eam@culture.gr
M° Omonia ou Victoria.
Entre avril et octobre, le mardi de 12h30 à 20h, mercredi à lundi de 8h à 20h. Entrée : 10 €
Il faut compter 3 heures pour faire le tour de cet impressionnant musée national. Achevé en 1888 et rénové en 2004, il abrite une extraordinaire collection retraçant la richesse de la civilisation grecque depuis l'époque néolithique jusqu'à la fin de la période romaine. On y trouve aussi deux salles égyptiennes adjointes à la collection grecque.

Collection préhistorique : rez-de-chaussée, salles 3, 4, 5, 6.
Commencez absolument par ces salles retraçant les trois cultures majeures de Grèce qui se sont succédé entre le VIIe millénaire et 1100 av. J.-C. Il s'agit des arts néolithiques, cycladiques, puis mycéniens.

Salle 5 : collection d'objets ou de figurines en argile, en pierre ou en os de l'âge néolithique (de -6600 à -3300 av. J.-C.) à l'âge du bronze (de 3300 à -2000 av. J.-C.). On date de l'âge néolithique l'apparition de l'agriculture, de la domestication des animaux ainsi que des premiers habitats fixes.
Parmi les objets venant des sites de Sesklo (Thessalie) et de Dimini, on peut admirer la grande idole en terre cuite de l'homme assis, provenant de Thessalie. Il s'agit probablement d'une divinité symbolisant la fertilité (n° 5894). Parmi les idoles féminines qui représentent la grande déesse, la Kourotrophos, mère nourricière (n° 5937), est de toute beauté.

Salle 6 : superbe collection de statuettes, figurines et vases des Cyclades datant de l'âge du bronze. Provenant de cimetières ou d'habitats, les figurines en marbre et les outils ou armes en bronze témoignent du développement de la métallurgie vers 3000 av. J.-C., en particulier dans les îles, qui revêtaient une signification particulière.

Le musée archéologique d'Athènes

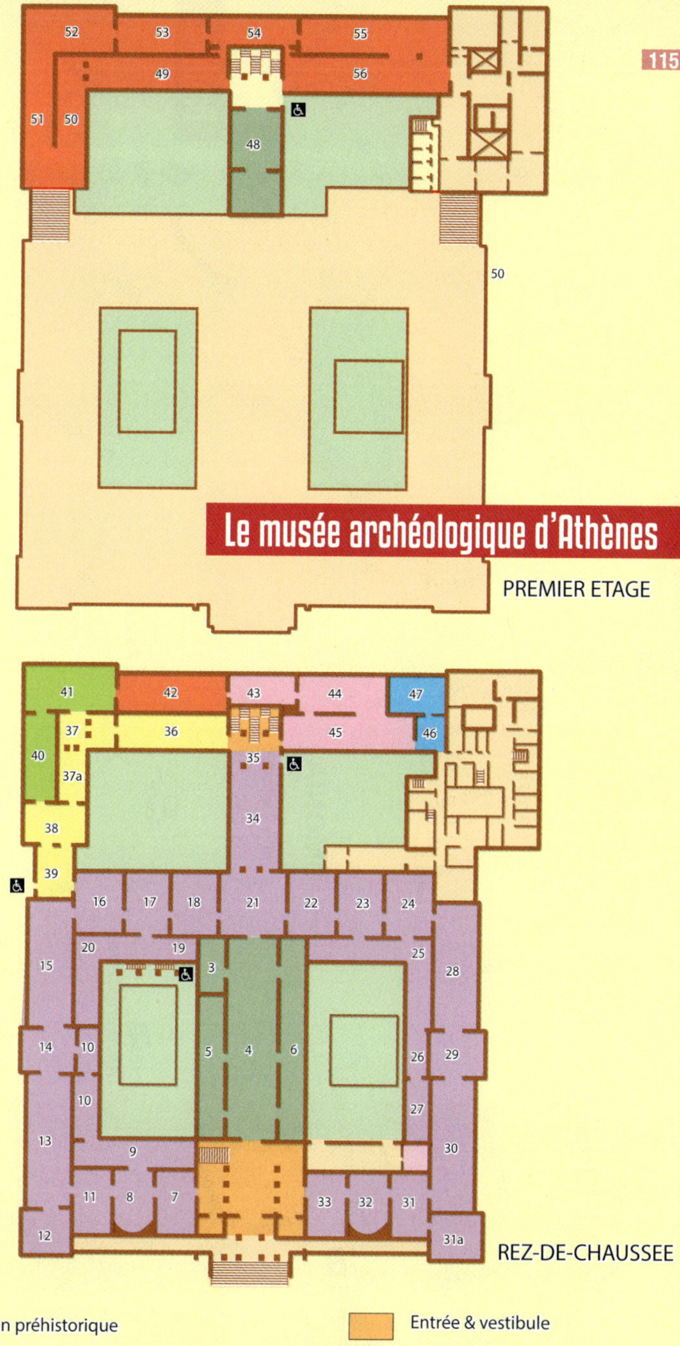

Collection préhistorique

Collection de sculptures

Collection de bronze

Collection de vases et d'art mineur

Collection égyptienne

Entrée & vestibule

Expositions temporaires

Salle de conférence

Jardin intérieur

Escalier

Omonia
OMONIA
Omonia
Vers le musée archéologique d'Athènes
Clinique
Kapodistriou
Halkokondili
Halkokondili
Marni
Veranzerou
Veranzerou
Xouthou
Satobriandou
Satobriandou
Koumoundourou
Erotheou
Nikiforou
Sokratous
Sokratous
Kotorouli
Tritis Sept.
Dorou
28 OKTOVRIOU
Kaningos
Kaningos Square
Kata Kouzinou
Gladstonos
Themistokleous
Gravias
Em. Benaki
Em. Benaki
Souliou
Zalo Ngou
Nikitara
Gamveta
Mavro Kordatou
Z. Pigi
Fidiou
Genadiou
Akadimias
Harilaou Trikoupi
Panespistimiou
Santaroza
Arsaki
Stadiou
G. Stavrou
Tzortz
Botassi
Patoussa
Koleti
Soultani
Solonos
Kussovis
Agiou Konstandinou
Ag. Kon/Nos
Vlara
Menandrou
Geraniou
Zinonos
Voulgari
P. Tsaldari
Anaxgora
Ag. Gerassimos
Likourgou
Klisthenous
Hôtel de Ville
Athinas
Poste
Poste
Apelou
Efpolidos
Ethnikis Andistassis Square
Monument et curiosité
Edifice religieux
Station de métro
rue piétonne
0
150 m

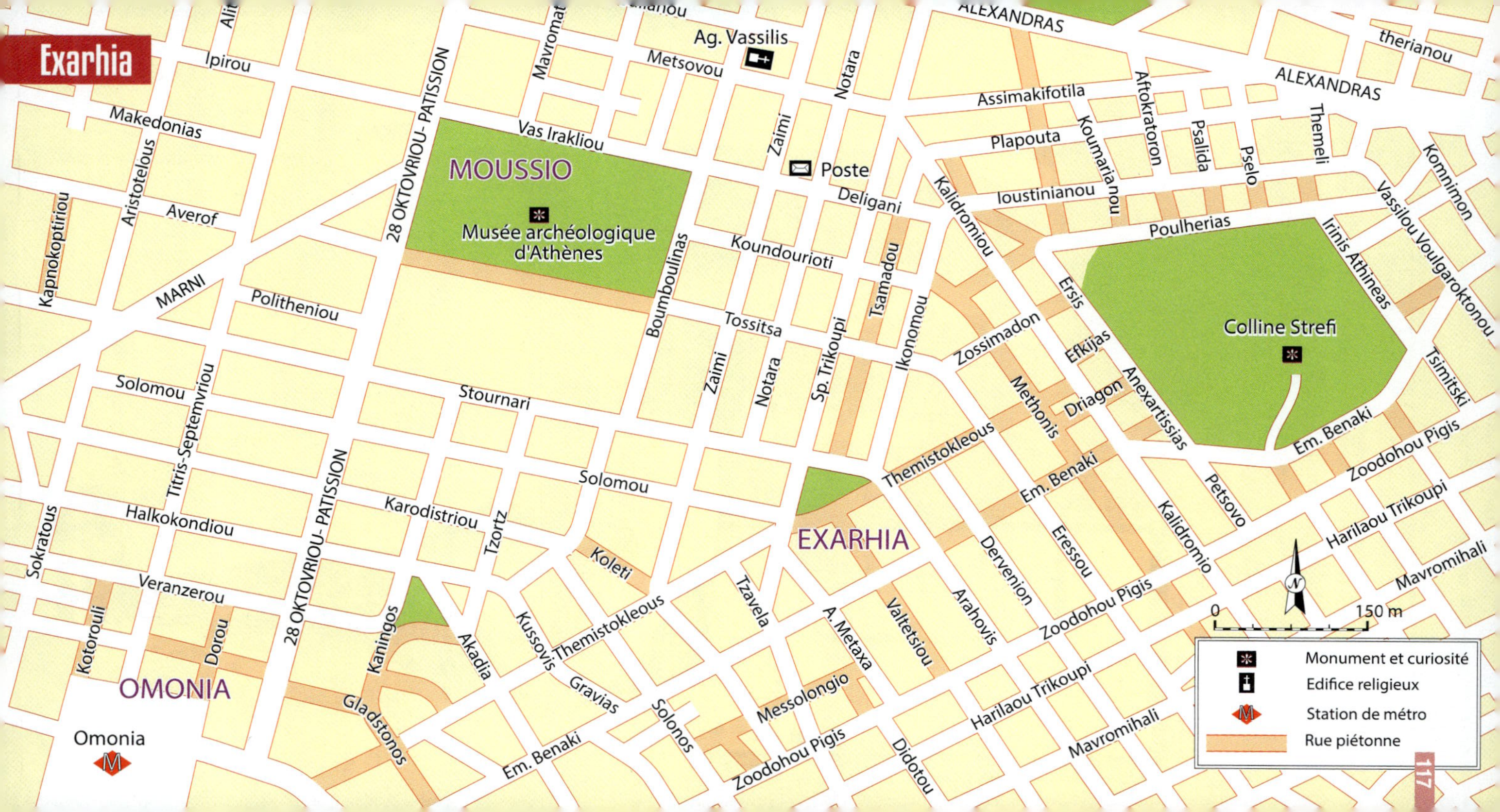
MOUSSIO
Musée archéologique d'Athènes
Colline Strefi
EXARHIA
OMONIA
Omonia
Ag. Vassilis
Poste
ALEXANDRAS
28 OKTOVRIOU- PATISSION
Ipirou
Makedonias
Aristotelous
Averof
Kapnokoptiriou
MARNI
Politheniou
Solomou
Titris-Septemvriou
Halkokondiou
Sokratous
Veranzerou
Kotorouli
Dorou
Gladstonos
Kaningos
Akadia
Em. Benaki
Stournari
Karodistriou
Tzortz
Koleti
Kussovis
Themistokleous
Gravias
Solonos
Zoodohou Pigis
Messolongio
Didotou
Tzavela
A. Metaxa
Valtetsiou
Arahovis
Dervenion
Eressou
Mavromihali
Harilaou Trikoupi
Kalidromio
Petsovo
Methonis
Driagon
Anexartissias
Efkijas
Ersis
Zossimadon
Ikonomou
Sp. Trikoupi
Notara
Zaimi
Tossitsa
Bouboulinas
Koundourioti
Tsamadou
Deligani
Kalidromiou
Ioustinianou
Koumarianou
Plapouta
Assimakifotila
Aftokratoron
Psalida
Pselo
Themeli
Poulherias
Irinis Athineas
Vassilou Voulgaroktonou
Komnimon
Tsimitski
therianou
Metsovou
Vas Irakliou
Mavromat
0
150 m
Monument et curiosité
Edifice religieux
Station de métro
Rue piétonne

Musée national archologique d'Athènes.

Au fond, à droite, on ne manquera pas les joueurs de flûte et de harpe dont les statuettes en trois dimensions expriment une maîtrise parfaite de l'espace. La statue en marbre représentant une femme croisant les bras est également très caractéristique de la sculpture cycladique. Au fond, à gauche, sont exposées les trouvailles faites à Phylakopi, un des centres phares des Cyclades.

Salles 3 et 4 : elles regroupent une collection impressionnante d'objets représentatifs de la civilisation mycénienne (XVIe siècle av. J.-C.-XIe siècle av. J.-C.), retrouvés majoritairement dans des tombes à Mycènes. Ils démontrent l'avancée de cette civilisation en termes d'art (travail de l'or, de la pierre ou de l'ivoire) : bijoux, peinture, métallurgie mais aussi langage. C'est à la fois un raffinement, une grandeur et un goût pour la guerre qui nous sont donnés à voir. Les objets sont regroupés par localités.

La première localité est Mycènes, dont les trésors sont exposés en face de l'entrée de la galerie. On trouvera d'abord les excavations des cercles A et B, parmi lesquelles : les fameux masques funéraires en fines feuilles d'or utilisés pour couvrir les faces des chefs morts (vitrine 27, en face de l'entrée). Parmi eux, le masque d'Agamemnon (n° 624, vitrine 3 sur la gauche) a été attribué à tort par Schliemann au héros homérique : en réalité, ce masque couvrait le visage d'un roi antérieur d'au moins trois siècles à Agamemnon ; le rhyton en argent (récipient utilisé pour les libations) en forme de tête de taureau (n° 384, vitrine 18 à droite de l'entrée) portant des cornes et une rosette en or. Comme pour tous les animaux représentés, il suggère une impression de mobilité, avec une répétition de motifs comme la spirale (symbole du flux éternel de la vie), la rosette, le lys ; un vase en cristal de roche (n° 8638, vitrine 5) à la forme épurée d'un canard. Il s'agit d'une œuvre d'une rare finesse à une époque où l'art guerrier massif s'est substitué à l'euphorie crétoise. Viennent ensuite les excavations des tombes à chambres et à tholos de Mycènes, principalement des vases en métal, en pierre ou en argile, des bijoux en or, des pierres semi-précieuses. Les objets provenant de la citadelle de Mycènes occupent le centre de la salle. On ne manquera pas le vase aux guerriers (n° 1426, mur de droite un peu plus loin) qui représente six guerriers armés partant à la guerre. Une femme, à gauche, leur fait un signe d'adieu, sans doute partent-ils pour longtemps ; le groupe en ivoire (n° 7711, vitrine 30 au centre) constitué de deux déesses et d'un jeune dieu en leur milieu ; les peintures murales (dont n° 11670, mur de gauche), dont la superbe fresque représentant une déesse se détachant sur un fond bleu. La femme, de profil, semble ignorer le spectateur qui est seul face à la finesse déconcertante de ses traits. Ces peintures étaient particulièrement importantes puisqu'elles proviennent d'un foyer cultuel de Mycènes.

Dans le reste de la salle, on découvrira des objets d'autres localités comme Tirynthe ou Pilos. De cette dernière proviennent les tablettes en linéaire B (vitrine 9, mur de droite) en argile, calcinées par l'incendie du palais de Nestor. On ne manquera pas non plus d'admirer les coupes en or (n° 1758 et n° 1759), époustouflantes par la richesse et la précision du relief gravé. On y voit une scène de capture de taureaux.

Collection de sculptures : rez-de-chaussée, salles 7 à 35. Ces salles abritent une des plus grandes collections de bronzes anciens, en majorité de petites statues ou figurines votives données en offrande dans les sanctuaires. Elles permettent de suivre l'évolution de l'art de la période géométrique à l'époque romaine.

Salle 7 : elle contient des œuvres de style dédalique, sans doute réalisées par le célèbre architecte Dédale, comme les métopes du temple d'Athéna à Mycènes ou les trois statues de femmes assises. La statue de femme n° 1 pourrait représenter Artémis. Il s'agit en tout cas de la première statue en pierre réalisée en grandeur nature.

Salles 8 à 13 : ensemble de sculptures archaïques du VIIe siècle à 480 av. J.-C. représentant de jeunes éphèbes (*kouros*) et de jeunes filles (*korê*). Dans la salle 8, la *korê* Phrasikleia (n° 4889, sur la gauche) exprime superbement la douleur et la beauté perdue, deux thèmes liés à la mort puisque cette statue était érigée sur une tombe. La salle 10 témoigne de l'évolution du culte des morts à partir du VIIe siècle. Le fragment de stèle représentant un jeune homme de profil (n° 38) illustre ainsi la maîtrise de la projection du visage sur la surface ronde, elle-même en relief. Dans la salle 11, on voit nettement les progrès réalisés, notamment dans l'expressivité des traits du visage qui s'incorporent désormais à une dynamique d'ensemble. Cela est nettement visible dans la salle 13 avec le relief d'Hoplitodromos (n° 1959), un jeune homme nu coiffé d'un casque, probablement un danseur en cours de mouvement puisque son corps semble entraîné vers la droite et précéder le mouvement de sa tête. Dans cette même salle, le plus récent des *kouros* est Aristodikos (n° 3938) qui date de 500 av. J.-C. Les cheveux courts, les bras flottants ainsi que la musculature tout en volume préfigurent déjà d'un tout autre style, celui de la période classique.

Salles 14 et 15 : il s'agit de la période dite de « style sévère », qui s'étend de 480 à 450 av. J.-C. environ. La salle 14 l'illustre clairement, notamment avec le relief votif de Sounion (n° 3344), représentant un jeune athlète se coiffant d'une couronne. Au centre de la salle 15, difficile de manquer le Zeus ou Poséidon de l'Artemission (n° 15161), cette superbe statue de 2 m de hauteur qui a été repêchée en mer près d'Artemission. Selon la légende, les Romains l'avaient volée dans le temple dédié au dieu de la Mer qui, pour se venger, coula leur bateau.

Salle 16 : stèles et vases funéraires en marbre de la guerre du Péloponnèse (de 430 à 420 av. J.-C.). A l'occasion de cette guerre, les stèles réapparaissent, d'abord avec une ou deux figures en léger relief, puis avec des proportions conséquentes. Les reliefs sont très réalistes, notamment sur le vase Lekythos (n° 4485) montrant la femme morte menée par Hermès à Hadès.

Salle 17 : fragments de métopes en marbre représentant une amazonomachie et une statue en marbre d'Héra provenant de l'Héraion à Argos. Parmi les nombreux reliefs présentés, celui défigurant Dionysos affalé sur un canapé (n° 1500), entouré de trois acteurs portant un masque est à ne pas manquer. Il pourrait s'agir d'une sculpture dédiée à la suite d'une représentation de la fameuse pièce d'Euripide, *Les Bacchantes*.

Salle 18 : intéressante, elle témoigne de l'évolution du culte des morts au début du IVe siècle av. J.-C. La stèle d'Hegeso (n° 3624) exprime cette séparation entre la jeune défunte assise sur une chaise et sa servante qui lui tend la boîte à bijoux d'où la défunte prend un bibelot.

Salles 19 et 20 : sont exposées ici les copies des statues du Ve siècle av. J.-C., perdues lors de leur transfert à Rome, à l'époque où la Grèce devint une province de l'Empire romain. Les originaux étaient en bronze, les copies en marbre. Ne pas manquer la statuette d'Athéna Varvakeion, réplique miniature de la statue chryséléphantine du Parthénon.

Salles 21, 34 et 35 : ces salles qui servent un peu de passage ont l'inconvénient de présenter les objets dans un ordre non chronologique. Le *Jockey d'Artemission*, œuvre phare du musée, surprend par le réalisme de l'expression et la tension qui animent le jeune cavalier et sa monture.

Salle 22 : on y trouve un grand ensemble architectural composé de sculptures du temple d'Asklepios à Epidaure. Le fronton est représente la chute de Troie et le fronton ouest une scène d'amazonomachie. On remarquera le mouvement et l'acrobatie que les jeunes femmes exécutent sur le dos des chevaux (marins ?).

Salles 23 et 24 : encore un témoignage intéressant de l'évolution des stèles vers la fin du IVe siècle av. J.-C. Les stèles sont de plus en plus opulentes et monumentales, grandeur nature, avec une grande précision dans le rendu des sentiments tels que la peine ou la tristesse.

Salles 25 à 27 : ce sont de longues galeries étroites jonchées d'ex-voto destinés à des divinités secondaires comme Pan ou les Nymphes. La salle 26 permet d'apercevoir Asklepios et sa famille (n° 1402) et le fameux serpent (n° 2565), emblème actuel du caducée.

Salle 28 : sont exposés ici les derniers grands monuments funéraires de la fin du IVe siècle, comme celui d'Aristonaute trouvé au cimetière du Céramique (n° 738, à gauche en entrant). En effet, devant l'extravagance et le coût croissants de ces monuments toujours plus grands, une loi fut passée en 317 av. J.-C. afin d'interdire la construction de monuments funéraires dans les cimetières d'Athènes ! On ne manquera pas l'éphèbe en bronze de Marathon attribué à Praxitèle, ni celui d'Anticythère.

Salles 29 et 30 : il s'agit de l'époque d'Alexandre le Grand, marquée par le fait que les artistes ne veulent plus travailler dans les grands sites. On a trouvé de nombreuses œuvres de cette période en Asie Mineure, à des endroits où les artistes partaient exercer leurs talents. De nombreux ateliers se mirent en place dans les îles, privilégiant le réalisme, la taille et le mouvement. On peut donc admirer trois siècles de gigantisme dans ces deux salles. Dans la salle 30, l'admirable représentation d'Aphrodite, de Pan et d'Eros y échappe ; elle est de toute beauté.

Salles 31 à 33 : ces salles témoignent de l'expansion de l'Empire romain en Grèce entre le IIe siècle et 31 av. J.-C. L'art s'adapta ou fut adapté en conséquence. La salle 31 donne un aperçu du règne d'Auguste à celui de Domitien. Dans la salle 32, dédiée au IIe siècle apr. J.-C., comment ne pas tomber sous le charme du doux portrait d'Antinoos (n° 417), le favori de l'empereur Hadrien ?

▶ Collection de bronzes : rez-de-chaussée, salles 36 à 39.

Salle 36 : à l'entrée, tout d'abord le petit cheval et son cavalier du sanctuaire de Zeus à Dodone ainsi que la statuette d'une femme portant une colombe du mont Pindos. Dans la vitrine 1, sur la droite en entrant, de nombreuses tablettes des décrets de la proxenia, qui garantissaient à certains citoyens ainsi qu'à leur descendance des privilèges tels que l'exemption de taxes et la protection en temps de guerre comme de paix. Dans la vitrine 4, de nombreuses figurines de bronze, des statuettes d'animaux, d'hommes et de femmes comme Aphrodite, Athéna, Héraclès ou un boxeur, ainsi que des instruments médicaux. Dehors (n° 25), le joueur de flûte en bronze est un petit chef-d'œuvre. Dans la vitrine 6, des haltères en forme de sanglier offerts à Zeus par un athlète. Dans la vitrine 8, on pourra observer la statuette d'une ménade fatiguée. Devant la vitrine 9, Zeus tient un éclair de manière menaçante.

Salle 37 : on remarquera, dans la vitrine 10, le détail du procédé de fabrication des statues avec la méthode de la cire. Ne pas manquer également la statue d'un flûtiste de Samos (n° 16513), où les ficelles tenant la flûte transparaissent encore, et l'astrolabe (n° 15087), un ingénieux et complexe système de roues et de poulies permettant d'effectuer des calculs de calendrier et de signes du zodiaque.

Salles 38 et 39 : une Athéna du Ve siècle, retrouvée à l'Acropole ou encore l'étonnante machine d'Anticythère, à engrenages, qui serait peut être un outil de navigation... Cette collection de statues et stèles est présentée dans un ordre chronologique allant du VIIe siècle av. J.-C. au Ve siècle de notre ère. Elle permet de suivre, en un condensé bouleversant, l'évolution de la naissance de l'expression artistique. Au fur et à mesure, les visages inexpressifs acquièrent une personnalité.

Collection égyptienne : rez-de-chaussée, salles 40 et 41. Intéressante et unique collection égyptienne en Grèce. Objets datant de 5000 av. J.-C. et jusqu'à la conquête romaine dont papyrus, sarcophages, momies, etc., rassemblés par deux Grecs d'Egypte, puis donnés au musée.

Collection Stathatos : rez-de-chaussée, salle 42. Une superbe collection privée à ne pas manquer s'il vous reste du temps. Près de 1 000 objets mineurs de l'âge du bronze à la période post-byzantine y sont présentés. Dans la vitrine 1, ne pas manquer le vase minoen en pierre caractéristique des vases géométriques et archaïques. Dans la vitrine 26, au centre de la pièce, le trésor de Karpenissi, impressionnant.

Collection de vases : premier étage, salles 49 à 56. Une collection d'une grande richesse, notamment par la quantité et la qualité des vases géométriques trouvés dans des cimetières ou des sanctuaires. Ils sont présentés par ordre chronologique, retraçant ainsi l'histoire de la poterie grecque entre le XIe siècle et le IVe siècle av. J.-C.

Salles 49 à 51 : elles permettent de voir de nombreux vases de la période géométrique (de 1100 à 700 av. J.-C.). Le premier siècle de cette période se caractérise par des vases aux motifs simples, décorés de cercles concentriques, de zigzags, de losanges ou de triangles. Au IXe siècle s'y ajoutent méandres et cruciformes alors qu'au VIIIe siècle les êtres humains font leur apparition. Ils sont représentés se livrant à des batailles navales, des duels ou des courses de char, comme l'exprime superbement le vase n° 990 de la salle 50. De 700 à 630 av. J.-C. environ, l'art s'orientalise et les décorations s'affranchissent de toute symétrie pour privilégier les bêtes sauvages ou les ornements de fleurs. C'est aussi la naissance de la technique de polychromie qui consiste à représenter les scènes en noir mais en soulignant les contours par incision ou en les peignant en blanc ou en violet. Pour en avoir une idée, ne pas manquer, dans la salle 51, les vitrines 21 à 27 ainsi qu'un chef-d'œuvre de l'époque : le vase représentant sur sa partie haute Héraclès, vainqueur du centaure Nessos, et sur sa partie basse les trois Gorgones (n° 1002).

Salles 52 à 55 : on y trouve de nombreux vases du début du VIe siècle av. J.-C., principalement d'Attique, où les potiers et peintres sur vase furent nombreux. Ne pas manquer, dans la vitrine 56 de la salle 53, les parties retrouvées de vases donnés en offrande dans le sanctuaire d'Athéna à l'Acropole. Dès 530 av. J.-C., une nouvelle technique fit son apparition : le pourtour du vase est peint en noir et les personnages gardent la couleur de l'argile rouge, alors que les détails restants sont finement peints en noir. Loin de s'exclure, les deux techniques ont coexisté, ce que montre très bien la salle 54.

Salle 56 : on y voit de nombreux vases « à silhouettes rouges » de la fin du Ve et du début du IVe siècle av. J.-C. A l'entrée de la salle, admirez la grâce et le raffinement des vases de la période classique à travers les œuvres du peintre dit d'Eretria.

Visite du musée national d'Archéologie.

Psiri et Gazi ★

■ CIMETIÈRE DU CÉRAMIQUE – KERAMIKOS ★★

148 rue Ermou
Psiri
✆ +30 210 346 3552
http://odysseus.culture.gr
M° Thissio.

Tous les jours de 8h à 20h en été. Billet : 8 € (ou 30 € combiné avec l'Acropole et d'autres sites, valable 5 jours).

Le Keramikos est composé d'un musée entièrement rénové et réaménagé en 2004 et d'un magnifique site archéologique à ciel ouvert. Un peu excentré, il est épargné par la foule. Ce très vieux cimetière, datant du XIe siècle av. J.-C., offre une belle démonstration de l'évolution des styles architecturaux funéraires grecs. Les plus anciennes tombes datent de l'âge de bronze mais il faut attendre le VIIe siècle av. J.-C., période à laquelle les tombes acquièrent progressivement un style monumental. Pendant les périodes archaïque et classique, sur les tombes, des cumulus souterrains, on érigeait des stèles funéraires dont un grand nombre est exposé actuellement au musée du Céramique ou au musée archéologique d'Athènes. Au IVe siècle av. J.-C, les monuments funéraires représentant des petits temples deviennent de plus en plus excessifs. Suite au décret de Démétrios de Phalère, en 317 av. J.-C., les monuments vont être remplacés par des petites stèles cylindriques.

En se promenant aujourd'hui dans le site, on se retrouve dans l'Athènes du Ve siècle av. J.-C. Tout au long du chemin, on admire les reproductions fidèles des monuments les plus célèbres, on retrouve les traces d'Heridanos, l'ancienne fleuve, qui continue pendant les périodes pluviales à irriguer le site et, selon la saison, quelques tortues qui se faufilent dans l'herbe et dans l'eau. Les deux grandes avenues que l'on distingue à droite en entrant sont, d'abord, la fameuse Voie sacrée, qui accueillait, une fois l'an, la procession des mystères d'Eleusis et qui va de l'Acropole à l'Eleusinion. Elle passe par la très impressionnante porte sacrée qui isolait à l'époque la ville d'Athènes du reste de la Grèce. Sous cette porte passe aussi la rivière Eridanos, cachée à la période romaine. On distingue encore les deux remparts successifs, le mur de Lycurgue et celui de Thémistocle. Le second axe que l'on observe est la route de l'Académie, un peu plus loin, parallèle dans le cimetière à la Voie sacrée. Elle part du Dipylon, dont la porte est entourée de deux tours assez bien conservées. C'était dans ce temple que se trouvait un autel pour Zeus. Le Pompéion, un grand bâtiment visible à droite, conservait et préparait les offrandes à Athéna, à l'Erechthéion de l'Acropole, lors des Panathénées. Son nom vient de *pompe* qui signifie « procession » en grec. Au niveau du Dipylon, on observe la fontaine qui se trouve juste derrière, puis, en se retournant vers le reste du cimetière, on découvre un tumulus, reste d'un tombeau du VIe siècle. Un peu plus loin au-delà du ruisseau, après avoir croisé la Voie sacrée, on se retrouve dans l'allée des tombeaux. On y remarque notamment la concession de Lysimachidès, avec son chien

Site de Keramikos.

Le musée Benaki d'art islamique.

en marbre de l'Hymette ; le monument de Dionysos Kollythos et son taureau en marbre pentélique ; la concession des frères Agathon et Sosikratès, avec le splendide bas-relief qui représente l'adieu de Korallion à sa femme, qui lui tient la main.

En remontant vers le musée, la concession de Démétria et Pamphilé possède un bas-relief des deux sœurs d'une rare beauté. Le musée renferme des jolies pièces : le bas-relief de Dexileos, le sphinx de l'époque archaïque, le lion en marbre et de nombreuses poteries, merveilleusement bien conservées, provenant des excavations du site. Parmi elles, les plus émouvantes sont les jouets en terre cuite que l'on mettait dans les tombes des petits enfants…

MUSÉE BENAKI D'ART ISLAMIQUE ★

22 rue Agion Assomaton, Psiri
✆ +30 210 325 1311 – www.benaki.gr
M° Thissio.
Ouvert du jeudi au dimanche de 10h à 18h. Tarif : 9 € (réduit 7 €). Ticket combiné valable.
Dans une belle maison néoclassique, ce musée qui appartient aux musées Benaki expose 10 000 objets d'art islamique, d'une aire géographique qui va de l'Inde à l'Espagne. Des objets quotidiens présentés chronologiquement et qui permettent aux visiteurs de retracer l'évolution de l'art islamique. Au dernier étage, le très agréable café offre une terrasse sur les toits, avec vue imprenable sur l'Acropole, le Céramique et les collines environnantes. Parfait pour une pause après la visite.

SHOPPING

Lorsque vous descendrez l'avenue piétonne d'Ermou ou que vous vous baladerez dans les rues de Kolonaki, vous comprendrez qu'à Athènes le shopping est presque un sport national. Chaque quartier a sa spécialité : la quincaillerie, les vêtements, la déco, les souvenirs, les brocantes, la fripe... Mis à part les enseignes internationales dupliquées dans toutes les capitales européennes, vous découvrirez un choix étonnant de showrooms de designers grecs à la pointe. Mais attention, à Athènes, les horaires d'ouverture des magasins sont un vrai casse-tête ! Et varient selon chacun ! En règle générale, tout est ouvert le matin jusqu'à 14h. Certains commerçants font ensuite une pause sieste, pour ouvrir de nouveau, frais et dispos, entre 17h et 21h, principalement les mardis, jeudis et vendredis. Le samedi, la séance shopping prend fin vers 19h, heure à laquelle les rues de la capitale se vident jusqu'au lundi suivant !

- **Pour vous y retrouver,** retenez juste : Kolonaki = luxe ; Syntagma et Ermou = prêt-à-porter, beauté et chaussures ; Monastiraki = brocantes, puces ; Plaka = souvenirs.
- **A savoir, attention** : le lundi après-midi et le mercredi après-midi, tous les magasins (non-touristiques) ferment plus tôt, en début d'après-midi. Bon shopping !

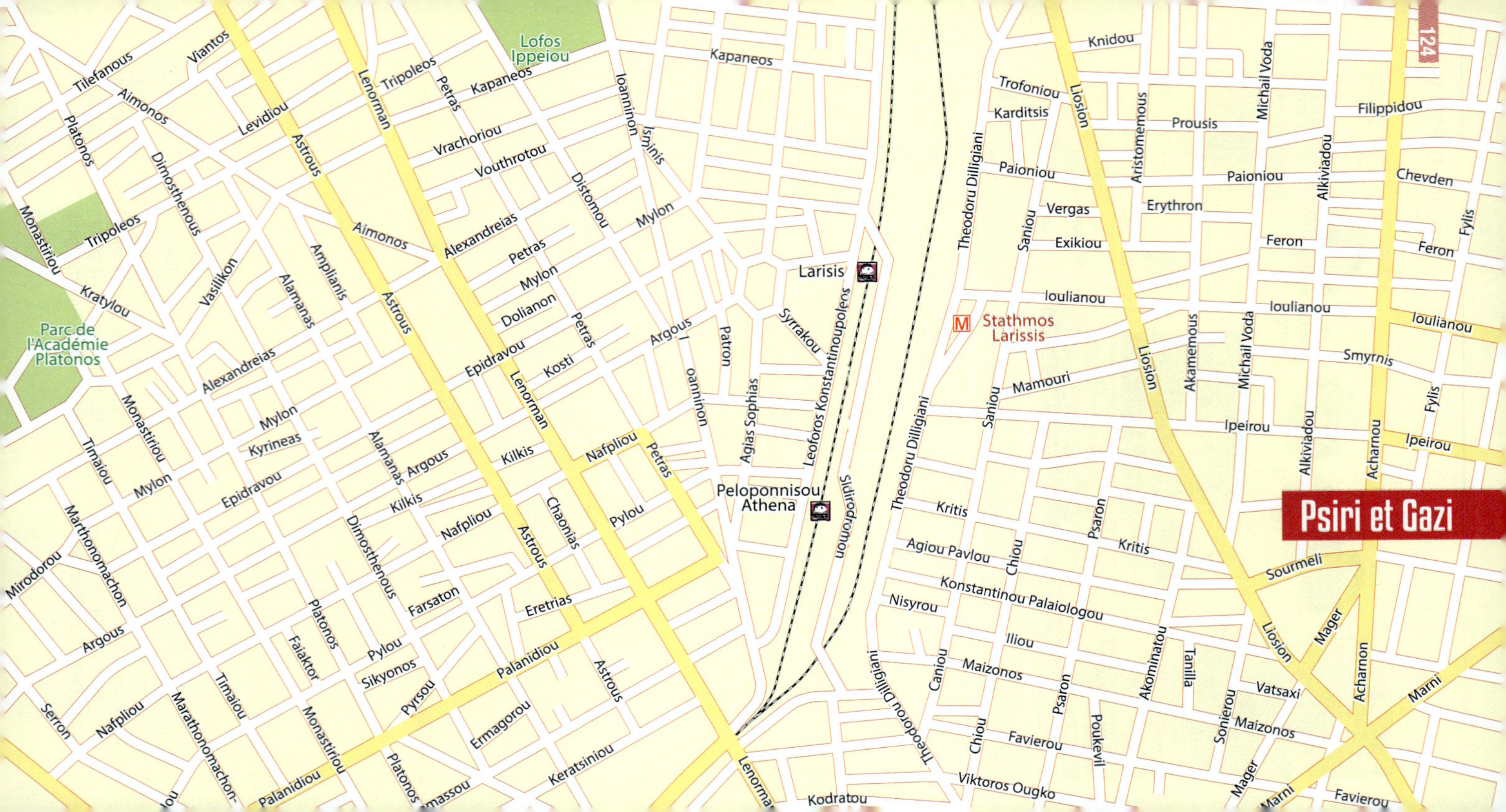
Lofos Ippeiou
Parc de l'Académie Platonos
Larisis
Peloponnisou Athena
Stathmos Larissis
Leoforos Konstantinoupoleos
Sidirodromon
Theodoru Dilligiani
Theodorou Dilligiani
Liosion
Lenorman
Astrous
Palanidiou
Kapaneos
Tripoleos
Petras
Vrachoriou
Vouthrotou
Distomou
Mylon
Ioanninon
Isminis
Patron
Agias Sophias
Syrrakou
Argous
Kosti
Dolianon
Epidravou
Alexandreias
Aimonos
Amplianis
Alamanas
Vasilikon
Kratylou
Monastiriou
Tilefanous
Viantos
Platonos
Dimosthenous
Levidiou
Timaiou
Marthonomachon
Marathonomachon-
Mirodorou
Serron
Nafpliou
Kyrineas
Kilkis
Chaonias
Pylou
Eretrias
Farsatou
Faiaktor
Sikyonos
Pyrsou
Ermagorou
Keratsiniou
massou
Kodratou
Knidou
Trofoniou
Karditsis
Paioniou
Vergas
Saniou
Exikiou
Ioulianou
Mamouri
Aristomemous
Prousis
Erythron
Akamemous
Michail Voda
Alkiviadou
Filippidou
Chevden
Feron
Fylis
Smyrnis
Ipeirou
Acharnou
Acharnon
Sourmeli
Mager
Marni
Vatsaxi
Sonierou
Maizonos
Tanilla
Akominatou
Poukevil
Psaron
Kritis
Agiou Pavlou
Chiou
Konstantinou Palaiologou
Nisyrou
Iliou
Caniou
Favierou
Viktoros Ougko

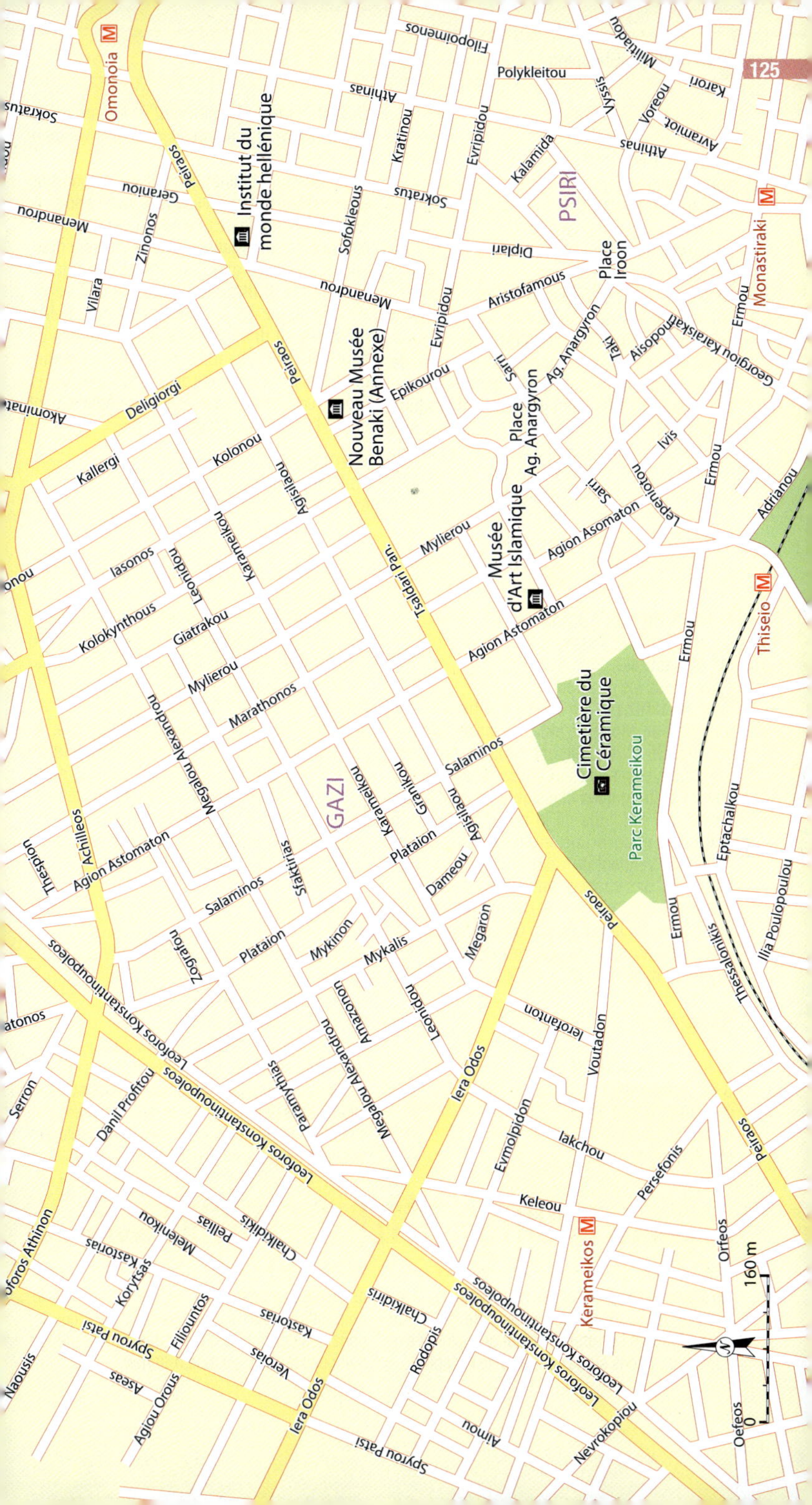
Omonoia
Institut du monde hellénique
Nouveau Musée Benaki (Annexe)
Musée d'Art Islamique
Place Ag. Anargyron
Place Iroon
PSIRI
GAZI
Cimetière du Céramique
Parc Kerameikou
Monastiraki
Thiseio
Kerameikos
160 m
0
Filopoimenos
Polykleitou
Miltiadou
Karori
Vyssis
Voreou
Aviramiot
Athinas
Kratinou
Evripidou
Kalamida
Sokratus
Sofokleous
Diplari
Menandrou
Geraniou
Zinonos
Vilara
Peiraios
Aristofanous
Epikourou
Sarri
Ag. Anargyron
Taki
Aisopou
Georgiou Karaiskaki
Ermou
Deligiorgi
Akominatou
Kallergi
Kolonou
Agisilaou
Ivis
Lepeniotou
Adrianou
Iasonos
Leonidou
Karameikou
Mylierou
Agion Asomaton
Tsaldari Pan.
Kolokynthous
Giatrakou
Marathonos
Megalou Alexandrou
Salaminos
Karameikou
Granikou
Plataion
Dameou
Achilleos
Thespion
Sfaktirias
Mykinon
Mykalis
Megaron
Zografou
Amazonon
Leonidou
Ierofanton
Voutadon
Epachalkou
Ilia Poulopoulou
Thessalonikis
Leoforos Konstantinoupoleos
Paramythias
Iera Odos
Evmolpidon
Iakchou
Persefonis
Keleou
Orfeos
Serron
Danil Proftou
Leoforos Athinon
Melenikou
Pellias
Chalkidikis
Kastorias
Korytsas
Filiountos
Spyrou Patsi
Naousis
Aseas
Agiou Orous
Veroias
Rodopis
Aimonos
Nevrokopiou
Oefeos

Plaka et Monastiraki

FORGET ME NOT

100 rue Adrianou
✆ +30 210 3253 740
www.forgetmenotathens.gr
fmncustomerservice@gmail.com
M° Monastiraki.
Ouvert de 10h à 22h tous les jours.
150 designers grecs se sont unis et ont ouvert ce magasin en 2014. Il s'agit d'un réjouissant collectif uni, à la base, pour répondre de façon «artistique» à la crise. Dans les faits, ces créateurs proposent une série de produits design fabriqués en Grèce. Des tasses aux coques de téléphone, en passant par les livres, les accessoires et les vêtements, il y en a pour tous les goûts ! Dans l'ensemble, ils essaient de revisiter les souvenirs traditionnels (qui paraissent soudain bien ringards) au profit de créations décalées, détournant certains symboles nationaux.

MARCHÉ AUX PUCES

Autour de la rue Ifestou
M° Monastiraki.
Ouvert tous les jours de 8h à 18h.
Vous ne ferez pas un séjour à Athènes sans passer par Monastiraki... ni sans tomber dessus. Ou plutôt plonger dedans. Autrefois bazar turc, ce marché aux puces est aujourd'hui envahi de boutiques classiques et modernes. Lorsqu'on s'éloigne de la rue principale, on découvre encore une multitude de petites échoppes vendant de vieux objets de déco ou utilitaires, des chaises, des tables, mais aussi des vêtements ou de vieux livres. Le marché aux puces est aussi appelé G*ioussouroum*, en référence au nom du premier antiquaire qui avait son magasin sur la place.

Syntagma

ILIAS LALAOUNIS

3 Panepistimiou
✆ +30 210 361 1371
info@lalaounis.gr
M° Syntagma.
Ouvert le lundi, le mercredi et le samedi de 10h à 15h30 et le mardi, le jeudi et le vendredi de 10h à 20h.
Le magasin emblématique d'Ilias Lalaounis se situe en plein centre-ville et vous invite à admirer les collections de ces bijoux qui ont permis la consécration internationale de ce créateur grec, l'unique orfèvre que l'Académie des Beaux-Arts de l'Institut de France a compté parmi ses membres. Sa spécialité ? De très belles répliques ou des créations bien inspirées de bijoux de la Préhistoire au monde byzantin, produites par les ateliers du plus célèbre joaillier grec. Quatre autres boutiques à Athènes, dont une à l'aéroport, et une à Paris.

ZOLOTAS

10 Panepistimiou
✆ +30 210 3601 272
www.zolotas.gr
Ouvert le lundi, le mercredi et le samedi de 10h à 16h et le mardi, le jeudi et le vendredi de 10h à 20h.
Depuis 1885, la maison a créé des bijoux et des couronnes pour la famille royale de Grèce et pour l'aristocratie d'antan. Ayant comme devise que le bijou est la rencontre entre la matière et le temps, Emmanuel Zolotas a fondé ainsi la maison historique de l'orfèvrerie de Grèce. Passant de père en fils, le talent se transfère à son fils, Xénophon, qui va, entre autres, collaborer avec Claude Lalanne (sculptrice) et Paloma Picasso. Marianne Le Clère-Papalexis est aujourd'hui la présidente de la griffe reconnue dans le monte entier.

Psiri et Gazi

TO KOMBOLOI TOU PSIRI

13 rue Agion Anargiron
✆ +30 210 3243 012
komboloipsirri@gmail.com
Ouvert tous les jours de 10h à 21h.
Une petite échoppe, dans l'une des rues les plus animées de Psiri. La propriétaire propose de jolis bijoux, faits par ses soins, et des *komboloi*, des chapelets traditionnels avec des perles colorées qui sont censés réduire le stress.

SPORTS - DÉTENTE - LOISIRS

Athènes, entourée de mer et de montagnes, a tous les atouts requis pour séduire les sportifs : randonnées ou footing dans les sentiers de l'Hymette ou sur le mont Lycabette, baignades, plongée et sports nautiques sur la côte sud de la capitale... Peu de piscines publiques en revanche, et peu de pistes cyclables. Malgré l'agitation de la ville, de nombreux havres de paix sont à découvrir : dans des cours isolées, sur des petites places, dans des jardins, ou face à la mer...

ATTIQUE

Souvent considérée comme la banlieue d'Athènes, cette région offre, elle aussi, de précieux trésors. Elle s'étend sur 2 500 km² et de nombreux sites peuvent constituer le but d'une agréable excursion à la journée depuis le centre-ville. Il est vrai qu'il faut s'évader un peu plus loin que le Pirée pour découvrir les joies des criques et des plages claires. La côte d'Apollon qui vous mène jusqu'à Sounion, à la pointe sud de la péninsule, est très prisée des Grecs. Le tourisme a donc rempli les plages d'hôtels, de restaurants et de bars, et Vouliagmeni, Lagonissi ainsi que Glyfada se sont transformés en stations balnéaires hypertrophiées en été. Cependant, pour les amateurs de sites archéologiques, le temple de Déméter à Eleusis, le temple d'Artémis à Brauron et le site de la fameuse bataille de Marathon sont des lieux intéressants, sans oublier l'incontournable temple de Poséidon à Sounion, qui vous permettra de faire, au coucher du soleil, vos plus belles photos de Grèce…

LE PIRÉE – PIRAIA – Ο ΠΕΙΡΑΙΑΣ

Le Pirée n'est pas à proprement parler une destination de vacances. Il s'agit du principal port d'Athènes, un des plus importants au monde en termes de trafic de passagers, duquel les ferries quittent le continent pour rejoindre les îles, comme les Cyclades. D'Athènes, il peut constituer une agréable excursion d'une demi-journée. Au sud de la capitale grecque et relié à elle par le métro, il fait partie intégrante de la ville. Lieu de passage et minuscule presqu'île, l'atmosphère y est cependant bien différente. Au premier abord, vous serez confronté au bruit et mouvement incessants, au gigantisme des bateaux amarrés, à la forte densité de béton qui encercle le port et à de vieux hangars désaffectés, anciens ateliers ou dépôts. Pourtant, la face cachée du Pirée, les charmants ports naturels de Zea et de Mikrolimano, où se baignait le pacha suprême durant l'occupation ottomane, récompensent largement celui qui daignera s'y arrêter un moment. Réservés à la plaisance, ils abritent de luxueux yachts, perpétuellement à quai, et sont bordés de tavernes de poissons et de cafés branchés, drainant les jeunes Athéniens en quête de soirées clinquantes. La marina de Zea ou Passolimani est parfois comparée à Monte Carlo, rien que ça !

▶ **Histoire.** Les églises orthodoxes réparties dans la ville sont de toute beauté ; le port a connu son heure de gloire au Vᵉ siècle, lorsque les Athéniens le fortifièrent et l'unirent à leur cité. En 85 av. J.-C., Sylla et les Romains détruisirent la ville, mettant fin à son essor. Par la suite, les Vénitiens dotèrent le port d'un grand lion de pierre, d'où son nom de Porto Leone, jadis bien connu des navigateurs. A l'avènement de l'Etat grec au XIXᵉ siècle, Le Pirée comptait à peine une cinquantaine d'habitants. Ce n'est qu'après 1850 qu'il commença à se développer pour devenir aujourd'hui le principal port du pays et un des plus grands de la Méditerranée.

Transports

Banlieue sud d'Athènes, Le Pirée est relié au centre-ville par un réseau de transports en commun. Le métro dépose les voyageurs face au port des ferries. Des bus permettent ensuite de se déplacer dans la ville. Du Pirée, on rejoint les îles de la mer Egée, de la mer Ionienne, la Crète et les ports internationaux.

Comment y accéder et en partir

▶ **En métro**. La ligne 1 du métro d'Athènes relie directement le centre-ville au Pirée, depuis la banlieue nord de Kifissia. De Syntagma, prendre la ligne 3 jusqu'à Monastiraki où l'on emprunte la ligne 1.

▶ **En train.** Le *Proastiakos* (train de banlieue) relie Le Pirée à Athènes, sa gare ferroviaire, son aéroport international, Corinthe… Se renseigner sur le site www.trainose.gr

▶ **En voiture**. De Syntagma, empruntez l'avenue Amalias puis l'avenue Syngrou. Le Pirée est très bien indiqué. Si vous devez prendre un ferry, vérifiez la porte (*pyli*) à laquelle vous devez embarquer, suivez les panneaux. Pour le Mikrolimano, suivez la direction de Paleo Faliro.

▶ **En ferry.** Il est possible de consulter les horaires de ferry pour les îles et de réserver en ligne sur www.viva.gr. Sinon, il est toujours possible, sur place, de vous adresser aux nombreuses agences de voyages sur le port. Elles vendent les billets de toutes les compagnies de ferries. Ou encore d'acheter votre billet directement aux compagnies de ferries elles-mêmes, qui disposent de guichets devant les ferries jusqu'à la dernière minute avant leur départ. Les prix sont les mêmes dans tous les cas.

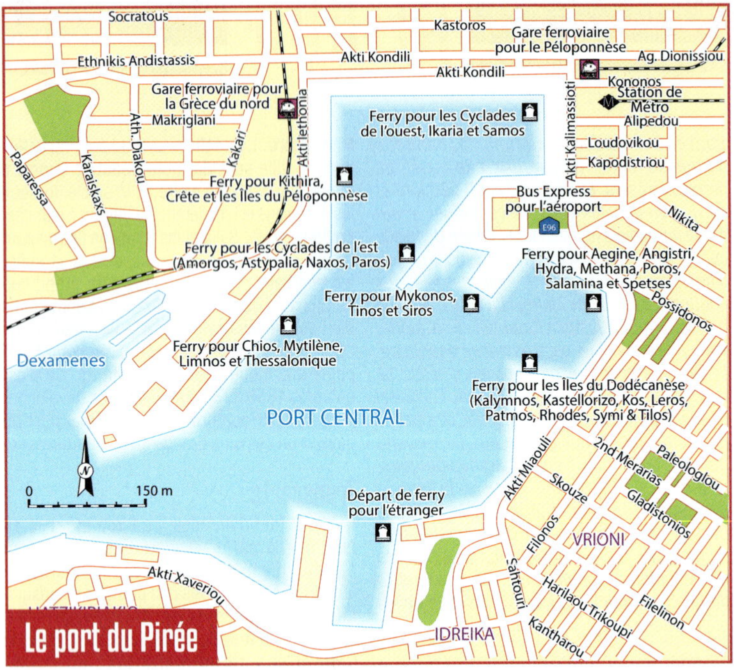

Le port du Pirée

Orientation

A la sortie du métro, vous vous trouvez face au port des ferries en partance pour les îles. Sur la gauche, se succèdent le port de pêche puis les docks. Sur votre droite, les immenses bateaux de croisière prolongent le port des ferries. En longeant la côte qui fait une boucle, on rejoint deux petits ports naturels : la marina de Zea (Passalimani) puis le Mikrolimano, bordé par l'Akti (boulevard côtier) Koumoundourou.

Se loger

■ ANEMONI

65 - 67 rue Evripidou
✆ +30 210 413 0091
www.anemoni.gr – anemoni@otenet.gr
Chambre double autour de 55 € en été. Petit-déjeuner : 6 €.
Un total de 45 chambres basiques mais relativement confortables, dans ce petit hôtel situé à 300 mètres du port et bien desservi par les bus. Très calme mais très proche de la rue animée du Pirée. Le personnel est généreux en conseils, très aimable. Parfait pour des transitions avant ferry. Petit déjeuner en supplément, pour éviter le surcoût inutile si votre bateau part tôt, comme c'est très souvent le cas. Il y a un parking et il est gratuit. Très utile aussi : l'établissement peut commander et recevoir vos différents billets de bateau avant la traversée.

■ HÔTEL PHIDIAS

189 akti Kountouriotou
Passalimani
✆ +30 210 429 6160
www.hotelphidias.gr – phidiasgr@otenet.gr
Ouvert toute l'année. Bar. Chambre autour de 80 €. Petit déjeuner : 7 € par personne.
Un hôtel très propre avec une entrée rénovée et flambant neuve. Les 11 chambres sont assez petites, mais cela suffit. Très bien situé, tout proche de la place Zea. Pratique avant un départ en ferry, il y aura des navettes gratuites entre l'hôtel et votre embarcadère. Le personnel est tout ce qu'il y a de plus agréable, de bon conseil, faisant l'effort de parler en français si cela est possible. Vous vous souviendrez de la chaleur avec laquelle vous avez été reçu. Le petit déjeuner buffet est délicieux et peut être servi très tôt le matin, avant un bateau.

■ PIRAEUS THEOXENIA HOTEL

rue Karaoli & Dimitriou 23
✆ + 30 210 41 12 550
piraeus@theoxeniapalace.com
Chambre double à partir de 110 €. Les prix peuvent varier selon la saison et la disponibilité. Petit déjeuner inclus.

Le Pirée

Gare pour le Péloponèse
Train Banlieue Nord
Gare pour le nord de la Grèce
Embarcadère pour îles de la Mer Egée
Terminal de bus pour Aéroport
Embarcadère pour îles de la Mer Egée
Embarcadère pour les îles Saroniques
Terminal de bus pour Athènes
Bureau d'Immigration
Musée Panos Aravantinos
Autorités Portuaires et Capitainerie
Douanes
Terminal de bus pour Aéroport et Glyfada
Musée archéologique
Autorités portuaires et capitainerie
Police touristique
Office du tourisme
Embarcadère des hydrofoils
Musée de la marine
DRAPETSONA
KAMINIA
N. FALIRO
PR. ILIAS
KASTELA
ZEA
MIKRO-LIMANO
FREATIDA
KALIPOLI
PIRAIKI
Platia Karaiskaki
Platia Ipodamias
Akti Kondili
Akti Miaouli
Akti Xaveriou
Akti Akimon
Akti Koundourioti
Akti Themistokleous
Musée
Office du tourisme
Administration
Gare ferroviaire
Embarcadère
Police
0
150 m

Le Pirée Theoxenia est l'unique boutique-hôtel du Pirée. Cet établissement de luxe est un excellent choix pour les voyageurs qui aiment le grand confort et souhaitent séjourner au cœur de la ville. Le petit déjeuner ainsi que le menu proposé par le chef du restaurant sont fidèles au régime méditerranéen.

Se restaurer

■ DOURABEÏS

29 Akti Dilaveri
Mikrolimano
✆ +30 210 41 22 092
bestofrestaurants@gmail.com
Ouvert 24h/24. Compter entre 35 et 50 € par personne.
Etabli en 1932, ce restaurant est connu pour la simplicité des recettes et des plats proposés et doit sa durée dans le temps et sa renommée à la fraîcheur des poissons provenant tous les jours de l'île des Cyclades, Naxos. Le devise étant « la simplicité est reine », le restaurant, fréquenté autrefois par Onassis, continue à respecter sa fidèle clientèle en proposant des plats pas très élaborés mais débordant de goûts et de saveurs. Ne passez pas à côté des langoustes et des crustacés, ou des poissons, grillés avec un remarquable savoir-faire.

■ IMEROVIGLI

56 akti Themistokleous
✆ + 30 210 45 23 382
www.imerovigli.com.gr
info@imerovigli.com.gr
M° Le Pirée.
Ouvert de 12h jusque tard le soir. Comptez autour de 18 € par personne.
Un *ouzomezzedopoleio* (où l'on boit de l'*ouzo* et l'on mange des *mezzedes*) frais et stylé, où le poulpe *krasato* (au vin) de l'île de Chios est à tomber. Sans compter l'*atherina,* feuilleté maison aux petits poissons et aux oignons. Très bon *saganaki* (fromage pané frit). L'endroit est une bonne adresse pour Le Pirée.

■ TO YPEROKEANEION

48 rue M. Hatzikyriakou
✆ +30 210 41 80 030
Ouvert tous les jours de midi à 1h. Compter 20 € par personne environ.
Cette petite ouzerie est une référence pour tous ceux qui apprécient les bons petits plats préparés avec des produits frais et, surtout, avec de la générosité. N'hésitez pas à commander le *kritharoto* (des petites pâtes fines ressemblant au riz) aux fruits de mer, le poulpe frit, les sardines à la brèche, ou les moules frites panées… Les plats du jour plus classiques (boulettes de viandes à la tomate, brochettes et autres légumes farcis) sont aussi très bien. L'ouzo, le raki et le vin en vrac sont d'une excellente qualité. Il est juste conseillé de réserver.

■ VAROULKO

52 Akti Koumoundourou
Mikrolimano
✆ +30 210 52 28 400
www.varoulko.gr
info@varoulko.gr
Ouvert du lundi à samedi de 12h30 à minuit. Compter entre 45 et 80 € par personne.
Ce restaurant étoilé, et qui figure parmi les meilleurs restaurants grecs, se situe au port de bateaux de plaisance de Mikrolimano, offrant une vue magnifique sur la mer ainsi que l'occasion de déguster des plats exquis à base de poisson, de crustacés et de fruits de mer. L'établissement doit sa renommée à L. Lazarou, un des premiers chefs grecs à avoir révolutionné la gastronomie du pays en proposant des plats dont la saveur n'est due qu'à la mer et à l'amour que le chef et son équipe lui portent. La réservation est vivement conseillée.

À voir – À faire

■ MUSÉE ARCHÉOLOGIQUE ★

31 rue Harilaou Trikoupi
✆ +30 210 45 21 598
efapn@culture.gr
M° Piraeus, ligne 1.
Ouvert de 9h à 16h en été, sinon de 8h à 15h. Fermé le lundi. Entrée : 4 €.
Le musée a été ouvert en 1935 afin d'abriter les antiquités provenant de la ville du Pirée ainsi que celles de la côte est de l'Attique et des îles de la mer Saronique. En 1966, le musée se voit doter des salles supplémentaires qui encadrent les parties sud et nord du théâtre hellénistique de Zea. Les vestiges témoignant de l'importance commerciale et guerrière du Pirée dans l'Antiquité sont exposés dans l'entrée du musée. L'ancre en pierre est remarquable. Au rez-de-chaussée, on admire le lion de Moschato, ainsi que la stèle de Pagcharous (salles 7 et 8), œuvres du IVe siècle av. J.-C. Dans les salles 3 et 4, à l'étage, on admire les fameux bronzes retrouvés dans le port de la ville, à la fin des années 1950. Ce sont les joyaux du musée qui, suppose-t-on, proviendraient de Délos. Deux d'entre eux figurent Artémis, le bras droit tendu, le troisième étant une Athéna de 2,35 m (IVe s. av. J.-C.). La statue d'Apollon (525 av. J.-C.) serait la plus ancienne statue grecque en bronze connue à ce jour. Toujours à l'étage, dans la salle 2, le visiteur peut admirer les objets de la vie privée et la céramique d'une période qui s'étale entre l'époque mycénienne et la période hellénistique. On y distingue les

La Marina Zea, Le Pirée.

objets provenant de la « tombe du poète » : instruments de musique et les tablettes sur lesquelles le poète écrivait ses chansons. Au milieu de la salle 5, à l'étage, consacrée à la vie religieuse dans l'Antiquité, on admire la statue de Cybèle trouvée lors de fouilles à Moschato.

DAPHNI – DAFNI ★

■ MONASTÈRE DE DAPHNI ★

✆ +30 210 581 1558

A 10 km d'Athènes en direction de Corinthe. Prendre l'autoroute, puis à gauche au bout de 10 km. En bus, prendre le A16 de la place Eleftherias. Descendre à l'hôpital psychiatrique (arrêt Psychiatrio), après 45 min de trajet. Sinon, s'y rendre en taxi.

Le site n'est ouvert que de 8h à 15h, les mercredis, jeudis, vendredis et samedis.

Histoire. Le monastère est situé sur l'antique Voie sacrée, à l'ancien emplacement du temple d'Apollon Daphnien. C'est au Ve siècle que fut construite la première église, mais celle que l'on voit aujourd'hui date du XIe siècle. C'est également de cette même époque que datent la citerne, les cellules et le réfectoire.

Visite de l'église de Daphni. L'église, de type octogonal, possède une très grande coupole qui la couvre presque entièrement, ce qui donne une impression d'unité et d'espace. Dans cette coupole est représenté le Christ Pantocrator, entouré de prophètes : Moïse, Elie, Ezéchiel, Jonas… Remarquez au passage la qualité du trait et les drapés du Christ notamment. Dans le narthex, seconde salle après l'entrée, on peut reconnaître, à droite, la Présentation de la Vierge et, à gauche, le Dernier Repas, la Trahison de Judas et, en face, le Lavement des pieds. Dans la nef, la salle principale, on observe des scènes aussi connues dans le monde de la mosaïque byzantine comme à Ossios Loukas. Les quatre triangles en dessous de la coupole représentent, dans le sens des aiguilles d'une montre : l'Annonciation, la Nativité, le Baptême et la Transfiguration. La chapelle de droite présente, à gauche, les Mages et, à droite, l'Incrédulité de Thomas ainsi que la Présentation au temple. La chapelle de gauche présente, à gauche, les Rameaux et la Résurrection de Lazare et, à droite, la Naissance de la Vierge et la Crucifixion. Cet ouvrage reste un des plus beaux et des mieux conservés de l'art byzantin.

ELEUSIS – ELEFSINA – ΕΛΕΥΣΙΝΑ ★

La ville de Elefsina/Eleusis a été choisie par la Commission européenne comme une des trois capitales européennes de la culture pour l'année 2021. A 23 km d'Athènes. Eleusis, lieu de naissance d'Eschyle, a abrité pendant l'Antiquité un des plus grands sanctuaires de Grèce dans lequel étaient célébrés les fameux « Grands Mystères d'Eleusis ». Tout Athénien qui se respectait devait une fois dans sa vie être initié à ces mystères, qui ont gardé leurs secrets. Situé au bout de la Iera Odos (Voie Sacrée) qui commence au cimetière du Céramique, ce site superbe constitue un intéressant but d'excursion pour une demi-journée, ou une halte sur la route de Corinthe. La ville moderne est cependant très industrielle et n'offre que peu d'intérêt, si ce n'est une balade sur le port. Aujourd'hui, peu d'Athéniens font le déplacement par agrément.

Transports

En voiture. Accès par la route en suivant la nationale en direction de Corinthe sur 23 km ou l'Attiki odos. Suivre et sortir à Elefsina.

En bus et métro. Prendre le bus 876 de la compagnie OASA à partir du métro Egaleo et Aghia Marina (ligne 3).

À voir - À faire

SITE ANTIQUE D'ELEUSIS ★★

1 Iera Odos et Gkioka ✆ +30 210 554 6019

Ouvert tous les jours, sauf le mardi, de 8h30 à 16h. Entrée 6 € (site et musée).

Ce sanctuaire est celui des mystères d'Eleusis. Son « Mégaron B » remonterait à 1500 av. J.-C. et aurait été le premier temple d'Eleusis dédié à Déméter. Mais le culte est plus tardif. Il apparut après une famine qui ravagea la Grèce en 760 av. J.-C. A la suite d'un oracle de Delphes, les habitants d'Eleusis décidèrent de consacrer des fêtes à Déméter, déesse de la fécondité et de la terre cultivée. C'est à ce moment-là qu'Eleusis, qui avait été la grande rivale d'Athènes entre 1500 et 760 av. J.-C., commença à se faire connaître dans toute la Grèce. D'ailleurs, les mystères d'Eleusis devinrent une fête athénienne à laquelle on se rendait par la Voie Sacrée, qui partait de l'Acropole et passait par le cimetière du Céramique. Les mystères d'Eleusis prirent fin en 379 apr. J.-C., avec le décret chrétien interdisant la célébration des cultes antiques. Les fouilles ont commencé en 1882 et jusqu'à aujourd'hui, elles sont menées par la Société Archéologique de Grèce.

Les petits propylées, constituant l'entrée dans l'enceinte du sanctuaire, sont en marbre pentélique. Les grands propylées, composés de deux alignements de colonnes, font face à Athènes et sont une copie de l'intérieur des grands propylées de l'Acropole. Avec six colonnes doriques en façade, ils permettaient l'entrée des pèlerins dans la cour intérieure. C'est sur les métopes, pierres placées directement sur les colonnes, du côté nord, que se trouvait la figure de Marc Aurèle.

Le télestérion. Des propylées, on y accède en empruntant le chemin sacré. Le télestérion a subi d'innombrables modifications au fil du temps. L'enceinte presque carrée de 56 m de long que l'on voit aujourd'hui constitue la dernière version de l'édifice érigé par les Romains. Le bâtiment comporte six rangées de sept colonnes. Il était recouvert d'un toit qui laissait passer la lumière par un trou en son centre. Les gradins taillés dans le roc, visibles sur les côtés, étaient destinés aux spectateurs venus assister aux mystères. La partie la plus importante de l'édifice est celle que l'on voit au milieu à peu près de l'actuel télestérion : l'anactoron. On le reconnaît à sa forme rectangulaire, de 5 m sur 15 m. C'est là qu'étaient conservés les objets sacrés. Les murs que l'on voit au centre sont ceux des différents édifices successifs qui se sont sans cesse agrandis. Le portique à l'est, donc de l'autre côté de celui de la colline, est le portique de Philon : il a douze colonnes en façade. Juste à droite à l'entrée du télestérion étaient entreposées des offrandes : le trésor. celui-ci était dédié à Sabine, la femme d'Hadrien.

Arcs de triomphe est et ouest. A côté de la fontaine, à gauche en entrant, un arc de triomphe romain est la copie de la porte d'Hadrien d'Athènes. Il marquait l'entrée de

Le site antique d'Eleusis.

la route du port d'Eleusis et a été reconstitué. Face à lui, l'arc de triomphe ouest marquait l'entrée de la route de Megara.

Le puits Kallichoros. Juste à gauche de l'escalier des propylées, on découvre le puits en pierre gris-bleu d'Eleusis. C'est là que les femmes d'Eleusis chantaient et dansaient pour Déméter. Il est antérieur aux propylées.

Le ploutonéion. A droite, en se dirigeant vers le télestérion, le long de la voie sacrée, du côté de la cavité rocheuse, le ploutonéion, possède un petit mégaron mycénien au milieu. C'est une cour carrée avec un puits au milieu. C'est probablement là que les prêtres procédaient à la reconstitution de l'enlèvement de Perséphone devant les pèlerins.

MUSÉE DU SITE D'ELEUSIS ★★

12 rue Perikleous
✆ +30 210 55 46 019
Ouvert tous les jours, sauf le lundi, de 8h30 à 16h, sauf le mardi. Entrée musée et site archéologique : 6 €.
Dans le jardin qui mène au musée, on peut voir un sarcophage romain orné d'une scène de chasse au sanglier de Calydon sur un côté, de griffons de l'autre, et d'un sphinx à écailles sur le dessus.

On entre dans le musée par la salle 2, dans laquelle se trouve la statue sans tête de Déméter.

Dans la salle 1, située à droite, on peut voir la fameuse « amphore d'Eleusis », ornée d'une représentation d'Ulysse et du Cyclope. A droite, Déméter est assise et est aussi grande que sa fille Kore. On y voit aussi un porcelet pour les sacrifices, mais surtout, l'œuvre maîtresse d'Eleusis, la *Korê en fuite*, qui représente une petite nymphe allant vers l'océan. Elle décorait le fronton de la Maison Sacrée que l'on observera après la visite du musée. Le drapé est d'une rare finesse.

Dans la salle 3, que l'on rejoint en retraversant la salle 2, une statuette de Poséidon, à gauche.

Dans la salle 4, une très belle statue d'Antinoos, le favori d'Hadrien.

Dans la salle 5, les deux maquettes du site vous éclaireront énormément sur la visite que vous venez d'effectuer. On peut y voir aussi un très imposant buste de caryatides, ces statues-colonnes.

Dans la salle 6, enfin, des poteries de l'ancien cimetière d'Eleusis, de l'époque préhistorique à l'époque romaine.

En sortant du musée, on peut descendre en quittant l'enceinte du sanctuaire par la droite, afin d'admirer les derniers vestiges du site. On passe devant la porte sud que l'on a vue tout à l'heure et la tour qui la protégeait. Devant se situait la Maison Sacrée.

MARATHON – MARATHONAS – ΜΑΡΑΘΩΝ ★

A 42 km d'Athènes, forcément ! La balade qui part d'Athènes pour aller à Marathon serait difficile à réaliser en moins de deux heures en courant puisque le record n'a pas encore été battu aux Jeux olympiques. Elle est cependant tout à fait agréable en voiture et facile à repérer : la ligne qui symbolise la course de Phidippidès est bien visible au sol, en bleu, tantôt sur la route, tantôt dans les champs. Marathon n'est pas très touristique, mais ses curiosités historiques sont plutôt amusantes. On pourra allier archéologie et détente en allant se baigner à Schinias, la plage de Marathon, surpeuplée les week-ends d'été mais agréable en semaine.

Transports

GARE ROUTIÈRE KTEL

2 rue Kotsika
Pedio tou Areos
✆ +30 210 880 8080
www.ktelattikis.gr
info@ktelattikis.gr
Renseignements et départs à la gare routière d'Athènes KTEL ATTIKIS.
Les bus reliant Athènes à Marathon partent toutes les heures de 5h30 à 22h30 (samedi et dimanche à partir de 6h). Durée : 90 minutes.

Se loger

HÔTEL MARATHON ET EURO HOME

Plage de Marathonas Schinias
✆ +30 229 4057 366
reservations@marathon-euro-hotels.gr
Chambre double à partir de 40 €, chambre triple à 50 €, chambres 4 lits à 60 €, petit déjeuner compris.
Environ 30 chambres très fonctionnelles et propres. Certaines ont une vue imprenable sur la célèbre plage de sable de Marathon. Un bon rapport qualité-prix, indiscutablement. Wifi gratuit.

Se restaurer

O FAROS

22 Pericleous
Aghios Panteleimon
✆ +30 2294 05 61 64
Ouvert tous les jours de 9h à 23h30. Compter autour de 25 €/pers.

Une des plus anciennes tavernes de la région, connue pour la qualité des plats et des matières premières. Les poissons sont toujours frais, la salade de tarama exceptionnellement bonne, la salade aux aubergines, un délice. En saison, goûter la salade au crabe. Si vous voulez éviter les grands poissons à la braise, à cause de leur prix, vous pouvez vous régaler avec la friture des petits poissons et des crevettes rouges. La liste des mezzedes est assez variée et d'une qualité sûre. Il est conseillé de réserver afin de vous installer au bord de la mer.

■ **TO FRAGMA**
Barrage du lac de Marathonas
✆ +30 210 814 3415
www.fragma.gr
info@fragma.gr
Ouvert toute l'année, en été de 9h à 1h, et en hiver jusqu'au coucher du soleil. Comptez environ 15 € par personne.
Situé au niveau du barrage (*fragma*) du lac de Marathonas, construit en 1929 avec des marbres de l'Attique, ce café-restaurant jouit d'une vue imprenable. Au milieu de ce cadre naturel si spécial, vous goûterez des spécialités méditerranéennes remises au goût du jour, des cocktails et des desserts surprenants. Une carte simple mais de bons plats bien cuisinés et, au final, un endroit assez unique dans la région de l'Attique. Fortement recommandé aussi pour un café ou une glace, surtout si vous poursuivez la journée avec une promenade sur le lac.

À voir – À faire

■ **MUSÉE DE MARATHON** ★
2 km avant Marathon en venant d'Athènes, à gauche
✆ +30 229 405 5155
Ouvert tous les jours, sauf le mardi, de 8h30 à 16h. Entrée : 6 €.
Le billet comprend la visite du tumulus, du cimetière protohelladique (3000-2300 av. J.-C.) situé à Tsepi (à 2,5 km du musée de Marathon) et du Sanctuaire des dieux égyptiens situé à Nea Makri. Juste avant d'arriver au musée de Marathon, on passe devant le tumulus des Platéens, les alliés des Athéniens pendant la bataille de 490 av. J.-C. Toujours avant le musée, un petit chemin en terre, en très mauvais état, conduit à travers champs jusqu'à une petite église d'où la vue sur le golfe est splendide. Un peu plus à gauche, près d'un ruisseau, se trouve la grotte dite de Pan. Le musée proprement dit est intéressant.

▶ **Dans la cour** sont exposés des stèles et des bas-reliefs ; dans le hall d'entrée on peut voir un très beau casque en bronze datant de la bataille de Marathon.

▶ **Dans la salle A** sont réunies les poteries trouvées dans la grotte de Pan et des photos du site.

▶ **La salle B** abrite d'autres poteries et des figurines provenant des tombes de Marathon, dont une amphore d'époque géométrique. Cette époque est caractérisée par le remplissage de l'espace vide des poteries par des figures et lignes géométriques.

▶ **Dans la salle C,** consacrée à la bataille, se trouve le trophée construit par les Athéniens après la victoire, mais dont il ne reste que le socle.

▶ **Dans la salle D,** on découvre des stèles funéraires d'Athéniens morts à la bataille.

▶ **Enfin, dans la salle E,** on peut voir une statue provenant d'un temple égyptien, peut-être celui d'Isis découvert non loin de là, ainsi que la tombe et le squelette d'un enfant de la période romaine.

■ **TUMULUS DES ATHÉNIENS** ★
Prendre à droite de la route 4 km avant Marathon, en venant d'Athènes. Suivre l'indication « tombes de Marathon ».
Ouvert de 8h30 à 16h. Entrée comprise avec le musée de Marathon.
Dans ce paysage grec de terre claire et d'oliviers s'élève en silence le tumulus des Athéniens, la tombe des morts au combat de la célèbre bataille de Marathon, conservant les cendres des 192 soldats grecs morts et incinérés à l'endroit même du combat. Evidemment, il faut beaucoup d'imagination pour se représenter la bataille, mais on peut s'aider de la stèle en marbre blanc réalisée par un guerrier de l'époque. Il s'agit d'une copie : l'original se trouve au Musée archéologique national.

MONT PARNITHA – Η ΠΑΡΝΗΘΑ

Un des poumons verts de l'Attique, le mont Parnasse, est situé à seulement 45 minutes en voiture du centre-ville. Couvert, en grande partie, de forêts, principalement de sapins de Céphalonie, de pins d'Alep et de chênes, il a été classé parc national en 1961, du fait de la richesse de sa faune et de sa flore. Éprouvé en 2007 par un incendie dévastateur, brûlant plus des trois quarts de sa superficie, le mont panse toujours ses plaies. Replantation et protection des zones abîmées ont été lancées à l'époque et, petit à petit, un peu plus chaque année, il retrouve sa beauté originelle. Les randonneurs peuvent continuer, avec précaution, d'arpenter ses sentiers merveilleux, pour certains encore intacts. Quelques refuges, sources et monastères, comme celui d'Aghia Triada, ponctuent la balade. Les moins courageux opteront pour la

La bataille de Marathon

En 490 av. J.-C., la flotte perse, amarrée dans le golfe de Marathon, envoya 20 000 hommes pour conquérir Athènes. 9 000 *hoplites* (fantassins) athéniens et 1 000 Platéens s'établirent sur les pentes du mont Agrilíki et, pendant sept jours, les adversaires s'observèrent, repliés sur leurs positions. Le général athénien Miltiade sut choisir le bon moment et le meilleur plan stratégique pour lancer l'attaque : l'armée perse fut anéantie, laissant sur le terrain, selon Hérodote, 6 400 morts. Les Athéniens pleurèrent seulement 192 victimes, en l'honneur desquelles ils élevèrent un tumulus de 9 m de hauteur, que l'on peut encore admirer aujourd'hui. Le messager Phidippidès, envoyé par Miltiade pour annoncer la bonne nouvelle à Athènes, fit le trajet en courant sans s'arrêter un seul instant et put juste bredouiller son message avant de mourir d'épuisement. Ce malheureux a inspiré le marathon des Jeux olympiques, qui couvre une distance égale à celle qui sépare Athènes de Marathon, soit 42,195 km.

montée en téléphérique et une soirée au casino. Construit dans les années 1960, au milieu de ce site naturel, il surplombe Athènes.

Transports

En voiture du centre d'Athènes, rejoindre la nationale Athènes-Lamia et l'emprunter jusqu'à la sortie, sur votre droite, « Parnitha-Varimpompi-Thrakomakedones ». Suivre ensuite les panneaux indiquant l'accès au téléphérique de Parnitha.

KIFISSIA - ΚΗΦΙΣΙΑ

Autrefois peuplée de luxueuses résidences secondaires, Kifissia accueillait les hommes politiques et les familles fortunées pour des vacances à la fraîche, à seulement quelques kilomètres d'Athènes. Alors réservée à une élite, le développement du réseau de transport urbain a permis son essor. Kifissia est aujourd'hui devenue une banlieue huppée du nord d'Athènes. On y accède en suivant l'avenue Kifissias, depuis la Vassilis Sofias, jusqu'à son terme. Villas et immeubles bas empiètent sur la nature du mont Pendeli et de nouveaux quartiers comme Ekali, Nea Erythrea ou Politia, tout aussi résidentiels. Le centre de cette bourgade très chic, essentiellement commerçante, jouit d'une architecture hétéroclite composée de magnifiques et grandioses villas, entourées de jardins verts, quadrillés par de hautes haies. Les allées sont larges et boisées, aménagées de larges trottoirs, un luxe en Grèce ! Certaines sont l'œuvre de grands architectes du début du XIXe siècle, comme l'Atlantis d'Ernst Ziller. Promenez-vous au gré des rues et hissez-vous, si nécessaire, sur la pointe des pieds pour apercevoir les demeures cachées derrière les grilles. Que de surprises ! Chaque année, au printemps, une grande foire aux fleurs est organisée dans le parc de Kifissia. Le Kifissia Flower Show présente une diversité impressionnante (une gamme de plus de 5 000 espèces différentes) et prodigue mille conseils de jardinage et d'aménagement de balcon. Toute l'année, les Athéniens, et surtout de nombreux groupes de jeunes, se donnent rendez-vous et aiment y passer des après-midi entières à faire les boutiques ou simplement assis aux terrasses des cafés chic.

■ **DOS HERMANOS**
24 rue Kıriazi
✆ +30 210 80 87 906
www.doshermanos.gr
info@doshermanos.gr
Ouvert du lundi au vendredi de 18h à 2h. Le samedi et le dimanche de midi à 2h. Compter autour de 30 € par personne.
Chez Hermanos, on se croirait à l'intérieur d'une maison bourgeoise mexicaine. Les vitraux décorent le plafond, les tables sont peintes à la main, des plantes ont trouvé leur place dans de grands pots en terre cuite. Le chef, P. Maragos, continue à initier sa clientèle à la cuisine mexicaine en proposant les meilleures fajitas et tortillas de la ville et, surtout, la spécialité aux « quarante secrets », le *mole poblano* (poulet au chili et au chocolat). Vraiment une superbe cuisine mexicaine et un personnel toujours poli et serviable.

■ **THE KEFALARI SUITES**
Kefalari – Kifissia
1 rue Pentelis et Kolokotroni
✆ +30 210 62 33 333
www.yeshotels.gr/kefalari-suites/
info@kefalarisuites.gr
La suite à partir de 222 €. Plusieurs offres sur le site.
Les Kefalari Suites assurent à leurs hôtes luxe et détente dans un cadre très esthétique. Les chambres sont spacieuses et aménagées de façon à ce qu'on se sente chez-soi. Les salons sont décorés avec finesse et sont équipés d'une kitchenette et d'un mini-réfrigérateur.

THESSALIA

Kifissia
19, rue Elaion
✆ +30 210 80 78 837
www.thessaliarestaurant.gr
info@thessaliarestaurant.gr
Ouvert tous les jours de midi à 0h30. Compter autour de 18 € par personne. Menu pour deux personnes à 34 €.
Cette taverne propose, depuis 35 ans, des spécialités de la cuisine traditionnelle grecque. Connue également pour les grillades et les poissons frais, l'établissement est une référence pour les locaux, mais, on y afflue aussi, surtout pendant le week-end, d'Athènes. En été, rien ne vaut un repas sous les grands platanes de sa cour intérieure.

RAFINA - ΡΑΦΗΝΑ

A 25 km d'Athènes. Rien qu'à entendre son nom, qui pourrait être celui d'une grande compagnie pétrolière, personne n'a vraiment envie de consacrer du temps à cette ville un peu noire du nord de l'Attique. Bref, vous irez surtout à Rafina pour prendre le bateau.

CORALI

11 rue Plastira
✆ +30 229 402 2477
www.hotel-corali.gr
mail@hotel-corali.gr
Chambre double de 60 à 70 € sans petit déjeuner.
Sur la place centrale de Rafina, c'est l'un des plus anciens hôtels de la région, le seul en activité depuis 1935. On vous rassure, il a évolué depuis. C'est un petit hôtel convenable de 11 chambres, pas cher et sur le port, mais avec aussi un pied dans la ville. Prestations simples : douche, climatisation, téléphone et télévision dans chaque chambre et parfois un réfrigérateur. Les chambres sont aux 1er et 2e étages, sans ascenseur. Très pratique si vous devez prendre un ferry le lendemain. Le petit déjeuner peut se prendre au café à côté de l'établissement.

KTEL

✆ +30 210 821 0872
ktelattikis.gr
info@ktelattikis.gr
Billet : 2,20 €. Durée : 60 minutes environ.
Bus reliant Athènes à Rafina. Départ d'Athènes à partir de la gare routière Attique. Départ toutes les 30 minutes, de 5h45 à 22h30.

PORT DE RAFINA

✆ +30 229 432 1202
Vous vous rendrez à Rafina essentiellement pour aller à Andros ou au sud de l'Eubée.

KAISARIANI - ΚΑΙΣΑΡΙΑΝΗ

Kaisariani est une banlieue d'Athènes qui a la chance d'être située au pied du verdoyant mont Hymette. Si la ville en elle-même ne présente aucun intérêt, sauf pour ceux qui y habitent, le mont Hymittos est la destination privilégiée des amateurs de balades faciles en montagne et de VTT. A quelque 20 minutes seulement d'Athènes, la petite route, bordée de cyprès, qui monte en serpentant vers le monastère de Kaisariani et ses alentours, vaut une matinée au vert ! Prévoyez votre pique-nique et de l'eau.

MEZEDAKI BY LORDOS

Kaissariani, 3 place Anagenisseos
✆ +30 211 404 0516 – mezedakibylordos.gr
info@mezedakibylordos.gr
Ouvert tous les jours de 13h à minuit. Compter autour de 18 € par personne.
Situé juste à côté de la place Kaissariani, ce petit mezzedopoleio est connu pour la qualité des plats proposés. Les boulettes à la tomate fraîche, la salade d'aubergines aux noix, les flûtes au fromage et au miel : la variété est grande et les prix… une très bonne surprise !

MONASTÈRE DE KAISARIANI

Sur le mont Hymette.
✆ +30 210 723 6619
Ouvert de 8h30 à 15h, sauf le lundi. Entrée : 2 €.
Arrivé au bas du mont Hymette, prenez le chemin en terre qui mène au monastère, une demi-heure de marche plus loin. En dehors de l'intérêt archéologique que présente le site, la promenade dans le monastère nous offre la possibilité de découvrir l'un des plus beaux jardins de l'Attique, reconnu par l'Union européenne, en 1993, comme l'un des « jardins historiques d'Europe ».
Fondé au XIe siècle dans un vallon rempli de pins et de cyprès au pied du mont Hymette, le couvent est dédié à la Vierge. Il est en fait construit sur l'emplacement d'un ancien temple d'Aphrodite, où les pèlerins venaient se faire guérir de la stérilité. Dans la cour, on peut encore voir la fontaine d'où jaillissait la source d'Aphrodite et dont il ne reste que la tête de bélier, d'où son nom de « fontaine du Bélier ». Ovide a immortalisé la fontaine d'Aphrodite en la mentionnant dans son *Art d'aimer*. Près de l'église, outre la célèbre fontaine, on peut voir les cellules des moines et le réfectoire. Dans l'église, ne pas oublier de contempler le Christ Pantocrator de la coupole, qui date du XVIe siècle. Cette visite à Kaisariani vous fera retrouver votre sérénité en vous faisant oublier pendant quelques heures l'agitation de la capitale.
A côté du monastère s'étend une oliveraie historique, qui a été recréée à partir de gravures du XVIIe siècle. A travers l'oliveraie passe un large

chemin qui conduit, 500 m plus loin, jusqu'aux ruines d'un vieux couvent franc.
Comptez une heure pour la visite du couvent et deux heures en tout si vous voulez prolonger la balade jusqu'à un beau point de vue sur le mont Hymette.

■ XATHERI

232 rue Ethnikis Antistasseos
✆ +30 210 72 31 719
https://xatheri.ogibiz.com
info@xatheri.com.gr
Bus 224.
Ouvert du jeudi au samedi de 17h à minuit. Le dimanche, ouvert de 13h à minuit. Compter autour de 25 €/pers.
Xatheri, en langage crétois familier, signifie « authentique » … Grâce à leur amour inconditionnel pour leur île d'origine, les deux propriétaires de ce restaurant ont réussi à créer à Kaissariani un établissement où l'on peut apprécier les spécialités authentiques crétoises. La plupart de matières premières arrivent directement de l'île : les fromages, le beurre « staka », le miel et mêmes les herbes telles que le *diktamo* qui pousse uniquement en Crète et, bien évidemment, la tsikoudia (raki). L'ambiance s'anime pendant la soirée grâce aux musiciens crétois.

LA CÔTE SUD

Avec sa grande avenue, bordée de palmiers, qui longe toute la côte, ses barres d'immeubles blancs, ses plages et le bleu intense de la mer qui s'étend à l'infini, la côte sud d'Athènes est une petite Miami à une demi-heure du centre-ville. Elle est surnommée la Riviera, en souvenir des célébrités qu'elle attirait dans les années 1960, comme Onassis, Maria Callas, Sofia Loren... Les Athéniens migrent tous les week-ends d'été sur ses plages, que se disputent établissements privés (et donc payants) et municipalités. En hiver, la côte redevient une banlieue de charme, tranquille et paisible. Pour vous rendre facilement sur la côte, le mieux est d'emprunter le tram au départ de Syntagma et en direction de Voula : la ligne dessert les plages de Kalamaki, Alimos, Glyfada jusqu'à Voula. Pour accéder aux plages privées, il vous faudra payer un ticket d'entrée qui peut aller de 5 € en semaine à 25 € pour les établissements les plus chics. Les quelques plages publiques encore gratuites sont plutôt familiales et bon enfant.

SOUNION - ΑΚΡΩΤΗΡΙΟ ΣΟΥΝΙΟ

A 68 km d'Athènes. Une excursion à Sounion est à ne pas manquer pour deux raisons. La première est le temple de Poséidon qui se dresse au bout du cap. C'est une merveille dont les ruines surplombent la mer du haut d'un promontoire rocheux. Et tous les photographes ont le souhait d'immortaliser l'instant magique où les colonnes du temple semblent prises dans la toile rose du coucher du soleil ! Mais Sounion est aussi connue pour ses plages et ses criques superbes qui se profilent au détour des virages. On ne saurait trop vous conseiller une excursion en début de matinée ou en fin d'après-midi. Continuez ensuite votre route vers Lavrio, petit port de pêcheurs, où vous pourrez vous régaler !

■ BUS KTEL

Rue Mavrommateon
www.ktelattikis.gr/routes.php
Billet A/R : 12,50 €.
La solution la plus facile et la plus économique est de prendre le bus à la gare routière principale de Mavrommateon. Bus reliant Athènes à Sounion, 24 départs par jour toutes les demi-heures de 6h30 à 18h30, retour de 7h30 à 21h30, durée : 2 heures 15. Les départs ont lieu 14 rue Mavrommateon (près du Musée archéologique national, en dessous du parc Areos). Demandez autour de vous pour le bus en direction de Cape Sounion et vous serez dirigé vers le bon arrêt. Certains bus empruntent la route côtière. C'est un peu long, mais la route est splendide.

■ TEMPLE DE POSÉIDON ★★★

Ouvert de 9h au coucher du soleil. Entrée : 8 €.
C'est un des passages «obligés» de l'Attique. Quel impressionnant monument en effet que ce splendide temple dédié à Poséidon, dieu de la mer et protecteur des marins ! Perché comme une vigie à la pointe sud de l'Attique, sur ce qu'Homère appelait le « rocher sacré », il occupe un site grandiose, accroché au bord d'un promontoire de 60 m plongeant dans les flots. C'est une photo que l'on ne manque pas ! Ce magnifique temple trône sur son rocher, surplombant, au sud, l'île de Makronissi derrière laquelle se cache l'île de Kéa (la première des Cyclades), et, à l'ouest, le golfe Saronique. Le site exerce une magie à laquelle personne ne restera insensible. Au crépuscule, les gracieuses colonnes du temple sont enveloppées d'un voile rose mauve, et, en voyant au loin les bateaux en route vers les îles allumer leurs lumières, on se sent l'âme vagabonde.
Histoire du site. Cet endroit très particulier était déjà au temps d'Homère un rocher sacré qui abritait deux sanctuaires. L'un était consacré à Poséidon et l'autre à Athéna. Ainsi, les deux divinités qui s'étaient jadis affrontées pour la suprématie d'Athènes vivaient côte à côte en harmonie sur ce promontoire isolé !

Ces sanctuaires étaient déjà importants au VIe siècle av. J.-C., comme en témoignent les nombreux fragments de *kouroi* retrouvés et désormais exposés au Musée archéologique national : ils étaient utilisés comme offrandes pour les divinités.
Vers 440 av. J.-C., le sanctuaire en tuf de Poséidon, qui avait été détruit par les Perses en 480 av. J.-C., fut remplacé par un temple périptère dorique en marbre. Moins d'un siècle plus tard, les Athéniens construisirent dans le cadre de la guerre du Péloponnèse une énorme enceinte qui entourait le temple. Celle-ci devait permettre d'assurer la sécurité des navires athéniens chargés de blé. Sounion était alors une des places fortes les plus importantes d'Attique, elle abritait d'ailleurs en permanence une garnison.

Ce que raconte la légende. Dans la mythologie, on dit qu'un jour, les dieux de l'Olympe décidèrent d'élire la personne qui protégerait la ville. Athéna créa l'olivier en symbole de la paix. Poséidon brisa un rocher à l'aide de son fameux trident, rocher brisé d'où jaillit une source d'eau. Athéna fut élue car les femmes de l'assemblée, majoritaires, la suivaient. Jaloux et décidé à se venger, Poséidon ne fut calmé que lorsque Zeus lui promit un temple à son honneur… à Sounion. Le temple d'Athéna se trouve à 500 mètres sur la colline au nord-est de celui de Poséidon.

Visite du site. A gauche de l'entrée du site, en montant, on remarque des vestiges des tours de la forteresse construite en 412 av. J.-C. On aperçoit aussi les restes d'un grenier ou d'un arsenal. On grimpe jusqu'au temple où se trouvent deux propylées en partie conservés. Ils figurent les piliers centraux qui étaient initialement en tuf avant d'être recouverts de marbre. Au centre des escaliers, on remarquera les restes d'une rampe pour chars. Le temple dorique était, quant à lui, constitué de 6 colonnes en façade et de 13 colonnes sur les côtés. Il présente plusieurs similitudes avec l'Héphaistéion de l'Agora d'Athènes. Les frises sculptées représentaient des combats de centaures, des scènes de la gigantomachie et les exploits de Thésée. Plusieurs pèlerins romantiques ont voulu laisser dans la pierre une trace de leur passage, et c'est ainsi qu'on peut aussi y voir gravé entre autres noms celui de Byron.

LAVRION - LAVRIO - ΛΑΥΡΙΟ

Lavrio est un petit port, au sud de l'Attique, doté d'une longue et riche histoire. En témoignent d'ailleurs les vieilles bâtisses néoclassiques qui truffent le centre-ville, parfois abandonnées, parfois magnifiquement restaurées. Lavrio a eu son heure de gloire grâce à ses mines, notamment de plomb argentifère, exploitées depuis l'Antiquité, puis de nouveau à la fin du XIXe siècle par la Compagnie française des Mines du Laurion. A l'entrée de la ville, on aperçoit, sur la gauche, l'usine désaffectée, puis restaurée, qui abrite aujourd'hui un café, un centre d'archives et quelques événements culturels. Près du port, le reste d'un pont et des rails laissent imaginer le mécanisme de transport des minerais vers les bateaux. La richesse minérale de Lavrio est exceptionnelle.
Lavrio est également un port de plaisance très agréable où accostent des voiliers du monde entier. Le front de mer est un but de promenade en soi, après un dîner dans l'un des nombreux restaurants de poissons de la ville. Tout au bout du port, à l'opposé de la mairie et du fameux « clocher montre », le port devient celui des pêcheurs. Assis par terre, devant leurs bateaux, ils réparent leurs filets tranquillement. Le matin, vous pouvez espérer y acheter du poisson ultra frais. Un peu plus loin encore, quelques ferries transportent des passagers vers des îles comme Kéa ou Tinos.

Transports

BUS KTEL

rue Mavromataion
www.ktelattikis.gr/lavrio
Durée : 110 minutes environ. Ticket : 5,30 €.
Tous les jours de 5h45 à 21h30, des bus relient Athènes et Lavrio, plusieurs fois par heure.

Se restaurer

Le long du front de mer, de nombreux cafés et quelques restaurants se partagent la vue. Allez-y les yeux fermés, tous offrent une cuisine plaisante et souvent à base de poisson frais. De même, sur la place du marché, installez-vous nonchalamment pour déguster les meilleurs produits, arrosés d'un ouzo. Derrière, la rue piétonne Ermou est également à recommander. Si vous préférez confectionner vos sandwiches vous-même et les manger sur les bancs du port ou de la place, un supermarché, deux boulangeries et des épiceries sont ouvertes en permanence sur la rue centrale.

MEZZEDOPOLIO DE LA PLACE DU MARCHÉ

2 rue Vassileos Georgiou
Place centrale du marché des pêcheurs
✆ +30 2292 022092
Ouvert toute l'année, toute la journée à partir de 11h. Comptez 12 € environ par personne le repas.

TEMPLE DE POSÉIDON ★★★★

© ANASTASIOS71 - SHUTTERSTOCK.COM

Selon la légende, le Roi Egée, croyant son fils tué par le Minotaure, se serait jeté dans la mer qui, depuis, porte son nom.

© VILLOREJO - SHUTTERSTOCK.COM

Les touristes viennent à toute heure admirer la mère Egéenne et le Cap Sounion.

© ROSSHELEN - SHUTTERSTOCK.COM

Les colonnes du temple mesurent 6,10 mètres de haut et leurs cannelures ont été étudiées pour résister à l'action de l'air salin.

© TATIANA POPOVA - SHUTTERSTOCK.COM

Le temple de Poseidon surplombe la mer Egée et l'île de Makronissi.

Tous les locaux connaissent l'adresse et s'agglutinent sur ses petites chaises en bois du midi au soir. Purée de fava, poissons en friture, poulpe marinée, calamars frits, moule en sauce... tout y est frais et délicieux. Et chapeau bas au *bakaliaros skordalia* (cabillaud frais frit accompagné d'une purée à l'ail), recette traditionnelle parfaitement exécutée avec des ingrédients de première qualité, qui n'est servie que très rarement ailleurs.

PORTO RAFTI – ΠΟΡΤΟ ΡΑΦΤΗ ★

Petite station balnéaire très prisée par la jeunesse athénienne. Elle est le fief de quelques heureux propriétaires de résidences secondaires, à l'abri de cette baie encore peu connue du grand tourisme. Préservée et familiale, on y trouve de belles plages publiques ou privées, comme Avlaki, et de petites criques très protégées comme Erotospilia : la *Grotte de l'Amour*, tout un programme ! Bordée de maisonnettes et de quelques immeubles bas, le front de mer est à taille humaine. Quelques terrasses de café surplombent la mer. De l'autre côté de la baie, le port de plaisance crée une plus grande activité et l'animation autour des restaurants bat son plein les soirs d'été. On ne va à Porto Rafti que pour la détente, pour se promener au bord de l'eau le long du front de mer agréablement aménagé, admirer la tranquille baie, se baigner, prendre un café en terrasse ou déjeuner dans une des tavernes du port...

■ AMMOS

52 Aulakiou ✆ +30 229 908 4550
http://ammosportorafti.gr
Ouvert tous les jours midi et soir. Comptez autour de 15 € par personne.
Le long de la plage, étendue, un peu venteuse, et qui mène à la plage privée Avlaki, le restaurant Ammos est une taverne de poisson et de viande recommandée par les locaux. Il est tellement populaire que le week-end il vaut d'ailleurs mieux réserver ! Différents plats de *mezzedes*. Ambiance maritime, face à la mer. Un orchestre de musique traditionnelle accompagne les repas familiaux du dimanche midi. Le restaurant est situé près de la mer dont vous pouvez sentir les embruns. Très joli cadre en bleu pâle et blanc, parfait pour un vrai repas grec.

■ BUS KTEL

rue Mavrommataion
http://ktelattikis.gr
Durée du trajet : 80 minutes.
Depuis Athènes, le bus passe toutes les heures à l'entrée du village (devant la boulangerie), voire plus souvent en été, de 5h45 à 21h.

■ KAZBA BAR

27 av. Gregou & Kefallinias
✆ +30 2299 076 800
www.kazba.gr/en.html
Ouvert tous les jours de 9h à 3h. Pour un repas complet compter entre 25 et 30 € par personne. Cocktails à partir de 6,50 €.
Il s'agit d'un *all day* bar-restaurant, le plus huppé de Porto Rafti. La vue magnifique sur la mer Egée est en parfait accord avec le décor et l'ambiance générale de l'établissement. Le menu proposé est composé d'une cuisine méditerranéenne. Les soirées, souvent très animées, offrent l'occasion de se rafraîchir au bord de la mer avec un bon cocktail à la main.

■ SITE ANTIQUE DE VRAVRONA (BRAURON) ★

✆ +30 229 902 7020
D'Athènes, prendre la direction de Markopoulo (via l'Attiki Odos ou l'ancienne route) et, de là, prendre la direction de Porto Rafti avant de bifurquer sur la gauche lorsque le site est indiqué.
Ouvert du lundi au dimanche de 8h à 15h30. Fermé le mardi. En été, ouvert de 8h à 16h. Entrée : 6 €, réduit 3 €.
C'est l'un des principaux lieux de culte à Artémis, déesse de la nature, de la chasse et des accouchements, qui a pris sa forme actuelle vers le VIe siècle av. J.-C. Déesse protectrice des animaux, elle devient, sur ce site également, protectrice de la famille et des enfants. Selon la légende, Iphigénie y aurait fini ses jours comme prêtresse de la déesse. A l'arrivée, le monument le plus imposant est le portique dorique dont quelques colonnes sont encore debout. Sur votre droite, le petit bassin en tuf, au pied de la terrasse du temple, devait alimenter le site en eau. Le portique donnait sur le sud, c'est-à-dire vers la petite chapelle que vous apercevez sur votre droite en entrant, et était encadré de deux ailes parallèles dont on distingue encore les fondations. Derrière le portique, vous pouvez voir les fondations de neuf petites chambres de forme carrée, meublées à l'époque de lits et de tables en marbre. Ces chambres servaient à héberger les « ourses », ces petites filles habillées de jaune qui accompagnaient les rituels dédiés à la déesse Artémis. Leur nom d'« ourse » vient de la légende selon laquelle Artémis aurait voulu punir les Athéniens du meurtre d'un ours par un jeune garçon qui défendait sa sœur. Vous pouvez voir, dans les chambres, les marques qui correspondent aux endroits où s'inséraient les lits. En tournant le dos au portique, vous voyez à gauche de la petite chapelle les fondations d'un sanctuaire composé de quatre chambres.

ÎLES SARONIQUES

Vue sur le port très coloré de l'île d'Hydra.

© KORPITHAS

ÎLES SARONIQUES – ΝΗΣΙΑ ΣΑΡΩΝΙΚΟΥ ★★★

Les îles Saroniques (Saronikos) sont les plus proches d'Athènes : à moins de 40 minutes du Pirée, le dépaysement est assuré. De nombreux ferries font la traversée chaque jour et vous pourrez visiter chacune de ces 5 îles à la journée, si le temps vous manque. Evidemment, on ne saurait que trop vous conseiller de prendre le temps sur ces îles qui offrent une vraie bouffée d'air frais après la vie frénétique de la capitale. Une bonne idée à garder en tête : la plupart de ces îles proposent des liaisons avec le Péloponnèse et vous pourrez ainsi poursuivre votre découverte du pays en rentrant à Athènes par le continent.

ANGISTRI – ΑΓΚΙΣΤΡΙ ★

Avec 14 km² et 1 200 habitants, on la considère souvent comme la petite sœur d'Egine. De nombreux touristes apprécient aujourd'hui sa tranquillité et ses eaux cristallines, face à l'île des Pistaches, souvent surpeuplée et parfois un peu polluée. Elle est également attrayante pour les randonnées et les belles balades en bateau qu'elle offre aux visiteurs. Sans forcément vous y éterniser, Angistri mérite un crochet. Ses trois villages sont entourés de pins et ses côtes rocheuses bordent une mer limpide. Ces dernières années, elle attire de plus en plus de touristes, en juillet et en août. Pour l'heure néanmoins, l'île reste moins surpeuplée que ses concurrentes du golfe Saronique. Les Athéniens et les touristes recherchent, avec raison, les bains de soleil et la quiétude de ses plages et ne dépassent pas beaucoup le périmètre autour du port principal de Skala. Si vous vous aventurez au-delà, vous trouverez des petits coins en toute tranquillité. Les habitants d'Angistri sont en majorité des pêcheurs, mais beaucoup d'Athéniens l'ont adoptée en y achetant des résidences secondaires.

Les immanquables des îles Saroniques

- **Egine,** son temple d'Aphaia, ses pistaches et sa célèbre poterie.
- **Hydra,** île de pêcheurs où les véhicules à moteur sont interdits.
- **Poros,** la petite île double séparée du continent par un canal de 400 m.
- **Spetses,** son folklore, ses calèches et son histoire – l'île a aussi eu un rôle vital pendant la Révolution grecque contre l'Empire ottoman…

SKALA – ΣΚΑΛΑ

Dommage que ses jolies dunes couvertes de pins aient été sacrifiées au béton dans les années 1970… Le port d'Angistri, avec ses constructions modernes, n'est pas franchement attirant, mais il abrite encore quelques jolis coins. À l'extrémité gauche du port, à environ 600 mètres, vous trouverez une jolie petite plage de sable et de galets, l'une des plus prisées de l'île en été. Vous entendrez sans doute parler d'une autre plage de galets à Halkiada, réservée aux nudistes (pour la petite histoire, c'est la plus ancienne plage nudiste de Grèce, au grand dam de l'Église). Un peu plus loin, surplombant la mer, un bar-discothèque est la principale attraction nocturne de l'île. Les hôtels et les tavernes sont acceptables, mais ne méritent aucune mention spéciale. Au-dessus de Skala, une colline abrite Metohi, l'ancienne capitale d'Angistri.

Transports

Comment y accéder et en partir

■ **PORT**
✆ +30 22970 91541
Malgré les liaisons fréquentes, les plus pressés pourront aussi se renseigner auprès du « Agistri Express boat » ou des water taxi « Jamaica » (+30 22970 91574 ou +30 6944 535 659) et « Poséidon » (+30 6972 229720).

- **Ferry.** Athènes-Angistri. Au moins deux liaisons en ferry par jour avec Le Pirée (18/semaine, 1 heure 35 de traversée). Départ du port central, à gauche en regardant la mer, près de la place Themistokleous.

- **Hydroglisseur.** Athènes-Angistri. En été, sept liaisons en hydroglisseur par jour avec Le Pirée (55 minutes de traversée). Les mêmes navires desservent aussi Egine.
- **Liaisons avec les autres îles.** Avec Egine, le port de Souvala (35 minutes), et avec le Péloponnèse, le port d'Epidavrou (20 minutes), à proximité de l'antique cité d'Epidaure.

Se déplacer

- **En bus,** liaisons quotidiennes toutes les heures entre Skala, Limenaria et Metohi.

Pratique

POLICE

✆ +30 229 709 1201

URGENCES

✆ +30 229 709 1110

Se loger

AKTAION

✆ +30 229 709 1222
dionysis@stayinagistri.gr
19 chambres. Chambre double à partir de 65 € selon la période sans le petit déjeuner. Ouvert toute l'année.
Avec 19 chambres bien équipées sur la plage, et une piscine en prime. Le bâtiment principal est situé en face de la plage de Skala. Il propose 19 chambres et appartements familiaux. Toutes les chambres disposent de la climatisation, d'une télévision à écran plat, d'un réfrigérateur et d'une salle de bains avec douche. Elles ont aussi un balcon meublé avec vue sur la piscine, la mer et la plage. L'annexe, construite en 2004 (et surnommée l' « Aktaion II »), est située à 10 mètres derrière le bâtiment principal et comprend 8 chambres et maisonnettes modernes.

DIONYSOS

✆ +30 229 709 1094
dionysis@stayinagistri.gr
22 chambres. Chambre double à partir de 65 € en été, sans le petit déjeuner.
Proche de la plage, cet hôtel aux 22 chambres élégantes propose aussi un bar de plage et un café. Les chambres donnent sur un balcon aménagé avec vue sur la mer. Elles comprennent également kitchenette et l'accès à un lave-linge/sèche-linge. Toutes les chambres sauf les chambres économiques possèdent un balcon avec vue sur la mer. Les chambres supérieures situées plus à droite du bâtiment offrent les meilleures vues. Mais l'hôtel offre surtout un accès direct à la mer cristalline depuis la plateforme de baignade située juste en face de l'hôtel.

■ HOTEL YIANNA

A 150 m de la plage de Skala.
✆ +30 229 709 1356
www.holidaysinagistri.com
pannek@aig.forthnet.gr
15 chambres. La double à partir de 50 € en été, sans le petit déjeuner. L'ouverture varie selon la saison.
Ce petit hôtel propose des chambres de plusieurs tailles avec un balcon, téléviseur, réfrigérateur et accès Internet en wifi. Il jouit d'un excellent emplacement à seulement 100 mètres du port de Skala. Cet hôtel convivial, à la gestion familiale, propose des logements bien équipés mais aussi des activités (des soirées à thème par exemple). Mais on aime surtout sa superbe piscine et son accueil chaleureux. A savoir : les propriétaires gèrent aussi le restaurant Alterego, ainsi qu'une poignée de maisonnettes. Formule en demi-pension possible.

■ OASIS SKALA BEACH

✆ +30 229 709 1085
sales@agistrihotels.com
A 100 m du port, pile sur la plage.
11 chambres. La double à partir de 60 € en été avec le petit déjeuner.
Cet hôtel en bord de plage est doté d'un restaurant et possède également une plage privée. Il compte 25 chambres : 12 chambres doubles classiques avec vue sur la mer, 8 autres chambres doubles classiques, 3 maisonnettes et 2 suites.
Toutes sont bien équipées et disposent d'une télévision, de la climatisation, d'un sèche-cheveux, d'un nécessaire à petit déjeuner (cafetière ou théière), d'un réfrigérateur, d'une terrasse privée et du wifi gratuit. Possibilité de louer une maisonnette pour les familles. Demi-pension également proposée.

Se restaurer

■ ALKYONI

✆ +30 229 709 1377
alkyoni-agistri.gr
info@alkyoni-agistri.gr
A partir de 15 € par personne. Ouverture variable selon la saison.
Une belle taverne au bord de la mer, avec une clientèle fidèle. A 200 m du port, l'endroit est assez féerique, avec ses lampions qui décorent la cour et ses belles petites tables de marbre (d'anciennes machines à coudre à la base) qui surplombent la mer. D'aucuns disent que ce décor pourrait être utilisé pour un film. En tout cas, l'endroit séduit une clientèle locale, d'habitués. Takis y sert des viandes grillées, du poisson frais et des pâtes aux fruits de mer. Classique. A noter que l'établissement propose aussi 15 chambres économiques à louer.

■ TOXOTIS

✆ + 30 22970 91283
www.agistri-studios.gr/gr-tavern.html
Ouvert en saison de 10h30 à minuit. Comptez à partir de 15 € par personne. Chambre double de 30 à 50 €.
Il s'agit du restaurant d'Agistri Studios où vous pourrez d'ailleurs loger agréablement : les chambres sont claires et propres, avec tout le nécessaire et pour un prix très intéressant. Depuis 1981, la taverne reste fidèle à sa réputation avec une cuisine traditionnelle de qualité, préparée par la mère du propriétaire. Les grillades au feu de bois de viandes et poissons sont remarquables. Le meilleur restaurant de Skala et, selon les locaux, de l'île dans son ensemble !

SKLIRI - ΣΚΛΗΡΗ

Un petit village, entre mer et rochers, où vous trouverez le calme absolu.

■ KEKRIFALIA

✆ +30 229 709 1639
kekrifalia-hotelagistri.clickhere.gr
11 chambres. La double à partir de 60 €, sans le petit déjeuner.
11 chambres adorables avec télévision, wi-fi, et balcon avec vue (ou terrasse au rez-de-chaussée). Possibilité de louer aussi une des quatre maisonettes. Les terrasses ont une vue sur la mer ainsi qu'un accès direct à une petite plage privée. Les maisonnettes, à peine plus chères, disposent d'un bain bouillonnant dans la salle de bains. La charmante propriétaire, Lia, se chargera personnellement de votre petit déjeuner, qui peut être servi dans votre chambre si vous le désirez.

■ ROSYS LITTLE VILLAGE

✆ +30 229 709 1610
www.rosyslittlevillage.com
info@rosyslittlevillage.com
A 30 m de la mer.
14 chambres. La double entre 68 et 75 € en été. Petit déjeuner buffet : 8 €.
Rosy and Nondas Agianozoglou, les propriétaires, accueillent un séminaire d'écriture une fois par an. L'endroit est paisible. Le complexe, construit comme un village grec traditionnel, est situé à 30 m de la mer. Les chambres sont calmes et bien équipées. La direction prête souvent gratuitement des vélos aux clients.

MEGALOHORI-MILOS - ΜΕΓΑΛΟΧΩΡΙ-ΜΥΛΟΣ - ΜΙΛΟΣ

Vous pourrez faire la route à pied. À 1,5 kilomètre de Skala, ce village est un agréable point de chute, tant son centre évoque les couleurs cycladiques. L'absence de plage vous incitera à faire un peu de marche ou du vélo.

■ FLISVOS

A 40 m de la plage
✆ +30 229 709 1010
www.agistri.com.gr/flisvos
flisvoshotel@hotmail.com
13 chambres. La double à partir de 50 € en été. Ouvert toute l'année.

Toujours très simple – mais propre -, cet hôtel propose 13 chambres avec la télévision et un réfrigérateur. La vue sur le golfe et sur Egine est splendide. L'hôtel bénéficie d'un emplacement idéal dans le quartier populaire et luxuriant de Megalochori, à seulement 40 mètres du bord de mer et d'une agréable plage de sable fin. Idéal pour des vacances en famille tranquilles et relaxantes. Au rez-de-chaussée de l'hôtel, vous trouverez une réception avec un café-snack-bar et une salle de télévision. Le coin salon s'ouvre sur une cour ensoleillée.

■ MILOS

Au-dessus du port
✆ + 30 22970 91574
www.hotelmilos.gr
info@hotelmilos.gr
30 chambres. La double à partir de 50 € en été, sans petit déjeuner.

C'est un hôtel familial bien situé. L' établissement est entièrement rénové. Ouvert depuis plus de 50 ans, c'est l'un des plus anciens hébergements de l'île d'Angistri. Au départ, c'était juste une petite taverne à côté du vieux moulin. Au fil des années et des générations, c'est devenu un hôtel de 20 chambres avec piscine, restaurant et bar. Ici, la plupart des clients sont des habitués qui visitent l'île et séjournent au Milos Hotel chaque année pour profiter d'une hospitalité qu'ils apprécient. Et du soleil et de l'eau cristalline...

LIMENARIA - ΛΙΜΕΝΑΡΙΑ

Petit hameau tranquille, avec quelques chambres à louer et des tavernes. Une minuscule crique bordée de rochers permet la baignade, à moins de marcher une demi-heure jusqu'à Aponissos. De Metohi, un chemin conduit à Dragoneria, une plage de galets au milieu d'un site impressionnant. Le parcours permet d'avoir une vue panoramique sur les îles voisines. À noter aussi que le bus municipal qui relie Skala à Limenaria s'arrête à proximité de la plage de Dragounera, probablement la plus jolie de l'île.

ÉGINE - ΑΙΓΙΝΑ ★

Avec ses 87,4 km² et ses 14 000 habitants, l'île a, comme souvent en Grèce, des origines mythologiques. Zeus aurait transformé des fourmis en hommes pour offrir des sujets à son fils Eaque. Celui-ci, installé sur l'île et maintenant roi d'une multitude, aurait baptisé son royaume et l'île du nom de sa mère Egine... Aujourd'hui cette île située à seulement 17,5 miles nautiques (20 km) du port du Pirée, est surtout peuplée d'Athéniens qui viennent passer le week-end à la plage. Ils y dégustent les fameuses pistaches d'Egine, connues pour être les meilleures de toute la Grèce, et dont la production jouit d'une appellation d'origine contrôlée. On y cultive aussi les amandes, les olives et la vigne. Son plus haut sommet, le mont Zeus, culmine à 532 m. Egine est aussi aimée par les peintres pour sa luminosité unique qui ne manquera pas de vous enchanter.

Histoire

Aux environs de 650 av. J.-C., Egine devient la première île à frapper sa propre monnaie au motif de la tortue, rappelant ainsi le nombre impressionnant de tortues dans l'île. Elle institue aussi le système métrique et pondéral, faisant de l'île l'un des pôles les plus puissants de la Grèce. Pendant la guerre du Péloponnèse, l'île prend le parti de Sparte contre Athènes, ce qui provoque un conflit important entre les deux cités. Cette rivalité cause la décadence d'Egine, qui est vaincue par les Athéniens en 455 av. J.-C. Plus tard, Egine passe aux mains des Macédoniens. Vendue au royaume de Pergame, elle est ensuite conquise par les Romains. Sous l'hégémonie successive des Francs, des Catalans, des Vénitiens, elle est enfin livrée aux Ottomans en 1540. En 1821, près de 400 Eginètes participent à la lutte contre l'Empire turc. En récompense, Egine devient la capitale provisoire de l'Etat hellénique en 1828 avant son transfert à Athènes.

AIGINA - ΑΙΓΙΝΑ ★

La plupart des touristes débarquent à Aigina ou Égine-ville mais n'y résident pas, car la plage n'est pas extraordinaire. Pourtant, cette ville à la beauté discrète reste agréable avec ses maisons néoclassiques, sa blanche église d'Aghios Nikolaos et ses calèches. Ne manquez pas d'aller voir l'unique colonne rescapée du fameux temple d'Apollon ainsi que l'intrigant sphinx de marbre du musée archéologique.

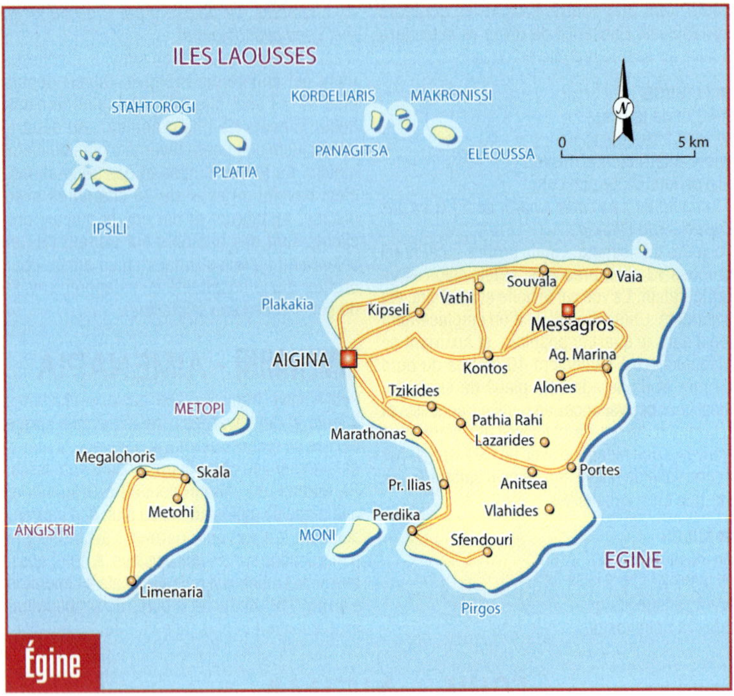

Transports

Comment y accéder et en partir

L'île dispose de trois ports : Egine (le principal, à l'ouest), Aghia Marina (à l'est) et Souvala (au nord).

■ CAPITAINERIE DU PORT

✆ +30 2297 320920

▶ **Ferry.** Athènes-Egine : l'été, au moins seize liaisons en ferry par jour entre Le Pirée et port d'Egine (1h10 de traversée). Environ un quart d'entre elles dessert le port de Souvala. De plus, un ferry fait la liaison trois fois par jour entre Le Pirée et Aghia Marina.
Départs d'Athènes au port central, à gauche en regardant la mer, près de la place Themistokleous.

▶ **Hydroglisseur.** Athènes-Egine : quatorze liaisons par jour en hydroglisseur entre Le Pirée et le port d'Egine (40 minutes de traversée). Toutes desservent le port principal d'Egine, avec le plus souvent des arrêts à Aghia Marina et Souvala. A Egine, le premier départ (vers 6h40) et le dernier départ (vers 21h15) se font d'habitude du port de Souvala.

▶ **Liaisons avec les autres îles.** Avec Poros, Hydra, Spetses et Angistri. Avec le Péloponnèse vers Methana (35 minutes de traversée), ville touristique connue pour son volcan, Porto Heli, en face de l'île de Spetses, et Ermioni, en face d'Hydra.

▶ **Yachting**. Le port d'Egine est très protégé. Pour vous diriger la nuit, suivez le phare de l'îlot Moni. Approvisionnement en eau et en nourriture.

Se déplacer

■ BUS

Devant la poste
✆ +30 229 702 2787
www.aeginaportal.gr/ktel.html
Billets à partir de 1,80 €.
Trois lignes desservent les principaux sites de l'île : Marathonas, Perdika, Aghios Nektarios, Aghia Marina, Kypseli, Souvala, Vaia, Aghious, Pahia Rahi, Anitsaio... Renseignements et horaires sur le site Aeginagreece.com.

Pratique

■ DISPENSAIRE MEDICAL

✆ +30 22970 22 628

Aigina
Eglise
Musée
Curiosité
Divers
Poste
Police
Hôpital
Banque
Ferry
Bus
250 m
Acropole &
mple d'Appolon
Musée
archéologique
Vieux
Stade
VIEUX
PORT
Dim. Petriti
Kappou
Aeakou
Kiverniou
Lada
Bus
Poste
Police
Kanari
Kazantzaki
P. Irioti
Lambonos
Aristofamous
Ioulias Katcha
Sp. Rodi
Thomaidou
Tour
Marbello
Dionisiou
Hôpital
Billet &
Police du Port
Ferys et
Speed Boats
Speed
Boats
Aeakou
Ag.Nektariou
Mitropoleos
Banque Nat.
de Grèce
Dessertes
locales
Speed
Boats
Afeas
Cathédrale
Ch. Lada
PORT DE
PÊCHE
P. Aeginitou
Achilios

Se loger

AEGINITIKO ARCHONTIKO

1 rue Aghiou Nikolaou et Thomaidou
✆ +30 22970 24 968
http://aeginitikoarchontiko.gr
aeginitikoarchontiko@gmail.com
12 chambres. La double à partir de 60 € en été avec le petit déjeuner fait maison. Ouvert toute l'année.
Nous ne saurions trop vous recommander cette auberge de charme, aménagée dans une villa qui appartenait jadis à Zinova, célèbre féministe de l'île (la première femme qui ait osé conduire une voiture !). Ce manoir unique est aussi l'ancienne résidence de plusieurs politiciens, poètes et artistes grecs, notamment Nikos Kazantzakis et Kostas Varnalis. L'actuel propriétaire, Fotis Voulgarakis, a rénové la maison en respectant son architecture traditionnelle. Madame Rena vous accueille avec chaleur et convivialité, et saura vous faire sentir comme à la maison. Le petit-déjeuner qu'elle sert tous les matins est véritablement succulent. Pour les amateurs de décors désuets et d'ambiances hors du temps.

APHRODITE ART HÔTEL

20 rue Kanari
✆ +30 2290 29 000
Chambre double avec salle de bains à partir de 60 €, selon la saison et la disponibilité.
Aphrodite Art Hôtel a été tout récemment inauguré. Il s'agit de l'ancien hôtel Artémis et il est entièrement rénové. Les chambres sont confortables et offrent une vue panoramique sur le port d'Égine. Belle cour intérieure. Des cours et des séminaires d'art sont projetés par la nouvelle direction. Le service assurant le petit déjeuner est prévu pour les mois à venir.

BROWN

3-4 Akti Hatzi
✆ +30 229 702 2271
www.hotelbrown.gr
gb@hotelbrown.gr
28 chambres. La double entre 55 et 65 € en été avec petit déjeuner en option à 5 €.
Cette ancienne usine d'éponges a été reconvertie en hôtel d'une trentaine de chambres en 1959. Aujourd'hui, l'établissement dispose de 28 chambres avec vue sur la mer et de bungalows dans son grand jardin bordé d'arbres. Au fil des années, les propriétaires l'ont rénové et aujourd'hui c'est un agréable établissement sur le front de mer. Les photos d'époque sont touchantes et on aime l'ambiance moderne et aérée du restaurant au rez-de-chaussée. Les chambres sont simples et fonctionnelles mais propres, et on apprécie le luxuriant jardin à l'arrière.

Se restaurer

TO DROMAKI

Akti Toti Hatzi 4
✆ +30 2297 024445
Ouvert tous les jours en saison, de 10h à minuit. Comptez 15 € par personne.
Cette agréable taverne située au rez-de-chaussée de l'Hôtel Brown est une très bonne adresse dans la ville d'Egine. Midi et soir, vous pourrez y déguster une savoureuse cuisine traditionnelle (vérifiez les plats du jour, toujours d'une fraîcheur irréprochable) ou venir prendre le café et le petit-déjeuner dans la matinée. Goûtez au veau à la bière, aux champignons farcis, aux pâtes au porc et à la sauce au yaourt. Le service est chaleureux et le cadre impeccable, avec vue directe sur la mer. Un cadre magnifique sur le sable au bord de la mer, au bord du port, en été.

Monastère de Saint Nectarios, Aigina.

■ **TSIAS**
47 rue Dimokratias
✆ + 30 22970 23529
Ouvert tous les jours en saison, de midi à minuit. Comptez 15 € par personne.
Avec une vue sur les caïques et les fruits de l'épicerie, c'est un lieu de rencontre pour les habitants d'Égine. Voilà un restaurant familial comme on les aime où l'on vous présente le poisson frais ou les plats en cuisine avant de commander. Comme d'habitude, si vous optez pour le poisson frais, demandez le prix de la bête choisie au moment de commander, cela vous évitera les mauvaises surprises au moment de l'addition. Les boulettes de viande sont excellentes, tout comme le poulpe et les filets de maquereau à l'ail et au romarin. Belle atmosphère. On y revient !

■ **XERI ELIA**
✆ +30 22980 52 886
www.xerielia.gr/el/sites/6/pages/37
stavrosduskos@yahoo.gr
Ouvert midi et soir. Compter à partir de 20 € par personne.
Il paraît que cet établissement est le berceau du tourisme grec ! ! ! De père en fils, et cela va bientôt faire 200 ans, cette petite échoppe qui faisait en même temps épicerie et petite taverne est devenue une référence à Hydra. Taverne très prisée, on y trouve des plats traditionnels mais également les poissons frais du jour et des homards étalés, avant d'être choisis, devant l'entrée de l'établissement, en vitrine. Mettez-vous à l'ombre, aux tables qui s'alignent sur la place dallée, se trouvant juste en face de la taverne, et prenez le temps de savourer un repas à la grecque.

À voir – À faire

■ **MUSÉE ARCHÉOLOGIQUE**
10 rue Mitropoleos
✆ +30 229 702 2248
En bas du site de Kolona.
Ouvert tous les jours, sauf le lundi de 10h à 17h (17h30 en haute saison). Entrée : 4 € comprenant l'accès au site de Kolona.
Créé en 1828, il expose, sur deux étages, des sculptures provenant du temple d'Aphaia et la statue d'Héraclès du temple d'Apollon. Situé sur la colline où se trouvait l'antique Acropole, vous verrez sur le site l'unique colonne rescapée du temple dorique d'Apollon (520 av. J.-C.).

■ **PALEOHORA**
A 6 km d'Egine.
Cette cité byzantine fut bâtie en 896 pour échapper aux attaques des Sarrasins. Devenue capitale de l'île au IXe siècle, elle a été abandonnée par ses habitants au début du siècle dernier. Construite sur une colline, cette ville fantôme a possédé 565 églises. Il n'en reste, à l'heure actuelle, que 28, avec des fresques très intéressantes.
La visite des églises constitue une balade vraiment très agréable. Sur place, vous visiterez aussi le monastère Saint-Nectaire, patron de l'île, qui a passé les dernières années de sa vie en ce lieu.

PERDIKA – ΠΕΡΔΙΚΑ ★

Agréable petit village de pêcheurs avec une plage de sable, situé à 9 kilomètres de la capitale. Ses hôtels ne sont pas accaparés par les groupes et le voyageur individuel pourra y trouver une chambre. À la taverne Saronis, vous pouvez manger de l'excellent poisson frais. Des bateaux font la navette avec l'îlot Moni Eginas, juste en face (trajet de 10 minutes), où vous pouvez vous baigner dans une mer au-dessus de tout soupçon.

■ **ANTZI STUDIOS**
✆ +30 229 706 1446
www.antzistudios.gr
info@antzistudios.gr
Studio standard à partir de 75 € en été, avec le petit déjeuner. Ouvert toute l'année.
On aime beaucoup ces studios modernes, joliment meublés et bien équipés de 17 m^2, avec vue sur le village et la piscine de l'établissement. Pas chers, ils peuvent accueillir 3 personnes. Des appartements plus grands sont à peine plus chers. Restaurant.

■ **EGINITISSA**
✆ +30 229 706 1546
Ouvert tous les jours en saison, de 10h à minuit. A partir de 20 € par personne.
À côté de la plage de Perdika, au sud de l'île, comment résister à cette taverne les pieds dans l'eau ? D'excellents poissons frais et surtout la chance de pouvoir piquer une tête au bout de la terrasse ourlée par une petite plage : assez bon marché au final, même si vous devez y aller en taxi !

■ **HIPPOCAMBUS**
✆ +30 229 706 1363
www.hippocampus-hotel-greece.com
morinaki.laz@hotmail.com
Chambre double entre 50 et 60 €, petit déjeuner compris. Ouvert toute l'année.
Situé au centre de Perdika, cet hôtel de 20 chambres, avec télévision et balcon, très convenable est tellement typique qu'il dispose même de sa propre église ! Il y a aussi un très beau jardin, abrité par la vigne. Le prix des chambres familiales est vraiment très attractif.

ÎLES SARONIQUES

■ **VILLA RODANTHOS**
✆ +30 694 425 0138
www.villarodanthos.com
villarodanthos@gmail.com
Prendre à droite pendant 100 m – face à l'arrêt de bus.
Studio pour 2 à partir de 45 € en été. Petit déjeuner : 5 €. Ouverture de mars jusqu'en octobre.
Un joli et bon plan. A 5 minutes du petit port, cette villa néoclassique abrite 9 studios avec kitchenette et 1 chambre d'hôtel standard offrant un hébergement magnifique et confortable. Chaque studio a l'équipement nécessaire, une télévision et le wifi. Et les chambres pour les familles sont très abordables.

MARATHONAS - ΜΑΡΑΘΩΝΑ

Ce village à 4 kilomètres de Perdika en direction de la ville d'Égine bénéficie d'une plage sympathique et de tavernes au bord de la mer.

■ **AMMOS**
✆ +30 229 702 8160
A partir de 15 € par personne. Ouvert tous les jours en saison, de 10h à minuit.
Situation idéale, les pieds dans l'eau. Cette taverne de plage est très honnête et offre une pause agréable pour déjeuner. Les parents pourront surveiller les enfants en baignade du coin de l'œil. Parfait pour boire un verre également.

■ **CROWNVIEW SUITES**
Sur la plage. ✆ +30 229 702 8470
www.crownviewsuites.com
A partir de 70 € la chambre double, en été, avec le petit déjeuner.
Ce complexe propose des appartements entièrement meublés et bien équipés. Cuisine, réfrigérateur, petite salle à manger, TV couleur, de grands balcons et une vue magnifique. Accès Internet. Un charmant complexe d'appartements de charme situé sur la plage, dans la ville de Marathonas. Vous n'aurez ici devant vous que du sable, la mer et une vue dégagée...

■ **OSTRIA**
✆ +30 22970 27 682
www.aeginaostria.gr/restaurant/
info@aeginaostria.gr
Ouvert toute la journée d'avril à novembre. Compter autour de 20 € par personne. Consulter la carte pour les prix des poissons frais.
Situé au bord de la plage, sous les tamaris, ce restaurant vous permettra de vous reposer et de vous rafraîchir tout en appréciant une très bonne cuisine traditionnelle grecque, un verre d'ouzo ou un café. Les poissons sont frais, les salades et les légumes proviennent du potager des propriétaires. Si vous optez pour le dîner, sachez que l'endroit est idéal pour admirer un coucher de soleil spectaculaire.

SOUVALA - ΣΟΥΒΑΛΑ

Situé à 10 km d'Egine, ce village côtier est un lieu intéressant, un peu excentré mais réputé plus économique. Autre particularité : ses eaux thermales sont recommandées pour les rhumatismes et les affections de la peau.

■ **CAPITAINERIE DU PORT**
✆ +30 229 705 2188
L'un des trois ports avec Egine (le principal, à l'ouest) et Aghia Marina (à l'est).

- **Ferry.** Athènes-Egine : l'été, un quart des liaisons en ferry entre Le Pirée et port d'Egine (1h10 de traversée) dessert le port de Souvala. Cinq liaisons par semaine avec Angistri (0h35).
- **Hydroglisseur.** Tous les bateaux du Pirée desservent le port principal d'Egine, avec le plus souvent des arrêts à Aghia Marina et Souvala.

■ **IRIDES**
Agioi
✆ +30 229 705 2215
www.irides.gr
irides@otenet.gr
A 200 m du front de mer.
Studios pour 2 à partir de 80 € en été.
Groupe de 15 appartements aux couleurs chaudes, construit dans un style architectural éginète, qui surplombe la mer et propose des chambres modernes. Télévision, balcons avec vue et mobilier écologique. L'hôtel dispose également d'une piscine et d'un bassin pour les petits et d'une jolie pergola fleurie. wi-fi gratuit. Le petit déjeuner maison, à base de produits frais, est servi jusqu'à midi. Pour info, certains ferries s'arrêtent à Souvala (transfert possible).

■ **KAVOUROPETRA**
Port de Kavouropetra
✆ +30 22970 23 001
kavouropetra.tavern@gmail.com
Entre le port d'Égine et Souvala, sur la route qui longe la plage.
Ouvert midi et soir. Compter à partir de 20 € par personne.
Petite taverne familiale, établie dans les années 1960, qui continue la tradition grâce au fils de la famille devenu chef. Les spécialités d'autrefois, principalement des fritures exceptionnelles aux petits poissons frais et aux poissons locaux, vous seront servies avec quelques touches de cuisine moderne. Le couscous aux langoustes, les anchois marinés et les sardines farcies sont un délice.

■ **XANTHIPPI**
Plage de Loutra
✆ +30 229 705 2201
www.xanthippihotel.gr
info@xanthippihotel.gr
Chambre double à partir de 70 € en été avec le petit déjeuner.
A 40 m de la mer, cet hôtel a été complètement rénové en 2011 et a retrouvé une seconde jeunesse. Les 20 studios refaits à neuf ont une cuisine impeccable, design. Du mobilier élégant et évidemment, maintenant, un accès Internet en wi-fi. Le petit déjeuner est servi au café-bar le Svelto kouneli (« lapin svelte »).

AGHIA MARINA – ΑΓΙΑ ΜΑΡΙΝΑ

À 13 kilomètres d'Égine, ce village très construit (mais entouré de pins) est doté d'une plage de sable, envahie de baigneurs. Si vous n'aimez pas les familles bruyantes et les bébés qui pleurent, ce lieu ne vous conviendra pas. Hôtels, restaurants, bars et discothèques abondent. Nous vous conseillons d'y venir le temps d'une excursion d'une demi-journée pour visiter le magnifique temple d'Aphaia. Pour vous baigner, la plage de Portes, 5 kilomètres plus loin, est bien plus calme.

Transports

■ **CAPITAINERIE DU PORT**
✆ +30 229 703 2358

▸ **Ferry.** Athènes-Egine : un ferry fait la liaison trois fois par jour entre Le Pirée et Aghia Marina.

▸ **Hydroglisseur.** Athènes-Egine : quatorze liaisons par jour en hydroglisseur entre Le Pirée et le port d'Egine (40 minutes de traversée). Toutes desservent le port principal d'Egine, avec le plus souvent des arrêts à Aghia Marina et Souvala.

Se loger

■ **APOLLO HOTEL**
Sur le front de mer
✆ +30 229 703 2271
www.apollohotel.gr
Chambre double à partir de 87 € en été, petit déjeuner compris. Possibilité de demi-pension et de pension complète.
Rénové en 2019, ce gros complexe de 107 chambres offre aujourd'hui tout le confort moderne, tout en préservant l'architecture et la décoration uniques de ses locaux. Ce n'est pas le charme qui caractérise les lieux mais l'établissement est très bien situé et offre de multiples services qui plairont aux familles

Aghia Marina.

avec enfants. Parmi les activités proposées, du tennis de table, un minigolf et un terrain de tennis. Piscine. Emplacement idéal, dans la baie d'Aghia Marina aux eaux bleues et entouré d'une forêt de pins sous le célèbre temple antique d'Aphaia.

■ **ARGO SPA HOTEL**
Sur le front de mer
✆ +30 229 703 2266
www.argohotel.gr
argo@argohotel.gr
60 chambres. A partir de 55 € la double en été (ou 130 € en pension complète).
Ce beau complexe situé près de la mer, dispose aussi d'une salle de sport et d'une piscine. Les chambres les moins chères s'ouvrent sur un balcon avec vue sur la montagne et disposent d'une télévision par satellite et d'un réfrigérateur. D'autres ont un canapé, et une vue sur la mer de leur balcon privé avec chaises. Programmes de cures possibles et offres spéciales pour les séjours à la semaine. Télévision, frigo et balcon dans chaque chambre. Attention : les prix varient aussi selon le jour de la semaine (et c'est le samedi le plus cher).

■ **HOTEL RACHEL**
188 K. Galari
✆ +30 229 703 2168
www.hotelrachel.com
info@hotelrachel.com
Chambre double à partir de 40 € en été, avec le petit déjeuner, mais les prix montent en fonction de l'étage.

Récemment rénové et sur la plage, cet hôtel très fonctionnel propose des chambres avec frigo, télévision et wifi. Décoration un peu désuète mais emplacement idéal. Vous pourrez commencer votre journée avec un petit-déjeuner (buffet) et des confitures faites maison. Des repas légers et des boissons rafraîchissantes sont servis au bar sur place toute la journée.

Se restaurer

I THALASSA

✆ + 30 22970 32145

Ouvert tous les jours de 10h à minuit en saison. Comptez 25 € par personne environ.

Située en bord de mer, cette taverne vous propose des plats grecs et des poissons frais, grillés ou frits. C'est un peu plus cher qu'ailleurs mais vous serez récompensé par la qualité de la cuisine et le calme et la fraîcheur provenant de la mer, notamment après le coucher du soleil.

AKROGIALI

Plage d'Aghia Marina ✆ +30 229 703 2427

https://akrogiali.mainserver.eu/

Comptez 15 € par personne. Ouvert tous les jours, du matin jusqu'au dernier client en saison.

Au bord de la baie calme et agréable d'Aghia Marina, les employés de cette bonne taverne de poisson nettoieront les pièces devant vous, avant de les griller.

À voir - À faire

TEMPLE D'APHAIA ★

Accès par la route ou par un chemin boisé depuis Aghia Marina.

Ouvert tous les jours de la semaine de 8h à 19h (17h hors saison). Entrée 6 € (musée compris).

A 4 km au nord d'Aghia Marina, sur une colline boisée offrant une vue saisissante sur le golfe Saronique, un majestueux temple dorique datant du Ve siècle. À l'entrée, un panneau rappelle comment le sanctuaire se présentait à l'origine, vers 490 av. J.-C. Un musée complète le récit.

HYDRA - ΎΔΡΑ ★★★

Leonard Cohen, Brigitte Bardot, Audrey Hepburn, Anthony Quinn, Joan Collins, Maria Callas et Jackie Onassis ont compté parmi les habitués de l'île. Au point que Hydra, à une heure et demie du Pirée en hydroglisseur, figure aujourd'hui dans le carnet d'adresses obligé de la jet-set athénienne. Son port est construit en amphithéâtre et ses falaises ponctuées de maisonnettes colorées accueillent magistralement le visiteur. Hydra est également réputée pour son calme : aucune voiture n'y circule et tous les déplacements se font donc à dos d'âne ou à pied. Une manière de fuir la pollution sonore des villes. Les villages en pierre, bien conservés, donnent un cachet très singulier à cette île du golfe Saronique. Les terres de l'intérieur sont désertes et bien plus calmes que son port animé : on apprécie le contraste que propose sa géographie, permettant d'alterner entre repos et animation, culture et nature.

Histoire

Pendant l'occupation turque, Hydra connaît un essor important grâce à son statut quasi autonome qui la dispense de taxes. Dès le milieu du XVIIIe siècle, les chantiers navals de l'île acquièrent une solide renommée : les vaisseaux qui les quittent sillonnent toute la Méditerranée. Cette période d'essor économique et maritime atteindra son apogée au XIXe siècle. Les familles d'armateurs enrichies bâtissent alors les plus belles maisons de l'île (les *archondika*) que l'on admire toujours aujourd'hui. A la veille de la révolution grecque, Hydra compte 40 000 habitants, 150 vaisseaux et une école navale. La première école de capitainerie de Grèce y est fondée et elle est encore active de nos jours. Dès les débuts de la guerre d'indépendance en 1821, les Hydriotes mettent une centaine de leurs bateaux marchands au service de la lutte armée. C'est ainsi que certains capitaines locaux comme Kountouriotis, Tsamados, Miaoulis et Tombazis accèdent à la gloire nationale du nouvel Etat grec. Lorsque la guerre s'achève en 1828, l'importance d'Hydra est reconnue dans tout le pays. Avec le déclin de ses activités portuaires et navales, Hydra perd progressivement de l'importance, notamment au profit de Syros dans les Cyclades et du Pirée. L'île sombre dans une période de ralentissement et se reconvertit dans les activités de pêche et de tourisme.

HYDRA CHORA - ΎΔΡΑ ΧΩΡΑ

Avec son très beau port et ses demeures de charme (cossues et généralement assez onéreuses), Hydra est une ville qui séduit le visiteur. L'été, elle est envahie par le tourisme, ce qui peut la rendre moins attrayante, mais lorsque la journée est passée, la ville offre des soirées plus calmes à celui qui saura sortir des sentiers battus.

Hydra
PELOPONNESE
Fourni
Kilada
Thermissia
Mer Égée
Ermioni
Kranidi
Akti
Apolona
Petrothalassa
Porto Cheli
Kosta
DOKOS
Mandraki
Vlychos
HYDRA
Molos
Episkopi
TSIGRI
Spetses
SPETSES
STROGILO
TRIKERI
Mer de
Crète
STAVRONISSI
N
2km

Hydra est un labyrinthe de petites ruelles emmêlées les unes aux autres qui, pour la plupart, ne portent pas de nom. La rue qui longe la côte jusqu'au petit port de Kamini s'appelle Boudouri. L'escalier de la rue Lignou vous donnera l'accès au promontoire. La rue Miaouli est également importante puisqu'elle traverse tout le village portuaire puis grimpe jusqu'aux maisons installées en hauteur, sur les flancs de la ville.

La légende dit que si les rues d'Hydra sont le refuge d'autant de chats sauvages, c'est à cause de l'épidémie de peste qui a frappé l'île des siècles auparavant. La peste étant amenée par les rats, la décision avait été prise de remplir les bateaux d'Hydra avec des chats athéniens afin qu'ils chassent les animaux contagieux.

Transports

Comment y accéder et en partir

CAPITAINERIE DU PORT

✆ +30 229 805 2279

Ferry. Les ferries sont relativement peu nombreux pour Hydra. L'essentiel des liaisons se fait en hydroglisseur. D'ailleurs, les ferries pouvant transporter des voitures sont d'une utilité assez relative, puisque l'île n'accepte pas les... voitures ! En été, au moins quatre liaisons en ferry par jour avec Athènes (2h30 de traversée environ). A Athènes, le départ se fait du Pirée, à gauche en regardant la mer, près de la place Themistokleous.

Hydroglisseur. Plus fréquents que les ferries. Athènes-Hydra : dix liaisons par jour en hydroglisseur avec Le Pirée (en général 1h45 de traversée et 28 €, variable selon la compagnie et le trajet).

Liaisons avec les autres îles. Avec Spetses, Egine, Poros. Par ailleurs, des caïques font plusieurs fois par jour la navette avec les îlots voisins de Mandraki, Kaminia et Vlyhos. Attention, en saison, les tarifs ne sont souvent pas donnés... Liaisons avec le Péloponnèse : une liaison par jour en ferry avec Ermioni, Porto Heli et Methana.

Yachting. Courants marins et vent du nord-ouest, pour être en sécurité dirigez-vous vers le quai Nord. Difficile de trouver une place en été. Vous risquez de devoir mouiller à Mandraki, un petit port exposé au vent du nord. Douane et possibilité de ravitaillement en eau et en vivres.

Se déplacer

Puisqu'il n'y a pas de voitures...

Âne, mulets, chevaux... Les prix sont vraiment très hauts, du fait de la solidarité des propriétaires qui refusent toute négociation. Comptez quasiment un euro par minute.

Bateaux-taxi. Ils vous permettront de rejoindre les plages un peu éloignées, de faire un tour de l'île, d'aller visiter le port de Kamini... Ils se trouvent sur le port et se repèrent facilement.

Pratique

HOPITAL

454 Miaouli

✆ +30 22980 53150

POLICE TOURISTIQUE

Rue N. Votsi

✆ +30 229 805 2205

Hydra.

Se loger

Bien et pas cher

ALKIONIDES PENSION

✆ +30 229 805 4055
www.alkionidespension.com
info@alkionidespension.com
Chambre double standard à 70 € en été, petit déjeuner compris. Ouvert de mars à novembre.
La Pension Alkionides se trouve à seulement trois minutes à pied du port d'Hydra et propose 7 chambres et un studio très bien entretenus. Situation centrale et pourtant très calme bien qu'à 120 m du port – sans escaliers à monter – dans un cul-de-sac sur la gauche de la rue Economou. Internet sans-fil gratuit. Le studio possède une terrasse privée avec une belle vue en prime. Le jardin fleuri est un endroit agréable aménagé avec des tables et chaises, tout comme la véranda d'où l'on admire les toits d'Hydra. Une solution relativement bon marché pour l'île.

DELFINI

✆ +30 22980 52082
www.delfinihotel.gr
georgesaitis7@hotmail.gr
Chambre double entre 90 et 95 € en été.
Quelques chambres équipées d'un réfrigérateur et d'une télévision. De la salle commune et la véranda, vous avez vue sur le port d'Hydra. Le rez-de-chaussée de l'hôtel abrite un snack-bar et un restaurant avec une jolie vue. Pratique, avec de belles réductions du lundi au jeudi pour éviter les Athéniens.

Confort ou charme

ANGELICA

43 Andrea Miaouli ✆ +30 22980 53202
www.angelica.gr
angelhyd@otenet.gr
Chambre à partir de 120 € selon la période et la catégorie. Petit déjeuner compris.
Un bel hôtel calme, avec un patio sous une tonnelle. Le propriétaire a rénové deux splendides villas, qui appartenaient à ses grands-parents, et les a transformées en hôtel de qualité. Les 21 chambres particulièrement élégantes conservent une délicieuse note de charme et de luxe à l'ancienne. Les chambres classiques sont situées au rez-de-chaussée. Les chambres supérieures ont une véranda ou un balcon. Mais tous les visiteurs ont accès à un patio intérieur agréablement arboré. Le petit déjeuner peut (aussi) être servi dans les chambres.

PORTA DEL MARE

✆ +30 229 805 4105
www.portadelmare.gr
info@portadelmare.gr
A 30 m du port, vers la plage de Spillia.
Chambre entre 80 € et 200 € selon la période de séjour et la catégorie.
Voici une magnifique maison d'hôtes traditionnelle, en pierre, avec des espaces intérieurs zen et luxueux. Quatre studios seulement (trois pour quatre personnes maximum, et un pour deux personnes), mais aménagés et décorés avec soin. Chaque chambre dispose en outre d'une cuisine entièrement équipée. Véranda, salle de fitness, sauna et massages sur demande ! Vous pourrez prendre votre café dans le jardin (avec vue), ou profiter du bain à remous. L'emplacement est idéal, dans une rue très calme mais proche du port. Le personnel est très amical.

Luxe

HYDRA HOTEL

8 rue P. Voulgari
✆ +30 22980 53420
www.hydra-hotel.gr
info@hydra-hotel.gr
Tout près du musée L. Kountourioti.
Chambre à partir de 105 € en été, selon la catégorie. Petit déjeuner compris.
Hôtel chic et cosy. Sa situation en hauteur garantit un séjour à l'écart du bruit. Le revers de la médaille est qu'il faudra gravir des marches pendant bien 15 min pour y accéder depuis le port. Pour les bagages, le personnel viendra vous chercher au port avec une mule et vous y déposera au moment de votre départ. L'établissement dispose de 8 chambres stylées, à la décoration très réussie. Certaines sont dotées d'un salon et d'autres d'une vue imprenable sur la ville avec un balcon. L'accueil est vraiment aux petits soins et mérite une mention spéciale.

Se restaurer

GEITONIKON

Rue Rafalia.
✆ +30 2298053615
Ouvert tous les jours de 12h à 16h et de 18h à 23h. Environ 15 € par personne.
Jolie petite taverne qui attire le client avec ses tables en extérieur, sous un patio chaleureux, avec une grande terrasse avec pergola. La cuisine, traditionnelle et familiale, est absolument délicieuse. Essayez le veau aux coings, par exemple. On en a pour son argent puisque les plats sont très copieux et pour des prix raisonnables à Hydra. La vitrine expose les plats du jour et les poissons frais. Le service est exécuté avec une attention délicate. En dessert, les conserves de fruits et le halva classique d'Hydra sont remarquables. C'est authentique !

OMILOS RESTAURANT

✆ +30 22980 53 800
www.omilos-hydra.com
amalour.k@gmail.com
Au bout à gauche du port de plaisance (face à la mer).
Ouvert tous les jours en saison, de 10h jusqu'à minuit. Comptez autour de 30 € par personne.
Dans les années 1970, il abritait le club légendaire Lagoudera (connu aussi sous le nom de Yachting club) fréquenté par la jet set de l'époque : Brigitte Bardot, Elizabeth Taylor, John Lennon, The Rolling Stones, Maria Callas, Onassis qui y faisait des fêtes régulièrement. Aujourd'hui, c'est LE restaurant gourmet d'Hydra. Coup de cœur garanti pour ce lieu mythique accroché aux rochers et pour cette cuisine méditerranéenne créative. Excellente carte des vins et bon choix de cocktails. Le week-end, l'histoire se répète et le restaurant se transforme en bar où l'on danse.

TO KRIFO LIMANI

8 rue Tobazi
✆ + 30 22980 52585
Environ 15 € par personne. Ouvert tous les jours midi et soir.
Des plats savoureux servis dans un cadre idyllique, avec un patio rempli de végétation. Il n'y a que quelques tables dans la jolie petite cour alors il vaut mieux réserver en haute-saison. La cuisine est typique mais très travaillée. Les produits sont frais et la carte est très variée. On apprécie tant le rapport qualité/prix que l'ambiance calme et chaleureuse et l'efficacité convenable du service. C'est authentique et vivant, à l'image d'une Grèce qu'on trouve parfois difficilement là où sont les touristes. Franchement, que demander de plus ?

XERI ELIA DOUSKOS

✆ +30 22980 52886
www.xerielia.gr/
Comptez 20 € environ par personne. Ouvert toute l'année, et en saison tous les jours de midi à minuit.
Du port, remonter la ruelle à gauche de l'Alpha Bank, prendre à droite à la fourche et continuer tout droit jusqu'à la place ombragée. La taverne des Douskos a une longue tradition depuis 1825 grâce à sa cuisine simple mais de qualité, sur un fond de musique grecque (soirées musicales plusieurs fois par semaine). Plats traditionnels, poissons frais ou calamars grillés, vin maison au tonneau... Les tables sont installées sous deux arbres centenaires. Culte et recommandé, jadis, par Melina Mercouri, Joe Dassin, Jacqueline Onassis, Sophia Loren…

Sortir

THE PIRATE BAR

✆ +30 22980 52711
thepiratebar.gr
zeus@thepiratebar.gr
Sur les quais.
Ouvert de 9h au petit matin.
Entrer dans le bar le plus célèbre de la ville ne se refuse pas ! Ouvert du matin au milieu de la nuit, l'établissement propose ici des petits déjeuners, verres et goûters, et se targue, à la tombée de la nuit, d'être l'un des bars les mieux achalandés en alcools. Il sert des snacks de 9h du matin à 17h. L'emplacement est franchement digne d'une visite en journée et le service est bon. La nuit, l'endroit se transforme en discothèque, qui passe quelques (rares) fois des vieux tubes rock et, la plupart du temps, de la musique électronique.

À voir - À faire

■ ARCHIVES D'HYDRA

Miaouli 454
✆ +30 22980 52355
www.iamy.gr
mail@gak-ydras.att.sch.gr
Situées à l'est du port.
Ouvert tous les jours de 9h à 16h30. Entrée : 5 €.
Le musée, fondé en 1919, est surtout consacré à l'histoire de l'île aux XVIIIe et XIXe siècles. On y trouve des reliques, des œuvres d'art, des figurines en bois, des costumes d'époque ainsi qu'une série de documents historiques qui mettent en lumière la période de la lutte pour l'indépendance du point du vue hydriote. Une vraie façon d'en connaître davantage sur votre destination de vacances. Le musée accueille aussi quelques expositions d'art temporaires. Pour information, la onzième salle du musée a été transformée en galerie historique.

■ ÉGLISE DE SAINT-CONSTANTIN

Aghios Konstantinos
L'église est typiquement orthodoxe, avec un joli intérieur paisible contenant quelques icônes. Il y a un petit musée ecclésiastique juste à côté, avec quelques intéressantes reliques religieuses et d'autres icônes. Le personnel présent sur place pourra répondre à vos éventuelles questions pour vous renseigner un peu sur le contenu de ce qui vous est présenté. L'église est située dans les hauteurs de l'île et offre une vue unique sur la mer et les montagnes environnantes.

■ MONASTÈRE PROFITIS ILIAS / MONT EROS ★

Ouvert de 9h à 17h.
Une heure de marche vous mènera au sommet du mont Eros – plus haut point de l'île – où vous découvrirez le monastère du Prophète Elie sur les hauteurs de la ville : appréciez la balade qui vous y mène, la vue est à couper le souffle. Si vous êtes bon marcheur, continuez jusqu'au monastère inhabité d'Episkopi (une heure de marche supplémentaire), à travers un paysage idéalement serein. C'est un peu costaud comme randonnée – évitez de la faire quand le soleil tape trop fort – mais vous l'apprécierez une fois arrivé en haut pour profiter de la vue imprenable.

■ PLAGES

Pas franchement la spécialité de l'île, elles sont généralement faites de galets peu hospitaliers, mais quelques-unes valent le détour. Dans la ville d'Hydra, tout le monde se baigne près des rochers cimentés qui bordent le port. A l'extrémité ouest du port, vous trouverez la plage de galets de Bitsi, qui possède son propre centre de plongée. Elle n'est pas trop fréquentée et son eau est turquoise. Les familles préféreront la plage de Kamini, à 20 minutes de marche à l'ouest du port. Celle de Mandraki à l'est du port est un peu plus vaste que la moyenne hydriote.

■ RUE LEONARD COHEN

Rue Léonard Cohen.
Pas de visite.
Si l'intérieur de la maison du poète ne se visite pas, cette dernière se situe dans une rue qui porte aujourd'hui son nom. Celui que ses voisins grecs avaient pris l'habitude de surnommer « Leonardos » est décédé le 7 novembre 2016, à l'âge de 82 ans. Il avait acheté la propriété dans les années 1960 et y a vécu pendant une quarantaine d'années. A Hydra, il rencontrera son grand amour et sa muse favorite, la Norvégienne Marianne Ilhen, à qui la chanson *So Long Marianne* est dédiée. C'est aussi sur l'île que l'homme écrivit le recueil de poèmes *Flowers for Hitler* ainsi que le roman *Beautiful Losers.*

VLYCHOS - ΒΛΥΧΟΣ

Ce petit village au bord de l'eau est situé à 30 minutes de marche de Kaminia. Vous y trouverez quelques chambres à louer et des tavernes.

■ CASTELLO

Kaminia ✆ +30 22980 54101
Ouvert tous les jours, midi et soir. A partir de 25 €/pers.
Voilà l'un des lieux de rendez-vous privilégiés de l'île. Terrasse, tables et chaises longues sur la plage privée. Le menu met l'accent sur les plats roboratifs comme les pâtes et les risottos, mais vous trouverez des suggestions plus *light* le matin. Essayez la morue aux haricots, le carré d'agneau, le poulpe grillé ou la salade de lentilles et de crevettes. Divers événements et cocktails sont souvent organisés ici. Pour des moments exclusifs, faites une réservation pour la « table du chef » super privée à l'intérieur du bâtiment...

■ FOUR SEASONS HYDRA

✆ +30 229 805 3698
www.fourseasonshydra.gr
Au sud du port d'Hydra, sur la plage Vlychos.
A partir de 120 € la nuit en été. Offres spéciales en mi-saison (mois de mai et octobre).
En cinq minutes, on y accède par un petit bateau qui navigue gratuitement entre l'hôtel et le port jusqu'à 20h. Un petit hôtel de rêve unique sur cette île pour se détendre au calme. Entièrement réaménagé en 2008, l'hôtel dispose de 5 suites luxueuses imprégnées par des couleurs « quatre saisons », pouvant accueillir jusqu'à 4 personnes. Le petit-déjeuner est servi dans le restaurant à même la plage. Le personnel professionnel est serviable avec le sourire. Une belle marche d'une trentaine de minutes pour le village d'Hydra s'impose.

POROS - ΠΟΡΟΣ ★

Avec ses 28 km² et ses 4 500 habitants, l'île de Poros signifie l'île du « passage ». De cette île boisée, vous pouvez apercevoir les maisons aux toits de tuiles de Galatas, dans le Péloponnèse, et le fameux Lemonodassos, la forêt de citronniers. En empruntant le bac, vous rejoindrez le continent en moins de 30 minutes. L'île est en réalité un ensemble composé de deux petites îles, Kalourla et Sphaeria, séparées par un étroit canal. Les plages sont moins belles que chez les voisines du golfe Saronique, mais l'île cultive un intérêt historique certain : patrie de Thésée, Poros a connu un grand développement au VIIe siècle, dans le cadre de l'Amphictionie de Kalavrie, l'union de sept villes. Moins fréquentée que ses voisines, Poros a ainsi conservé son caractère et beaucoup de charme.

Histoire

Sous l'occupation ottomane, Poros a pu maintenir une certaine indépendance. Pendant la révolution de 1821, les habitants ont porté secours aux combattants d'Hydra et de Spetses. En 1828, c'est à Poros qu'ont siégé les représentants des grandes puissances (Angleterre, France et Russie), afin de délimiter les frontières du tout jeune Etat grec. Et en 1830, le premier arsenal militaire grec s'est lui aussi installé dans l'île jusqu'en 1877.

POROS CHORA - ΠΟΡΟΣ ΧΩΡΑ

Poros se déploie en amphithéâtre au-dessus de deux collines rocheuses. La première est dominée par la tour de l'Horloge (Roloi), symbole de l'île, qui attire irrésistiblement l'œil dès que vous arrivez au port. Vous allez forcément vouloir y grimper après une balade dans les étroites ruelles de Kasteli, la partie la plus ancienne de la ville, et devant les superbes bâtiments néoclassiques sur deux étages, témoignages de la prospérité de la classe moyenne ascendante de l'île au XIXe siècle.

Transports

- **En voiture.** Prendre la route nationale Athènes-Corinthe, puis continuer vers Epidaure et Galatas (195 km).
- **Bus.** Malgré la proximité de Poros avec le continent, il n'existe pas de liaison directe en bus avec la capitale. A Athènes, il faut prendre un bus KTEL (tél : +30 210 513 4588) à la gare routière de la rue Kifissiou (terminal A), en direction de Nauplie (13 trajets par jour, 2h30). De là, prendre un bus pour Galatas (7 trajets par jour, 2 heures). Ce port est situé juste en face de la ville de Poros.

■ CAPITAINERIE DU PORT
✆ +30 229 802 2274

- **Ferry.** Athènes-Poros : en été, au moins dix liaisons par jour en ferry avec Le Pirée (2 heures 30 de traversée). Départs du Pirée au port central, à gauche en regardant la mer, près de la place Themistokleous.
- **Hydroglisseur.** Athènes-Poros : dix liaisons par jour en hydroglisseur avec Le Pirée (1 heure de traversée). Les navires partent de la porte E au Pirée.
- **Liaisons avec les autres îles.** Avec Egine, Hydra et Spetses. Liaisons avec le Péloponnèse : séparés par un étroit bras de mer de 150 à 350 m de large, la ville de Poros et le port de Galatas sont reliés par un bac de 6h à 22h. Autres liaisons : avec Methana, Ermioni, Porto Heli, Tolo et Nauplie.
- **Yachting**. Possibilité d'approvisionnement en essence et en eau dans le port de Poros.

Se loger

■ DIMITRA HOTEL
✆ +30 229 802 2697
www.dimitrahotelporos.gr
info@dimitrahotelporos.gr
Chambre double à partir de 79 € en été avec le petit déjeuner.
Un hôtel agréable, dans un très joli bâtiment historique, qui abrite des chambres confortables, dans les tons de bleu et de blanc. Intérieurs aérés et reposants qui offrent des vues magnifiques depuis les balcons. Certaines chambres ont une kitchenette. C'est sobre et minimal, dans le meilleur sens du terme : on s'y repose agréablement.

■ MANESSI
Sur le port
✆ +30 229 802 2273
www.manessi.gr
Chambre double à partir de 50 € en été, avec le petit déjeuner.
Belle demeure néoclassique donnant sur le port. Certaines chambres ont des balcons avec vue sur la mer (mais sont plus chères). Mais la plage est à 1 km. Kyriakos Manessis, le propriétaire, gère aussi l'hôtel New Aegli sur l'île, avec des prix similaires (mais certaines chambres, avec supplément, ont un bain bouillonnant).

■ POROS IMAGE
Megalo Neorio
✆ +30 22980 22216
www.porosimage.gr
info@porosimage.com
La double à partir de 70 € en juin et septembre et proche du double en août, avec le petit déjeuner.
A 3 km du port, dans le quartier de Megalo Neorio, c'est tout le confort d'un grand hôtel que vous trouverez dans ses 69 chambres. Doté d'un restaurant, l'établissement possède également une piscine extérieure. Les chambres donnent sur un balcon avec vue sur la mer.

Se restaurer

■ APAGIO
✆ +30 229 802 6219
Compter 15 € par personne. Ouvert tous les jours de 10h à minuit.
Un des derniers restaurants au bout du port, 150 m après le musée de Poros. Très bonnes spécialités locales avec une touche originale, un peu à l'écart, bien au calme. Le menu varie en fonction des arrivages et, si vous en avez l'occasion, on vous conseille le poulpe maison. L'accueil francophone est très sympa, car la maman de la patronne était normande. Atmosphère conviviale.

■ OASIS TAVERNA GRILL
Sur le front de mer.
✆ +30 22980 22955
http://oasisporos.com
sakisoasis@hotmail.com
A droite du débarcadère,
après de la place centrale.
A partir de 15 € par personne. Ouvert tous les jours, midi et soir.
Ne manquez pas cette taverne sur le front de mer, une des plus vieilles de la ville, depuis 1960. Certes touristique, mais tout aussi appréciée par des locaux, fait à ne pas négliger. Sur une grande terrasse avec vue sur les bateaux de plaisance et le Péloponnèse qui est en face, on déguste une bonne cuisine maison : grillades, variété de produits de la mer, poisson frais au kilo ou en portion, spaghettis (au homard aussi). Vin maison. Bon rapport qualité-prix.

À voir - À faire

■ MUSÉE ARCHÉOLOGIQUE
Place Koryzi
✆ +30 229 802 3276
Ouvert tous les jours, sauf le lundi, de 8h30 à 15h. Entrée 2 €.
Statues de l'époque classique et objets provenant des fouilles de Trézène.

© SBORISOV – ISTOCKPHOTO
Île de Poros.

■ RUINES DU TEMPLE DE POSÉIDON
A 5 km au nord de la ville.
Ouvert tous les jours de 8h30 à 15h.
C'est dans ce temple que s'est réfugié le rhéteur Démosthène quand les Macédoniens se sont emparés d'Athènes en 322 av. J.-C. Il s'y est donné la mort et y a été enterré.

ASKELI - ΑΣΚΕΛΙ

À Kalavria, la baie d'Askeli, avec ses villas entourées de pins et ses eaux limpides, mérite une visite. Vous trouverez quelques bons hôtels.

■ CHRISTINA STUDIOS
✆ +30 22980 22344
christinestudios.wordpress.com
christinestudios@hotmail.com
A 50 m de la plage.
A partir de 50 € pour un studio en été.
19 studios dans un jardin de pins, où vous serez indépendants. Les studios de Christina sont dotés d'une kitchenette, d'un réfrigérateur, de plaques de cuisson et d'un téléviseur. Connexion wi-fi gratuite, grand balcon donnant sur le golfe Saronique. Restaurants et supermarchés à moins de 200 mètres.

■ NEW AEGLI
✆ +30 229 802 3200
www.newaegli.gr
info@newaegli.gr
Chambre double affichée à 140 € en été mais parfois moitié prix sur le site.

Sur une plage privée aménagée, cet hôtel bénéficie d'un emplacement exceptionnel en front de mer. Les 80 chambres confortables sont équipées de climatisation, réfrigérateur, télévision par satellite, coffre-fort... Les chambres dites « executives » comprennent un lecteur DVD et un bain à remous. Toutes offrent une vue panoramique splendide sur la mer depuis les balcons privés. On pourra également admirer la vue sur la mer depuis la piscine extérieure. Le bus pour aller au port de Poros s'arrête juste devant. Il existe également un service de navette, avec supplément.

■ **OLGA'S RESTAURANT**
Askeli
✆ +30 22980 25750
www.poros.com.gr/olgas/gr-contact.html
olga@poros.com.gr
A partir de 15 € par personne. Ouvert tous les jours en saison, entre 10h et minuit.
Situé à l'extrémité de la plage d'Askeli, cet établissement offre une vue imprenable sur la mer et le grand large. Il s'agit de l'un des meilleurs restaurants de l'île. Vous y goûterez des plats grecs, des plats inspirés de la gastronomie méditerranéenne dans son sens large et, bien sûr, du poisson frais. L'ambiance est familiale et le service impeccable.

■ **PANORAMA APPARTEMENTS**
Sur la plage d'Askeli
✆ + 30 6942 523338
www.poros.com.gr/panorama1/
panorama@empneusis.gr
Chambre double à partir de 50 € en été.
Près de la plage d'Askeli. Les terrasses offrent une très jolie vue. Les chambres sont toutes équipées de TV, coffre-fort, climatisation... Un endroit calme et sobre, où vous trouverez tout ce qu'il faut pour un séjour agréable, et de surcroît peu onéreux.

SALAMINA - ΣΑΛΑΜΙΝΑ

Avec un peu moins de 100 km² et 40 000 habitants, cette île très proche de la capitale n'attire plus les touristes depuis que les industries d'Éleusis et de Keratsini ont pollué ses côtes sud et ouest. Le lieu, de l'avis de tous, est assez laid. Mais il a une portée historique : c'est la célèbre bataille navale de 480 av. J.-C. qui a mis fin aux guerres médiques par le triomphe des Athéniens et qui a inscrit Salamine dans les mémoires. Les Perses décident de se venger d'une cuisante défaite qu'ils ont subie dix ans plus tôt et envoient une importante flotte de

500 bateaux lourdement armés, avec à leur bord plus de 300 000 soldats prêts à débarquer sur les rivages grecs de Phalère, à l'est du Pirée. La tactique est restée dans les annales : les Grecs, simulant la retraite vers Salamine, invitent les Perses à lancer la moitié de leur flotte à leur poursuite. Ceux-ci sont entraînés dans le détroit de Salamine, long de 7 kilomètres et large de 2. Le lendemain, sous les ordres de Thémistocle, les Athéniens commencent à encercler la flotte adverse. Le massacre peut commencer.

SALAMINA CHORA - ΣΑΛΑΜΙΝΑ ΧΩΡΑ

Les ferrys arrivent à Paloukia, le port de l'île, juste à côté de la Chora. C'est là que s'est installé l'arsenal militaire grec en 1881. On y visite d'ailleurs un musée de la Marine en plein air, avec ses torpilles et ses canons. En se promenant dans les rues, vous verrez la petite chapelle d'Aghios Gheorghios, des églises des XIe et XIIe siècles ou encore le monastère byzantin de Phaneromeni dans l'avenue du même nom. Mais guère plus…

Transports

▸ **Athènes-Salamina.** Des bacs font la navette toute la journée depuis Le Pirée (30 minutes de traversée) et Perama (15 minutes) avec le principal port de l'île, Paloukia. Au Pirée, les navettes fonctionnent de 6h30 à 19h, à Perama, de 5h30 à 19h30. Le port de Perama se trouve à 4 km à l'ouest du Pirée. Il est accessible avec la ligne de bus urbain n° B18 (Athènes-Perama) et 843 (Le Pirée-Perama).

▸ **Renseignements.** Capitainerie de Paloukia : ✆ +30 210 465 1130. Capitainerie du Pirée-Salamine : ✆ +30 210 4677 277. Compagnie Salamina Lines, à Perama : ✆ +30 210 467 7293 ou 73773.

Se loger

■ **AKROYALI**
90 Akti Themistokleous
✆ +30 210 465 3341
Chambre double à partir de 45 €. Ouvert toute l'année.
9 chambres un peu plus charmantes car en bord de mer, sur la plage, et près d'une taverne pour dépanner. Télévision et air conditionné.

■ **VOTSALAKIA**
64 Akti Themistokleous ✆ +30 210 467 1334
www.votsalakiahotel.com
votsalakia1936@yahoo.gr
Chambre double à partir de 60 € en été.
16 chambres fonctionnelles, en bord de mer, pour les personnes de passage. La vue est belle.

À voir - À faire

Vous pouvez quand même risquer la baignade à Kanakia, Peristeria, Panaghia et Yala.

■ **MONASTÈRE DE FANEROMENI**
A 6 km de la capitale, il a conservé des fresques intéressantes du XVIIIe siècle.

SPETSES - ΣΠΕΤΣΕΣ ★★

Ile de 22,3 km² et de 3 900 habitants, Spetses est un des lieux les plus visités des Saroniques pour bien des raisons. L'architecture néoclassique marque sa richesse : les belles bâtisses bourgeoises de l'île sont construites les pieds dans l'eau, le long de rues larges et espacées. Quand les Vénitiens arrivent à Spetses au XIIIe siècle, ils sont tellement portés par l'odeur des innombrables fleurs sauvages de l'île qu'ils la surnomment Isola di Spezze ou « île des Fragrances ». Vous trouverez notamment beaucoup de throubi, un cousin du thym, qui embaume et peut être rajouté au miel.

Spetses l'aristocrate résonne d'abord au son des calèches qui battent le pavé et longent les belles villas. Elles remplacent les voitures, interdites. C'est une île très religieuse, avec 300 petites chapelles colorées dans l'île et aussi quelques belles églises. L'eau des plages est propre et limpide, et la corniche grouille d'insouciants vacanciers. L'île à la côte découpée offre de multiples criques et recoins où vous pourrez vous retrouver seul pour vous baigner ou méditer. Que peut-on exiger de plus pour un week-end prolongé ?

Histoire

Désertée au IXe siècle à cause des attaques des Maures, elle s'est repeuplée au XVIe avec les réfugiés albanais orthodoxes et les Grecs qui tentaient de fuir le Péloponnèse occupé par les Turcs. Spetses s'est enrichie grâce au commerce et, surtout, comme Hydra, grâce à la construction navale, les navires étant faits en pin, nombreux sur l'île. Pendant la révolution de 1821, elle participe activement à la révolte contre les Turcs : c'est même Spetses qui convaincra Hydra de s'engager dans la lutte pour l'indépendance. Ici est née la fameuse héroïne Bouboulina Laskarina qui, à la barre de son propre bateau, a affronté l'ennemi à de multiples reprises.

SPETSES CHORA – ΣΠΕΤΣΕΣ ΧΩΡΑ

Sous les pavés, l'histoire. En 1821, l'actuelle place de Dapia, en centre-ville, est devenue le lieu de stockage de l'artillerie de l'île et le point de ralliement de la révolution. Aujourd'hui, Dapia est le nom donné au débarcadère du port, le point central de la ville qui s'étend le long de la côte. Les vacanciers s'y attablent aux terrasses des cafés et des tavernes dès que le soleil se couche. La seule route de l'île circule le long de la côte : on rejoint Kounoupitsa en allant vers la droite du port (dos à la mer), tandis qu'en allant dans le sens inverse, on arrive vers le Paléo Limani (littéralement « Vieux port »).

Transports

- **En bus.** A Athènes (100, rue Kifissou), prendre un bus KTEL pour Kranidi (durée 3 heures 30). De là, prendre un bus local pour le port de Kosta (20 minutes). Il est relié cinq fois par jour en bateau à Spetses.
- **En voiture.** Emprunter la route Isthmos-Epidaure, puis continuer vers Koliaki avant d'atteindre Kranidi et Kosta.

CAPITAINERIE DE SPETSES

✆ +30 229 807 2245

- **Ferry.** Athènes-Spetses : deux liaisons en ferry par jour avec Le Pirée. Les départs du Pirée se font au port central, à gauche en regardant la mer, près de la place Themistokleous.
- **Hydroglisseur.** Athènes-Spetses : dix liaisons par jour en hydroglisseur avec Le Pirée (2 heures environ de traversée).
- **Liaisons avec les autres îles.** Deux par jour avec Poros, Egine et Hydra. Liaisons avec le Péloponnèse : distante de seulement 2 km, la ville de Spetses est reliée au port de Kosta. Autres liaisons : cinq par jour avec Methana, Porto Heli. Autres liaisons possibles : Ermioni, Tolo, Nauplie, Gerakas, Tyros, Leonidio, Kyparissia et Monemvassia.
- **Yachting.** Le port de Spetses est un peu exposé aux vents du sud et son fond est boueux. Douane et possibilités d'approvisionnement en essence, eau et vivres.

Pratique

DISPENSAIRE MÉDICAL

✆ +30 229 807 2472

POLICE TOURISTIQUE

1 Santous
✆ +30 229 807 3744

Se loger

KASTRO HOTEL STUDIO-APPARTEMENTS

✆ +30 229 807 5319
kastrohotelspetses@gmail.com
A 300 m du port,
à droite après la place Bouboulina.
Appartement pour 2 personnes entre 80 et 140 € en saison. Petit déjeuner inclus.
39 chambres. Bien que central, l'hôtel est calme. Les appartements avec kitchenette sont classiques et propres, tous équipés (frigo, TV). Pas de balcon privé, mais un patio aménagé, table et chaises devant chaque porte. Il y a une belle grande terrasse de toute façon. Le jardin est aussi à votre disposition : véranda, piscine, chaises longues, palmiers et autres plantes sont plantées dans le décor pour parfaire le cadre idyllique. Une bonne adresse.

Spetses.

■ **MARGARITA VILLA**
✆ +30 229 807 5152
http://margaritahotel-spetses.gr
margaritahotel@yahoo.gr
A 500 m en sortant du port par la gauche, en direction du musée.
Chambre double à partir de 60 €.
Situé à 10 minutes à pied du port, l'établissement n'est pas loin du musée Hadzigiannis. Les 16 chambres traditionnelles sont complètement équipées, avec un balcon ayant vue sur la mer pour la plupart. Et il y a une piscine. On apprécie qu'il soit perdu au milieu d'un dédale de rues dans le village de Spetses, loin de l'agitation touristique et dans un contexte plus familial. Le cadre est charmant. Bon rapport qualité/prix.

■ **ORLOFF RESORT**
Vieux Port
✆ +30 229 807 5444
www.orloffresort.com
Chambre standard à partir de 120 €. Petit déjeuner compris.
Hôtel aménagé au cœur de l'un des nombreux domaines de la famille Orloff, datant de 1865. 18 chambres modernes de style minimaliste. Pour les vacances entre amis, possibilité de louer une villa pour 10 personnes. Les gérants pourront vous raconter beaucoup d'histoires à propos de l'île et de l'hôtel. L'hôtel ne date que de 2005 et pourtant les extérieurs des habitations créent l'illusion d'une authenticité historique. Une adresse réussie.

■ **POSEIDONION GRAND HOTEL**
Sur le port
✆ +30 22980 74553
poseidonion.com
res@poseidonion.com
Chambre double à partir de 200 € avec petit-déjeuner inclus.
Bordé de palmiers, ce magnifique hôtel au charme rétro fut construit par Sotirios Anargyrios en 1914. L'édifice est imprégné de souvenirs littéraires, grâce notamment à John Fowles, auteur des romans *La Maîtresse du lieutenant français* et *Le Mage*, qui se déroulent à Spetses. Les chambres sont spacieuses, avec vue sur la mer ou le jardin. La terrasse est un des endroits les plus agréables de la ville. Il dispose de toutes les prestations régulières des hôtels cinq étoiles mais sa valeur ajoutée est son passé historique, ainsi que son cadre splendide.

Se restaurer

■ **MOURAYO**
Sur le vieux port
✆ +30 229 807 3700
www.mourayospetses.com
manolisirmas@gmail.gr
A partir de 15 € par personne. Ouvert tous les jours en saison, de 8h jusqu'au dernier client.
On célèbre à ce jour plus de 30 ans de succès pour ce restaurant-bar, qui a accueilli aussi des célébrités comme Nana Mouskouri, George Moustaki, Joan Collins... Cadre pittoresque et romantique à souhait avec vue sur les yachts et les bateaux amarrés. La terrasse est idéalement installée en surplomb de la mer. On commence au coucher du soleil par un cocktail, puis on prolonge par un dîner aux chandelles sur fond de musique lounge. On peut même rester faire la fête, une fois la nuit bien avancée. Bon rapport qualité-prix, service efficace.

■ **NERO TIS AGAPIS**
Kounoupitsa
✆ +30 22980 74749
ntaspetses@hotmail.gr
Ouvert tous les jours en saison, de 11h à minuit. Comptez à partir de 25 € par personne.
Une taverne contemporaine, avec une véranda en bord de mer et un bar au milieu. « L'eau de l'amour » était le nom d'un authentique café spétsiote, qui fonctionne encore quelques heures par jour dans la cour du bâtiment. Le restaurant, lui, sert des plats traditionnels méditerranéens, avec de succulents poissons mais aussi des légumes frais du jardin. Il y a une terrasse avec une vue impressionnante, très romantique. En plus du poisson frais et des mezzes de poisson, le menu propose des pâtes aux fruits de mer et du risotto. Service poli et atmosphère agréable.

■ **ORLOFF**
✆ +30 22980 75255
www.orloffrestaurant.com
contact@orloffrestaurant.com
De juin à septembre, ouvert tous les jours de 18h30 à 1h tous les jours. A partir de 25 € par personne.
Christos Orloff est aussi le gérant du super hôtel du même nom. L'homme est attentionné, il a le souci du détail et du travail bien fait. Sa cuisine est à son image. Les plats sont d'une grande gastronomie bien qu'indexés sur les traditions grecques et spetsiotes. Il y a aussi une grande variété de très bons vins. L'ambiance dans le restaurant à la nuit tombée est calme, romantique, face à la mer. Christos se balade toute la soirée de table en table, pour engager la conversation avec chacun de ses clients : faire connaissance, philosopher, apprendre le grec...

■ **TO PAHNI**
Kokkinaria
✆ +30 29807 5299
www.pachni.com.gr
n.regakou@gmail.com
Ouvert toute l'année de 19h à minuit. Comptez autour de 15 € par personne.

Dans un petit quartier au-dessus du vieux port, Kostas a transformé, il y a de nombreuses années, une vieille mangeoire en taverne (en témoignent de vieilles photos et des fûts en bois dans le décor). A 15 min à pied de Dapia, cette taverne est réputée pour ses viandes grillées. L'établissement fait des ravages auprès des locaux et veille sur la bonne qualité de ses produits, tous bio. Grande variété de *mezzedes* également. N'oubliez pas de finir sur une touche sucrée avec les fruits confits préparés par Nikki. Arrosez l'ensemble de vin maison.

À voir – À faire

MAISON DE BOUBOULINA

✆ +30 229 807 2416

www.bouboulinamuseum-spetses.gr

6 € l'entrée. Visites guidées en anglais (environ quatre par jour en saison, horaires affichés sur le tableau). Ouvert de mars (à partir du « Lundi gras ») à octobre.

Parmi les archontika, les maisons des illustres familles de Spetses, celle de Bouboulina vous fera revivre l'histoire de cette veuve téméraire qui, non seulement a combattu triomphalement les Turcs, mais, selon les mauvaises langues, a aussi séduit les hommes sous la menace de son arme. La visite guidée d'une demi-heure permet surtout d'accéder à l'intérieur d'une maison spetsiote et fait voyager dans le temps.

MUSÉE MEXIS

✆ +30 229 807 2994

De Dapia, prenez vers le centre-ville puis à gauche.

Ouvert tous les jours du mardi au dimanche de 8h30 à 14h30. Entrée 3 €.

Aménagé dans une magnifique demeure du XVIIIe siècle qui fut la propriété de Hadziyannis Mexis, l'un des chefs spetsiotes de la guerre d'indépendance et le premier gouverneur de l'île, ce musée présente une collection de costumes, de modèles de bateaux, d'armes et de monnaies. La bâtisse date des années 1700, son architecture est spectaculaire.

PLAGES

- **Les plages de Spetses** font partie des plus belles du golfe. La plage d'Anargiri, à l'est, est idéale pour les sports nautiques et qui contient la petite grotte de Békiri. La charme des magnifiques plages d'Aghia Paraskevi et d'Aghia Marina, au sud, est compromis par la fréquentation dense des visiteurs pendant l'été.
- **Pour jouir d'un peu d'espace et de tranquillité,** rendez-vous en caïque à Vrellos (idéale pour les naturistes et les amateurs de pêche sous-marine) ou à Zogeria, belle plage de sable fin, à seulement sept kilomètres du centre, est entourée d'une pinède qui parvient quasiment aux rochers. Pour se baigner presque incognito, nous vous recommandons Xyloheriza et Poulaki, tout au sud.
- **Juste à côté du port**, sinon, vous trouverez le groupe de plages adjacentes répondant au nom de Kounoupitsa. La plage d'Aghios Mamos précède celle d'Aghios Nikolaos, sableuse et aux eaux d'un clair hypnotisant.

STATUE DE BOUBOULINA

Pas un monument qui vaille le détour en soi, mais la fière posture de Laskarina Bouboulina est l'image de l'île et la dame est impressionnante. Figure héroïque de la guerre d'indépendance, Bouboulina est née dans une prison d'Istanbul mais a grandi en partie sur l'île de Spetses. Elle y faisait construire des navires avec l'argent de ses maris successifs, afin de lutter contre l'occupation ottomane. Un film *Bouboulina* est sorti en 1959, réalisé par Kostas Andritsos, avec Irène Papas dans le rôle principal.

Des suggestions d'activités

- **En allant de Dapia au vieux port**, ne pas marcher sur la jetée mais emprunter la rue parallèle, qui regorge de surprises. Il y a une petite allée juste en face de la chapelle Saint-Nicolas : prenez-la et tournez à droite après 30 mètres pour trouver cette rue qui vous fera découvrir le village. Prêtez attention aux portes ! Elles sont souvent très travaillées.
- **Goûtez le dessert traditionnel** à base d'amande, les *amigdalota*. Cette spécialité est un délice que les Spétsiotes maîtrisent parfaitement.
- **Prenez Spetses comme base** et faites des visites d'une journée dans les coins alentour : l'île Hydra est à seulement 25 minutes en bateau, le théâtre d'Epidaure à 40 minutes et en rajoutant 30 minutes de périple sur les terres, vous pourrez même visiter la belle ville de Nauplie. Des bateaux vous y mèneront facilement.
- **Les calèches, évidemment**, font incontestablement partie du folklore de l'île et il est agréable d'en profiter notamment lors du coucher de soleil.

ÎLE D'EUBÉE ET LES SPORADES

Dans les ruelles de Skopelos.

© AETHERIAL – ISTOCKPHOTO

ÎLE D'EUBÉE - EYBOIA

★★

Avec 3 600 km² et 198 000 habitants, la deuxième plus grande île de Grèce (après la Crète) est séparée du continent par le détroit de l'Euripe, qui, au niveau de la ville de Chalcis, n'est large que de 35 m. Tantôt rattachée à la Grèce centrale, tantôt annexée aux Cyclades, l'Eubée a souvent du mal à affirmer son identité. Les Athéniens regardent l'Eubée comme une destination de fin de semaine accessible par… autoroute. Preuve qu'elle appartient, comme les îles Saroniques, à la « grande banlieue » d'Athènes, l'île est alors prise d'assaut.

Peu d'étrangers la visitent. Et pourtant, le monde qui vous attend au-delà a des allures de paradis. Le nord est un enchantement : un enchevêtrement de plages, de routes savoureuses, de longues baies, de villages endormis. Le sud est une lente descente vers la mer, un dégradé splendide qui va du bleu au vert des oliviers.

Montagneuse (1 743 m) et peu densément peuplée (57 hab/km²), l'île compte plus de 600 km de côtes. La capitale, Halkida, est très facile d'accès. Reliée par deux ponts au continent, elle n'est distante d'Athènes que de 80 km. La ville dispose même d'une gare ferroviaire (14 liaisons par jour avec Athènes grâce au nouveau train suburbain). Vous pouvez également y accéder en bus, en voiture, par ferry ou encore en avion. Au centre, sur la côté ouest, se trouve la grouillante Chalcis, capitale pleine de charme.

CHALCIS - ΧΑΛΚΙΔΑ

Envie de vous mettre au vert dans la grande banlieue d'Athènes ? À 80 kilomètres seulement de la capitale, mais désormais reliée par le *proastikos*, le nouveau suburbain, Chalcis n'a jamais été si proche. Il faut aller voir ses paysages méconnus : bâtie sur la côte occidentale d'Eubée, à l'endroit le plus étroit du détroit d'Euripe qui sépare l'île du continent, la capitale de l'Eubée (100 000 habitants) est connue pour sa campagne, ses sources et ses belles plages. Les bâtiments de la ville moderne sont construits à flanc de colline au-dessus des ruines de l'ancienne citadelle où se dresse le fort de Kara Baba.

Chalcis doit sans doute son nom au bronze (*chalkos*) que travaillaient ses habitants ou au *chalki*, coquillage d'où l'on extrayait la pourpre. La ville a été autrefois une cité riche et puissante où s'élevaient de nombreux temples dédiés à Zeus, Apollon ou Héra. Qu'en reste-t-il aujourd'hui ?

Chalcis ne laisse guère de souvenirs inoubliables à ceux qui en ont fait une base de départ pour visiter l'île d'Eubée. Les immeubles inesthétiques ont défiguré ce qui faisait le charme de l'ancienne Negreponte. Seul subsiste un front de mer très agréable et particulièrement animé le soir, où les gens s'attablent pour regarder les bateaux jeter l'ancre.

Le point d'attraction de Chalcis est le canal de l'Euripe (39 m de large) qui sépare l'île du continent. Il est chevauché par un pont qui s'ouvre à certains moments pour laisser passer les bateaux dans le sens du courant. Les scientifiques n'ont pu encore expliquer pourquoi ces courants, qui atteignent 12 km/h, se dirigent alternativement du nord au sud et du sud au nord. Selon la tradition, Aristote se serait noyé en essayant d'élucider ce mystère…

▶ **Prenez le temps d'observer ses courants.** Bien que natif de Macédoine, Aristote a bien connu Chalcis, ville dont sa mère était originaire. Il y a passé de nombreuses années à la fin de sa vie et une légende locale raconte qu'il se serait même noyé dans l'Euripe, la partie du passage la plus étroite entre le continent et l'Eubée, en essayant de résoudre le mystère de ses marées capricieuses. Pline l'Ancien avait

Les immanquables de l'île d'Eubée

- **Se baigner** dans les eaux sulfureuses de Loutra Edipsos, connues depuis l'Antiquité.
- **Observer** le vieux pont mobile à Chalcis, sous lequel les courants changent de sens toutes les quatre heures, sans raison connue. En outre, le pont s'ouvre tous les soirs vers 20h pour laisser passer les bateaux.
- **Boire du savatiano,** le cépage de l'île.

noté que le mouvement des marées s'arrêtait trois jours par mois. Des géographes ont établi depuis que pendant les six premiers jours de la lune, puis du quatorzième au vingtième, et pendant les trois derniers, les marées restent régulières. Le reste du temps, on en dénombre jusqu'à 14 en 24 heures. Cela s'explique par une différence de niveau de la mer entre le nord et le sud du golfe.

Transports

Comment y accéder et en partir

D'Athènes à Chalcis en voiture (80 km), il faut emprunter l'autoroute en direction d'Elevsina (ou Elefsina), puis, après 20 minutes, tourner à droite et prendre l'autoroute en direction de Lamia. Au bout de 40 km, au deuxième péage, on quitte l'autoroute pour une deux fois deux-voies récente qui mène à Chalcis. Au bout de 12 km, la route rétrécit pour passer sur le nouveau pont suspendu qui traverse le détroit d'Euripe. De là, la vue sur la ville est spectaculaire. En revanche, les hôtels et les restaurants étant sur un bord de mer inaccessible aux voitures, vous devez faire un grand détour par les petites rues sales et étroites pour y parvenir.

A Chalcis, il est très difficile de se garer. Tentez les petites ruelles partant de la rue Eleftheriou-Venizelou. Une fois la place trouvée, la proximité des magasins et points d'intérêt regroupés vers le front de mer permet de se passer de véhicule.

GARE FERROVIAIRE
✆ +30 222 202 2386
www.trainose.gr
Sur le continent, au sud de la forteresse.
Le nouveau train de banlieue relie Athènes à l'Eubée en 1h30 grâce à une dizaine de liaisons directes par jour (et le double avec une correspondance).
Le même train propose des liaisons pour le Pirée, voire pour Corinthe.

GARE ROUTIÈRE DE CHALCIS (KTEL)
1 rue Stiron.
✆ +30 22210 20400
www.ktelevias.gr
info@ktelevias.gr

Entre Athènes (gare routière, terminal B) et Chalcis : départs en semaine à partir de 5h55 et toutes les 30 min entre 9h et 21h.

Avec le reste du pays. La gare propose aussi des liaisons fréquentes avec Patras et deux liaisons par semaine avec Thessalonique.

PORT

✆ +30 22290 62 201

Bien que reliée au continent par train et autoroute, Eubée est également accessible par ferry. Toutefois, la capitale, Chalcis, ne dispose d'aucune liaison. Le port le plus proche de celle-ci est Eretria, à 18 km au sud, auquel on accède depuis le continent par Oropos (un bateau toutes les demi-heures entre 7h et 20h, compter 30 minutes de traversée).

Se déplacer

A cause de sa superficie, il est fortement recommandé de parcourir la vaste île d'Eubée en voiture. Néanmoins vous pouvez aussi emprunter le réseau KTEL de bus locaux. Les horaires et les routes empruntées sont référencés sur le site www.ktelevias.gr.

Principaux villages desservis par bus depuis Chalcis : Aliveri (48 km, une dizaine de liaisons/jour), Amarinthos (30 km, une dizaine de liaisons/jour), Istiaia (83 km, deux liaisons/jour), Karistos (129 km, quatre liaisons/jour), Kimi (71 km, cinq liaisons/jour), Psachna (15 km, une vingtaine de liaisons /jour).

TAXIS

✆ +30 2221 08 93 00

www.radiotaxichalkida.gr/

radiotaxichalkida@yahoo.gr

Pratique

HÔPITAL

48 rue Gazepi Irakli

✆ + 30 2221 350 100

www.chalkida-hospital.gr

POLICE

153 rue Arethoussis & Aghiou Ioanni

✆ +30 22210 37 000

Se loger

Bien et pas cher

CAMPING PRAIA DALUZ

✆ +30 222 106 2142

www.daluz.gr

Plage de Alykes Drosia, village de Fites, au nord de Drosia, juste avant traverser le pont à Chalcis.

75 emplacements, 6 € par personne, 5,50 € par tente. Possibilité de louer un bungalow à partir de 25 €/nuit.

Le camping le plus proche de la capitale de l'Eubée se trouve sur le continent, à moins de 7 km. Si l'on aime les allées asphaltées tirées au cordeau et dormir juste à côté de sa voiture, ce sera la bonne adresse. En revanche, on ne le conseille pas aux campeurs qui aiment les vacances plus roots en harmonie avec la nature. Mais c'est propre et les sanitaires sont plutôt bien entretenus. On trouve sur place une supérette, une piscine et un restaurant qui attire surtout une clientèle extérieure, avec notamment des mariages et fêtes qui se terminent parfois très tard et pas très discrètement. Accès wi-fi sur la plage et au bord de la piscine.

HOTEL HARA

21 rue Karoni

✆ +30 222 107 6305

www.harahotel.gr

info@harahotel.gr

Facilement accessible à pied depuis la gare. Le Hara, encore sur le continent, fait face à l'hôtel Lucy.

Chambre double entre 55 et 75 € en été avec le petit déjeuner. Ouvert toute l'année.

Très bien placé et bon compromis, à 200 m du pont d'Evripos et près de la plage d'Asteria. Les 50 chambres sont toutes avec air climatisé, télévision et salle de bains, certaines sont avec balcon. L'accueil est agréable et professionnel. Mais surtout, au sixième étage, un beau toit en terrasse offre, outre le petit déjeuner, une belle vue sur la ville et la mer.

KENTRIKON

5 rue Angeli Goviou

✆ +30 222 102 2375

www.hotel-kentrikon.com/

kentrikonhalkida@gmail.com

Chambre double standard entre 50 et 70 € en été, avec le petit déjeuner inclus. Ouvert toute l'année.

Les 20 chambres ne présentent aucun charme particulier mais sont propres et fonctionnelles, avec air climatisé, télévision et salle de bains. D'ailleurs, l'hôtel propose même des réservations au mois, au trimestre, voire à l'année ! L'hôtel Kentrikon, mot qui signifie « central » en grec, est en fait situé à l'entrée de la ville, près de la gare, de la borne de taxi et de la base maritime d'Hellenic Seaways. C'est une ancienne villa construite en 1890 et rénovée en 2007.

Confort ou charme

LUCY HOTEL

10 avenue Voudouri

✆ +30 222 102 3831

www.lucy-hotel.gr

reception@lucy-hotel.gr

Chambre double entre 70 et 98 € en été, avec petit déjeuner (et vue sur la ville). Ouvert toute l'année.

L'hôtel Lucy est certainement l'une des adresses les plus confortables de la ville. Les 92 chambres, particulièrement spacieuses contrairement à leur balcon, sont avec air climatisé, télévision, programmes satellite, mini-bar... Vous y trouverez un restaurant et, surtout, une superbe vue sur l'Eubée si vous êtes côté mer. L'accueil est charmant et très professionnel. wi-fi gratuit.

■ PALIRIA HOTEL
2 rue Venizelou
✆ +30 222 102 8001
www.paliria-hotel.gr
info@paliria-hotel.gr
93 chambres. La double à partir de 75 € en été. Petit déjeuner inclus. Ouvert toute l'année.
Un hôtel impeccable sur le front de mer. Les chambres, bien orientées, offrent une vue panoramique sur le port et la « croisette » en contrebas. L'hôtel est également doté d'un bar à l'extérieur où vous pourrez siroter un verre d'ouzo en regardant passer gens et voiliers. Dans ce cadre agréable et à quelques mètres des meilleurs bars et restaurants, l'hôtel propose des chambres et des suites avec bain à remous.

Se restaurer

■ MPES & PIES
2 rue Kallia
✆ +30 6984 50 55 04
Ouvert tous les jours de 11h à 1h. Compter entre 8 et 10 € par personne.
Une ouzerie qui défie toute concurrence... Décor simple et moderne, salle propre, service rapide et avec le sourire, et des mezzedes préparés selon les recettes traditionnelles mais avec une approche d'aujourd'hui... Rien que par son nom, Mpes kai Pies, l'établissement vous invite à vous installer paisiblement et déguster ses spécialités avec un (ou plusieurs) verre d'ouzo ou de tsipousro... A consommer avec modération !

■ PIATO
Ethnikis Sumfiliosis & Drakopoulou
✆ +30 222 108 6691
Environ 20 € par personne. Ouvert tous les jours midi et soir.
Taverne agréable et élégante, sur la plage de Chalcis, avec des petites tables dehors pour l'été. Grande variété de plats traditionnels avec de petites touches modernes. Menus de saison avec, au choix, des tagliatelles aux courgettes, ou des farfadelles à l'aubergine et à la tomate séchée par exemple. Eau-de-vie et desserts maison.

■ VANGELIS BITHIKOUKIS
Sur la plage de Bourtzi
✆ +30 222 105 2394
Environ 18 € par personne. Ouvert tous les jours, midi et soir.
Restaurant de poisson sur la plage. Décoration simple et nappes en papier. Pas de chichis mais une solide réputation, grâce à la fraîcheur des produits proposés (daurades, poulpes, calamars, etc.), au grill ou à la poêle.

Sortir

■ ASTERIA BEACH
Archiepiskopou Makariou.
✆ +30 2221 037775
Ouvert tous les jours du matin... jusqu'au dernier client !
Sur la plage éponyme et urbaine de Chalcis, un agréable bar de plage dont les ambiances varient au fil de la journée. Régulièrement, des soirées à thèmes annoncées.

■ CARPE DIEM
8-12 Rue Voudouri
✆ +30 222 108 3087
Ouvert tous les jours du matin jusqu'au dernier client.
Offrant une vue magnifique sur l'ancien pont de Chalcis, ce bar-café est attirant pour son décor et la qualité de sa pâtisserie. Du matin au... petit matin, on peut y passer un moment agréable. Très bon rapport qualité-prix.

À voir - À faire

■ CIMETIÈRE JUIF DE CHALKIDA
Messapion
Le cimetière juif de Chalkida est l'un des cimetières juifs les plus importants de Grèce car il contient des tombes datant de la période ottomane (XVe siècle). La forme unique des tombeaux que l'on rencontre ici, avec des dômes. 600 tombes ont été restaurées depuis les années 1990.A la sortie du cimetière figure aussi une statue en mémoire des victimes de l'Holocauste.

■ ÉGLISE D'AGHIA PARASKEVI
Aghia Paraskevi
Le Saint Paraskevi est le patron de Chalkida. C'est une basilique du Ve siècle construite à l'emplacement d'un temple dédié à Artémis, Apollon et Léto. Au XIIIe siècle, les Vénitiens lui ont ajouté des sculptures gothiques. Cette église est un monument byzantin important, déjà par sa taille (38,40 m sur 19,90 m). L'église a été construite initialement sur un ancien temple dédié à Zeus. Au cours de la période ottomane, elle fut transformée en mosquée.

■ MUSÉE ARCHÉOLOGIQUE
13 rue Venizelou
✆ +30 22210 25 131
Ouvert tous les jours de 8h30 à 15h, sauf le mardi. Entrée 2 €.

Ce petit musée abrite quelques pièces intéressantes réparties entre la cour et le bâtiment exigu. Le bâtiment se compose d'une grande cour et de trois pièces, où se trouvent les pièces exposées. Dans la cour de l'entrée, vous trouverez de nombreux monuments funéraires ainsi qu'un banc en marbre issu d'un théâtre dont l'emplacement est à ce jour inconnu. Au fond de la cour, en face de l'entrée du bâtiment, sont disposées des statues romaines ainsi que quatre chapiteaux doriques qui proviendraient du temple de Zeus à Chalkis. Le musée présente de très belles œuvres dans un ordre chronologique. Les vitrines n° 5 et 6 présentent des objets retrouvés dans les tombes datant de l'époque mycénienne, datées entre 1500 et 1050 av. J.-C. Dans la vitrine n° 9, des figurines en marbre cycladique de formes peu communes. La salle de gauche renferme de belles statues de Kouroi du VIe siècle av. J.-C. La vitrine n° 11 expose de superbes poteries archaïques et classiques. Dans la salle du milieu, outre la grande statue acéphale de Dionysos ou d'Apollon, vous ne manquerez pas, à droite, la statue d'Antinous, le favori d'Hadrien, vêtu, comme Dionysos, d'une peau de panthère, avec une couronne de lierre et de feuilles de vigne. Dans la cour du musée, vous verrez aussi des monuments funéraires et des sculptures romaines.

■ **PLAGES**

Il est facile de se baigner à et près de Chalcis, mais il est parfois recommandé de s'éloigner un peu.

- **Il y a d'abord Asteria,** la plage organisée du centre-ville.
- **Kourenti** se trouve aussi dans la ville et reste très prisée par les habitants pour leurs bains quotidiens.
- **La plage d'Alykes** (rochers, sable et mer peu profonde) est située près du village de Drosia.
- **À 3 km se trouve le village d'Aghios Minas** qui a une belle plage de sable, un peu exposée au vent toutefois.
- **La plage d'Aulida** est à côte du village d'Aulida, avec son célèbre phare et une étendue de sable ou de galets selon les endroits et là aussi plein de cafés et de restaurants, mais aussi des boîtes de nuit ici.
- **La plage de Valopoula** est située près de la plage d'Aghios Minas avec un mer peu profonde.
- **Si vous continuez sur la route côtière,** vous arriverez à une petite plage un peu plus isolée connue sous le nom de Petite Valopoula.

■ **PONT DE CHALCIS**

Un impressionnant pont suspendu, chef-d'œuvre d'architecture et de technologie contemporaines, coiffe aujourd'hui le canal. Il est venu se substituer au vieux petit pont mobile sur le chenal de l'Euripe. Le nouveau pont, construit plus au sud, permet d'accéder plus facilement au centre-ville et d'éviter ainsi l'engorgement du trafic. Le vieux pont mobile permet aux visiteurs d'observer le phénomène caractéristique des forts courants alternatifs qui changent de direction plusieurs fois par jour. Il a été construit, sous sa forme actuelle, en 1962.

■ **SYNAGOGUE DE LA VILLE**

27 rue Kotsou

Ouverte aux heures de services.

Bâtie au XIVe siècle, après que les Vénitiens ont permis à la communauté juive de quitter les murs du ghetto, elle est incendiée, puis reconstruite en 1847. Elle témoigne de l'importance et de l'ancienneté de la communauté juive de Chalcis, vieille de plus de 2 500 ans.

ÉRÉTRIE - EPETPIA

L'ancienne rivale d'Athènes essaie aujourd'hui de lui ravir quelques touristes. Ses atours ? Érétrie est devenue une station balnéaire très fréquentée par les Grecs. À 120 kilomètres d'Athènes et 22 de Chalcis, Érétrie est l'un de ces sites exceptionnels encore méconnus de la grande majorité des touristes étrangers (et de beaucoup de Grecs, il faut aussi le dire...). Si la petite ville n'a rien de très remarquable en elle-même – mis à part quand même quelques plages agréables – il faut absolument découvrir les trésors du musée d'Érétrie et de son site archéologique.

Les fouilles menées à Érétrie montrent trois couches de destruction : celle de 490 av. J.-C. par les Perses, celle de par les Romains et celle de 87 causée par les guerres contre Mithridate. À la suite de ce dernier sac, la ville n'a pas été reconstruite. En se promenant dans la ville, on remarquera ainsi les ruines du théâtre et de plusieurs maisons, mais aussi une section des anciens remparts. Là se tient une porte de la période archaïque qui se trouve être la mieux préservée de Grèce.

Transports

■ **PORT**

26 rue Eratonymou

✆ +30 222 906 2201

C'est le port le plus proche du continent, à 18 km au sud, auquel on accède par Oropos (un bateau toutes les demi-heures, 30 minutes de traversée).

■ **TAXIS**

✆ +30 222 906 2500

Pratique

■ DISPENSAIRE
Eretria
✆ +30 222 906 22 22

■ POLICE
✆ +30 222 906 4888

Se loger

■ CAMPING MYLOS
Avenue Isidos
✆ +30 222 906 0420
www.camping-in-evia.gr
info@camping-in-evia.gr
64 emplacements de 5,50 à 6 € par personne en été. De 3 à 7,50 € pour une tente.
Ce camping situé en bord de mer est propre, ombragé, bien aménagé et tenu par des propriétaires très accueillants. Du coup, cela attire les familles, et donc les enfants qui, c'est bien connu, font toujours du bruit. Pas de vrai reproche à formuler, donc, si ce n'est que les emplacements sont un peu trop bétonnés à notre goût et que l'accueil à la supérette pourrait être plus sympa... Outre la supérette grincheuse, on trouve tout sur place : piscine, sanitaires modernes et propres, restaurant, bar, laverie, coin cuisine, aires de jeux, discothèque, espace entretien pour camping-cars, et même le wi-fi.

■ EVIANA HOTEL
Rue Oneiron
✆ +30 222 906 2113
www.evianabeach.gr
info@evianabeach.gr
Chambre double entre 70 et 95 € en été avec le petit déjeuner.
A 200 m du port et tout près du Musée archéologique, en centre-ville et pourtant au bord d'une plage. 35 chambres simples mais plutôt modernes avec accès wi-fi. Balcon avec vue.

■ MIRAMARE HOTEL ERETRIA
Route nationale Chalcis-Kimi
✆ +30 222 906 1134
www.miramare-eretria.gr
mirevia1@otenet.gr
Chambre double à partir de 100 € en été avec le petit déjeuner.
A 4 km de la vieille ville d'Erétrie, un hôtel de la chaîne Best Western rénové en 2008 – notamment pour répondre aux normes antisismiques – avec tout le confort et le professionnalisme attendus. Des 44 belles chambres dans l'hôtel et 47 autres réparties dans 3 autres pavillons la moitié a une vue sur la mer. Restaurant au bord de la piscine extérieure, passage souterrain reliant l'hôtel à la plage privée située à 120 m. Sauna, salle de fitness...

■ PORTO EVIA BOUTIQUE HOTEL
A Amarynthos, sur le front de mer.
✆ +30 22290 36000
Chambre double ou studio de 50 à 100 € en été. Petit déjeuner en option : 6 €.
A 7 km d'Eretrie, ce boutique-hôtel récent, doublement rénové en 2015 et 2018, mérite le détour. Idéalement placé à l'entrée du village, il propose 43 chambres dont huit studios en « rez-de-piscine », mais aussi à dix mètres de la mer puisqu'il suffit d'emprunter un petit escalier pour se baigner.
Le petit déjeuner se prend au quatrième étage, avec une vue panoramique. Idéal avec des enfants, il permet de se promener à pied dans le charmant village d'Amarynthos où vous trouverez d'excellentes tavernes. Prix intéressants en début de saison.

Se restaurer

■ GRAND BLUE TAVERN
1 rue Magoulas
✆ +30 2229 061 012
info@gbhotel.eu
Ouvert en saison estivale (de mai à fin septembre) de 10h à 16h30. Samedi et dimanche de 10h à 19h. Compter autour de 25 € par personne. Consulter la carte pour les prix au kilo des poissons frais.
Etablie sur la plage privée de l'hôtel Grand Blue, cette taverne est idéale pour déguster des bons plats de la cuisine traditionnelle grecque ou des grillades de poissons frais. Les pieds dans l'eau, vous pouvez apprécier votre repas ou votre apéritif sous les parasols. Les pâtes aux crevettes sont un délice.

■ PRIMAVERA
61 Leoforos Archeou Theatrou
✆ +30 2229 064 051
Autour de 18 € par personne. Ouvert tous les jours midi et soir.
Vous serez les pieds dans l'eau, presque littéralement, ce qui donne à ce restaurant aux accents italiens une consonance romantique supplémentaire. La carte est plus grecque que le nom de l'établissement ne le laisse entendre mais ne déçoit pas : *gavros* (anchois), sardines et poulpe grillé sont au rendez-vous.

■ REMEZZO
44 rue de l'Ancien-Théâtre
✆ +30 2229 061 446
remetzoeretria@gmail.gr
À partir de 18 € par personne. Ouvert tous les jours, midi et soir.
Voilà une table honnête. Au bord de la mer, avec des produits locaux, une cuisine simple et fraîche et d'excellents poissons grillés. On n'a pas trouvé beaucoup mieux.

JE REÇOIS LA VERSION NUMÉRIQUE DU GUIDE TOUT DE SUITE ET LA VERSION PAPIER EN QUELQUES JOURS.
ME VOICI PRÊT À PARTIR AVEC
MON GUIDE SUR MESURE PETIT FUTÉ !
Road Trip USA Canada
De Vancouver à Los Angeles
www.mypetitfute.com
Notre voyage de noces en Asie
Bangkok – Bali – Hanoï
mypetitfute
mon guide sur mesure
mypetitfute.com

■ **TO LIMANAKI TIS AMARYNTHOU**
A Amarynthos, sur le front de mer.
✆ +30 22290 36609
https://limanaki-amarynthos.gr
A partir de 15 € par personne. Ouvert tous les jours midi et soir.
Comme son nom l'indique, cette élégante taverne se trouve sur le front de mer d'Amarynthos (à l'entrée du village, à 7 km d'Eretrie). Les tables sont en bord de mer, isolées de l'agitation (relative) du front de mer et offrent la possibilité de piquer une tête dans l'eau avant, pendant ou après. La nourriture aussi vient d'en face. Nous recommandons évidemment le poisson de la pêche du jour, pour l'essentiel non d'élevage.Vous le choisirez en cuisine (au kilo), en fonction de votre budget. Sinon, restent les classiques : salades fraîches, poulpe et petits poissons en friture avec leur *skordialia*.

À voir - À faire

■ **SITE ET MUSÉE ARCHÉOLOGIQUE** ★★★
1, rue Archaiou
A l'angle des rues Archaiou et Theatrou et de l'avenue Isidos
✆ +30 222 906 2206
Vous trouverez facilement le site encadrant la route Karistos-Chalcis. Si vous venez en voiture, il n'est pas nécessaire d'entrer dans le village.
Ouvert de 8h30 à 16h, tous les jours, sauf le mardi. Entrée : 2 €.
Situé à côté du site archéologique d'Erétrie, il s'agit de l'un des plus importants sites archéologiques de Grèce ; il propose en prime des commentaires en français. Il est également bien connu des visiteurs helvétiques, puisque c'est l'Ecole suisse d'archéologie de Grèce qui mène l'essentiel des campagnes de fouilles ici depuis les années 1960, à la demande du gouvernement d'Athènes. Construit en 1962 et rénové dans les années 1990, il abrite des objets provenant de plusieurs sites de fouilles de l'Eubée : Erétrie, Xeropolis, Skoumbri, Paléa Perivolia, Lefkandi, Paliochora et Magoula. Beaucoup d'objets trouvés dans l'île sont toutefois exposés au Musée archéologique national d'Athènes, à Bâle, Rome et Londres, mais surtout au Louvre, à Paris.

Musée
La fraîcheur et la pénombre des lieux contrastent agréablement avec le soleil éblouissant qui brille à l'extérieur. C'est dans la grande salle, directement après l'entrée que sont exposées les pièces datant de l'Antiquité : statues, offrandes funéraires, urnes, pointes de lance, récipients, outils, pièces de monnaie... L'un des plus beaux objets est un centaure en terre cuite de la deuxième moitié du Xe siècle av. J-C. Le plus étonnant est que cette statuette a été retrouvée cassée en deux, chacune des deux moitiés placée dans une tombe différente. Autre belle pièce, cet alabastre mycénien du XIIe siècle av. J.-C. provenant du site de Lefkandi. Doté de trois anses, il s'agit d'une poterie utilisée pour conserver l'huile. La décoration en peinture blanche sur fond sombre représente un personnage dont l'épaule et le corps sont couverts de dessins d'animaux. Comme la plupart des œuvres exposées ici, ces pièces proviennent de tombes dans lesquelles étaient enterrées des objets funéraires. La seconde grande salle abrite quant à elle des découvertes datant de la Préhistoire.

Site archéologique
Autour du musée, une partie du site est ouvert au public. Là, des panneaux présentent diverses restitutions architecturales, alignées au fil du parcours. A l'emplacement de la de la « Maison aux mosaïques », un bâtiment moderne permet d'assurer la conservation des pavages. Cette promenade donnant sur les sections de rempart montant vers l'acropole est en accès libre. Attention, avec des enfants, le parcours peut être difficile.

▸ **Maison aux mosaïques.** Bâti en 370 av. J.-C., ce magnifique bâtiment a été habité pendant environ un siècle et détruit en 270 av. J.-C. Le pavillon moderne qui protège aujourd'hui les mosaïques ressemblerait à ce qu'était la maison à l'époque. Au milieu de celle-ci, vous pouvez voir les restes d'un tombeau construit sur les ruines de la maison d'origine. Sous l'auvent, vous admirerez les mosaïques (des Néréides chevauchant un hippocampe) qui animent le sol de cette demeure. A droite du tombeau se trouve le plus beau panneau de mosaïques de la maison : dans le vestibule, un sphinx et une panthère qui s'affrontent, et avant l'entrée, une Néréide sur un cheval marin.

▸ **Le théâtre antique.** La première édification remonte au Ve siècle et a été détruite en 198 av. J.-C. par les Romains. Néanmoins, cela reste un monument impressionnant qui rappelle en beaucoup d'endroits le théâtre de Dionysos d'Athènes. Des fouilles ont été entreprises par l'Ecole archéologique américaine et des travaux de restauration sont encore en cours.

KYMI - KYMH ★

Côté bon plan, cette ville compte double. C'est un charmant village, déjà, un peu hors du temps et suspendu entre ciel et mer. Mais Kymi n'est pas seulement une petite station balnéaire en perte de vitesse : ce port de la côte ouest sera surtout votre point de départ vers Skyros et d'autres îles de la mer Égée.

Kymi
Farmakidi
Avanton
Byrona
Poste
Ermou Filonos
Banque Nat. de Grèce
Voudourni
Vaki
Musée archéologique
Police
El Venizelou
Ifestou
GRECE CONTINENTALE
Gare ferroviaire
Place Gefyras
Taxis
Mosquée
Androutsou
Bus
Speed Boat
Frizi
Papigi
Eglise
Musée folklorique
Terrain militaire
Liaska
250 m
WCs
Ferrys
PORT DE KIMI
Plage
Eglise
Mosquée
Musée
Château
Curiosité
Poste
Banque
Police
Gare ferroviaire
Ferry
Taxi
Bus

Du village partent des bateaux pour les îles Sporades. Les ancêtres des habitants de Chalcis, aujourd'hui en grande majorité des marins, ont fondé autrefois un grand nombre de colonies en Italie. De belles promenades sont possibles au monastère de Sotira, avec sa superbe vue sur la mer, ou au village de Hili, avec ses maisons en partie creusées dans le roc. Mais vous y trouverez toujours un peu de tranquillité et de belles plages à l'eau calme où les enfants pourront se baigner.

Transports

■ BUS

✆ +30 222 202 2257
www.ktelevias.gr
info@ktelevias.gr
Sept bus relient chaque jour (dont deux avec correspondance) Athènes et le port de Kymi (3 heures 30) en passant par Chalcis. A Athènes, la gare routière se trouve au 221, rue Liossion, près de la station de métro Aghios Nikolaos.

■ CAPITAINERIE DE KYMI

✆ +30 222 202 2606
Kymi propose des liaisons avec l'île de Skyros dans les Sporades, ainsi qu'avec Alonissos en saison. Renseignements chez Skyros Shipping (www.sne.gr – Tél +30 22220 91789 ou 92164).

Se loger

■ ARCHONTIKO KYMIS HOTEL

✆ +30 2222 023 896
info@arxontikokimis.gr
Plusieurs offres sur le site.
Vrai joyau d'esthétique et de confort, ce boutique-hôtel est établi dans un ancien manoir de Kymi, entièrement rénové. Sept chambres, différentes les unes des autres, avec pleine vue sur la mer Egée, promettent un séjour paisible et confortable. La dégustation des vins dans la cave de l'établissement, la visite de la ferme appartenant à la demeure ou une promenade à cheval figurent parmi les activités proposées. Le petit déjeuner, l'autre secret de l'hôtel, est très varié et basé sur des produits bio. Bain à remous, TV, wifi.

■ CORALI HOTEL

✆ +30 222 202 2212
www.coralihotel.gr
info@coralihotel.gr
22 chambres. La double entre 50 et 70 € en été avec le petit déjeuner. Ouvert toute l'année.
Hôtel sur les hauteurs de Kymi, au-dessus du départ du ferry. Même s'il est un peu vieux, il vous permettra de profiter de la soirée sympathique qui vous attend sur le bord de mer, la veille de votre départ d'Eubée.

■ NEGROPONTE RESORT

✆ +30 22290 61935
www.negroponteresort.gr
info@negroponteresort.gr
Chambre double standard à partir de 120 € en été, avec le petit déjeuner. Ouvert toute l'année.
Nouvel établissement à l'accueil très agréable. Le complexe se compose de cinq bâtiments distincts qui communiquent entre eux par des couloirs intérieurs ou des galeries abritées. Piscine intérieure à l'eau salée (chauffée de novembre à fin mai), sauna, Jacuzzi. Demi-pension en option.

■ VALLEDI VILLAGE

Sur la plage de Kymi
✆ +30 222 202 9150
www.valledivillage.gr
reserve@valledivillage.gr
19 chambres. La double entre 70 et 90 € en été avec le petit déjeuner. Ouvert toute l'année.
Cet hôtel charmant propose des chambres spacieuses et appartements – certains avec cheminée – avec un design moderne, une cuisine équipée et vue sur mer et balcons confortables. Evitez, si possible, les chambres du rez-de-chaussée, autour de la petite piscine, qui sont parfois un peu bruyantes.

Se restaurer

■ TO KAPITSALIO

✆ +30 2222 023 909
Ouvert tous les jours midi et soir en période estivale. Compter entre 12 et 15 € par personne.
A proximité de la place Kymi, cette taverne, très fréquentée par les locaux, offre une grande variété de mezzedes et de plats traditionnels grecs. Les salles sont propres et soignées, le service impeccable.

À voir – À faire

■ MUSÉE FOLKLORIQUE

✆ +30 222 202 2011
Ouvert tous les jours de 8h30 à 15h. Entrée : 1,50 €
Situé dans une maison néoclassique, le musée expose une riche collection de costumes traditionnels et d'objets de la vie courante des habitants de l'île au XIXe siècle.

■ PLAGE DE KALAMOS ★

Une succession de petites criques avec de superbes plages de sable fin, proche de la ville Kymi. Le lieu est spectaculaire. Et il y a des tavernes...

■ **PLAGE DE PLATANAS** ★

La plage de Platanas est à 7 km de la ville et à 10 minutes du port. A Stomio, tout proche, se trouve un fleuve à l'eau claire où vous pourrez également vous baigner.

PROKOPION - ΠΡΟΚΟΠΙ

Si ce petit village n'offre pas d'hébergement touristique particulier, il mérite que vous vous y arrêtiez pour approcher les reliques aux vertus miraculeuses d'un certain saint Jean le Russe, conservées dans la basilique Aghios Ioannis tou Rossou. Il s'agit d'un officier tsariste tombé sous le joug de la domination turque. Mais Prokopion est aussi célèbre pour son délicieux miel local vendu sur la grande « place ». Le miel foncé est aux senteurs de pin et le miel clair à l'orange. On vous proposera de toute façon d'y goûter ! Reprenez la route en passant Mandudion et Kirinthos. Juste avant le panneau d'entrée de Strofyla, bifurquez à gauche en direction de Limni (19 kilomètres depuis la bifurcation).

■ **CAMPING AGHIA ANNA**

✆ +30 222 709 7250
www.clubagiaanna.gr
info@clubagiaanna.gr

90 emplacements camping, 50 yourtes, bungalows et studios. Camping : de 4,50 à 9 € par personne, emplacement à partir de 7 €. Yourte ou studio à partir de 25 € pour 2 personnes hors saison.

Aghia Anna est la plus longue plage (5 km) de l'Eubée, et l'une des plus belles. A 110 mètres de la mer se trouve l'un des plus étonnants campings grecs, qui, outre ses classiques emplacements pour campeurs (bien ombragés), propose des locations de studios et villas, mais surtout des yourtes mongoles de 43 m² tout confort avec petit jardin, vraie salle de bains et coin cuisine. Ce grand centre de vacances dispose d'une piscine, de trois bars, d'un restaurant, de sanitaires bien entretenus, d'une laverie et même du wi-fi. Un vrai bon plan écotourisme !

■ **CAMPING OASIS VILLAGE**

✆ +30 697 686 5037
www.oasisvillage.gr
sent-it@live.com

70 emplacements, de 5 à 6 € par personne (tente à partir de 5 €). 12 studios, de 45 à 65 € pour deux personnes (et de 55 à 70 € pour quatre personnes).

A côté du petit village de pêcheurs de Kria Vrissi et toujours sur la très belle plage d'Aghia Anna, encore un bon camping, bien que plus classique. Accueil sympa, supérette, restaurant, piscine... Les sanitaires récemment refaits sont bien entretenus. A proximité se trouve un centre équestre.

LIMNI - ΛΙΜΝΗ

Voilà une belle endormie... Limni est une assez jolie bourgade, construite en amphithéâtre sur une colline boisée autour d'une grande plage de galets. Un peu de mythologie au passage : elle fut, selon la légende, le lieu des noces de Zeus et d'Héra. Limni, qui a préservé quelques-unes de ses maisons classiques, n'est pas un mauvais choix pour passer des vacances tranquilles à l'abri des foules. Une excursion est possible pour visiter le monastère d'Aghios Nikolaos ou Moni Galataki, à 10 kilomètres de là. Ce monastère, fondé au VIIe siècle sur les ruines d'un temple de Poséidon, est d'ailleurs la principale curiosité locale. Ses fresques du XVIe siècle, dont celle du Jugement dernier, sont particulièrement intéressantes.

Limni.

ASTRON
Katounia
✆ +30 222 703 1487
A 100 m de la plage.
Environ 15 € par personne. Ouvert tous les jours midi et soir.
Restaurant avec une belle cheminée et une véranda avec vue sur mer. La taverne sert depuis 1961 des viandes locales mais aussi des fruits de mer frais (que pêche le caïque du patron). Les crevettes du nord de l'Eubée sont paraît-il réputées !

BUS
✆ +30 222703 1262
www.ktelevias.gr – info@ktelevias.gr
Trois liaisons par jour avec Athènes. La route passe aussi par Chalcis et Rovies.

DENNIS HOUSE
Sipiada ✆ +30 222 703 1787
Chambre double à partir de 60 € en été. Studios pour 4 à 5 personnes. Ouvert toute l'année.
Ici, toutes les chambres (ou bungalows familiaux) ont une petite cuisine. Et, surtout, l'hôtel est quasiment les pieds dans l'eau. Le petit déjeuner est proposé dans le restaurant de l'hôtel qui sert à toute heure, et toute l'année aussi.

HOTEL PLAZA
✆ +30 222 703 1235
Chambre double entre 50 et 60 € en été. Ouvert toute l'année.
Vous ne pourrez pas vous tromper puisqu'il n'y a que deux hôtels dans la ville. Vous y serez au calme dans les 6 chambres avec télévision, même si l'établissement est en plein « centre-ville ». Accessible aux petits budgets.

ROVIES - ΡΟΒΙΕΣ

Entouré de pinèdes, Rovies reste un secret bien gardé et un village apprécié par les vacanciers grecs, notamment pour sa longue plage de sable et de galets fins. Son château vénitien abrite maintenant un centre culturel. À son extrémité occidentale, le fleuve Gerania se jette dans la mer sous les platanes. Un peu plus loin, la plage de Gregolimano est réservée aux résidents du Club Med. À 10 kilomètres, vous pouvez visiter, dans un beau paysage, le monastère d'Ossios David, datant du XVIe siècle.

Se loger

APPARTEMENTS LEVENTIS
✆ +30 222 707 1588
leventisapartments.com
Office@leventisapartments.com
Chambres doubles entre 35 et 45 € sans petit déjeuner.
Un joli coup de cœur, en plein centre de Rovies, à 5 minutes de la plage. Voici 20 charmants studios avec balcon, idéals pour se poser, avec air conditionné, télévision et kitchenette et un parking. Et surtout à prix très doux ! Le jardin est aussi très agréable. Ambiance familiale et accueil chaleureux. Une bonne adresse pour des vacances calmes, loin de l'activité nocturne de Chalcis. L'équipement pour cuisiner est un peu sommaire, mais avec une excellente boulangerie, une supérette et d'agréables tavernes à deux pas, on n'a guère besoin de plus !

CAMPING ROVIES
✆ +30 222 707 1120
www.campingrovies.gr
A 4 km après Rovies en venant de Limni.
110 emplacements, de 5 à 6 € par adulte, de 4 à 7 € par tente.
Situé le long d'une très belle plage de sable fin, le camping Rovies dispose d'un restaurant, d'une petite épicerie ainsi que de l'eau chaude toute la journée. Ouvert depuis 1987, il accueille chaque année des habitués grecs mais aussi des touristes de toutes les nationalités. Très familial, vous y trouverez une supérette où vous vous fournirez en produits de nettoyage, d'hygiène mais aussi en fruits et légumes. Aire de jeux sur place et nombreuses activités proposées, dont de la plongée sous-marine, de l'équitation et de belles excursions alentour.

HOTEL SOURIS
A 40 m de la plage.
✆ +30 222 707 1223 – www.sourishotel.gr
Chambre double entre 65 et 80 € en été pour une chambre standard, avec petit déjeuner buffet.
A seulement 40 mètres de la plage, l'établissement est entouré de magnifiques jardins de palmiers et de collines verdoyantes. On apprécie ses 28 grandes chambres, pas trop mal meublées (avec un mini-réfrigérateur), et à la carte (traditionnelle ou moderne ?). De vastes terrasses offrent une belle vue sur la mer ou les jardins. Possibilité de louer une suite ou un petit appartement. Restaurant très correct avec une carte et une cuisine familiales.Un petit-déjeuner buffet copieux composé de gâteaux, de tartes, de confitures et de spécialités maison.

Se restaurer

EVPORON
Sur la place principale. ✆ +30 693 762 7124
Environ 10 €/pers. Ouvert tous les jours à partir de 9h.
Avant ou après la plage, voici une taverne plus traditionnelle, idéale pour se mêler à la population locale des retraités joueurs de tavli et des enfants en vacances. Sur la place principale vivante et animée, légèrement en retrait de la mer et

ombragée, vous mangerez volontiers ici quelques mezzes et/ou un plat du jour. Les *gemista* (légumes farcis à la viande et au riz) et les *soutzoukakia* (boulettes de viande à la tomate) étaient irréprochables. Pas cher et typique. Vous pouvez aussi vous arrêter ici pour votre café du matin ou un apéritif avec une assiette de calamars.

■ LITSA

Sur le front de mer. ✆ +30 22240 32455

Autour de 15 €/pers. Ouvert tous les jours midi et soir.

En arrivant, la petite carte plastifiée ne laissait guère augurer de la qualité des plats. Et pourtant, quelle claque ! C'est simple et bon. Du poisson frais ou grillé, des salades fraîches et une petite sélection d'alcools. Le choix est limité, mais impossible de se tromper, surtout attablé sur la plage, avec le clapotis des vagues et le coucher du soleil pour seul horizon. Comme pour le reste de cette discrète station, on apprécie ici de se retrouver avec une clientèle surtout grecque et locale. L'addition augmente un peu si l'on opte pour la pêche du jour, mais sans regret.

■ OASIS

Sur la plage. ✆ +30 2227 071600

Ouvert tous les jours du petit déjeuner à tard le soir.

Ce snack-bar invite évidemment à une collation, comme une pita ou un club sandwich. Cependant, on apprécie plus particulièrement et à toute heure ses transats gratuits sur la plage et sa grande tranquillité. Sur cette partie du front de mer relativement peu fréquentée, se baigner pendant que l'on vous prépare un café frappé ou que l'on va vous chercher un soda frais est un luxe merveilleux à tout petit prix (2 € le café avec sa petite bouteille d'eau !).

LOUTRA EDIPSOS - ΛΟΥΤΡΑ ΑΙΔΗΨΟΥ ★★

Attention, village sulfureux ! Ce village situé à 119 kilomètres d'Halkida est connu depuis l'Antiquité pour ses eaux bouillonnantes. Maints grands hommes, dont Aristote, Plutarque et Pline, ont chanté les louanges de ces sources aux vertus thérapeutiques, censées guérir les affections rhumatismales, arthritiques ou gynécologiques. Aujourd'hui Loutra Edipsos accueille le centre d'hydrokinésithérapie réputé pour être le plus moderne de Grèce.

Transports

■ BUS

✆ +30 22260 222 50
www.ktelevias.gr
info@ktelevias.gr

Trois liaisons par jour avec Athènes en été. Autres liaisons dans l'île avec Chalcis, Prokopi et Istiea.

■ EDIPSOS FERRIES

Sur le port.
✆ +30 22260 23330
www.ferriesedipsos.gr

8 traversées par jour. Aller simple à 3,70 € par adulte, 16,80 € pour une voiture.

Vous pouvez arriver directement à Loutra Edipsou à partir d'Arkitsa, sur le continent. Cette jolie ville portuaire est située le long de la côte de Fthiotida dans la région de la Grèce centrale, à un peu moins de deux heures d'Athènes en voiture. Il est aussi possible de prendre un bateau d'Agiokambos, à 10 km de Loutra Edipsou, pour débarquer à Glyfa, plus haut sur la côte, pour prolonger ses vacances dans le nord de la Grèce.

Se loger

■ THERMAE SYLLA SPA

2 rue Posidonos
✆ +30 222 606 0100
www.thermaesyllaspa-hotel.com
info@thermaesylla.gr

Chambre double à partir de 200 € en été, avec nombre de prestations à la carte. Ouvert toute l'année.

L'hôtel a déjà été désigné par le magazine *Conde Nast Traveller* comme l'un des 10 meilleurs Hotels Spa du monde. Ses 108 chambres belles et spacieuses, ses 7 suites et sa suite présidentielle ont toutes une vue sur la mer. Originellement construit en 1879, il a été reconstruit en 1988 à l'identique (à l'extérieur du moins) et transformé en un magnifique hôtel 5 étoiles offrant de nombreuses installations d'hydrothérapie et autres piscines à eau de mer. L'hôtel propose des formules « tout inclus », mais même si vous ne séjournez pas à l'hôtel, vous pourrez prendre un café ou un déjeuner ou un dîner dans son café et son restaurant. Dans la cour du site subsistent aussi les restes d'un des nombreux bains publics romains découverts dans la région.

■ STUDIOS ASTERIA

3 Irakleous.
✆ +30 22260 23 808
www.studiosasteria.gr
info@StudiosAsteria.gr

Chambre double entre 50 et 70 € en été. Petit déjeuner : 5 €.

A 50 m de la plage de Loutra Edipsou et des sources, voici 20 studios très bien équipés (avec une petite cuisine) et une vue sur mer ou montagne. Accueil chaleureux avec des produits locaux et utilisation gratuite du barbecue dans le jardin.

Se restaurer

■ ELLADOS GEUSEIS

10 rue du 28 Oktovriou
✆ +30 6979819258
Ouvert tous les jours, de 9h à minuit. Autour de 15 €/pers.
Voyez-y sans doute un atavisme de notre part, mais nous avons tendance à penser que les restaurants aux noms typiquement grecs (autrement dit, incompréhensibles au premier abord pour qui ne parle pas la langue) réservent souvent de bonnes surprises. Il n'empêche : ce restaurant sobrement nommé « saveurs grecques » confirme la règle : salades fraîches, petits poissons grillés, spécialités de saganaki (fromage fondu) et plats en sauce traditionnels, le tout avec un tsipouro maison très honnête. Et, surtout, c'est sur le front de mer, au-dessus d'une petite plage où l'on peut piquer une tête en attendant d'être servi...

■ I KALYVA

6 Ploutarchou.
✆ +30 22260 22735
Autour de 18 € par personne. Ouvert tous les jours, midi et soir.
Cuisine grecque traditionnelle, produits frais et de nombreux plats en sauce que vous pourrez souvent voir mijoter en cuisine. Il n'est pas rare que l'on vous invite à voir ce qui se prépare pour la journée. Parmi les classiques : un excellent agneau au four.

À voir – À faire

■ MONASTÈRE DE ST GEORGES

A 3 km de Loutra Edipsos,
sur le flanc du Mont Valantis.
✆ +30 22260 22 384
Même si la route est un peu difficile sur la fin, la vue de la cour du monastère sur le golfe du nord de l'Eubée et la mer de la région d'Ilia est magnifique et vaut le détour. Fondé au XIIIe siècle, ce monastère culmine à 450 mètres et a été habité par 300 moines les premiers temps, vivant dans des huttes autour de l'église centrale. Il a aussi été un lieu de refuge et de protection pour de nombreux chrétiens pendant l'occupation ottomane.

■ MIKRI VOULI

A côté de l'hôtel Thermae Sylla.
Uniquement pendant l'été.
« Mikri Vouli » signifie « petit Parlement », et pour cause... Dans le parc municipal d'Edipsos, parmi les buissons et les pins, vous assisterez peut-être à des échanges étonnants. Un peu comme à Hyde Park à Londres – mais plus modestement – il y a ici une zone où pendant les mois d'été, les touristes se rassemblent et discutent principalement de politique ou d'actualité. Tout le monde qui veut parler monte sur un piédestal et s'adresse au public. La fin de chaque « réunion » est souvent accompagnée de musique et de chansons.

■ SOURCES CHAUDES

Aujourd'hui, plus de 80 sources d'eau chaude sont identifiées dans la ville avec des températures affichées qui varient de 30 à 80 °C. Le philosophe Aristote en avait profité en son temps et les évoque dans ses écrits. Aujourd'hui, ces sources s'écoulent dans plusieurs plages mais la majeure partie des sources thermales rejoint par exemple la plage municipale, créant de petites chutes d'eau sur les rochers donnant l'impression d'une véritable thalassothérapie à moindres frais ! La plage à côté du Thermae Sylla Hotel, gratuite, profite aussi de ces sources.

OREI - ΩΡΕΟΙ

Son développement touristique est encore lent et discret, mais Orei est un petit port vivant dont le front de mer est jalonné de bars et de tavernes. Le village est divisé en deux par un château franc qui se dresse en son milieu. À l'ouest, vous pouvez apercevoir les restes d'une deuxième forteresse érigée autrefois sur les ruines d'une acropole antique. Orei est enfin connu pour la statue de taureau trouvée par des pêcheurs en pleine mer et exposée dans une vitrine sur la place centrale. Ce taureau est en marbre et date de l'époque hellénistique. Reprenez la route jusqu'à Pefki, en traversant Itéia, qu'Homère avait qualifiée de *polystaphylos*, c'est-à-dire « riche en vignes ».

MARMARI

Si l'on n'a pas pris le bateau depuis Rafina, on arrive à Marmari en passant par des villages dont certains sont perchés à flanc de colline, surplombant la mer Egée, cachés au milieu des feuillages épais de platanes et de chênes verts. La route ploie ensuite dans la côte et vers la mer Egée.
Ce petit port, avec un centre très vivant en été, est bordé d'une quinzaine de plages de sable aux eaux turquoise et claires et de criques tranquilles. En bateau, vous pourrez également visiter la petite île de Petalion située en face de Marmari.

Transports

Si l'Eubée est déjà méconnue, cette méconnaissance croît à mesure que l'on s'enfonce dans ses terres. La baie Marmari, construite en amphithéâtre dans l'une des baies du sud de l'île, gagne à être connue. Et ce d'autant plus qu'elle dispose de liaisons directes avec Rafina, près d'Athènes. Si vous arrivez en voiture ou en bus de Chalkida, vous apprécierez la route qui passe à proximité du lac Dystos ou du mont Ochi.

Se loger

■ KARYSTION HOTEL

3 rue Kriezotou, à Karystos.
✆ +30 22240 22391
https://karystion.gr
Chambre double à partir de 60 € la nuit avec le petit déjeuner.

Niché sur un promontoire bordé d'arbres et surplombant la mer, l'hôtel Karystion se trouve à seulement 10 mètres de l'accès à la plage (près d'une tour vénitienne) et à 400 mètres du centre de Karystos. Les chambres mesurent environ 15 m² et ont vue sur le parc et/ou sur la mer. Elles sont simples, mais tout le nécessaire y est, y compris la vue. Mini-réfrigérateur, télévision et chaînes par satellite et même un fer et une planche à repasser. Petit-déjeuner soigné préparé avec des produits frais locaux, plats méditerranéens et gâteaux faits maison.

■ MARMARI BAY HOTEL

✆ +30 2224 031301
http://marmaribay.gr
Chambre double à partir de 62 € la nuit avec le petit déjeuner.

Construit sur une belle colline à 400 mètres du port du village, l'hôtel bâti en amphithéâtre offre une vue qui surplombe l'horizon bleu du golfe de Marmari et ses îles environnantes. Il compte 104 chambres dont 80 doubles « standard » avec TV satellite et mini-réfrigérateur. Légèrement en retrait, il promet aussi une certaine tranquillité. Moderne, le complexe hôtelier comprend un restaurant et une piscine, à moins que l'on préfère simplement profiter du coucher de soleil depuis son balcon. Petite bibliothèque et parc pour les enfants.

Se restaurer

■ CAVO D'ORO

Karystos.
✆ +30 22240 22326
Environ 15 €/pers. Ouvert tous les jours midi et soir.

Légèrement en retrait du port et dans une petite ruelle, le restaurant est très agréable. L'établissement, une quasi-institution, fonctionne comme un restaurant depuis 1897. Il étale ses tables à l'extérieur, dans une ruelle étroite, où vous dégusterez de la viande grillée à la commande. Jetez un œil en cuisine et prenez aussi du poisson, des plats mijotés à la casserole. Les portions sont copieuses et le menu varie selon la saison. Le service est sympathique, et les lieux sont bondés... mais pas par les touristes !

■ EXOCHIKO KENTRO

Sur la plage de Figia
✆ +30 694 940 8474
Environ 15 €/pers. Ouvert tous les jours midi et soir.

Il faut parler grec ou y avoir mangé pour valider le nom de l'établissement. Traduisez : le lieu ou la taverne « extra ». Et ce n'est pas survendu. En face de la plage mais sous une tonnelle ombragée, vous trouverez ici des plats du jour très classiques (fava, gemista, croquettes de courgettes, nous n'avons rien laissé !). En cuisine, on choisit aussi son poisson fraîchement pêché et cuit à la perfection. C'est un peu en retrait, très grec et familial mais aussi de l'autre côté de la route du bord de mer, face à la mer pour une petite baignade entre deux plats.

■ TAVERNE-GRILL MPARMPA GIORGIS

Zoodoxos Pigi.
✆ +30 22240 51011
www.mparmpagiorgis.gr
Environ 15 €/pers. Ouvert tous les jours midi et soir.

On vient ici souvent le dimanche, pour se retrouver en famille ou entre amis sur les hauteurs de l'île. Le voyageur, lui, s'y arrêtera n'importe quand avec bonheur en quittant Marmari ou Eretrie. Il faut s'aventurer un peu dans les terres mais le trajet vaut le coup. Sur la terrasse ou dans la salle avec vue sur la baie en contrebas, vous vous régalerez de côtelettes d'agneau, de kokoretsi et autres grillades. Dans cette taverne traditionnelle ouverte depuis 1953, les (généreuses) pitas à la feta, au miel et au sésame se partagent aussi volontiers.

■ TO PARAMITHI TIS ANTONIAS

Sur le front de mer.
✆ +30 22240 32455
Environ 15 €/pers. Ouvert tous les jours midi et soir.

Le nom grec de la taverne signifie « le conte d'Antonia ». En tout cas, il nous donne une bonne histoire à raconter. Adossé à une aire de jeux, le lieu et sa terrasse ne payent pas de mine. Les mezzes et produits de la mer y sont pourtant excellents, avec une mention spéciale aux calamars proposés frais, avec un léger supplément, mais tendres à souhait. C'est l'endroit idéal où s'arrêter à toute heure de la journée pour une petite collation ou en attendant un bateau. A l'heure de l'apéritif, prenez un verre de tsipouro avec son mezze. Un délice !

À voir – À faire

KARYSTOS

A 10 km de Marmari, la ville de Karystos est une station balnéaire agréable et moderne avec une belle promenade menant de la mairie au front de mer, des rues commerçantes intéressantes et un petit musée archéologique. Ne manquez pas son kastro (Castello Rosso ou Kokkinokastro), perché au milieu des villages environnants. Construit et fortifié par les Byzantins en 1030, il fut pris par les Francs en 1295 et acheté par les Vénitiens en 1359. Ce n'est qu'en 1833, avec le départ des Ottomans du sud de la Grèce, que les portes du château ont été ouvertes aux Grecs.

LAC DYSTOS

Le lac Dystos est une oasis de biodiversité qui abrite d'innombrables espèces végétales et animales. Bien qu'il se soit asséché à plusieurs reprises au cours de son histoire, le lac et les marais environnants ont réussi à se maintenir à flot au cours des dernières années. Sa taille est impressionnante et couvre une superficie de plus de 7 500 m^2, c'est un refuge pour les oiseaux migrateurs au printemps et un biotope important pour un certain nombre de plantes et d'animaux. C'est pourquoi elle a le label Natura 2000 de l'Europe.

MONT OCHI

Le mont Ochi est la troisième plus haute montagne de l'île, au nord de Karystos. Son sommet de 1 398 m domine toute la partie méridionale de l'île, l'est de l'Attique et certaines îles septentrionales des Cyclades. En plus de sa beauté apaisante, le mont est surtout connu pour les « maisons du dragon » disséminées sur ses pentes : il s'agit de mystérieuses structures antiques constituées d'énormes blocs de pierre (montés sans mortier), situées dans des endroits reculés et sans utilisation pratique apparente. La mieux préservée est située tout en haut de la montagne.

PEFKI - ΠΕΥΚΙ

Pefki est un village construit au milieu des pins qui descendent jusqu'à la mer. C'est peut-être pour cela qu'il est aussi touristique… Une belle plage se trouve à proximité. Des points d'hébergement vous permettront de conclure cette balade en douceur.

ANEMOS STUDIOS

Eparchiaki Odos Istieas-Chalkidas
✆ +30 222 604 1457
www.anemos-studios.com
Studios entre 40 et 50 € en été.
Une vingtaine de studios pouvant accueillir entre 2 et 4 personnes, à 400 m de la plage. Très simples, ces studios possèdent néanmoins une kitchenette.
La vue est belle. Possibilité de connexion Internet. Pas de petit déjeuner sur place mais possibilité dans un café voisin.

CAMPING PEFKI

Artemisio, à 1 km au nord-est du centre de Pefki
✆ +30 222 604 0942
info@campingpefki.com
85 emplacements, de 4,50 à 5,50 € par personne en été, emplacement à partir de 3 €. 14 bungalows pour 4 personnes à partir de 30 € par jour.
Situé à la sortie de Pefki et à 20 mètres de la plage. Supérette et coin laverie sur place. Pas de restaurant, mais la première est à 200 m à la sortie du camping. A proximité également, une école de kitesurf.

ILIOS STUDIOS

Sur la route principale entre Pefki et Artemisio
✆ +30 222 604 0551
www.ilios-studios.gr
info@ilios-studios.gr
A 300 m de la plage.
Chambre double à partir de 50 € avec petit déjeuner buffet. Plusieurs offres sur le site.
Une quinzaine de studios charmants, à 300 m de la plage et à 800 m du centre, juste assez excentrés pour être un peu au calme. Toutes les chambres sont distinctes. Kitchenette, vaisselle et accès wifi dans chaque chambre. Piscine. Les chambres familiales ne coûtent que 10 ou 15 € de plus.

KAPILIO TIS MENIAS

✆ +30 22260 40698
A partir de 15 €/pers. Ouvert tous les jours midi et soir.
A savoir : ici, on voue un vrai culte au cinéma grec, comme en témoigne la décoration qui fait la part belle aux gloires nationales. D'ailleurs, les noms des plats font également référence au cinéma. Ce qui n'empêche pas que la cuisine soit délicieuse : belles salades, viandes en brochettes ou boulettes, ragoûts et quelques plats de pâtes (dont des spaghettis aux écrevisses excellents). Environnement agréable près de la côte, avec une cuisine familiale et un service attentionné. Un bon vin maison aussi. En saison, guettez les soirées musicales.

SPORADES – ΣΠΟΡΑΔΕΣ ★★★

Les quatre îles des Sporades – Alonissos, Skiathos, Skopelos, Skyros – ont été d'abord habitées par les Thraces, suivis des Crétois et des Mycéniens. Mais Athènes ne tarde pas à convoiter ces petits joyaux proches de l'Eubée et de la Thessalie et, au Ve siècle av. J.-C., sa flotte vient les conquérir. Le christianisme s'est implanté dans les Sporades dès le IIe siècle et pendant l'âge d'or de Byzance, l'archipel est choisi comme lieu d'exil de personnalités gênantes. Les descendants de ces exilés ont constitué l'aristocratie locale en compagnie des nobles vénitiens qui sont arrivés après 1207. Les pirates harcèlent pendant des siècles les habitants des îles, de sorte que leur présence décourage les différents conquérants qui se tiennent toujours à distance en se contentant de la récolte des taxes. Les Sporades font partie de l'Empire ottoman jusqu'à la révolution grecque. En 1830, elles sont rattachées à la Grèce. Aujourd'hui, le seul inconvénient pour les visiter tient à leur approche difficile, puisque vous devez prendre le bateau de Volos ou d'Aghios Konstantinos, et à la difficulté des liaisons avec d'autres archipels. Skiathos et Skyros ont un aéroport, mais les places d'avion sont en nombre réduit en haute saison.

ALONISSOS – ΑΛΟΝΝΗΣΟΣ ★★

Première par ordre alphabétique, Alonissos est la moins prisée des Sporades, et c'est justement pour cela qu'on l'aime. Elle n'y peut rien : matériellement, il faut prendre, pour y accéder, un bateau qui dessert auparavant Skopelos et surtout Skiathos, plus proches du continent et plus connues. Pour l'instant, Alonissos reste surtout un lieu d'excursion. Cette île aride – si on la compare à Skiathos et Skopelos – dépourvue de longues plages de sable et d'importants vestiges historiques est pourtant de plus en prisée par les touristes qui ont compris l'intérêt et le plaisir d'y loger. En 1965, un terrible tremblement de terre a endommagé les belles maisons de Chora, la capitale, et obligé ses habitants à s'installer près du port ou à partir à l'étranger. Des Allemands amoureux de l'île ont acheté et restauré plusieurs maisons. Malgré tout, les atouts et les charmes de cette île ne manquent pas. Moins fréquentée – et accessoirement moins chère que Skiathos notamment – elle est devenue un « bon plan » pour beaucoup.

Vous pouvez passer des vacances tranquilles et agréables à Alonissos, et plus encore si vous profitez des excursions proposées ou louez bateau pour explorer les criques et les îlots déserts des environs. Cette île enchante le visiteur avec sa quiétude, sa vue (culminant à 460 m d'altitude) et sa végétation plus abondante qu'au sud de la Grèce. Une route goudronnée permet de vous rendre d'une extrémité à l'autre de l'île, en bus ou en voiture. Sachez aussi qu'Alonissos et les fonds marins qui l'entourent ont été classés réserve maritime pour protéger le phoque à ventre blanc, l'une des espèces animales les plus menacées d'Europe.

PATITIRI – ΠΑΤΗΤΗΡΙ ★★

Le port principal, Patitiri, accueille beaucoup de touristes venant du continent qui regretteront vite de ne pas y loger ! C'est dans cette vaste crique que la vie est la plus active : restaurants, billetterie automatique, bars, souvenirs, poste, locations diverses… Patitiri, capitale de l'île depuis le tremblement de terre de 1965, a hérité son nom des pressoirs à raisin qui abondaient jusqu'en 1957. Mis à part peut-être la baie, l'endroit n'a pas beaucoup de cachet, mais rassemble la majorité des touristes à cause de sa proximité avec Chora et des bonnes liaisons avec les plages de l'île.

Le vieux village d'Alonissos, ancienne capitale de l'île, a été partiellement détruit pendant le séisme de 1964. Alonissos (ou Chora) est bâti sur une colline à 20 minutes de marche du port mais dispose de quelques hôtels et surtout de restaurants et cafés. Le soir, la vue panoramique à 360 degrés permet d'apprécier toutes les lumières affleurant sur l'archipel. Une grande partie des maisons qui composaient la forteresse médiévale ont été conservées et elles ont été retapées par des étrangers en résidence secondaire. Les églises du Christ, d'Aghios Athanassios et d'Aghios Giorgios ne manquent pas d'intérêt, tout comme le petit musée d'Alonissos, récemment ouvert sur la colline, qui retrace l'histoire de l'île.

Les immanquables des Sporades

- **Dîner** sur les hauteurs d'Alonissos.
- **Faire une excursion** autour des îlots déserts et découvrir les fonds marins protégés.
- **Manger** une spécialité de viande aux pruneaux à Skopelos ou à Glossa.
- **Visiter** la forteresse byzantine construite sur les ruines de l'antique acropole de Skyros.

Transports

Comment y accéder et en partir

PORT

✆ +30 24240 65595

D'Athènes, des bus KTEL (gare routière de Liosion) effectuent la liaison avec Volos (6h) et Aghios Konstandinos (2h30).

Comme ses voisines Skiathos et Skopelos, Alonissos est facilement accessible depuis le continent depuis les ports de Volos (6 liaisons par jour avec Hellenic Seaways, Aegean Flying Dolphins ou ANES), d'Aghios Konstantinos en Attique (1 liaison par jour avec ANES).

Si vous voulez rallier d'autres îles, vous vous rendrez sans difficulté à Skiathos et Skopelos (6 liaisons par jour avec Hellenic Seaways, Aegean Flying Dolphins ou ANES). Mais vous pourrez aussi vous rendre vers Mantoudi en Eubée (1 liaison par jour avec ANES) ainsi que Skyros.

Se déplacer

Deux bus assurent plusieurs liaisons quotidiennes entre Patitiri, Palia Alonissos et Steni Vala.

Pratique

ALBEDO TRAVEL

✆ +30 24240 65804

http://alonissosholidays.com

Ouvert tous les jours de tôt le matin à tard le soir en saison.

Impossible de rater leurs bureaux sur le front de mer ! Des excursions pour suivre les otaries aux séjours thématiques consacrés au yoga ou à la peinture, l'offre de cette agence est très variée. Kayak, randonnées, plongée dans les eaux cristallines du parc marin : le site Internet est très riche en propositions diverses. Personnel accueillant.

L'agence peut également être contactée pour sa sélection d'hôtels, d'appartements, de studios et de villas. Location de voitures, de motos, mais surtout de nombreuses excursions dans le parc marin.

POLICE

✆ +30 24240 65205

Se loger

Bien et pas cher

CAMPING ROCKS

A 700 m de la route vers la plage de Marpounta

✆ +30 24240 65140

www.campingrocks.eu

rocks.camping@gmail.com

A gauche du débarcadère.

72 emplacements, 7,50 € par personne, 3 € par tente.

Camping situé sur le côté gauche du port, à 700 mètres, sur la route reliant le port à la région de Marpounda. Il séduira les amateurs avec son environnement verdoyant, à seulement 60 mètres de la mer. A 10 minutes à pied du débarcadère, ce camping municipal est rustique, il ressemble un peu à un centre pour colonies de vacances, mais les sanitaires sont bien entretenus. Un snack-bar, un café et une épicerie sont disponibles sur place. On y trouvera aussi un coin cuisine et barbecue, et même le wifi. Emplacements au milieu d'une forêt de pins.

KAVOS

Sur le port.

✆ +30 24240 65083

www.kavoshotel.gr

info@kavoshotel.gr

Chambre double de 40 à 80 € en été, sans petit déjeuner.

Pour les amateurs de vintage et de bons plans ! L'établissement propose 22 chambres basiques, mais parmi les moins chères du village. C'est un de nos coups de cœur ! Un peu vieillot mais très bien situé près du port et des plages (à 100 mètres), son aspect rétro est délicieux. Parmi les meilleurs hébergements d'Alonissos, l'hôtel Kavos jouit d'un emplacement magnifique et d'une vue fantastique. Ce complexe se compose de chambres, studios et appartements pouvant offrir un hébergement pratique aux couples, familles et amis ainsi qu'un accès rapide au port de Patitiri.

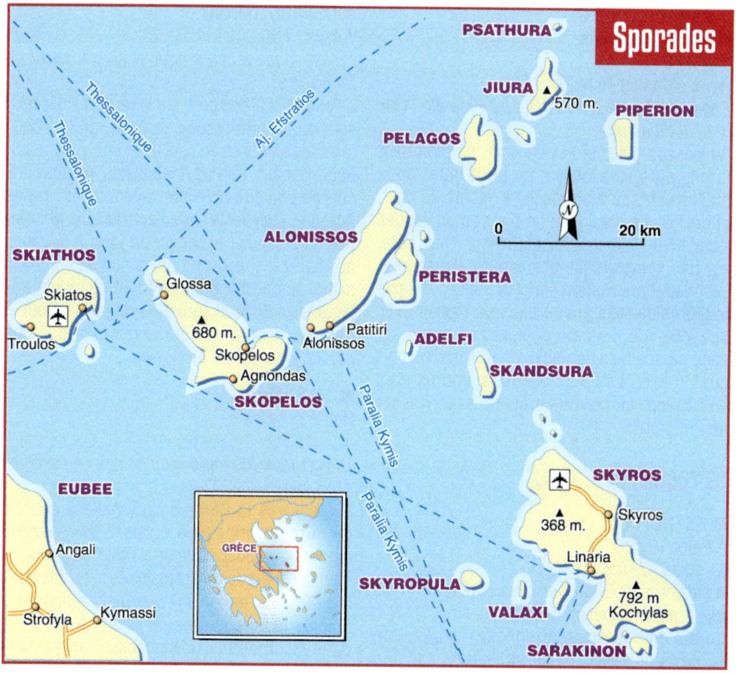

■ PENSION PANORAMA

Sur le port, en surplomb.
✆ +30 24240 65240
Prendre les escaliers sur la gauche,
en remontant la rue principale,
vers le restaurant Helios.
A partir de 50 € la nuit pour deux en été.
Levez la tête du port et vous apercevrez peut-être ses volets bleus. Cet établissement est à 5 minutes à pied de la plage... si l'on n'a pas peur de gravir quelques marches. Mais la vue, ensuite, vaudra le détour, surtout si vous prenez l'appartement familial dont la terrasse est immense. Cette pension, gérée par Eleni, propose des logements, tous dotés d'un balcon avec vue sur la mer et la baie de Patitiri. Ce n'est pas ultra-moderne mais spacieux et calme. Vous vous préparerez votre petit-déjeuner dans votre cuisine, mais vous le prendrez avec une vue extra.

Confort ou charme

■ ATRIUM HOTEL

Entre le port et Roussoum Gialos.
✆ +30 24240 65750
www.atriumalonnissos.gr
info@atriumalonnissos.gr
29 chambres. La double de 80 à 158 € en été, avec le petit déjeuner.
Situé en haut d'une colline, à plus de 600 m d'altitude, cet hôtel propose des chambres agréables et spacieuses, vraiment élégantes, offrant confort et tranquillité. Les vues depuis l'enceinte de l'hôtel Atrium sont à couper le souffle et la mer est visible de presque toutes les chambres. A noter, la très belle piscine, offre rare à Alonissos. Vous pourrez ainsi prendre votre petit-déjeuner, siroter un verre au bord de la piscine extérieure ou simplement vous détendre sur les chaises longues autour en surveillant vos enfants dans leur propre bassin.

■ KONSTANTINA BOUTIQUE STUDIOS

Palio Alonissos. ✆ +30 2424066165
www.konstantinastudios.gr
info@konstantinastudios.gr
A environ 30 mètres à gauche
de la Platia Christos.
Chambre double standard à partir de 98 € en été.
Une magnifique adresse pour les amateurs de la vieille ville, de ses hauteurs et de la vue qui va avec. Cet agréable petit complexe, tout en pente, propose 8 studios confortables et décorés dans le plus pur style de l'île (sols en pierre sombre, salles de bains en marbre). Cuisine bien équipée et balcons au calme avec une vue superbe. Il y a même un barbecue dans la cour isolée. Pas besoin de prendre le bus : Konstantina vient vous chercher au port...

PARADISE HOTEL

Plage de Roussoum.
✆ +30 24240 65213
www.paradise-hotel.gr
Chambre double entre 70 et 120 € en été. Avec le petit déjeuner.
Au-dessus du côté est du port, surplombant la plage de Roussoum, ce petit hôtel deux étoiles est très bien placé, à l'écart du port, et doté d'une piscine, d'un bar et d'un accueil exceptionnellement amical (Bessie, votre hôte, est très sympathique et toujours disponible). Les chambres restent simples, elles n'ont pas la télévision (pas grave) mais un balcon avec une jolie vue. Le petit déjeuner se prend sur une terrasse bien agréable. Un très bon rapport qualité-prix. Les plus belles chambres sont en hauteur, au deuxième étage, avec vue sur mer et piscine.

Se restaurer

ASTROFEGIA

A Paleo Horio
✆ +30 24240 65182
A partir de 20 € par personne. Ouvert tous les jours, midi et soir en saison.
Un bel endroit sous la tonnelle. On déguste ici de bons plats maison et servis par une équipe charmante. Loin des lieux touristiques, on apprécie ce petit coin tranquille avec des parfums de Grèce profonde et calme. Le chef grec a vécu 30 ans aux Etats-Unis. Dans l'ancienne ville d'Alonnisos, ces petites tables sont disposées en extérieur, devant une vue merveilleuse. Cuisine grecque savoureuse et assiettes aux influences internationales. Essayez l'espadon avec sa sauce aux câpres, l'agneau au romarin, les brochette de fruits de mer et les desserts maison.

OSTRIA

Sur le port.
✆ +30 24240 65243
www.ostria-restaurant.gr
victorcupcea@gmail.com
A partir de 15 € par personne. Ouvert tous les jours, midi et soir en saison.
De délicieuses courgettes frites, de remarquables calamars grillés, un porc au pruneaux inoubliable... Une très bonne cuisine, simple mais qui maîtrise ses classiques de façon savoureuse. A gauche en arrivant au débarcadère, ce petit paradis sait y faire avec les légumes et propose aussi de merveilleuses betteraves et d'excellentes courgettes grillées souvent servies avec de l'haloumi. Un endroit idéal pour un apéro avec vue sur le petit port. Le mieux est d'arriver en avance ou de s'attarder pour profiter de la plage en contrebas entre deux plats.

DENDROLIMANO

Votsi ✆ +30 24240 65252
Ouvert tous les jours midi et soir. A partir de 20 €/pers.
Un peu à l'écart du port, sur la route qui descend vers la baie pittoresque de Votsi, sur une belle terrasse entourée de pins avec une vue magnifique. Le chef, Yiorgos Anagnostou, propose une cuisine grecque revisitée avec une inspiration italienne. Excellents ingrédients locaux. Ne ratez pas son exquise escalope de thon à la sauce aux câpres, son savoureux onglet de bœuf à la sauce au parmesan ou son filet de rouget aux légumes sautés et sauce au vin rouge. Pour le dessert, nous avons été tentés par la crème catalane au safran de Kozani...

TO KAMAKI

Route principale.
✆ +30 24240 65245
Ouvert tous les jours midi et soir. A partir de 15 €/pers.
Juste après la Banque Nationale, à gauche de la route principale du port, une ouzerie authentique avec un menu riche en fruits de mer. Les mezzes sont classiques mais pas que : laissez-vous tenter par des plats inhabituels comme les croquettes de crabe. Au final, la carte est excellente, raisonnable et typiquement grecque. L'ambiance est festive et le service, souriant. On ne peut s'y tromper : les clients sont principalement locaux. Sans doute l'un des meilleurs restaurants de Patitiri. Ne ratez pas l'un des concerts fréquents, le soir, après 21h.

À voir - À faire

MUSÉE D'ALONISSOS

Sur le port.
www.alonissosmuseum.com
De juin à août, ouvert tous les jours de 11h à 20h (de 11h à 18h en mai et septembre). Billet : 4 €.
Dans un bâtiment en pierre inratable au-dessus du côté ouest du port, le musée privé d'Alonissos regorge d'œuvres d'art locales, de costumes traditionnels, d'intérieurs reconstitués, de souvenirs de guerre, de matériel de fabrication du vin et d'expositions sur la piraterie et la navigation. Le visiteur pourra notamment se faire une idée de ce à quoi ressemblait la vie à Alonissos avant le tremblement de terre de 1965 qui a détruit la plupart des bâtiments de la vieille ville. Le premier étage s'intéresse aux pirates et aux guerres depuis 1821.

PALEO ALONISSOS

Accessible en bus toutes les 20 min depuis le port.
Ce village a été la première capitale de l'île, avant d'être ravagé par le séisme de 1965, ce

Patitiri et ses eaux turquoise.

qui poussa la population à s'installer à Patitíri. Si les restaurants et quelques pensions s'animent en été, seuls quelques habitants habitent encore ici en réalité, ce qui confère au village une atmosphère de carte postale un peu superficielle. Néanmoins, la vue est superbe, jusqu'au mont Athos par temps dégagé. Vous pouvez aussi monter à pied (45 minutes de montée, 30 minutes de descente), c'est indiqué sur la rue ouest de Patitíri, presque en périphérie de la ville.

■ PARC MARIN

Dans le port.

Le parc marin – le plus grand d'Europe – a été créé en 1992 pour protéger le *Monachus monachus*, phoque moine de Méditerranée menacé d'extinction, et des animaux et plantes rares. Les différents bateaux d'excursion (ou de petits bateaux sans permis) offrent la possibilité de nager dans des eaux cristallines et de faire des promenades dans les îles voisines qui constituent le parc marin. Vous verrez notamment des oiseaux rares, tels que Thalaso Korakas (un corbeau) et l'Aigaio Glaros (une mouette de la mer Egée), et d'autres animaux comme la chèvre de Giouria.

■ PLAGES ★★

La plage **Roussoum** est très populaire. Elle se situe près de Patitiri à proximité de nombreux hébergements et tavernes. En conséquence, cette plage aux eaux turquoise est souvent bondée... Un peu plus haut, la baie de **Votsi** se rejoint très facilement à pied. Sa plage de galets aux eaux limpides est accessible par un escalier depuis la route principale. C'est une banlieue agréable de Patitiri, très appréciée. Cette plage est entourée de superbes formations en marbre et de falaises qui plongent dans la mer.

Au nord de Patitiri, vous trouverez la belle plage de **Kokkinokastro** (« château rouge »). Les impressionnantes falaises offrent à la plage un décor de carte postale. Un îlot appelé *Kokkinonisi* (« île Rouge ») ou *Vrahos* (« Rocher ») se situe juste en face de la plage.

La plage de **Chrisi Milia** se situe à 4 km au nord-est de la capitale. Il est également possible d'y pratiquer des sports nautiques. Chrisi Milia, aux eaux turquoise, doit son nom à son sable doré (*chrisi* signifie « dorée » en grec). Elle est bordée par une forêt de pins, et leur ombre est bienvenue en été.

A 6 km de Patitiri (ou 30 minutes en caïque) se trouve la plage de **Leptos Yalos**. C'est un véritable bijou : plage de galets et de sable blanc très fin aux eaux cristallines. En plus, la plage est bordée d'une forêt de pins...

STENI VALA – ΣΤΕΝΗ ΒΑΛΑ ★★

Pile : pour être encore plus tranquille en journée, montez jusqu'ici ! Cet adorable village propose une longue plage de galets, un camping, quelques chambres à louer chez l'habitant et des tavernes. Pas plus, et c'est ce qui fait son charme. Vous vous baignerez à Glyfa, à Kalamakia et, si vous recherchez l'isolement, à Aghios Dimitrios. Face : il est aussi possible d'y faire la fête. Certaines nuits, la plage d'Aghios Dimitrios se transforme en piste de danse lorsque le Big Blue Bar organise l'une de ses *beach parties*. Restez à l'écoute dans les autres bars de l'île ou demandez aux propriétaires la prochaine date de cette soirée. Cela vaut vraiment le déplacement !

Transports

L'île propose trois liaisons en bus quotidiennes de Patitiri en été.

Se loger

4 SEASONS

✆ +30 24240 66101
https://4epochesalonnisos.com
A partir de 60 € la double.
Le 4 Seasons est un magnifique hôtel avec piscine construit en 2011 à l'entrée du village. A seulement 100 mètres de la baie de Steni Vala et à 300 mètres de la plage de Glyfa, il propose des chambres bien équipées avec télévision, réfrigérateur, climatisation et bien sûr une terrasse privée avec vue sur la piscine et le jardin verdoyant, qui abrite des plantes exotiques et aromatiques uniques. Parking privé, services de blanchisserie, transport de et vers le port, location de voiture, organisation d'excursions sur terre et en mer.

ILYA SUITES

Sur la plage de Glyfa.
✆ +30 24240 65259
www.ilyasuites.gr
ilyasuites@gmail.com
A partir de 80 € la double pour la suite la moins chère et jusque 140 € en été, avec le petit déjeuner.
Récemment rénovées, 4 suites seulement mais très *select*, élégantes, dans des tons ocre et un décor minimaliste.
Dans un quartier luxuriant, en face de la plage, les chambres sont parfaitement équipées avec une kitchenette, un écran plasma et une literie Coco-Mat pour adoucir les nuits. Les suites supérieures sont plus grandes avec un petit salon et il y a même une vraie « villa » pour 4 à l'abri des regards. Chaque suite dispose de son propre balcon privé avec vue sur la mer et la tranquillité. Les places sont rares et un peu chères.

Se restaurer

ELAIONAS

Plage de Leftos Gialos.
✆ +30 24240 66066
Ouvert tous les jours midi et soir. A partir de 15 €/pers.
Les pieds dans l'eau, sur la route entre Patitiri et Steni Vala, voici une taverne authentique qui sert des plats locaux dans une oliveraie de 1,5 hectare qui s'étend jusqu'à la mer. Ici, une *yiagia* (mamie) et sa fille préparent leurs délicieuses tourtes (au poulpe, aux légumes bouillis, à l'oignon...), des boulettes de viande cuites avec des artichauts locaux, des pâtes au thon d'Alonissos. Sinon, poisson frais et viandes grillées. Confitures de fruits maison pour le dessert. Le café sert les collations habituelles (baguettes, salades, gaufres, crêpes).

MOURAGIO

Sur le front de mer.
✆ +30 24240 65546
A partir de 15 € par personne. Ouvert tous les jours de midi à minuit.
Bien située face aux bateaux de la marina de Steni Vala, cette taverne familiale propose une carte suffisamment variée pour satisfaire tout le monde. Mais autant aller au plus simple et regarder le poisson : il est de la pêche du jour, vendu au poids. On choisit sa pièce et elle est grillée. Cette petite taverne, la dernière sur le quai, est un enchantement. Sa terrasse, préservée du bruit, surplombe la mer et les bateaux de pêcheur qui ramèneront sans doute du poulpe pour votre assiette. Cuisine simple et familiale mais très bonne, à l'image de la savoureuse *fava*.

O DITIS KAI I KALYMNIA

✆ +30 24240 65748
Environ 20 € pour deux personnes.
On adore cette taverne de poisson dans son jus, avec sa salle vintage et sa véranda. L'endroit est incroyable avec des terrasses surplombant la mer au milieu des pots de géraniums. On y sert des mezzes de poisson et des assiettes savoureuses des Sporades et du Dodécanèse.
Essayez le chevreau à la sauce rouge ou les calamars farcis. Pour l'anecdote, le nom de la taverne évoque la plongée et l'île de Kalymnos : c'est sur cette autre île que George et Aphrodite se sont rencontrés il y a 30 ans. Il en reste, sur la carte, quelques saveurs et recettes de Kalymnos...

À voir - À faire

PLAGES

Pour un peu de tranquillité, dirigez-vous vers Agios Dimitrios, la dernière plage facilement accessible par la route, avec ses galets blancs éclatants. Vous apprécierez aussi ses petites installations (des chaises longues et deux cafés pour se désaltérer ou grignoter). Gerakas, presque à la pointe nord de l'île, se trouve au bout de la route et donne l'impression d'être seul au monde. Il y a un petit port de pêche le long de la baie et la plage semble quand même un peu abandonnée. Toutefois, l'eau est d'une pureté spectaculaire.

SKIATHOS - ΣΚΙΑΘΟΣ ★★★

Un seul mot – ou plutôt deux : *Mamma Mia !* Certes, la beauté de l'île vaut bien une interjection en italien. Mais c'est surtout la chanson d'Abba dont on vous parle et que vous aurez forcément en tête en arrivant, en bronzant et en repartant. L'île était déjà connue, mais le succès du film éponyme n'arrange rien à l'affaire. Or – mais vous vous en apercevrez vite – une partie de ce succès cinématographique mondial a été tourné ici.

Car elle est belle, c'est indéniable. Cette île verdoyante de la mer Egée ressemble à la région continentale voisine du Pélion. C'est la plus petite île des Sporades, mais aussi la plus fréquentée, et de loin. Une rumeur, qui en dit long sur le côté « people » de l'île, raconte que le fils d'Aristote Onassis fit construire un aéroport ici parce qu'il avait acheté une villa à Skiathos. Cette île verte et tranquille, couverte d'eucalyptus et dont le nom signifie « l'ombre d'Athos » (que l'on aperçoit parfois par temps clair à 150 km au nord-est), ne compte que 3000 habitants hors saison. Mais elle voit sa population multipliée au moins par quatre en été avec l'afflux de touristes, yachts compris. Ses longues plages aux eaux turquoise ont fait d'elle la « Mykonos des Sporades » ou la « mini Corfou » de la mer Egée. La plage la plus célèbre, Koukounaries, est une bande de sable fin et clair, bordée de pins. Mais parmi les 60 autres plages, vous en trouverez de moins mondaines. Il faut absolument aller en bateau à Lalaria. Skiathos-ville, qui a conservé quelques intéressants quartiers résidentiels, offre au touriste boutiques branchées, restaurants, bars, discothèques… Les hôtels de luxe sont de bonne tenue et les chambres chez l'habitant sont correctes, mais attention, en juillet et août, il faut absolument réserver à l'avance. Hors saison, la vie est beaucoup plus calme.

Histoire

Skiathos acquiert son autonomie pendant la période classique, lorsqu'elle adopte un régime démocratique en participant à la première coalition athénienne (478 av. J.-C.). A la fin de la guerre du Péloponnèse (404 av. J.-C.), elle se retrouve sous la domination de Sparte et sous un régime oligarchique. Elle recouvre cependant son autonomie en prenant part à la deuxième coalition athénienne. A cette même époque, elle émet déjà des pièces de monnaie en bronze à l'effigie d'Hermès et portant la mention « Skiathi ».

Les moments clés des époques hellénistique et romaine sont : la domination macédonienne de l'île, le rétablissement de la démocratie après la défaite du roi Philippe et la domination romaine.

Pendant la première période byzantine, sur laquelle les informations sont rares, Skiathos voit la création d'un évêché et se trouve juridiquement rattachée à la Thessalie.

Au VIIe siècle après J.-C., l'île subit les attaques des Sarakini et en 1204, elle est envahie par les frères Guizi de Venise, qui donneront à Skiathos son autonomie administrative. Cette lignée conserve le pouvoir jusqu'en 1276, lorsque la flotte byzantine reprend l'île.

L'occupation turque commence à Skiathos en 1538, mais au début du XVIIIe siècle, la construction navale et la marine se développent, et Skiathos participe activement à la lutte menée contre les Turcs pour la libération du pays. C'est à Skiathos, en septembre 1807 au monastère Iera Moni Evaggelismou de Theotokou que le premier drapeau officiel grec sera réalisé et hissé.

SKIATHOS CHORA - ΣΚΙΑΘΟΣ ΧΩΡΑ

Construite en amphithéâtre sur des collines boisées, malgré son château vénitien, ses maisons aux toits en tuiles ocre, ses jardins remplis de bougainvillées et son moulin à vent sur la route côtière, Skiathos-Ville a perdu (un peu) de son charme avec son développement touristique. De fait, la majorité des quelque 3000 habitants de l'île investissent dans le tourisme. C'est donc hors saison que le voyageur aura l'occasion de saisir les scènes de la vie quotidienne évoquée dans les récits colorés de Papadiamandis, l'écrivain du pays. Vous pouvez d'ailleurs visiter sa maison dans la rue principale ainsi que sa tombe et sa croix noire au cimetière du village. Le quartier de Plakes reste malgré tout assez magnifique grâce à sa collection de vieilles maisons traditionnelles, ses ruelles pittoresques et ses jolis jardins. L'église de Panaghia Limnia (1838), dans le plus ancien quartier de la ville, représente l'un des autres points d'intérêt, avec le lac et le chantier naval au nord du port.

Transports

■ **AÉROPORT DE SKIATHOS**
Skiathos Airport (JSI)
✆ +30 24270 22376
Situé à 4 km de la capitale.
Pas de navette. Compter 10 € pour un taxi.

L'île est très bien reliée à la capitale avec au moins un vol par jour (40 minutes) assuré par Olympic Air ou Sky Express. En saison, il existe aussi des liaisons directes avec Thessalonique. Mais c'est aussi un aéroport international qui accueille en été un nombre (vraiment) impressionnant de vols et de charters directs en provenance de Grande-Bretagne, Allemagne, Pays-Bas, Italie, Scandinavie... Bien qu'il soit près de la capitale, aucune navette municipale n'est prévue. Si certains randonneurs parcourent les 4 km à pied, un service de taxi efficace est déployé.

■ BUS KTEL D'ATHENES VERS SKIATHOS
260 Lioson ✆ +30 210 83 17 186
2h30 de trajet, A/R 30 €.
Avant de prendre le bateau, vous pourrez rejoindre en bus le port d'Agios Konstantinos, le plus proche de la capitale pour rejoindre l'archipel. Des cars relient le débarcadère toutes les heures à partir de 6h du matin jusqu'à 21h. Il faudra juste prévoir de vous rendre à la gare routière de Lioson, située à 5 km au nord du centre-ville d'Athènes (il est souvent plus simple de prendre un taxi). Des liaisons sont ensuite assurées vers les Sporades (sauf Skyros).

■ PORT
✆ +30 24270 22217
D'Athènes, des bus KTEL (gare routière de Liosion) effectuent la liaison avec Volos (6h) et Agios Konstandinos (2h30).
Depuis le continent, comme ses voisines l'île est facilement accessible depuis les ports de Volos (6 liaisons par jour avec Hellenic Seaways, Aegean Flying Dolphins ou ANES), d'Aghios Konstantinos en Attique (1 liaison par jour avec ANES) et de Thessalonique (1 liaison par jour), en ferry, bateau rapide ou hydroglisseur.
Vers les îles, les liaisons les plus faciles sont à destination de Skopelos et Alonissos (6 liaisons par jour avec Hellenic Seaways, Aegean Flying Dolphins ou ANES) et vers Kymi en Eubée (1 liaison par jour avec ANES).

Se déplacer

▶ **Des bus** font la navette toute la journée entre le port de Skiathos et la plupart des plages jusqu'à Koukounaries. Mais attention, les bus qui effectuent les retours des plages sont parfois bondés !

▶ **Pour les excursions,** tous les jours en été, depuis le port de Skiathos, des petits bateaux rejoignent les plages de Koukounaries et de Banana Beach (au sud), les grottes sous-marines (au nord) et l'îlot de Tsougria.

■ KTEL SKIATHOS
Sur le port.
www.skiathos-services.com
Tickets entre 1,40 et 1,80 € suivant la distance.
Le départ se fait au bout à droite du débarcadère. La ligne 2 est la plus populaire (et souvent bondée) : ses bus assurent la navette toute la journée entre le port de Skiathos et la plupart des plages jusqu'à Koukounaries, desservant 26 arrêts le long de la côte sud de l'île jusqu'à minuit.
Les bus sont bondés mais fréquents, à raison de toutes les 15 min en haute saison. Et l'autre ligne, la 1, moins fréquente, dessert en 15 min le monastère d'Evagelistrias et la plage de Xanemos entre 7h et 19h. Les horaires sont affichés à l'arrêt du port.

Pratique

■ CENTRE DE SANTÉ
✆ +30 24270 22222

■ POLICE
✆ +30 24270 21111

Se loger

Peu de petits hôtels de charme, et tous ont tendance à être bondés. N'hésitez pas à chercher le long de la côte : Megali Ammos, par exemple, dans la continuité de Vassilias, prolonge les plages sur encore 2 km, où vous pouvez aussi trouver à vous loger. Sachez qu'en août, réserver est vital. Si par mégarde vous aviez oublié, les agences de voyages s'avèrent une aide indispensable pour trouver un lit (à prix fort, malheureusement). Côté campings, Lazos (sur la plage de Kolios à 8 km au sud de Chora), Aselinos (à 14 km, sur la côte ouest), Xanimos (à proximité de l'aéroport) et celui de la plage de Koukounaries, probablement le plus touristique.

Bien et pas cher

■ AGNANTEMA ROOMS
✆ +30 6950849489
Au-dessus de l'hôtel Akti,
monter vers le Windmill Restaurant
et tourner à droite.
Entre 50 et 80 € pour deux en été.
En plus d'être bon marché en été, ces 11 chambres restent assez centrales. A ce prix, vous n'aurez que le juste nécessaire (un réfrigérateur, la climatisation, un petit balcon) mais a-t-on vraiment besoin de plus ? Si elle offrent de très jolies vues plongeantes sur le port, l'idée, ici, n'est pas d'y passer ses journées. Pour être tout à fait complet, tout cela se mérite au prix de quelques marches mais Michalis, le propriétaire, est aux petits soins. Il vous proposera une navette gratuite depuis/vers le port et l'aéroport de Skiathos.

Skiathos
Bus
Excursions vers les plages de l'est
Location de voitures
Marina
Billets Ferrys
PORT
Ferrys et Speed Boats
Excursions
VIEUX PORT
Vieux Kastio (Théâtre)
Presqu'Île de Bourtzi
Police
Kon Tasou 1964
Korai
Miaoule
Evangelistria
Papadiamantis
Ananiou
Banque Nat. de Grèce
Pharmacie
Musée Papadiamantis
Polytechniou
Simeono
Andreou Sigrou
Paralia
Geo. Moraitou
Hôpital
300 m
N
Eglise
Musée
Curiosité
Divers
Banque
Police
Hôpital
Pharmacie
Ferry & Excursion
Ferry
Bus

■ **AKTI**
26 Georgiadi
✆ +30 24270 22024
www.hotelaktiskiathos.com
info@hotelaktiskiathos.com
Sur la promenade du front de mer, à droite du débarcadère.
Chambre double entre 50 et 130 € en été avec le petit déjeuner.
Un des plus pratiques pour les âmes en transit : ces 13 chambres donnent directement sur le port avec une vue agréable. Donnant sur la mer ou le centre-ville, les chambres climatisées de l'hôtel comprennent une télévision et un réfrigérateur. Chambres impeccables et personnel très sympathique et serviable. C'est aussi un petit morceau d'histoire car il fut, en 1932, le premier hôtel de l'île. Détruit pendant la Deuxième Guerre mondiale, il a été reconstruit et plusieurs fois rénové. Le petit déjeuner se prend en général dans le café voisin.

■ **TOMATO BEACH HOTEL**
Plage de Megali Amnos
✆ +30 2310 592100
https://skiathoshoteltomato.gr
Chambre double entre 40 et 100 € en été avec le petit déjeuner.
En réservant tôt ou en décalant son séjour à début septembre, cet établissement bien situé devient une affaire. Situé à côté de la plage de Megali Amnos, il est à un kilomètre du centre mais devant un arrêt de bus. En échange, vous jouirez de la tranquillité de son magnifique jardin. L'accueil et l'hospitalité de Maria et d'Anastasia feront le reste grâce à leur connaissance de l'île. Très bonne localisation, chambres agréables, très bonne qualité de la literie et excellent petit déjeuner. Vue magnifique sur la mer depuis les balcons des chambres.

Confort ou charme

■ **BOURTZI BOUTIQUE HOTEL**
8 rue Moraitou.
✆ +30 24270 21304
www.hotelbourtzi.gr
reservation@hotelbourtzi.gr
La double à 200 € en été avec le petit déjeuner (mais moitié moins en mai...).
Assez près du port, facilement accessible et à proximité des commerces, des restaurants et de la plage de Megali Ammos, les 38 chambres de ce boutique-hôtel sont idéalement placées pour profiter des soirées animées de la ville. Les chambres premium de 20 m² (les moins chères) donnent sur la piscine et disposent d'un petit réfrigérateur, d'un accès wifi et d'un balcon. Les chambres supérieures offrent 25 m² d'espace, des sols en marbre et une décoration un peu plus contemporaine. Même si la plage n'est pas loin, la piscine est un vrai plus.

■ **CAPE KANAPITSA**
Péninsule de Kalamaki.
✆ +30 24270 21 750
www.capekanapitsa.com
cape@kanapitsa.com
De 80 à 150 € pour une double en été avec le petit déjeuner (mais la moitié en mai...).
Ce superbe hôtel, construit sur le rocher du cape Kanapitsa dans la péninsule de Kalamaki, a été élégamment rénové. Les deux plages sont à seulement 100 m. L'immeuble est constitué de 7 chambres standards (avec franchement

© NEWFOCUS1 - ISTOCKPHOTO

Eglise Saint-Nicholas de Skiathos.

largement ce qu'il faut, réfrigérateur et balcon compris !), de 14 chambres supérieures (dont certaines avec un bain à remous) et d'une dizaine de suites doubles ou familiales. Belle piscine (d'eau de mer) et terrasse spacieuse. Au pied de certaines chambres, certains rochers permettent de piquer une tête ou de s'offrir un bain de minuit...

■ KOULAS HOUSE

A l'extrémité du port.
✆ +30 24270 22025
www.koulashouse.gr
Chambre double entre 50 et 100 € en été.
Voilà une adresse que l'on partage volontiers entre initiés. Face à l'îlot Bourtzi, cette grande maison se mérite au prix de quelques marches. Cet hôtel familial est en effet construit sur un promontoire rocheux paisible de la vieille ville et ne propose que 5 chambres doubles au style simple et minimaliste et deux appartements gérés par l'adorable Syrainoula (Nina) Mathinou. De ses trois terrasses, vous pourrez regarder le lever et le coucher du soleil sur le vieux port près de Plakes et des îlots de Tsougria et d'Arcos au sud-ouest.

Se restaurer

Bien et pas cher

■ AMFILIKI

Au bout de la plage de Megali Ammos
✆ +30 24270 22839
https://amfilikiskiathos.com
A partir de 15 € par personne. Ouvert tous les jours midi et soir.
Une taverne familiale dirigée par Christos Kaloyiannis et l'un des rares endroits de Skiathos où vous pourrez toujours déguster de bons plats traditionnels comme le poisson à la casserole de tomates ou le homard à la courgette en sauce tomate
C'est un joyau vintage, magnifiquement situé au bout de la plage de Megali Ammos avec une véranda offrant une vue imprenable avec, au loin, l'îlot de Tsougria. On adore aussi le tarama maison, avec des champignons et de l'ail, les pétoncles farcis aux épinards et les spaghettis aux fruits de mer. Et bien sûr, les légumes sont du jardin.

■ ERGON

Papadamantis
✆ +30 2427 021441
www.ergonfoods.com
skiathos@ergonproducts.gr
Ouvert de 9h à 1h. Environ 15 € par personne.
On doit cette idée à deux frères, Thomas et Georges Doutzis. Le concept de la ligne Ergon : promouvoir les meilleurs producteurs locaux d'un certain nombre de spécialités et de produits de base de la cuisine grecque. Créée à Thessalonique en 2008, elle compte déjà une dizaine de restaurants-épiceries en Grèce, dont celui de Skiathos. Ces épiceries regorgent d'olives, de miels, de confitures, d'huiles d'olive et autres fetas. C'est aussi l'occasion de découvrir un concept grec qui s'exporte : à l'étranger, cinq licences ont ouvert à Londres, Bruxelles et Chypre.

■ NO NAME

Magnisia
✆ +30 24270 24153
En face de la maison d'Alexandros Papadamantis.
A partir de 5€ par personne. Ouvert de 10h à minuit.
Il est difficile de manger (et de s'asseoir) à une table à tout petit prix à Skiathos, sauf ici. En remontant la rue Papadamantis en venant du port, on s'égare légèrement dans une ruelle à gauche, moins passante, pour se poser dans cette petite échoppe « sans nom » depuis 1992. Pas de la grande gastronomie mais, ici, des gyros honnêtes et de bonne facture et des souvlakis que l'on peut manger sur l'une des tables rouges, jaunes ou bleues. Vous pouvez aussi prendre votre sandwich et vous poser sur un banc. Plus calme, agréable et économique aussi.

Bonnes tables

■ CARNAGO

A côté du terminal de bus.
✆ +30 24270 22868
www.carnayo.gr
Ouvert tous les jours midi et soir. A partir de 20 €/pers.
Le restaurant a reçu un sérieux coup de pouce et de pub en 2018 avec l'arrivée du célèbre chef Angelos Bakopoulos, qui propose un menu de plats de fruits de mer inspiré, comme avec son tartare de crevettes ou son tataki au thon parsemé de thym et sa sauce teriyaki. On déguste ici une cuisine grecque moderne et contemporaine sur une agréable terrasse. La fraîcheur des ingrédients se retrouve dans sa cuisine méditerranéenne saine, préparée en partie avec des légumes bio de son jardin. Sinon, les pâtes sont savoureuses, le poisson, frais et la viande, exquise.

■ MARMITA

30 rue Evangelistrias
✆ +30 24270 21701
www.marmitaskiathos.com
Ouvert tous les jours le soir, à partir de 18h. A partir de 20 €/ pers.

Ce restaurant (dont le nom signifie opportunément « marmite ») a ouvert en 2013 dans un cadre enchanteur, dans un beau jardin ombragé par des bougainvilliers. Son ambition est de proposer des plats sophistiqués aux saveurs méditerranéennes. Commandez la salade rafraîchissante au fenouil marin, aux tomates cerises, aux oignons marinés et au fromage vieilli, suivie de la délicieuse chèvre au fenouil et à la verdure sauvage ou de la délicate morue cuite à la vapeur avec ses moules et ses légumes. Carte des vins avec plus de 60 variétés locales.

■ WINDMILL

Kotronia.
✆ +30 24270 24550
www.skiathoswindmill.gr
info@skiathoswindmill.gr
Près de l'église Ayios Nikolaos.
A partir de 50 € pour deux personnes. Ouvert le soir seulement.
Vous ne pouvez pas le rater : le restaurant est situé dans un vieux moulin que vous apercevez du port. Il faut monter un peu (pas mal en fait), mais l'endroit vaut cet effort. Le menu change régulièrement mais reste assez traditionnel, avec cependant quelques touches internationales (exemples : une salade de betteraves à la feta fraiche et aux herbes, agneau tendrement rôti et sa purée d'aubergines). Excellente carte des vins comprenant des cépages grecs. C'est très romantique à la tombée de la nuit. Réservation possible d'un petit balcon isolé...

Sortir

■ BU

Bourtzi
✆ +30 24270 23900
http://bourtzi-skiathos.gr
Ouvert tous les jours, de 10h à 1h.
BU, diminutif de « Bourtzi », se situe sur le promontoire du même nom et dans l'une des plus belles parties de l'île de Skiathos. L'établissement possède une terrasse absolument enchanteresse, entourée de pins et baignant dans l'énergie du soleil, du vent et de la mer. Difficile d'en repartir ! Dès potron-minet, il sert déjà un bon café, un petit-déjeuner (omelettes et *plakopita*, un pain frit avec du fromage et du miel). Un peu plus tard ainsi qu'en soirée, vous pourrez profiter d'un menu de tapas, proposé toute la journée, ou de cocktails.

■ CINEMA ATTIKON SKIATHOS

Papadamantis
✆ +30 697 270 6305
Ouvert tous les jours en été de 19h30 à 0h30.
Depuis 1962, ce cinéma en plein air ne désemplit pas. Il projette en général deux films par soir, dont *Mamma Mia* (tourné à Skiathos et Skopelos en 2007 et toujours à l'affiche). Histoire de voir (ou de revoir) quelques scènes tournées sur l'île (et que l'on pourra encore revoir en excursion en bateau !). La seconde œuvre est en général un blockbuster américain. Mais quel que soit le film, ou sa qualité, le charme de l'expérience du cinéma en plein air, avec l'agitation et les scènes de vie devant l'écran, où que l'on soit en Grèce, emporte tout.

■ THE BORZOI

42 rue Papadiamanti.
✆ +30 24270 23605
http://borzoiskiathos.com
Ouvert tous les jours en soirée.
L'endroit était, à l'origine, une discothèque légendaire créée en 1977 et installée dans un moulin à huile d'olive du début du XXe siècle. La presse et la meule en sont d'ailleurs toujours les pièces maîtresses décoratives. Il fonctionne encore maintenant comme un club mais avec aussi une large part dédiée à un restaurant (réservation recommandée), qui jouit d'un beau jardin et d'une solide réputation pour ses bons cocktails. Repris en 2015, le club, chic et bohème, propose une programmation de DJ exigeante (voir le programme sur son site).

À voir – À faire

■ BOURTZI

Entre le vieux et le nouveau port.
Concerts l'été à partir de 21h30.
Une promenade vers la presqu'île de Bourtzi – un petit affleurement relié au port par une étroite bande de terre – est un must. Vous y verrez quelques vestiges d'une citadelle vénitienne érigée au XIIIe siècle. C'est là aussi que vous trouverez un intéressant petit musée des traditions maritimes et culturelles. Installé dans une ancienne école primaire, il dispose également d'un théâtre en plein air pour les représentations estivales et d'un café agréable où faire une pause. Le soir, en été, des concerts et d'autres spectacles en plein air y sont proposés.

■ KASTRO ★

Accessible en navette depuis le port.
Ancienne capitale fortifiée de l'île, la forteresse a été abandonnée en 1829. Aujourd'hui il ne reste que deux des vingt églises initiales. Cet éperon rocheux, situé tout au nord de Skiathos dans un paysage sauvage, est accessible par bateau pour aller plus vite. Sinon, vous pouvez aller en voiture jusqu'au monastère d'Evangelistria, poursuivre pendant 5 minutes sur un chemin

de terre, puis faire 30 minutes de marche à pied. Pendant la Seconde Guerre mondiale, le Kastro a servi de refuge à certains militaires alliés qui voulaient passer en Egypte.

MAISON NATALE DE PAPADIAMANDIS ★

Dans la rue principale du village
✆ +30 24270 22240
Ouvert tous les jours, de 9h30 à 13h30 et de 17h à 19h30. Entrée : 1,50 €.
La maison natale de l'écrivain (1851-1911) qui a rendu célèbre la ville est une résidence de deux étages construite en 1860 dans le style insulaire typique. Les trois pièces se visitent rapidement mais donnent un aperçu touchant de la vie quotidienne à la fin du XIXe siècle. On lui doit *Une femme à la mer et autres nouvelles* (traduit en français). Méconnu en France, il était admiré de Constantin Cavafis, Odysséas Elýtis ou encore Milan Kundera. Sa tombe facilement reconnaissable à sa croix noire se trouve dans le cimetière du village.

MONASTÈRE D'EVANGELISTRIA

A 4 km au nord de Chora
Ouvert tous les jours de 8h à 12h et de 16h à 18h.
Accessible par bus, mais si vous préférez marcher, prenez le chemin de terre à quelque 500 m hors de la ville en direction de l'aéroport. Fondé en 1794, ce monastère possède une église intéressante, mais aussi quatre petits musées dédiés au patrimoine ecclésiastique, aux traditions folkloriques (logé dans l'ancien pressoir à huile du monastère), à l'histoire et aux instruments de musique. Il y a un magasin du monastère vendant une gamme de conserves de fruits sucrés, du vin et du miel produits par les moines et un café traditionnel juste à côté.

PLAGES

De Chora à Cap Kanapitsa
Le long de la ligne 2 de bus.
De Chora à la pointe occidentale de l'île, la ligne de bus 2 longe une succession de plages, toutes généralement bondées mais, il faut l'avouer, agréables et bien équipées. Essayez de vous y rendre à l'aube pour en profiter sereinement. Vous pouvez rejoindre Megali Amnos à pied si vous logez au port. Sinon, n'hésitez pas à descendre du bus au hasard (quitte à le reprendre ensuite) pour en écumer plusieurs. Au fur et à mesure, la navette se vide un peu. Mention spéciale à Vromolimnos, sur la presqu'île de Kanapitsa, considérée comme l'une des plus préservées.

TROULOS - ΤΡΟΥΛΟΣ ★★★

Juste après Platanias, Troulos propose une belle plage de sable, idéale pour les familles à cause de son dénivelé tout doux dans la mer. Vous y trouverez aussi pas mal d'animation et d'activités : une petite base nautique (avec la possibilité de louer des jet-skis), une taverne et un snack-bar.

KORALI

✆ +30 24270 49212
www.skiathoskorali.gr
info@skiathoskorali.gr
Chambre double à partir de 90 € en été (mais des réductions sur Internet).
A 80 m de la plage de Troulos, cet hôtel de 41 chambres est situé au pied d'un arrêt de bus qui dessert le village et la côte. En service depuis 1986, l'établissement est régulièrement rénové depuis 2015 (chambres, espace de réception, espace petit-déjeuner). Il y a aussi un bar et deux piscines, dont une pour enfants. Large choix d'hébergement : 24 studios, 1 studio adapté aux personnes à mobilité réduite, 11 suites junior et 5 appartements de deux chambres. Les studios «standards» mesurent 24 m² et ont une terrasse au rez-de-chaussée.

PLAGES ★

Toujours le long de la ligne de bus n° 2.
En bus vers le sud, vous rejoindrez facilement les plages de Nostos, Vromolimnos, Troulos et Banana Beach (appelée aussi Krassa) pour les nudistes. Lorsque l'accès est plus difficile comme pour Mandraki (à 30 minutes de marche derrière Koukounaries) ou Aselinos (mauvaise piste), les plages sont beaucoup plus calmes. Ne ratez pas non plus la plage de Lalaria accessible en caïque, dans un cadre sauvage avec des galets polis par la mer et le célèbre rocher creusé de Tripia Petra. N'oubliez pas que Skiathos en compte environ une soixantaine !

SALT AND PEPPER

Odos Koukounarion Skiathou.
✆ +30 24270 49329
À partir de 15 € par personne. Ouvert tous les jours de juin à septembre. Réservation recommandée.
Ce n'est franchement pas facile de trouver un endroit convenable à Troulos pour manger bien et varié... Ici, l'endroit et l'ambiance sont très agréables. Plébiscité par les touristes et les locaux, cet établissement sert une cuisine grecque et quelques plats internationaux corrects. Espace soigné, très bon service et nourriture délicieuse. Incroyable moussaka et poisson frais bien préparé. Vous pouvez aussi terminer votre soirée avec un de ses agréables cocktails dans le magnifique jardin. Mais on y vient surtout pour l'ambiance et le personnel adorable.

TROULOS BAY
Sur la plage.
✆ +30 24270 49390
www.troulosbayhotel.gr
info@troulosbayhotel.gr
A 9 km, le long de la côte,
au sud-est de Skiathos.
Chambre double à partir de 150 € en été avec le petit déjeuner (ou 90 € en mai).
Les pieds dans l'eau, près de la plage. Ce 3-étoiles local est un agréable hôtel familial. Les chambres sont grandes et bien aménagées. Toutes les chambres ont été récemment rénovées et sont meublées simplement avec des murs clairs, du carrelage et tout le nécessaire pour un séjour confortable. Certaines chambres peuvent accueillir jusqu'à quatre personnes et disposent de la télévision, d'un balcon ou d'une terrasse et d'un réfrigérateur. La plupart ont un balcon avec vue sur la baie et les îlots alentour. L'hôtel a son propre restaurant. Demi-pension possible.

KOUKOUNARIES - ΚΟΥΚΟΥΝΑΡΙΕΣ ★★

Franchement, si vous pouvez, découvrez-la en juin ou en septembre. C'est la plage « la » plus célèbre de Skiathos. C'est un joyau, et malheureusement (en haute saison), cela se sait... Des bus partent de la capitale toutes les 30 minutes pour Koukounaries. Cette plage est aussi la plus remplie en juillet et août. Elle est connue pour son sable très fin et pour sa forêt de pins à laquelle la région doit son nom. Koukounaries est considéré comme un environnement protégé. Les superbes eaux turquoise de cette plage sont un vrai délice.
Vous aurez le choix entre plusieurs sports nautiques, des chaises longues, des parasols et des *beach bars*. La région autour de la plage pullule de restaurants, de tavernes et d'hôtels.

Se loger

MANDRAKI
✆ +30 24270 49301
www.mandraki-skiathos.gr
info@mandraki-skiathos.gr
A 200 m de la mer.
Chambre double à partir de 80 € en mai et jusqu'à 200 € en été, avec le petit déjeuner.
Hôtel cosy tout confort de 40 chambres impeccables, situé au milieu des pins et à 200 m de la mer. Piscine, multitude de services à disposition et aussi un restaurant réputé. Les chambres standards sont situées au rez-de-chaussée et ont été aménagées pour les personnes à mobilité réduite. Ces chambres doubles sont modernes et spacieuses (25 m²) avec une grande terrasse. Les chambres plus haut de gamme sont situées dans les bâtiments orange, vert et rose du complexe hôtelier, avec quatre chambres seulement à chaque étage.

SKIATHOS PALACE
Plage de Koukounaries.
✆ +30 24270 49700
www.skiathos-palace.gr
reservations@skiathos-palace.gr
Chambre double « classique » la moins chère entre 80 € (hors saison) et 240 € en été, petit déjeuner compris.
C'est un gros complexe, mais avec tout ce qu'il faut pour ceux qui veulent confort et services. Plus de 250 chambres élégantes de différents standings. Mais même la chambre la moins chère, sans vue sur mer, mesure 32 m² et dispose d'une télévision et de son balcon privé. Mais il y a aussi, selon son budget, d'incroyables suites doubles avec vue sur la plage, d'une superficie de 80 à 140 m², et pour certaines avec un bain à remous sur le balcon. Piscine, tennis, sports nautiques, centre d'équitation pas loin, restaurant, animations, services de baby-sitting.

Se restaurer

ELIA'S RESTAURANT
✆ +30 24270 49301
Comptez 20 € par personne. Ouvert tous les jours, le soir seulement. Réservation recommandée.
Rendez-vous dans la véranda de l'hôtel, en haut d'un élégant escalier en bois, pour goûter la cuisine de Sophia Chatzieleftheriou, transfuge renommé du Beau Brumell à Athènes. A noter, une carte en partie végétarienne avec un risotto de champignons, une fava avec son œuf poché, un velouté de courgettes avec son ketchup maison ou encore sa succulente moussaka revisitée aux lentilles... Sinon, poissons, viandes et pâtes maison. On aime aussi son engagement locavore : l'établissement soutient les fermiers locaux et propose un petit coin épicerie.

SKLITHRI TAVERNA
Sur la plage de Sklithri.
✆ +30 694 693 2869
Autour de 15 € par personne. ouvert tous les jours midi et soir en saison.
Près de l'arrêt de bus n° 11, en plein sur la plage, difficile de faire plus agréable par ici. A la carte, des classiques honnêtes : *souvlakis*, salades grecque et grillades. Mais quelle vue et quelle ambiance ! Petite taverne adorable,

Koukounaries.

les pieds dans l'eau avec des plats simples et abordables (à condition de ne pas prendre de poisson frais, vendu au kilo, ou de surveiller la pesée avant que l'addition ne soit trop salée !). Personnel sympathique. Et vous prendrez bien, ensuite, une petite sieste sur la plage aménagée et ombragée, non ?

À voir - À faire

■ **PLAGE**
Koukounaries
Accessible du port par le bus n° 2.

Koukounaries, considérée par beaucoup comme l'une des « perles de la mer Égée », est l'une des plus belles plages de Grèce et un paysage de carte postale : l'endroit, bordé par une pinède, est effectivement splendide. Rançon de son succès, vous y trouverez de multiples activités (locations, sports nautiques, transats et parasols en rangs serrés). En haute saison, c'est bondé, sauf tôt le matin, entre ceux qui logent sur place et les visiteurs. Si vous y êtes en haute saison, allez-y tôt, mais reprenez le bus ou la route pour l'une des petites criques alentour.

SKOPELOS - ΣΚΟΠΕΛΟΣ ★★★

Mamma mia, deuxième clap ! Ce n'est pas pour rien que le film éponyme a été tourné ici, de même qu'à Skiathos. L'île n'a pas (ou si peu) changé en 20 ans. La Chora de Skopelos fait penser à un village de poupées, avec ses 360 églises blanchies à la chaux. Couverte de pins, Skopelos passe aussi pour être la plus verte de la mer Egée.

Histoire

L'île portait, dans l'Antiquité, l'appellation de Peparithos, du nom du fils d'Ariane et de Dionysos. Dans la mythologie, le frère de Peparithos, Staphylos, est le premier souverain de l'île.
Le nom de Skopelos, qui signifie « récif », lui est attribué à l'époque hellénistique, sous le règne des Ptolémées. Les Byzantins en font une terre de déportation et d'exil. Les pirates y ont toujours représenté une menace terrible et en 1538, le féroce amiral turc Barberousse massacre la totalité de ses habitants. Repeuplée au XIXe siècle, l'île participe activement à la guerre d'indépendance. Elle est rattachée à la Grèce juste après la libération, en 1830.

SKOPELOS CHORA - ΣΚΟΠΕΛΟΣ ΧΩΡΑ

Ce village historique, qui bénéficie du statut de site protégé, est bâti en amphithéâtre sous la citadelle de la vieille ville de Peparithos. Faites donc une promenade dans ses ruelles pavées de pierres, entre les maisons fraîchement chaulées, reliées entre elles par des petites arches pittoresques.

Ce village séduira les photographes par son mélange réussi de différents styles architecturaux, ses cours bien entretenues, ses allées tortueuses. Dans les petites ruelles montantes, l'odeur de l'encens se mêle à celle du jasmin. Le centre des activités s'étale le long du quai. On peut dénicher partout des cafés et des petites boutiques.
En empruntant ensuite la route côtière de Chora, au sommet du rocher, vous trouverez la petite église dite Panagia toy Pyrgou, datant du XVIIe siècle, et celle dite ton Agion Panton, qui offre une magnifique vue sur Alonissos.

Transports

BUS

http://skopelosweb.gr

Coût du billet : de 1,60 € entre le port et Stafilos ou Agnontas à 4,80 € entre le port et Glossa.

L'arrêt de bus se trouve sur le front de mer près du quai du ferry, près de la station de taxis. Les bus desservent Agnontas (en passant par Stafylos) régulièrement en été, de 7h à 23h. Liaisons pour Panormos en passant par Milia Kastani et rotations avec Glossa. Les rotations partent de la ville de Skopelos à la côte sud de l'île, puis longent les côtes sud et ouest et les principales plages. En été, au moins une douzaine de bus par jour passent par Stafylos et Kastani. La moitié d'entre eux prolongent jusqu'à Glossa et à Loutraki.

PORT DE SPOKELOS CHORA

✆ +30 24240 22180

Attention, l'île dispose de deux ports, Skopelos Chora (+30 24240 22180) et Glossa (+30 24240 33529).

Depuis le continent, comme ses voisines Alonissos et Skiathos, Skopelos est facilement accessible depuis les ports de Volos (4 liaisons par jour avec Hellenic Seaways, Aegean Flying Dolphins ou ANES), d'Aghios Konstantinos (à 3 heures de bus d'Athènes) en Attique (1 liaison par jour avec ANES) et parfois de Thessalonique (1 liaison par jour), en ferry, bateau rapide ou hydroglisseur.
Pour relier les autres îles, les liaisons directes les plus courantes sont vers Skiathos et Alonissos (6 liaisons par jour avec Hellenic Seaways, Aegean Flying Dolphins ou ANES).

Pratique

DISPENSAIRE MÉDICAL

✆ +30 242 402 2222

POLICE

✆ +30 24240 22235

Se loger

ADRINA BEACH HOTEL

Sur la plage de Panormos.
✆ +30 24240 23373
www.adrinabeach.com
info@adrina.gr

Chambre double en été à partir de 75 € (plus du double en août), petit déjeuner inclus.

Cet hôtel tient son nom d'une pirate qui avait voulu prendre le contrôle de la ville. De style traditionnel, il se situe un peu en dehors de la ville sur la plage de Panormos. Les chambres sont grandes et reposantes grâce à leurs teintes pastel, avec balcon ou véranda. L'établissement propose aussi 10 jolies maisonnettes, à proximité

Le port de Skopelos.

d'une plage privée. Le petit-déjeuner buffet est servi chaque jour sur une terrasse offrant une vue panoramique sur la mer et la campagne environnante. Restaurant à côté de la piscine avec cuisine grecque traditionnelle et des plats de poissons frais.

■ HOTEL DENISE
Skopelos Magnesia.
✆ +30 24240 22678
Chambre double à 60 € en été. Petit déjeuner inclus.
L'une des meilleures adresses de Skopelos. L'établissement est situé sur les hauteurs du village et la vue de l'hôtel est magnifique. L'accueil et le service sont chaleureux et attentionnés et les chambres sont spacieuses et confortables. L'hôtel domine une petite colline. Les 25 chambres, réparties sur 4 étages, sont dotées de balcons avec vue sur le port et la mer. Piscine. Attention, la montée est un peu rude. Téléphonez, et on viendra vous chercher en bas de la côte. La piscine est idéale pour se rafraîchir après la visite du village. Fantastique.

■ PRINCE STAFYLOS
Sur le front de mer.
✆ +30 24240 22775
www.princestafilos.gr
prince2@otenet.gr
Chambre double autour de 120 € en été, avec petit déjeuner, mais avec des réductions sur le site.
L'hôtel Prince Stafylos est situé dans la ville de Skopelos, à seulement 90 mètres de la mer et à 300 mètres du port. Cet agréable hôtel se trouve vraiment à quelques mètres du front de mer, à l'ouest du port. Pelopidas, le gérant, est aussi l'architecte de cet établissement original de 65 chambres qui ressemble un peu à un chalet suisse. L'endroit est chaleureux et il y a une piscine, entourée de jardins luxuriants et bordée d'oliviers, à quelques mètres de la plage. Un petit luxe. Une destination idéale pour des vacances tranquilles à proximité du centre-ville.

■ SKOPELOS VILLAGE
A 600 m du port.
✆ +30 24240 22517
www.skopelosvillage.gr
reservations@skopelosvillage.gr
Chambre double à partir de 95 € en haute saison. Très nombreuses formules possibles.
Un cadre idéal pour la détente à seulement 600 mètres du port avec une vue imprenable sur la mer et des maisons de campagne pittoresques, et parfait pour des vacanciers qui ne sont pas simplement en transit. Ce complexe de 34 chambres dispose de tout le confort attendu et d'une piscine. L'architecture est typique de l'île. Les bungalows ont tous une cuisine et une salle de bains, parfois même 2 chambres, ce qui permet de loger jusqu'à 6 personnes. Et encore plus idéal en mai et fin septembre, où le prix des studios pour 2 personnes chute beaucoup.

Se restaurer

■ ALEXANDER'S GARDEN
r. Manolaki.
✆ +30 24240 22324
A 5 minutes en remontant du port.
A partir de 15 € par personne. Tous les soirs, l'été.
Un accueil chaleureux et un cadre bucolique et intimiste... Que demander de plus ? L'endroit mérite vraiment que l'on demande son chemin en remontant les ruelles du port. Vous arrivez dans un jardin tranquille autour d'un puits et d'un superbe citronnier. On mange dans une cour intérieure décorée avec beaucoup d'élégance. Sur la table, une tapenade aux olives noires et du pain grillé, déjà. Le chef propose ensuite des grillades, son porc aux prunes du jardin ou la tarte traditionnelle Skopelos. Belle hospitalité grecque et serveurs aux petits soins.

■ ANNA'S RESTAURANT
Derrière le centre-ville, un peu en hauteur.
✆ +30 24240 24734
A partir de 15 € par personne. Ouvert tous les jours à partir de 19h.
Situé au cœur du vieux village de Skopelos (suivez les panneaux), sous un grand palmier et un grenadier, ce restaurant charmant dont le personnel est francophone vous offre des plats inspirés de la nourriture de la Grèce antique, cuisinés par la patronne Anna en personne ! On y dîne très bien sur un fond de musique grecque et à des prix raisonnables. Ne partez pas de Skopelos sans y goûter le riz sauvage, la salade de santé (l'une des spécialités de la maison) ou la brochette de poisson. Belle carte de vins de culture biologique et quelques concerts en saison.

■ PERIVOLI
Place Platanos.
✆ +30 24240 23758
Ouvert tous les jours midi et soir. A partir de 15 €/pers.
Allez-y les yeux fermés car tout est très bon, les entrées comme les plats. Ce restaurant est situé dans une petite cour au milieu d'une très jolie végétation. Sur la place de Platanos, une jolie cour cachée avec des pots d'argile avec des fleurs et un grand jardin qui fournit à la cuisine des légumes et des herbes. Essayez notamment le « pastitisio » végétarien, classique revisité, ou le rouleau de porc aux pommes et aux prunes. Bonne carte des vins, service discret et atmosphère romantique. L'accueil y est très agréable et le service également. Pensez à réserver !

RODI
Panagia Faneromeni.
✆ +30 24240 24601
Ouvert tous les jours midi et soir. A partir de 15 €/pers.
Un lieu de rencontre bien connu pour une soirée en ville. Ce restaurant est situé dans une magnifique cour intérieure arborée avec un grenadier. La carte est variée : mélange de plats traditionnels grecs et de cuisine créative comme le porc aux agrumes et pommes caramélisées. On aime les entrées maison (légumes sautés aux œufs, roulés à la citrouille, au fromage et à la menthe). Beaucoup de mets sont des créations de la mère du propriétaire. Les portions sont généreuses, les mets délicieux et raffinés. A noter que le pain grillé à l'huile d'olive est succulent.

À voir - À faire

ÉGLISES ★
L'île en possède 360, dont 123 dans la seule Chora. L'église d'Eisodia tis Theotokou (Présentation de la Vierge) est sur le port. Les plus intéressantes sont : Aghios Athanassios (IXe siècle), près du fort, construite au-dessus d'un temple d'Athéna ; Aghios Mihail Synadon avec des icônes anciennes, cinq sarcophages de l'époque romaine et une inscription du IIe siècle ; Aghioi Apostoloi, au bord de la mer, avec de belles peintures murales du XVIIe siècle ; enfin Episkopi, à l'extrémité occidentale de la ville, construite à partir des vestiges d'un temple antique.

MAISON VAKRATSA
Près du port.
✆ +30 24240 22940
Ouvert du mardi au dimanche de 10h à 14h et de 18h à 21h. Entrée : 3 €.
Ce musée est en réalité une maison qui est restée « dans son jus » et qui nous permet de retrouver l'ambiance des demeures bourgeoises grecques du XIXe siècle. Cette villa était l'ancien domicile du médecin de l'île, qui fut ensuite occupée par ses trois filles, toutes célibataires et médecins. Laissé à la ville par la dernière fille survivante, l'endroit n'a pas bougé et a gardé beaucoup de charme. Une maison bourgeoise confortable, remplie d'articles de tous les jours, de meubles, de vêtements et de livres. Une bonne idée aussi avec des enfants.

MONASTÈRES ★
5 km autour de la ville.
Ouvert de 9h à 13h et de 16h à 18h30.
Il paraît que si les cloches des églises sonnent à Skopelos, elles peuvent être entendues au mont Athos. La seule ville de Chora compte 123 églises et chapelles, dont beaucoup sont privées. A cela s'ajoutent 15 monastères qui sont souvent des opportunités de balades. Le monastère d'Evangelistria, construit en 1712 sur les ruines d'un ancien monastère byzantin de 1676, est situé sur le flanc de la montagne de Palouki. Pour y accéder, il faut marcher pendant 45 minutes dans la montagne, mais la route est bonne et la vue superbe à l'arrivée.

PLAGES
La plage de la ville ne présente pas un grand intérêt mais elle a le mérite d'exister. Deux excellentes alternatives à proximité : vers Stafylos, où l'on trouve de nombreuses options d'hébergement, et au nord de Glysteri, moins fréquentée. Stafylos reste la plage la plus proche de Chora, même si elle est très fréquentée en saison. Si vous recherchez plus tranquillité, dirigez-vous jusqu'au bout de la plage et grimpez au-dessus du promontoire pour atteindre Velanio, plus pittoresque, où il y a aussi un petit snack en été.

PLAGES DE MILIA ET PANORMOS
Cela vaut la peine de prendre la voiture, un bus ou un taxi pour s'y rendre. Milia est une plage de galets et de gros sable gris élégante avec ses deux courbes rassemblées au centre. Magnifique ! Plage calme et idéale pour observer le coucher de soleil avec des tavernes à l'ombre des gros pins. A proximité et toujours à 20 minutes de Chora, Panormos offre aussi une belle plage de galets avec transats et bars. Et il est facile de s'y garer.

GLOSSA - LOUTRAKI - ΓΛΩΣΣΑ - ΛΟΥΤΡΑΚΙ

Vous arriverez peut-être à Skopelos par ici. Au-dessus de Loutraki, le deuxième port de l'île est un village agréable, blotti sur la montagne, au sein d'une forêt de pins et d'amandiers. Ses habitants gardent encore leurs traditions et vous y verrez nombre de femmes vêtues de *foustanes*. Il y a de nombreuses tavernes. Si vous avez le courage de gravir les 124 marches taillées dans le roc, vous pourrez visiter la petite église d'Ai-Yannis. Selon la tradition, l'icône du saint, disparue de Loutraki, a été retrouvée sur un olivier qui poussait à cet emplacement.

AGNANTI
✆ +30 24240 33606
www.agnanti.com.gr
agnanti@gmail.com
En montant 200 m après l'arrêt de bus.
À partir de 15 € par personne. Ouvert tous les jours, midi et soir.
C'est LE rendez-vous du village et un petit bijou intemporel. La cuisine est très abordable, le cadre chaleureux, et surtout la vue est spectacu-

laire. Le *stifado* de poisson aux prunes et la tarte aux amandes sont succulents. A tester aussi : la salade au fenouil et aux câpres, le fromage de chèvre braisé aux herbes et aux artichauts ou la tarte aux sardines, tomates séchées et câpres. Il y a même des desserts à tomber comme le gâteau aux amandes avec sa glace à la cannelle. Le menu change régulièrement mais on n'est jamais déçu !

■ HOTEL SELENUNDA

Port de Loutraki
✆ +30 24240 34073
www.hotelselenunda.com
Chambre double entre 60 et 80 € en été avec le petit déjeuner.
Cet hôtel familial de 21 chambres est situé sur une colline à Loutraki, au-dessus du magnifique port de Glossa. Endroit idéal pour des vacances de tout repos, au calme à 200 m de la plage. Restaurants, cafés, bars et supermarchés à proximité. Les studios et les appartements construits en bois et en tuile, sont vastes et disposent d'une cuisine, salle de bains, air climatisé, TV, terrasse avec une vue spectaculaire sur la mer Egée et l'île voisine Skiathos. Les propriétaires, Karen et Charalambos, sont très accueillants et vous parleront avec plaisir de leur île.

■ PORT DE LOUTRAKI-GLOSSA

LOUTRAKI
✆ +30 24240 33529
Le port de Glossa se trouve en réalité à Loutraki, quelques kilomètres plus bas.
Attention, l'île dispose de deux ports, Skopelos Chora et Glossa, mais beaucoup de liaisons s'arrêtent aux deux. Depuis le continent, comme ses voisines Alonissos et Skiathos, Skopelos est facilement accessible depuis les ports de Volos (4 liaisons par jour avec Hellenic Seaways, Aegean Flying Dolphins ou ANES), d'Aghios Konstantinos (à 3h de bus d'Athènes) en Attique (1 liaison par jour avec ANES) et parfois de Thessalonique (1 liaison par jour), en ferry, bateau rapide ou hydroglisseur. Autres rotations quotidiennes avec Skiathos et Alonissos.

La ville de Glossa.

■ RANIA STUDIOS

Sur le port.
LOUTRAKI
✆ +30 24240 33710
Studios entre 40 et 60 €.
Perchés sur une colline verdoyante, les Rania Studios se trouvent dans le port de Loutraki mais aussi à moins de 300 mètres d'une plage de galets. Très fonctionnels et pratiques, les studios et appartements disposent d'un mobilier en bois, d'un coin salon et d'une kitchenette bien équipée. Chaque logement climatisé comprend un réfrigérateur, un four électrique et une télévision. Et la vue sur le port est extraordinaire depuis la terrasse individuelle de la chambre. Vous aimerez le calme, l'accès facile et rapide au port et vers Glossa et la gentillesse des hôtes.

SKYROS - ΣΚΥΡΟΣ ★★

Il faut avoir envie d'y aller, c'est certain. Un peu excentrée par rapport aux trois autres Sporades, Skyros se gagne davantage en bateau depuis l'Eubée ou en avion. Bref, elle se mérite ! L'île propose en effet de belles plages, des collines peu élevées, des grottes et des eaux propices à la pêche sous-marine. Isolée des autres îles Sporades et proche de l'Eubée, Skyros n'est pas une destination classique. Si son petit port n'est pas bien accueillant, elle cache cependant de nombreux trésors. Sa capitale, pour se dissimuler des pirates, avait été construite de manière astucieuse au creux d'un rocher abrupt surplombant la mer.
La partie la plus peuplée de l'île se concentre autour de Chora, ce qui laisse d'immenses espaces vierges aux amateurs de trekking et d'exploration. Il y a quelques années encore, une race de poneys sauvages peuplait l'île. Le poète anglais Rupert Brooke, échoué à Skyros lors de la Première Guerre mondiale, n'aurait pu trouver de lieu plus digne pour mourir…

SKYROS CHORA – ΣΚΥΡΟΣ ΧΩΡΑ

Presque à chaque coin de rue, on a l'impression d'entrer dans une carte postale. Elle est vraiment ravissante, cette capitale perchée sur un rocher et coiffée de sa forteresse vénitienne au sommet ! Cependant, même en arrivant par la route, vous ne l'apercevez qu'à la dernière minute. Les maisons sont généralement blanches et les voitures ne circulent pas dans le village. Ne manquez pas de jeter un discret coup d'œil à l'intérieur de ces habitations, avec leurs superbes plafonds aux poutres apparentes et leur étonnant bric-à-brac : porcelaines, icônes, poupées, vases, etc.

Transports

Les navires accostent au port de Linaria, à 11 km de Chora (six bus/jour). La majorité des voyageurs se rendent à Skyros en ferry. L'île est reliée à l'île d'Eubée et au continent grec par le port de Kymi grâce aux rotations quotidiennes du ferry Achilleas.

■ AÉROPORT DE SKYROS
Skyros Island National Airport (SKU)
✆ +30 22220 91607
www.inskyros.gr
Situé à 4 km au nord de Chora.
Les rotations hebdomadaires sont indiquées sur le site www.inskyros.gr.
Vers le continent, Aegean (aegeanair.com) relie Skyros à Athènes. Sinon, Sky Express (www.skyexpress.gr) propose des vols en été vers et depuis Skiathos et Thessalonique. Comptez 2 à 4 liaisons par semaine avec Athènes (40 min), 3 avec Skiathos (35 min) et 3 avec Thessalonique (45 min).
L'aéroport est à environ 10 km de la ville. Certains points de la mer Égée sont desservis par un bus, mais vous devrez normalement prendre un taxi ou louer une voiture. En dernier recours, un bureau de location de voitures, Pegasus, est ouvert aux heures d'arrivée des vols.

■ BUS
Prix des billets sur l'île entre 1 et 2,50 € selon la destination.
Il est possible d'arriver à Skyros en bus (enfin presque) : des bus directs KTEL partent de la gare routière de Liossíon à Athènes pour le port de Kymi, en Eubée, en fonction des rotations. Les départs en début d'après-midi sont reliés au ferry. Sur place, des bus locaux assurent des liaisons entre la capitale et le port de Linaria (2 à 5 par jour), Molos (1 à 4 par jour). En été s'ajoutent des liaisons entre Kalamitsa et le port de Linaria. Enfin, des navettes avec l'aéroport sont normalement prévues de et vers la capitale en fonction des horaires des vols.

Pratique

■ DISPENSAIRE MÉDICAL
✆ +30 22220 91707

■ POLICE
✆ +30 22220 91274

■ SKYROS TRAVEL
Près de la place centrale de Chora
✆ +30 22220 93442
www.skyrostravel.com
info@skyrostravel.com
Le propriétaire organise des excursions, loue des villas, des voitures et vous aidera à trouver un hôtel. Son site est également très complet pour vous aider à accéder à Skyros ou pour rayonner vers les Sporades. En tout cas, c'est l'agent local de référence pour les billets d'avion et de ferry. Les horaires et d'autres informations utiles sont affichés à l'extérieur sur sa vitrine. Un autre bureau à Linaria ouvre une heure avant les départs et peut organiser des transferts en taxi ou en minibus entre l'aéroport de Kymi (en Eubée) et l'aéroport d'Athènes.

Se loger

La moitié des hôtels se trouvent vers la plage de Magazia ou Molos. Selon le temps que vous passerez ici, vous choisirez la Chora ou les deux plages alentour.

Bien et pas cher

■ ANGELA
Magazia.
✆ +30 22220 91764
www.angelahotelskyros.com
Chambre double à partir de 60 € en été.
Au-delà du port, ce grand complexe de chambres et de studios de deux étages, près de la plage, à l'extrémité nord de la baie de Molos, est idéal. Vous logerez au milieu de vastes jardins et vous vous reposerez autour d'une piscine. L'hôtel est situé près de la plage de Molos, à seulement 5 minutes à pied. À proximité de l'hôtel, vous trouverez un arrêt de bus. Dans les environs, vous aurez des tavernes et des bars de plage. Molos est la base idéale pour vos vacances à Skyros. Toutes les chambres ont une télévision et un réfrigérateur, et certaines une kitchenette.

■ AXILLEION
Aspous.
✆ +30 22220 93300
www.skiroshotel.com
hotel-axilleion@skiroshotel.com

20 chambres. La double entre 70 et 95 € en été, avec le petit déjeuner. Ouvert toute l'année.
Selon la mythologie, la baie voisine d'Achilles fut le point de départ d'Achille lors de son départ pour Troie. Mais retour à la réalité : vous voici entre la Chora et Linaria (à 5 km de chaque) et dans l'eau aussi.
La plage de sable est à 150 m et l'ambiance, très familiale. 20 chambres équipées d'un réfrigérateur et d'une télévision sont proposées. Certaines ont vue sur mer. En prime, le frère du propriétaire possède une ferme alentour ouverte aux clients. À noter que pendant le carnaval de Skyros, en mars, les tarifs de haute saison s'appliquent.

Confort ou charme

■ AMNOS HOTEL

Magazia.
✆ +30 2222091234
www.skyrosammoshotel.com
info@skyrosammoshotel.com
Entre le musée
archéologique et la mer.
Chambre double entre 87 € et 150 € en été avec le petit déjeuner.
Parmi les plus récents, ce charmant boutique-hôtel a été conçu avec goût et avec une attention portée aux détails. Il propose 21 belles chambres, suites et maisonnettes. Toutes ont une configuration différente. Papiers peints, bois clair ou sols en pierre. Salles de bains modernes et chambres avec ventilateur ou climatisation. Terrasse privée ou balcon, certaines avec vue sur la mer. Et une piscine d'eau salée... Alors que certaines chambres ont un patio, d'autres disposent d'un balcon, et deux d'entre elles ont de grandes terrasses ensoleillées entièrement meublées.

■ SKYROS PALACE

Pera Kampos, Gyrismata.
✆ +30 22220 91994
skirospalace.gr/el/hotelgr
Chambre double de 70 à 100 € en été avec le petit déjeuner.
Un complexe hôtelier situé à 2 km au nord de Molos, mais un minibus vous emmènera au bourg tous les jours. Cet ensemble propose 104 chambres au décor moderne et confortable et assure un séjour relaxant et agréable. Les plages de Molos et Magazia sont accessibles à pied. A 50 m de la mer, cet hôtel moderne, véritable petit centre de vacances, a été construit suivant le style traditionnel. Appréciez l'ambiance et détendez-vous dans la piscine entourée de plantes luxuriantes. Une piscine d'eau de mer, un tennis, un roof garden et même un night-club dont les murs ont été insonorisés.

Luxe

■ NEFELI HOTEL

A l'entrée de la Chora.
✆ +30 22220 91964
www.skyros-nefeli.gr
info@skyros-nefeli.gr
Chambre double à partir de 100 € en juin et septembre, petit déjeuner compris.
Sur la route principale en entrant dans la ville, le plus luxueux hôtel de l'île propose une gamme de chambres, studios et appartements conçus par des designers, répartis autour d'une grande piscine d'eau salée. Ce bijou ne connaît pas la crise, il s'est même récemment agrandi ! En plein centre avec restaurant et, surtout, malgré la plage à 300 m, une piscine de 220 m² (ainsi qu'un bassin pour enfants). Belles chambres avec vue sur le Saint-Georges. Et un super jardin fruitier où l'on a le droit de se servir ! Le petit-déjeuner est servi sur une terrasse extérieure.

Se restaurer

■ ANATOLIKOS ANEMOS

✆ +30 2222 093622
A côté du musée archéologique.
À partir de 15 € par personne. Ouvert midi et soir seulement en juillet et août.
Un peu plus loin du centre, l'endroit vaut le détour. Sur la route qui descend vers la plage, cette taverne offre une vue magnifique sur la mer, idéale au moment du coucher du soleil. Dans l'assiette, des spécialités en plus des accords « mezzes-ouzo ». Après une matinée de promenade dans les rues de la ville et du château, vous serez heureux de trouver ce restaurant pour le déjeuner. Tous les ingrédients sont locaux et la qualité de la carte est très bonne. L'environnement est superbe et la vue à couper le souffle. La musique de fond, le soir, complète le tableau.

■ MANTZOURANA

Dans l'agora.
✆ +30 2222 092051
À partir de 10 € par personne. Ouvert tous les jours, midi et soir.
Surplombant la place centrale, voilà sans doute les meilleurs *souvlakis* et *gyros* de la ville. Les touristes s'y pressent avant de prendre leur bateau, mais les locaux aussi, pour les sandwichs grecs à emporter et les bonnes viandes grillées. Mais on aurait tort de ne pas s'attarder dans le beau jardin sur le toit avec vue sur l'Agora. Nous avons pris notre repas sur la terrasse à l'étage avec une vue magnifique sur le village. Le souvlaki au poulet est divin, comme les salades. Bon rapport qualité-prix car les portions sont généreuses.

■ MARIETIS
Dans l'agora.
✆ +30 22220 91311
A partir de 15 € par personne. Ouvert tous les jours midi et soir.
L'endroit le plus populaire de la ville, et pas seulement parmi les touristes, avec seulement quelques tables sur une terrasse (en face de Skyros Travel). Dans cette toute petite taverne grecque typique, vous pouvez goûter la cuisine traditionnelle sous un platane. Malgré de beaux haricots en mezzes, mieux vaut ne pas être trop végétarien : l'endroit est surtout connu pour ses côtelettes d'agneau cuites au charbon (entre autres grillades), ses délicieux poissons grillés ou son stifado de poulpe. Ambiance agréable et service chaleureux.

■ STEFANOS
Plage de Magazia.
✆ +30 22220 91272
Ouvert tous les jours midi et soir. A partir de 10 €/pers.
La vue imprenable sur la plage, une petite place sous la brise fraîche et cette carte suffiront à votre bonheur. C'est un lieu incontournable, surtout après une baignade à la plage de Magazia-Molos. Viande, poisson ou homard ? Tout est bon, comme le service, avec une assiette de la meilleure pastèque à la fin. Polyvios cuit aussi d'excellents spaghettis au homard ou aux langoustines. Il faut essayer la savoureuse salade d'aubergines avec du tofu. Le poisson est toujours frais et bien grillé. Il y a aussi plusieurs casseroles.

À voir – À faire

■ FORTERESSE BYZANTINE ★
Ouvert tous les jours en été de 7h à 14h et de 18h à 21h (sinon jusque 14h).
Rien que de l'extérieur, elle est superbe. On en vous cache pas que la montée vers le sommet de l'ancienne acropole au-dessus de la ville est assez abrupte. Construite sur les ruines de l'antique acropole, la forteresse vous réserve une vue fabuleuse sur le monastère Saint-Georges, endommagé par un tremblement de terre en 2001, mais toujours ouvert. Il est un peu plus bas. Fondé en 962 par Nikiforos Phocas, il contient des fresques assez bien conservées. Le lion en marbre, sur la pierre au-dessus de l'entrée du fort, a probablement été incrusté pendant l'époque médiévale.

■ MAISON MANOS FALTAITS ★
Platia Brouk.
✆ +30 22220 91232
www.faltaits.gr
museum@faltaits.gr
Vous la trouverez derrière la fameuse statue.
Ouvert tous les jours de 10h à 14h et de 18h à 21h en saison. Entrée : 2 €.
Ce petit musée intéressant occupe la résidence de Manos Faltaits, descendant de l'une des 20 familles d'archontes de Skyros (gouverneurs de l'île depuis le XIIIe siècle jusqu'en 1821). Il présente une superbe collection de meubles, costumes, broderies et poteries, ainsi que des livres et des tableaux rares. C'est une véritable caverne d'Ali Baba.. Le musée dispose aussi d'un atelier pour la fabrication d'objets inspirés de l'art traditionnel de Skyros. Manos Faltaits fut un peintre local prolifique.

■ MUSÉE ARCHÉOLOGIQUE ★
✆ +30 22220 91327
Ouvert du mardi au dimanche de 8h à 15h en été. Entrée 2 €.
Proche de la place de l'Eternelle-Poésie sur laquelle est érigée la statue du poète anglais

Le carnaval le plus « sauvage » de Grèce

Skyros est célèbre pour son incroyable carnaval (*apokriátika*) avec pour point d'orgue… Sa remarquable « danse de la chèvre » exécutée par des groupes de locaux masqués dans les rues de la Chora. Ces figures menaçantes (des hommes ou femmes plutôt robustes) se cachent sous des capes de chèvre qui traînent de lourdes cloches. Quand deux groupes se croisent, c'est à qui fera sonner ses cloches le plus longtemps et le plus fort. C'est sportif autant que burlesque. Ces rites se produisent pendant les quatre week-ends qui précèdent le « lundi pur » (*Katharí Deftéra*), généralement entre février et mars. Mais c'est le dernier week-end, en guise de célébration finale, qui attire et séduit en général le plus les visiteurs. À noter que beaucoup d'hôtels locaux ouvrent à cette période, mais pratiquent parfois des tarifs de haute saison. C'est fou, on vous dit…

Rupert Brooke, le musée expose une collection d'objets antiques découverts lors des fouilles de la partie sud de l'île.
L'île a été habitée dès la période néolithique (5500-2800 av. J.-C.) comme en témoignent les objets trouvés dans diverses parties de l'île. Elle a prospéré au début de l'âge du bronze (2800-1900 av. J.-C.) et a atteint le sommet de sa prospérité pendant la période mycénienne (1650-1100 av. J.-C.). En 475 av. J.-C., elle fut conquise par les Romains.

■ PLACE RUPERT BROOKE

Sur la place centrale.
Une imposante statue dans la Chora, face à la mer, fait de lui un enfant du pays après une vie courte et mouvementée. Né en 1887, Rupert Brooke est un poète anglais connu notamment pour ses poèmes idéalistes anti-guerre. Mais il fut mobilisé par la Royal Navy à 27 ans et il prit part à « l'expédition Antwerp » en octobre 1914. Il développa une septicémie et mourut le 23 avril 1915, sur le chemin vers la bataille de Gallipoli, sur un navire-hôpital au large de l'île de Skyros. Il fut donc enterré ici par hasard, dans un champ d'oliviers, où se trouve encore sa tombe.

■ PLAGES ★

Molos et Magazia.
En marchant pendant 15 minutes, vous arriverez à Molos, la plage la plus proche. De là, la vue sur Chora est vraiment impressionnante. La plage continue jusqu'à Magazia, où vous trouverez des chambres à louer et des tavernes. On y voit encore quelques moulins à vent. Cette périphérie de charme étale sa plage de 50 m de large, version sable fin. Les familles avec enfants s'y sentent bien, même si l'eau devient vite profonde, et le vent fait le bonheur des véliplanchistes. Les nudistes se baignent un peu plus loin, sur la plage de Tou Papa to Homa.

LINARIA - ΛΙΝΑΡΙΑ

Attention, halte technique. Le village doit surtout son affluence aux bateaux de Kymi, en Eubée, qui débarquent dans ce port assez dépourvu d'infrastructures touristiques. Pas désagréable pour autant, il ne reflète pas vraiment l'ambiance et les paysages que l'on va découvrir durant la visite de l'île. Continuez !

Transports

■ PORT DE LINARIA

✆ +30 22220 93475
Skyros n'est accessible depuis aucun autre port continental à part depuis l'Eubée, par le port de Kymi. La majorité des voyageurs se rendent tout de même à Skyros en ferry. En été, 1 à 2 liaisons par jour avec le port de Kimi avec Skyros Shipping. Si vous partez d'Athènes, sachez que des bus relient chaque jour la capitale au port de Kimi en fonction des départs prévus. Par ailleurs, les rotations hebdomadaires sont indiquées sur le site www.inskyros.gr. Sinon, des liaisons sont assurées avec les autres Sporades, avec Alonissos (5h20) et Skopelos (6h).

Se loger

■ LYKOMIDES DOMATIA

✆ +30 2222 093249
www.lykomides.gr
info@lykomides.gr
Entre 55 et 70 € la double en été, sans petit déjeuner. Ouvert toute l'année.
Toutes les chambres du Lykomides sont perchées sur le port principal de Skyros, Linaria. Ils sont situés dans deux bâtiments de style traditionnel donnant sur le port pittoresque, mais de nombreuses plages facilement accessibles se trouvent à proximité. Treize chambres doubles ou triples confortables et joliment décorées vous attendent avec vue sur mer et un équipement digne d'un petit studio (réfrigérateur, plaque de cuisson...). Et bien sûr, le petit balcon qui va bien, surplombant le port et la mer Egée. Chambres tenues par une famille à l'accueil chaleureux.

■ STUDIOS LAPITI

Dans le port.
✆ +30 2222092983
www.latipi.gr
Studios pour deux entre 40 et 60 €.
Juste au-dessus du port, avec une vue magnifique, Pandelis vous propose 9 studios ou appartements familiaux (à peine plus chers) entièrement équipés avec 2 ou 4 lits, une kitchenette, lave-linge, climatisation, une télévision, une véranda et bien sûr la vue sur la mer. Son aspect un peu désuet fait son charme et on apprécie sa situation au-dessus de la baie. Le mobilier est en bois et basique, mais il y a largement tout ce qu'il faut. Chaque logement a sa petite touche individuelle. A l'arrière de l'établissement se trouve un parking confortable.

Se restaurer

■ ALMIRA

✆ +30 22220 93253
A partir de 12 € par personne. Ouvert tous les jours midi et soir.

Le meilleur choix pour ceux qui arrivent ou partent en bateau. Le cadre du restaurant est agréable et la nourriture également. Service rapide et très bonne carte, simple, avec du poisson frais et surtout d'excellents calamars grillés. Cette taverne agréable et confortable sur le port sert des plats grecs, notamment des ragoûts, du poisson, des spaghettis au homard, des soupes de poisson, des boulettes de courgettes et des sardines grillées. Vous trouverez ici tous les classiques grecs et une cuisine très honnête. Les prix sont corrects et les serveurs efficaces.

■ STAMATIA

Sur la plage de Pefkos.
✆ +30 69725 58232
À partir de 15 € par personne. Ouvert tous les jours midi et soir.
Il faut faire un peu de route pour trouver cette taverne à 6 km de Linaria. Mais on n'est pas déçu de cette balade à la plage : Stamatia fabrique parmi les meilleurs plats cuisinés de Skyros, et les propose à petits prix. C'est son père qui a ouvert cette taverne en 1960. Derrière ce secret bien gardé se cache peut-être l'un des meilleurs restaurants de l'île. Il est situé sur la plage, la nourriture est excellente et les portions sont généreuses. Et le service est rapide et les prix très raisonnables. On a certainement envie d'y revenir !

■ TAVERNA TIS POPIS

Plage d'Acherounes
✆ +30 22220 93353
Ouvert tous les jours midi et soir. A partir de 12 €/pers.
Cette taverne est située sur le front de mer et dispose d'une belle terrasse ombragée. Loin du tumulte, cette petite taverne qui semble flotter sur l'eau propose une excellente cuisine traditionnelle. La grand-mère et la mère de Popi avaient l'habitude de cuisiner, avant elle, la délicieuse nourriture faite maison qui est servie ici. Sur la terrasse, quelques petites tables en bois, toutes nappes au vent, sont prêtes à vous accueillir. Nous avons presque tout goûté et apprécié, avec une mention spéciale pour la chèvre au citron. Exquises tomates farcies aussi.

ATSITSA - ΑΤΣΙΤΣΑ

Ce village côtier est un refuge pour des vacances alternatives. Il faut dire qu'Atsitsa se résume encore à une une petite église datant de 1899 dédiée et à Agios Andréas, une poignée de maisons et quelques chambres à louer. La baie est encore prisée pour le camping sauvage.

■ ANTONIS

En bord de mer.
A partir de 15 € par personne. Ouvert tous les jours de midi à minuit.
Vue sur mer dehors et dans l'assiette. Ce pêcheur et son épouse, María, proposent de belles spécialités de poisson frais. Dans cette taverne, près de la plage. Antonis apporte la prise du jour et sa femme s'organise en cuisine. Une simple taverne sur les vagues. Nous sommes venus par hasard, nous avons vu le bateau à l'extérieur et nous sommes entrés. Le poisson, préparé devant vous, est délicieux. A accompagner d'une salade, de pommes de terre sautées et d'une carafe de vin maison. Ils proposent aussi, si besoin, quelques chambre à louer.

■ KTIMA ATSITSA

Ouvert tous les jours matin, midi et soir. A partir de 10 €/pers.
Cadre idéal, dans une région particulièrement belle de Skyros, pour passer quelques heures reposantes au coucher du soleil. Mais aussi le matin pour manger votre petit-déjeuner. Cela vaut la peine d'essayer les desserts (mais pas seulement...). Marianna est une hôtesse parfaite qui vous accueillera toujours avec sourire et chaleur. Un très bel endroit pour se détendre dans les pins, regarder la mer et boire votre café ou manger une collation (salades, mezzés...). Un self-service simple mais où l'on passe un bon moment avec des vues inoubliables.

■ UTOPIA SUITES

✆ +30 22220 91331
https://utopia-suites.com
Séjour pour 2 à partir de 100 € la nuit.
Accueil parfait, chambres simples et belles, plage presque privée. Ces trois suites sont merveilleuses, à 6 km seulement de l'aéroport si vous arrivez en avion. Vous trouverez ici une hospitalité tranquille et sophistiquée, au cœur de la forêt, à trois pas d'une baie préservée ! La suite Harmonia, la plus grande (40 m²), élégante en rouge, noir et blanc, peut accueillir jusqu'à 4 personnes. Le petit-déjeuner se prend au Sunset Café, qui sert aussi à déjeuner et à dîner. On apprécie ses jus de fruits super sains et sa belle variété de desserts locaux.

CYCLADES
ΚΥΚΛΑΔΕΣ

Petite ruelle de Mykonos.
Mykonos Chora, ΧΩΡΑ.

Cyclades
0
35 km
N
Karistos
Petali
Kalivari
Vitali
ANDROS
Felos
Gavrion
Andros
Stavropeda
Ormos
P. Meria
Makronissi
Otzias
Vourkari
Ioulida-Chora
Giaros
Pissos
KEA
Koundouros
Panormos
TINOS
Kaloni
Kardiani
Tinos
Ag. Loanis
Ikaria
Ag Stefanos
MYKONOS
Mykonos
Kalafatis
Ormos
Rinia
Rinia
Dilos
Le Pirée
Loutra
SIROS
Kini
Ermoupoli
Merichas
KYTHNOS
Possidonia
Kanala
Agios Dimitrios
SERIFOS
Galani
Serifos
Megalo Livadi
Ramos
PAROS
Apollonas
Koronida
Kamares
Naxos
Donoussa
Donouss
Paros
Ambelas
Moutsouna
Pisso Livadi
Alyki
Vivlos
NAXOS
Drios
Soros
Aliko
SIFNOS
Agia Marina
Apollonia
Kamares
Antiparos
Koufonissi
Chrysopigi
Strongili
Messaria
Ormos Egialis
Eg
Keros
Ag. Georgios
Iraklia
Katapola
Amorg
Kimolos
Vromolimni
Andimilos
Psathi
Mavri Miti
Kamari
AMORGOS
Pollonia
Plaka
Poliegos
Kambos
IOS
Ios
Sikinos
Mylopotas
Zelina
Zefyria
SIKINOS
Ano Meria
Alopronia
MILOS
Karavostasis
FOLEGANDROS
Livadi
Oia
SANTORIN
Thirassia
Thira
Monolithos
Messaria
Anafi
ANAFI
Akrotiri
Emborio
Agios Nikolaos
GRECE
Crète

CYCLADES OCCIDENTALES

Nichée à l'ouest des Cyclades, cette ribambelle d'îles échappe encore aux circuits « obligés » de la mer Egée.
Et pourtant. Pourquoi ne pas piquer une tête dans la crique turquoise spectaculaire de Papafragas sur la côte nord à Milos, qui a exposé naguère, sans le savoir, la célèbre Vénus du Louvre ? Ou vous isoler sur la petite Kimolos, accessible en caïque par la pointe nord de Milos, à Apollonia ? Qui connaît le port de Chora, au bord de la falaise, à Folegandros ? Que dire de Kéa, sorte de paradis sauvage à peine connu des étrangers, loin de l'ambiance survoltée de Mykonos ? Les Grecs, eux, aiment tout particulièrement l'île de Sifnos, qui a réussi à garder son authenticité.

KÉA - KEA ★★

Avec 131 km² et 2 200 habitants, l'île la plus proche de l'Attique (à 16 miles marins de Lavrio et 12 miles du cap Sounion) est pourtant décrite comme un paradis sauvage encore préservé des touristes étrangers. Mais l'île est loin d'être prise d'assaut. Est-ce l'emblématique statue du lion de Ioulis qui leur fait peur ? Toujours est-il que Kéa (ou Tzia), malgré sa proximité avec la capitale grecque, a toujours tenté de préserver ses trésors des regards indiscrets des touristes. Montagneuse et en forme d'amande, l'île a conservé des plages vierges, des sentiers isolés ombragés par des chênes centenaires, et des coutumes ancestrales. Néanmoins, la route qui relie le port et Ioulis, la capitale, aux belles criques de la région de Koundouros, est très mauvaise, l'infrastructure hôtelière est limitée et les liaisons avec les autres îles sont rares.

Histoire

Bien que proche du continent, Kéa est restée inhabitée jusqu'à la fin du néolithique. Les premières traces de peuplement se trouvent près d'Otzias, avec la présence d'un cimetière datant de 3300-3200 av. J.-C. A partir du XVIe siècle av. J.-C., Kéa devient le trait d'union entre les civilisations minoenne et mycénienne. Sa place stratégique sur les routes commerciales contribue à sa prospérité. C'est alors un Etat indépendant fonctionnant en *tetrapolis*, grâce à la collaboration entre elles de quatre (*tetra*) villes *(polis)*. Pour éviter la surpopulation, une loi aurait obligé alors tous les citoyens de plus de 70 ans à se suicider en buvant une décoction à base de ciguë, un fenouil sauvage qui pousse aujourd'hui encore sur Kea. C'est avec ce même poison que Socrate se donnera la mort. Au IIIe siècle av. J.-C., une crise politique majeure provoque le déclin de Kéa.
Face à la menace des pirates qui convoitent ses ports, la ville passe sous la domination des grandes cités-Etats, de Rome, puis de l'empire byzantin. Lors de la prise de Constantinople par les Croisés en 1204, l'île se trouve sous le contrôle des Francs, qui la nomment Tzia, puis sous celui des Vénitiens et des Ottomans (1579). Au XVIIIe siècle, l'île connaît un grand essor grâce à une importante activité commerciale. Kéa entre en rébellion contre l'occupant en 1821 et rejoint le nouvel Etat grec à sa création en 1830.

KORISSIA - ΚΟΡΗΣΣΙΑ ★

Avec l'arrivée des ferries et des *speed boats*, le port a souffert, un peu malgré lui, de la flambée du tourisme dans l'île depuis une dizaine d'années. Il a un peu perdu de son âme et ne mérite guère que vous vous y attardiez. A l'emplacement de l'antique Korissia, le port de Kea se distingue quand même par d'élégantes maisons néoclassiques aux toits de tuiles rouges. A proximité d'Aghios Savas, vous trouvez quelques ruines des murailles de l'antique cité ; au sommet de la colline d'Aghia Triada s'élevait un sanctuaire d'Apollon. A la base de cette colline a été découvert le fameux Kouros de Kea, que vous pouvez voir au musée archéologique d'Athènes. La baie de Korissia donne accès à un ensemble de baies plus petites, dans la direction d'Otzias. Vous y trouverez quelques plages sympathiques, dont la plage de Gialiskàri, et surtout le joli port de pêcheurs de Vourkari. Le site archéologique d'Aghia Irini ferme la baie par une intéressante péninsule. Vourkari, ce village de pêcheurs, au nord-est de Korissia, est le centre de rassemblement des yachts et la partie la plus populaire de l'île. Plus vers le nord, sur la presqu'île d'Aghia Irini, l'École américaine d'archéologie a découvert une cité de l'époque du cuivre. Vous y verrez les ruines des murailles et les restes d'un sanctuaire dédié à la grande déesse des Cyclades. Pendant l'ère classique, le lieu était consacré au culte de Dionysos.

« Chevaux de pierre à crinière dressée et amphores placides et dos courbe de dauphins, Ios, Sikinos, Serifos, Milos, Axion Esti, Odysseas Elytis ».

Leur nom vient des nymphes que l'irritable Poséidon a transformées en rochers. Mais il pourrait aussi provenir du mot *kuklos* ou « cercle », puisqu'elles dessinent une auréole autour de l'île sacrée de Délos. Elles sont au nombre de 39, entourées d'innombrables îlots, mais seules 25 d'entre elles sont habitées. Dispersées au centre et dans le sud de la mer Egée avec pour unique capitale Ermoupolis de Syros, elles se divisent en quatre groupes :

- **Les Cyclades occidentales :** Kéa, Kythnos, Sérifos, Sifnos, Kimolos, Milos, Folegandros.
- **Les Cyclades centrales :** Syros, Paros, Andiparos, Naxos, Sikinos, Ios.
- **Les Cyclades orientales :** Andros, Tinos, Mykonos, Rínia, Délos, Amorgos, Santorin, Anafi.
- **Les Petites Cyclades de l'Est :** Koufounissia, Iraklia, Donoussa et Shinoussa.

Histoire

D'après les géologues, ces îles se sont formées à la suite de maints séismes et explosions volcaniques, après la séparation de l'Asie mineure et de la Grèce continentale. Les fouilles archéologiques ont montré qu'elles ont été habitées dès 6000 av. J.-C., mais c'est aux alentours de 3000 av. J.-C. qu'elles ont développé une civilisation remarquable.

La civilisation cycladique

Les découvertes faites sur Milos, Naxos, Syros, et Kéros prouvent que pendant l'essor de la civilisation cycladique, les habitants vivent dans des villages organisés, s'occupent de commerce, de pêche et d'agriculture et fabriquent des vases, des outils d'obsidienne et une large gamme d'objets qui facilitent leur vie quotidienne. Les idoles en marbre de Paros sont aujourd'hui réparties dans différents musées. Leur forme schématisée fait penser à des œuvres contemporaines d'art abstrait.

La civilisation minoenne

Dès le IIe millénaire av. J.-C., l'archipel subit l'influence de la florissante civilisation minoenne (voir les magnifiques fresques colorées). L'explosion du volcan de Thira (1450 environ av. J.-C.) marque la fin de la civilisation cycladique et minoenne.

L'ère mycénienne

Après le Ier millénaire av. J.-C., les Ioniens s'installent dans la majorité des îles qui s'organisent en cités-Etats. Mais les Cyclades connaissent un nouvel âge d'or après le VIIe siècle, avec le développement du commerce, la mise en place d'ateliers artistiques qui produisent des objets comme les amphores de Milos, et la transformation de Délos en grand centre religieux et politique. Après 478, à la fin des guerres médiques, les îles lieront leur destin à celui d'Athènes.

La période byzantine puis vénitienne

Pendant la période byzantine, les Cyclades vont souffrir des invasions pirates et, après la chute de Constantinople (1204 apr. J.-C.) elles seront dominées par les Vénitiens. Les îles seront distribuées entre les grandes familles de Venise et placées sous l'autorité des ducs de Naxos. Pendant cette occupation, un grand nombre d'habitants de Syros, Tinos, Mykonos, Naxos et Santorin vont se convertir au catholicisme. En 1537, le célèbre corsaire Barberousse sème la terreur dans l'archipel et dès 1617, l'une après l'autre, les Cyclades tombent aux mains des Turcs.

De l'occupation turque à l'indépendance

Pendant l'occupation turque, les îles auront un statut spécial qui leur donnera la possibilité de construire et d'armer des bateaux pour faire face aux pirates. Les capitulations entre François Ier et Soliman le Magnifique accordent par ailleurs à la France la protection des catholiques locaux. Pendant une courte période (1770-1774), les îles seront assujetties aux Russes et, pendant la guerre de l'indépendance, elles accueilleront les réfugiés persécutés par les Turcs.

Tourisme

Aujourd'hui, les Cyclades sont sans conteste l'archipel le plus touristique de Grèce. Leur climat sec, rafraîchi par les *meltemis*, leur superbe architecture de maisons cubiques blanchies à la chaux, d'arcades, de pigeonniers et de moulins à vent, ainsi que leur diversité, attirent de plus en plus d'étrangers. Ceux-ci apprécient le paysage sec et aride des roches grises, vertes ou violettes, égayé par quelques oliviers et encadré par une mer soumise aux humeurs du vent. Leurs habitants, pêcheurs, agriculteurs, saisonniers venus d'Athènes,

Clocher d'église et dôme rouge, Mykonos Chora.

souvent enrichis par le tourisme, adorent faire la fête. Et, souvent, ils fabriquent aussi du bon vin.

La saison touristique

Les meilleures périodes pour visiter les Cyclades sont mai, juin, septembre et début octobre. Pendant les vacances scolaires, mieux vaut privilégier les trois premières semaines de juillet, quand les Grecs ne sont pas encore en vacances. Avant mai et après la fin septembre, les bateaux relient moins souvent les îles au Pirée et plusieurs hôtels et restaurants sont fermés, les bus locaux ont des horaires différents. Mais cela a son charme aussi...

Il suffit parfois de décaler votre voyage d'une semaine (début juillet notamment) pour voir la différence de prix. En mai ou septembre, certains hôtels sont facilement deux à trois fois moins chers. Si vous décidez d'entreprendre votre voyage en juillet et août, il est prudent de réserver votre hôtel à l'avance ainsi que les billets d'avion sur les lignes intérieures, sinon vous risquez de connaître quelques mésaventures.

Mais la conjoncture, il est vrai, a bousculé beaucoup de repères. L'archipel des Cyclades est aussi, depuis 2 ans, celui dont les prix sont les plus fluctuants. Cette région, très prisée par les voyageurs grecs et étrangers, a été un peu délaissée à cause de la crise. Nombreux établissements nous ont confié avoir baissé leurs tarifs, parfois jusqu'à 20 %. Une tendance qui risque de se prolonger. A suivre... Evitez néanmoins de voyager vers Tinos le 15 août – le jour de la fête de la Vierge – au milieu de la foule en délire. Surveillez aussi les dates de la Pâque grecque (orthodoxe), en avril ou mai, où les prix flambent aussi.

Où aller ?

Pour le choix de votre île, sachez que Mykonos, Paros, Santorin et Ios sont les plus touristiques et les plus cosmopolites. Andros, Santorin, Délos et Syros vous plairont si vous ne voulez pas bronzer idiots. Sifnos, Tinos et Folegandros sont les plus nature. Andros, Naxos et Syros sont les plus vertes. Amorgos, Anafi et Folegandros et les Petites Cyclades sont les plus excentrées. Paros, Mykonos, Antiparos, Milos, Naxos et les Petites Cyclades de l'Est ont de belles plages. Kéa, Anafi, Sérifos, Kimolos, Sikinos et Folegandros offrent des vacances tranquilles en été. Et Sifnos, Andros, Naxos, Syros et Tinos proposent la meilleure cuisine...

Transports

Comment y accéder et en partir

■ **CAPITAINERIE DU PORT**
✆ +30 22880 21344

▸ **Athènes-Kéa.** Tous les départs se font depuis le port de Lavrio (les bus KTEL relient Athènes de la place Aigyptou, près de la station de métro Victoria en 1 heure 30). Plusieurs liaisons par jour en ferry (1 heure de traversée) ou en hydroglisseur en été (35 minutes de traversée).

▸ **Liaisons avec les autres îles.** De Kéa, vous pouvez rallier Andros, Folégandros, Ios, Kimolos, Kythnos, Milos, Naxos, Paros, Syros, Sikinos et Tinos.

▸ **Yachting.** A Korissia et à Vourkari, vous pouvez vous approvisionner en eau et en essence. Vous pouvez également amarrer à Pisses, Koundouros et dans la baie de Spathi.

Se déplacer

Prisée par les Athéniens qui viennent souvent avec leur propre voiture, l'île n'est pas très bien desservie par les transports en commun ni bien pourvue en loueurs. Pour éviter de mauvaises surprises (pas de voiture ou un véhicule hors de prix), il peut être intéressant de louer à Athènes, voire à l'aéroport proche du port.

■ **BUS**
Bus de 7h30 à 22h30 en été. Les horaires sont affichés au bureau d'informations en face du débarcadère.
Vous pouvez prendre le bus dès le débarcadère pour Pisses (16 km), Otzias (6 km) ou Ioulidha (6 km).

Pratique

■ **POLICE**
✆ +30 228 802 1100

Les immanquables des Cyclades occidentales

▸ **Retrouver** (facilement) l'endroit où a été découverte, à Milos, la célèbre Vénus de Milo.

▸ **Flâner** dans la Chora, capitale sans voiture de Folegandros.

▸ **S'isoler** sur l'île préservée de Kimolos.

Se loger

Bien et pas cher

■ **HOTEL KARTHEA**
✆ +30 22880 21204
www.hotelkarthea.gr
info@hotelkarthea.gr
A côté de la plage de Saint-Georges.
Ouvert toute l'année. Chambre entre 50 et 90 €. Petit déjeuner compris.
L'établissement est entré dans l'histoire contemporaine grecque au moment de la chute des colonels. C'est là, dans les 35 chambres de l'hôtel, qu'ont été emprisonnés les membres de la junte en juillet 1974, pour leur éviter d'être lynchés par les Athéniens. Joli, avec quelques chambres sur la mer qui sont les favorites. Petit-déjeuner maison, frais et copieux, qui a même reçu des récompenses.

■ **KEOS KATIKIES**
✆ +30 22880 21661
www.keos.gr – info@keos.gr
Chambre entre 70 et 130 €, petit déjeuner compris.
17 chambres simples, tranquilles, nichées dans des murs en pierre, dans un établissement de belle facture cycladique en face du port. Toutes les chambres ont la télé, Internet, parfois une kitchenette et une terrasse ou un balcon. La vue sur la mer, surtout au moment du petit déjeuner (continental, à base de produits locaux et de recettes maison), est spectaculaire.

■ **KORALLI STUDIOS**
✆ +30 22880 21268
www.kea-rooms.gr – kea.koralli@yahoo.gr
Chambre de 50 à 80 €.
Dimitra vous ouvre ses portes à 100 m de la plage de Korissia dans ses huit grands studios pouvant accueillir jusqu'à 5 personnes, idéaux pour les familles. Avec une ou deux chambres avec télévision et une cuisine équipée. A cinq minutes du port.

Confort ou charme

■ **RED TRACTOR FARM**
✆ +30 22880 21346
www.redtractorfarm.com
marciemayer@gmail.com
A 400 m du port.
Chambre double à 98 € pendant l'été, sans petit déjeuner. Ouvert toute l'année.
A 10 minutes de marche du port de Korissia mais à 150 m de la première plage, voilà un petit établissement, isolé juste ce qu'il faut dans les oliviers et les vignes. Vraiment ravissant, avec des cheminées à disposition hors saison dans trois maisons traditionnelles qui abritent

les sept chambres. Conseils et aide au rendez-vous. Et pour vraiment sortir des sentiers battus, sachez que les propriétaires gèrent une ferme où ils acceptent les adeptes du wwoofing après l'été, c'est-à-dire l'hospitalité en échange de quelques travaux. Renseignements sur le site : wwoofgreece.org.

Luxe

■ AIGIS SUITES

En surplomb de Vourkari
✆ +30 22880 21825
www.aigisuites.com – info@aigisuites.com
Suites à partir de 170 € en juin et septembre, de 220 € à 330 € en haute-saison. Petit déjeuner compris.
Depuis 10 ans, les suites Aigis vous promettent un séjour luxueux : le confort des chambres est irréprochable, la décoration chic combine un style égéen et un design contemporain, la piscine offre une vue imprenable sur la baie depuis les hauteurs où est perché l'établissement, la gastronomie est à l'honneur au bar-restaurant et, si tout cela n'était pas suffisant, l'hôtel dispose également d'un spa. Le bar et le restaurant sont ouverts à tous : venez boire un délicieux cocktail en fin de journée pour regarder le soleil se coucher sur Makronissos au loin.

■ PORTO KEA SUITES

Sur la plage.
✆ +30 22880 22870
www.portokea-suites.com
Chambre de 79 € à 320 € selon la période et la catégorie. Petit déjeuner compris.
Sur le sable de Korissia, à deux pas du port, un beau complexe de 35 chambres, tout confort (appréciable petit coin cuisine dans les chambres). Piscine, bassin pour enfant, restaurant, beach bar. En moyenne saison, les prix sont plus avantageux du lundi au jeudi. A défaut d'y loger, posez-vous dans son bar *trendy*, le Ammos.

Se restaurer

■ ENNEA KORES

Vourkari ✆ +30 22880 21702
Ouvert tous les jours de 10h au dernier client. Comptez 20 € par personne.
Située sur le front de mer de Vourkari, avec vue sur la péninsule d'Aghia Irini, cette taverne de poisson porte un nom mystérieux : « les Neuf Filles ». Sous cette belle véranda, de savoureux mezzes de la mer, de poisson et de la viande au grill. Essayez la *fava* aux câpres ou les pétoncles... Belle carte des vins, avec quelques références bio.

■ FILLIPAS

✆ +30 22880 21690
Compter autour de 15 € par personne. Ouvert tous les jours de 18h à 1h en saison.
Une des valeurs sûres de l'île en matière de grillades. L'établissement, tenu par la famille du même nom, reste normalement ouvert hors saison, mais seulement le week-end, pour les locaux. Il faut parfois réserver.

■ LAGOUDERA

✆ +30 22880 21977
www.kea-restaurant.gr
Ouvert tous les jours de 10h au dernier client. Comptez 20 € par personne.
Ce beau restaurant est l'un des premiers que vous repèrerez à votre arrivée au port. A proximité du débarcadère, il sert une cuisine traditionnelle, préparée avec succès dans les règles de l'art. Ainsi vous pourrez goûter aux différents produits typiques de l'agriculture locale, avec une cuisine tournée vers la terre plus que vers la mer, comme le coquelet ou l'*exochiko* d'agneau.

■ **MAGAZES**
✆ +30 22880 21104
www.kearestaurant.gr – info@magazes.gr
A partir de 15 € par personne. Ouvert tous les jours de 9h à minuit.
Dans les premiers prix, des mezzés et des brochettes. Excellents poissons grillés un peu plus chers selon la pêche du jour, soupes de poisson et pâtes au homard. En bord de mer avec quelques tables dehors sur la promenade du port.

À voir – À faire

■ **AGHIA IRINI** ★
Dans la baie d'Aghios Nikolaos
Sur une petite péninsule qui s'avance dans la baie, Aghia Irini est la plus belle des quelque 200 églises et chapelles que compte Kéa. Elle s'élève près des ruines d'un des plus vieux sites de la mer Egée. L'Ecole américaine d'archéologie y a découvert une cité de l'époque du cuivre (environ 2800 avant J.-C.). Vous y verrez les vestiges de murailles et les restes d'un palais de l'époque mycénienne. Un sanctuaire complétait l'antique cité : pendant l'ère classique, le lieu était consacré au culte de Dionysos.

OTZIAS - ΟΤΖΙΑΣ

A 11 kilomètres d'Ioulis, en face de la ville de Káristos à Eubée, ce petit village a une plage ombragée mais un peu exposée au *meltemi*. Le paysage de Vourkari jusqu'à Otzias est très beau, vous traversez une vallée parsemée d'oliviers, d'amandiers et d'arbres fruitiers.

Se loger

■ **ANEMOUSA STUDIOS**
✆ +30 22880 21 335 – www.anemousa.gr
Entre 50 € et 110 € la chambre, selon la période et la catégorie. Offres sur le site.
Une vingtaine de chambres spacieuses se logent dans un hôtel à l'architecture traditionnelle. Tous les studios comportent une vraie cuisine équipée et une véranda. Salle de sport, piscine (avec bar) et jardin font partie de l'établissement. A cent mètres seulement de la plage. Des promenades à faire autour.

■ **CAVO PERVELOS STUDIOS**
Sur la plage ;
✆ +30 22880 21120
www.cavostudios.gr
Ouvert toute l'année. Entre 60 € et 120 € selon la période et la catégorie. Petit déjeuner compris.
Derrière une route qui mène à la plage d'Otzias à 20 mètres, des petits cabanons dans un petit complexe en briques. Les studios, qui peuvent accueillir entre deux et quatre personnes, ont tous un réfrigérateur, une petite cuisinière... un bon équipement en somme. Des jeux pour enfants (terrain de basket notamment) font partie du lieu. Joli jardin où l'on peut déguster un cocktail.

Se restaurer

■ **CHEZ ANNA**
✆ +30 22880 21137
A partir de 10 € par personne. Ouvert tous les jours de midi à minuit.
« Tis Annas » en grec. Au calme avec vue sur mer, sous une véranda ombragée. Des mezzes simples mais souvent inédits en Grèce comme des pâtés en croûte. Ici, le poisson est cuit au charbon. Portions généreuses. Rend service quand on loge à Otzias.

■ **OTZIAS KOUZINA**
✆ +30 2288 029057
Ouvert tous les jours de 10h au dernier client. Comptez 15 € par personne.
Face à la plage d'Otzias, cette taverne traditionnelle propose tous les classiques de la cuisine grecque. Mezzés et poissons, dont de petits anchois succulents. Le cadre est très agréable et fait avec goût. Quelques tables les pieds dans le sable et grande terrasse ombragée.

À voir – À faire

■ **MONASTÈRE DE KASTRIANI** ★
✆ +30 22880 31348
A 7 km.
Construit sur un rocher abrupt qui domine la mer, il est fondé au début du XVIIIe siècle, après que des bergers guidés par une mystérieuse lumière ont trouvé à cet emplacement une icône de la Vierge. Les cellules du monastère sont louées aux voyageurs à un prix très modeste. Visite à ne pas manquer.

■ **PLAGES** ★
La plage d'Otzias offre un bon point de vue sur la ville de Karistos, sur l'île de l'Eubée. Pour y accéder, vous traversez une vallée plantée d'oliviers, d'amandiers et d'arbres fruitiers. Peu étendue et exposée au meltem, cette plage offre l'avantage d'être calme et peu fréquentée. Vous pouvez aussi vous baigner sur la plage de Kastri. Une autre belle plage de sable : I Tris Boukes, entre la presqu'île de Kefalas et la baie d'Aghios Nikolaos.

IOULIDA CHORA - ΙΟΥΛΙΔΑ ΧΩΡΑ

C'est ici, dans l'ancienne cité antique d'Ioulis, que sont nés, au Ve siècle av. J.-C., les poètes Simonide et Bacchylide. Située à 5,5 kilomètres de Korissia, la capitale de l'île se distingue par ses maisons néoclassiques aux tuiles rouges, ses nombreuses fontaines et ses ruelles escarpées construites en amphithéâtre sur les flancs des collines. Le centre-ville, interdit aux voitures, est particulièrement calme la semaine et revit le week-end avec ses nombreux bars et restaurants branchés fréquentés par les riches Athéniens. Ne vous étonnez si vous entendez parler aussi bien de Ioulis, Ioulida, Ioulides ou Chora : toutes ces dénominations désignent le village principal de Kéa.

Se loger

■ KEA VILLAGE

✆ +30 6972 243330
www.keavillage.gr – info@keavillage.gr
Chambres doubles à partir de 90 € en été avec le petit déjeuner.
Un somptueux établissement situé en périphérie de Ioulida avec des vues exceptionnelles sur la mer Egée. Kea Village propose des suites au confort impeccable et au style recherché. Vous pourrez passer les chaudes après-midi au bord de la piscine et regarder le soleil se coucher depuis la terrasse de votre chambre. Design réussi et chambres vraiment agréables. Une très belle adresse.

■ SERIE

✆ +30 22880 22355 – www.serie.com.gr
A 100 m de l'arrêt de bus principal.
Chambre double à partir de 100 € en été. Petit déjeuner compris.
Cet établissement agréable est situé à l'extérieur de Ioulida, et offre de ce fait des vues magnifiques sur le village depuis ses grands balcons. Les chambres aux couleurs pastel ouvrent sur la mer et sont relativement spacieuses. On aime le calme qui règne ici. A noter cependant : il sera important d'être motorisé pour profiter du séjour pleinement, car les suites du Serie sont assez isolées.

Se restaurer

■ ROLANDO

✆ +30 22880 22224
A partir de 15 € par personne. Ouvert tous les jours de 10h à 2h.
Le propriétaire – Rolando justement – est à la hauteur de sa réputation. Avec son épouse Chryssa, ils proposent des spécialités de Kea dont elle est native, mais également des spécialités de l'île de Corfou d'où il est originaire. Parmi ses mezzés, d'excellents *gonos* (petits calamars frits) et *gavros* (petits poissons frits aussi). Côté plats, du *stifado* (lapin), *katsiki* (chèvre) au citron, une moussaka aux courgettes ou le fameux *sofrito* du Corfou.

À voir - À faire

■ MUSÉE ARCHÉOLOGIQUE

✆ +30 22880 22079
A 20 m en entrant dans le village.
Ouvert du mardi au dimanche de 8h30 à 15h30 en été, du jeudi au dimanche en hiver. Entrée : 3 €.
Vous pouvez y admirer quelques belles pièces, comme des *korê* préhistoriques et une statue de Nikè, découvertes par l'école d'archéologie danoise qui a mené les fouilles sur les sites des quatre cités-Etats. Le musée présente quelques objets intéressants de l'époque cycladique. Il est divisé en deux parties (Cités antiques et Collections préhistoriques) sur les deux étages. Mais l'essentiel des découvertes est exposé à Athènes.

Ioulida sur l'île de Kéa.

KASTRO ★★

Ruines du château fort vénitien surplombant le centre-ville. Les murs ont été construits avec les pierres d'un temple antique dédié à Apollon. C'est le plus haut point de vue de la ville, où se dressait jadis l'acropole. Vue imprenable sur les îles face à l'Attique. Il ne reste rien quasiment rien de la citadelle vénitienne.

LION DE PIERRE ★★★

Sur le rocher qui surplombe Ioulis, à 15 minutes de marche de l'église Aghios Spiridon en direction de Kastriani. Sculpté à même la falaise (6 m de long et 3 m de hauteur tout de même), le Lion de Tsia sourit aux visiteurs depuis le VIe siècle av. J.-C. Selon une version de la légende, les habitants du village auraient abandonné Ioulis, car les nymphes qui vivaient dans la montagne tuaient leurs femmes. Un prêtre implora alors l'aide de Zeus, qui envoya un lion afin de chasser les créatures cruelles. Les habitants décidèrent alors de tailler une reproduction de l'animal dans la roche afin que les nymphes, apeurées, ne reviennent jamais. Une version alternative et le plus souvent racontée dit qu'il y a fort longtemps, Kéa était une île verdoyante, abondamment irriguée et peuplée de nymphes qui gambadaient dans les forêts et les cours d'eau. Un jour, un lion féroce apparut et les chassa ; les nymphes disparurent de l'île et les Dieux pour les venger imposèrent une violente sécheresse. On raconte que c'est à partir de ce moment là que Kéa, et les Cyclades dans leur ensemble, devinrent arides. Le lion en pierre serait ainsi un rappel constant de la puissance des dieux.

KOUNDOUROS - ΚΟΥΝΔΟΥΡΟΣ

À 23 kilomètres du port de Korissia s'ouvre la baie de Koundouros : de belles criques de sable, un minuscule mouillage pour les voiliers, quelques maisons de vacances et la mer à l'horizon. Avec de bonnes chaussures ou un scooter, vous profiterez des chemins aménagés dans les forêts de chênes des alentours.

Se loger

BUNGALOWS ST GEORGE

✆ +30 22880 31277
www.stgeorgekea.gr
info@stgeorgekea.gr
Sur la plage de Koundouros.
Chambre double à partir de 100 € en été avec vue sur mer.
Tranquillité assurée dans ces 20 bungalows bien équipés, avec chacun une terrasse ou une véranda et un réfrigérateur disséminés dans un parc de 14 ha, au calme, avec vue, à 150 m de la mer. Au milieu des bougainvilliers, avec une bonne taverne en prime.

KASTELLAKIA BAY VILLAS

www.kastellakiabayvillas.gr
info@kastellakiabayvillas.com
Adresses sur demande.
Compter 550 € par nuit pour une villa (mais pour huit personnes).
Voilà trois villas privées et tout confort qui raviront les familles ou amateurs de vacances entre amis. Des maisons protégées et à proximité de petites plages de galets et de sable au Sud de l'île... avec vue sur le Cap Sounion. Les propriétaires vous organiseront, sur demande, votre location de voiture ou de bateau.

PORTO KOUNDOUROS VILLAS

✆ +30 22880 31111
www.portokoundourosvillas.gr
info@portokoundouros.gr
Chambre double à partir de 120 € la nuit.
Cet établissement de luxe situé légèrement en retrait de la plage de Koundouros propose des villas individuelles pouvant accueillir de deux à dix personnes. Le style des maisons traditionnelles de Kéa est couplé à une déco contemporaine pour un résultat vraiment très réussi.

Se restaurer

ALAS RESTAURANT

✆ +30 22880 31111
Ouvert tous les jours de 8h à 23h. Comptez 20 € par personne.
La seule option pour se restaurer à Koundouros est le restaurant de la plage, de son vrai nom Alas Restaurant, mais que la plupart des visiteurs connaissent tout simplement sous le nom de Koundouros restaurant. Sous les grands tamaris, on y vient toute la journée et jusque tard dans la soirée pour sa cuisine grecque un peu plus recherchée que celle que l'on trouve habituellement sur les plages de Grèce. Les prix sont aussi un peu plus élevés, mais rien de bien méchant.

À voir - À faire

SITE DE KARTHAIA ★★

Entrée libre tous les jours.
Dans le port de Koundouros, vous pourrez embarquer sur un caïque pour l'autre côté de l'île, par le cap de Tamelos et son phare de 1893, le plus méridional de Kéa, et jusqu'à la baie de Poleis. Là, vous pourrez visiter les ruines de la cité antique de Karthaia. Sur ce site archéologique sont visibles : les temples

d'Athéna et d'Apollon Pythios (Ve siècle av. J.-C.), des fortifications (VIe-IVe siècles av. J.-C.) et un théâtre (IIe siècle av. J.-C.). Prenez le temps d'une excursion à la journée pour vous baigner sur les plages isolées de Mikres Poleis et Megales Poleis.

PISSES - ΠΟΙΣΣΕΣ ★★

Dans la partie sud de l'île, à 17 kilomètres du port, construit à l'emplacement de l'antique Piyessa, ce village assez calme a une belle plage de sable et quelques tavernes. Une vallée verdoyante débouche sur une large bande de sable peu fréquentée. Derrière la plage s'étend une plaine avec des vergers et des cyprès.

■ ANNA STUDIO ROOMS

✆ +30 22880 31408
kozdim@hotmail.gr
Chambre double entre 60 et 80 €.
Des chambres simples mais confortables dans la maison ocre, légèrement en retrait de la plage. Idéal pour loger sur la plage de Pisses en évitant le camping !

■ CHRISTOFOROS

✆ + 30 22880 31308
A partir de 10 € par personne. Ouvert midi et soir.
Petite taverne familiale, les pieds dans l'eau, qui sert quelques plats traditionnels de Kéa. Pratique et cuisine honnête. Pour de bonnes boulettes de viande ou côtelettes grillées après la baignade !

■ CAMPING

✆ +30 228 803 1302
www.campingkea.com
campingkea@yahoo.gr
6 € par personne et par nuit, 3 € par enfant, emplacement à partir de 8 €, voiture 3,50 €.
C'est le seul camping de l'île. Un site idéalement situé, à 100 m de la plage. Sur place, on trouve une cafétéria, des sanitaires, un resto pour les petits déjeuners, une salle vidéo, une cuisine commune, des machines à laver, des toilettes chimiques et même le wi-fi. Bien équipé, il a la qualité de ses défauts : à savoir, il est un peu excentré. Les propriétaires proposent aussi des studios meublés et entièrement équipés.

■ REMPARTS DE L'ANCIENNE CITÉ ★★

Ils sont visibles sur la montagne. La petite église de Sotiras a pris la place du sanctuaire d'Apollon, et, dans sa cour, vous pouvez lire une inscription datant du Ve siècle av. J.-C.

KYTHNOS - ΚΥΘΝΟΣ ★★

Avec ses 86 km² et ses 1 600 habitants, Kythnos est réputée pour ses eaux thermales qui attirent des visiteurs, disons, d'un certain âge. Vous viendrez plutôt à Kythnos pour y apprécier la douceur de vivre. L'île ne manque pas de charme pour autant.
Presque inconnue des touristes, elle affiche tout de même complet le week-end (grâce aux Athéniens) et pendant l'été (grâce, essentiellement, aux Grecs). Son port, mal construit mais bien abrité des vents, constitue un refuge idéal pour les yachts. La capitale, Chora, est calme et pittoresque. En explorant la partie orientale de Kythnos, vous pourrez découvrir des plages peu fréquentées et des gens très hospitaliers.

MERICHAS - ΜΕΡΙΧΑΣ ★★

Merichas, pendant la belle saison, est très animé, surtout en fin de semaine lorsque les yachts et les voiliers s'alignent sur son quai et que leurs passagers prennent d'assaut les tavernes pour y dévorer de l'excellent poisson frais et des homards. Tout ce beau monde crée une ambiance décontractée qui fait oublier la laideur des constructions du port. Le soir, après un dîner de poissons au port, tout le monde se retrouve au Remezzo.

Transports

Comment y accéder et en partir

Aucun hydroglisseur ne relie Kythnos.

- **Athènes-Kythnos.** Chaque jour en été, de un à deux ferries partent depuis Le Pirée (3 heures de traversée), et un autre depuis le port de Lavrio (2 heures 30). Les bus KTEL relient Athènes (place Aigyptou, près de la station de métro Victoria) à Lavrio (1 heure 30).
- **Liaisons avec les autres îles.** Avec de un à deux ferries par jour, les îles les « mieux » desservies de/vers Kythnos sont Ios, Kéa, Kimolos, Milos, Naxos, Paros, Santorin, Sérifos, Sifnos, Sikinos, Syros et Tinos.

Se loger

■ LITSAS

Sur le port, à gauche en débarquant
✆ +30 69794 17487
www.litsas-studios.gr
Entre 50 et 70 € pour deux personnes en été.
Malgré un confort et une décoration un peu rudimentaires, voilà quand même 7 vastes studios, équipés avec télévision, kitchenette, de beaux balcons et vue sur la plage.

■ **PANORAMA**
Sur le port ✆ +30 22810 32184
www.kithnosisland.gr/panorama
panorama@kithnosisland.gr
Entre 50 et 70 € pour 2 en été.
Malgré son mobilier en bois un peu vétuste, les chambres Panorama offrent une belle situation et une jolie vue sur mer. Les 10 chambres sont modernes avec télévision et de belles vérandas. Possibilité de louer des appartements avec cuisine.

■ **THEOFILOS STUDIOS**
✆ +30 6949846721
Studio entre 60 et 80 € en été.
Un joli établissement et très bien situé entre le port et la plage de Martinakia. Studio à louer avec tout le nécessaire et une grande terrasse sur le port et la mer. Fait avec un peu plus d'attention au style et de goût que les studios qu'on trouve habituellement à Merichas. Un bon rapport qualité-prix.

■ **VILLA ELENA**
Plage de Martinakia
✆ +302281032275
www.villa-elena.gr – info@villa-elena.gr
Studio et maisonnettes à partir de 90 € en été.
Dominant la plage de Martinakia, Villa Elena offre des studios et petites villas individuelles de qualité supérieure à la moyenne. L'ensemble est situé au calme, avec des vues magnifiques sur la mer et la baie de Martinakia. Les studios et appartements sont décorés avec goût et sobriété, dans un style traditionnel très réussi. Une option vraiment agréable.

Se restaurer

■ **AVRA**
Sur la plage.
✆ +30 22810 32277
Ouvert tous les jours à partir de midi entre Pâques et octobre.
Déjà, ces tables posées à même le sable sur la plage donnent sacrément envie. Ce n'est pas la seule, mais ici la carte, de poissons surtout, propose des produits d'exception : cabillaud, espadon, mais aussi de la langouste, comme souvent proposée avec des spaghettis. Mais il y a aussi de belles viandes comme les *stifado* ou les *sofrito*. Un peu plus cher qu'ailleurs, mais cela le vaut.

■ **MARTINAKIA**
Plage de Martinakia
✆ +30 2281 032800
Ouvert tous les jours de 9h à 23h. Comptez 15 € par personne.
Sur la plage du même nom, la taverne Martinakia offre une pause agréable à l'ombre des arbres. Cuisine traditionnelle faite maison, généreuse et savoureuse.

■ **OSTRIA**
✆ +30 2281 033017
Ouvert tous les jours de 9h à minuit. Comptez 15 € par personne.
Depuis 10 ans, l'Ostria vous reçoit avec le sourire et en français, si vous tombez sur le propriétaire. Optez pour le poisson grillé, ou la spécialité maison, les pâtes à la langouste, forcément un peu plus chères que le reste, mais tellement délicieuses ! On s'attable à l'ombre de la grande terrasse ou le long du front de mer quand il fait moins chaud en soirée.

■ **TO PETRINO**
Plage de Martinakia
✆ +30 2281 032275
www.villa-elena.gr – info@villa-elena.gr
Ouvert tous les jours de 10h à 23h. Comptez 20 € par personne.
A l'extrémité nord de la plage de Martinakia, To Petrino est un agréable café-restaurant qui domine la baie. Propriété des Villas Elena, c'est un établissement bien tenu, qui propose une bonne cuisine maison et du poisson frais. La grande terrasse est vraiment très jolie, avec vue sur la mer, mais un peu à l'écart de l'animation de la plage. Une bonne adresse.

À voir – À faire

■ **ILOT D'AGHIOS LOUKAS** ★
Relié à Kythnos par les plages de Kolona et Fikiada et une étroite bande de sable, cet îlot est parsemé de vestiges archéologiques qui datent de l'époque romaine. Il abritait l'agora d'une cité antique très étendue puisque son centre se trouvait à environ 3 km au sud, là où vous verrez les vestiges de Vriokastro. Aujourd'hui, une chapelle dédiée à saint Luc domine l'îlot.

■ **MONASTÈRE DE PANAGHIA FLABOURIANI**
A 20 minutes, au sud de Merichas.
La grande plage de Flabouria est gardée par cette fascinante église. L'histoire raconte que les traces qui partent de la plage et montent jusqu'au monastère seraient celles de la Vierge en personne ! La plage en contrebas, de sable et de galet, est agréable et ombragée. Chaque année au mois d'août, des lys odorants fleurissent au bord de la mer.

■ **PLAGES** ★★
▸ **La plage de Merichas** n'est pas la plus agréable, mais elle pourra dépanner si besoin urgent de se baigner. Sinon, à quelques minutes seulement, les plages au nord du port offrent de belles possibilités de baignade.

- **La plage de Martinakia**, au nord du port et à 5 minutes de marche par une série de marches. Petite étendue de sable, ombragée par des tamaris, Martinakia est très appréciée des familles. Vous y trouverez de quoi vous restaurer. Pour un peu plus de calme, préférez la plage plantée d'arbres d'**Episkopi**, plus au nord. Vous y trouverez un élégant bar de plage, le Pountaki, pour boire un verre ou manger un bout.
- **A environ 3 km, la plage d'Apokrissi** est une des plus grandes de Kythnos. Longue étendue de sable, elle a l'avantage d'être très bien ombragée. Le Coconuts Beach Bar peut être un peu bruyant, mais vous pourrez y boire de bons jus frais ou des cocktails.
- **Kolona et Fikiada** sont deux plages siamoises, sûrement les plus belles de Kythnos. Séparées par étroite bande de sable, elles constituent un site très étonnant. Vous pourrez vous y rendre par la route ou en *sea-taxi*. En été, l'accumulation de voiliers a malheureusement tendance à un peu gâcher le paysage pour les baigneurs, mais ne manquez surtout pas de venir. Le magnifique bar de plage Kolona constitue une pause paradisiaque où vous pourrez boire un cocktail ou vous régaler d'un poisson grillé.

KYTHNOS CHORA – ΚΥΘΝΟΣ ΧΩΡΑ

À 8 kilomètres de Merichas, construite à flanc de colline, la ville a de belles ruelles pavées, décorées de fleurs, de poissons ou de bateaux peints à la chaux. Ses églises sont particulièrement intéressantes, surtout Aghios Savas qui date du XVIIe siècle, mais également Aghia Triada et Metamorphossi tou Sotiros. Pendant la domination vénitienne, Aghios Savas était divisé en deux parties : l'une pour les catholiques, l'autre pour les orthodoxes. Dans les églises de Chora, vous pouvez admirer des icônes de l'école crétoise.

Se loger

■ KYTHNOIKIES

✆ +30 22810 31489
www.kythnoikies.gr
griel79@otenet.gr
Chambre double à partir de 60 € en été.
Situé en plein centre de Chora, cet établissement propose 5 chambres spacieuses et confortables, bien aménagées et agréables. Elles sont toutes équipées d'une kitchenette et offrent un bon rapport qualité-prix.

■ MESSARIA

✆ +30 22810 31672
www.messaria.gr
info@messaria.gr
Appartements à partir de 130 € par jour.
Le premier hôtel à Chora ! L'établissement, élégant, propose 12 chambres doubles avec cuisine complètement équipée et balcon privé. Chaque chambre ou appartement est différent, certains sont dans un style plus rustique et d'autres proposent un design plus sobre et contemporain. Le Messaria propose également un très bon restaurant où vous pourrez déguster les spécialités locales comme le *sfougato*, les croquettes de fromage.

© LEFTERIS_ – ISTOCKPHOTO

Vue sur le port de Kythnos.

STUDIOS FILOXENIA

✆ +30 22810 31644
www.filoxenia-kythnos.gr
A partir de 60 € la nuit en été, prix variable selon période et catégorie. Ouvert toute l'année.
Ces 10 studios un peu en dehors de Chora viennent compléter une offre hôtelière très faible dans le coin. Ils peuvent accueillir entre 2 et 4 personnes et sont totalement équipés (téléviseur, balcon, kitchenette).

STUDIOS GIANOULIS

Sur le port. ✆ +30 22810 32247
10 chambres. Entre 30 et 50 € sans petit-déjeuner. Ouvert toute l'année.
Confort minimum (mais avec tout le nécessaire) et position optimale à petit prix. Idéal pour les petits budgets qui veulent rester sur le port ou qui ont un bateau à prendre. Les chambres sont petites mais avec la climatisation, la télévision et un petit réfrigérateur. Certaines ont même une vue, mais les plus calmes sont à l'arrière. Il faut choisir !

Se restaurer

PSIPSINA

✆ +30 2281 031228
Ouvert tous les jours de 13h à 1h. Comptez 20 € par personne.
A côté de la mairie, ce joli restaurant ravira les végétariens et vegans parmi vous. En effet, si le Psipsina est un restaurant de *mezze* de poisson et fruits de mer, la carte propose également plusieurs options adaptées à ceux qui ne mangent aucun produit d'origine animale. Et c'est suffisamment rare sur les îles pour être noté ! Le tout dans un cadre vraiment très charmant, notamment en soirée.

TO STEKI TOU NTETZI

✆ +30 2281 031204
Ouvert tous les jours de 10h à 23h. Comptez 15 € par personne.
Notre coup de cœur à Chora : la terrasse de cette belle taverne s'étale langoureusement sous un bougainvillier gigantesque, au pied des moulins de Chora. L'ambiance y est douce et conviviale, et les *mezzes* sont délicieux. Pour quelque chose de plus conséquent, optez pour les viandes rôties à la broche. On y viendra aussi pour un verre ou un café pour profiter de l'emplacement et de la déco réussie.

DRYOPIDA – ΔΡΥΟΠΙΔΑ ★★

A 8 kilomètres de Chora, le village de Dryopida est l'un des plus jolis de Kythnos. Pittoresque, il se distingue des autres villages par ses maisons aux toits de tuiles rouges. Le village est en effet abrité du vent et peut donc se permettre une telle architecture. Vous pourrez vous balader dans les ruelles endormies et visiter le petit musée d'art byzantin qui recèle certaines des plus belles icônes de l'île (ouvert de 10h à 14h et de 19h à 21h, mais il peut arriver que le musée soit fermé sans raison). A proximité, vous pourrez également visiter la vaste grotte Katafyki et ses stalactites. Si le village de Dryopida n'est pas tourné vers la mer, vous aurez facilement accès au minuscule village de Lefkes, sur la côte est, avec son agréable plage ombragée. Légèrement au nord, vous aurez accès à une succession de trois belles plages reliées par un sentier et quelques marches : Zogaki, Kouri et Naoussa. Ce sont parmi les plus belles et les moins fréquentées de la côte est. En effet, vous n'y trouverez ni taverne, ni bar de plage. Toujours plus au nord, la plage d'Aghios Stefanos est également accessible à pied.

LOUTRA - ΛΟΥΤΡΑ

Loutra doit son nom à ses sources curatives. Aujourd'hui, les installations d'hydrothérapie de l'hôtel Xenia sont quelque peu à l'abandon et, de ce fait, peu attirantes. Loutra est dotée d'une grande plage de sable, suivie d'une série de criques, souvent désertes, où vous pouvez camper ou faire du naturisme. Au nord du village, vous pourrez visiter les ruines de Kefalokastro, la capitale médiévale de l'île qui fut fondée par les Vénitiens avant que les Ottomans ne détruisent la forteresse dans les années 1570. Elle est définitivement abandonnée au XVIIe siècle : aujourd'hui on y admire les restes des fortifications ainsi que deux petites églises. Depuis les hauteurs du kastro, vous aurez une vue imprenable sur la mer et l'horizon. Le sentier qui mène à Kefalokastro n'est pas évident à trouver donc demandez des indications avant de partir (comptez 1 heure 30 de marche). Sachez que Kefalokastro est aussi connu sous le nom de Kastro Orias.

Se loger

■ HÔTEL AFRODITI

✆ +30 2281031651
http://xenonas-afroditi.com
info@xenonas-afroditi.com
Chambre double à partir de 60 € en été. Petit déjeuner inclus.
Ce petit hôtel familial, légèrement en retrait de la plage, propose des chambres propres et spacieuses qui disposent chacune d'un balcon. Accueil professionnel et agréable.

■ KYTHNOS BAY

✆ +30 22810 31218
www.hotelkythnosbay.gr
A 50 m de la mer.
De 60 € à 150 € environ, selon la période et la catégorie. Petit déjeuner compris.
Cet hôtel a été entièrement rénové récemment et offre maintenant des chambres spacieuses, au design contemporain réussi. Déco léchée, confort impeccable : le Kythnos Bay a pris du galon sur l'échelle du chic. Les 50 chambres doubles ou triples jouissent d'un très bon emplacement, près de la mer et à 300 m des sources thermales. Si possible, optez pour chambres dont le balcon donne sur la mer.

■ PORTO KLARAS

A 100 m de la plage.
✆ +30 22810 31276
www.porto-klaras.gr
porto-klaras@otenet.gr
Chambre double à partir de 60 € en été. Offres spéciales en septembre.
L'un des meilleurs choix à Loutra. Architecture réussie, décoration minimaliste mais avec tout le confort. Les sept studios disposent d'une véritable cuisine. Toutes les chambres ont un balcon et une jolie vue. Un bel accueil, des services impeccables.

Se restaurer

■ CAVO D'ORO

✆ +30 22810 31469
A partir de 15 € par personne. Ouvert tous les jours midi et soir.
Taverne ancrée dans l'histoire de la commune depuis plus de deux décennies, les pieds dans l'eau. On y déguste des aubergines bien cuisinées (au four ou farcies), des moussakas, des boulettes de viande et un délicieux veau à la casserole. Les jours de bonne pêche, il y a du poisson frais au menu également.

■ KATERINA

Sur la plage de Skinari. ✆ +30 22810 31418
Autour de 15 € par personne. Ouvert toute la journée en saison.
Quelle situation et quelle vue ! On est ravi aussi par ce qu'il y a dans l'assiette : cuisine familiale à base de mezzes, boulettes de légumes, plats mijotés d'agneau ou de lapin... Et si le charme opère, on peut y louer quelques chambres...

KANALA - ΚΑΝΑΛΑ

Au départ, il n'y avait ici qu'une église, abritant l'icône miraculeuse de la Vierge trouvée dans un canal à proximité. Peu à peu, des résidences secondaires ont été construites par des gens séduits par la beauté du site. Ici, à 16 kilomètres de Chora, pousse la seule forêt de pins de l'île, et la baie est protégée du meltemi. Quelques chambres sont à louer et vous trouverez quelques tavernes pour vous restaurer. La baie de Kanava abrite une plage de sable et de galets, familiale et agréable : Megalo Ammos. Quelques tamaris apportent une ombre appréciable. En marchant un peu vers le nord, vous atteindrez la plage de Kalo Livadi.

■ OFIOUSA

Vers la plage d'Antonionides.
✆ +30 22810 32601
Compter 20 € par personne. Ouvert toute la journée en saison.
Une situation magnifique avec vue sur la baie de Kanala et même, par beau temps, sur Serifos. En cuisine, testez la *melofeta*, un feuilleté de feta frit à l'ouzo ou, pour les viandes, le chevreau en croûte. Giannis, le maître des lieux, est aux petits soins et intarissable sur son île ou sa table.

SÉRIFOS - ΣΕΡΙΦΟΣ ★★

Avec ses 70 km² et ses 1 100 habitants, au premier abord, Sérifos semble vraiment justifier son mythe : c'est ici en effet que Persée tue la terrifiante Méduse, et lorsqu'il montre son horrible tête au roi Polyeucte, celui-ci est pétrifié d'horreur, et l'île devient aride. L'imposante Chora, suspendue sur un rocher, est bien telle que nous en parle la mythologie, mais l'aspect sauvage du paysage est tempéré par le port animé de Livadi. Sérifos a également des plages à offrir et quelques villages qui charmeront les randonneurs. Un peu à part dans le paysage des Cyclades, Sérifos est encore, à cause de son nombre d'hôtels encore limité, protégé du tourisme de masse. C'est un petit paradis : à 2h30 seulement du Pirée en hydroglisseur, elle attire nombre d'Athéniens pour le week-end ou des breaks de quelques jours.

LIVADI - ΛΙΒΑΔΙ ★

Le port de Sérifos s'étale le long d'une grande baie calme où les voiliers trouvent refuge quand le vent souffle trop fort sur cette île très exposée. Il arrive que les ferries rapides Seajet ne puissent pas accoster à cause de violentes rafales qui secouent l'entrée du port. Mais par temps calme, Livadi offre une jolie baie à l'ambiance familiale, bordée de cafés et de restaurants où l'on aime passer des moments tranquilles et bon enfant. Les plages ombragées qu'on y trouve sont toutes des plages de sable, ce qui en fait une destination appréciée des familles et des plus jeunes. La vie s'étire langoureusement sur le port, à peine rythmée par le passage des bateaux. On y trouve tous les commerces de l'île (boulangerie, supermarchés, pharmacie) ainsi que l'unique station essence de Sérifos. C'est également à Livadi que se concentre la quasi-totalité de l'offre hôtelière : il y a fort à parier que vous y logerez. D'ailleurs, le port constitue une excellente base pour découvrir le reste de l'île. Vous trouverez à Livadi tous les services touristiques nécessaires, dont les loueurs de voiture et de scooter, les bus qui desservent la Chora et les agences de voyage. Plus on s'éloigne du port à proprement parler, le long de la baie, et plus on se trouvera au calme, loin de l'animation qui règne en soirée.

Transports

Comment y accéder et en partir

- **Un bus relie régulièrement Livadi à Chora,** mais pour vous déplacer plus loin, il faut avoir votre propre moyen de locomotion, marchander avec un taxi ou compter sur vos jambes.

CAPITAINERIE DU PORT
✆ +30 22810 51470

- **Athènes-Sérifos.** De un à deux départs quotidiens du Pirée (de 4 à 5 heures de traversée) ou en hydroglisseur (2 heures 40 de traversée).
- **Liaisons avec les autres îles.** Sérifos est aussi reliée à Andros, Folégandros, Ios, Kimolos, Milos, Paros, Santorin, Sifnos, Sikinos, Syros et Tinos.

Pratique

POLICE
✆ +30 22810 51300

Se loger

Bien et pas cher

CAMPING CORALLI
✆ +30 22810 51500
www.coralli.gr/en
info@coralli.gr
Sur la plage de Livadakia.
78 emplacements. De 6 à 8 € par personne en juillet/août, 4 à 5 € la tente. 25 bungalows entre 55 et 85 € pour deux.
Camping aux prestations très complètes : Douches, toilettes, supérette, restaurant, et navette régulière avec le port. Pour plus de confort, possibilité de louer un bungalow ou un appartement entre 85 et 120 € la nuit pour deux chambres. Egalement une agence de location de voitures et deux-roues. Le complexe fait donc des packs complets très intéressants. Seul inconvénient, en pleine saison, on peut s'y sentir un peu à l'étroit...

MAISTRALI
✆ +30 22810 51381
www.hotelmaistrali.com
info@hotelmaistrali.com
Chambre double de 60 à 75 € en haute saison. Petit déjeuner : 7 €.
Hôtel agréable sur le front de mer. 20 chambres, vraiment les pieds dans l'eau. Babis, le gérant, est l'un des plus fins connaisseurs de l'île. Il vous indiquera les meilleurs restaurants et spots de l'île. Il comprend aussi des appartements spacieux et propose une variété de services hôteliers pour vous garantir un hébergement chaleureux à Livadi. Toutes les chambres et tous les appartements sont climatisés et comprennent une salle de bain, un mini-réfrigérateur, une télévision par satellite et bien sûr un balcon privé. Lit bébé sur demande.

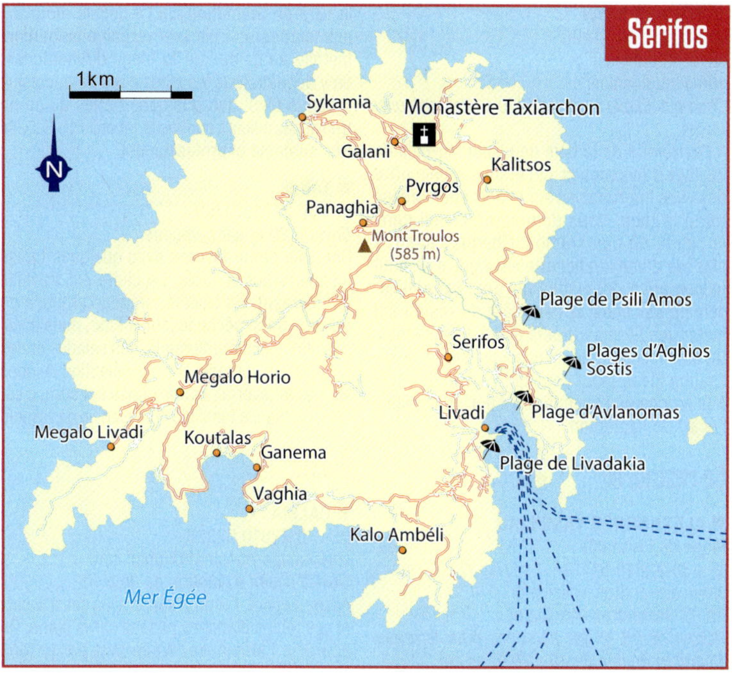

Confort ou charme

■ ALIKTYPO STUDIOS

✆ +30 2281051000
www.aliktyposerifos.gr
aliktypo@yahoo.gr
Studio double entre 52 € et 96 € en haute saison.
Voici un très joli établissement, très bien tenu et décoré avec beaucoup de goût. Situé à proximité de la plage d'Avlomonas, cet ensemble élégant est à la fois proche des restaurants et de l'animation du port mais légèrement en retrait, au calme. Les maisonnettes de 50 m² sont composées de deux chambres et d'une cuisine, idéal pour les familles. Les chambres doubles, studios et maisonnettes de 30 m² disposent tous d'un balcon privé. Une très bonne adresse avec des cuisines entièrement équipées. A 40 mètres de la plage, sur un sentier paisible surplombant Chora.

■ AMFITRITI

✆ +30 22810 52563
www.studiosamfitriti.gr
info@studiosamfitriti.gr
À partir de 60 € mais autour de 130 € en plein été. Petit déjeuner compris.
A seulement 5 minutes du port, ces nouveaux studios sont construits dans une zone d'accès relativement isolée, calme, et offrent une vue imprenable sur le port, Chora et la mer. Un petit complexe de 10 studios récents et surplombant la baie. Ici, Eleni s'occupe de l'endroit et de ses clients avec soin. Bien situé – même s'il faut monter une petite côte pour rentrer – il offre un dépaysement garanti. Les studios sont bien équipés et décorés de façon unique. Mais ce qu'on préfère ici, c'est le petit déjeuner maison. Franchement, un des meilleurs qu'on ait goûtés en Grèce !

■ INDIGO STUDIOS

✆ +30 6945437966
indigostudios.gr
info@indigostudios.gr
Entre 70 et 100 € la chambre double en haute saison.
Bien situé, cet établissement récent propose des chambres et quatre studios confortables complètement équipés, tous avec une décoration particulière. Propres et calmes, ils présentent un mobilier moderne et élégant. Les chambres disposent d'une télévision satellite et d'un réfrigérateur. Notons que les appartements du premier étage disposent de deux canapés-lits, d'une grande cuisine entièrement équipée et d'une chambre à coucher séparée, d'une grande terrasse avec vue sur la mer. L'hôtel est idéal pour des familles où les enfants peuvent jouer dans une grande cour.

■ STUDIOS NIOVI

✆ +30 22810 51900
www.studiosniovi.gr
info@studiosniovi.gr
Chambre double à partir de 120 €. Petit déjeuner inclus.
A l'extrémité de la baie de Livadi, au-delà de la plage d'Avlomonas, cet établissement offre des vues imprenables sur le port et embrasse toute la baie. Vous dominerez Livadi dans le calme de ces studios. Chaque chambre dispose d'une kitchenette ainsi que d'un petit balcon privé. Stamatina qui gère cet établissement est aussi la cuisinière du restaurant historique Stamatis sur la plage d'Avlomonas. Un établissement familial qui jouit d'une localisation idéale pour ceux qui veulent être à la fois proche de l'animation du port et un peu à l'écart de l'agitation.

Se restaurer

■ ALEXANDROS VASSILIAS

Plage de Livadakia
✆ +30 22810 51119
www.alexandros-vassilia.gr
info@alexandros-vassilia.gr
Autour de 15 € par personne pour le repas. Chambre double de 40 à 70 € en été.
Même s'il faut marcher (ou conduire) un peu jusqu'à la plage de Livadakia, voilà une terrasse qu'on n'a pas envie de quitter. Personnel adorable, plats corrects et pas chers, boissons ou café que l'on peut boire sur la plage à deux pas. Si vous voulez faire durer le plaisir, l'Alexandros a ouvert 23 chambres très correctes proposées et ouvertes dès le mois de mars. Un vrai bon plan.

■ ALONI

✆ +30 22810 52603
A partir de 12 € par personne. Ouvert le soir uniquement, tous les jours en saison (et les vendredis et les samedis entre octobre et mai).
A force de voir le panneau plusieurs fois, en montant vers Chora ou en redescendant, on finit par être curieux et on a raison. Loin de l'agitation du front de mer, la vue de la terrasse n'est pas moins belle, avec le chant des cigales en prime. Laissez-vous guider par les chefs : ils font tous les classiques de l'île.

■ O STAMATIS

Plage d'Avlomonas
✆ + 30 2281051309
Ouvert tous les jours en saison à partir de 11h et jusqu'au dernier client. Comptez environ 20 € par personne.
Il s'agit du plus ancien restaurant de l'île encore en activité. Ouvert dans les années 1970 par le père de Stamatina qui l'a depuis remplacé aux fourneaux, c'est une véritable institution. Installé au calme sur la plage d'Avlomonas, on y déguste tous les classiques de la cuisine grecque ainsi que quelques perles qu'on ne trouve pas ailleurs comme le fenouil frit. Service très agréable et professionnel.

■ TAKIS

✆ +30 2281051159
Environ 20 € par personne.
Une jolie petite taverne avec quelques tables installées sur le sable. Le cadre est travaillé et charmant. En cuisine, on nous propose du poisson frais, pêché le jour-même, mais aussi des plats plus traditionnels, des salades et des mezzes. On apprécie aussi la sélection de bons vins de la taverne. Et une chose est sûre, c'est que l'ambiance familiale donne envie de revenir.

Sortir

■ CALMA

✆ +30 22810 52328
chriskalogeropoulos1@gmail.com
Ouvert d'avril à octobre, de 9h à 1h.
Assez élégant, l'endroit séduit avec ses transats et ses tables blanches posées sur la plage. On apprécie l'ambiance, créée tant par le fond sonore sympathique que par la position de choix de ce bar-restaurant : calme, un peu en dehors des lieux bondés de Livadi et voisin de la mer. L'endroit porte bien son nom ! Pour boire un verre ou un café, en journée comme en soirée, c'est l'idéal. Fruits de mer, hamburgers... Quelques plats sont aussi servis, et ils sont délicieux. Immanquable de toute façon, c'est la principale taverne de la plage.

À voir – À faire

■ PLAGE DE KARAVI ★★

La page de Karavi se situe au-delà de celle de Livadakia et du village de Ramos. Elle est facilement accessible à pied depuis le village. Cette plage de sable n'offre aucune ombre et ne dispose pas de taverne. Elle est souvent fréquentée par des naturistes. L'eau y est particulièrement claire.

■ PLAGE DE LIVADAKIA ★★

La plage de Livadakia se situe en contrebas du village de Ramos, de l'autre côté du port de Livadi. Elle est facilement accessible à pied depuis le port. Cette longue plage de sable bénéficie d'une ombre agréable que donnent les tamaris plantés là. Une taverne vous permettra de casser la croûte à midi ou de prendre un rafraîchissement au cours de la journée. C'est l'une des plages les plus fréquentées de l'île.

Sports - Détente - Loisirs

■ **SERIFOS SCUBA DIVERS**
✆ +30 6932 570552
www.serifosscubadivers.gr
info@serifosscubadivers.gr
Cours de plongée à partir de 350 € pour une session complète. Sorties à partir de 60 €.
L'école de plongée de Sérifos se situe à Livadi. Vous pourrez y passer les différents niveaux requis pour faire de la plongée. Pour les non-débutants, sorties en mer avec visites de navires naufragés ou des anciennes structures minières du côté de Megalo Livadi. L'école propose aussi des sorties de *snorkelling* ou des tours en bateau. Enfin, également à la carte : la découverte de kilomètres de boyaux et tunnels qui reliaient les anciennes mines de Megalo Livadi à d'autres parties de l'île. Evitez ce genre de tours souterrains : les structures sont anciennes et ne sont plus sécurisées depuis des années…

SÉRIFOS CHORA - ΣΕΡΙΦΟΣ ΧΩΡΑ

La chora de Sérifos est considérée, à juste titre, comme une des plus belles chora des Cyclades, voire des îles grecques. Perchée sur son rocher qui domine la baie de Livadi, elle semble dégringoler, en équilibre instable, le long de la roche. Ses murs blancs contrastent fortement avec la pierre à laquelle elle s'accroche depuis des siècles. À 5 kilomètres de Livadi, sur un chemin qui semble monter jusqu'au ciel, la capitale de Sérifos est une vraie cité cycladique qui bénéficie d'une vue panoramique sur le port, la mer et les îles environnantes. La ville se démultiplie dans un dédale de ruelles très étroites (et en escaliers, courage !), révélant de magnifiques points de vue. Dans sa partie haute, vous distinguez des vestiges de la forteresse vénitienne, parfois encastrés dans les maisons. Il faut monter au kastro pour une vue imprenable sur les environs. La partie haute de Chora abrite aussi l'église d'Aghios Athanasios (du XVIIIe siècle) et la mairie de style néo-classique, sur la place centrale Pano Piatsa. C'est une étape obligée et le cœur de la vie sociale à Sérifos. Vous trouverez sur Pano Piatsa la plupart des ouzeries et tavernes où les habitants de l'île se retrouvent le soir. Pour les amateurs, un petit musée archéologique expose les résultats des fouilles réalisées sur l'île. Mais la chora de Sérifos n'est pas simplement impressionnante en termes de patrimoine et d'architecture. Ce qui la distingue de tant d'autres vieilles villes, belles mais abandonnées, c'est qu'elle est encore largement habitée. Les résidents de Sérifos vivent encore ici et ceux qui ont migré vers le port en contrebas ne rechignent pas à monter pour partager une soirée entre amis. Résultat : la chora de Sérifos est un village bien vivant, qui vibre tous les soirs et qui abrite une communauté artistique et jeune. Une visite incontournable !

Se loger

Aucun hôtel n'est encore répertorié. Quelques chambres à louer chez l'habitant, mais pas toujours bon marché.

Se restaurer

Le quartier des Moulins, à l'entrée du village, est le rendez-vous des îliens sur les terrasses de la place.

L'île de Sérifos.

■ **ALONI**

Tsiggoyri Chora

✆ +30 228 10 52 603

Autour de 15 € par personne. Ouvert tous les jours midi et soir en saison.

Voilà un endroit qui se mérite, mais comment regretter son voyage ? Sur la route de Chora (c'est bien indiqué), on trouve ici une carte remarquable (ne manquez pas l'agneau), mais aussi un restaurant élégant avec une vue à couper le souffle sur la baie. Attention, pour avoir une « bonne » table en terrasse, mieux vaut arriver tôt ou réserver. Les jours de vent fort, la terrasse est fermée.

■ **MARATHORIZA**

✆ +30 228 10 52 656

A l'entrée de Chora.

Ouvert tous les soirs à partir de 18h. Environ 20 € par personne.

Sans doute notre restaurant préféré sur l'île. Nous y sommes tout simplement entrés lors d'un séjour parce qu'on y jouait de la musique – un petit concert improvisé à l'occasion d'une fête de famille. Bonne cuisine en général : du porc au lapin, les viandes sont savoureuses. On peut aussi choisir un assortiment de *mezzes*. Le personnel peut être adorable, selon l'humeur du jour... Un peu cher en fonction des plats qui ne méritent pas tous leur prix, mais la vue est très sympathique et il s'agit quand même de savourer de bons plats maison.

■ **STOU STRATOU**

Pano Piatsia

✆ +30 22810 52566

www.stoustratou.com

Ouvert tous les jours, de 10h au dernier client. Comptez 15 € par personne.

Stou Stratou est le point de rendez-vous des habitants de l'île. On s'y retrouve à toute heure : le matin pour boire le café ou prendre un petit déjeuner, à midi pour une pause déjeuner légère, en journée pour se rafraîchir d'un bon jus de fruit ou d'un café glacé et enfin en soirée, à l'heure où toute l'île afflue pour y prendre l'apéritif et dîner. Vous y mangerez de très bons *mezzes*, dont des anchois marinés que l'on pourra accompagner d'une *fava* réussie. En attendant d'être servi, régalez-vous des vers de Baudelaire ou de Liantinis que vous trouverez dans le menu.

À voir – À faire

Vous pouvez faire une belle promenade d'une heure, du cimetière de Chora jusqu'à la plage de Psili Ammos, dotée d'un sable clair et d'une eau transparente. C'est sans doute la plus belle plage de l'île.

NORD DE L'ÎLE

De belles randonnées permettent de découvrir un paysage moins sec. Des ruisselets, des vergers et quelques palmiers encadrent çà et là une ferme isolée.

Platys Gialos

Tout au nord de l'île, la plage de Platys Gialos est une plage de sable et de galets, qui communique avec deux autres plages plus petites qui sont également belles. Après la petite église au carrefour, la route est mauvaise et la pente un peu ardue.

Sikamia

La baie de Sikamia est une plage de galets avec de belles vagues puisqu'elle est orientée au nord. On y accède par la route et ensuite par un chemin de terre sur environ 500 mètres.

Karavas

On arrive sur la plage de Karavas depuis la route après l'église d'Agia Thekli, puis par un mauvais chemin de terre, qu'il est toutefois aisé d'emprunter à pied. La plage de sable et de galets est belle.

Randonnée dans le nord

- **A 4 km de Chora, le village de Panaghia,** construit autour de la plus ancienne et plus remarquable église de l'île (Xe siècle), offre une vue imprenable sur les environs.
- **Un peu plus loin,** vous traversez un village inhabité, Pyrgos, puis Galani avec son « épicerie-taverne ». De Galani, vous atteignez Sykamia, avec une plage de sable agréable mais exposée au vent.
- **Dernière étape de cette excursion** d'environ 3 heures, Kalitsos, autre village abandonné, sert de point de base pour la visite du monastère de Taxiarchon (à 3 km). Ce bâtiment imposant du XVIIe siècle, avec une cour pavée de marbre, a été construit pour abriter une grande communauté monastique. En contrebas s'étend une petite plage, Platys Ghialos.

SUD DE L'ÎLE

Vous y trouvez l'ancienne capitale Megalo Horio, désertée, Koutalas et Megalo Livadi. Ces trois villages ont connu un grand essor jusqu'au début du siècle grâce à leurs mines de fer et de cuivre qui employaient 2 500 ouvriers venus de toute la Grèce et d'Italie. Un nombre sidérant quand on sait que l'île de Sérifos actuelle ne compte que 1 200 habitants !
Ne manquez pas d'emprunter la route entre Livadi et Koutalas en passant par Ramos, des plages abritées et sauvages jalonnent tout le littoral. Et, surtout, la baie de Kalo Ambéli offre un panorama et une plage parmi les plus beaux de l'île.

- **Le port de Megalo Horio** conserve le bâtiment néoclassique qui abritait les bureaux de la Société d'exploitation des mines. Plusieurs tombeaux antiques ont été découverts dans ce village, qui propose, par ailleurs, deux tavernes et quelques chambres à louer.
- **Les baies** de Koutalas (la plus jolie avec sa plage de sable fin), Ganema et Megalo Livadi sont protégées du *meltemi*.

SIFNOS - ΣΙΦΝΟΣ

Avec ses 89 km² et ses 2 800 habitants. Seules quelques montagnes abruptes comme celles qui protègent le port naturel de Kamares tempèrent l'impression de douceur qui se dégage de cette île. Longtemps réduite à ses ateliers de tissage et de poterie, Sifnos n'est pas encore trop touchée par le tourisme de masse.
Beaucoup d'artistes l'ont choisie comme lieu de résidence. Les distances entre les différentes localités sont courtes, ce qui permet de faire de belles promenades sans jamais s'ennuyer.
Le centre nerveux de Sifnos est sa capitale, Apollonia, située au cœur de l'île, à 5 km du port. Au printemps, l'île est couverte de fleurs de toutes les couleurs. En septembre, vous pourrez assister à de grandes fêtes religieuses.

Histoire

Dans l'Antiquité, Sifnos est l'une des îles les plus prospères des Cyclades. Elle se nomme Mérope jusqu'en l'an 1000 av. J.-C. où elle est colonisée par les Ioniens. Leur chef, Sifnos, lui donne son nom actuel.
Hérodote mentionne que l'île possède de nombreuses mines d'or et d'argent. Selon la légende, pour amadouer Apollon, ils envoient tous les ans un œuf d'or à son temple. Une année, la cupidité les a poussés à n'offrir qu'une boule de métal recouverte d'une fine couche d'or. Le dieu, pour les punir, ensevelit les mines sous la mer et l'île perd ses richesses.
Comme les autres Cyclades, Sifnos a connu plusieurs conquérants : Romains, Vénitiens, Turcs, Russes…
En 1207, les Vénitiens s'y installent mais cèdent l'île en 1617 aux Ottomans, qui l'asservissent alors jusqu'au début du XIXe siècle. Les Siphniotes ont été libérés en même temps que les autres habitants des Cyclades après la Révolution de 1821.

KAMARES - ΚΑΜΑΡΕΣ ★

Si l'arrivée en bateau à Kamares est impressionnante, le port à proprement parler semble sans grand charme au premier abord. Bordant une baie et encerclé par des montagnes un peu hostiles, Kamares dispose cependant d'une grande plage agréable. L'eau y est peu profonde et donc appréciée des familles. L'ambiance générale y est sympathique, notamment en fin de journée et en soirée : on vient alors regarder le soleil se coucher vers l'ouest et on reste dîner dans l'un des nombreux restaurants situés en bord de mer, les pieds dans le sable.

Transports

■ **CAPITAINERIE DU PORT**
✆ +30 22840 33617

▶ **Athènes-Sifnos.** En été, on compte au moins un départ par jour depuis Le Pirée (5 heures de traversée) et en hydroglisseur (3 heures 10 de traversée).

▶ **Liaisons avec les autres îles.** Sifnos est reliée à Andros, Folégandros, Ios, Kéa, Kimolos, Milos, Mykonos, Naxos, Paros, Santorin, Sérifos, Sifnos, Sikinos, Syros et Tinos.

Pratique

■ **POLICE**
✆ +30 22840 31210
Dans la première maison,
juste en face du débarcadère.

■ **AEGEAN THESAURUS VOYAGES**
Kamares, Place Iroon
✆ +30 22840 33151
www.thesaurus.gr – aegean@thesaurus.gr
Agence de voyage francophone et anglophone, ouverte toute l'année, qui propose des conseils personnalisés à ses clients et les accompagnent dans l'élaboration de vacances à leur image. Souriant, agréable, le personnel peut tout réserver, du billet d'avion au billet pour faire un tour à dos d'âne. A noter les services suivants : réservation d'hébergement, excursions, croisières, randonnées, cours de danse folklorique et de cuisine régionale, croisières privées en bateau.

▶ **Autre adresse :** Au port de Kamares – ✆ +30 22840 33152

Se loger

Bien et pas cher

■ **AFRODITI**
✆ +30 22840 31704
www.hotel-afroditi.gr
hotel_afroditi@hotmail.com
A 600 m du port.
Chambre en moyenne de 55 à 99 €, petit déjeuner compris.
Excellent hôtel, très bien placé en face de la plage. Il offre une position privilégiée, garantissant à ses clients le calme et la détente ainsi qu'un accès direct à pied au port, où ils pourront visiter des boutiques, des restaurants, des tavernes et des cafés ou louer un véhicule. Près du port, à 50 m de la mer, légèrement excentré et donc calme en soirée. Les 19 chambres sont propres et fonctionnelles, certaines avec vue sur la mer.
Une bonne adresse économique avec des prix en baisse. On vient vous chercher au débarcadère si vous avez réservé.

■ MOSHA PENSION

✆ +302284031269
https://www.moshasifnos.gr/
info@moshasifnos.gr
Compter 65 € pour une double en saison et 40 € hors saison.
Pension attenante à l'hôtel Nymfes, ce petit hôtel offre un confort basique en accord avec des prix doux. Et vous ne pourrez que mieux profiter du coucher du soleil depuis votre balcon privé, ou encore de la plage de Kamares à seulement 150 m de là.

■ PENSION MORFEAS

Entre le port et Agia Marina.
✆ +30 22840 33615
www.morpheas.gr
info@morpheas.gr
Entre 40 et 80 € la nuit, prix variables selon la période et la catégorie.
Dormir dans les bras de Morphée à Morfeas ? Vous trouverez ici des chambres simples mais bon marché et très correctes (réfrigérateur, télévision, wifi, accès à une machine à laver) et bien situées.
Le complexe propose plusieurs chambres pour deux personnes et deux appartements entièrement équipés qui peuvent accueillir jusqu'à quatre personnes tout le long de l'année. L'emplacement à Kamares est parfait : au calme, avec la plage de l'autre côté de la route, le bus pour le reste de l'île pas loin et les commodités à 5 minutes.

■ MAKIS ROOMS APARTMENTS & CAMPING

✆ +30 22840 32366
www.makiscamping.gr
info@makiscamping.gr
A 600 m du port
et à 50 m de la plage.
Places de camping : 20 € pour 2. Chambre double de 30 à 70 €. Appartements de 40 à 120 €.
A 5 minutes de marche à partir du débarcadère en longeant le port, direction Apollonia. Ici, les prestations sont variées. Exemple : possibilité d'une location de tente pour 2 personnes tout compris avec tapis de sol, sac de couchage, draps. Ou des chambres et studios récemment terminés, voire des appartements. Toutes les chambres ont la télévision satellite et le wifi, avec possibilité d'utiliser la cuisine du camping. En prime, Stéphanie et Makis, les gérants, parlent français. Très apprécié des lecteurs du *Petit Futé*.

Confort ou charme

■ ALK HOTEL

Agia Marina
✆ +30 22840 33209
www.alkhotel.gr/fr
info@alkhotel.gr
20 chambres. La double de 60 à 110 € avec petit déjeuner, selon la période et la catégorie. Ouvert toute l'année.

L'emplacement de l'hôtel est idéal, à 100 m de la plage d'Aghia Marina, la plage la plus propre de l'île. L'hôtel est juste à 400 m du centre-ville et à 200 m des restaurants-bars. Les chambres doubles ou familiales sont confortables, avec vue mer et/ou montagne. Un bar, idéal pour les couchers de soleil, est à disposition sur le toit. L'hôtel dispose d'un parking privé et propose transferts, massages ou locations de voitures. Possibilité de prendre une carte de membre pour bénéficier de cadeaux et de réductions dans et à l'extérieur de l'hôtel.

NYMFES HOTEL

Agia Marina
✆ +30 22840 31269
www.nymfes.gr
info@nymfes.gr
A 100 m de la plage.
Chambre de 60 à 140 € selon la période et la catégorie. Ouvert toute l'année.
L'hôtel dispose de 9 chambres et 2 suites, toutes équipées de TV, air conditionné, lecteur DVD, frigo... Elles disposent aussi d'un balcon avec vue sur la baie de Kamares. La décoration en pierre a été faite par les propriétaires, des artisans céramistes connus sur l'île. Jolie piscine. Petit déjeuner copieux. Notons qu'ils louent aussi des chambres juste à côté de l'hôtel, à des prix plus attractifs, tout en permettant l'utilisation des services de l'hôtel. À une courte distance de l'hôtel, vous trouverez aussi de nombreux restaurants.

MARGADO

✆ +30 22840 31927
www.margado-sifnos.gr
astivi@otenet.gr
Deux rues derrière l'arrêt de bus, à 300 m de la mer.
Chambre de 50 € à 160 € pour 2 à 4 personnes, selon la période et la catégorie. Petit déjeuner buffet compris.
Sur les hauteurs de Kamares, ce petit hôtel offre une vue imprenable sur la mer. L'hôtel, qui a récemment été rénové, a été pourvu d'une belle piscine. Les 10 chambres sont équipées et décorées avec goût. Au dernier étage, chambres avec terrasses ombragées d'environ 60 m², avec vue panoramique sur la baie. Transfert depuis l'aéroport gratuit. Les francophones sont les bienvenus puisque Stella, la propriétaire, est professeur de français. Chaque dimanche, l'hôtel offre à ses clients sa traditionnelle soupe aux pois chiches cuite toute la nuit au four à bois.

SIFNAIKA KONAKIA

✆ +30 22840 31131
www.sifnaikakonakia.com
info@sifnaikakonakia.gr
A gauche sur la route principale à la sortie de Kamares.
12 chambres entre 45 et 70 € avec petit déjeuner.
Konakia veut dire petit, simple et charmant. En effet, voici un établissement familial de taille modeste et très hospitalier. Vous logerez dans une atmosphère décontractée au sein d'une architecture typique des Cyclades. Les chambres sont toutes bien équipées et très correctes : minibar, air conditionné, bureau, salle de bain privée... chaque chambre possède une terrasse privée avec chaises et tables donnant sur le jardin. La plage est à 150 mètres. Les bars, restaurants et boutiques à 250 m. Le centre de Kamares est à 5 minutes de bus.

Sifnos, baie de Kamares.

Se restaurer

■ ABSINTHE

✆ +30 22840 31202

Autour de 15 € par personne. Ouvert de 18h à minuit.

Carte économique et très intéressante et cosmopolite. Sur une belle terrasse au-dessus de la promenade de Kamares, cet établissement sert des plats de la cuisine de Smyrne, avec quelques touches de cuisine asiatique. Entre les boulettes de bœuf de Smyrne et le curry de chèvre, on a découvert des plats surprenants et savoureux. Les plats mijotés, comme le poulet au cari à la mangue, aux piments et au lait de coco, sont accompagnés de riz cuit au four avec des raisins secs, des châtaignes et des pignons de pin. Le tout en regardant le va-et-vient des ferries...

■ O ARGIRIS

Agia Marina

✆ +30 22840 32352

sergiotsalas@ath.forthnet.gr

En direction des plages.

Environ 15 € par personne. Ouvert tous les jours midi et soir.

Un peu en retrait à l'intérieur des terres, face au port, avec des tables sous une véranda. Bien que fréquentée par beaucoup de touristes, cela reste l'une des meilleures tavernes du village avec une vue extraordinaire sur la baie de Kamares. Spécialités de Sifnos : « Mastello » à base d'agneau, morue avec son aïoli, pâtés en croûte savoureux. Outre des plats traditionnels locaux, vous trouverez également de délicieux poissons grillés ou frits. Ne manquez pas la soupe de pois chiches bien cuite et la délicieuse salade de câpres. Le service est rapide et efficace.

■ O SIMOS

Sur le port

✆ +30 2284032353

www.simosrestaurantsifnos.com.gr

Ouvert tous les jours de 12h à minuit. Comptez de 25 € à 35 € par personne selon le poisson pêché le matin.

Vous ne manquerez pas de remarquer cette jolie taverne traditionnelle, toute blanche et bleue sur le port. Depuis 1958 et sur trois générations, c'est ici, chez Simos, que l'on vient pour manger le poisson frais qu'il pêche tous les matins dans les eaux autour de l'île. Les prix varient grandement entre les poissons et sont affichés au kilo : n'oubliez pas de faire peser le poisson que vous aurez choisi avant de commander afin d'éviter les mauvaises surprises au moment de l'addition ! C'est un des rares endroits à Sifnos où le poisson servi est pêché par le propriétaire des lieux tous les jours.La soupe aux pois chiches vaut également le détour.

■ OUZERIE KAMARI

Sur le port

✆ +30 2284 035152

Comptez 15 € par personne. Ouvert de 11h au dernier client.

Sur le front de mer, la seule vraie ouzerie de Kamares propose d'excellents mezzés. Vous pouvez vous asseoir au bord de l'eau et prendre des *pikelia*, des assortiments de calamars frits, crevettes, fromages, tzatziki, tarama et autres mezzés. Les portions sont généreuses, arrosées d'un ouzo de Lesbos ou de tsipouro de Volos. Margaretta cuisine également d'excellents *kafterotiri*, des boulettes de fromage épicées, tandis que son mari Nick est le spécialiste du poulpe grillé. Essayez le poulet farci et la pieuvre cuite sur le gril, aussi tendre qu'un filet mignon.

À voir – À faire

Cette longue île (15 km sur 6 km) fera le bonheur des randonneurs. Les amateurs liront absolument le guide de balades vendu sur l'île (éditions Graf) rédigé par Martine et Christian Lot, deux Français passionnés de marche.

Si vous êtes bon marcheur, grimpez jusqu'aux monastères d'Aghios Syméon et Prophitis Ilias pour admirer les Cyclades à l'aube. Le monastère du Prophète Ilias se trouve au point culminant de l'île. (Durée de la marche 1 heure 30 environ). En juillet et en septembre, lors de la fête des saints, vous pourrez participer au festin traditionnel : soupe de pois chiches à volonté et danses jusqu'au petit matin. C'est l'occasion de nouer un contact privilégié avec les Siphniotes.

PLAGES ⭐

La plage de Kamares (sable) ne présente pas un charme exceptionnel, mais l'absence de fond rassurera les parents et on y pique quand même volontiers une tête entre le plat et le dessert. A droite du port, toutefois, vous trouverez une agréable crique un peu isolée. Mais dans l'ensemble, vous trouverez mieux pour vous baigner sur l'île. Un caïque part du port tous les jours pour vous déposer au village de pêcheurs de Vathi qui offre une très jolie plage de sable. L'excursion, un peu chère, vaut le coup si vous séjournez plusieurs jours à Sifnos.

Shopping

APOSTOLIDIS CERAMICS

✆ +302284033721
giannis@apostolidis-ceramics.gr
Giannis n'est pas le premier potier de sa famille et c'est en visitant sa fabrique que vous remonterez l'histoire de son art à Sifnos. Le processus de fabrication ne vous échappera pas lorsque vous apprendrez à modeler des céramiques dans l'authentique tradition de fabrication sifnéenne. De la simple assiette à la tête de cheminée, le vipseli (une ruche) ou le tsikali (pot typique de l'île), l'atelier nous rappelle qu'ici, à Sifnos, tous les objets du quotidien étaient faits d'argile. Dans la boutique, remarquez une superbe moto entièrement faite en céramique.

APOLLONIA – ΑΠΟΛΛΩΝΙΑ ⭐⭐⭐

À 6 kilomètres du port, la capitale emprunte depuis 1836 son nom aux temps préchrétiens pendant lesquels les habitants de l'île célébraient le culte d'Apollon. Apollonia s'est considérablement étendue ces dernières années, à tel point qu'elle touche désormais sa voisine Artemonas. Apollonia est incontournable : au centre de l'île, elle en concentre toute l'activité. De plus, la ville est très belle avec ses petites ruelles pavées, des maisons cycladiques décorées avec des fleurs aux couleurs vives, et elle jouit d'un superbe panorama. Le soir, l'activité bat son plein sur le Steno, la principale rue piétonne qui grimpe dans les ruelles du village. Vous y trouverez les boutiques, cafés-bars et restaurants de la capitale siphniote.

Transports

Comment y accéder et en partir

Tous les bus passent à Apollonia (mais la gare des bus est à Artemonas). Chaque autobus n'étant pas affecté à une ligne particulière, regardez bien la destination affichée ou demandez au chauffeur.

- **Au départ et à l'arrivée de Kamares (port) :** l'arrêt de bus est sur la place, devant la poste.
- **Autres destinations.** L'arrêt de bus se trouve devant l'ancien cinéma, à la sortie d'Apollonia, au carrefour des routes de Kastro, Kamares et Platis Yalos.

AUTO MOTO APOLLO RENTAL

✆ +30 22840 33333
www.automotoapollo.gr
info@automotoapollo.gr
Au bout du port en face
du parking gratuit de la ville.
A partir de 25 € en saison basse, ouvert toute l'année, de 53 € à 95 € en saison haute.
Voitures, scooters, ATV. Livraison et réception des véhicules dans l'une des deux agences ou à votre hôtel. Créée en 1988, c'est l'une des premières agences de location de voitures sur l'île, sans doute la plus sérieuse. Les voitures et les motos sont neuves. L'agence est gérée par le couple Apollon, toujours souriant, disponible et honnête. Livraison gratuite au port ou ailleurs.

- **Autre adresse :** Kamares

Se loger

HOTEL PETALI VILLAGE

Ano Petali ✆ +30 22840 33024
http://sifnoshotelpetali.com
Chambre double de 80 € à 200 € selon la période et la catégorie, avec petit déjeuner compris. Ouvert toute l'année.
Des bâtiments individuels, blanchis à la chaux et couverts de fleurs dans un style typique des îles des Cyclades. A l'écart d'Apollonia, perché

sur les hauteurs d'Ano Petali, cet établissement offre une vue imprenable sur le mont Profitis Ilias et les alentours d'Apollonia. *Resort* de standing, vous y trouverez surtout des chambres spacieuses et confortables, une piscine avec vue et un café-restaurant où est également servi le petit déjeuner. Idéal pour ceux qui souhaitent passer un peu de temps à l'hôtel au cours de leur séjour à Sifnos.

■ KATERINA STUDIOS

✆ +30 22840 33732
www.katerina-studios.gr/fr
Studio de 60 à 80 € en haute saison.
Petite pension à deux pas du centre-ville, tout en étant au calme avec une vue sur Apollonia. L'accueil de Katerina est chaleureux et les appartements très fonctionnels : climatisation, cuisine, télévision, wifi, sèche-cheveux, machine à café filtre, et balcon. Bien que situés dans le centre d'Apollonia, ces studios construits selon l'architecture traditionnelle sont tranquilles, dans un environnement calme. Tous les studios et les appartements sont équipés d'une cuisine complètement équipée, d'ustensiles et de nécessaire à petit déjeuner.

Se restaurer

■ CAYENNE

✆ +30 2284 031080
Ouvert toute l'année, tous les jours, midi et soir. Comptez 25 € par personne.
Les tables colorées du restaurant s'étalent dans une cour sur le Steno, en plein cœur d'Apollonia. On vient ici pour goûter à une carte moderne du chef Nicolas Neroutsos, qui fait la part belle aux ingrédients locaux et de saison. Les influences méditerranéennes sont là, mais parfois mélangées à des saveurs venues d'ailleurs, dans un effort de créativité et d'inventivité certain. Testez ses hamburgers juteux à la purée de pommes de terre et aux poireaux caramélisés. Une bonne adresse qui va au-delà des classiques de la cuisine grecque.

■ DRAKAKIS

✆ +30 22840 31233
À partir de 15 € par personne. Ouvert tous les jours midi et soir.
Ce restaurant semble très prisé quand on voit la queue devant pour y dîner. Mais quand on goûte, on comprend. Drakakis est une institution d'Apollonia et de Sifnos depuis 1890. Ce café traditionnel sert de délicieux mezzes pour accompagner les carafes et petites bouteilles de raki qui ornent le bar. Ne ratez pas la spécialité de saucisses légèrement épicées, très bien préparées ici. En-haut du Steno, la ruelle piétonne principale, la terrasse du Drakakis accueille Siphniotes et touristes sans faillir depuis des décennies. Un passage obligé pour une soirée typique.

■ OKYALOS

✆ +30 22840 32060
fr.okyalos-sifnos.gr
Compter 20 € par personne. Ouvert tous les jours midi et soir.
Un peu plus chic qu'une taverne habituelle. Sur le trottoir central, l'endroit oscille entre la brasserie élégante et le restaurant pour gourmets. L'été, le repas est servi sous la véranda ou sur le *roof garden* avec une vue splendide. Menu international mettant l'accent sur les plats méditerranéens et les plats cuisinés de la cuisine de Sifnos et plat du jour. Côté musique, pas de rebetiko ni de bouzouki : le rock et le blues accompagnent discrètement votre repas. Service impeccable et ambiance conviviale. Et aussi une très belle carte des vins.

■ RAMBAGAS RESTAURANT

✆ +30 22840 32215
www.kikladonxoros.gr
Ouvert tous les soirs pour le dîner. Comptez 35 €/personne.
L'héritage du grand cuisinier grec Nikos Tselementes, natif de Sifnos, est à l'honneur dans ce restaurant qui met en lumière les meilleures traditions culinaires des Cyclades. C'est LE lieu de rencontre d'Apollonia ! À l'ombre naturelle des arbres, dans ses trois cours en pierre, l'endroit propose un petit-déjeuner copieux, des jus de fruits frais et impressionnants et la possibilité de profiter du solstice d'été sur les canapés. Produits extra frais, cuisine ensoleillée et savoureuse, et vins grecs sont à l'ordre du jour pour un dîner fin et recherché.

À voir – À faire

■ MONASTÈRE DE VRISSI ★★★

Exambela ✆ +30 22840 31335

Musée ouvert toute l'année, le matin. Entrée libre.

Le chemin vers l'église vous enveloppe de sérénité grâce à la blancheur éblouissante des murs, la végétation luxuriante et le silence monastique. Le monastère de Vrissi ou Vrissiani est le plus grand monastère de Sifnos. Construit au XVIIe siècle, il abrite aujourd'hui un musée d'art ecclésiastique et byzantin. Vous y verrez de belles icônes, des manuscrits précieux dont un évangile datant de 1796 et toute sorte de reliquaires et vêtements liturgiques. Le monastère est dédiée à la Vierge de Vrissi, soit la Vierge de la Source. Sous la coupole blanche, quelle vue !

ARTEMONAS – ΑΡΤΕΜΩΝΑΣ ★★★

Ce village très pittoresque proche d'Apollonia n'est pas du tout touristique et vous prendrez plaisir à l'arpenter en regardant les scènes de la vie quotidienne. Les plus belles maisons de l'île appartiennent à des familles d'armateurs. Vous pouvez faire une belle promenade jusqu'à Poulati, crique de rochers escarpés d'une beauté sauvage, appréciée des naturistes (4 kilomètres environ). Artemonas est particulièrement beau très tôt le matin, alors que le village se réveille dans la lumière du point du jour. La nuit, on déambule comme dans un rêve parmi des villas néoclassiques et des jardins cachés. Une communauté artistique s'y retrouve plusieurs mois par an, rajoutant une ambiance particulière à ce petit bijou encore préservé.

Se loger

■ ARTEMON HOTEL

✆ +30 22840 31303

www.hotel-artemon.com

info@hotel-artemon.com

Chambre de 50 € à 80 € en saison. Petit déjeuner : 6 €.

Un établissement bien tenu et bien situé, c'est le principal hôtel du village. L'hôtel Artemon dispose de 23 chambres simples et doubles pour 2 à 4 personnes. Les chambres à la décoration basique sont fonctionnelles et disposent d'un balcon. Les propriétaires ont leur propre ferme et gèrent le restaurant Lempesis en bas de l'hôtel avec sa belle terrasse. Chambres rénovées, TV LED, wifi et transfert inclus depuis Kamares en saison basse. L'hôtel est ouvert toute l'année et, en raison de sa position centrale, il constitue le choix idéal pour les visiteurs en hiver.

■ SMARADGI

Place centrale

✆ +30 22840 33901

www.smaragdi.gr – info@smaragdi.gr

Sur la place centrale d'Artemonas.

Chambre à partir de 80 € en été avec le petit déjeuner. Petit déjeuner de 8h30 à 14h30 et restaurant de 19h à minuit.

11 chambres de belle facture, récentes et modernes, avec des jeux d'éclairage particulièrement réussis (lumières intégrées dans les faux plafonds, sous le sommier...). Le petit déjeuner pourra se prendre en terrasse, au bar de l'hôtel, avec des pâtisseries maison. Antonis vient aussi d'ouvrir un restaurant sur la belle terrasse de l'hôtel. Quelques exemple de plats au menu : pieuvre et soupe de pois chiches, calamar avec de l'aubergine, pêche du jour sauce câpre et betteraves. Charmant et économique si l'on peut éviter le mois d'août…

■ WINDMILL BELLA VISTA

✆ +30 22840 33965

www.windmillbellavista.gr

info@windmillbellavista.gr

De la place d'Artemonas,
prendre la direction de Poulati et tourner
à droite, puis avancer vers le moulin à vent.

Le moulin, 6 studios, 6 appartements, entre 85 € et 200 € avec petit déjeuner, selon la période et la catégorie. Ouvert toute l'année.

Comme son nom l'indique, le Windmill Bella Vista se compose de différents types de logements : studios, appartements et bien sûr, un moulin à vent traditionnel. L'endroit est très agréable et a de l'allure. Belle piscine avec transats et vue sur plusieurs îles. Restaurant. Prestations et services impeccables : baby-sitting, médecin, coiffeur, massages, manucure, location de voitures ou scooters, équitation, cours de langue grecque, cours de cuisine, service de blanchisserie et de repassage, vélo disponible sur demande. Packages pendant la récolte du raisin et des olives.

■ WINDMILL VILLAS
✆ +30 22840 32098 – www.windmill-villas.gr
En haut du village, autour du moulin de Spithas.
Studio pour 2 à partir de 50 € et appartement dans le moulin autour de 160 €.
Voici un complexe construit autour d'un moulin à vent ancien, le plus grand de Sifnos, datant de 1854. Ce bâtiment classé par l'Etat grec a été converti en appartement que vous pourrez louer pour 2 ou 4 personnes. Il est joliment aménagé. Vous pourrez profiter des studios construits autour, sans grand charme mais équipés de tout le nécessaire, dont une kitchenette. Il est beaucoup plus cher de loger dans le moulin, bien évidemment, mais l'expérience vaut le détour. Quelle que soit l'option choisie, les vues sur la mer Egée sont inoubliables.

Se restaurer

■ MOZAÏCO
✆ +30 2284 033562
Ouvert tous les soirs à partir de 18h. Comptez 15 € par personne.
Yorgos a repris ce café traditionnel d'Artemonas et en a fait un point central de la vie sociale et nocturne du village. L'été, la grande terrasse est abritée du vent et l'hiver on peut se réfugier à l'intérieur, auprès du poêle. Les mezzes proposés sont délicieux et changent un peu des plats que l'on retrouve un peu partout. Ici, vous pourrez goûter à des très bons légumes au four, à de la saucisse de Sifnos légèrement pimentée ou encore à un dakos fameux. A l'intérieur, cherchez le tirage de la photo *Ile de Sifnos*, réalisée juste là par Henri Cartier-Bresson.

■ LEMPESIS
Dans l'hôtel Artemon.
✆ +30 22840 31303
www.hotel-artemon.com
Ouvert d'avril à octobre le soir de 18h à minuit, sauf le week-end, à partir de 14h. Autour de 15 € par personne.
Il faut savoir que cette taverne existe, cachée dans l'hôtel. C'est un restaurant traditionnel, tenu autrefois par les parents de Stamatis. Aujourd'hui ce dernier assure le service pendant que sa femme Zampeta prépare les plats. Au menu, particulièrement réussi, nous avons eu : la salade de câpres aux oignons, la soupe de pois chiches, le coq au vin et l'agneau au four. Les légumes bio sont cultivés dans des champs appartenant à la famille. Ils élèvent aussi leurs lapins, agneaux, poules, moutons et cochons. Les desserts maison sont délicieux.

KASTRO - ΚΑΣΤΡΟ ★★★

Ce village, construit sur les ruines de l'ancienne capitale de Sifnos, est le plus impressionnant de l'île, perché dans les montagnes sur un rocher perpendiculaire à la mer. Le seul endroit de l'île à avoir conservé son caractère médiéval offre une vue panoramique magnifique sur la mer Égée. Certaines de ses rues sont formées par les terrasses des maisons et le font ressembler à un amphithéâtre. Le site, habité depuis l'époque préhistorique, possède encore quelques colonnes antiques encastrées dans les maisons, les ruines du mur fortifié qui le protégeait des pirates et plusieurs magnifiques églises byzantines. Vous pouvez loger chez l'habitant, manger dans une taverne, prendre un verre ou même vous baigner : il suffit de descendre les marches jusqu'à Seralia, une plage de gros galets.

Se loger

AGNANTI

✆ +30 22840 32314
www.agnanti-sifnos.gr
Chambre de 50 € à 90 € selon la période et la catégorie.
Ce complexe récent, adossé aux murs du Kastro, propose des chambres ravissantes et zen d'un blanc immaculé. Une partie du mobilier est construit en pierre, conformément à l'architecture traditionnelle du site. Et la vue est splendide. Sols pavés, lits doubles, en fer forgé ou en pierre : l'ameublement est simple mais bien pensé et la salle de bains est confortable avec sa cabine de douche. La chambre supérieure double mesure 20 m², offre une vue magnifique sur la mer et le village traditionnel de Kastro et peut accueillir deux ou trois personnes.

TO MARO

✆ +30 22840 33584
www.maro-sifnos.gr
tomarosifnos@gmail.com
Chambre entre 45 € et 150 € selon la période et la catégorie. Ouvert toute l'année.
Une adresse étonnante, avec 9 chambres récemment rénovées et construites au bord de la route sur un rocher abrupt avec une vue imprenable. Toutes les chambres ont des balcons indépendants qui donnent sur la mer.

Se restaurer

ASTRO

✆ +30 22840 31476
A partir de 15 € par personne. Ouvert tous les jours midi et soir.

Kastro Sifnos.

Une belle découverte : vous montez des escaliers près de l'entrée du château et vous trouverez la première taverne qui a ouvert ici en 1969. Une terrasse pittoresque, des tables bien dressées et une vue sur les montagnes opposées. Cuisine grecque très traditionnelle, avec beaucoup de spécialités siphniotes. Le service est poli, mais vous devrez parfois faire preuve de patience. Un accueil prévenant, une belle vue sur la vallée et des assiettes très copieuses (notamment les salades). Finalement une bonne adresse dans ce petit village.

DOLCI

✆ +302284032311
restaurantdolci@gmail.com
Ouvert tous les jours de 9h à minuit. Environ 15 €/pers.
La magnifique terrasse ombragée du Dolci surplombe le flanc ouest de Kastro, offrant à l'éphémère épicurien assis à sa table une vue et une tranquillité remarquables. Kastro est un lieu unique, mais l'ambiance jazzy et la position dominante du Dolci vous la feront découvrir sous un angle différent, tout à la fois ensoleillé, calme, apaisant et bien sûr gourmand. Salade 7 martyres (en hommage à l'église des 7 martyres de Kastro), moules fraîches sauce à l'orange et aux pétales de fleurs, pâtes et risottos revisités, ou encore glace maison.

O LEONIDAS

✆ +30 22840 31153
Ouvert tous les jours à partir de 11h et jusqu'au dernier client. Comptez 20 € par personne.
Il s'agit du meilleur restaurant de Kastro, à la périphérie du château, et qui jouit, en prime, d'une vue splendide sur la mer Egée. Son principal atout est la vue panoramique sur la mer depuis la façade en verre de la salle. Vous y dégusterez des plats concoctés avec des produits bio, en provenance directe du verger et potager des propriétaires des lieux. Essayez les beignets de pois chiches parfumés, la salade de câpres et, bien sûr, le fromage « mastelo ». Si possible, optez pour une place en terrasse qui domine la côte et offre un panorama à couper le souffle.

À voir – À faire

En contrebas de l'arrêt des bus, se trouve la plage de galets de Seralia au bord de laquelle vous attend une taverne. Les plus agiles préféreront les rochers plats en contrebas de l'église Efta Martinas (falaise côté est de Kastro). La baignade y est magnifique, avec de beaux fonds sous-marins.
Si la mer est agitée, ne vous baignez pas. Soyez également prudent en descendant, car

le chemin est vraiment dangereux. A savoir : le nudisme est toléré à cet endroit, pourtant visible du village.

PLATYS GIALOS - ΠΛΑΤΥΣ ΓΙΑΛΟΣ ★

Au sud de Sifnos, Platys Gialos offre la plus grande plage de sable de l'île. Elle est par conséquent très fréquentée, avec parasols et transats le long de la baie mais reste très agréable, notamment lorsque le vent souffle sur les plages de l'est. Tout le long de la baie, cafés, tavernes et restaurants s'étalent, les pieds dans le sable.

Se loger

Locations

■ OSTRIA STUDIOS
✆ +30 22840 71374
www.sifnosostria.gr
studios.ostria@gmail.com
11 studios entre 40 et 70 € selon la période et 1 appartement familial. Petit déjeuner à 5 €.
Située à l'entrée de la baie et à 10 minutes à pied de la plage, cette pension familiale est bien entretenue et confortable. Ostria est un complexe de studios unique à Sifnos, verdoyant, aux fleurs aux couleurs vives, dont la vue donne sur la mer. Le complexe se compose d'appartements avec tous le confort moderne et une kitchenette. Son cadre verdoyant et les vérandas spacieuses individuelles de chaque appartement en sont le principal atout. Vasiliki vous accueille avec une douceur exceptionnelle et fait en sorte que votre séjour se passe pour le mieux.

Bien et pas cher

■ PENSION AGELIKI
En bord de mer.
✆ +30 22840 71288
www.ageliki-sifnos.com
suites@sifnosageliki.com
Chambre entre 40 € et 80 € selon la période et la catégorie.
De très jolies suites à côté de la plage et à 50 m de l'arrêt de bus, indéniablement l'un des meilleurs rapports qualité-prix du village, d'autant que les chambres du premier étage ont été rénovées dans un style joliment romantique. Les chambres du rez-de-chaussée sont plus ordinaires mais agréables aussi. La pension est située sur la plage la plus populaire de l'île, Platis Gialos, à seulement 5 m de la mer. Parfait si vous cherchez un lieu pour profiter d'une plage de sable et du soleil, dans un environnement élégant et paisible avec des services de qualité.

Confort ou charme

■ AKROGIALI PENSION
✆ +302284031269
https://akrogialisifnos.gr
info@akrogialisifnos.gr
Ouvert d'avril à octobre, chambre double de 45 € en basse saison à 70 € en haute saison.
Pour un prix raisonnable, cet établissement très bien placé au centre de la plage de Platis Gialos offre des chambres et des appartements confortables, équipés pour passer des vacances tranquilles en famille ou en couple. Toutes les chambres disposent d'un balcon vue mer, d'un frigo et de thé et café inclus pour le petit déjeuner.

■ **ALEXANDROS HOTEL**
✆ +30 22840 71300
www.alexandros-hotel-sifnos.com
info@hotelalexandros.gr
49 chambres. La double entre 83 € et 175 €, la suite entre 180 et 300 € avec petit déjeuner, selon la période. Ouvert du 15 mai au 30 septembre.
Il suffit d'ouvrir le livre d'or de l'hôtel Alexandros pour comprendre la qualité de service. Dominant la baie de Platis Gialos, avec un accès direct à la plage, l'hôtel se compose de 49 chambres dont 2 suites. Presque toutes les chambres ont un balcon, certaines ont vue sur la mer. La déco est un peu ancienne dans certaines chambres, et très moderne dans d'autres. Bien qu'immense, la piscine est un lieu calme et agréable. Le jardin est encore plus grand, et tenu au cordeau, laissant libre champ à de paisibles balades au sein même du complexe.

Luxe

■ **NIRIEDES**
✆ +30 22840 71530
www.niriedeshotel.com
info@niriedeshotel.gr
Chambre double de 95 à 210 € en été. Petit déjeuner inclus.
Ce magnifique établissement est certainement le plus bel hôtel de Platys Gialos et l'un des plus beaux de l'île. Perché en surplomb de la plage, vous aurez une vue sur toute la baie et l'horizon au loin. Le petit déjeuner, succulent, est servi sur la belle terrasse. Ne ratez pas les biscuits maison en provenance directe de Gerontopoulos, la pâtisserie mythique d'Apollonia. N'hésitez pas à demander conseil à Thanos et sa femme : ils vous indiqueront les meilleures adresses de l'île. On aime l'ambiance chaleureuse et familiale qui règne dans cet établissement luxueux.

Se restaurer

■ **NUS**
✆ +302284071208
https://nus.gr
alex.narlis@gmail.com
Compter 20 € pour un repas complet.
Les plats tirent leur inspiration de plats typiques de Sifnos, mais le but ici n'est pas de répéter les classiques. Avec l'aide de son équipe soudée, Alexandros tente de réinventer et finalement créer le futur d'une cuisine traditionnelle en manque d'inventivité. Essayez donc la salade d'aubergine agrémentée de graines de grenade et de feta ou le cheesecake salé. Les produits sont frais et de bonne qualité puisque c'est le père d'Alexandros qui les cultive dans sa ferme. Il y organise d'ailleurs de très intéressants tours avec dégustation à la clé.

■ **OMEGA 3**
✆ +30 2284 072014
Ouvert tous les jours pour le déjeuner et le dîner. Comptez 30 € par personne.
Il s'agit, selon nous, du meilleur restaurant de Sifnos. En poussant juste un peu, nous sommes même prêts à dire que c'est un des meilleurs restaurants de toutes les Cyclades. En effet, Omega 3 a déjà reçu de nombreux prix pour sa carte inventive et réussie. Ici, tous les produits sont extra frais, qu'il s'agisse de produits de la mer ou de la terre. La carte propose des plats uniques et créatifs. Le slogan des lieux : *less is more*, la qualité prime sur la quantité. L'accent est mis sur les poissons et produits de la mer ainsi que sur les vins.

■ **TO STEKI**
✆ +30 6977271647
steki_sifnos@hotmail.com
Sur la route principale, en bord de mer.
Ouvert de 18h30 à 23h30, tous les jours. A partir de 10 € par personne.
Vous en ferez peut-être votre cantine. C'est toujours plein, mais c'est compréhensible. Le mastelo (fromage) est délicieux, la salade grecque, copieuse, et l'imam, savoureux. La décoration et la situation en bord de mer, sous de beaux oliviers, rendent la taverne singulière et chaleureuse. On se sent très vite bien accueilli par le personnel. On y mange simplement mais délicieusement, et on peut y déguster du bon vin à côté du poêle à bois. On sent que l'endroit a conservé une authenticité qui se fait rare dans les Cyclades et cela se ressent aussi dans les prix.

À voir – À faire

■ PANAGHIA TOU VOUNOU (VIERGE DE LA MONTAGNE)

En venant de Platys Gialos, sur la route principale qui mène à Apollonia, repérez la route secondaire sur votre gauche.

De la cour de la belle église donnant sur Platis Gialos et Kimolos, la vue est à couper le souffle. Une visite de l'église vaut également la peine. Ce monastère construit sur l'emplacement d'un ancien temple d'Artémis abrite une icône de la Vierge qui, selon la légende, a laissé couler une larme de sang lorsqu'un Turc a essayé de la déchirer avec un couteau. Vous pouvez loger dans les cellules. De la terrasse, vue admirable sur Platis Yalos.

CHRYSOPIGI – ΧΡΥΣΟΠΗΓΗ ★★★

Ce promontoire rocheux qui s'avance dans la mer est tout juste relié à la terre par quelques rochers. Surmonté d'une église édifiée en 1650, la Vierge de Chrysopigi ou Panagia Chrysopigi (« Source d'or »), c'est certainement le site le plus connu de Sifnos et l'un des plus photographiés des Cyclades. Il est vrai que l'endroit est majestueux, dans les couleurs changeantes du ciel et de la mer. A gauche de l'église, la belle plage de sable d'Apokofto offre des eaux claires et turquoise. Vous y trouverez deux restaurants : le premier a une cuisine excellente mais le service est lent, le second, très ombragé, est idéal pour le déjeuner. Les deux proposent de la cuisine traditionnelle. Pour nager également, vous pourrez trouver un rocher au calme autour du promontoire de l'église. Sur la droite, les rochers de Saoures sont un peu abrités, fait appréciable les jours de grand vent. Lorsque la mer est agitée, évitez de vous baigner sur les rochers : cela peut s'avérer dangereux. A faire également : depuis la plage d'Apokofto, vous pourrez vous rendre à pied jusqu'au village de Faros le long d'une corniche aménagée à flanc de rocher. La vue est très belle sur l'ensemble de la promenade. Comptez environ 20 minutes (aucune difficulté à noter, la balade est possible pour toute la famille).

■ PANAGIA CHRYSOPIGI ★★★

Ouvert tous les jours de 8h à 14h et de 17h30 à 21h. Entrée libre, donations appréciées.

Cette église de 1670 est la plus vénérée de Sifnos. Comme souvent dans les îles, une légende raconte l'origine des lieux. A l'époque où pirates et corsaires semaient la terreur dans les îles de la mer Egée, certains d'entre eux dormaient dans l'église, aux pieds d'une icône de la Vierge. Pendant leur sommeil, des femmes auraient bravé le danger pour y allumer des cierges et faire brûler de l'encens. L'odeur réveilla les pirates qui se lancèrent à la poursuite des Siphniotes dévotes. La Vierge aurait alors accompli un miracle en séparant le rocher du reste de l'île : les femmes réussirent à s'enfuir et les pirates se retrouvèrent reclus sur la presqu'île ainsi créée. Depuis, la Vierge de Chrysopigi est la patronne de Sifnos : à Pâques, l'icône miraculeuse conservée dans une église d'Apollonia est amenée en procession à l'église de Chrysopigi. Tous les habitants de l'île participent alors aux festivités et au festin qui s'ensuivent.

■ ROUBINA

✆ +30 22840 71297
www.roomsinsifnos.com

Chambre double entre 40 et 80 € en été.

Sur la colline au-dessus du monastère de Chrissopigi, 6 chambres doubles et 1 triple à côté du promontoire – l'Akrotiri – de Panagia Chrysopigi. L'ensemble est simple mais propre et chaque studio dispose d'une cuisine entièrement équipée. L'accueil est particulièrement agréable, ce qui rajoute au charme des lieux. On vient surtout ici pour le calme, le prix et la vue sur la mer et jusqu'au village de Faros.

■ SELANA SUITES

✆ +30 22840 71217 – www.selanasuites.com
info@selanasuites.com

Suite pour deux à partir de 150 €, petit déjeuner compris.

Un somptueux complexe construit en amphithéâtre au-dessus de la baie de Chrysopigi. Toutes les chambres ont la télévision satellite et le wi-fi et sont agrémentées de produits de beauté variés. Les chambres sont vraiment très belles et la piscine, accrochée à la colline, a vue sur la mer.

SELANA SUITES

✆ +30 22840 71217
www.selanasuites.com
info@selanasuites.com
Suite pour deux à partir de 150 €, petit déjeuner compris.
Un somptueux complexe construit en amphithéâtre au-dessus de la baie de Chrysopigi. Toutes les chambres ont la télévision satellite et le wi-fi et sont agrémentées de produits de beauté variés. Les chambres sont vraiment très belles et la piscine, accrochée à la colline, a vue sur la mer.

FAROS - ΦΆΡΟΣ ★★

Pittoresque port de pêche où, le matin, les pêcheurs nettoient leurs filets tandis que des dizaines de chats les observent et attendent qu'on leur jette un poisson. Quelques chambres chez l'habitant, des tavernes le long de la mer : on y trouve une ambiance résolument grecque et familiale. En effet, les touristes étrangers n'ont pas pour habitude de loger ici ; les visiteurs en quête d'authenticité et de calme y trouveront donc leur petit coin de paradis qui semble tout droit sorti des années 1960.

Se loger

APERANTO GUESTHOUSE

✆ +30 22840 71473
http://aperantosifnos.gr
Chambre double à partir de 50 € et jusqu'à 140 € selon la saison et le type de chambre.
Cet établissement charmant domine la plage de Glypho et donne sur les rochers qui mènent à Chrysopigi, que l'on aperçoit au loin. Les chambres disposent toutes d'un balcon privé pour regarder le soleil se lever vers l'est. Simples et au décor volontairement rustique, elles sont joliment aménagées. Alliant harmonieusement métal et pierre, la guesthouse a été conçue pour offrir un hébergement simple. Une bonne option à Faros. Profitez de la chaleur du soleil ou prenez votre verre le soir sous le ciel étoilé, et détendez-vous sur les chaises longues.

CAPE NAPOS

A l'entrée du village.
✆ +30 22840 71496
www.napos.gr
info@napos.gr
Chambre entre 60 € et 130 € selon la période et la catégorie. Petit déjeuner buffet : 12 €.
Joli hôtel construit au-dessus de la mer, sur la côte rocheuse du cap Napos justement, à 900 m du village. Les studios proposés comportent un lit, un salon et une cuisine entièrement équipée. Chambres ravissantes avec wifi et piscine ouverte de mai à octobre. Au petit déjeuner, vous prendrez des produits de la ferme bio du jardin à côté de l'hôtel. La tranquillité de la région, combinée à la vue paisible sur la mer, à la qualité de ses installations et à l'attention personnelle apportée aux services offerts, offre un environnement idéal pour se reposer.

FASSOLOU

A 100 m de la plage.
✆ +30 22840 71490
www.fassolou-studios.gr
info@fassolou-studios.gr
Chambre entre 70 € et 95 € selon la période et la catégorie, sans petit déjeuner.
Un complexe de trois bâtiments offrant tous une vue sur la mer, reliés par des arches en pierre et par des pergolas. Les 12 chambres charmantes, tout près de la mer, ont un balcon ou une terrasse. Avec aussi l'équipement minimum (réfrigérateur, plaque chauffante) pour vous restaurer. Possibilité de louer un appartement pour 4. Prix très raisonnables, surtout en réservant longtemps à l'avance. Parmi les autres services proposés : un jardin d'enfants, une machine à laver, des connexions Internet, et des locations de voitures ou de motocyclettes.

VILLA MARIA

Près du terminus du bus.
✆ +30 22840 71488
sifnosvillamaria.gr
info@sifnosvillamaria.gr
Monter les marches à gauche en arrivant sur la place.
Pour deux personnes de 50 € à 102 € selon la période et la catégorie.
Un vrai coup de cœur dans un jardin magnifique et verdoyant, dans le village traditionnel de Faros, à 60 mètres de la mer. On trouve ici huit des logements construits en amphithéâtre à proximité des plages de Faros et de Glipho. Le complexe se compose de 5 studios (pour 2 ou 3 personnes), équipés d'une kitchenette complètement équipée et de 3 appartements (pour 3 ou 4 personnes). Tout le confort y est avec tous les ustensiles nécessaires. Certaines chambres bénéficient d'une véranda dont la vue donne sur le petit port pittoresque de Faros.

Se restaurer

FAROS

Sur le front de mer.
✆ +30 22840 28956
A l'extrémité de la plage.
Compter 15 € par personne. Ouvert tous les jours, midi et soir.

Le village de.Vathy.

Il faut longer la petite plage et monter quelques marches, vers la promenade qui mène à Chrysopigi, pour atteindre son but. Un petit menu savoureux de plats classiques, traditionnels et plus contemporains, mettant l'accent sur les ingrédients locaux et le poisson : beignets de pois chiches à la menthe et aux épinards, tarte traditionnelle de Kimolos, pâtes aux crevettes, anchois marinés maison, agneau en sauce au vin cuit pendant 12 heures ou poulet braisé avec ses tomates séchées au soleil. Il y a même des desserts faits maison. Et une belle carte de vins grecs.

■ **TO LIMENAKI**

✆ +30 69477 02155

A partir de 20 € par personne. Ouvert tous les jours midi et soir.

Restaurant pour les amateurs de poisson basé sur la pêche du jour, quoique pas toujours très économique. Les calamars grillés sont succulents comme les légumes grillés (locaux aussi) assaisonnés d'herbes du coin qui valent le détour. C'est le restaurant de poissons par excellence à Sifnos. Malheureusement, le poisson a parfois tendance a être trop cuit selon nos critères, demandez à ce que la cuisson soit à votre goût au moment de la commande.

VATHY - ΒΑΘΥ ★★★

Il y a encore quelques années, Vathy n'était qu'accessible par la mer. Depuis, une route asphaltée a été construite : elle mène à ce village particulièrement calme et attrayant, pas encore envahi par le tourisme, mais pour combien de temps ? Des deux côtés du monastère de Taxiarchis, la superbe baie semble s'étendre et s'étendre encore. Cette plage de sable fin offre quelques endroits ombragés et une mer peu profonde, protégée des vents. C'est ici qu'il faut venir pour profiter du calme lorsque partout ailleurs souffle le meltemi. Vathi est encore largement familial, surtout fréquenté par les voiliers en saison, ce qui lui confère un charme certain et une ambiance un peu désuète, comme un peu hors du temps. Petit à petit, de grands complexes hôteliers commencent à s'installer sur la baie, on espère que ce développement saura être maîtrisé par la municipalité pour ne pas gâcher l'atmosphère tendre et calme des lieux.

Se loger

■ **STUDIOS NIKOS**

✆ +30 22840 71512

www.sifnosrooms.com

info@sifnosrooms.com

De 35 € à 120 € en fonction de la période, du nombre de personnes et de la durée du séjour. Ouvert toute l'année.

Cet ensemble de studios est situé sur la plage de Vathi, à côté du monastère Taxiarchis. Une situation idéale. Tous les studios sont équipés d'un réfrigérateur, climatiseur, télévision, d'une cuisine complètement équipée et d'une véranda avec vue sur mer ou sur le beau jardin. Nikos Studios est un petit complexe de logements à louer avec tout le confort moderne. Il est situé à seulement 10 mètres de la plage. Il y a aussi, en face du complexe, un jardin coloré où les visiteurs peuvent bronzer et profiter de la vue sur la baie de Vathi.

■ **STUDIOS VIRGINIA**
✆ +30 22840 71101
www.vathysifnos.gr – info@vathysifnos.gr
Studios pour deux entre 40 € et 80 € en été. Appartements pour 4 entre 65 € et 110 €.
A quelques mètres du petit monastère et de la mer, voici 3 studios (2 à 3 personnes) et 2 appartements (4 à 5 personnes) à réserver d'urgence. Pas chers, tous sont bien équipés et confortables. Au bord de la mer et à quelques mètres du monastère de Taxiarches. Tous les studios sont entièrement équipés avec un balcon indépendant avec vue sur la mer, une cuisine entièrement équipée (réfrigérateur, micro-ondes, cafetière, ustensiles de cuisine) et la télévision. Les appartements sont tout aussi bien aménagés avec une cuisine entièrement équipée.

■ **VERINA VILLA**
✆ +30 6976 867641
http://verinahotelsifnos.com
verinavilla@verina.gr
Chambre double à partir de 150 €, prix de la villa entière sur demande.
L'équipe des hôtels Verina (Verina Astra à Artemonas et Verina Suites à Platys Gialos) a encore frappé ! Cette fois, c'est dans la belle baie de Vathy qu'elle a posé ses bagages. Le concept de la Villa Verina est intéressant, car modulable : vous pouvez y réserver une chambre, une villa ou le complexe tout entier, constitué de trois bâtiments distincts. Comme pour les autres établissements du groupe, l'ensemble propose un confort absolu, une décoration raffinée et maîtrisée et un service personnalisé. La piscine sera éventuellement un plus pour les férus d'eau douce.

Se restaurer

■ **APERANTO GALAZIO**
✆ +30 2284 035150
Ouvert tous les jours de 10h à minuit. Comptez 15 € par personne.
En débouchant sur la plage de Vathi depuis le parking ou l'arrêt de bus, on tombe sur cette petite taverne bleue. Au bord de l'eau, avec les vagues qui s'échouent juste là, on s'arrête pour une agréable pause déjeuner ou un dîner dans le soleil couchant. Sur une petite terrasse en béton sur la plage, cette taverne sert du poisson grillé, des plats de fruits de mer de Sifnos, des spaghettis au homard, des crevettes ou des oursins. L'accueil est chaleureux et on s'y sent bien et moins à l'étroit que sous les tamaris de Tsikali qui sont parfois un peu étouffants.

■ **TSIKALI**
✆ +30 2284 071150
Ouvert tous les jours à partir de midi et jusqu'à minuit. Comptez 15 € par personne.
Il faut surtout faire confiance aux Siphniotes qui le murmurent à qui veut bien prendre le temps de tendre l'oreille. Ils ne le disent pas trop fort, pour ne pas attirer les foules, mais maintenant, on ne pourra plus vous le cacher : la meilleure taverne traditionnelle de Sifnos a les pieds dans l'eau, les chaises plantées dans le sable, et on s'y prélasse à l'ombre des tamaris sur la plage de Vathi. Vous y goûterez tous les plats classiques des tavernes grecques, mais préparés ici avec les meilleurs produits et dans le respect de recettes anciennes.

À voir – À faire

■ **SITE ARCHÉOLOGIQUE D'AGHIOS ANDREAS** ★
✆ +30 22840 31488
Sur la route qui mène à Vathi,
sur la colline d'Agios Andreas,
peu après le monastère de Firogia.
Le site est ouvert tous les jours sauf le lundi et les jours fériés, de 8h30 à 15h. Entrée gratuite.
Ce site archéologique est considéré comme un des sites archéologiques les plus importants de l'île de Sifnos. Les pièces exposées comprennent une grande partie d'un mur mycénien du XIIIe siècle av. J.-C. avec les ruines de cinq bâtiments. Le site archéologique de la citadelle mycénienne d'Aghios Andreas a été primé en 2012 comme « un exemple excellent de valorisation et de promotion de trouvailles archéologiques » par l'organisation européenne Europa Nostra.

KIMOLOS - ΚΙΜΩΛΟΣ ★★

Avec ses 38 km² et ses 880 habitants, Kimolos doit avant tout son développement économique à ses carrières minières de perlite et de bentonite, comme sa voisine. En raison de mauvaises liaisons maritimes, elle a longtemps vécu repliée sur elle-même avec pour seules relations les échanges avec sa voisine, Milos, où, encore aujourd'hui, un grand nombre de ses habitants partent travailler pour la journée.

Séparée par un étroit canal de 900 m de Milos (que l'on rejoint par un bac), Kimolos est une petite île volcanique et aride à l'infrastructure touristique presque absente. La végétation est quasi inexistante. En revanche, l'île offre au visiteur des côtes très découpées abritant de belles plages, des falaises blanches, des parois rocheuses creusées et une multitude de grottes sous-marines.

PSATHI - ΨΑΘΙ ★

Psathi est le port de Kimolos : on arrive dans sa petite baie calme depuis Pollonia et Milos mais également, moins souvent, d'horizons plus lointains. L'arrivée des bateaux rythme à peine la vie du port, endormi le long de sa jolie plage de sable. Quelques cafés et tavernes bordent le front de mer dans une ambiance d'un calme presque absolu, hors arrivées et départs des ferries et du bac. Psathi est relié à Chorio par la seule route asphaltée de l'île, qui dessert également certaines plages du sud et de l'est.

Transports

■ CAPITAINERIE DU PORT
Affectée à celle de Milos
✆ +30 22870 23360

▶ **Milos-Kimolos.** Un bac quotidien assure la liaison entre le port de Pollonia et Psathi, plusieurs fois par jour. Il faut compter à peine 30 minutes de traversée. Les véhicules sont autorisés : veillez à réserver un peu à l'avance si vous souhaitez venir avec une voiture, les places sont limitées.

▶ **Athènes-Kimolos.** Depuis Le Pirée, cinq liaisons en ferry (5h30) par semaine en été et une par jour en hydroglisseur (2h40).

▶ **Liaisons avec les autres îles.** Kimolos est reliée à Andros, Folégandros, Ios, Milos, Naxos, Paros, Santorin, Sérifos, Sifnos, Sikinos, Syros et Tinos.

▶ **Yachting.** Vous pouvez amarrer à Psathi, mais vous devrez vous ravitailler à Milos. Vous pouvez visiter les îlots Polyaigos et Aghios Andréas.

Pratique

■ POLICE
✆ +30 22870 51205

Se loger

Malgré le peu d'hôtels référencés par l'office du tourisme grec, l'île est moins dépourvue en chambre qu'il n'y paraît. Vous trouverez toujours des panneaux avec des chambres à louer dans l'île.

Confort ou charme

■ BONATSA BEACH HOUSE
Plage de Bonatsa
✆ +30 22870 51676
www.ariahotels.gr
kimolos@ariahotels.gr
Chambre double à partir de 120 € la nuit.
Cette maison sur la plage de Bonatsa propose trois chambres avec accès direct à la mer. Des parasols et transats sont installés devant l'hôtel où l'on se sent très vite comme chez soi. Chaque chambre possède son propre balcon, idéal pour prendre son café du matin les yeux plongés dans le bleu égéen. Confort absolu et déco léchée complètent le tableau : une autre réussite du groupe Aria Hotels.

■ ECHINOUSA
✆ +30 22870 51551
www.echinousa-kimolos.com
info@echinousa-kimolos.com
Chambre double de 80 à 140 € en saison. Maisonnette pour 4 personnes à partir de 200 €.
Les jolies villas d'Echinousa sont situées en surplomb de Psathi, à 100 mètres de sa petite plage et en direction de Chorio. Vous pourrez y loger dans des chambres spacieuses type studio avec cuisine équipée et tout le nécessaire pour se préparer à manger à la maison. Il existe également 6 petites maisons à louer, qui peuvent loger 4 personnes. L'ensemble est très agréable, au design épuré, contemporain et sobre. Un établissement de charme.

■ KIMOLIA GI
Plage de Prassa
✆ +30 22870 51192
www.kimoliagi.gr
info@kimoliagi.gr
Studio à partir de 90 € la nuit en été. Petit déjeuner inclus.
Ces studios sont situés non loin de la plage de Prassa, sur un vaste terrain qui abrite la ferme familiale des propriétaires. Conséquence directe de cela : tous les matins, un petit déjeuner bio délicieux vous sera servi avec la production de la ferme et du potager. Autre avantage : le calme et la tranquillité qui règnent sur ce petit bout du monde. L'ensemble a été aménagé avec goût en respectant le style cycladique. Vous n'oublierez pas les siestes sur le hamac, face à la mer !

■ THE WINDMILL
✆ +30 22870 51554
windmillkimolos.reserve-online.net
kimolos@ariahotels.gr
De 90 à 230 €, selon la période et la catégorie. Petit déjeuner compris.
Ce vieux moulin datant de 1852 est l'un des plus vieux de Grèce. Depuis, il a été transformé en élégant boutique-hôtel et propose plusieurs suites. Décoration sublime et raffinée, avec tout le confort (télévision satellite, DVD, wifi). Situé entre le port et le village principal, il offre une vue splendide sur Psathi. L'hôtel, un peu isolé, peut organiser un transfert en taxi ou location de voiture du port ou de l'île voisine de Milos. Comptez trois nuits obligatoires en août.

■ **TOFFEE KIMOLOS**
✆ +30 22870 51493
www.toffeekimolos.gr
toffeekimolos@gmail.com
Chambre double à partir de 80 € la nuit, petit déjeuner inclus.
Ce charmant établissement propose des studios et chambres avec cuisine aménagée sur les hauteurs de Psathi, le long de la route qui mène à Chorio. Les quatre chambres disposent d'un balcon privatif. L'établissement est notamment réputé pour son délicieux petit déjeuner, servi dans le jardin. Katerina prépare tous les pains et sucreries elle-même et c'est un vrai régal.

Se restaurer

■ **KALAMITSI**
Plage de Kalamitsi
✆ +30 697 222 6789
Ouvert tous les jours de 9h au dernier client. Comptez 15 € par personne.
La taverne de Kalamitsi offre une pause appréciable au cours d'une journée à la plage. Vous y trouverez tous les classiques de la cuisine grecque, sans surprise pour une taverne du genre. Le poisson y est frais, l'ouzo aussi et on se régale de mezzé à l'ombre de la terrasse et des tamaris. Parfait pour une pause café dans la journée également.

■ **TO KIMA**
✆ +30 22870 51001
A partir de 15 € par personne. Ouvert tous les jours midi et soir.
Une des meilleures (parmi les rares) options de l'île. Taverne chaleureuse, simple, avec des tables sur le sable, les pieds dans l'eau, sur la plage de Psathi. Excellente cuisine maison : imam à la sauce rouge (aubergines à la tomate) et spécialités de poulpe frit.

À voir - À faire

De Psathi jusqu'à Aghios Andréas, des kilomètres de plages de sable ou de petits galets vous invitent à pratiquer le nudisme et à planter une tente. Vous pouvez vous rendre en caïque ou à pied à Bonatsa, Kalamitsi, Ellinika ou, vers le nord, à Rema, Klima, Livadaki et Prassa (sources thermales).

▸ **Balade.** De la place centrale du village, prenez la direction de Psathi. Au niveau de la boulangerie, prenez à gauche et, après avoir croisé le bâtiment de l'Association des fermiers, une nouvelle fois à gauche. Le sentier pavé, généralement indiqué par des flèches orange, est l'un des plus jolis de l'île. Arrivé en haut, jetez un œil à la petite chapelle de Pantokratoras. La vue sur la côte est spectaculaire. Continuez à marcher le long des moulins abandonnés. Vous êtes dans la région de Haplovouni, jadis appelée la « vallée des larmes » puisque c'est l'endroit d'où les femmes de marins voyaient partir leur conjoint.

▸ **Pour d'autres idées de balades** : voir le site : http://gym-kimol.kyk.sch.gr (rédigé en anglais).

CHORIO

En surplomb du port de Psathi, les maisons blanches de Chorio sont construites autour d'un kastro semblable à celui de Folegandros ou Sikinos. La partie intérieure de la citadelle date du XIIIe siècle et la partie extérieure du XVIIe. Les trois portes principales sont conservées :

© LEFTERIS_ – ISTOCKPHOTO

Kimolos.

elles assuraient la sécurité de la cité imprenable. Chorio possède aussi quelques belles églises comme Aghios Nikolaos (XVIIe siècle), Aghios Giorgios et Aghios Chrysostomos (1608). En journée, il y règne un calme absolu et le village semble sorti d'une carte postale. Des livres en libre accès sont offerts dans des ruelles chaulées qui débouchent comme par miracle sur de petites placettes où la vie reprend en fin de journée. Une balade hors du temps.

Pratique

■ **POLICE**
✆ +30 22870 51205

■ **URGENCES MÉDICALES**
✆ +30 22870 51222

Se loger

■ **MIKRO PARISI**
✆ +30 2287051812
www.mikroparisi.gr
info@mikroparisi.gr
Chambre double et triple 125 € la nuit en haute saison. Petit déjeuner inclus. A l'automne et au printemps, les prix peuvent descendre jusqu'à 70 € la nuit.
Entre Psathi et Chorio, cet établissement dont le nom signifie « Petit Paris », propose 5 chambres agréables qui peuvent accueillir jusqu'à trois personnes. Un style sobre et qui reprend les éléments traditionnels de l'architecture cycladique, et un service agréable.

■ **THE HOUSE IN THE CASTLE**
A côté de la Citadelle
✆ +30 69 36 79 09 99
www.cycladesliving.gr
info@cycladesliving.gr
De 330 à 1 250 € la semaine (pour 2 à 4 pers.) selon la période.
Cette magnifique maison traditionnelle, partie attenante d'un château du XVIe siècle, rénovée en 2008, propose plusieurs possibilités d'hébergement. Au rez-de-chaussée, la chambre principale se situe à côté d'une cuisine élégamment meublée avec une cheminée. Deux chambres au premier étage disposent chacune d'une entrée individuelle (mais partagent une salle de bains). Prêt de vélos.

Se restaurer

■ **AVLI TOU SAMBLOU**
Place Kambos
✆ +30 2287 051666
Ouvert tous les jours pour le déjeuner et le dîner. Comptez 15 € par personne.

Dans les rues de Kimolos.

La place Kambos semble tout droit tirée d'un décor de film et le restaurant Avli tou Samblou complète parfaitement le paysage. Quelques tables sur la place, d'autres dans le jardinet à l'arrière, au-delà des cuisines, vous accueillent pour déguster la cuisine traditionnelle de Kimolos. Le label Aegean Cuisine garantit la qualité des produits cuisinés : l'accent est mis sur la viande en provenance directe de la ferme familiale et sur les légumes du potager. Goûtez à la *ladenia* de Kimolos, aux oignons et à la tomate, ou encore aux délicieuses boulettes d'agneau (*zigourokeftedes*).

■ **PANORAMA**
✆ +30 22870 51531
Ouvert tous les jours de 9h jusqu'au dernier client. Comptez 15 € par personne.
Cette taverne est idéalement située dans le *kastro* de Chorio, avec une vue imprenable sur les environs et la mer en contrebas qui s'étale à l'infini. Le Panorama porte bien son nom ! On s'installe sur la terrasse vitrée et on se délecte des classiques de la cuisine grecque. Un peu plus original : la soupe de poissons locale, la *kakavia*, qui n'est pas disponible tout le temps.

Dans les environs

▶ **A Paléokastro,** au nord de l'île, se dressent les ruines imposantes d'une forteresse vénitienne.

▶ **A proximité,** la grotte de Konsolina, nommée ainsi parce que, selon la tradition, l'épouse du consul français y aurait jadis trouvé refuge.

MILOS - ΜΗΛΟΣ ★★★★

Il y a encore quelques années, on entendait que peu parler de Milos et l'île était plutôt tranquille. Depuis une décennie, elle a commencé à se populariser à une folle allure. Devenue lieu tendance, les touristes y affluent désormais. Avec ses 151 km² et ses 4 400 habitants, Milos est une mine. La plus méridionale des Cyclades se distingue par son sol volcanique et son sous-sol riche en gisements minéraux qui fait vivre encore une grande partie de la population de l'île. Son exportation était l'une des plus grandes sources de revenus pour les habitants avec la pêche. Toutefois, aujourd'hui, elle s'est largement ouverte au tourisme. Elle a de quoi séduire les amoureux de vieilles pierres, avec l'un des plus importants sites de la civilisation cycladique à Filakopi (2300 à 1100 av. J.-C.). Milo a aussi donné son nom à l'une des plus belles pièces du Louvre : c'est à Klima, près des ruines d'une cité antique, qu'un paysan a découvert la célèbre statue de la Vénus.

Mais ce sont en général les grottes de Papafranga et de Sikiá, ainsi que les étranges formations rocheuses de Kleftika qui restent gravées dans la mémoire du visiteur. Les amateurs de belles plages auront l'embarras du choix entre le paysage lunaire de Sarakiniko, Hivadolimni et ses coquillages, Rivari et ses sources chaudes, et bien d'autres, aux roches rosées ou orange et à l'eau turquoise. La nature s'est indubitablement mise au service du charme de Milos et ses paysages paradisiaques en font l'île romantique par excellence – si bien qu'elle est devenue une destination de mariages et lunes de miel.

Si vous recherchez le calme, évitez Adamas et Pollonia qui vivent jour et nuit. La partie ouest de Milos est très différente de l'est de l'île. Relativement désertique, cette zone immense ne doit pas compter plus d'une centaine d'âmes. Très diversifiée, elle est tantôt rocailleuse, tantôt verdoyante, offrant à chaque kilomètre un paysage différent. Cet aspect, plus que la possibilité de baignades solitaires, en fait son attrait principal.

ADAMAS - ΑΔΑΜΑΣ

Le port d'Adamas, diamant en grec, est fondé en 1853 par des Crétois originaires de Sfakia dans l'un des plus grands golfes naturels de la Méditerranée. C'est avec étonnement qu'on arrive dans la grande baie d'Adamas, résultat d'éruptions volcaniques successives. Port principal de Milos, Adamas est le centre des activités et son église, Aghia Triada (XVIIe siècle), est la plus remarquable de l'île. Elle arbore un style architectural peu répandu dans les Cyclades. Du port, les liaisons de bus sont régulières avec le reste de l'île. Adamas sera une base pratique pour découvrir l'ensemble de l'île mais n'est pas nécessairement la commune la plus charmante de Milos pour un séjour touristique. C'est ici qu'est concentrée la vie locale et économique de l'île et il sera intéressant malgré tout d'y passer pour se mêler à la population milienne, celle qui réside à l'année sur l'île.

Transports

Comment y accéder et en partir

L'aéroport se trouve à Zefyria, à 5 km d'Adamas.

■ AÉROPORT

A 5 km seulement du port d'Adamas et à 5 km au sud-est de la capitale.

▸ **Olympic Air**, la seule compagnie à desservir Milos (+30 22870 22380, www.olympicair.com) propose un à deux vols par jour toute l'année (45 minutes) Athènes-Milos.

■ CAPITAINERIE DU PORT

✆ +30 22870 23360

▸ **Athènes-Milos.** L'île est reliée au Pirée deux à trois fois par jour en été (à partir de 5h en ferry et 2h40 en hydroglisseur).

▸ **Liaisons avec les autres îles.** De Milos, les îles desservies sont Anafi, Andros, Chalki, la Crète, Folegandros, Ios, Karpathos, Kassos, Kimolos, Mykonos, Naxos, Paros, Rhodes, Santorin, Sérifos, Sifnos, Sikinos, Syros et Tinos.

▸ **Yachting**. La baie de Milos est très protégée. A Adamas, vous vous ravitaillez en eau et en essence. Vous pouvez visiter les îlots d'Antimilos et Glaronissia qui abritent des grottes spectaculaires.

Se déplacer

■ BUS

✆ +30 22870 22219

https://milosbuses.com

L'arrêt de toutes les lignes de bus et des taxis se trouve sur le port. Les bus desservent quasiment toutes les heures les principaux villages (Plaka, Trypiti, Pollonia, Paleohori, Provotas, à partir de 1,20 € le trajet) ainsi que le camping.

Pratique

■ CENTRE DE SANTÉ

✆ +30 22870 22700

Se loger

Bien et pas cher

■ DELFINI

✆ +30 22870 22001
www.delfini-milos.gr
info@delfini-milos.gr
Chambre double de 40 à 90 €, petit déjeuner à 5 €.
Voilà un établissement en bord de mer que l'on ne repère pas au premier coup d'œil. Il faut le savoir, le Delfini est caché derrière le Lagada Beach et cependant tout près des plages, et pas très onéreux. Les 23 chambres sont bien équipées et disposent d'un balcon.

■ ILIOPETRA ROOMS

✆ +30 22870 22974
www.iliopetramilos.gr
iliopetr@otenet.gr
A 200 m du port.
Chambre double entre 50 et 100 € en été. Petit déjeuner buffet à l'hôtel Anezina qui est juste à côté. Ouvert toute l'année.
Immeuble construit en 2005 avec 10 chambres impeccables de décoration charmante. Bien tenu et équipé (TV, air conditionné, séchoir, frigo). A 2 minutes à pied de la place centrale. La plage de Popikinou est à 250 m seulement. Parking assuré. Transfert port-aéroport gratuit.

Confort ou charme

■ AEOLIS HOTEL

✆ +30 22870 23985
www.aeolis-hotel.com
bookings@hotel-aeolis.com
Tournez à droite près de l'agence Athena et ensuite prenez la première rue à gauche.
Chambre de 50 à 120 € selon la période et la catégorie. Petit déjeuner : 6 €. Ouvert toute l'année.
Petit établissement familial de 15 chambres (dont 3 pouvant accueillir jusqu'à 4 personnes) au centre du port. A 250 m du port, en direction de Plaka. De belles chambres et suites spacieuses équipées de TV écran plat et nécessaire pour café et thé. Balcon ou véranda. Internet wi-fi gratuit et aire de jeux pour enfants. Transfert offert et parking assuré. Accueil chaleureux par Nikos et sa famille qui sauront surtout vous donner tous les meilleurs plans pour la randonnée, car eux aussi, amoureux de leur île, sont passionnés de cette activité.

■ **ALEXANDROS VILLAGE**
✆ +30 22870 22600
www.alexandrosvillage.gr/en
alexmil1@otenet.gr
Sur la route principale entre Adamas et Plaka.
13 chambres. La double entre 50 et 140 € avec petit déjeuner, selon la période.
L'endroit est très sympathique, bâti sur plusieurs niveaux comme un petit village cycladique, et chose assez rare, dispose d'une piscine et d'un barbecue. Les chambres sont cosy, façon mini suites indépendantes. Kostas, le propriétaire, a aménagé l'ensemble pour que l'on s'y sente un peu comme à la maison. Transfert du port ou de l'aéroport.

■ **PORTIANI HOTEL**
✆ +30 22870 22950
www.hotelportiani.gr
info@hotelportiani.gr
23 chambres. La double avec vue et petit déjeuner de 50 à 120 € en été. Ouvert toute l'année.
Situé au centre d'Adamas, à quelques pas du port, cet hôtel traditionnel propose des chambres avec grandes terrasses et vue sur la baie. Idéal pour ceux qui souhaitent se déplacer à pied ou en transports en commun. On a aussi aimé le buffet très copieux du petit déjeuner.

■ **STUDIOS HELIOS**
Dans le vieux village.
✆ +30 22870 22258
www.studioshelios.com
Studios entre 50 et 95 € pour deux.
Près du port mais jouissant d'une position surélevée et donc suffisamment éloignée du tohu-bohu de la jetée, ces 5 studios, bien équipés et décorés, sont une excellente option. À l'ouest, la magnifique plage de Langada est à 5 minutes à pied. Toutes les chambres sont équipées de la climatisation, d'une télévision à écran plat et d'une kitchenette. Agréable terrasse commune.

Se restaurer

■ **MARIANNA**
✆ +30 22870 22858
A partir de 15 € par pers. Ouvert midi et soir.
Au port de pêche d'Adamas, c'est l'un des restos sur le front de mer d'où l'on admire les gens passer et les bateaux. Vous pouvez aller à la cuisine pour voir les plats du jour. De la cuisine grecque traditionnelle, la carte est généreuse. C'est le genre de restaurant où l'on revient plusieurs fois durant son séjour. La terrasse est agréable, la nourriture est très bonne, le service sympathique et efficace. Ils vous offrent également un raki à la fin du repas. On ne saurait trop vous le conseiller car c'est un peu plus raffiné que d'autres sur l'île.

■ **MIKROS APOPLOUS**
✆ +30 22870 24207
Comptez 25 € par personne. Ouvert tous les jours de midi jusqu'au dernier client.
Un peu après Navagio, en poursuivant sur le front de mer, Mikros Apoplous étend sa terrasse jusque sur la plage. Vous y dégusterez certains des meilleurs plats de poissons et fruits de mer de Milos, les pieds dans l'eau. Ici, la cuisine est un peu plus raffinée, avec notamment l'option simplement grillée, pour conserver les saveurs de la mer. Cadre agréable et bons vins pour accompagner un repas réussi.

■ **O KYNIGOS**
✆ +30 22870 22349
A partir de 15 € par personne. Ouvert tous les jours midi et soir.
L'une des tavernes préférées des habitants de Milos. Plats typiques à petits prix. Poisson frais au kilo. Une petite taverne de bonne famille qui accueille ses clients vraiment chaleureusement et sincèrement. Les plats sont très bons tout comme le vin blanc en pichet. Nous sommes à même le port pour regarder les passants dans une bonne atmosphère. On passe une excellente soirée pour pas cher.

■ **YANKOS ALL DAY**
✆ +30 22870 23615
cafegiag@otenet.gr
Ouvert tous les jours, de 9h à 22h. Compter 15 €/pers.
Du petit déjeuner au dîner, cet établissement situé sur le port, à droite du débarcadère, est comme son nom l'indique ouvert toute la journée. Cuisine méditerranéenne variée et de qualité, bon service et ambiance conviviale, c'est un endroit idéal pour un brunch ou un cocktail en soirée, également fréquenté par les locaux.

À voir – À faire

■ **PLAGES**
Les plages d'Adamas sont loin d'être les plus belles de l'île, il est vrai, mais elles feront l'affaire pour un petit moment de détente. On se demande pourquoi Lawrence Durrell a trouvé la baie si laide ! A la descente du bateau, une petite plage s'étend sur la gauche, devant le White Club. Plus loin, en continuant le chemin, vous arriverez à une autre plage de galets (camping sauvage), vraiment pas idéale pour la baignade. Prenez plutôt à droite du port, où vous attend la grande plage de sable de Papikinou, longue de plusieurs kilomètres.

Adamas.

■ **MUSÉE DE LA MINE**
✆ +30 22870 22481
www.milosminingmuseum.com
info@milosminingmuseum.gr
Ouvert du lundi au dimanche de 9h30 à 14h et de 17h30 à 22h en juillet et août, sinon de 10h à 14h. Entrée : 4 €.
Ce petit musée récent, assez didactique, propose des infos intéressantes sur l'activité volcanique de l'île, ses ressources minérales, et l'histoire de l'activité minière à Milos.

Visites guidées

■ **MILOS ADVENTURES**
✆ +302287023809
www.milosadventures.gr
info@milosadventures.gr
Plusieurs tours, du full day (tour complet de l'île) à la demi-journée. All day tour : 120 à 140 €. Half day : 90 €.
Si le cadre exceptionnel de l'île de Milos rend ce tour inoubliable, c'est aussi grâce au professionnalisme de Nikolaos et Polichronis, les capitaines et chefs cuistots des deux magnifiques catamarans de Milos Adventures. La beauté des sites naturels est bluffante, tout autant que la qualité du service à bord. 7 ou 9 plats délicieux vous attendent en fonction du tour que vous choisirez mais vous serez en tout cas comblé. Ces deux amoureux de Milos partageront avec vous la passion de leur île et vous la raconteront au fur et à mesure que vous longerez la côte.

PLAKA - ΠΛΑΚΑ

Ce village fondé en 1800 est la capitale de Milos. Construit sur un plateau, d'où son nom (plaka signifie plat), le village se développe à l'extérieur des murs du kastro en surplomb, devenu bien trop étriqué pour accueillir l'ensemble des villageois. Il s'étend sur les versants de la colline, joignant les villages de Plakes, de Triovassalos, de Pera Triovassalos et de Tripiti et dominant superbement la mer Egée qui s'ouvre vers l'ouest. D'un cachet typiquement cycladique, ses maisons blanches enserrent la colline que ses ruelles pavées escaladent jusqu'au kastro.
La citadelle a été construite par les Vénitiens au XIIIe siècle et s'il n'en reste que quelques ruines, sa visite garantit une vue particulièrement spectaculaire à l'heure du crépuscule. Une très belle église, celle de la Panagía tis Korfiátissas, est aussi un lieu privilégié pour assister à un superbe coucher de soleil. Dédiée à la Vierge, elle abrite de magnifiques icônes. C'est aussi dans ce village que vous trouverez le musée archéologique de l'île, exposant les trouvailles des fouilles qui se sont déroulées à Milos.

Se loger

■ **ARCHONDOULA STUDIOS**
✆ +30 22870 23820
www.archondoula-studios.gr
karamitsou@archondoula-studios.gr
Chambre double à partir de 50 à 105 € en été.
Quelques chambres à 3 minutes de la place du village dans un quartier tranquille, sans voitures, avec vue sur mer. Les studios sont décorés de façon traditionnelle avec des plafonds de bois et des planchers de marbre. Certains studios ont une kitchenette. Et les vacanciers se partagent tous la vaste terrasse.

■ **HALARA STUDIOS**
Au cœur de la petite Plaka
✆ +30 22870 22092
https://halarastudios.gr
info@halarastudios.gr
Chambre double entre 50 et 80 € en été.
4 chambres que l'on s'arrache – forcément ! Charmantes, confortablement équipées et très bien situées, elles offrent de vastes balcons d'où l'on a une vue imprenable sur la mer.

■ MACHI'S HOUSE

✆ +30 22870 22129
machihouse@yahoo.gr
Chambre entre 75 et 130 € selon la vue.
Cette maison est une belle habitation en pierre, rénovée en 2010 dans un style contemporain. Vous y trouverez des chambres ravissantes et des studios et appartements. Pour l'anecdote, Yorgos Kentrotas, le paysan qui avait découvert la fameuse statue de la Vénus de Milo, aurait caché, jadis, la statue dans une des chambres de la maison. Evidemment, elle n'y est plus : au grand dam des locaux, elle a été, comme chacun sait, transportée au musée du Louvre, où elle est exposée aujourd'hui.

Se restaurer

■ ARCHONTOULA

Plaka centre-ville
✆ +30 22870 21384
A partir de 15 € par personne. Ouvert tous les jours midi et soir.
C'est dans un bâtiment 1830 que la première génération d'Archontoula commença à servir ses clients. Les Miliens aiment cet établissement et s'y retrouvent en famille, sur la terrasse biscornue, à l'ombre des bougainvilliers. Vous pourrez aussi opter pour la salle intérieure, vaste et spacieuse, qui conserve le charme XIXᵉ siècle avec ses carreaux de ciment, ses hauts plafonds et ses vieilles photo de village. Au menu, une cuisine traditionnelle généreuse et copieuse : agneau de la montagne, filet de porc au miel, légumes grillés, fromages locaux, moules au safran...

■ BARRIELLO

Tripiti
✆ +30 698 4218360
www.barriello.com
panag.louk@yahoo.gr
Entre Plaka et Klima.
Ouvert tous les soirs en été, et seulement de mercredi à dimanche pendant l'hiver. Entre 15 et 20 € par personne.
Dans un beau bâtiment au-dessus d'anciennes catacombes, le restaurant-bar propose une variante aux tavernes traditionnelles. La nourriture reste certes méditerranéenne mais tous les produits proviennent de la ferme qui appartient aux gérants : légumes, viandes et œufs bons tant pour les papilles que pour la santé ! C'est principalement un endroit pour les carnivores ! La viande est, en effet, très bonne. A l'intérieur comme à l'extérieur, l'atmosphère est intimiste et romantique. L'été, préférez la terrasse de l'endroit, car la vue y est à couper le souffle.

■ ERGINA

A Tripiti
✆ +30 22870 22524
A partir de 10 € par personne. Ouvert tous les jours midi et soir. Réservation conseillée.
Dans une ruelle étroite au-dessus de la mer, cet établissement est la garantie d'une très belle vue sur la baie et une cuisine copieuse et traditionnelle. On s'assoit à des tables simples pour déguster des assiettes succulentes servies par le papi francophone tenant du restaurant. Les plats maison sont délicieux, notamment le chevreau cuit au four et la superbe mousse à l'orange. L'accueil par le personnel est formidable et on apprécie le très bon rapport qualité/prix. Vous reprendrez bien un verre de vin local sous la grande véranda...

Sortir

■ KRIKRI BAR RESTAURANT

✆ +30 697 274 0626
vagelismathioudakis@yahoo.gr
Le Krikri Bar est une référence des soirées de Plaka. C'est un lieu aussi décontracté et sympathique que son propriétaire Vagelis, un personnage charismatique qui a beaucoup voyagé et a rapporté dans sa valise une déco d'inspiration latino-américaine, caribéenne et africaine. La playlist aussi a été impactée, on y entend du jazz, du reggae, du funk, de la soul et plus globalement de la world music. Des *lives* sont proposés tous les soirs en saison. N'hésitez pas non plus à profiter des plats simples et honnêtes du menu.
La boutique attenante de vêtements appartient à la mère de Vagelis, on y trouve de sympathiques vêtements d'été décontractés et plus habillés, tous de créateurs grecs.

À voir – À faire

CATACOMBES ★

✆ +30 22870 21625
www.catacombs.gr
info@catacombs.gr
Prendre la route qui mène à la colline faisant face à Plaka sur environ 1 km.
Ouvert du mardi au dimanche de 9h à 18h45. Entrée : 4 €.
Datant du VIe siècle av. J.-C., ces catacombes sont considérées comme le deuxième plus important monument paléochrétien. En effet, elles dévoilent les nécropoles des premiers chrétiens au Ier siècle. Au Ve siècle, l'entrée a été ensevelie lors d'un tremblement de terre et elles ont été ensuite redécouvertes, par hasard, en 1840. Après avoir descendu quelques marches, vous pourrez apprécier et observer une partie de ce système de tranchées d'une longueur de 184 m, sculpté dans de la pierre ponce, environ 150 mètres au-dessus du niveau de la mer.

MUSÉE ARCHÉOLOGIQUE ★★

✆ +30 22870 28026
Ouvert de 9h à 16h, sauf le lundi. Entrée 2 €.
Les collections du musée archéologique sont exposées dans une belle villa néoclassique, sur la place centrale de Plaka. La section la plus intéressante concerne les objets découverts sur le site préhistorique de Filakopi. Vous y verrez notamment de belles statuettes de marbre, typiques de l'art cycladique du IVe au IIe millénaires av. J.-C. La Vénus de Milo est représentée par une pâle copie… l'original étant à Paris. A défaut d'y voir la Vénus de Milo, la Dame de Filakopi (1200 av. J.-C.) est considérée comme la pièce maîtresse des lieux.

PLAGES ★★★★

A quelques minutes seulement de Plaka, la jolie plage de Fyropotamos s'inscrit dans un cadre charmant. Vous y trouverez de l'ombre sous les arbres, mais aussi une eau plus agitée qu'ailleurs, d'un beau bleu, dominée par quelques ruines et un monastère. Calme et joli. Sarakino est un immanquable de l'île : on dit d'elle qu'elle est un « paysage lunaire ». En effet, l'absence de végétation, les criques en roche blanche (roche en fait calcaire, due au caractère volcanique de l'île) répondent aux eaux d'un bleu très clair pour créer un décor unique.

VÉNUS DE MILO ★★

C'est juste avant les catacombes, un petit chemin sur votre droite. C'est bien indiqué. Sur place, un panneau rouillé vous rappellera d'où vient la Vénus (ou Aphrodite) désormais au Louvre, dont une réplique se trouve dans le musée Archéologique de l'île. Cette statue date de la fin de la période hellénistique. Si les bras d'Aphrodite n'ont jamais retrouvé leur place, l'hypothèse historique suggère que la dame se dévoilait de son bras droit et tenait, de l'autre, la pomme « symbole de beauté » offerte par Paris à la plus loyale des déesses.

BAIE DE MILOS

La baie d'Adamas est assez spectaculaire : les différents points de vue que l'on observe depuis la route qui la contourne entre Lagada et Achivadolimni vous en convaincront. La baie en elle-même offre surtout de longues plages de sable : Lagada est la plage la plus proche du port, à l'ouest d'Adamas. Elle offre une eau propre malgré la proximité du port et de nombreux arbres donnent un ombrage naturel. Sans aller trop loin dans la direction opposée, vers l'aéroport, vous pourrez également vous baigner à la plage familiale de Papikinou, très proche d'Adamas. En poursuivant le long de la baie, au-delà de l'aéroport qui semble comme sorti de nulle part sur sa plaine déserte, Achivadolimni est une grande plage de sable blanc. Ses eaux sont peu profondes, donc idéales pour les familles, mais cette plage peut être exposée au vent. C'est en retrait d'Achivadolimni que se trouve le camping de Milos, ce qui en fait une plage relativement fréquentée en saison.

ACHIVADOLIMNI TAVERNA

✆ +30 2287 031410
https://miloscamping.com
info@miloscamping.com
A partir de 10 €/pers.
Un très bon restaurant attenant au camping d'Achivadolimni, une belle surprise sans prétention, sur la baie d'Adamas mais éloigné de la ville, conférant au lieu un isolement agréable et surtout une vue unique et éblouissante sur toute la baie.

BUNGALOWS & CAMPING MILOS

✆ +30 22870 31410
www.miloscamping.gr
info@miloscamping.gr
Près de la plage d'Achivadolimni, à 6 km au sud-ouest d'Adamas et environ à 2 km de l'aéroport.
63 emplacements. 20 € pour deux adultes en tente. Bungalows à partir de 30 € selon le niveau de confort et la date.
Le seul camping de l'île. Piscine, restaurant, bar, supermarché. Propre et sympathique. Des offres spéciales sont souvent proposées

en ligne. Et si vous vous lassez de votre tente, vous pouvez opter pour un des bungalows voisins gérés par le camping sur la plage d'Achivadolimni. Ils offrent une alternative agréable à la tente. Ces bungalows sont très joliment aménagés et s'apparentent plus à de petites maisonnettes ou villas qu'à des cabines de plage. Une bonne option pour les familles notamment. Il y a aussi un mini-market sur place. Et bien situé pour explorer l'île dans toutes les directions.

■ **GOLDEN MILOS BEACH**
Plage de Provata.
✆ +30 22870 31307
www.milos-beach.gr
gmilosbe@otenet.gr
Chambre à partir de 150 € selon la période et la catégorie. Petit-déjeuner compris.
Au bord de la mer, 29 chambres avec tout confort, rénovées en 2012. L'hôtel dispose de deux piscines extérieures et d'un bain à remous. Un peu onéreux mais très élégant et raffiné. L'établissement a aussi sa propre taverne.

Milos.

KLIMA - ΚΛΗΜΑ ★★

Klima a connu une histoire prospère, atteignant son apogée pendant les périodes archaïques et classiques. A l'époque, la cité antique était cernée de grands murs qui descendaient jusqu'à la mer. Elle fabriquait ses pièces d'argent et avait créé son propre alphabet. Aujourd'hui, on visite encore les ruines de son amphithéâtre, en pleine nature. On estime qu'il pouvait contenir jusqu'à 7 000 personnes. Difficile d'imaginer aujourd'hui une telle activité agitant ce minuscule port de pêche, qui garde un aspect réellement authentique. Le tourisme ne s'y développe que lentement. Ici, les habitants vivent l'été dans de petites maisonnettes multicolores construites sur le dessus de garages à bateaux, les syrmata typiques de Milos qui se transmettent de génération en génération dans les vieilles familles de pêcheurs. Tous les ans, les algues sèches recouvrent l'asphalte. Ce charmant port vaut le détour, notamment au coucher de soleil qui donne une touche encore plus nostalgique à l'ensemble.

■ **PANORAMA**
✆ +30 22840 21623
www.panorama-milos.com
info@panoramamilos.com
Entre 55 € et 140 € selon la période et la catégorie.
Tout petit, excentré, mais plein de charme et unique en son genre. C'est le seul hôtel du village d'ailleurs ! Petites chambres avec vue sur la mer et charmant petit restaurant typique.

■ **ASTAKAS**
✆ +302287022134
Ouvert tous les jours, midi et soir, en haute-saison. A partir de 10 € environ par personne.
L'emplacement est vraiment sympathique, surtout si vous obtenez une table à même le sable (le midi c'est facile, cependant le soir il vaut mieux réserver). Vous profiterez ainsi d'une vue superbe sur la mer et le petit port de Klima. Taverne traditionnelle, beaucoup de plats très variés sont proposés, avec bien sûr des spécialités provenant de la mer. On y mange vraiment très bien, et le cadre de rêve ainsi que la bonne humeur du personnel rend l'ambiance tout autant savoureuse. Idéal pour prendre un verre ou dîner face au coucher du soleil.

ZEFYRIA - ΖΕΦΥΡΙΑ

À 5,5 kilomètres au sud-est d'Adamas, Zefyria, fut la capitale médiévale de l'île. La petite localité s'est développée au XVe siècle grâce aux activités commerciales des pirates, mais au XVIIIe, les dégâts importants causés par un séisme en 1738 et les gaz dangereux qui s'échappaient des fissures terrestres ont obligé ses habitants à l'abandonner et à se reloger dans le *kastro* (Plaka). Aujourd'hui encore, Zefyria est surtout rurale, mais vous y trouverez une taverne, très bonne d'ailleurs, et quelques chambres à louer.
Panaghia Portaitissa (XVIIe siècle) est particulièrement intéressante, mais ses icônes ont été transférées à l'église Koimissis tis Theotokou, à Adamas.

EMPOURIOS

Il faut être honnête, le petit hameau d'Empourios et son unique taverne se méritent. Il vous faudra emprunter des pistes rocailleuses durant 45 minutes pour arriver de ce côté-ci de la baie d'Adamas. Mais quel dépaysement ! A certains moments, la piste traverse des canyons tout droit sortis des décors de westerns. La terre riche de cette partie de Milos offre des contrastes de blanc et de rouge, à peine dissimulée par une végétation peuplée d'oliviers et de buissons du maquis. Lorsqu'on arrive au hameau d'Empourios, le premier sens qui nous titille est l'odorat, en raison des très nombreuses chèvres qui paissent paisiblement dans les champs alentour.

■ EMPOURIOS TAVERNA

✆ +306988543703
emmaki77@hotmail.com
Ouvert de 10h à 22h de juin au 1er octobre.
Les plats à base de viande de chèvre ou d'agneau, cuisinés au four dans des poteries traditionnelles, font la réputation de la maison. Yannis et sa fille Emanuela font perdurer 60 ans de tradition familiale. Surtout celle du dimanche, où une chèvre est sacrifiée, cuite tout entière au four et partagée ensuite en 50 portions, pas une de plus. Les premiers arrivés sont les premiers servis, alors chaque fin de semaine c'est la cohue à la taverne. Une autre spécialité c'est l'*empouriano*, un dessert sophistiqué alliant feuilleté, mousse à la vanille et amandes caramélisées, pour donner naissance à un mille-feuille revisité, léger, croustillant. La terrasse est au bord de l'eau et offre une vue panoramique sur toute la baie d'Adamas.

POLLONIA - ΠΟΛΛΩΝΙΑ ★★

Important centre touristique de Milos au nord-est de l'île, bien desservie par les bus, Pollonia permet d'accéder en bateau à l'île voisine de Kimolos (5 liaisons par jour). C'est un lieu de résidence idéal pour les familles. Le village est particulièrement exposé au vent, ce qui ravira les adeptes de la planche à voile. Vous y trouverez une plage de sable fin et des tavernes en bord de mer. L'ambiance sympathique et décontractée, à la fois calme et animée, en fait un excellent point de chute pour un séjour réussi à Milos.
La proximité avec les plages et villages de la côte nord est aussi un avantage certain. L'offre touristique (hôtels, restaurants) est riche : l'accent est mis sur les établissements de charme et de qualité.

Se loger

■ CAPTAIN ZEPPOS

sur le front de mer après les restaurants
✆ +30 694 820 1088
www.captainzeppos.com
info@captainzeppos.com
Prix sur demande.
Un petit boutique-hôtel face à la mer, avec quatre suites et une maison, au centre de Pollonia. Les propriétaires ont soigné la décoration : cycladique, sophistiquée, mais simple et élégante, avec la lumière et la mer Égée en prime. Vous serez traité avec beaucoup de soin, d'enthousiasme et d'inspiration. La paradis se niche dans les détails : entre autres services, vous pourrez, ici, choisir votre oreiller parmi un large choix !

■ KALIMERA STUDIOS

✆ +30 69485 19326
www.kalimeramilos.gr
info@kalimeramilos.gr
Chambre double à partir de 45 € en été (mais le double en août).
A la fois au cœur de Pollonia et au calme, cet établissement existe depuis 25 ans et les habitués continuent à revenir d'année en année. Les quatre studios sont souvent réservés en été, donc n'hésitez pas à vous y prendre à l'avance. On apprécie l'accueil convivial et chaleureux et la qualité des chambres, bien tenues, propres et agréables. Chacune dispose d'une petite kitchenette, de l'air conditionné et du wi-fi, avec vue sur le jardin ou sur la mer au loin. Cet établissement familial a su se maintenir, au fil des rénovations : une permanence, gage de qualité !

■ **GLARONISIA HOTEL**
✆ +30 22870 41468
www.glaronisiamilos.gr
glaronisiahotel@gmail.com
A l'entrée du village
sur la route principale à droite.
A partir de 100 € la chambre en été. Ouvert du 10 mai au 30 septembre.
L'hôtel est entouré de magnifiques jardins plantés de bougainvilliers colorés. Complètement rénové en 2010 en gardant son style cycladique, l'hôtel offre 25 chambres doubles dont la plupart avec vue sur la mer. Petite piscine pour les clients. Un établissement propre et bien tenu. Un chouette toit-terrasse et un parking privé. L'hôtel est géré par Chrysa et Konstantin, un jeune couple très sympathique et toujours prêt à servir le client. Le petit déjeuner (buffet américain) est servi sur le chouette toit-terrasse de l'hôtel.

■ **MILIA GI SUITES**
✆ +30 69485 19326
https://miliagi-milos.com
info@miliagi-milos.com
4 studios pour deux de 70 à 170 €, 1 seaview de 80 à 200 € et 5 suites de 90 à 300 €.
Idéalement situées à la fois au cœur de Pollonia et au calme dans des potagers qui s'étendent jusqu'à la mer, les suites de cet établissement familial sont un enchantement. Il compte désormais 10 chambres, 3 suites avec bain à remous sur terrasse et vue mer. Déco épurée et matériaux modernes, lits Cocomat très confortables, douche à l'italienne, sac de plage, serviette, peignoirs... Tous les studios ont une terrasse et une cuisine équipée. L'établissement possède un grand parking et 4 studios un peu moins chers situés juste à côté, chez Kalimera Studios.

Se restaurer

■ **ALKIS RESTAURANT**
✆ +30 2287 041598
Ouvert tous les jours de midi à minuit. Comptez moins de 15 € par personne.
Tout au bout du port, vers l'embarcadère, Alkis Restaurant (ou Grill Pizza) est le seul établissement où vous trouverez des *souvlaki* à Pollonia. Mais attention ! Pas n'importe quel *souvlaki.* Ici, la qualité prime et la viande est vraiment très bonne.
Le restaurant propose aussi des pizzas et plats de pâtes réussis. Pour ceux qui préfèrent le poisson, direction le Molos, qui appartient à la même équipe.

La baie de Pollonia sur l'île de Milos.

■ **ARMENAKI**

✆ +30 22870 41061
www.armenaki.gr
A l'entrée du village sur la plage,
le restaurant qui fait l'angle sur la place.
A partir de 15 € par personne. Ouvert tous les jours midi et soir.
En plein centre de Pollonia, ce restaurant dont le nom signifie « moussaillon » en français, est un des meilleurs restaurants de poissons et fruits de mer de Milos. En pleine saison, les places sont chères sur la petite terrasse en bord de plage. Les plats de pâtes aux fruits de mer sont copieux et succulents, les poissons frais sont grillés tout simplement ou préparés et cuits parfaitement. Bons vins locaux. On vient et on y revient.

■ **GIALOS**

✆ +30 22870 41208
www.gialos-pollonia.gr
info@gialos-pollonia.gr
Comptez 25 € par personne. Ouvert tous les jours midi et soir.
Taverne moderne dont la cuisine reste méditerranéenne mais est originale. Ici, on mange face à la mer : c'est ce que le nom de l'établissement indique. Essayez les poissons grillés, le tartare de crevettes ou les raviolis aux fruits de mer, les saveurs sont pleines de surprises réservées par le chef. La tarte au chocolat chaud se prépare sur commande : elle est tout bonnement délicieuse. La carte des vins est petite, avec cependant de belles références.

■ **RIFAKI AEGEAN CUISINE**

✆ +302287041212
iakwvos.lillis@yahoo.com
Ouvert tous les jours midi et soir. 15 €/pers.
Excellent restaurant situé le long de la promenade de Pollonia. Pas facile de faire son choix au milieu de tant de bons restaurants, mais le Rifaki se démarque des autres par son accueil chaleureux, sa décoration colorée, et ses plats gourmands et savoureux. Moules sauce feta et ouzo, linguines au saumon, à l'aneth et à la vodka ou tarte à l'orange « coucher de soleil » sont autant de surprises que vous réserve l'excellent Rifaki.

Sortir

■ **ALESTA CAFÉ**

✆ +30 2287 041042
http://alesta.business.site
Ouvert tous les jours de 7h à minuit. Prix compris entre 8 et 10 €.
L'Alesta est un agréable café particulièrement réputé pour son succulent petit déjeuner. Comme un grand nombre des hébergements situés à Pollonia ne proposent pas le petit déjeuner, c'est un établissement très fréquenté en matinée. On y vient pour ses tartes sucrées et salées, ses feuilletés et son café et tout cela est appréciable à n'importe quelle heure de la journée.

À voir - À faire

■ **FILAKOPI** ★★

A 2 km de Pollonia,
en direction d'Adamas.
Ouvert tous les jours de 8h à 15h.
Filakopi est le site archéologique le plus important de Milos. On y découvre les traces

d'une cité préhistorique qui fut fondée à l'âge de bronze ancien, autour de 3000 av. J.-C. et qui perdura jusqu'à 1100 av. J.-C environ. Centre culturel et commercial majeur, l'art de la céramique s'y développa largement : la célèbre statue de la Kyra de Filakopi est exposée au musée archéologique, à Plaka. Aujourd'hui, la cité est en grande majorité engloutie, mais on distingue encore les restes de la formidable forteresse de pierre volcanique et les traces d'un sanctuaire.

■ **PLAGE DE PAPAFRAGAS** ★★★

Papafragas

L'étonnante plage de Papafragas avoisine le site archéologique de Filakopi. Un bras de mer creusé dans la roche avance jusqu'à une toute petite plage. L'eau turquoise est d'une transparence quasi parfaite, véritable piscine naturelle, quand le vent ne souffle pas.

■ **VOUDIA** ★

A 3 km au sud de Pollonia s'étend une immense plage de sable grossier, parfaitement déserte. Il faut dire que la proximité d'une carrière d'argent détériore un tantinet le paysage. Au bout de cette plage, vous trouverez quelques jolies petites criques d'où vous ne verrez pas cette abomination industrielle, mais d'où s'échappent des vapeurs de soufre. Conséquence : ces plages sont désertes…

Dans les environs

▶ **La côte nord** entre Firopotamos et Papafragas est superbe ! N'hésitez pas à quitter la route de Plaka à Pollonia pour rejoindre la côte par les multiples chemins qui y mènent. Là, vous tomberez sur des paysages lunaires étonnants. La poussière volcanique solidifiée a créé une côte très découpée, et il est presque impossible d'y évaluer les distances. Vous y découvrirez des petites plages et de minuscules hameaux de pêcheurs.

▶ **La côte est.** De nombreuses pistes parcourent cette zone entre Voudia et Paliorema, pourtant désertique, de Milos. En partant de la plage de Voudia, vous traverserez plusieurs carrières plus ou moins abandonnées, puis des steppes, puis des zones plus accidentées… Des dizaines de pistes mènent aux falaises et aux églises et monastères, nombreux dans cette partie de l'île.

Soyez vigilants : sans carte ni boussole vous êtes quasiment certain de vous y perdre.

CÔTE SUD

Les plus belles plages de l'île frangent cette partie de Milos. D'accès aisé, elles sont, pour la plupart, suffisamment grandes pour que vous ne vous y sentiez pas entassé.

Avec une barque (chaque jour, des bateaux partent du port pour faire le tour de l'île) ou sans, vous pouvez explorer la fameuse grotte d'émeraude, Smaragdenia Spilia, les météores de la mer, Thalassina Météora, et nager entre les rochers impressionnants de Kleftiko. Sous le monastère d'Aghios Ioannis, la grotte Sikiá offre un spectacle unique : les rayons de soleil qui filtrent par une fissure de la roche composent une symphonie de couleurs magique. La plage de Fyriplaka à l'eau turquoise est l'une des plus remarquables. En continuant le long de la falaise, vous trouverez d'adorables criques, aux roches de couleur orange, où l'eau sent un peu le soufre. A couper le souffle.

▶ **Passé Provatas,** la route goudronnée se transforme en piste. Ne roulez pas trop vite pour pouvoir admirer le paysage. Après quelques kilomètres, vous arriverez à un carrefour, au niveau d'une gigantesque carrière. Garez-vous, et descendez la route qui mène à la mer (Gerontas). En bas, il y a une très belle possibilité de baignade, et une curieuse grotte. Repartez sur la même piste. Après environ 5 km, vous parviendrez à un petit monastère (Aghiou Ioannou) : la partie la plus difficile de la piste est derrière vous. Un peu plus loin, une piste part sur votre gauche et descend vers la belle Ioannou Beach (avec une petite taverne tout en bas). Après 2 km, la piste se sépare en deux : en prenant à droite, vous montez au monastère de Profitis Elias. La piste, difficile, est assez raide à certains endroits. Du monastère (à 750 m d'altitude), vous avez une vue superbe sur toute l'île. En prenant à gauche, vous poursuivez votre périple en traversant des vallées vertes et fleuries, puis des champs d'oliviers.

FOLEGANDROS – ΦΟΛΕΓΑΝΔΡΟΣ ★★★

Avec ses 32 km² et ses 650 habitants, cette île à couper le souffle mérite le détour. Moins accessible que Santorin, mais moins chère aussi. Tout contribue à donner une atmosphère unique à cette île : ses pentes abruptes, ses maisons au ras des falaises, ses petites places qui donnent au village une ambiance chaleureuse… Folegandros se distingue par un urbanisme très différent des autres îles. Située entre Milos et Ios, Folegandros embaume le thym et dégage à la fois tendresse et force. Au premier abord, vue du large, elle surgit de la mer comme l'épine dorsale d'un dragon à la forme allongée. La végétation de l'île est pauvre, car l'île est très aride. A en juger par les magnifiques cartes postales éditées par un photographe local, elle est cependant verdoyante et fleurie au printemps. Mais en été, seul le thym survit. L'île reste l'une des plus authentiques des Cyclades.

KARAVOSTASIS – ΚΑΡΑΒΟΣΤΑΣΗΣ

En arrivant par la mer, on découvre un petit port sans charme et sans ambiance qui semble écrasé de soleil, dans un paysage de collines pelées. Quelques maisons, de rares cafés, deux mini markets et une plage de galets ombragée, mais plutôt ordinaire. A priori, Karavostasis ne mérite pas qu'on s'y attarde. Cependant, on a vu fleurir récemment quelques beaux hôtels et les belles plages de Vitsentsou, Pountaki et Livadi sont facilement accessibles depuis le port. Vous pourrez vous rendre également en bateau à Katergo, la plus belle plage de Folegandros. Ainsi, lorsque vous verrez la plupart des touristes sauter dans le bus qui monte à Chora dès l'arrivée du ferry, peut-être aurez-vous un bon argument pour vous attarder une nuit ou deux ici…

Transports

Comment y accéder et en partir

Attention aux retards de bateau. Il est très rare qu'ils arrivent ou partent à l'heure à Folegandros, particulièrement dès que la mer s'agite. Comme pour beaucoup d'îles, prévoyez une marge si vous avez une correspondance ou un avion à prendre.

■ **CAPITAINERIE DU PORT**
✆ +30 22860 41249

▸ **Athènes-Folegandros.** Depuis Le Pirée, on compte au moins une liaison par jour en été en ferry rapide (la traversée dure autour de 4 heures, selon la route et le nombre d'escales). Attention, la mer est souvent houleuse autour de Folegandros et le mal de mer est fréquent sur ces bateaux fermés.
Prévoyez des médicaments. Le ferry normal met environ le double de temps, circule toute l'année mais pas tous les jours.

▸ **Liaisons avec les autres îles.** Les îles desservies depuis/vers Folegandros sont Amorgos, Anafi, Ios, Kea, Kimolos, Kythnos, Milos, Mykonos, Naxos, Paros, Santorin, Serifos, Sifnos, Sikinos et Syros.

▸ **Yachting.** A Karavostassi, vous pouvez vous approvisionner en eau potable.

Se déplacer

La seule route qui parcourt l'île part du port (au sud), monte à Chora, la capitale, et continue jusqu'à Pano Meria (au nord). Vous trouverez aussi quelques pistes et surtout d'innombrables petits chemins plus ou moins indiqués et plus ou moins praticables. Procurez-vous la remarquable carte (gratuite) de l'île à l'agence qui tient lieu d'office du tourisme.

▸ **Il existe quelques liaisons en bus** sur l'île. La liaison Chora-le port est assurée en fonction des départs et arrivées de ferries.

▸ **Il y a un seul taxi**. S'il est libre, ce qui est rare, il viendra vous chercher où que vous soyez dans l'île. Tél : +30 22860 41048.

▸ **Tous les jours, au départ de Karavostasis, des bateaux** vous feront faire un tour de l'île pour la journée. Renseignements : Tél : +30 22860 41444.

▸ **Il y a deux loueurs de deux-roues** à Folegandros, dont l'un près du port de Karavostasis et l'autre à Chora. Ayant le quasi-monopole, ils sont souvent un peu chers.

Se loger

■ **CAMPING LIVADI**
Plage de Livadi
✆ +30 22860 41204
www.folegandros.org
Ouvert du 10 juin au 10 septembre. 50 emplacements. 7 € par jour par personne, 3 € par tente. Studios pour 2 de 30 à 60 € en été.
C'est le seul camping de l'île à 1,5 km du port. Prenez le minibus à l'arrivée du bateau, ou suivez la route qui part en longeant la plage. Le camping est à un quart d'heure du port (à

pied). Douches, toilettes, restaurant, plage de sable à 150 m. Il faut reconnaître que c'est souvent bondé.

HOTEL AEGEAN STAR

Sur le port
✆ +30 22860 41447
www.aegean-star.gr
info@aegean-star.gr
Chambre entre 50 € et 130 € selon la période et la catégorie.
Cet établissement est situé légèrement en retrait de la plage principale de Karavostasis. Simple et charmant, l'hôtel propose des chambres spacieuses et des studios avec kitchenette. Rien de particulièrement spectaculaire mais une option propre et pratique.

VARDIA BAY

Sur le port.
✆ +30 22860 41277
www.vardiabay.com
info@vardiabay.com
Studio standard pour 2 personnes de 70 à 155 € en été, petit déjeuner compris. wi-fi gratuit.
Voilà un bel endroit où se poser, sur la péninsule qui s'étend entre le port et la plage de Vardia. Chambres et appartements bien tenus dans un complexe sur trois niveaux, face à la mer. Outre son emplacement agréable, l'hôtel organise aussi des locations de voiture bien pratiques.

VRAHOS BOUTIQUE HOTEL

✆ +30 22860 41450
www.hotel-vrahos.gr
info@hotel-vrahos.gr
Sur la colline qui surplombe la plage.
29 chambres. La double standard entre 85 € (sans petit déjeuner) et 180 € selon la période et la catégorie.
L'établissement, qui se présente comme un boutique-hôtel, n'a pas volé son titre. Le complexe, dont le nom signifie « rocher », propose 29 chambres, suites et studios. Bel établissement de style cycladique très bien situé, à 20 minutes de la mer. Piscine et bain à remous extérieurs à disposition en prime.

Se restaurer

VEGERA VRAHOS RESTAURANT

Au sein de l'Hotel Vrahos,
à gauche du débarcadère
✆ +30 2286 041450
www.hotel-vrahos.gr
info@hotel-vrahos.gr
A partir de 15 € par personne.
Ce beau restaurant situé dans l'hôtel du même nom propose une cuisine méditerranéenne raffinée et de qualité, utilisant des produits locaux, le tout dans un cadre feutré et romantique. Vous pourrez également découvrir une belle carte des vins et admirer la vue panoramique.

À voir - À faire

PLAGES ★

Au-delà de la plage de galets du port, aussi appelée Chochlidia, vous pourrez rejoindre aisément à pied les cinq plages des alentours.

Vers le nord, de l'autre côté du port, Vardia est une jolie baie, une des plus longues de l'île mais elle très exposée au vent donc à éviter les jours de *meltemi*. Elle est accessible par un escalier et vous y trouverez de petits galets et quelques rares arbres.

© ANA JOVETIC-VUCKOVIC

Plage de Vardia, pas loin du port.

Vers le sud, trois plages se succèdent : Latinaki, Vitsentsou et Pountaki. Préférez Vitsentsou pour la vue dégagée vers le large, sa plage de sable peu visitée et ses eaux profondes. La descente vers la plage est un peu raide, attention. Au-delà, la grande baie de Livadi abrite une longue plage de gros sable. A proximité du camping, elle est très fréquentée en été. Vous y trouverez une taverne, des arbres et des eaux plus chaudes qu'ailleurs

FOLEGANDROS CHORA – ΦΟΛΕΓΑΝΔΡΟΣ ΧΩΡΑ

La *chora* de Folegandros est l'un des plus beaux villages des Cyclades, si ce n'est le plus beau, tout simplement. Perchée sur la crête de l'île, en équilibre instable sur une falaise et prête à tomber à tout moment dans le vide et la mer Egée qui s'étend partout, la *chora* semble résister aux éléments naturels, dans toute sa candeur et sa blancheur éclatantes. Le village s'est mis sous la protection de l'église de la Panaghia qui domine la colline en surplomb : l'église et la route chaulée qui y mène sont visibles depuis tous les alentours.
La cité-forteresse, ou *kastro*, a été construite par les Vénitiens et leur commandant de l'époque, Marco Sanudo, en 1212. Le village, heureusement interdit aux voitures, a gardé intact son caractère médiéval. Le développement du tourisme ces dernières années, qui se limite souvent à la *chora*, a peut-être envahi les ruelles en été mais n'a fort heureusement pas encore défiguré l'architecture locale. Vous pourrez donc vous promener dans les ruelles du bourg non fortifié et du *kastro* à proprement parler en imaginant la vie d'antan. Celui-ci est d'ailleurs tellement bien dissimulé qu'on repère parfois les entrées avec difficulté.
Le village aux portes du *kastro* est un enchevêtrement de ruelles qui débouchent sur des placettes agréables, souvent remplies de petites terrasses et cafés. Les résidents eux-mêmes sont bien incapables de nommer toutes les places (car pour une fois, les places ont des noms au village !). La place Pounta est certainement la place principale. Vous y trouverez les informations touristiques nécessaires et surtout un des plus beaux points de vue sur la mer et le coucher du soleil. En fin de journée, les visiteurs s'y pressent pour se prendre en photo devant les oranges, roses et violets du soleil couchant. Partout, vous trouverez des bougainvilliers en fleurs, des chats paresseux, des sorties vers la mer, une table accueillante pour faire une pause ou encore une petite église décorée.
Si vous n'en étiez pas encore convaincus, la *chora* mérite amplement le détour. La plupart des touristes de passage y séjournent, ce qui a malgré tout modifié l'ambiance des lieux. Allez-y vite avant que le charme ne soit définitivement rompu.

Transports

Il existe quelques liaisons en bus sur l'île. Pour le port, les bus partent de la place qui surplombe la mer (à l'est du village). Pour Angali et Pano Meria, dirigez-vous vers l'ouest du village. La liaison Chora-le port est assurée par tous les ferries. La liaison Chora-Pano Meria est beaucoup plus aléatoire. Renseignez-vous là encore à l'agence qui tient lieu d'office du tourisme.

Il y a un seul taxi. S'il est libre, ce qui est rare, il viendra vous chercher où que vous soyez dans l'île. Tél : +30 22860 41048.

DONKEY SCOOTERS

✆ +30 22860 41628
www.donkeyscooters.gr
info@DonkeyScooters.gr
Ouvert tous les jours de 10h à 22h. Scooters de 20 à 30 €, mini-ATV (quad) de 30 à 45 €.
Situé à l'entrée de Chora, vous trouverez ici de quoi louer un scooter 125cc ou plus. Pavlos et Anna sont de jeunes professionnels dynamiques, très sympathiques et attentifs aux besoins des clients. Ils proposent des scooters, des petits quads et des gros quads. En 2020, ils loueront également des petites voitures... et un minibus pour les transferts en 2021. Au niveau des services, le transfert est inclus sur toute l'île.

EVO RENT A CAR

✆ +30 22860 41623
www.evorentacar-folegandros.gr
evorentacar@gmail.com

A partir de 20 € par jour en basse saison et environ 40 € en haute saison.
Flotte complète, de la Fiat 500 à la Suzuki Jimny. Sinon, possibilité de prestations sur mesure (transferts, visites guidées) dans des minivans. Enfin, comme son nom ne l'indique pas, possibilité de louer des bateaux (avec skipper).

Pratique

■ CENTRE DE SANTÉ
✆ +30 22860 41222

■ DIAPLOUS GENERAL TOURISM OFFICE
✆ +30 22860 41158
www.diaploustravel.gr
info@diaploustravel.gr
Fermé en général entre 14h et 17h.
Une excellente agence de voyages à l'entrée de Chora, vers la place Pounta, qui fait également office de bureau de renseignements touristiques, en l'absence d'office du tourisme à Folegandros. Vous y trouverez des cartes de l'île et toutes sortes d'informations et de services : choisir un hôtel, partir en excursion, transférer de l'argent à l'étranger, naviguer sur Internet, acheter un billet toutes destinations… Avant votre séjour, n'hésitez pas à vous référer au site Internet de l'agence qui propose une mine d'informations.

■ POLICE
✆ +30 22860 41249

Se loger

Nous vous recommandons de réserver bien à l'avance. L'hébergement est parfois complet en saison. Et sachant que les plages ne sont pas à côté, vous aimerez peut-être une piscine...

Bien et pas cher

■ SPYRIDOULA
✆ +30 22860 41078
www.belvederefolegandros.gr/chora.htm
giannis_agas@yahoo.gr
Chambre double entre 40 et 80 € en été. A peine plus pour un studio.
Voilà un vrai bon plan dans un village où les prix peuvent monter vite. Ici, un jeune couple propose 13 chambres et studios, agréablement meublés et pourvus d'une petite terrasse. Pas de piscine, certes, mais un environnement chaleureux avec des prix plus doux.

Confort ou charme

■ ASPALATHRAS WHITE HOTEL
✆ +30 22860 41670
https://aspalathras.com
info@aspalathras.com
A partir de 70 € (en juin ou septembre). Trois nuits minimum en été.
Situé à moins de 300 mètres du centre du village de Chora, l'élégant Aspalathras White Hotel dispose d'une piscine extérieure, d'une terrasse bien exposée et d'un snack-bar. Les chambres présentent une décoration insulaire et offrent une magnifique vue panoramique sur le village et les îles environnantes. Un séjour tout confort et luxueux garanti.

■ FATA MORGANA STUDIOS
✆ +30 22860 41237
www.fatamorgana.com.gr
frontdesk@fatamorgana.gr
Chambre double de 130 à 200 € en fonction de la saison. Ouvert de début mai jusqu'à fin septembre.
A 100 mètres du centre du village, 14 studios parfaitement équipés pouvant accueillir jusqu'à cinq personnes. Avec une cuisine à disposition, vous pourrez rester à la maison et passer la journée à contempler la vue, une des plus belles de l'île. Notons le vrai plus de cet agréable complexe : les chambres ont toutes été conçues de sorte que l'on ait une vue sur la mer depuis chaque lit. Les studios contiennent des kitchenettes et tout ce qu'il faut pour se sentir chez soi. Parking pour les clients. Piscine. Transfert gratuit jusqu'au port.

Folegandros.

© ALEXANDR6868 - ISTOCKPHOTO

■ HÔTEL CASTRO

Dans le Kastro ✆ +30 22860 41230
http://hotel-castro.com
Chambre double de 55 à 125 € en été. Wifi gratuit.
Cet établissement porte bien son nom : c'est l'unique hôtel situé à l'intérieur du *kastro*, le bourg médiéval fortifié de Chora. Premier hôtel ouvert sur l'île en 1970, la maison appartient depuis des générations à la même famille. Des escaliers vertigineux desservent les chambres, rustiques et charmantes, bien qu'exiguës. Les romantiques opteront pour la chambre R1, sur le toit : minuscule mais mignonne, elle donne sur une terrasse éblouissante et sur l'à-pic de la falaise. On en a le vertige, les yeux brûlés par la clarté du soleil et saturés du bleu infini de la mer.

■ POLIKANDIA HOTEL

✆ +30 22860 41322
www.polikandia-folegandros.gr
info@polikandia-folegandros.gr
28 chambres. La double entre 80 et 160 € en été. Petit-déjeuner : 10 €.
Pour un tarif raisonnable, vous aurez droit à un accueil d'excellence dans un cadre particulièrement beau et coloré. Des bougainvilliers mauves et roses cernent un jardin rempli de palmiers, de rosiers et de géraniums. Les chambres sont à l'image du jardin, finement décorées, et donnent au lieu une ambiance qui rappelle les vacances d'enfance à la mer. Le petit déjeuner est classé Greek Traditionnal Breakfast. Piscine chauffée, eau du puits filtrée, transfert inclus, et, depuis 2019, la location de C3 aircross SUV neuves à tarif préférentiel pour les clients de l'hôtel.

Luxe

■ CHORA RESORT HOTEL & SPA

✆ +30 22860 41590
www.choraresort.com
A 5 minutes au sud de la place centrale.
Chambre double entre 90 et 250 € en été, avec petit déjeuner.
Cet hôtel spa sera réservé à ceux qui recherchent moins une expérience intimiste que le confort d'un resort offrant tout un lot de services d'une qualité irréprochable. L'ensemble est bien réussi : les chambres sont ravissantes et bien équipées ; les supérieures ont un bain à remous en prime. La piscine de 500 m² est la bienvenue dans cette île où les plages ne sont pas forcément très accessibles. Et le restaurant affiche une belle carte (formules en demi-pension), et une belle cave aussi ! Réductions sur Internet et des prix plus attractifs en septembre.

Se restaurer

■ CHIC (TO SIK)

✆ +30 22860 41515
utadim57@hotmail.com
Ouvert d'avril à octobre, de 18h à minuit tous les jours. Environ 15 € par personne.
Chic, To Sik en grec, est un restaurant qui combine la cuisine traditionnelle méditerranéenne et cycladique avec des influences puisées dans la gastronomie orientale ou européenne. Il y a de tout, des plats de viandes ou végétariens, et même sans gluten. En cuisine, on fait en sorte d'utiliser le plus de produits locaux possibles : la plupart des légumes proviennent du jardin. Blanche et verte, la taverne s'accorde parfaitement aux couleurs des arbres qui embellissent la place du village sur laquelle on dîne. L'ambiance calme et musicale, la gentillesse du personnel et la qualité du service nous font recommander l'endroit.

■ TO GOUPI

Sur la place centrale.
Ouvert tous les jours pour le déjeuner et le dîner. Comptez 15 € par personne.
Adorable petit restaurant aux chaises vertes et au service pro où les places sont chères. Nous avons compté cinq tables, alors mieux vaut arriver tôt ou après 22h30 avec les Grecs. Plats simples, traditionnels, avec des produits d'excellente qualité (chevreau au citron, *stifado*...). Excellents *tyropitakia* maison. Plus agréable cependant s'il n'y a pas trop de vent.

ZEFIROS ANEMOS

✆ +30 22860 41556

Ouvert tous les soirs pour le dîner uniquement. Comptez 25 € par personne.

Un peu en retrait, dans le calme d'un joli jardin intérieur, Apostolos, le propriétaire, propose du poisson frais mais également de très bons mezzes à base de produits de la mer. La cour intérieure fait face à une belle barque peinte posée sur un parterre de fleurs. Les plats sont bien présentés dans des assiettes que l'on a du mal à finir. Deux plats à recommander : le calamar grillé (à point !) farci à la féta aux tomates et au poivre, et les salicornes bouillies, des algues maison servies avec de l'huile d'olive du Péloponnèse et un demi-citron du jardin.

AGALI

Au carrefour entre le sud et le nord de Folegandros, l'île se resserre en un étroit goulot d'où l'on voit la mer Egée à la fois vers l'est et l'ouest. Là, une route secondaire quitte la ligne de crête vers le versant occidental de l'île et plonge vers la baie d'Agali. Autour de cette agréable plage de sable s'est développé un petit port de pêche transformé en minuscule station balnéaire depuis l'arrivée des touristes. C'est un site tout à fait charmant, où vous trouverez quelques petits hôtels et tavernes, une plage de sable familiale et des criques accessibles à pied ou en caïque à proximité.

La plupart des visiteurs logent à Chora et viennent passer la journée dans la région d'Agali : en fin de journée, le bus qui remonte péniblement jusqu'à la capitale est très souvent bondé. Mais si vous décidez de séjourner ici, vous découvrirez un visage fait de tranquillité et de calme. Et vous comprendrez pourquoi des visiteurs hippies, venus de tous les coins de la Grèce, viennent tous les ans dans ce coin-là de l'île pour y passer l'été. Si le camping sauvage n'y est plus autorisé, l'atmosphère baba cool est restée, aujourd'hui couplée d'une ambiance familiale décontractée et bon enfant.

Prenez de la hauteur dans l'église...

ÉGLISE DE LA PANAGHIA ★★★

En été, ouvert tous les jours à la visite entre 18h et 21h.

La plus belle et plus imposante église de Folegandros est dédiée à la Vierge. Elle domine Chora et la mer Egée depuis une colline : on y accède par un chemin de pierre qui zigzague au départ de la place Pounta. L'église et son chemin sont reconnaissables entre mille et resteront sûrement gravés dans vos souvenirs. L'église actuelle date du siècle dernier mais faisait partie d'un couvent plus vaste dont il ne reste quasiment rien aujourd'hui. Celui-ci aurait été construit sur les fondations d'un temple antique dédié à Artémis ou Poséidon, selon les versions. Certains éléments en marbre des premiers sanctuaires sont encore visibles aujourd'hui dans l'église, belle de simplicité avec son dôme étoilé. On remarquera notamment le magnifique trône de l'évêque ou cathèdre en marbre gravé. Arrêtez-vous également sur l'icône de la Vierge miraculeuse, cernée d'argent. L'histoire dit qu'elle fut volée par un certain Tzanoum Hodja en 1715, lorsque ce pirate pilla l'île et l'église avant de reprendre la mer. Quelques temps plus tard, la Vierge apparut à Hodja dans son sommeil et le pria de la ramener à Folegandros. Perturbé par ce rêve, le pirate jeta l'icône à la mer, dans le port de Chios. Selon la légende, l'icône dériva pendant des années et des années jusqu'au large de Ios, l'île voisine de Folegandros. Là, un capitaine la trouva et la reconnut : l'icône miraculeuse pouvait regagner sa terre d'origine. En 1857, elle retrouve sa place dans l'église. Depuis, elle fait l'objet d'une véritable vénération par les habitants de l'île. A Pâques, elle est menée en procession dans tous les villages.

© SARIKOSTA – SHUTTERSTOCK.COM

Église de la Panaghia à Folegandros.

Se loger

■ BLUE SAND HOTEL & SUITES

✆ +30 22860 41042
www.bluesand.gr
info@bluesand.gr
Chambre double à partir de 160 € en été. Petit déjeuner inclus.
Ce très bel établissement en surplomb de la plage d'Agali a ouvert ses portes récemment pour satisfaire la demande grandissante d'hébergement luxueux. Dans un style « hippie-chic » qui colle à l'ambiance des lieux, le Blue Sand offre une expérience mémorable. Les chambres ouvrent toutes sur la mer. Spacieuses et magnifiquement décorées, elles allient confort et élégance.
L'excellent petit déjeuner est servi depuis la terrasse du petit café-bar, également ouvert aux visiteurs extérieurs.

■ KYMAMENI

✆ +30 2286041190
www.kymanemi.gr
Chambre double à partir de 65 € en été.
Les six chambres de cet établissement sont situées les pieds dans le sable, sur la plage d'Agali. D'ailleurs Kymameni signifie « sur les vagues » en français. Vous aurez une vue sur la mer depuis les jolies chambres qui sont simples, mais confortables et agréables. Les gérants sont aussi propriétaires du caïque qui fait l'aller-retour entre Agali et les plages d'Aghios Nikolaos et Livadaki.

Se restaurer

■ AGIOS NIKOLAOS SEA TAVERN

Plage d'Agios Nikolaos ✆ +30 69429 20520
Ouvert tous les jours de 9h à 23h. Comptez environ 15 € par personne.
Cette petite taverne traditionnelle est située sur la plage d'Agios Nikolaos, à l'ombre des tamaris. On y vient au cours d'une journée baignade pour se rafraîchir d'un frappé ou pour manger les classiques de la cuisine grecque. Rien de particulier à noter, mais l'endroit est très agréable et le personnel, plutôt jeune et sympathique. Les hippies qui vendent leurs créations sur la plage sont souvent attablés ici. Ambiance décontractée et solaire.

■ PAPALAGI RESTAURANT

En surplomb de la plage d'Agios Nikolaos
✆ +30 694 429 1988
Ouvert tous les jours pour le déjeuner et le dîner. Comptez 25 € par personne.
On arrive à ce restaurant élégant soit à pied, par le sentier qui mène à Agali, soit par bateau, en accostant au petit ponton privé en contrebas de l'établissement. Sur les hauteurs, avant d'arriver à la plage d'Agios Nikolaos, cet établissement jouit d'un emplacement et d'une vue exceptionnels sur la mer Egée. L'accent est mis sur le poisson frais et les fruits de mer et les plats sont succulents. Les pâtes aux palourdes, les langoustines ou encore les dorades grillées sont un régal. A arroser d'un blanc frais en regardant la mer.

À voir - À faire

AGIOS NIKOLAOS

Cette jolie plage de sable un peu grossier est plantée de tamaris qui offrent une ombre bienvenue tout au long de la journée. Des familles s'y retrouvent, ainsi que quelques campeurs qui passent l'été à vendre leurs créations sur la plage. Les eaux y sont claires et d'un bleu transparent. Vous pourrez déjeuner à la taverne ou bien au restaurant plus haut de gamme d'Agios Nikolaos. La plage est accessible par le sentier qui part d'Agali et longe la côte, en passant également par la crique de Galifos. Comptez une demi-heure de marche facile et accessible à toute la famille. Alternativement, prenez le caïque (le *Stella Express*) qui fait de fréquents allers-retours entre la plage et Agali.

PANO MERIA - ANO MERIA - ΠΑΝΩ ΜΕΡΙΑ - ΆΝΩ ΜΕΡΙΑ ★★★

La région au nord de Folégandros est connue sous le nom d'Ano (ou Pano) Meria et il s'agit de la partie la plus authentique de l'île. La grande majorité des visiteurs ne viennent pas jusqu'ici, et c'est bien dommage. En effet, cette terre agricole a conservé les traditions et la vie rurales. L'habitat n'y est pas comme ailleurs sur l'île, ni d'ailleurs comme sur les autres îles des Cyclades : les themonies regroupent la vie familiale et agricole en un même espace aux usages multiples, comme vous le verrez dans le magnifique Musée Folklorique situé à quelques minutes du commissariat. Ano Meria n'est pas vraiment un village a proprement parlé : les habitations, les fermes et les quelques commerces ou cafés se succèdent le long de la route de crête sur plusieurs kilomètres sans qu'ils constituent un centre urbain organisé. La vue sur la mer Egée est partout sidérante. Au-delà des traditions et de la vie rurale, la région offre des possibilités quasi infinies de randonnées. Elles ne sont pas systématiquement balisées mais des efforts en ce sens progressent tous les ans, pour le plus grand bonheur des marcheurs. C'est une zone à explorer pour sa nature puissante et parfois difficile. Ainsi, les vents soufflent très fort de ce côté de l'île. Ce qui explique la présence de vieux moulins, qui fonctionnaient encore jusqu'au milieu des années 1960. Au cours de vos balades à pied, vous croiserez des ânes et des champs perchés, des églises solitaires face à la mer, des paysages agricoles en terrasses et des descentes parfois vertigineuses vers la mer. La plupart des randonnées vous mèneront jusqu'à des plages ou des criques isolées, parmi les plus belles de Folegandros. Vous y serez seuls la plupart du temps, comme au bout du monde civilisé. A l'extrémité nord de l'île, l'église de Chrisopigi domine l'Occident. Vous y verrez le plus beau coucher du soleil que l'on puisse imaginer. L'offre d'hébergement et de restauration d'Ano Meria est étonnamment développée, compte tenu de son relatif isolement, et les hôtels et restaurants y sont d'excellente qualité, souvent au-dessus de la moyenne locale. Ce sera donc une base idéale pour ceux qui recherchent une expérience unique où le temps et l'horizon prennent une autre dimension et où l'homme a tenté depuis des siècles de dompter la rudesse d'une nature sauvage. Rien n'est fait pour mettre de la poudre aux yeux à Ano Meria : tout y est beau tout simplement, essentiel et puissant à la fois.

Se loger

ALITANES VILLAS

✆ +30 6974 874917
http://alitanes.gr
info@alitanes.gr
Villas de 115 à 300 € pour deux par jour en été.
Quand Andreas a racheté la *themonia* de sa grand-mère, bien des années après que la famille a émigré loin de la vie difficile d'Ano Meria, il a décidé qu'il voulait la rénover dans les règles de l'art, dans le style traditionnel, pour accueillir des visiteurs. Il a ainsi pu ouvrir trois villas, sur l'ancien terrain de la maison d'origine. Idéales pour les familles, ces villas luxueuses d'environ 100 m² disposent d'une vraie cuisine équipée et de terrasses avec vue sur mer. Pour les semaines les moins demandées, possibilité de réserver une chambre double uniquement.

ANATOLI

✆ +30 22860 41069
www.hotelanatoli.gr
info@hotelanatoli.gr
Chambre double de 55 à 105 € en été.
Ce petit établissement propose six chambres face à la mer, avec kitchenette et une vue

REPÉREZ LES MEILLEURES VISITES

★ INTÉRESSANT ★★ REMARQUABLE ★★★ IMMANQUABLE ★★★★ INOUBLIABLE

spectaculaire. Depuis plus de 10 ans, les prix pratiqués n'ont pas bougé. Les chambres spacieuses bénéficient d'une petite terrasse privée et les propriétaires vous fourniront de quoi préparer votre petit déjeuner. Une retraite bien agréable face aux éléments.

■ LEMON TREE HOUSES

✆ +30 22860 41646
www.lemontreehouses.com
reservations@lemontreehouses.com

5 mini-villas de 40 à 45 m² pour 2 à 4 pers., entre 100 € et 225 € selon la période. Petit déjeuner inclus.

La route de crête fait un léger coude au niveau de l'élégant Lemon Tree House, un ensemble agréable de cinq petites villas. Confort et bien-être caractérisent l'établissement qui bénéficie d'un avantage certain : une belle piscine avec une vue dégagée sur la mer Egée à 180 degrés. Vous y apprécierez le calme, les cocktails du pool bar, ou encore le petit déjeuner maison concocté par les propriétaires des lieux. Tout le monde est bienvenu au café-bar pour prendre un café au bord de la piscine en journée ou pour admirer le coucher du soleil autour d'un verre en fin de journée.

■ NOTOS

✆ +30 6932 437641
http://notos.weebly.com
notosfolegandros@yahoo.gr

Maisonnette double de 75 à 135 € en été. Transfert gratuit depuis le port.

Ce petit ensemble de maisonnettes vue sur mer sera idéal pour les amoureux de nature et de méditation. Vous êtes ici en plein cœur de la beauté sauvage d'Ano Meria, loin de la civilisation. Sur le versant occidental de l'île, après les dernières habitations de la route de crête, une route de terre mène à ce bout du monde. Face à la mer Egée, vous pourrez profiter d'un calme absolu. Les couchers du soleil sont magnifiques et les nuits très noires sont bourrées d'étoiles. Les petites villas peuvent héberger jusqu'à trois personnes et sont très joliment décorées, proposant un confort et un style modernes. A proximité, un sentier pédestre descend jusqu'à la crique d'Ambeli, à environ 30 minutes en contrebas.

Se restaurer

■ BAKERY VENIOS

✆ +30 22860 41061

Fermé le dimanche.

Il s'agit de la dernière boulangerie traditionnelle de Folegandros : le four à pain est alimenté par des buissons secs des environs, ce qui lui donne un goût unique. Vous pourrez aussi goûter aux douceurs locales, dont une sorte de gateau très sucré mais délicieux à la pastèque. Les feuilletés salés sont au fromage local, le *souroto.* Idéal à emporter en prévision de vos marches et randonnées dans la région.

■ ILIOVASILEMA

✆ +30 2286 041032

Ouvert tous les jours, selon la fréquentation. Comptez 15 € par personne.

Au dernier arrêt du bus, alors que les dernières habitations d'Ano Meria se font de plus en plus rares, le café-restaurant Iliovasilema attend langoureusement. Attend-il le client ? Il semblerait que non vu que les lieux sont vides quasiment tout le temps et que les propriétaires n'ont pas l'air de s'en soucier. Non, il attend que le soleil se couche. Alors, la taverne prend des dimensions presque mythologiques, on oublie la cuisine traditionnelle sans charme particulier et on s'enivre des couleurs qui s'embrasent avant de disparaître. En journée, on aime venir y prendre le café, en écoutant le temps qui passe.

■ WINDMILLS RESTAURANT

✆ +30 22860 41655

Ouvert tous les jours pour le déjeuner et le dîner. Comptez 25 € par personne.

Les propriétaires d'Alitanes Villas ont ouvert l'un des meilleurs restaurants de l'île quand Anna, la femme d'Andreas, a décidé de quitter la finance pour se lancer dans la gastronomie. Son secret ? Des produits frais et de qualité qu'elle se procure chez les meilleurs fournisseurs locaux : veau de Naxos, fava de Santorin et Schinoussa, fromage et coq de Folegandros. Essayez son *ceviche* de bar au citron vert et aux fruits. Si des plats plus traditionnels sont aussi au menu, optez plutôt pour les propositions uniques d'Anna que vous ne trouverez pas ailleurs sur l'île.

LES PLAGES DE FOLEGANDROS

Folegandros regorge de petites criques qui ne sont accessibles qu'à pied par des chemins de pierres plus ou moins hasardeux et rarement bien indiqués. Choisissez la plage où vous voulez vous rendre en fonction des vents. En effet, le *meltemi* est souvent très violent et il vaut mieux choisir une crique abritée.

■ AGHIOS GEORGIOS ★

Cette plage de galets isolée à la pointe nord-est de l'île est très exposée aux vagues et au vent. Facilement accessible en scooter ou en voiture, elle est indiquée depuis la route principale : au-delà de Chrisopigi, une route de terre bifurque vers la droite jusqu'à cette baie assez large et aux eaux claires (comptez 10 minutes). Des tamaris offrent de l'ombre et l'ensemble est gardé par une petite chapelle dédiée à saint George. Au passage, vous pourrez également vous arrêter dans la petite crique de Lygaria, plus sablonneuse.

Pour les marcheurs, une route part depuis Ano Meria, au niveau du restaurant Sinantisi. La route de pierres mène jusqu'à la chapelle d'Agios Sostis à travers les paysages en terrasses typiques de la région et sur fond de mer Egée à 180 degrés. Au-delà, la végétation devient un peu plus dense et arborée jusqu'à l'arrivée sur la baie d'Aghios Georgios (comptez 1 heure).

■ AMBELI BAY ★★

Cette petite crique de galets au nord-ouest de l'île cache des eaux d'une pureté époustouflante. Quelques arbres en retrait de la mer donnent de l'ombre si besoin mais vous n'aurez pas les pieds dans l'eau. Sur le côté droit de la crique, de gros rochers plats parsemés de petits bassins naturels semblent avoir été créées pour faire bronzette. Attention cependant : la crique étant facilement accessible par la route, elle peut vite venir à saturation en très haute saison donc les premiers arrivés seront les premiers servis. Depuis la route principale, au-delà de Chrisopigi, prenez la route de terre qui bifurque vers la gauche (comptez 10 minutes). Les scooters pourront se garer sans problème sur le petit dégagement plat qui marque l'entrée de la crique. Pour les voitures en revanche, c'est une autre paire de manches.

Pour les marcheurs. Depuis la route principale, un peu après le café-restaurant Iliovasilema, une route de pierres descend sur la gauche. Dépassez les villas Notos que vous laisserez derrière vous et poursuivez jusqu'à la magnifique chapelle d'Agios Panteleimon. Faites une pause pour profiter de l'ombre et du paysage. Vous êtes entre la mer, le ciel et la terre. Continuez la route de terre à travers les champs en terrasse puis prenez le sentier en pierre qui rejoint Ampeli sur la droite. Des marches de pierre ont été créées par endroits. Comptez 1 heure depuis Iliovasilema.

■ ANGALI

Petite plage de sable blanc sur la côte ouest. Familiale et sympathique. Vous pourrez aussi

Plage d'Agali.

Croisière en caïque le long de la côte de Folegandros.

y loger, ou simplement déjeuner dans une des deux bonnes tavernes. Pour vous y rendre, prenez le bus à Chora, direction Pano Meria. Descendez à Angali (arrêt de bus solitaire sur la colline). Ensuite, 15 minutes de marche sur une route goudronnée (à pied ou à dos d'âne).

■ **LIVADAKI BEACH** ★★★

Ne mélangez pas Livadi, dans le sud de l'île, et Livadaki dont il est question ici et qui est certainement la plus belle plage de Folegandros. Elle n'est pas accessible par la route, ce qui la préserve de l'invasion touristique et c'est tant mieux. Pour venir ici, on utilisera donc ses jambes ou, pour les moins sportifs, le caïque qui fait quelques passages depuis Agali (8 €). Le mieux sera peut-être de combiner les deux : une descente à pied pour profiter de la somptueuse randonnée avec vue sur mer puis un retour en caïque jusqu'à Agali.

Cette grande plage de galets blancs est située dans un paysage rocheux somptueux et impressionnant : partout, elle semble cernée par la roche qui dévale vers la mer. Les eaux y sont transparentes et émeraude, malgré leur profondeur. C'est une piscine naturelle où l'on observera aisément poulpes et poissons. Un peu en retrait de la mer, des tamaris apportent de l'ombre tandis que de gros rochers plats s'offrent à la bronzette à droite de la plage. Les premiers caïques n'arrivent que vers 11h : avant, vous aurez la plage à vous et c'est un bonheur immense. Venez aussi tôt que vous le pouvez pour en profiter et pour éviter de marcher pendant les heures les plus chaudes.

▶ **Pour les marcheurs.** Arriver à Livadaki depuis le sentier qui passe au phare d'Aspropounta est une merveille que vous n'oublierez pas. La randonnée d'1 heure 30 n'est pas très difficile en descente, mais elle est parfois mal indiquée, ce qui rend les choses plus complexes. Balisée récemment (suivez les lettres FL en bleu), vous devriez malgré tout vous repérer. La montée est forcément plus ardue… La randonnée part des anciens moulins à Ano Meria. Empruntez la route de terre qui descend vers la mer à l'arrière des moulins et qui continue jusqu'à l'église Aghia Fotini. Juste avant d'arriver à la chapelle, vous verrez le sentier indiqué très clairement en bleu (Faros-Livadaki) sur la gauche. La marche est magnifique, assez douce jusqu'au joli phare d'Aspropounta qui date de 1919. La dernière section de la randonnée est plus rocailleuse et il faudra chercher les balises, mais l'arrivée sur les hauteurs de la plage est exceptionnelle. Vous marcherez à flanc de falaise avant de descendre sur la plage : depuis en bas, on aperçoit à peine le sentier.

CYCLADES CENTRALES

De Saint-Jean à Antiparos, la cathédrale de Syros : les Cyclades centrales sont l'écrin des sites incontournables des Cyclades. Leur popularité leur vaut d'être extrêmement bien desservies et idéales pour des vacances à la carte. Pourquoi se priver des plages de sable fin de Paros et Naxos, de l'architecture néo-classique de la capitale des Cyclades ou d'une virée festive à Ios, en plein mois d'août ? Des vacances à la carte, croyez-nous.
Ce ne sont pas les îles les plus économiques (en haute saison du moins), mais elles comptent parmi les plus prisées, avec les meilleures infrastructures.

SYROS - ΣΥΡΟΣ ★★

Avec ses 86 km² et ses 21 000 habitants, l'île est restée longtemps sous domination vénitienne (1207-1537) puis sous protection française durant la période ottomane. Ce qui explique qu'une majorité de la population soit catholique aujourd'hui, et non orthodoxe, comme 98 % du reste du pays. Capitale des Cyclades, Syros affiche fièrement ses bâtisses néo-classiques, ses anciennes maisons de maître, ainsi que sa ville médiévale d'Ano Syros que le temps n'a pas altérée. Syros montre d'emblée une image raffinée et aristocratique de ce qui a été un important centre urbain européen aux XVIIIe et XIXe siècles.
Ici le paysage ne ressemble pas à celui des îles voisines. Pas de terrains secs dominés par les maisons cubiques blanchies à la chaux, mais des jardins plantés de platanes et d'arbres fruitiers, de superbes maisons néo-classiques, de grandes places aérées. Peut-être parce qu'elle ne correspond pas au cliché de l'île cycladique, Syros n'attire pas un très grand nombre de touristes. Mais si vous prenez le temps de la découvrir, elle vous séduira par son originalité et son authenticité. Une partie de l'île est quasiment étrangère au tourisme et compte parmi les plus jolies plages des Cyclades.
C'est également une île très vivante aux multiples festivals. Elle est aussi réputée pour sa gastronomie : on y fabrique d'illustres fromages, le san mihali, le souroto et le kopanisti, ainsi que du miel au thym. Un dernier conseil : évitez Syros au mois d'août, c'est l'île préférée des Athéniens...

ERMOUPOLIS - ΕΡΜΟΥΠΟΛΗ ★★★

Construit en amphithéâtre sur deux collines, ce port, dominé par la coupole bleue de l'église Anastasis, fait penser à une cité européenne du XIXe siècle avec ses belles maisons néoclassiques et sa grande place Miaouli, pavée et encadrée de palmiers. Ermoupolis est à la fois la capitale de Syros et de l'ensemble des Cyclades. Elle a été largement influencée par l'arrivée massive de réfugiés, notamment de Chios, suite aux massacres réalisés par les Ottomans dans les années 1820. Elle est aussi très marquée par les révolutionnaires grecs.
Le nom « Ermoupolis » provient du dieu du Commerce, Hermès. La prospérité économique a suscité un développement social et culturel important qui a entraîné l'apparition d'une bourgeoisie grecque. Ce passé glorieux est encore visible à travers sa magnifique architecture : anciennes villas, rues en marbre, églises imposantes, statues et superbes constructions néoclassiques bien préservées, d'où son surnom de « petit Milan » ou encore celui de « duchesse de l'Égée ».

Les immanquables des Cyclades centrales

- **Comment résister** au coucher de soleil volcanique sur la caldeira de Santorin ?
- **Visiter** la porte du temple d'Apollon et le Kastro en arrivant à Naxos.
- **S'aventurer** dans la célèbre grotte aux stalactites sur la colline de Saint-Jean, à Antiparos.

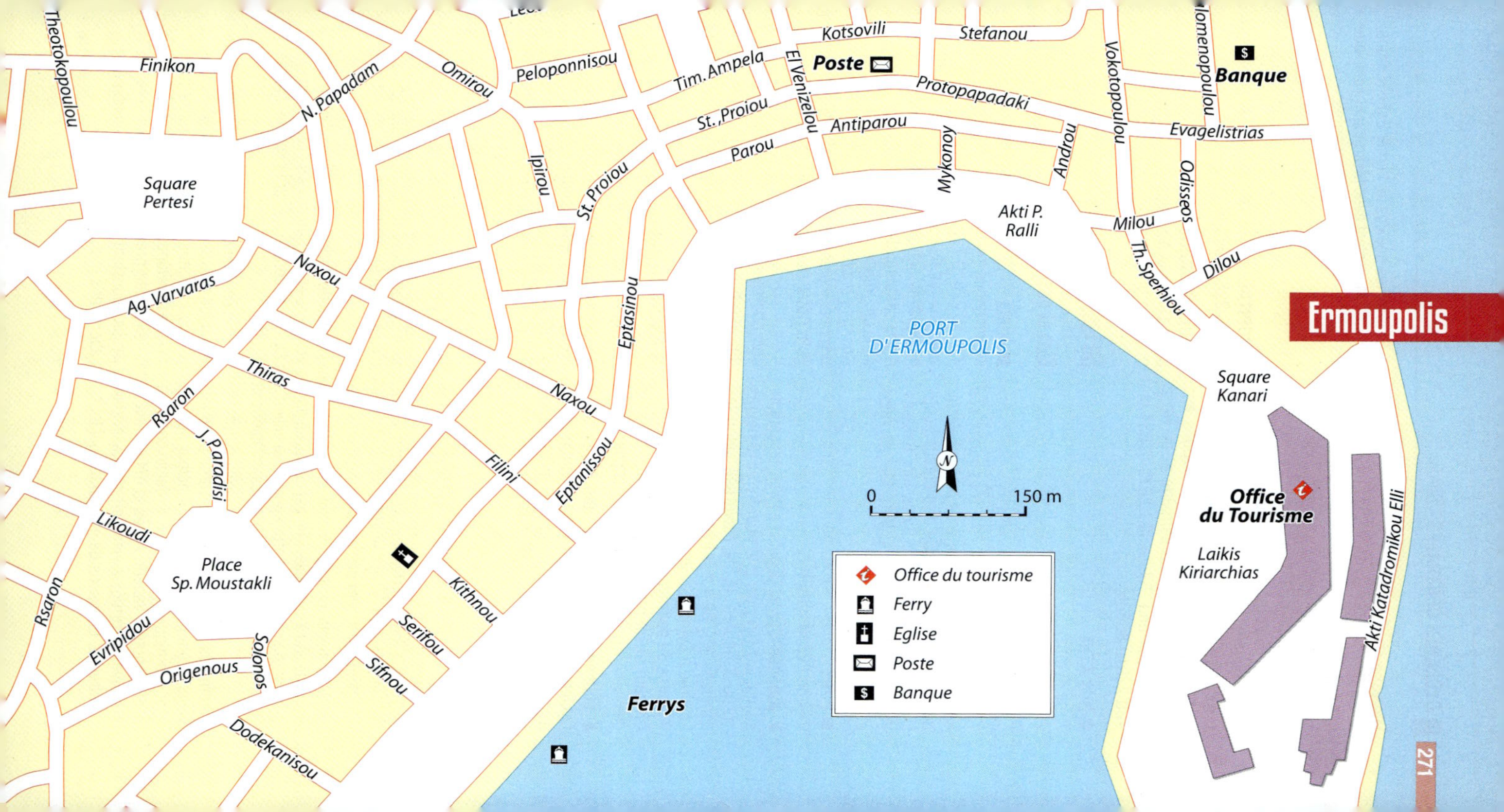
Ermoupolis
PORT D'ERMOUPOLIS
Office du Tourisme
Square Kanari
Laikis Kiriarchias
Akti Katadromikou Elli
Akti P. Ralli
Poste
Banque
Ferrys
Square Pertesi
Place Sp. Moustakli
Theotokopoulou
Finikon
N. Papadam
Omirou
Peloponnisou
Tim. Ampela
Kotsovili
Stefanou
lomenopoulou
Vokotopoulou
Evagelistrias
Protopapadaki
El Venizelou
St. Proiou
Antiparou
Parou
Mykonoy
Androu
Odisseos
Milou
Th. Sperhiou
Dilou
Ipirou
Eptasinou
Naxou
Ag. Varvaras
Thiras
Rsaron
J. Paradisi
Likoudi
Filini
Eptanissou
Kithnou
Serifou
Sifnou
Solonos
Origenous
Evripidou
Dodekanisou
0
150 m
Office du tourisme
Ferry
Eglise
Poste
Banque

Transports

AÉROPORT

✆ +30 22810 87025
Situé à proximité d'Ermoupolis, l'aéroport n'est pas relié en bus, mais uniquement en taxi.

Athènes-Syros. Le voyage dure 30 minutes. Le bureau d'Oympic Air à Ermoupolis est ouvert de 9h à 17h en semaine et de 9h à 14h le week-end. Tél : +30 22810 82634 ou +30 22810 86606.

BUS KTEL

7 rue Kythnou
✆ +30 22810 82575
www.ktel-syrou.gr
info@ktel-syrou.gr
Tickets entre 1,40 € et 2,70 €. Les bureaux de Ktel sont à 20 m du terminus. On peut acheter les tickets dans le bus ou à un distributeur à côté.
Ermoupolis est reliée à Ano Syros, Kini, Galissas, Parakopi, Finikas, Mana, Vari, Megas Yalos et Hroussa.

PORT

✆ +30 22810 88888

Athènes-Syros. Depuis Le Pirée, on compte au moins 1 ferry par jour pour Syros (3 heures 10 ou 3 heures 45 de traversée selon les compagnies). De 1 à 3 hydroglisseurs relient Le Pirée à Syros tous les jours (2 heures 30 ou 2 heures 50 de traversée selon la compagnie). On peut aussi partir de Lavrio. Ces bateaux desservent aussi Mykonos et, certains, Tinos.

Liaisons avec les autres îles. Capitale des Cyclades, le port d'Ermoupolis donne accès à toutes les îles de l'archipel et même à une partie du Dodécanèse (Rhodes, Leros, Kos...) et à certaines des îles de la mer Egée (Samos, Ikaria...). Mais c'est avec Mykonos et Tinos que les liaisons sont les plus fréquentes.

Pratique

HOPITAL

✆ +30 22810 96500

POLICE TOURISTIQUE

3 rue Timoleon Ambelas
✆ +30 22810 82610

Se loger

Bien et pas cher

AEGLI

Kleisthenous 14
✆ +30 22810 79279
www.lux-hotels.com/aegli
hotegli@otenet.gr
A une centaine de mètres du port, dans une ruelle.
Chambre double entre 55 et 75 € en été. Petit déjeuner inclus. Ouvert toute l'année.
Petit hôtel familial de treize chambres, sur trois étages, près du débarcadère, avec une charmante terrasse sur le toit offrant une vue panoramique. Huit ont vue sur mer. Les chambres sont assez impersonnelles mais tout le confort y est.

ARCHONTISSA

Place Iroon
✆ +30 22810 84411
www.archontissa.gr
archontissa1@gmail.com
A 300 m du port sur la gauche. Les arrêts de bus et de taxis sont juste devant.

Syros, île capitale...

Syros a joué un rôle important dans la civilisation cycladique. Elle est colonisée par les Phéniciens et, vers l'an 1000 av. J.-C., par les Ioniens qui fondent deux cités, dont l'une à l'emplacement de l'actuelle capitale.

Au VIe siècle av. J.-C., le philosophe Phérécyde, maître de Pythagore, a vécu ici dans une grotte. Au XIIIe siècle, l'île est conquise par les Vénitiens et ses habitants se convertissent au catholicisme. A cette époque, la ville d'Ano Syros est construite sur la colline, afin de constituer un refuge contre les invasions des pirates.

Terre catholique ayant demandé la tutelle de la France, l'île peut accueillir nombre de réfugiés persécutés par les Turcs pendant la révolution de 1821. Pendant les 50 années qui suivent, Syros est le principal port de la Grèce et connaît un grand rayonnement économique et culturel. Son déclin commence avec le développement du Pirée et le règne du bateau à vapeur. Après la défaite, en 1922, de l'armée grecque en Asie mineure, de nouveaux réfugiés viennent s'installer dans l'île. Ils apportent avec eux la tradition des *rebetika*, chansons de marginaux qui louent la liberté des mœurs et la drogue.

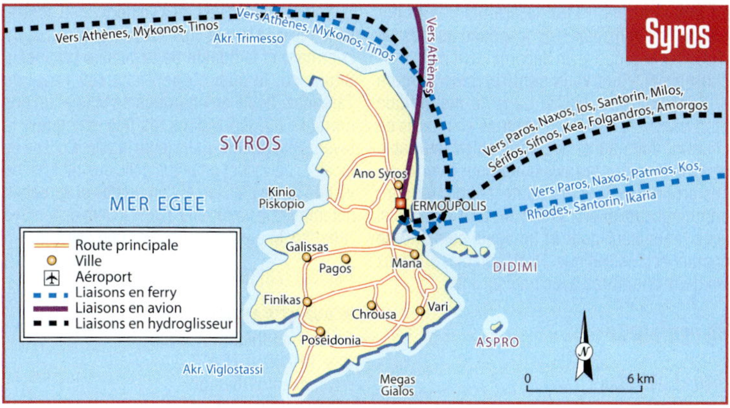

Chambre entre 40 € et 80 € selon la période et la catégorie. Ouvert toute l'année.

Petit hôtel familial de 16 chambres confortables et bien équipées (air conditionné, TV, frigo, certaines avec cuisine). Ascenseur. Depuis les terrasses spacieuses, vous avez la ville d'Ermoupolis à portée de main. Très pratique. Toutes les chambres ont été entièrement rénovées et comprennent une télévision à écran plat, la climatisation, une bouilloire, un réfrigérateur et une salle de bains. Il y a aussi des chambres avec kitchenette qui possèdent également un balcon. Certains donnent sur les deux collines de la Résurrection et sur Ano Syros.

■ OMIROS

43 rue Omirou
✆ +30 22810 84910
www.hotel-omiros.gr
omirosho@otenet.gr
Chambre double entre 50 et 80 € en été. Petit déjeuner : 5 €. Ouvert toute l'année.

Attention, l'hôtel est sur une petite colline. Mais à 10 minutes du centre, cette petite montée sur les hauteurs vaut la peine : voilà une magnifique pension néoclassique aménagée avec beaucoup de goût dans un bel hôtel particulier du XIXe siècle (escalier de marbre, parquet, hauts plafonds...). Certains lavoirs en marbre ont été gardés. L'hôtel propose 11 chambres à deux lits et 2 suites dans le style traditionnel de l'île.

Confort ou charme

■ APOLLONION PALACE

Apollonos
✆ +30 22810 89056
www.apollonionpalace.gr
info@apollonionpalace.gr
En arrivant sur la place de la Mairie prendre la petite ruelle à droite : rue Apollonos.
A partir de 120 € en été. Petit déjeuner compris.

L'hôtel se situe à 50 m de la Mairie, dans la prestigieuse rue d'Apollonis. C'est un bâtiment néoclassique du XIXe siècle rénové en 2009. Bien qu'il soit luxueux, l'endroit est tenu par la famille dans lequel on se sent comme chez soi. Vous pouvez faire le choix entre une chambre classique ou une suite, n'importe comment tout est décoré dans un style traditionnel cycladique. Ce palace vous offre un restaurant superbe sur le toit du bâtiment avec une vue romantique sur la mer. Accès direct sur la plage donc pas besoin d'aller chercher loin pour la baignade.

■ LILA GUESTHOUSE

Ioannou Kosma & Fil. Etaerias.
✆ +30 22810 82738
www.guesthouse.gr
info@guesthouse.gr
Chambre double à partir de 70 € en été. Petit déjeuner compris. Ouvert toute l'année.

Lila Guesthouse se compose de 3 chambres et de 3 suites d'environ 50 m², chacune avec un style de décoration différent. Coup de cœur particulier pour cette petite guesthouse de charme. Elle a abrité autrefois le consulat français entre la fin du XIXe et le début du XXe siècle. Pour les familles, une suite à l'étage peut accueillir jusqu'à 6 personnes. La maison d'hôtes est ouverte toute l'année et propose à ses clients des chambres et des suites spacieuses, agréablement décorées, pour un séjour confortable. Petit déjeuner en chambre possible.

Luxe

■ XENON APOLLONOS

8 Apollonos
✆ +30 22810 81387
www.xenonapollonos.gr
info@xenonapollonos.gr
Chambre double à partir de 160 € en été. Petit déjeuner inclus.

Le bâtiment historique, autrefois habité par Eleftherios Venizelos, est suspendu au-dessus de la mer et propose un hébergement dans trois chambres. Vous vous sentirez plus comme à la maison qu'à l'hôtel dans ce magnifique établissement de seulement trois chambres de charme. Vous aurez accès au salon, agréable et spacieux et à la ravissante cour intérieure. Les propriétaires sont architectes d'intérieur : on comprend mieux pourquoi tout est choisi avec le meilleur goût et un souci combiné de confort et d'esthétique. Si disponible, préférez les deux chambres avec vue sur mer.

Se restaurer

Bien et pas cher

FILOMILA

Emmanouil Roidi
✆ +30 22810 62 088
www.mezedopoleio-filomila.gr
Ouvert de midi jusqu'au dernier client. Comptez 15 € par personne.
Délicieuse cuisine grecque faite maison servie dans un restaurant surplombant la mer. Cette jolie taverne sur la ruelle piétonne d'Emmanouil Roidi propose de délicieux *mezzes* à déguster sous une multitude d'ombrelles colorées. Ici, on cherche la couleur, la joie de vivre et la convivialité. Les plats proposés changent selon le marché du jour et est teinté d'influences orientales en provenance de Syrie ou du Liban. Tout est savoureux, une bonne adresse. Le service est parfait et le personnel vous met à l'aise. Et surtout excellent rapport qualité-prix.

TO ARCHONTIRAKI TIS MARITSAS

Emmanouil Roidi 8 ✆ +30 22810 86771
www.archontariki-restaurant.gr
maritsa.sef@gmail.com
Ouvert tous les jours pour le déjeuner et le dîner. Comptez 15 € par personne.
Dans une des ruelles piétonnes autour de la rue Kotsovili, cette taverne traditionnelle est une des plus réputées de la ville. Depuis 1994, la chef Maritsa propose des plats traditionnels de Syros, parfois réinterprétés à sa sauce. L'ensemble est de très bonne qualité et on aime l'ambiance conviviale de ces tables qui envahissent la ruelle. Goûtez son fameux feuilleté au fenouil, très réussi.

TARSANAS TAVERNA

Iroon Polytechniou 13
✆ +30 22810 77667
http://tarsanastaverna.com
we@tarsanastaverna.com
Ouvert tous les soirs de 18h à 2h du matin. Musique live samedi et dimanche soir. Comptez 15 € par personne.
Cette taverne est un peu à l'extérieur du centre, mais elle vaut largement le détour pour son cadre charmant et la qualité de la cuisine proposée. Située sur le quai du petit chantier naval de Tarsanas, dédié aux barques de bois et un des derniers du genre dans les îles grecques, la taverne est réputée dans toute la ville. Conseil de locaux : on y vient pour ses délicieux mezzes de viande ou de poisson et l'ambiance si agréable, notamment le week-end quand jouent de tendres *rebetiko*. Mieux vaut réserver ces soirs-là.

Bonnes tables

AVANT GARDEN

En face du théâtre Apollon
✆ +30 22810 79416
www.avantgarden.gr
info@avantgarden.gr
Ouvert tous les jours pour le dîner à partir de 18h. Comptez 35 € par personne.
Ce restaurant, dernier arrivé des beaux établissements d'Ermoupoli, est logé dans un adorable jardin intérieur, en face du théâtre Apollon. A l'Avant Garden – l'avant-garde –, la carte est recherchée, élaborée avec talent par Konstantinos Bourantas qui est passé par différents restaurants étoilés de Londres ou de Belgique avant de venir s'installer ici avec sa femme. Leur carte des vins liste de très bonnes bouteilles grecques pour découvrir les vins nationaux. Au menu, des créations fraîches et réussies et des portions assez copieuses pour un restaurant gastro.

MAZI

Leotsakou 2
✆ +30 698 991 1799
Ouvert tous les soirs à partir de 18h. Comptez 30 € par personne.
Un restaurant qui sort du lot tant pour le décor que pour la cuisine proposée. Mazi est un des chouchous de la gastronomie à Ermoupoli : décor somptueux dans la verdure d'un jardin secret, expositions régulières dans les belles salles intérieures, menu raffiné préparé sur la base de produits locaux de qualité, cocktails délicieux et bien équilibrés... La liste est longue et Mazi fait fureur. Il faut absolument réserver en soirée. Tout est parfait : mezzes, boulettes de viande savoureuses et les poissons cuits à merveille. Et très bons vins.

STA VAPORIA

2 Athanassiou Krinou, Vaporia
✆ +30 2281 076486
syrosvp@hotmail.com
Ouvert tous les jours de 11h à 1h. Comptez 25 € par personne.
En surplomb de la plage de Vaporia, cet établissement jouit vraiment d'un emplacement idéal, avec vue sur la baie et la mer. L'intérieur est agréable et très chaleureux, mais préférez la

jolie terrasse pour profiter de la brise et de la vue. A la carte, des plats généreux et plus travaillés que la moyenne, avec notamment de très bons plats de viande, comme du porc à l'orange amère ou du veau au citron. Vous pourrez également venir pour boire un cocktail en soirée : le restaurant fait aussi office de bar. Pour dîner, pensez à réserver.

Sortir

■ THÉÂTRE APOLLON

Place Vardaka
✆ +30 22810 85192
http://apollontheater.gr
apollon@pkde.gr
Le théâtre Apollon, également surnommé la « Piccola Scala », est le joyau de la vie culturelle de Syros et plus largement des Cyclades. Ouvert en 1864 sur les plans d'un architecte italien inspiré par l'opéra de Milan, l'Apollon offre une programmation de qualité, entre opéra, concerts et théâtre dramatique. Le théâtre a été fermé pour rénovation pendant de nombreuses années. Depuis sa réouverture en 2000, c'est un pilier de la vie culturelle dans les îles. N'hésitez pas à prendre une place pour voir un spectacle dans la salle tendue de velours rouge.

À voir – À faire

■ ÉGLISE D'ANASTASIS (RÉSURRECTION) ★

L'église fut construite en 1874 par l'architecte local Dimitris Eleftheriadis mais ne commença à être utilisée régulièrement qu'à partir de 1908. Sur la colline qui domine Ermopoulis, l'église de la Résurrection offre la meilleure vue sur la ville et la mer. Son dôme bleu est visible depuis le port. C'est une église à trois nefs au style byzantin intégrant des éléments néoclassiques, un dôme, des clochers impressionnants et des icônes très particulières.

■ HOTEL DE VILLE ★★

Place Miaouli.
Impossible de manquer cet édifice très original avec une façade à trois étages donnant sur la place Miaouli. L'hôtel de ville de la capitale a été construit en 1876 sous le contrôle d'Ernst Ziller pour un coût estimé à 300 000 drachmes environ, soit un montant colossal pour l'époque ! Mais quel travail ! Notez la beauté de certains détails, comme ces deux ailes avec cinq poignées de fenêtre verticales à gauche et à droite. Globalement, le bâtiment doit son inspiration à trois courants architecturaux différents. Le style toscan est présent au 1er étage, illustré par l'imposant escalier de 15 mètres de large, le style grec classique s'installe au 2e étage et enfin le style corinthien est présent, presque par définition, dans ses colonnes.
L'hôtel de ville présente aussi un fronton de marbre dédié à l'ancien maire Bafiadakis. Sinon les autres éléments remarquables de l'hôtel de ville restent l'échelle suspendue à l'entrée, le buste de Bafiadakis, la salle du conseil et les portraits des anciens maires. L'hôtel de ville abrite désormais les tribunaux, le cadastre, le musée archéologique et plusieurs organismes publics. Situé sur la place centrale d'Ermoupolis, vous verrez aussi le buste d'Andreas Miaoulis, l'amiral héroïque de la guerre d'indépendance, et le bâtiment imposant de la mairie. Pendant les week-ends, vous pourrez assister à des concerts et à d'autres événements culturels. Plantée de hauts palmiers, la place est bordée de nombreux cafés où il est agréable de lézarder, en regardant les gens passer.

Mairie d'Ermoupolis

Vue sur Ano Syros.

MUSÉE ARCHEOLOGIQUE
Emmanuel Benakis.
✆ +30 22810 88487
Entrée 2 €. Ouvert en saison lundi, mercredi et jeudi de 8h30 à 16h et vendredi, samedi et dimanche de 9h à 21h.
Ce petit musée intéressant, fondé en 1834, est l'un des plus vieux musées de Grèce. Depuis 1899, vous le trouverez dans l'hôtel de ville d'Ermoupolis, mais on y accède par une entrée indépendante.
La collection du musée comprend des pièces telles que l'Amfikypellon, une coupe cylindrique de 15 cm de la fin du IIIe millénaire avant J.-C., un vase de la seconde moitié du IIIe millénaire avant J.-C., une statuette de femme en marbre de 35 cm de 730 avant J.-C., entre autres objets et sculptures du début des périodes cycladique et byzantine.

ANO SYROS - ÁΝΩ ΣΥΡΟΣ ★★

Ano Syros est une curiosité médiévale adossée à Ermoupolis. On y passe sans y dormir car, à moins de trouver un lit chez l'habitant, l'offre hôtelière est inexistante.
Construit sur le rocher, le temps ne l'a pas altérée, avec ses ruelles étroites et ses maisons basses. Perchée sur la colline de San Giorgio et dominée par l'église catholique médiévale de Saint-Georges, l'ancienne capitale de l'île garde encore tout son charme. Ano Syros a été construit en amphithéâtre pour se protéger des pirates. Ses maisons sont collées les unes aux autres et forment une forteresse défensive, renforcée par les murs en pierre et les ruelles étroites. Le mélange entre l'architecture typique des Cyclades et l'architecture médiévale constitue le charme de ces ruelles.

Transports

Se déplacer

Le point le plus haut de la ville est la cathédrale catholique de Saint-Georges, près de laquelle se trouve le centre d'études historiques. Vous pourrez visiter le couvent des Capucins (1635) ainsi que celui des Clarisses. Promenez-vous dans les venelles, entre les maisons blanches aux portes vertes, jaunes ou bleues.

Se restaurer

FRANGOSYRIANI
Place Vamvakaris
✆ +30 22810 84888
Ouvert tous les jours de 10h à minuit. Comptez 15 € par personne.
Traduisez : «femme franque de Syros», mais c'est surtout le titre d'une célèbre chanson. Cette taverne traditionnelle est réputée pour ses mezzés, notamment sa *froutalia* à la saucisse fumée de Syros.
Il s'agit d'une sorte de tortilla ou omelette épaisse locale. Vous pourrez goûter également au porc cuisiné au miel et à la moutarde, très réussi.
Le meilleur moment de la journée pour y venir est juste avant le coucher du soleil, afin de pouvoir profiter des couleurs et de la vue. Vous verrez peut-être la lune se lever pendant que vous sirotez votre ouzo...

TAVERNE LILIS
Place Piatsa
✆ +30 22810 88087
Environ 15 € par personne. Ouvert tous les soirs de 20h à 2h du matin.
Il est préférable de réserver en été pour ne pas gravir la colline inutilement. La viande et les poissons sont cuits au feu de bois. Vue spectaculaire sur Ermoupolis, les côtes de Mykonos et même celles de Tinos. Ici chantait autrefois l'ancien barde des *rebetika*, Markos Vamvakaris, et son aura est encore omniprésente dans cette taverne traditionnelle. La belle terrasse offre une vue panoramique sur Ermoupolis, tandis que le menu respecte la tradition et les recettes des fondateurs transmises par Leonardos Roussos à la troisième génération de la famille.

VARI - BAPH

À 9 kilomètres au sud d'Ermoupolis, facilement accessible en bus depuis le port, ce village côtier dispose d'une belle plage abritée du vent ; vous y trouvez quelques rares hôtels et restaurants. En excursion à la journée depuis Ermoupolis, à l'aller visitez Manna et la plage d'Azolimnos et au retour, empruntez l'autre route pour passer par Hroussa, charmant village noyé dans la verdure. De Vari, vous pouvez vous rendre sur les plages isolées de Fabrika et Santorinioi.

BOLAS
✆ +30 22810 61217
A partir de 15 € par personne. Ouvert tous les jours midi et soir.
Le choix étant limité, vous serez peut-être contents de vous arrêter dans ce restaurant géré par l'hôtel Kamelo, sur la plage. Petit déjeuner complet à la terrasse ou à l'intérieur ou, quand l'air marin éveille l'appétit, boire un ouzo et goûter aux mezzés. On y trouve aussi des plats traditionnels, poissons frais ou plats grillés.

ENDLESS BLUE
Plage de Fabrika
✆ +30 6977000631
dounavisgroup@gmail.com
Villas entre 90 et 200 € la nuit en été (2 nuits minimum).
Deux villas à louer dans le petit village de Fabrika, un peu en retrait de la plage. Intégralement équipées et très joliment arrangées, ces villas peuvent offrir une bonne alternative à l'hôtel, d'autant qu'on y loge aisément à 4. Une bonne adresse, un peu plus charmante que la moyenne.

GIOSIFAKI
✆ +30 2281061406
www.giosifaki.gr
info@giosifaki.gr
Chambre double à partir de 100 € en été.
Un joli établissement de 8 studios équipés d'une kitchenette, dont quelques options pouvant accueillir trois personnes. Le choix de la sobriété a été fait... et poussé un peu loin. Certains auront l'impression d'être à l'hôpital dans tout ce blanc épuré, d'autres adoreront le dépouillement ! Emplacement parfait, sur la plage de Vari.

KAMELO
Sur la plage.
✆ +30 22810 61217
www.hotel-kamelo.gr
info@hotel-kamelo.gr
Chambre double à partir de 49 € en été, sans le petit déjeuner.
L'hôtel Kamelo est idéalement situé à seulement quelques mètres de la plage de sable de Vari. Il propose des chambres climatisées donnant sur la mer Égée et dispose d'un bar et d'un restaurant de bord de mer traditionnels. L'hôtel, les pieds dans le sable, propose 24 chambres, dont la majorité donne sur la mer ou sur le village de Vari. Toutes ont TV, téléphone, réfrigérateur, accès wifi et balcon. Très économique si la réservation se fait par Internet.

MEGA GIALOS – ΜΕΓΑΣ ΓΙΑΛΟΣ

A 15 kilomètres de la capitale, une magnifique baie paisible. L'un des endroits les plus tranquilles de l'île aux dires des habitants.

ALKYON
✆ +30 22810 61761
www.alkyonsyros.gr
alkyonsy@otenet.gr
A 600 m de la place du village.
Chambre entre 50 et 80 € en été.
Bienvenue dans cet hôtel de 25 belles chambres. La direction de l'Alkyon est franco grecque. Catherine, française, vit sur l'île depuis 25 ans. Iakovos, son mari grec, est originaire de Syros. L'hôtel est en outre doté d'un restaurant, d'une piscine avec bar et d'un court de tennis. Il est entouré d'un beau jardin, avec un échiquier extérieur.

EMILIA LUXURY APARTMENTS
✆ +30 22810 43795
www.emilia.gr
info@emilia.gr
Chambre double à partir de 90 € en été avec le petit déjeuner.
Un établissement qui a opté pour le charme de l'ancien plutôt que de succomber aux sirènes du design contemporain. Huit chambres doubles et 5 appartements avec cuisine équipée. Certaines chambres ont de grandes terrasses donnant sur la mer.

POSEIDONIA – ΠΟΣΕΙΔΩΝΊΑ

A 13 kilomètres de la capitale. La plage est un peu peuplée, mais plus au sud, vous découvrirez la ravissante crique d'Angathopes et son petit îlot au large. Pour plus de calme, à côté, il y a Komito. Les riches habitants de Syros qui venaient y passer leurs vacances y ont construit de très belles maisons néoclassiques avec de grands jardins. À l'origine de cette ville qui a hérité son nom de la petite église Madonna della Grazia, se trouve la deuxième grande cité de l'île, dans l'Antiquité.

AKROGIALI
✆ +30 22810 42336
www.akrogiali-syros.gr
info@akrogiali-syros.gr
Chambre autour de 50 €, variable selon période et catégorie.
Un bon et joli plan à 50 m de la plage. Vous trouverez ici 16 studios et appartements élégants pour 2 ou 4 personnes, parfaitements équipés avec kitchenette. Wi-fi.

CARMELA
✆ +30 22810 43724
www.carmela.gr
carmela.syros@gmail.com
A 200 m de la mer.
Chambre double entre 35 et 55 € en été.
Les chambres, toutes climatisées, sont équipées d'une salle de bains individuelle, d'un réfrigérateur et d'un poste de télé. Plutôt basique mais avec l'essentiel. Très honnête vu le prix.

LE PERROQUET TRANQUILLE
✆ +30 22810 45700
Ouvert midi et soir en saison. Comptez 25 € par personne. Réservation conseillée.

Ce café bistrot propose de la cuisine française et méditerranéenne aux nostalgiques de la Provence. Le matin, on peut y petit déjeuner (avec baguette !) et le week-end, on vient prendre le café ou boire un verre en soirée. Restauration légère à midi, avec salades, quiches et sandwiches.

FINIKAS - ΦΟΊΝΙΚΑΣ

Petit village, très calme, proche de Poseidonia : des palmiers et une petite plage. Pour changer, faites une virée à la crique voisine de Sousouni.

■ BRAZZERA

Sur le front de mer.
✆ +30 22810 79173
www.brazzera.gr
brazzera@otenet.gr
Chambre à partir de 63 €, selon la période et la catégorie. Transfert proposé pour 15 €.
14 chambres élégantes. Chambres doubles panoramiques avec balcon et vue sur la mer, d'environ 20 m², ou avec balcon et vue sur le jardin. Décoration raffinée et vue splendide des balcons. Les chambres sont équipées d'un réfrigérateur. Il y a aussi une « honeymoon suite » et un appartement de deux chambres communicantes, d'environ 45 m², avec un balcon donnant sur la mer et deux balcons donnant sur le jardin, avec kitchenette.

■ HOTEL CYCLADES

Sur la place centrale.
✆ +30 22810 42255
www.hotelcyclades.com
hotelcyclades@syr.forthnet.gr
Chambre double de 65 à 85 €, avec petit déjeuner.
Les chambres de ce petit hôtel sont très honnêtes et correctement équipées, à 30 m de la plage. Réfrigérateur, télévision et accès Internet. Roof garden. Les chambres avec balcon sont évidemment plus agréables.

GALISSAS - ΓΑΛΗΣΣΑΣ

Galissas aujourd'hui n'est plus réputée que pour sa large plage de sable, au microclimat doux. C'est l'un des lieux les plus touristiques de l'île avec le seul *resort* de Syros qui accueille des familles en saison. Lieu de villégiature tourné vers la plage, il n'y a rien d'autre à faire que de s'y baigner. Les familles avec enfants apprécieront l'ombre de ses tamaris et son sable qui s'enfonce dans une eau peu profonde.

Se loger

■ BENOIS

✆ +30 22810 42833
www.benois.gr
info@benois.gr
A 50 m de la plage.
Chambre double à partir de 55 €, avec le petit déjeuner. Ouvert toute l'année.
A 50 m de la plage de Galissas, dans un bâtiment de style égéen. Les 38 chambres modernes et fonctionnelles, rénovées en 2015, offrent tout le confort nécessaire avec télévision, air conditionné, réfrigérateur, hydromassage. La belle plage du village est à seulement 50 mètres, mais l'hôtel propose également une piscine pour adultes et enfants.

■ DOLPHIN BAY HOTEL

Sur la plage.
✆ +30 22810 42924
www.dolphin-bay.gr
info@dolphin-bay.gr
Chambre double à partir de 85 € en été avec le petit déjeuner.
Appelé aussi Akti Delfiniou, ce grand complexe de 140 chambres tout confort, donnant directement sur la plage est le seul hôtel de type *resort* qui existe à Syros. Ce qui explique que Galissas soit plus visitée que le reste mais également que Syros ne soit pas envahie par de grands complexes du genre. Pour les amateurs, toute sorte de services disponibles sur place : piscine de 25 m, équipement sportif, restaurant de spécialités grecques et internationales, piano bar, Internet, taverne traditionnelle au bord de l'eau…

■ REMVI

Indiqué juste avant l'entrée du village, en arrivant d'Ermopouli
✆ +30 22810 43078
www.hotelremvi.gr
info@e-remvi.gr
A 250 m de la plage.
Chambre entre 55 et 100 € selon la période et la catégorie. Petit déjeuner : 5 €.
Un beau complexe, près d'une belle plage, avec une belle piscine et même un bain bouillonnant. Les chambres sont meublées sobrement, avec beaucoup de bois, mais offrent tout le confort nécessaire à des vacances en famille au bord de la mer. Construit récemment et entièrement équipé, cet hôtel comprend des chambres à deux lits, des studios et des appartements, une piscine extérieure, un bar, un bain à remous et un parking privé. L'hôtel Remvi se trouve à moins de 250 mètres du bord de mer, avec une plage de sable fin et des eaux cristallines.

Galissas.

Se restaurer

■ ILIOVASILEMA

✆ +30 22810 43325

Comptez 25 € par personne. Ouvert tous les jours, midi et soir.

Ce restaurant s'appelle le « Coucher de soleil » et ne manque pas de charme. Il installe ses tables sur une terrasse pavée et une zone couverte de l'autre côté de la rue. Dans une jolie cour dallée près de la plage, cette taverne sert une grande variété de poissons (le propriétaire et chef, Kostas Bouyiouris, a ses propres caïques), des spaghettis aux fruits de mer et de petits poissons frits. C'est, de loin, le meilleur établissement de Galissas. Venez notamment pour l'apéritif et le dîner afin de profiter du coucher du soleil.

Sortir

■ KASOUNIOS CAFÉ BAR

✆ +30 228 104 2879

Ouvert tous les jours à partir de 9h.

Ce bar de plage est situé les pieds dans le sable, à l'extrémité gauche de la plage, en regardant vers la mer. Déco contemporaine, service jeune mais lent, snacks acceptables avec grandes salades, burgers et autres plats au goût du jour mais sans réelle qualité gastronomique, agréable pause café... en bref, tous les attributs habituels d'un bar de plage sympathique pour boire un coup mais où l'on pourra aussi casser la croûte. Le bar possède une grande partie des transats et parasols à louer sur la plage.

KINI - KINI ★★

Le petit village de Kini est situé à 4 km d'Ermoupolis, sur la côte ouest. Un peu à l'écart du grand circuit balnéaire, il est relativement bien desservi en bus l'été. A Kini, une petite plage de sable est joliment ombragée et très agréable pour les familles. Par ailleurs, Kini abrite de très bons restaurants, ce qui rend la pause déjeuner d'une journée à la plage d'autant plus sympathique. Kini est également la porte d'entrée pour les plages du nord-ouest, certainement les plus belles de Syros. Elles sont difficilement accessibles, ce qui les préserve de l'affluence. Un caïque les dessert quelques fois par jour depuis le petit port de Kini. A ne pas manquer. Sinon la plage de Delfini, juste au nord de Kini, est facilement accessible à pied par un sentier. Il faut compter 20 minutes environ. L'ensemble de ces criques isolées sont appréciées des nudistes.

Se loger

■ BLUE HARMONY HOTEL

Kini Beach

✆ +30 22810 71570

www.blueharmony.gr

info@blueharmony.gr

14 chambres. La double entre 100 et 250 € avec petit déjeuner selon la période.

L'emplacement est parfait, juste face à la promenade et la plage de Kini. Ouvert en 2009, cet hôtel design rencontre un grand succès. On aime les chambres élégantes et spacieuses avec balcon et vue mer incroyable. Petit déjeuner buffet en terrasse. Quelques services originaux proposés en prime : Manucure, coiffeur ou baby-sitter. Attention : séjours de 4 nuits souvent requis en été.

■ **THE CAPTAIN'S**
✆ +30 22810 71400
www.captains.gr
info@captains.gr
A 600 m de la plage.
Chambre double entre 50 et 80 € en pleine saison.
Hôtel-restaurant familial, jumelé avec la ville de Grillon en France. Un peu plus excentré sur les hauteurs du village mais permettant une vue exceptionnelle depuis la terrasse du restaurant. Une quinzaine d'appartements. Air conditionné, TV, cuisine, balcons avec vue sur la mer, parking, laverie... Piscine, bain bouillonnant, sauna, hammam et gymnastique dans le jardin.

■ **LIGARIES STUDIOS**
✆ +30 22810 71419
www.ligaries.gr
ligaries@otenet.gr
A 70 m de la mer.
Chambre double de 40 à 70 € en été.
Dans une ambiance chaleureuse, le jeune couple Rigoutsos et leur fils vous accueilleront dans les 12 chambres et studios situés à proximité de la plage. Le complexe a été rénové il y a quelques années et tous les studios disposent d'une cuisine. Madame Rigoutsos vous fera goûter de délicieux gâteaux qu'elle prépare à base de noix de coco appelés « Halvas Karida ». Une bonne adresse pour tous, mais surtout pour les familles.

Se restaurer

■ **ALLOU GIALOU**
✆ +30 22810 71196
A partir de 15 € par personne. Ouvert tous les jours midi et soir.
Ce restaurant dispose d'une grande terrasse surplombant la mer et d'un aquarium suspendu. Cadre romantique, terrasse au bord de l'eau et repas délicieux. On installe ses petites tables en bois face à la mer et on vous sert une belle cuisine grecque revisitée : principalement des poissons et de l'agneau mais aussi du rouget mariné, du crabe frais au chili et à la truffe noire... Sucreries maison, belle carte des vins et de succulentes huiles d'olive. Le menu propose une grande variété d'entrées et se concentre sur les fruits de mer, sans négliger certains classiques.

■ **DIO TZITZIKIA STA ARMIRIKIA TAVERNA**
✆ +30 22810 71151
www.armirikia.com
Sur la plage de Kini.
A partir de 15 € par personne, tous les jours midi et soir.
Cette taverne, les pieds dans l'eau, offre un grand choix de plats grecs, mais aussi de cuisine créative européenne. Les ingrédients locaux sont soigneusement sélectionnés : fromage de Tinos et de Kythnos, saucisson de Karditsa... Les tables sont installées près de la mer, sur une terrasse à l'ombre des pins, d'où provient son nom très étrange, cigale en grec. Iannis, le propriétaire, qui a travaillé plusieurs années au Club Med, parle un peu le français.

PAROS - ΠΑΡΟΣ ★★★

Avec ses 194 km² et ses 15 000 habitants, voilà une île couverte d'églises de l'époque post-byzantine dont la plus importante, celle de la Panagia Ekatondapyliani (la Vierge aux cent portes) est à Parikiá. Le visiteur n'aura pas à le regretter. Vous pouvez vous promener sur les sentiers des villages traditionnels, admirer l'architecture cycladique, découvrir des plages fréquentées ou désertes ou encore pratiquer des sports nautiques, et tout particulièrement la planche à voile (Paros accueille régulièrement des championnats) et même monter des pur-sang sur les plages de sable. Cette île très plate, est renommée pour son marbre blanc : ses carrières antiques dans la région de Marathi sont connues. Le marbre de Paros avait une transparence particulière et ce n'est pas par hasard s'il a servi à la fabrication des plus célèbres sculptures de l'Antiquité. Paros possède aussi de magnifiques plages de sable et plusieurs villages typiquement cycladiques. Mais elle commence à subir les conséquences d'un développement touristique qui monte en flèche. Accessible par avion et reliée à un grand nombre d'autres îles, Paros est la destination préférée de nombreux voyageurs séduits par ses criques de poudre d'or et sa vie animée.

Histoire

L'île doit son nom à Paros, chef des Arcadiens qui s'y était installé. A partir du VIIIe siècle av. J.-C., elle connaît un développement économique et culturel formidable, et ses ateliers de sculpture sont fameux au VIe siècle. Elle est d'ailleurs la patrie d'un grand nombre de sculpteurs, peintres et poètes. Par leur gentillesse et leur amabilité, ses habitants contribuent à faire de Paros l'un des lieux les plus populaires des Cyclades.

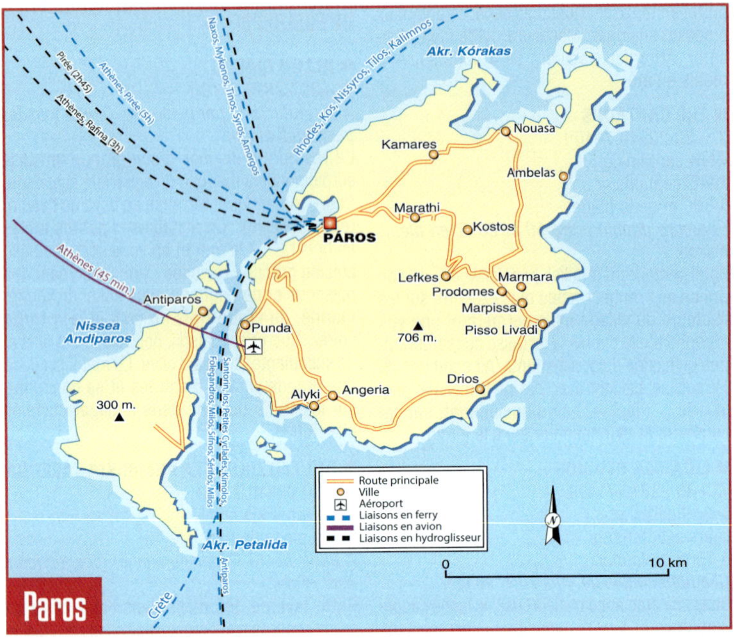

PARIKIÁ - ΠΑΡΟΙΚΙΑ ★★★

Elle a tout du cliché de carte postale, avec son moulin à vent caractéristique, ses maisons blanches et ses cours foisonnantes de bougainvilliers. La belle Parikiá, construite sur l'emplacement de la cité antique de Paros, séduit. Les quartiers du port et la place centrale proposent de nombreuses chambres et appartements à louer, des tavernes, cafés et magasins touristiques. Il faut vous éloigner du centre pour apprécier la beauté des cours, et celle des volets bleus mi-clos à l'heure de la sieste. Si vous ne faites que passer mais que vous désirez quand même visiter la ville, vous trouverez de nombreuses consignes pour laisser vos bagages (3 € par bagage et par jour). A 50 m du débarcadère, il y en a une dans un tabac ouvert 24h/24 (suivez les panneaux verts).

▶ **Plages.** Evitez celle de Parikiá, pas très propre, et allez plutôt à Parasporos (camping) ou encore mieux, à Aghia Irini, une petite plage de sable fin aux allures tropicales avec ses quelques palmiers. Pour vous y rendre, prenez la route côtière vers Pounda. Au bout de 5 km, alors que vous commencez à bien voir Antiparos, prenez le sentier indiqué sur votre droite. Vous pouvez aussi gagner en taxi ou en caïque les très belles plages de sable de Krios (taverne), Kamiria et Aghios Fokas. A Aliki, on trouvera aussi une belle plage, un joli petit port et une bonne taverne (Mouraguio). Le village est desservi toutes les demi-heures par un bus qui part près du débarcadère de Parikiá.

Transports

■ AÉROPORT

✆ +30 22940 91257

De l'aéroport, des bus desservent Parikiá (10 minutes) et Naoussa (25 minutes). Tél : +30 22840 21900.

▶ **Athènes-Paros.** Olympic Air assure 6 liaisons par jour (45 minutes) pendant l'été (3/jour hors saison). Départs d'Athènes entre 8h à 15h. L'aéroport se trouve dans la partie sud de l'île, près d'Alyki.

■ BUS KTEL

✆ +30 22840 21395

ktelparou.gr

info@ktelparou.gr

L'arrêt de bus se trouve à gauche en sortant du port et les horaires sont affichés en face de l'agence de location Budget.

Tickets plein tarif à partir de 1,80 €.

▶ **Trajets de Parikia à** Marathi, Lefkes, Kosto, Prodromo, Marpissa, Pisso Livadi, Logaras, Chryssi Akti, Dryos ; Naousa ; Parasporos, Aghia Irini, Petaloudes, Aéroport, Alyki, Ankairia ; Pounda.

Parikiá
Promenade
Fondations du Temple d'Aphrodite
Murs Frankish Kastro
Taverne
Kiosque d'Information Hôtelière
Entrée des Ferrys
Hydrofoils
PORT
Excursions
Ferry pour plage de Krios et camping
Station de bus
Office du tourisme
Place Mavrogenous
Pharmacie
Magasin de souvenirs
Presse Internationale
Taxis
Boulangerie
Banque Nat. de Grèce
Police
Taverne
Taverne
Agora
Manto Mavrogenous
Rue du lit de la rivière
Prombona
Hôpital
Naoussa
Parc Pine Wood
Cathédrale Ekatontapiliani
Stade
Musée archéologique
Supermarché
Periphérique
Periphérique
0
200 m
Eglise
Musée
Hôpital
Pharmacie
Information touristique
Divers
Banque
Taverne
Commerce
Taxi
Police
Ferry
Station de bus

■ **LOUKIS RENTALS**
Main Square
Mando Mavrogenous
✆ +30 22840 23679
www.loukisrental.gr
loukis1@otenet.gr
Sur la petite place face
au débarcadère.
Livraison réception des véhicules au port ou à votre hôtel. Assistance 24h/24, 7j/7. Selon la période et la durée, prix par jour à partir de : Voiture 25 €, Quad et Moto 20 €, Scooter 15 €, Vélo 10 €.
La gentillesse et la satisfaction du client sont la priorité de cette agence familiale tenue par Dora et son frère. Vous y trouverez tous types de véhicules à prix raisonnable pour partir à la découverte de Paros. Leur site internet est très bien fourni en descriptions. Ils sont très bien placés juste en face du débarcadère.

■ **PORT**
✆ +30 22840 21240

▸ **Athènes-Paros.** Entre 3 et 5 ferries font la liaison entre Le Pirée et Parikiá chaque jour. Le plus souvent, le trajet se fait sans escale en moins de 5 heures. Par ailleurs, de très nombreux hydroglisseurs partent aussi du Pirée et de Rafina tous les jours.

▸ **Liaisons avec les autres îles.** Paros est la plus accessible des Cyclades, avec plus de 20 îles reliées à elle, aussi bien en ferry qu'en hydroglisseur.
D'ailleurs, certaines liaisons ne se font qu'en hydroglisseur (Mykonos et Rafina). Vous pourrez donc aisément improviser un séjour sur une autre île à partir de Paros, avec des liaisons quotidiennes aussi bien pour Antiparos, Naxos, Mykonos que Tinos. Enfin, sachez que l'île compte trois ports : Parikia, où transitent l'essentiel des navires, Piso Livadi (au sud-est) et Punta (liaisons avec Antiparos). Enfin, Paros est également reliée à Thessalonique (15 heures) au moins une fois par semaine en période estivale.

▸ **Liaisons avec Antiparos :** le port de Pounta est utilisé par les bacs qui font les allers-retours quotidiens avec Antiparos mais depuis Parikia un caïque fait également le trajet. Il faut compter 30 minutes et 5 € pour faire la traversée. Environ 10 départs par jour, juste à droite de l'embarcadère principal (en regardant vers la mer). Très pratique pour enchaîner directement vers Antiparos en arrivant au port de Paros ou pour faire une journée d'excursion depuis Parikia. Attention : si la mer est agitée dans le canal qui sépare les deux îles, le caïque est annulé.

▸ **Yachting.** Vous pouvez explorer les îlots déserts à proximité de Naousa et d'Alyki, et faire des excursions à Andiparos et à Naxos. A Parikiá, vous vous approvisionnez en eau et en essence. Possibilité d'amarrer à Naousa, Pisso Livadi et Dryos.

Pratique

■ **DISPENSAIRE MÉDICAL**
✆ +30 22840 22500
Sur le quai.
Egalement, plusieurs pharmacies.

■ **POLICE**
✆ +30 22840 23333

■ **POLOS TOURS**
✆ +30 22840 22333
www.polostoursparos.com
info@polostours.gr
Juste en face du débarcadère.
Ferries, avions, logements, hotels, villas, transports privés, location de véhicules, hélicoptère, croisières journée, activités, attractions, excursions.
Situé face à la mer et à 30 m à droite du débarcadère, Polos Tours est une institution à Paros, et d'une efficacité redoutable pour satisfaire vos demandes de services touristiques en tous genres, à Paros et dans toute la Grèce. Outre les services traditionnels d'une agence de voyages (billetterie ferries, avions) et d'un réceptif (logements, hôtels, transports privés, location de véhicules, activités, attractions, excursions), cette agence gère un hôtel éponyme bien situé à Livadia, ainsi que la location d'une villa de luxe sur les hauteurs de Parikiá.

Camper à Parikiá

Peu d'îles sont aussi bien équipées en campings. Rien qu'à Parikiá et alentour, vous trouverez :

■ **CAMPING KOULA**
Plage de Livadia
✆ +30 22840 22081
www.campingkoula.gr
koula@otenet.gr
Entre 6,50 et 8 € par adulte, 4 € par tente (ou 7 € en location).
89 emplacements. Ce camping, le plus proche du port, jouit de sa situation privilégiée. Si certains campeurs se plaignent du va-et-vient des bateaux, l'endroit est par ailleurs calme et bien équipé. Douches et toilettes bien entretenues et propres et il y a bar, plage de sable à quelques mètres, mini-market, wi-fi gratuit, frigo à disposition... La totale ! Navette du port au camping.

■ **CAMPING KRIOS**
Plage de Krios.
✆ +30 22840 21705
www.krios-camping.gr
info@krios-camping.gr
A 2 km, au nord.
Entre 6 et 8 € par adulte, à partir de 3,50 € par tente, bungalow à partir de 20 €.
Plus calme et plus récent que le camping Koula mais pas toujours bien entretenu. En revanche, très bien desservi avec des navettes gratuites en journée et en soirée pour Parikiá. Douches, toilettes, machines à laver, restaurant, plage de sable, piscine.

Se loger

Bien et pas cher

■ **AEGEAN VILLAGE**
✆ +30 22840 23187
www.paros-accommodations.gr
inter@otenet.gr
Chambre double à partir de 48 € sans petit déjeuner, 58 € avec petit déjeuner, en été.
Situé au cœur du centre historique de la vieille ville de Parikia, à 200 mètres du port et à quelques pas de l'église byzantine Ekatontapiliani (« l'église aux Cent Portes ») et de l'église catholique « Frankish Monastery ». Tous les logements sont construits autour d'un verger de citronniers très ancien, un endroit calme et agréable près des galeries, des églises byzantines, de l'arrêt de bus et des plus belles plages de Parikia. Appartements pour 2 à 5 personnes, et studios pour 2 à 4 personnes entièrement équipés avec des vérandas ou des balcons.

■ **ERI HOTEL**
✆ +30 22840 23360
www.erihotel.gr
rivolli1@otenet.gr
A 800 m du port et à 300 m de la plage.
43 chambres et suites. Chambre double entre 46 et 100 € en été, avec le petit déjeuner.
Comptez environ 10 minutes pour aller au centre-ville mais cet hôtel formidable, construit en 1988 légèrement sur les hauteurs, offre une vue extra sur le golfe. Spacieux et très fonctionnel, il propose 43 chambres et 2 suites très claires, propres, décorées dans l'esprit cycladique d'antan. Dans les chambres : frigo et Internet sans fil gratuit. La grande piscine est protégée par les nombreux palmiers de la propriété.

■ **MIKE STUDIOS**
✆ +30 22840 22856
https://roomsmike.com/fr-fr
owner@roomsmike.com
A 100 m à gauche du débarcadère.
Chambre double à partir de 50 €, sans petit déjeuner.
Une bonne affaire à Parikiá. Les chambres sont impeccables et les studios pratiques, simples et suffisamment équipés pour y cuisiner un peu. Surtout qu'il y a un supermarché et une boulangerie au coin de la rue. En plus, Mike est un homme vraiment gentil et avenant qui jouit d'une vraie réputation auprès des voyageurs. Il propose également de superbes studios et appartements avec vue imprenable sur la baie à la sortie de la ville.

■ **LA SELINI**
Livadia
✆ +30 22840 23106
www.laselini.com
laseliniparos@gmail.com
A 100 m de la plage de Livadia.
Chambre double à partir de 70 € en été.
Placé au calme mais à proximité des restos et des bars, c'est un petit établissement familial tenu avec attention par l'Américaine Lou Ann, toujours prête à vous donner des conseils et à veiller à ce que votre séjour se passe du mieux possible. La Selini veut dire « la lune » en grec. Les studios sont bien équipés et donnent sur un petit jardin verdoyant bien sympathique. Les studios sur le jardin sont les premiers à partir donc n'hésitez pas à réserver bien à l'avance. Transfert gratuit sur demande. Plage de Livadia à 2 minutes. Machine à laver.

Confort ou charme

■ **ARGONAUTA HOTEL**
✆ +30 22840 21440
www.argonauta.gr
info@argonauta.gr
Derrière la place Mavroyenous.
15 chambres. La double à partir de 85 € en été avec le petit déjeuner.
Tassos Ghikas, le gérant, est fier de l'ambiance familiale qui règne dans cet hôtel calme et charmant, dans le centre historique de Parikiá. C'est aussi l'un des premiers hôtels ouverts à Parikiá, mais qui a su se moderniser (wi-fi disponible). Le sol des chambres est en marbre, elles possèdent toutes un balcon mais sont seulement au nombre de 15. Dommage !

Eglise typique à Parikiá.

■ POLOS HOTEL
Livadia
✆ +30 22840 22173
www.poloshotelparos.gr
info@poloshotel.gr
400 m à gauche du débarcadère, puis 50 m derrière la plage de Livadia.
43 chambres. La double à partir de 65 € en été avec le petit déjeuner.
Situé à Livadia, à 50 m de la plage et 500 m du centre-ville, l'atout majeur de l'hôtel Polos est sans conteste sa superbe piscine avec son jardin reposant et son bar lounge. Selon votre budget, privilégiez soit les charmantes chambres supérieures rénovées l'année dernière, ou les *standard* à un prix très abordable. Vous aurez sûrement la chance de croiser Marios, le propriétaire, qui vous donnera avec son extrême gentillesse, plein de bons tuyaux pour découvrir Paros.

Se restaurer

Bien et pas cher

■ APOSTOLIS OUZERI
Sur le front de mer.
✆ +30 22840 24265
A partir de 15 € par personne. Ouvert tous les jours midi et soir.
Si vous voulez vraiment être dans l'ambiance locale, c'est là qu'il faut aller. Le restaurant est fréquenté par les Grecs, les pêcheurs, pour lesquels Apostolis cuisine depuis presque 30 ans. Spécialités de poissons, vin local, vue sur mer.

■ CAVO D'ORO
✆ +30 22840 22620
www.cavodoro-paros.gr
cavodoroparos@hotmail.com
Longer la mer 600 m à gauche du débarcadère.
A partir de 10 € par personne. Livraison à domicile possible. Prix spécial pour les groupes.
Vous pouvez apercevoir sa grande terrasse sur la plage de Livadia. Adonis a fait ses armes à Montréal pendant 15 ans avant d'installer son restaurant à Parikiá. C'est en 1980 qu'il ouvre Cavo d'Oro et depuis, il a plaisir à accueillir les francophones du monde entier, afin de leur faire découvrir ses spécialités comme les pizzas cuites au feu de bois d'olivier, les pâtes fraîches maison, les spaghettis aux fruits de mer, le risotto à la provençale, le poisson frais de Paros, et les salades ou autres spécialités grecques... Mention spéciale pour le pain frais maison.

■ HAPPY COWS
Market Street
✆ +30 698 105 3607
Ouvert tous les jours de 17h à minuit. Comptez 15 € par personne.
Si les vaches sont heureuses au Happy Cows, c'est que le restaurant, vegan et végétarien, ne sert ni viande ni lait bovins ! Une des rares options 100 % végétariennes dans les îles grecques, même si quelques plats de poissons font parfois entorse à la règle. Vous trouverez toutes sortes de mets délicieux dans une ambiance conviviale et chaleureuse. N'hésitez pas à réserver : le restaurant fait recette et les places partent vite.

■ TRATA
✆ +30 22840 24651
A partir de 15 € par personne. Ouvert tous les jours midi et soir.
Taverne familiale sur la baie de Livadia réputée pour sa cuisine maison à base de produits frais et savoureux. Une règle de qualité que s'impose Lefteris, chef de cuisine et propriétaire de cette taverne élégante. On y déguste un des meilleurs calamars grillés de Paros, ainsi que tous les classiques de la cuisine grecque.

Bonnes tables

■ FRANCA SCALA
✆ +30 22840 24407
www.francascala.com
info@francascala.com
A partir de 20 €. Ouvert tous les jours midi et soir.
Si la décoration est moderne, élégante, la nourriture est plutôt traditionnelle. Revisitée avec talent par le propriétaire et artiste cuisinier, elle n'en reste pas moins raffinée et s'accorde avec le décor (risotto, homard aux spaghettis...). Pour accompagner ça, un grand choix de vins locaux et internationaux s'offre à nous. Cette même qualité nous coûte trois fois plus cher dans une grande métropole, vu le niveau du service. Il faut absolument en profiter avant que cela ne change. Terrasse très agréable avec vue sur la vieille ville.

★★★
PolosHotel
hambres supérieures - Chambres familiales - Chambres économiques
à 50m de la plage, 500m du centre-ville, grande piscine,
piscine enfants, bar extérieur, jardin, WiFi
adia beach, Parikia, Paros, Cyclades 84400
+30) 22840 22173 • info@poloshotel.gr • www.poloshotelparos.gr

POLOS
PRIVATE VILLA
Jusqu'à 15 personnes
Piscine - Hammam - Spa
BBQ - WiFi - TV Sat
Cuisine entièrement équipée
Sunset view - Quartier tranquille
Ménage - Concierge - Transfert
Anargiri, Parikia, Paros, Cyclades 84400
+30) 22840 22173 • info@polosvillasparos.gr • www.polosvillasparos.gr

■ CORALLI RESTAURANT
Sur le front de mer.
✆ +30 22840 22081
www.coralliparos.com
info@coralliparos.com
A partir de 20 € par personne. Ouvert midi et soir.
Une jolie surprise sur le front de mer. Côté carte, des tarifs convenables et un menu pour tous les goûts, entre du poisson au kilo, des fruits de mer (des moules à toutes les sauces), des mezzes traditionnels et des pâtes.

■ LITTLE GREEN ROCKET
✆ +30 22840 27560
greenlittlerocket@gmail.com
Sur le front de mer entre
le débarcadère et la plage de Livadia.
Comptez 20 € par personne. Ouvert tous les jours sauf lundi de 18h à minuit.
Une alternative originale et réussie à la cuisine grecque, inspirée par les voyages de Panos et Spiros en Asie et en Amérique du Sud. Ambiance décontractée, musique et décor très agréables, tout y est. Leur énergie fait la différence, et l'endroit rencontre un franc succès.

■ PALM BEACH PAROS
Agia Irini ✆ +30 22840 93060
www.palmbeachparos.com
info@palmbeachparos.com
Au sud de Parikia, prendre la route
vers Punda, puis le chemin indiqué à droite.
A partir de 15 € par personne. Ouvert tous les jours midi et soir.
Ce complexe tendance à 10 minutes de Parikiá est un endroit idéal pour passer une journée au calme entre son transat et la jolie plage d'Agia Irini, pour s'y restaurer en dégustant des plats légers et savoureux, ou bien encore pratiquer les activités nautiques à disposition. Ouvert récemment par des Français, l'atmosphère y est chaleureuse et les clients choyés, que vous soyez seul, en couple ou en famille avec enfants.

■ TO SPITIKO
Route de Petaloudes
✆ +30 22840 24956
http://spitikoparos.gr
Comptez 20 € par personne. Ouvert tous les jours, midi et soir.
To Spitiko est une façon de dire « comme à la maison », chez Patricia, une Française expatriée à Paros après un coup de cœur pour les Cyclades. La créatrice de ce petit havre de paix assure le service alors que, derrière les fourneaux, son mari s'occupe de concocter avec passion des recettes traditionnelles, grâce aux produits glanés auprès de leurs producteurs locaux et bio autant que possible. L'endroit est très agréable et la cuisine délicieuse à déguster en été sur la terrasse avec vue sur mer (et coucher de soleil !) et en hiver dans une salle avec cheminée.

Sortir

■ KASTRO LOUNGE BISTRO
✆ +302284300812
Comptez 15/20 € par personne. Ouvert de mai à octobre à partir de 18h.
Magnifique adresse, à la fois café, bar et restaurant de cuisine méditerranéenne, décorée avec goût dans un style cycladique, entre pierres apparentes et marbre de Paros. Un lieu charmant et romantique, avec l'un des meilleurs spots pour le coucher de soleil. La cuisine y est excellente et l'endroit est idéal aussi pour une pause café dans l'après-midi ou un cocktail le soir. Le lieu dispose d'une galerie d'art et propose différentes expositions tout au long de l'année.

■ PIRATE BAR
✆ +30 22840 21224
A côté des restaurants Apollon
et Franca Scala.
Ouvert tous les jours du petit déjeuner jusqu'à 2h du matin.
Caché au croisement de deux allées du fabuleux labyrinthe, à côté d'une petite église, le Pirate Bar est une véritable institution « franco-grecque » de la vie nocturne à Parikia ! Tenu par Isabelle et ses deux enfants dans une ambiance résolument cosmopolite, l'endroit rempli de charme nous transporte avec légèreté pour passer un bon moment en amoureux, ou jusqu'au bout de la nuit pour y rencontrer les saisonniers qui en ont fait leur quartier général. Carte de cocktails maison à base de plantes et de fruits frais pleine de créativité.

palm
beach
paros
greece
beach • restaurant • bar

Panaghia Ekatontapyliani.

À voir – À faire

■ KASTRO ★★

Nous insistons une fois de plus : il faut se promener au hasard et se perdre dans le dédale de ruelles de la vieille ville, notamment tôt le matin ou pendant l'heure de la sieste quand les touristes n'ont pas encore envahi les lieux et que les locaux se réveillent ou s'endorment. Sur le léger promontoire où se trouvait un temple antique à Athéna, vous découvrirez ainsi les ruines d'un *kastro* vénitien du XIIIe siècle ainsi que l'autel remarquable de l'église Saint-Konstantin. Vue magnifique sur l'horizon, surtout à l'heure du crépuscule.

■ MUSÉE ARCHÉOLOGIQUE ★★

Près de la Panaghia Ekatondapiliani
✆ +30 22840 21231
Ouvert tous les jours sauf le lundi de 8h à 15h. Entrée 2 €.

Dans ce musée sont exposés les résultats des excavations réalisées à Paros et Antiparos et qui datent essentiellement de la période Néolithique jusqu'au Christianisme Ancien. Parmi les pièces réputées, une statue de la Gorgone de 1,35 m de haut et presque entière, datant du VIe siècle av. J.-C. et trouvée en 1993 à Parikia. Vous y verrez aussi un fragment de la table chronologique de Paros qui était encastrée dans la forteresse, une statue de Niké du Ve siècle av. J.-C., et un bas-relief représentant le poète Archilochos (VIe siècle), natif de Paros.

■ PANAGHIA EKATONTAPYLIANI ★★★

✆ +30 22840 21243
Ouvert tous les jours de 9h à 22h. Entrée au musée byzantin : 2 €.

Il s'agit d'un des lieux de pèlerinage les plus fréquentés du monde orthodoxe et d'un des monuments byzantins les plus importants de Grèce. L' « église des cent portes » a été fondée par Hélène, mère de l'empereur Constantin, au IVe siècle, et complétée au fil des siècles. Selon la légende, seules 99 portes auraient été recensées, et ce n'est que lorsque Istanbul reviendra à la Grèce que la centième sera trouvée.

L'ensemble paléochrétien est composé d'une basilique en forme de croix et dédiée à la Dormition de la Vierge, d'une chapelle dédiée à saint Nicolas et d'un baptistère absolument magnifique (accès par le musée byzantin, entrée payante). La basilique telle qu'on l'admire aujourd'hui date du règne de Justinien, au VIe siècle. A l'origine, les intérieurs de la basilique étaient recouverts de riches ornements, en partie des cadeaux du trône impérial. Aujourd'hui, on admire encore les marbres des médailles de la nef centrale, ceux qui ornent le haut de l'iconostase et le ciborium reconstitué au-dessus de l'autel. Des fragments de hauts-reliefs en marbre sont exposés dans le baptistère qui abrite également de superbes fonds baptismaux d'origine (IVe siècle).

Dans la chapelle Agios Nikolaos, admirez le fragment de fresque mosaïque qui orne encore le mur sud. Les plus anciennes sont des témoignages uniques de l'art de la peinture à l'époque paléochrétienne.

Le petit musée conserve quant à lui des icônes qui datent pour la plupart du XVIIe siècle et après. Il n'est pas passionnant, mais il vaut surtout comme porte d'accès au baptistère et à la galerie supérieure de la basilique.

MARATHI

Non loin du hameau de Marathi, sur la droite en direction du village de Lefkes, une route vous mènera jusqu'aux illustres carrières de marbre blanc de Paros. Ce marbre est l'un des seuls au monde qui, coupé à une épaisseur de 3,5 centimètres, laisse encore passer la lumière. C'est sans doute pourquoi les plus célèbres sculpteurs de l'Antiquité s'en sont servi pour modeler des œuvres devenues des chefs-d'œuvre : la Vénus de Milo, *Hermès* de Praxitèle, la Victoire de Samothrace, le temple d'Apollon de Délos.

KOSTOS

Sur la route de Lefkes en venant de Parikia, typique hameau d'agriculteurs entouré d'un admirable paysage de collines en terrasses, plantées d'oliviers. Vous serez au calme et pourrez vous y restaurer sous les pins dans la taverne de la place centrale, qui sert de très bonnes grillades avec des fromages et du vin faits maison.

PUNTA - ΠΟΥΝΤΑ

A 8 km au sud de Parikiá, le village de Punta (appelé aussi Pounda) est un village agréable, mais surtout le point de départ des bacs vers Antiparos.

Transports

Prix de la traversée : 2 €.

Se loger

■ **HOLIDAY SUN**
✆ +30 22840 91284
www.holidaysunparos.com
holsun@otenet.gr
La double entre 100 et 240 € avec petit déjeuner selon la période et la catégorie.
Ambiance familiale dans cet hôtel à taille humaine et les pieds dans l'eau, à proximité de Pounta en face d'Antiparos. Chambres modernes avec vue sublime. Personnel attentif et très belle piscine. Spot idéal pour pratiquer le kitesurf et la plongée. Restaurant sur place.

À voir - À faire

■ **VALLÉE DES PAPILLONS**
A moins de 5 km à l'est de Punta
✆ +30 22840 91211
kgravaris53@yahoo.gr
Ouvert entre juin et septembre de 9h à 20h. Entrée : 2 €.
La vallée de Pétaloudes est en fait un jardin privé d'une riche et abondante végétation où des papillons triangulaires orange et noirs viennent se reproduire par centaines de juin à septembre. Ayant besoin d'ombre, ils dorment le jour et ne volent que la nuit. Il est donc difficile de les voir...

Sports - Détente - Loisirs

■ **PAROS KITE PRO CENTER**
✆ +30 22840 92071
www.paroskite-procenter.com
info@paroskite-procenter.com
A partir de 180 € pour 3 heures de cours. Location de matériel.
Le spot de Punta est un des plus réputés en Europe pour le kitesurf. Il est depuis 2005 sur la liste des spots mondiaux et a déjà accueilli deux fois les championnats du monde de la PKRA, l'association des professionnels de kitesurf. Le centre propose des cours individuels ou collectifs (deux personnes maximum), ainsi que de la location de matériel. Les eaux peu profondes et le vent permanent en font un spot idéal pour tous les niveaux, même débutants.

NAOUSSA - ΝΑΟΥΣΑ

Le port est vraiment pittoresque, l'un des plus beaux de Grèce et les plages de sable sont parmi les meilleures de l'île. Les bateaux de pêcheurs sont saisissants de couleurs vives et variées qui contrastent avec la luminosité de la mer bleue et du ciel ensoleillé. Promenez-vous le long du port, dans ses trois parties escarpées, vous serez charmé par le cadre romantique. Victime de son succès en haute saison, Naoussa est la deuxième ville touristique de Paros, bien qu'elle attire une foule « branchée », ne vous privez pas d'une visite.

Se loger

Bien et pas cher

CAVOS HOTEL

St Anargiron Bay
✆ +30 22840 51367
www.hotelcavos.com
titus1925@hotmail.fr
Chambre double à partir de 80 € en été, petit déjeuner inclus.
Situé un peu à l'écart de l'agitation du port, l'hôtel Cavos est un établissement en activité depuis la fin des années 1970, mais qui a été relancé et modernisé par Philippe, un français qui a quitté Paris pour s'installer en Grèce il y a plusieurs années. Très investi et accueillant, il a rénové les lieux et apporté sa touche B&B originale. On se sent presque à la maison ! L'endroit est proche de la plage d'Agia Anargiron. Un bonne petite adresse à n'en pas douter.

PAPADAKIS

✆ +30 22840 51269
www.hotel-papadakis.gr
papadakis_paros@hotmail.gr
A 5 minutes de la place principale de Naousa.
Chambre de 80 à 150 € selon la période, avec le petit déjeuner.
Sur les hauteurs de Naousa, à 10 minutes de grimpette du port, ce charmant hôtel se mérite. Très fréquenté (apparemment) par les Français, c'est l'hôtel avec l'une des meilleures vues de la ville. Les chambres sont vastes et peuvent parfois loger plus de deux personnes. Ses deux cloches encastrées dans les murs rappellent l'architecture des anciens monastères. Le petit déjeuner maison est excellent.

Confort ou charme

AELLA RESIDENCE

✆ +30 22840 51829
www.aella-paros.gr
info@aella-paros.gr
Chambre double à partir de 115 € avec petit déjeuner en été.
16 chambres et suites élégantes, dans un bel environnement légèrement à l'extérieur du centre et donc au calme. Idéalement situé à équidistance du port et de la plage d'Aghios Anargiri, cet établissement confortable a opté pour la pureté et le chic du blanc et des matières brutes. La belle piscine est au cœur d'une agréable terrasse où vous pourrez lézarder des heures durant, en toute tranquillité.

KANALE'S ROOMS & SUITES

✆ +30 22840 52044
www.kanales.gr
reservations@kanales.gr
26 chambres et 8 suites. La double à partir de 120 € selon la période et la catégorie, avec et petit déjeuner.
A proximité de la plage de Piperi et à 5 min de marche du port de Naoussa, Kanale's propose

Camper à Naousa

BLUE AURA CAMPING

✆ +30 2284 053270
www.paroscamping.gr
A 4 km au sud de Naousa, près de la plage de Kolymbythrès.
93 emplacements. Par personne : 5 à 6 €. Locations de tentes : 3 € la nuit.
Situé à 30 minutes à pied de Naoussa et à deux pas de la mer, avec ses petits baraquements en bambou qui protègent du vent, ce camping était à l'origine surtout fréquenté par les fêtards à petit budget. Le confort s'est un peu amélioré ces dernières années, avec notamment un restaurant, un café et des navettes pour Naoussa. Mais cela reste très simple et donc pas cher.

CAMPING SURFING BEACH

✆ +30 22840 51013
www.surfbeach.gr
info@surfbeach.gr
125 emplacements, 24 bungalows. De 6 à 7 €/nuit et emplacement gratuit pour une petite tente. Petit déjeuner : 5 €. Possibilité de louer des bungalows.
Sur la route vers Santa Maria en venant de Naoussa, c'est le rendez-vous des surfeurs qui affluent vers cet excellent spot de navigation. La plage de Lageri est à 50 m et l'ambiance est folle. Vous pouvez y prendre des cours de planche à voile. Un peu à l'écart mais des navettes et des bus desservent assez bien l'endroit. wi-fi gratuit.

des chambres et suites confortables au style cycladique, la plupart avec vue mer. Elles sont disposées sur plusieurs niveaux autour d'une piscine atypique, d'un restaurant de qualité et d'un bar lounge sur le toit. Une offre complète de qualité. Arrêt de bus à 70 m.

■ SWISS HOME HOTEL

✆ +30 22840 51633
www.swisshome.gr
info@swisshome.gr
Chambre double à partir de 100 € en été, avec petit déjeuner.
A 2 km du village de Naoussa, l'hôtel d'architecture cycladique propose des chambres spacieuses. Il dispose d'une jolie vue panoramique sur la baie et d'une magnifique piscine. Les chambres sont équipées d'un balcon. Au restaurant, petit déjeuner traditionnel grec et délicieuses spécialités locales d'Anna à des prix raisonnables. Les propriétaires, francophones, vous donneront plein d'informations pour découvrir l'île. Parking, serviettes de plage, et sur demande, transferts port ou aéroport, locations de scooter ou voiture, laundry, babysitting, massage.

Se restaurer

Bonnes tables

■ KAPARI

✆ +30 698 619 5204
Ouvert uniquement le soir. Compter une vingtaine d'euros par personne pour un repas complet. Réservation par téléphone.
Ce restaurant situé légèrement en retrait de l'agitation du front de mer est une très belle découverte. Labellisé Aegean Cuisine, il propose des plats travaillés et confectionnés avec des ingrédients frais et de qualité. On apprécie également la terrasse au calme et le service impeccable.

■ KARINA

✆ +30 22840 51038
www.karina-paros.gr
A l'entrée du village,
après la station-service,
à côté de l'hôtel Antirides.
Environ 20 € par personne. Ouvert tous les jours midi et soir.
C'est l'une des meilleures tavernes grecques de l'île. Menu riche et inventif grâce à l'inspiration de Yorgos qui œuvre en cuisine avec talent. Il propose quelques plats traditionnels grecs mais surtout des spécialités maisons : goûtez ses « Fava » aux oignons caramélisés et menthe fraîche ou les betteraves au fromage de chèvre et noix. Carte en français. La sympathique Karine (francophone) se lève tôt pour rapporter les meilleurs produits du marché. Laissez un peu de place pour le dessert car ils sont tout aussi bons. Très bon marché. Plats à emporter.

■ MEDITERRANEO

✆ +30 2284053176
Ouvert tous les jours de midi à minuit. Comptez 20 € par personne.
Le Mediterraneo est une ouzerie améliorée qui se spécialise dans les *mezzes* de poissons et fruits de mer. Ouzerie améliorée parce que les produits sont ici d'une fraîcheur incomparable et que les plats proposés ne se limitent pas aux classiques qu'on a l'habitude de voir. Les produits sont utilisés avec inventivité et on en redemande. Situé dans la partie plus tranquille de la marina, avec vue sur les yachts.

■ OPEN GARDEN

✆ +30 22840 51433
opengarden.gr
info@opengarden.gr
Dans le quartier Agios Spyridonas.
Environ 20 € par personne avec le vin. Ouvert tous les jours, midi et soir.
En 2013, le restaurant a quitté le quartier de Potami et s'est installé dans le quartier d'Agios Spyridonas. Sa cuisine créative aux saveurs grecques et méditerranéennes ne cesse de surprendre : Elda Molla utilise au quotidien des ingrédients naturels frais, venus tout droit de son jardin, et sert parfois elle-même sa cuisine, à l'ombre des jasmins et des citronniers où il n'y a qu'une quarantaine de chaises. Il vaut donc mieux réserver. Atmosphère calme, lumière tamisée, décoration cycladique et minimaliste. On y parle le français et l'on cultive du vin biologique.

■ **SOSO**
✆ +30 697 487 8281
Ouvert tous les soirs de 19h30 à 1h du matin. Comptez 25 € par personne.
Kalypso – Soso pour les intimes – est une formidable cuisinière qui a ouvert ce bijou de restaurant dans une ruelle de Naoussa. Les quelques tables qui s'étalent sous le bougainvilliers sont souvent prises d'assaut, donc il est recommandé de réserver si vous voulez goûter à sa cuisine qui mêle traditions pariennes et créativité. Le résultat est réellement savoureux.

À voir - À faire

■ **PLAGE DE KOLIMBITHRES** ★★
Dans la baie de Naoussa, les criques successives de Kolimbithres, qui signifie « les piscines » en français, sont les plages les plus célèbres de Paros et donc forcément parmi les plus fréquentées. Venez tôt pour profiter des blocs de granit aux formes surprenantes et des eaux claires caractéristiques de Kolimbithres, sans la foule. Parasols et transats à louer et cafés et tavernes sur la route à proximité.

■ **PLAGE DE MONASTIRI** ★
Plus loin que Kolimbythres, sur la même route (qui se transforme en piste).
Petite crique abritée où a élu domicile le Monastiri Club – Tél +30 22840 43035. Beach-volley, restaurant, parasols, transats… C'est le point de départ d'une jolie balade vers le monastère Haghios Ioannou. Entre les plages de Kolimbythres et Monastiri, vous verrez un chantier naval derrière lequel se trouve un portail en bois. Si vous l'ouvrez, vous accéderez à une merveilleuse plage isolée mais assez exposée aux vents.

■ **PLAGE DE SANTA MARIA** ★
Indiquée depuis Naoussa.
Il s'agit en fait de deux plages de sable blanc qui se succèdent. Vous y aurez une vue dégagée sur les îles voisines et les véliplanchistes qui s'en donnent à cœur joie quand le vent le permet. En partant de la plage, allez chez Maria Katourna, une Grecque qui habite tout près de la plage et passez votre commande pour votre dîner : bouillabaisse, langouste… Si vous prenez les pistes menant de Santa Maria à Ampelas puis à Marmara, vous découvrirez une multitude de petites criques toutes plus jolies les unes que les autres et encore souvent désertes.

Sports - Détente - Loisirs

■ **PAROS SURF CLUB**
Plage de Santa Maria
✆ +30 28452822
www.cybex.gr/parosurf/parosurf
parosurf@cybex.gr
Le Paros Surf Club est installé sur le spot de Santa Maria depuis 1984. Moins connu que son grand-frère de Golden Beach, le spot et le club bénéficient d'une réputation solide en windsurf. Les conditions du spot sont réunies pour les véliplanchistes de niveau débutant, intermédiaire ou confirmé. Le nord du spot est idéal le slalom tandis que le sud est plus adapté au windsurf de vagues.

AMBELAS - ΑΜΠΕΛΑΣ

Ce village de pêcheurs est niché à 5 kilomètres au sud de Naoussa. L'ambiance y est radicalement différente et plus calme ! Le village, tout petit, se réduit à son port et ses quelques tavernes. Mais c'est tranquille et ravissant.

Plage de Kolimbithres.

Se loger

■ FYROGENIS PALACE HOTEL

✆ +30 22840 51119
www.fyrogenispalace.gr
fp_paros@otenet.gr
16 chambres. Chambre à partir de 50 €, prix augmentant selon la période et la catégorie.
Situé à Ambelas (à droite du port de pêche), 3 kilomètres du centre de Naoussa, presque sur la plage même (150 mètres environ), cet hôtel offre une belle vue sur la mer Egée. Les appartements sont très bien équipés. Sèche-cheveux et fer à repasser sont même disponibles sur demande, pour se sentir un peu comme chez soi. Mais surtout, avec son grand jardin et ses deux piscines (sur mesure, pour les adultes et pour les petits), cet endroit spacieux est idéal pour les familles. Il dispose aussi d'un snack-bar et d'une petite bibliothèque.

■ MARGARITA STUDIOS

✆ +30 22840 52362
www.margaritastudios.com
info@margaritastudios.com
A 400 m du port de pêche d'Ambelas, sur la droite.
Studio pour 2 à 75 € en été. Petit déjeuner : 6 €.
Excellente adresse pour famille située à 3 km à l'est de Naousa, à 400 m du port de pêche d'Ambelas. Récemment rénovés, ses 17 studios traditionnels et 3 suites modernes sont entièrement équipés et possèdent un balcon ou une terrasse privée. Vue sur la mer (sauf au rez-de-chaussée). Les suites, de style contemporain, ont un charme particulier notamment grâce aux lits construits sur des pierres locales. Restaurant réputé et belle piscine avec vue sur la mer, dont une pour les enfants. Grand parking et accès pour handicapés. La plage la plus proche est à 200 m.

Se restaurer

■ THALAMI

✆ +30 22840 53351
Arrivé au petit port d'Ambelas, prendre à gauche en longeant le bord de mer.
A partir de 10 € par personne. Ouvert tous les jours, midi et soir.
La petite pépite du nord-est de Paros, dont tout le monde se passe le nom à l'oreille. Ambiance locale et chaleureuse, des prix abordables, vue sur la mer et Naxos, poisson frais pêché par les petits pêcheurs locaux, bref, on retrouve ici un parfum de Grèce authentique et c'est délicieusement bon, dans tous les sens du terme.

■ TAO'S RESTAURANT

✆ +30 22840 28882
www.taos-greece.com
taos@taos-greece.com
Avant d'arriver au village d'Ampelas, tourner sur la gauche et suivre les panneaux Tao's.
A partir de 15 € par personne. Ouvert toute l'année.
Exotique et décalé, vu le cadre. Ce restaurant asiatique tient une place importante, comme un carrefour où tout le monde passe et s'attarde un peu à n'importe quelle heure de la journée. On y propose des plats à base de poulet, de poisson, de porc, de riz, de nouilles. Mais surtout, la majorité des ingrédients sont cultivés sur place de façon biologique. Recyclage tant que possible et récupération de l'eau de pluie pour divers usages. Ambiance zen pour un dîner sur la terrasse face à la mer et à l'île de Naxos... On se croirait au bout du monde !

Sports - Détente - Loisirs

■ TAO'S CENTER

✆ +30 22840 28882
www.taos-greece.com
Avant d'arriver au village d'Ampelas, tourner sur la gauche et suivre les panneaux Tao's.
Ouvert toute l'année de 10h à 21h. Programmes de méditation et autres activités. Bar, restaurant à tendance asiatique.
Voilà un endroit assez insolite ouvert à tous. Suffisamment perdu dans la montagne entre Naoussa et Ambelas pour être au calme, ici on peut exercer un tas d'activités : de la méditation à la danse, du yoga au massage, aussi différent que le biodynamique ou l'acupuncture en passant par la réflexologie. C'est zen, bien reposant et surtout revitalisant grâce en partie à la nourriture biologique proposée. Idéal pour le corps et pour l'esprit. Enfants et groupes bienvenus.

LEFKES - ΛΕΥΚΕΣ ★★★

A équidistance de Parikiá et Naoussa, bien caché au cœur des terres pariennes, le charmant petit village de Lefkes est l'ancienne capitale de Paros. Perché à 300 mètres d'altitude, il offre une vue splendide sur les collines et la côte lointaine : un emplacement stratégique pour se préserver des assauts réguliers des pirates pendant la période byzantine et ottomane. Montagneux et pittoresque, le village est aujourd'hui un témoignage vivant de l'architecture traditionnelle de Paros avec ses moulins à vent et ses pigeonniers, ses ruelles étroites et ses maisons anciennes. Il s'agit du village le plus authentique de l'île. Baladez-vous dans ses petites rues en pente, dominées par l'incontournable église Aghia Triada. Pour une promenade bucolique dans les environs, empruntez l'ancien sentier byzantin qui mène au village voisin de Podromos. Pavé de marbre, il serpente pendant environ 1 heure entre les deux villages.

Se loger

VILLAS BYZANTINO

✆ +30 22840 23187
www.paros-accommodations.gr
Villa à partir de 90 € la nuit.
Ce petit complexe de deux villas de style traditionnel est bien loin du bruit de la ville. Les Villas Byzantino donnent sur la célèbre église byzantine d'Aghia Triada. Les deux maisons sont entièrement équipées et comprennent cuisine, séjour, vérandas ou balcons privés, Internet sans fil, air conditionné... L'établissement propose des excursions guidées, des services de garderie pour bébé, et sert des repas sur demande.

Se restaurer

ARANTO

✆ +30 2284 044070
Comptez 20 € par personne. Ouvert tous les jours de 13h à minuit.
Avec des vues magnifiques sur Lefkes et la vallée environnante, Aranto ressemble à une taverne grecque basique. Ne vous fiez pas aux apparences : il s'agit de l'un des meilleurs restaurants de tout Paros. Ici vous goûterez à ce que la cuisine parienne offre de mieux, dans un cadre enchanteur et bien loin des touristes qui s'agglutinent sur la côte. L'équipe, jeune et dynamique, propose des produits d'une fraîcheur incontestable, en provenance directe de la ferme. Ils sont cuisinés avec inventivité et recherche. Une vraie bonne adresse.

O KLARINOS

✆ +30 2284041608
Ouvert tous les jours de midi à minuit. Comptez 15 € par personne.
Cette taverne familiale met la cuisine traditionnelle des terres pariennes à l'honneur. Ici, en effet, la carte n'est pas tournée vers la mer, pour une fois, mais davantage vers les produits de la vallée de Lefkes. Un changement agréable ! Vous goûterez ainsi aux côtes de porc, lapins, escargots et coquelets du propriétaire pour découvrir la vraie cuisine de l'intérieur des terres. Les produits sont d'excellente qualité et ce sera l'occasion de découvrir une carte réellement authentique. Le tout dans un cadre très agréable, entouré de gardénias.

À voir – À faire

MUSÉE D'ART POPULAIRE CYCLADIQUE

✆ +30 22840 41827
Ouvert de 8h à 16h de mai à septembre. Entrée : 1 €.
Cette collection privée, exposée dans le Lefkes Village Hotel, propose des objets de la civilisation égéenne répartis en cinq catégories : pierre, acier, poterie, meubles et architecture. Le lieu abrite souvent des expositions de photos.

ÉGLISE AGHIAS TRIADA ★

Cet imposant édifice de marbre parien domine tout le village de Lefkes. Deuxième plus grande église de Paros par la taille, elle est dédiée à la Sainte Trinité et achevée en 1835. Contournez-la pour découvrir un superbe cimetière en terrasses où les pierres tombales en marbre dégringolent dans la plaine côtière.

PISSO LIVADI – ΠΙΣΩ ΛΙΒΑΔΙ ★★

À 21 kilomètres de Parikiá et 2 de Marpissa se trouvent le petit village de pêcheurs de Pisso Livadi et la plage de Logaras. Vous pouvez y passer de bonnes vacances tranquilles et vous gorger de soleil et d'eau salée. Le port de Pisso Livadi abrite quelques caïques de pêcheurs qui alimentent tous les jours les tavernes en poissons frais. Une petite plage bordée de pins se trouve dans le prolongement du port. Un peu plus loin, Logaras est une belle plage de sable fin de 400 mètres réputée pour sa propreté et la beauté de ses eaux (drapeau bleu).

Se loger

ASPRO VILLAS

Plage de Logaras
✆ +30 69422 22737
asprovillas.gr
Entre 150 et 280 € la nuit pour 4 à 6 personnes, selon la période et la catégorie.
Un emplacement idéal à 150 m de la plage de Logaras et à 300 m de Punda Beach et trois villas qui peuvent accueillir jusqu'à 6 personnes. Flambant neuves, elles sont entièrement équipées avec élégance et modernité. Les commodités et quelques bonnes tavernes ne sont pas loin.

CAMPING CAPTAIN KAFKIS

✆ +30 22840 42452
www.camping-kafkis.com
camping.captain.kafkis@orange.fr
8 € par adulte (4 € par enfant) et de 6 à 8 € par tente.
A 600 m du port sur la route menant de Marpissa à Pisso Livadi. Le camping Captain Kafkis se trouve entre le village de Marpissa et le joli port de Pisso Livadi. Dans un cadre de verdure fait de palmiers, d'eucalyptus, d'hibiscus et de bougainvilliers, Patricia et Pierre Olivier, gérants français, vous accueilleront dans un petit camping qui met à disposition des campeurs une cuisine équipée avec des réfrigérateurs, des plaques de cuisson et tout le matériel pour cuisiner.

Lefkes.

HOTEL SAN ANTONIO

✆ +30 22840 41511
www.sanantonio.gr
info@sanantonio.gr
Chambre entre 60 et 110 € selon la période et la catégorie, petit déjeuner compris.
Au choix ici, des chambres fonctionnelles avec un petit frigo, un balcon (et en général une vue), ou des studios. Petit déjeuner buffet. La piscine du complexe est neuve, même si on n'est qu'à 50 m de mer. Et c'est en plus facilement accessible en bus.

STUDIOS ANNA

Sur le port.
✆ +30 22840 41320
www.annasinn.com
annasinn@otenet.gr
Studios pour deux entre 35 et 65 €.
Une belle offre de sept studios et de cinq appartements pour les familles avec une belle terrasse à disposition pour bronzer ou se baigner. Sur place, de belles chambres avec un réfrigérateur et l'accès à une cuisine équipée. Attention, même si tous sont agréables, tous n'ont pas vue sur mer.

Se restaurer

HALARIS OUZERIE

✆ +30 22840 43257
Au bout de la jetée de Piso Livadi.
À partir de 15 € par personne. Ouvert toute la journée.
Une belle surprise et un lieu absolument bondé. L'assortiment de mezzes est délicieux et tellement copieux qu'il suffit presque pour un repas à deux. Mais il serait dommage de ne pas profiter de l'entrée aux oursins par exemple : succulente !

MARKAKIS

Port
✆ +30 2284 042177
http://markakisrestaurant.gr
A partir de 15 € par personne. Ouvert toute la journée.
Excellent restaurant tenu par la famille Markakis. Cuisine grecque délicieuse, service impeccable. Pensez à réserver car c'est plein presque tout le temps.

MARPISSA - ΜΑΡΠΗΣΣΑ ★★

Le village de Marpissa est construit en amphithéâtre sur une petite colline près du mont Kefalos (200 mètres). En haut se dressent le monastère et l'église d'Aghios Antonios (XVIe siècle), l'église byzantine Metamorphosis surmontée d'un toit rouge et un musée qui abrite une centaine d'œuvres du sculpteur grec Nikos Perandianos. En contrebas s'élève le château vénitien (XVIe siècle) et, près de la place centrale, se trouve également le musée folklorique.

AURA TSIMBROS

Cap Punta.
✆ +30 22840 28290
https://paros-aurastudios.gr
Info@paros-aurastudios.gr
Studios pour deux entre 35 et 60 €.
Attention : ici les places sont chères... parce que rares. Cinq studios où se poser face à la mer avec une merveilleuse terrasse à la vue dégagée où l'on peut bronzer tranquille. Confort impeccable, climatisation et cuisine à disposition.

MUSÉE D'ART POPULAIRE DE MARPISSA

✆ +30 22840 41217
Ouvert tous les jours sauf le lundi en été, de 19h à 21h. Entrée gratuite.
Ouvert en 1997, ce modeste mais charmant musée a vocation à présenter la vie à Marpissa à travers les âges (récents néanmoins). L'intérieur d'une maison traditionnelle parienne a été reconstitué. On y trouve donc des meubles, outils et autres vêtements donnés par la population locale. Seulement ouvert en été mais possibilité d'y aller en hors-saison en appelant avant.

PLAGE DE POUNDA

Juste après Marpissa se trouve la plage de Pounda (à ne pas confondre avec le village de Pounda qui est face à Antiparos). En ce lieu, vous trouverez deux *beach clubs* auxquels l'accès est gratuit mais où les activités sont payantes. Énorme piscine, bars, restaurants, ping-pong, billards, saut à l'élastique… Vous pourrez y faire tout et n'importe quoi. La clientèle est jeune et délurée, la musique est à fond.

DRIOS - ΔΡΥΌΣ ★★

Ce village côtier, proche de belles plages de sable, permet de vous désintoxiquer de la bruyante capitale (26 kilomètres). Drios est également une base pour les véliplanchistes et le point d'accès aux plages de Golden Beach.

Se loger

ALPHA OMEGA

✆ +30 22840 41955
www.alphaomega-paros.com
alphaomegaparos@gmail.com
A 50 m de la mer.

Studio pour 2 de 52 à 67 € en été.
Ces studios très bien équipés se situent à 50 m seulement de la plage, sur une côte tranquille. Très propres, ils ont aussi de grands balcons avec vue sur mer. Barbecue et livres à disposition des résidents à la réception. Un supermarché et une taverne à côté ajoutent à l'offre.

■ BOUDARI HOTEL & SUITES
Chryssi Akti (Golden Beach)
✆ +30 22840 41785
www.boudari.com
info@boudari.gr
Au bout d'un petit chemin
menant à la plage.
30 chambres. La chambre double standard entre 85 et 170 € en été avec petit déjeuner.
Bel ensemble de bungalows, suites, appartements et chambres avec accès direct à la petite plage de Boudari. Excellente situation et cadre pittoresque à proximité de la magnifique plage dorée de Golden Beach. Deux piscines, bain tourbillon, sauna, salle de gym. Des suites de luxe ont été récemment construites à même la plage (avec bain tourbillon et vue directe sur la mer). Excellent restaurant à la carte. Les prix varient du simple au double selon la semaine et la vue, mais aussi de l'équipement. Prendre un studio avec une cuisine peut être un bon calcul !

■ GLYFA VILLAGE RESORT
Sur la plage de Glyfa.
✆ +30 22840 22510
www.glyfavillage.gr
office@glyfavillage.com
8 appartements 60 à 170 € selon la catégorie et la période.
Dans un coin tranquille au cadre magnifique à 100 m d'une belle plage presque déserte. De beaux appartements indépendants de 45 m² tout équipés, à louer à des prix très abordables. Balcons, vue sur la mer, air conditionné, TV satellite, téléphone, salle de bains en marbre, parking, laverie... Propre, non sans charme. Idéal pour les familles en quête de calme. Accès handicapés.

GOLDEN BEACH

Au nord de Drios. Superbe plage dorée de 1 km de longueur où vous pourrez pratiquer tous les sports nautiques. Golden Beach et New Golden Beach dans le prolongement.

■ GOLDEN BEACH HOTEL RESTAURANT
GOLDEN BEACH
✆ +30 22840 41366
www.goldenbeach.gr – info@goldenbeach.gr
30 chambres. Chambre double entre 70 et 130 € avec le petit déjeuner.
Charmant hôtel situé sur la plage même de Chryssi Akti, proposant 30 chambres et appartements dont la plupart surplombent la mer. Mise à disposition d'équipement de plongée et atmosphère décontractée. Chaises longues gratuites dans le jardin fleuri autour d'un vieux figuier. Le restaurant sert une cuisine traditionnelle à base de produits provenant de la ferme des propriétaires. Le poisson frais est pêché par les pêcheurs locaux. Vin maison et prix raisonnables.

■ HOTEL PAROS PHILOXENIA
New Golden Beach
GOLDEN BEACH
✆ +30 22840 41778
www.parosphiloxenia.gr
reservations@parosphiloxenia.com
A partir de 70 € en été, selon la période et la catégorie.
Les 42 chambres, suites et bungalows sont équipés de balcon avec vue sur la mer. Situé à 2,5 km de Marpissa, les pieds dans le sable, juste devant la plage de Tsardakia (New Golden Beach). Pour information, cette plage offre le meilleur spot de voile de l'île. Forfaits proposés à la semaine avec, au choix, du matériel de surf ou une location de voiture inclus.

ALYKI - ΑΛΥΚΗ

Situé sur la pointe sud de Paros, vous vous régalerez de grillades et de fritures dans les quelques tavernes de ce village de pêcheurs. À la sortie d'Alyki, direction Parikiá, vous découvrirez le musée d'arts populaires Skorpios. Vous pourrez y voir des miniatures en granit et en marbre sculptées par M. Skiadas, ex-marin pêcheur autodidacte devenu artiste reconnu et primé. Vous y reconnaîtrez le fameux monastère d'Amorgos tout comme un moulin de 1,20 mètre de haut, dont tous les détails intérieurs ont été respectés, et qui fonctionne véritablement. Alyki est également connu pour ses fonds marins que l'on découvre en faisant de la plongée.

Se loger

■ AGRIKIA

✆ +30 69441 35996
www.agrikia.com – reservation@agrikia.com
Aux portes du village d'Aliki, à 200 m de la mer.
Chambre à partir de 90 €, prix augmentant selon la période et la catégorie. Petit déjeuner compris.
Un petit paradis où l'on parle français. Muriel avait toujours rêvé de s'occuper d'un petit hôtel, et voilà aujourd'hui son souhait exaucé avec Marcello, également designer et photographe, et leur résidence de 8 chambres charmantes, calme et d'accès facile. Les hôtes peuvent vous aider à organiser une location de voiture et de scooter à partir de Parikia ou de l'aéroport voisin. Chaque chambre a sa propre terrasse avec vue ou accès sur le jardin. Possibilité de louer un studio pour les familles. Le petit déjeuner vous est offert et il est servi à l'ombre des oliviers.

■ IKIA STUDIOS

✆ +30 22840 91394 – www.ikiastudios.com
Dans le centre du village,
juste après la pharmacie.
Studio à partir de 70 € en été.
A 2 minutes à pied de la plage d'Alyki, les 9 appartements sont confortables et équipés d'air conditionné, télévision, cuisinette et terrasse privée sous pergola. Agréable jardin avec des palmiers et plantes aromatiques. Possibilité de faire des grillades. Encore deux plages aussi accessibles à pied : Pisso Alyki et Agios Nikolaos, tandis que celle de Farangas est à 5 minutes en voiture. En prime : Anna parle un excellent français et saura vous donner des conseils de pro. Transfert proposé avec supplément, sinon l'arrêt de bus n'est pas loin (près de la pharmacie).

■ PAROS LAND HOTEL

✆ +30 22840 92170
www.paroslandhotel.com
info@paroslandhotel.com
Chambre double à partir de 95 € en été, avec petit déjeuner.
Niché au milieu d'un champ d'oliviers, non loin de la plage et du petit village d'Aliki, cet hôtel de standing est un havre de paix. Aussi bien destiné aux couples qu'aux familles, en quête de tranquillité et d'un environnement confortable, l'hôtel dispose d'une superbe piscine, d'un restaurant de qualité tendance produits locaux et d'un bar extérieur, ainsi qu'une multitude de services annexes. Le petit déjeuner buffet est grec et authentique. Les propriétaires gèrent également pas très loin, « Evi Rooms », une pension de très bon goût.

Se restaurer

■ APOPLOUS

✆ + 30 22840 91228
Ouvert tous les jours pour le déjeuner et le dîner. Comptez environ 15 € par personne.
Une très bonne adresse où vous pourrez goûter un ensemble de *mezzes* de la mer savoureux. Essayez notamment la salade d'oursin, l'*ahinosaláta*, et le tarama qui est très réussi. Les végétariens apprécieront les légumes grillés au *haloumi* et vinaigre balsamique et les amoureux de poissons n'auront rien à redire quant à la fraîcheur et la qualité des produits proposés ici. A arroser d'un verre de blanc frais.

■ **TO MOURAGIO**
✆ +30 2284091165
Sur le port.
Ouvert tous les jours midi et soir. Comptez 15 € par personne.
Au bord de la mer, à la fois ouzerie, taverne et restaurant de fruits de mer, au Mouragio d'Aliki on baigne pleinement dans l'ambiance de Grèce méditerranéenne et on en redemande. Cuisine familiale depuis trente ans, ils vont pêcher le poisson eux-mêmes, en bateau, chaque matin.
Les meilleurs jours, il y aura du homard que vous pourrez vous-même choisir dans l'aquarium. En outre, pour accompagner votre ouzo, une grande variété de mezzés est également proposée à la carte. Une adresse très humble, où le personnel est délicat et généreux.

ANTIPAROS - ΑΝΤΙΠΑΡΟΣ ★★★

Avec ses 55 km² et ses 820 habitants... Tranquillité garantie... A tel point que les habitants de l'île se sont habitués à rencontrer des célébrités, Tom Hanks, Harrison Ford, Brad Pitt...
Plus calme que sa voisine, l'île a tout pour plaire aux vacanciers en quête de calme et de discrétion. A l'origine, l'îlot était relié à Paros, mais il s'en est détaché suite à un séisme. Antiparos abrite un joli village blanc égayé par des bougainvilliers et de magnifiques plages de sable doré. Les touristes qui viennent de Paros ne manquent pas de visiter la fameuse grotte aux stalactites sur la colline de Saint-Jean. Elle est nommée « Saint-Autel » parce que la veille de la Noël 1673, le curé qui accompagnait à Constantinople l'ambassadeur français, l'excentrique marquis de Nointel, y a célébré la messe.

ANTIPAROS - KASTRO - ΚΑΣΤΡΟ ΑΝΤΙΠΑΡΟΣ ★★★

Le village d'Antiparos marque le point le plus étroit de l'île : il s'étire entre le port d'Agia Marina sur la côte est et la plage de Sifneikos Gialos à l'ouest, sur à peine un kilomètre. Entre ces deux côtes, on se promène dans un enchevêtrement de ruelles blanches, parfois ombragées de grands bougainvilliers en fleurs. La rue principale, bordée de jolies boutiques et cafés, part d'Agia Marina et traverse le village de part en part, en passant par la place centrale d'Agios Nikolaos que vous reconnaîtrez à son arbre majestueux. Tout le monde se retrouve sur la place au fil de la journée : les anciens le matin pour prendre le café et en fin de journée pour jouer au backgammon ; les plus jeunes pour boire des verres après le dîner et jusqu'à tard dans la nuit. Caché derrière la place, le *kastro* médiéval est à peine perceptible. En poursuivant vers l'ouest, la rue principale traverse une zone plus résidentielle qui mène enfin à la magnifique plage de Sifneikos Gialos. Impossible de se perdre trop longtemps dans ces rues calmes et piétonnes. L'artère principale du village est le cœur battant de l'île. On s'y promène avec un plaisir toujours renouvelé : en journée, pour faire les boutiques ou le soir, pour la promenade digestive. On s'y retrouve pour le petit-déjeuner, ou le café ou des verres en soirée. On regarde le monde passer, on s'y croise et on s'arrête pour discuter. À Antiparos, tout commence et tout finit par la rue principale.

Transports

■ **AGGELOS RENT A CAR**
Sur le port
✆ +30 2284061626
http://antiparosrentacar.com
aggelos@antiparosrentacar.com
Location voitures, quads, scooters, vélos.
Depuis près de 25 ans, ce loueur offre tout type de véhicules motorisés ainsi que des vélos (VTT, vélos électriques ou vélos de ville). Prix intéressants et service professionnel.

■ **PORT**
✆ +30 22840 61458
Antiparos n'est accessible que depuis l'île de Paros.

Bateau. Depuis Parikiá. Dix liaisons par jour entre le port principal de Paros et Antiparos. La traversée dure 30 minutes et les bateaux ne prennent pas de voitures. Par temps agité, le bateau ne part pas. Coût du billet : 5 €.
Depuis Punta. Là où les deux îles sont les plus proches, un bac fait la traversée toutes les demi-heures dans les deux sens entre le petit port de Punta et celui d'Antiparos. Le service est assuré de 6h à minuit tous les jours. Durée de la traversée : moins de 10 minutes. Prix de la traversée : 1,30 € pour les passagers piétons, 6,30 € pour une voiture et ses passagers.

Yachting. Vous êtes abrité du vent entre l'îlot de Despotiko et Antiparos. Le passage entre Paros et Antiparos ne doit être emprunté que de jour. Vous pouvez explorer Despotiko qui a de belles plages et des eaux poissonneuses, et l'îlot Saliangos.

Pratique

CENTRE MÉDICAL
✆ +30 22840 61219

POLICE
✆ +30 22840 61202

Se loger

Bien et pas cher

AEGEO INN
✆ +30 22840 61387
http://aegeoinn.gr
farupos@otenet.gr
Chambres doubles à partir de 50 € en été.
Cet établissement propre et confortable offre des chambres spacieuses et au calme qui ont été intégralement rénovées récemment. Accueil à la fois chaleureux et discret. Situé dans une ruelle du village, l'Aegeo Inn est à quelques minutes du port et de la plage de Psaraliki 1.

CAMPING ANTIPAROS
Sur la plage d'Aghios Theologos.
✆ +30 22840 61221
www.camping-antiparos.gr
Du 1er mai au 30 septembre. 100 emplacements. De 6 € à 8 € par nuit et par personne, de 3 € à 4 € par enfant, 3 € pour une tente, de 4 € à 5 € pour une caravane.
Témoin des années hippie à Antiparos, le camping a ouvert dans les années 1970 et depuis, sa réputation ne faiblit pas. Dans un océan de verdure, à l'extrémité nord d'Antiparos, sur la plage, le camping est un incontournable de l'île et lui donne son ambiance particulière. Des abris en bambou ont été installés en plus des arbres pour faire plus d'ombre là où elle manquait. Mini-market, restaurant self-service sympa, douches et toilettes et wi-fi gratuit.

MIKE'S PLACE
✆ +30 6932 420307
www.mikesplace.gr
mikeantiparos@yahoo.gr
Chambre double de 60 à 97 € en été.
Cette agréable *guesthouse* est située quasiment sur la plage d'Agios Spiridon, au nord du port. Au calme, ces chambres et studios confortables et *cosy* offrent un bon rapport qualité-prix. Accueil chaleureux et simple.

PENSION ARGO
✆ +30 22840 61419
www.argoanti.gr
argoanti@argoanti.gr
Chambre double de 40 à 80 €, sans petit déjeuner.

L'arrivée en bateau à Antiparos.

Attention, la famille Viazis ne propose que 9 chambres à ce prix, avec télévision, frigo et balcon. Mais il y a aussi un appartement très économique (65 € maximum). Le restaurant, sur place, n'est pas mal avec des prix à l'avenant.

Confort ou charme

ARTEMIS

✆ +30 22840 61460
www.artemisantiparos.com
info@artemisantiparos.com
A 400 m de la plage d'Agios Spiridonas.
Chambre double de 50 à 110 € en été. Petit déjeuner en supplément à 8 €.
A gauche du port (en regardant la mer) sur le front de mer, toutes les chambres ont un balcon et souvent une kitchenette si vous prenez l'option studio quasiment au même prix. Petit déjeuner à base de spécialités locales. Les chambres sont propres et spacieuses. Préférez les chambres avec vue sur mer.

KASTRO ANTIPAROS

✆ +30 22840 61011
www.antiparosgreece.com
info@antiparosgreece.com
Chambre double à partir de 80 € en été sans petit déjeuner.
Ce très bel établissement est situé en bordure du village, en direction des plages de Psaraliki. Les chambres sont confortables et jolies et les studios disposent d'une kitchenette pour cuisiner sur place. L'ensemble est très agréable et *cosy* ; on aime la belle piscine et son bar où on prendra le temps de siroter un jus ou un verre en soirée.

KOUROS VILLAGE

✆ +30 22840 61084
www.kouros-village.gr
info@kouros-village.gr
A 300 m du débarcadère.
Chambre double à partir de 100 € en été. Petit déjeuner à 8 €.
Ce petit complexe familial situé à gauche du port (en regardant vers la mer) est un pilier de l'offre hôtelière d'Antiparos. Tenu par la famille Stavrinidi, cet établissement accueillant et chaleureux propose des chambres propres et confortables, organisées autour d'une piscine centrale bien agréable. L'hôtel a commencé à rénover ses chambres qui gagnent largement en gamme : design contemporain et élégant, plus d'espace... A chaque nouvelle saison, l'hôtel rénove de nouvelles chambres. Certaines donnent sur la plage d'Agios Spiridon, d'autres ont de larges terrasses sur le port. Possibilité de louer des studios avec kitchenette ou des appartements.

Se restaurer

CAPTAIN PIPINOS

AGIOS GEORGIOS
✆ +30 22840 21823
www.captainpipinos.com
captainpipinos@yahoo.gr
Le restaurant est situé sur le petit port d'Agios Giorgios.
A partir de 10 € par personne.
Les petits-fils du fameux Pipinos continuent de livrer leur poisson frais sous une véranda ombragée sur les quais. Le caïque du papa sort encore tous les jours. Le poisson est servi avec de merveilleuses salades ou des pommes de terre croustillantes.

KLIMATARIA

✆ +30 2284 061061
Ouvert tous les soirs à partir de 18h. Comptez 25 € par personne.
La taverne familiale de Klimataria propose une cuisine un peu au-dessus de la moyenne par rapport à une taverne classique. Agréablement installés sous de magnifiques bougainvilliers, dans une petite ruelle adjacente à la rue principale, vous profiterez de la qualité de cerestaurant, garantie par le label Aegean Cuisine.
Produits frais et parfaitement cuisinés. Vous pourrez opter pour de très bonnes options grillées (viande ou poisson).

Un petit tour des plages

Une bonne idée : l'île est suffisamment petite pour y louer un vélo et accéder à certaines plages. A 10 minutes du port, à Psaralykes, vous pouvez vous baigner, même sans maillot. Un peu plus loin, les plages de Theologos avec le camping, Siphneikos Yalos et Diapori. Pour plus d'intimité, il faut aller de l'autre côté de l'île, à Apandima ou Aghios Giorgios. La baie de Despotico est bien protégée des vents. L'îlot de Despotico, ourlé d'une belle plage de sable fin, est désert à part une chapelle. Pour la promenade en caïque, adressez-vous aux tavernes d'Agios Giorgios. N'hésitez pas à en faire le tour en caïque pour aller voir le merveilleux paysage de « rochers sculptés » et la grotte sous-marine d'Epitafio. Les eaux y sont d'un extraordinaire vert émeraude.

■ **LOLLO'S PIZZERIA**
✆ +30 2286 032767
lollospizzeria@hotmail.com
Ouvert tous les jours de midi et jusqu'au dernier client, vers minuit. Comptez 15 € par personne.
Cette pizzeria italienne nous vient directement de Rome : son propriétaire, natif de la capitale italienne, s'est établi ici et a tenu à apporter la meilleure tradition de la *pinsa* dans ses bagages. Vous goûterez donc à la pizza romaine en plein Antiparos, sur le port. Tous les ingrédients utilisés sont d'origine biologique. Une adresse très appréciée des habitués.

■ **TAGERI**
✆ +30 6980803633
www.tageri.com – ageri.info@gmail.com
À droite au bout du port.
Comptez 15 € par personne. Ouvert de midi à minuit.
Peu de tables, des hôtes adorables, une terrasse face à la mer, un peu à l'écart du port et donc un peu à distance des adresses bondées... La cuisine proposée est élégante et permet de découvrir une cuisine grecque plus élaborée que celle servie dans la majorité des tavernes.

À voir – À faire

■ **GROTTE D'ANTIPAROS** ★★★
Aghios Ionnis
Entrée : 5 €. Ouvert tous les jours en été de 10h à 18h. Déconseillé, voire interdit, aux personnes ayant des problèmes cardiaques ou respiratoires du fait du haut taux d'humidité dans la cave.
Offrez-vous 400 marches et 100 mètres sous terre pour descendre dans les entrailles de cette cave unique. Utilisée comme abri dans la période néolithique, elle devient un centre du culte d'Artémis pendant la période antique. La cave est une succession de chambres et boyaux marqués par des stalactites et stalagmites impressionnantes. L'accès à la deuxième chambre est d'ailleurs gardé par la plus ancienne stalagmite d'Europe (45 millions d'années), gigantesque, et que l'on appelle la Grande Colonne centrale ou « Peloria Kentriki Kolona ». Certaines des stalactites et stalagmites sont gravées de signatures ou inscriptions. L'histoire raconte que le 24 décembre 1673, la grotte reçoit la visite du marquis de Nointel, alors ambassadeur de France à Constantinople. Il s'émerveille tellement devant la beauté naturelle d'une stalagmite géante de 8 m de hauteur qu'il fait célébrer la messe de Noël par le prêtre qui l'accompagne. Depuis ce jour, la stalagmite est appelée « l'Autel » en souvenir de cette messe.
Une légende – qui a été largement contredite depuis – veut que les noms de ceux qui ont conspiré contre Alexandre le Grand soient gravés dans cette grotte, là où jadis ils avaient trouvé refuge. Parmi les signataires célèbres qui ont apposés leurs noms au fil des siècles, on pourra repérer le roi Othon Ier de Grèce et la reine Amalia. Au XVIIIe siècle, certaines stalactites sont détachées et emportées au musée de Saint-Pétersbourg par des officiers russes. D'autres sont détruites par les Italiens pendant la Seconde Guerre mondiale.

NAXOS – ΝΑΞΟΣ ★★★★

Naxos est connue pour ses couchers de soleil photographiés au ras des flots à travers la *portara* du temple d'Apollon. Mais l'île propose bien plus que des clichés : c'est tout simplement la plus complète des Cyclades. Déjà, c'est la plus grande et la plus haute de l'archipel. C'est aussi celle qui offre certaines des plus belles plages d'Europe (immenses étendues de sable blanc ou petites baies désertes) et certains des meilleurs sports de planche à voile et de kitesurf de Grèce. Elle est au cœur de toutes les légendes de la mythologie grecque avec des personnages comme Thésée, Ariane et de nombreux dieux à commencer par Zeus, Poséidon, Apollon et Dionysos. Son patrimoine culturel est unique, marqué par l'Antiquité (kouros d'Apollonas, temple de Déméter, pétroglyphes de la colline Koryfi t'Aroniou...), l'héritage byzantin (des dizaines d'églises construites entre le VIe et le XIIIe siècle, dont une très rare église « iconoclaste » près d'Apiranthos) et la très longue période « vénitienne » avec ses fameuses tours féodales, le *kastro* de Naxos-ville, sa cathédrale catholique et une importante influence française qui a perduré jusqu'aux années 1970. Ses nombreuses sources et sa riche agriculture en font aussi l'une des rares îles grecques autosuffisantes en eau et en alimentation. Ce terroir et ses diverses influences culinaires lui valent de proposer des produits uniques (pomme de terre, liqueur de cédrat, fromages, viandes) et quelques-unes des meilleures tavernes de Grèce, avec I Axiotissa, à Kastraki, comme fer de lance gastronomique. Enfin, Naxos est une île qui vit vraiment, sans trop dépendre du tourisme de masse (à part sur la côte ouest), avec ses coutumes, ses artistes, ses personnalités qui ont marqué l'histoire et la littérature du pays, ses grands villages à l'identité très marquée, comme Halki, où l'on trouvera (enfin !) de bonnes idées cadeaux à rapporter de ses vacances dans les Cyclades. Moins réputée et

moins fréquentée que ses « rivales » Mykonos et Paros, elle propose pourtant un plus large éventail de possibilités et avec surtout plus d'authenticité.

Géographie. Sa large superficie 428 kilomètres carrés a valu autrefois à Naxos le surnom de « petite Sicile ». Le mont Zas (*Ζας*, en dialecte local Zeus) domine toutes les Cyclades du haut de ses 1 004 mètres. Le relief est ici assez haut pour accrocher les nuages. On compte ainsi de nombreuses sources qui ont permis à l'agriculture de se développer très tôt. Mais la principale richesse vient de son sol avec les carrières de marbre (moins réputé que celui de Paros) et les mines d'émeri, toujours exploitées. L'île compte aujourd'hui 18 000 habitants (les Naxiotes), dont un tiers résident dans la capitale, Naxos (χώρα, Hora ou Chora), sur la côte ouest. À l'intérieur des terres, se dressent de merveilleux petits villages gardés par des tours « vénitiennes ». Les paysages se déclinent en hautes montagnes, vallées fertiles et plages variées.

Histoire. L'île a été habitée très tôt, dès le IVe millénaire avant notre ère. Les premières traces d'occupation ont été découvertes dans la « grotte de Zeus », sur le mont Zas. Pendant des siècles, l'île profitera de sa position centrale et de ses carrières de marbre et d'émeri pour devenir un grand pôle commercial. Longtemps en concurrence avec l'île voisine de Paros, elle envoie ses colons à Amorgos, à Chypre et jusqu'en Sicile (dans la région de Messine, un village porte encore le nom de Giardini-Naxos). Au VIe siècle avant notre ère, le culte d'Apollon prend de l'ampleur à Naxos. En son honneur, la statue du Sphinx des Naxiens est envoyée au sanctuaire de Delphes.

Vers 530, le tyran Lygdamis entreprend de lui consacrer un vaste temple sur l'îlot de Palatia, dans le port de l'actuelle capitale. Celui-ci ne sera jamais achevé mais deviendra, bien des siècles plus tard, le symbole de l'île. En 490 avant notre ère, pendant la première guerre médique, les Perses s'emparent de l'île. La ville et les temples sont incendiés. À peine sa puissance restaurée, Naxos se soulève contre Athènes, en 468 avant notre ère. L'île est assiégée, asservie et colonisée. Elle ne fera dès lors plus guère parler d'elle jusqu'à la prise de Constantinople par les croisés (1204). L'île est conquise par le Vénitien Marco Sanudo. Celui-ci fonde le duché de Naxos (1205-1579) qui s'étend à Paros, Antiparos, Milos, Sifnos, Kythnos et Syros. Cet État indépendant, de système féodal, tour à tour sous influence franque, byzantine, vénitienne et ottomane permet aux catholiques et aux orthodoxes de cohabiter librement. Après les raids corsaires turcs d'Amur (1344) et de Barberousse (1537), l'île passe progressivement sous contrôle ottoman. La présence ottomane est toutefois quasi inexistante. Le seul fonctionnaire, chargé des impôts, qui restait encore sur l'île s'enfuit à l'annonce du début de la guerre d'indépendance grecque en 1821. De ce fait, le contrôle des nobles italiens et français sur la population grecque reste très fort jusqu'au XIXe siècle. L'histoire de l'île sera ainsi marquée par de nombreuses révoltes antiseigneuriales, si bien que l'héritage français et vénitien n'est pas toujours très bien accepté de nos jours. Réputés fiers et prompts à prendre les armes, les habitants fournirent un contingent de 800 hommes pour la libération de la Crète (1866-1869). Durant la Seconde Guerre mondiale, l'île fut occupée par les Italiens, puis par les Allemands et libérée par la résistance locale le 15 octobre 1944.

Mythologie. Naxos est l'île de nombreuses légendes. La tradition veut que Zeus soit né et ait été élevé dans la grotte du mont Zas. C'est aussi ici que le forgeron Cédalion a enseigné l'art de travailler les métaux à Héphaïstos, dieu du Feu, des Forges et des Volcans. C'est encore à Naxos que Poséidon est tombé amoureux d'Amphitrite en la voyant danser. Ni une ni deux, il enlève la belle, divinité de la Mer de son état, pour l'épouser. De cette union (la seule légitime pour ce coureur de jupons...) naîtront le dieu marin Triton et ses sœurs Benthésicymé et Rhodé. L'île fut également le lieu de l'affrontement entre Poséidon et Athéna. Vaincu, le dieu de la Mer dû abandonner Naxos qui fut confié à Dionysos. Venant prendre possession de l'île, ce dernier est fait prisonnier par son propre équipage. Dionysos utilise alors ses pouvoirs de « super-héros » pour remplir le navire de lierre et transformer les avirons en serpents tout en faisant résonner des flûtes invisibles. Les pirates, devenus fous, se jettent à la mer en se transformant en dauphins. Ce prodige permet à Dionysos de prouver qu'il est un véritable dieu et de décrocher sa place dans l'Olympe. C'est enfin sur Naxos que Thésée abandonne Ariane qui vient pourtant de lui rendre un fier service en lui permettant, grâce à son fil, de sortir du labyrinthe du Minotaure. Les versions divergent sur les raisons de cet abandon. Avarie de bateau ou relations houleuses ? On ne saura jamais vraiment. Toujours est-il que c'est Dionysos qui prend la belle mortelle sous sa protection et l'épouse sur l'île. Ce célèbre épisode de la mythologie a été une source d'inspiration pour de nombreux artistes. Parmi eux, le Titien a représenté la scène dans le tableau daté de 1523 et intitulé *Bacchus et Ariane* (Bacchus étant le nom romain de Dionysos), tandis que Richard Strauss a signé l'opéra *Ariadne auf Naxos* (Ariane à Naxos) en 1912.

Plages et nudisme. Les plages les plus connues sont situées sur la côte ouest, au sud de Chora et de l'aéroport. Aghios Prokopios, Aghia Anna et Plaka sont les plus développées (hôtels, activités nautiques, etc.) mais aussi bondées en pleine saison. Pour trouver plus de calme, il faut passer par l'intérieur des terres, par le village de Vivlos, où une route permet d'accéder aux plages d'Orkos, Mikri Vigla, Kastraki, Aliko et Pyrgaki, toujours sur la côte ouest. Toutes les plages de la côte ouest sont accessibles en bus depuis Chora et restent assez calmes. Pour trouver des plages les moins fréquentées, il faut aller à celles d'Agiassos (côte ouest, à 11 kilomètres de Sangri, aucun bus), Kalantos (pointe sud, aucun bus), Lionas (côte est, à 10 kilomètres de Koronos, aucun bus) Moutsouna (côte est, deux bus par jour depuis Chora), Kanaki (au sud de la plage de Moutsouna, 2 bus par jour en été). Naxos fut pendant longtemps La Mecque du naturisme dans les Cyclades. Jusque dans le milieu des années 2000, même les grandes plages du sud de Chora étaient fréquentées par les « non-textiles ». Désormais, en haute saison, la mixité n'est plus de mise sur les plages les plus développées. Lorsqu'il n'y a aucun « textile », on peut toutefois encore se baigner nu au sud de la plage de Plaka, dans les petites baies au nord de la plage de Pyrgaki et à Psili Amos (aucun bus).

NAXOS CHORA – ΝΑΞΟΣ ΧΩΡΑ

La « capitale » de Naxos, encore épargnée par le tourisme de masse, garde sa couleur locale et son authenticité. Comptant aujourd'hui

6 000 habitants, elle a été construite sur l'emplacement de la ville antique de Dia. Dès l'arrivée en bateau, se dresse la majestueuse porte de marbre du temple d'Apollon et la petite église Panaghia Myrtidiotissa, construite sur un îlot au milieu du port. Les maisons blanches s'élèvent en escalier depuis la rive jusqu'au *kastro*. Cette forteresse érigée au début du XIIIe siècle par Marco Sanudo constitue la partie la plus intéressante de la ville avec ses ruelles tortueuses, ses belles demeures vénitiennes, ses églises et places fleuries de bougainvilliers. Elle fut le siège du duché de Naxos, qui s'étendait sur toutes les Cyclades, et resta après la conquête ottomane la place forte des seigneurs français et italiens qui régnèrent sur l'île jusqu'au XIXe siècle. Quartier catholique historique, le *kastro* fut aussi un véritable « petit Vatican » tenu par des religieux essentiellement français, avec ses monastères, couvents, églises et sa cathédrale, siège de l'archevêché catholique des Cyclades.

Transports

■ AÉROPORT NATIONAL DE NAXOS

Aghios Prokopios
✆ +30 22 85 02 39 69
www.hcaa-eleng.gr/naxos.htm
À 2,5 km au sud de Chora et 3,5 km au nord-est d'Aghios Prokopios.
Toute l'année, on compte entre un et trois vols par jour pour Athènes assuré par Olympic Air (www.olympicair.com).

▸ **Transport.** L'arrêt de bus se trouve à 200 mètres du terminal avec un bus toutes les demi-heures pour Chora (trajet 10 minutes). Des taxis attendent les passagers à chaque vol. Compter environ 10 € pour une course dans un rayon de 5 kilomètres autour de l'aéroport (demander le prix avant de monter).

■ GARE ROUTIÈRE KTEL

Rue Protopapadhaki
✆ +30 22 85 02 22 91
www.ktelbus.gr
ktelnaxou@hotmail.gr
Sur la rue principale, dans le port, face à la marina.
La compagnie de transport public (KTEL) assure des dessertes de tous les villages habités de l'île et des principales plages de la côte ouest. Elle propose aussi des transferts et excursions en bus sur demande. Les tickets peuvent être achetés dans le bus.

▸ **Villages et plages desservis.** Aghia Anna, Aghia Marina (mont Zas), Aghios Prokopios, Ano Potomia, Apeiranthos, Apollonas, Engares, Filoti, Halki, Mikri Vigla, Moni, Moutsouna, Plaka.

■ NAXOS VISION

Rue Paparigopoulou
✆ +30 22850 26200
www.naxosvision.com
info@naxosvision.com
À 50 m de la plage d'Aghios Georgios, près du restaurant Meltemi, à l'angle de la rue Apiranthou.
Tous les jours de 9h à 21h en saison. Ouvert toute l'année.
Cette agence créée en 2000 propose un vaste choix de services : livraison à l'hôtel, le port ou l'aéroport, voiture avec chauffeur, location dans les autres îles, tarifs pour groupes et hommes d'affaires. Voitures uniquement, pas de deux-roues.

■ PORT DE NAXOS

Rue Protopapadhaki
✆ +30 22 85 02 23 00
Sur la jetée principale du quai ouest, face au kastro.
Naxos est un peu moins desservie que Paros, mais les liaisons avec celle-ci sont courtes (moins d'une heure) et nombreuses. Toutefois, les connections restent très suffisantes pour rayonner dans les îles des alentours. Naxos est surtout très bien reliée aux Petites Cyclades. Compagnies : Blue Star, Nel Lines, Hellenic Seaways et Aegean Speed Lines.

▸ **Le Pirée et Paros :** de cinq à six navires (ferries et rapides) par jour en haute saison, deux navires par jour le reste de l'année sauf samedi, un seul. Trajet de 4h à 8h pour Le Pirée, de 45 minutes à 1h pour Paros.

▸ **Rafina :** un par jour effectuant le trajet Rafina-Mykonos-Paros-Naxos-Ios (même trajet dans l'autre sens au retour). Trajet entre Rafina et Naxos 6h.

- **Amorgos et Petites Cyclades.** Amorgos : deux navires par jour sauf samedi et dimanche, un seul. Iraklia, Koufounisi et Schinoussa : un navire par jour tous les jours, deux par jour lundi et vendredi. Donousa : deux navires lundi et mercredi, un navire jeudi et samedi.
- **Santorin, Syros, Astypalea et Ios.** Santorin : un navire par jour. Ios : un navire par semaine, en général dimanche. Syros : trois navires par semaine, en général lundi, mercredi et dimanche. Astypalea : trois navires par semaine, en général lundi, mercredi et jeudi.
- **Yachting.** Vous serez protégé du vent dans les trois ports de Chora, à Alyko, dans la baie d'Apollonas et dans la baie de Panormos. Ravitaillement en eau et en essence à Chora.

Pratique

Tourisme - Culture

Attention, le Naxos Tourist Information Center, situé sur le débarcadère des ferries, n'est en fait qu'une agence de voyages privée proposant les mêmes services que ses nombreux concurrents (billets de bateau, excursions, location de voiture, hébergement). Il n'existe pas de centre d'information public pour les touristes à Naxos. Cela dit, la plupart des agences jouent le jeu et fournissent volontiers de bons conseils gratuitement.

Réceptifs

■ NAXOS TOURS
Rue Protopapadhaki
✆ +30 22850 24000
www.naxostours.net
info@naxostours.net
Sur le port, à 500 m au sud du débarcadère, à côté de l'hôtel Coronis.
Tous les jours en saison de 8h à 22h. Ouvert toute l'année. Location de voiture à partir de 35 € par jour pour une citadine.
Créée en 1977, cette agence est la plus ancienne et la plus expérimentée de l'île. Elle propose à peu près tout en termes de tourisme : vente de billets (avion et bateau), location de voiture, découverte de l'île à pied ou en bus, croisières en voilier au sud de Naxos, dans les Petites Cyclades, excursions à Santorin, Amorgos ou Delos, chambres d'hôtel... Naxos Tours représente de nombreux bureaux touristiques français comme Héliades et Tourmonde.

Santé - Urgences

■ CENTRE MÉDICAL
Rue Sokratous Papavasiliou
✆ +30 22 85 02 32 34
À 800 m au sud-est du port,
au niveau du stade, sur l'axe principal
en direction du sud-est de l'île.
Urgences 24h/24 : ✆ +30 22 85 02 33 33.

■ POLICE
Aghios Georgios
Rue Andrea Papandreou
✆ +30 22 85 02 21 00
À 1 km au sud-est du port, en passant par la place Protodhikiou et en suivant la rue Ioannou Paparigopoulou, à 500 m à l'est de la plage d'Aghios Georgios.

Orientation

Les remparts du *kastro* dominent le port (à l'ouest), le quartier de Bourgos avec la cathédrale orthodoxe Zoodochos Pigis (1789) et le vieux marché (*palea agora*) où résidaient les bourgeois et commerçants (au nord et à

Naxos.

l'ouest), le quartier de Grotta (sur la côte nord), la plage d'Aghios Georgios (au sud-ouest) et la ville nouvelle (au sud en direction de l'aéroport et à l'est).

Se loger

Bien et pas cher

HOTEL ANIXIS

Rue Amfitritis.
✆ +30 22850 22112
www.hotelanixis.gr
info@hotel-anixis.gr
23 chambres. Chambre double entre 55 et 80 € en été. Petit déjeuner : 7 €.
Hôtel familial chaudement recommandé. Situé à 400 mètres de la plage d'Agios Georgios, il bénéficie d'un joli cadre à l'intérieur comme à l'extérieur à proximité d'agréables tavernes dans la vieille ville. La plupart des chambres ont vue sur mer. L'établissement propose aussi un appartement familial et trois studios pour être plus indépendant.

HOTEL SPIROS

Aghios Georgios
Rue Glinadou
✆ +30 22 85 02 48 54
www.hotelspiros.com
info@hotelspiros.com
Dans la ville moderne, à 700 m
au sud du port, à 200 m de la plage.
40 studios à partir de 80 € en été. Petit déjeuner : supplément 7 € par personne.
Doté d'une piscine, cet « apart'hôtel » constitue un excellent compromis de par son excellente situation. Les studios sont tous équipés d'une salle de bains, d'une kitchenette, d'une TV, de la clim et d'un balcon. Le wifi est disponible dans les parties communes. Stelios et sa femme assurent un accueil familial et proposent un transfert gratuit pour le port et l'aéroport ainsi que le lit bébé gratuit (jusqu'à 3 ans) et d'autres choses encore. Autres services (payants) : VTT, planche à voile et sports nautiques, location de véhicule, blanchisserie.

Confort ou charme

CHATEAU ZEVGOLI

Bourgos
✆ +30 22 85 02 29 93
www.apollonhotel-naxos.gr
info@chateau-zevgoli.gr
Entre le vieux marché
et l'entrée nord du kastro (Trani Porta),
au-dessus de la jetée de la marina.
10 chambres. Entre 60 et 110 € selon la période et la catégorie. Petit déjeuner compris.
Installée dans une vieille maison vénitienne, cette petite pension tenue par Despina est sans doute la plus séduisante de l'île. Uniquement accessible à pied, cet établissement de charme a tout pour plaire : décoration soignée, mobilier ancien, patio fleuri, belle vue (la plus jolie chambre donne sur le temple d'Apollon). Les chambres sont toutes équipées d'une salle de bains, de la clim, d'une télé et du wi-fi. Pour information, la propriétaire gère aussi quatre appartements « médiévaux » dans le Kastro (Castro Residence, à partir de 65 €) et l'Hôtel Apollon.

GROTTA HOTEL

Grotta, 7 rue Kampanelli
✆ +30 22 85 02 21 01
www.hotelgrotta.gr
info@hotelgrotta.gr
À 500 m au nord-est du kastro,
à 600 m à l'est de la jetée du temple
d'Apollon, légèrement en retrait
sur les falaises le long de la côte nord
de la ville, dans la partie la plus calme.
Accessible par l'avenue Naxou Eggaron.
37 chambres. De 60 à 110 € pour deux selon la période et la catégorie, petit déjeuner compris. Ouvert toute l'année.
Doté d'une petite piscine intérieure et d'un bain à remous, cet hôtel de charme dispose d'une terrasse avec vue imprenable sur la *portara* du temple d'Apollon. Les chambres sont propres et équipées de la clim, d'une TV et d'un réfrigérateur. Accès wi-fi sans fil dans le salon. Petit déjeuner extra, avec un grand choix de tartes et de gâteaux maison. Transfert aller-retour port et aéroport gratuit. Possibilité d'excursions dans l'île ou dans les îles voisines en ferry ou en voilier. Personnel aux petits soins. Une des réceptionnistes parle français.

HOTEL APARTMENTS ARGO

Aghios Georgios, Rue Kinidaros
✆ +30 22 85 02 30 59
www.argo-hotel.com
info@argo-hotel.com
À 900 m au sud du port, à 150 m
à l'ouest de la plage d'Aghios Georgios,
à côté du grand hôtel Galaxy.
18 chambres. De 90 à 290 € pour deux selon la période et la catégorie. Petit déjeuner : 7 €.
Doté d'une petite piscine, cet hôtel familial est propre et chaleureux. Tous les appartements disposent de la climatisation, d'un réfrigérateur, d'une télé et d'une salle de bains avec sèche-cheveux. wi-fi dans les parties communes. Bon petit déjeuner à base de produits maison. Possibilité de louer des studios et des appartements à des prix intéressants. Transfert gratuit sur demande.

Luxe

■ NAXOS RESORT BEACH HOTEL

Aghios Georgios
✆ +30 22 85 02 66 50
www.naxosresort.gr
info@naxosresort.gr
À 900 m au sud du port,
à 90 m à l'est de la plage d'Aghios Georgios.
À côté du grand hôtel Galaxy.
88 chambres autour de 140 € en été, petit déjeuner compris. Ouvert toute l'année.
Avec sa grande piscine (et une piscine pour enfants), ce *resort* propose un excellent service à ceux qui cherchent ce type d'établissement. Constitué de trois petits bâtiments de deux étages, il dispose de chambres avec vue sur la mer ou la montagne. L'établissement possède un bar, un restaurant, une aire de jeux pour enfants, une salle de fitness, un sauna et un hammam. Parmi les services payants proposés, on trouve : massage, transfert, location de véhicules, excursions sur les plages de Naxos et dans les îles voisines. Lit bébé gratuit.

Se restaurer

Bien et pas cher

■ KOZI

Grotta
✆ +30 22850 24571
www.kozinaxos.gr/indexuk.html
kozi_souvlakeri@hotmail.com
A partir de 5 € par personne. Réservation conseillée pour les meilleures places.
S'il y a bien un endroit à Chora Naxos pour bien manger pas très cher, c'est ici ! Dans une ambiance décontractée, ils servent une multitude de viandes grillées, de préparations grecques façon tapas et de plats végétariens. Avec sa grande terrasse donnant sur la plage et la porte d'Apollon, c'est aussi un lieu idéal à ne pas louper pour contempler le coucher de soleil.

■ SCIROCCO

✆ +30 2285 025931
www.scirocco-naxos.gr/contact.html
info@scirocco-naxos.gr
Sur la place du tribunal, au croisement des rues Amorgou et Exarchopoulou.
Ouvert de midi à 1h, tous les jours. Compter 15 € par personne.
Cette taverne familiale a ouvert en 1995 et ne souffre pourtant aucunement de manque de modernité. Décoration épurée, présentation travaillée des plats... On apprécie les produits frais, qui se transforment en une savoureuse cuisine. Et pour des prix très convenables, qui plus est. Le personnel sait comment bien accueillir, que cela concerne les locaux ou les touristes qui affluent en été.

Bonnes tables

■ LABYRINTH

✆ +30 2285022253
labyrinth.naxos@gmail.com
Dans le kastro, suivez les panneaux.
Ouvert tous les jours, de 13h à 2h en haute-saison et de 18h à 1h le reste de l'année. Réservation recommandée. A partir de 20 € par personne.
Dans le dédale du Kastro – un véritable labyrinthe – on trouve ce restaurant en suivant les panneaux et son instinct. La cour intérieure détient en soirée une atmosphère bien particulière, calme et romantique, avec bougies et musique jazzy. Service impeccable, accueil chaleureux, décoration du détail, et surtout gastronomie ont fait de l'endroit un de nos favoris. La cuisine grecque traditionnelle se frotte à l'originalité du chef, et l'on peut commander de très bons vins pour accompagner le repas.

■ ONIRO WINE BAR RESTAURANT

Palaia chora, Naxos
✆ +30 695 5553 918
info@onironaxos.gr
Compter 20 €/personne pour un repas complet.
L'élégant bâtiment fait de marbre et de bois du restaurant Oniro (signifiant « rêve » en grec) a été construit en 1844 dans la région de Paraporti dans la ville de Naxos, un lieu où les paysans ont travaillé au service des conquérants vénitiens de l'île. Paraporti était la deuxième plus importante entrée sud-nord de la région du château de Naxos. A l'extérieur, sur les deux terrasses spacieuses du restaurant, on peut profiter de la vue spectaculaire sur le port et commencer

la journée avec un petit déjeuner/brunch sain, et bien sûr goûter les spécialités locales des plus raffinées pour le dîner à l'ombre de la forteresse naxiotte.

■ **L'OSTERIA**
✆ +302285024080
osteria.naxos@gmail.com
Sur le front de mer, emprunter la ruelle au niveau du bar Rendez-vous, première à gauche puis première à droite.
Ouvert de 19h à minuit. Il faut réserver en haute saison. A partir de 20 € par personne.
Un excellent restaurant italien qui a la cote à Naxos, tenu par la famille Lamartina. D'italien, on en retrouve les spécialités culinaires les plus goûteuses (*bruschetta*, poissons, viandes, fromages...) mais aussi le tempérament. En effet, le personnel a la volonté de satisfaire les clients et s'obstine à ne vous laisser repartir qu'une fois heureux et... bien rempli. Les meilleurs vins d'Italie vous seront présentés. Tous les matins, le cuisinier fait le tour du village pour acheter des produits frais et décider ce qui sera servi le soir même dans votre assiette.

■ **TYPOGRAFIO**
✆ +30 22850 22375
www.typografio.com – info@typografio.com
En montant au sud du port vers le Castro.
A partir de 20 € par personne. Ouvert le soir.
C'est dans cette ancienne imprimerie (typografio en grec) qu'est né en 1925 le quotidien *Foni Naxou-Parou* (« La Voix de Naxos-Paros ») aujourd'hui disparu. S'étalant sur trois terrasses modernes autour d'une belle bâtisse vieille de six siècles, ce restaurant considéré comme « la » référence à Naxos, mélange saveurs helléniques et méditerranéennes. Le menu est créatif, à base de produits régionaux. Certains serveurs parlent français. Très bonne carte des vins. Réservation conseillée. A ne pas manquer !

Sortir

■ **520 COCKTAILS RESTAURANT**
✆ +30 2285 027271
Ouvert de mai à octobre de 9h30 à 4h-5h. Comptez 15 à 20 € pour dîner. Environ 10 € pour les cocktails.
Ouvert toute la journée du matin pour prendre son petit déjeuner, à partir de 10h ou 11h, au soir avec bar à cocktail. Les deux terrasses donnent sur le port : parfait pour un verre devant le coucher du soleil. On y sert du vin ainsi que 24 cocktails différents, autant que de lettres dans l'alphabet grec. Son nom vient des trois premiers chiffres inscrits sur les codes-barres des produits fabriqués en Grèce. Une des meilleures adresses de l'île pour manger également : tous les ingrédients sont frais et la plupart bio.

■ **LA VIGNE**
Bourgos, Rue Panagia Kristou
✆ +30 22 85 02 71 99
www.lavignenaxos.com
elifred@lavignenaxos.com
Dans la vieille ville derrière Zas Travel, au nord-ouest du kastro. Il faut se faufiler dans les ruelles en suivant les petits panneaux.
A partir de 20 € par personne. Tous les jours en été à partir de 19h jusqu'à 1h. Hors saison du mercredi au samedi. Réservation conseillée.
Le parfait endroit pour découvrir des vins grecs produits en biodynamie. Ce charmant petit *french wine bar* ouvert depuis 2010 est tenu par Élisabeth et Frédérique, deux Françaises qui proposent aussi des vins français et des petits plats français, grecs et asiatiques à partir de produits bio et/ou locaux. Accueil sympa. Chaudement recommandé par les lecteurs du *Petit Futé*.

À voir - À faire

■ **ÉGLISE PANAGHIA MYRTIDIOTISSA** ★
Dans le port, entre la marina et le débarcadère des ferries.
Accès en bateau sur demande (environ 10 €).
Cette petite église orthodoxe a été construite sur un îlot au milieu du port en 1830. Les commanditaires sont des passagers en provenance de l'île de Cythère dont le navire avait essuyé un terrible orage le 22 janvier 1829 en sortant du port. La chapelle, dédiée à Panaghia Myrtidiotissa (protectrice de l'île de Cythère) fait l'objet d'une fête chaque 24 septembre avec des centaines d'habitants s'entassant sur des petits bateaux pour assister à une messe sur l'îlot.

KASTRO ★

Au-dessus du port.

Entrée libre. On trouve sur place un guide descriptif du Kastro pour 1,50 €.

Dominant le port, avec ses ruelles étroites se perdant en méandres et ses hautes maisons aristocratiques décorées du blason de grandes familles italiennes, la forteresse de la vieille ville constitue l'un des principaux sites touristiques de l'île. C'est le plus grand *kastro* le mieux conservé des Cyclades. Il a été érigé au XIIIe siècle après la conquête de l'île en 1205 par Marco Sanudo (1153-1227) à l'emplacement de l'ancienne acropole de la capitale appelée Dia. Une partie des murs de l'époque byzantine subsiste, tandis que les marbres du temple d'Apollon ont été utilisés lors de la construction de plusieurs bâtiments, notamment pour la cathédrale catholique. Mesurant 600 mètres de circonférence, il était autrefois défendu par plusieurs tours : sept ou douze selon les sources, mais seule la tour Glezos, abritant aujourd'hui le musée byzantin, subsiste. Le *kastro* demeure le quartier catholique de la ville, abritant à la fois le siège l'archevêché des Cyclades et la petite population catholique de Naxos. Plusieurs ordres religieux s'installent ici à partir du XVIe siècle : Franciscains capucins et observantins, Jésuites, Ursulines, etc. Venus essentiellement de France et d'Italie, ces religieux ont pour objectif gérer le riche patrimoine de l'Église dans les Cyclades, hérité du duché de Naxos et des ordres croisés et, surtout, de ne pas laisser le champ libre à l'Église orthodoxe grecque à qui les Ottomans ont confié de larges pouvoirs. Bien qu'agissant tous au nom du pape, ces ordres entretiennent entre eux de mauvais rapports, servant tantôt les intérêts de Venise, de la France ou même des Ottomans et servant de médiateurs avec les corsaires catholiques menaçant l'île. À partir du XVIIe siècle, les jésuites de Naxos constitueront ainsi le principal relais de la diplomatie française pour tout le Levant. Cette présence perdurera jusque dans la seconde moitié du XXe siècle, bien après l'indépendance de la Grèce en 1830. Le *kastro* demeure le centre catholique de l'île, toujours habité par quelques familles catholiques.

MONASTÈRE SAINT-JEAN-CHRYSOSTOME ★★

Moni Chrisostomou

✆ +30 22 85 02 24 01

À 3 km au nord-est de Chora, après le quartier de Grotta, sur la colline face à la mer en direction d'Apollonas. Attention, à 2 km après Chora, le panneau qui indique le monastère est très discret, et la route sur la droite qui serpente jusqu'à l'édifice est étroite.

Visites acceptées en journée, tenue correcte exigée. Entrée libre mais dons bienvenus.

Perché sur les hauteurs avec une magnifique vue sur la ville et les îles voisines, ce monastère fortifié d'une éclatante blancheur pourrait remonter au XIIIe siècle. Il s'agit d'un *skite*, un ermitage, toujours occupé par deux religieuses qui accueillent volontiers les visiteurs. Il a pris sa forme actuelle en 1750, avec sa petite porte d'entrée en bois épais (*dokarofrakti*) qui rappelle la nécessité de se défendre au XVIIIe siècle contre les raids des pirates latins. À l'intérieur des hauts murs blancs, l'architecture se distingue par des cellules superposées et la tour carrée qui abrite la chapelle Aghios Nikolaos. Cette petite église byzantine contient de nombreuses icônes, dont celle de saint Jean Chrysostome, peinte en 1818. On notera la cour verdoyante en raison de la présence d'une source. Athina Onasis, petite-fille de l'armateur, a visité le monastère en janvier 2013 suite à un vœu qu'elle a fait après un grave accident d'équitation. À environ 500 mètres, se trouve la chapelle-grotte de Theologaki encastrée dans la roche.

MUSÉE ARCHÉOLOGIQUE ★

Kastro

✆ +30 22 85 02 27 25

Sur les hauteurs de la vieille ville, sur l'esplanade dans la partie sud du kastro.

Du mardi au dimanche de 8h à 15h. Entrée : 2 €.

Abrité dans l'ancien collège jésuite, ce musée intégré dans le mur du *kastro* est, il faut bien le dire, un peu vieillot. Pourtant, l'endroit mérite le détour pour ses belles collections antiques et médiévales provenant de découvertes faites sur l'île. La salle II (à l'entrée) abrite des stèles funéraires hellénistiques. La salle I expose des statues archaïques de jeunes hommes (*kouros*) et jeunes femmes (*korai*). De là, on accède à la terrasse où sont exposés des blasons de marbre de l'époque franque ainsi qu'une mosaïque du IVe siècle avant notre ère, provenant d'Aplomata et représentant une Néréide chevauchant un taureau, avec aux angles des cerfs et des paons. À l'étage inférieur, dans la salle III sont regroupées des statues classiques et romaines. La salle IV constitue la pièce maîtresse du musée avec la collection cycladique (3200-2300 ans avant notre ère) et mycénienne qui occupe la moitié de la surface du bâtiment. Il s'agit de la deuxième collection la plus importante du pays sur ces périodes après celle du Musée national archéologique d'Athènes. On remarquera notamment les statuettes cycladiques de femmes en marbre blanc, ainsi qu'un superbe vase en argile. Les salles V et VI contiennent des objets de l'époque archaïque. Les salles VII à IX abritent quant à elles des petits objets

Vue sur Naxos depuis le temple d'Apollon.

des périodes géométrique à romaine, dont des objets en verre romains. Enfin, dans la salle X, sont exposées des stèles funéraires et des fresques romaines. Dans la cour, on peut également admirer une mosaïque représentant l'enlèvement d'Europe par Zeus transformé en taureau.

MUSÉE BYZANTIN DE NAXOS

Kastro
✆ +30 22 85 02 25 25
Dans la tour Glezos,
à gauche de la Portara (porte nord).
Du mardi au dimanche de 8h30 à 15h. Entrée libre.
Ce musée abrite une riche collection de sculptures du VIIe au XIIe siècle provenant des églises byzantines de l'ensemble des Cyclades. Il se trouve dans un des plus imposants bâtiments du *kastro* de Naxos, la tour Glezos, unique survivante des douze tours qui cernaient autrefois la vieille ville. Haute de quatre étages, elle offre une vue imprenable sur le port. La porte est surmontée du blason sculpté des familles Barozzi et Crispi, anciennes propriétaires. La tour porte le nom de Petros Glezos, son dernier propriétaire, qui en a fait don au service archéologique.

MUSÉE VÉNITIEN

Kastro
✆ +30 22 85 02 23 87
www.naxosfestival.com
venetianmuseum@yahoo.gr
Dans la partie est de la ville fortifiée,
sous l'ancienne école des ursulines,
au-dessus du port.
D'avril à novembre, tous les jours de 10h à 15h et de 18h30 à 22h. Entrée : 5 €.
Ce joli petit musée, installé dans la belle demeure familiale Rocca-Barozzi du XIIIe siècle n'a en apparence rien d'étonnant. Il ne contient en fait même pas d'objets de la période médiévale durant laquelle les Vénitiens régnèrent sur l'île. Le lieu s'apparente ainsi davantage à à un musée folklorique avec ses allures de brocante soignée, réunissant vaisselle, objets de culte, literie, vêtements traditionnels des XVIIe-XXe siècles. Mais il illustre parfaitement la vie des riches familles issue de la noblesse franco-italienne qui ont fait souche dans l'île depuis sept siècles de manière très vivante, puisque les descendants de la famille Rocca-Barozzi vivent toujours sur place pendant l'hiver. Le musée est ainsi tenu par le Franco-Grec Nikolaos Michel Laurent Karavias Barrozzi Della Rocca, de père grec et de mère française, issu d'une grande famille franco-vénitienne installée sur Naxos après la quatrième croisade de 1204. C'est lui-même qui fait le plus souvent office de guide et termine la visite par une dégustation de *kitron*, la liqueur locale. Outre la vue magnifique que le musée offre sur le port, son autre intérêt résident dans les soirées qui y sont organisées presque tous les soirs d'avril à septembre : musique traditionnelle (mercredi et dimanche), jazz, musique classique, théâtre d'ombres, etc. La saison se clôture avec le Domus Festival qui s'étale sur le mois d'octobre avec quasiment un concert tous les soirs. Pour l'anecdote, le musée a récemment été fermé pour une sombre histoire d'héritage, si jamais vous trouvez porte close, on ne sait jamais...

SITE ARCHÉOLOGIQUE DE GROTTA ★

Quartier de Grotta, Place Mitropoleos
✆ +30 22 85 02 27 25
Au nord du kastro, sur la place en face de la cathédrale orthodoxe,
à 300 m à l'est du port. Le site est cerné de deux petites chapelles blanches.
Du mardi au vendredi de 8h30 à 15h. Entrée libre.
Des travaux entrepris par l'archéologue britannique Colin Renfrew dans les années 1990 ont conduit à la découverte d'une partie de l'ancienne ville, connue sous le nom de Grotta, datant du début de la période cycladique (3200-2800 avant notre ère). La découverte fut si importante que la période concernée est désormais appelée « Grotta-Pélos ». Le site, aménagé en 1999, permet de voir des maisons carrées et une partie de l'ancienne agora.

TEMPLE D'APOLLON ★★★

Îlot de Palatia
Au nord du port. L'îlot de Palatia est relié au port par une jetée de 300 m de long.
Accès libre. L'étroite jetée est accessible seulement à pied.
C'est le symbole de Naxos, le monument le plus connu et le plus photographié des Cyclades : la porte (*portara*) du temple d'Apollon. Composée de quatre blocs de marbre qui pèsent chacun 20 tonnes, elle domine les ruines d'un stylobate et de quelques colonnes abattues. C'est tout ce qui subsiste du temple dédié à Apollon construit à l'époque du tyran Lygdamis, vers 530 avant notre ère. Par différentes sources, on sait que le temple resta inachevé, mais son plan (édifice ionique à trois nefs) est encore discernable. Toutefois, on suppose que le bâtiment était bien avancé, puisque de nombreux blocs de marbre et colonnes provenant du site ont été utilisés pour la construction du *kastro* au Moyen Âge. On peut également voir les traces d'une église construite sur les ruines du temple au VIe ou VIIe siècle. Selon la légende, c'est là que Thésée abandonna Ariane à son retour de Crète après avoir vaincu le Minotaure. C'est là aussi que la belle fut secourue (enlevée, en fait) par Dionysos. Pour cette raison, on suppose que c'est ici que se développa en premier lieu le culte dionysiaque. L'endroit est très fréquenté en saison, notamment par les jeunes mariés qui viennent s'y faire prendre en photo. Le soir, on s'y presse pour venir admirer les couchers de soleil.

THÉÂTRE MUSÉE IAKOVOS KAMBANELLIS

Grotta
✆ +30 22850 23619
kambanellismuseum@naxos.gov.gr
À 300 m au sud du port en longeant la côte, dans le nouveau bâtiment de la mairie de Naxos (avec sphinx à l'entrée).
Ouvert du lundi au samedi de 11h à 14h et de 19h à 22h. Entrée : 2 €.
En 2016, un musée a ouvert en l'honneur de l'écrivain, poète et dramaturge Iakovos Kambanellis (1922-2011), originaire de Naxos et qui compte parmi les plus grands auteurs de la littérature grecque moderne. Vous y verrez son bureau, différents objets lui ayant appartenu mais surtout des vidéos et entretiens qui retracent sa vie. Kambanellis est connu pour ses écrits sur le camp de Mauthausen-Gusen où il a été déporté pendant l'occupation allemande.

Sports - Détente - Loisirs

NAXOS HORSE RIDING CLUB

Kokkina Spitia ✆ +30 69 48 80 91 42
www.naxoshorseriding.com
info@naxoshorseriding.com
À 1,8 km à l'est de la ville en suivant la voie principale en direction de Galando, puis en tournant à droite au panneau « Naxos Horse Riding Club ».
Ouvert toute l'année. 45 € pour 2 heures de randonnée, 55 € pour 3 heures, 15 € pour 1 heure de cours pour enfant.
Ce centre d'équitation organise des randonnées dans toute l'île et, surtout, le long des plages avec baignade des montures. Comptant une cinquantaine de poneys et chevaux, dont certains de race arravani (calmes, très résistants et adaptés aux montagnes), le Naxos Horse Riding Club propose aussi des cours en manège et des excursions à la journée. Personnel anglophone qualifié.

AGHIOS PROKOPIOS - ÁΓΙΟΣ ΠΡΟΚΌΠΙΟΣ

Située à 5 kilomètres au sud de Chora, la plage de sable blanc d'Aghios Prokopios (Saint-Procope) constitue le principal centre touristique de l'île. Longue de 1,5 kilomètre, elle est réputée comme l'une des plus belles d'Europe. Autrefois fréquentée surtout par les naturistes, elle s'est fortement développée depuis le milieu des années 2000 avec désormais des dizaines d'hôtels, des restaurants, des boutiques, une pharmacie, un distributeur de billets, des activités nautiques et des décibels jusque tard dans la nuit. Résultat, les naturistes sont allés se rhabiller. L'ancien port de l'île, où accostaient autrefois les pirates, est désormais envahi par les touristes. Au mois d'août, le magnifique sable blanc et les eaux cristallines deviennent carrément noirs de monde. Comprise entre la colline de Stelida, le lac d'eau salée d'Aliki et l'aéroport au nord, la plage d'Aghia Anna au sud, la plage elle-même a toutefois été épargnée

Les plages de la côte ouest

Les plus belles plages de Naxos se trouvent sur la côte ouest dans la partie sud de l'île. En règle générale, plus vous vous éloignez du port, plus vous êtes tranquille.

- **Aghios Georgios** (aussi appelée plage Saint-George) : accessible à pied du port, cette plage qui s'étend sur plusieurs kilomètres est souvent aussi populaire que bondée. Elle dispose de chaises longues et de parasols et il y est possible de louer une planche à voile, un ski nautique ou un scooter de mer, ou simplement d'y prendre un verre.
- **Aghios Prokopios :** à 5 km de Chora, Agios Prokopios compte parmi les plus belles plages d'Europe. Cette plage de sable blanc aux eaux cristallines s'étend sur 1 500 m. La plage, en prime, est très bien abritée des vents.
- **Aghia Anna :** à 7 km de la capitale, se niche dans le prolongement d'Agios Prokopios. Ce sont deux petites plages de sable doré, aux eaux limpides. L'une de ces deux plages est bordée de rochers qui sont dominés par une petite chapelle.
- **Plaka :** cette plage de plus de 4 km est l'une des plus belles plages de Naxos. Plage assez tranquille, bordée de quelques hôtels et restaurants.
- **Orkos :** juste après Plaka, une belle plage de sable doré avec des eaux (encore, et oui...) turquoise. Elle est aussi connue pour ses impressionnants rochers rouges. Le décor « volcanique » est unique.
- **Mikri Vigla :** cette merveilleuse station estivale se situe à 18 km de la capitale. Mikri Vigla regroupe deux plages de sable blanc partagées par une colline. La plage du nord s'étend sur environ 500 m. Exposée au *meltemi* (vent du nord), elle permet la pratique de la planche à voile. Cette plage est le lieu de rencontre des véliplanchistes. Le club de planche à voile Club Misral vous proposera du matériel de qualité. La plage sud, abritée du vent, est plus idéale pour les familles. Les alentours de cette plage sont bordés de tavernes.
- **Sahara plage :** dans le prolongement de Mikri Vigla, cette plage de sable fin tranquille s'étend sur plus de 3 km.
- **Kastraki :** se situe juste après la plage de Sahara.

par le béton, puisque longée par des marais salants qui empêchent toute construction à proximité du littoral. Selon les endroits, le prix pour un parasol et deux transats varie de 5 à 6 € avec accès à une douche. Chaque année, le 8 juillet, on célèbre ici Procope d'Antioche, premier martyr chrétien de Palestine décapité en 303 lors de la persécution de Dioclétien. L'église qui lui est dédiée se trouve au nord de la plage.

Se loger

■ KATERINA HOTEL

Aghios Prokopios
✆ +30 22850 41958
www.hotel-katerina-naxos.gr
info@hotel-katerina-naxos.gr
À 100 m de la plage d'Aghios Prokopios (partie sud) et à 750 m de celle d'Aghia Anna.
31 chambres. De 40 à 120 €, selon la période et la catégorie. Petit-déjeuner compris. Ouvert de mai à novembre.
Cet hôtel familial dispose d'une piscine, d'un bar, d'un jardin, d'une salle de sport, d'un sauna et d'un bain à remous. Les chambres disposent toutes d'une salle de bains, d'un coin cuisine, de la clim, d'une télé, d'un balcon (certains avec vue sur la mer) et du wi-fi. Bon plan pour les familles (lit bébé 5 € par nuit). Services : baby-sitting, location de voiture et deux-roues, excursions

■ KAVOS HOTEL

Stelida
✆ +30 22 85 02 33 55 / +30 22 85 02 20 77
www.kavos-naxos.com
info@kavos-naxos.com
16 chambres et appartements. Chambre double à partir de 140 € avec petit déjeuner. Trois nuits minimum souvent en été.
Niché sur les hauteurs du village, Kavos Hotel est un complexe de villas, appartements, studios, et suites qui combine style traditionnel et confort moderne. Le résultat est particulièrement charmant. Encensé par la presse internationale, il fait effectivement partie des meilleurs hôtels de Naxos, grâce à la qualité de son service, son architecture bien intégrée dans le paysage, sa vue sur la mer Égée, la plage d'Aghios Prokopios et Chora, son jardin bien entretenu, sa piscine à débordement, son bar et son restaurant de bonne tenue.

■ **NIKOLETTA STUDIOS**
Aghios Prokopios
✆ +30 22850 42006
www.nikolettastudios.com
nikoletagiamaki@gmail.com
Dans le village d'Aghios Prokopios,
à 300 m de la plage.
15 chambres et appartements. De 40 à 80 € la chambre, selon la période et la catégorie. Ouvert d'avril à octobre.
Ce petit hôtel simple et familial dispose d'une piscine. Les chambres ont toutes l'air conditionné, la télévision, le wi-fi, une salle de bains avec douche ou baignoire et un balcon privé avec vue sur le jardin ou la mer. Les appartements disposent en plus d'un coin cuisine avec réfrigérateur. La famille Margariti vous accueillera chaleureusement. Parking.

■ **SUNSET STUDIOS**
Aghios Prokopios
✆ +30 22850 42775
www.sunsetnaxos.com
info@sunsetnaxos.com
En bord de mer, entre les plages d'Aghios Prokopios et d'Aghia Anna.
8 chambres et appartements. De 50 à 130 € la chambre, selon la période et la catégorie. Petit déjeuner compris.
Le bon plan : cet hôtel donne accès aux deux plus grandes plages de l'île à 2 minutes à pied et c'est le moins cher du secteur. Certes, c'est un peu bruyant et les chambres sont plus simples qu'ailleurs mais elles sont bien équipées (wi-fi, salle de bains, coin cuisine, télé, balcon) et offrent pour la plupart la vue sur la mer. Ambiance familiale et restaurant sur place. Parking et transfert gratuit pour le port et l'aéroport.

Plage de sable doré d'Aghios Prokopios.

Se restaurer

Bien et pas cher

■ **ANESIS SPIROS**
Aghios Prokopios
✆ +30 22850 42055
Au sud de la plage d'Aghios Prokopios
avant le croisement principal.
Tous les jours de 8h à minuit. Environ 15 € par personne. Ouvert d'avril à octobre.
C'est la plus ancienne taverne d'Aghios Prokopios. La famille Karabatsis propose tous les grands classiques de la cuisine grecque : agneau au four, porc rôti, poisson à griller à choisir en cuisine. Grande terrasse à 30 mètres de la plage.

■ **DEL MAR**
✆ +302285044142
Sur le front de mer.
Environ 15 € par personne. Ouvert tous les jours midi et soir.
C'est un sympathique restaurant de cuisine italienne installé en bord de mer. Vous y trouverez de goûteuses spécialités, comme des pâtes et des pizzas pour un rapport qualité/prix très raisonnable. Le tempérament naturellement chaleureux des gérants est lui aussi directement importé d'Italie, rendant le service agréable et dynamique.

■ **LA TRATTORIA**
Aghios Prokopios
✆ +30 22 85 04 20 32
http://ostriahotel.com
info@ostriahotel.com
Au sud de la plage d'Aghios Prokopios
avant le croisement principal,
à côté de l'hôtel Ostria.
Comptez 15 € par personne. Ouvert tous les jours midi et soir.
Situé juste en bord de mer, on apprécie la terrasse de ce restaurant typiquement grec, c'est-à-dire que les plats sont simples (cuisine grecque et italienne), le patron est sympa et offre le dessert après avoir pris le temps de bavarder un peu. En revanche, le service peut être débordé en cas d'affluence ! C'est donc l'endroit parfait pour une fringale d'après-baignade. En revanche, en famille, mieux vaut éviter les heures de pointe.

Bonnes tables

■ **STELIDA**
Au sein du Kavos Naxos Boutique Hotel
Stelida
✆ +30 22850 23355
info@kavos-naxos.com

La « patata Naxou », c'est chic !

Considérées comme les meilleures de Grèce, les pommes de terre cultivées dans l'île bénéficient d'une appellation indication géographique protégée (IGP) reconnue le 29 novembre 2011 par l'Union européenne. Reconnaissables à leur couleur jaune pâle, elles sont commercialisées sous le nom de *patata Naxou* ou *πατάτα Νάξου* (« pomme de terre de Naxos ») et cultivées uniquement sur l'île. La principale zone de production se trouve autour des villages de Glinado et Aghios Arsenios, dans la vallée de Livadi (près du village de Galanado) avec 150 à 170 hectares en pomme de terre nouvelle (cueillie avant terme entre la fin du printemps et début juillet) et 300 hectares en pomme de terre standard (à l'automne) et un total de 8 millions de tonnes par an, en hausse constante. Cependant, malgré la forte demande, les cultivateurs ont décidé de ne pas utiliser d'engrais chimique. Autre signe distinctif : plus elle est ramassée jeune (de 3,5 à 6,5 centimètres de long), plus elle est apte à être mangée crue. Les principales variétés cultivées sont la liseta, la spunta, la marfona, la vivaldi et l'alaska. On peut la trouver dans certains magasins de l'île, notamment à Glinado et Aghios Arsenios, et d'Athènes. Depuis 2009, un festival est dédié à la *patata Naxou*, au début du mois d'août à Aghios Arsenios.

Les autres produits stars de l'île. Le *kitron* (voir Halki) reste le produit local le plus célèbre, lui aussi protégé par une appellation IGP. Mais Naxos est aussi connu en Grèce pour la qualité de sa viande, qu'il s'agisse des volailles, des agneaux vivant en liberté ou des cochons. L'île possède également une belle production de fromages. La *graviera* (souvent comparée au gruyère suisse) est produite dans toute la Grèce, notamment en Crète, à base lait de vache avec un petit pourcentage de lait de brebis. Celle de Naxos est assez réputée. L'*arseniko* est un fromage fort à pâte dure, à base de lait de chèvre et de vache. Le *xinotiro* et la *xinomyzithra* sont quant à eux deux fromages de chèvre aigres, parfois servis en salade à la place de l'insipide feta industrielle. Tous deux peuvent être vieillis et affinés dans des casiers en bois à la manière de nos fromage de chèvre de Provence. Comme dans d'autres régions grecques, on trouve également la *mizithra* et l'*anthotiro* fabriqués avec du lait de brebis et de chèvre, réalisés avec la partie la moins grasse du lait chauffé et sans ajout de sel. À Naxos, la *mizithra* est vendue fraîche, tandis que l'*anthotiro* est généralement sec et au goût prononcé.

Ouvert de mai à octobre. Service petit déjeuner, déjeuner et dîner. Réservation conseillée. 25 € environ par personne.
Sans doute parmi les meilleurs restaurants de Naxos, vous trouverez ici une cuisine grecque créative issue de produits frais, de saison et surtout locaux. Les viandes sont juste excellentes, notamment l'agneau, cuites très lentement, mais vous trouverez aussi de très bons risottos, des fruits de mer et de délicieuses salades fraîches entre autres. Plats végétariens et sans gluten également proposés.

■ **THE TAVERNA**
Aghios Prokopios
✆ +30 22850 44100
www.thetavernanaxos.com
info@thetavernanaxos.com
À 150 m de la partie sud de la plage d'Aghios Prokopios, à l'angle de la rue principale venant du lac d'eau salée d'Aliki.
Comptez 15 € par personne. Ouvert tous les jours midi et soir.
Moderne et chic, même si un peu kitsch (vous noterez par exemple qu'une copie en marbre discrète de la porte du temple d'Apollon trône face à l'horizon), The Taverna appartient au Naxos Island Hotel. On y sert une cuisine grecque et italienne convenable, avec quelques plats réalisés à base de produits locaux (poissons, légumes et pommes de terre de Naxos). Installé sur le toit de l'hôtel, l'endroit est vraiment agréable (même juste pour un verre) et le service efficace. Allez-y pendant le coucher de soleil, le cadre n'en est que plus appréciable.

AGHIA ANNA – ΑΓΙΑ ΑΝΝΑ ★★

À 5 kilomètres au sud de Chora, Aghia Anna n'est pas un village, mais une station qui ne compte que des hôtels et restaurants. Sa baie abrite deux petites plages de sable doré, aux eaux limpides. L'une de ces deux plages est bordée de rochers qui sont dominés par une petite chapelle. C'est au sud d'Aghia Anna que commence l'une des plus belles et longues plages de Grèce, celle de Maragas-Plaka, qui s'étend sur près de 4 kilomètres jusqu'à Plaka. On y trouve une zone nudiste, tout au nord, quelques complexes hôteliers et deux campings.

Transports

La station d'Aghia Anna est bien desservie avec un bus toutes les 30 minutes en journée venant de Chora et passant à Aghios Prokopios. En revanche, aucun bus ne s'arrête le long de la longue plage de Maragas-Plaka.

Se loger

CAMPING MARAGAS

Maragas
✆ +30 22850 24552
www.maragascamping.gr
maragas@naxos-island.com
À 800 m au sud d'Aghia Anna,
à 40 m de la plage de Maragas.
125 emplacements. De 7 à 9 € par personne, 2 € pour une tente en haute saison, 1 en basse saison. De mai à octobre.
Sur la belle plage d'Aghia Anna. Les sanitaires sont propres, les emplacements aussi. Le sol, en revanche, est un peu dur, et pas toujours très plat ! Sur place, on trouve un supermarché, et l'arrêt de bus Ktel est juste en face de l'entrée (Naxos est à 20 minutes). 20 bungalows sont aussi proposés, avec des studios équipés à partir de 65 €.

IRIA BEACH ART HOTEL

Aghia Anna
✆ +30 22850 42600
www.iriabeach-naxos.com
info@iriabeach-naxos.com
Dans la baie d'Aghia Anna,
sur la plage, au nord de la jetée.
23 chambres. De 80 à 200 € selon la période et la catégorie. Petit déjeuner compris. D'avril à octobre.
Sur une plage de sable blanc, une ambiance paradisiaque. Chambres classiques ou suites, vous y trouvez lecteur CD, TV LCD, clim, salle de bains avec sèche-cheveux, réfrigérateur, wi-fi. L'établissement dispose d'un restaurant, d'une salle de gymnastique et d'un spa. Il propose de nombreux services payants : transfert port/aéroport, location voiture/VTT, excursions, massage, laverie, coiffeur, billets avion/ferry. L'arrêt pour les bus venant de Chora se trouve juste à côté.

THEOFANIS STUDIOS

Aghia Anna
✆ +30 22850 41929
Dans la baie d'Aghia Anna,
au nord de la jetée, à 30 m de la plage.
8 studios. De 40 à 90 € selon la période et la catégorie. Ouvert d'avril à octobre.
Pas cher et pro, ce petit établissement est le bon plan d'Aghia Anna. On peut réserver soit directement par téléphone, soit en passant par un site de réservation en ligne. Les studios sont clairs et bien aménagés avec wi-fi, salle de bains (douche), coin cuisine avec plaques de cuisson et réfrigérateur et clim, même si tous n'ont pas la télé. On y trouve les services payants habituels des gros hôtels : location de voitures et VTT, excursions, balade à cheval, pressing, etc. Personnel très sympa et de bon conseil.

Se restaurer

PARADISE TAVERNA

Compter 15 € par personne. Ouvert tous les jours midi et soir.
La taverne bénéficie du cadre calme du début de la plage d'Aghia Anna, et son isolement se met au service de la tranquillité de l'endroit. C'est un établissement un peu touristique, mais les locaux ou les Grecs aiment toutefois y venir pour un café ou un verre, car les environs sont vraiment charmants. Une dizaine de tables sont de l'autre côté de la route, c'est à dire à même la plage, sur le sable, sous les arbres enguirlandés qui s'allument en soirée. Les plats servis sont de qualité tout à fait convenables, classiques des tavernes, et le service est agréable.

ENGARES - ΕΓΓΑΡΕΣ ★

Engares ou Eggares, à 7,5 km au nord-est de Chora, est un village verdoyant avec des vergers et des serres. L'écrivain crétois Nikos Kazantzakis, formé au collège jésuite de Naxos, et auteur d'*Alexis Zorba* (adapté au cinéma sous le titre *Zorba le Grec*), y a vécu entre 1897 et 1899. Sur la route, à proximité d'Aplomata, l'amateur s'intéressera à des vestiges de tombeaux mycéniens. Tout le long du trajet, se succèdent plusieurs monastères byzantins. Sur la route côtière en direction d'Apollonas, vous découvrirez une série de plages : Pahia Ammos, Faneromeni, Hilia Vryssi, et finalement la pittoresque Abrami avec quelques chambres à louer. Le trajet jusqu'à Apollonas traverse un paysage très varié, alternativement boisé et aride, avec des gorges profondes.

CORONA BOREALIS

Route d'Engares
✆ +30 6973 300027
www.coronaborealis.gr
reservations@coronaborealis.gr
Chambre double à partir de 140 € en été, petit déjeuner inclus. Offres pour les séjours longs. wi-fi gratuit. Transfert de/vers le port.
Voici une adresse de charme à retenir, à 4 km de Chora, sur la route d'Engares. On s'y sent

Le « bonheur somnolent » de Nikos Kazantzakis à Engares

« Cette île avait une grande douceur, une grande paix, le visage des hommes y était bon, on y voyait des monceaux de melons, de pêches, de figues, et la mer était sereine. Je regardais les hommes, jamais ils n'avaient eu la terreur du tremblement de terre, ni du Turc, leurs yeux n'étaient pas brûlants. Ici la liberté avait éteint la passion de la liberté et la vie s'étalait comme une eau dormante, heureuse ; si parfois elle était troublée, jamais une tempête ne s'élevait. La sécurité est le premier présent que j'aie reçu en parcourant l'île de Naxos ; la sécurité et, au bout de quelques jours, l'ennui. Nous avions fait la connaissance d'un riche Naxiote, M. Lazare, qui avait un merveilleux jardin à Engares, à une heure de la ville. Il nous a invités, nous avons habité deux semaines chez lui. Quelle abondance, que d'arbres chargés de fruits, quelle béatitude ! La Crète devenait une légende, un lointain nuage rebelle ; jamais de frayeurs, ni de sang, ni de luttes pour la liberté ; tout fondait et se perdait dans ce bonheur somnolent de Naxos. »

Nikos Kazantzakis, *Lettre au Greco*, traduit du grec par Michel Saunier, Pocket, 1997, p. 90.

bien, face à la mer et aux éléments. Les sept suites, d'un goût parfait, ont toutes vue sur la mer Egée et accès à une petite crique privée. En contrebas du bâtiment principal, une agréable piscine est à la disposition des clients. Là, un bar vous attend toute la journée ou en soirée, pour boire un verre face au soleil couchant. Le Corona Borealis fait également table d'hôtes : le soir, vous pourrez vous régaler de bons plats maison et de produits locaux.

■ VILLA DELONA

Engares
✆ +30 22850 25710
www.villadelona.com
info@villadelona.com
À 1 km au sud d'Engares.
Il ne faut prendre ni la route à l'ouest vers Galini, ni celle à l'est vers Akrotiri, mais bien une petite route qui descend plein sud à la sortie ouest du village, puis tourner à droite.
4 villas. A partir de 180 € la nuit pour 4 personnes, 220 € la nuit pour 6 en été. D'avril à octobre. wi-fi gratuit.
Situé à 800 mètres au-dessus de la petite plage d'Amitis, ce bel ensemble de quatre maisonnettes avec piscine est planté au milieu d'un verger avec citronniers, oliviers et vignes. Chaque villa est indépendante et peut accueillir jusqu'à six personnes, avec deux ou trois chambres, deux salles de bains, un salon, une salle à manger, une vraie cuisine bien équipée, la clim, une cheminée, une télé, le wi-fi et une terrasse. On aime l'ambiance chaleureuse qui règne dans ce coin de campagne, au calme.

APOLLONAS - ΑΠΟΛΛΩΝΑΣ ★

Situé à la pointe nord de l'île, à 23 kilomètres au nord d'Apinranthos et 39 au nord-est de Chora en passant par la côte, le village d'Apollonas compte une centaine d'habitants. C'est ici que se trouve le kouros le plus grand en Grèce et qui date du VIIe siècle avant notre ère. Village attrayant, rafraîchi par des sources cristallines, assez développé touristiquement. La plage de sable fin à côté du port est un peu surpeuplée. Ne vous baignez pas sur les rochers, les courants y sont dangereux.

■ ADONIS HOTEL

✆ +30 22850 67060
www.naxos-hotel-adonis.com
info@naxos-hotel-adonis.com
Dans le village, sur la côte nord, à l'opposé de la plage principale, au-dessus des rochers, devant le parking.
23 chambres. La double de 50 € à 80 € en été, avec le petit déjeuner.
Ce petit hôtel tenu par la famille Andris possède son propre restaurant qui sert des spécialités locales à base de produits bio récoltés par les propriétaires. Autant dire que, même s'il est optionnel, le très bon petit déjeuner maison est difficile à manquer. Les chambres sont bien équipées et certaines ont un balcon avec vue sur la mer. La famille propose également de participer aux travaux du jardin, et offre des activités multiples, du type cours de grec, randonnées dans les environs ou sessions de yoga. Location de véhicule, transfert port/aéroport.

© YIANNIS PAPADIMITRIOU – SHUTTERSTOCK.COM

Kouros d'Apollonas.

DELFINAKI

C'est la première taverne
en arrivant sur la plage.
A partir de 10 € par personne. Ouvert tous les jours en saison de 9h à minuit.
Cette taverne est une petite merveille comme on les aime, restée dans son jus, authentique et avec une cuisine familiale et exceptionnelle. Depuis plus de 40 ans, elle sert des produits locaux, issus du village et des alentours : salades, mezzes, viandes en sauce et fritures de poisson que l'on déguste avec un ouzo, les yeux dans le bleu.

KOUROS D'APOLLONAS ★★★

✆ +30 22850 63248
À 300 m au-dessus du village,
le long de la route principale.
Accès et entrée libres toute l'année.
Au-dessus du village d'Apollonas, se trouve l'antique carrière de Grammata, l'une des plus anciennes de Grèce, utilisée entre le VIIe et le IVe siècle avant notre ère. Par sa portée historique, c'est le plus important site archéologique de Naxos. Les blocs de marbre gris étaient en partie travaillés sur place, puis descendus jusqu'au rivage et emportés par navire jusqu'à l'île-sanctuaire de Délos. Parmi les dizaines de blocs de marbre en partie taillés toujours visibles, gît, allongé, le « Kouros d'Apollonas », datant du VIIe ou VIe siècle avant notre ère, le plus grand kouros de Grèce. Également connue sous le nom de « Colosse de Dionysos », cette statue de marbre gris clair inachevée de 10,70 mètres de long pèse environ 80 tonnes. Il s'agit d'un kouros, statue de jeune homme typique de la période archaïque (de 650 à 500 avant notre ère). Au sommet de la carrière, se trouve l'inscription « ΟΡΟΣ ΙΕΡΟΝ ΧΩΡΙΟΥ ΑΠΟΛΛΩΝΟΣ » (« sainte montagne d'Apollon ») qui date du Ve ou IVe avant notre ère, prouvant l'existence d'un temple dédié à Apollon à cet endroit. Le kouros géant fut découvert au XIXe siècle. On lui prêta d'abord les traits du dieu Apollon en raison de la proximité avec l'inscription.
Mais ce n'est qu'à partir de 1932 que les archéologues allemands prouvèrent qu'il s'agissait d'une représentation de Dionysos, notamment du fait de son visage barbu. La roche dans laquelle le kouros a été travaillée contient des entailles au niveau de la tête et du corps, qui prouvent que la statue devait être transportée pour être terminée à Délos. La raison de l'abandon n'est pas connue.

PLAKA - ΠΛΑΚΑ

Dans les années 1960-1970, quand la jet-set fondait sur Mykonos, c'est ici que les hippies venaient vivre au plus près de la nature, dans le plus simple appareil.
Les temps ont changé. Mais la plage de Plaka, à 11 kilomètres au sud de Chora, qui s'étend du sud d'Aghia Anna à la station de Plaka en passant par la station de Magaras, reste bien la plus longue de l'île et l'une des plus belles du pays : du sable blanc et des eaux turquoise sur 5 kilomètres de long ! Toujours fréquentée par les naturistes dans les rares endroits encore un peu sauvages, la plage a vu pousser des complexes hôteliers entre

les genévriers. Mais même en août, c'est si vaste que chacun trouvera son bonheur dans ce coin de paradis.

■ AEGEAN LAND

Plaka
✆ +30 22850 42871
www.aegeanpalacehotel.com
aegeanlandnaxos@gmail.com
Entre Agia Anna et Plaka.
60 chambres. La double de 100 à 210 € avec petit déjeuner selon la période.
Anciennement Aegean Palace, ce complexe dispose d'une grande piscine, d'une piscine pour enfants, d'un sauna, d'un bain à remous, d'une salle de sport, d'un bar, d'un restaurant et d'une aire de jeux pour enfants. Les chambres possèdent toutes une salle de bains, une télé, la clim et une connexion Internet par câble. wi-fi dans les parties communes. Le transfert est pris en charge, sans supplément. Services payants : excursions, plongée, billets avion/ferry, pressing, salon de coiffure/institut de beauté, etc.

■ NIKOS MARIA

✆ +30 22850 42670
www.nikos-maria.com
studiosnikosmaria@yahoo.gr
Le long de la route longeant la plage, entre le Plaza Beach Hotel et l'hôtel Valena Mare, à 2,7 km au nord de la station de Plaka.
De 8h à minuit en été. Repas environ 15 € par personne. De mai à octobre.
Au menu : souvlakis, tzatziki, tarama, moussaka, beignets de courgettes, *gemista* (aubergines ou poivrons farcis de riz ou de viande hachée) et autres poissons. La base, quoi. Mais les plats sont préparés avec soin et la vue sur la plage est sublime. Les propriétaires, Nikos et Maria, proposent aussi, au même endroit, quelques studios et appartements.

■ PLAZA BEACH HOTEL

✆ +30 22850 29400
www.plazabeachhotel.gr
info@plazabeachhotel.gr
À 3 km au nord de la station de Plaka, le long de la plage de Plaka-Maragas.
65 chambres. Chambre double de 66 à 167 € en été avec petit déjeuner. D'avril à octobre.
Doté d'une grande piscine, ce complexe est situé tout près de la plus belle plage de l'île. Les chambres (doubles, triples, suites) sont bien équipées : frigo, sèche-cheveux, clim, TV, coffre-fort, balcon ou véranda privé et wi-fi. Restaurant à la carte. La piscine avec snack-bar est spectaculaire. A recommander aux familles avec enfants et plutôt hors saison : les prix chutent début juin et après la mi-septembre. Transfert A/R inclus.

■ YAZOO

Plaka Beach
✆ +30 2285 041233
www.yazoo.gr – info@yazoo.gr
Ouvert toute la journée.
Sur la plage de Plaka, ce superbe restaurant à la décoration travaillée propose un cadre idéal pour y rester bien plus que le temps d'un repas. Côté cuisine, là encore du très haut niveau. L'utilisation de produits frais naxiottes et crétois a permis de créer un lieu gastronomique unique, en créant une cuisine fusion de ces régions. Le résultat de cette originalité culinaire est exquis, le service impeccable et le cadre tout simplement magnifique face à la mer. Yazoo Summer Bliss propose aussi des services de wedding planning et dispose d'un concept store à côté du restaurant.

KALANDOS - ΚΑΛΑΝΤΟΣ ★★

La baie de Kalandos est située à la pointe sud de l'île, à 45 kilomètres au sud-est de Chora en passant par Filoti. On y trouve un petit village qui compte moins de 100 habitants. L'endroit est surtout connu pour sa grande plage de sable et de galets. Presque pas fréquenté, le site ne compte encore que très peu d'infrastructures.

■ **KALADOS STUDIOS**
Baie de Kalandos
✆ +30 69769 75408
http://kalados.gr
info@kalados.gr
À l'ouest de la baie, en face de la jetée.
8 appartements. De 40 à 100 € pour deux. Petit déjeuner 7 € par personne. Parking.
Inutile de chercher très loin. Cet hôtel-restaurant ouvert de mi-mai à mi-septembre représente la seule possibilité d'hébergement officielle sur place. Les appartements, équipés d'une salle de bains, d'un coin cuisine et d'un ventilateurs, ont été refaits en 2014. Quatre d'entre eux disposent d'un balcon avec vue sur la baie. wi-fi dans les parties communes. Réservation en ligne. Paiement par carte possible. On apprécie l'accueil chaleureux d'Anna qui gère aussi une très bonne taverne (il faut absolument goûter son agneau à l'orange !).

PANORMOS - ΠΑΝΟΡΜΟΣ ★★

La baie de Panormos ou Panermos est située sur la côte est, au sud-est de l'île, à 45 kilomètres de Chora en passant par Filoti et Moutsouna. Le site compte quelques maisons occupées seulement pendant l'été (10 habitants). Aucun bus ne s'y rend et le dernier kilomètre n'est pas goudronné. Bien abritée, la baie dispose d'une belle plage de sable blanc (sans doute la plus belle de l'île) et constitue un bon point de mouillage pour les navires. Un petit bar a ouvert pendant l'été 2014, mais mieux vaut penser à prendre de l'eau. À 600 mètres au nord-ouest au-dessus de la baie, la colline de Korfari abrite un site archéologique avec les restes d'une acropole fortifiée datant de 2500 à 2300 ans avant notre ère (les stèles découvertes en 1962 sont à découvrir au musée archéologique d'Apiranthos). On peut encore y voir les pierres plantées dans la terre délimitant une vingtaine de bâtiments dont cinq tours. Le site, en accès libre, se visite à pied en suivant un sentier partant de la plage.

KASTRAKI - ΚΑΣΤΡΑΚΙ

À 7 kilomètres de Sangri et à 5,2 de la station de Plaka en passant par Mikri Vigla, Kastraki n'attire pas les foules. En cause : le manque d'activité et de vie nocturne. Ce n'est pas un village, pas vraiment une station balnéaire non plus, juste quelques résidences et hôtels sans grand charme étalés sur un kilomètre de long sur la côte. Il n'en reste pas moins que la plage de Kastraki et celle, voisine, de Glyfada, sont de petits paradis de sable blanc. Autre avantage, on y trouve le meilleur restaurant de l'île.

■ **GLYFADA**
Sur la plage de Glyfada.
✆ +30 22850 75467
www.glyfada-naxos.com
info@glyfada-naxos.com
Ouvert midi et soir entre juin et septembre. 15 € par personne.
Sur la plage voisine de Glyfada, ce petit établissement familial (qui propose aussi 8 studios) sert une cuisine familiale copieuse et locale. C'est frais et pour cause : tous les produits (légumes, viande et bien sûr l'huile d'olive) proviennent de l'exploitation familiale.

■ **I AXIOTISSA**
✆ +30 22850 75107
www.tavernaaxiotissa.blogspot.com
axiotissa2000@gmail.com
Au sud de Katraki, le long de la route principale allant de Vivlos à Alyko. À 800 m des plages de Kastraki et Glyfada.
Du lundi au dimanche de 14h à 22h30. Environ 20-25 € par personne. Réservation indispensable.
Créé en 2000, I Axiotissa (« La Naxiote ») va chercher dans son potager ou chez les producteurs locaux des produits sains pour élaborer une cuisine authentique et raffinée. On y retrouve tous les aliments stars de l'île : la pomme de terre de Naxos, la *xynomizithra* (fromage frais local) servie avec le traditionnel *dakos* crétois, l'agneau tendre et, plus typique encore, la langue de porc rôtie à la tomate, au miel et aux épices (*aperathitiko*). Des poissons et viandes sont préparés de la manière traditionnelle, enroulés dans du papier sulfurisé et cuits en friture.

MIKRI VIGLA - ΜΙΚΡΗ ΒΙΓΛΑ ★

Située entre les plages de Plaka (1,4 kilomètre au nord) et Kastraki (4 kilomètres au sud), la station balnéaire de Mikri Vigka forme une avancée dans la mer. Large de 600 mètres, ce petit « finistère », sépare la plage de Limanaki, au nord (vers les plages d'Orkos et Plaka), de celle surnommée Sahara, au sud (en allant vers Kastraki). L'emplacement fut utilisé comme poste d'observation à l'époque du duché de Naxos (1205- 1579) contre les raids des pirates turcs. Selon la légende, c'est depuis les rochers de Mikri Vigla qu'Ariane se serait baignée après avoir été abandonnée sur l'île par Thésée. Pourtant, en dehors de deux baies abritées, l'endroit se montre très venteux et pas franchement réputé pour la baignade. En fait,

Mikri Vigka constitue l'un des meilleurs spots de Grèce pour la planche à voile et le kitesurf. Au large, à environ 500 mètres de la pointe ouest, se trouve l'îlot et la chapelle de Panaghia Parthena (Vierge Marie). Des célébrations y sont organisées chaque année le 24 mai.

▶ **Internet :** le site www.mikrivigla.com donne plein d'infos pratiques sur la station.

■ HOTEL ORKOS BEACH

Mikri Vigla, Limanaki
✆ +30 22850 75194
www.orkosbeach.eu
info@orkosbeach.eu
À 150 m de la plage de Limanaki.
47 chambres. De 50 à 150 € selon la période et la catégorie. Petit déjeuner compris.
Doté d'une piscine et d'un bar, cet hôtel moderne propose des chambres pouvant accueillir jusqu'à six personnes. Chacune possède une salle de bains, un réfrigérateur, une bouilloire, la clim, une télé et un sèche-cheveux. wi-fi dans les parties communes. Transfert port/aéroport payant, lit bébé 3 € par nuit.

■ LIOFAGOS

Sur la plage.
✆ +30 22850 75214
http://tavernamikrivigla-naxos.gr
Tous les jours de 9h à minuit. A partir de 10 € par personne.
On croirait la taverne posée et abandonnée sur la plage. Ouverte dans les années 1960, au pied des rochers, cette taverne restée dans son jus est bondée l'été. Ici, les keftedes (boulettes de viande de Kostas) sont réputées ainsi que ses pichets de vins locaux. Une adresse immanquable, au bout de la plage.

Les églises byzantines de Naxos

L'île abrite une dizaine de petites églises byzantines d'une valeur historique inestimable, puisque datant d'avant l'arrivée des Vénitiens (1207). Parmi celles-ci, quatre valent particulièrement le détour. Ce « tour des églises byzantines » permet ainsi d'explorer le centre l'île. Attention, du fait de la crise, les budgets destinés à rémunérer les gardiens de ces églises ont été supprimés. Les portes sont donc souvent fermées et il faut demander dans les villages voisins si quelqu'un a la clé.

▶ **Aghios Mamas.** À 5,7 kilomètres au sud-est de Chora sur la route de Sangri, 1 kilomètre après le village de Galanado, dans le deuxième virage en épingle, quitter la route principale en tournant à gauche. Cette église du IXe siècle fut la cathédrale de Naxos, avant d'être transformée en église catholique à l'arrivée des Vénitiens en 1207. En cours de restauration, elle contient de belles fresques. Elle est fermée au public, mais le site offre une très belle vue sur les paysages des alentours. De là part un sentier pour Potamia.

▶ **Aghios Nikolaos.** À 11 kilomètres au sud-est de Chora, 400 mètres au sud de Sangri. Cette église très simple date sans doute du Xe siècle. Ses murs sont recouverts de fresques de la période vénitienne, mais quelques éléments décoratifs des XIe et XIIe siècles subsistent. On peut la visiter en demandant la clé au café à Sangri.

▶ **Panaghia Drossiani.** À 16 kilomètres de Chora, en plein centre de l'île, juste au sud du village de Moni. L'église Notre-Dame-de-la-Rosée est la plus ancienne de l'île et l'un des plus anciennes des Balkans, puisque sa construction remonte au Ve ou au VIIe siècle. De dimensions modestes (19,4 x 8 mètres), elle appartenait à un important monastère. Son nom étrange vient, selon la légende, du fait que ses murs se mettent à perler de l'eau quand le village de Moni est en danger. Surmontée d'une façade plus récente, elle se distingue par ses formes rondes et ses trois toits en coupole. À l'intérieur la fresque représentant la Vierge, endommagée par l'humidité, a toutefois survécu aux deux crises iconoclastes qui ont secoué l'Empire byzantin aux VIIIe et IXe siècles. On remarquera aussi l'iconostase en bois derrière celle, plus récente, en marbre. L'église est en général ouverte aux visites pendant la journée avec un stand de cierges et de cartes postales. S'il n'y a personne, il faut sonner à la petite cloche à l'entrée pour que le gardien vienne ouvrir.

▶ **Panaghia Protothronos.** À Kato Potamia, à 9 kilomètres de Chora. Notre-Dame-devant-le-Trône ne laisse rien paraître avec son allure extérieure banale. Elle a été remaniée par les Vénitiens et blanchie à la chaux. Elle est l'une des plus anciennes de l'île et renferme des fresques du IXe au XIIIe siècle. Elle est en général ouverte le matin, ainsi que le petit musée byzantin attenant.

OASIS STUDIOS

Mikri Vigla
Limanaki
✆ +30 22850 75494
www.oasisnaxos.gr
info@oasisnaxos.gr
Sur la plage de Limanaki.
8 studios. De 60 à 95 € pour deux en été avec petit déjeuner.
Doté d'une piscine, d'un bar et d'un bain à remous, ce complexe dispose de chambres bien équipées avec salle de bains, coin cuisine, réfrigérateur, bouilloire, télé, clim et wi-fi. Services : location de véhicule et de planche à voile, organisation de randonnées à pied une fois par semaine, billet ferry/avion, pressing, transfert payant pour le port ou l'aéroport. Idéalement situé pour pratiquer le kite surf. L'établissement est également labellisé Hikers Friendly, vous y trouverez donc le matériel et les infos nécessaires à la pratique de la randonnée à Naxos.

SANGRI - ΣΑΓΚΡΙΟΥ

La partie centrale de Naxos, autour de Halki (ou Chalki ou encore Chalkio), constitue la région de Tragea (ou Traghea). Cette plaine plantée d'oliviers abrite de nombreuses petites églises byzantines, mais aussi le temple de Déméter (village de Sangri) et les mines de marbre et d'émeri qui ont fait la fortune de l'île jusqu'au XXe siècle. À 12 kilomètres au sud-est de Chora en passant par Galanado, Sangri (350 habitants) est constitué de plusieurs hameaux dominés par le mont Profitis Ilias (771 mètres) : Sangri, Ano Sangri, Kanakari.
Le nom du village (Σαγκρί), parfois translittéré en « Sagri » ou « Sagkri », est dérivé du français « Sainte-Croix », du nom de l'ancien monastère Timios Stavros (tour Bazeos depuis le XIXe siècle). Située dans une vallée fertile, cette zone a été une des premières de l'île à être peuplée, comme en témoigne la nécropole datant de l'âge du bronze découverte à proximité en 1961 et le temple de Déméter, modèle du Parthénon d'Athènes. C'est aujourd'hui l'âme du « vrai Naxos » avec son architecture médiévale, ses oliviers, ses champs de pommes de terre, ses moulins à vent abandonnés, ses tours vénitiennes (la plus impressionnante étant la tour Palaiologos ou Barozzi, au nord, toujours habitée), ses petites églises byzantines, ses monastères (dont celui d'Aghios Eleftherios qui abrite désormais un petit musée folklorique) ou encore les ruines du château Aparilou, dont la prise en 1207 par Marco Sanudo marqua la fin de la période byzantine. Le village compte une taverne, Johnny's, honnête sans plus, mais ouverte tous les jours.

TEMPLE DE DÉMÉTER ★★★

Gyroulas
✆ +30 22850 22725
Au sommet d'une colline à 3 km au sud de Sangri, 2 km au sud d'Ano Sangri. Suivre les panneaux « Old church » et « Demeter temple » qui indiquent en fait le même endroit.
Entrée libre, toute l'année. Musée : tous les jours sauf le lundi de 8h30 à 15h.
Construit en 530-520 avant notre ère, le temple de Déméter a servi de modèle au Parthénon d'Athènes. Il fut plus tard transformé en église et en basilique. À côté, un petit musée abrite les frontons d'origine et certains objets découverts sur le site. L'histoire de ce site archéologique de la plus haute importance est intimement liée à celle de l'île. La vallée de Sangri, particulièrement fertile, a été très tôt habitée par des paysans se regroupant en petites unités d'habitation. Dès le VIIIe siècle avant notre ère, les hommes se tournaient vers Déméter (déesse de l'Agriculture et des Moissons) et Perséphone (fille de Zeus et de Déméter, déesse du Monde souterrain, également associée au retour de la végétation lors du printemps) pour obtenir d'elles des récoltes abondantes. Pendant longtemps, ces cultes furent rendus au sommet de la colline et en plein air. Ce n'est que sous le tyran Lygdamis, vers 530 avant notre ère, que fut érigé le premier temple en marbre de l'île, dont subsistent les ruines. Près de l'angle du temple, deux petites fosses reliées par un canal sont visibles. Il s'agit de fosses à offrandes où l'on versait pour les déesses de la Fécondité le jus de fruits ou les plantes qu'on leur dédiait. En observant la colonnade de façade, au sud, on s'aperçoit que le temple est construit sans aucune ligne droite : le soubassement est convexe, les colonnes sont inclinées vers l'intérieur, les architraves ne sont pas droites, tous les blocs des murs sont inclinés. Ce système de correction optique très précis permettait de donner l'illusion d'une verticalité et d'une horizontalité parfaites. Le temple de Déméter est le premier édifice grec à utiliser cet ingénieux trompe-l'œil, technique qui sera reprise un siècle plus tard par l'architecte Ictinos lors de la construction du Parthénon (de 447 à 438) à Athènes.
Quand le christianisme a supplanté le paganisme, le temple a été transformé en église. Pendant le règne de l'empereur Justinien (527-565), des modifications plus importantes ont été apportées pour transformer le bâtiment en basilique divisée en trois nefs par des colonnades. L'abside (base de mur en demi-cercle) a été construite à l'est, afin de placer l'église dans l'axe de l'orient, ainsi que le veut la tradition chrétienne. Au sud, le portique antique est devenu le narthex.

Seul l'angle de mur qui repose sur une grosse roche a été conservé intact. D'autres bâtiments ont été adjoints à l'église entre les VIe et VIIIe siècles pour la production de poterie, de vin, d'huile. Il semble d'ailleurs que cette basilique ait été insérée dans un vaste ensemble de constructions.

■ TOUR BAZEOS ★

✆ +30 22850 31402
www.bazeostower.gr
info@bazeostower.gr
À 1,5 km à l'est d'Ano Sangri. Au premier embranchement, prendre à droite en direction d'Aggiasos.
De juillet à septembre : tous les jours de 9h à 17h et spectacles presque tous les soirs. Entrée 5 € pour les expositions, de 10 à 12 € pour les spectacles. Ouvert le reste de l'année au gré des événements culturels.
C'est un des monuments emblématiques de l'île et le grand lieu culturel des vacances estivales. Depuis 2001, cet ancien monastère fortifié accueille chaque été le Naxos Festival : concerts, expositions d'art, cinéma en plein air, spectacles pour enfants, théâtre, mais aussi un café. Accueillant des artistes de Grèce et du monde entier, les organisateurs travaillent en collaboration avec différents organismes et festivals étrangers, dont l'Institut français d'Athènes, ce qui permet parfois d'assister à des représentations dans la langue de Molière. Toute la programmation est détaillée sur le site Internet.

▶ **Construit vers 1600, cet impressionnant bâtiment fut d'abord un monastère orthodoxe, dédié à la Sainte-Croix (*Timios Stavros*),** en raison de la supposée présence ici d'une relique de la croix sur laquelle le Christ fut mis à mort. Érigé pendant la période ottomane, son style est pourtant plus proche de l'architecture vénitienne. En effet, alors que l'influence latine (vénitienne et française) a perduré, la présence ottomane est restée très faible à Naxos. Sans garnison régulière, l'île fut souvent à la merci des raids de pirates. D'où la nécessité de fortifier ce bâtiment religieux. Mais la puissante tour et l'ensemble des fortifications de ce monastère rappelle aussi que le système féodal mis en place par les ducs de Naxos a continué d'exister après l'arrivée des Ottomans. Cette imposante architecture avait donc aussi pour but d'impressionner les populations locales soumises aux seigneurs catholiques et au clergé orthodoxe. Abandonné par les moines au début du XIXe siècle, le monastère fut racheté par le nouvel État grec indépendant en 1834, accueillant des artisans potiers pendant cinquante ans. Il fut ensuite revendu à la famille Bazeos dont les descendants ont entrepris la restauration à la fin des années 1990 pour l'ouvrir au public.

HALKI - ΧΑΛΚΙ ★★★

Véritable carrefour au centre de l'île (à 16 kilomètres à l'est de Chora, 14 au sud-ouest du mont Zas, 6 au nord-est de Sangri et 2 au nord-ouest de Filoti), l'ancienne capitale administrative et économique de Naxos au XIXe siècle a retrouvé de sa superbe. Même s'il a perdu la moitié de ses habitants depuis les années 1950 (550 aujourd'hui), ce village aux belles maisons néoclassiques revit depuis peu grâce à de nouvelles boutiques et galeries. Au point que Halki (Χαλκί ou Χαλκείου, Chalki ou Chalkio) est devenu l'incontournable halte shopping de tous les visiteurs de l'île avec une production locale tous azimuts : le fameux *kitron*, mais aussi de l'ouzo (distillerie Vallindras), des poteries et céramiques (L'Olivier), des chapeaux et vêtements cousus main (boutique Penelope), des confitures et fruits confits (Era), des photos d'art (Phos Gallery), etc.
On apprécie les rues étroites qui montent à la tour Gratsia datant de la période vénitienne (habitée, elle ne se visite pas, mais on peut admirer le blason sculpté à l'entrée) et les fresques des églises Aghios Georgios Diasoritis (voir ci-dessous) et celles de l'église Panaghia Protothroni (le long de la route principale, en théorie ouverte de 8h30 à 15h tous les jours, ✆ +30 22 85 03 10 03), l'une des plus anciennes de Naxos. Halki est également cerné par toute une myriade de hameaux et villages qui méritent une balade. À 1 kilomètre au sud-est en direction de Filoti, en passant par les jardins d'Akadhimi, on découvre l'étonnante église à deux étages d'Aghi Apostoli (XIe siècle) à Metochi et la haute tour de Markos Politis (XVIIIe siècle) à Kerami. En allant vers l'ouest, on peut s'arrêter à Damalas (2 kilomètres) pour visiter l'atelier de poterie de Manolis Limpertas (✆ +30 22 85 03 28 20). Enfin, à 1,5 kilomètre au nord-ouest, le village de Zoodochos Pigi est dominé par les ruines de la forteresse d'Apano Kastro (XIIIe siècle), accessible à pied par un sentier de montagne.

Se restaurer

■ O YIANNIS TAVERNA

✆ +30 22 85 03 12 14
Sur la place dans le village.
Tous les jours de 11h à minuit. Ouvert presque toute l'année. Compter 15 € par personne.
Le cadre est idyllique, sous la tonnelle de vigne grimpante, directement sur la petite place au cœur du village, à deux pas de toutes les jolies boutiques et galeries. Le menu n'est pas mal non plus avec ses *spanakopites* (tourtes aux épinards) et son *spestofaï* à la saucisse de Naxos.

CYCLADES

À voir - À faire

■ ÉGLISE AGHIOS GEORGIOS DIASORITIS ★★★

✆ +30 22 85 02 25 25

À 500 m au nord-ouest au-dessus de Halki, par la route puis par un sentier.

Tous les jours de 10h à 14h. Entrée libre.

Construite au XIe siècle, l'église Aghios Georgios Diasoritis est l'un des édifices byzantins les plus importants de la plaine de la Tragea. Sa forme en croix est en effet peu courante à Naxos et ses magnifiques fresques d'origine sont par ailleurs bien conservées, même si certaines ont été recouvertes au XIIIe siècle. Elle est dédiée à l'un des saints les plus célèbres de la Chrétienté, le martyr Georges de Lydda (mort vers 303), connu pour avoir terrassé le dragon. L'épithète de « Sauveur » (*Diasoritis* ou *Sotiris* en grec), souvent attribuée à saint Georges dans les Balkans, a été ajouté plus tard, sans doute au XVe siècle. Il rappelle un autre épisode de la vie de ce soldat romain de Palestine converti au christianisme : le sauvetage d'un jeune enfant enlevé par la tribu non israélite des Agarènes et promis à la mort ou à l'esclavage. Dans le langage littéraire byzantin, le terme d'Agarène servira à décrire les musulmans, puis, par extension, les Ottomans. L'épithète de « Sauveur » est ici une allusion claire au système du *devşirme* (« impôt sur le sang ») mis en place par les Ottomans dans les territoires sous leur contrôle : l'enlèvement d'enfants chrétiens destinés à être convertis à l'islam et formés comme soldats.

■ FISH & OLIVE GALLERY ★

✆ +30 22850 31771

gallery@fisholive.com

Ouvert tous les jours de 10h à 17h et de 19h à minuit également en juillet et août. Entrée libre.

Katharina Bolesch et Alexander Reichardt, membres permanents de l'équipage de plongeurs Cousteau, sont originaires d'Alle-

Le kitron : la liqueur de cédrat de Naxos

Le *kitron* est l'incontournable boisson alcoolisée de Naxos, généralement servie en fin de repas. Il bénéficie d'une appellation indication géographique protégée (IGP) reconnue en 1996 par l'Union européenne. Très proche de la cédratine du cap Corse, cette liqueur est réalisée avec les feuilles du cédratier (*Citrus medica*). Sorte de gros citron à la peau épaisse et granuleuse, le cédrat est arrivé en Grèce vers 300 avant notre ère, rapporté d'Inde après les conquêtes d'Alexandre le Grand. Cultivé à Naxos depuis le XVIIe siècle, cet agrume très amer est surtout utilisé pour son écorce, sous forme de fruit confit (*glyko koutaliou kitro*). Avec des raisins et des feuilles de cédratier, on obtient une sorte de raki, appelé *kitroraki*. Ce n'est qu'à partir du XIXe siècle que l'on met au point la recette de la liqueur. Les feuilles sont récoltées d'octobre à février et disposées pendant un jour ou deux dans une pièce sèche et légèrement imbibées d'eau. Elles sont ensuite placées dans une cuve avec de l'alcool pur et de l'eau que l'on chauffe à basse température, le sucre étant ajouté ensuite. Une distillation simple donne le « Kitron Naxou » (*Κίτρον Νάξου*), une liqueur à 35 degrés. Avec une double distillation, on obtient une liqueur à 40 degrés, le « Kitron Naxou Spécial » (*Κίτρον Νάξου Special*). Le *kitron* peut également être aromatisé à la chlorophylle (couleur verte, le plus sucré) ou à l'orange (couleur jaune, la moins sucrée). Si cette liqueur a connu son heure de gloire au début du XXe siècle, la demande n'a cessé de chuter. Malgré un léger effet de mode dans les années 1980, la production n'est plus exportée. Il ne reste désormais que 2 000 cédratiers sur l'île et deux distillateurs encore en activité, Vallindras à Halki et Promponas à Chora.

■ DISTILLERIE VALLINDRAS

✆ +30 22 85 03 12 20 – kitron.naxos@gmail.com

Sur la grande place du village.

Tous les jours de 10h à 23h en juillet-août, de 10h à 18h en mai-juin et septembre-octobre. Visite sur demande le reste de l'année. Visite et dégustation gratuites.

C'est la première distillerie naxiote à s'être lancée dans la production de *kitron*, toujours gérée par la famille Vallindras depuis 1896. Le *kitron* est préparé selon la même méthode traditionnelle secrète. Des visites en français du petit musée sont organisées tous les jours en été. Vente de *kitron* et de différents produits de la distillerie (ouzo, *kitroraki*, fruits confits). La famille Promponas, qui gère l'autre distillerie de *kitron* de Naxos depuis 1915, possède une boutique sur le port de Chora (✆ +30 22 85 02 22 58) où les dégustations sont également gratuites.

© APHOTOG – SHUTTERSTOCK.COM

Église Aghios Georgios Diasoritis.

magne. Ce duo s'est installé dans une magnifique villa néo-classique du centre de Halki pour se dévouer à la céramique et la bijouterie. Réalisées dans la plus pure tradition naxiote, les céramiques exposées ici sont d'une beauté incomparable. A tel point que l'on vient de loin pour admirer et parfois acheter ces œuvres subtiles. L'atelier est parfois ouvert à la visite et vous pourrez craquer pour quelques petites choses dans la boutique.

MELANES - ΜΕΛΑΝΕΣ

À 8 kilomètres à l'est de Chora et à 8,5 de Chora, Melanes (400 habitants) est essentiellement tourné vers l'agriculture et ne compte aucun hôtel. L'endroit doit son nom à la couleur du sol, noir (*melanos* en grec ancien et moderne). C'est l'un des plus anciens villages de Naxos, comme en témoigne le site archéologique de Flerio. Situé à 4 kilomètres à l'est, celui-ci abrite deux des trois *kouroï* de l'île abandonnés au VIe siècle avant notre ère (le troisième kouros, le plus grand, se trouve à Apollonas). Dans le village voisin de Kourounohori (1 kilomètre au nord-est), se trouve un petit musée où sont présentées certaines des découvertes du site, ainsi que la tour Frangopoulou, appartenant toujours à la famille Della Rocca (voir musée vénitien à Chora), vieille famille noble de l'île d'origine bourguignonne. Depuis Melanes, on accède aussi au magnifique monastère fortifié des jésuites de Kalamitsia (XVIIe siècle), abandonné depuis 1949. Celui-ci est situé à 2 kilomètres au sud en suivant un chemin non asphalté plutôt facile. L'endroit est magique et la vue à couper le souffle.

■ SITE ARCHÉOLOGIQUE DE FLERIO ★

À 4 km à l'est de Melanes en suivant les panneaux « Kouros ».

Accès libre toute l'année.

Cette ancienne carrière de marbre est célèbre pour ses deux statues inachevées de jeunes hommes datant d'environ 570 avant notre ère. S'ils sont nettement plus petits que le kouros d'Apollonas (voir Apollonas) qui pèse 80 tonnes, ces deux *kouroï* (pluriel de kouros) ont, eux, été détachés de la roche et sans doute abandonnés après s'être cassés durant leur transport. Leur emplacement et leur expression inerte ne peut que susciter émotion et questionnement. Nombre de visiteurs évoquent ainsi une comparaison avec le mystère des géants de pierre de l'île de Pâques.

▸ **Kouros de Flerio.** Situé le long de la route, le premier kouros se trouve dans un jardin, à l'ombre des arbres, sur le terrain de la famille Kondylis qui en contrôle les visites. Surnommé « le Grec » (*Ellinas*) par les habitants, il mesure 5,70 mètres et doit peser entre 6 et 7 tonnes. Posé sur le dos, les contours de son visage sont nettement visibles. Ses bras sont collés contre le corps, le pied droit est manquant, tandis que la jambe gauche est cassée en deux.

▸ **Kouros de Potamia.** À 500 mètres au sud, à flanc de colline, au-dessus du kouros de Flerio, cette statue est également inachevée et posée sur le dos. Mesurant environ 5 mètres pour 6 tonnes, ses jambes se sont certainement brisées en glissant dans le ravin. Selon certains chercheurs, la forme de ses cheveux pourrait indiquer qu'il s'agit d'une représentation de jeune femme (*korè*).

Temple et aqueduc de Flerio. À 500 mètres au nord du kouros de Flerio, se trouvent les ruines d'un ancien temple construit entre le VIIe et le VIe siècle avant notre ère. Contrairement à celui d'Apollonas dédié à Dionysos, celui-ci semble avoir été consacré aux divinités de la Fertilité. En dessous du temple, se trouvent les conduits souterrains, particulièrement bien conservés, d'un aqueduc construit à la même période. Celui-ci s'étirait sur 11 kilomètres et d'autres parties sont également visibles le long de la route entre les villages de Mili et Kourounohori. La technique utilisée, permettant de faire remonter l'eau, prouve que la civilisation était déjà bien avancée. Une partie des découvertes liées à l'aqueduc sont exposées au petit musée archéologique de Kourounohori.

POTAMIA - ΆΝΩ ΠΟΤΑΜΙΑ

C'est l'un des plus beaux villages de l'île avec ses abondantes sources d'eau coulant été comme hiver au milieu des vergers, dominé par les ruines de l'ancienne forteresse vénitienne d'Apano Kastro (XIIIe siècle). Situé entre Chora (10 kilomètres à l'est), Melanes (4 au nord) et Halki (5 à l'ouest), ce village de 360 habitants, dont le nom (Ποταμιά) signifie « les rivières », est composé de quatre parties reliées par de nombreux sentiers : Kato Potamia, Mesi Potamia, Lierato et Ano Potamia. L'activité est tournée autour de l'agriculture et de l'eau, puisqu'on y comptait autrefois jusqu'à quatorze moulins destinés surtout à moudre les céréales. Quatre d'entre eux, assez bien préservés, peuvent être visités à Mesi Potomia. Le hameau principal, Ano Potamia, dispose de quatre tavernes. On peut faire une halte à la *vrysaki tou Faraskou*, source aménagée en fontaine, dont on dit qu'elle accueillait les jeunes couples des riches familles d'origine italienne et française. Durant la période du duché de Naxos et et l'occupation ottomane, les seigneurs francs et grecs avaient en tout cas ici leurs habitudes, puisqu'ils y établirent pas moins de huit résidences fortifiées, comme la tour de Kokkos (XVIIe siècle), à Mesi Potamia, qui abrite un moulin, utilisé jusqu'en 1966. L'ensemble du village compte également 34 églises et chapelles. C'est à Kato Potamia que se trouvent les deux plus célèbres d'entre elles : Panaghia Protothronos (voir « Les églises byzantines de Naxos ») et Aghios Mamas, connue pour ses fresques et sculptures, mais fermée aux visites. Abandonnée depuis le XIXe siècle, cette dernière mérite une promenade pour sa belle architecture et la vue qu'elle offre sur les environs. Dédiée à saint Mamas, patron des bergers, elle est aussi appelée église de « la Vierge voilée par Dieu » (Panaghia Theoskepasti) pour avoir échappé à plusieurs saccages lors de raids sur l'île. Construite au milieu du IXe siècle, elle fut utilisée comme cathédrale orthodoxe jusqu'à l'arrivée des Vénitiens qui la transformèrent en chapelle catholique au début du XIIIe siècle. Le village ne possède pas d'hôtel, mais on peut y trouver des maisons à louer (www.houses.in-naxos.com).

TOUR DE BELONIA ★★

Galanado
Galanado est situé à mi-chemin entre Chora (5 km au sud-est) et Ano Potamia (5 km à l'ouest). La tour de Belonia se trouve 500 m à la sortie sud de Galanado en direction de Vivlos. Le village de Galanado est desservi par cinq bus par jour : premier départ de Chora à 7h30, dernier retour de Galanado à 20h30.
Pas de visite (propriété privée).
Parmi les nombreuses demeures de nobles vénitiens, c'est l'une des plus belles et mieux préservées. Datant du début du XVIIe siècle, elle offre un superbe panorama. C'est dans le village voisin de Galanado (dérivé du français « galant ») que commence la vallée de Livadi, la plus fertile de l'île, où sont produites les fameuses pommes de terre de Naxos. Juste à côté de la tour Belonia se trouve l'étonnante église vénitienne Aghios Ioannis (Saint-Jean) datant du XIIIe siècle, un lieu de culte partagé avec la nef gauche pour les catholiques et droite pour les orthodoxes.

FILOTI - ΦΙΛΟΤΙ

Filoti est le plus grand village de Naxos, avec environ 1 800 habitants permanents, qui vivent surtout de l'agriculture et de l'élevage. Situé sur le flanc du mont Zas, point culminant de l'archipel (1 004 mètres), en sortant de la vallée de Tragea, à 19 kilomètres à l'est de Chora, 2 au sud de Halki et 5 au sud-ouest d'Apiranthos. Ici, les maisons cycladiques, toutes blanches, contrastent agréablement avec la couleur terne de la montagne. Filoti compte de nombreux commerces, cafés et tavernes autour de la *Kentriki platia* plus souvent appelée *platsa Gefyra* (« place du Pont »), ainsi que deux distributeurs de billets, mais pas vraiment d'hébergement, sauf quelques chambres à louer au restaurant Babulas (✆ +30 22850 31426) ou à l'entrée du village chez la famille Gratsias (gratsiashouses.blogspot.gr). Depuis Filoti, on accède à la très belle et presque sauvage plage de Kalantos, à 19 kilomètres, près de la pointe sud de l'île. En chemin, se profile la tour de Himaros (*Pyrgos Himarou*), à quatre étages, datant de l'époque hellénistique.

Au Moyen Age, elle servait d'observatoire pour prévenir des attaques des pirates.

▶ **Internet :** le site naxos-filoti.gr existe en version française.

■ **CAVO D'ORO**

Epar.Od. Naxou-Apiranthou
✆ +30 2285 022620
https://www.cavodoro-naxos.gr/
Ouvert midi et soir. Environ 15/20 € par personne.

Après le désormais célèbre Cavo d'Oro à Paros, ouvert en 1980, voici le nouveau restaurant signé Adonis Vassilas, installé dans le beau village de Filoti, à Naxos cette fois-ci. Côté menu, une cuisine grecque et italienne savoureuse élaborée à partir d'ingrédients frais et locaux (tous les produits sont cultivés sur l'île). Pizza cuite au feu de bois (5 tailles sont possibles !), pâtes fraîches, salades, mezzes, grillades, fruits de mer et plats traditionnels grecs pour satisfaire tous les goûts. Comme à Paros, le pain est excellent et fait maison.

■ **KARAVASIOLIOS**

✆ +30 22850 32415
Ouvert tous les jours, le soir seulement. A partir de 15 €.

Cet établissement, adossé à une boucherie, est une institution. Le dimanche, les bêtes cuisent ici à la broche et enivrent les passants. Bien sûr, il faut aimer la viande ! Mais le restaurant permet aussi de manger sur le pouce un souvlaki ou un gyros à emporter.

■ **MONT ZAS** ★★

www.cycladen.be/Filoti-ZasTexte.htm
À 5,5 km au sud de Filoti.
Compter 3 à 4h de marche aller-retour depuis Filoti, 650 m de dénivelé. Chemin bien balisé (en rouge), accessible avec des enfants.

Le mont Zas (Ζας, en grec local, « Zeus »), surnommé *Myti tou Za* (« né de Dieu ») par les habitants, est le plus haut sommet des Cyclades, 1 100 à 1 004 mètres selon les sources. Le massif qui l'entoure est classé « zone d'importance communautaire » du projet Natura 2000 de l'Union européenne. Le chemin, bien balisé, passe par la grotte de Zeus où, selon la mythologie, le dieu aurait été élevé. En été, il est conseillé de partir tôt le matin et de penser à prendre de l'eau, même si le sentier est souvent ombragé et passe devant des sources. De bonnes chaussures sont également à prévoir. En lien (ci-dessus), nous vous proposons aussi un autre itinéraire en français sur le site Internet du spécialiste de la randonnée dans les Cyclades, le Belge Raymond Verdoolaege. Enfin, dernier conseil, pour toutes les randonnées à Naxos, il faut se procurer la carte Skai à l'échelle 1/40 000.

▶ **Itinéraire.** À Filoti, en partant de la taverne Platanos, marcher 15 mètres, puis traverser le petit pont à droite et prolonger la ruelle jusqu'à la place à la fontaine. Il faut prendre la rue à gauche jusqu'en haut du village (10 minutes). Là, il faut suivre le panneau du sentier n° 2 indiquant « Zas ». Dès lors, les balises sont bien indiquées, le long du sentier qui serpente entre entre les cultures en terrasse. Apres 30 minutes, le sentier coupe la route qui mène à Appolonas puis celle qui conduit à Danakos. Il faut suivre cette dernière sur 300 mètres jusqu'à la chapelle d'Aghia Marina. Le chemin très bien balisé, large et ombragé, part sur la droite (panneau « Koryfí tou Za », « sommet du Zas ») et mène en 1h15 au sommet. En chemin, le sentier passe le long de la grotte de Zeus (ou Zas, voir ci-dessous), puis à côté d'un bloc de marbre portant l'inscription en grec ancien « ΟΡΟΣ ΔΙΟΣ ΜΗΛΩΣΙΟΥ » (*Oros Dios Melosiou*) signifiant « montagne de Zeus, le protecteur des ovins ». Au sommet, un poteau trigonométrique indique l'altitude. À côté, une boîte métallique contient un grand cahier où l'on peut laisser son nom et ses impressions. Retour par le même itinéraire.

▶ **Grotte de Zas (Spileo tou Za).** Située à 600 mètres d'altitude, cette grotte est, selon la mythologie, l'endroit où a été élevé Zeus. L'entrée, en partie murée, donne sur un espace de 10 mètres de large qui se réduit pour s'enfoncer jusqu'à 100 mètres sous terre avec d'impressionnantes stalactites. L'endroit n'est pas dangereux, mais le sol est glissant et il n'y a aucun éclairage (prévoir une lampe de poche). Les archéologues y ont découvert des outils préhistoriques, plus anciennes traces d'habitation de l'île. À gauche de l'entrée, se trouve la petite église de Zoodohos Pighi.

Filoti.

Les mines d'émeri et de marbre

C'est autour des villages de Koronos et Apiranthos que l'on exploite le marbre et l'émeri depuis la préhistoire. Considéré comme de qualité inférieure à celui de Paros, le marbre de Naxos est encore exploité dans des mines à ciel ouvert. Mais c'est surtout l'émeri qui a fait la réputation de l'île. Naxos est, avec la Turquie, l'une des rares parties du monde où l'on trouve cette roche particulièrement dure, employée principalement comme abrasif : pour le polissage des pierres lorsqu'elle est humectée d'eau, des métaux lorsqu'elle est mélangée d'huile.

Dans les années 1910, un millier d'ouvriers travaillaient à son exploitation dans l'île avec une production annuelle située entre 8 000 et 12 000 tonnes. On peut encore voir certains des 72 pylônes de l'immense téléphérique construit entre 1926 et 1929 qui permettait de transporter l'émeri entre Stavrolagada et le port de Moutsouna (9 kilomètres). Si le téléphérique a cessé de fonctionner en 1982, il subsiste une cinquantaine de gisements exploités par les habitants de Koronos, Apiranthos, Danakos, Keramoti, Skado et Messi. Les galeries, dont les ouvertures se trouvent le long de la route entre Koronos et Lionas, plongent jusqu'à 600 mètres sous terre. Il est très dangereux d'y pénétrer seul, mais on peut en visiter certaines avec Manolis Manolas (✆ +30 69 44 60 76 72).

■ **PLATSA**
Place Kentriki
✆ +30 22850 32771
Sur la place centrale.
Tous les jours de 8h à minuit, de mars à octobre. A partir de 15 € par personne.
C'est l'une des très bonnes tavernes de l'île, réputée aussi bien pour ses petits prix, ses bons plats à base de produits locaux et bio, son emplacement, sous le grand platane de la « place du Pont », que pour son ambiance, souvent assurée par des musiciens de Naxos ou d'Athènes. On y trouve notamment des poissons et viandes cuits dans du papier sulfurisé (méthode *ladoharto*), des sympathiques assortiments de mezzés et une très bonne salade grecque aux câpres et à la *xinomizithra* (fromage crémeux à base de lait de chèvre et/ou de brebis).

APIRANTHOS - ΑΠΕΙΡΑΘΟΣ

« Village des musées », « village de marbre », « village crétois » : Apiranthos ne manque ni de surnoms ni de charme. Accroché au pied du mont Fanari (883 mètres), c'est l'un des plus beaux villages de l'île, situé à 27 kilomètres à l'est de Hora, 21 au sud d'Apollonas et 7 au nord de Filoti. Son nom (qui signifierait « sans pirates ») existe sous différentes formes : Απείρανθος (Apiranthos), Απέραθος (Aperathos) et même, en dialecte local, Τ'Απεράθου (T'Aperathou). Il est parfois translittéré « Apeiranthos » ou « Aperanthos ». Pas facile de s'y retrouver... Mais il a gardé son aspect traditionnel : de belles demeures de pierre brute, deux tours de défense, de petites places et des ruelles pavées de marbre. C'est le deuxième plus grand village de l'île après Filoti. Réputés pour leur talents artistiques et leur esprit révolutionnaire, les quelque 1 000 habitants sont fiers de leurs origines. Leurs ancêtres auraient été déplacés de Crète après une révolte au Xe siècle contre l'occupant arabe. Ils en conservent certaines coutumes (chansons, tissage) et possèdent leur propre dialecte dérivé du grec ancien, appelé l'aperathitiko. Ce village a donné au pays de nombreux artistes, scientifiques, hommes politiques et résistants. Parmi eux, Manolis Glezos, véritable héros national, devenu simple maire du village pendant les années 1980. Celui-ci a doté Apiranthos de la plus grande bibliothèque municipale des Cyclades et de cinq musées. Pourtant, si les attraits ne manquent pas – on trouve aussi ici quelques-unes des meilleures tavernes de l'île –, les touristes n'y restent pas assez longtemps pour que des hôtels aient vu le jour. La plage la plus proche, Moutsouna, se trouve à 12 kilomètres. On y trouve quelques chambres à louer et une taverne de poissons. Plus loin, à Psili Ammos et Panormos, c'est encore plus désert.

Se restaurer

■ **O PLATANOS**
✆ +30 228 50 61 192
Dans la rue principale qui traverse le village, quasiment en face du Musée des beaux-arts (continuer un peu).
Environ 15 € par personne. Ouvert tous les jours midi et soir, pendant la haute saison.

Une petite taverne familiale qui sert des plats authentiques de cuisine grecque, avec aussi quelques spécialités concoctées par le chef. On mange dehors, en plein milieu du village si calme, sur une terrasse avec vue ou sous un énorme platane, imposant et magnifique. Il y a même une table qui trône, surélevée, à côté d'une petite église blanche ; c'est une place de choix pour profiter de ce cadre hors-du-commun et tout à fait pittoresque. Le service est original : on amène la bouteille d'eau dans une sorte de grand seau. Le personnel est autant efficace qu'amical.

■ **ROTONDA**

Route Apiranthos-Apollonas

✆ +30 22 85 06 12 54

rotonda-naxos@hotmail.com

2 km au sud d'Apiranthos en direction de Filoti, à côté de l'église Aghios Ioannis.

Ouvert tous les jours de 10h à tard le soir. Comptez 15 € par personne. Réservation conseillée.

À la fois restaurant, cocktail-bar et café, cet endroit sert une cuisine grecque et internationale convenable. C'est surtout la plus belle terrasse de l'île avec une vue à couper

Manolis Glezos, le résistant d'Apiranthos

Né en 1922 à Apiranthos, Manolis Glezos est un politicien, écrivain et homme de gauche, engagé dans tous les combats qui ont secoué la Grèce depuis huit décennies. Il est particulièrement connu pour sa participation à la résistance pendant la Seconde Guerre mondiale.

Le 30 mai 1941, moins d'un mois après l'entrée des troupes allemandes dans Athènes, il monte avec un camarade sur l'Acropole pour y dérober le drapeau nazi. Ce geste fut le premier acte de résistance en Grèce. Condamné à mort, arrêté et torturé, il s'échappa de prison plusieurs fois avant de rejoindre les mouvements de résistance communistes. Pendant la guerre civile grecque (1946-1949), il est de nouveau condamné à mort plusieurs fois par la junte nationaliste. Ces peines capitales ne furent pas appliquées en raison des réactions à l'étranger et finalement réduites à une condamnation à perpétuité en 1950. Relâché après une grève de la faim en 1954, il est de nouveau arrêté pour espionnage en 1958, un prétexte courant pour persécuter les militants de gauche pendant la guerre froide. Plusieurs fois élu député, y compris lorsqu'il est incarcéré, il est finalement libéré grâce à la pression internationale en 1962. Mais aux premières heures du coup d'État mettant en place la dictature des colonels (1967-1974), il est une nouvelle fois conduit en prison, puis exilé jusqu'en 1971. À la chute du régime, il s'engage au sein du Pasok d'Andreas Papandreaou, mais quitte tous ses mandats en 1986 pour tenter l'aventure de la démocratie directe dans son village natal. Élu maire d'Apiranthos, il abolit tous les privilèges du conseil municipal et incite ses concitoyens à participer à la vie politique du village. D'abord positive, l'expérience s'arrête en 1989 faute d'intérêt de la part des habitants. Revenu à la vie politique nationale, Manolis Glezos s'engage auprès de Synaspismos, ancêtre du grand parti de gauche actuel, Syriza. Depuis le début de la crise économique de 2009, il est en première ligne dans le combat contre les mesures d'austérité imposées à la population. Outre ses activités politiques, Manolis Glezos a publié des livres sur la géologie et la linguistique, deux sciences apprises, pour l'essentiel, en prison, où il a passé plus de onze années de sa vie.

Les autres personnalités d'Apiranthos

- **Petros Protopapadakis (1859-1922) :** ingénieur en chef lors de la construction du canal de Corinthe et Premier ministre en 1922. Jugé responsable de la défaite grecque en Asie Mineure (« la grande catastrophe »), il sera condamné à mort et exécuté le 28 novembre 1922. Sa maison natale se trouve sur les hauteurs, au nord-ouest du village.
- **Michalis Bardanis (1936-1975) :** à la fois mathématicien, officier de marine, archéologue amateur et membre du Parti communiste grec (KKE), il consacrera une partie de sa vie à cartographier les sites archéologiques de l'île, mais aussi à combattre le trafic illégal d'antiquités qui sévit dans les années 1950. À partir de 1967, il fait partie des principaux officiers à s'opposer au régime des colonels. Emprisonné et torturé, il ne survivra qu'un an après la chute du régime.

le souffle. À découvrir pour un déjeuner ou simplement pour une halte café. Si le dîner se fait un peu frais, on vous apporte même un plaid. La cuisine n'est clairement pas très chère, mais les boissons ne sont pas données. On vous conseille de réserver en août, surtout au moment du coucher de soleil où l'endroit se remplit à une allure folle.

■ TAVERNA LEFTERIS

Apiranthos
✆ +30 22 85 06 13 33
Dans le centre du village,
dans la principale rue piétonne,
près du musée archéologique.
Tous les jours de 8h à 23h en été. A partir de 15 € par personne. Réservation recommandée.
Joliment décorée avec un bric-à-brac de machines à coudre et à torréfier le café, de meubles en bois et de tableaux, la salle de cette taverne s'ouvre sur une terrasse verdoyante qui offre une vue magnifique. Tout est bon : le service, les petits prix, les fromages et produits locaux, les poissons frais, les plats, simples, généreux et bien faits (lapin en sauce, omelettes, etc.). Tout, y compris les desserts qui méritent vraiment le détour (on recommande le baklava et le *galaktoboureko*). Sans conteste l'une des meilleures adresses de l'île.

À voir – À faire

■ ÉGLISE AGHIA KYRIAKI ★

Kalloni
www.hagia-kyriaki.org
À 6 km au nord-est d'Apiranthos.
À la sortie nord du village, prendre
le premier chemin à droite avant le virage.
Au bout de 4,5 km de chemin carrossable,
un embranchement permet de descendre
à Moutsouna. Il faut tourner de l'autre côté,
à droite, et poursuivre sur 900 m environ.
Mieux vaut posséder un véhicule tout-terrain.
Sinon, à pied, un ancien chemin muletier
menant aux mines d'émeri (kalderimi),
construit en dalles de marbre
et long de 3 km, commence sous la place
au nord du village avec le parking
(compter 2h aller-retour).
La présence d'un gardien est prévue.
Si le gardien n'est pas là, une petite porte – difficile à ouvrir – située à l'arrière sous le narthex (porche) donne normalement accès à un passage en pierre menant à la nef. Cette église se mérite ! Méconnue des visiteurs, cette petite église de pierres sèches dédiée à sainte Cyriaque (Aghia Kyriaki) est en effet l'une des rares églises « iconoclastes » bien conservées des Balkans, c'est-à-dire dont les fresques ne comptent pas de représentations humaines. Elle a été construite à la fin de la querelle des icônes qui secoua l'Empire byzantin de 723 à 843. Elle a été érigée par des iconoclastes (ce qui signifie littéralement les « briseurs d'image »). Ceux-ci refusaient toute représentation du Christ et des saints, les icônes étant pour eux de l'idolâtrie. On peut y contempler son décor « aniconique » aux figures géométriques avec, dans l'abside, la représentation de six oiseaux portant un ruban autour du cou, associés à de petites croix flanquées de palmiers. On y voit également des chevrons, des formes répétées de cercles, des carrés ou encore des motifs floraux. Ce décor d'origine a subsisté presque intact jusqu'à nos jours, protégé qu'il était par une couche d'enduit et un décor peint plus tardifs, avec un décor figuratif du XIIe siècle dans l'absidiole. Grâce notamment à l'association suisse Hagia Kyriaki (lien Internet ci-dessus), un chantier de restauration a commencé en 2013. La promenade à pied jusqu'à l'église, en passant par l'église d'Aghios Ioannis, offre une vue plongeante sur la baie de Moutsouna, le petit archipel de Makares et l'île de Donoussa.

■ MUSÉE GÉOLOGIQUE PETROS PROTOPAPADAKIS ★★

Route Apiranthos-Apollonas
✆ +30 22 85 06 17 25
À l'entrée nord du village,
en venant de Koronos et Apollonas,
sur la grande place avec le parking.
Tous les jours de mai à octobre, de 10h30 à 19h30 en juillet, de 10h30 à 21h en août. Entrée 3 €, donne accès au musée folklorique, au musée d'histoire naturelle et musée des beaux-arts.
C'est l'un des plus importants musées géologiques de Grèce avec quelque 2 500 échantillons de roches, minéraux, fossiles et minéraux provenant de Naxos, de Grèce et du reste du monde. Ouvert en 1964 dans une ancienne école élémentaire, il a été fermé en 1967 par la dictature des colonels et rouvert en 1987 par Manolis Glezos. Lui-même spécialiste en géologie, celui-ci a confié sa collection personnelle à ce musée baptisé en l'honneur du Premier ministre grec Petros Protopapadakis, originaire du village. La collection comprend de très nombreux morceaux d'émeri et de marbre, qui ont fait la richesse de Naxos, de magnifiques obsidiennes (roches volcaniques vitreuses) provenant de Milos, ainsi que d'autres pierres volcaniques de Santorin, de l'Etna et du Vésuve, mais aussi du cyanure et de la bauxite du Brésil, des fragments de météorite ou encore le fossile d'un éléphant nain ayant vécu à Naxos il y a 70 000 ans ! Pour les passionnés ou les simples intéressés, cela vaut définitivement le coup d'être vu.

MUSÉE ARCHÉOLOGIQUE MICHALIS BARDANIS ★★

✆ +30 22 85 06 17 25
Dans le centre du village, le long de la principale rue piétonne, près du musée folklorique.
Du mardi au dimanche de 8h à 15h toute l'année (sinon, il faut demander aux commerçants). Entrée libre.
Les statuettes cycladiques d'Apiranthos (2700-2300 avant notre ère), aux formes primitives, sont bien connues des spécialistes. Hélas, la plupart ont été pillées. Pour voir les plus belles, il faut aller… au Louvre ! On comprend mieux pourquoi ce petit musée porte le nom de Michalis Bardanis, grand défenseur du patrimoine antique de Naxos. Comme dans la plupart des musées archéologiques des îles, celui-ci aurait clairement besoin d'un bon dépoussiérage et de quelques panneaux explicatifs, au moins en anglais. Cela n'enlève rien à la grande rareté de certains objets qu'il possède. Des fameuses statuettes dites « schématiques d'Apeiranthos », il ne subsiste ici que des fragments (pieds, bras, torses…). En fait, les deux parties les plus intéressantes de la collection sont les *kantili* de la période protocycladique (lampes à huile taillées dans la pierre, si finement travaillées que la lumière peut passer à travers) et, surtout, les gravures rupestres provenant de la colline de Koryfi t'Aroniou. Datant de 2700-2200 avant J.-C., ces dernières ont été mises à jour par Bardanis en 1962 au sud-est de l'île. Il s'agit de dix pierres gravées de manière primitive représentant des animaux à cornes, des chasseurs, des danseurs et des marins sur un étonnant bateau dont la poupe est surmontée d'une hampe verticale. Ces pétroglyphes pourraient provenir d'un sanctuaire. Uniques dans leur genre, ils sont encore peu connus des spécialistes. Le reste du musée est constitué d'objets de la civilisation cycladique provenant des environs d'Apiranthos.

MUSÉE DES BEAUX-ARTS ★★

Route Apiranthos-Apollonas
Museum of Fine Arts
✆ +30 22 85 06 17 25
Le long de la route principale longeant le village, au rez-de-chaussée du centre culturel (Πολιτιστικό κέντρο Απειράνθου).
Tous les jours de mai à octobre de 11h à 17h30, de 10h30 à 19h30 en juillet, de 10h30 à 21h en août. Entrée 3 €, donne aussi accès au musée folklorique, au musée géologique et au musée d'histoire naturelle.
Imaginé par Manolis Glezos et le peintre local Nikos Katsouri, ce musée rassemble les œuvres de 47 artistes (peintres, sculpteurs, graveurs et potiers) ayant un lien avec Apiranthos. Le résultat est bien sûr tout à fait inégal, des tableaux figuratifs du XIXe siècle côtoyant des œuvres conceptuelles contemporaines. On remarquera toutefois les tableaux de Nikos Katsouri et, dans un genre nettement plus moderne, ceux de Gregory Christeas, ainsi que les poteries et sculptures de Narkissos. Ce dernier possède d'ailleurs un atelier-galerie dans la principale rue piétonne.

MUSÉE D'HISTOIRE NATURELLE

Route Apiranthos-Apollonas
✆ +30 22 85 06 16 22
À l'entrée nord du village, en venant de Koronos et Apollonas, sur la grande place avec le parking.
Tous les jours de mai à octobre de 11h à 17h30, de 10h30 à 19h30 en juillet, de 10h30 à 21h en août. Entrée 3 €, donne aussi accès au musée folklorique, au musée géologique et au musée des beaux-arts.
Créé en 1966, ce petit musée permet de découvrir la flore ainsi que les espèces animales terrestres et marines de l'île. Trois cents échantillons de plantes séchées sont ainsi visibles, comme le caroubier (dont on fait ici des sirops) et le cédratier (avec lequel on produit la liqueur locale, le *kitron*) venus d'Asie, mais aussi des espèces endémiques comme la consoude de Naxos (*Symphytum naxicola*) et le vélar de Naxos (*Erysimum naxense*), qui pousse seulement sur le mont Zas. Outre des échantillons de 80 champignons et 260 fossiles, le musée dispose de deux aquariums et de quatre squelettes de mammifères marins, dont celui d'un grand cachalot.

IOS - ΊΟΣ ★

Avec ses 108 km² et ses 1 700 habitants, l'enfant terrible des îles grecques, Ios, accueille avant tout des visiteurs en quête de fête ininterrompue dans le summum du *sea, sex and sun*. L'île possède d'autres charmes : des plages superbes, un joli village et la beauté singulière de son paysage rocheux. Longtemps considérée comme l'île des bars et des boîtes de nuit, Ios peut aussi s'avérer très agréable si vous cherchez le calme des plages et des criques isolées.
Arrêt obligatoire des habitués de la route de Katmandou dans les années 1960, cette île aux plages exceptionnelles attire chaque année des foules de jeunes, en majorité anglo-saxons, qui viennent jouir d'une liberté absolue, à des prix

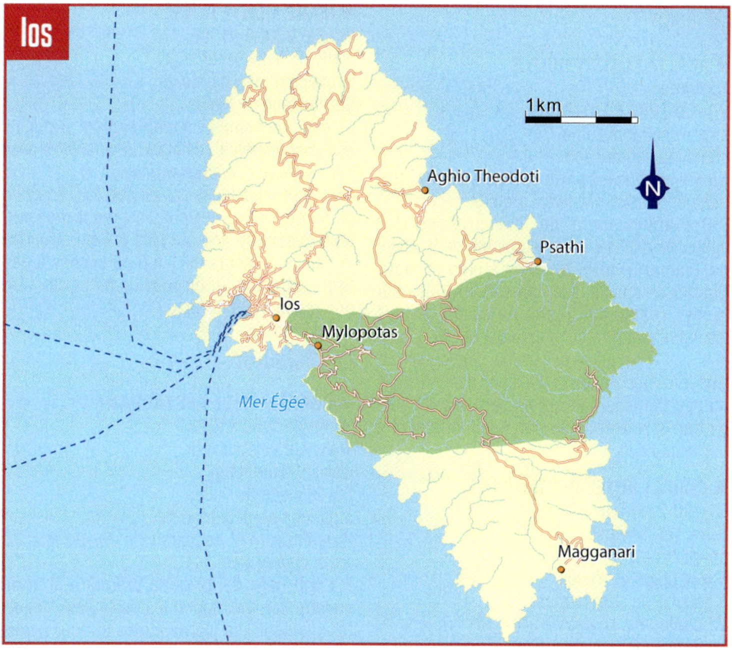

moins élevés que ceux pratiqués à Mykonos. En effet, si Ios ne compte que 1 700 habitants, elle a plus de 55 bars, et tous les paradis artificiels y sont accessibles ! La plupart des visiteurs logent dans la pittoresque Chora et sur la fameuse plage de Mylopotas, probablement l'une des plus belles de toutes les Cyclades.
Ios, ou Nios pour les connaisseurs, serait la patrie d'Homère. Selon la tradition, le poète est mort ici, mais sa tombe n'a pas encore été trouvée par les archéologues.

IOS - PORT - ΊΟΣ ΛΙΒΑΔΙ

Ormos, le port d'Ios – Yalos pour ses habitants –, est grand et bien protégé. De plus en plus d'hôtels et de chambres à louer s'y construisent et on y trouve même un camping. Sa plage est assez calme mais pas toujours très propre. Très touristique l'été.

Transports

■ BUS KTEL
✆ +30 22860 92015
www.ktel-ios.gr
info@ktel-ios.gr
1,20 € le voyage.
Une ligne de bus unique (mais régulière et tardive) relie les trois points les plus touristiques de l'île : le port, le village de Chora, et la plage de Mylopotas. Les tickets s'achètent à bord auprès du conducteur : demandez *« ena isitirio parakalo »* .

■ PORT
✆ +30 22860 91264
Liaisons en bus, sinon à 20 minutes de marche du village.

▶ **Athènes-Ios.** Quasiment une liaison par jour en ferry depuis Le Pirée (à partir de 6h40 de traversée). Et au moins un hydroglisseur par jour (3h45 minimum).

▶ **Liaisons avec les autres îles.** Chaque semaine, on compte des rotations avec Santorin, Sikinos, Folegandros, Anafi, Sifnos, Sérifos, Syros, Naxos, Milos, Kimolos, Thirassia, Amorgos, Paros, Kassos, Karpathos, Halki, Rhodes et la Crète.

▶ **Yachting.** Le port d'Ios est l'un des plus abrités des Cyclades. Vous pouvez vous approvisionner en eau et en essence.

Pratique

■ POLICE
✆ +30 22860 91222

■ SERVICE DE SANTÉ
✆ +30 22860 91227

Se loger

AGALIA LUXURY SUITES

Tzamaria
✆ +30 2286 091019
http://agaliahotel.com
info@agaliahotel.com
Chambre double à partir de 150 € en été, petit déjeuner inclus. Transfert gratuits.
Cet établissement de luxe propose des suites merveilleuses en surplomb de la plage de Tzamaria, à 20 minutes à pied du port. Chambres spacieuses, vues incroyables sur la mer, restaurant gastro de qualité et tous les services attendus d'un hôtel de luxe : spa, cours de yoga, cours de cuisine, dégustation de vins, etc. Décoration recherchée dans un style un peu bohème naïf qui ne sera pas du goût de tout le monde, mais elle a le mérite d'être personnalisée.

CORALI HOTEL RESTAURANT

✆ +30 22860 91272
www.coralihotelios.gr
coraliht@otenet.gr
Sur la plage de Yialos
à gauche du débarcadère.
22 chambres. La double entre 50 et 95 € avec petit déjeuner selon la période.
Sur Yalos Beach, à gauche de l'embarcadère, un petit hôtel familial avec une large piscine pour les grands et une autre plus petite pour les enfants. Chambres très propres avec, pour certaines, vue sur la mer et grand balcon. Bar et restaurant dans un jardin agréable. Aire de jeux, billard. Internet sans fil gratuit. Chaises longues gratuites sur la plage. Calme, accueillant et très chaleureux. Appartements et studios également disponibles.

MARE MONTE HOTEL

✆ +30 22860 91585
www.hotelmaremonte.gr
info@hotelmaremonte.gr
Sur la plage de Yialos.
23 chambres simple, double et triple. 3 studios et 3 appartements. La double de 50 à 90 € avec petit déjeuner selon la période.
Bien situé à quelques pas du port face à la jolie plage de Yialos, cet établissement modeste tenu depuis 30 ans par Niki & Popi, propose des hébergements de 1 à 6 personnes à des tarifs attractifs, et dispose d'une piscine. Un bon rapport qualité/prix.

Se restaurer

CORALI HOTEL RESTAURANT

✆ +30 22860 91272
www.coralihotelios.gr
coraliht@otenet.gr
Sur la plage de Yialos
à gauche du débarcadère.
A partir de 15 € par personne. Ouvert tous les jours midi et soir.
Il s'agit sans doute de la première pizzeria ouverte sur l'île, appréciée des locaux depuis 30 ans pour ses pizzas cuites au four à bois d'origine. Les prix sont plus qu'honnêtes. Mais on propose aussi des pâtes, des spécialités grecques, des glaces maison... Le tout sur une terrasse fort agréable, face à la mer.

OCTOPUS TREE

Sur le quai, près des bateaux de pêche.
A partir de 15 € par personne. Ouvert midi et soir.
Une Anglaise mariée à un Grec gère ce petit *kafeneion* familial encore typique et apprécié des habitants au pied de l'église qui surplombe

Église sur l'île de Ios.

le port. Quelques tables à l'ombre d'un bel arbre. Au menu, une carte simple et efficace composée d'excellentes *kefdedes* (boulettes de viande), du porc au vin et de mezzés à petits prix. Un vrai coup de cœur au milieu d'autres cartes à l'exotisme suspect (l'un des restaurants voisins propose un étrange curry caribéen par exemple !).

■ **POLYDOROS**
plage de Koumbara
✆ +30 22860 91132
pousaiospolyd@gmail.com
Ouvert tous les jours de midi à 23h. Comptez 20 € par personne.
Cette taverne située légèrement en retrait de la plage de Koumbara est l'une des meilleures adresses d'Ios. On y mange une cuisine familiale. Ici la devise est de l'ordre du *less is more* : mieux vaut faire simple et bon que compliqué et fade. Depuis 1986, le menu est tourné vers la terre : ragoût de lapin à l'origan, escargots à la crétoise, agneau local… Mais les options de la mer sont également très réussies et d'une fraîcheur incroyable. Installez-vous donc à la terrasse du Polydoros et laissez-vous prendre par le bien-être qui se dégage de ces mets savoureux.

■ **TASTE OF JOY**
Tzamaria
✆ +30 2286 091019
info@agaliahotel.com
Ouvert tous les jours pour le petit déjeuner, déjeuner et dîner. Comptez 25 € par personne.
Le Taste of Joy est le restaurant gastronomique de l'hôtel Agalia Suites. Il est ouvert à tout le monde et offre une vue magnifique sur la mer et la baie de Yialos. Les tables installées en terrasse, autour de la piscine offrent une expérience culinaire unique, particulièrement appréciable dans le paysage gastronomique terne du port. Vous dégusterez des plats inventifs et savoureux, à l'inspiration italienne. Idéal pour un dîner romantique.

À voir - À faire

■ **ÉGLISE D'AGHIA IRINI**
C'est l'un des premiers sites que l'on voir de Ios en arrivant en ferry. Cette petite église byzantine du XVIIe siècle, dotée de deux clochers et de deux dômes, se situe juste à droite du port de l'île et mérite bien une petite une visite. Pour y parvenir, suivre la route le long du front de mer et monter le petit sentier pavé. C'est joli et c'est aussi un excellent point de vue sur l'île et la baie.

■ **PLAGES** ★
Il y a une plage de sable fin juste à côté du port mais souvent bondée. Nous vous conseillons la plage de Valmas, une petite crique très tranquille où l'eau est très pure. Pour vous y rendre, prenez les escaliers blancs après Ios Camping et suivez le petit chemin pendant 20 minutes environ. Vous y trouverez une taverne qui permet de vous restaurer. Vers le nord de la baie, vous pourrez rejoindre les plages plus *select* de Tzamaria et Koumbara. Là, le très branché bar de plage Erego Beach Club loue transats et parasols et offre de quoi se rafraîchir et se restaurer.

IOS CHORA - ΊΟΣ ΧΩΡΑ

Charmante capitale cycladique, avec ses 13 moulins à vent, ses maisons blanches accrochées à une colline dominée par l'église d'Aghios Nikolaos et sa citadelle médiévale, Chora est bâtie à l'emplacement d'une cité antique. Vous pouvez distinguer les ruines du temple d'Apollon à côté de l'église Aghia Aikaterini. De nombreux touristes préfèrent s'établir ici, attirés par l'animation nocturne particulièrement riche en émotions fortes… et en décibels ! Les visiteurs en quête de nuits au calme devront éviter Chora pendant la haute saison. Si vous voulez pleinement profiter du charme ambiant des petites ruelles, baladez-vous le matin quand les adeptes de la vie nocturne dorment encore.

Se loger

■ **AVANTI HOTEL**
A 150 m de la place principale, sur une colline.
✆ +30 22860 91165
www.ioshotelavanti.gr
info@avantihotel.gr
Chambre double entre 50 € et 150 € selon la période et la catégorie. Petit déjeuner compris.
Au calme sur les hauteurs de la ville avec une vue magnifique. Il y a une belle piscine avec un bar au milieu des bâtisses cycladiques. Les 17 chambres élégantes et modernes possèdent l'air climatisé et la télévision… wi-fi. Transferts aller-retour au port offert.

■ **CHEZ FRANCESCO**
✆ +30 22860 91223
www.francescos.net
info@francescos.net
Près de la cathédrale.
A partir de 12 € par pers. en dortoir ou de 40 à 80 € en chambre double. Ouvert de mars à octobre.
Evidemment, c'est plus un endroit où l'on pose ses affaires et où l'on dort (peu) dans une ambiance festive et parfois un peu bruyante. Venir chez Francesco, c'est loger dans une petite institution. Les bars sont à côté et les chambres restent agréables (climatisées, avec parfois un petit balcon). Sans surprise, il faut réserver tôt en haute saison !

LIOSTASI IOS HOTEL-RESTAURANT ET SPA
✆ +30 22860 92140
www.liostasi.gr
hotel@liostasi.gr
28 chambres. Chambre double de 125 à 250 € en été. Petit déjeuner et transferts compris.
Sans doute l'un des plus beaux hôtels de l'île. Niché sur la colline à 5 minutes du centre-ville. Dans le calme et la sérénité, l'endroit jouit d'une vue exceptionnelle depuis la piscine ou le bain bouillonnant extérieur. C'est romantique et plein de charme pour ceux qui veulent casser leur tirelire. Décoration élégante pour les chambres et suites, avec terrasse pour les suites et chambres « luxe ». Le centre de spa doté de nombreux programmes anti-stress est une autre fierté de l'établissement. Restaurant et bar avec vue pour les gourmets.

LOFOS
✆ +30 22860 91481
www.lofosvillage.com
info@lofosvillage.com
20 chambres. Chambre entre 65 € et 160 € selon la période et la catégorie.
L'hôtel Lofos (la colline en grec) se situe à 50 m de l'arrêt de bus, un peu sur les hauteurs. Certaines chambres ont un balcon avec vue sur le village. L'endroit reste assez calme, bien qu'étant assez central. C'est sans doute pour cela que l'hôtel est souvent complet. Il est donc plus prudent de réserver.

Se restaurer

HELLENIC SOCIAL
Rue principale
✆ +30 2286 092663
hs@hellenicsocialios.com
Ouvert tous les jours de 11h à minuit. Comptez 15 € par personne.
Suivant la tendance du bio et de la cuisine fusion, trois amis voyageurs se sont arrêtés ici, en plein cœur de Chora pour établir un restaurant à leur image : jeune, branché, sain et savoureux. On retrouve les voyages de ces trois-là dans les plats « hipsters », aux saveurs exotiques. Les produits sont tirés autant que possible de leur jardin, garanti bio. Le brunch et le menu du soir sont vraiment réussis (craquez notamment pour les desserts) et on reste en soirée pour boire un ingénieux cocktail, préparé avec brio.

LORD BYRON
✆ +30 22860 92125
www.lordbyronios.gr
info@lordbyronios.gr
Dans une ruelle près de la place principale.
Ouvert tous les jours de 7h à 2h du matin. Comptez 15 € par personne.
Petite taverne sympathique où la variété des plats grecs proposés n'a d'égale que la diversité des objets décoratifs du lieu. Cuisine de qualité. Clientèle cosmopolite et ambiance décontractée. Le soir, les lieux s'animent d'une joyeuse foule qui aiment la sélection musicale *jazzy* et *lounge* proposée. Une adresse conviviale.

THE MILLS
✆ +30 22860 91284
Ouvert tous les soirs pour le dîner. Comptez 20 € par personne.
Situé au niveau des anciens moulins de Chora, The Mills est un restaurant dont la réputation n'est plus à prouver depuis 1969. Dans un décor charmant, vous mangerez une délicieuse cuisine traditionnelle. Certains plats évoluent évidemment au fil des ans, mais le restaurant est surtout réputé pour sa moussaka cuite au four dans un plat en terre et ses *souvlakis* d'espadon.

THE NEST
✆ +30 22860 91778
Ouvert tous les jours de midi à 1h du matin. Comptez 15 € par personne.
Ce restaurant familial est une institution de Chora depuis les années 1960. Repris par les frères Dimitris et George, vous y goûterez une bonne cuisine préparée à base de produits frais du jardin. L'ensemble est de qualité, production bio et fraîche oblige. Les plats traditionnels comme la moussaka, les *dolmades* ou le *klefitko* sont très réussis.

Sortir

Une cinquantaine de bars et boîtes de nuit d'Ios sont au rendez-vous, prêts à vous emmener jusqu'au bout de la nuit. Vous trouverez un bar au rez-de-chaussée de chaque maison ! Il y en a donc vraiment pour tous les goûts et toutes les tribus. L'alcool y est bon marché et la plupart des bars proposent des *happy hours* jusqu'à 23h. L'entrée est soit gratuite, soit équivalente à une consommation prépayée. Une mise en garde cependant : tous les bars ne sont pas fiables et certains n'hésitent pas, surtout en haute saison, à servir de mauvais alcools qui font mal à la tête si vous n'êtes pas vigilant (commandez par exemple un Johnny Walker-Coca plutôt qu'un whisky-Coca). Les bars respectent à la lettre l'horaire de fermeture imposé (3h30) mais les clubs et autres « after » vous accueilleront jusqu'à l'aube. L'ambiance y oscille entre le délire et le n'importe quoi, les rencontres sont faciles et l'adrénaline est à son maximum. Si vous êtes un inconditionnel de la fête, vous serez comblé et il se peut même qu'Ios vous couche !

Le port d'Ios Chora.

■ **BLUE NOTE BAR**
Ouvert de 23h30 à 5h du matin.
Le Blue Note est un incontournable de la scène nocturne d'Ios depuis 1979. Boule disco sur la petite piste de danse, ambiance conviviale et détendue. Le principe particulier du Blue Note est assez simple : buvez sept shots d'affilée et gagnez un tee-shirt ! Musique plutôt rock et pop avec un penchant pour les tubes les plus commerciaux du moment.

■ **IOS CLUB**
✆ +30 22860 28024
www.iosclub.gr
info@iosclub.com
En hauteur sur la droite,
à l'entrée du village en venant du port.
Ouvert tous les soirs en été à partir de 19h et jusqu'à 3h du matin.
Situé sur un site d'exception, ce bar créé en 1970 est une véritable institution. Vous pourrez y siroter l'un des 50 cocktails de Simos et admirer le coucher de soleil en écoutant de la musique classique. Pour ceux qui recherchent un peu de finesse dans ce monde de brutes. Nous vous conseillons deux cocktails merveilleux qui vous permettront de commencer la soirée en douceur : *Last Tango in Paris* et *One exciting night*.

■ **SLAMMER**
✆ +30 69323 04574
www.slammerbar.com
info@slammerbar.com
Ouvert tous les soirs en été à partir de 23h.
Nom anglais de *Tequila Paf*. Ce bar s'est spécialisé dans des *upside down* un peu particuliers : couché sur le bar, un entonnoir dans la bouche et un casque de moto sur la tête… nous vous laissons imaginer la suite ! La musique est commerciale avec les plus grands tubes des années 1970 et 1980.

MYLOPOTAS - ΜΥΛΟΠΟΤΑΣ ★★

Située à 3 kilomètres au sud-est de Chora, Mylopotas est avant tout une superbe plage de sable fin qui fait la fierté de l'île. Depuis Chora, un chemin conduit à Mylopotas en 15 minutes, sinon vous pouvez prendre un bus qui fait la liaison toutes les demi-heures environ.
De nombreux touristes choisissent de résider à Mylopotas, qui offre l'avantage d'être un site calme et superbe proche de l'animation nocturne. La plage est somptueuse mais souvent bondée, surtout en haute saison, de jeunes qui se dorent au soleil pour se remettre de leurs exploits nocturnes. Possibilité de faire de la planche, du pédalo, mais aussi du ski nautique et de la plongée.

Se loger

Bien et pas cher

■ **HERMES**
Agios Ioannis.
✆ +30 22860 91471
www.hermesios.com
hotelhermesios@yahoo.com
Chambre double à partir de 40 € en été, sans petit déjeuner.
Très populaire. A mi-chemin entre Chora et Mylopotas, 27 chambres avec vue plongeante sur la mer Egée. Piscine très agréable. Attention cependant : les chambres doubles de l'hôtel n'offrent pas de lit double mais deux lits simples… Peut-être est-ce pour limiter le bruit que font déjà les jeunes la nuit. A toutes fins utiles, la taverne Piperri Tapas and Meze (derrière la crêperie dans le village) propose des offres spéciales aux clients de l'hôtel.

■ **ROOMS DEEP BLUE**
✆ +30 22860 91742
www.thedeepblue.gr
thedeepb@yahoo.gr
Chambre entre 40 € et 80 € selon la période et la catégorie.
Bon rapport qualité/prix. Une chambre dispose d'une kitchenette et d'un balcon particulièrement grand. Pour la petite histoire, cet hôtel a été appelé Deep Blue en souvenir du film de Luc Besson, *Le Grand Bleu*, dont une partie a été tournée sur l'île, près de la plage de Manganari.

Confort ou charme

■ **HOTEL PETRADI**
Sur la route principale
entre Chora et Mylopotas
✆ + 30 22860 91660
www.hotelpetradi-ios.gr
info@hotelpetradi-ios.gr
Chambre double entre 90 et 160 € en été. Petit déjeuner : 9 €.
Cet établissement de charme est construit sur la colline qui surplombe la baie de Mylopotas. La vue y est époustouflante depuis les terrasses et la belle piscine. Ici l'atmosphère est décontractée et réellement amicale. La célèbre plage de Mylopotas est à 10 minutes à pied et il y a un arrêt de bus juste devant l'hôtel. Les chambres immaculées sont spacieuses et confortables.

■ **VILLAGE HOTEL**
✆ +30 22860 92305
http://faroutclub.com/village
village@faroutclub.com
Chambre double à partir de 90 € en été, petit déjeuner inclus.

Peu cher et festif : le camping

CAMPING FAR OUT
✆ +30 22860 91468
www.faroutclub.com
camping@faroutclub.com
123 emplacements. 10 € par personne (avec sa tente) en été, sinon 5 €. Bungalows pour 2 à partir de 16 €.
Le meilleur camping de l'île, ombragé par des pins, à 10 m de la plage. Pour les inconditionnels de la fête, deux piscines, des terrains de sport, du saut à l'élastique, des bars, un restaurant, un mini-market.
Avec une telle animation, soit vous restez à vie, soit vous partez en 5 minutes. Vous pouvez aussi bien dormir par terre, louer une tente ou même un bungalow (entre 8 et 22 € par personne). Tout est possible ici ! A noter que les propriétaires gèrent aussi un hôtel, le Far Out Village, au-dessus de la baie. Sa piscine en fer à cheval se transforme assez rapidement en lieu de fête.

Ce charmant hôtel est situé légèrement en retrait de la plage, dans un joli jardin ombragé. Les chambres sont coquettes et tenues avec soin, et possèdent toutes un balcon privé. La piscine sera idéale pour les plus jeunes notamment. Une bonne adresse.

Se restaurer

ALMYRA BY THE SEA
✆ +30 22860 91630
www.almyrabythesea.gr
info@dionysos-ios.gr
Ouvert tous les jours de 8h30 à 1h. Comptez 20 € par personne.
Ce bar-restaurant de plage très branché dépend de l'hôtel Dionysos mais est évidemment ouvert à tous. Les pieds dans le sable, on vient y prendre un délicieux petit déjeuner au réveil, on y fait une pause à midi ou au fil de la journée pour casser la croûte d'un petit plat léger ou d'un snack délicieusement préparé, on prend l'apéritif face à la mer et au soleil couchant avec un cocktail bien équilibré à la main et on reste pour un dîner élégant et raffiné. Une excellente adresse pour toutes les occasions !

DRAKOS TAVERNA
✆ +30 22860 91281
Au bout de la plage, après le Ios Plage.
A partir de 15 € par personne environ. Ouvert midi et soir.
Sans doute le meilleur rapport qualité-prix du village avec des tables au bord de l'eau et des poulpes qui sèchent au soleil. Cette petite institution permet de manger très bien et pas trop cher d'excellents mezzes. Pour les poissons du jour (au kilo), c'est un peu plus onéreux mais de qualité avec une vue formidable et un peu de tranquillité.

ELPIS
✆ +30 2286 091626
Ouvert tous les jours pour le déjeuner et le dîner. Comptez 20 € par personne.
Ce restaurant situé juste en contrebas du Ios Palace sert ses clients depuis plus de 30 ans. La nouvelle génération poursuit la tradition familiale : vous y mangerez une bonne cuisine traditionnelle, réalisée avec soin. Goûtez notamment à la *kakavia*, la soupe de poissons ou encore les plats végétariens préparés avec les légumes du jardin. La terrasse qui surplombe la plage de Mylopotas est très agréable.

TOMATINI
Dans l'hôtel Ios Palace
✆ +30 2286 092000
Restaurant de l'hôtel Ios Palace.
Ouvert tous les jours pour le déjeuner et le dîner. Comptez 25 € par personne.
Le restaurant de l'hôtel Ios Palace jouit de la même vue incroyable sur Mylopotas et est ouvert à tous. La terrasse et les tables autour de la piscine sont vraiment agréables. Le midi, on y déjeune pour pas trop cher des hamburgers à la grecque et des salades fraîches. Le menu du soir est plus raffiné, et mêle cuisine traditionnelle avec influences venues d'ailleurs en Méditerranée.

MANGANARI - ΜΑΓΓΑΝΑΡΙ ★★

Direction la côte sud d'Ios, à 23 kilomètres du port. La route qui commence à la fin de la plage de Mylopotas vous emmènera au paradis. L'été, des bus proposent des navettes. Sinon (et hors saison), vous devrez louer une voiture (un taxi revient trop cher).

Serpentez à travers les montagnes et tournez juste avant de rejoindre le monastère de Kalamos pour atteindre la superbe baie de Manganari. Elle se divise en cinq criques de sable fin ou de galets. Mais toutes ont des eaux cristallines émeraude qui ont nourri certaines scènes du *Grand Bleu* de Luc Besson. Plusieurs activités nautiques sont possibles en été. Des tavernes proposent du poisson frais et des chambres à louer.

DIMITRIS ROOMS

✆ +30 22860 91483
www.dimitrisrooms.gr
antonismpouzalakos@gmail.com
Chambre double à partir de 40 € en été, avec le petit déjeuner.
Cette sympathique *guesthouse* légèrement en retrait de la plage offre quelques chambres agréables et lumineuses, avec vue sur la mer. Ambiance familiale et chaleureuse, les chambres sont simples, mais coquettes et confortables. Le propriétaire possède également la taverne Antonis Restaurant un peu plus loin. Vous y mangerez du très bon poisson frais.

HELENA'S APARTMENTS

✆ +30 6937189044
http://elenas.gr
info@elenas.gr
Chambre double à partir de 50 € en été.
Cet établissement familial légèrement en retrait de la plage propose différentes options : des chambres doubles, des studios avec cuisine équipée et un appartement plus conséquent. Les deux dernières options seront à privilégier pour pouvoir se préparer à manger. Par ailleurs, ces options sont un peu plus charmantes que les chambres doubles. La propriétaire des lieux possède aussi le restaurant AntonIOS, sur la plage, où vous dégusterez du poisson et des fruits de mer délicieusement frais.

VENUS HOTEL

✆ +30 22860 92374
http://venus-hotel.gr
venurest@yahoo.com
Chambres doubles entre 40 et 75 € en été, petit déjeuner inclus. Transfert de/vers le port gratuit.
Cet établissement familial est situé sur la plage de Manganari. Les chambres sont propres et bien équipées, le wi-fi fonctionne gratuitement dans tout l'hôtel et la taverne, ouverte à tous, propose une cuisine savoureuse. C'est certainement la meilleure option restauration et hébergement de Manganari. L'ensemble est simple mais confortable et toutes les chambres ont vue sur la mer. Les parasols et transats sur la plage sont à disposition des clients de l'hôtel.

SIKINOS - ΣΙΚΙΝΟΣ ★

Si l'on en croît la légende, pour se venger de leurs maris, les femmes de Lemnos ont exterminé un jour tous les mâles de l'île. Le roi Thoas, seul rescapé, arrive en ce lieu perdu, épouse une nymphe dont il a un fils, Sikinos. Ainsi s'explique, selon la tradition, le nom de cette petite île aux côtes abruptes. En outre, Sikinos est habitée depuis l'époque mycénienne, dont elle garde quelques vestiges.
Avec ses 41 km² et ses 240 habitants, Sikinos reste un des choix favoris de ceux qui veulent complètement déconnecter et profiter d'un lieu épargné par le tourisme de masse. Et même si celui-ci commence lentement à se développer, en hiver la plupart des habitants retournent à la capitale et l'île vit à nouveau au ralenti, préservant son authenticité si singulière au fil des ans.
Bien qu'elle n'ait que peu de plages et que ses reliefs escarpés et arides, taillés en terrasse, s'avèrent peu propice aux promenades, elle revêt un charme incomparable, sauvage et tranquille. La particularité de ses paysages et son si petit nombre de complexes touristiques en font une sorte d'alien parmi les Cyclades, une destination que l'on assume comme une recherche de différence. Il faut absolument prendre le temps de l'apprivoiser, en rencontrant ses villageois au café du port pour un verre (ou deux) d'ouzo ou en prenant le temps de flâner dans les ruelles tantôt animées tantôt désertes de Chora. Plutôt montagneuse, le sommet de l'île culmine à 553 mètres, promettant de belles promenades. Ce rocher aux attraits singuliers ne saura pas vous éblouir par ses plages ou sa vie nocturne comme ses proches voisines, mais vous pourrez certainement vous vanter d'en avoir connu l'authenticité et le repos.
Alopronoia est le village du port, surtout fréquenté pour sa plage et ses studios/chambres en locations. Il n'y a qu'une route pour aller à la seconde zone d'habitation de l'île : il s'agit de deux vieux villages, Kastro et Chora, presque collés l'un à l'autre si bien que tout le monde ne fait pas forcément la différence. Kastro contient les seuls distributeurs d'argent de l'île, un bon nombre de petites tavernes, de restaurants, cafés et autres échoppes : c'est certainement le lieu le plus animé. Au contraire, Chora est abandonné, ses ruelles sont majoritairement vides et beaucoup de ruines croiseront votre chemin si vous vous y promenez pour en saisir son charme d'antan.

ALOPRONOIA - ΑΛΟΠΡΟΝΟΙΑ

Le port de l'île, qui a vu le jour dans les années 1950, est habité presque uniquement pendant l'été. En hiver, les habitants descendent de la capitale juste pour pêcher des calamars. Un certain nombre de petites habitations et quelques pensions destinées au tourisme sont dispersées sur les flancs qui bordent Alopronoia. Le village en soi n'a rien de spécial : le port, une plage, une petite taverne, un café qui fait aussi des *souvlakis* et une petite épicerie. Située dans une baie tranquille, la plage de sable d'Alopronoia est plutôt large ; c'est une des plus fréquentées de l'île. Si ce n'est qu'elle est proche de la route qui mène au port, et n'a donc pas le charme sauvage des autres plages. Elle reste cependant très sympathique et son eau est d'un bleu impressionnant. D'Alopronoia, il y a des services de bus réguliers pour Chora.

Transports

Comment y accéder et en partir

■ **PORT**

Sikinos est très difficile d'accès. D'une part, les liaisons pour Athènes et les autres îles sont peu nombreuses, y compris depuis la très proche Ios. Et d'autre part, lorsque la mer est agitée et que le *meltemi* souffle trop fort, les ferries et surtout les hydroglisseurs n'abordent plus Sikinos. Sans être trop fréquent, cela arrive plusieurs fois dans la saison. Soyez donc prudent si vous avez un avion ou une correspondance à prendre.

▶ **Athènes-Sikinos.** En été, on ne compte que 4 ferries par semaine depuis Le Pirée (de 7h à 9h de trajet) et un seul hydoglisseur par semaine (3h40).

▶ **Liaisons avec les autres îles.** Ios, Folegandros, Milos et Santorin sont les îles les mieux desservies. Autres îles : Kimolos, Sifnos, Sérifos, Anafi, Naxos, Thirassia et Paros.

▶ **Excursions depuis Ios.** Des caïques proposent parfois des excursions d'une journée sur Sikinos (quand la mer est bonne).

▶ **Yachting.** Le port de l'île est très exposé au vent. Pour vous approvisionner en eau et en essence, il faut vous rendre à Ios. Entre Sikinos et Folegandros, il y a plusieurs îlots rocheux.

Se déplacer

Une liaison relie normalement Alopronoia à Chora toutes les demi-heures au mois d'août (20 minutes, 1€70). Il se poursuit jusqu'au site archéologique d'Episkopi.

Pratique

■ **CENTRE DE SANTÉ**
✆ +30 22860 31315

Se loger

Bien et pas cher

Pas d'inquiétude ! Malgré un petit nombre d'hôtels référencés, vous serez sans doute surpris d'être accueilli au port par de nombreux particuliers proposant des chambres !

■ **CAMARES GUESTHOUSE**
✆ +30 22860 51281
www.manalis-camares.gr
info@manalis-camares.gr
Chambre double à partir de 50 à 82 € en été.
Coup de cœur pour cet établissement très charmant, à environ 400 mètres de la plage, dans un large terrain et jardin ombragé. Les chambres sont aménagées avec goût et l'ensemble est très bien tenu. On aime le calme et la convivialité des lieux en surplomb de la baie. Les chambres offrent toutes de très belle vue sur la mer.

■ **LUCAS STUDIOS**
Plage d'Alopronia.
✆ +30 22860 51075
www.sikinoslucas.gr
lucassikinos@gmail.com
Studio pour 2 à partir de 70 € en été.
Lucas studios, c'est la solution de facilité lorsque l'on n'a pas réservé une chambre à l'avance : c'est le premier que l'on croise à offrir des chambres, non loin du port.
Il y a une dizaine de chambres relativement bien équipées et décorées tout en restant simple : cuisine, télévision, et surtout certains appartements donnent directement sur la mer (les autres devant se contenter d'une magnifique vue). Juste en bas, Lucas restaurant sert des souvlaki, des mezzes, quelques plats principaux chauds, des petits-déjeuners et des boissons.

■ **O VRAHOS**
✆ +302286051186
www.vrahos-sikinos.gr
vrahos.sikinos@gmail.com
Juste au-dessus du port.
A partir de 40 € la chambre pour deux.
En arrivant sur le port, The Rock est un des premiers établissements. Une vue incroyable sur la mer, un emplacement hors du commun et la gentillesse de l'hôte participent à rendre votre séjour à Sikinos le meilleur possible. Chambre propre, bien équipée et décorée. On adore.

Confort ou charme

■ PORTO SÍKINOS
✆ +30 22860 51220
www.portosikinos.gr
info@portosikinos.gr
Chambre standard de 50 à 130 € selon la période et la catégorie. Petit déjeuner compris.
C'est une agréable surprise de découvrir sur une île encore peu habituée au tourisme un hôtel de si bonne qualité. Construit sur six niveaux, dans une architecture cycladique traditionnelle, il est à quelques mètres seulement au-dessus de la plage et à 100 mètres du port. Il propose 18 chambres bleues et blanches, joliment décorées, avec des terrasses donnant sur la mer. Un peu excentré, mais à seulement 10 minutes du village avec bus fréquents et un arrêt de bus à 30 m de l'hôtel. Il y a un balcon pour prendre le petit-déjeuner, grignoter ou boire un verre.

Se restaurer

■ LUCAS
Sur la plage.
✆ +30 22860 51076
Ouvert de 9h à tard le soir, tous les jours en saison.
Les options étant limitées, vous passerez forcément par ici. Mais la halte vaut le coup. Sur la plage, on vous sert ici des plats familiaux traditionnels et des classiques très honorables et abordables (mezzes, calamars, poulpe...) mais vous pouvez aussi vous arrêter juste pour un café.

CHORA - ΧΩΡΑ

La seconde localité de l'île, Chora, est véritablement scindée en deux villages, l'ancien (Chorio, signifiant « village ») et le nouveau (Kastro, signifiant « château »). Chora culmine à quelque 300 mètres d'altitude, une position stratégique qui en a fait la capitale historique de l'île, idéale pour se protéger des invasions pirates et ottomanes. Chorio, malgré sa position perchée sur le flanc de la montagne, n'a pour attirer les touristes que le charme sincère du passé qu'on retrouve en s'offrant une petite balade à travers ses ruelles abandonnées. Ses maisons sont en mauvais état, leurs pierres sèches s'effritent : on sent le passage du temps et on aime à savoir l'authenticité qui habite le lieu. Tout en haut, vous trouverez un superbe point de vue sur la mer en contrebas. Le village peut être le départ de quelques agréables balades à pied dans cette direction.
Quant au Kastro, c'est l'endroit le plus vivant de l'île : vous y trouverez un tas de restaurants, tavernes, cafés, bars... Ses ruelles étant en meilleur état, elles se remplissent doucement de touristes aux heures de pointe. Une balade dans le village vaut le coup car ses places, ses églises, ses belles maisons blanches et ses moulins inspirent une atmosphère assez magique. Trouvez l'Eglise de Pantanassa, sur la route principale au niveau de l'entrée dans le Kastro. Elle date de 1787 et abrite une icône de la *Panagia*, la Sainte-Vierge.

Se loger

■ SIKINOS SUNSET
✆ +30 698 795 4050
http://sikinos-sunset.gr
sikinos-sunset@hotmail.com
Chambre double à partir de 50 € en été.
Quelques chambres sont disponibles dans ce mignon établissement typiquement cycladique. La vue sur la mer et le coucher de soleil est impressionnante depuis les belles terrasses privées des chambres. Cette pension porte bien son nom ! Une adresse très agréable.

■ STEGADI APARTMENTS
✆ +30 2286051305
www.stegadi.com
akipourou@hotmail.gr
Chambre double à partir de 50 € en été.
Ces studios avec cuisine équipée sont très pratiques, notamment pour les familles : certains appartements peuvent accueillir jusqu'à 4 personnes. L'ensemble est agréable et bien tenu.

Se restaurer

■ KLIMATARIA
✆ +30 693 760 1065
Ouvert tous les jours pour le déjeuner et le dîner. Comptez 15 € par personne.
Cette taverne traditionnelle est une des meilleures options de l'île. Sous une tonnelle ombragée, on mange tous les classiques de la cuisine grecque, préparés avec savoir-faire depuis plus de trente ans. Ambiance farniente et bons plats typiquement grecs (moussaka, aubergines grillées avec la feta, tzatziki...). Le service est efficace. Excellent rapport qualité-prix.

■ TO STEKI TOU GARMPI
✆ +30 2286 051215
Ouvert tous les jours pour le déjeuner et le dîner. Comptez 15 € par personne.
Cette taverne traditionnelle est surtout connue pour ses grillades, notamment de viande. Rien de stupéfiant mais une cuisine honnête, classique et faite maison. Le lieu est très agréable et

l'ambiance y est vraiment conviviale. Un service amical, et de bons conseils sur le menu. On vient ici pour les brochettes et les gyros.

Dans les environs

La pointe sud de l'île est accessible.
Empruntez le sentier qui part de l'école (entre Kastro et Chorio). Cette balade est à déconseiller à ceux qui sont sujets au vertige, car certains passages sont impressionnants.

- **Site archéologique d'Episkopi**. Lorsque vous serez arrivé au niveau d'une toute petite île, marchez encore environ 20 minutes pour atteindre, par une route de terre battue, le site d'Episkopi. Des fouilles archéologiques ont permis de découvrir des traces de l'antique Sikinos fondée par des colons ioniens. Très intéressant, l'Iroon, date du IIIe siècle av. J.-C : on pense que c'était un temple en l'honneur d'Apollon ou alors un mausolée romain, avant de devenir au Ve siècle une église byzantine. Au XVIIe siècle, cela a été transformé en monastère, dont seule la chapelle subsiste. Visitez-la pour découvrir les influences diverses qui ont influencé sa construction (les mêmes pierres sont utilisées).

- **Aghia Marina.** En continuant vers le sud, vous arrivez au site d'Aghia Marina à la beauté sauvage. Ici aussi, le site a conservé des vestiges du passé, des ruines de maisons, des débris de sculptures, des pierres provenant des murailles, à 445 mètres d'altitude. Si l'église est fermée, on dit qu'elle contient de très vielles fresques. N'oubliez pas de vous munir d'un chapeau et de bouteilles d'eau. Si vous venez pour voir le coucher de soleil sur Folegandros, c'est une très bonne idée mais veillez à ne pas vous faire surprendre par la nuit. Elle tombe très vite, et il pourrait être dangereux de tenter un retour sans visibilité le long des falaises. 4,5 km séparent Episkopi de Chora, et 1,4 km distancent Episkopi d'Aghia Marina. Heureusement un bus peut aussi vous ramener.

- **De Chora, vous pouvez vous rendre au cap Vorino.** Rejoignez l'extrémité nord de Sikinos en suivant le sentier qui longe la falaise. Comptez 2 heures de marche pour l'atteindre. Là, vous serez sur le site antique de Paleokastro ; historiquement, le premier lieu habité de l'île. Un peu plus loin, la forteresse abandonnée du site Paleokastro offre une vue magnifique sur l'île voisine d'Ios.

- **Visitez le monastère de Zoodohos Pigis, tout en haut du Kastro**. Datant de 1719, ce monastère avait la fonction de refuge lorsque l'on craignait les invasions de pirates. Abandonné au XIXe siècle, ses ruines côtoient sa jolie chapelle encore en état : vous pouvez la visiter, elle est dédiée à la Vierge et contient quelques icônes religieuses. La vue du monastère est impressionnante, tant sur l'île elle-même et sur les alentours (on peut distinguer Santorin). Pour connaître le détail des balades et leurs itinéraires, achetez pour 5 € la carte Anavasi dans les épiceries de l'île.

Les plages de l'île

L'île ne compte que très peu de belles plages, n'étant presque faite que de falaises. Mais quelles falaises ! Le mont Psilopétali (430 m d'altitude) se trouve à moins de 300 m à vol d'oiseau de la mer.

Pour ce qui est des plages, vous pouvez vous baigner dans des petites criques ou dans un de ces quatre lieux principaux :

- **La petite plage du port :** elle n'est pas vraiment remarquable, mais elle est bordée de tamaris et des parasols en chaume y ont été installés, ce qui permet de vous mettre à l'abri des ardeurs d'Helios.
- **Aghios Pandeleimonas :** comptez une heure et demie de marche pour atteindre cette plage protégée.
- **Aghios Giorgos :** la meilleure plage de l'île, accessible en caïque, à condition que la mer le permette, ou par la route désormais. Cette plage de sable auquel se mêlent de petits galets multicolores revêt un charme sauvage, avec ses eaux aux teintes différentes et ses grands arbres majestueux qui forment d'eux-mêmes des cabanes contre le vent. Il y a une petite taverne.
- **Dalisakari :** joli petite crique de sable fin, rocheuse, où l'eau est d'un clair impressionnant. On y accède en suivant une piste. A pied, c'est à environ une demi-heure du port. Elle se situe juste en contrebas de la petite église d'Aghios Nikolaos.

CYCLADES ORIENTALES

Une promenade et un coucher de soleil sur le volcan, à Oia (Santorin), ne se refuse pas, comme une baignade sur la plage rouge de Red Beach. Chaque île cultive sa différence. Les férus de culture arpenteront la terrasse des Lions à Delos. A l'inverse (chronologiquement parlant), le musée d'Art moderne d'Andros, fondé par Basil et Elise Goulandris en 1979, regroupe quant à lui le travail de grands artistes grecs tels que Tsachouris, Gounaropoulos, Bouzianis, Galanis, et autres. Les amoureux des plages et des paysages choisiront Amorgos, berceau du Grand Bleu de Luc Besson. A Mykonos, la festive, vous vous perdrez aussi entre les maisons cubiques blanchies à la chaux, les moulins à vent, et les pélicans (et évidemment la foule, si vous débarquez au mois d'août…). Pour vous fondre parmi les vacanciers grecs, choisissez Tinos, l'île natale de l'écrivain Vassilis Alexakis. Ses plages et ses sentiers de traverses, absolument pas dénués de charme, sont encore préservés du tourisme de masse étranger et des tour-opérateurs.

ANDROS - ΆΝΔΡΟΣ ★★★

Avec ses 380 km² et ses 9 000 habitants, elle offre une incroyable concentration de lieux dédiés à la culture comme peu d'endroits dans le monde. Art contemporain, archéologie, musique classique, patrimoine religieux, histoire maritime : ici, toutes les périodes et tous les styles se déclinent au gré de musées et de paysages qui comptent parmi les plus beaux de la Grèce. Pour les amoureux de nature, l'île possède l'un des meilleurs réseaux de chemins de randonnée des Cyclades. L'absence de communications fluides (peu de voitures, très peu de bus) entre les villes a eu pour effet de freiner l'essor du tourisme de masse et de préserver la nature. C'est donc le plus souvent à pied que les curieux partiront à la découverte des vallées, des rivières et des plages encore intactes.

Histoire

Pour le meilleur et le pire, Andros doit tout à la mer. Au XIIIe siècle, ses armateurs et ses puissants commerçants lui ont apporté la richesse et le goût des épices d'Orient. Mais de l'Antiquité jusqu'au XIXe siècle, l'île a été victime des incessants raids de pirates, attirés par ses réserves d'eau (ses nombreuses sources et rivières lui ont d'abord valu le nom de Hydroussa) et ses ports naturels bien protégés des vents. Présentés comme des « barbares » ou des « Arabes », ces brigands des mers venaient pourtant le plus souvent de Grèce continentale. Pour s'en protéger, l'occupant vénitien (1207-1556) construit de solides fortifications et fait appel à des mercenaires albanais, dont les descendants constituent aujourd'hui une importante partie de la population. L'île retrouve finalement le calme et la prospérité pendant la période ottomane (1556-1830).

GAVRION - ΓΑΥΡΙΟ

Le port principal d'Andros n'offre pas beaucoup d'intérêt, mais il se situe à proximité de la plupart des plages sablonneuses et abritées de l'île. Sur le quai, une agence vend des billets de bateau. Vous y trouverez également une banque, un bureau de poste et des agences de location de voiture et de mobylettes.

Les immanquables des Cyclades orientales

- **Réviser ses classiques** à Delos avec la terrasse des Dieux étrangers, le mont Cynthe, la maison des Masques, la maison des Dauphins, la terrasse des Lions…
- **Monter comme les pèlerins** à Tinos– mais à pied, pas à genoux – la rue qui mène à l'église de la Panaghia dédiée à la Vierge Marie.
- **Plonger à Amorgos** dans les eaux du Grand Bleu.

Transports

■ **KTEL ANDROS**

✆ +30 22820 22316

Des bus relient Gavrion à Chora (30 minutes, 3 €), via Batsi (15 minutes, 1,50 €). Mais Andros n'a pas de bonnes liaisons et il est beaucoup plus pratique d'avoir votre propre moyen de locomotion.

■ **PORT**

✆ +30 22820 22250

▸ **Ferry.** Athènes-Andros. En été, de cinq à sept liaisons par jour en ferry avec Rafina (1 heure 55 de traversée). Renseignements : Tél +30 22940 28888.
Liaisons avec les autres îles. De trois à cinq par jour avec Tinos (1 heure 40) et Mykonos (2 heures 15), deux par semaine avec Syros (2 heures 40).

▸ **Hydroglisseur.** Liaisons avec les autres îles. Trois liaisons par semaine en hydroglisseur avec Tinos (50 minutes) et Syros (1 heure 30). Renseignements : Tél +30 22940 25100.

■ **TAXIS**

✆ +30 22820 22171

▸ **Autre adresse :** Batsi ✆ +30 22820 41081

Pratique

■ **CENTRE DE SANTÉ**

✆ +30 22823 60001

■ **POLICE**

✆ +30 22820 22300

Se loger

■ **CAMPING ANDROS**

✆ +30 22820 71444
www.campingandros.gr
info@campingandros.gr

70 emplacements, 7,50 € par adulte, 3,50 € par enfant. 4 € par tente.

En sortant du port, vous tournez à gauche et vous trouvez le camping à 300 m, mais on peut venir vous chercher. Toilettes et douches propres. Plage à 250 m. Piscine. Cuisine commune. Emplacements ombragés par des oliviers centenaires et il y a même des tortues qui se baladent dans le camping !

■ **PERRAKIS**

Kypri bay.
✆ +30 22820 71456
www.hotelperrakis.com
hperrakis@otenet.gr

Chambre de 55 à 140 €, petit-déjeuner compris. Ouvert toute l'année.
A Kypri, à 4 km de Gavrio sur la route de Batsi, bel établissement entre deux plages jolies et populaires, avec vue sur mer, 44 belles chambres, un peu rustiques mais bien équipées, toutes avec vue sur mer. Piscine et *pool bar*. Des formules intéressantes en demi-pension en septembre et octobre.

■ VILLA SOFIA
✆ +30 22820 71 249
www.villassofia.gr
info@villassofia.gr
Maisonnette pour 2 personnes à partir de 120 € en été. Petit déjeuner inclus.
A 1,5 km du port, sur la plage d'Aghios Petros. Dans un jardin de 6 000 m² avec des arbres fruitiers et une aire de jeux pour les enfants, 12 maisonnettes de 50 m². L'ensemble est bien tenu et décoré avec goût. Idéal pour les familles et accès possible pour les personnes à mobilité réduite, une véritable exception dans les Cyclades. Service attentionné.

Se restaurer

■ ANDRIAKON PANTOPOLEIO
Au sud du port
✆ +30 2282 071341
info@andriakon.gr
Ouvert tous les jours de 8h30 à 16h et de 19h à 22h.
Cette belle épicerie bio est située au sud du débarcadère. Vous pourrez y acheter tous les meilleurs produits locaux ainsi que certains incontournables de la gastronomie cycladique. Quelques tables vous accueillent pour boire un verre d'ouzo, découvrir un vin local et déguster fromages et charcuterie. Une très bonne adresse pour une pause gourmande.

■ CHALAS
✆ +30 22820 72327
Autour de 15 € par personne. Ouvert tous les jours à partir de midi. Fermé en décembre et janvier.
Une excellente taverne, ouverte depuis 1979, et très prisée par les locaux. Fréquentée par les pêcheurs, elle propose des plats roboratifs comme des casseroles de viandes, mais on y trouve aussi des poissons et des mezzes. Une valeur sûre.

■ O GIANNOULIS
Aghios Petros
✆ +30 22820 61093
De 15 à 20 € par personne. Ou un excellent gyros pita à emporter pour 2,50 €.
Si vous avez l'occasion et le temps de vous éloigner des tavernes du port (par ailleurs très honnêtes), poussez jusqu'à cette taverne sur la plage, ouverte depuis 40 ans. Spécialités grecques, excellents souvlakis et poissons, et le bruit des vagues... Et il y a même des salades bio !

■ O KOSSIS
Ano Fellos
✆ +30 2282 100011
Ouvert tous les jours à partir de 14h en été. Comptez 25 € par personne.
A 10 minutes de Gavros en directions d'Ano Fellos, ce restaurant est réputé dans tout Andros pour ses viandes et ses grillades. Dimitris Kossis, fermier d'origine, a ouvert cette taverne il y a plus de 15 ans et depuis toute l'île s'y presse, malgré son emplacement en rase campagne. Il continue à élever vaches et brebis dont il tire de succulents fromages, ainsi qu'une viande tendre et délicieuse. Les légumes sont également cultivés dans son potager. Essayez les côtes d'agneau, à accompagner de courgettes frites ou d'un bon *saganaki*. Service chaleureux et cadre serein.

À voir - À faire

■ PLAGES ★
La plage à côté du port n'est pas très tentante, vous feriez mieux de gagner Kypri, Fellos, Aghios Petros. Vitali, aux eaux translucides et aux gros galets, se trouve au bout d'un chemin de terre de 25 km.

■ TOUR HELLÉNISTIQUE ★
A 2,5 km de Gavrion, se dresse la tour à cinq étages d'Aghios Petros, datant probablement de l'époque hellénistique.

BATSI - ΜΠΑΤΣΙ ★

À 8 kilomètres de Gavrion et 27 de Chora, Batsi est le village le plus touristique de l'île, bondé et bordé de cafés. L'animation y est grande le soir. Tavernes et boutiques alternent sur le quai et au bout de la promenade s'étend une longue plage de sable bien propre.

Se loger

■ HOTEL ANEROUSSA
Sur la plage de Batsi.
✆ +30 22820 41044
www.aneroussabeach.gr
aneroussa@otenet.gr
Chambre entre 60 € et 140 € avec le petit déjeuner.
Elégant complexe de 43 chambres tout confort à proximité de deux plages. Bâtiments aux tons pastel, chambres impeccables et terrasses avec vue sur la mer.

■ **LEMON TREE HOSTEL**
✆ +306974382637
www.lemontreeandros.com
lemontreeandros@gmail.com
Double privée à partir de 45 € l'été et lit en dortoir à partir de 18 €.
Miltos et Elena vous accueillent en commençant par une citronnade fraîchement tirée des citronniers de leur jardin, qui ont donné leur nom à l'hôtel. Ici le temps s'allonge, que ce soit le matin en discutant avec la clientèle de backpackers jeune et cosmopolite autour d'un excellent petit déjeuner à base de pancakes maison, la journée en partant à la chasse aux trésors cachés d'Andros ou encore en fin d'après-midi sur la terrasse avec vue, un verre de rosé à la main. Si vous vous y prenez à l'avance, vous pourrez même réserver un lit double dans les arbres.

■ **KRINOS SUITES HOTEL**
Plage de Batsi
✆ +30 22820 42038
www.krinoshotel.com
contact@krinoshotel.com
Chambre double à partir de 160 € en été. Il faudra souvent rester au moins 4 nuits.
Cet établissement de luxe propose des suites superbes à 20 mètres de la plage de Batsi. Ancien atelier de soieries au XIXe siècle avant que la sériculture ne périclite à Andros, le bâtiment historique a été transformé en hôtel de luxe dès 1936. Magnifiquement restauré depuis, l'ensemble offre un mélange d'histoire et de modernité avec des intérieurs épurés et au design contemporain d'un goût parfait.

Se restaurer

■ **OTI KALO**
✆ +30 22820 41287
A partir de 15 € par personne. De 12h à minuit.
Surplombant le port, dans une ruelle en parallèle légèrement sur les hauteurs (il faut monter un petit escalier dans le virage). Cuisine traditionnelle, poissons frais, fromages locaux… et la fameuse omelette d'Andros Fourtalia. Contrairement à ses copains dans la même rue, ce restaurant offre, en plus de la qualité, une vue sur la mer et le port depuis sa terrasse aérée.

■ **THE DOLPHINS**
Sur le port.
✆ +30 22820 41635
A partir de 10 € par personne. Ouvert de 12h à minuit.
Adresse très connue, et donc très courue. Bondée jusqu'à même assez tard. Pas de la gastronomie très variée mais une salade grecque honnête, une belle vue sur le port et une ambiance agréable. Proche de la plage, c'est une bonne halte pour un verre, un mezze ou un petit déjeuner.

À voir – À faire

▸ **De Batsi, vous pouvez visiter, à Kapsorahi, le monastère de Zoodohos Pighi** (XIVe siècle), à 320 m d'altitude, avec une belle vue et, à 5 km, le village pittoresque d'Aghia Anna, sur la montagne.

▸ **En empruntant la route qui conduit à l'extrémité sud de l'île, vous rencontrerez plusieurs plages,** certaines désertes. La plus proche est Aghia Marina, où vous pouvez enlever votre maillot.

▸ **En barque,** vous pouvez vous rendre à Prassini (la verte).

■ **PALÉOPOLI** ★★
Situé à 6 km au sud de Batsi.
Site archéologique. Capitale de l'île dans l'Antiquité, Paléopoli accueille depuis 2003 un musée regroupant des statues, des vases et bijoux datant pour les plus anciens du Ve siècle av. J.-C. Vous pouvez emprunter les 1 039 marches qui descendent à la plage de galets.

■ **ZAGORA** ★★
En continuant vers le sud, à 12 km de Batsi. Il faut continuer à pied à partir du village de Stavropeda. Prévoir 45 minutes de marche avant d'atteindre la péninsule de Zagora qui surplombe la mer à 160 m de haut.
Ouvert de 8h30 à 15h. Fermé le lundi. Entrée gratuite.
Autre site archéologique. Cette antique cité a été habitée entre les Xe et VIIIe siècles av. J.-C. Si la plupart des objets découverts ici sont exposés au Musée archéologique de Chora, vous

pouvez encore y voir les fondations des murs de fortification et les ruines d'un temple sans doute dédié à la déesse Athéna (VIe siècle av. J.-C.).

ANDROS CHORA – ΆΝΔΡΟΣ ΧΩΡΑ

Étrange capitale que celle de cette île. Bâtie sur la partie la plus venteuse de la côte nord, Andros-ville n'est que le port secondaire de l'île. Lieu de résidence de riches familles grecques, elle est restée très sage, sans réel parc hôtelier et peu de bars pour égayer ses soirées.
Il faut vous satisfaire de la grand-place bordée de cafés et de tavernes pour retrouver un peu d'animation. Du coup, la plupart des touristes préfèrent se contenter ici d'une excursion à la journée. Mais avec ses riches villas d'armateurs et ses fortifications vénitiennes, Andros a gardé une beauté altière. Loin du tumulte de la côte sud, vous apprécierez le calme de ses ruelles aux maisons ornées de coupoles et agrémentées de cours fleuries. L'ambiance idéale pour partir à la découverte des musées, fondations et galeries d'art qui assurent la renommée de cette île. Un séjour plus prolongé permettra également de visiter les villages pittoresques des alentours.

Pratique

■ KARAOULANIS RIVA

✆ +30 22820 24412
http://androslocation.com
riva@otenet.gr
En contrebas de Chora, à droite, avant d'arriver sur la plage principale de Nimborio et la rue piétonne. Ils méritent que vous les cherchiez car ce couple francophone (Caroline, madame, est française) saura vous dépanner. Un choix intéressant de scooters aux tarifs standards. Location de bateaux sans permis pouvant contenir 6 personnes. Ils ont également quelques studios.

■ VALMAS ESTATE

✆ +302282051620
www.valmas.gr
estate@valmas.gr
Une agence immobilière très professionnelle et active sur l'île d'Andros. Sa devise, « Nous faisons de vos rêves une réalité », correspond à sa volonté de trouver exactement la maison qui fera de vous un propriétaire comblé et rassuré au niveau des démarches grâce à l'aide de ces professionnels aguerris. Une référence que nous recommandons à tous nos lecteurs qui souhaiteraient faire l'acquisition d'un logement sur Andros ou ailleurs.

Se loger

■ IRO SUITES & STUDIOS

✆ +30 22820 25150
http://irosuites.com/andros
info@irostudios.com
Chambre double standard à partir de 105 €, petit déjeuner inclus.
Une dizaine de logements (studios ou appartements) très bien équipés et pouvant accueillir jusqu'à 6 personnes. Les suites sont situées dans la Chora, à 1 km de la rue principale et des musées. Belle piscine centrale et cadre agréable.

■ KTIMA LEMONIES

Lamyra
✆ +30 22820 23677
www.ktimalemonies.gr
ktimalemonies.andros@gmail.com
Chambre double à partir de 120 € en été, petit déjeuner inclus.
Cette ancienne ferme est située sur un grand terrain à 1km de Chora, dans le village de Lamyra. Cachée dans les citronniers et les oliviers, c'est l'adresse idéale pour se retrouver au calme, dans un océan de verdure. Les quelques chambres sont magnifiquement décorées dans un style qui respecte les origines agricoles des lieux. Un établissement réellement charmant. Piscine.

■ MICRA ANGLIA BOUTIQUE HOTEL

✆ +30 22820 22207
www.micra-anglia.gr
info@micra-anglia.gr
Chambre double à partir de 140 € en été, avec le petit déjeuner.
Micra Anglia signifie Petite Angleterre car beaucoup d'armateurs de Chora vivaient autrefois entre Londres et Andros. Les différents bâtiments et les 21 chambres qui composent ce magnifique boutique-hôtel 5 étoiles ont un style architectural d'inspiration britannique, française et italienne. La décoration est grandiose, notamment dans les suites qui sont toutes uniques et personnalisées avec une thématique propre. L'hôtel comprend un restaurant certifié Aegean Cuisine qui ne se fournit qu'en circuit court. Egalement dans l'hôtel, un spa.

■ STUDIOS KARAOULANIS

Plage de Nimborio.
✆ +30 22820 24412
www.androsrooms.gr
riva@otenet.gr
Studio pour 2 à partir de 50 € ou pour 4 à partir de 60 €. Parking. Wifi. Laverie.

Un coup de cœur pour ce vaste choix de studios tous bien placés et équipés. Ceux près de la plage de Nimborio figurent parmi les meilleurs plans qu'on ait trouvés dans une ville où les hôtels (tout court) sont rares. Très belle situation au calme près de la plage, à 15 minutes de la mer et à quelques minutes à pied en bas du centre-ville et des principaux musées. D'autres studios, un peu plus à l'intérieur de la ville, disposent d'un bain bouillonnant et d'un accès à une salle de gym. Tout a été récemment rénové. Que demander de plus ? Yannis loue des scooters, des bateaux et organise des excursions et Caroline, sa femme, est française.

Se restaurer

■ HEAVEN

Sur la place centrale.

A partir de 15 € environ par personne.

En haut des marches qui mènent à la plage, cette taverne propose une cuisine honnête, pas chère, et avec une belle vue. Excellents mezzés, salades, et de consistants plats familiaux avec des pommes de terre au four. Pratique pour le petit déjeuner aussi.

■ O NONAS

✆ +30 22820 23577

Comptez 15 € par personne. Ouvert tous les jours de 11h à 23h.

Dans une cour dallée, à 20 mètres de la mer, à l'angle de l'ancien port. Taverne de poisson où l'on sert la meilleure langoustine de l'île. La maman, Eleni, prépare aussi d'excellentes sucreries à la cuillère, une autre spécialité d'Andros. O Nonas est une institution de Chora : ne ratez pas le carpaccio de poulpe à accompagner d'une *skordalia* légère et onctueuse.

Sortir

■ CAFE NOSTALGIA

Sur la place centrale.

Un des élégants cafés de la place où l'on cause le matin, pour voir et être vu. On se croirait un peu sur la place des Ternes à Paris. D'ailleurs, l'expresso n'est pas donné (2,90 €), mais il suffit d'y traîner un peu en bonne compagnie ou avec un bon bouquin pour amortir les frais !

À voir – À faire

■ ÉGLISE DE PANAGHIA PALATIANI ★★

Elle date du XIIIe siècle ou du XIVe siècle. Tout ce que l'on sait de cette mystérieuse est qu'elle fut découverte dans les murs de la Chora. A l'intérieur : un autel et de fabuleuses icônes.

■ FORTERESSE ★★

Elle est construite par Marinos Dandolos au XIIIe siècle. Très bien conservée, elle a été détruite par un bombardement en 1943. Reste cependant le pont de pierre à arcades qui reliait la forteresse à la presqu'île où était située la cité médiévale d'Andros.

■ MUSÉE ARCHÉOLOGIQUE ★

Sur la place Kairi.

✆ +30 22820 23664

Ouvert du mardi au dimanche de 9h à 16h (et seulement le vendredi et le dimanche du 1er novembre au 31 mars). Entrée 4 €.

Créé par la famille Goulandris, ce musée expose des trouvailles provenant de fouilles effectuées par le Service archéologique de Paléopoli et de Zagora. Il a une façade étonnamment moderne et sa riche collection est très bien exposée, avec

Le pont de pierre qui reliait la forteresse à la cité d'Andros.

© CONSTANTINOS-ILIOPOULOS – ISTOCKPHOTO

Plage d'Andros Chora.

des explications claires. Joyau du musée : la magnifique statue d'Hermès, probablement œuvre de Praxitèle. Une partie des salles est consacrée aux objets retrouvés sur le site archéologique de Zagora, au sud de l'île.

■ MUSÉE GOULANDRIS D'ART MODERNE ★★★

Au bout de la rue piétonne principale.
✆ +30 22820 22650
www.moca-andros.gr
info@goulandris.gr
Ouvert tous les jours sauf le mardi de 11h à 15h et en nocturne (sauf le lundi) de 18h à 21h en été. Hors saison, ouvert tous les jours sauf le mardi de 10h à 14h en avril et octobre. Sinon, juste ouvert du samedi au lundi de 10h à 14h. Entrée : 5 € en été, sinon 3 €.

Tellement célèbre qu'il a un acronyme ! Comme beaucoup, appelez-le « MOCA »... en toute simplicité. Ni coquetterie ni abus de langage, ce musée Goulandris d'art contemporain d'Andros n'a rien à envier à ses cousins athéniens. Créé en 1979, par la Fondation Goulandris – également à l'origine du Musée des Arts cycladiques dans la capitale – il attire chaque année, outre les touristes de passage à Andros, des habitués qui ne manquent aucune de ses prestigieuses expositions. Plus petit par la taille, il surprend immédiatement par son élégance et par le faste de ses collections. Ajoutez à cela une fréquentation forcément limitée du fait de sa situation insulaire dans une ville encore peu gagnée par le tourisme de masse, et vous obtiendrez une adresse élégante et inoubliable que l'on se chuchote volontiers.Si les Goulandris ont choisi Andros pour ce musée, c'est tout simplement parce qu'il s'agit de l'île natale de Vassilis Goulandris, l'héritier d'une longue lignée d'armateurs grecs. Férue d'art, la famille a rassemblé, à Athènes comme dans son île d'origine, des œuvres somptueuses. La construction initiale est signée par l'architecte grec Stamos Papadakis et couvre 200 m² au sol. Rien qu'à Andros, le musée expose une collection permanente composée de 300 œuvres d'artistes grecs : une grande partie des œuvres du sculpteur andriote Michalis Tompros (1889-1974) constitue le joyau de la collection. On croise également d'autres grands noms comme Tsachouris, Gounaropoulos, Bouzianis ou Galanis. Mais – et c'est sa force – le musée voit plus loin que l'horizon national : la collection permanente comporte des œuvres de Picasso, Braque, Matisse et Miró, toutes mondialement connues. Et ce n'est pas tout : une nouvelle aile du musée, œuvre de l'architecte Christos Kontovounisios, accueille chaque été depuis 1986 des expositions temporaires des plus grands artistes contemporains de renommée internationale. Chaque été, une grande exposition fait l'événement avec des conférences et un très beau catalogue.

Enfin, si le musée offre une expérience inoubliable, c'est aussi grâce à la beauté de son écrin. L'élégante bâtisse de marbre blanc a trouvé dans la Chora un emplacement de choix, à flanc de colline, le long d'un dédale d'escaliers qui tombent dans la mer. Dans la cour, un merveilleux jardin abrite un café ravissant. Rien n'est laissé au hasard : même les dessins des jardins réalisés par Miranda Spiliotopoulou-Vazaka, ont gagné des prix internationaux d'horticulture. D'ailleurs, vous ne partirez pas sans un café dans sa cour arborée.

PLAGES ★★

A part Nimborio et Paraporti des deux côtés de Chora, vous trouverez à Sténiés une belle plage de galets avec des tavernes. Un peu plus loin, une magnifique crique isolée, Piso Yalia, que vous pouvez atteindre par des marches qui demandent du courage au retour. Munissez-vous d'eau et d'un chapeau. Syneti et Ahla offrent deux autres possibilités.

APOIKIA - ΑΠΟΙΚΙΑ ★

À 4 kilomètres de Chora, le village est connu pour sa source naturelle qui donne l'eau Sariza. À 5 kilomètres à l'est, vous atteignez le monastère d'Aghios Nikolaos, fondé au XVIIIe siècle. Un peu plus loin, le village de Stenies se caractérise par ses belles maisons de riches capitaines. La tour Bisti-Bouvela, un bâtiment à trois étages, date du XVIIe siècle.

MESARIA - ΜΕΣΑΡΙΑ

À 5 kilomètres au nord-ouest de la capitale, c'est l'un des plus beaux villages de l'île avec ses anciennes églises. La plus vieille, Taxiarhis, est fondée au XIIe siècle par les Byzantins. Village situé à l'intérieur des terres, c'est la partie vitale de l'île grâce à ses abondantes réserves d'eau. L'endroit sert également de lieu de repli lors des raids des pirates au Moyen Âge. En traversant le pont de pierre, vous arrivez à Menites dont les sources impressionnantes sont appelées par les villageois « sources de Dionysos ». Près du village de Fallika, le monastère de Panahrandou, fondé par Nicéphore Phocas en 961 lors de son expédition contre les Arabes de Crète, est perché sur le flanc abrupt du mont Gerakones. Prévoyez 2h30 de balade pour revenir jusqu'à Chora.

KORTHION - ΚΟΡΘΙ

Isolé du reste de l'île, à 24 kilomètres de Chora, ce village pittoresque et peu touristique possède une belle église byzantine du XIIe siècle et une grande plage de sable et de galets. C'est un excellent spot de surf et de planche à voile. Un peu en dehors de Korthi s'étend une plage célèbre pour son immense rocher caractéristique et pour ses eaux limpides : To Pidima tis Grias (le Saut de la Vieille).

TINOS - ΤΗΝΟΣ ★★★

Avec ses 193 km² et ses 9 763 habitants, c'est l'île de la Vierge miraculeuse, des sculpteurs sur marbre et des peintres, une île de beauté, et un lieu d'espérances. Tinos recèle de nombreuses beautés naturelles, de magnifiques villages (au moins une vingtaine) et un vrai patrimoine traditionnel.

La découverte d'une icône de la Vierge après une vision de sœur Pélagie, en 1822, a fait de Tinos une sorte de Lourdes grecque. Le 15 août, des milliers de pèlerins avancent à genoux sur l'avenue Megalohari pour atteindre l'église Panaghia Evangelistria, décorée d'un nombre incroyable d'ex-voto représentant les parties du corps des fidèles que la Vierge a guéries.

Ses villages sont des bijoux ornés avec le marbre du pays, ses habitants ont gardé une authenticité étonnante. Une voiture ou une Mobylette seront bien utiles pour visiter l'intérieur de l'île : Kardiani, entourée d'arbres et de fontaines, Pyrgos et ses cours fleuries, Kionia qui abrite les ruines du sanctuaire de Poséidon et d'Amphitrite. Il y a des années que les artistes grecs ont découvert les charmes de Tinos et y ont acheté des résidences secondaires. Lui-même originaire de Tinos, l'écrivain franco-grec Vassilis Alexakis parle souvent de l'île son enfance, notamment dans *Le Cœur de Marguerite* (1999, Stock).

Histoire

Selon Strabon, Tinos, au VIIIe siècle av. J.-C., se trouve sous la dépendance d'Eretria, cité de l'île d'Eubée. Elle passe quelque temps après sous la domination d'Athènes et devient membre de la Ligue achéenne à la fin des guerres médiques.

Suivant le sort des autres îles des Cyclades, elle passe par la suite sous le contrôle des Macédoniens, des Ptolémées d'Egypte, puis des Romains. Sous l'Empire byzantin, elle connaît une période de déclin et devient la cible d'incursions répétées. En 1207, elle est placée sous l'autorité des frères Ghizi, qui gouvernent l'île jusqu'en 1390. C'est à cette époque que de nombreux habitants embrassent le culte catholique. Lorsque s'éteint la dynastie des Ghizi, l'île passe sous l'autorité directe de Venise. Les habitants de Tinos préfèrent de loin être placés sous la protection de la Sérénissime, que de se trouver sans cesse en butte aux attaques des pirates. Les Vénitiens construisent de nouvelles fortifications sur le site antique, auquel ils attribuent le nom d'Exombourgo, et qui devient alors un rempart efficace contre les attaques corsaires… En 1715, les Ottomans parviennent à s'emparer de l'île, où ils demeurent jusqu'à la guerre d'indépendance grecque de 1821.

TINOS CHORA – ΤΗΝΟΣ ΧΩΡΑ

L'arrivée au port de Tinos n'est pas particulièrement spectaculaire : sur le front de mer, des hôtels un peu vieillots et sans grand charme se succèdent. Ils hébergent les pèlerins qui viennent des quatre coins de la Grèce pour rendre hommage à la Vierge miraculeuse et faire pénitence.
Un long tapis rouge part du port et monte à l'assaut de l'église de la Panaghia Evangelistria en surplomb. Cet édifice imposant, entièrement bâti de marbre blanc, est construit en 1823 sur l'emplacement où l'on découvrit une icône de la Vierge suite à une vision de sainte Pélagie. Les pèlerins fraîchement débarqués entament la montée à genoux : c'est un spectacle de piété étonnant que de voir tous ces visiteurs, pour beaucoup des femmes d'un certain âge, monter à quatre pattes, et souvent en plein soleil, jusqu'à l'église.
Les environs de l'église sont largement dédiés au culte de la Vierge : boutiques de cierges, d'ex-votos et de souvenirs religieux. Mais les ruelles de Chora bruissent aussi d'une autre forme de vie, celle-ci bien terrestre et charnelle. Vous y trouverez en effet toute une série de belles épiceries où l'on vend de délicieuses spécialités culinaires locales ainsi que d'agréables restaurants. La ville principale de Tinos est authentiquement vivante. Elle ne dépend pas des touristes étrangers pendant la saison estivale : c'est une vraie petite ville, un port actif et non une station balnéaire.

Transports

■ KTEL TINOU

Avenue Tinou
✆ +30 22830 22440
www.kteltinou.gr
kteltinou@hotmail.com
A partir du port, la compagnie locale KTEL propose un service de bus pour Kionia et un service régulier vers Moundado, Tripotamo, Kambo, Tarambado, Isternia, Pyrgos, Marla, Panormos, Xinara, Loutra, Kroko, Komo, Agapi, Kalloni, Messi, Steni, Myrsini, Ktikado, Koumaro et Ai Yanni Porto.

■ PORT

✆ +30 22830 22220

- **Ferry.** Athènes-Tinos. Départs quotidiens de Rafina (entre 3 et 4 heures) et du Pirée (entre 4 et 5 heures).
- **Hydroglisseur.** Athènes-Tinos. Pas moins d'une dizaine de navires rapides effectuent la liaison depuis la capitale, depuis Le Pirée et surtout depuis le port de Rafina (1 heure 40).
- **Liaisons avec les autres îles.** Tinos est aussi reliée à Kéa, Kimolos, Kythnos, Milos, Mikonos, Naxos, Paros, Santorin, Sérifos, Sifnos, Syros.

■ **VIDALIS RENT A CAR & BIKE**
✆ +30 22830 24300
www.vidalis-rentacar.gr/fr
info@vidalis-rentacar.gr
4 agences autour du port.
A partir de 35 € par jour selon les modèles. Réception des véhicules au port, en agence ou à votre hôtel.
Vidalis est une institution. Avec 4 bureaux autour du port, un service de qualité irréprochable et en français, plus de 200 véhicules comme neufs en location, vous êtes au bon endroit pour louer votre véhicule sur Tinos, et profiter de la beauté de cette île.

Pratique

■ **CENTRE DE SANTÉ**
✆ +30 22830 22210

■ **POLICE**
✆ +30 22830 22255

Se loger

Si vous êtes pressé et en transit, restez près du port. Mais si vous avez un peu de temps, poussez jusqu'à la « banlieue » dorée, vers la plage d'Aghios Ioannis.

Bien et pas cher

■ **AEOLOS BAY**
Iroon Polytexneiou
✆ +30 22830 23410
www.aeolosbayhotel.gr
info@aeolosbayhotel.gr
A l'ouest du port,
en longeant la route principale.
Chambre double de 55 à 115 € en haute saison, avec petit déjeuner.
Situé à la sortie de la ville en direction des plages, à seulement 500 m du centre, l'établissement propose des chambres charmantes, organisées autour d'un joli jardin. Piscine agréable avec chaises longues sur le gazon, bar. Possibilité de louer une voiture à la réception. Les chambres sont décorées avec sobriété et sont confortables. Une option vraiment agréable dans Chora.

■ **ATHOS STUDIOS**
Levantis Ioannis
Ag. Haralampou square
✆ +30 22830 24702
http://athostudio.gr
info@athostudio.gr
Entre 45 et 70 € la nuit en été pour deux personnes. Ouvert toute l'année.
Établissement familial géré par un couple très attentif, situé à 150 m seulement du port. Les studios traditionnels de 2 à 4 personnes sont spacieux avec air conditionné, télévision, sèche-cheveux, une petite cuisinette équipée et un balcon donnant sur la mer où l'on pourra prendre son petit-déjeuner. Changement des draps tous les trois jours, nettoyage au quotidien. Notons une petite plage sympathique à proximité.

■ **VINCENZO FAMILY HOTEL & SUITES**
15 Rue du 25-Mars
✆ +30 22830 25888
www.vincenzo.gr
info@vincenzo.gr
Chambre double à partir de 80 € en été, avec petit déjeuner. Ouvert toute l'année.
Il y a beaucoup de chance que vous trouviez votre bonheur dans l'une des 14 chambres que propose la famille Vincenzo. Le hammam, le Jacuzzi, les transferts et les vélos sont gratuits. Réception et information 24h/24. On apprécie le jardin pour les petits déjeuners et les livres dans les chambres.

Quelques spécialités...

- **Fourtalia :** omelette aux pommes de terre et à la saucisse.
- **Lampriatis :** agneau farci au fromage, à l'œuf et la menthe, rôti à la broche et servi avec des pommes de terre au moment de Pâques.
- **Fromages :** volaki (séché au soleil), kopanisti (frais et épicé), armexia (frais).
- **Viandes :** la plupart des bêtes de l'île sont élevées en plein air et paissent en liberté. Ce qui leur donne évidemment un goût exceptionnel. Le cochon est tué entre octobre et décembre, ce qui donne lieu à une grande fête (la Hirosfagia) dans les villages.
- **Pâtisseries :** *amygdalota* (rouleaux à la pâte d'amande), *kaltsounia* (noisettes, miel et clous de girofle) et *pastelli* (miel et graines de sésame) sont servis à Gavrio chez Anthos Gavriou et Tolis et à Chora chez KonstanTinos Laskaris dans la rue principale.
- **Liasto :** vin doux rouge ou rosé provenant des coteaux des villages de Sineti, Kohilou et Vouni.

La ville de Tinos
Eglise Panaghia Evangelistra
Police
Centre culturel
Musée archéologique
Clinique
Ferry
Leoforos Megalocharis
Evangelistrais
Banque Nat. de Grèce
Paralias
Excursions
Bus
Ferrys et Speed Boats
Poste
C. Alavanou
25. Martiou
Vers le Camping
0
100 m
N
Eglise
Musée
Divers
Police
Clinique
Poste
Ferry et speed boat
Bus

Confort ou charme

ANTHIA BOUTIQUE HOTEL

Agios Fokas
✆ +30 22830 25021
www.anthia.gr – info@anthia.gr
25 chambres. La double entre 100 et 160 € avec petit déjeuner selon la période.
A 5 min du port en voiture en direction des plages de l'est, l'Agios Fokas est un hôtel discret, confortable et très bien entretenu. La décoration est élégante, aux couleurs pastel raffinées. Les chambres spacieuses sont très bien équipées. Belle piscine avec transats confortables, restaurant, centre de bien-être avec hammam. La plage est à 300 m. Activités proposées : poterie, cours de cuisine locale, balades en bateau de pêche, trekking. Petit déjeuner buffet délicieux en terrasse au bord de la piscine. Transfert du port gratuit. Parking privé.

MARATHIA

Aghios Fokas
✆ +30 22830 23249
www.marathiatinos.gr
souranismarinos@yahoo.co.uk
Ouvert toute l'année. Chambre double de 60 € à 90 €. Appartement familial avec cuisine de 120 € à 140 €. Petit déjeuner 15 €. Transfert vers le port.
Entièrement rénové avec beaucoup de goût récemment, ce mini complexe posé sur la belle plage d'Agios Fokas, propose 9 appartements de différentes tailles aux standards de confort moderne et tendance, un restaurant savoureux, ainsi qu'un beach bar à l'ambiance décontractée. What else ?

Luxe

DILES & RINIES

Lagades
✆ +30 22830 26146
http://tinosvillas.com
info@tinosvillas.com
Villa deux chambres pour 4 à 5 personnes à partir de 300 € en été.
Un magnifique ensemble de huit villas à louer pour 4 à 10 personnes autour d'une belle piscine à débordement avec vue sur mer. Le petit complexe luxueux est situé en surplomb d'Agios Fokas, à quelques minutes de Chora. Chaque villa dispose de son propre parking, jardin, terrasse, balcon, et certaines sont avec piscine privative. Au final, un rapport qualité-prix relativement accessible à plusieurs. L'hôtel s'est récemment doté d'un restaurant, le Moonrise, qui sert les petits déjeuners mais propose aussi le service en chambre ou devant la piscine, toute la journée.

Se restaurer

Bien et pas cher

ITAN ENA MIKRO KARAVI

Trion Ierarchon
✆ + 30 22830 22818
www.mikrokaravi.gr
info@mikrokaravi.gr
Comptez 15 € par personne. Ouvert tous les jours à partir de midi.
« Il était un petit navire » : ce n'est pas seulement une comptine, mais aussi la traduction du joli nom de cette taverne. Belle recette : une cour

Tinos.

intérieure paisible et fleurie, un chef talentueux etune belle carte. Amuse-bouches (gaspacho par exemple) et plats originaux (le poisson en sauce, le poulet farci aux épinards et au gruyère). Sans oublier les pâtes maison. Un bon moment en perspective.

■ SYMPOSION

13 Evagelistrias
✆ +30 22830 24368
www.symposion.gr
info@symposion.gr
Autour de 15 € par personne. Ouvert tous les jours pour le déjeuner et le dîner.
Abrité dans un bâtiment néo-classique dans l'une des rues principales du vieux quartier de Tinos, en remontant du port, ce restaurant élégant est une halte agréable. De sa terrasse, vous regarderez tranquillement la vie de l'île s'écouler, en mangeant une salade ou juste pour un café. wi-fi et ordinateur à disposition en prime.

■ TO KOUTOUKI TIS ELENI

Gafou 5.
✆ +30 22830 24857
Dans le quartier de Paralia.
Prenez Evangelistria, la rue du marché, et ensuite la première à droite.
Autour de 15 € par personne. Ouvert tous les jours à partir de midi.
Impossible de passer à côté de cette institution ! Voilà une des meilleures tables près du port. Au menu, de merveilleux beignets de courgettes à l'aneth ou des feuilles de chou farcies. On peut aussi juste s'arrêter en journée pour un mezze et un verre. Koutouki est la première d'une lignée de trois tavernes dans cette petite rue étroite. Beau choix de plats de saison. Cuisine familiale.

Bonnes tables

■ METAXI MAS

Leof. Megalocharis 5
✆ +30 22830 25945
http://metaximastinos.gr
info@metaximastinos.gr
Ouvert tous les jours de midi à minuit. Comptez 25 € par personne.
Metaxi Mas signifie « entre nous ». En effet, on se sent presque entre amis à la maison dans ce petit restaurant qui connaît un véritable succès depuis plusieurs années. Accueil chaleureux et convivial et menu raffiné pour cet établissement qui fait les choses avec passion. Tout y est bon donc n'hésitez pas, vous pouvez y aller les yeux fermés.

■ SAN TO ALATI RESTAURANT

Agios Fokas
✆ +30 22830 29266
santoalati@gmail.com
A la sortie sud-est de la ville, Agios Fokas, sur le bord de mer.
Comptez 25 € par personne. Ouvert tous les jours de midi à minuit.
Entre plats traditionnels revisités et recettes originales, Vassilis propose ici une cuisine inventive, raffinée et soignée utilisant de bons produits locaux. Au menu, vous trouverez des poissons frais, évidemment, mais aussi coquillages, tarama, salade d'aubergines et fromages locaux. Décor sobre et élégant, ambiance sympathique, et vue dégagée sur la mer et Mykonos au loin. Le soir, on se laisse volontiers bercer par le doux va-et-vient des vagues. Fort de son succès, l'endroit est souvent plein. Il est donc vivement conseillé de réserver.

■ TARSANAS

✆ +30 22830 24667
Situé au bout du vieux port en direction de la plage St-Fokias.
Ouvert tous les jours pour le déjeuner et le dîner. A partir de 20 € par personne.
Parfois il faut passer toutes les tavernes du centre et aller jusqu'au bout de la baie pour trouver un si bon restaurant. Loin de l'agitation de la ville, il bénéficie d'une vue splendide sur la mer et sur la ville de Tinos. Les produits locaux sont plutôt fumés et grillés, toujours préparés avec le moins de gras possible, ce qui est appréciable lorsqu'on passe un peu de temps en Grèce...
Essayez les sardines grillées, c'est la spécialité de la maison, et la soupe de poisson. Belle carte des vins que l'on peut également prendre au verre.

Sortir

Le caractère religieux de Tinos n'autorise pas la palpitante vie nocturne qui bat son plein dans d'autres îles des Cyclades. Pourtant, chaque année, de nouveaux bars s'ouvrent et l'on commence à ne plus s'ennuyer le soir.

KARYBU COFFEE & WINE

Nikolaou Gyzi 3
✆ +30 22830 23301
www.karybu.com
contact@karybu.com
En août, ouvert tous les jours de 9h jusqu'au dernier client. Sinon, en saison, ouvert du lundi au jeudi et le dimanche de 10h à 14h et de 18h à 23h, le vendredi et le samedi jusqu'à 1h du matin.
En face de la boutique du même nom, cet agréable café-bar sert des thés du monde entier et de bonnes limonades maison dans un cadre convivial et élégant mais sans chichi. Le soir, on vient déguster des vins locaux, dont les vins naturels du Français Jérôme Binda, à accompagner de petits *mezzes* délicieux, à base de produits de l'agriculture biologique autant que faire se peut.

À voir – À faire

CATHÉDRALE PANAGHIA EVANGELISTRIA ★★★

Ouvert tous les jours de 8h à 20h (18h hors saison). Entrée gratuite.
Cette cathédrale est considérée comme la plus grande œuvre architecturale construite en Grèce depuis son indépendance. Chaque année, elle attire des milliers de pèlerins et à Tinos, les catholiques et les orthodoxes la vénèrent tout autant. Selon la légende locale, une nonne du couvent Kechrovouni prénommée Pélagie rêve, une nuit de 1822, qu'une icône miraculeuse est enterrée par ici. Les habitants commencent à creuser et découvrent les vestiges d'une église byzantine avec ladite icône attribuée à saint Luc. On élève la cathédrale et son célèbre clocher en marbre de Tinos et Paros, à l'endroit où l'icône est découverte. L'église et l'icône font l'objet d'une véritable vénération populaire, proche de ce que l'on connaît à Lourdes. Les pèlerins sont nombreux, font acte de pénitence en montant à genoux jusqu'à l'autel, et dédient un nombre de cierges et d'ex-votos impressionnants à la Vierge. L'intérieur de la cathédrale principale est magnifique et réellement frappant avec ses ex-votos d'argent. Ne manquez pas de monter à l'étage pour avoir une vue d'ensemble de la nef. Sous la cathédrale principale, on visitera l'église d'Evressi (la Découverte), dédiée à Zoodochos Pighi (la Fontaine de Vie). En entrant à gauche, ne manquez pas les restes d'une église paléochrétienne dédiée à Aghios Ioannis. Les recherches archéologiques ont montré que pendant l'Antiquité, le site abritait déjà un sanctuaire de Dionysos. Si vous vous rendez dans ces chapelles souterraines le samedi ou le dimanche, de nombreux baptêmes ont lieu et vous pourrez assister aux rituels. A la fin du baptême, la famille et les amis se retrouvent dans la cour de l'église et offrent des pâtisseries traditionnelles. Tout le monde est endimanché et c'est un beau spectacle à regarder.
A proximité de l'entrée, un mausolée est dédié aux marins qui ont péri en août 1940, lorsqu'un sous-marin italien a coulé la frégate militaire Elli. Dans l'aile droite du complexe, vous pourrez également voir un petit musée qui expose des artistes de Tinos.

MUSÉE ARCHÉOLOGIQUE

✆ +30 22820 23664
Ouvert du mardi au dimanche de 9h à 16h. Entrée : 2 €.
Collection assez intéressante d'objets découverts sur l'île. Repérez le cadran solaire qui provient du temple de Poséidon, le bas-relief avec la déesse Cybèle, le dauphin en marbre, les mosaïques romaines.

AGHIOS IOANNIS PORTO – ΆΓΙΟΣ ΙΩΑΝΝΗΣ ΠΟΡΤΟ ★

Cette plage, à 10 minutes du port de Tinos, est considérée comme une des plus importantes stations balnéaires de l'île. Des hôtels et appartements à louer se situent un peu en retrait de l'étendue de sable et des transats et parasols sont aménagés. Des arbres donnent de l'ombre et les eaux ne sont pas très profondes donc adaptées aux plus jeunes.

Se loger

■ ALBATROSS HOLIDAY APARTMENTS

AGHIOS SOSTIS
✆ +30 22830 24277
www.albatrosstinos.gr
info@albatrosstinos.gr
Studio pour deux personnes entre 60 et 80 € en été.
5 appartements tout équipés proposés par une famille très sympathique. Les lieux sont propres et les prix très attractifs, surtout en juin ou en septembre. Vue dégagée, grands balcons individuels, parking privé gratuit, Internet sans fil... Environnement calme, plage d'Aghios Sostis à proximité immédiate.

■ HOTEL PORTO RAPHAEL

✆ +30 22830 23913
www.portoraphael.gr
info@portoraphael.gr
A 5 km du port,
mais accessible en bus KTEL.
Chambre double de 80 à 135 € en été. Deux ou trois nuits minimum selon les périodes.
Ce joli complexe propose 30 suites et appartements, dont certains peuvent accueillir jusqu'à six personnes. Terrasse sublime avec du bleu plein les yeux. Accès Internet. A proximité de la plage. L'hôtel dispose aussi d'une taverne animée.

■ PORTO'S BELLA VISTA

✆ +302283025053
www.tinosapartments.com
lucynao2002@yahoo.gr
Studio ou chambre double à partir de 45 € en été.
L'hôtel décoré dans un style un peu suranné n'en reste pas moins un endroit charmant pour séjourner pour pas cher à proximité d'Aghios Ioannis. Deux points rendent l'endroit charmant : la gentillesse de Mario et Lucyna, le couple francophone qui tient ce petit hôtel de 12 appartements et studios, et ensuite la vue absolument sublime sur cette baie perdue au sud de Tinos. On en profite depuis la terrasse de tous les appartements et avec, en prime, la grande piscine située au fond du jardin et entourée d'un champ d'olivier.

■ THEA THALASSA

Ag. Nikolaos Oros.
✆ +30 6979197151
www.theathalassa.eu
theathalassa.eu@gmail.com
Chambre double de 80 à 150 € en été pour le studio le moins cher.
Bâtie sur un versant du Mont Oros, un peu en retrait de la côte mais face à la mer Egée, la maison d'hôtes Thea Thalassa propose quatre logements de charme avec une vue spectaculaire, dans un cadre romantique et calme. Tous disposent d'une kitchenette. Sauf la chambre la moins chère, équipée tout de même de deux plaques et d'ustensiles de base.

Sortir

■ LALA LOUZA

✆ +30 694 764 3319
Ouvert tous les jours de 8h à 22h.
Sur la plage de Porto, le Lala Louza est un bar de plage sympathique où vous pourrez louer des transats et des parasols en bambous. Depuis la plage d'Aghios Ioannis, on a une vue sur Mykonos qui devient très intéressante la nuit venue, les lumières de la folle agitation qui y règne contrastant avec la tranquillité de Tinos. Parmi les cocktails, le Lala Louza allie un alcool local, le Rakitini, avec de l'ananas, du citron, de la menthe et du sirop de vanille. Depuis peu, Paola propose des services de massage et ce, toute la saison, toute la journée.

KIONIA ★★

Kionia se trouve à 3 kilomètres du port, en remontant la côte vers l'ouest. Aujourd'hui, la région compte parmi les endroits touristiques les plus développés de l'île grâce à sa belle plage sablonneuse de 2 kilomètres de long, une des plus longues sur l'île, en partie occupée par l'hôtel Tinos Beach. On y vient également pour admirer les vestiges d'un temple antique, l'un des plus importants des Cyclades.

Se loger

BIG BLUE

✆ +30 22830 25027
www.bigbluetinos.gr
bigbluet@otenet.gr
Chambre double entre 80 et 115 € en été avec le petit déjeuner.
Des studios et des chambres immaculées, idéalement situés en bord de mer. Toutes les chambres ont un balcon qui donne sur l'infini de la mer Egée et le coucher du soleil. L'établissement dispose également d'une piscine dans un agréable jardin. Les studios sont très bien équipés. L'ensemble se situe au calme, à mi-chemin entre la sortie du port et le site archéologique de Koinia.

MYRTIA STUDIOS

✆ +30 22830 24885
www.myrtiastudios.gr
info@myrtiastudios.gr
A 3 km à l'ouest du port et à 400 m de la plage.
Studio entre 80 et 110 € en été.
Sur une colline, à 400 m de la plage de Kionia et à 3 km de la ville. Toutes les chambres ont une vue panoramique sur la mer depuis les balcons. Toutes les chambres possèdent une cuisine équipée. Aire de jeux pour les enfants et machine à laver commune à disposition. Parking privé, cafétéria, snack-bar à l'ombre des pins à proximité. Transferts gratuits en minibus.

TINOS BEACH

✆ +30 22830 22626
www.tinosbeach.gr
dinos@tinosbeach.gr
A 3 km du port en direction de Kionia.
Chambre double standard entre 100 € et 180 € en été, petit déjeuner compris.
Gros complexe de 180 chambres. Tinos Beach Hotel est protégé du *meltemi*. Des politiciens et des artistes célèbres fréquentent l'établissement depuis plus de trente-cinq ans. C'est un endroit spacieux où ont lieu de nombreuses fêtes. Néanmoins, le calme est au rendez-vous. La plage est surveillée par un maître-nageur. A disposition : un restaurant, Ammos, plusieurs bars, une grande piscine à l'eau de mer et un bassin plus petit pour les enfants, une *taverna* traditionnelle sur la plage avec des chaises longues. Transfert du port offert.

TINOS RESIDENCIES

✆ +306944888255
www.tinosresidencies.com
tinosresidencies@gmail.com
De 100 € à 350 € par nuit en saison. Ouvert de mai à Octobre les villas font de 80 à 180 m².
Trois mots pour définir les nombreuses villas louées par Dinos et William : intimité, luxe et confort. Situées sur Triantaros et Aghios Fokas, les villas diffèrent par leur taille mais elles sont toutes très bien équipées, modernes, dotées de piscine et bâties dans un style architectural cycladien en harmonie avec la nature. Le service est irréprochable, le transfert est inclus, et l'accueil aux petits soins. A vous de trouver votre bonheur parmi ces propriétés d'exception qui vous feront vivre un séjour confortable et reposant dans un cadre luxueux.

Se restaurer

MAISTRALI

✆ +30 2283023570
miltoskr@hotmail.com
Ouvert tous les jours de 10h à 1h. Comptez 15 € par personne.
Sur la route côtière, juste devant la plage de Kionia et à côté du temple de Poséidon, cette taverne de plage offre une cuisine locale très raisonnable, à base de produits locaux. Vous pourrez goûter à de bons artichauts vinaigrés, ainsi qu'à des anchois marinés et d'autres petits plats à partager. Il y a également des plats traditionnels plus conséquents pour les gros appétits. Idéal pour une pause déjeuner entre deux baignades.

NOSTOS

✆ +302283026930
nostostinos@hotmail.com
Ouvert de 10h à minuit, tous les jours de Pâques à fin septembre. Comptez 15 à 20 € par personne.
Tenu depuis trois générations par la famille Psarros, le Nostos propose ici une cuisine traditionnelle grecque avec des fruits de mer, des plats typiques de l'île, des pâtes, des salades et des grillades. On savoure une cuisine maison, avec au final beaucoup de goût dans l'assiette. Un plat savoureux parmi tant d'autres : le veau cuit dans un pot en terre cuite avec des pâtes, et du fromage frais de Tinos. On peut aussi citer la moussaka, mais jetez plutôt votre dévolu sur les salades ou le poulet à la crème qui sont vraiment réussis.

À voir – À faire

RUINES DU SANCTUAIRE DE POSÉIDON ET D'AMPHITRITE ★★

A 3 km du port.
Ouvert tous les jours sauf le lundi, de 8h30 à 15h. Entrée : 2 €.
Dès le Ve siècle av. J.-C., Tinos devient un important centre religieux, notamment dédié au culte de Poséidon. Mais au IIIe siècle av. J.-C., les femmes imposent aussi celui d'Amphitrite, son épouse et déesse de la Mer. Les deux divinités sont adorées jusqu'au IIIe siècle apr. J.-C. Le temple est si important que des voyageurs viennent des quatre coins de la Grèce pour faire des offrandes au dieu de la Mer et apaiser ses ardeurs en prévision d'un voyage. Le sanctuaire fait aussi office de centre de guérison (Poséidon est considéré comme un dieu guérisseur) et la puissance de Koinia est considérée comme aussi forte que celle du temple d'Asclépios à Epidaure. Les patients viennent de loin pour participer à des rituels de guérison. Enfin, le temple est une sorte de passage obligé pour les pèlerins en route pour Délos : avant de débarquer sur l'île-sanctuaire, les visiteurs se devaient de se purifier dans les bains du temple de Poséidon. A partir du milieu du Ier siècle avant J-C, l'importance du temple commence à décliner et il est définitivement abandonné au IIIe siècle après J.-C.

RÉGION D'EXOBOURGO – ΕΞΩΜΒΟΥΡΓΟ

La région autour de la colline d'Exobourgo est idéale pour une belle randonnée qui permettra de découvrir des petits villages d'artisans, des communautés catholiques et orthodoxes, des paysages colorés. Accès par Pentostrato.

Kampos – Aghia Pelaghia – Καμπος – Αγια Πελαγια ★

Kampos se situe aux abords de la large vallée fertile qui s'étend jusqu'à Koni et Kalloni, plus au nord. Beau village traditionnel, bien préservé, vous pourrez commencer la visite par le musée Costas Tsoklis avant de monter à l'assaut de ses ruelles sinueuses et calmes. Le village a deux églises : Aghia Triada (Sainte Trinité, rite catholique) avec sa cour de galets remarquable et Aghia Aikaterini (Ste.Catherine, culte orthodoxe) avec une belle iconostase en bois. Cette église fut construite en 1770 pendant la domination russe, en l'honneur de l'impératrice de Russie Catherine II. Visitez aussi le lavoir traditionnel du village, en marbre magnifiquement préservé. Pour vous restaurer ou faire une petite pause, vous trouverez un café-restaurant au centre du village qui vend également des spécialités locales à emporter dont des câpres en bocaux. A proximité, le très pittoresque village de Tarambados encadre la vallée des pigeonniers, nommée ainsi parce qu'elle recèle certains des plus beaux spécimens de l'île.

ROMANTIKA

✆ +30 22830 51295
Ouvert tous les jours du matin au soir. Comptez moins de 15 € par personne.
Le café-restaurant de Kampos est un joli établissement au calme d'une toute petite placette, ou devrions-nous dire d'un renfoncement. Amateurs de vintage bienvenus pour ses intérieurs rétro et son ambiance hors du temps : ici rien n'a changé depuis des décennies. On y mange toujours les mêmes *mezzes* traditionnels pour accompagner une carafe de raki ou on vient s'y poser pour un brin de causette et un café. Le propriétaire des lieux, Stefanos Denekarias, vend aussi des conserves maison de câpres, tomates séchées et autres produits typiques.

Xinara - Χιναρα ★★

Siège de l'évêché catholique de Tinos, Xinara est une étape nécessaire pour explorer la colline d'Exobourgo qui abrite les vestiges de l'antique capitale de l'île. Ainsi, à l'emplacement de l'acropole, vous verrez les ruines de la forteresse vénitienne détruite en 1715.

A proximité, quelques beaux villages valent le détour. Ainsi, Tripotamos est réputé pour son architecture et on visitera Krokos pour ses deux restaurants à vue panoramique. Enfin, du côté de Steni on ne manquera pas de visiter le monastère de Kehrovouniou (ouvert de 9h à 13h puis de 16h à 19h, tenue correcte exigée). Fondé au XIe siècle par trois sœurs originaires de Tripotamos, ce complexe monastique composé de plusieurs bâtiments d'architecture cycladique est toujours en activité. C'est dans l'une des cellules que sainte Pélagie a eu sa fameuse vision de la Vierge. Le site est magnifique et vaut vraiment la visite. A proximité de Steni se trouve la grotte habitée, selon la mythologie, par Eole, le dieu du Vent.

Kardiani - Καρδιανη ★★

A 20 km de Tinos, un des plus beaux villages de l'île qui offre un panorama somptueux. Ce village pittoresque entouré d'arbres, est réputé pour ses fontaines de marbre et ses maisons sublimes. Une seule taverne, mais un accueil particulièrement chaleureux : To Perivoli. Juste en dessous, la plage Paralia Yannaki est entourée de maisons construites par une colonie franco-grecque sur l'initiative de l'auteur de *La Langue maternelle*, Vassilis Alexakis. Poulpe grillé et mezzé à la taverne Anemos.

Isternia - Υστερνια ★★

A 4 kilomètres de Kardiani, Isternia, agrippé à une colline, offre une vue inoubliable sur la mer Egée et l'île de Syros. C'est un village d'artistes, parmi les mieux préservés de Tinos. Il s'agit du dernier village de la côte sud, position qui lui a donné son nom : « isterna » signifie la fin.

Ses ruelles sont pavées de marbre et ses maisons blanches sont ornées de magnifiques linteaux, également façonnés en marbre, qui indiquent le nom du propriétaire de la demeure et l'année de sa construction. Un petit musée expose les œuvres des créateurs locaux : en effet, Isternia est le village natal de nombreux grands sculpteurs, comme Lazare Sochos ou Antonios Sochos qui a donné son nom au petit musée et a notamment excellé dans l'art de la sculpture sur bois. Il y a deux tavernes à Isternia, des chambres à louer chez l'habitant, mais aussi des bars, Agnandi et Apogyrida. A la sortie du village, la petite église d'Aghios Athanassios est une des plus anciennes de l'île. Vers le nord, en surplomb d'Isternia, les anciens moulins offrent un paysage unique, évidemment en plein vent. Les éléments semblent s'être donnés le mot pour s'y rencontrer et c'est un moment fort à ne pas rater. A 5 km en contrebas, la route mène à une agréable plage de sable fin, Ormos. Vous y trouverez deux très bons restaurants qui promettent une soirée réussie.

■ TO THALASSAKI TAVERNA

✆ +30 22830 31366
tothalassaki@gmail.com
Ouvert tous les jours pour le déjeuner et le dîner. Comptez 30 € par personne.

Sur la plage d'Isternia, le restaurant élégant de la chef Antonia Zarpa est considéré comme l'un des meilleurs restaurants de Tinos. Les pieds dans l'eau (attention aux vagues !), vous y dégusterez une cuisine traditionnelle revisitée et originale, à base de produits frais et biologiques autant que possible. La spécialité, à essayer les yeux fermés : le tarama à l'encre de seiche. Nous vous recommandons de venir en fin de journée, pour prendre l'apéritif en regardant le soleil se coucher avant de passer aux choses sérieuses. Un peu plus recherché que la moyenne.

Pyrgos - Πυργος ★★★

Plusieurs grands artistes grecs sont originaires de Pyrgos, notamment le sculpteur Yannoulis Halepas dont la maison a été transformée en musée. Vous ne regretterez pas d'avoir fait 30 km depuis Tinos pour visiter la petite ville dont les habitations sont de véritables œuvres d'art : situé à proximité des carrières de marbre, Pyrgos l'intègre avec beaucoup d'ingéniosité. Une école des beaux-arts ouverte en 1955 favorise la continuation de cette tradition de sculpture sur marbre et participe à maintenir une vie créative, jeune et dynamique. Il y a une dizaine d'années, un musée du marbre a ouvert ses portes sur les hauteurs du village : la visite est intéressante.

Deux magnifiques fontaines ornent l'entrée du village et la place centrale. Celle-ci, agréablement ombragée d'un grand platane, constitue une escale idéale où vous pourrez goûter de bonnes pâtisseries, prendre le café avec les anciens ou casser la croûte dans un petit restaurant local.

Avant de quitter Pyrgos, ne manquez pas de monter à la magnifique église orthodoxe d'Agios Nikolaos : gardée par deux gigantesques cyprès, sa façade de marbre est travaillée dans le plus grand raffinement. A l'arrière de l'église, repérez un petit portail sur la gauche qui vous mènera par quelques escaliers au cimetière du village. Il est absolument magnifique, avec ses tombes de marbre et la vue sur le village et l'Egée.

■ BOUCAMVILIA

✆ +30 697 61 22 595
www.voukamvilia.gr
info@voukamvilia.gr
Appartement deux pièces entre 80 € et 120 € en été.
Sur les hauteurs de Pyrgos, au-delà du musée du marbre, ce nouvel ensemble d'appartements domine le village et offre des vues exceptionnelles sur les environs. Très joliment faits, ces appartements seront idéaux pour les familles et les visiteurs qui souhaitent profiter du calme et de la beauté unique du nord de Tinos.

■ MAISTROS

✆ +302283031280
vasant__@hotmail.com
Ouvert de Pâques à octobre, comptez environ 20 € par personne.
Lorsque vous arrivez au Maistros, vous pouvez poser une question : « Quel est votre bateau ? ». Eh oui, ici le poisson aura suivi un trajet court, du bateau d'Ioannis aux assiettes de son fils Antonis. La cuisine est délicieuse, les produits étant de bonne qualité, frais, et le chef talentueux. Essayez donc le calamar farci à la feta et aux tomates, ou encore l'aubergine revisitée, le tout accompagné d'une petite Nissos. La terrasse donne sur le sympathique port de Panormos.

■ SOUSOURO CAFÉ

Place centrale ✆ +30 2283 031533
Ouvert tous les jours de 8h à 1h du matin.
Ce joli café étale ses chaises pastel sur la place principale de Pyrgos, à l'ombre du platane. On y prend le café, bien entendu, mais on goûte également aux desserts maison qui font la renommée des lieux : tartes au citron, *banoffee*, crêpes ou pâtisseries traditionnelles. Le café a été repris par une équipe dynamique qui a redoré son blason : pendant des années le Sousouro était le seul établissement du village à ouvrir dès 5h du matin pour servir le café aux travailleurs des carrières de marbre voisines. Il fut plus tard transformé en épicerie avant de retrouver sa fonction première en 2015.

■ TA MIRONIA

Place centrale ✆ +30 2283 031229
Ouvert tous les jours pour le déjeuner et le dîner. Comptez 15 € par personne.
Sur la place principale du village, cette mignonne adresse propose une cuisine grecque revisitée et un peu modernisée. Vous y mangerez tous les traditionnels de la région, mais avec une petite touche d'originalité. Ainsi, des pâtes à l'encre de sèche, par exemple, que l'on ne trouve pas si souvent sur les îles grecques. Très agréable, sous le platane.

MYKONOS - ΜΥΚΟΝΟΣ ★★★

Avec ses 88 km² et ses 9500 habitants, il faut payer le prix fort pour entrer dans la carte postale. Avec ses magnifiques plages, son cachet typiquement cycladique, ses maisons blanches, ses moulins et ses pélicans, Mykonos est l'une des plus belles îles des Cyclades. Et l'une des plus chères aussi, en raison de son attrait auprès de la jet-set. Avec ses fêtes homériques, le milliardaire grec Aristote Onassis (1906-1975) a été l'un des premiers à lancer le culte de Dyonysos sur l'île. Dès la fin des années 1950, Mykonos est le symbole d'une liberté de vivre fraîchement acquise. Il faut aimer la foule. On dénombre approximativement 5 700 Grecs et quelque 4 000 habitants d'origine étrangère résidant sur l'île mais pas moins de 50 000 en haute saison, au point de faire fuir certains habitants ! Et il faut surtout aimer la fête. La communauté gay a élu domicile sur l'île, donnant un nouveau souffle aux fêtes excentriques, aux happenings délirants et aux bars alternatifs.
L'île a gardé son ambiance cosmopolite qui donne au visiteur un sentiment de liberté absolue. Qui plus est, grâce au *meltemi*, on n'a jamais trop chaud et il y a tant de plages qu'on trouve toujours un coin à son goût. Dans tout cela, le mieux reste encore d'y séjourner hors saison. Les rares hôtels (une petite dizaine) ouverts l'hiver cassent les prix et Mykonos et Délos sont à vous. Vous ferez mentir la réputation tapageuse de l'île et vous prendrez alors Mykonos complètement à contre-courant !

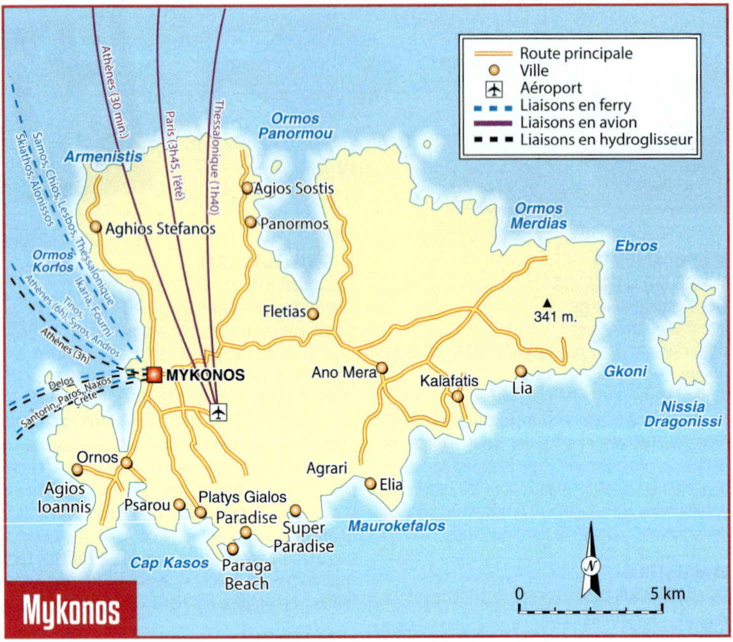

Histoire

L'île a emprunté son nom à Mykonos, fils du roi mythique de Délos et demi-dieu Anios – né de l'union du dieu Apollon et de la nymphe Rios. Les monnaies antiques sont frappées à l'effigie des dieux protecteurs de l'île, qui ne sont autres que Dionysos (le dieu du vin et des festivités) et Déméter. Ses premiers habitants sont égyptiens. Puis, elle est peuplée successivement par les Phéniciens, les Crétois et les Ioniens. Durant le Moyen Age, Mykonos, qui appartiendra aux Vénitiens jusqu'au XVIIIe siècle, a pour seigneurs les Ghisi de Venise. Mais en 1307, l'île est ravagée par Barberousse, après quoi elle passera sous la domination ottomane tout en demeurant un repaire de pirates. Ses habitants participent activement à la guerre de l'indépendance grecque. Les habitants de Mykonos, riches d'une tradition maritime de longue date, affrètent leurs navires et leurs vaillants marins et brûlotiers au service de la lutte pour la libération de 1821. Ils repousseront la flotte turque en octobre 1822, menés par la célèbre Mado Mavrogenous. L'héroïne est aussi connue pour avoir écrit en 1823 *La Lettre aux dames parisiennes*, dans laquelle elle plaidait la cause révolutionnaire.

Ne vous trompez pas de port !

Attention, à cause de l'affluence croissante des voyageurs, il a fallu transférer certains bateaux vers un nouveau port, situé près de la plage de Tourlos. Normalement, un tampon vous l'indiquera sur votre billet. Il est accessible après 20 bonnes minutes de marche. Mieux vaut prendre une des navettes prévues sur le port en journée ou un taxi.

MYKONOS CHORA – ΜΥΚΟΝΟΣ ΧΩΡΑ

Beaucoup de créateurs se sont inspirés des lignes sobres de son architecture, des couleurs franches qui se reflètent sur le blanc de la chaux, du mouvement créé par le mélange du sable et du vent… Des maisons cubiques d'une blancheur éclatante, des moulins à vent, des pélicans qui se baladent sans être gênés par la foule, un ciel en feu au soleil couchant : ce sont les premières images de la ville. Enfin, le jour, du moins. Car le soir, surtout en août, l'île est à la hauteur de sa réputation de ses fêtes homériques. Le milliardaire grec Aristote

Onassis (1906-1975) a été l'un des premiers à lancer le culte de Dionysos sur l'île. Dès la fin des années 1950, Mykonos est devenue le symbole d'une liberté de vivre fraîchement acquise et qui perdure encore aujourd'hui. Et depuis vingt ans, la communauté gay a élu domicile sur l'île, donnant un nouveau souffle aux fêtes excentriques, aux happenings délirants et aux bars alternatifs. En haute saison, il faut aimer la foule et surtout aimer la fête !

Mais la nature sait aussi reprendre ses droits. Ici, le grand maître est aussi le redoutable *meltemi*, vent capricieux, qui vous oblige rapidement à vous abriter dans le dédale des petites ruelles protégées. Alefkandra (la petite Venise), au bout de Chora, avec ses maisons aux balcons de bois léchées par la mer, ses bars romantiques et ses ouzeries, est un des lieux les plus attachants pour prendre l'apéritif en regardant l'écume des vagues.

La vieille ville de Mykonos est réellement très agréable et si les bateaux de croisière y déversent régulièrement ses visiteurs, ils ne peuvent accoster dans le vieux port, ce qui maintient malgré tout son ambiance assez décontractée. On se perd facilement dans ses ruelles labyrinthiques, et c'est tant mieux : en effet, vous trouverez des coins d'un calme relatif, ce qui ne manquera pas d'étonner ceux qui ont pris pour (mauvaise) habitude de se cantonner au front de mer jusqu'à Little Venice et aux moulins. La *Chora* de Mykonos se dévoile à celui qui prendra le temps de déambuler et d'accepter de se laisser guider par le hasard. Vous tomberez alors sur des ruelles où sèche le linge à l'heure de la sieste, comme dans un temps suspendu, où les plus âgés discutent devant de petites boutiques aux sols de mosaïque et où des jardins cachés offrent un peu de fraîcheur en plein midi. Autour des rues principales de Matogianni et Zouganeli Florou, les beaux magasins sont du meilleur goût et il y en a pour toutes les bourses, des enseignes de luxe jusqu'à l'artisan sandalier aux prix doux. L'agitation n'est jamais insupportable dans ces rues étriquées, notamment en journée quand de nombreux visiteurs sont à la plage. En soirée, les nombreux bars et cafés changent la donne mais, là encore, l'ambiance reste plus tranquille et plus agréable que sur le front de mer ou dans les grands spots de fête.

Transports

Comment y accéder et en partir

■ **AÉROPORT DE MYKONOS**
✆ +30 22890 79000
Situé à 4 km de la capitale de l'île, soit 10 minutes en voiture.
L'aéroport est desservi par des bus locaux (15 minutes, 1,60 €) et les taxis (course : 15 €).
EasyJet et Transavia proposent plusieurs vols hebdomadaires depuis Paris (Orly) en juillet et en août. Sinon Mykonos est desservie toute l'année par Aegean Airlines depuis Athènes (30 minutes). L'aéroport est situé dans les terres, un peu en retrait de Chora. Il faut compter environ 15 minutes pour rejoindre le vieux port en voiture.

■ **AUTO POWER**
✆ +306942414855
www.mykonos-car.rentals/
info@mykonos-car.rentals
Scooters de 17 à 25 €, ATV de 30 à 40 €. Citadine de 40 à 60 €. Cabriolet de 70 à 150 €. Ouvert toute l'année de 9h à 20h.
Depuis 18 ans, la famille Santorineos propose scooters, ATV, citadines, cabriolets, Jeep Wrangler, Mini Cooper et minibus. Un large choix donné au client et des prix raisonnables face à la concurrence. Le service est correct, efficace et rapide, l'essentiel dans une île où tout va très vite. Cet établissement possède deux agences côté vieux port et côté Despotika, toutes les deux dotées d'un parking gratuit 24h/24 avec valet, et inclut le transfert gratuit vers le nouveau port, l'aéroport et les hôtels à proximité de Chora.

■ **PORT**

✆ +30 22890 22218

Attention à ne pas se tromper de port : il y a l'ancien et le nouveau port.

▶ **Athènes-Mykonos.** Plusieurs départs par jour du Pirée (6 heures, Tél +30 21045 11311) ou de Rafina (4 heures 30, Tél +30 22940 22300). La plupart sont des hydroglisseurs.

▶ **Liaisons avec les autres îles.** Outre Tinos, Andros et Syros, qui se trouvent sur la route d'Athènes, Mykonos est aussi reliée avec Paros, Sifnos, Santorin, Ios, Naxos, Milos, Folegandros, Samos, Ikaria, Fourni et Heraklion.

Se déplacer

■ **KTEL**

✆ +30 22890 23360

www.mykonosbus.com

Billet (à partir de 1,80 €) à acheter dans les kiosques aux stations de bus.

Deux stations. L'une, près du musée archéologique, dessert Agios Stefanos, Tourlos, Ano Mera, Elia, Kalafati et Kalo Livadi. L'autre, Place Fabrika, dessert Ornos, Agios Ioannis, Platis Gialos, Paradise Beach, Psarou, Kalamopodi et l'aéroport.

Pratique

■ **DISPENSAIRE MÉDICAL**

✆ +30 23996 23994

A 1 km à l'est de la ville.

■ **POLICE**

Sur la place Dim Koutsi

✆ +30 22890 22716

Ouvert 24h/24 en saison.

Se loger

Bien et pas cher

■ **KARBONI HOTEL**

Mattheou Andronikou.

www.karbonihotel.com

Dans la rue principale.

A partir de 50 € la double en hiver mais trois fois plus au moins en été... Ouvert toute l'année.

Il n'est pas aisé de classer un hôtel de Mykonos dans cette catégorie mais celui-ci y mérite sa place pour ses prix hors saison. C'est probablement le moins cher des hôtels ouverts toute l'année et très abordable hors saison. Sa place centrale dans la Chora l'autorise à une inflation des prix en été, même si les chambres restent simples et forcément un peu bruyantes vu la situation. Mais pour un séjour en décalé, pensez-y ! En plus, la propriétaire de l'établissement est charmante.

■ **MYCOCOON HOSTEL**

✆ +30 2289 023 168

www.hostelmykonos.com

info@hostelmykonos.com

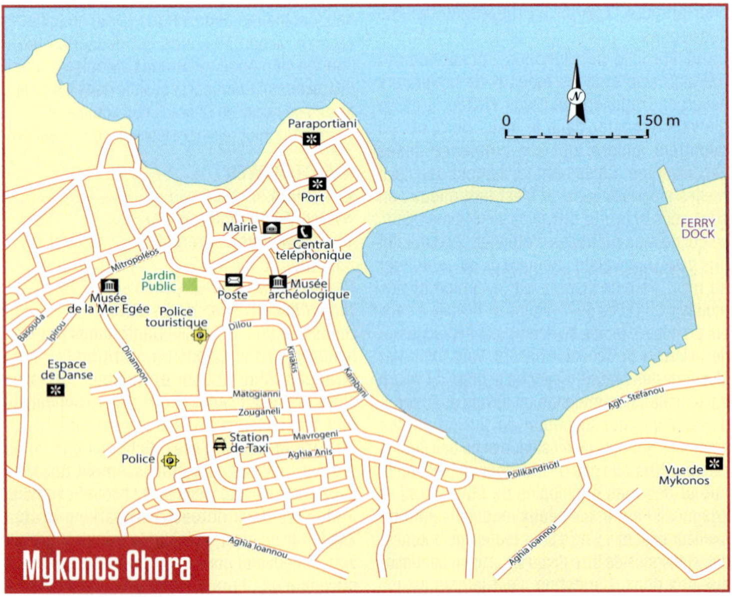

Lit en dortoir à partir de 30 €, chambres privatives pour 4 à 6 personnes à partir de 35 € par personne. Salle de bains à partager.
Voici une auberge de jeunesse à Chora qui offrira un toit aux petits budgets, en plein centre. Cet établissement a décidé de parier sur le design et l'architecture. Le résultat est assez époustouflant, avec des structures cycladiques futuristes : les lits sont logés dans des alvéoles immaculées et conçues avec *brio*. Enfin de quoi se loger de façon abordable ! Possibilité de réserver des chambres privées à 4 ou 6 personnes pour plus d'intimité. Les plus grands dortoirs hébergent plusieurs dizaines de lits, simples ou doubles et plusieurs salles de bains à partager.

■ **STUDIOS AVRA**
Tourlos
✆ +30 22890 27247
www.avrastudios-mykonos.com
avraappt@otenet.gr
Chambre double à partir de 70 € (en juin) et 160 € en très haute saison selon la vue.
Légèrement à l'écart du centre-ville, voici 19 studios bien équipés avec, souvent (mais plus chère), une belle vue sur mer. Cuisine équipée, wi-fi, bar, café, locations de voiture ou de vélos. Un peu excentré, il a cassé ses prix pour les chambres sans la vue sur l'Egée. Surveiller les offres sur Internet.

Confort ou charme

■ **ADONIS HOTEL**
A proximité de Megali Ammos
✆ +302289024203
www.mykonosadonis.com
info@mykonosadonis.gr
Chambre double à partir de 130 € avec petit déjeuner.
On apprécie cet hôtel familial, légèrement en retrait de l'agitation du centre-ville. Situé en haut d'une (petite) côte, il offre un magnifique panorama, à 200 m de la plage de Megali Ammos. Les chambres, récemment rénovées, sont impeccables. Elles proposent même une nouvelle literie et des matelas orthopédiques (à composition moléculaire s'il vous plaît) qui s'adaptent parfaitement à la forme du corps.

■ **AETHER BOUTIQUE STAY**
✆ +302289077303
www.aethermykonos.com
info@aethermykonos.com
Chambres supérieures de 110 à 220 €, deluxe de 130 à 240 € et suites de 140 à 260 €.
Dans un bâtiment d'architecture typiquement myconienne mais rénové avec cachet en 2012, Athina et Athanasios offrent, dans leurs 6 chambres, un cadre chaleureux et amical. L'emplacement est aussi agréable, un peu à l'écart de Chora et suffisamment proche pour la rejoindre facilement en bus. Le petit déjeuner est servi à côté de la chapelle familiale, et quel service ! Pains, brioches, gâteaux, tartes et sandwiches, jus maison... A noter que ce sympathique boutique-hôtel dispose d'un parking et d'un solarium ainsi que d'un service de blanchisserie (en supplément).

■ **CARBONAKI**
23 rue Panachrantou
✆ +30 22890 24124
www.carbonaki.gr
info@carbonaki.gr
Chambre double à partir de 120 € en été.
Dans le centre, les 21 chambres de ce petit « village » sont spacieuses et élégantes. On aime cet hôtel familial, rénové en 2010 : le personnel y est attentif et chaleureux. On s'y sent presque comme à la maison. L'emplacement est idéal, à la fois en pleine Chora, mais au calme sur sa cour intérieure. C'est un véritable havre de paix, immaculé, en plein centre de Mykonos avec l'agitation et la fête alentour. Mais aussi les musées, les cafés et les restaurants. Une très bonne adresse qui reste vraiment raisonnable en termes de rapport qualité-prix pour l'île.

Luxe

■ CAVO TAGOO
Route de la Côte
✆ +30 22890 23692
www.cavotagoo.gr
reservations@cavotagoo.gr
Chambre double à partir de 450 €, prix variable selon la période et la catégorie.
Cet hôtel luxueux niché à flanc de falaise au nord de Chora jouit d'une vue irrésistible et figure régulièrement parmi le classement des plus beaux hôtels de Grèce. Sol en marbre, mobilier en bois. Le centre-ville est à 15 minutes à pied si vous parvenez à vous échapper. Il y a aussi un restaurant et une piscine d'eau de mer. Sublime.

Se restaurer

Bien et pas cher

■ BAKALO
Lakka
✆ +30 22890 78121
www.bakalo.gr
info@bakalo.gr
Ouvert tous les soirs pour le dîner de 19h à 1h30. Comptez 15 € par personne.
Ce petit restaurant est un délice : tous les soirs, son agréable terrasse se remplit de joyeuses conversations dans un environnement décontracté et convivial. Ici, vous goûterez tout ce que la cuisine grecque sait faire de mieux, avec les meilleurs ingrédients. On s'y sent comme à la maison, les saveurs en plus. C'est vraiment très charmant, mais souvent plein ; pour espérer avoir une table autour du puits et sous l'arbre, il faudra venir en début de soirée.

© ZOI PAPADIMITRIOU – SHUTTERSTOCK.COM
Mykonos.

■ CAPTAIN
Sur le port.
✆ +30 22890 23283
A partir de 15 € par personne. Ouvert toute l'année.
Vous tomberez peut-être sur cette taverne par hasard en vous égarant dans les lacets de la ville autour de la Petite Venise. Mais la surprise est excellente. Largement fréquenté par des locaux (toujours bon signe), cet établissement mérite le détour pour son choix de fruits de mer... pas forcément à la carte. Demandez quelle est la pêche du jour et laissez-vous tenter.

■ TO MAEREIO
Kalogera 16
✆ +30 2289 028825
Ouvert tous les soirs pour le dîner à partir de 19h. Comptez 15 € par personne.
Cette taverne traditionnelle est l'une des meilleures adresses de Chora. Encore peu visitée par les touristes, c'est un très agréable établissement, loin du « bling-bling » habituel, et encore largement fidèle à ses origines. On y mange une délicieuse cuisine maison, généreuse et typique de l'île : boulettes à la tomate, escargots, agneau aromatique. Des portraits de Mykoniotes ornent les murs, décoration rustique et réussie.

Bonnes tables

■ COMPASS
✆ +306944461215
www.compassmykonos.com
info@compass.mykonos.com
Ouvert tous les jours midi et soir. A partir de 15 €/pers.
En ce qui concerne le cadre, le restaurant est composé d'une immense terrasse répartie sur deux étages. Vue mer garantie à chaque assiette. La musique est extrêmement bien choisie, un mélange de jazz et de pop dans des *remix chill* nous pousse immédiatement à la détente et notre regard se perd très vite sur l'incroyable vue mer panoramique qu'offre le Compass sur la baie de Chora. Vue perturbée seulement par la valse des ferrys... qui ravira les plus jeunes.

■ KAZARMA
Akti Kampani
✆ +30 2289 028256
Ouvert tous les jours de 9h à tard le soir. Ouvert toute l'année. Comptez 25 € par personne.
Très bien situé, ce restaurant a le bon goût, contrairement à la plupart de ses voisins, de rester ouvert hors saison. Prix corrects et à la

hauteur des assiettes et du service, sophistiqués juste ce qu'il faut. Excellent poulpe dans sa *fava*, saucisse de Mykonos et *keftedes* (boulettes de viande) de Maria. On vous conseille de piocher dans les mezzes, excellents, plutôt que de prendre plusieurs plats plus onéreux et moins surprenants.

■ NICE N' EASY

Alefkandra Square
✆ +30 2289025421
http://niceneasy.gr
mykonos@niceneasy.gr
Ouvert tous les jours de 9h à 1h30. Comptez 25 € par personne.
Après le succès des deux restaurants Nice n' Easy à Athènes, l'équipe est venue à la conquête de Mykonos. Avec une première adresse sur la place d'Alefkandra, à Little Venice, le Nice n' Easy s'est agrandi en 2017. L'accent est mis sur les produits d'origine biologique et locale. Les intolérants au gluten seront également ravis d'être pris en compte. La grande terrasse peut accueillir de nombreux convives, ce qui est un plus par rapport aux restaurants des ruelles étroites de Chora. Enfin, dernier avantage : le Nice n' Easy est ouvert toute la journée.

Luxe

■ REMEZZO

Polikandrioti street
Sur le front de mer
✆ +30 2289 025700
www.remezzo-mykonos.com
remezzo@remezzomykonos.com
Ouvert tous les soirs à partir de 19h. Comptez 40 € par personne.
Sur le front de mer, avec une vue sublime sur le port, le Remezzo est une institution depuis 1967. A l'époque, il reçoit toute la jet set glamour qui découvre Mykonos auprès d'Onassis. Depuis, les gérants ont décidé de rénover les lieux : un restaurant de haute gastronomie, un bar aux cocktails soignés et des DJ pointus. Venez donc ici pour dîner si vous voulez goûter à une cuisine grecque raffinée (et chère). Sinon, profitez de la fin de journée pour venir boire un verre au bar où un petit menu de snacks est plus abordable. Parfait pour une soirée avec vue.

Sortir

■ GALLERAKI

Little Venice
✆ +30 22890 27188
www.galleraki.gr
galleraki@galleraki.gr
Au bout de la Petite Venise.
Ouvert tous les jours de 10h jusqu'au dernier client.
Cet établissement ne dort jamais... On y prend d'excellents petits déjeuners le matin, des cafés en journée, des cocktails en *happy hour* et le reste toute la nuit. Le cadre est idéal pour la vue sur mer et sur le reste de l'agitation de la Petite Venise. Depuis près de 30 ans, le Galleraki ne désemplit pas et sert toujours les mêmes cocktails à base de fruits extra frais. Le Katerinaki, un daïquiri à base de melon, est un incontournable.

■ MONTPARNASSE PIANO BAR

24, rue Agion Anargyron
✆ +30 22890 23719
www.thepianobar.com
Dans la Petite Venise.
Ouvert tous les soirs entre 22h et 3h du matin.
A proximité de la Petite Venise, ce bar ouvert il y a environ 35 ans s'affiche clairement gay. Comme l'indique son nom, il fait honneur aux concerts de piano-bar *live* et aux spectacles de cabaret. Ambiance garantie et les hétéros sont les bienvenus. C'est une institution de la nuit mykoniote à Chora.

À voir – À faire

■ MUSÉE ARCHÉOLOGIQUE

✆ +30 22890 22325
Fermé le lundi et ouvert de 9h à 16h (et jusqu'à 20h les vendredis et samedis en été). Entrée 4 €.
Bel édifice néo-classique datant de 1901. Parmi des pièces provenant de la nécropole de Rineia, un très intéressant grand *pithos* (jarre) en terre cuite du VIIe siècle av. J.-C. avec représentations en relief de scènes de la guerre de Troie. La plupart des objets proviennent de l'île voisine de Rineia qui a servi de nécropole lorsqu'il a été interdit de mourir et d'être enterré à Délos.

■ **PETITE VENISE**

Alefkandra.

Impossible de venir à la Chora sans faire un tour du côté du front de mer et de la «Petite Venise» : ces belles maisons du XVIIIe siècle avec leurs balcons de bois coloré semblent perchées sur les flots. Dès la fin des incursions pirates, les capitaines et armateurs qui commençaient à gagner un peu d'argent s'installèrent là pour bénéficier d'un accès direct à la mer. Le quartier, particulièrement photogénique, s'abandonne aux fêtards la nuit et aux pêcheurs du village au petit matin.

■ **ÉGLISE PANAGIA PARAPORTIANI** ★★★

Proche de la porte de la Forteresse.

C'est la carte postale, par excellence, de l'île. Tout le monde s'y prend en photo et mieux vaut arriver tôt pour profiter d'un horizon dégagé ! Mais quelle église étonnante ! Cette bâtisse belle byzantine asymétrique, véritable chef-d'œuvre d'architecture populaire, est à voir absolument. Difficile en effet de rester insensible à cette église immaculée, blanchie à la chaux, aux courbes improbables dans le quartier du Kastro. Les touristes s'y attardent, immanquablement, scrutant l'édifice sous toutes ses coutures et guettant ses formes évoluer selon les différentes lumières du jour. Cela tombe bien, elle est située en plein centre du port. On y vient et on y revient car jamais vous ne verrez deux fois exactement les mêmes formes ni les mêmes reflets. C'est là une partie de son charme. Elle se dresse à deux pas de la petite Venise, si simple et si sophistiquée à la fois. Normal : l'église de la Panagia Paraportiani est unique en son genre même si, en y regardant de plus près, elles sont cinq en réalité à apporter leurs pierres à l'édifice : l'église de la Panagia Paraportiani est en effet constituée en réalité d'un assemblage de cinq chapelles différentes dont l'une est légèrement surélevée. Mais ce qui trouble, émeut est séduit le visiteur reste sa couleur, blanche immaculée. Ici, point de coupole dorée ou bleu grec traditionnels : l'église est surmontée d'un clocher et d'une coupole, entièrement chaulés, qui se dressent face à la mer. Entre ses jeux de courbes et ses effets de lumière, vous ne vous lasserez pas d'y passer à différentes heures de la journée pour en apercevoir toutes les nuances. Ce qui, vu sa situation centrale dans la Chora, n'est pas une chose trop compliquée non plus. De toutes façons, pourquoi s'en priver ? L'église a été édifiée sur une colline fortifiée par les Vénitiens, dont il reste encore quelques vestiges des remparts, et offre de belles opportunités photographiques : comme sujet, évidement, mais également comme promontoire face à la mer, car elle offre une vue imprenable sur la mer Egée. Sachant que « Panagia Paraportiani » signifie littéralement « Notre-Dame de la Porte de Côté », on comprend que c'est une visite qui ne se refuse pas sur l'île de Mykonos – et ne s'oublie pas non plus… Enfin, Panagia Paraportiani n'est pas qu'un ensemble de belles pierres : elle reste surtout à ce jour la plus importante des 400 églises et chapelles présentes à travers l'île. Construite par un artisan anonyme au XVIIe ou XVIIIe siècle, elle affiche une architecture typique et un mélange d'éléments populaires byzantins et occidentaux.

ANO MERA - ΆΝΩ ΜΕΡΑ ★★

Cette oasis, à 8,5 km du port, est offerte par l'unique village mykoniote en dehors de la Chora. On apprécie sa place centrale, cernée de petits cafés et restaurants et baignée d'une ambiance plus authentique et traditionnelle que le reste de l'île. C'est d'ailleurs surtout pour se restaurer qu'on viendra faire un tour à Ano Meria. Pendant la période très touristique, le calme qu'on y trouve semble tout simplement incroyable. Et hors saison, nous y avons aussi trouvé de bonnes tables et un peu de verdure appréciable.

Dans les environs, deux sites d'intérêt se détachent également. Le monastère de Panaghia Tourliani, fondé en 1542 et rénové en 1767, a une architecture intéressante (remarquez le clocher) et abrite un petit musée. Il vaut la visite notamment pour son iconostase en bois et ses belles icônes dont l'icône de la Vierge, protectrice de Mykonos.

Se restaurer

Pause gourmande

■ **SKAROPOULOS**

Argirena

✆ +30 2289 025211

Ouvert tous les jours de 9h à 20h.

Cette pâtisserie est une institution de Mykonos depuis 1921. La spécialité : les produits à base de pâte d'amandes mais vous trouverez tous les délicieux desserts grecs comme la baklava ou autres délices au miel et aux noix. Arrêtez-vous en chemin depuis Chora : la pâtisserie se trouve juste un peu avant Ano Meria.

Bien et pas cher

■ **OTI APOMEINE**

✆ +30 22890 71534

www.otiapomeine.gr

otiapomeine@yahoo.com

Ouvert tous les jours de midi à 1h. Comptez 15 € par personne.
Cette taverne familiale est l'une des meilleures adresses traditionnelles de Mykonos. On s'y presse de toute l'île pour déguster la viande au barbecue, réputée auprès des locaux, des jet-setteurs et des connaisseurs. Bref, une maison qui fait l'unanimité, notamment connue pour son cochon de lait à la broche. Une cuisine généreuse, dans la plus grande simplicité.

■ SEVEN
Sur la place principale.
✆ +30 2289 071763
A partir de 15 € par pers. Ouvert toute l'année, tous les jours midi et soir (fermé le lundi en basse saison).
En haute comme en basse saison, cette ouzerie est un ravissement. Sur la place, face au monastère, vous pourrez déguster une belle sélection de plats maison, au soleil en terrasse ou à l'ombre dans sa petite salle. Au menu : poulet à la cannelle, boulettes de viande à la menthe, croquettes de légumes, frites maison (assez rare pour être souligné !).

■ TO STEKI TOU PROEDROU
✆ +302289071925
www.steki-proedrou.com
steki_proedrou@yahoo.gr
Environ 15-18 € par personne. Ouvert tous les jours de 10h à minuit, d'avril à octobre.
Ouvert depuis 2000, le nom du restaurant signifie la « place du président » : le père de Théodoros était en effet maire du village d'Ano Mera. En proposant une cuisine authentique myconienne, il offre des plats simples et on en ressent que mieux la qualité des nombreux produits locaux utilisés. Au choix : pâtes, grillades, ou encore le burger du président que l'on ne saurait que trop vous recommander assis en terrasse sur la charmante place animée du village d'Ano Mera, après une journée dans la tumultueuse Chora ou avant une folle nuit au sud de l'île. Le cheesecake est sûrement le meilleur des Cyclades.

Bonnes tables

■ LA CUCINA DI DANIELE
✆ +30 22890 71513
Comptez 35 € par personne environ. Ouvert tous les jours de 13h à 1h.
Voici le restaurant élégant du chef italien Daniele Chiantini. Belle carte aux couleurs méditerranéennes : filet de morue fraîche avec sa croûte de courgettes, escalope à la milanaise... Bonne cuisine italienne – et même des truffes... grecques. Liste impressionnante de vins avec des choix intéressants d'Italie et de Grèce. Coin « deli » où vous pouvez acheter des petits plats italiens à emporter.

Sports – Détente – Loisirs

■ HORSELAND MYKONOS
✆ +30 69 45 77 89 62
www.mykonoshorse.com
Balades de deux heures à partir de 80 €.
Fatigué de la baignade et envie de voir un peu plus de vert que de bleu ? Fanis propose ici des promenades à cheval sur les plages ou dans la vallée. Idéal pour voir le coucher du soleil autrement avec un peu de tranquillité. Formules possibles avec pique-nique et prise en charge à votre hôtel.

ORNOS – ΌΡΝΟΣ

A 3 km seulement du port, au sud-est de l'île, la plage d'Ornos constitue à elle seule une agréable petite station balnéaire avec quelques hôtels pour tous les prix. On y trouve aussi quelques bars et tavernes, ainsi qu'un supermarché, une boucherie, une boulangerie et une pharmacie ! Mais surtout, l'endroit doit sa réputation aussi très familiale au joli croissant de sable blanc qui borde la baie.

PLATYS GIALOS – ΠΛΑΤΥΣ ΓΙΑΛΟΣ ★★

À 4 kilomètres seulement du port, Platys Gialos est la plus grande station balnéaire de la côte sud. Au-delà de sa large plage de sable populaire mais sans charme réel, elle donne surtout accès aux multiples plages plus intéressantes de la région. En effet, c'est de Platys Gialos que partent les caïques pour les plages de Paranga, Paradise, Super Paradise et Agrari-Elia. La fréquence et les horaires de ces caïques dépendent de la météo et de la saison, mais restent réguliers. Cependant, si vous souhaitez rester dans la baie de Platys Gialos, la plage de Psarou est la plage la plus mondaine de l'île. Ambiance Saint-Tropez, pour voir et être vu.

Se loger

■ CAMPING MYKONOS

Plage de Paraga
✆ +30 2289025915
www.mycamp.gr
info@mycamp.gr
A proximité de la plage Paranga, liaison par caïque depuis Platy Gialos.
100 emplacements. 10 € par adulte, 5 € par enfant et 5 € par tente en haute saison. Bungalows pour 2 à 5 personnes entre 15 et 35 € par personne.
Plus petit mais plus familial que son voisin l'illustre Paradise Beach Camping (sur la plage du même nom). Douches, toilettes, restaurant. Bungalows et appartements à louer. Le camping dispose de sa propre navette régulière desservant la capitale de l'île.

■ ARTEMOULAS STUDIOS

✆ +30 22890 22174
www.artemoulas-orpheas.gr
info@artemoulas-orpheas.gr
Chambre double entre 100 € et 150 € en été, avec un minimum de deux nuits.
Une belle affaire. Les studios Artemoulas, récemment rénovés, sont équipés d'une kitchenette, télévision satellite, accès wi-fi gratuit. Piscine, mer, et transferts gratuits vers le port ou l'aéroport !

■ KAMARI HOTEL

✆ +30 22890 23424
www.kamarihotel-mykonos.com
kamariht@otenet.gr
Chambres doubles à partir de 150 € en été, petit déjeuner inclus.
Piscine, bassin pour enfant, bain à remous, restaurant, services de location de voiture, etc. Cet hôtel offre de belles chambres et de belles prestations. Les chambres sont élégantes avec leur salle de bains en marbre. Télévision et wi-fi évidemment.

■ ROMANTIKA ROOMS

Sur la plage.
✆ +3022890 23569
Chambre double à partir de 90 € en été.
Si vous évitez le mois d'août, voici 14 chambres plutôt abordables pour Mykonos. A 30 m de la mer, ces chambres, simplement meublées, proposent toutefois le minimum nécessaire, dont une kitchenette et l'air conditionné. Très bonne situation, près d'un arrêt de bus qui vous emmènera au port quand nécessaire. Ne pas s'attendre au grand luxe...

Se restaurer

■ AVLI TOU THODORI

✆ +30 22890 78100
www.avlitouthodori.gr
info@avlitouthodori.gr
Ouvert tous les jours de 9h à 1h. Comptez entre 20 € et 25 € par personne.
En reprenant la taverne historique tenue par son père, Thanassis Kousathanas a décidé de faire perdurer la tradition d'excellence en cuisine tout en rénovant un peu le style du restaurant. Aujourd'hui, c'est une combinaison idéale entre déco contemporaine, sobre et élégante et une cuisine toujours aussi savoureuse, faisant la part belle aux produits locaux dont les très réputées pâtes aux fruits de mer et son fameux poulet farci. C'est un incontournable de Platys Gialos.

■ BONATSA

Au bout de la plage.
✆ +30 22890 28048
www.bonatsa-mykonos.gr
info@bonatsa-mykonos.gr
A partir de 20-25 € par personne. Ouvert du matin au soir.
Bonatsa est le dernier restaurants qui borde la plage de Platys Gialos. Il est possible de manger sur les chaises longues sous les parasols, les pieds dans l'eau. Poissons frais de Mykonos, cuisine moderne et légère et sushi bar.

■ NAMMOS

Psarou Beach
✆ +30 22890 22440
www.nammos.gr
feelings@nammos.gr
Ouvert tous les jours pour le déjeuner et le dîner. Comptez 40 € par personne.
Le Nammos est le restaurant de plage le plus connu et le plus select de la côte sud. On y vient pour son menu raffiné, centré sur des plats de poissons plus frais que frais, son service professionnel irréprochable et l'ambiance jet

set bohème, ou hippie chic qui plaît tant aux stars en vacances. Vous en croiserez peut-être ici en saison, c'est un peu leur destination fétiche. Le bar de plage sert aussi des snacks un peu moins onéreux.

PARADISE BEACH ★★

Paradise Beach et ses voisines les plus proches de Paranga et Super Paradise Beach sont le temple de la fête à Mykonos. Les nuits folles se poursuivent bien après les premières lueurs du matin et s'enchaînent sur des journées à la plage. Paradise Beach, c'est ainsi la combinaison idéale entre fête et *farniente*. Sa longue plage de sable était autrefois entièrement nudiste, lorsque l'ambiance de Mykonos était encore vraiment plus hippie que jet set. Aujourd'hui, la plupart des adeptes du naturisme se concentrent à ses extrémités alors que partout ailleurs, les vacanciers se retrouvent à bronzer sur des transats, à l'ombre de parasols.
A l'ouest, Paranga bénéficie d'une sorte de micro-climat : ses eaux chauffent en premier et restent le plus longtemps chaudes ce qui explique que la saison ouvre plus tôt et ferme plus tard qu'ailleurs sur l'île.
A l'est, Super Paradise a d'abord été le paradis des visiteurs gays avant d'être envahie d'étudiants en furie. Quel que soit le mélange des populations qu'on y trouve aujourd'hui, Super Paradise est synonyme de fête à outrance, de nuits de folie et d'ouverture d'esprit. Le nudisme s'y pratique sans être cantonné à un seul coin de la plage.

■ CAVO PARADISO

✆ +30 22890 26124
www.cavoparadiso.gr
Ouvert de minuit à 8h. Entrée payante selon la soirée et le DJ.
Ce lieu mythique est l'endroit où se rendre pour danser sur les meilleurs sons du moment, avec les plus grands DJ mondiaux ! Les stars du genre passent tous par Ibiza, Miami et Mykonos au Cavo ! Surplombant la plage de Paradise Beach, le Cavo Paradiso se réveille quand les autres se couchent vers 3h ou 4h du matin. Des DJ du monde entier s'y succèdent, dont les Français David Guetta et Bob Sinclar, pour faire de ce lieu le club le plus explosif de Mykonos. Des bus assurent la liaison avec le port de Mykonos. Pas de *dress code* mais maillots de bain interdits !

■ PARADISE BEACH CAMPING

✆ +30 22890 22852
www.paradisemykonos.com
reception@paradisemykonos.com
68 emplacements. Camping Entre 5 et 10 € par adulte. Cabine de plage double (toilettes et douches communes) entre 28 et 70 € en été. Bungalow double (toilettes et douches privées) entre 48 € et 140 €, petit déjeuner inclus en été. Possibilité de louer des chambres et appartements sur une large gamme de prix de 80 € (début juin) à 240 € selon la catégorie et la période.
Sur une des meilleures plages de l'île, ce camping dispose de sanitaires récents, d'une supérette, de machines à laver et même de ravissantes tonnelles sous lesquelles planter sa tente. Le camping fait partie d'un grand complexe regroupant villas, restaurants, café et café Internet (pas de Wifi en revanche). Particulièrement prisé entre la dernière semaine de juillet et la fin août. Sinon, plus abordable. Navette Ktel tous les quarts d'heure avec Chora et transfert gratuit à l'arrivée.

■ PARADISE VIEW HOTEL

✆ +30 22890 26636
www.paradiseview.gr
Chambre double à partir de 140 € en été. Petit déjeuner et transfert de l'aéroport compris.
25 chambres élégantes et bien équipées avec télévision, balcon et accès wi-fi. A deux pas de la plage. A moins que vous ne vous laissiez séduire par la piscine de l'hôtel…

■ SUPER PARADISE BEACH ★★

Accès sportif en mobylette, aussi préférez les caïques. Plage de sable où l'on se montre, où l'on s'exhibe même pour porter en triomphe le culte du corps. Les vacanciers gays, volontiers nudistes, préfèrent le coin droit de la plage. Aux deux extrémités de la plage, deux bars se chargent de mettre l'ambiance. Explosif !

Paradise Beach.

Baie de Kalafatis.

KALAFATIS - ΚΑΛΑΦΑΤΗ ★★

Immense plage à 12 kilomètres de Chora, souvent bondée en saison, Kalafatis est la plus longue étendue de (gros) sable de l'île. Elle est assez bien adaptée aux familles, pour les rares visiteurs qui viennent à Mykonos avec leurs plus jeunes... Vous y trouverez tous les sports nautiques qu'on peut attendre d'une grande station balnéaire : plongée, ski nautique ou tours en banane.

Ceux qui voudront un peu moins de monde, mais en profitantes mêmes services se rendront sur la plage de Kalo Livadi, vers l'ouest. Vous trouverez l'embranchement sur la route, un peu après la sortie d'Ano Meria.

Entre les deux, les curieux découvriront une agréable petite plage aux eaux émeraude et moins visitée. Il s'agit de la plage d'Aghia Anna, aussi appelée Divounia Beach. Elle est accessible par la route ou en quelques minutes à pied par un sentier qui part de Kalafatis et elle est réputée pour son sable fin et son restaurant.

Enfin, vers l'est, la plage de Lia est nichée dans une petite baie aux eaux profondes et d'un bleu incroyable. C'est ici qu'accostent souvent les bateaux des célébrités. A quelques minutes de marche de l'autre côté des rochers, la plage de Tigani est plus tranquille.

■ ANASTASIA

✆ +30 22890 71205
www.hotelanastasia.gr
anastasia.mykonos@gmail.com
Chambre double à partir de 130 € en été.

Etablissement conçu comme un «village» avec 85 bungalows à 20 m de la mer. Directement sur la plage de Kalafatis, il respecte l'architecture typique de Mykonos. Chambres simples mais confortables et piscine. Il y a même une petite église privée où sont organisés mariages et baptêmes. Assez romantique...

■ NESAEA

Aghia Anna
✆ +302289072130
nesaea@niceneasy.gr
Ouvert tous les jours pour le déjeuner et le dîner. Comptez 25 € par personne à midi, autour de 35 € par personne le soir.

Ce restaurant en surplomb de la plage intimiste d'Aghia Anna offre des vues magnifiques sur la mer qui suffisent à justifier le détour. La décoration intérieure a opté pour la sobriété pour laisser toute sa place à cet horizon qui s'étale et qui se retrouve dans les plats concoctés par le chef Christos Athanasiadis. On y retrouve des produits d'origine biologique, locale et tout un ensemble d'options végétariennes et sans gluten. Pour le déjeuner, la carte est plus abordable que le soir, quand le restaurant se transforme en spot chic et branché.

■ PÉNÉLOPE

Kalo Livadi
✆ +30 22890 71654
www.penelopevillage.gr
info@penelopevillage.gr
Chambre double à partir de 120 € en été, avec petit déjeuner.

Dans la baie de Kalo Livadi, les 36 chambres sont impeccables. Avec tennis, piscine et activités nautiques. Un bain à remous dans la piscine.

■ SPILIA

Aghia Anna
✆ +30 6949449729
http://spiliarestaurant.gr
spilia.seaside@gmail.com
Ouvert tous les jours de midi à minuit. Comptez 25 € par personne.
Spilia est un restaurant dont la réputation se maintient depuis déjà de nombreuses années. Presque caché derrière les rochers de la petite plage d'Aghia Anna, cet établissement vous reçoit les pieds dans l'eau, dans une crique encastrée dans la roche. Le cadre est unique et la carte vous réserve de très bonnes surprises, dont les incontournables oursins et pâtes aux fruits de mer.

ELIA - ΕΛΙΑ ★★

Une des plus belles plages de Mykonos où vous pouvez toujours dénicher un coin tranquille. Chaises longues à louer et restaurants de plage pour casser la croûte. Dommage que la vague de construction sur la colline gauche dénature le paysage.
A l'ouest d'Elia, la plage plus petite d'Agrari est réputée auprès des visiteurs gays et des nudistes. Plus calme que sa voisine, elle est assez agréable.

■ AGRARI HOTEL

Agrari Beach
✆ +30 22890 71295
www.agraribeach.gr
info@agraribeach.gr
Chambre double à partir de 100 € en été, avec petit déjeuner.
13 chambres simples avec télévision, connexion Internet, et une vue sur la montagne ou la mer. Restaurant à base de produits locaux et biologiques, pour le déjeuner ou le dîner. Petite plage sympathique, mais il faut le savoir, assez fréquentée par les naturistes.

■ ELIA MEDITERRANEAN RESTAURANT & STUDIOS BY THE SEA

✆ +30 22890 71204
www.eliamykonos.gr
info@eliamykonos.gr
Comptez 25 € par personne pour le restaurant. 12 chambres et 3 appartements à partir de 130 € selon la période.
Le complexe d'Elia se compose d'un excellent restaurant donnant sur la plage. Vous y trouverez des plats de qualité, comme un excellent carpaccio de daurade. Des transats et parasols sont à disposition sur la plage pour une baignade idéale et le *beach bar* est réputé pour ses délicieux cocktails. Enfin, si vous tombez amoureux de l'endroit, un hôtel de 16 chambres et appartements de caractère vous attend, avec vue sur la mer Egée. Ici c'est spacieux et reposant !

■ SUNRISE AGRARI BEACH

Agrari Beach
✆ +30 22890 23160
www.sunrisemykonos.gr
info@sunrisemykonos.gr
Chambre double à partir de 99 € en été, avec petit déjeuner.
33 chambres en bord de mer. L'hôtel se trouve à quelques pas seulement de la plage de sable blanc d'Agrari où vous pourrez pratiquer l'un des sports nautiques proposés. A moins de parfaire votre bronzage au bord de la piscine extérieure de l'hôtel… La situation est belle.

AGHIOS STEFANOS - ΆΓΙΟΣ ΣΤΕΦΑΝΟΣ

Le joli village de pêcheurs abrite une grande plage à 4 kilomètres au nord de Chora. Cette plage, assez visitée par ceux qui veulent éviter le côté *jet set* de Mykonos, est idéale en fin de journée, pour regarder le soleil se coucher sur Délos. Pour les plus curieux, rendez-vous jusqu'à la plage protégée de Houlakia, toujours plus au nord. Aghios Stefanos pourra constituer une bonne alternative à Chora pour les visiteurs qui cherchent un peu plus de calme et d'espace, mais pour un meilleur rapport qualité-prix.

■ ALKISTIS

✆ +30 22890 22333
www.alkistismykonos.gr
info@alkistismykonos.gr
A 500 m du nouveau port de Tourlos.
Chambre double à partir de 120 € en été, avec petit déjeuner buffet.
Un hôtel récemment rénové qui a décidé de suivre l'architecture sobre typique de Mykonos en rajoutant des éléments graphiques contemporains. Bonnes prestations et bon rapport qualité-prix à proximité de Chora. Location de vélos et de véhicules notamment.

■ FLASKOS SUITES

✆ +30 22890 23027
www.flaskosmykonos.com
info@flaskosmykonos.com
Chambre double de 95 € à 250 € en été.
Difficile de résister à ce petit complexe à taille humaine (11 studios et appartements) avec sa piscine d'eau de mer. Studios aménagés avec goût cycladique et faste (lits à baldaquin). Mention spéciale à la suite n° 4 avec sa douche naturelle. Belles prestations : bar, location de voiture…

PANORMOS - ΠΑΝΟΡΜΟΣ ★★★

La grande baie de Panormos, dans le nord peu visité de Mykonos, abrite une plage sauvage en forme de fer à cheval. C'est un paysage unique qu'encore peu de visiteurs connaissent et qui rappelle l'ancienne Mykonos, celle des temps où les hippies (les vrais) hantaient les lieux. Longtemps un repaire de nudistes, il faut maintenant faire un peu plus attention mais le nudisme est encore pratiqué par endroits. A ne pas manquer : la *full moon party* mythique qui a lieu toutes les nuits de pleine lune sur la plage. Un peu plus au nord, la baie cache une plage vraiment superbe : Aghios Sostis. Sauvage, c'est le petit secret préservé que l'on se chuchote en espérant que la masse des fêtards n'y vienne pas... C'est un havre de paix, aux eaux profondes idéales pour le *snorkeling* où les locaux, les nudistes et les célébrités qui recherchent un peu de discrétion se retrouvent sans chichi. A savoir cependant : les jours de *meltem*, la plage n'est pas très agréable, car très exposée.

■ HOTEL CLUB ALBATROS

Plage de Panormos
✆ +30 22890 27230
http://albatrosclubmykonos.com/
info@albatrosclubmykonos.com
Chambre double à partir de 90 € en été, avec petit déjeuner.
Cet hôtel a tout pour séduire. A 30 m d'une grande plage peu fréquentée, il offre un havre de paix inespéré. Propre, bonne cuisine, bien équipé, accueil chaleureux dans un décor de mer bleue et de fleurs. Une piscine et deux restaurants. Beaucoup de services disponibles.

FTELIAS - ΦΤΕΛΙΑΣ ★★★

Cette belle plage à l'abri de la foule fera la joie des surfeurs avec ses belles vagues. Face au nord, elle reçoit le meltème, d'où sa popularité. On y accède par une petite route asphaltée qui se transforme en piste de sable. Facile d'accès depuis la Chora, et pourtant souvent méconnue des touristes.

■ ALEMAGOU

Tarsana Beach
✆ +30 22890 71339
www.alemagou.gr
info@alemagou.gr
Ouvert tous les jours à partir de 11h et jusqu'à 2h du matin. Comptez 20 € par personne.
Niché sur la plage sauvage de Tarsana dans la baie de Ftelia, ce restaurant-bar de plage est le préféré de la population bohème hippie chic de Mykonos. Pas de « bling-bling » dans ce petit paradis, mais des couleurs terrestres, de jolies tables en bois clair et un petit menu limité de très bonne qualité. Là aussi, on ne cherche pas le style fusion typique des plages du sud : la carte propose des classiques de la cuisine grecque réalisés savamment à partir de produits délicieux (calamars, boulettes de viandes et tomates, etc.). Un raffinement dans la simplicité.

AGIOS SOSTIS - ΆΓΙΟΣ ΣΩΣΤΗΣ

Ici se trouve la plage Agios Sotis, un endroit encore peu connu et pourtant c'est une des plus belles plages de l'île. Se loger dans le coin est un choix intelligent, car ici on est au calme.

DÉLOS - ΔΗΛΟΣ ★★★★

L'île d'Apollon est tout entière classée au patrimoine mondial de l'Unesco depuis 1990 : c'est un musée à l'air libre de 3,5 km² entièrement dédié à l'archéologie. Pour qui veut se frotter à l'Antiquité grecque, Délos (Δήλος/Dilos) est donc incontournable. Mais autant être prévenu, cette île sanctuaire unique au monde se mérite.

▶ **Une île capricieuse.** Les vents et la houle rendent parfois le voyage impossible, même de Mykonos toute proche. Et Délos est carrément fermée aux visites de novembre à mars. En hiver et les soirs d'été, après le départ du dernier bateau, à 19h30, l'île n'est occupée que par des oiseaux, des chats et une dizaine de gardiens qui veillent à ce qu'aucun petit malin n'y passe la nuit (c'est interdit). Autre écueil, Délos ce n'est pas gratos : en plus du billet d'entrée (12 €), il faut payer le bateau (20 €), ce qui représente un sacré budget pour une famille s'offrant cette excursion de quelques heures. Et ce n'est pas tout, puisque l'unique café (et lieu public climatisé) de l'île pratique des tarifs vraiment prohibitifs. Mieux vaut donc prévoir pique-nique, mais aussi eau, chapeau et crème solaire car les coins d'ombre sont rares. L'idéal est de pouvoir venir au printemps ou au début de l'automne, histoire d'éviter les mois chauds et les hordes de touristes. Enfin, les amateurs de péplums et de monuments grandiloquents en seront pour leurs frais. Ici, pas de grand temple façon Parthénon, de fortifications cyclopéennes ni de beau stade comme à Olympie ou à Messène (Péloponnèse). Délos est un immense puzzle qui demande un effort d'imagination. La faute

Soyez prévoyants !

Sachez qu'il est interdit de rester sur l'île pendant la nuit. Un unique snack-bar a le monopole de la restauration, et les prix sont en conséquence... Prévoyez plutôt un petit pique-nique à l'avance. Par ailleurs, le site est fermé le lundi.

à Mithridate V, roi grec de la mer Noire qui rasa la cité en 88 av. J.-C. Et aussi la « faute » aux archéologues de l'École française d'Athènes qui, depuis 1876, ont opté pour des restaurations minimalistes. On doit reconnaître que, d'un point de vue scientifique, ce choix est payant, puisque bien des erreurs d'interprétation et des interventions hasardeuses commises ailleurs ont été ici évitées. L'île possède toutefois des vestiges tout à fait « parlants », à commencer par ses grands quartiers d'habitation abritant de luxueuses villas dont les hauts murs nus cachent parfois de sublimes mosaïques. Et pour peu que l'on prenne son temps, on ne boudera pas son plaisir à flâner dans les ruelles étroites de cette « Pompéi de l'Égée ».

L'appel d'Apollon. C'est à lui que Délos doit son succès. Fils de Zeus et de Léto, Apollon était le dieu des arts, du chant, de la musique, de la beauté masculine, de la poésie, de la lumière, mais aussi des purifications, de la guérison et du tir à l'arc. Avec un tel CV, les Grecs lui dédièrent leurs deux plus importants sanctuaires : Delphes, car c'était le « nombril du monde », et Délos, car c'est ici, selon la légende, qu'il est né avec sa sœur jumelle Artémis, déesse de la chasse. Cette place au panthéon grec, Apollon l'a acquise progressivement, au fur et à mesure que les divinités archaïques (Gaïa, Demeter...) étaient éclipsées par de jeunes stars montantes. Réputé pour ses dons divinatoires, Apollon (aussi appelé Phoebus par les Romains) devint le dieu le plus « à la mode » à partir du Ve siècle av. J.-C., attirant à lui chaque année des dizaines de milliers de pèlerins l'interrogeant par l'intermédiaire de la pythie de Delphes ou de l'oracle de Délos. L'île sanctuaire profita de cette notoriété pour devenir l'un des plus grands centres politiques et économiques du monde gréco-romain, à la fois siège de « l'Otan des Athéniens » (la ligue de Délos) et plus important marché aux parfums et aux esclaves de Méditerranée.

Transports

Huit liaisons par jour depuis Mykonos en été. Le *Delos Express*, l'*Orca* et le *Margarita X* effectuent trois rotations chacun tous les jours sauf le lundi. La traversée dure 30 minutes et les navires repartent au bout de trois heures. Les départs ont lieu le matin, dans le port de Mykonos entre 8h30 et midi. Le voyage coûte 8 € (aller et retour). Le dernier retour a généralement lieu à 15 heures.

Excursions à la journée également possibles depuis Tinos et Paros est possible sans avoir à passer la nuit à Mykonos

À voir - À faire

MUSÉE ARCHÉOLOGIQUE DE DÉLOS (ΑΡΧΑΙΟΛΟΓΙΚΟ ΜΟΥΣΕΙΟ ΔΗΛΟΥ) ★★

✆ +30 22 89 02 22 59
efakyk@culture.gr
Au centre de l'île, à 650 m au nord-ouest du port en passant par l'agora des Compétaliastes, la Voie sacrée, le sanctuaire d'Apollon, puis en prenant à droite sous l'agora des Italiens. Autre accès, plus direct, en passant derrière le sanctuaire d'Apollon.
Tous les jours sauf lundi 8h-20h – fermé novembre-mars – entrée comprise avec le billet du site archéologique. Mise en garde : se renseigner avant la visite car le musée est resté fermé plusieurs mois en 2017 faute de personnel suffisant.
Fondé en 1904 et agrandi jusqu'en 1972, le musée expose une partie des 41 000 objets découverts sur l'île depuis le XIXe siècle. Toutefois, les plus belles sculptures sont présentées au Musée national archéologique, à Athènes. Le musée de Délos n'en est pas moins très riche. On regrette cependant une conception ancienne et, parfois, l'absence d'explications. L'accès aux œuvres est également réglementé en saison haute, avec parfois seulement deux personnes autorisées à la fois dans chaque salle. Un projet de nouveau bâtiment est à l'étude. Pour l'heure, la visite s'organise de manière chronologique et thématique à travers neuf petites salles.

Période archaïque. Situées face à l'entrée, les salles 1 et 2 abritent les sculptures les plus célèbres du musée : un très beau kouros sans tête (460-450 av. J.-C.) aux muscles saillants réalisé par un atelier Naxos et découvert dans le sanctuaire d'Artémis ; une représentation de la déesse Héra assise sur un trône (vers 500 av. J.-C.), au style athénien mais provenant de Paros ; les fameux cinq lions dressés de la Terrasse des lions (fin du VIIe siècle av. J.-C.), originaires de Naxos.

Bientôt un nouveau musée archéologique à Delos ?

Le projet est porté par la Fondation Internationale pour la Grèce (IFG) d'Aspasia Leventis. Objectif : doter l'île sacrée d'Apollon d'un nouveau Musée archéologique à Délos. Pour soutenir ce projet onéreux, la Fondation s'est entourée des plus grands artistes grecs – et amis de la Grèce – dans le monde entier. Parmi eux, Nana Mouskouri, Georges Dalaras, Mario Frangoulis ou encore Nikos Aliagas et Stéphane Bern, soucieux d'aider la Grèce d'aujourd'hui dans le respect de son histoire.

Période classique. Dans la salle 3, remarquez cette grande pièce de marbre du Ve siècle av. J.-C : elle provint de l'acrotère du fronton du temple des Athéniens. Il s'agit de *L'Enlèvement d'Orithye* : Borée, le Vent du Nord, soulève de terre la princesse d'Athènes du bras droit, tout en levant le bras gauche.

Période hellénistique. Les salles 4, 5 et 6 contiennent différents objets de décor de riches maisons de Délos. Issue de la maison de l'Hermès (quartier de l'Inopos), la statue de nymphe au déhanché élégant date d'environ 300 av. J.-C. Réalisée vers 100 av. J.-C., la mosaïque de la maison des Bijoux (quartier du Lac) a perdu de nombreuses tesselles, mais on reconnaît le casque et la chouette d'Athéna ainsi que le pétase (chapeau rond) d'Hermès. Parmi les deux statues du satyre Silène (IIe siècle av. J.-C.), remarquez celle où il tient son outre de vin et son tympanon, sorte de cithare ronde. Il s'agit en fait d'un acteur représenté sous les traits du vieux précepteur de Dionysos, avec un masque et une peau de mouton.

Vie quotidienne. La plongée dans les belles maisons de Délos se poursuit dans les salles 7 et 8 avec de petits objets en bronze et en ivoire, des bijoux de la période mycénienne ainsi qu'une vitrine regroupant des objets érotiques. Il faut regretter qu'aucune information ne soit fournie sur les fresques (scènes de chasse, de banquets, des boxeurs), pourtant très expressives. Ces peintures datent sans doute du IIe ou du Ier siècle av. J.-C. et proviennent pour la plupart des quartiers du Théâtre et de l'Inopos.

Céramiques et inscriptions. Dans les vitrines des deux dernières salles (à droite de l'entrée) sont regroupés des objets des périodes différentes, avec notamment des céramiques à figures noires de l'époque archaïque.

Pavillon touristique. C'est le nom donné au café situé à côté du musée. Les tarifs sont prohibitifs (3 € la petite bouteille d'eau) et les toilettes mal entretenues.

SITE ARCHÉOLOGIQUE DE DÉLOS (ΑΡΧΑΙΟΛΟΓΙΚΟΣ ΧΩΡΟΣ ΔΗΛΟΥ) ★★★★

+30 22 89 02 22 59 – efakyk@culture.gr

Le site s'étend sur toute la surface de l'île avec certaines parties interdites à la visite.

Tous les jours 8h-20h – fermé novembre-mars – 12 € (-18 ans gratuit) – possibilité de visite guidée en français (se renseigner au port de Mykonos ou au Visitor Center de Délos).

Immense champ de ruines de 3,5 km², voici le deuxième plus grand site archéologique de Méditerranée après celui de la Vallée des Temples (13 km²), en Sicile.

Un statut hors normes. Toute l'île est classée « musée archéologique » par la Grèce et inscrite au patrimoine mondial de l'Unesco depuis 1990. Un statut hors normes auquel Délos est habituée : déjà, en 426 av. J.-C., Athènes déclara l'ensemble du territoire en tant que sanctuaire dédié à Apollon, faisant même évacuer momentanément la population. Mais cela ne fit que renforcer l'aura de Délos qui s'imposa par la suite non seulement comme l'un des plus grands lieux de culte du monde grec, mais aussi comme l'une des plaques tournantes du commerce en Méditerranée. Attirant des commerçants et banquiers d'horizons très lointains, elle se couvrit de riches quartiers résidentiels pour atteindre son apogée au Ier siècle av. J.-C.

Une « Pompéi grecque ». Foudroyée en pleine gloire par le roi Mithridate le Grand en 88 av. J.-C., la cité-État-sanctuaire est depuis restée presque figée, n'abritant plus qu'une faible population jusqu'à son abandon complet au IXe siècle. Les ruines de Délos ne sont donc pas sans évoquer celles de Pompéi. Les équipes d'archéologues de deux sites ont d'ailleurs entamé en 2017 une collaboration étroite pour mettre en commun leurs connaissances des villes de l'Antiquité. Et ce sont bien les murs des anciens quartiers résidentiels de Délos qui sont les aujourd'hui les vestiges les plus évocateurs pour le visiteur de passage.

Les lions de Delos font face au lac sacré et protègent symboliquement le site.

Dans le quartier du théâtre, les ruines des statues de Cléopâtre et son mari sont toujours visibles.

Le théâtre de Délos pouvait contenir jusqu'à 5 000 personnes.

Le sanctuaire d'Apollon comprend les ruines de trois temples dédiés au Dieu.

Visite

L'île est fouillée par les archéologues français depuis 1873 mais seul un tiers a été déblayé. Cela devrait toutefois bien vous occuper pendant une journée complète, voire deux si vous ne voulez pas tout faire au pas de course comme certains groupes de touristes qui expédient l'affaire en 3 heures (cela permet à leur guide de faire deux rotations dans la journée). Dans l'ordre nous vous proposons la visite de Délos du port au quartier de l'Inopos avec, en plus, si vous avez le temps, le mont Cynthe et le quartier du Stade. Vous pourrez facilement vous rendre au Musée archéologique depuis le sanctuaire d'Apollon, le quartier du Lac ou le quartier du Stade.

- **1 - Port.** Forcément incontournable : c'est par ici que vous arriverez et que vous repartirez (attention à ne pas manquer le dernier bateau !). C'est un lieu chargé d'histoire.
- **2 - Agora des Compétaliastes.** Ce marché est le premier monument que vous verrez.
- **3 - Voie sacrée.** Pour les pèlerins autrefois et pour les touristes aujourd'hui, c'est un passage obligé vers le nord de l'île (sanctuaire d'Apollon, quartier du Lac, musée, quartier du Stade).
- **4 - Sanctuaire d'Apollon.** Immense, il n'abrite que peu de vestiges parlants. Mais c'était le cœur de l'activité religieuse et il permet de rejoindre les quartiers du Lac et du Stade ainsi que le musée.
- **5 - Quartier du Lac.** À faire absolument, puisque c'est là que se trouve le monument le plus célèbre de l'île, la terrasse des Lions.
- **6 - Quartier du Théâtre.** Au sud de l'agora des Compétaliastes. C'est le plus ancien et le plus dense ensemble résidentiel antique de l'île. Ses ruelles étroites et ses hauts murs bien préservés réservent quelques surprises et débouchent sur les ruines du grand théâtre.
- **7 - Quartier de l'Inopos.** Entre le quartier du Théâtre et le mont Cynthe, il abrite les plus belles mosaïques de l'île.
- **8 - Mont Cynthe.** On peut faire l'impasse. Mais tout de même, l'ascension vaut le coup pour la vue et c'est aussi là que le mythe d'Apollon a commencé.
- **9 - Quartier du Stade.** Au nord-est de l'île, ce n'est pas non plus un incontournable. Mais avec ses installations sportives et sa synagogue, la plus ancienne en dehors de la Palestine, son histoire est riche.

SANTORIN - ΣΑΝΤΟΡΙΝΗ ★★★★

Alors que la Grèce est en pleine tourmente, Santorin ne connaît toujours pas la crise. Classée en 2015 dans le «top 10» des îles paradisiaques selon le site Travel and Leisure, Santorin est le joyau des îles grecques, visité chaque année par 1,4 million de touristes. Énorme pour 83 km² et 11 500 habitants. Bien sûr, on peut y venir en avion. Mais vous ne pourrez pas oublier l'arrivée en bateau, à l'heure du crépuscule, sur cette île rocheuse née des convulsions de la terre, teinte en ocre, rouge sang, gris cendre, gris noir, couleurs volcaniques... Les *scafta*, ces maisons troglodytiques blanches suspendues au-dessus de la mer, n'apaisent point le sentiment de crainte grandiose qu'éveille cette miraculée qui vit toujours en sursis, car le géant destructeur sommeille encore en son sein, attendant son heure. Capitale de l'île, Thira (Fira) vaut à elle seule le détour. Mais le plus bel endroit de l'île est sans conteste le petit village d'Oia (qui se prononce « I-A », mais que vous verrez le plus souvent écrit « Oia »), où la foule se masse tous les soirs pour assister au coucher du soleil. Avec ses allures de carte postale géante, Santorin est devenue l'une des destinations les plus prisées pour les lunes de miel. Ce décor naturel époustouflant reçoit de temps en temps la visite de célébrités : Julia Roberts, Angelina Jolie... Santorin aurait donc tout pour être la star des îles grecques, s'il ne lui manquait de longues étendues de sable blanc. Car mis à part la petite et remarquable Red Beach, les rivages offrent peu de lieux de baignade.

La dimension authentiquement et culturellement grecque de Santorin est souvent mise de côté au profit de son extrême occidentalisation par le tourisme.Toutefois, Santorin c'est aussi des paysans, des vignes, des alternatives aux modes de vie communs, des traditions, des fêtes... Les spécialités culinaires sont précieusement cultivées de nos jours : la fava, les tomates, les câpres etc. La tomate a, à elle-seule, supporté l'économie de l'île pendant des siècles (dix usines de tapenade de tomate !) mais maintenant, le tourisme a pris le relais. Le vin est aussi un prétexte à des grands rassemblements traditionnels : à Santorin, on aime s'entraider dans les vignes entre amis, et faire la fête fin août après avoir foulé de ses pieds les grappes de raisin. Et une autre des grandes traditions de l'île...et bien, c'est de boire ce vin, parfois jusqu'à la déraison, et d'imiter les générations passées en allant chanter avec ses amis à la fenêtre de la fille dont on est amoureux. On disait avant qu'à Santorin, il y avait plus d'ânes que d'habitants, plus d'églises que de maisons et plus de vin que d'eau. Cette phrase résume bien l'atmosphère de la « vraie » Santorin entre agriculture, religion et amusement – ces traditions qui, souvent, sont négligées par ceux qui visitent l'île.

Un peu d'histoire

L'île s'est formée pendant l'ère tertiaire, lorsqu'une secousse géologique a causé l'effondrement du continent égéen. Les éruptions successives lui ont donné une forme circulaire. C'est pour cette raison qu'elle est nommée *Strongyli* c'est-à-dire « ronde » dans l'Antiquité. Après le IIe millénaire av. J.-C., l'île connaît le développement d'une formidable civilisation qui présente beaucoup de points communs avec celle de la Crète minoenne. Mais cet essor est interrompu brutalement vers 1500 av. J.-C. par une explosion volcanique qui engloutit la partie centrale de Strongyli, formant ainsi la caldeira – dans les roches de cette dernière, on peut deviner les différentes érosions à ses couches. A la même époque, des vagues gigantesques détruisent plusieurs villes de Crète. De nouvelles explosions survenues aux IIIe et IIe siècles cassent la partie nord de l'île et provoquent la scission de Thirassia et l'apparition de Kameni. Selon Hérodote, l'île est habitée par les Phéniciens. Plus tard, arrivent les Doriens. Leur chef, Thiras, donne alors son nom à l'île. L'appellation Santorin vient au XIIe siècle, en l'honneur de sainte Irène de Salonique. A partir de 1207, l'île appartient aux Vénitiens et une partie de ses habitants embrasse le catholicisme. Les explosions meurtrières du volcan marquent encore son histoire et de grandes catastrophes surviennent en 1866, 1925, et 1926. La dernière en date, en 1956, a fait 50 victimes. Pour l'anecdote, il n'y a plus qu'un seul habitant sur la partie volcanique, Palea Kamini : il y a trente ans, un dénommé Sostis a décidé de vivre en indépendance. Avec sa soixantaine d'années, ses chèvres et son chien Socrate, il cultive son jardin tous les jours afin de se nourrir tant littéralement que spirituellement.

THIRA (FIRA) - ΦΗΡΑ ★★★★

Le vrai centre touristique de l'île. Les petites rues débordent de magasins aux inscriptions en toutes langues, de fast-foods, hôtels et tavernes. L'ensemble manque un peu de charme, mais la vue sur le port est magnifique. Thira (parfois Fira) est l'endroit où il faut résider si vous souhaitez parcourir l'île, sans voiture notamment. Mais c'est un peu cher et très touristique. En haute saison, la foule, la chaleur, l'agitation et l'accueil pas toujours agréable vous demanderont beaucoup de patience. Dommage pour un lieu si exceptionnel !

Transports

■ AÉROPORT

MONOLITHOS
✆ +30 22860 28400
www.santorini-airport.com
Situé au sud de Monolithos, à 7 km au sud-est de Thira.
Course en taxi à 10 €. En haute saison, des bus assurent régulièrement la liaison.
Malgré la pression des compagnies aériennes pour augmenter le nombre de dessertes avec l'île, la capacité de l'aéroport de Santorin reste limitée.

▶ **Paris-Santorin.** Transavia, propose une rotation en juillet et août, au départ d'Orly et de Nantes. (www.transavia.com).

▶ **Athènes-Santorin.** Les vols d'une durée de 30 minutes sont assurés régulièrement par Aegean Airlines (de 6 à 7 par jour, fr.aegeanair.com / paris-sales@aegeanair.com), Olympic Air (de 5 à 6 par jour, www.olympicair.com).

▶ **Thessalonique-Santorin.** Durée 1h30. Environ deux vols réguliers par semaine avec Aegean Airlines et Olympic Air, et vols saisonniers avec Astra Airlines (www.astra-airlines.gr).

▶ **Liaisons avec les autres îles.** Avec la fusion d'Olympic et d'Aegean, la Grèce a encouragé la création de nouvelles petites compagnies comme Sky Express (www.skyexpress.gr) à desservir les îles.

■ BUS KTEL

✆ +30 22860 22221
www.ktel-santorini.gr
ktel@san.forthnet.gr
Billets entre 1,80 et 2,50 €. Entre le port et Fira : 2,30 €.
Bon réseau au départ de la gare routière de Fira, place Théotokopoulou. Sur place, pas de café, mais un guichet, des toilettes, un peu d'ombre et un distributeur de boissons.

▶ **Athinios (port).** Service assuré de 6h45 à 21h, un bus toutes les 20 minutes entre 9h30 et 19h. Arrêts à Mesaria et Pirgos. Trajet : 30 minutes.

▶ **Monolithos (aéroport).** Sept bus par jour de 7h10 à 18h. Arrêt à Mesaria. Trajet : 20 minutes.

▶ **Ia.** Service assuré de 6h50 à 21h, un bus toutes les 30 minutes entre 10h et 16h. Arrêts à Firostefani et Imerovigli. Trajet : 25 minutes.

▶ **Akrotiri et Red Beach.** Service assuré de 8h45 à 20h, un bus par heure entre 10h et 14h. Arrêts à Mesaria, Pirgos et Megalochori. Trajet : 45 minutes.

▶ **Kamari.** Service assuré de 7h30 à 21h, un bus toutes les 30 minutes entre 8h30 et 14h. Arrêt à Mesaria. Trajet : 35 minutes.

▶ **Perissa.** Service assuré de 7h10 à 21h, avec environ 1 bus par heure. Arrêts à Mesaria, Pirgos, Megalochori et Emporio. Trajet : 40 minutes.

▶ **Vlihada.** Deux bus par jour, à 7h et 14h. Arrêts à Mesaria, Pirgos, Megalochori et Emporio. Trajet : 40 minutes.

▶ **Baxedes.** Trois bus par jour à 6h50, 12h40 et 14h. Arrêts à Firostefani, Imerovigli et Ia. Trajet : 35 minutes.

▶ **Vourvoulos.** Trois bus par jour à 7h30, 11h50 et 13h50. Trajet : 15 minutes.

■ PORT

ATHINIOS
✆ +30 22860 22239
www.santorini-port.com
Athinios, le port de Santorin, est situé en contrebas de Thira. La route sinueuse est parfois un peu bouchée par les autocars. Un bus fait la liaison avec le port mais mieux vaut prévoir un peu d'avance avant un départ.

▶ **Ferries. Athènes.** De deux à quatre ferries par jour depuis Le Pirée (de 7 à 10 heures de traversée) avec des escales fréquentes à Naxos, Paros, Ios, et moins régulièrement à Sikinos, Folegandros et Milos. Aucun ferry ne relie Santorin depuis Rafina. Certains ferries s'arrêtent au pied du village d'Ia avant d'accoster, à 30 minutes de là, à Athinos, le port principal de l'île.

▶ **Cyclades.** Vers le nord-est, Ios (2 heures de traversée), Naxos (3 heures) et Paros (4 heures) sont les mieux desservies, notamment par les ferries venant d'Athènes. Mykonos est à 5 heures. Au nord-ouest, on compte des liaisons avec Sikinos (2 heures), Folegandros (2 heures 30), Milos (5 heures), Kimolos (5 heures 30), Sifnos (8 heures), Sérifos (9 heures) et avec Kythnos (10 heures). Très excentrée par rapport aux autres Cyclades, Anafi devient facile d'accès à partir de Santorin, puisqu'elle est n'est qu'à 1 heure 30 de ferry.

Thira – Fira

& Perissa
vers Oia
Aghiou Athanassiou
Parking
Clinique
Poste
Station de bus
Nouveau Musée archéologique
Cathédrale orthodoxe
Mitropoleos
Parking
25. Martiou
Police du Port
vers Oia
Ipapantis
Musée archéologique
Ipapantis
Nomikos
FALAISES
FALAISES
FALAISES
Chemin piétonnier
Eglise
Musée
Poste
Police
Clinique
Station de bus
Parking
Escalier
0
100 m

Hydroglisseurs. L'île est reliée par hydroglisseur de 2 à 3 fois par jour depuis Le Pirée et 1 fois par jour depuis Rafina. La travervée dure de 5 à 6 heures selon les escales. Sont aussi desservies Ios, Naxos, Mykonos, Paros, Sikinos, Sifnos, Sérifos et la Crète.

Pratique

Tourisme - Culture

POLICE TOURISTIQUE

Rue 25-Martiou
✆ +30 22860 22239

Réceptifs

AGENCE SANTO STAR

✆ +30 22860 23082
www.santostar.gr
sstar@otenet.gr
A quelques mètres de la gare routière, sur le trottoir de gauche en montant vers Firostefani.

Nous recommandons cette agence réceptive multiservice fondée en 1989 par la famille Kafieri. Depuis, l'agence est toujours dirigée par les mêmes acteurs dans la bonne humeur et surtout avec un grand professionnalisme. Pour le reste, on y propose évidemment une multitude de services : de l'excursion en bateau, forcément fantastique, autour du volcan, aux billets pour partir de l'île vers toutes sortes de destinations, en passant par la location de voitures, réservation d'hébergement tout style et pour toutes les bourses, garde bagages...

AEGEAN PEARL TRAVEL

Centre
✆ +30 22860 22170
www.aptravel.gr
info@aptravel.gr
Ouvert toute l'année. Prix spéciaux pour les groupes.

Organise des excursions dans les îles voisines. Hébergements proposés dans différentes régions. Prise en charge voyages de noce, lune de miel, baptêmes, conférences. Location de voitures toutes catégories, location de bateaux. Billetteries avion et bateau toutes compagnies confondues. Pratique, la réceptionniste parle un peu le français.

CALDERA'S BOATS

✆ +30 22860 24355
www.santorini-sea-excursions.com
info@santorini-sea-excursions.com
À l'agence centrale « Santo star », face à l'OTE Shop.

Spécialiste des excursions en bateau, cette agence propose des circuits au départ du vieux port de Thira ou du port d'Athinios : volcan avec son cratère actif et ses sources thermales, baignade dans l'eau à 35 °C de la crique de Palea Kameni, navigation au-dessus du cratère immergé, escale dans la petite île de Thirassia pour nager, manger et visiter le village traditionnel de Manolia, escale à Oia... La fierté de la compagnie est « Afroditi », le plus grand bateau à voile traditionnel en bois dans la Caldeira. Deux excursions en matinée et au coucher de soleil.

Santé - Urgences

URGENCES MÉDICALES

✆ +30 22863 60300

Port de pêche.

Se loger

Bien et pas cher

■ BACKPACKERS PLACE FIRA

✆ +30 22860 31626
www.firabackpackers.com
firabackpackers@gmail.com
Dortoirs de 15 à 40 € par personne, selon qu'on loge en chambre double ou en dortoir. Transfert aéroport offert à partir de 5 nuits. Ouvert de mars à fin novembre.
Nouvel établissement petit budget à 150 m du centre-ville et de la gare routière. Deux frères, Vassilios et Mikailes, s'attellent à rendre cet endroit convivial et confortable. Chambres doubles, familiales, dortoirs. Climatisation. Piscine et location de vélos. Wifi, cuisine et ordinateurs à disposition. Une bonne adresse.

■ LETA HOTEL

25 Martiou
✆ +30 22860 22540
www.letasantorini.gr
info@leta-santorini.gr
A 50 m de la place centrale
sur la droite en direction de Firostefani
et à 150 m de la caldeira.
17 chambres. Selon la période, la double entre 35 et 115 €, la triple entre 45 et 135 €. Café et thé offerts le matin.
Propre, fleuri, et relativement calme pour un établissement central. Ici, pas de vue sur la falaise, mais on est pas loin non plus. Petit hôtel familial avec air conditionné, wifi, télévision, réfrigérateur, salle de bain privée, balcon pour certaines chambres, plus une piscine pour se rafraîchir.
Un très bon rapport situation-prix. Bénéficiant d'un emplacement central, à quelques pas des commodités et des services de la ville, cet hôtel confortable est idéal pour les groupes d'amis en quête d'aventure dans la célèbre vie nocturne de Fira.

Confort ou charme

■ ASTIR THIRA HOTEL

✆ +30 22860 22585
www.astirthira.gr
info@astirthira.gr
Au sud de la ville,
sur la route principale en direction du port,
à 5 minutes de marche du centre.
23 chambres. La double entre 90 € et 180 € avec petit déjeuner, selon la catégorie et la période.
A la sortie de Fira, 5 minutes à pied au sud en direction de Messaria à gauche sur la route principale. Hôtel à taille humaine avec seulement 23 chambres, confortables et avec TV satellite, air conditionné, réfrigérateur, coffre-fort, sèche-cheveux, baignoire, téléphone, accès Internet sans fil gratuit... 9 d'entre elles ont une vue superbe sur le coucher du soleil et le volcan et les 9 autres ont vue sur le lever de soleil et la piscine mais toutes ont un balcon. Transfert port/aéroport offert. Piscine agréable avec chaises longues sans supplément. Parking à 50 m.

■ DREAM ISLAND HOTEL

Rue du 25 Mars
✆ +30 22860 24122
www.dreamislandhotel.gr
info@dreamislandhotel.gr
Dans le centre nord de Thira
en direction de Firostefani.
La double de 100 à 250 € selon la période. Ouvert toute l'année.
Bonne situation, pour cette vingtaine de chambres toutes neuves et bien au calme avec balcon ou terrasse privés. La décoration est chaleureuse, tout comme l'accueil. Les chambres sont dispersées dans des petits bâtiments autour de la piscine d'où vous admirerez le lever du soleil sur la mer. A l'intérieur : air conditionné, hi-fi, réfrigérateur, coffre-fort, TV plasma au mur... Grand jardin lounge fleuri autour de la piscine avec hamac.

■ LOIZOS STYLISH RESIDENCES APARTMENTS

✆ +30 22860 24046
www.loizos.gr
info@loizos.gr
Au centre-ville près de la cathédrale.
La double standard de 54 à 140 € en été. Petit déjeuner copieux à 8 €.
23 chambres et appartements à seulement une trentaine de mètres de la caldeira, non loin de l'arrêt de bus. La piscine est neuve et toutes les chambres et appartements ont été rénovés il y a quelques années. Certaines chambres jouissent d'un balcon privé avec vue sur mer, idéal pour admirer le lever du soleil. Supérette et gare routière sont à proximité. Location de scooter et organisation d'excursions possible. Connexion Internet sans fil gratuit. Riches petits déjeuners en buffet (avec supplément) au premier étage avec vue et balcon.

■ THEA STUDIO'S

✆ +30 22860 25357
www.theastudios.com
info@theastudios.com
Au sud de la ville et au calme,
à 900 m et 10 min de marche du centre.
23 chambres et appartements de 40 à 145 € selon la période et la catégorie.

Un groupe moderne de studios, d'appartements et de chambres de style cycladique récemment construit. La particularité de l'endroit réside dans le lever du soleil depuis la piscine ou les balcons que toutes les chambres possèdent. Grande piscine agréable avec transats gratuits. Grand jardin pour les soirées grillades et les petits-déjeuners. Ici au moins, on respire. Certifié ISO « green label » depuis sa rénovation en août 2012, dans cet établissement, les animaux domestiques sont les bienvenus. Transfert A/R gratuit de l'aéroport et depuis l'arrêt de bus principal.

Luxe

■ ANTELIZ
89 rue Markou Nomikou
✆ +30 22860 28842
www.anteliz.gr
info@anteliz.gr
Chambre double à partir de 315 € en été, petit déjeuner inclus. wi-fi gratuit.
Il faut le voir pour le croire. Cette ancienne villa restaurée tutoie le vide et la caldeira sur la route qui mène de Thira à Firostefani. Spectaculaire, quel que soit l'angle où l'on se place. Les chambres sont évidemment magnifiques (encore heureux pour ce prix-là) et tous les services sont dignes d'un établissement de luxe haut de gamme.

■ ARESSANA SPA HOTEL & SUITES
Mitropoleos Street
✆ +30 22860 23900
www.aressana.gr
info@aressana.gr
A côté de la cathédrale orthodoxe.
48 chambres. Chambre double à partir de 200 € en été, petit déjeuner inclus.
Idéalement placé près de la caldeira, cet hôtel spa, unique à Santorin, propose de nombreux services haut de gamme. Décor design, chambres très confortables, restaurant bio, bar, piscine. L'établissement est pourtant en attente de sa cinquième étoile. Idéales pour deux personnes seulement, les chambres doubles standard (environ 17 m²) sont romantiques et constituent un havre de paix idéal, avec un décor chic déclinant une palette de blanc et de gris. La plupart de ces chambres sont situées au rez-de-chaussée de l'hôtel. Ensuite, les prix montent.

Se restaurer

Bien et pas cher

■ ELIA TAVERNA
✆ +30 22860 23165
www.eliasantorini.com
reserve@eliasantorini.com
2 accès à 30 m de la place centrale de Fira.
A partir de 15 € par pers. Ouvert tous les jours midi et soir.
Endroit convivial et sans prétention pour ceux qui cherchent autre chose que la caldeira. L'établissement et son rooftop viennent d'être rénovés. On y sert des produits frais, des plats grecs bien sûr, mais aussi pâtes, viandes, salades, poissons. C'est copieux, très correct au niveau des prix, et le personnel est très sympathique. Le propriétaire fabrique sa propre huile d'olive dans son village d'enfance. De nombreuses photos d'époque de Santorin en noir et blanc sont exposées.

■ ELLINIKON
✆ +30 22860 21161
www.ellinikonrestaurant.com
Sur la place centrale de Fira.
A partir de 15 € par pers. Ouvert tous les jours midi et soir.
Restaurant récent et joliment décoré situé sur la place centrale de Fira. De sa cuisine ouverte façon self, vous pouvez apercevoir les nombreux plats grecs faits maison, essentiellement à base de viandes et de légumes. Cela permet aussi de se mettre l'eau à la bouche et de choisir plus facilement ce dont vous avez envie. Bon rapport qualité/prix.

■ LITHOS
✆ +30 22860 24421
www.lithossantorini.com
info@lithossantorini.com
Sur la Caldeira.
A partir de 20 € par pers. Ouvert tous les jours midi et soir.
Sur une jolie terrasse avec une vue formidable. On recommande l'établissement, pour le professionnalisme chaleureux du personnel et la qualité des plats servis. Parmi les spécialités de la maison : poulet aux artichauts, spaghettis aux langoustes ou aux ails, câpres et tomates... La carte, variée, propose des plats copieux, essentiellement grecs et italiens, pour des prix raisonnables. En baragouinant un peu en français et en offrant un verre automatiquement, le patron rend l'atmosphère encore plus amicale.

Bonnes tables

■ 1500 B.C.
✆ +30 22860 21331
www.1500bc.gr
info@1500bc.gr
Sur la caldeira.
Entre 20 à 30 € par personne. Ouvert tous les jours de midi à minuit.
Tout en haut de la ville, derrière l'église Mitropolis, suivre les panneaux à côté de l'hôtel Adressana et Atlantis. Ce magnifique restaurant

à la vue inoubliable propose du poisson frais. Large choix de vins grecs minutieusement sélectionnés. Il faut dire que les propriétaires parfaitement francophones sont de grands voyageurs et gastronomes aguerris, il n'y a donc aucun doute sur la qualité des aliments et le service de cet endroit magique.

■ **ARGO**
✆ +30 2286 022594
www.argo-restaurant-santorini.com
info@argorestaurant.com
Ouvert tous les jours de midi à minuit. Comptez 30 € par personne.
Le défi du restaurant Argo, est de parvenir à combiner les saveurs traditionnelles de Santorin, ou plus largement de la Méditerranée, avec d'autres types de produits venant d'ailleurs afin de créer des plats uniques. Une super gastronomie qui permet de se familiariser avec l'originalité des arômes de la *fava* (purée de pois cassés), des aubergines blanches, et de la *patatina* – une spécialité qui mélange des œufs et des pommes de terre – parmi d'autres. L'endroit est cosy, fleuri, et dispose d'une terrasse avec une vue impressionnante.

■ **IDOL RESTAURANT & BAR**
r. Ipapantis
✆ +30 2286023292
https://idolsantorini.gr
info@idolsantorini.gr
Dans le centre de Fira, sur la Caldeira.
A partir de 30 € par personne.
Un menu gastro dans un très bel endroit : nourriture excellente, vue époustouflante et, pour couronner le tout, une très bonne ambiance musicale. Au menu (entre autres) : bœuf cuisiné à la brésilienne ou risotto aux champions et truffes, le tout arrosé évidemment de vin de l'île. Pour une addition plus douce, c'est ouvert aussi pour le petit déjeuner ou boire un verre.

Sortir

■ **GRAFFITI MUSIC CAFE**
Karterados
✆ +30 2286 024248
www.graffiti-santorini.gr
info@graffiti-santorini.gr
Ouvert tous les jours de 8h à 2h du matin.
Ouvert depuis 2006, le Graffiti Music Cafe est un endroit où la tranquillité est de mise en journée, sur les poufs installés en terrasse ou en intérieur. Le soir, des concerts ont lieu, le plus souvent de musique électronique bien vibrante. Il n'est pas idéalement situé (au bord de la route qui part de Fira vers le sud de l'île, un peu en dehors de la ville) mais cela permet au moins de faire tout le bruit qu'on veut... La décoration joue sur les codes underground, tout en graffitis. On peut y venir en journée pour un café ou un dessert.

■ **KOO CLUB**
Rue principale de la ville haute
✆ +30 22860 22025
www.kooclub.gr
info@kooclub.gr
Ouvert en saison tous les soirs à partir de 23h.
Entrée avec boisson. Le club résolument branché possède un agréable espace extérieur où vous pourrez siroter des verres aux trois bars qui se trouvent sous les palmiers et la Voie lactée. Voûtes bleues, rouges et blanches à l'intérieur. Musique dance et tubes.

■ **THE GREEK WEDDING SHOW**
✆ +30 22860 21770
www.whitedoorsantorini.com
info@whitedoorsantorini.com
Tarifs : 55 €/adulte, 35 €/enfant. Le show débute tous les soirs à 21h.
Voilà un concept de spectacle unique dans les Cyclades. Le *Greek Wedding Show* est une comédie musicale déjantée qui engage couples, enfants, familles et amis de plain-pied dans la culture locale d'une manière divertissante. Une réelle performance interactive avec des acteurs, des danseurs, des chanteurs, des musiciens et vous, au cours de laquelle vous célébrerez la culture grecque à travers la musique et la danse à l'occasion d'un mariage traditionnel. Interactive, car vous serez régulièrement invité à participer aux festivités en intervenant oralement, en dansant, ou encore en cassant des assiettes... La prestation inclut un repas où vous pourrez savourer de nombreux vins et mezzes grecs.

TROPICAL

✆ +30 2286 023089
tropicalbar@gmail.com

Happy Hour de 21h à 23h. DJ set à partir de 22h.

Ouvert depuis plus d'une trentaine d'années, c'est toujours la même personne à la tête du lieu, ce qui a fidélisé une bonne clientèle. Au Tropical bar, il y a une petite salle intérieure, aux murs en pierre, mais surtout une jolie terrasse qui donne sur la baie, et qui vous ravira en pleine nuit. On y reste éveillé toute la nuit au rythme des pulsations de vieux tubes, de rock et du soul principalement mais les playlists changent tous les jours.

Les cocktails, d'ailleurs, portent les noms des plus grands : vous pouvez par exemple commander un Hendrix.

À voir – À faire

ILE VOLCANIQUE DE NEA KAMENI ★★★

Des bateaux d'excursion partent d'Ormos pour une visite de 3 heures. Départs à 11h et 14h. Comptez 15 € par personne.

Le fameux cratère se trouve sur l'îlot de Néa Kameni, et vous devrez marcher 30 minutes avant d'apercevoir sa bouche béante qui crache du soufre et de l'air brûlant. Le sommet offre un panorama exceptionnel : vous observez sur 360° la forme circulaire des îles qui entourent le volcan. Attention, le sol est chaud et il vaut mieux porter des chaussures fermées. Après cette visite, le bateau vous emmène pour une baignade dans des sources chaudes. Ne vous étonnez pas de la couleur jaune de l'eau : c'est du soufre. Prévoyez un maillot de bain pour en profiter.

COUVENT DOMINICAIN ET QUARTIER CATHOLIQUE

Entre les rues Ernithrou Stavros
et du 25-Mars
✆ +30 22860 22420

Le dimanche, messes à 8h au couvent dominicain, à 10h à la congrégation lazariste, et entre 9h et 12h30 à la cathédrale.

Le couvent dominicain de Sainte-Catherine accueille une petite communauté de douze nonnes, pour la plupart originaires d'Espagne. Fondé en 1596 sur l'îlot de Skaros, le couvent a été réinstallé à Fira au XIXe siècle. De style baroque, il abrite l'église Rozario où l'on peut admirer d'anciens objets de culte. Aux heures des messes, il est possible d'apercevoir les nonnes. Comme elles vivent dans la contemplation du Christ, ce sera uniquement à travers une grille. Mais alors, si la plupart sont de nationalité espagnole, pourquoi les habitants ont-ils donné un nom français à cette partie de la ville ? Pour le comprendre, il faut remonter à la période turque. A l'époque, seule l'église orthodoxe grecque est tolérée comme religion, avec l'islam. L'église romaine se retrouve hors jeu et la communauté catholique des îles grecques sous domination turque décline. Seule l'intervention diplomatique des puissances catholiques européennes permettra de préserver quelques monastères et églises sous le giron de Rome. A Santorin, ce sont ainsi les Français qui se sont le plus investis dans cette mission. Dans le quartier subsiste encore aujourd'hui, outre le couvent dominicain, une maison lazariste, ainsi que la cathédrale Saint-Jean-Baptiste. Il s'agit du plus grand édifice religieux moderne de Santorin, abritant le siège de l'un des trois évêchés catholiques des Cyclades, les deux autres étant à Tinos et Syros. De nos jours, les catholiques représentent 4,5 % de la population de Santorin, soit seulement 400 personnes.

MUSÉE ARCHÉOLOGIQUE

Rue Dekigala
A côté de la gare routière
✆ +30 22860 22217

Ouvert du mardi au dimanche de 8h à 15h. Fermé le lundi. Entrée 3 €.

Hélas, la plupart des découvertes archéologiques de Santorin se trouvent au musée archéologique national d'Athènes. Le musée de Thira n'en abrite qu'une petite partie. Reconstruit en 1960 après le tremblement de terre de 1956. On peut y admirer une collection de vases en terre rouge, des vases noirs aux inscriptions datant du Ve siècle av. J.-C., ainsi que divers objets de la période minoenne. Le musée accueille également des fresques et sculptures impressionnantes de la période hellénistique, des œuvres d'art byzantin et même quelques artefacts préhistoriques.

MUSÉE MEGARO GYZI

Rue Aghios Ioannos
Juste au-dessus
de la station de téléphérique
✆ +30 22860 23077
www.megarogyzi.gr

En été, ouvert du lundi au samedi de 10h à 20h et le dimanche de 10h30 à 16h30. Entrée libre.

Ce bâtiment vénitien du XVIIe siècle mérite notre attention car il abrite plusieurs salles d'exposition sur l'histoire contemporaine de l'île : photos d'avant le tremblement de terre de 1956, relevés géologiques, cartes anciennes, manuscrits, gravures... Bien présenté, le lieu en lui-même est agréable. Chaque année, du 1er au 23 août, se tient ici le Megaro Gyzi Festival dont la programmation regroupe artistes grecs et étrangers pour des concerts de musique classique, du théâtre, de la peinture... Et tout cela est proposé gratuitement au public.

Sports - Détente - Loisirs

■ AEGEAN DIVERS

Agia Irini – Pyrgos
✆ +30 22860 33201
www.aegeandivers.com
info@aegeandivers.com
A mi-chemin entre Thira et Pyrgos.
En remontant du port,
avant la grande ligne droite vers Fira
face au restaurant Mexicain « Zorbas ».
Ouvert de 8h à 22h. Arrêt de bus en face de la boutique.
Dotés d'une longue expérience en plongée récréative de tous niveaux, les profs certifiés d'Aegan Divers reçoivent aussi bien les amateurs débutants que les grands professionnels. Il est vrai qu'ici, les plongeurs s'en donneront le cœur joie, car plonger autour d'un volcan n'est pas donné à tout le monde. Ce centre de plongé propose des expériences inédites sur 32 sites autour de l'île. Sur la page d'accueil d'Aegan Divers sont proposées des formules avec hébergements. Possibilité de transfert gratuit sur rendez-vous. Demander Kostas le propriétaire.

FIROSTEFANI - ΦΗΡΟΣΤΕΦΑΝΙ ★

A 10 minutes de Thira, au bord de la falaise, Firostefani offre une vue fabuleuse sur la caldeira : c'est un cadre unique baigné de tranquillité. Cette petite « banlieue » de Thira est plus calme que sa voisine, mais elle reste pratique pour découvrir les attractions principales de l'île. Vous serez très rapidement à pied en plein centre de Thira, afin de profiter de temps en temps de l'animation de la ville. Calme et romantique, Firostefani est une sorte de dortoir de luxe, parfois plus cher encore que Thira. Les hôtels y sont vite complets, donc n'hésitez pas à réserver à l'avance. Au-delà de la vue et des hôtels, ce qui n'est pas rien, Firostefani n'offre aucun site d'intérêt particulier.

Transports

Comment y accéder et en partir

En arrivant au port, on peut se rapprocher avec le téléphérique : c'est 4 € dans chaque sens, un départ toutes les 20 minutes quand il n'y a pas de bateau et 3 minutes de trajet dans 6 cabines de 6 passagers.

Se loger

■ GALINI HOTEL & VILLAS

✆ +30 22860 22095
www.hotelgalini.gr
info@hotelgalini.gr
A quelques pas de la petite place sur la Caldeira.
12 chambres. La double à partir de 125 € avec un très bon petit déjeuner, selon la catégorie et la période.
Niché à flanc de falaise avec une vue plongeante et incroyable sur la mer et la caldeira, ce petit hôtel est un endroit charmant et convivial. Les chambres, rénovées il y a peu, sont idéalement agencées et décorées dans le style cycladique. Les suites ont un balcon privé. Christina fera tout pour faciliter votre séjour et votre découverte de l'île. L'hôtel possède également des villas sur la Caldeira, et un café avec terrasse panoramique sur le toit. Le petit déjeuner de grande qualité servi le matin, face à la vue dégagée, est une expérience à ne pas manquer !

■ HOTEL MARGARITA

✆ +30 22860 24377
www.hotelmargarita.gr
margaritafirostefani@gmail.com
Situé juste là où la route
vers la caldeira commence.
Chambre double avec petit déjeuner à partir de 80 € en été. Ouvert toute l'année.
Propose 20 chambres confortables avec balcons privés (vue à l'est, lever du soleil), réfrigérateur, air conditionné. On apprécie la piscine avec bar. Un établissement sans prétention mais propre et agréable et particulièrement adapté aux familles (une fois n'est pas coutume à Santorin) avec des chambres pouvant accueillir jusqu'à 4 personnes.

■ **KAFIERIS APARTEMENTS ON THE CLIFF**
Sur la Caldeira.
✆ +30 22869 22059
www.kafierisapartments.gr
kafierisapartments@gmail.com
Situé au plus haut point de Thira, à Firostefani, à seulement 500 m du centre.
Appartement à partir de 90 € en été, moins en hiver. Ouvert toute l'année.
Un hôtel simple qui propose quelques chambres dont certaines avec cuisine équipée. Vous pouvez prendre le petit déjeuner ou utiliser le bain à remous sur la terrasse du toit avec une vue inoubliable sur la caldeira. Possibilité d'utiliser les piscines de l'hôtel Margarita (c'est le même propriétaire). L'ensemble est là aussi sans prétention mais pratique et calme.

Se restaurer

■ **AKTAION TRADITIONAL RESTAURANT**
✆ +30 22860 22336
www.aktaionsantorini.com
info@aktaionsantorini.com
Sur la place principale face à l'église.
A partir de 15 € par personne.
Une des plus vénérables adresses de l'île, fondée en 1922 et transmise de père en fils. Aujourd'hui, même si cette taverne est la plus ancienne de Santorin, elle n'a absolument rien perdu de son charme. On y sert de bons petits plats typiques sur une terrasse bleue et blanche souvent bondée. L'agneau au four avec pommes de terre et feta est un régal. Résolument une des meilleures adresses de l'île. Quand les touristes sont moins nombreux, le patron et ses clients refont le monde et vous raconteront l'histoire du lieu. Mieux qu'une carte postale !

■ **VANILIA RESTAURANT**
✆ +30 22860 25631
www.vanilia.gr
vanilia@vanilia.gr
A côté de l'église, sur la caldeira.
A partir de 20 € par personne. Ouvert tous les jours midi et soir.
Un restaurant romantique et fleuri, avec de belles salles et une vue imprenable sur la caldeira. Comment résister à sa tonnelle face à la caldeira ? Ce restaurant traditionnel est ouvert depuis plus de 20 ans. Cuisine grecque et variée à la carte ou en menu : mezzés, poissons, fruits de mer, viandes, soupes, salades. Nous y avons également goûté des sardines grillées au basilic et aux tomates rôties et un excellent rizogallo (riz au lait). La vue plongeante sur la caldeira, l'atmosphère romantique et la qualité des prestations ne vous laisseront pas indifférent.

Sortir

■ **GALINI CAFÉ**
✆ +30 22860 22095
www.galinicafesantorini.com
galini-htl@otenet.gr
Sur le toit de l'hôtel Galini, à quelques pas de l'église.
Vue magnifique sur la Caldeira et la Mer Egée. Ambiance romantique du petit déjeuner à l'apéro coucher de soleil. On y sert des petit déjeuner, sandwichs, salades, crêpes, patisseries, mais aussi des vins locaux et des cocktails. Tout y est délicieux, un incontournable !

IMEROVIGLI - ΗΜΕΡΟΒΙΓΛΙ ★

Imerovigli est à 15 minutes à pied de Thira en passant par Firostefani. C'est une autre « banlieue-dortoir » de luxe pour désengorger Thira. Aucun site d'intérêt particulier à visiter, mais une magnifique promenade sur un sentier à flanc de falaise qui mène jusqu'à une chapelle suspendue dans le vide, la chapelle de Theoskepasti.

Se loger

Bien et pas cher

■ **AELIA BY ELTHEON**
✆ +30 22860 24078
www.santorini-hotels.org
eltheon@otenet.gr
Studio double entre 85 € et 100 € en été. Petit déjeuner : 8 €.
Ces studios, économiques, offrent un bon rapport qualité/prix. Tous ont une kitchenette et la télévision. Architecture et mobilier traditionnels, chambres spacieuses et rénovées récemment. Piscine avec bassin pour enfants. Et quelques bonnes prestations, comme un service de location de voiture.

Confort ou charme

■ **ATHIRI SANTORINI FAMILY FRIENDLY HOTEL**
✆ +30 22860 36230
www.athirisantorini.gr
info@athirisantorini.gr
Sur la gauche à la sortie du village, sur la route d'Oia.
Appartements à partir de 140 € la nuit.
Athiri est un tout nouvel hôtel qui propose un hébergement et une hospitalité principalement aux familles et aux parents voyageant avec des enfants. Respectant le style architectural des

Cyclades, avec vue mer ou jardin, c'est l'atout majeur de ce nouveau petit établissement (pour les personnes concernées du moins !). Suites familiales avec séjour, cuisine, spa, et terrasse. Salle de jeux adaptée avec option garde d'enfants en sus, piscine extérieure. Enfin, il est idéalement placé pour une visite de l'île en voiture entre Fira (3 minutes) et Oia (10 minutes).

■ LUNA ROSSA
✆ +30 2286024280
https://www.santorini-lunarossa.com
lunarossasantorini@gmail.com
De 80 € à 125 € par nuit en basse saison pour un studio avec balcon et jusqu'à 350 € pour un appartement avec bain à remous en pleine saison.
Bel établissement de style cycladique, disposant de terrasses avec une vue magnifique sur la baie de Santorin et la mer Egée. Fred, le propriétaire, est très sympathique et parle français, il saura vous accueillir au mieux.

Luxe

■ ASTRA SUITES
✆ +30 22860 23641
www.astrasuites.com
info@astrasuites.com
Sur la caldeira, 2 min à pied en descendant.
30 chambres et une villa avec petit déjeuner à partir de 225 €.
Astra Suites, dans le village paisible d'Imerovigli, est perché sur la falaise volcanique la plus exceptionnelle de Santorin. L'hôtel ressemble au cœur d'un village pittoresque des Cyclades. Le lieu offre une vue panoramique, où l'alchimie naturelle de la mystérieuse caldeira et de la mer Égée bleue nature, surprend le regard au fil de la journée. Classé parmi les 25 meilleurs hôtels au monde et primé en « Best Service » pour 2015, le savoir-faire du personnel est au service de votre détente.

■ WHITEDECK HOTEL
A côté de l'église orthodoxe maltaise
✆ +30 22860 24547
www.whitedecksantorini.com
A partir de 140 € la nuit, petit déjeuner compris. Avec navette aéroport.
Pas de confusion : si vous connaissiez les Oniro Studios, ils ont changé de nom. Pour le reste, pas de changement : il y a toujours beaucoup d'escaliers, suivez juste les panneaux. Situé sur le point culminant de l'île, avec de véritables caves creusées dans la roche, l'hôtel offre une vue sans égale. Très calme, cosy, ambiance familiale sans prétention particulière. Même s'il propose aussi des suites avec un bain à remous privé... On profite à Imerovigli d'un calme incomparable aux autres emplacements de l'île avec en option le petit déjeuner apporté en chambre.

Se restaurer

ANESTIS

✆ +30 22860 25374

Ouvert tous les jours à partir de midi. Compter 15 € par pers.

Mention spéciale à cette taverne très authentique recommandée et fréquentée par les locaux, ce qui est toujours bon signe. Même si les tables sur la rue ne font pas envie, sachez qu'il y a une salle avec vue panoramique sur la côte. En cuisine, des plats familiaux avec du vin maison. De la qualité à prix modérés.

ANOGI

✆ +30 22860 21285

www.anogirestaurant.gr/

Réservations conseillées. Comptez 20 € par personne. Ouvert tous les jours le soir, à partir de 17h.

Tout est dans la simplicité mais cependant dans le bon goût, pour ce restaurant situé sur une place du village d'Immerovigli. On y mange très bien, avec à la carte de bons plats grecs cuisinés à base de viande ou poisson. Une taverne iconoclaste puisqu'elle sert, entre autres, de nombreux plats de Thessalie, tels que le veau braisé aux pâtes, avec de l'huile d'olive de Gythio. Il y a aussi des mezzes, copieux. Le service est vraiment rapide même les soirs d'abondance, et il est toujours exécuté avec le sourire et le bavardage chaleureux.

AVOCADO

✆ +30 22860 36183

www.avocadosantorini.gr

avocadosantorini@yahoo.gr

Comptez 15 € par personne. Ouvert tous les jours de midi à minuit.

La cuisine méditerranéenne de ce restaurant séduit par sa qualité, sans exagérer sur les prix. Atmosphère apaisante et service sympathique dans un cadre confortable. Plats végétariens, desserts maison et belle carte de vins locaux. Le restaurant est toujours plein en été donc pensez à réserver à l'avance. Autre avantage, l'établissement privilégie des ingrédients locaux et biologiques, principalement originaires de l'île de Santorin, pour préparer ses plats afin de garantir la meilleure qualité. Lesbos (pour son fromage) ou Naxos (huile d'olive) sont aussi à la carte.

OIA - IA ★★★★

L'un des plus beaux lieux de Grèce, si ce n'est le plus beau... Thira est déjà magnifique, mais ici ça surpasse tout, ce lieu est unique et la vue mystique. Une vue incroyable sur le paysage (volcan, mer, caldeira...). À 11 kilomètres de Thira, la ville d'Oia (prononcez I-a) a été abandonnée par ses habitants en 1956 après un tremblement de terre. Les 600 personnes qui y vivent actuellement ont restauré les maisons détruites ou en ont construit de nouvelles, creusées dans la roche.

La vue est exceptionnelle mais pas exempte du bazar touristique de Thira : tavernes sans goût particulier, restaurants de luxes qui font payer cher la vue, et surtout, des rues noires de monde quasiment du matin au soir... L'heure de la sieste grecque (15h-18h) est peut-être celle la plus tranquille pour se balader. Le soir, l'ambiance est au calme, au romantisme. Il est toujours agréable de vous balader dans les petites ruelles en marbre de la vieille ville, entre les anciennes demeures néoclassiques, passant devant les chapelles blanches et bleues et leurs dômes si singuliers. Au coucher de soleil, c'est superbe et il règne une atmosphère paisible, même si c'est aussi à cette heure de la journée qu'il y a le plus de monde.

Oia domine deux baies, celle d'Ammoudi (à l'ouest) et celle d'Armeni (à l'est). Ce sont les ports servant de lieu de départ aux excursions en bateau dans la caldera. Elles abritent toutes deux quelques tavernes de poissons, dont l'emplacement est franchement idéal pour

10 kilomètres à pied...

Thira-Oia, 10 kilomètres inoubliables de balade le long des falaises. Le meilleur moyen pour profiter de la vue à Santorin est encore de marcher. En 3 heures de balade, ce trajet vous permettra de faire une halte pique-nique au-dessus de la caldeira et de finir, en fin d'après-midi face au légendaire coucher de soleil à Oia. Pour revenir, certains bus effectuent la navette jusqu'à 3h du matin en été.

Une autre randonnée possible, au sud, est une marche qui va du village de Perissa jusqu'au site Ancient Thira (Mesa Vouna). C'est très joli et moins connu chez les touristes.

Enfin, vous pouvez aussi marcher d'Akrotiri jusqu'au phare, puisqu'il n'y a pas de bus. Il y a 5 kilomètres entre les deux, et puisqu'il y a peu de constructions touristiques sur ce chemin, c'est assez pittoresque.

passer un agréable moment en soirée : on est juste au bord de l'eau, isolés au pied des falaises étourdissantes.

Transports

■ **VAZEOS CAR & MOTO RENTAL**
© +30 22860 71200
www.vazeos.gr
info@vazeos.gr
Sur la droite avant d'entrer dans le village.
Voiture à partir de 27 € par jour selon le modèle, la période et la durée. Ouvert toute l'année de 8h30 à 21h.
Structure très professionnelle et sérieuse à Santorin. Location de tous types de véhicules quasiment neufs de très bonne qualité, avec air conditionné et lecteur CD. Expérience remarquable dans l'organisation et la gestion des locations (anciennement AutoEurope). Possibilité de siège bébé. Quads, motos, scooters, et véhicules haut de gamme également disponibles. Livraison-réception des véhicules au port, à l'aéroport, en agence ou à votre hôtel. Parmi les autres services professionnels assurés : une assistance 24h/24, sept jours sur sept.

Se loger

Bien et pas cher

■ **PENSION FLOWER**
© +30 22860 71130
http://flower-santorini.com
info@flower-santorini.com
Chambre double à partir de 80 € en été.
Cette petite pension familiale propose 10 chambres spacieuses pouvant accueillir de 2 à 4 personnes, chacune avec son magnifique balcon et donnant toutes sur le spectaculaire jardin et la piscine. C'est un très bon rapport qualité-prix pour Oia. C'est notamment dû à son emplacement, un peu en retrait de la caldeira. Chambres confortables et proprettes, avec un réfrigérateur. Et les balcons des chambres donnent malgré tout sur la mer au loin. La piscine centrale est bien agréable également. Une bonne adresse pour les familles aussi.

■ **VIP SUITES**
© +30 22860 71406
www.vipsuites.gr
info@vipsuites.gr
Studio pour 2 à partir de 70 € en basse saison, sinon 149 € en été.
Perchées au sommet des falaises de Santorin, ces suites sont situées dans l'un des endroits les plus pittoresques des îles grecques. Ce complexe, ouvert toute l'année, permet de s'installer comme chez soi, de façon économique dans de vrais petits appartements troglodytes. Bon plan pour les familles et belle vue. En réservant à l'avance, on a trouvé des charmants studios pas si chers, même en haute saison, comparés au reste de l'offre. En arrivant dans la ville, adressez-vous à l'agence Ecorama située à l'arrêt de bus qui vous négociera un bon prix en saison creuse.

Confort ou charme

■ **AETHRIO**
© +30 22860 71040
www.aethrio.gr
info@aethrio.gr
Dans le centre d'Oia, près de l'église.
Chambre double de 78 à 189 € en été, petit déjeuner inclus.
Rénovation aux couleurs locales réussie. Cet hôtel fort sympathique est parfaitement situé au cœur du village mais bien au calme. A seulement 50 m dans une ruelle, on débouche sur la promenade principale de la caldeira. Dans un cadre merveilleux, la grande piscine s'impose et nous appelle à la détente. Bien aménagées, certaines chambres possèdent de grands balcons voire des terrasses privées, mais d'où que l'on se trouve, on n'échappe pas à la vue spectaculaire surtout au coucher du soleil pour lequel on fait le voyage du monde entier.

© TUPUNGATO – ISTOCKPHOTO

Moulin à vent à Oia.

■ **MUSEUM SPA WELLNESS BEST WESTERN**
✆ +30 22860 71515
Chambre double à partir de 110 € en été. Petit déjeuner compris. Ouvert toute l'année.
Cette maison traditionnelle située dans la rue piétonne, au centre du village, abritait autrefois le Musée naval. Les logements sont équipés d'air conditionné, d'une vraie cuisine et peuvent accueillir 4 personnes. La cour intérieure abrite un vieil olivier et une belle piscine ainsi qu'un centre de bien-être et de beauté. La terrasse du premier étage offre une vue imprenable sur la mer pour admirer le coucher du soleil. Même s'il manque une vraie vue sur mer, cela autorise de bonnes affaires hors saison ou en réservant bien à l'avance.

■ **OLYMPIC VILLAS**
Epar.Od. Firon-las
✆ +30 22860 71495
www.olympicvillas.com
info@olympicvillas.com
A l'entrée du village.
Studios entre 65 et 125 € selon la saison et la vue. Petit déjeuner : 8 €.
Ici les tarifs sont raisonnables si l'on est prêt à se passer de la vue. Sinon, ils montent vite mais les chambres gagnent en charme. Cet hôtel propose même des maisons troglodytes avec vue. Prestations honnêtes et bon compromis si l'on veut loger à Oia. On peut aussi, en prime, profiter des deux piscines de l'établissement. Et l'une a vue sur mer...

Luxe

■ **1864 THE SEA CAPTAIN'S HOUSE**
✆ +30 22860 71983
www.sea-captains-house.com
1864@sea-captains-house.com
Chambre double à partir de 300 €. Ouvert toute l'année. Petit-déjeuner compris.
L'un des rares endroits où séjourner à Santorin où l'on a vraiment l'impression de vivre dans une vraie maison. Sauf que ce manoir de deux étages est en partie creusé dans la falaise. Cette villa, ancienne propriété d'une famille d'armateurs, date vraiment de 1864 et fut classée, jadis, parmi les 50 plus beaux hôtels du monde. On comprend pourquoi : une poignée de suites accrochées à la falaise et décorées avec goût. Romantisme garanti. Pas de piscine, mais un bain à remous sur le toit avec vue. Le propriétaire, aujourd'hui, est américain.

Se restaurer

Bien et pas cher

■ **KYPRIDA**
✆ +30 22860 71979
www.kyprida.gr – contact@kyprida.gr
A gauche de la Poste,
à côté du musée maritime.
A partir de 15 € par personne. Menu en français.
Un restaurant aux spécialités uniques sur l'île, calme, en retrait de l'agitation de la foule, avec une belle terrasse et une vue sur le coucher de soleil. Le personnel francophone y sert des plats tels qu'ils sont proposés à Chypre, mais aussi beaucoup de plats traditionnels locaux ou grecs. On recommande le mezzé (pikilia), un assortiment d'une quinzaine de petits plats, concoctés par la maîtresse de maison chypriote, à partager à deux. La cuisine est faite maison, utilisant des produits frais et de la meilleure qualité, se partage entre une grande variété d'entrées et de plats végétariens, d'entrées et de plats traditionnels tels que la moussaka, classique de la maison, des produits de la mer et du grill. Tous les plats peuvent être à emporter et à déguster dans votre hôtel ou à la maison.

■ **PELEKANOS RESTAURANT**
✆ +30 22860 71553
www.pelekanosrestaurant.gr
pelekanosrestaurant@gmail.com
Presque au bout de la rue piétonne principale, à gauche face à l'hôtel Museum.
Autour de 15 € par personne. Ouvert tous les jours à partir de 10h30 pour le déjeuner et le dîner.
Restaurant créé en 1996, mélange de spécialités locales et internationales. Influence méditerra-

néenne grecque. Pain remarquable fait maison. Au déjeuner sont proposés des plats cuisinés et des menus légers. Dîners incontournables à la terrasse sur le toit d'où la vue à 360° est unique. Ici, on peut louer des petits bateaux à moteur avec ou sans permis pour des balades à l'heure ou à la journée.

■ TAVERNE DIMITRIS

baie d'Ammoudi
✆ +302286071606
www.dimitris-ammoudi-restaurant.com
gofish@otenet.gr
Ouvert de midi à minuit tous les jours. Environ 15 € par personne.
Jaune et inspirée par le thème des pirates, la taverne Dimitris est le dernier des cinq établissements installés en bord de mer, sur la baie d'Ammoudi. Après avoir descendu les 500 marches d'Oia jusqu'à la baie, profitez d'un repas typique et relaxez-vous en écoutant les remous de l'eau juste sous vos pieds. Le restaurant sert une grande variété de poissons grillés, de fruits de mer... Ce qui a été pêché le jour-même est exposé dans une vitrine, dans la cuisine du restaurant, et vous pouvez venir choisir ce qui finira dans votre assiette.

Bonnes tables

■ CANDOUNI RESTAURANT & BAR

✆ +30 22860 71616
www.candouni.com
candouni@gmail.com
Dans une ruelle du village
entre la Caldeira et la station de bus.
Suivre les petites pancartes vertes.
Comptez entre 25 et 35 €. Ouvert de 14h à minuit.
Dans le jardin d'une ancienne maison de capitaine datant de 1825, on se retrouve sous un bougainvillier à la lueur des chandelles dans l'un des endroits les plus romantiques du village. Candouni offre une cuisine méditerranéenne défendant les produits frais et locaux. Surtout de ne pas manquer l'agneau cuit au four dans un parchemin en papier. Atmosphère authentique où se rencontrent bonne cuisine et bonne humeur. Les gérants très sympas parlent français couramment. Coup de cœur assuré !

■ FEREDINI

✆ +30 22860 71825
info@feredini.gr
Dîner à partir de 40 € par personne. Ouvert midi et soir.
Feredini est l'endroit idéal pour dîner dans une ambiance romantique sur la caldeira face à la mer Egée. Entre intimité et convivialité sur deux niveaux, vous y dégusterez une cuisine semi-gastronomique grecque, créative et de grande qualité, qui revisite les inconditionnels de la cuisine méditerranéenne. Belle carte de vins locaux. Une adresse à ne pas manquer. Pensez à réserver à l'avance pour obtenir les tables les mieux placées et passer une soirée mémorable.

CYCLADES

ROKA
✆ +30 22860 71896
www.roka.gr
info@roka.gr
A cinq minutes de la station des bus, à côté des bureaux de la municipalité.
Comptez 20 € par personne. Ouvert de 13h à 23h. Réservations conseillées.
Suivez le guide (les pancartes) pour trouver cette vieille bâtisse aux volets bleus. Une petite cour intérieure joliment décorée et riche en plantes – ainsi que quelques tables dans une salle intérieure, et d'autres sur une superbe terrasse avec vue sur la mer, idéale pour le coucher de soleil sur la caldera. On y mange bien, les plats sont confectionnés avec des produits locaux mais changent un peu de ce que qui est servi dans les tavernes ; on trouve notamment des pâtes et des risotto, mais aussi beaucoup de plats de viande, de poissons et de fruits de mer.

SEAGULL
✆ +30 22860 71676
Depuis la rue piétonne, descendre la ruelle face à la galerie d'art d'Oia (Oia Art Center).
Ouvert d'avril à octobre, de 11h à minuit. Comptez 20 € par personne.
Café restaurant traditionnel situé au centre de Oia, dans une vraie ambiance de cartes postales. Vue magnifique sur la caldeira et sur les fameuses églises au dôme bleu : Anastasi et St.-Spiridou. Cuisine faite maison : plateau de poisson mixte, calamars grillés, fruits de mer, calamars farcis, *fava* de Santorin, tomates *keftedes*. Vin de la maison : *vinsanto* (le rouge doux), *nihteri* (le blanc), les rouges typiques. Grand choix de cafés et de cocktails. Prix abordables.

SKALA
✆ +30 22860 71362
1skalarestaurant@gmail.com
A partir de 20 € par personne.
Restaurant sympathique dans un environnement apaisant. Le personnel est attentif, et la cuisine grecque de bonne qualité. Tous les classiques sont là, moussaka, salades, viandes, poissons, fruits de mer. Certaines tables jouissent d'une belle vue sur mer, et un *rooftop* est accessible, ce qui en ferait un spot idéal pour le début de soirée. Pensez à réserver.

Sortir

MÉTÉOR
Au bout de la rue piétonne, à gauche.
Ouvert tous les jours jusqu'à minuit.
La salle est minuscule (2 tables) et la terrasse ne donne pas sur la mer, et pourtant, c'est sans aucun doute le bar le plus agréable de l'île. Tenu par Costas, un comédien d'Athènes, le lieu est décoré d'antiquités et d'objets de créateurs que vous pouvez acheter. Le vin, les cocktails et les pizzas faites maison sont excellents. Situé dans les petites ruelles d'Oia sur le chemin de la citadelle, on apprécie sa mini-terrasse à l'ombre. Le service est rapide et souriant. Possibilité de prendre des cocktails comme des sandwichs au pain pita.

À voir - À faire

ÉGLISE DE LA SAINTE-VIERGE (PANAGIA)
Sur la place principale d'Oia.
Sur la place centrale de Oia, elle a été fondée en l'an 1000 par l'empereur byzantin Alexius I. Dédiée à la Sainte Vierge, son jour de célébration est le 15 août. Son aspect extérieur est totalement intact malgré les tremblements de terre et autres invasions (turcs, francs) que l'île a subis. Seul un incendie en 1915 l'a fragilisée. Mais cela reste une église majestueuse lorsqu'on la pénètre, très chargée artistiquement. Elle est en elle-même classique des églises orthodoxes grecques, mais elle se distingue par son emplacement privilégié, dominant la baie de Santorin.

KARTERADOS - ΚΑΡΤΕΡΑΔΟΣ

A 2 km au sud de Thira. Petit village calme et agréable sans véritable charme qui représente une bonne solution de rechange pour vous loger. Les tarifs sont plus attractifs. Mais attention : la plupart des hôtels sont remplis par des tour-opérateurs en haute saison.

ALBATROS
✆ +30 22860 23435
www.albatroshotel-santorini.com
info@albatroshotel-santorini.com
Chambre double entre 70 € et 210 € en été, avec petit déjeuner.
Voici un bel hôtel avec 38 chambres modernes et bien équipées. Le petit déjeuner maison est délicieux. Il dispose d'une super piscine. L'accueil n'est pas des plus chaleureux, mais pour toutes les autres possibilités offertes par l'hôtel, on peut considérer passer au-dessus de cela.

BABIS
✆ +30 22860 22314
Chambre double à partir de 70 € en été. Petit déjeuner inclus.

Sûrement l'hôtel le plus économique du coin, voire de Santorin. 22 chambres plutôt modestes – très simplement meublées – mais propres et avec l'essentiel. Les transferts et le petit déjeuner sont inclus dans le prix. Et il y a une piscine.

TAVERNA KYRIA NIKI

✆ +30 22860 25146
À l'entrée de Karterados, en venant de Fira vers Messaria sur la route principale à votre gauche.
Comptez environ 15 € par personne. Ouvert toute l'année. Tous les vendredis soirée « bouzouki ».
Niki, une enfant du pays, prépare des plats traditionnels avec passion dans une cuisine ouverte aux yeux de tous. Taverne à la bonne franquette, on choisit parmi les plats exposés, une ou plusieurs de ses suggestions du jour. L'endroit est connu des locaux et plébiscité. Le personnel est très accueillant et prévenant. Pour la nourriture, on va choisir son plat dans la vitrine. C'est la cuisine du marché, du jour, et typique (croquettes de tomates, moussaka, boulettes de viande en sauce). Très bon, et très copieux. Et sans addition trop salée !

MESSARIA - ΜΕΣΣΑΡΙΑΣ

Un village un peu à l'écart des flux touristiques à 4 kilomètres au sud de Thira sur la route allant à Périssa. Quelques maisons néoclassiques entourées de vignobles et de jardins y sont implantées toutefois dont une à visiter. Une belle promenade conduit à Vothonas qui abrite deux églises troglodytes.

KALMA

✆ +30 22860 31967
www.hotelkalma.gr
kalmahtl@otenet.gr
A partir de 70 € la nuit en été. Petit-déjeuner compris.
A l'entrée du village, en arrivant de Kertaderos, se trouve ce petit hôtel de 37 chambres (deux bâtiments) que Loukas Velonias tient avec sérieux. Les chambres sont toutes dotées d'un balcon, certaines donnent sur la mer, d'autres sur la vallée, et enfin, les dernières sur la piscine. Leurs tailles varient, mais elles sont toutes confortables, propres, et bien équipées. La piscine est mignonne et pratique, avec deux bains à remous et un bar qui ouvre en fin d'après-midi. Les propriétaires savent comment accueillir et créer un sympathique cadre familial.

TAVERNE KRITIKOS

✆ +30 228 603 2300
A partir de 10 € par personne. Ouvert midi et soir.
Restaurant typique, portions énormes pour gros mangeurs, service impeccable. Une taverne à l'écart du village. On mange (très) copieux pour pas cher, et les amoureux de viande vont se régaler à coup sûr. Il n'y a pas de stratégie commerciale ou touristique dans ces portions XL, c'est vraiment qu'en cuisine, on a la volonté de satisfaire les grands appétits, et de le faire bien. On ne peut pas dire que des efforts flagrants soient faits en décoration (bien que l'intérieur ait le charme de l'authenticité) mais le service est poli, efficace et souriant.

VILLA DANEZIS

✆ +30 22860 33071
www.villadanezis.gr
info@villadanezis.gr
Chambre double entre 55 et 80 € en été.
Les chambres peuvent accueillir entre 1 et 4 personnes et sont extrêmement confortables et bien aménagées. Chacune comprend un balcon privé, la télévision, un réfrigérateur, une salle de bain privée. Cette très agréable villa offre un excellent rapport qualité-prix à quelques kilomètres seulement de Thira. Les chambres, confortables et coquettes, disposent toutes d'un balcon avec vue sur la plaine et, au loin, la mer. Idéal pour les familles ou ceux qui recherchent le calme et un peu d'espace à proximité des attractions de l'île. Piscine, *pool bar* et jardin.

PYRGOS KALLISTIS - ΠΥΡΓΟΣ ΚΑΛΛΙΣΤΗΣ ★

À 6 kilomètres au sud de Thira, construit en amphithéâtre sur une montagne, les maisons encerclent la forteresse médiévale Kasteli, assez bien conservée. Les petites ruelles ombragées de ce village aux multiples clochers mènent au sommet d'une petite colline d'où vous dominez toute l'île. Vue panoramique garantie.
L'église Theotokaki du Xe siècle abrite des icônes de valeur. Le petit café Kasteli, en haut du village, propose des rafraîchissements. À quelques kilomètres, au sommet de la montagne, après avoir été fermé plus de quatre-vingts ans, le monastère Profitis Illias peut être aujourd'hui visité.

■ DOMAINE HATZIDAKI

✆ +30 698 110 7180
www.hatzidakiswines.gr
hatzidakishospitality@gmail.com
Dépassez Pyrgos vers le monastère du Prophète Ilias, en contrebas, porte imposante faite en roche.
Au beau milieu des vignes, le Domaine Hatzidaki qui existe depuis 1996 offre un bel exemple de l'architecture de Santorin puisque le bâtiment est creusé dans la roche volcanique, permettant ainsi à la cave de jouir d'une fraîcheur naturelle.
Hatzidakis Winery est le seul producteur biologique certifié de l'île et applique les principes de l'agriculture biologique à tous ses vignobles sans exception. De plus, les vins du domaine Hatzidakis sont sans additifs chimiques. La famille laisse le temps faire son travail et ils mûrissent naturellement. Visite guidée sur réservation.

■ MONASTÈRE PROFITIS ILLIAS

Le monastère est accessible par la route depuis Pyrgos mais aussi à pied, pour les sportifs, depuis l'ancienne Théra.
Ouvert pendant les offices, du mercredi au dimanche de 5h à 10h et de 17h à 19h en été, de 5h à 9h et de 16h à 18h en hiver.
Fondé en 1711, ce monastère accueille de nouveau des touristes pendant les offices. Mais attention, une tenue correcte est exigée (pantalon long ou jupe longue, pas de débardeur), sinon l'entrée vous sera refusée. Ne prenez pas de photos à l'intérieur sans autorisation mais consolez-vous avec la vue. Vous êtes en effet sur le point le plus élevé de Santorin, perché à 567 mètres. A part vous, seules des antennes de télévision coiffent cette colline rocheuse. Rien que pour cela, vous ne regretterez pas la montée. De préférence avec un véhicule.

■ MYTHOS

✆ +30 22860 32444
www.mythostaverna.gr
mythostavernasantorini@gmail.com
Sur la droite avant d'arriver à Pyrgos.
A partir de 15 € par pers. Ouvert toute l'année.
Premier restaurant à l'entrée du village de Pyrgos sur la droite. C'est une taverne traditionnelle au rez-de-chaussée de la maison d'une famille grecque, fort sympathique, où l'on peut déjeuner et dîner tous les jours, toute l'année. On y sert des plats du jour pas chers, des « fava » faites maison, des saucisses de Santorin, des grillades au feu de bois, de l'agneau, des pâtes, mais aussi des fruits de mer, des vins locaux en bouteille et un très bon vin maison en pichet. Livraison partout sur l'île. Terrasse sympathique côté rue, et très belle vue panoramique à l'intérieur. Cheminée en hiver. Grand choix de plats à emporter.

■ PYRGOS

✆ +30 22860 31346
www.pyrgos-santorini.com
info@pyrgos-santorini.com
Sur la gauche en allant vers Pyrgos.
A partir de 20 € par pers. Ouvert tous les jours de 11h à minuit.
A l'entrée du village sur la gauche, on ne peut pas le rater avec son grand parking et son moulin. Ouvert tous les jours de l'année depuis plus de 20 ans, le restaurant offre une bonne cuisine grecque et d'excellents poissons frais. La vue sur la ville de Thira, sur la caldeira, et sur la mer des deux côtés est fantastique de jour comme de nuit. Ne manquez pas le vieux moulin aux pierres d'origine pour un dîner romantique.

MEGALOCHORI - ΜΕΓΑΛΟΧΩΡΙ ★★

A 6 kilomètres de Thira, au beau milieu des vignes, ce village médiéval et typique offre un mélange de maisons néoclassiques et d'habitations troglodytes. Allez en quête de son authenticité en vous promenant dans ses jolies ruelles remplies de végétation. Un eucalyptus centenaire trône sur la place du village. Le village est plus vivant qu'il n'y parait, et il vaut définitivement le détour.
Trouvez dans l'église d'Esodion une curiosité : un calendrier contenant 365 miniatures de saints. Vous pouvez également visiter l'usine de vins de la société Boutari, qui présente l'histoire de l'île.

Pygros Kallistis.

■ **LA PONTA**
✆ +30 22860 85374
www.laponta.gr – info@laponta.gr
Entrée gratuite pour l'exposition, visites guidées à 12h et 18h. Visites guidées : 7 €. Prix d'un concert : 12 €.
Des instruments traditionnels sont exposés, avec des visites guidées très riches qui prennent place tous les jours. Le clou de l'exposition est les tsabouna, des instruments à vent de folk traditionnel, construit par le gérant du lieu. En soirée, des concerts ont lieu dans l'endroit, qui dispose d'une acoustique naturelle très particulière : c'est magique. Le concert *Odysseus Returns* raconte l'*Odyssée* d'Ulysse en musique, et le concert *Notes of the Centuries* rend hommage à l'héritage musical grec. Il faut réserver car la salle ne peut accueillir que 25 personnes.

■ **RAKI**
Sur la place.
✆ +30 22860 81724
A partir de 15 € par pers. Ouvert tous les jours à partir de 9h.
Une petite institution comme on les aime près de la rue piétonne. Si l'on prend le poisson frais du jour, l'addition peut vite monter (à juste titre). Mais l'on peut aussi manger sur le pouce quelques mezzes savoureux comme les croquettes à la tomate et à la menthe, spécialité de Santorin, ou les feuilles de vigne maison.

■ **SPOROS**
✆ +30 22860 85282
Ouvert tous les jours de 17h à minuit. Comptez 20 € par personne.
L'ambiance que créent le cadre et la décoration du restaurant vaut à elle seule le coup surtout que, souvent, des petits concerts de musique traditionnelle y prennent place en soirée, pour égayer les repas. Sur la terrasse fleurie ou dans la salle archée, on peut se régaler avec quelques plats locaux, délicieux, pour des prix raisonnables. Le restaurant propose également une grande gamme de cuisine végétarienne, et chaque plat est préparé avec des ingrédients soigneusement sélectionnés et généralement biologiques. On recommande vraiment.

■ **VILLA DOLPHIN**
Sur la Caldeira.
✆ +30 22860 81777
www.calderasdolphin.com
info@calderasdolphin.com
Chambre double à partir de 300 € en basse saison, avec le petit déjeuner. Possibilité de demi-pension.
Encore un établissement de luxe à Santorin… Que rajouter ? La vue est magnifique, l'hôtel n'offre qu'une poignée de chambres, la piscine ouvre sur l'infini de l'horizon et la caldeira, les prestations sont haut de gamme et les prix sont fous. La plage est à 3 km. Des vues spectaculaires, un environnement de détente et de confort garantis. Idéalement situé dans le village de Megalochori, à côté du vignoble Boutari et à seulement 6 km de Fira. Cela a un coût. Bon à savoir : les prix peuvent chuter de 25 % en réservant bien à l'avance sur Internet.

EMBORIO - ΕΜΠΟΡΕΙΟ ★★

À 10 kilomètres de Thira. Village pittoresque avec vue sur les deux côtés de Santorin. Ses ruelles, extrêmement étroites, datent du Moyen Âge et forment un labyrinthe dans lequel il est agréable de se perdre. On aime s'attarder devant la beauté singulière de l'architecture des maisons, églises et autres bâtiments globalement très bien préservés. On repère au loin un bon nombre de moulins à vent, symbole du prestige passé du village. Le nom du village signifie « commerce » et fait écho à l'époque où le village était un important comptoir à marchandises pour l'île. De l'époque des pirates et des Ottomans, une tour carrée (un *goulas*) subsiste dans sa partie nord : elle servait de refuge en cas d'invasion. Les Vénitiens avaient construit cinq fortifications pour protéger Santorin, et Emporio en fait partie ; l'alignement de ses maisons formait un mur d'enceinte.

■ **9 MUSES**
✆ +30 22860 81781
www.santorini9muses.gr
info@santorini9muses.gr
A Perivolos, à 3 km d'Emborio.
A partir de 150 € la chambre double en été. Petit déjeuner compris.
L'hôtel le plus agréable du coin se situe à Perivolos, en bas du village, sur la côté. Attention, endroit select ! Dans la Grèce antique, les neuf muses ont inspiré la littérature et les arts. Ici, cet étonnant complexe de luxe décline cet esprit et propose neuf bâtiments luxueux, décorés avec des meubles anciens et traditionnels des Cyclades et il est entouré de jardins fleuris colorés. Maisonnettes parfaitement meublées et équipées, vue superbe. Deux piscines, dont une pour enfants, salle de sport. Idéal pour des familles qui veulent se poser…

■ **TO KAFENEDAKI TOU EMPORIOU**
✆ +306977863307
Ouvert de 10h à 20h en été, et de 10h à 18h en mi-saison.
Une mignonne petite terrasse sous un patio, qui s'étale dans la rue les jours d'affluence (et disons-le, c'est souvent). Le patron a un anglais hésitant mais bavarde tout en courant d'une table à l'autre. Quand on lui a appris que Jean-Paul Sartre et Simone de Beauvoir

étaient venus par ici en vacances jadis, il était ravi ! Dans son café, rafraîchissez-vous d'une limonade maison après une balade dans le dédale de ruelles d'Emporio, et dégustez – si l'envie ou la curiosité vous en prend – des yaourts traditionnels, des glaces, des baklavas.

AKROTIRI - ΑΚΡΩΤΗΡΙ ★★★

Petite bourgade sympathique à 12 kilomètres au sud-ouest de Thira. C'est l'un des lieux incontournables de Santorin, avec sa fameuse plage de sable rouge (*Red beach*) et les vestiges d'une ancienne cité ensevelie et préservée par la lave. Le mot grec Akrotiri désigne le « cap », justement parce que le village est le dernier de la caldeira au sud. Le village est le seul, avec celui d'Oia, à avoir de l'eau potable. Ses habitants sont surnommés « les câpres » car c'est là-bas que leur culture est la plus dense.

Pratique

Attention, il n'y a pas encore de distributeur d'argent à Akrotiri.

■ SANTORINI BY FOOT
✆ +30 698 200 7494
www.santorinibyfoot.com
info@santorinibyfoot.com
Demande d'informations par téléphone ou via le site Internet. Environ 270 € pour deux personnes pour un tour privé (durée moyenne 5 heures).
Voilà une agence pas comme les autres à Santorin. Via des activités diverses comme la randonnée, l'équitation ou la découverte de la faune et de la flore, c'est une réelle expérience immersive et intimiste qui est proposée, loin des croisières et autres tours en bus de Fira ou Oia... Mais c'est surtout Arsenios, qui appartient à l'une des plus vieilles familles d'Akrotiri, qui vous dévoilera les secrets les mieux gardés de l'île. Sa connaissance pointue de Santorin et de son histoire fait de lui le guide idéal.

Se loger

■ CALDERA ROMANTICA
✆ +30 22860 81481
www.calderaromantica.gr
info@calderaromantica.gr
Chambre double entre 80 et 180 € avec le petit déjeuner.
Une offre intéressante, surtout en début ou en fin de saison pour ses prix abordables. Une vingtaine de chambres bien équipées et bien situées. Une petite piscine agréable et des prestations sympathiques comme des sorties ou des cours de cuisine.

■ CARLOS PENSION
✆ +30 22860 81370
www.carlospansion.gr
Prendre sur la droite à l'entrée du village. A 50 m de l'arrêt de bus.
14 chambres. La double entre 45 € et 70 € avec petit déjeuner selon la période.
Située à Akrotiri, voici une pension familiale très sympathique à l'excellente réputation. Sans surprise, l'accueil y est si chaleureux et amical que les hôtes y reviennent pour certains depuis vingt ans. Eva vous enchantera le palais avec des recettes de cuisine traditionnelle savoureuses. Dînez-y aussi souvent que possible, c'est local et bon marché. Vous pouvez également commander à l'avance un plat spécial, y acheter des produits faits maison, ou demander un cours de cuisine. Les chambres viennent d'être rénovées. Wifi à la réception.

Se restaurer

■ CARLOS
✆ + 30 228 608 1370
www.carlospansion.gr
info@carlospansion.gr
Environ 15 € par personne. Ouvert tous les soirs, d'avril à octobre.
Bien que le restaurant soit un peu caché, dans une rue semi-passante qui monte vers le château, il ne faut absolument pas le manquer. C'est un véritable délice, dont les ingrédients principaux sont la simplicité, la tradition, l'agriculture maison, une cuisine locale et un tantinet de fantaisie dont seule Eva, aux fourneaux, détient le secret. De l'*imam* au *tzatziki*, du poulet à l'orange au *saganaki* accompagné de confiture de tomate, tout est vraiment succulent. Son fils Arsenios s'occupe du service avec une gentillesse décontractée qui ne laisse personne indifférent.

■ THE CAVE OF NIKOLAS
✆ +30 228 608 2303
www.nikolascave.gr/en
info@nikolascave.gr
Comptez environ 20 € par personne. Ouvert tous les jours de 9h à minuit.
Une taverne juste au bord de l'eau, dans une maison troglodyte, ce qui rajoute un charme incomparable au lieu. La carte propose une grande variété de plats traditionnels, notamment de copieux plats de viande, poissons frais et fruits de mer. Mais les végétariens ne seront pas de reste puisque de nombreux mezzes, composés avec des produits maison, font aussi partie des choix. Le fromage, par exemple, provient de leurs propres chèvres. En outre, le restaurant a gagné la récompense des meilleures boulettes à la tomate de l'île, qui sont une spécialité de Santorin.

■ **GIORGAROS FISH TAVERN**
✆ +30 22860 83035
Compter 15-20 €/personne.
Très bonne surprise à la fin de la route du Phare d'Akrotiri (Faros). Cette taverne familiale propose une cuisine grecque authentique, classique et très réussie. Les ingrédients sont frais et le poisson est de la pêche du jour, contrairement à de nombreux restaurants de Fira. De plus, le cadre est particulièrement agréable avec une grande terrasse et une vue imprenable sur toute la Caldeira. Pour couronner le tout, les prix proposés sont particulièrement abordables.

■ **MELINA'S**
Sur la route qui mène à la Red Beach, la première taverne sur votre droite.
✆ +30 2286 082764
A partir de 15 € par personne. Ouvert toute l'année.
Cette excellente taverne familiale dispose toujours de deux petits bateaux de pêche qui approvisionnent le restaurant en poisson frais. La cuisine n'a rien d'exceptionnel mais on vient surtout pour la situation : les pieds dans l'eau, au calme, on se laisse aller au bien-être.

À voir – À faire

■ **PLAGES** ★★★
Depuis la jolie petite église, marcher 5 minutes sur le chemin à droite.

▸ **Red beach**. A dix minutes de marche au-delà du parking. Elle s'appelle en grec « Kokkini ». Vous découvrirez une impressionnante, mais étroite, plage de sable volcanique surplombée de falaises rouges. L'eau y est pure, et il n'y a pas trop de vagues. Un endroit sympathique pour se baigner mais un peu trop bondé l'été d'autant qu'il faut payer son transat.

▸ **La plage de Cambia** est connue pour son église et la célébration qui y prend place le 21 juillet au soir.

▸ **La plage de Mesa Pigadia**, difficilement accessible en voiture d'Akrotiri, est d'une propreté qui n'est pas toujours celle qu'on souhaiterait.

▸ **La plage de Gyalos** est plus calme, sans parasols, et on y accède à pied ou en voiture.

▸ **Aspri Paralia**. Vous pouvez également vous rendre en caïque à la *white beach* (« plage blanche »), où l'eau est entourée d'impressionnantes falaises blanches.

▸ **La plage de Mesa Pigadia** (*black beach*, avec des cailloux noirs) est moins bondée ; en direction du phare, prendre à gauche après environ trois kilomètres et suivre une piste. Là-bas, il y a une grotte marine dans la roche, que l'on peut traverser.

▸ **Vlichada**. A l'est d'Akrotiri, c'est la plage la plus impressionnante : sable noir et hautes falaises aux formes improbables. Elle est assez fréquentée mais est vraiment formidable.

■ **SANTORINI ART FACTORY (SAF)**
Vlychada
✆ +30 22860 85141
www.santoriniartsfactory.gr/en
info@tomatomuseum.gr
10 € pour 2 pièces à visiter. Ouvert tous les jours de 10h à 19h.
Dans une ancienne usine, SAF propose tout d'abord un musée qui permet de voyager dans le temps pour découvrir le passé industriel de l'île à travers la culture de la tomate, la spécialité de Santorin. Vous découvrirez les machineries anciennes, de la documentation tant botanique que commerciale. En outre, SAF est un lieu culturel, qui accueille tout l'été des perfor-

Plages d'Akrotiri.

mances et des expositions : théâtre, musique, danse, photo et toutes sortes d'autres arts, réalisés par des artistes grecs. Il y a également des ateliers d'arts visuels qui y prennent place.

■ SITE ARCHÉOLOGIQUE D'AKROTIRI ★★★

✆ +30 22860 81939
efakyk@culture.gr
A côté de la Red Beach.
Entrée 12 € (tarif réduit : 6 €). Ouvert tous les jours de 8h à 20h en été (15h le jeudi).
La preuve de la présence de l'ancienne population minoenne qui a jadis prospéré se trouve ici. La ville minoenne d'Akrotiri a été en grande partie détruite par une éruption volcanique et recouverte d'une épaisse couche de cendres vers 1500 avant notre ère. La gangue de pierre ponce imperméable a remarquablement protégé les ruines partiellement dégagées (seulement 10 000 m^2 sur 200 000 m^2) et elles ont ainsi été parfaitement conservées. Les habitants ont eu le temps de déserter la ville avant la catastrophe car aucun squelette n'a été retrouvé, et ils auraient aussi vraisemblablement eu le temps d'emporter avec eux leurs meubles. La ville apparaît telle qu'elle était il y a 3 500 ans : les maisons à deux ou trois étages décorées de fresques (en passant, impressionnantes), les rues pavées avec des égouts, les magasins remplis de paniers qui sont aujourd'hui exposés au Musée archéologique de Thira et au Musée national d'Athènes. Malheureusement, aucune véritable signalétique ne permet de se rendre compte de ce que pouvait être la vie quotidienne dans cette vaste ville. Seules les fresques sont une illustration de l'époque, mais elles ont été rapatriées au musée archéologique de Thira. Prévoyez au moins une heure pour visiter le site. L'achat d'un ticket groupé est aussi possible pour le site archéologique et le musée de Thira, la vieille cité de Thira, le musée préhistorique de Thira, la collection d'icônes et d'objets ecclésiastiques de Pyrgos et le site d'Akrotiri (valable 4 jours).

Visites guidées

■ SANTORINI BY FOOT

✆ +30 698 200 7494
Voir page 405.

Shopping

■ CARMEN

En direction de la plage rouge, depuis le site archéologique.
Ouvert tous les jours en été, jusqu'à 20h environ.
Eva, avec son français quelque peu timide, vend ici les produits en provenance de son jardin secret : huile d'olive, câpres, confiture de tomates, tomates séchées, confiture de raisins, safran, fromage, vin de Santorin... Dans C.A.R.M.E.N., chaque lettre représente un membre de sa famille. Eva va aussi cueillir en novembre dans la montagne d'Arhagelos les safrans sauvages pour son miel. Elle vous en fait profiter dans sa boutique sur la route de la plage rouge, après le site archéologique, sur votre gauche. Confitures d'aubergines et de figues, entre autres.

MONOLITHOS - ΜΟΝΟΛΙΘΟΣ ★

À 9 kilomètres de Thira, Monolithos est un village paisible établi au bord de l'eau. Plage sympathique, et surtout suffisamment isolée pour ne pas être toujours bondée ! Quelques arbres la bordent, et il n'y a pas besoin de payer pour des transats. Un peu plus loin au nord en longeant la côte, allez à Vourvoulos Beach (avant Paradise Beach).

Transports

■ AÉROPORT

✆ +30 22860 28400
Voir page 386.

Se loger

■ MEMORIES

✆ +30 22860 31918
www.memorieshotel.gr/index.php
info@memorieshotel.gr
Chambre à partir de 100 € en été.
Vous trouverez ce petit hôtel de vingt-sept chambres juste en face de la plage de sable noir Monolithos. Les chambres doubles sont modernes et spacieuses – il y a aussi quatre chambres triples, et une suite dédiée aux lunes de miel. Elles sont toutes colorées et il y fait bon vivre. En revanche, amateur de tout sauf de tranquillité, passez votre chemin. L'endroit est un peu isolé, ce qui promet un calme absolu, qu'il vous sera sans doute difficile de trouver ailleurs à Santorin. Un endroit idéal pour des vacances reposantes, face aux eaux cristallines.

■ SCORPIOS BEACH

✆ +30 22860 33696
www.scorpioshotel.gr
Studio pour deux personnes de 55 à 140 € en été, petit déjeuner compris.
Charmant village-vacances qui propose 14 studios, 8 appartements et même une petite maison. Piscine. Toutes les chambres sont équipées d'une vraie kitchenette bien pratique et d'une télévision satellite. Possibilité de louer une voiture.

Se restaurer

MARIO RESTAURANT

✆ +30 22860 32000
www.santorinirestaurant.gr
info@santorinirestaurant.gr
Ouvert toute l'année. Environ 25 € par personne.
Ouvert en 1982 dans la région de Monolithos, le restaurant Mario est devenu célèbre à Santorin pour sa cuisine grecque authentique et traditionnelle. Ici, on travaille avec amour et respect les meilleures spécialités de toute la région égéenne, avec pour maîtres mots fraîcheur, proximité, authenticité et audace ! De plus le restaurant peut recevoir jusqu'à 450 personnes, faisant de cette adresse un des meilleurs endroits de l'île pour profiter d'un dîner en bord de plage mais aussi pour organiser un petit ou un grand événement comme une lune de miel ou un mariage !

TOMATA

✆ +30 2374 099465
Autour de 30 € par personne. Ouvert de 13h à 23h. Options végétariennes. Réservations conseillées.
Tomata est peut-être l'un des meilleurs restaurants de l'île, en tout cas il est incontestablement l'un des plus réputé et fréquenté. La cuisine raffinée a, certes, son prix – mais c'est appréciable de profiter d'un repas original dans un cadre tranquille. Le chef, Chrysanthos, élabore des recettes méditerranéennes sophistiquées et fait venir les fromages de toutes les Cyclades.

KAMARI - KAMAPI

À 14 kilomètres au sud-est de Thira, la belle plage de sable noir de Kamari accueille des touristes qui réclament plus de confort et de calme qu'à Périssa. Les hôtels (nombreux) et bars qui jonchent la bordure de plage offrent un bon standing à des prix raisonnables. Attention néanmoins, cette station balnéaire est prise d'assaut par les tours opérateurs. De fait, elle est souvent bondée. Vous y apprécierez une balade sur le front de mer en fin d'après-midi, même si les avions vous passent au-dessus de la tête. À proximité de la mer, vous verrez quelques ruines d'habitations antiques. Sur le mont Elias, l'église byzantine d'Episkopi, fondée au XIe siècle, a des fresques assez bien conservées.

Se loger

IMPERIAL MED

Agia Paraskevi
✆ +30 22860 32532
www.imperialmed.gr
info@imperialmed.gr
Non loin de la plage de Kamari.
Chambre double à partir de 150 € en été.
Attention, sublime ! Vous êtes au paradis. Cet établissement, avec une piscine somptueuse, bar, restaurant et personnel aux petits soins, est aussi un hôtel spa aux traitements relaxants variés. Quant aux chambres, elles sont élégantes

et dotées du confort dernier cri. Accès Internet sans fil gratuit, sauna, bain à remous, hammam. Avec un supplément vous pourrez même habiter dans un moulin tout confort avec terrasse privée.

■ **KAMARI BEACH HOTEL**

✆ +30 22860 31243
www.kamaribeach.gr
info@kamaribeach.gr
Chambre double standard à partir de 150 € en saison, avec le petit déjeuner.
Plutôt chic. Une centaine de chambres impeccables, très élégantes. Piscine. Vue sur mer. Télévision satellite et petit réfrigérateur dans les chambres. Salle de billard et centre de fitness. Un vrai centre de vacances.

■ **SIGALAS**

Sur la plage.
✆ +30 22860 31 182
www.hotelsigalas.com
info@hotelsigalas.com
Chambre double ou studio pour 2 de 95 à 150 € en plein été avec le petit déjeuner.
Petit hôtel, tout près de la plage de Kamari, et plutôt pas cher. Essayez d'avoir un studio plutôt qu'une chambre double : proposés au même prix, les studios ont une kitchenette et pas juste un réfrigérateur. Sinon, une belle piscine et Internet pour tous !

Se restaurer

■ **ALMIRA RESTAURANT**

✆ +30 22860 30208
Ouvert midi et soir.
Un restaurant grec connu entre autres pour son accueil particulièrement chaleureux. Côté fourneaux, une cuisine grecque de qualité, des plats délicieux, et le tout pour un prix très abordable. Bref, une très bonne adresse à Kamari.

■ **BACCHUS TAVERNA**

✆ +30 22860 31700
A l'entrée de la ville à droite,
en face de l'église.
A partir de 15 € par personne. Ouvert toute l'année.
Ouverte depuis 1958, cette taverne familiale traditionnelle propose des spécialités grecques et locales à base de produits frais : tomato *keftedes*, *fava*, salades de feuilles de câpres. Vins locaux. Sa terrasse ombragée face à l'église de Kamari, et sa position à l'écart du front de mer, en font un lieu authentique. Les 9 juillet et 24 septembre, grosse affluence et spectacle de danse folklorique en raison des célébrations religieuses des environs.

■ **MELI & THYMARI**

✆ +30 22860 31835
www.melithymari-santorini.com
apostoloskark@gmail.com
200 m avant la plage,
près du supermarché Loizos.
A partir de 20 € par pers. Ouvert tous les jours midi et soir.
Coup de cœur pour ce restaurant à Kamari tenu par un jeune couple plein d'ambition. Apostolos accueille ses hôtes avec un enthousiasme formidable. Sa femme, Olga, s'occupe de la cuisine. Formée à Athènes et en Angleterre, elle concocte des plats grecs et méditerranéens avec passion, et des produits du terroir bio. Mention spéciale pour les flûtes farcies au fromage grec servies avec de la tomate de Santorin confite au sirop. Un ouzo offert sur présentation du guide.

CYCLADES

Sortir

CINÉMA KAMARI (EN PLEIN AIR)

✆ +30 22860 31974
www.cinekamari.gr – info@cinekamari.gr
A l'entrée de la ville, sur la route principale en arrivant d'Exio Gonia. A 20 minutes à pied du centre de Kamari.
Tous les soirs de mai à octobre. Séance à 20h50, film à 21h30. Place : 10 €.
Avec la visite du volcan et le coucher de soleil, le ciné en plein air de Kamari, c'est l'un des incontournables de Santorin. La séance est parfois troublée par le passage d'un avion (on est pratiquement en bout de piste de l'aéroport), mais on vient surtout ici pour l'ambiance. Films récents en anglais (sous-titrés en grec), glaces, boissons fraîches et pop-corn. Attention, quand la séance prend fin, le service de bus entre Kamari et Thira ne fonctionne plus ; pensez à réserver un taxi !

À voir – À faire

WINE MUSEUM VOLCAN WINES ★

Sur la route de Kamari plage
✆ +30 22860 31322
www.volcanwines.gr
info@volcanwines.gr
Ouvert tous les jours de 10h à 17h de juin à octobre. Entrée : 9,50 € par personne, visite et dégustation comprises.
La famille Koutsoyannopoulos produit des vins (Volcan Wine) à Santorini depuis quatre générations. C'est le premier musée du vin en Grèce. Ouvert toute l'année, vous pouvez déguster et acheter le vin sur place moins cher qu'en magasin. A 6 m sous sol, la visite dure 25 minutes. Des mannequins en tenue d'époque mettent en scène la vie des tonneliers santoriens. Vous imaginez le pressurage du raisin à cette période, la fabrication des paniers, vous voyez leurs outils depuis 1880 et aussi des machines à broyer manuelles fabriquées par les artisans.

PERISSA – ΠΕΡΙΣΣΑ ★

De l'autre côté de Thira, cette station balnéaire n'offre aucune vue sur la Caldeira. Mais est-ce forcément le plus grave quand le village, très bien desservi par les bus locaux – et à 30 minutes seulement de la capitale -, s'étale le long d'une belle plage de sable noir de 7 kilomètres. Perissa est surtout fréquentée par une clientèle jeune, davantage en quête de fête que de confort et de charme. Toutefois, la plage est assez sympathique, suffisamment grande pour que l'on ne s'y entasse pas et représente une base pratique, et souvent moins chère, à l'intérêt souvent insoupçonné...

Se loger

ADELPHI APARTMENTS

Près de l'église. ✆ +302286027567
www.adelphi-santorini.com
Appartements entre 80 et 160 € en été. Transfert offert au moment de votre arrivée.
Vous ne regretterez pas d'avoir posé vos valises dans ce complexe d'une dizaine de studios et appartements aménagés avec goût. Contrairement à d'autres studios (par ailleurs très bien !) que nous avons pu visiter, ceux-ci tranchent par le sens du détail des propriétaires (de la machine à laver à la cafetière filtre). On se sent ici vite chez soi et les deux gérants vous feront volontiers partager les bonnes adresses de leur île. La plage est à une centaine de mètres et vous pouvez rentrer ici au calme, voire manger sur la terrasse de façon plus économique.

IRIGENEIA

✆ +30 22860 27090
www.irigeneia.gr – info@irigeneia.gr
A 150 m de la plage.
Chambre entre 63 et 105 € selon la période et la catégorie, avec le petit déjeuner et le transfert de l'aéroport.
Petit hôtel de 12 chambres de construction récente aux prix très raisonnables. Décoration élégante. Très bien situé. Toutes les chambres ont un réfrigérateur et la télévision. La plage de Perissa se trouve à 150 mètres et vous trouverez un restaurant et un bar-café à 60 mètres. Parking. Wifi. Laverie.

PORTO PERISSA HOTEL

Emporio
www.portoperissa.com
hotelportoperissa@gmail.com
Chambre à partir de 50 € avec le petit déjeuner.
Situé à Perissa, à seulement 50 mètres de la célèbre plage de sable noir, le Porto Perissa propose des chambres simples et climatisées. Il possède deux piscines, dont une pour enfants. Les chambres sont décorées de façon traditionnelle. Petit hôtel sans prétention, propre et typique. La localisation de l'établissement est idéale à Perissa – et l'on peut être à la plage très rapidement. Les chambres sont relativement bien équipées. Le personnel est très sympathique, disposé à rendre votre séjour agréable. Le petit déjeuner est très convenable.

VILLA SPYROS

✆ +30 697 329 6600
www.villaspyros.com
info@villaspyros.com
A 130 mètres de la route principale et de la plage de Perissa.
Entre 50 et 75 € la nuit, variant selon période et catégorie.

La tour de l'église Timiou Stavro, Perissa.

Charmant complexe de studios et appartements, géré par une patronne dynamique et à l'écoute, professionnelle et souriante. Petros, l'acolyte de Sophia, est en charge de l'entretien des chambres – tâche dont il s'acquitte avec perfection, discipliné et sympathique. L'hôtel n'est qu'à quelques pas de la grande plage de Perissa, ce qui est idéal pour admirer couchers et levers de soleil dans un paysage à couper le souffle. Le lieu également est idéal pour explorer alentour – mais aussi pour profiter de la proximité avec les commerces, tavernes et bars.

Se restaurer

DODO'S SANTORINI

Perivolos Beach
✆ +30 22860 83332
dodosantorini.com
edmondchehinee@gmail.com
Ouvert toute l'année. Compter environ 20 € par personne.
Sur la plage de Périvolos à côté de Perissa, ce restaurant de poissons et fruits de mer est une belle surprise. Mais on ne saurait le réduire à la cuisine de la mer, la moussaka, par exemple, est succulente. On apprécie la jolie plateforme avec le bar et la piscine sur la plage, un cadre idéal de repos en dehors de l'agitation de Fira. De plus, Edmond le patron francophone offre les chaises longues à tous les Français ! A bon entendeur…

TAVERNA PERISSA

✆ +30 22860 82829
aromasantorinio@gmail.com
A partir de 12 €. Ouvert tous les jours du matin au soir.
C'est une des plus vieilles tavernes de Perissa et donnant sur la plage. Le patron très sympathique parle français. Spécialités de poisson frais : dorade, sardines et poulpes grillés, anchois frits, calamars farcis, crevettes, saganaki, risotto et pâtes aux fruits de mer, salades.

TRANQUILO

✆ +30 2286 085230
tranquilo.santorini@gmail.gr
Comptez 15 € par personne. Ouvert tous les jours de midi à minuit.
Immanquable en arrivant sur la jetée de Perissa : restaurant très coloré, avec des parasols en paille, des hamacs, des canapés bien fournis en coussins, des transats bien rembourrés et pas mal de végétation. On y mange très bien et copieux, pour vraiment peu cher. En plus, le restaurant se vante de soutenir le commerce équitable et les producteurs locaux indépendants. En tout cas, tout est garanti organique et, dans la mesure du possible, grec. Les salades sont copieuses et il y a aussi ici une bonne sélection de plats végétariens et végans.

À voir – À faire

SITE ARCHÉOLOGIQUE DE THERA ★

✆ +30 22860 81939
Ouvert tous les jours de l'année sauf les lundis, de 8h à 15h. Entrée : 4 €, réduit : 2 €.
Un superbe site archéologique au sommet de la montagne dominant les belles plages de Kamari et Perissa, parfois comparé à un «petit Pompéi». Depuis Perissa, après 40 minutes de marche – à pied (en suivant le chemin ou en longeant la route) ou en voiture depuis Kamari – vous arriverez sur le site de l'antique Théra : vestiges de l'agora, du gymnase, des temples et des sanctuaires de cette cité fondée au VIIIe siècle av. J.-C. et qui a connu son apogée au temps des Ptolémées et son déclin à l'époque romaine. La vue qu'il offre est superbe.

ANAFI - ΑΝΑΦΗ ★★★

Les touristes désargentés, amoureux de Santorin, rêvent d'acheter une demeure sur les terres de sa petite sœur. Mais les occasions sont déjà rares (et chères…). Il faut prendre le bateau à Santorin pour découvrir cette île de pêcheurs qui, isolée tout au sud des Cyclades, commence seulement à être touchée par le tourisme.

D'après la mythologie, Apollon l'a fait surgir des flots pour sauver les Argonautes d'une tempête. Sa Chora, construite autour d'une forteresse vénitienne, est d'une architecture tout en courbes, rehaussée d'arcades. Volcanique et aride, Anafi a surtout à offrir ses plages de sable dont les plus belles se trouvent au sud de l'île. Une unique route relie le port à la capitale, et la vie quotidienne satisfera ceux qui rêvent de vacances tranquilles. Une centaine de chambres sont à louer chez l'habitant.

ANAFI CHORA – ΑΝΑΦΗ ΧΩΡΑ

Fouettée par les rafales du *meltemi*, blottie contre son rocher et dominée par les ruines de sa forteresse vénitienne, la capitale et unique ville d'Anafi semble, au premier abord, assez sauvage. Ses ruelles étroites, ses moulins à vent, ses terrasses ombragées, mais aussi l'église d'Aghios Nikolaos sur la place et ses vieilles icônes : voilà pour l'essentiel ce que vous trouverez dans ce décor très cycladique, à découvrir au rythme lent de la vie au village. Chora se trouve à 2 kilomètres du port par la route, mais un chemin permet de faire le trajet à pied en une vingtaine de minutes.

Transports

■ PORT

✆ +30 22860 61216

Seul le port (Aghios Nikolaos) représente un abri sûr, mais seuls les petits bateaux peuvent accoster au quai.

▶ **Athènes-Anafi.** Trois ferries par semaine depuis Le Pirée (10 heures). Tous trois font escale à Santorin.

▶ **Liaisons avec les autres îles.** Le plus pratique pour rejoindre Anafi est de passer par Santorin (1 heure 30), qui, elle, est très bien desservie. En plus des trois bateaux hebdomadaires venant du Pirée, quatre autres ferries desservent Anafi depuis Santorin chaque semaine. La plupart desservent d'autres îles des Cyclades : Naxos, Paros, Ios, Syros, Sikinos, Folegandros. A noter que certains hôtels et agences de tourisme de Santorin proposent des excursions à la journée à Anafi pour environ 50 €. Enfin, Anafi est aussi reliée à Rhodes deux fois par semaine, avec des escales à Halki, Karpathos et Kassos.

Pratique

■ POLICE

✆ +30 22860 61216

Se loger

■ PANORAMA

✆ +30 22860 61292
www.panoramarooms.gr
panorama.rooms@yahoo.gr

Chambre double à partir entre 40 et 50 € en été (et appartements pour 40 à 60 €). Transfert inclus.

16 chambres parfaitement équipées avec kitchenette et vue sur mer. Flora, la propriétaire, loue aussi des jeeps et des motos. wi-fi gratuit.

■ PELAGOS

✆ +30 22860 61240
www.pelagos-anafi.gr

Chambre double à partir de 50 € en juillet et août. Ouvert toute l'année.

Ces 8 chambres ouvertes toute l'année offrent une halte agréable. Toutes ont un réfrigérateur, et deux ont une cuisine entière et la télévision. Enfin, chaque chambre a son propre balcon ou sa véranda.

Se restaurer

Le choix des restaurants n'est pas énorme, le choix de commerçants non plus. Mieux vaut avoir fait vos provisions à Santorin avant d'arriver...

■ MARGARITAS

Klissidi
✆ +30 22860 61237
www.margarita-anafi.gr
info@margarita-anafi.gr

A partir de 15 € par personne. Ouvert tous les jours de 10h jusqu'à minuit.

Un lieu idéal sur une des plus jolies plages d'Anafi. Cet établissement est réputé pour ses pâtes maisons et excellentes viandes. De la bonne cuisine grecque avec une touche cosmopolite en plus. Le matin, vous pourrez y prendre le petit déjeuner avec du pain fraîchement sorti du four. A tenter !

■ TO STEKI

Sur la place principale.
✆ +30 22860 61380

Autour de 15 € par personne. Ouvert toute l'année.

En plein centre de la Chora, voici une adresse connue des habitués. Le poisson y est frais (le poulpe notamment), le lapin, excellent, comme l'aubergine farcie. Les légumes viennent du jardin des propriétaires.

Dans les environs

▶ **Panaghia Dokari, à Kastelli** (2 heures de marche). A l'extérieur de l'église, il y a un sarcophage romain et le tronc d'une statue de la même époque. Le couvercle du sarcophage est encastré dans la façade de l'église. Toutes les plages de l'île offrent du sable fin. Partout, la mer est peu profonde, ce qui lui donne une belle couleur, rappelant celle des lagons du Pacifique.

▶ **Klisidi a une taverne et propose des chambres à louer** : ✆ +30 22860 61237. Relativement proche du port, cette plage est naturellement la plus fréquentée. Le nudisme y est formellement interdit. La police veille activement et n'hésite pas à intervenir. Ailleurs, nul besoin de feuille de vigne, à condition qu'il n'y ait pas d'habitation à proximité de votre serviette. Avec un caïque et en 15 minutes ou après une marche d'1 heure, vous pouvez atteindre les plus belles plages : Anafi, Mikros et Megalos Roukounas qui fait 1 km de long et qui est agrémenté d'une taverne.

▶ **En barque, vous pouvez vous rendre également à Monastiri (30 minutes).** De Roukounas, il faut encore 30 minutes de marche pour gagner Katelimatsa, une série de petites criques de sable (taverne).

En continuant vers l'est, vous atteignez la gigantesque plage déserte de Kalamos. N'y allez jamais sans suffisamment de vivres et d'eau, car vous ne trouverez rien à plusieurs kilomètres à la ronde, et le soleil tape très fort. Comptez 2 bonnes heures pour rejoindre le port à pied. De cette plage, un chemin mène au monastère de Pano Kalamiotissa.

En saison, des petits caïques longent la côte, et font l'aller-retour du port aux plages. Il suffit de les héler comme des taxis pour qu'ils viennent à vous. Le tarif varie en fonction du nombre de passagers, de votre gentillesse et de la distance parcourue. Les caïques sont cependant rares qui vont jusqu'à la plage de Kalamos.

CAP KALAMOS - ΚΑΛΑΜΟΣ

Le cap Kalamos est un gros rocher qui plonge à l'extrémité orientale d'Anafi, et au sommet duquel se dresse l'impressionnant monastère de Pano Kalamiotissa. La montée est longue et difficile, mais vous en serez récompensé par une vue extraordinaire sur un paysage époustouflant, dans un calme mystique. Le monastère est malheureusement fermé, mais il est inconcevable d'aller à Anafi sans y monter.

MONASTÈRE DE PANAGHIA KALAMIOTISSA ★★
CAP KALAMOS
Sur le cap Kalamos (2 heures de marche depuis Kastelli). Attention ! Il faut aller à l'ancien monastère (Pano Monastiri), et non au nouveau (Kato Monastiri) situé beaucoup plus loin.
Panaghia Kalamiotissa se trouve à Kalamos, la région la plus abrupte et impressionnante de l'île, au sommet d'une colline de 450 m. Construit à l'emplacement d'un temple d'Apollon, le monastère est fondé lorsqu'une icône de la Vierge est trouvée sur un roseau (*kalami*). Vous pouvez voir, dans les environs, des ruines d'un château vénitien et à la base de la colline vous pouvez visiter le Drakondospilio, une grotte avec des stalactites. A Vaghia, il y a des sources thermales non exploitées.

AMORGOS - ΑΜΟΡΓΟΣ ★★★★

Le visiteur retient son souffle en débarquant à Amorgos : l'île la plus orientale des Cyclades ressemble à une forteresse naturelle, inaccessible et presque hostile. Ses côtes abruptes tombent dans une eau émeraude : on est forcément impressionné par les crêtes qui partout dominent.
Avec ses 117 km² et ses 1 700 habitants, en débarquant dans l'île la plus orientale des Cyclades, le touriste retient son souffle. Plus personne n'ignore que c'est à Amorgos que le réalisateur Luc Besson a en grande partie tourné son film *Le Grand Bleu*, en 1987. Sur le port de Katapola, le deuxième port d'Amorgos, il y a même un bar éponyme qui passe chaque soir le long-métrage en version anglaise. Mais les fans ont aujourd'hui troqué leurs palmes contre des chaussures de randonnée pour découvrir l'intérieur de l'île plus accidenté et rocailleux. Pour l'explorer, il faut lui consacrer quelques jours : l'infrastructure routière est moyenne et les plus belles promenades nécessitent quelques heures de marche. Destination « nature » par excellence, Amorgos n'est pourtant pas en reste en termes de patrimoine. Sa Chora est l'une des plus belles et des plus authentiques des Cyclades et le monastère de Hozoviotissa, incrusté dans la falaise, est un des sites incontournables de tout l'archipel. Et comme celle des autres Cyclades, son histoire est marquée par le passage des conquérants : les Athéniens, les Romains, les Francs, les Russes, les Turcs. Pendant l'époque romaine, l'île devient une terre d'exil, tradition qui a perduré puisque le dernier exilé politique y a été envoyé par la junte militaire arrivée au pouvoir par le coup d'Etat de 1967.

KATAPOLA - ΚΑΤΑΠΟΛΑ

Principal port de l'île, il se compose de trois quartiers étalés autour du golfe : Katapola (port), Rahidi (au centre) et Xylokeratidi (port de pêche). Sur une colline au-dessus du port, jouissant d'une vue exceptionnelle, dorment pour toujours les ruines de l'antique Minoa. Notez également l'église de Panaghia Katapoliani, édifiée sur les ruines d'un temple d'Apollon.

Transports

Comment y accéder et en partir

PORT DE KATAPOLA
✆ +30 22850 71259
Amorgos dispose de deux ports : Aegiali et Katapola. Ce dernier est un peu mieux desservi. Certains ferries font un arrêt dans chacun des deux.

Ferry. Athènes-Amorgos : en saison, il y a au moins une liaison quotidienne entre Le Pirée et Amorgos (Aegiali et Katapola) en été (environ 7 heures 30).

Liaisons avec les autres îles. Les ferries transitant par Amorgos desservent aussi les

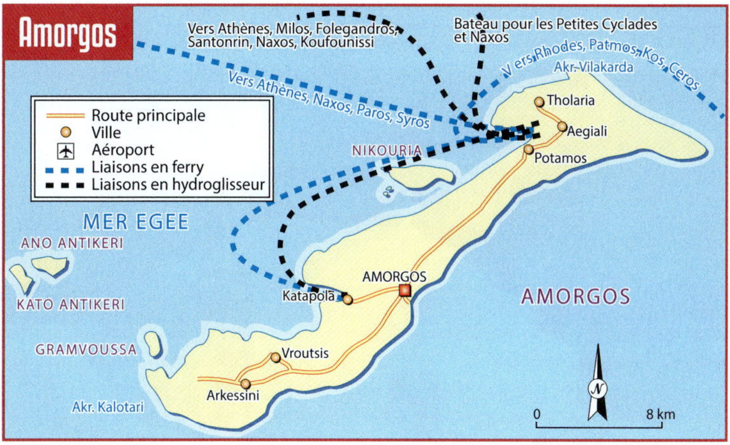

petites Cyclades, Naxos, Paros quotidiennement, quatre fois par semaine Astypalea et trois fois par semaine Syros. Il existe aussi un bateau, le Skopelitis, qui dessert Naxos et les petites Cyclades. En été, une liaison en hydroglisseur de Katapola rejoint Santorin, Folegandros, Milos et le Pirée. Enfin, une fois par semaine en saison, il y a une liaison en ferry avec Ios, Patmos, Leros, Kos et Rhodes.

Yachting. A Katapola, vous vous approvisionnez en eau et en essence.

Se déplacer

Vous trouverez facilement des informations pratiques à Aegiali et Katapola. Vous pourrez même grimper dans un bus qui traverse l'île. En effet, en saison, un bus fait la liaison toutes les heures avec Chora (5 km), le monastère de Hozoviotissa et Aghia Anna. Il y a une liaison également avec les villages de Kato Meria (Vroutsi, Arkesini, Kalofana, Paradissia) et d'Aigiali. Mais, pour avoir essayé, nous ne saurions trop vous conseiller de louer une voiture ou un scooter si vous voulez profiter d'un maximum de plages et échapper un peu à la foule.

TAXIS

- **A Aegiali** ✆ +30 6937 883 838.
- **A Chora** ✆ +30 6973 988 702.
- **A Katapola** ✆ +30 6932 000 455 ou +30 6932 103 077.

Pratique

HOPITAL
Avec héliport
✆ +30 22850 71207

POLICE
✆ +30 22850 71210

Se loger

Bien et pas cher

CAMPING KASTANIS
✆ +30 22850 71277
www.kastanisgroup.gr/campingkastanis
geo_kast@otenet.gr
A 10 minutes de marche
en remontant vers Chora.
49 emplacements. Entre 3,50 et 5 € par pers. par nuit, 3 € par tente.
L'un des deux campings du village avec le camping municipal. Celui-ci est le plus récent, ouvert en 2002, et le plus agréable de l'île. Tout confort, avec même le wifi gratuit. Café-bar, restaurant, supérette et centre de plongée. Les propriétaires gèrent aussi la pension Ilias.

TITIKA PENSION
Xilokeratidi, à 10 m de la mer.
✆ +30 22850 71660
www.titika-pension.gr
info@titika-pension.gr
Chambre double à partir de 50 € en été, petit déjeuner en supplément. Transfert de/vers le port.
Très bonne pension, calme et très bien située en face de la plage. Chambres propres et bien aménagées et accueil très agréable. Toutes les chambres ont un frigo, une bouilloire et des tables sur la terrasse. Un petit hôtel familial avec un charmant jardin, près de la plage de Katapola. Titika accueille des lecteurs du Petit Futé depuis des années avec toujours le même succès. On aime son professionnalisme et sa gentillesse, au-delà de l'emplacement idéal de cette agréable pension dans le quartier Xylokeratidi.

© ANA JOVETIC-VUCKOVIC

Chapelle d'Aghia Anna.

Confort ou charme

■ AEGEAN STUDIOS
✆ +30 22850 74036
www.aegeanstudios.gr
info@aegeanstudios.gr
Chambre double de 50 à 95 € en saison, petit déjeuner non inclus pour les mois de juillet et août.
A 150 m du port, des studios rénovés en 2011, bien placés et bien équipés, généralement avec kitchenette, réfrigérateur, balcon privatif ou terrasse. Accès wi-fi. Les bonnes places partent vite. Le prix augmente vite selon le mois et l'étage souhaité.

■ THE BIG BLUE PENSION
✆ +30 22850 71094
www.amorgos.com/bigbluepension
thebigblue_amorgos@yahoo.com
Chambre double de 35 à 80 € en été. Ouvert toute l'année.
Sur les hauteurs de Katapola, à 70 m du port, prenez des escaliers à votre droite pour monter jusqu'à cette petite pension. Les 17 chambres doubles avec air conditionné et réfrigérateur sont très souvent bondées de touristes du monde entier, ce qui fait de cet endroit une vraie adresse cosmopolite. Une splendide vue sur la baie de Katapola s'étend depuis les terrasses. Et le patron parle français.

■ PENSION DIOSMARINI
Xilikeratidi.
✆ +30 22850 71 636
www.diosmarini.com
diosmarini@yahoo.com
Depuis le port, faites le tour de la baie jusqu'au bar Le Grand Bleu et suivez les panneaux « Mycenean Cimetery ». Depuis l'hôtel Saint-Georges, c'est à 80 m sur la gauche.
Chambre double autour de 40 à 65 €.
Cette maison fleurie est peut-être la plus haute du villa et c'est ce qui fait son charme ! Petite pension de 9 chambres accueillant jusqu'à 4 lits, et qui propose aussi un appartement. Certains chambres ont une kitchenette bien utile. Nouvelle bâtisse blanche avec des balcons bleu marine dominant toute la baie de Katapola. A 10 minutes du centre et de la plage la plus proche. Et Rania, la propriétaire, parle français...

Se restaurer

Bien et pas cher

■ CAPETAN DIMOS
✆ +30 22850 71020
Au port, face aux bâteaux.
Comptez 15 € par personne. Ouvert tous les jours pour le déjeuner et le dîner.
Le cuisinier patron est réellement un passionné : il aime son métier et ça se sent. Résultat on a envie de revenir souvent dans son restaurant durant le séjour. La nourriture est honnête, copieusement servie.

■ CORNER TAVERNA
✆ +30 22850 71191
corneramorgos@yahoo.gr
A 100 m à gauche du débarcadère à côté de la boulangerie.

A partir de 10 € par pers. Ouvert toute l'année. Le patron Nikos prépare lui-même ses plats, ne partez pas d'Amorgos sans goûter son agneau façon locale, le poisson frais ou le calamar grillé. Grand choix également de plats végétariens, de pâtes, de pizzas ou de gyros. Vous y mangerez très bien face à la mer, sur fond de musique grecque. Plus de 30 ans de tradition, d'authenticité, et de qualité à des prix modestes.

■ **MOURAGIO**
✆ +30 22850 71011
En face du débarcadère.
A partir de 15 € par personne.
Une taverne familiale de bonne réputation qui propose une cuisine grecque traditionnelle et surtout du poisson frais en saison. La spécialité est la langouste fournie par les pêcheurs du coin. En fin de soirée, avec un peu chance, le patron se laissera aller à un mini-concert en public. Le cadre ne paie pas de mine, mais l'ambiance est bonne.

■ **MYTHOS RESTAURANT**
✆ +30 2285 074243
Au débarcadère, légèrement à gauche.
A côté de l'hôtel Minoa.
Comptez 15 € par personne. Ouvert tous les jours de 11h à minuit.
Ce restaurant du port d'Amorgos est de bonne tenue. On y mange tous les classiques de la cuisine cycladique avec quelques petites touches originales et bienvenues. Le service est enthousiaste et professionnel. Une bonne option à Katapola.

Bonnes tables

■ **VITSENTZOS**
Xilokeratidi
✆ +30 22850 71518
Du côté de Xylokeratidi,
un peu plus loin que Le Grand Bleu.
Environ 15 € par personne. Ouvert tous les jours pour le déjeuner et le dîner.
Ce restaurant les pieds dans l'eau offre un cadre très agréable sur les bords du petit port de pêche de Xilokeratidi. On y mange une bonne cuisine généreuse en regardant la baie de Katapola et on écoute le temps passer en se régalant de viande grillée ou de poisson frais, selon l'arrivage. Une bonne adresse.

Sortir

■ **LE GRAND BLEU**
Du côté de Xylokeratidi.
Entre 10 et 15 € par personne.
Agréable terrasse au bord de l'eau offrant une superbe vue sur la baie. En hommage aux quelques scènes du célèbre film tourné sur l'île, sa version longue est encore projetée sur la terrasse certains soirs. Après le film, musique et danse toute la nuit. Une halte obligatoire pour les amateurs de l'ivresse des profondeurs. Les sympathiques propriétaires parlent français et n'hésitent pas à vous informer sur les environs.

À voir – À faire

■ **ÉGLISE D'AGIOS GIORGIOS VALSAMITIS**
Il faut 1 heure de marche pour atteindre cette basilique du XVIIe siècle, d'autant plus intéressante que sa source sert à l'hydromancie (divination au moyen de l'eau). Les archéologues estiment que la pratique consistant à étudier les particules de l'eau pour prévoir l'avenir a une origine antique et qu'un sanctuaire, probablement dédié à Asclépios, devait exister à cet emplacement.

AMORGOS CHORA – ΑΜΟΡΓΟΣ ΧΩΡΑ

Construite sur un rocher autour d'une forteresse du XIIe siècle, avec ses moulins à vent abandonnés et ses ruelles pavées entrecoupées de marches, elle séduit le visiteur. Au centre de la ville, le *pyrgos* de Gavras, caractéristique demeure patricienne du XVIIIe siècle, a été converti en musée et expose une collection d'objets, d'inscriptions et de sculptures retrouvés lors des fouilles locales. Les églises de l'ère postbyzantine méritent également une visite, surtout Kira Eleoussa, Aghios Thalelaios et Aghios Thomas.

Se loger

EMPROSTIADA TRADITIONAL GUESTHOUSE

✆ +30 22850 71814
http://emprostiada.gr
Chambre double : 100 € en pleine saison (juillet-août) sinon 50 € le reste de l'année.
Cet établissement est situé en bordure de Chora : un emplacement idéal pour être à la fois à quelques minutes de l'animation tout en profitant du calme unique du village. Les chambres et suites sont très joliment décorées, l'accueil est chaleureux et agréable et c'est une des rares options de charme d'Amorgos. Une jolie adresse.

PENSION PANORAMA

✆ +30 22850 74016
www.panorama-amorgos.gr
info@panorama-amorgos.gr
Bien indiqués,
dans deux emplacements du village.
Studio pour deux personnes à partir de 35 € en juin et jusqu'à 75 € en pleine saison. Ouvert d'avril à fin novembre.
Pension simple et propre, divisée en deux bâtiments dont un sur la droite à l'entrée du village, avec de nombreuses chambres offrant une vue panoramique sur la mer et les montagnes. Un hôtel ouvert toute l'année qui propose aussi des appartements très économiques pour 4.

VORINA KTISMATA

✆ +30 22850 71580
www.vorinaktismata.com
Chambre double à partir de 135 €, avec le petit déjeuner. Ouvert de fin mai à mi-septembre.
Très select, ce petit complexe récent ne propose que trois chambres et deux suites avec terrasse. L'ensemble se veut discret et en harmonie avec la nature : architecture bioclimatique, énergie solaire, utilisation de l'eau de pluie, flore locale valorisée... Mais des prestations et un confort impeccables.

Se restaurer

LIOTRIVI

✆ +30 22850 71700
Au rond-point, prendre la direction d'Aghia Anna, empruntez les petits escaliers sur la gauche et après 30 m vous y êtes. A l'entrée de Chora en arrivant de Katapola, juste en bas de la place et de la station de bus.
A partir de 15 € par personne. Ouvert midi et soir.
Excellent cadre avec coucher de soleil sur Katapola. Situé dans une rue transversale étroite, vous verrez l'immeuble en pierre, blanchi à la chaux, où les spécialités locales y sont servies depuis 20 ans, à prix doux. Goûtez les *kalogiros* (aubergine avec du veau, du fromage et des tomates) ou *exohiko* (agneau et légumes en croûte). De la terrasse en haut, vous aurez vue sur la mer Egée, les montagnes ou les pittoresques moulins à vent. Une des meilleures adresses de l'île. « Liotrivi », c'est l'ancienne fabrique de l'huile d'olive.

ARBARORIZA

✆ +30 2285 074388
Ouvert tous les jours de 13h à minuit. Comptez 15 € par personne.
Un peu en retrait de la ruelle principale, ce joli restaurant vegan offre une cuisine bio à base de produits locaux. L'équipe, jeune et dynamique, réussit à créer une ambiance conviviale et décontractée. En extérieur, quelques tables colorées s'étalent sous les arbres et offrent une vue sur la mer Egée.

PIZZA PETRINO

✆ +30 2285 071811
Ouvert tous les jours de midi à minuit. Comptez 15 € par personne.
Certes, vous n'êtes pas à Amorgos pour manger une pizza italienne. Et pourtant, Pizza Petrino est une excellente adresse pour goûter à de délicieuses pizzas au feu de bois. A tel point que ce restaurant est souvent complet en pleine saison. D'autres plats sont aussi au menu, à déguster avec un très bon pain maison.

TRANZISTORAKI

✆ +30 69828 96420
www.tranzistoraki-amorgos.gr
Ouvert tous les jours de midi à minuit. Comptez 15 € par personne.
Cette petite taverne sous la tonnelle offre une sélection de *mezzes* délicieux pour accompagner des carafes de succulent raki. Le tout dans un cadre qui fait la part belle aux transistors *vintage*. Le service est jeune et agréable, l'ambiance détendue et conviviale et la cuisine vraiment réussie. Choisissez de nombreux petits plats et partagez pour pouvoir goûter à tout. Entrées délicieuses avec des ingrédients locaux, comme les pois cassés aux câpres ou le gruyère poêlé. Essayez aussi les feuilletés au fromage et au miel et les boulettes de viande magnifiquement parfumées.

À voir - À faire

MONASTÈRE DE PANAGHIA HOZOVIOTISSA ★★★

En saison, des bus partent depuis Katapola.
Si vous êtes à pied, une superbe balade
de 20 minutes vous y emmène depuis Chora.
Prendre la rue principale qui monte
vers les moulins jusqu'au parking.
Ouvert tous les jours de 8h à 13h et de 17h à 19h.

Monastère de Panaghia Hozoviotissa.

Vous l'avez forcément vu en photo. Ce monastère, emblématique de l'île d'Amorgos, est l'un des plus impressionnants de Grèce et l'une des plus anciennes constructions byzantines des Cyclades. Après l'avoir admiré d'en bas, dirigez-vous vers son panorama. Pour y accéder, prenez un petit chemin à droite (ouvrir la barrière). Descendez le chemin pour découvrir une vue époustouflante sur la mer et la montagne. Arrivé sur la route prenez à gauche jusqu'au parking. Vous découvrirez alors l'incroyable monastère. Suspendu sur une falaise abrupte au-dessus de la mer. Ce monastère, probablement fondé au IXe siècle, est une intéressante prouesse architecturale puisqu'il représente l'équivalent de plusieurs étages et, de loin, semble ne présenter qu'un seul mur. L'histoire de sa fondation a nourri plusieurs légendes. La plus répandue veut qu'une icône de la Vierge peinte par l'apôtre Luc soit soudainement apparue dans une barque. Les habitants de l'île décident alors de construire un monastère sur la côte, mais tout ce qu'ils construisent le jour se trouve démoli le lendemain. Un prêtre qui implore le ciel a soudain la vision, sur le rocher abrupt, d'une sacoche d'ouvrier pendue à un clou. Ainsi décide-t-on de construire le monastère à cet emplacement. Attention : tenue correcte exigée, à savoir jupe longue pour les femmes, pantalons longs pour les hommes et épaules couvertes pour tous. Cependant, des jupes et pantalons sont prêtés à l'entrée du monastère en cas d'oubli ou de port de bermuda...

ARKESINI - ΑΡΚΕΣΙΝΗ

Ce pittoresque village au sud de l'île fait partie de Kato Meria. À proximité, vous pouvez visiter les ruines de l'antique Arkesini (fragments des murailles, tombes, maisons...). Une balade de 40 minutes conduit au village de Vroutsis. Arkesini est relié par bus à Chora et Katapola (possibilité de venir le matin et de rentrer en fin d'après-midi). Sur place, une taverne loue des chambres. Vous pouvez vous baigner à Kalotaritissa ou à Paradissia, et à pied vous rendre à Aghioi Saranda (30 minutes), Mouros (20 minutes) ou Mavri Miti. Les nudistes opteront pour Faros. Les plages de cette partie de l'île, même celles accessibles en voiture, ont l'avantage d'être très peu fréquentées.

AEGIALI - ΑΙΓΙΑΛΗ ★★

Le deuxième port de l'île gagne de plus en plus en popularité auprès des vacanciers. Il est entouré de trois villages perchés tout blancs, Tholaria, Langada et Potamós, qui dominent la vallée encaissée. Tous les ferries font escale dans les deux ports de l'île. Des bus locaux font la liaison entre Aegiali et Tholaria, Langada et Potamós. Les ruelles du village sont décorées de fleurs dessinées à la chaux. Aigiali est bordé d'une longue plage de sable, mais pour avoir plus d'espace, vous pouvez, en vous éloignant un peu, découvrir une série de petites criques. La plus célèbre est celle de Levressos, une plage nudiste située à 20 minutes à pied du village.

Se loger

■ **ASKAS PENSION**
✆ +30 22850 73333
www.askaspension.gr
askas@otenet.gr
La double entre 45 €, avec le petit déjeuner, et 70 € selon la période.
Cette pension rénovée récemment propose 18 chambres très calmes avec petit balcon (vue

© ANA JOVETIC-VUCKOVIC

Vue sur Aegiali.

mer ou jardin) et un restaurant, à seulement 100 m de la plage et 5 min du port. Idéal pour les familles. Transfert A/R du port d'Aegiali gratuit.

■ LAKKI VILLAGE

✆ +30 22850 73253
www.lakkivillage.gr
info@lakkivillage.gr
70 chambres, studios et appartements. Entre 45 et 110 € pour 2 avec petit déjeuner selon la catégorie et la période.
Grand complexe constitué de 70 chambres, appartements, bungalows et autres studios dans le style cycladique. Une bonne adresse pour les familles, surtout si vous voyagez en basse saison : les studios pour 4 personnes sont facturés à peine plus cher. Au bout de la plage d'Aegiali avec un agréable jardin à l'ombre de grands arbres et une piscine avec bar. Parking, aire de jeux pour les enfants. La taverne à même la plage de sable est excellente.

Se restaurer

■ 12 ACROPOLIS

✆ +30 2285 073422
www.12acropolis.gr
dimel@12acropolis.gr
Ouvert tous les jours pour le déjeuner et le dîner. Comptez 15 € par personne.
Quelques tables sur les marches d'une ruelle, une ambiance tamisée et tranquille, une belle sélection de rakis et un menu qui sort un peu des habitudes grecques. Ici vous mangerez de bonnes salades complètes, à base de quinoa ou de lentilles, des légumes grillés ou encore des desserts généreux. Une adresse conviviale et agréable. Il ne vous échappera pas non plus que l'établissement est particulièrement fier de ses herbes maison qui parsèment ses plats, ses desserts mais surtout son *rakomelo*, un verre de raki tiède parfumé aux herbes et au miel.

■ FALAFEL

✆ +30 2285 073553
Ouvert tous les jours de 9h à 1h du matin. Comptez moins de 15 € par personne.
Dans une ruelle animée un peu en retrait du port, Falafel est un lieu alternatif et branché où la jeunesse vegan et adepte des cures holistiques se retrouve pour partager des falafels géants et des cocktails pointus. Tout cela est très au goût du jour mais surtout très réussi ! Les produits sont frais, les cocktails bien équilibrés et l'ensemble savoureux. Au-delà du style affiché, venez donc vous régaler.

■ LIMANI TIS KYRA-KATINAS

Dans la ruelle principale.
✆ +30 22850 73269
Dans la petite ruelle pittoresque près de l'église.
A partir de 15 € par pers. Ouvert tous les jours de 9h à tard le soir.
Authentique taverne grecque et une des premières à ouvrir à Aegiali (1980). On s'attable soit dans la ruelle sous les oléandres (lauriers-roses) soit sur la terrasse en haut avec vue sur la baie. Cuisine familiale bon marché et d'un grand choix : plats traditionnels et locaux, poisson frais au kilo et fruits de mer (succulents), le tout arrosé d'un bon vin maison. On y vient aussi pour le petit déj. Service souriant. Assez rare pour être souligné : plats thaïs originaux tous les vendredis (oui, il y a une Thaïlandaise dans la famille) et même une petite exposition de tableaux à l'intérieur.

KOSTARAS
✆ +30 69366 59080
Sur la place principale.
Compter 15 €/pers. Ouvert tous les jours midi et soir.
Un endroit agréable avec une vue inouïe sur la baie d'Aegiali. Ici, la cuisine traditionnelle de l'île se mélange à la gastronomie italienne. Tout est préparé a l'aide d'ingrédients locaux. Ne pas oublier de goûter aux délicieux *kolokythokeftedes* (boulettes de courgettes), à la célèbre chèvre rôtie d'Amorgos ou encore aux aubergines à la viande, appelées *kalogeros*. Kostas, le sympathique propriétaire, saura vous conseiller.

Sports - Détente - Loisirs

AMORGOS DIVING CENTER
Sinodinos Dimitris
Aegiali
✆ + 30 22850 73611
amorgos-diving.com/fr
scuba@amorgos-diving.com
À partir de 55 € la plongée avec bouteille (dégressif ensuite) pour les personnes certifiées. Tous les tarifs des cours sur le site Internet. Ouvert tous les jours de 10h à 22h en saison.
Ecole de plongée qui propose une formation tous niveaux (amateur et professionnel) avec diplôme dans les Cyclades. C'est le seul centre PADI 5 étoiles avec cours en français de surcroît. Boutique d'équipement de plongée et de pêche, à louer ou à acheter. Découvrez pourquoi c'est à Amorgos que le film *Le Grand Bleu* a été tourné. Pour les débutants, ce centre est aussi une belle opportunité ici pour découvrir la plongée à partir de l'âge de 10 ans.

THOLARIA - ΘΟΛΑΡΙΑ ★

Si vous êtes à Aigiali, montez au petit village de Tholaria perché sur votre gauche (dos à la mer). Ce village tranquille offre des vues magnifiques sur la mer Egée et la baie d'Aegiali. Vous pourrez y monter par la route, en bus ou en voiture, mais nous vous conseillons le joli sentier n°4 qui part du camping et monte en 30 minutes vers Tholaria. Vous verrez de haut la vallée verte qui se niche au creux d'un amphithéâtre montagneux impressionnant d'aridité. Au village, prenez le temps d'une pause au kafeneio traditionnel au pied de l'église. C'est une terrasse particulièrement agréable pour voir le soleil se coucher. En journée, vous pourrez vous rendre à pied à la crique encastrée de Mikri Vlichada après environ 20 minutes de marche. La mer secoue mais c'est un bonheur de s'y baigner.

DREAM BLUE
✆ +30 22850 73288
https://www.dreamblue.gr
info@dreamblue.gr
Dream Blue est une agence créée en 2019 par les membres de l'hôtel Vigla à Tholaria, offrant des excursions et des séjours à thème sur l'île d'Amorgos et dans les petites Cyclades. L'objectif est de faire découvrir de manière authentique la beauté unique d'Amorgos et de ses environs. Une initiative bienvenue tant l'offre était limitée dans ce domaine. Au programme : randonnées, balades à dos d'âne, excursions en bateau, musique, danse, visite de monastères, cours de cuisine... Un service très professionnel pour une expérience intimiste qu'on garde en mémoire.

EVIS PENSION
✆ +30 22850 73391
www.amorgos-evis.com
info@amorgos-evis.com
A 50 m de l'arrêt de bus.
Chambre double entre 60 € et 80 €. Transfert gratuit depuis le port d'Aegiali.
Economique mais simple, cette petite pension propose 8 chambres ou studios et un appartement pouvant accueillir entre quatre et huit personnes. Plutôt mignon, cosy, avec de jolis balcons.

TAVERNA PANORAMA
✆ +30 22850 73349
Ouvert tous les soirs pour le dîner. Comptez 15 € par personne.
Cette taverne familiale porte bien son nom : située sur les hauteurs de Tholaria, elle offre une vue panoramique sur la baie d'Aegiali et le large. On y vient de toute l'île pour la succulente cuisine traditionnelle, spécialisée dans les mets amorgiens. Si vous n'avez pas réservé, venez assez tôt pour profiter des tables en terrasse. Certains soirs, musique traditionnelle *live*.

LAGKADA - ΛΑΓΚΑΔΑ ★

Douceur de vivre, plénitude et sérénité, un vrai petit coin de paradis pour les amateurs de calme. À 4 kilomètres d'Aegiali, en face de la plage en hauteur, c'est un village cycladique au charme indiscutable. Vous pouvez rejoindre le village à pied depuis Aegiali par un agréable chemin balisé (comptez 20 à 30 minutes de marche). Sur la route menant au village, admirez l'exceptionnel cimetière perché à même la roche sur votre droite à l'entrée du village. Vous pouvez visiter quelques églises intéressantes comme Aghia Triada et Panaghia Epanohoriani, non sans faire une halte à la terrasse de la taverne Nikos qui offre une vue saisissante. Nikos loue aussi des chambres et des studios spacieux, calmes et charmants.

■ HÔTEL PAGALI

Dans le village à côté
de la taverne du même nom.
✆ +30 22850 73310
www.pagalihotel-amorgos.com
info@pagalihotel-amorgos.com
Chambre double de 45 à 75 € en été. Petit déjeuner : 8 €.
L'hôtel pratique avec succès un tourisme alternatif basé sur l'agrotourisme. Vous y trouverez 20 chambres dans un site splendide et des studios avec kitchenette. Toutes les chambres ont un réfrigérateur, une télévision satellite, un balcon et un accès wifi. Possibilité de participer aux activités de la ferme. Réservation indispensable !

■ PAGALI

Dans l'hôtel Pagali.
✆ 30 22850 73310
www.pagalihotel-amorgos.com
info@pagalihotel-amorgos.com
A partir de 15 €/pers. Ouvert tous les jours à partir de 9h.
Comme l'hôtel qui l' « héberge », ce restaurant mérite qu'on s'y arrête. Initiative assez rare pour être soulignée : les propriétaires y pratiquent l'agrotourisme. Produits garantis locavores, voire du potager de l'établissement. Au menu : légumes grillés ou en boulettes, viandes... On peut aussi s'y arrêter pour un café. Autre rareté : les gâteaux sont à l'honneur et excellents.

POTAMOS - ΠΟΤΑΜΟΣ ★★

Au-dessus du port d'Aegiali, c'est celui des trois villages qui offre la plus belle vue sur le large et l'île de Nikouria.

■ KAMARA

Apno Potamos. ✆ +30 22850 73260
Ouvert tous les jours, de 10h à minuit.
Une adresse qu'il faut connaître, sur les hauteurs du village avec un panorama que l'on devine exceptionnel. Un couple franco-grec vous propose ici son *patatato*, une spécialité de viande de chèvre et de pommes de terre. Excellents desserts en prime. Pour compléter l'offre hôtelière rare, les propriétaires ont aussi deux chambres à louer pour dépanner.

■ PANO GITONIA

✆ +30 22850 73205
www.amorgos-panogitonia.gr
info@amorgos-panogitonia.gr
Chambre double entre 55 et 100 €.
L'offre est rare et ces studios aménagés dans une vieille maison de village attireront d'autant plus votre attention. Tout est conçu avec soin : poutres apparentes, mobilier traditionnel...). Et, surtout, une vue somptueuse sur la baie. Pour être tranquille, une bonne option !

PETITES CYCLADES DE L'EST

Ces petites îles situées entre Naxos et Amorgos constituent une belle alternative de vacances pour tous ceux qui, désirant fuir les endroits trop touristiques, rêvent de passer quelques journées idylliques entre ciel et mer. Les plages de sable sont exceptionnelles, la mer décline toute la gamme des bleus et de transparence, et les voitures sont presque inexistantes ! Vous pouvez explorer ces îles à votre guise en louant un voilier ou depuis Naxos par de petits bateaux.
Mais de plus en plus de touristes accostent dans ces îles pour des excursions à la journée, notamment à Koufonissia.

DONOUSSA - ΔΟΝΟΥΣΑ ★

Avec ses 16 km² et ses 100 habitants, l'île de Donoussa fait partie intégrante de l'archipel des Petites Cyclades de l'Est, malgré sa situation géographique qui en fait la plus éloignée de ses consœurs.
Il vous faudra utiliser vos jambes pour découvrir ses quatre villages ou hameaux et ses belles plages de sable fin, mais quel plaisir de flâner dans les venelles pavées embaumant le jasmin ! L'île est habitée depuis l'époque préhistorique et, selon la mythologie, Dionysos y a caché Ariane pour que Thésée ne puisse pas la retrouver.
Mal desservie par les bateaux, Donoussa (150 habitants) conserve tout son calme et son authenticité, même en pleine saison touristique. Une route traverse l'île. Les voitures restent cependant peu nombreuses. L'île offre à ses visiteurs un accueil familial, de beaux circuits de promenade, de belles plages, et un calme absolu. Vous résiderez sur le port.

DONOUSSA - STAVROS - ΔΟΝΟΥΣΑ - ΣΤΑΥΡΟΣ ★

Village de pêcheurs bien protégé du *meltemi*. Dans la capitale de l'île, quelques tavernes proposent du poisson frais et de l'ouzo pour passer la soirée. Vous pouvez nager sans crainte près du port, à la plage de sable de Stavros, la préférée des familles. Attention, pas de nudisme ! Pour découvrir des plages isolées, il vous faudra marcher.

- **La plage de Kédros** est à 15 minutes à pied du port. Le bus s'y arrête également. Un sentier empierré descend vers cette étendue de sable conséquente qui se transforme en camping géant en été. Nudisme pratiqué. Vous y trouverez un agréable, quoiqu'un peu onéreux, bar de plage.
- **La crique sauvage de Vathi Limenari** est accessible par le sentier n°4 qui passe par de multiples petites criques isolées où vous pourrez vous arrêter si l'envie vous prend. Vous serez seul par ici, même en plein mois d'août. Les eaux de cette côte sont transparentes et d'un turquoise époustouflant. Comptez environ 30-40 minutes de marche.
- **La plage de Livadi** est une somptueuse étendue de sable fin qu'on rejoindra à pied depuis le village agricole de Mersini, lui-même desservi par la route et les bus. Un caïque s'y rend également depuis Stavros. Alternativement, vous pouvez poursuivre le sentier n°4 décrit plus haut pour rejoindre la plage par des sentiers magnifiques. Attention, ils ne sont pas balisés. Comptez 40 minutes de marche depuis Vathi Limaneri. L'été, la plage se transforme en

Les immanquables des Petites Cyclades de l'Est

- **Donoussa**, et ses belles plages de sable fin désertes.
- **Iraklia,** pour le trajet en caïque vers les plages d'Alymia et de Karvounolakos
- **Koufounissia,** et son incroyable balade autour de l'île, face à la mer.
- **Shinoussa,** pour être seul au monde !

camping largement nudiste et hippy. Les eaux sont d'une clarté absolue. A quelques minutes au-delà de Livadi, la plage de Fykio est plus calme et moins fréquentée.

Le hameau de Kalotaritissa est situé au pied du point culminant de l'île, le mont Papas (385 m). À proximité se trouvent les plages de Sapounohoma, Messa Ammos et Trypiti que dominent des cavités rocheuses. Vous trouverez une bonne taverne (To Mitsos, +30 22850 51522) dans le hameau pour vous restaurer et attendre le bus qui dessert le village. Sinon, empruntez le sentier n°1 qui vous rendra dans ce coin de l'île depuis Stavros en passant par des paysages somptueux. Comptez 1 heure 15 de marche.

Le nord-ouest de Donoussa est très peu visité. Vous y trouverez la crique solitaire de Limni reliée par le sentier n°5. Poursuivez jusqu'au cap Aspros Kavos, immaculé sur les eaux claires. Comptez 40 minutes de marche.

Transports

Un bateau relie Le Pirée 2 fois par semaine à Donoussa, 3 fois par semaine à Koufonissia et 1 fois par semaine à Irakleia et Shinoussa (voyage d'une durée de 9 à 15 heures). Renseignements : Tél +30 21045 11311.

Depuis Naxos, un petit bateau privé, le *Scopélitis*, relie toutes les Petites Cyclades plusieurs fois du lundi au samedi avant d'accoster à Amorgos (adressez-vous à l'agence Zas Travel sur le port de Naxos).

A partir de Donoussa, vous pouvez rallier Amorgos (3 à 4 liaisons par semaine, 1 heure de traversée), Iraklia (2 à 3 liaisons par semaine, 1 heure de traversée), Koufonissi (2 à 3 liaisons par semaine, 1 heure de traversée), Mykonos (2 à 3 liaisons par semaine, 6 heures de traversée), Naxos (2 à 3 liaisons par semaine, 5 heures de traversée), Paros (2 à 3 liaisons par semaine, 5 heures 30 de traversée), Shinoussa (2 à 3 liaisons par semaine, 1 heure de traversée), Syros (2 à 3 liaisons par semaine, 7 heures 30 de traversée), Tinos (2 à 3 liaisons par semaine, 6 heures 30 de traversée).

Pratique

Il y a un seul bureau de change sur l'île, pas de banque pour l'instant. Prévoyez suffisamment d'espèces pour ne pas tomber en panne, en ne perdant pas de vue que lorsque la mer bouge, vous êtes bloqué (le *Scopélitis* reste au port). Dans les cas d'extrême urgence, vous pouvez changer (espèces uniquement) à l'office privé du tourisme, mais ce n'est pas très avantageux.

URGENCES MÉDICALES

✆ +30 22850 51506

Se loger

Il n'y a pas d'hôtel à Donoussa, mais quelques studios à louer. Sinon, de nombreuses maisons proposent des chambres à louer. Frappez aux portes, ou demandez dans les tavernes. Lorsque tout est complet, il reste la solution du camping sauvage sur la plage de Kendros (mais attention, c'est interdit et très mal vu par les habitants).

ARGALIOS GUESTHOUSE

✆ +30 22850 79008
www.argaliosguesthouse.gr
argaliosguesthouse@gmail.com
Chambre double à partir de 100 € en été.
Au calme sur les hauteurs de Stavros et dominant la mer, cet ensemble de quatre studios est réellement ravissant. Le jeune couple qui tient les lieux a fait un effort de décoration particulier : ici chaque objet est choisi avec goût, dans une forme de raffinement rustique. Le résultat est vraiment charmant et l'on s'y sent comme dans sa propre maison de campagne.

ILIOVASILEMA APARTMENTS & RESTAURANT

Sur la plage de Stavros
✆ +30 22850 51570
www.iliovasilema-studios.gr
info@iliovasilema-studios.gr
Chambre double de 40 à 60 € en été. Petit déjeuner : 5 €.
A 5 minutes du port à pied, 5 appartements, 5 studios et 5 chambres équipées pour la plupart avec de quoi se faire à manger. Belle vue sur mer et sur la plage de Stavros en contrebas : très bien situé, vous aurez une vue imprenable sur le coucher de soleil. Logements spacieux mais un peu vétustes. L'hôtel est avant tout un restaurant : Christos, le gérant, est un business man très affairé et s'occupe en priorité de ses cuisines. Plats excellents.

PETALIDES RESIDENCIES

✆ +30 69361 91792
www.petalides.gr
petalides@gmail.com
Trois suites à partir de 100 € en été, avec le petit déjeuner.
Avec l'arrivée de plus en plus de visiteurs branchés et créatifs, les frères Prassinos ont compris que Donoussa manquait d'options de charme en termes d'hébergement. Ils ont ouvert les trois suites de la résidence Petalides, pleines de raffinement et d'élégance simple sur les hauteurs de Stavros. Ici, tout se joue dans les couleurs taupe et les matières brutes. L'ensemble est très réussi, avec vue sur la mer bien évidemment. Idéal pour les séjours en amoureux.

Se restaurer

AVLI
✆ +30 22850 51557
Ouvert tous les jours de 9h au dernier client. Comptez 15 € par personne.
En surplomb du débarcadère, ce café-restaurant a ouvert tout récemment. Dans un style un peu plus branché et contemporain que ses concurrents, Avli sert aussi une cuisine un peu différente et légèrement plus recherchée que dans les tavernes traditionnelles. La terrasse sera idéale pour prendre un café en journée ou un verre pour l'apéritif.

I KORI TOU MICHALI
Mersini ✆ +30 694 307 0932
Ouvert tous les jours pour le déjeuner et le dîner. Comptez 15 € par personne.
Cette taverne familiale est sûrement l'une des meilleures de Donoussa. L'équipe, jeune et dynamique, propose une cuisine rustique et généreuse, qui utilise d'excellents produits du terroir. Vous trouverez de très bons plats de viande notamment, dont un succulent coquelet et un bœuf fondant cuit dans un pot en terre, le *kalogero*. La carte sort un peu de l'ordinaire et c'est vraiment très réussi. D'autant que la terrasse offre une vue magnifique sur la mer. Une très bonne adresse.

TZI-TZI
Mersini ✆ +30 6973 2075569
Ouvert tous les jours pour le déjeuner et le dîner. Comptez 15 € par personne.
Ce restaurant élégant surplombe la mer qui s'étale à perte de vue depuis les hauteurs du village de Mersini. Service professionnel, décoration raffinée et cuisine recherchée utilisant les meilleurs produits, dont une grande partie des légumes du jardin et des animaux élevés à côté. Tzi-Tzi est un vrai délice, à la fois pour les yeux et pour le ventre.

À voir – À faire

GROTTE DE FOKOSPILIA ★
D'agréables promenades sont possibles sur l'île. Muni de la carte du restaurant Meltemi, visitez la grotte de Fokospilia, et la fontaine d'eau fraîche de Mersini. Son eau viendrait de l'île d'Iraklia. Entre Kendros et Mersini, vous tomberez sur plusieurs puits d'eau fraîche (mais pas toujours potable).

IRÁKLIA - ΗΡΑΚΛΕΙΑ ★★

Située plus à l'ouest que Donoussa, l'île d'Iráklia est formée de douces collines couvertes de cèdres. Ses deux villages, Panaghia et Aghios Ghiorghios (110 habitants), sont reliés par un chemin en terre. Les archéologues ont trouvé des idoles qui attestent qu'Iráklia devait être habitée dès la préhistoire, mais les informations manquent. Pendant le Moyen Age, l'île est occupée par des Vénitiens. On distingue encore les ruines d'un fort.

AGHIOS GEORGIOS - ΆΓΙΟΣ ΓΕΩΡΓΙΟΣ ★★

La vie tourne autour du port d'Aghios Georgios. C'est ici que vous trouverez à vous loger et à vous restaurer et que vous pourrez également prendre un café ou un verre en soirée. Tous ou quasiment tous les résidents d'Iraklia habitent ici. La vie y est calme, voire très calme : attention ce n'est pas une destination pour faire des rencontres ou faire la fête. En revanche, ceux qui aiment à regarder le temps passer seront ravis. Quelques tavernes et quelques bars assurent l'animation en soirée et vous permettent de faire une petite pause en journée. Le *mini-market* Perigiali, relativement bien achalandé, est situé vers la plage, mais optez surtout pour l'épicerie-billetterie-poste Melissa si vous voulez acheter des produits locaux. Centre de la vie à Aghios Georgios, le Melissa est un passage obligé qui n'a pas changé depuis des décennies. On peut même y prendre le café ou un petit verre en fin de journée, à l'unique table des lieux.

Transports

▸ **Depuis Naxos,** un petit bateau privé, le *Scopélitis*, relie toutes les Petites Cyclades plusieurs fois par semaine du lundi au samedi avant d'accoster à Amorgos (adressez-vous à l'agence Zas Travel sur le port de Naxos).

Pratique

DISPENSAIRE MÉDICAL
✆ +30 22850 71388

Se loger

AIOLOS HOTEL & RESTAURANT
✆ +30 22850 71233
www.aiolos-iraklia.gr
info@aiolos-iraklia.gr
Chambre double à partir de 60 € en été, petit déjeuner compris. Transferts de/vers le port

gratuits. Pour le restaurant, comptez 15 € par personne. Ouvert uniquement le soir pour le dîner.

En surplomb d'Aghios Georgios, l'Aiolos domine une colline et offre des vues magnifiques sur la mer et les îles à 180 degrés. L'établissement familial vous reçoit avec chaleur et convivialité. L'hôtel, relativement récent, propose 12 chambres confortables dans un bâtiment à l'architecture cycladique. Elles peuvent accueillir entre 2 et 4 personnes. Toutes ont la télévision, un frigo et surtout un balcon avec une vue imprenable sur la mer Egée. L'Aiolos abrite également un restaurant ouvert tous les soirs pour le dîner. La cuisine est de qualité et là encore, la vue est magnifique. Idéal pour un dîner romantique et réussi.

■ SPEIRES ROOMS & RESTAURANT

✆ +30 22850 77015
www.speires.gr
info@speires.gr

Chambres doubles à partir de 50 € en été. Transfert de/vers le port. Bar-restaurant ouvert de 8h au dernier client. Comptez 15 € par personne.

Un des derniers établissements à ouvrir ses portes sur l'île, le Speires a opté pour un style contemporain et branché qui tranche avec ses concurrents et les habitudes d'Iraklia. Très élégant, l'hôtel propose 10 chambres très joliment aménagées et immaculées. Les balcons et terrasses ouvrent sur des vues splendides du port en contrebas et de la mer au loin.

Le café-restaurant sert un très bon petit déjeuner tous les jours entre 8h et 11h30 et reste ouvert toute la journée pour une pause café avec vue. A partir de 18h, on vient se régaler d'un bon verre de vin sur la terrasse ou sous l'eucalyptus et on refait le monde en grignotant des *bruschettas* et autres petits plats délicieux.

■ VILLA ZOGRAFOS

✆ +30 2285 071946
www.villazografos.com
villazografos@gmail.com

Chambre double à partir de 60 € en été. Petit déjeuner inclus. Transfert de/vers le port.

Sur les hauteurs d'Aghios Georgios, la Villa Zografos offre 5 chambres de charme, d'un blanc immaculé avec vue sur la mer. L'effort de décoration est réussi avec un style plus contemporain que la plupart des studios disponibles sur l'île. Une belle adresse.

Se restaurer

■ SEAMEN'S CLUB

Route de Livadi
✆ +30 22850 71807

Ouvert tous les jours dès 9h en saison. Entre 15 et 20 €/pers.

Légèrement en retrait et en hauteur, cette taverne jouit d'une belle vue sur le port. Excellents plats de poissons mais aussi de belles viandes mijotées. Si vous ne voulez plus repartir, les propriétaires proposent aussi trois studios et trois appartements sur place...

■ TAVERNA SIRMA

✆ +30 22850 71649

Ouvert tous les jours de midi à minuit. Comptez 15 € par personne.

L'unique taverne directement sur la plage d'Aghios Georgios et le port est très agréable. Ambiance chaleureuse et familiale, service souriant et cuisine traditionnelle et réussie. Les grillades de poissons sont très bonnes notamment. Vous pourrez aussi venir prendre le café et attendre les rares bateaux qui passent.

■ TAVERNE MAISTRALI

✆ +30 2285 071807
maistralinick@hotmail.com

Ouvert tous les jours de 9h à minuit. Comptez 15 € par personne.

La taverne Maistrali est située en surplomb du port : son agréable terrasse domine Aghios Georgios et ouvre sur l'horizon. On y mange bien, de la bonne cuisine locale dans une ambiance chaleureuse, endormie à midi et plus vivante certains soirs.

PANAGHIA – ΠΑΝΑΓΙΑ ★★

Pour arriver au village de Panaghia, il faut suivre la route asphaltée à pied (environ 45 minutes) ou prendre le bus. Après avoir dépassé la baie de Livadi, vous remarquerez sur votre gauche les ruines de la forteresse vénitienne. Au-delà, le paysage devient vite rural, presque bucolique. On arrive à la *chora* d'Iraklia comme par hasard. Le village endormi a presque été intégralement vidé de ses habitants mais il reste encore quelques personnes âgées, une école et le dispensaire qui fonctionne quelques heures par semaine. Vous trouverez également la boulangerie-pâtisserie traditionnelle To Steki où vous pourrez vous arrêter quelques minutes à l'ombre de la tonnelle.

Une visite à Panaghia offre réellement une plongée dans un autre temps, un temps agricole, marqué par les exigences d'une nature parfois difficile. Le village est minuscule, mais il donne accès à tout l'intérieur de l'île par de beaux sentiers de randonnées qui contournent le point culminant de l'île, Agios Papas (420 m). C'est également à partir de Panaghia que vous pourrez rejoindre les caves du cyclope Polyphème et de Saint-Jean.

KOUFONISSI - ΚΟΥΦΟΝΗΣΙ

Sous l'appellation Koufonissia, on entend en fait deux localités : la principale est l'île d'Epano Koufonissi, qui compte 260 habitants pour 8 km². Cette île se distingue par son relief relativement plat (point culminant : 110 m). Les hommes préhistoriques qui l'ont habitée devaient certainement apprécier ses jolies criques sablonneuses. Aujourd'hui, la vie de l'île se concentre au port, enclavé dans une baie naturelle protégée des vagues et du vent par sa voisine, Kato Koufonissi. En pleine saison touristique, Koufonissia se laisse vivre dans un calme et une tranquillité de plus en plus perturbée par le tourisme, particulièrement celui des excursions à la journée. L'île reste toutefois très calme si vous vous éloignez du port. Difficile d'imaginer qu'à l'époque de l'occupation turque, cette île était un repaire de pirates. Un vrai coup de cœur pour tout touriste qui veut sortir des sentiers battus. L'île, facilement accessible (liaisons quotidiennes avec Amorgos, Naxos, et les autres Petites Cyclades), vous donnera vite l'impression d'échapper à la foule.

KOUFONISSIA - ΚΟΥΦΟΝΗΣΙ ★★★

Le village du port ne s'étend pas le long de la jetée ni au bord de la mer, mais plutôt en hauteur, le long d'une seule artère. Koufounissi semble tourner le dos à la mer, un peu comme s'il voulait l'ignorer. De tous les villages des Petites Cyclades de l'Est, c'est le plus « animé » : il compte une poste et quelques boutiques. Du coup, de nombreux Grecs y ont acheté une parcelle de terrain et y construisent des habitations, qu'ils éparpillent autour du port. A quelques minutes en remontant la côte vers le nord-ouest depuis le port, vous trouverez la jolie baie de Parianos avec son petit port, une plage et quelques tavernes. A quelques minutes en longeant la côte de l'autre côté, vous découvrirez Harapokou, un minuscule village à environ 1 km au sud-est du port avec rien d'autre que quelques chambres et une taverne offrant une jolie vue sur la plage de sable fin. De l'autre côté de l'île, vous trouverez des chambres à louer chez l'habitant au village de Finikas. La route y mène mais vous pourrez également vous y rendre en caïque : une belle plage, des tavernes qui servent une délicieuse soupe de poissons et une discothèque artisanale vous attendent dans le calme de ce village.

Transports

- **Un bateau relie Le Pirée** 2 fois par semaine à Donoussa, 3 fois par semaine à Koufonissia et 1 fois par semaine à Irakleia et Shinoussa (voyage d'une durée de 9 à 15 heures). Renseignements : Tél +30 21045 11311.
- **Depuis Naxos,** un petit bateau privé, le *Scopélitis*, relie toutes les Petites Cyclades du lundi au samedi par semaine avant d'accoster à Amorgos (adressez-vous à l'agence Zas Travel sur le port de Naxos).

Pratique

■ **DISPENSAIRE MÉDICAL**
✆ +30 22850 71379

■ **POLICE**
✆ +30 22850 71375

© KONSTANTINOS_K

Ano Koufonisi.

Koufonissia.

Se loger

Locations

Vu le peu d'infrastructures hôtelières, les prix sont élevés en été, mais plus abordables en dehors de juillet et août. Vous trouverez aussi des chambres chez l'habitant.

Bien et pas cher

■ TO PETRINO / TO KIMA

✆ +30 22850 71436
giannisprasinos@yahoo.gr
Dans la partie droite du village (dos à la mer).
A partir de 60 € la chambre double en été.
La famille Prasinos détient un grand nombre des chambres à louer de l'île. Ils sont d'une disponibilité et d'une gentillesse inégalables ; la gérante cuisine des gâteaux à tout bout de champ pour les offrir aux clients. Ils vous donneront un grand nombre de conseils précieux pour découvrir l'île de la meilleure façon qu'il soit. Les chambres sont très convenables, propres, équipées. Certaines ont le petit bonus de bénéficier d'un balcon avec une sublime vue sur la mer mais de toute façon, les eaux turquoise seront toujours la première vision que vous aurez en ouvrant la porte de la chambre, du haut des escaliers. Cette partie du village est plus tranquille qu'ailleurs.

■ VILLA OSTRIA

✆ +30 22850 71671
www.villaostria.gr
10 chambres entre 40 et 75 € la nuit.
Dans une cour agréable, légèrement en retrait de la plage, cet établissement propose des chambres (et deux appartements) plus abordables qu'ailleurs en saison. Pas de téléviseur et juste un ventilateur, mais le décor reste agréable sans être spartiate. Vous aurez aussi de quoi vous préparer votre café le matin. Et même parfois avec une vue !

Confort ou charme

■ AEOLOS

✆ +30 22850 74206
www.aeoloshotel.com
info@aeoloshotel.com
Chambre entre 126 et 165 € en été. Petit déjeuner compris. Forfait de 3 nuits obligatoire à certaines périodes.
Sans conteste le plus bel hôtel, placé sur les hauteurs de l'île, tenu par une famille depuis 2005, qui propose un élégant complexe d'une trentaine de chambres et suites. Piscine et jardin très agréables pour se relaxer. Un super petit-déjeuner est servi face à la mer. Les prix sont élevés mais (un peu) négociables en hors-saison. Les gérants veulent garantir une hospitalité traditionnelle et elle se traduit très bien dans la gentillesse du quotidien et dans le soin apporté à la décoration, à la propreté et à l'ambiance du lieu. Ouvert à partir du 1er juin.

■ KEROS ART

✆ +30 22850 71601
www.keroshotel.gr
info@keroshotel.gr
Chambre double de 90 à 140 € en été, petit déjeuner inclus.
Un très bel hôtel, plus cosy depuis sa rénovation (le nombre de chambres a été réduit, et non l'inverse !). Belle piscine et belle vue. Les chambres 1, 2 et 3 ont les plus grands balcons et la meilleure vue. On aime la superbe cour verdoyante, dans laquelle est servi un savoureux petit déjeuner.

MYRTO

✆ +30 2285074400
www.myrto-hotel.com
info@myrto-hotel.com
Chambre à partir de 120 € en été. Petit déjeuner compris.
On y va pour la tranquillité qu'offre son cadre, entre vue imprenable sur la baie et proximité avec la plage. Un grand nombre de prestations sont disponibles pour les clients et le staff assure son travail avec le plus grand professionnalisme. L'architecture et la décoration sont modernes. Il y a un petit bar lounge très agréable avec des prix raisonnables.

PARADISE RESORT

✆ +30 22850 72014
www.paradisekoufonisi.gr
Chambre double de 45 à 120 € en été. Petit déjeuner inclus.
Tout beau, cet hôtel dispose de 30 chambres et de 2 suites. Contrairement à ce que suggère son nom, les chambres sont plutôt simples (mais élégantes). Et l'emplacement est très beau. Il y a aussi une jolie piscine qui crée un cadre très relaxant. Il y a une superbe vue sur la mer et les îles voisines. Les enfants pourront s'amuser avec les quelques balançoires qui sont dans le jardin de l'hôtel.

Se restaurer

FOS FANARI

Montez dans la partie gauche du village (dos à la mer) et sur le chemin, à droite, vous croiserez le bâtiment bleu et blanc avec une grande terrasse.
A partir de 10 € par personne. Ouvert tous les jours midi et soir.
Une taverne très authentique, cuisine grecque traditionnelle et familiale garantie. On se régale de notre assiette et on adore l'ambiance, des locaux bavards sur la terrasse aux enceintes qui crachent quelques airs vibrants de rebetiko. On mange pour vraiment peu cher, alors on n'hésite pas à se faire plaisir tant sur les mezzes que sur les plats principaux, sans oublier, bien entendu, l'ouzo qui accompagne.

KAPETAN DIMITRIS

✆ +30 22850 71695
Rue principale, à droite de la plage avec la mer dans le dos.
Comptez 20 € par personne. Ouvert tous les jours midi et soir.
Au-dessus du port, une agréable terrasse abrite ce très bon restaurant familial, avec une superbe vue sur la mer. Poissons frais, pâtés en croûte maison, taramas... Les prix sont très raisonnables pour ce type de plats. Très fréquentée par les locaux, notamment pour la bonne ambiance qui y règne le soir, tout en musique grecque. Une chouette déco et un personnel agréable en prime.

TO LIMANI

✆ +30 22850 71851
Sur le port.
Comptez 15 € par personne environ. Ouvert midi et soir, en saison.
Petite taverne sur le port qui, en apparence, ne paie pas de mine. Mais sa cuisine est vraiment savoureuse, copieuse pour des prix raisonnables. On apprécie d'être sur le port, au plus près de la mer, proche des allées et venues des habitants de l'île, des pêcheurs, des nouveaux arrivants en ferries. Le contexte est surtout, en fait, très authentique : une petite taverne sur le port, ouzo et mezzes, poissons... C'est l'image qu'on se fait d'un repas de midi tardif sur une île grecque.

Dans les environs

Direction Charakopou/Fanos. Dans ce minuscule village à environ 1 km au sud-est du port, quelques chambres et la taverne Finikas, offrant une vue géniale sur la mer. En arrivant du port en vélo, vous devrez vous arrêter à la première des plages (Porta) et continuer à pied pour rejoindre Harakopou, Fanos, Platia Pounta, trois autres plages. En continuant encore un peu, vous trouverez la grotte « l'Œil du diable » et, plus loin, trois autres jolies petites plages et deux autres grottes. Toute cette partie de la baie est sublime, les plages sont sauvages, avec des arbres majestueux au service de l'ombre et des eaux cristallines qui, même pour les Cyclades, sont étonnantes. Au niveau de la plage de Poti Bay, faites une boucle pour rentrer au port au lieu de retourner sur vos pas : c'est une jolie balade qui vous permettra aussi de voir l'intérieur des terres. Pour ce qui est des chemins à privilégier en vélo, allez plutôt à Pori directement, sans longer la mer, et profitez des plages à l'arrivée.

CÔTE EST

Prenez le chemin qui longe la côte vers le camping. Après une succession de petites criques de sable fin, vous débouchez sur une très grande plage, malheureusement peu abritée du vent. Vous pouvez vous y rendre également en caïque à partir du port. Ici, le nudisme est toléré. La taverne profite de l'éloignement extrême de cette plage pour pratiquer des prix quelque peu prohibitifs. Continuez votre chemin, en escaladant les rochers jusqu'à une petite plage de galets encerclée par la roche, où l'eau arrive par une grotte sous-marine : la lumière éclaire la mer par en dessous ! La baignade est dangereuse lorsque la mer est agitée. Vous pouvez également aller voir de près les moulins à vent, à pied ou à vélo.

KATO KOUFONISSI – ΚΑΤΩ ΚΟΥΦΟΝΗΣΙ ★★

Cet îlot est inhabité depuis des siècles mais, en été, une taverne de saison s'y installe pour servir de quoi manger et boire aux visiteurs qui viennent en excursion à la journée. Sur le quai, vous remarquerez l'église de Panaghia, construite sur des ruines antiques. Les plages désertes permettent une parfaite communion avec la nature et vous pourrez pratiquer le nudisme autant que vous le souhaitez. Le camping sauvage est également toléré sur l'île. La taverne constitue un point de rassemblement nécessaire pour tous les campeurs de l'île.

SHINOUSSA – ΣΧΟΙΝΟΥΣΣΑ

Cette île de 9 km², habitée par 150 insulaires, se situe entre Irakleia et Koufonissia. La découverte d'une idole en marbre indique que Shinoussa était habitée dès l'époque préhistorique : Pline mentionne son existence. La menace des pirates a fait fuir ses habitants.

SHINOUSSA CHORA – ΣΧΟΙΝΟΥΣΣΑ ΧΩΡΑ

La vie sociale et la population est concentrée à Chora, sur les hauteurs de l'île. En effet, même si on découvre Schinoussa par le minuscule port de Mersini, on le quitte vite pour monter sur le plateau central de l'île où se trouve la *chora*. Là, une rue principale égrène ses cafés et quelques rares magasins. La vie est calme en journée à Chora : elle se réveille en fin de journée et surtout une fois la nuit tombée. Alors, toute l'île s'y retrouve pour déambuler sans discontinuer sur la rue principale. On s'y salue, on prend des nouvelles, on y boit un verre, puis on continue quelques mètres plus loin où l'on salue une autre connaissance, on prend des nouvelles d'un autre ami et on boit à la santé d'un autre parent. Et ainsi tous les soirs dans un joyeux brouhaha qui reste d'une sérénité absolue, mais qui peut facilement déboucher sur une fête impromptue et généralisée.
Par comparaison, le port de Mersini est d'une langueur étonnante. On pourrait presque couper le silence de la nuit noire au couteau. La seule activité est de regarder les allées et venues des petits bateaux de pêcheurs, parfois ponctuées de l'arrivée d'un beau yacht ou d'un ferry, une fois par jour en été. Un chemin piéton et éclairé la nuit permet de rejoindre facilement Chora et Mersini : ne manquez pas d'aller dîner un soir au bord de l'eau, c'est assez magique.
Aucun monument ou église notable à visiter à Schinoussa : simplement la vie de village à vivre au jour le jour et des journées passées à découvrir des plages aussi diverses que magnifiques. Toutes sont accessibles à pied depuis Chora et certaines sont desservies par le bus.

Transports

- **Depuis Naxos,** un petit bateau privé, le *Scopélitis*, relie toutes les Petites Cyclades plusieurs fois par semaine du lundi au samedi avant d'accoster à Amorgos (adressez-vous à l'agence Zas Travel sur le port de Naxos).

Pratique

■ **DISPENSAIRE MÉDICAL**
✆ +30 22850 71385

Se loger

■ **AILOUROS HOTEL**
✆ +30 22850 74224
www.ailouroshotel.gr – info@ailouroshotel.gr
Chambre double de 45 € à 70 € en été. Transfert de/vers le port gratuits.
Ce petit hôtel récent est situé à l'entrée de Chora avec vue vers l'ouest (et donc le soleil couchant...). Chacune des 9 chambres a vue sur mer et sur les îles alentour. Un très bon petit déjeuner maison pourra vous être servi sur votre balcon face à l'Egée, de quoi bien commencer la journée. Les chambres sont agréables et meublées simplement, mais avec goût.

■ **LIOLIOU BEACH HOTEL & TAVERNA**
Plage de Lioliou ✆ + 30 22850 71575
www.lioliou-beach.com
14 chambres, la double de 50 à 100 € avec le petit déjeuner. Possibilité de louer l'une des deux maisonnettes. Taverne ouverte de 9h au dernier client. Comptez 15 € par personne.
Des chambres modernes et confortables sur la plage de Lioliou, les pieds dans l'eau. L'hôtel Lioliou Beach est le seul établissement qui ait un accès direct à la plage et c'est un emplacement idéal pour les familles. Les chambres d'ailleurs peuvent accueillir jusqu'à 4 personnes. A la taverne, vous dégusterez tous les classiques de la cuisine locale, dont d'excellents plats de poissons frais. Une bonne adresse décontractée à midi pour une pause déjeuner entre deux baignades et qui prend des airs romantiques une fois la nuit tombée.

■ LIVADI BEACH STUDIOS & TAVERNA
Plage de Livadi
✆ +30 22850 71995
www.livadirooms.gr
A partir de 50 € en été pour 2. Taverne ouverte tous les jours. Comptez 15 € par personne le repas.
Sur la plage de Livadi, les pieds littéralement dans le sable, cet établissement offre de jolis chambres et studios pour profiter de la mer et du calme. Décorés simplement mais avec goût, ils offrent tous la vue sur la mer et la plage. La taverne quant à elle est ouverte pour le petit déjeuner, le café en journée ou encore l'ouzo du soir. On y mange une bonne cuisine traditionnelle sur la large terrasse ombragée. Transfert vers le port gratuit.

Se restaurer

A Chora, quelques tavernes où, le soir, les habitants chantent en jouant du violon. Vous trouverez de belles plages à Almyros, Ai-Vassilis, Psili Ammos (30 minutes à pied), Aligaria, Tsingouri.

■ ANATOLI STUDIOS & RESTAURANT
Plage d'Almiros
✆ +30 69323 71036
www.anatolistudio.com
anatolistudio@gmail.com
Ouvert tous les jours de midi à minuit. Comptez 15 € par personne. Chambre double à partir de 50 € en été.
Situé à 250 mètres de la plage d'Almiros et à 400 mètres de la plage de Lioliou, cet établissement kitsch vaut son pesant d'or. Serait-ce pour la personnalité un brin loufoque de Nikos, le propriétaire des lieux ou pour la déco hallucinante faite de pseudo statues antiques ? Reste que cet hôtel-restaurant propose une carte originale, avec un barbecue délicieux et des plats qui sortent un peu des habitudes. Nikos est notamment très fier de ses spaghettis aux oursins. Les chambres sont simples et confortables, même si, là encore, la déco fait mal aux yeux.

■ DELI RESTAURANT & BAR
✆ +30 22850 74278
delirestaubar@gmail.com
Ouvert tous les jours de 10h à minuit. Comptez 20 € par personne.
Lorsque Dimitris a ouvert ce café-restaurant sur deux étages, il a misé sur la qualité et sur l'esthétique. A l'étage, le restaurant propose une carte des meilleurs produits locaux préparés avec originalité et créativité. Vous goûterez par exemple à un succulent poulpe grillé présenté avec ses petits légumes locaux et que l'on ne manquera pas d'accompagner d'une excellente *fava*. Les saveurs sont réellement uniques et le cadre n'est là que pour les compléter : vue magnifique sur le vieux moulin et la mer Egée. Au rez-de-chaussée, le café sert des snacks plus simples.

■ MERSINI RESTAURANT & ROOMS
Port de Mersini
✆ +30 22850 71159
www.mersini.gr
info@mersini.gr
Ouvert tous les jours de 9h jusqu'au soir. Comptez 25 € par personne. Chambre double entre 40 € et 150 € en été.
L'un des deux restaurants élégants sur le port de Schinoussa, le Mersini est réputé depuis son ouverture dans les années 1970. Taverne de poissons, vous y mangerez de succulents plats frais pêchés du matin. C'est meilleur et également un peu plus cher que les tavernes classiques. Le cadre est particulièrement magique en soirée. La grande terrasse ombragée est très agréable en journée et on préférera les tables au bord de l'eau le soir. Vous pourrez loger dans l'une des 5 chambres disponibles à l'arrière du restaurant, dans un joli jardin rempli de vigne vierge.

■ PENSION MELTEMI
✆ +30 22850 71947
http://pension-meltemi.gr
info@pension-meltemi.gr
Ouvert tous les jours de 10h à minuit. Comptez 15 € par personne. Chambre double entre 50 et 80 € en été.
A l'orée du village, la pension Meltemi est réputée pour son restaurant gratifié du label Aegean Cuisine. Les produits sont frais et locaux, la cuisine est traditionnelle et généreuse, plutôt tournée vers la terre que les produits de la mer. C'est délicieux : gigot d'agneau, pâtes maison et autres mets revigorants. Attention, les portions sont très copieuses, n'hésitez pas à partager ! La vue sur les champs de Schinoussa et l'Egée au loin est magnifique sur la grande terrasse ombragée. Quelques chambres, modernes et confortables, sont également disponibles.

À voir – À faire

A Schinoussa, vous aurez l'embarras du choix côté plages. D'ici, vous pourrez vous rendre à Tsigouri Beach (à 400 mètres du port), Livadi Beach (à 800 mètres), Almiros Beach (à 1,3 km) et à Psili Ammos Beach (à 2,1 km).

DODÉCANÈSE

Rue des Chevaliers, Rhodes Ville.

DODÉCANÈSE – ΔΩΔΕΚΑΝΗΣΟΣ

★★★

Le terme Dodécanèse signifie « douze îles », mais recoupe une réalité beaucoup plus large puisque l'archipel est constitué d'une multitude d'îlots. On en dénombre environ 160, dont 12 îles principales. Il s'agit de Rhodes, la plus grande île de l'archipel, puis, dans un axe sud-nord, Karpathos, Kassos, Kastellorizo, Symi, Tilos, Nissiros, Astypalaia, Kos, Kalymnos, Leros et Patmos. Nous avons rajouté l'île de Lipsi à ces 12 îles principales car c'est la porte d'entrée à une multitude de petites îles du nord.Situées à proximité des côtes de l'Asie Mineure, les îles du Dodécanèse constituent dès l'Antiquité un carrefour de civilisations. Aujourd'hui, un séjour dans les îles du Dodécanèse promet un voyage dans le temps. Au-delà de l'héritage historique, chaque île propose une expérience unique. En effet, vous découvrirez à chaque nouvelle escale une ambiance singulière et un esprit particulier. Sans oublier, partout, la mer et ses eaux aux mille tonalités de bleu.

ASTYPALAIA – ΑΣΤΥΠΑΛΑΙΑ ★

Avec ses 95 km² et ses 1 150 habitants, cette île de 25 km de long ressemble à un papillon qui s'ouvre prudemment au tourisme. En son point le plus étroit, l'isthme qui relie les deux parties de l'île ne mesure qu'une centaine de mètres. Les locaux l'appellent le Steno. Astypalaia semble s'être posée dans le Dodécanèse en toute discrétion, presque par hasard. Proche d'Amorgos et des Petites Cyclades de l'Est, son architecture et ses maisons blanchies à la chaux rappellent plus l'archipel cycladique que celui du Dodécanèse. Selon une légende locale, elle aurait été placée par inadvertance dans le Dodécanèse et donc du côté turc au moment de l'indépendance de 1830, à cause d'une carte erronée.

Histoire

L'île est restée longtemps à l'écart des principales routes de communication, mais sa position avancée au sud de la mer Egée lui a conféré une valeur stratégique dont l'importance n'a échappé à personne : Crétois, Egyptiens, Athéniens, Byzantins, Romains, Vénitiens, Turcs, et finalement Italiens l'ont tour à tour occupée. En 1948, l'île est revenue dans le giron de la Grèce.

Les immanquables du Dodécanèse

- **Flâner** dans la vieille ville de Rhodes, incontournable pour les férus d'histoire médiévale. Ses murailles percées de sept portes et son dédale de ruelles donnent à ce lieu une atmosphère pleine de charme.
- **Arpenter** le monastère de saint Jean à Patmos, et la grotte où il a rédigé l'*Apocalypse*. Aujourd'hui, c'est un haut lieu de pèlerinage de l'orthodoxie.
- **Admirer** l'architecture néoclassique dans les jolis ports de Symi, Halki et Kastellorizo.
- **Visiter** l'Asclepieion de Kos, grand centre thérapeutique de l'Antiquité. Ces sanctuaires étaient de véritables hôpitaux où des prêtres-médecins renommés donnaient des consultations sous forme d'oracles.
- **Visiter** le volcan de Nissyros ; le fond du cratère est accessible parmi les fumerolles multicolores et l'omniprésente odeur de soufre.
- **Visiter** l'Acropole de Lindos à Rhodes qui domine le village et la mer d'une hauteur de 125 m.
- **Regarder le soleil** se lever sur les côtes turques, à portée de main, et faire une excursion à la journée depuis Kastellorizo, Kos ou Symi.

Agathonissi
Megalo Horio
PATMOS
Arki
Arki
Kampos
Skala
Grikos
LIPSI
Lipsi Chora
Farmakonissi
Le Pirée
Parthenis
LEROS
Aghia Marina
Lakki
Xirokambos
Turquie
Levitha
Emporios
Arginonta
Kinaros
Myrties
Vathi
KALYMNOS
Kalymnos Pothea
Pserimos
Kos Chora
Mastihari
Zipari
Aghia Fokas
MER EGEE
Andimahia
KOS
Kardamena
Kamari
Aghia Ioanis
ASTYPALAIA
Giali
Giali
Nimos
Vathi
Lutra
NISSIROS
Emporios
Mandraki
SYMI
Pedi
Symi
Pahia
Avlaki
Panormitis
Kounoupi
Livadi
Amorgos
Kandeliousa
Aghia Pandeleimonas
Megalo Horio
RHODES CHORA
Livadia
RHODES
Paradissi
TILOS
Koskinou
Sirna
Kalavarda
Tria Nissia
Mandriko
Psinthos
Alimia
Afandou
Eleoussa
Kolimbia
HALKI
Halki
Kritinia
Archangelos
Siana
Haraki
Laerma
Monolithos
Istrios
Kalathos
GRÈCE
Vatio
Apolakia
Pefki
Genadi
Lahania
Kalavia
RHODES
Plimiri
Prassonissi
Olymbos
Diafani
Megisti
KARPATHOS
Spoa
Lefkos
Mirtonas
Pilés
Karpathos
Arkassa
Armathia
Fri
0
30 km
Aghia Marina
Polio
Sithia (Crète)
KASSOS

Dodécanèse

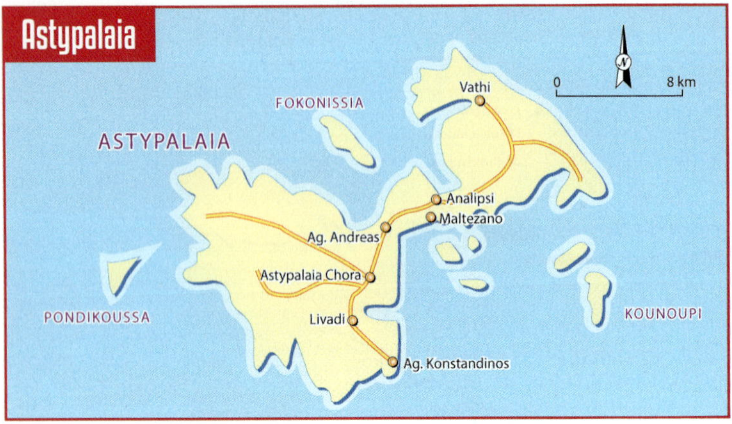

ASTYPALAIA CHORA - ΑΣΤΥΠΑΛΑΙΑ ΧΩΡΑ

La chora d'Astypalaia est l'un des plus jolis villages du Dodécanèse : la ville haute, organisée autour de la forteresse médiévale, dévale la colline le long de huit anciens moulins jusqu'au port, Pera Gialos, où elle se prélasse paisiblement.

C'est un amphithéâtre de maisons éclatantes de blanc qui se détache sur le fond azuré des mers environnantes. Il faut se perdre et déambuler sans but précis pour découvrir de petits trésors de vie quotidienne et de belles maisons traditionnelles. La vie locale et sociale s'y concentre, notamment en été, quand visiteurs et résidents s'y retrouvent pour prendre le café en journée ou un verre en soirée. Vous trouverez à vous loger dans Chora plus facilement qu'ailleurs sur l'île mais veillez à réserver à l'avance en haute saison car il y a peu de chambres disponibles.

Transports

Comment y accéder et en partir

■ AÉROPORT D'ASTYPALAIA
✆ +30 22430 61410
Situé à 8 km de la ville.
L'aéroport est relié en bus en été. Sinon, la course en taxi coûte environ 5 €.
Sky Express propose encore quatre liaisons par semaine entre Athènes et Astypalaia.

▶ **Athènes-Astypalaia.** Au moins 4 vols hebdomadaires (60 minutes).

▶ **Liaisons avec les autres îles.** Un appareil fait la navette plusieurs fois par semaine entre Rhodes, Kos, Leros et Astypalaia.

■ CAPITAINERIE DU PORT
✆ +30 22430 61208
Très excentrée par rapport aux autres îles du Dodécanèse, Astypalaia offre peu de connexions avec celles-ci. Elle est finalement plus accessible depuis les Cyclades (Amorgos, Donoussa, Naxos). Par ailleurs, pour un court séjour, mieux vaut privilégier un voyage en avion pour ne pas perdre trop de temps en mer, car l'île ne propose aucune liaison en hydroglisseur.

▶ **Athènes-Astypalaia.** Presque tous les jours un ferry fait la liaison avec Le Pirée (8-10 heures de traversée).

▶ **Liaisons avec les autres îles.** Certains bateaux venant d'Athènes desservent uniquement le Dodécanèse (Astypalaia, Kalymnos, Kos, Nysiros, Tilos puis Rhodes), d'autres passent par les Cyclades (Syros, Paros, Naxos, Donoussa, Amorgos puis Astypalaia).

▶ **Liaisons avec Kalymnos.** Le bateau local Nissos Kalymnos fait un aller-retour entre Astypalaia et Kalymnos deux jours par semaine. Comptez 3h30 de traversée et 12 € environ.

■ OLYMPIC AIR
À Athènes ✆ +30 210 966 6666
www.olympicair.com
Dans le cadre de sa mission de service public (vols subventionnés), Olympic Air propose deux routes aériennes depuis Astypalaia. Toutefois, du fait de la restructuration de la compagnie depuis 2010, le nombre de rotations est soumis à de fréquents changements.

▶ **Athènes-Astypalaia.** Au moins 4 vols hebdomadaires (55 minutes, env. 67 €).

▶ **Liaisons avec les autres îles.** Un appareil fait la navette plusieurs fois par semaine entre Rhodes, Kos, Leros et Astypalea. Avec deux arrêts, un trajet Astypalaia-Rhodes prend ainsi 1h55 et coûte environ 57 €.

Se déplacer

Certains prennent le bus (toutes les heures de 6h à 18h, entre Chora et Maltezana). Quelques courageux marchent. La location de petites motos est la solution la plus pratique. Il y a trois loueurs de motos à Chora. En revanche, il y a peu de taxis sur l'île. Ils se trouvent souvent à l'arrivée de l'avion et font la navette entre Chora, Maltezana et l'aéroport. Les réserver à l'avance pour les départs en avion.

Pratique

■ ASTYPALAIA TOURS
Pera Gialos
✆ +30 22430 61571
www.astypalea.net
ja@astypaleatours.gr
La petite agence facilitera vos recherches d'hébergement et de location de voiture. Vous pourrez également y acheter des billets d'avion et de ferry.

■ POLICE
✆ +30 22430 61207

Se loger

Bien et pas cher

■ ANEMOMILOS STUDIOS
Platia ✆ +30 22430 61767
www.astypalaia-anemomilos.com
petridenas@yahoo.gr
Chambre double à partir de 50 € en été.
Dimitris propose ici 4 studios bon marché un peu dans les terres (à 5 minutes de la place principale) et 1 km de la plage. Cuisine, véranda, très pratique.

■ ASTYPALAIA CAMPING
✆ +30 22430 61338
www.astypalaiacamping.gr
campingastypalaia@hotmail.com
Après la poste et le centre de soins en descendant de Chora, près d'un arrêt de bus.
Du 1er juin au 15 septembre. 30 emplacements. A partir de 7 € par personne, 2 € l'emplacement, voire gratuit (en juin).
C'est le seul camping sur l'île, il se trouve sur la plage, de l'autre côté de la route, entre Chora et Maltezana (à 2,5 km). Un service de transfert entre le débarcadère et le camping fonctionne en saison.

■ HOTEL ONEIRO
Chora ✆ +30 69701 01410
www.astypalea-hotels.gr
oneirohotel@gmail.com
Près de la place centrale.
Chambre double à partir de 60 € en été, avec un minimum obligatoire de séjour de trois nuits.
Ce complexe de chambres et de studios rénové en 2011 est élégant et parfaitement équipé. On ne manquera pas la vue sur la mer, la Chora et la forteresse depuis les balcons. Certaines suites plus chères ont aussi une kitchenette.

■ PARADISSOS
Pera Gialos, sur le port.
✆ +30 22430 61224
www.astypalea-paradissos.com
hotelparadissos@hotmail.com
Chambre double entre 30 et 70 € en haute saison.
Une bonne adresse économique. 18 chambres avec tout ce qu'il faut (frigo, TV). Francesco, le propriétaire, se fera un plaisir de vous faire découvrir son île.

Chora de Astypalaia.

Confort ou charme

AKTI ROOMS
Pera Gialos
✆ +30 22430 61114
www.aktirooms.gr – info@aktirooms.gr
Chambre double de 70 à 130 € en été (et avec vue sur mer), avec petit déjeuner fait maison.
Calme et presqu'à la sortie de la ville mais près de la plage de Gialos. L'hôtel propose 7 chambres et 3 studios, ainsi qu'une agence de location de voitures et un excellent restaurant. L'ensemble est très joliment décoré et comme accroché à la falaise. Vue incroyable sur Chora et la citadelle.

THOLARIA BOUTIQUE HOTEL
A 300 m de la place centrale.
✆ +30 22430 62072
www.tholaria.gr
tholariahotel@gmail.com
A partir de 130 € en été pour un studio, petit déjeuner compris. Ouvert toute l'année.
Voilà un endroit remarquable avec une vue splendide. Au choix : des studios, suites ou une vraie maisonnette familiale. Tous sont impeccablement décorés et équipés d'une kitchenette et d'un agréable balcon extérieur. Service professionnel et accueil parfait.

Se restaurer

Dans la mesure où la vie nocturne se concentre à Chora, non pas au port mais surtout dans la haute ville, vous y trouverez les tavernes et les restaurants les plus recherchés, ainsi que les bars, ouverts très tard dans la nuit (notamment près de la citadelle).

BARBAROSSA
Chora ✆ +30 22430 61577
Comptez 18 € par personne. Ouvert tous les jours midi et soir.
Il y a quelques tavernes qui valent vraiment le coup dans Chora mais vous ne serez pas déçus de la bonne chère familiale et traditionnelle servie ici. La spécialité : les ragoûts ou plats de viande en sauce. Jolie petite terrasse ombragée un peu à l'écart des autres restaurants qui est très agréable.

RESTAURANT AKTI
Pera Gialos, Hôtel Akti Rooms
✆ +30 6987 502587
www.akti-restaurant.gr/el/
info@akti-restaurant.gr
Comptez 25 € par personne. Ouvert tous les jours, midi et soir.
Niché dans l'hôtel du même nom, voici un établissement qui se mérite. Le restaurant se trouve en bas d'un dédale de marches, vers la baie, avec six niveaux surplombant la baie. La vue en bas (sur mer) et en haut (sur la forteresse) est extra. Dans l'assiette, c'est l'extase aussi : poissons exceptionnellement cuisinés, pêchés avec le caïque de la maison, herbes sauvages assaisonnées à souhait, croquettes de courgettes, avec du yaourt, du poisson frais, du chevreau du pays et des calmars rôtis. Des terrasses privées pour deux se trouvent aussi sur le front de mer.

Sortir

KARAI CAFÉ
Chora ✆ +30 22430 61282
Ouvert du petit-déjeuner jusqu'au dernier client tard le soir.
C'est un café traditionnel où aiment à se retrouver les habitants de Chora. Un moment magique à partager dans un cadre magnifique, au pied de la citadelle et face à l'infini de la mer. A l'ombre des grands arbres, on s'y arrête pour un café frappé en journée ou un verre de tsipouro une fois la nuit venue.

À voir - À faire

FORTERESSE VÉNITIENNE ★
Construite par les Vénitiens au XIVe siècle, la forteresse domine Chora et le port de Pera Gialos. A l'origine, tous les habitants de l'île vivaient au sein de ses murailles. Au faîte de sa gloire, la ville fortifiée a abrité 4 000 âmes. Au fil des siècles, la cité s'est agrandie hors des murailles. Aujourd'hui, on visite la vieille ville vénitienne ou ce qu'il en reste après le tremblement de terre en 1956. Il reste néanmoins la tour côté sud, appelée *serai*, ainsi que l'église de la Vierge-du-Château (1853) et l'église Saint-Georges (1790).

LIVADI - ΛΙΒΑΔΙ

Ce village, au sud de la péninsule dominée par la forteresse de Chora, ressemble à un vaste jardin avec ses orangers, ses vignes et ses fleurs. Adossé à une large baie, vous pourrez vous y baigner agréablement ou prendre des sentiers pour rejoindre les plages plus au sud de Tzanakia et Aghios Konstantinos *(voir encadré)*.

Se loger

FILDISI BOUTIQUE HOTEL
✆ +30 22430 62060
www.fildisi.net
info@fildisi.net
Excentré au sud de Livadi, à proximité de l'hôtel Architektoniki.
Chambre double à partir de 150 € en été. Petit déjeuner inclus.

Les plages de l'île

Les plages les plus aisément accessibles ne sont pas superbes (et ont des galets plutôt que du sable), mais elles sont tranquilles. Il faut faire un effort pour atteindre, par des pistes caillouteuses, de secrets paradis :

- **Celle du port,** minuscule. Livadi, grande plage de sable familiale.
- **Au-delà, en suivant la côte sud-ouest par la piste,** plusieurs plages, dont une, petite, pour naturistes (Tzanati). Aghios Lannis et ses cascades, à l'extrémité nord (accès difficile).
- **Direction Maltezana,** une série de petites criques et de rochers.
- **Nous déconseillons d'aller à Vathi**. La baie, bien qu'isolée, n'a pas de fond et n'est pas propice à une baignade agréable.
- **La côte nord,** exposée au *meltemi*, n'est pas praticable pour la baignade, ou offre des plages auxquelles il n'est possible d'accéder qu'après un long trajet.
- **Des caïques au port de Maltezana** proposent des excursions d'une journée vers des îlots sauvages.

Le Fildisi Boutique Hotel est un petit bijou. Un peu isolé sur les hauteurs de la baie de Livadi, vous trouverez ici tout ce qui se fait de mieux en termes d'hôtellerie de luxe. Les chambres sont magnifiquement décorées, le service est parfait et la piscine à débordement semble flotter entre ciel et mer.

■ KARABO
Sur le front de mer.
✆ +30 22430 61782
www.hotelkarabo.gr/en/
info@hotelkarabo.gr
Chambre double à partir de 80 € en été. Petit déjeuner en supplément : 8 € par personne.
Un établissement en retrait de la plage qui propose des chambres et appartements équipés, sans charme particulier mais pratiques. Vous pourrez prendre le petit-déjeuner (en supplément) sur la terrasse ombragée.

■ MAGANAS
Sur le front de mer.
✆ +30 22430 61468
www.maganashotel.gr
info@maganashotel.gr
Chambre double à partir de 70 € en été, sans petit déjeuner.
8 studios équipés avec une kitchenette (basique mais pratique pour le petit déjeuner), télévision, balcons et accès Internet. A proximité des tavernes et des commerces, cet établissement jouit d'un emplacement unique, sur le front de mer avec accès quasi direct à la plage de Livadi. Navette gratuite pour le port ou l'aéroport.

Se restaurer

Il est très agréable d'aller déjeuner ou dîner à Livadi, à 3 km de Chora, en bord de plage, sous les tamariniers.

■ ASTROPELOS
✆ +30 22430 61473
Comptez à partir de 15 € par personne. Ouvert tous les jours en saison, midi et soir.
Un des meilleurs spots de l'île, en particulier le soir, avec la vue sur le château vénitien éclairé et la baie tranquille de Livadi. Egalement très agréable en journée, entre deux baignades à la plage.
Vous trouverez ici de très bons calamars grillés et autres classiques de la cuisine grecque, avec aussi quelques touches d'originalité comme le *ceviche* du jour, selon les surprises de la pêche du matin. A midi, vous pourrez aussi vous contenter d'un *tyropita* (sorte de friand au fromage) et d'une salade fraîche, en regardant le va-et-vient des vagues.

■ GERANI
✆ +30 22430 61484
www.astypalaiagerani.gr
info@astypalaiagerani.gr
A partir de 15 € par personne. Ouvert tous les jours, midi et soir en saison.
Une valeur sûre, légèrement en retrait de la plage de Livadi : dans cette taverne de poissons, on mange une cuisine familiale et copieuse servie dans une ambiance chaleureuse. Essayez notamment les beignets de fleurs de courgette pour accompagner un délicieux poisson grillé du jour.

MALTEZANA – ΜΑΛΤΕΖΑΝΑ ★

De l'autre côté du Steno, l'isthme qui sépare les deux ailes du papillon Astypalaia, Maltezana est un charmant village de bord de mer et un petit port de pêche tranquille.

Son nom lui vient sans doute des pirates maltais qui utilisaient régulièrement les lieux comme base pour sillonner les environs pendant la période byzantine. Vous entendez également le nom d'Analipsi que lui avaient donné les Italiens pendant l'occupation. Aujourd'hui, ces deux noms sont utilisés indifféremment. Aussi plat et verdoyant que la capitale est pentue et aride, ce village de pêcheurs (vous les verrez tous les jours étendre leurs filets) est réputé pour la qualité de ses poissons. C'est d'ici que partent les excursions en caïque pour les îlots environnants.

Se loger

■ AGNADI STUDIOS

✆ +30 22430 61102
www.agnadi-astypalaia.gr
info@agnadi-astypalaia.gr
En bord de mer.
Studio pour 2 à partir de 45 € en été.
La belle affaire, même si les chambres sont vraiment très simples. Quoi qu'il en soit, vous y trouverez 18 chambres sur les hauteurs de Maltezana, avec vue sur le port. A noter, vous êtes ici à proximité de l'aéroport, ce qui n'est pas un problème en soi sachant qu'il y a très peu de vols par semaine mais c'est important à noter malgré tout.

■ MALTEZANA BEACH HOTEL

Sur la plage
✆ +30 22430 61558
www.maltezanabeach.gr
info@maltezanabeach.gr
Chambre double à partir de 100 € en été, avec le petit déjeuner.
A Maltezana, en bord de mer, il s'agit de l'un des plus gros complexes hôteliers de l'île bien qu'il ne compte que 35 chambres, 5 appartements et 2 suites. Endroit calme et soigné. Piscine et jeux pour enfants, l'idéal pour les familles. L'établissement en lui-même manque un peu de charme et de personnalité.

Se restaurer

■ ALMYRA

✆ +30 22430 61451
Ouvert tous les jours de 11h à 23h. Comptez 20 € par personne.
C'est certainement ici, sur le petit port de Maltezana, que vous mangerez les meilleurs poissons et fruits de mer de l'île. Parole d'initiés et de locaux, l'Almyra est réputée dans tout Astypalaia pour ses plats d'une fraîcheur indéniable et préparés avec un peu d'originalité. Ainsi, ne manquez pas le calamar accompagné d'*orzo*, sorte de risotto, à l'encre de seiche. Un délice avec vue sur mer. Certains poissons du jour au kilo peuvent être un peu plus onéreux, demandez le poids de la bête pour connaître le prix avant de passer votre commande..

■ ASTAKOUKOS

Plage de Schoinontas
✆ +30 22430 61865
http://astakoukos.webnode.gr
Comptez 15 € par personne. Ouvert tous les jours de 10h à 22h en saison.
Jolie table que ce restaurant sur la petite plage de Schoinontas, juste au nord du port de Maltezana. Vous y goûterez d'excellents mezzés et plats de poisson, mais aussi de bonnes viandes et même des pâtes très acceptables. La terrasse ombragée est fort appréciable entre deux baignades ensoleillées.

Visites guidées

■ EXCURSIONS EN BATEAU ★

Depuis le petit port de Maltezana, vous pourrez emprunter un caïque pour rejoindre les îlots aux alentours. Il faut compter environ une heure pour atteindre Kounoupi, peut-être le plus impressionnant. Les plages de sable se jettent dans une eau turquoise et translucide, au niveau de l'isthme qui étrangle l'île. Koutsomyti et Tigani valent aussi le détour, notamment le passage entre les deux.

HALKI - ΧΑΛΚΗ ★

Avec ses 28 km² et ses quelque 300 habitants, Halki semble délaissée par les touristes. Il s'agit surtout d'une destination de vacances ou de week-end pour les habitants de Rhodes. Pourtant, l'île commence à attirer de plus en plus de visiteurs, notamment l'été, évidemment. Si le port de Nimborio, seul village habité de l'île, donne une impression de calme mélancolique avec ses nombreuses maisons abandonnées, de plus en plus de villas néoclassiques sont louées aux touristes de passage en période estivale. Cette île discrète n'en est qu'aux prémices du développement touristique et c'est peut-être tant mieux. Il est encore largement temps d'en profiter, au moins pour une excursion...

NIMBORIO - ΝΗΜΠΟΡΙΟ ★

Le port, capitale de l'île et unique village habité, est construit en amphithéâtre. Une grande partie des belles maisons néoclassiques qui constituent cette bourgade est aujourd'hui abandonnée et donne à Nimborio cette ambiance toute particulière de ville délaissée. L'imposant clocher de l'église Saint-Nicolas qui domine la baie est le plus élevé du Dodécanèse et mérite une visite.

Transports

■ **PORT**
✆ +30 22410 45220
Attention, à part pour des excursions à partir de Rhodes, l'île est très mal desservie, puisque seulement une poignée de bateaux font escale à Halki chaque semaine...

- **Athènes-Halki.** Deux ferries par semaine depuis Le Pirée (19 heures de traversée).
- **Liaisons avec les autres îles.** Les catamarans du Dodekanisos Express relient l'île à Rhodes, Tilos, Nyssiros et Kalymnos. Sinon trois ferries hebdomadaires desservent Santorin, Anafi, Kassos, Karpathos et la Crète.
- **Halki** est aussi reliée tous les jours au port de Kamiros Skala, à Rhodes par le Nissos Halki, le Nikos Express et le Fedon Halki. La traversée dure 45 minutes et coûte 10 €. Cette liaison sert notamment aux travailleurs qui vont tous les jours à Rhodes ou aux Rhodiens qui viennent passer des week-ends à Halki.

Pratique

■ **POLICE**
✆ +30 22410 45213

■ **ZIFOS TRAVEL**
✆ +30 22460 45028
www.zifostravel.gr
zifos-travel@rho.forthnet.gr
Cette excellente agence de voyages, tenue par une Anglaise, vous accueillera sur le port, à côté de la boulangerie et la petite épicerie. Elle est notamment spécialisée dans les locations de maison.

Se loger

En raison du manque d'offre, les prix passent souvent de 50 € la nuit hors saison à plus de 100 € en août...

■ **ARETANASSA HOTEL**
✆ +30 22460 70927
http://aretanassa-hotel.gr
info@aretanassa.gr
Chambre double à partir de 90 € en été, petit-déjeuner inclus.
Ce très bel établissement historique a été complètement rénové et a rouvert ses portes à l'été 2017. Nouvelle direction pour cette magnifique villa néoclassique que l'on repère facilement au bout du port de Nimborio avec sa façade ocre et ses volets vert d'eau. Yannis et Maya font tout leur possible pour assurer un séjour réussi. Petit-déjeuner délicieux et accès direct à la mer sur le quai, chambres immaculées au design contemporain. Préférez les chambres avec balcon et vue sur mer, à peine plus chères, elles valent vraiment le coup.

■ **ATLANTIS HOUSES**
✆ +30 22410 24821
www.atlantishouses.com
info@atlantisgroup.gr
Maisonnette à partir de 100 € en été, Wifi gratuit.
Cinq adorables suites organisées en maisonnettes et pouvant accueillir entre 2 et 5 personnes. Très bien équipées et situées, elles donnent également accès à un beau jardin. Depuis les terrasses, vous aurez une vue charmante sur le port et la mer.

■ **CAPTAIN'S HOUSE PENSION**
✆ +30 22460 45201
capt50@otenet.gr
Chambre double à partir de 40 € en été, petit-déjeuner 5 €.
Petite pension dans le centre de Nimborio proposant 4 chambres simples mais honnêtes. Le petit-déjeuner est servi sur la belle terrasse ombragée. Une des rares options bon marché en auberge plutôt qu'en location de villas.

■ **MARINA CASTELLANA RESORT**
✆ +30 69372 80955
www.marinacastellanachalki.com
marinacastellanachalki@gmail.com
Studio pour 2 personnes à partir de 100 €.
Légèrement en surplomb du port, les studios de Marina Castellana sont charmants et offrent de belles vues sur la mer et le village en contrebas. Bien équipés, confortables et chaleureux, ils peuvent accueillir jusqu'à 4 personnes. L'ensemble est aménagé avec goût et vous y passerez un séjour vraiment agréable. Une bonne adresse de charme.

Se restaurer

■ **BABIS**
Sur le port
✆ +30 22460 45343
Autour de 15 € par personne. Ouvert tous les jours, midi et soir en été.
Taverne de poissons sur le port, vous trouverez tous les classiques de la cuisine grecque chez Babis. Excellent poisson bien évidemment mais également grillades de viande et bons plats végétariens parmi les accompagnements de légumes. Enfin, le vin de la maison est respectable.

KANIA TAVERNA
Plage de Kania
✆ +30 69555 84593
Comptez 15 € par personne. Ouvert tous les jours de 10h au dernier client.
Ce restaurant, qui fait aussi bar de plage, est sûrement la meilleure taverne de Halki. Et pour cause, quel cadre ! A l'ombre des quelques arbres de la petite crique, on mange ici une délicieuse cuisine maison, préparée avec amour et savoir-faire. Les propriétaires des lieux aiment ce qu'ils font et ça se sent. Ils seront ravis de vous donner des conseils et vous pourrez passer de longues après-midi à vous régaler de petits mezzés frais, de succulents poissons ou tout simplement d'un bon café. Les transats sont gratuits pour les clients.

NICK'S TAVERNA
Plage de Podamos
✆ +30 22460 45295
Comptez 15 € par personne. Ouvert tous les jours de 8h à 23h.
Vérification faite, la taverne de la plage de Podamos est une des meilleures options pour déjeuner ou même dîner à Halki. Vous y trouverez tous les classiques grecs mais préparés parfaitement et avec des produits très frais. Les amoureux de poissons pourront se régaler d'une pêche du jour, les mezzés sont vraiment délicieux et le cadre est magnifique. La taverne loue également des transats sur la plage à des prix vraiment abordables pour la journée.

À voir – À faire

Ftenagia, à seulement 10 minutes de marche, est une jolie crique aménagée avec des chaises longues et des parasols. Podamos est une plage de sable située non loin de Nimborio, à 20 minutes de marche. La baie de Yali, à 30 minutes de Horio, est peu accueillante car constituée de galets et de pierres ; de plus, la mer y est souvent très agitée. Les plages de sable du village d'Alimnia sont bien plus agréables comme en témoignent certains bateaux d'excursions de Rhodes qui s'y aventurent.

ÉGLISE AGHIOS NIKOLAOS ★
Elle sera forcément sur vos photos de l'île. Erigée en 1861, vous ne pourrez pas rater l'église principale de Nimborio : son clocher est en effet le plus haut du Dodécanèse ! La cour et tout le parvis sont ornés de belles mosaïques en galets noirs et blancs, caractéristiques de la région. A l'étage, un petit musée diocésain présente des habits liturgiques et autres éléments du rite célébré dans les églises de l'île. L'église est dédiée à saint Nicolas, patron des pêcheurs et des marins. On y organise une grande célébration le 6 décembre.

HORIO - ΧΩΡΙΟ

À 30 minutes de marche de Nimborio, c'est l'ancienne capitale de l'île, construite à l'abri des nombreux pirates. A son apogée, elle comptait quelque 4 000 habitants mais c'est aujourd'hui une ville fantôme. Au-dessus de Horio, vous pouvez voir les ruines d'un *kastro* médiéval construit par les Chevaliers de l'Ordre de Saint-Jean de Jérusalem. Admirez également les fresques de l'église de la Panaghia (XIVe siècle) parmi les ruines de l'ancien village.

ALIMNIA - ΑΛΙΜΝΙΑΣ ★

Cet îlot n'est atteignable qu'en caïque, mais propose quelques plages superbes, et désertes... En effet, l'îlot a été abandonné après avoir servi comme base navale pendant la Seconde Guerre mondiale. Depuis, il y règne une ambiance presque étrange. L'église du village abandonné, l'église Saint-Georges, est encore en état de fonctionner : elle est utilisée pour quelques rares célébrations locales. Sur les hauteurs du village, une forteresse en ruine offre des vues magnifiques sur Halki et les environs.

KALYMNOS - ΚΑΛΥΜΝΟΣ ★★

Avec ses 110 km² et ses 16 500 habitants, l'île des pêcheurs d'éponges n'a pas encore été envahie par le tourisme de masse. Plutôt verte et très montagneuse, Kalymnos est idéale pour des vacances actives. On y vient de tous les coins d'Europe pour grimper : ses parois rocheuses et ses cavernes en hauteur attirent les amateurs d'escalade, notamment au moins d'octobre où se tient un festival de réputation internationale. Pour ceux qui préfèrent rester au niveau de la mer, Kalymnos offre de très belles plages et de jolis villages. Sans oublier la beauté sauvage d'Emporios, le fjord de Vathis, et les deux magnifiques îlots de Telendos et Pserimos. Seuls quelques Robinson voudront y passer la nuit.

Histoire

Kalymnos est habitée dès l'Antiquité. Homère la cite dans *L'Iliade* puis elle passe sous contrôle des Ptolémées après les guerres de succession à Alexandre le Grand. Très vite, elle est chris-

tianisée du fait de sa proximité avec Patmos. A la fin de la période byzantine, Kalymnos vécut la même destinée que les autres îles du Dodécanèse. Les Vénitiens s'y installèrent au XIIIe siècle puis les Chevaliers de l'Ordre de Saint-Jean, jusqu'à l'arrivée des Ottomans en 1522. En 1912, les Italiens l'occupent puis elle passe rapidement sous protectorat britannique à la fin de la Seconde Guerre mondiale avant d'être rattachée à la Grèce en 1948.

KALYMNOS - POTHEA - ΚΑΛΥΜΝΟΣ ΠΟΘΙΑ ★

Avec son paysage contrasté, ses maisons blanches ou ocre aux volets multicolores, la capitale interpelle dès l'arrivée en bateau. La ville vit au rythme de ses habitants. Le cœur de cette ville ne bat pas uniquement pour le tourisme et reste l'endroit idéal pour s'imprégner des coutumes locales. Même si vous n'échapperez pas aux inévitables marchands d'éponges...

▶ **Les montagnes encerclent le port de Pothea.** Sur les hauteurs, Horio est l'ancienne capitale de l'île. C'est un village pittoresque, et ses habitants sont restés fidèles à leurs coutumes ancestrales. Dominant la colline, la forteresse byzantine de Pera Kastro est habitée jusqu'au XVIIIe siècle. La vue sur la mer et le port y est magnifique.

Transports

■ **AÉROPORT DE KALYMNOS**
✆ +30 22430 59370
L'aéroport est situé à 6 km de Pothea, la capitale de l'île, il est relié par bus.
Un ou deux vols aller/retour quotidiens (selon la saison) desservent Kalymnos au départ d'Athènes (1 heure de vol) et Kos (20 min).

■ **CAPITAINERIE DU PORT**
✆ +30 22430 24444

▶ **Athènes-Kalymnos.** Trois fois par semaine, Blue Star effectue des rotations avec Athènes, Kos et Rhodes.

▶ **Liaisons avec les autres îles.** Dodekanisos Seaways propose des liaisons quotidiennes avec les autres îles du Dodécanèse en saison. Anek relie également l'île avec Kos et le port de Mastichari.

Pratique

■ **OFFICE DE TOURISME**
✆ +30 22430 29299
www.kalymnos-isl.gr
mto@kalymnos.gr
Ouvert du lundi au samedi en saison. Horaires aléatoires selon les horaires des bateaux.
Sur le port, dans une petite cabane derrière l'hôtel Olympic, vous trouverez cartes et brochures d'information sur Kalymnos.

■ **POLICE**
✆ +30 22430 22100

Se loger

■ **ARKONTIKO HOTEL**
✆ +30 69428 38524
www.apxontiko-hotel.com
apxontikohotel@gmail.com
A côté de l'office de tourisme, sur le port.
Chambre double à 50 € en été. Ouvert toute l'année.

Hôtel propre et bien tenu avec 10 chambres simples mais agréables et joliment aménagées. Les parties communes sont meublées avec du beau mobilier d'époque et l'hôtel offre une agréable cour intérieure pour faire une pause en journée. Et surtout, un emplacement très pratique à côté du terminal de ferries et des cafés et restaurants.

■ OLYMPIC

Agios Nikolaos
✆ +30 69797 79079
www.kalymnosolympic.gr
contact@kalymnosolympic.gr
Chambre double à partir de 70 € en été, petit déjeuner compris.
Incontournable hôtel sur la promenade, sur la place principale de Pothea, avec des chambres convenables dont la plupart ont vue sur le port et la mer. Ne vous attendez pas à du grand luxe, on est plutôt dans le côté petit hôtel de passage, mais il sera bien pratique pour prendre un ferry tôt le matin par exemple.

■ VILLA MELINA

A côté du musée archéologique
✆ +30 22430 22682
villa-melina.com
info@villa-melina.com
Chambre double à partir de 55 € en été, petit déjeuner compris. Ouvert toute l'année.
Cette superbe villa, construite par des Italiens dans les années 1920, est classée monument historique, à 10 minutes du port dans une partie calme de Pothea. L'appartement est un excellent choix pour les familles, avec 2 chambres, une kitchenette, une grande salle de bains et une magnifique terrasse. Piscine. Un bon rapport qualité-prix.

Se restaurer

■ HAMMER'S WINE BAR

Paraliaki Enoria Ypapanti
✆ +30 22430 24066
Ouvert tous les jours pour le dîner. Comptez 20 € par personne.
Derrière ce nom se cache en réalité un excellent restaurant italien. Vous y goûterez de très bons plats à base de fruits de mer, notamment des *linguine* aux coquilles Saint-Jacques et des moules fraîches. Les desserts sont également réussis. Une bonne adresse.

■ O PANTELIS

✆ +30 22430 51508
Comptez 15 € par personne. Ouvert tous les jours, midi et soir.
L'un des meilleurs restaurants de cuisine traditionnelle à Kalymnos. On y trouve de très bons poissons et fruits de mer, les plats de crevettes notamment. Les amateurs de viande ne seront pas déçus avec de délicieuses côtes de porc par exemple. La carte des vins est aussi excellente, et bon marché.

À voir – À faire

■ FORTERESSE DE CHRYSOHERA

Ce château est construit par les chevaliers de Rhodes à l'emplacement de ruines byzantines. A l'intérieur sont rassemblées quelques églises, dont *Panaghia Chrysohera*, ce qui signifie « main d'or », en référence aux nombreuses pièces d'or trouvées sur le site.

■ MAISON VOUVALI

Ouvert du mardi au samedi de 8h30 à 15h. Entrée 3 €.

Kalymnos.

Dans l'impressionnante maison patricienne de Katerina Vouvali, vous visiterez les différentes pièces de la demeure, restées en l'état depuis le décès de la propriétaire. Le musée abrite également une collection archéologique comportant notamment une belle statue d'Isis en granit.

■ **PERA KASTRO**
Entrée libre.
Sur les hauteurs d'Horio, la forteresse de l'ancienne capitale domine la baie. Abandonnée autour du XVIIIe siècle pour le port de Pothea, Horio et sa forteresse offrent une vue splendide et une ambiance hors du temps. Il faut grimper jusqu'en haut sous le soleil pour profiter d'un des plus beaux couchers de soleil de l'île. Vous trouverez aussi l'église Panagia Keharitomeni, ancienne cathédrale de Kalymnos qui date du XVIIIe siècle.

■ **SANCTUAIRE D'APOLLON**
Entrée libre.
Sur les hauteurs de Pothea, dans la vieille ville d'Horio, ce site archéologique comprenait plusieurs temples, dont le temple principal dédié à Apollon, un théâtre et un gymnasium dont on observe les ruines encore aujourd'hui. Il s'agissait du lieu central du pouvoir politique et religieux. Sur ce site, les premiers chrétiens construisirent deux églises : l'église du Christ-de-Jérusalem et Sainte-Sophie que vous pourrez admirer.

PANORMOS – KANTOUNI – LINARIA – PLATY GIALOS

Le village de Panormos et les plages de Kantouni et Linaria forment un gros bourg tranquille entouré de collines. Les deux plages séparées par un gros rocher sont assez agréables. Platy Gialos est un hameau qui surplombe les baies de Linaria et Kantouni et vous y trouvez de très agréables hôtels avec une vue magnifique.

Se loger

■ **ELIES**
✆ +30 22430 47890
www.hotelelies.gr
info@hotelelies.gr
Chambre double à partir de 60 € en haute saison, avec petit déjeuner.
A 4 km du port, à Panormos, près de la mer. L'hôtel est couplé avec un centre de plongée et d'escalade, idéal pour les plus actifs d'entre vous. Avec 64 chambres, c'est le plus grand hôtel de l'île. Chambres décentes, mais mieux vaut privilégier celles du deuxième étage avec une vue (un peu) plus intéressante. wi-fi gratuit dans les parties communes de l'hôtel.

Épongez !

Kalymnos est la capitale méditerranéenne de l'éponge, après avoir été longtemps celle du monde. La filière a commencé à se tarir à la fin du XIXe siècle. Entre 1896 et 1910, à cause de la récolte pratiquée à mains nues et sans bouteille, 10 000 pêcheurs sont morts. Et l'apparition d'éponges synthétiques bon marché à partir de 1950 a fait le reste. Aujourd'hui, seule une petite flotte de pêcheurs d'éponges subsiste, mais qui se targue d'être la seule de Grèce...

■ **NORMA VILLAGE**
KANTOUNI
✆ +30 22430 48739
www.normasvillage.eu
enquiries@normasvillage.eu
Compter à partir de 50 € en été pour un studio pour deux.
Complexe familial tout confort constitué de studios, appartements et maisonnettes complètement équipés, près de la plage. Vrai village vacances avec piscine, coin enfants et soirées thématiques. Deux studios sont adaptés aux handicapés. Demi-pension possible.

■ **PENSION PLATY GIALOS**
PLATY GIALOS
✆ +30 22430 47029
Chambre double à partir de 50 € en été, avec petit déjeuner.
Pension familiale très agréable dominant la plage de Platy Gialos. Les chambres sont correctes et ont un balcon qui offre une très belle vue sur la mer et la montagne. C'est l'extrême gentillesse de Mike et Anna Vavoulas qui fait de cette pension un lieu pas comme les autres où l'on reste souvent plus longtemps que prévu.

Se restaurer

■ **DOMUS**
Plage de Kantouni
KANTOUNI
✆ +30 22430 47760
À partir de 15 € par personne. Ouvert tous les jours, du petit déjeuner au dîner en saison.
Surplombant la plage de Kantouni, ce restaurant sert une cuisine occidentale variée à des prix modérés sur un très beau *roof garden*.Les transats sont gratuits et le coucher de soleil, appréciable...

■ **TA LINARIA**
Plage de Linaria
LINARIA
✆ +30 22430 47464
Environ 15 € par personne. Ouvert tous les jours, midi et soir en saison.
Un peu plus loin à droite en longeant la plage de Linaria en direction de Platy Gialos, cette taverne sert de très bonnes grillades de poissons et de viandes, les pieds dans l'eau.

MYRTIES - MASSOURI - ARMEOS ★

Massouri est une belle plage de sable bordée d'hôtels et de tavernes et en conséquence assez fréquentée l'été. C'est aussi là que se trouvent les deux centres d'escalade de l'île. En période de festival d'escalade (mi octobre) c'est ici que les grimpeurs venus de partout se retrouvent. La baie de Massouri offre une belle vue sur Telendos et les montagnes du nord de l'île. Myrties, au sud, est une plage de galets un peu plus petite que Massouri mais jouissant de la même vue et offrant une ambiance charmante. C'est le point de départ des caïques pour Telendos. Armeos, un peu plus au nord, est un excentrée et moins fréquentée mais jouit d'une belle baie aux eaux translucides.

Transports

■ **AVIS**
✆ +30 22430 47145
www.kalymnosrent.com
info@kalymnosrent.com
Voiture à partir de 45 €, scooter à partir de 25 € en pleine saison.
Une adresse à Myrties et deux à Massouri pour louer voiture ou scooter. Le service est impeccable, le staff très gentil et une location à la journée vous permettra de sillonner l'île aisément. Nous vous recommandons vraiment de le faire et de ne pas rater la route du nord, magnifique et difficilement accessible sans moyen de locomotion.

Se loger

■ **ACROYALI APARTMENTS**
✆ +30 22430 47521
www.acroyali-kalymnos.gr
acroyali.klm@gmail.com
Studio pour deux personnes à partir de 50 € en été.
Ce joli établissement propose des studios à louer avec vue sur la mer et l'îlot de Telendos. Dans la charmante station de Myrties, vous y serez au calme. Les chambres sont propres et bien équipées, décorées avec goût. Une bonne adresse sur la côte ouest.

■ **APOLLONIA**
Massouri
✆ +30 22430 48094
info@apollonia-kalymnos.gr
Chambre double à partir de 60 € en été. Wifi gratuit.
15 grands studios et appartements (30 m²) parfaits pour des couples ou des families. Avec kitchenette, véranda et vue imprenable sur la baie. Pas cher et très bien équipé.

Se restaurer

■ **TSOPANAKOS**
Armeos ✆ +30 22430 47929
Comptez 15 € par personne. Ouvert tous les jours, midi et soir en saison.
C'est un restaurant réputé à Kalymnos : on y mange une cuisine traditionnelle et locale dont le *mououri*, de l'agneau farci et rôti à feu doux pendant une dizaine d'heures. C'est une spécialité de l'île que l'on a de plus en plus de mal à trouver dans les restaurants. Ici, tous les ingrédients proviennent du potager du propriétaire et l'ensemble est cuisiné avec amour.

Sortir

■ **GLAROS SNACK BAR**
✆ +30 2243 047712
Un peu au nord, à la sortie de Myrties.
Ouvert tous les jours, à partir du petit déjeuner jusqu'au soir en saison.

Pour une excursion...

- **Telendos.** Vous accédez à cet îlot volcanique en caïque au départ de la plage de Myrties (de 8h à minuit toutes les 30 minutes, trajet 10 minutes). Dominé par une forteresse byzantine, il dispose de deux plages agréables : Hochlaka sur le versant sud-ouest et Potha Paradise sur le nord-est de l'île.
- **Pserimos.** Vous atteignez par caïque cet autre îlot situé entre Kos et Kalymnos. Il y a une vingtaine de chambres à louer et des plages de sable.

Ce snack-bar-café est tenu par deux Britanniques. On peut donc y boire du thé au lait et manger un petit déjeuner anglais le matin. C'est surtout un spot apprécié des grimpeurs qui s'y retrouvent après une journée d'escalade pour débriefer et prévoir la journée à venir. Vous y trouverez plein d'informations météo et autres, utiles pour prévoir vos ascensions.

Sports - Détente - Loisirs

■ SIMON MONTMORY
Massouri ✆ +30 69836 74162
www.kalymnosclimbingguide.com
kalymnos.climbing@gmail.com
Comptez environ 500 € pour un stage de 5 jours tout inclus. Stages proposés entre mai et octobre.
Simon Montmory, un Français qui a monté son école d'escalade dans ce paradis de la grimpe il y a plusieurs années, offre des stages et des cours d'escalade pour débutants, intermédiaires et avancés. Vous le trouverez dans la boutique Wild Sport Shop à Massouri.

EMPORIOS - ΕΜΠΟΡΕΙΟΣ ★★

Tout au nord de l'île, cette petite bourgade de pêcheurs calme et jolie est durant l'Antiquité un important centre commercial. Vous y accédez soit par une route de corniche fleurie qui offre un panorama somptueux, soit par caïque au départ de Myrties.

Se loger

■ HARRY'S ROOMS
✆ +30 22430 40062
www.harrys-paradise.gr
info@harrys-paradise.gr
Chambre double à partir de 50 € en été. Wifi gratuit.
A 50 m de la plage, 6 chambres soignées et aérées avec un joli balcon. L'ambiance est zen et rustique, la déco est sobre et conviviale. Un ventilateur vous permettra de passer un peu mieux les nuits les plus chaudes.

■ HOTEL ASTERI
✆ +30 22430 40063
www.asteri-hotel.gr
asteri.hotel@gmail.com
Dans le centre du village.
Studio pour deux personnes 30-40 € en été. Wifi gratuit.
10 studios seulement mais assez spacieux. Kitchenette et balcon, avec une vue vraiment époustouflante sur la baie. Et complètement au calme en prime.

© PANOS KARAS – SHUTTERSTOCK.COM

Le village traditionnel d'Emporios.

Se restaurer

■ HARRY'S PARADISE
✆ +30 22430 40062
harrys-paradise.gr
dimitri@harrys-paradise.gr
A droite en arrivant dans le village.
A partir de 15 € par personne. Ouvert tous les jours, midi et soir en été.
La célèbre taverne Harry's Paradise, au fond de son magnifique jardin fleuri, sert une cuisine saine et légère à base des légumes du potager. Elle propose aussi quelques chambres pour dépanner.

À voir - À faire

▸ **Au nord d'Emporios,** sur la côte nord-ouest de l'île et à 45 minutes de marche, se trouve Apitiki, une belle plage de galets assez méconnue dont vous apprécierez le calme. Certains pêcheurs du port vous proposeront également l'organisation d'une visite d'une petite grotte en caïque.

VATHI - ΒΑΘΥ ★

Petit port naturel célèbre au fond d'un joli fjord. C'est là que s'arrêtent bon nombre de bateaux d'excursions, d'où l'éclosion de nombreuses tavernes et même quelques possibilités de logement pour les rares touristes qui désirent y passer la nuit. Juste derrière, Vathi commence la vallée des mandarines.

KARPATHOS - ΚΑΡΠΑΘΟΣ ★

Isolée entre Rhodes et la Crète, Karpathos est une terre montagneuse aux traditions tenaces qu'il faudra prendre le temps d'apprivoiser. Avec ses 300 km², ses 5 000 habitants et ses villages hors du temps, vous vous sentirez vite coupé du monde. Cet isolement, s'il explique le caractère bien trempé des Karpathiotes, promet également de belles découvertes pour le visiteur un brin vaillant. Certaines plages, parfois difficiles d'accès, sont parmi les plus belles et les plus sauvages de l'archipel. Ailleurs, des montagnes rocheuses austères, des ravins profonds, des arbres tordus par le vent et des villages perdus s'offrent à la visite. Excentrée, elle fait rarement partie des circuits touristiques de la Grèce, hormis pour les passionnés de sports nautiques (windsurf, kitesurf) et de randonnée.

Histoire

Dans la mythologie, Karpathos est liée à l'histoire des Titans. Le Titan Japet, fils de Gaia et Ouranos, frère du révolté Cronos et père de Prométhée, créateur des hommes, serait né sur l'île. Elle a connu bon nombre d'envahisseurs : Romains, Arabes, Génois, Vénitiens, Turcs. Occupée par les Italiens en 1912, elle est rattachée à la Grèce en 1948. A la fin du siècle dernier, les Karpathiotes commencent à quitter leur île pour tenter leur chance ailleurs, notamment en Australie et aux Etats-Unis.

KARPATHOS - TA PIGADIA - ΚΑΡΠΑΘΟΣ - ΤΑ ΠΗΓΑΔΙΑ

La capitale – qui est aussi le port principal de l'île – ne fait pas vraiment couleur locale. La plupart des maisons sont récentes et la ville n'a pas vraiment d'intérêt pour le visiteur. Il sera néanmoins pratique d'y loger pour accéder facilement aux plages voisines et aux différents lieux d'intérêt de l'île. Vous aimerez notamment la longue étendue de sable qui s'étale sur des kilomètres dans la baie de Pigadia, au nord du port. Le centre-ville peut constituer une courte visite en fin de journée pour flâner sur les quais avant de prendre un verre et de rester dîner en ville.

Transports

■ AÉROPORT DE KARPATHOS
✆ + 30 22450 91120
L'aéroport de Karpathos est situé à 16 km de la capitale, dans le sud venté de l'île. La plupart des loueurs pourront vous livrer votre voiture sur place.

▸ **D'Athènes,** plusieurs vols hebdomadaires sont assurés par Olympic Air et Sky Express. Rhodes est reliée plusieurs fois quotidiennement par avion avec l'île et Kassos. Egalement un vol depuis Sitia en Crète.

■ BUS
Rue de la Démocratie
✆ +30 22450 22338
karpathosbus.wordpress.com
Tickets à partir de 2 € pour les destinations les plus proches du sud, jusqu'à 9 € pour rejoindre le nord et Diafani.
La station de bus centrale est située à côté de la station de taxi. Le réseau est bien développé et pourra vous dépanner avec un service régulier en été qui assure la desserte vers l'aéroport, Aperi, Volada, Otho, Pyles, Finiki, Arkassa, Mesohori, Spoa, Menetes, Amoupi, Olymbos et Diafani. Il faudra être patient sur les routes du nord, très sinueuses : les cars ne peuvent pas aller bien vite.

■ PORT
✆ +30 22450 22227

▸ **Karpathos est reliée au Pirée** par ferry 3 fois par semaine (le voyage dure 18 à 20 heures. Egalement un bateau par semaine pour Rhodes.

▸ **Les bateaux qui viennent du Pirée** relient Karpathos à Kassos, Milos, Rhodes, Santorin, Paros, Halki, Amorgos, Nissyros, Astypalaia, Kalymnos, Kos, Symi, Tilos, Anafi, Sikinos, Folegandros et la Crète.

Pratique

■ OFFICE DE TOURISME
http://karpathos.gr
dimoskarpathou@gmail.com
Le site officiel de l'office de tourisme s'améliore et propose de plus en plus d'informations sur l'île, qu'il s'agisse d'histoire et de traditions ou d'informations pratiques. Vous y trouverez également la liste des hôtels disponibles sur l'île.

Se loger

Bien et pas cher

■ ASTRON HOTEL
En retrait de la plage d'Afoti
✆ +30 22450 22404
info@astronhotel.gr
Bien indiqué, à 1,5 km de Pigadia et 500 m de la page.

Chambre double ou studio autour de 75 € en été avec petit déjeuner.
Ces studios, chambres doubles et bungalows sont situés dans un coin calme de la baie de Pigadia, à environ 300 mètres de la plage d'Afoti. Les quelque 70 chambres sont organisées autour d'un beau jardin fleuri et d'une piscine agréable. Une option idéale pour les familles.

■ ATLANTIS HOTEL
Sur le port
✆ +30 22450 22777
www.atlantishotelkarpathos.gr
htlatlantis@yahoo.com
Chambre double à partir de 50 € en été, petit-déjeuner inclus.
Petit hôtel familial, bien situé entre le port et la plage et donc à proximité de tous les commerces et restaurants de Pigadia. Il ne se situe qu'à 20 m de la mer mais vous pourrez également profiter de la piscine. Les chambres ont été rénovées en 2015 mais ne vous attendez à rien de particulièrement charmant : ici, le fonctionnel prime. Préférez les chambres avec vue sur la baie.

■ SUNRISE
✆ +30 22450 22467
www.hotelsunrise.eu
info@hotelsunrise.eu
Chambre double à partir de 50 € en été. Petit déjeuner (buffet) inclus.
Malgré son aspect extérieur un peu vieillot, l'hôtel vaut le détour. A 300 mètres du centre, à quelques mètres de la plage et très bon marché… Les 30 chambres sont spacieuses, propres et confortables bien que simples. Elles offrent une belle vue sur la baie.

Confort ou charme

■ RENATA'S VILLAS
✆ +30 69472 56976
www.renatas-villas.gr
renatasvillas@gmail.com
Chambre double de 55 à 90 € en été, Petra's House à partir de 180 €.
Ce joli établissement est situé à l'extérieur de Pigadia, dans les terres. Vous y serez donc particulièrement au calme mais à proximité du port malgré tout. Les chambres, entièrement rénovées, sont à la fois confortables, modernes, agréables et chaleureuses. Un style contemporain qui n'est pas impersonnel pour autant, c'est suffisamment rare à Pigadia pour être noté. Les appartements sont lumineux et climatisés avec un mobilier de couleur claire. Vous pourrez également opter pour Petra's House à proximité : une petite villa indépendante, avec piscine privée.

Luxe

ALIMOUNDA MARE
✆ +30 22450 23902
www.alimounda.gr – info@alimounda.gr
Chambre double à partir de 150 € en été, avec le petit-déjeuner. Wifi gratuit.
Un hôtel récemment construit avec 244 chambres et suites situées sur la crique calme de la plage, à seulement 5 minutes à pied du port et du centre de la ville de Pigadia. Cet énorme établissement est l'un des derniers-nés de Karpathos qui prend petit à petit le goût du luxe. Ici vous trouverez près de 250 chambres avec tout le confort que l'on attend de ce genre d'établissement. La magnifique piscine à débordement donne sur l'infini de l'Egée et vous pourrez y passer d'agréables après-midi si la plage, située à 5 minutes à pied, vous semble trop loin !

Se restaurer

MIKE'S RESTAURANT
Rue Ulof Palme ✆ +30 22450 23866
Ouvert pour le dîner uniquement. Comptez 25 € par personne.
Ce restaurant situé dans une ruelle piétonne partant du port sera l'une de vos meilleures options à Pigadia. Vous pourrez goûter à tous les classiques de la cuisine grecque très bien réalisés ainsi que quelques plats traditionnels karpathiotes. Un restaurant de meilleure qualité et plus raffiné que la majorité des tavernes locales.

OREA KARPATHOS
✆ +30 22450 22501
Comptez 15 € par personne. Ouvert tous les jours, midi et soir en saison.
Petite taverne sympathique qui propose du poisson et des viandes au grill. Essayez les escargots à l'aneth et laurier, les seiches au fenouil et l'omelette à la cardamome. Ces derniers temps, il semble que la qualité commence à baisser mais espérons que ce ne soit que passager.

TO HELLENIKO
✆ +30 22450 23932
Comptez 15 € par personne. Ouvert tous les jours, midi et soir en saison.
Cette taverne traditionnelle est une des meilleures de Pigadia. Située un peu en retrait du port, elle est ouverte toute l'année. Vous y trouverez toute la cuisine traditionnelle grecque avec mezzés, salades, plats de poissons et viande, en plus du plat local *makarounes*.

AMOUPI - AMOYPI ★

Amoupi est une grande plage aux eaux cristallines à proximité du village de Lakki. Petite station balnéaire familiale, vous pourrez y loger dans des hôtels avec studios, la plupart du temps simples mais accueillants et chaleureux. La baie d'Amoupi est en réalité constituée de plusieurs plages et criques, dont la plus grande et la plus connue est Amoupi Beach. Juste au nord, vous trouverez Little Amoopi Beach, et Pera Ammos au sud. Toutes ces plages sont très fréquentées et bordées de transats et de parasols. En continuant vers la pointe sud de l'île jusqu'à l'aéroport, les vents se font plus violents et les amateurs de planche à voile seront comblés. Afiartis concentre certains des meilleurs spots de Grèce pour les véliplanchistes.

ALTHEA BOUTIQUE HOTEL
✆ +30 22450 81152
http://altheakarpathos.gr
info@altheakarpathos.com
Chambre double à partir de 100 € en été. Wifi gratuit.
Ce bel établissement se situe légèrement en surplomb de la baie d'Amoupi. Les chambres et studios offre un confort total et des intérieurs élégants et immaculés. Une fois n'est pas coutume à Karpathos : les choses ont été aménagées avec goût et dans un style moderne. Accueil professionnel et agréable. De quoi passer un excellent séjour.

IRINI
Afiartis
✆ +30 22450 91000
www.karpathos-windsurfing.gr
irini_hotel@hotmail.com
Chambre double à partir de 100 € en été, en demi-pension.
Hôtel de bon standing sur la côte. 60 chambres à disposition et même 9 vrais appartements. Piscine, spa, hammam, courts de tennis et surtout à proximité des écoles de planche à voile. Tout le confort dans les chambres pour se relaxer après une journée de sport intense. Accès wi-fi.

POSEIDON HOTEL & RESTAURANT
Afiartis ✆ +30 22450 91066
http://poseidon-karpathos.com
poseidonkarpathos@gmail.com
Chambre double à partir de 60 € en été avec le petit déjeuner.
Cet agréable hôtel familial est situé sur la plage de Damatria, du côté d'Afiartis, à quelques minutes de tous les meilleurs spots de planche à voile. Les chambres, spacieuses et confortables sont très agréables et on apprécie, outre le wifi gratuit, la petite bibliothèque à disposition des vacanciers. La taverne est ouverte à tous et offre une bonne cuisine maison, un peu plus recherchée que la moyenne des tavernes du

genre. L'emplacement est particulièrement agréable, à l'ombre des bougainvilliers. Taverne ouverte tous les jours, midi et soir.

APERIO - ΑΠΕΡΙΟ ★

A 8 km au nord de Pigadia, dans le centre de l'île et sur les contreforts montagneux du mont Kalmi Limni, Aperi est le bourg le plus important d'une série de villages à flanc de coteau, dont Volada et Othos. Construit sur le flanc du mont Hamali et entouré d'arbres, ce village est l'ancienne capitale de l'île. Aujourd'hui centre religieux, il est la patrie de plusieurs riches Karpathiotes émigrés qui y ont construit des maisons d'un style un peu américain. Son plus beau quartier est Vallandou. Ces trois villages sont surtout intéressants pour leurs panoramas sur la plaine et la mer. Balcons sur l'Egée, ils méritent qu'on y passe pour la vue. Ils marquent aussi la frontière entre le sud plus domestiqué et plat et le nord sauvage et montagneux. Depuis Aperi, vous aurez accès aux plus belles plages de la côte est. En prenant la route du nord, ne ratez pas les plages magnifiques de Kyra Panagia et Apella. Cette dernière a été élue à quelques reprises plus belle plage de Grèce. Les routes qui y mènent, notamment celle qui va à Apella, sont impressionnantes. Soyez prudent en conduisant ! Plus près du village, la plage de galets d'Ahata est aussi très belle et dispose d'une taverne en saison.

■ KYRA PANAGIA HOTEL
Kyra Panagia
✆ +30 22450 23026
www.kyrapanagia.com/contact.html
info@kyrapanagia.com
Studio pour deux à partir de 70 € en été, petit-déjeuner inclus. Wi-fi gratuit dans le hall.

Situé en surplomb de la plage Kyra Panagia, cet hôtel est idéal pour ceux d'entre vous qui voudront profiter des eaux turquoise et du sable fin d'une des plus belles plages de l'île. Chambres confortables avec un ameublement convenable et une kitchenette. Certains appartements peuvent accueillir jusqu'à cinq personnes.

MENETES - ΜΕΝΕΤΕΣ

Ce petit village à 8 km de Pigadia est situé dans les terres. Plutôt bien préservé, il est en surplomb de la plaine et forme un balcon sur la mer Egée. Arrêtez-vous ainsi quelques instants pour admirer les panoramas et faire le tour de cette bourgade endormie. C'est un village réputé pour ses arts et savoir-faire artisanaux : ainsi, vous trouverez encore quelques articles de vannerie magnifiques.

ARKASSA - ΑΡΚΑΣΑ ★

A 9 km de Menetes, sur la côte ouest, Arkassa est un village qui constitue, avec le village voisin de Finiki, une base tranquille pour séjourner à Karpathos. Ces deux (très) petites stations balnéaires sont plus tournées vers la mer que vers la terre. Vous y verrez de magnifiques couchers de soleil sur des plages encore assez peu fréquentées. A Arkassa, vous pourrez visiter les ruines de la cité antique d'Arcesia ou Arcesine, perchées sur une péninsule qui s'avance dans la mer. Vous y trouverez également les ruines d'une église byzantine, Sainte-Anastasia, datant du Ve siècle, dont les superbes mosaïques ont été transférées au musée archéologique à Rhodes. A proximité se trouve la magnifique plage d'Aghios Nikolaos réputée pour son fantastique coucher de soleil.

Village de Menetes.

Se loger

ALKIONI HOTEL KARPATHOS

Finiki
✆ +30 22450 61070
www.alkioni-karpathos.gr
info@alkioni-karpathos.gr
Chambre double à partir de 70 € en été. Petit-déjeuner en supplément.

En surplomb du petit port de Finiki, l'hôtel Alkioni propose des studios et chambres avec kitchenette et vue sur mer. Vous pourrez apprécier les magnifiques couchers du soleil depuis votre balcon. Minas et sa femme préparent un petit-déjeuner en supplément, (trop) copieux mais qui sera parfait avant de partir en randonnée : prenez les feuilletés à emporter pour casser la croûte au cours d'une active journée de marche. Les chambres sont spacieuses et propres, simples et sans prétention. Les appartements de 50 m² peuvent accueillir 5 personnes. Calme garanti.

ARKASA BAY HOTEL

✆ +30 22450 61410
www.arkasabay.com
info@arkasabay.com
Chambre double à partir de 90 € en été.

Ce joli hôtel est idéalement situé avec de très belles vues sur la mer. Sa position sur la côte ouest de Karpathos vous promet de très beaux couchers de soleil. Les chambres sont agréables et spacieuses et on apprécie la piscine quand le vent souffle trop fort sur la mer.

FINIKI VIEW HOTEL & MAMA CUISINE

Finiki
✆ +30 22450 61400
www.finikiview.gr
info@finikiview.gr
Chambre double à partir de 70 € en été. Restaurant ouvert midi et soir, comptez 15 € par personne.

Ce petit hôtel, nouvellement construit face au petit port et la plage de Finiki, en face de l'hôtel Alkioni sur la route principale. L'accueil est chaleureux, les chambres sont simples mais agréables et ont accès à une piscine, parfait pour les familles avec enfants. Les propriétaires possèdent également la taverne Mama Cuisine sur le port qui sert de très bons plats de poissons et fruits de mer, avec la vue sur la plage et la mer en prime. Bien qu'il se trouve à 100 mètres de la plage et des tavernes locales, l'hôtel est calme et confortable.

Se restaurer

KEDROS RESTAURANT

Aghios Georgios
✆ +30 69724 14686
Ouvert tous les jours pour le déjeuner et le dîner. Comptez 15 € par personne.

Ce restaurant solitaire surplombe la baie de Kamarakia, au nord de Finiki. Ilias et Manolis sont fermiers et éleveurs : tous les légumes et toutes les viandes que vous mangerez ici proviennent de leur ferme. Comme on l'imagine, c'est extra frais et très savoureux. Optez pour les *makarounes* traditionnels ou pour de délicieuses viandes rôties, à accompagner de légumes du jardin au gril.

UNDER THE TREES

Sur la route de Lefkos
✆ +30 69779 84791
Ouvert tous les jours de 11h à minuit. Comptez 15 € par personne.

Environ à mi-chemin entre Finiki et Lefkos, juste après l'embranchement pour Piles, ce restaurant spécialisé dans les grillades est à ne pas rater. Vous y serez installé à l'ombre sur une plage déserte, face à la mer et au coucher du soleil en fin de journée. Les plats sont absolument délicieux et les viandes et poissons parfaitement cuisinés. Ambiance décontractée et agréable, une vraie bonne adresse.

LEFKOS - ΛΕΥΚΟΣ

À 31 kilomètres de Pigadia se trouvent de belles maisons traditionnelles construites en amphithéâtre et peintes aux couleurs vives à Mesohori. Lefkos est un petit port avec une très belle crique assez isolée et encore préservée.

MIRALUNA

Lefkos Main Street
LEFKOS
✆ +30 21077 76564
www.miraluna.gr
miraluna.lefkos@gmail.com
Studio pour deux à partir de 60 € en été.

A mi-chemin entre le village de Lefkos et la plage, entourées d'oliviers, de très belles chambres claires et grandes avec de vastes terrasses. Bel hôtel familial avec barbecue extérieur et aire de jeux pour les enfants. Wi-fi gratuit. Les appartements pour 4 sont à peine plus chers. Il ne manque qu'une piscine, mais la mer n'est pas loin !

MOUSSES STUDIOS

Dans le village
LEFKOS
✆ +30 22450 71484
www.mousses-studios.gr
mousseskarpathos@gmail.com
Studio pour 2 à partir de 40 € en été.

Ces 6 studios sont situés dans le village de Lefkos, c'est-à-dire en surplomb du petit port

© BORCHEE

Plage de Lefkos.

et de la mer. Un peu éloignées de la plage, ces chambres basiques sont très bon marché. Dimitris et Matina, les propriétaires, vous guideront sur l'île.

DIAFANI - ΔΙΑΦΑΝΙ

Petit port au nord, Diafani est relié par une route au reste de l'île. À 10 minutes de marche, vous pourrez vous rendre à Vananda, une belle plage avec de gros galets. C'est le lieu idéal où séjourner quelques jours si vous voulez visiter Olymbos.

Transports

Deux fois par semaine, des ferries en provenance de Rhodes ou du Pirée s'arrêtent à Diafani. Un caïque part tous les matins à 8h30 de Pigadia et certains après-midis en semaine.

Se loger

■ BALASKAS
✆ +30 22450 51320
www.balaskashotel.com
info@balaskashotel.com
Au début de la promenade vers Olymbos.
Chambre double ou studio à partir de 30 € en été ou jusqu'à 45 € avec le petit déjeuner.
Un hôtel familial très convenable et surtout très bon marché pour les budgets serrés. La cuisine est en option, mais bien pratique aussi. Et Vassillis, le propriétaire, vous proposera sans doute de vous emmener en excursion dans les environs.

■ NIKOS HOTEL
✆ +30 22450 51289
www.nikoshotel.gr
A 100 m de la plage.
Studios pour 2 à partir de 50 € en été avec le petit déjeuner.
Idéal pour des vacances économiques. Ce petit hôtel familial est situé à Diafani, à environ 300 m de la plage, et offre une vue magnifique sur le village et la mer. Il dispose de 15 chambres de tous types, des chambres et studios équipés d'une kitchenette. Nikos, le propriétaire, vous aidera aussi à louer une voiture ou à organiser votre voyage si nécessaire. Il possède également le caïque Nikos qui effectue des excursions à la journée vers l'îlot de Saria, vers les plages inaccessibles de la côte est jusqu'à la plage d'Apella et vers le nord et Tristomo.

OLYMBOS - ΌΛΥΜΠΟΣ ★

Ici, c'est l'immersion totale dans la tradition karpathiote qui vous attend, malgré les attaques récentes du tourisme, notamment depuis la construction de la nouvelle route asphaltée. Celle-ci a largement désenclavé Olymbos qui vivait encore en autarcie jusqu'à il n'y a pas si longtemps. Les chants accompagnés d'instruments traditionnels, comme la lyre, la musette et le luth, agrémentent encore la moindre fête. Le plus célèbre village de l'île, perché sur le flanc du mont Prophitis Ilias est un musée folklorique à ciel ouvert. Les femmes âgées portent encore le costume traditionnel, même si aujourd'hui il s'agit plus d'une attraction touristique que d'une habitude vestimentaire.

Les anciens parlent encore un dialecte archaïque et les maisons sont décorées comme il y a quelques siècles. Essayez de venir tôt le matin ou de rester en soirée : vous verrez alors le village sans les touristes. La route qui mène à Olymbos est longue, sinueuse et magnifique : arrêtez-vous pour apprécier les panoramas. Dans le village, déambulez dans les ruelles et jetez un œil aux boutiques d'artisanat local qui longent la rue principale.

■ **BLUE GARDEN**
✆ +30 22450 51101
Ouvert tous les jours, midi et soir. Comptez 15 € par personne.
Ce restaurant est situé sur la crête du village d'Olymbos, dans une ruelle qui part de l'église. Agréablement installé en surplomb de l'Egée, vous aurez des vues incroyables sur l'horizon à l'infini et sur le coucher du soleil en fin de journée. Niveau gastronomie, préparez-vous à goûter à la cuisine traditionnelle d'Olymbos, notamment les *makarounes* faits main. Service agréable et chaleureux : attention cependant à ne pas vous faire prendre par l'enthousiasme un peu débordant du propriétaire qui serait prêt à vous faire goûter à tous les plats du menu.

■ **OLYMPOS ARCHIPELAGOS HOTEL**
✆ +30 21045 18669
www.archipelagoskarpathos.com
Villa pour deux à partir de 100 € en été, petit-déjeuner en supplément, 5 € par personne. Ouvert toute l'année et chauffé en hiver.
Cet hôtel est situé sur le versant occidental du village d'Olymbos, face à la mer. Il propose des maisonnettes individuelles, propres et offrant des vues impressionnantes sur les environs et l'Egée. Chaque mini-villa est aménagée sur deux étages avec balcon et entrée privatifs. L'ensemble est très confortable et vous y serez dans un calme quasi absolu.

KASSOS - ΚΑΣΟΣ

C'est l'île la plus méridionale du Dodécanèse et surtout la moins visitée. Isolée, loin de Rhodes, aride, battue par les vents et désertée par ses habitants qui ont émigré au fil des années vers d'autres horizons pour trouver du travail, Kassos est un territoire préservé, qui a conservé ses traditions et son mode de vie. Il reste environ 1 000 habitants, des marins en grande majorité. Kassos est une île montagneuse qui compte un nombre impressionnant d'églises (plus de 150), des grottes et de beaux paysages naturels.
Les plages promettent aussi de belles découvertes et c'est une île qui invite à de très belles randonnées.

FRI - ΦΡΥ

La capitale de l'île est le port de Fri, construit dans la baie pittoresque de Bouka. C'est un petit village où le curieux qui tentera sa chance trouvera de belles maisons qui témoignent de la grandeur passée d'une île qui comptait plus de 10 000 habitants il y a 150 ans. C'est aussi ici que vous trouverez les quelques options d'hébergement de l'île et la plupart des cafés et restaurants. Une base nécessaire pour découvrir le reste de l'île :

- **Monastères Ai Giorgi et Ai Mama** : ne ratez pas les deux monastères de Kassos.
- **Les villages alentour** : Agia Marina avec ses allées charmantes, Arvanitohori avec sa jolie place centrale et ses cafés, Poli et les ruines de son château, Panagia et son charme désuet et enfin Emporio, l'ancien port de l'île.

Transports

■ **AÉROPORT DE KASSOS**
✆ +30 22450 41587
L'aéroport est à 2 km seulement de Fri. Olympic Air et Sky Express relient régulièrement Kassos à Athènes (1 heure 10) et à Rhodes et Sitia (Crète). Le vol pour Rhodes fait escale en chemin à Karpathos : le vol Kassos-Karpathos sera sûrement un des vols les plus courts de votre vie.

■ **PORT**
✆ +30 22450 41288
- **Ferry**. Un bateau Blue Star arrive du Pirée 2 fois par semaine et le voyage dure 16 heures. Liaisons avec Rhodes, Karpathos et la Crète.

Pratique

■ **KASSOS MARITIME AND TRAVEL AGENCY**
✆ +30 22450 41495
www.kassos-island.gr/greek/kassos.html
kassos@kassos-island.gr
Cette agence peut vous aider à trouver un hébergement, louer une voiture ou organiser une excursion.

■ **OFFICE DU TOURISME**
✆ +30 22450 41277 – http://kasos.gr
La municipalité a développé un site dédié au tourisme, disponible en anglais. Vous y trouverez beaucoup d'informations pour préparer votre voyage à Kassos.

■ **POLICE**
✆ +30 22450 41222

Se loger

■ ANGELIKA

Près du port. ✆ +30 22450 41268
www.angelicas.gr – info@angelicas.gr
Appartement à partir de 60 € en été. Petit déjeuner : 5 € au café voisin. Appartements traditionnels de 35-60 m² avec une belle vue sur la mer. Décoration traditionnelle et artistique avec peintures aux murs. Wifi gratuit.
A 200 m de la mer, Maria a rénové une belle bâtisse familiale transformée en 4 appartements conçus pour 2 à 4 personnes. Mobilier élégant. Balcons ou vérandas avec vue.

■ BORIANOULA

✆ +30 22450 41495
A 600 m du port.
Appartement pour 2 entre 50 et 75 € en été.
Quelques studios modernes et isolés, bien équipés et au bord de la mer. Le mobilier est assez basique mais la formule est économique. Il y a même le wi-fi (dans les parties communes).

Se restaurer

■ MYLOS

✆ +30 22450 41825
Comptez à partir de 10 € par personne. Ouvert tous les jours, midi et soir.
Avec sa terrasse qui donne sur le port, Mylos est une taverne appréciée pour sa cuisine traditionnelle. Vous y trouverez tous les classiques de la cuisine grecque avec *souvlaki,* mezzés et poissons.

■ OREA BOUKA

✆ +30 22450 41053
Comptez à partir de 10 € par personne. Ouvert tous les jours, midi et soir.
Cette taverne est le fief de la chef Sophia Makrygiannaki. Elle y cuisine des spécialités locales : feuilles de vigne farcies succulentes (*dolma*), *makarounes* au fromage local, le *sitaka*...
Située près du bord de mer, c'est sûrement la meilleure table de l'île.

KASTELLORIZO ★★

Loin des autres îles de l'archipel, souvent oubliée des cartes, c'est un rocher aride de 9 km². Ce caillou est en effet à 130 km de Rhodes (40 minutes d'avion) mais à 2 miles nautiques seulement des côtes turques : on se rend aisément en excursion à la journée à Kas pour profiter du marché, le vendredi. Ne venez pas chercher les plages ici : il n'y a ni sable ni criques sur ce rocher montagneux aux côtes abruptes mais les eaux du port sont cristallines et on pourra rejoindre les îlots alentour pour se baigner. Cette île frontalière, et son port aux maisons néoclassiques d'une rare beauté, a longtemps été l'objet d'un litige avec la Turquie et apparaît comme un symbole de l'unité nationale grecque.

Histoire

Occupée dès l'Antiquité, Kastellorizo a été très vite un carrefour stratégique dans la région. Les Chevaliers de Saint-Jean de Jérusalem s'y installent dès 1306 avant qu'elle ne tombe dans le giron ottoman. L'île, au faîte de sa gloire, a abrité plus de 10 000 âmes avant de décliner. Un minaret et une mosquée transformée en musée rappellent l'occupation ottomane. Les Français sont ensuite passés par là avant de transférer leur autorité aux Italiens en 1921. Du fait de son emplacement stratégique, l'île subit des dégâts énormes pendant la Seconde Guerre mondiale. Bombardé largement par les Alliés, le port de Kastellorizo est très endommagé et la moitié des maisons est détruite. Celles-ci ne seront pas reconstruites : l'immigration se fait massive, notamment vers l'Australie, dès les années 1950. Aujourd'hui encore, l'île garde des liens très forts avec l'Australie et la population immigrée installée là-bas depuis plusieurs générations. L'île n'est rattachée à la Grèce qu'en 1948, avec l'ensemble de l'archipel.

KASTELLORIZO - ΚΑΣΤΕΛΛΟΡΙΖΟΥ

Port et capitale, c'est le dernier village habité, rassemblant quasiment tous les habitants – autour de 200 – que compte l'île. Ses belles maisons néoclassiques aux balcons de bois, peints de couleurs vives, sont une réminiscence de la prospérité de l'île avant la Seconde Guerre mondiale, époque à laquelle la population atteignait les 14 000 personnes. Aujourd'hui, à cause des bombardements d'alors et de l'émigration massive qui a suivi, vous n'y apercevez plus que quelques maisons rénovées le long du port. La plupart des habitations du début du XXe siècle sont restées à l'abandon ou n'ont pas été reconstruites après les bombardements.
Aujourd'hui, on profite de l'ambiance calme des lieux et on se baigne aux deux extrémités du port. Autres options baignade : empruntez un bateau-taxi jusqu'à l'îlot Agios Georgios ou sur les plaques de marbre de Plakes.

Transports

AÉROPORT DE KASTELLÓRIZO

✆ +30 22460 49250

Olympic Air assure quatre liaisons par semaine (30 minutes) avec Rhodes. Un minibus de 12 places ou l'unique taxi de l'île assure ensuite le voyage vers le port en 10 minutes. Attention, le minibus ne fonctionne pas systématiquement, il vous faudra alors partager et attendre le taxi. La plupart des hôtels et chambres d'hôtes peuvent également venir vous chercher ou vous déposer. La piste de l'aéroport de Kastellorizo est impressionnante d'étroitesse... Exposée aux vents, il arrive que les vols soient annulés ou décalés par mauvais temps.

PORT

✆ +30 22460 49270

- **Ferry.** Kastellorizo est reliée au Pirée via Rhodes en ferry, deux fois par semaine. La traversée depuis Rhodes dure 3h30. Le magnifique port de Kastellorizo semble tout droit sorti d'une carte postale : le gros ferry remplit quasiment toute la largeur de la baie et bloque le panorama. Ce n'est pas un problème en soi habituellement mais notez que si vous séjourner autour de Pâques, le bateau reste à quai une semaine et gâche vraiment la vue. Evitez cette période donc.
- **Catamaran.** En saison, Dodekanisos Seaways propose des liaisons quotidiennes avec Rhodes, durée de la traversée 2h30. Les départs à Rhodes se font depuis le port de plaisance de Kolona, à l'entrée de la vieille ville.
- **Liaisons avec la Turquie.** Sinon, deux petits bateaux relient l'île quasiment tous les jours au port turc de Kas (30 minutes, 30 € l'aller-retour). Particulièrement intéressant le vendredi, jour de marché. Notez que la Turquie ne faisant pas partie de l'Union européenne, il faudra embarquer une carte d'identité ou un passeport avec vous. A l'arrivée en Turquie, la police portuaire prendra vos papiers d'identité, ils vous seront remis au moment du départ. Côté grec, il faudra passer par les douanes et le contrôle des passeports.

Pratique

DRAZI INFORMATIONS

✆ +30 22460 49409

Le petit bureau d'informations touristiques de l'île est situé sur la place de l'hôtel Poséidon, sur le côté gauche du port (en regardant vers la mer). Il vous fournira quelques infos bien utiles si toutefois vous arrivez à trouver un créneau ouvert.

POLICE

✆ +30 22410 49333

Se loger

AGNANTI STUDIOS

Mandraki

✆ +30 22460 49094

www.agnanti-kastelorizo.com

info@agnanti-kastelorizo.com

Chambre double à partir de 60 € en été.

Quelques chambres et studios traditionnels, à la décoration rustique et qui jouissent d'un emplacement unique. La maison propose à ses clients cinq appartements traditionnels, entièrement équipés avec des lits confortables pour

© ALAMER – ICONOTEC

Vue sur le port de Kastellorizo.

deux adultes et deux enfants, des balcons sur la plage avec une vue de rêve, avec kitchenette, climatisation, téléphone, télévision et accès à Internet. Dans le quartier de Mandraki, la maison Agnanti est située sur le sentier piéton qui longe la côte, à pic sur la mer et face à la Turquie. Une petite adresse charmante, en toute simplicité.

■ ALEXANDRA PENSION

✆ +30 22460 49248
www.hotelskastelorizo.com
info@roomskastelorizo.com
Chambre double à 55 € en été.
Les chambres à louer sont situées au cœur de l'île, sur la place principale, à 50 mètres de la côte. Cette petite pension en retrait du front de mer propose des chambres spacieuses et agréables qui défient toute concurrence. Récemment rénovés, certains logements disposent même d'une kitchenette (disponible uniquement dans les appartements). C'est sans doute le meilleur rapport qualité-prix de Kastellorizo ! Les chambres sont propres et bien tenues, avec tout le nécessaire. Vous êtes en plein cœur du village, à quelques mètres des quais.

■ HOTEL KASTELLORIZO

Sur le port, avant le Méditerranéo.
✆ +30 22410 49044
www.kastellorizohotel.gr
info@kastellorizohotel.gr
Des suites à partir de 75 € et pour les plus chères jusqu'à 200 € en haute saison avec le petit déjeuner.
L'hôtel se compose de 14 appartements spacieux de 26 à 58 m². Les chambres offrent un confort discret, avec une vue spectaculaire. Les suites et studios sont situés sur le port, à gauche de la baie en regardant la mer. Décoration rustique qui pourra plaire à certains, petit bain à remous et accès direct aux eaux de la baie avec transats et parasols. L'établissement ne cesse de s'agrandir et cherche à satisfaire ses clients en offrant toujours plus de services. Le petit déjeuner vous sera servi dans la petite cour intérieure ou sur le balcon de votre chambre.

■ MEDITERRANEO

Au bout du quai, juste avant le Megisti
✆ +30 22460 49007
www.mediterraneo-megisti.com
marie@mediterraneo-megisti.com
Chambre double à partir de 90 € en été, petit-déjeuner compris.
Marie est une Française architecte d'intérieur, qui a épousé un Grec et partage sa vie entre Kastellorizo, la Turquie et Paris. Au calme, au bout de la baie et face à la mosquée, elle tient une élégante pension qu'elle a restaurée et décorée avec un goût parfait. Distinguée dans de nombreux magazines déco, ce qu'on retient c'est l'ambiance à la fois bohème et raffinée. De magnifiques peignoirs imprimés, que la propriétaire vend également dans sa boutique, sont fournis pour la baignade, directement de la terrasse, en empruntant une petite échelle.

Se restaurer

■ ALEXANDRA

✆ +30 22460 49019
Sur le port.
Comptez 15 € par personne. Ouvert tous les jours, midi et soir.
Sur le port, c'est clairement un des meilleurs restaurants de l'île. On s'y presse pour une cuisine grecque de qualité et un peu plus raffinée et recherchée que la moyenne des tavernes classiques. Terrasse élégante et immaculée, on vient chez Alexandra pour ses succulents mezzés à partager, dont un très bon taboulé, de la feta grillée réussie ou encore des bonnes betteraves à la crème d'ail. Vous y retournez plusieurs fois au cours de votre séjour.

■ LAZARAKIS

✆ +30 22460 49370
Sur le port.
Comptez 25 € par personne. Ouvert midi et soir.
Incontournable et inratable, au centre du port, la belle terrasse du restaurant Lazarakis est tenue avec succès par Yorgos, le mari de Marie de l'hôtel Mediterraneo. C'est le rendez-vous des habitués. Vous y mangerez du poisson très frais et des préparations qui sortent un peu de l'ordinaire, plus raffinées que la moyenne des tables grecques. Difficile de résister au *ceviche* et autres poissons crus, l'offre varie selon la pêche du jour. La carte des vins est également honorable. Particulièrement agréable en soirée, dans les lumières du port.

■ TA PLATANIA

Horafia
✆ +30 22460 49206
Comptez 15 € par personne. Ouvert tous les jours midi et soir.
Sur la place principale du quartier de Horafia, sur la colline qui sépare le port principal du port de Mandraki, cette taverne est une des meilleures tables de l'île. Cuisine familiale, surtout connue pour ses plats traditionnels comme les ragoûts et les légumes rôtis au four. C'est aussi ici qu'ont été tournées certaines scènes du film *Mediterraneo* de Gabriele Salvatores. On aime le calme de cette place et l'ambiance désuète qu'on y retrouve.

Sortir

FAROS

✆ +30 22460 49509

Ouvert tous les jours de 9h à 3h.

Le spot incontournable de l'île : situé à l'extrémité des quais et au pied de la mosquée, le Faros café est en effet surmonté d'un petit phare qui indique l'entrée du port. On s'y retrouve dès le matin pour boire un café puis encore aux heures chaudes de la journée pour se rafraîchir d'une baignade : des transats et parasols sont installés sur la terrasse et des échelles donnent un accès direct aux eaux cristallines de la baie. En soirée, le bar s'anime dès l'heure de l'apéritif et reste ouvert jusqu'à tard dans la nuit, avec de la musique *live* certains soirs.

À voir - À faire

GROTTE BLEUE ★★

10 € par personne pour l'aller-retour en sea-taxi, à organiser directement avec les capitaines.

A 30 minutes en caïque du port se trouve la grotte Bleue, autrement appelée la caverne Parasta ou Fokiali. C'est un site naturel unique, à ne pas rater. Depuis la mer, l'ouverture dans la roche est à peine visible et l'accès est impossible par mer agitée. Mais une fois à l'intérieur, le spectacle est saisissant. Avec 40 mètres de hauteur, une largeur de 37 mètres et une profondeur de 20 mètres, c'est une cavité gigantesque. La lumière extérieure se reflète sur l'eau et éclaire l'intérieur de la cave, lui donnant une couleur turquoise ou bleu profond selon l'heure.

MONASTÈRE SAINT-GEORGES-DE-LA-MONTAGNE ★

Ouvert tous les jours de 18h à 21h. Entrée libre.

On accède à ce beau monastère fortifié du XVIIIe siècle par un escalier de pierre qui monte à l'assaut de la montagne depuis le village en quelque 400 marches. Vous serez récompensé de vos efforts par une vue superbe sur le port. Une fois arrivé en haut, vous serez sur un plateau magnifique qui évoque de sauvages paysages celtiques. Un sentier traverse ce plateau et vous amènera au monastère solitaire. La cour intérieure est pavée de belles mosaïques byzantines de galets et cernée d'une chapelle et des anciennes cellules des moines que l'on peut visiter.

MUSÉES

✆ +30 22460 49283

Entrée libre. Ouvert du mardi au dimanche de 8h à 11h et mosquée ouverte les mêmes jours de 11h à 15h.

Il y a deux petits musées sur l'île qui sont gardés par la même personne, d'où les horaires. Le musée niché dans l'ancienne mosquée dont on repère facilement le minaret expose l'histoire de Kastellorizo avec de belles photos et documents d'époque. A midi, un documentaire y est projeté. Le musée archéologique est situé en surplomb, en montant vers le Kastro. Vous y verrez les quelques trouvailles de l'île, dans un bâtiment qui était autrefois intégré à la forteresse médiévale des Croisés. Vous y verrez notamment de beaux bas-reliefs votifs de la période lycienne.

PALEOKASTRO ★

Entrée libre.

En montant vers le point culminant de l'île, le mont Vigla actuellement surmonté d'une base militaire et d'antennes de transmission, vous croiserez un autre sommet couronné du Paleokastro. Il s'agit de l'ancienne acropole fortifiée de l'île qui remonte au IVe siècle av. J.-C. A l'intérieur, vous trouverez des inscriptions doriques qui mentionnent le nom de Megiste, l'autre nom de l'île. Admirez les citernes massives qui récupéraient l'eau de pluie. Largement bombardé pendant les deux guerres mondiales, le Paleokastro n'est plus que ruines mais le site est somptueux.

KOS - ΚΩΣ ★★

C'est la troisième plus grande île du Dodécanèse et la plus visitée après Rhodes dans la région. Pour ceux d'entre vous qui souhaitent fuir les foules et passer des vacances au calme, passez votre chemin. Les vols charters, notamment depuis le nord de l'Europe, ont largement transformé l'ambiance des lieux, surtout autour de la ville de Kos. Pour autant, avec ses 290 km² et ses 31 000 habitants, l'île propose un séjour diversifié. Amateurs de vieilles pierres, sachez que Kos abrite l'un des célèbres Asclépiéons (foyers de médecine placés sous le patronage du dieu de la guérison Asclépios) ; fanatiques des bains de soleil, vous aurez l'embarras du choix avec des kilomètres de plage ; noctambules, vous aurez de quoi meubler vos nuits blanches ; amoureux de la nature, voilà le paradis des balades à vélo et du kitesurf. Choyée des dieux, Kos offre au visiteur une nature souriante, un grand nombre de plages dorées et une ambiance souriante et festive.

Histoire

Terre d'Asclépios, dieu guérisseur, Kos voit naître Hippocrate, le fondateur de la médecine. Alexandre le Grand la conquiert, les Ptolémées

également. Pendant cette période, Kos est un centre culturel renommé. Durant l'essor de l'Empire byzantin, elle est le siège épiscopal et compte 160 000 habitants. Conquise par les Vénitiens, elle est vendue aux Chevaliers de Saint-Jean, en 1306.
Les Chevaliers gouvernent l'île pendant environ deux siècles, puis l'abandonnent aux Ottomans en 1522. L'occupation turque dure quatre siècles, jusqu'en 1912, date à laquelle les Italiens prennent en charge l'administration de l'île. Les Allemands occupent ensuite l'île jusqu'à la fin de la Seconde Guerre mondiale, avant de la céder au contrôle administratif des Anglais. Kos est finalement rattachée à la Grèce le 7 mars 1948.

KOS CHORA - ΚΩΣ ΧΩΡΑ

Fondée en 366 av. J.-C., c'était, selon Strabon, la plus belle ville côtière du monde. Aujourd'hui, des hibiscus rouges et des palmiers, des larges avenues, des ruines antiques, de superbes maisons italiennes et des mosquées aux hauts minarets ravissent l'œil du visiteur. Même si la première chose que vous apercevez en arrivant en bateau est l'austère forteresse des chevaliers, ne vous y fiez pas : Kos est une ville gaie et nonchalante. Ultratouristique aussi, elle déborde de tours opérateurs. Ne soyez donc pas étonné d'être sollicité, voire harcelé, à chacun de vos mouvements : les restaurants, passe encore, mais sur les transats, dans les cafés et même les taxis, ça dépasse souvent la mesure et c'est vraiment désagréable.

Transports

L'aéroport est situé près de Karadamena. Il est relié à la ville de Kos (26 km) en taxi et par les bus KTEL. Ceux-ci assurent aussi les trajets entre l'aéroport et Mastihari, Pyli et Tigaki.

■ **BUS KTEL**
✆ +30 22420 22292
www.ktel-kos.gr
info@ktel-kos.gr
Billet à acheter auprès du chauffeur, à partir de 2,10 € l'aller.

■ **PORT DE KOS (CHORA)**
✆ +30 22420 26594
Kos est l'une des îles les mieux desservies du Dodécanèse.

▸ **Athènes-Kos.** Au moins un ferry par jour relie l'île depuis Le Pirée (12/semaine, 10h-13h de traversée).

Liaisons avec les autres îles. Tous les ferries ont pour terminus Rhodes, mais plusieurs itinéraires sont proposés avec des escales possibles à Syros, Paros, Naxos, Santorin, Patmos, Lipsi, Leros et Kalimnos selon les compagnies. Kos est aussi desservie depuis Thessalonique une fois par semaine (17h15). Au passage, il dessert Lesbos, Chios, Samos et Kalymnos. On peut joindre aussi Tilos, Symi, Lipsi, Nysiros, ou Astipalaia. Les hydroglisseurs de Dodekanisos Seaways assurent la liaison plusieurs fois par semaine avec les autres îles du Dodécanèse.

Kos-Bodrum. L'île est reliée au port turc une fois par jour en ferry (0h50) ou en hydroglisseur (0h20).

Pratique

HÔPITAL
Rue Ippokratous
✆ +30 22420 22300
Plusieurs médecins et pharmacies dans l'île.

OFFICE DE TOURISME
1 rue Vassileos Georgiou
✆ +30 22420 24460
www.kos.gr
Ouvert du lundi au samedi de 10h à 21h.
Toutes les informations dont vous pourriez avoir besoin sont sur le site Internet de l'office de tourisme. La municipalité a également créé une application mobile qui répertorie cartes, adresses utiles et sites à visiter. Kos on your mobile est téléchargeable gratuitement sur votre smartphone.

Se loger

Bien et pas cher

AFENDOULIS HOTEL
1 rue Evripolou
✆ +30 22420 25321
www.afendoulishotel.com
info@afendoulishotel.com
Chambre double entre 30 et 50 € en été, sans le petit déjeuner. Notre petit-déjeuner spécial est facultatif à 6 euros par personne. Please amend the location of our hotel on your map according to the amended address we have provided. Thank you.
Difficile de faire mieux que ces 20 chambres bien équipées et situées à 10 minutes du centre et à 2 minutes de la mer. Alexis Zikas, qui tient cette petite résidence familiale, possède aussi une ferme d'où il apporte fruits et légumes frais pour le succulent petit déjeuner proposé en supplément.

HOTEL SONIA
9 rue Irodotou
✆ +30 22420 28798
www.hotelsonia.gr
info@hotelsonia.gr
Chambre double à partir de 70 € en été, avec le petit déjeuner.
L'hôtel Sonia propose des chambres sobrement décorées qui ont largement gagné depuis les rénovations de ces dernières années. Vous trouverez un bon rapport qualité-prix ici. On aime également les environs calmes et verdoyants et l'agréable jardin de l'hôtel.

KOALA HOTEL
21 rue Harmilou
✆ +30 22420 22897
www.koalahotel.gr
patadimi@hol.gr
Chambre double standard de 41 à 59 € en haute saison, petit déjeuner compris.
Hôtel de 46 chambres avec piscine où la famille Patakos se targue d'un accueil convivial. Près du centre et de la plage. Une journée de location de voiture offerte pour tout séjour supérieur à 7 jours. Nombreuses offres spéciales hors saison. wi-fi gratuit.

Confort ou charme

ALEXANDRAS
16 rue 25-Martiou
✆ +30 22420 28301
www.alexandrahotel-kos.com
alexhotel@kos.forthnet.gr
Chambre double à partir de 90 € en été, avec le petit déjeuner.
Ce complexe, le plus haut de la ville, est plutôt luxueux et rénové il y a quelques années. Vous jouirez de belles vues sur la mer et les environs. Il sert beaucoup pour des congrès et vous trouverez donc tous les services attendus de ce genre d'établissement dont un sauna et une salle de gym.

HOTEL KYPRIOTIS VILLAGE
Psalidi
✆ +30 22420 57000
www.kipriotis.gr
info@kipriotis.gr
A 4 km au sud du village,
sur la plage de Psalidi.
Chambre double en pension complète et all inclusive à partir de 130 € en été.
Gros complexe touristique de plus de 500 chambres, 3 restaurants, 4 bars, 3 piscines dont une chauffée.
Tennis, sauna, bains turcs, équipements nautiques, etc. Aires de jeux pour les enfants. En gros, de quoi faire un séjour bien rempli sans bouger de son hôtel...

■ **KOSTA PALACE**
✆ +30 22420 22855
http://kosta-palace.com
Chambre double à partir de 109 € en été. Petit déjeuner inclus.
Cet hôtel sur le port propose des chambres spacieuses et agréables. On aime aussi la terrasse sur le toit où vous pourrez prendre un verre et profiter de la piscine avec vue sur le port et la ville. Ça manque peut-être un peu de personnalité mais c'est très propre et confortable et idéal pour les familles avec des chambres triples et une piscine pour les enfants.

Luxe

■ **KOS AKTIS ART HOTEL**
7 rue Vassilis Georgiou ✆ +30 22420 47200
www.kosaktis.gr
sales@kosaktis.gr
Chambre double à partir de 91 € en été, petit déjeuner compris. Ouvert toute l'année..
Cet hôtel fondé dans les années 1960 a su évoluer avec son temps, exception notable à Kos-ville où les établissements sont peu enclins à la rénovation... Situé sur la plage, certaines de ses chambres ont vue jusqu'à la Turquie ! Ameublement minimaliste et design. Une cuisine méditerranéenne est servie au bar-restaurant, qui est très prisé.

Se restaurer

Bien et pas cher

■ **AMPAVRIS**
17 rue Makriyanni
✆ +30 22420 25656
ampavristavern@gmail.com
Comptez 15 € par personne. Cartes de crédit non acceptées. Ouvert tous les jours de 17h30 à minuit.
L'une des meilleures tavernes de Kos, pas très loin du centre-ville. Takis gère ce restaurant familial dans la cour d'une belle maison centenaire. Essayer le *salamura* (du veau mariné avec des oignons et du citron) ou les *lahano dolmades* (du chou farci au riz, à la viande hachée et aux herbes).

■ **ELIA**
27 rue Apellou
✆ +30 22420 22133
www.elia-kos.gr
sotiris@elia-kos.gr
Environ 15 € par personne. Ouvert tous les jours, midi et soir.
Taverne restaurée avec goût, sous une belle pergola et qui promet une pause agréable. La cuisine propose des plats traditionnels grecs vraiment frais, par rapport aux restaurants touristiques alentour. La carte est limitée mais savoureuse, et vous pourrez goûter à de bons vins locaux. Bon rapport qualité-prix.

■ **POTE TIN KYRIAKI**
9 rue Pisandrou
✆ +30 693 035 2099
Comptez 15 € par personne. Ouvert tous les soirs à partir de 19h30, sauf le dimanche.
C'est peut-être le plus ancien restaurant de la ville de Kos et on comprend pourquoi il est toujours en activité : une terrasse agréable, un décor suranné, de la musique des années 1920 et surtout une bonne cuisine traditionnelle comme on en trouve peu à Kos. On se laisse aller au *tsipouro* de la maison en dégustant anchois, *kavourdisti* (porc frit) et autres mets savoureux.

Ile de Kos.

Bonnes tables

■ **NIKOLAS O PSARAS**
21 rue Averof Georgiou
✆ +30 22420 23098
Comptez 20 € par personne. Ouvert tous les jours, midi et soir.
Ce restaurant est réputé auprès des locaux pour ses *mezzedes* de poissons et fruits de mer. On y vient en famille ou entre amis pour refaire le monde autour de nombreux petits plats de poulpe, sardines ou poissons frais. Pour les accompagner, vous trouverez de grands classiques grecs comme la *fava*, purée de pois cassés ou les beignets de courgette.

■ **PETRINO**
Place Ioannou Theologou
✆ +30 2242 027251
www.petrino-kos.gr
info@petrino-kos.gr
Comptez 20 € par personne. Ouvert tous les jours midi et soir.
On s'attarde déjà devant la bâtisse de deux étages, centenaire et joliment restaurée. Voici sans conteste la taverne la plus élégante de la place avec, ça tombe bien, une cuisine à l'avenant. La carte des vins – plus de 120 - est étourdissante. Malgré tout, la cuisine reste simple et raffinée avec tous les classiques de la gastronomie grecque. En été, le jardin est ravissant. Réservation recommandée, car l'endroit est très prisé dans ce coin calme et moins touristique de Kos-ville.

Sortir

Quand la *Bar Street* ferme ses portes, c'est le pèlerinage collectif vers les grandes boîtes au bord de l'eau au nord de la ville. La plupart des noctambules partageront les modiques frais d'un taxi, mais certains profiteront de la balade de 15 minutes pour s'aérer un instant avant de replonger dans l'ambiance frénétique des clubs. Le choix s'avère plus stratégique car souvent vous y terminerez votre soirée (6 € l'entrée, cela semble raisonnable). Vous serez souvent guidé vers un club plutôt qu'un autre (rencontres de soirée, flyers donnant une entrée gratuite, etc.) mais sachez que les discothèques les plus à la mode sont le Heaven, qui accueille 2 000 personnes sur 6 *dance floors* extérieurs et intérieurs, et le Kalua qui dispose d'une piscine.

À voir - À faire

■ **AGORA**
✆ +30 22420 28326
Ouvert tous les jours de 8h30 à la tombée de la nuit. Entrée libre.
La ville antique de Kos fut fondée en 366 av. J.-C. mais fut finalement enfouie en grande partie sous des constructions plus modernes, notamment à la période médiévale. Le quartier médiéval du port, nommé Lango, est quasiment intégralement détruit en 1933 lors d'un tremblement de terre très violent. Seul point positif de la catastrophe : on découvre alors les restes de la ville antique. Aujourd'hui, la ville de Kos est parsemée de ruines antiques et de sites de fouilles archéologiques. Vous y verrez les ruines d'un temple d'Aphrodite et d'un temple d'Hercule.

■ **ASCLEPIEION** ★★
Platanos
✆ +30 22420 27927
Accès par Plateia Platanou.

Asclepieion.

Ouvert tous les jours sauf lundi de 8h à 20h en saison (sinon jusqu'à 15h). Entrée 6 €.
A 4 km de Kos, entouré de cyprès, sur une colline qui surplombe la mer Egée, se trouve le sanctuaire du dieu guérisseur Asclépios. C'est un vaste sanctuaire qui fut fondé au IVe siècle avant J.-C. puis agrandi sur plusieurs siècles. Il fut l'un des plus importants de la Grèce antique. Hippocrate, fondateur de la médecine moderne, y étudia puis y enseigna. Le sanctuaire devint alors le plus grand hôpital de l'Antiquité : de nombreuses personnalités vinrent s'y faire soigner au fil des siècles. Aujourd'hui, on en visite les ruines dans un site magnifique. Du fait de son terrain en pente, le sanctuaire s'étendait sur quatre niveaux qui communiquaient par des escaliers monumentaux. Certaines sections d'origine ont été conservées jusqu'à aujourd'hui, d'autres ont été réhabilitées par les archéologues italiens au temps de l'occupation fasciste. Aujourd'hui, on peut encore observer les ruines des thermes romains datant du Ier siècle après J.-C. (premier niveau), le temple d'origine dédié à Asclépios qui date du IVe siècle av. J.-C. (troisième niveau) ainsi qu'un autre temple géant dédié au même dieu guérisseur mais construit deux siècles plus tard (quatrième niveau). Au-delà, un escalier mène à une forêt de cyprès, considérée sacrée pendant l'Antiquité et dédiée à Apollon.

■ FORT DES CHEVALIERS ★

Sur le port, à droite.
Ouvert de mardi à vendredi de 8h à 20h et samedi et dimanche de 8h à 15h. La dernière entrée se fait 30 minutes avant la fermeture. Entrée 4 €.
Cette imposante forteresse a été construite au XIVe siècle, puis renforcée par une double muraille au XVIe siècle pour empêcher les attaques des Ottomans. On l'appelle aussi le château Neratzia pour désigner les oranges qui poussaient alors dans les environs. Pour le construire, les Chevaliers de l'Ordre de Saint-Jean se servirent largement dans les ruines de la cité antique et de l'Asclepieion. A l'origine, le château était séparé de la ville par un bras de mer, douve de protection : un pont de plus de 30 mètres reliait la terre à l'entrée des fortifications.

■ MOSQUÉE DEFTERDAR

Sur la place Eleftherias
La mosquée du Defterdar se trouve sur la belle place Elefterias. Imposante, elle date de la fin du XVIIIe siècle. Construite sur deux étages, sa coupole ocre rappelle celle de la fontaine des ablutions, sur la place.

■ MUSÉE ARCHÉOLOGIQUE

Rue Nafklirou
✆ +30 22420 28326
Ouvert du mardi au dimanche de 8h à 20h en saison. Entrée 6 €.
Le musée archéologique de Kos a été créé par les Italiens en 1936 afin de recueillir les trouvailles archéologiques après le tremblement de terre de 1933. Le musée n'est pas gigantesque mais la visite est intéressante. Vous y trouverez notamment une collection de sculptures de la période hellénistique (IVe siècle avant J.-C.) ainsi que de belles mosaïques dont la mosaïque d'Asclépios datant du IIIe siècle après J.-C. et qui représente le dieu guérisseur débarquant à Kos. La pièce la plus célèbre du musée est une statue d'Hippocrate qui date du IVe siècle avant J.-C.

■ PLATANE D'HIPPOCRATE ★

Place Platanou
Cet arbre impressionnant a un tronc d'une circonférence de 12 m, mais le temps l'a beaucoup éprouvé et il est maintenu par des constructions métalliques pour ne pas s'effondrer.
Selon la légende, ce serait Hippocrate lui-même qui l'aurait planté pour enseigner à l'ombre de son feuillage, mais en réalité, il est beaucoup plus récent. 500 ans au plus. Dommage que la structure de maintien métallique gâche la beauté du lieu...

■ QUARTIER GRÉCO-ROMAIN ★

Vous y accédez par la rue Grigoriou.
Accès libre aux fouilles en plein air.
Le site est délimité par deux voies romaines, le *cardo* et le *decumanus*. On peut y voir les vestiges d'une palestre, de thermes et de maisons décorées de fresques. Remarquez la merveilleuse mosaïque qui orne le sol de la maison de l'Europe. Elle représente Zeus transformé en taureau. Visitez aussi la Casa Romana, découverte par un archéologue italien en 1933 *(voir plus loin)*.

■ CASA ROMANA ★

Rue Leoforos Grigoriou
✆ +30 24202 3234
Ouvert du mardi au dimanche de 8h30 à 15h et jusqu'à 20h en été. Entrée 4 €.
Au cœur de la ville gréco-romaine, cette villa patricienne date du IIIe siècle après J.-C. Elle a été révélée par le tremblement de terre de 1933 et excavée dans les années 1934-36 par les archéologues italiens. C'est un témoignage précieux de la vie bourgeoise. La maison est organisée autour de trois atriums qui étaient vraisemblablement recouverts de mosaïques. Un certain nombre de statues qui décoraient l'ensemble se trouvent au musée archéologique. Pendant la Seconde Guerre mondiale, la Casa Romana fut utilisée par les Italiens comme centre de soins.

QUARTIER MUSULMAN

Dans la direction d'Asclepieion, le quartier Kermedé, habité en grande partie par des musulmans d'origine turque, a gardé sa physionomie propre avec les maisons en bois typiques.

Sports - Détente - Loisirs

Les plages les plus proches de la ville sont presque impraticables en été, pour cause de surpopulation. Prenez vos distances en allant vers Psalidi (3 km, attention s'y trouve également le camping), Aghios Fokas (7 km) et Embros Therma et sa source d'eau sulfureuse.

TIGKAKI - ΤΙΓΚΑΚΙ

Cette belle plage à 12 km de la capitale se trouve au pied d'un petit village. Assez bondée.

Se loger

COOK'S CLUB TIGAKI KOS

✆ +30 22420 69217
www.moremeni.gr
info@moremeni.gr

Chambre double à partir de 90 € en été, petit déjeuner inclus.

Situé sur la côte nord de Kos, l'ex-Meni Beach Hotel propose des chambres offrant une vue sur les jardins bien entretenus ou sur la plage de Tigaki. Bel hôtel de taille moyenne proposant 52 chambres séduisantes avec télévision, balcon et vue. Mais on aime surtout l'architecture des lieux, la proximité de la plage et les deux bassins, dont un pour les enfants. Pour les amateurs, un très grand écran dans la salle commune pour les soirs de match... L'établissement possède également le restaurant Cascade Room ainsi que le Greenside Grille pour savourer des plats de saison.

GOLDEN STAR

✆ +30 22420 69291
www.goldenstarkos.com
info@goldenstarkos.com

A partir de 90 € la nuit pour un studio en été.

Un peu plus haut de gamme, ces appartements offrent un confort absolu. Nichés dans la vallée de Tigkaki, ils ne sont qu'à 600 mètres de la plage. Chambres avec cuisine et Internet. Piscine. Belles prestations (location de voitures par exemple).

KOS PALACE

✆ +30 22420 69 890
www.kospalace.gr
kospalace@yahoo.com

Chambre double entre 100 et 180 € en été avec le petit déjeuner.

Bel hôtel familial avec plus de 100 chambres, près de la mer. A 2 km des commerces et du centre-ville, mais le bus municipal dessert l'établissement. Plus vous réservez tôt, moins c'est cher. Belles prestations. Et une piscine... d'eau de mer.

Se restaurer

AMPELI

✆ +30 22420 69682
www.ampelirestaurant.gr
info@ampelirestaurant.gr

Comptez 15 € par personne. Ouvert tous les jours midi et soir.

Taverne proche de la plage, dotée d'une belle véranda ouvrant sur les champs et les oliviers. Plats cuisinés, simples et faits maison. De nombreux produits proviennent du potager. Les boulettes de tomates à la menthe et à l'aneth sont à tomber !

ESPEROS

✆ +30 22420 69753

Comptez 10 € par personne. Ouvert tous les jours, midi et soir.

Cette taverne sur la plage n'a pas besoin de nous pour faire sa réputation : elle est établie depuis plus de 20 ans. Vous y mangerez une bonne cuisine faite maison, dont les deux spécialités des lieux : les fleurs de courgette farcies et les feuilles de vigne.

PYLI - ΠΥΛΙ

Ce village à 17 km de la capitale est le « royaume des tomates ». Il faut vous y rendre pour voir, 4 km plus loin, les ruines de l'ancienne ville de Pyli avec un fort et une église byzantine du XIVe siècle, décorée de peintures murales intéressantes.

De Pyli, vous pouvez vous rendre en bus à Marmari qui possède une large plage de sable très agréable. C'est aussi un spot de windsurf réputé.

FUN 2 FUN

✆ +30 6942 695576
www.fun2fun-kos.com
info@fun2fun-kos.com

Ouvert tous les jours de 10h à 18h en saison. Forfait 5h cours débutants en kitesurf : 100 €.

Ce club propose des cours de planche à voile et de kitesurf toute la saison en plus de services de location de matériel. Pour les plus motivés, il existe des sessions de 10 heures de cours pour avoir la licence VDWS reconnue internationalement.

PALLADIUM

✆ +30 22420 41407
www.hotelpalladiumkos.gr
info@hotelpalladiumkos.gr

© PANOS KARAS – SHUTTERSTOCK.COM

Une vieille église dans le village de Pyli.

Chambre double à partir de 80 € en été.
Sur la longue plage de Marmari, en contrebas du village, un petit complexe de 74 chambres avec un grand jardin, une aire de jeux, et une piscine. Chambres plutôt basiques mais bon marché et bien situées.

■ **PILY BAY**
✆ +30 22420 41211
www.pylibayhotel.com
pylibay@otenet.gr
À partir de 70 € pour une chambre double en été, avec le petit déjeuner.
Egalement sur la plage de Marmari, ce grand complexe affiche 220 chambres dans trois bâtiments.
Chambres spacieuses, grande piscine d'eau de mer, prestations diverses typiques de ce genre d'hôtel : restaurant, courts de tennis, mini golf... Rien de très personnel mais tout le nécessaire et même plus sur place.

MASTIHARI - ΜΑΣΤΙΧΑΡΙ

Ce village au bord de la mer, à 30 km de la capitale, est le point d'arrivée et de départ des bateaux pour Kalymnos (3 fois par jour, 45 minutes de traversée). Certains bateaux se rendent aussi à la petite île de Pserimos. Vous trouverez une petite plage de sable à proximité du port.

Transports

■ **PORT DE MASTIHARI**
✆ +30 22420 26594
Ce port est moins important que celui de Kos-ville, mais actif.

Se loger

■ **MARMARI PALACE**
✆ +30 22420 59360
www.atlanticahotels.com
marmaripalace@atlanticahotels.com
Village vacances indépendant, à la sortie du village.
A partir de 150 € par personne en été, petit déjeuner compris.
Grand complexe touristique de plus de 300 chambres situé entre de beaux jardins et une plage privée. Les chambres sont spacieuses et élégantes. Les chambres standard sont dans le bâtiment central, les suites et bungalows dans des maisons indépendantes autour des piscines, étonnantes. Balcon ou véranda avec vue sur la mer et jardin. Idéal pour les familles car tout est disponible sur place.

■ **MASTICHARI BAY**
✆ +30 22420 59300
www.mastícharibayhotel.com
Chambre double à partir de 130 € en demi-pension.
Cet immense établissement (quelque 250 chambres) est géré par une famille grecque expatriée au Canada qui a souhaité revenir au pays. Au bord de l'eau, au milieu d'un grand jardin, vous aurez l'embarras du choix. Les prix varient en fonction de la vue. Piscine, deux restaurants. Les chambres familiales, pas tellement plus chères, disposent d'une vraie cuisine. Les chambres doubles standards disposent d'un coin salon. Sur le balcon ou la terrasse privée, vous pourrez profiter du soleil et admirer la flore méditerranéenne ou simplement le ciel étoilé la nuit.

NEPTUNE HOTEL
✆ +30 22420 58900
www.neptune.gr
info@neptune.gr
Chambre double à partir de 120 € en été, petit-déjeuner compris.
Cet énorme complexe de luxe est situé à environ 5 km du village de Mastichari, directement sur la plage. Vous y trouverez tous les services haut de gamme attendus d'un tel établissement dont un excellent spa. Les enfants seront ravis du parc de jeux, et les adultes du parc de sculptures. Tous profiteront des multiples piscines et surtout de l'accès privé à la plage avec transats et parasols. Les nombreux magasins de la galerie marchande située près du bâtiment principal répondront aussi à vos besoins et offriront une large sélection de souvenirs et de cadeaux.

THE SMALL VILLAGE HOTEL
✆ +30 22420 59297
thesmallvillage.gr
thesmallvillagehotel@gmail.com
Appartement pour 2 à partir de 80 € la nuit en été, pas de petit-déjeuner.
Un des plus petits et moins chers établissements de la plage, par ailleurs dominée par de gros complexes.
18 studios et 18 maisonnettes sont ici proposés. Indépendance et calme garantis. Piscine. Et restaurant si on en a envie !

KEFALOS - ΚΕΦΑΛΟΣ

Première capitale de l'île, elle se nomme alors Astypalaia et se trouve détruite par un tremblement de terre au IVe siècle av. J.-C. Aujourd'hui, c'est un village noyé dans la verdure, surplombant la baie de Kamari à 43 km de Kos-ville et moins envahi par le tourisme de masse que le reste de l'île. Vous pouvez visiter les ruines d'Astypalaia. La grande baie invite également au farniente et à la baignade.

KORDISTOS
✆ +30 22420 71151
www.kordistoshotel.com
kordistoshotel@gmail.com
Chambre double à partir de 60 € en été avec le petit déjeuner.
Près de la plage, près de 40 chambres confortables avec réfrigérateur, balcon et belle vue. Elles ont été complètement rénovées en 2015 pour offrir un décor plus moderne. Piscine et hydromassages, bassin pour enfants, terrain de beach volley et aire de jeux. Pas cher et familial.

PLAGES ★
Les plages autour de Kefalos sont les meilleures options de l'île : plus calmes, moins bondées et plus claires qu'au nord de Kos, elles offrent des kilomètres de sable fin. Les plus proches du village sont aussi les plus développées avec tavernes et restaurants mais plus vous vous éloignerez et plus vous aurez l'impression d'être seuls au monde.

- **Les plages de Paradise Beach, Agios Stefanos et Camel Beach** sont les plus populaires quoique préservées.
- **Exotic Beach** est la moins visitée, aussi parce qu'elle se situe à l'extrême est de la baie.
- **Agios Theologou**, à l'ouest de Kefalos, est un petit paradis perdu. Les eaux y sont particulièrement claires et les vagues peuvent être assez impressionnantes selon le vent.

PLATANOS
Place Platanos.
✆ +30 22420 28991
Environ 15 € par personne. Ouvert tous les jours midi et soir.
Comme son nom l'indique, il est sur la place du Platane, dans un cadre fabuleux près de l'arbre d'Hippocrate, surtout si vous obtenez une place à l'étage. Belle carte des vins. Concerts. C'est juste un peu plus cher qu'ailleurs mais cela vaut le coup.

Hippocrate, l'enfant du pays

Hippocrate, le père de la médecine, est né à Kos vers 460 av. J.-C. Le plus grand docteur de l'Antiquité a beaucoup voyagé avant de s'y installer pour exercer et enseigner la médecine. Son nom est associé au *serment*, bien qu'il ne soit sans doute pas l'auteur de ce document.

Il n'a sans doute écrit que 6 des quelque 70 ouvrages qu'on lui attribue. Ces traités sont certainement le reliquat de la bibliothèque médicale de la célèbre école de médecine de Kos, mais les observations cliniques directes d'Hippocrate ont influencé probablement les auteurs de ces ouvrages. Le traité le plus important de la collection hippocratique est *Airs, eaux et lieux* (Ve siècle av. J.-C.), qui, au lieu de donner aux maladies une origine divine, imagine qu'elles peuvent venir d'un milieu extérieur. L'idée d'une médecine préventive est pour la première fois envisagée.

■ **ZEUS HOTEL**
✆ +30 22420 71590
www.zeushotel.gr
zeushotel@yahoo.gr
Chambre double à partir de 60 € la nuit en été.
Un mignon petit hôtel, pas très cher et avec des prestations honnêtes. Bien placé, près de la mer, dans la verdure, près des commerces et tavernes. Belle piscine.

KARDAMENA - ΚΑΡΔΑΜΑΙΝΑ

Ancien village de pêcheurs, Kardamena est aujourd'hui une tranquille station balnéaire, beaucoup plus calme que ses grandes voisines malgré la proximité de l'aéroport. Deux longues plages de sable de plusieurs kilomètres complètent agréablement le paysage du petit port de pêche d'où vous pourrez rejoindre l'île de Nissiros en excursion à la journée ou pour un plus long séjour.

Transports

■ **AEROPORT DE KOS**
✆ +30 22420 51229
L'aéroport est relié à la ville de Kos (26 km) en taxi et par les bus KTEL. Ceux-ci assurent aussi les trajets entre l'aéroport et Mastihari, Pyli et Tigaki.

▸ **Athènes-Kos.** Quatre vols quotidiens assurés par Olympic Air en saison (55 minutes).

▸ **Liaisons avec les autres îles.** Chaque semaine, Olympic Air assure 3 vols avec Rhodes (35 minutes), Leros, Kalymnos et Astypalea.

■ **PORT DE KARDAMENA**
✆ +30 22420 91553
La station balnéaire de la côte sud de Kos est reliée à Nissiros par plusieurs petits bateaux tous les jours. Comptez 30 minutes de traversée et 5 €. Les bateaux font l'aller-retour entre les deux îles à partir de 9h et jusqu'à 18h.

Se loger

■ **ISLAND RESORTS MAYA HOTEL**
✆ +30 22420 91365
www.islandresorts.gr
info@islandresorts.gr
Chambre double à partir de 75 € en été, all inclusive.
Cet hôtel a été intégralement rénové pour proposer des chambres confortables, propres et au design un peu plus moderne qu'avant. L'avantage de cet établissement, au-delà de prix vraiment très doux, est son emplacement directement sur la plage. Des transats et parasols sont à la disposition des clients, ainsi qu'une piscine si vraiment les quelques mètres de sable qui vous séparent de la mer semblent trop difficiles à effectuer.

■ **ORIGIN HOTEL**
✆ +30 22420 91130
www.originkos.gr – origin0@otenet.gr
Chambre double de 30 à 52 € en été.
Ce petit hôtel vraiment bon marché est situé en plein cœur du village de Kardamena. Les chambres, forcément simples pour ce prix, sont néanmoins pratiques et confortables et sont toutes équipées d'une kitchenette. La piscine centrale est également bienvenue pour se rafraîchir en journée.

Se restaurer

■ **AVLI**
Place centrale
✆ +30 22420 92100 – www.avlirestaurant.gr
Comptez 25 € par personne. Ouvert tous les jours de midi à minuit.
Une oasis gastronomique implantée dans la cour d'une vieille maison : Avli offre le meilleur de la cuisine grecque et méditerranéenne à des prix très raisonnables. Essayez un des plats traditionnels, tel le *stamnas* d'agneau : un vrai délice. Mieux vaut y aller tard si vous voulez échapper à la foule bien informée.

LEROS - ΛΕΡΟΣ

Assez peu fréquentée par les touristes, elle représente pourtant un centre important pour les habitants des îles alentour, notamment comme centre administratif et médical. Elle a longtemps souffert d'une réputation défavorable au tourisme : base navale des Italiens dans les années 1920, elle fut un lieu d'assignation à résidence et d'exil pour les prisonniers politiques sous la Junte des Colonels avant d'abriter un asile aux conditions largement condamnées. Aujourd'hui, l'hôpital psychiatrique est toujours en activité. Pourtant, l'île possède de très belles plages et des coins très verts. Vous pourrez y passer des vacances tranquilles tout en vous imprégnant d'histoire : plage idéale à Alinda, villages pittoresques d'Agia Marina et Xirocambos, forteresse byzantine impressionnante, architecture rationaliste ou encore coucher du soleil magique sur la presqu'île d'Aghios Issidoros.

Histoire

L'île a une longue histoire derrière elle, qui commence avec les Peslages, les Doriens et les Perses. En 1310, ce sont les Chevaliers de l'Ordre de Saint-Jean qui s'établissent sur l'île, puis vinrent les Turcs. Plus proche de nous, les Italiens transformèrent l'île et notamment le port de Lakki, sûrement le meilleur exemple d'architecture rationaliste ou fasciste du Dodécanèse. La base navale, d'importance stratégique dans la Seconde Guerre mondiale, fut le théâtre d'affrontements violents. Bombardée sans discontinuer de septembre à novembre 1943, Leros fut gravement touchée par les conflits. Cette bataille inspira d'ailleurs le roman d'Alistair MacLean puis le film de J. Lee Thompson, *Les Canons de Navarone*. Comme les autres îles du Dodécanèse, Leros rejoint la Grèce en 1948.

PLATANOS - ΠΛΑΤΑΝΟΣ

La capitale de Leros a été relativement épargnée par les destructions de la Seconde Guerre mondiale. Mais les constructions récentes et la route principale de l'île qui passe dans le centre n'en font pas vraiment un décor de carte postale. En revanche, sur les hauteurs de la ville se dressent les ruines d'un impressionnant kastro byzantin et, à proximité, le port d'Agia Marina a su garder son authenticité et ses jolies maisons. C'est depuis Platanos et Agia Marina que vous pourrez circuler vers les baies d'Alinda, de Gourna et de Panteli. La plupart des plages de l'île se trouvent dans ces trois baies. Alinda, au nord de Platanos, est le centre touristique de l'île, la baie de Panteli s'étend au sud alors que Gourna se trouve sur la côte ouest. La plupart de l'offre hôtelière est concentrée dans cette région de l'île.

Transports

■ PORT D'AGIA MARINA
© +30 22470 22224
Seuls les hydroglisseurs desservent le port d'Agia Marina, les ferries accostant à Lakki. Une liaison quotidienne avec Lipsi (25 minutes) et Patmos (50 minutes). Six par semaine avec Kos (1 heure 40) et Samos (2 heures). Quatre par semaine avec Kalymnos (50 minutes). Une par semaine avec Rhodes (4 heures).

Pratique

■ KASTIS TRAVEL
Agia Marina
© +30 22470 24272
Ouvert tous les jours.
Agence touristique basée à Agia Marina et à Lakki où vous pourrez réserver vos billets d'avion et ferries, trouver un hébergement ou louer un véhicule.

■ POLICE
© +30 22470 22222

Se loger

■ ARCHONTIKO ANGELOU
Alinta © +30 22470 22749
www.hotel-angelou-leros.com
marianna.angelou@gmail.com
En venant d'Agia Marina, passer la tour Beleni (et le musée folklorique) et prendre la troisième route à gauche.
Chambre double standard à partir de 80 € en été, avec le petit déjeuner.
Nous adorons cette bâtisse néoclassique située légèrement en retrait de la plage dans

un océan de verdure. Les chambres et les parties communes sont meublées avec énormément de goût. L'hôtel a également été rénové en 2006 avec une sensibilité écologique et des panneaux solaires et l'air conditionné naturel (ou presque). Insonorisation en préservant les anciens parquets, matelas orthosomatiques... L'essence même d'un établissement de charme qui dégage quelque chose de suranné, type Belle Epoque. Les petits déjeuners de Marianna sont réputés sur toute l'île.

■ **ASTERIAS**
Panteli
✆ +30 22470 26488
www.asteriasleros.com
info@asteriasleros.com
Chambre double de 55 à 65 € en été.
Sur les hauteurs du port de Panteli, en contrebas des moulins à vent, ce ravissant établissement a été repris et rénové par des Britanniques en 2017. Le résultat est magnifique, les chambres et appartements sont spacieux et immaculés, la déco est contemporaine mais chaleureuse, et les vues sur la mer et les environs sont somptueuses. Les chambres doubles économiques, dotées d'un balcon privé, sont meublées dans un style insulaire simple, avec des œuvres d'art originales et un mobilier contemporain. Une très bonne adresse offrant un bon rapport qualité-prix.

■ **CASTLE VIGLA**
Vromolithos
✆ +30 22470 24083
www.castlevigla.gr
info@castlevigla.gr
Studios pour deux à partir de 60 € en été.
A Vromolithos, dans la baie de Panteli, ce petit complexe propose un peu de tranquillité. Les studios sont bien équipés, avec une kitchenette et une véranda avec vue sur mer. La plage la plus proche (Vourlidia-Tourkopigado) est à 500 mètres. Les vacanciers peuvent aussi emprunter des bateaux quotidiens vers les îlots voisins.

■ **NEFELI HOTEL**
Krithoni
✆ +30 22470 24611
www.nefelihotels-leros.com
nefelihotels@yahoo.gr
Studio pour deux à partir de 75 € en haute saison. Petit déjeuner inclus.
Sûrement un des plus jolis établissements de l'île : l'hôtel Nefeli propose des studios aménagés avec goût et un vrai souci du détail. Un service digne d'un établissement de luxe mais à prix abordable dans le petit village de Krithoni, à la sortie d'Agia Marina et sur la baie d'Alinda. Toutes les chambres donnent sur le beau jardin, oasis de verdure où vous pourrez faire une pause en journée et venir boire un bon cocktail au bar en soirée.

Se restaurer

■ **DIMITRIS O KARAFLAS**
Vromolithos
✆ +30 22470 25626
Comptez 15 € par personne. Ouvert tous les jours, midi et soir.
C'est une des meilleures ouzeries de Leros. On prend place sur la terrasse qui surplombe la mer et la plage de Vromolithos dans la baie de Panteli et on déguste des petits plats de poulpe, de *fava* ou de grillades en sirotant un bon ouzo frais. C'est un peu le paradis.

Petit chapelle sur l'île de Leros.

MAVRAKIS

Alinta ✆ +30 22470 23266

Comptez 15 € par personne. Ouvert tous les jours, midi et soir.

Cette taverne située à proximité de la plage d'Alinta propose une bonne cuisine traditionnelle. Vous y mangerez tous les classiques de la gastronomie grecque ainsi que de bons ragoûts et du poisson grillé à déguster sous la véranda.

MYLOS

Agia Marina

✆ +30 22470 24894

www.mylosexperience.gr

info@mylosexperience.gr

Comptez 25 € par personne. Ouvert tous les soirs pour le dîner. Réservation conseillée.

Voici un cadre vraiment enchanteur, au bout de la jetée d'Agia Marina, près de l'ancien moulin, avec vue sur la mer, face au port et au château. Excellentes assiettes de fruits de mer frais et superbes plats de poissons. Essayez notamment les oursins avec de délicieuses croquettes de tomates... Le soir, mieux vaut réserver, car l'endroit est très couru.

O SOTOS

Drimonas

✆ +30 22470 24546

www.osotos-leros.gr

Comptez 10 € par personne. Ouvert tous les jours, midi et soir. Studios pour deux à partir de 60 € en été.

Cette petite ouzerie du village de Drimonas, dans la baie de Gourna, est le lieu parfait pour manger du poisson frais, pêché directement par le propriétaire. C'est très simple mais on vient ici pour la fraîcheur et la qualité de la pêche. Quelques studios calmes et agréables sont également disponibles.

Sortir

VIEW RESTAURANT & BAR

Panteli ✆ +30 69064 54664

Ouvert tous les jours, de midi à minuit.

Ce bar-restaurant est perché au-dessus du village de Panteli, au niveau des moulins à vent sur la route du château. La cuisine n'est pas très intéressante mais vous viendrez ici pour prendre un café frappé en journée ou un délicieux cocktail en soirée en profitant de la vue panoramique qui s'offre partout.

À voir – À faire

BAIE DE GOURNA

Sur la côte ouest.

Deux plages à proximité des villages de Gourna et de Kokkali. Ne ratez pas la jolie chapelle d'Agios Isodoros, située sur une presqu'île reliée à Leros par une passerelle. Le site est vraiment magique, notamment quand le soleil se couche vers l'ouest. La plage principale de Gourna est très peu profonde, idéale pour les plus jeunes.

KASTRO ★★

Kastro ouvert de 8h30 à 19h, musée byzantin ouvert le matin uniquement. Entrée 2 €. Moulin et musée folklorique ouverts tous les jours de 9h à 13h et de 18h à 20h.

Sur la colline Apitiki qui domine Platanos, Panteli et Agia Marina, se dressent les restes de la forteresse byzantine. On y accède soit par la route (2 km), soit à pied (370 marches). La vue depuis le château est à couper le souffle : on voit les côtes de Kalymnos, de Lipsi et de Patmos par temps clair. A l'intérieur des murailles, peu de choses subsistent mais les murailles d'enceinte sont encore impressionnantes. Construite autour du XIe siècle sur les ruines d'une ancienne acropole, la cité fortifiée doit protéger les habitants de Leros des attaques, notamment pirates. Les Chevaliers de l'Ordre de Saint-Jean consolident les premières fortifications byzantines pour contrer les agressions ottomanes dès 1310. La forteresse est encore utilisée comme bastion de défense par les révolutionnaires grecs qui luttent pour l'indépendance contre l'Empire ottoman au début du XIXe siècle. Puis ce sont les Italiens qui décident d'utiliser ce château dans les années qui suivent la colonisation de 1912. Les troupes italiennes s'y replient au moment de la campagne de Leros pendant la Seconde Guerre mondiale : le fort est alors bombardé et endommagé. Ce n'est que récemment que les services archéologiques ont réussi à le rénover. On y voit notamment l'église de la Vierge qui date du XVIIe siècle et qui renferme une icône miraculeuse et un petit musée d'art byzantin qui expose des habits liturgiques et une belle bibliothèque. Depuis le kastro, vous ne pourrez pas rater les moulins à vent, particulièrement photogéniques. L'un d'entre eux a été transformé en petit musée folklorique qui présente l'habitat traditionnel de Leros.

LAKKI – ΛΑΚΚΙ

C'est le principal port de l'île. Mais en débarquant des ferries, les touristes préfèrent ne pas s'y attarder. Les spécialistes de l'architecture mussolinienne, eux, apprécieront ses grandes avenues tirées au cordeau... Figurant parmi les ports naturels les mieux protégés de Grèce, Lakki est transformé en immense base navale par les militaires italiens dans les années 1920. En partie détruit par les intenses bombardements de la Seconde Guerre mondiale, Lakki fait aujourd'hui frémir d'effroi les Grecs, pour qui ce nom reste associé aux aspects les plus sombres de leur histoire récente. Car pour son malheur, le village est désigné pour accueillir la colonie d'aliénés de Leros, puis les prisonniers politiques de la dictature des colonels. Lakki dispose pourtant de quelques atouts : de bonnes petites tavernes, quelques hôtels pas chers et deux plages à proximité.

Transports

■ PORT DE LAKKI
✆ +30 22470 22224
Lakki est le port principal de Leros et un des meilleurs ports naturels de Grèce, ce qui explique que la marine s'en serve comme base navale encore aujourd'hui.

▶ **Athènes-Leros.** Chaque semaine, cinq ferries font la liaison avec Le Pirée (8 heures 40 ou 11 heures 25 de traversée selon le trajet et la compagnie).

▶ **Liaisons avec les autres îles.** Liaisons avec les autres îles du Dodécanèse entre 2 et 4 fois par jour en été. En fonction de l'itinéraire, des escales sont possibles à Amorgos, Syros, Patmos et Lipsi avant d'arriver.

▶ **Yachting.** Lakki est un port très abrité et vous vous y approvisionnerez en eau et en essence.

Se loger

■ MIRAMARE
Sur le port
✆ +30 22470 22469
lerosmiramare@gmail.com
Chambre double à partir de 40 € en été.
Ce n'est pas un grand établissement, et c'est pourtant peut-être le meilleur plan de Lakki. L'établissement est sur le port et la plage est à 400 m. L'hôtel, familial, dispose d'un superbe jardin en terrasse. Les chambres, modestes, disposent tout de même de l'air conditionné et la télévision.

Se restaurer

■ LYXNARI
✆ +30 69553 42477
tolyxnari@gmail.com
Ouvert tous les jours, pour le déjeuner et le dîner. Comptez 15 € par personne.
Cette taverne est l'une des plus réputées de l'île : on y mange une délicieuse cuisine traditionnelle, préparée avec des ingrédients particulièrement frais. Les légumes proviennent du jardin potager des propriétaires et les poissons et fruits de mer sont frais, pêchés du jour. Une très bonne adresse.

■ TO PETRINO
✆ +30 22470 24807
Ouvert tous les jours, midi et soir. Comptez 15 € par personne.
To Petrino est le meilleur restaurant de Lakki et le meilleur restaurant de viande grillée de toute l'île. Les végétariens s'abstiendront de venir ici puisque c'est vraiment pour les plats de viande qu'il faut faire le déplacement. Attention, les portions sont copieuses.

À voir - À faire

■ MUSÉE DE LA GUERRE ★
Merikia
✆ +30 22470 22109
Ouvert tous les jours de 9h30 à 13h. Entrée 3 €.
Leros a été très marquée par son histoire militaire avec l'arrivée des Italiens en 1912 qui transforment le port en vaste base navale. Lorsque les Italiens capitulent en septembre 1943, les Allemands tentent de prendre possession de l'île, stratégique dans la région. Mais l'armée britannique connaît l'importance de cette base et décide de lutter à son tour. Des tunnels et bunkers aménagés dans la roche deviennent des enjeux de première importance. Aujourd'hui, on peut encore visiter le tunnel de Merikia où sont exposés des témoignages de cette bataille historique.

XIROKAMBOS - ΞΗΡΟΚΑΜΠΟΣ

Ce port du sud de Leros est le point de départ des caïques postaux pour l'île de Kalymnos (Myrties).

■ ALONI
✆ +30 22470 26048
Comptez 15 € par personne. Ouvert tous les jours, midi et soir.
Un petit havre de paix, à côté de la baie où les pêcheurs attachent leurs caïques. La cuisine maison, simple, offre beaucoup de plats de poisson. Les légumes sont frais, et proviennent du jardin familial. On recommande particulièrement l'espadon sauce aïoli, un délice !

■ CAMPING LEROS
✆ +30 22470 23372
www.campingleros.com
divingleros@yahoo.com
30 emplacements, 8 € par adulte (5 € par enfant), 5 € la tente.
L'unique camping de l'île, à 500 mètres de la baie de Xirokambos. Rustique. Sanitaires pas toujours très bien entretenus. Le camping comprend notamment un restaurant et un club de plongée. La plage de sable se trouve à 5 minutes.

■ **EFSTATHIA**
✆ +30 22470 24199
www.efstathiahotel.com
hotelefstathia@gmail.com
Près de la plage.
Chambre double à partir de 45 € en été.
Ce petit complexe hôtelier propose des studios équipés d'une cuisine et des appartements pour les groupes ou les familles. L'établissement est organisé autour d'une agréable piscine et un barbecue est à disposition des clients dans le joli jardin.

PARTHENIS

Ce village du nord de l'île est situé juste à côté de l'aéroport. Vous pourrez visiter le temple d'Artémis. C'est la grande fierté des habitants. Pourtant, il faut bien l'avouer : il n'y a plus grand-chose à voir, à part quelques blocs de pierre disséminés ici et là, ou plutôt les quelques débris visibles, en prenant un petit chemin à gauche à 400 m avant l'aéroport. Au-delà, en poursuivant jusqu'à l'extrémité nord de l'île, vous pourrez vous baigner dans la baie de Blefouti ou à la plage d'Aghia Kioura, véritable lagon turquoise.

■ **AÉROPORT DE LEROS**
✆ +30 22470 22844
Aucun bus ne dessert l'aéroport. Course en taxi pour Platanos ou Alinda : 15 € environ.

▶ **Athènes-Leros.** Olympic Air assure une liaison par jour avec Athènes (1 heure). Les bureaux d'Olympic Air se situent à Platanos et à l'aéroport de Partheni.

▶ **Liaisons avec les autres îles.** Trois liaisons par semaine avec Rhodes, Kos et Astypalaia.

LIPSI - ΛΕΙΨΟΙ ★

Avec ses 16 km² et ses 700 habitants, Lipsi est la seule île habitée dans un petit archipel d'une vingtaine de cailloux. La plupart des touristes de passage ici ne viennent qu'en coup de vent, lors d'excursions journalières au départ de Patmos ou Leros. Pourtant, si vous restez quelques jours, vous vous sentirez comme chez vous et ferez la connaissance des habitants et habitués sur le port du village. Très tranquille, elle peut se vanter de belles plages et d'une ambiance toute particulière.

LIPSI CHORA - ΛΕΙΨΟΙ ΧΩΡΑ

La « capitale » concentre quasiment toute la population et l'activité de l'île. Et pour cause, c'est l'unique village et le seul port où peuvent accoster ferrys, hydroglisseurs et bateaux d'excursion. En revanche, Chora ne possède pas de charme particulier. Vous y trouvez de bonnes tavernes et des hôtels bon marché, mais pour le plaisir des yeux, il faut aller vous balader du côté des plages. Celles-ci sont ravissantes et presque toutes à moins de 3 km du village.

Transports

■ **PORT**
✆ +30 22470 41133
Accessible directement depuis Athènes ou Rhodes, Lipsi est plus facile d'accès depuis ses voisines Patmos et Leros, ou encore par les hydroglisseurs venant de Kalymnos et Kos.

▶ **Ferry.** Athènes-Lipsi. Deux fois par semaine un ferry arrive du Pirée (10 heures de traversée). Il fait escale uniquement à Patmos avant Lipsi, puis poursuit sa route vers Rhodes, desservant au passage Leros, Kalymnos, Kos et Symi. Liaisons avec les autres îles. Au moins un ferry par jour pour Patmos (13/semaine, 35 minutes) et Leros (13/semaine, 1 heure 05). Cinq par semaine pour Kalymnos (2 heures 20). Quatre par semaine pour Arki (1 heure 45), Agathonisi (3 heures) et Samos (4 heures 10). Deux par semaine pour Symi (6 heures 30), Kos (7 heures 40) et Rhodes (8 heures 10).

▶ **Hydroglisseur.** De deux à trois hydroglisseurs par jour pour Leros (25 minutes), Kalymnos (2 heures 20), Kos (3 heures 40), les trois îles étant desservies 20 fois dans la semaine par les mêmes bateaux, et Patmos (19/semaine, 20 minutes). De une à deux liaisons par jour pour Samos (13/semaine, 3 heures). Six par semaine pour Rhodes (5 heures 15). Quatre par semaine pour Symi (4 heures 30). Trois par semaine pour Ikaria (1 heure) et Fourni (1 heure 15). Deux par semaine pour Agathonisi (35 minutes). Tél +30 22470 41133 et +30 22470 41133.

▶ **Liaisons avec Patmos.** Le Patmos Star fait plusieurs allers-retours par semaine entre Patmos et Lipsi. Comptez 50 minutes de traversée. Tél +30 22470 32500.

Pratique

■ **POLICE**
✆ +30 22470 41222

Port de l'île de Lipsi.

Se loger

■ BENIGNA STUDIOS

✆ +30 22470 41078
http://lipsistudios.gr
beni@lipsistudios.gr
Studio pour deux personnes à partir de 50 € en été, sans petit-déjeuner.
Sonia et Yosif vous accueillent avec chaleur et amitié dans ces quatre studios propres, confortables et spacieux. Un établissement bien tenu, où l'on aime retourner d'année en année pour la gentillesse des propriétaires. Vous serez ici au cœur du village, juste derrière le commissariat et la bakery. Autour de la terrasse ombragée, repérez les créations sur bois de Yosif.

■ HOTEL APHRODITI

Plage de Liendou
✆ +30 22470 41000
www.hotelaphroditi.com
aphroditi_hotel@hotmail.com
Studio à partir de 50 € en été, sans le petit-déjeuner.
Grand complexe de studios donnant sur la plage de Liendou. Les studios sont neufs et spacieux et disposent d'une grande véranda. Idéal pour être à proximité de l'animation du port mais au calme et avec un accès direct à la plage.

■ NEFELI HOTEL

✆ +30 22470 41120
www.lipsinefelihotel.com
hotelsnefeli@gmail.com
Studio pour deux à partir de 100 € en été, petit-déjeuner inclus. Wi-fi gratuit.
De loin le plus bel hôtel de l'île ! Un peu à l'écart du port, à environ 10 minutes à pied et sur la jolie plage ombragée de Kampos, le Nefeli est un coin de paradis, au calme, face à la mer. Les studios sont aménagés avec goût, tout le confort est là. On vous promet que vous ne le regretterez pas. Au café-bar, vous pourrez prendre un superbe petit-déjeuner le matin, un café rafraîchissant en journée et de savoureux cocktails le soir. Les lieux sont d'ailleurs ouverts à tous : il s'agit sûrement du meilleur spot pour prendre l'apéritif à l'heure où le soleil se couche.

■ STUDIOS PANORAMA

✆ +30 22470 41279
PanoramaStudiosLipsi@yahoo.gr
Chambre double à partir de 50 € en été, sans le petit-déjeuner. Wifi gratuit.
En surplomb du débarcadère, ces chambres propres et sans prétention jouissent de petits balcons d'où vous pourrez voir la mer. L'ensemble est particulièrement bien situé, à la fois à proximité de l'animation du port, de la plage de Liendou et du débarcadère en cas d'arrivée tardive, ce qui est souvent le cas avec le ferry.

Se restaurer

■ CALYPSO

✆ +30 22470 41420
www.lipsihotels.gr
calypso@lipsihotels.gr
15 € par personne au restaurant. Ouvert tous les jours midi et soir. Chambre double à partir de 40 € en été.

Légèrement en surplomb, le Calypso est peut-être le meilleur restaurant du port. Un signe qui ne trompe pas : la plupart des habitués italiens viennent manger là et on connaît leur amour des bons produits. Au menu, beaucoup de poisson et de fruits de mer mais aussi des pâtes, et des antipasti savoureux. Il y a également un hôtel en surplomb et un café à côté, pour les petits-déjeuners et les cafés en journée.

■ DILAILA
Katsadia
✆ +30 22470 41041
www.dilaila.gr
katsadia@gmail.com
A deux pas du débarcadère.
Comptez 10 € par personne. Ouvert tous les jours, midi et soir.
Le Dilaila c'est tout le mode de vie de Lipsi concentré en un endroit. On y sert une cuisine traditionnelle mais modernisée, à base de produits locaux. On y sert à boire toute la journée et en soirée, dans une ambiance décontractée et intimiste. On y passe la journée à lire, à discuter, à être entre amis. A ne pas rater : les mythiques soirées Full Moon Party, les nuits de pleine lune. Tout le monde se retrouve à partir de minuit pour danser face à la lune jusqu'au matin.

■ MANOLIS TASTES
✆ +30 22470 41065
www.manolistastes.com
manolis@manolistastes.com
Ouvert tous les jours pour le dîner. Comptez 25 € par personne.
Depuis des années, Manolis remplit son restaurant tous les soirs de la saison. Qu'il s'agisse de visiteurs à la journée ou d'habitués, tous se rendent dans les petites ruelles du village pour profiter d'une moussaka généreuse ou d'un poisson grillé. Ici, la cuisine est copieuse et conviviale, avec une ambition un peu plus chic depuis que le restaurant s'est établi dans une belle villa historique du village. Venez tôt pour tenter d'avoir une table sur la terrasse de l'étage.

■ OUZERIES
Ouvert tous les jours de 10h au dernier client. Comptez autour de 10 € par personne.
Deux ouzeries traditionnelles se trouvent sur le port. C'est ici qu'on se retrouve pour boire un café en journée, un verre en soirée, grignoter du poulpe grillé qui a séché là, au soleil, depuis le matin. C'est le cœur de la convivialité locale, vous ne pourrez – et ne devrez – pas y couper. Selon les soirées, on optera pour Niko's Place ou pour Aspraki qui a notre préférence pour dîner.

Sortir

■ BOULANGERIE KAIRIS
✆ +30 22470 41150
www.lipsibakery.com
lipsibakery@hotmail.gr
Ouvert 24h/24. Wi-fi gratuit.
La bakery est le centre névralgique de Lipsi. Ouverte 24h/24, elle fait office de boulangerie, de glacier, de café, de bar, de lieu de rendez-vous entre amis ou entre amants, de bureau pour les accros à Internet, de centre de renseignement pour tous les cancans de l'île... Bref, vous l'aurez compris, c'est une étape obligée. Où l'on commence la journée et où l'on finit la nuit.

Dans les environs

Il y a beaucoup de balades très sympathiques à faire sur cette île pour rejoindre les belles plages de Platis Gialos (taverne), Kohklakoura, Katsadia (taverne), Kimissi ou encore Monodendri. Les commerçants et hôteliers de l'île proposent un petit feuillet avec les randonnées plus ou moins longues et plus ou moins difficiles menant à ces plages de l'île. Un minibus fait la liaison quelques fois par jour entre le port, Platis Gialos, Kohklakoura et Katsadia pour ceux qui n'auraient pas le courage de marcher 30-40 minutes.

NISSYROS - ΝΙΣΥΡΟΣ ★

Nissiros est un volcan actif, le plus jeune de Grèce. Avec ses 41 km² et ses 900 habitants, c'est une île unique, façonnée par son activité volcanique et à l'architecture locale préservée. La caldeira gigantesque du volcan se visite (attention, le monstre sommeille et les odeurs de soufre sont inévitables). Destination nature par excellence, on y randonne sur de beaux sentiers. Mandraki, le village et port principal, est fait de venelles blanches aux mosaïques de galets où l'on se perd sans fin. Ne ratez pas les villages perchés au bord de la caldeira de Nikia et Emborios. Au-delà des quelques connaisseurs qui reviennent d'année en année, Nissiros est surtout visitée en excursion à la demi-journée par des touristes venant de Kos. Nous vous conseillons d'y passer plus de temps pour éviter les foules dans le volcan.

Histoire

La légende veut que Poséidon, dans la guerre qui opposa les dieux de l'Olympe aux Titans, ait arraché un rocher de Kos, l'île voisine, pour le jeter sur le géant Polybotès et le maintenir prisonnier. Ce rocher aurait créé la nouvelle île de Nissiros dont les entrailles grondent jusqu'à aujourd'hui de la complainte du géant enfoui. L'apogée antique est atteinte au IVe siècle avant J.-C., lorsque l'île se développe en cité indépendante, frappant sa propre monnaie. Quasiment aucune information ne nous est parvenue de la période byzantine jusqu'à ce que l'île soit conquise par les Chevaliers de l'Ordre de Saint-Jean de Jérusalem en 1309, puis par les Ottomans en 1522 qui restent maîtres de la région jusqu'à la colonisation par l'Italie en 1912. Elle doit attendre la fin de la Seconde Guerre mondiale pour revenir à la Grèce, avec le reste de l'archipel.

MANDRAKI - ΜΑΝΔΡΑΚΙ ★

Mandraki, le village et port principal de Nissiros, est situé sur la côte nord de l'île. Longtemps difficilement accessible puisqu'il n'y a pas d'amarrage possible sur les fonds volcaniques et profonds de l'île, le port est aujourd'hui isolé à quelque 400 mètres du village à proprement parler. Celui-ci est constitué de venelles tortueuses et maisons blanches aux parvis de galets et balcons de bois. Vous devrez vous y perdre à l'infini, monter et descendre, découvrir des églises enfouies, des placettes calmes et fraîches et toute la vie de l'île qui se presse au pied de l'église Panagia Spilani qui veille en surplomb, incrustée dans la roche depuis 1600. De belles maisons de pêcheurs bordent le front de mer, aujourd'hui aménagées en petites tavernes et cafés agréables.
A quelques kilomètres à l'est de Mandraki, sur la côte accessible en voiture et à pied, le village de Pali est un petit port de pêche qui mérite la visite. Vous y trouverez une vie tranquille, entre filets de pêcheurs jaune safran et petites barques colorées.

Transports

■ PORT

✆ +30 22420 31222

Le port de Nissiros est petit et assez exposé.

▶ **Athènes-Nissiros.** Deux fois par semaine, un ferry fait le trajet entre Le Pirée et le port de Mandraki (14 heures de traversée environ).

▶ **Liaisons avec les autres îles.** Deux fois par semaine, le ferry qui fait la liaison entre Kos et Rhodes s'arrête également à Nissiros. Selon l'itinéraire, ces ferries peuvent desservir Paros, Naxos, Astipalaia, Kalymnos et Kos avant d'arriver à Nissiros, et poursuit ensuite sa route jusqu'à Rhodes. Sinon, des catamarans relient Nissiros à Tilos, Rhodes, Kos, Kalymnos et Symi. En saison, plusieurs petits bateaux d'excursion font aussi la navette à la journée entre Mandraki et la station balnéaire de Kardamena sur l'île de Kos (1 heure de traversée, 5 € l'aller).

Pratique

■ NISYRIAN TRAVEL

✆ +30 22420 31411

Sur le port.

La première agence de voyages que vous croiserez en arrivant au port fonctionne également comme office de tourisme officieux. Gérée par la municipalité, elle vous donnera quelques renseignements intéressants sur la visite de l'île.

Se loger

■ HOTEL THREE BROTHERS

✆ +30 22420 31344

http://nisyros3brothers.com

3brothers.nisyros@gmail.com

Chambre double à partir de 35 € en été, petit-déjeuner en supplément à 5 € par personne.

Cet établissement agréable est situé juste à la sortie du port de Mandraki, donc hors du village mais face à la mer. Simple, il est très bien tenu et apprécié d'une clientèle d'habitués qui reviennent chaque année. Vous pourrez prendre le petit-déjeuner au café attenant. Une adresse familiale et conviviale, proche de l'arrêt de bus central. Pour la petite histoire, Maria, la maman de la famille, est une légende sur l'île pour son « Xenia », son établissement inauguré dans les années 1970. Aujourd'hui, ses fils continuent d'offrir la même authenticité.

■ PORFYRIS

✆ +30 22420 31376

www.porfyrishotel.gr

porfyrishotel@hotmail.com

Chambre double à partir de 40 € en été, petit-déjeuner inclus.

Étonnamment, cet établissement en plein cœur du village de Mandraki abrite une petite piscine agréable. L'accueil y est chaleureux et vous trouverez sans doute le meilleur rapport qualité-prix de l'île. L'hôtel se compose de 38 chambres toutes rénovées en 2007 et 2008, avec salle de bain privée, climatisation, réfrigérateur, téléphone et balcon. Chambres propres, agréables et confortables. Au rez-de-chaussée, vous trouverez un bar-salon avec télévision et un espace petit-déjeuner. Vous pouvez également vous détendre sur la belle véranda ou dans la piscine extérieure.

■ **TA LIOTRIDIA**
Sur le front de mer
✆ +30 22420 31580
info@nisyros-taliotridia.com
Chambre double à partir de 50 € en été, petit déjeuner en supplément.
Sur le front de mer du vieux Mandraki, Ta Liotrida est à la fois un café-bar, une taverne-restaurant et une pension qui loue une poignée de chambres traditionnelles. Belle auberge en pierre, au style rustique et avec vue sur mer. Au café restaurant au rez-de-chaussée, on vient le matin prendre un très bon petit déjeuner, on reste pour le café en journée puis pour l'apéritif et le dîner le soir. En bref, on a parfois du mal à décoller de ce lieu face aux vagues, au service charmant et professionnel. Des maisons d'hôtes traditionnelles de luxe.

Se restaurer

■ **AFRODITI**
Pali
✆ +30 22420 31560
Ouvert tous les jours, midi et soir. Comptez 15 € par personne.
Cette taverne familiale dans le petit port de Pali est spécialisée dans les plats et mezzés de poissons et fruits de mer. Vous y mangerez de délicieuses petites crevettes relevées et un calamar frit d'une fraîcheur parfaite. Le tout à accompagner de fromage au miel, beignets de courgettes et autres petits plats généreux et savoureux. Ambiance décontractée et bonne adresse.

■ **APOLOLI KORI**
✆ +30 22420 31024
loleskores@gmail.com
Ouvert pour le dîner du jeudi au samedi et pour le déjeuner le dimanche. Comptez 20 € par personne.
Il faudra penser à réserver pour profiter de cette adresse vraiment charmante mais rarement ouverte dans une des ruelles du village. C'est qu'ici on fait attention avant tout à la qualité et la fraîcheur des produits, bien plus qu'au nombre de couverts que l'on pourra enchaîner dans la saison. A la carte, une délicieuse cuisine grecque et méditerranéenne à base de produits locaux et à déguster dans l'adorable jardin à l'arrière de la maison.

■ **OASIS**
Plage de Lies
✆ +30 69740 51010
Ouvert tous les jours, midi et soir. Comptez 15 € par personne.
Ce restaurant de plage est installé sur la longue plage de Lies, avant que la route ne se finisse et qu'un sentier piéton prenne le relais jusqu'à la plage de Pachia Ammos. C'est le point de rendez-vous des campeurs qui viennent ici casser la croûte et prendre une douche. Au-delà de l'ambiance particulièrement détendue et du cadre admirable, vous mangerez vraiment très bien. Mention spéciale pour les pois chiches au four et les viandes grillées.

■ **PANORAMA**
✆ +30 22420 31185
A 100 mètres de la place principale.
Comptez 15 € par personne. Ouvert toute l'année. Ouvert tous les jours, midi et soir.
Taverne familiale simple. On y mange dehors, sous une tente ombragée de lierre. Plats simples et délicieux : boulettes farcies maison, fromage local, charcuterie, betteraves rouges à l'aïoli...

À voir - À faire

■ **MONASTÈRE PANAGHIA SPILIANI** ★
Entrée libre. Dons acceptés. Tenue correcte exigée.
Au bout du front de mer de Mandraki, perché sur un rocher qui cache une caverne, le monastère tout blanc de la Panaghia Spiliani (Notre-Dame de la Caverne) offre des vues absolument spectaculaires sur les environs et la mer. Selon la légende, on aurait retrouvé dans cette cave une icône miraculeuse de la Vierge. C'est ainsi que le monastère, fondé en 1600, est devenu un important lieu de pèlerinage. Il faut grimper les 270 marches pour aller voir l'icône en question et les ex-voto qui partout ornent les murs. C'est une très belle visite.

■ **PALEOKASTRO** ★
Entrée libre.
Perchée sur les hauteurs de Mandraki, l'acropole vous réserve un panorama magnifique sur la baie et la mer. C'est un exemple unique de fortification basaltique antique. Les murs datent du IVe siècle avant J.-C. A l'époque, ils étaient complétés de tours rectangulaires de défense dont on admire encore huit exemples aujourd'hui et d'imposants portails dont un seul est encore visible. C'est un site unique, qu'il faudra prendre le temps de découvrir en empruntant le sentier qui part des profondeurs du village, en longeant la Panaghia vers l'intérieur des terres.

■ **PLAGES** ★
Nissiros n'est pas connue pour ses plages : elles sont rares, certes, mais pourtant assez uniques. Elles sont toutes situées dans les environs de Mandraki. Dans le village lui-même, la petite étendue de sable d'Aghios Savvas est appréciée des locaux et des familles mais n'a pas grand intérêt.

▶ **De l'autre côté de la Panaghia Spiliani,** un sentier côtier contourne le rocher et donne accès à la plage surprenante de Hochlaki. Il s'agit d'une plage de gros galets noirs, d'origine volcanique bien évidemment et qui chauffent sérieusement au soleil. La mer y est agitée mais le spectacle est saisissant et des habitués ont monté des cairns magnifiques avec ces galets uniques. Attention : ne prenez pas de galets en souvenir, si tout le monde faisait cela, il ne resterait rien de cette plage étonnante.

▶ **Plus loin, la côte entre le port de Mandraki et Pali** abrite quelques plages de galets, notamment au niveau des bains de Loutra mais elles ne sont pas très accueillantes car elles reçoivent le vent du nord.

▶ **Il faut poursuivre sur la côte vers l'est** pour trouver de longues étendues magnifiques, avec la plage de Lies d'abord puis, surtout, la plage de sable de Pachia Ammos, paradis des nudistes et des campeurs. On y accède par un sentier à flanc de colline au bout de la plage de Lies. Les eaux y sont d'une clarté féerique. Attention aux pieds : le sable est bouillant en journée.

NIKIA ★

En dehors de la côte habitée, il y a deux villages perchés sur la caldeira qui offrent des panoramas uniques sur l'intérieur du volcan et ses paysages lunaires aux roches exposées. Le plus important, Nikia, sera une escale obligée de votre séjour. Emborios, plus petit et à peine habité, est également charmant. Le mont Profitis Ilias, point culminant de l'île, se dresse à près de 700 mètres en face de ces habitations qui semblent bien frêles en comparaison. Un sentier relie les deux villages en 50 minutes environ, à flanc de caldeira. A Nikia, vous trouverez le musée volcanologique. Arrêtez-vous à Porta, la place centrale avec ses mosaïques de galets et sa touchante église. Un petit café sur la place constitue une pause agréable. A Emborios, arrêtez-vous également quelques instants pour une balade dans ce beau village endormi, gardé par un kastro médiéval.

■ MUSÉE VOLCANOLOGIQUE

✆ +30 22420 31400

Ouvert tous les jours sauf le vendredi de 10h à 17h et le dimanche jusqu'à 15h. Entrée 4 €.

Ouvert en 2008 dans l'ancienne école de Nikia, ce musée se situe à l'entrée du village qui domine le cratère. On y apprend comment s'est formé le volcan de Nissiros et ses spécificités géologiques. Des explications en anglais facilitent la compréhension. Les enfants apprécieront particulièrement cette visite intéressante.

■ VOLCAN ★★

A partir de 9h, entrée payante 3 € entre 9h et 16h30. Entrée libre sinon.

Vous pouvez observer cinq cratères dont le plus grand, Stefano, fait 260 m de diamètre pour une profondeur de 60 m. Vous accédez au fond du cratère par un petit escalier. La dernière activité notable date de 1933 (la dernière éruption remonte à il y a environ 15 000 ans soit récemment à l'échelle du temps géologique), mais le monstre émet constamment des fumerolles multicolores et l'odeur de soufre est omniprésente. Il faut à peu près 40 minutes pour traverser le cratère. Evitez les heures chaudes : il fait une chaleur infernale dans cette cuvette brûlée !

Vue panoramique du volcan actif et du village de Nikia sur l'île de Nisyros.

■ **TO BALKONI**
Emborios ✆ +30 22420 31607
http://balkoni-nisiros.com
Ouvert tous les jours, de 9h à minuit. Comptez 15 € par personne.
Cette adresse à couper le souffle est la seule qui bénéficie d'une vue en surplomb sur toute la caldeira. Situé dans le village d'Emborios, le Balcon porte bien son nom. Au-delà de la vue exceptionnelle, on y vient pour la bonne cuisine maison qui fait la part belle aux plats traditionnels de Nissiros, dont les plats de chèvre, les fleurs de courgette farcies au fromage ou les pois chiches au four.

PATMOS - ΠΑΤΜΟΣ ★★★

Patmos est l'île la plus septentrionale du Dodécanèse. C'est une île montagneuse d'une superficie de 34 km² où près de 3 000 âmes résident à l'année. Elle est surnommée « la Jérusalem de la mer Egée » ou encore « la ville sainte ».

C'est ici que saint Jean l'Evangéliste aurait eu la révélation de l'Apocalypse en 95-97 apr. J.-C. lors de son exil sur l'île. Le monastère fortifié de Saint-Jean a été classé patrimoine de l'humanité par l'Unesco en 1999 et veille sur une des plus belles chora du Dodécanèse. Si l'île a connu un fort développement touristique au cours des dernières années, notamment de la part des touristes français qui prennent possession des lieux en masse au mois d'août, la foule n'y est pas encore trop gênante et l'île offre toujours de très nombreux endroits tranquilles, des plages et des paysages solitaires.

Histoire

Selon la légende, Oreste serait venu à Patmos après le meurtre de sa mère pour échapper aux Erinyes. Les Romains ont utilisé l'île comme terre d'exil. Parmi les exilés, l'apôtre saint Jean arrive ici en 95 apr. J.-C. Du IVe jusqu'au VIIe siècle, Patmos est un lieu de pèlerinage chrétien important. Au XIIIe siècle, l'île passe sous le contrôle des Vénitiens qui résistent aux attaques ottomanes jusqu'en 1537. La domination ottomane prend fin

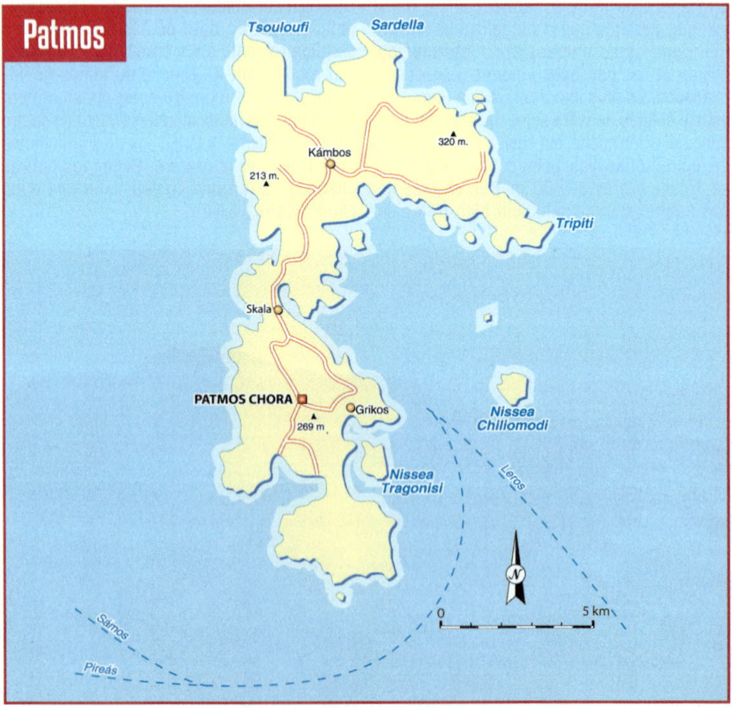

comme dans le reste du Dodécanèse en 1912 avec l'arrivée des Italiens. A la fin de la guerre, l'île passe rapidement aux mains des Britanniques avant d'être rattachée à la Grèce en 1948.

SKALA - ΣΚΑΛΑ

Le port de l'île est bâti au niveau de l'isthme qui sépare les parties nord et sud de cette île à la topologie étrange. Fondé au XIXe siècle, alors que la menace pirate est enfin dissipée, Skala accueille gaiement le voyageur avec ses maisons blanches et ses cours fleuries. Les principaux bâtiments administratifs sont édifiés par les Italiens au début du siècle.
Skala, en raison de son caractère très central, reste le point de chute privilégié des vacanciers qui peuvent ainsi visiter aisément le reste de l'île. Cette affluence nourrit l'animation du port, loin de la surveillance austère du monastère.

Transports

■ BUS

www.patmos.gr/buses
info@patmos.gov.gr
Prix du ticket : 1,50 €.
Devant le poste de police, vous trouverez l'horaire détaillé. Liaison de Skala avec Chora, Kambos et Grigos. Le réseau de bus est assez performant et les liaisons relativement fréquentes donc pratiques.

■ PORT

✆ +30 22470 31231

- **Athènes-Patmos.** On compte au moins deux liaisons en ferry par semaine entre Patmos et Le Pirée (9 heures de traversée, parfois 7 heures au retour selon le trajet). Par ailleurs, un ferry relie l'île avec Thessalonique une fois par semaine (18 heures).
- **Liaisons avec les autres îles**. Les bateaux en provenance du Pirée peuvent desservir Amorgos, Syros, Rhodes et Kos avant d'arriver à Patmos. Sinon des liaisons pour Leros, Lipsi, Kalymnos, Kos, Arki, Agathonisi, Samos, Rhodes, Syros, Symi, Samos, Chios, Lesbos, Ikaria et Fourni.
- **Excursions.** Chaque jour, des bateaux d'excursion partent pour Lipsi, Arki et Samos.

■ T&G RENTALS

✆ +30 6972 526390
www.tgpatmosrentals.com
info@tgpatmosrentals.com
A partir de 40 € par jour pour une voiture classe A en saison.
Ce loueur sérieux et professionnel travaille à Patmos depuis des années. Sympathique et dynamique, l'équipe qui gère ces voitures et deux-roues est parfaitement anglophone. Une bonne adresse.

Pratique

■ ASTORIA TRAVEL

✆ +30 22470 31205
www.astoriatravel.com
vasilis@astoriatravel.com
Ouvert tous les jours de 9h à 22h.
Une excellente agence de voyages sur le port qui trouvera votre bonheur. Anna, Iannis ou Vassilis sont très compétents pour vous aider à trouver une chambre, un véhicule ou un billet de ferry.

■ OFFICE DE TOURISME

✆ +30 22470 31666
www.patmos.gr
info@patmos.gov.gr
Sur le port près de la place centrale. Ouvert tous les jours en été de 9h à 21h et le lundi jusqu'à 17h.
Vous y trouverez toutes sortes d'informations utiles, dont des cartes de l'île. En cas d'absence, adressez-vous aux agences touristiques ou à la police touristique qui prend le relais ainsi que la capitainerie pour les horaires de ferries.

■ POLICE

Place centrale
✆ +30 22470 31303

Se loger

Bien et pas cher

■ BLUE BAY HOTEL

✆ +30 22470 31165
www.bluebaypatmos.gr
info@bluebaypatmos.gr
Chambre double standard de 60 à 110 € en été, avec petit déjeuner.
L'emplacement est idéal : un peu à l'écart de l'activité, dominant la baie, l'hôtel bénéficie d'une vue magnifique sur la mer et l'entrée du port. Les chambres sont confortables et correctement équipées, et on aime l'ambiance familiale de cet hôtel propret. Dimitris et toute l'équipe font en sorte de faciliter votre séjour : ils sont toujours à l'écoute et vous donneront des conseils sur l'île. En haute saison, évitez les chambres directement sur rue, un peu plus bruyantes. Mention spéciale aux chambres 202 et 203 qui se partagent une terrasse au-dessus de la mer.

■ **HOTEL ASTERI**
✆ +30 22470 32465
www.asteripatmos.gr
pasca@otenet.gr
Au bout du port, à l'endroit
le plus étroit de l'île et à 10 minutes
du débarcadère.
Chambre double standard à partir de 50 € en été, avec petit déjeuner.
La famille Paschalidis vous accueillera chaleureusement dans cet hôtel calme, situé sur l'isthme étroit de l'île et qui a donc le privilège d'avoir vue sur la mer des deux côtés. Les chambres sont propres et agréables et ont toutes un balcon avec une belle vue. Wi-fi.

■ **HOTEL BYZANCE**
✆ +30 22470 31052
www.byzancehotel.gr
byzance@hotmail.gr
Chambre double à partir de 50 € en été.
Les deux bâtiments de l'hôtel abritent 25 chambres, studios et appartements. Malgré l'allure sans prétention des chambres, on apprécie son *roof garden* avec vue sur mer et son sauna. Les appartements ont une kitchenette en plus et de quoi se préparer un café.

Confort ou charme

■ **PORTO SCOUTARI ROMANTIC HOTEL**
✆ +30 22470 33123
www.portoscoutari.com
sales@portoscoutari.com
Chambre double à partir de 85 € en été avec le petit déjeuner. Minimum de deux nuits requis.
A 10 minutes à pied du port de Skala et à 5 minutes à pied des plages, se trouve le bel hôtel spa Porto Scoutari dans 8 000 m² de jardin fleuri. Romantisme assuré dans cet hôtel à la décoration irréprochable qui se spécialise aussi dans les lunes de miel. Internet, piscine immense, lounge bar.

■ **SKALA HOTEL**
✆ +30 22470 31343
www.skalahotel.gr
info@skalahotel.gr
Chambre double standard à partir de 90 € en été, avec le petit déjeuner.
Sur la route côtière, cet établissement propose près de 80 chambres au milieu d'un grand jardin élégant. Espaces publics confortables, ameublement traditionnel et ancien. Chambres simples, confortables, dont les petits balcons offrent une vue sur le monastère, le port ou la montagne.

Se restaurer

■ **MARECHIARO**
Hochlaka
✆ +30 69456 76391
Comptez 4 € la glace. Ouvert tous les jours jusqu'à 2h du matin.
Vous trouverez ce glacier italien sur la route principale qui mène à Hochlaka. De fabrication maison et traditionnelle, les glaces sont un régal et rafraîchissent un peu les palais dans les chaudes soirées d'été.
Toute la communauté italienne s'y retrouve le soir après dîner, signe de la qualité des produits proposés ici.

■ **TAVERNE OSTRIA**
Sur le port
✆ +30 22470 31514

Le port de Skala sur l'île de Patmos.

Comptez 15 € par personne. Ouvert tous les jours, midi et soir.
Sur le port, un peu à l'écart du débarcadère, la taverne Ostria propose de bons poulpes frais, un grand choix de poissons et de *mezzedes* à des prix très corrects. Un bon rapport qualité-prix et un service agréable.

■ TO CHILIOMODI
✆ +30 22470 34179
Prendre la deuxième ruelle à gauche dans la rue qui mène à Chora.
Comptez 15 € par personne. Ouvert tous les jours, midi et soir.
Dans cette ouzerie traditionnelle, le patron Theo pêche lui-même ses poissons. L'assortiment de poissons grillés s'avère un très bon choix tout comme la salade de poulpe, une des meilleures que l'on ait mangée dans le Dodécanèse. Dans la petite ruelle, les tables s'agglutinent souvent autour de musiciens venus jouer là des airs traditionnels. On boit, on chante, on danse et on y mange bien. Simple, pas cher et vraiment sympathique.

■ TZIVAERI
✆ +30 22470 31170
Comptez 20 € par personne. Ouvert tous les soirs à partir de 18h30.
En longeant le port vers la sortie nord, vous trouverez ce très bon restaurant crétois à l'étage d'un joli bâtiment. La terrasse est très agréable et la cuisine savoureuse. Vous découvrirez ainsi les classiques de la gastronomie en provenance de Crète. Laissez-vous tenter par le porc épicé aux poivrons ou la traditionnelle *strapatsada* à base de tomates.

Sortir

■ BAR PLAZA
Sur la place centrale
✆ +30 22470 31266
Ouvert tous les jours de 8h au dernier client.
Cette terrasse de la place principale de Skala est l'endroit où l'on vient depuis toujours boire un frappé en journée ou un apéritif en soirée. On regarde passer les gens, on parle d'actualité, on refait le monde. Un des hauts lieux de la sociabilité locale.

■ HOUSTON
✆ +30 22470 31688
houston.gr
info@houston.gr
Ouvert tous les jours de 7h à 2h du matin.
Un nouveau café ouvert sur la place principale de Skala. Très agréable en journée pour faire une pause ou en soirée pour prendre l'apéritif et regarder le monde passer. Equipe jeune et dynamique.

PATMOS CHORA - ΠΑΤΜΟΣ ΧΩΡΑ

La ville haute de Patmos est l'un des plus jolis villages du Dodécanèse. Il faut marcher sans but précis dans cette véritable cité byzantine pour saisir des instantanés, des visages, des silhouettes dans la pénombre d'une porte ouverte. Labyrinthique, mystérieuse, voire ensorcelée à la nuit tombée, il y règne une ambiance unique. Est-ce l'austérité imposante du monastère de Saint-Jean-le-Théologien ou les ruelles badigeonnées de chaux qui donnent cette impression ? Quoi qu'il en soit, il ne faudra pas manquer d'y passer de jour comme de nuit pour tenter de pénétrer le monde fermé de Chora.

Se loger

Attention, il est très difficile de trouver une chambre à louer en haute saison au centre de la Chora...

■ ARCHONTARIKI
✆ +30 22470 29368
www.archontariki-patmos.gr
info@archontariki-patmos.gr
Dans le centre du village.
Chambre double à partir de 250 € la nuit en été. Petit déjeuner inclus.
Attention, maison de rêve. 5 suites seulement à choisir : Amour, Espoir, Sagesse, Joie et Foi. Chacune est unique et propose un confort et une ambiance exquis et élégants. Un hôtel luxueux qui reprend l'esprit bohème chic cher à Patmos. Pour une expérience inoubliable avec vue sur toute l'île et, partout, la mer.

Se restaurer

■ ASTIVI 1673
✆ +30 22470 31895 – www.astivi.gr
Ouvert tous les soirs, de 20h à 2h du matin. Comptez 30 € par personne.
L'Astivi est situé dans une maison ancienne de Chora et résume assez bien l'ambiance bohème-chic typique de Patmos : on y mange très bien (mais assez cher), dans un décor à la fois élégant et décontracté, on y boit de fabuleux cocktails servis par une équipe jeune, on y côtoie tout ce que l'île fait de branché et on y reste jusque tard dans la nuit, alors que le restaurant se transforme en bar et que les décibels montent, montent..., sûrement jusqu'aux oreilles des moines endormis.

■ JIMMY'S BALCONY
✆ +30 22470 32115
Sous le monastère.
Comptez 15 € par personne. Ouvert tous les jours de 10h à minuit.

Juste en dessous du monastère, Jimmy's Balcony a longtemps été le seul café de Chora. Dans une ancienne demeure, les poissons y sont succulents et la vue à couper le souffle. On peut aussi venir prendre un verre ou un café pour profiter de la vue et le matin, un bon petit-déjeuner est également servi.

■ LOZA

✆ +30 22470 32405

Comptez 25 € par personne. Ouvert tous les jours, midi et soir.

Situé sur les hauteurs de Chora, entre la place de la mairie et le parking où s'arrêtent cars et autobus, Loza offre une vue spectaculaire sur Skala et le nord de Patmos. En journée, le bleu de la mer se mêle à celui du ciel alors que la nuit, ce sont les lumières du port qui resplendissent. On y mange une cuisine un peu plus recherchée que dans une taverne traditionnelle, avec filets de bœuf, spaghettis aux fruits de mer et les classiques mezzés. La clientèle est touristique et plutôt âgée pour dîner tandis que les plus jeunes viennent ici boire un verre entre amis.

À voir - À faire

■ GROTTE DE L'APOCALYPSE ★★

Ouvert tous les jours de 8h à 13h30, et les mardis, jeudis et dimanches de 16h à 18h. Entrée 2 €.

D'après la croyance chrétienne, saint Jean, exilé à Patmos par l'empereur romain Domitien, aurait eu dans cette grotte la vision de l'Apocalypse en 95 apr. J.-C. Il vivait reclus dans cette grotte avec son disciple Prochore au moment de sa révélation. Une icône au fond de la grotte illustre cette vision alors que des empreintes au mur sont attribuées à l'évangéliste. Sur le toit, une triple fissure proviendrait de la présence de Dieu. Depuis la grotte de saint Jean, on aperçoit la mer Egée et Skala en contrebas. La vue est paradisiaque et il est difficile d'imaginer avoir une quelconque vision d'horreur ou de fin du monde dans ce cadre-là... La grotte est d'une simplicité totale : elle a été inscrite au patrimoine mondial par l'UNESCO en 1999 pour témoigner de l'importance religieuse du lieu, centre de pèlerinage de la chrétienté. La grotte se trouve à mi-chemin entre Skala et Chora. Un ancien sentier byzantin la relie au monastère de Saint-Jean-le-Théologien à Chora. Vous pourrez l'emprunter mais évitez toutefois les heures les plus chaudes car il n'y a pas du tout d'ombre et le sentier grimpe.
Pour la visite, il faut être habillé correctement : accès en short interdit.

■ MONASTÈRE DE SAINT-JEAN-LE-THÉOLOGIEN ★★★

Entre mars et novembre, tous les jours de 8h à 13h30, le mardi, le jeudi et le samedi aussi de 16h à 18h. Sinon de 8h à 13h. 4 €.

Surplombant Chora et Skala, le principal monastère de Patmos est une véritable forteresse, impressionnante de majesté et d'austérité. Fondé en 1088 par saint Christodule, il reste aujourd'hui encore un haut lieu de pèlerinage chrétien. En entrant dans la cour, remarquez, dans le superbe exonarthex à gauche, les peintures murales du XVIIe siècle qui illustrent *Les Miracles et Voyages de saint Jean*, histoires écrites par son disciple Prochoros. A droite de l'église principale, la chapelle de la Vierge est décorée de peintures murales du XIIe siècle, découvertes en 1956, lorsqu'un tremblement de terre fait craquer les murs. Dans l'une des cinq chapelles qui l'entourent se trouve la dépouille du fondateur Christodoulos. La majeure partie des trésors du monastère lui a été léguée par Catherine de Russie. La bibliothèque est impressionnante avec ses 13 000 manuscrits rares. Le musée recèle des trésors fabuleux : icônes, manuscrits enluminés, argenterie, chasubles, bijoux... Aujourd'hui, une trentaine de moines seulement vit sur place. Ne manquez pas aussi de jeter un coup d'œil dans l'ancien réfectoire (souvent fermé malheureusement) avec ses deux longues tables en maçonnerie recouvertes de marbre et ses superbes fresques du XIIIe siècle. Le monastère a été inscrit au patrimoine mondial de l'UNESCO en 1999, en même temps que la grotte de l'Apocalypse.
Important à savoir : pour la visite, il faut être habillé correctement. L'accès en short et en jupe courte reste interdit.

GRIKOS - ΓΡΟΙΚΟΣ

A 5 km de Chora, Grikos est un petit port de pêche situé dans une superbe baie protégée des vents par l'île de Tragonissi qui se trouve en face.
C'est aussi un village devenu très touristique, mais le point de départ idéal pour la découverte des plages et criques du sud de l'île. A Grikos même, une petite plage de sable où la mer est d'huile.

■ APOCALYPSIS

✆ +30 22470 32800
www.patmosaktis.gr
sales@patmosaktis.gr

À partir de 30 € par personne. Ouvert seulement le soir, à partir de 19h30.

Il s'agit du restaurant de l'hôtel Patmos Aktis : fidèle à sa réputation, l'établissement propose une cuisine raffinée et recherchée. Donc également un peu plus onéreuse qu'ailleurs. Les produits sont d'excellente qualité, avec notamment du poisson frais pêché dans les eaux poissonneuses de Léros. Très belle carte avec plats grecs et continentaux et emplacement idyllique, sur la plage de Grikos.

MONASTÈRE DE SAINT-JEAN-LE-THÉOLOGIEN ★★★

© LEOKS - SHUTTERSTOCK.COM

Le monastère de Saint-Jean-le-Théologien est encore aujourd'hui un haut lieu de pélerinage chrétien.

© OLGA LIPATOVA - SHUTTERSTOCK.COM

Le monastère, fondé à la fin du Xe siècle...

© JOHN COPLAND - SHUTTERSTOCK.COM

... est réputé être l'endroit où Saint-Jean-le-Théologien a écrit son Évangile et l'Apocalypse.

© BALDOVINA - SHUTTERSTOCK.COM

Le monastère et ses peintures murales, datant du XIIe siècle sont inscrits au patrimoine mondial de l'UNESCO depuis 1999.

■ **GRIKOS HOTEL**
✆ +30 22470 31167
www.grikos.gr
eleni@grikos.com
Chambre double à partir de 70 € en été, avec petit déjeuner maison.
Un hôtel à 25 m de la plus longue plage de l'île. Les chambres sont économiques (surtout en dehors des trois dernières semaines d'août) et confortables même si on ne peut pas dire que la déco soit forcément toujours de très bon goût. Malgré tout, une bonne option à Grikos.

■ **HOTEL GOLDEN SUN**
✆ +30 22470 32318
www.hotel-golden-sun.com
Chambre double entre 79 et 97 € en été, avec petit déjeuner.
Sur le versant de la colline dominant la crique de Grikos, Stavros et sa femme Annoula (qui est allemande) vous proposent une vingtaine de chambres honnêtes. Hôtel agréable aux chambres simples mais spacieuses offrant une superbe vue.

■ **KTIMA PETRA**
✆ +30 22470 33207
Environ 15 € par personne. Ouvert tous les jours, midi et soir.
Aux antipodes des échoppes touristiques, on est ici dans le temple du tout bio ! Les légumes sont cultivés par les propriétaires dans les potagers voisins et les fromages sont également une production maison. Cuisine authentique ; essayez notamment le chevreau au four, un régal !

LES PLAGES DE L'ÎLE

Patmos possède un grand nombre de merveilleuses criques et de plages difficiles d'accès depuis Skala sans bateau à moteur. Beaucoup des plages accessibles ne présentent aucun intérêt (galets, manque de fond et présence plus ou moins massive d'algues) mais d'autres étendues restent agréables.

Psili Ammos

La plus belle plage de l'île. Sur cette grande plage de sable fin, ombragée de quelques arbres, mais souvent surpeuplée, le nudisme est toléré. Son seul défaut est son exposition aux vents. Dès que souffle le *meltemi*, il est difficile d'y rester allongé, car le sable vole et vous hache chaque partie du corps. La plage est accessible en caïque de Skala, vous pouvez vous y rendre à pied de Grikos (environ 45 minutes de marche). Si vous avez une voiture ou une moto, allez jusqu'à Diakofti, garez-vous devant la taverne, et continuez à pied, au-delà de la barrière. Suivez le petit chemin pendant 30 minutes. Vous verrez deux criques sur votre droite et puis plus loin la plage de Psili Ammos. Attention le chemin est un peu pénible – prévoyez de bonnes chaussures.

Kambos Bay

Grande plage commerciale et familiale. Bien moins jolie que les plages et criques sauvages un peu plus loin à l'est (dont Vagia Bay). Le véritable point d'intérêt est George's Place qui sert d'excellentes tartes et quiches ainsi que de succulents jus de fruits pressés, du plus simple au plus exotique. Pour une ambiance plus locale, choisissez la taverne Panagos, même sans vue sur la mer, il est cependant le point de ralliement des habitants.

Geranou Bay

Prenez la route au-delà de Vagia Bay et continuez en suivant les panneaux Livadi Beach Restaurant. Jolie plage de petits galets, sauvage avec des arbres et une eau assez chaude. Les bons nageurs atteindront assez facilement l'îlot Aghio Georgiou et sa plage en face. Taverne. Au-delà, la route continue et devient de moins en moins fréquentée. Depuis la route, vous apercevez de très belles criques sauvages, dont deux symétriques appelées Twin Beaches ou Didimes. Tout au bout de cette route superbe, vous arrivez à Geranou Bay, comme au bout du monde, d'où vous pouvez entreprendre de très belles balades. Plages isolées où se pratique le nudisme.

Lampi

Plage de galets plus ou moins multicolores, hébergeant la taverne Lampi qui est connue pour servir les meilleurs poissons de l'île. Vous pourrez aussi y goûter les *cheese pies* flambés. Les prix y sont raisonnables. La taverne Leonida se vante de son côté de préparer le meilleur *saganaki* « du monde » (fromage grec grillé).

■ **LAMPI**
LAMPI ✆ +30 22470 31490
A partir de 15 € par personne. Ouvert tous les jours, midi et soir.
Certains viennent de loin (sur l'île). Et pour cause : cette taverne est une « institution » de Patmos. Cet établissement propose de jolies tables sur les galets, devant la plage éponyme. Salade de légumes bouillis, langoustines et poissons, mais aussi quelques viandes. Il faut parfois réserver son poisson à l'avance.

Livadi Kalogiron

Sur la route remontant de la plage de Lampi, dans un virage à 180°, prenez le petit chemin qui monte à gauche du double poteau électrique.

Si votre moyen de locomotion le permet, vous pourrez encore avancer jusqu'à une petite cahute en pierre et marcher ensuite environ 20 minutes jusqu'au hameau de Livadi avec sa petite plage de gros galets (trajet total à pied en 30 minutes). La balade est superbe. A noter qu'une plus grosse piste praticable en voiture mène également à cette petite baie qui n'est pas le lieu idéal pour une baignade.

Agriolivado Beach

Cette grande plage familiale de sable artificiel est bordée d'arbres. Vous pouvez cependant y prendre un bon bain, car l'eau y est nettement moins fraîche qu'à Psili Ammos. De plus, elle est bien abritée du vent et propose des transats, pédalos, kayak…

Petras Bay

Plage de gros galets où vous pourrez louer les indispensables transats à 4 € par jour (parasol inclus) ainsi que des planches à voile et des Hobbycat. Les bons nageurs pourront se rendre à l'îlot de Tragonissi en face. Petites criques de nudistes un peu plus loin et plages de Diakoftis.

RHODES VILLE - ΡΟΔΟΣ ΧΩΡΑ

La vieille ville de Rhodes est cernée de murailles médiévales : ces fortifications transportent le voyageur aux temps glorieux des Chevaliers. C'est l'un des bijoux les plus précieux du bassin méditerranéen : la cité a traversé les siècles, se nourrissant d'influences variées au fil des occupations successives, avant de nous parvenir, riche d'une histoire millénaire. Malheureusement, ce site incroyable est victime de son succès et du tourisme de masse : les boutiques de souvenirs qui se succèdent sur les artères principales enlèvent un peu au décorum. Faites un effort d'abstraction en fermant les yeux sur ces boutiques *Made in China*, perdez-vous dans les rues moins visitées et faufilez-vous dans les venelles tortueuses épargnées par les touristes. Vous y découvrirez une ambiance toute particulière, riche de milliers d'histoires et vous pourrez admirer des palais du XIVe siècle, des mosquées ottomanes, des églises byzantines, profiter des petites places animées, découvrir le quartier juif et sa belle synagogue... Un mélange d'Orient et d'Occident d'une richesse inégalée.
Dans la nouvelle ville, le béton domine. Mais l'occupation italienne (1912-1943) a marqué une époque faste pour l'architecture et l'urbanisme de la ville aux portes de la cité.
Les Italiens ont également eu le temps de faire un effort de conservation et d'excavations conséquent. Dans la ville nouvelle, on leur doit la préservation d'anciennes demeures néoclassiques, au style coloré typique du XIXe siècle. Les grands bâtiments administratifs ou publics qui nous viennent des Italiens confèrent un charme à la ville nouvelle, par ailleurs grouillante de vie. C'est dans ces quartiers que vous trouverez la Rhodes authentique, celle des locaux et résidents à l'année. C'est également là que vous trouverez de grandes plages qui semblent infinies : la ville moderne est finalement très agréable.

Quartiers

Vieille ville ★★★

La vieille ville de Rhodes est un rêve pour tous les passionnés d'histoire médiévale. Classée au patrimoine mondial depuis 1988, elle est chargée d'histoire et témoigne d'influences diverses qui donnent aujourd'hui à ce lieu une atmosphère pleine de charme. Même si certaines ruelles sont inondées par les boutiques de souvenirs, la richesse culturelle est telle que vous pourrez consacrer au moins deux jours à sa visite. Les murailles sont bien entretenues et percées de sept portes. La plus impressionnante est la porte d'Amboise (grand maître et frère du cardinal d'Amboise, ministre de Louis XII), située près du palais des Grands Maîtres.

Ville nouvelle

Parmi les bâtiments imposants de la ville nouvelle construits par les Italiens, vous remarquerez la Banque nationale de Grèce, le Théâtre national, la poste, le palais de justice, la mairie.

Se déplacer

L'arrivée

Très éloignée de la Grèce continentale, Rhodes se révèle difficile à atteindre par mer depuis Athènes (16 heures de ferry au minimum). En revanche, c'est l'île la mieux desservie par les compagnies aériennes grecques. Depuis Rhodes, vous pouvez ensuite rayonner en avion ou en bateau vers le reste du Dodécanèse, les îles du Nord de la mer Egée, les Cyclades de l'Est et la Crète. D'ailleurs, en été, les vols charters affluent de toute l'Europe.

Avion

Pendant la haute saison, l'aéroport de Rhodes accueille plus de 50 vols par jour. Les liaisons aériennes avec l'île sont devenues moins chères et plus nombreuses en été au fil des ans.

▸ **Vols directs depuis la France.** EasyJet propose des vols directs entre Paris et Rhodes en saison. Les vols cessent actuellement fin août. Transavia France (filiale low cost d'Air France) propose elle aussi une ligne saisonnière entre Orly et Rhodes (3 heures 45, à partir de 90 € l'aller simple). La compagnie XL Airways France propose pour sa part des vols à partir de Lille en saison.

▸ **Vols Athènes-Rhodes.** Hors saison, et même parfois en pleine saison, vous devrez sûrement faire escale à Athènes. Olympic Air et Aegean Airlines assurent des liaisons régulières toute l'année. Il faut compter 3 heures pour faire Paris-Athènes puis 1 heure pour Athènes-Rhodes. En été, la première propose six vols quotidiens, la seconde, deux à trois vols par jour.

▸ **Vols Rhodes-Dodécanèse.** Olympic Air assure des vols locaux depuis Rhodes toute l'année. En été, la compagnie propose de un à deux vols par jour pour Karpathos (35 minutes), six vols par semaine pour Kastellorizo (40 minutes), trois vols par semaine pour Kos (35 minutes), Kassos (1 heure 10 avec une escale à Karpathos) et Astypalea (1 heure 55 avec deux escales).

▸ **Liaisons avec les autres îles grecques.** Depuis Rhodes, des vols saisonniers desservent d'autres îles grecques. Ainsi Olympic Air propose des vols vers la Crète (1 par jour, 50 minutes) et Sky Express (www.skyexpress.gr) assure la liaison avec Samos, la Crète et Chios.

▸ **L'aéroport de Diagoras** est relié à la ville de Rhodes (16 km) par des bus qui circulent d'environ 6h30 à 23h toute l'année. Compter 2,20 €, billet à acheter au kiosque avant le départ. Course en taxi : environ 25 €.

■ **AEGEAN AIRLINES**
20 Dodekanission Ethelonton
✆ +30 22410 24400
fr.aegeanair.com
paris-sales@aegeanair.com

▸ **Autre adresse :** Rhodes International Airport Diagoras : +30 22410 98345 / +30 22410 98359

■ **OLYMPIC AIR**
✆ +30 21035 50500
www.olympicair.com
groups@olympicair.com

▸ **Autre adresse :** À l'aéroport : ✆ +30 22410 81553

Bus

■ **BUS**
www.ktelrodou.gr
Tickets à partir de 2,20 €, selon la distance effectuée.
Ils desservent l'ensemble de l'île. Les bus qui desservent l'intérieur de la ville partent du Nouveau Marché (Nea Agora) toutes les demi-heures.

▸ **Autres adresses :** KTEL +30 22410 27706 • RODA +30 22410 26300

Bateau

■ **CAPITAINERIE**
✆ +30 22410 28666

Voiture

■ **ORION CAR RENTAL**
38 Georgiou Leontos
✆ +30 22410 22137
www.orioncarrental.com
Ouvert toute l'année.
L'agence délivre les véhicules à l'hôtel, à l'aéroport et au port de l'île. Dans leurs efforts continus cette agence de location parvient à fournir à ses clients le *nec plus ultra* du service et la qualité. Orion rend la location de voiture facile, en offrant des tarifs tout compris, san aucun coûts cachés. Tous leurs prix sont Kilométrage illimité et toutes les taxes locales incluses. Ils possèdent une grande variété de véhicules de marques pour répondre à vos besoins. De la simple petite voiture à du haut de gamme ils sauront vous satisfaire.

Taxi

La plupart des taxis proposent des tarifs fixes (et affichés) entre deux communes de l'île.

▸ **Sur la place Rimini :** Tél +30 22410 29861.

▸ **Radio-taxis :** Tél +30 22410 27666.

Pratique

■ **OFFICE DE TOURISME**
Au croisement des rues Papagou et Makariou
✆ +30 22410 44333
www.rhodes.gr – tourism@rhodes.gr
Ouvert du lundi au samedi de 8h à 15h.
Deux offices de tourisme très bien situés à proximité du Nouveau Marché et en plein cœur de la vieille ville, à l'entrée de la rue des Chevaliers. Accueil très courtois et polyglotte. Vous trouverez des cartes et des brochures sur les activités à faire sur place.

▸ **Autre adresse :** Au coin des rues Apellou et Ippoton

Rhodes Ville
Curiosité
Marché
0
400 m
N
Aquarium
Vas. Konstantinou
Ioannou Kazouli
Othonos
Kritis
Ajkti-Miaouli
Amalias
Dragoumi
28. octobriou
Amenkis
Vas. Marias
Martiou
Sofias
Alexandrou Diakou
Phare de St-Nicolas
PORT DE MANDRAKI
PORT D'AKANDIA
Moulins à vent
Marché
NOUVELLE VILLE
Papalouka
Place Rimini
Palais des Chevaliers
Ippoton
Douanes
Port Commercial
Riga Ferreou
Pindou
Président Kennedy
Them. Sololi
Pavlou Mela
Socratous
Chimairas
VIEILLE VILLE
Ippodamou
Fanourio
Pythagora
Perikleous
Mur de la Ville
Omirou
Mur de la Ville
Demokratias
Aghiou Ioannou
Dlagodon
Komninon
Filellinon
Vyronos

■ **AGENCE CONSULAIRE DE FRANCE**
Auberge de France, Rue Ippoton
✆ +30 22410 33360
Aliki Moschi-Gauguet est la consule honoraire de France à Rhodes depuis 2006. Vous pourrez contacter le consulat de France à Rhodes pour tout souci concernant la perte ou le vol de vos papiers d'identité, des questions de rapatriement ou des problèmes de santé.

Se loger

Vieille ville

Bien et pas cher

■ **DOMUS RODOS HOTEL**
20 rue Platonos
✆ +30 22410 25965
www.domusrodoshotel.gr
info@domusrodoshotel.gr
Chambre double à partir de 70 € en été. Petit déjeuner 5 €. Ouvert toute l'année.
Petit hôtel sympathique de 19 chambres où l'on parle français. Véritablement situé en plein cœur de la vieille ville, non loin d'Athinas Square. Les chambres ne sont pas très grandes et sont décorées très simplement, mais elles sont confortables. Certaines chambres jouissent d'un petit balcon.

■ **MEDIEVAL INN**
9 Timachida Street
✆ +30 22410 22469
www.medievalinn.com
Chambre double standard de 50 à 70 € en été, petit-déjeuner en supplément à 7,50 €/personne.
Un coup de cœur spécial pour cette pension familiale très bien tenue. Au calme dans le cœur de la vieille ville, le bâtiment d'époque plein de charme est construit sur 3 niveaux, avec un puits de lumière central et une très belle terrasse sur le toit. Chambres confortables et coquettes. Manos vous donnera une foule de conseils pour découvrir les environs.

Confort ou charme

■ **MARCO POLO MANSION**
Agiou Fanouriou 40-42
✆ +30 22410 25562
www.marcopolomansion.gr
Chambre double à partir de 90 € hors saison, 160 € en été. Petit déjeuner inclus.
Le Marco Polo est un petit bijou bien caché dans une ruelle calme de la vieille ville. C'est à la fois un restaurant et un hôtel, tenus par une famille italienne qui a le sens de la *dolce vita.* Le bâtiment, médiéval comme il se doit, propose un luxe discret, toujours juste. Les chambres sont dispersées autour du jardin central. Les voilages, les tapis et les couleurs pastel un peu fanées nous plongent dans une ambiance hors du temps, à la croisée de l'Orient et de l'Occident. Une très jolie adresse.

■ **SAINT NIKOLIS BOUTIQUE HOTEL**
61 Ippodamou
✆ +30 22410 34561
www.s-nikolis.gr – nikoliss@hol.gr
Chambre double de 80 à 180 € en été, avec petit déjeuner. Réduction de 50 % en hiver. Ouvert toute l'année.
Atmosphère intimiste dans un cadre historique et romantique. Situé à l'emplacement de l'ancien marché antique, cet hôtel de standing dans la vieille ville dispose d'appartements, de suites spéciales lune de miel et de villas, meublés avec soin dans le respect du style médiéval. Parmi les chambres, 2 possèdent une arche originale vieille de plus 8 siècles. Le petit déjeuner est servi sur le toit avec vue fantastique. Restaurant ouvert pour déjeuner et dîner.

Luxe

■ **ALLEGORY BOUTIQUE HOTEL**
✆ +30 22410 37470
http://allegoryhotel.com
info@allegoryhotel.com
Suite double à partir de 250 €, petit-déjeuner inclus. Les prix vont de 80 à 400 € selon la saison et la durée du séjour.
Voici un bijou médiéval qui a su concilier histoire et modernité : le bâtiment historique a été rénové dans un style contemporain, sobre et recherché. Les six suites sont décorées avec goût et offrent un confort absolu. L'hôtel se situe dans un quartier tranquille de la vieille ville, loin des flots de touristes. Vous prendrez un délicieux petit-déjeuner sur la terrasse : produits bio et frais, vaste sélection d'options salées et sucrées, confitures maison... Cet établissement intimiste propose un service personnalisé digne des plus grands hôtels.

Ville nouvelle

■ **ANASTASIA**
46 rue du 28-Octobre
✆ +30 22410 28007
www.anastasia-hotel.com
finikas2@otenet.gr
Chambre double à partir de 60 € en été, avec le petit déjeuner. Ouvert toute l'année.
Dans la nouvelle ville, une bâtisse néoclassique dans une rue commerçante tout près de l'entrée de la vieille ville. Le propriétaire parle français, il est un grand protecteur des tortues. Un établissement familial traditionnellement rustique mais charmant et pas cher. Petit déjeuner dans le

jardin où l'on nourrit des tortues dans le but de les relâcher dans la mer. Un bar ouvert tard la nuit. wi-fi gratuit partout.

■ **MEDITERRANEAN**
35, rue Kos
✆ +30 22410 97000
www.mediterranean.gr
info@mediterranean.gr
Chambre double à partir de 160 € en été, petit-déjeuner inclus. Les chambres sans la vue sont moins chères.
Sur la plage la plus célèbre de la ville, à côté de l'aquarium et du casino, ce vaste hôtel plaira à ceux qui veulent profiter de la mer. Le bâtiment, sur la plage Elli, offre en effet depuis certaines chambres une vue illimitée sur la mer Egée et jouit d'un accès direct au front de mer. Décoration soignée et belles prestations (bar, services de luxe, restaurant).

■ **PLAZA**
7 rue Ierou Lochou
✆ +30 22410 22501
www.rhodesplazahotel.com
Chambre double à partir de 100 € avec petit-déjeuner buffet. Pension complète possible. Ouvert toute l'année.
Cet établissement est idéalement situé à proximité des plages (200 m), du port et à dix minutes à pied de la vieille ville. Cet hôtel de la chaîne Best Western dispose de chambres spacieuses et bien tenues, qui correspondent tout à fait au standing attendu de ce type d'établissement. La piscine écologique (d'eau douce et peu chlorée) est idéale pour les familles tandis que le restaurant propose un buffet copieux le matin et constitue une halte agréable en journée pour prendre le café. Une excellente agence de voyages jouxte l'établissement.

■ **SAVOY HOTEL**
9 Ethelonton Dodekanision St.
✆ +30 22410 20721
www.savoy-hotel-rhodes.gr
reception@savoy.gr
Chambres avec petit-déjeuner buffet à partir de 55 € en été. Wifi gratuit.
L'Hôtel Savoy est situé au centre de Rhodes, à quelques pas de la ville médiévale et du Palais du Grand Maître. Les chambres sont sobres et d'une propreté irréprochable. Elles sont, pour la plupart, pourvues d'un balcon où vous pourrez vous détendre et profiter de la vue sur les environs. La plage de sable d'Elli est à 400 mètres. Le port de Rhodes se trouve à 1,5 km. De nombreux bars, cafés et restaurants ainsi qu'une gare routière et station de taxis sont accessibles à pied. Excellent rapport qualité / prix pour cet établissement idéalement situé.

Se restaurer

Vieille ville

Bien et pas cher

■ **LINDOS GARDEN RESTAURANT**
11 Ippodamou Street
✆ +30 22413 02578
A côté de la mosquée Souleman.
A partir de 15 € par personne. Ouvert tous les jours, midi et soir.
Grande terrasse extérieure avec vue panoramique sur le port et les monuments de la vieille ville, de la musique traditionnelle grecque, des plats typiques à base de produits de la mer, Marios et Cristos vous accueillent avec professionnalisme. Menu en français.

Arche médiévale dans la vieille ville de Rhodes.

■ LA VERANDA

45 Evreon Martyron Square
✆ +30 22410 39608
alexandra.pouriki@yahoo.com
Comptez 15 € par personne. Ouvert tous les jours en saison de 10h à 1h du matin.

Situé sur la place des *Evreon Martyron* (Martyrs juifs) dans un bel immeuble, avec terrasse *roof garden* et une vue fantastique sur la mer. Restaurant familial au personnel très sympathique, jeune et francophone. La cuisine est internationale, de qualité et propose des portions généreuses. Musique *live* certains soirs. Apéritif offert par la maison.

■ TA PETALADIKA

8 rue Menekleous
✆ +30 22410 27319
melathron@fotisgroup.com
Comptez 15 € par personne. Ouvert tous les jours midi et soir.

Cette ouzerie est réputée auprès des locaux malgré son emplacement touristique. Ne faites donc pas attention aux foules qui se pressent aux alentours et venez déguster de l'ouzo et des mezzés les yeux fermés. Tout est frais, notamment la purée de fèves, la *fava*, qui est certainement une des meilleures de la ville. Optez aussi pour du calamar farci ou des crevettes marinées à l'ouzo et au cumin. Une très bonne adresse.

Bonnes tables

■ HATZIKELIS SEA FOOD RESTAURANT

9 Solomon Alhadef
✆ +30 22410 27215
https://hatzikelistavern.com/

Situé derrière l'église Sainte-Marie du bourg, sur la place des Martyrs-Juifs (Martyron Evreon).
À partir de 30 € par personne. Ouvert toute l'année à partir de midi.

Voici un excellent restaurant de fruits de mer. On vous conseille le plateau du pêcheur composé de différents produits de la mer, y compris le homard frais ou encore le plateau de mets traditionnels de Rhodes que l'on ne trouve pas ailleurs. Ce n'est pas donné mais les portions sont bien servies et la qualité est à l'honneur avec des produits frais et légumes bio.

■ MARCO POLO MANSION

Agiou Fanouriou 40-42
✆ +30 22410 25562
www.marcopolomansion.gr
marcopolomansion@hotmail.com
Comptez 30 € par personne. Ouvert tous les soirs pour le dîner.

Marco Polo Mansion propose une cuisine raffinée dans un cadre idyllique. A l'écart de l'agitation touristique, dans une petite ruelle de la vieille ville, c'est un jardin enchanté qui se cache au sein d'une bâtisse médiévale. Là, vous pourrez déguster des plats recherchés et de qualité. Les fondamentaux de la cuisine grecque sont revisités comme le souvlaki d'agneau aux pistaches et à la moutarde ou les crevettes aux noix et au romarin. Les desserts font la part belle aux saveurs italiennes : tiramisu et panna cotta sont au rendez-vous.

■ NIREAS

22 rue Sofokleous
✆ +30 22410 21703
Ouvert toute l'année, midi et soir. Comptez 20 € par personne.

Une adresse à recommander pour les amateurs de poissons, de coquillages et de crustacés ! Originaire de Symi (qui constituerait l'épicentre de la nouvelle cuisine grecque), Theodoros Tsikkis vous fera oublier la feta plâtreuse et les poissons farineux des restaurants à touristes. Sans casser votre tirelire, vous pouvez profiter de l'agréable terrasse en dégustant les fameuses crevettes de Symi, des croquants aux légumes parfumés à la menthe et un délicat dessert maison. Avec un bon ouzo, vous atteignez enfin le paradis de la gastronomie.

Ville nouvelle

■ GRINIARIS

Place Aghiou Ioannou
✆ +30 22410 34005
griniaris-rodos@outlook.com.gr
Comptez 15 € par personne. Ouvert tous les soirs à partir de 18h sauf le dimanche.

Cette ouzerie a toujours été un kafeneio traditionnel : vous trouverez de vieilles photos aux murs dans la salle intérieure. Aujourd'hui, c'est une des adresses préférées des Rhodiens qui viennent pour goûter à de délicieux mezzedes, dont certaines spécialités de Kalymnos, île natale du propriétaire. On écoute de la musique traditionnelle en buvant un ouzo en terrasse et on refait le monde, baigné de verdure et de bien-être culinaire.

■ TAMAM
1 rue G. Leontos
✆ +30 22410 73522 – www.tamamrhodes.gr
contact@tamamrhodes.gr
À partir de 15 € par personne. Ouvert tous les jours de 13h à 23h.
Plébiscité par les locaux et les touristes, ce restaurant suscite parfois des files décourageantes. Et pourtant, l'attente est récompensée : par un apéritif offert, d'abord, des plats réussis aux prix très raisonnables et des découvertes culinaires comme la liqueur locale au mastic. À la hauteur de sa réputation.

■ WONDER RESTAURANT
El. Venizelou 16-18
✆ +30 22410 39805
www.restaurantwonder.gr
dakibozic@gmail.com
Comptez 30 € par personne, ouvert tous les soirs à partir de 19h30 toute l'année. Réservation conseillée en saison.
Dans un jardin au cadre idyllique et romantique, cet établissement est un bijou d'architecture de l'époque, certains diront italienne d'autres diront grecque mais qu'importe la magie opère. Tony le propriétaire prime sur la qualité de l'accueil, du service et de la nourriture proche de la gastronomie sans les prix bien sûr, d'ailleurs n'hésitez pas à le solliciter car il aime beaucoup le Petit Futé. Les plats sont raffinés et inventifs, certainement un des meilleurs restaurant de Rhodes.

Sortir

Cafés - Bars

■ BLUE MIRAGE WINE BAR
26 rue du 25 Mars
✆ +30 22410 20060 – nireas@otenet.gr
Ouvert toute l'année de 8h à 2h du matin.
Magnifique bâtisse et un cadre moderne. Endroit et clientèle chics. Une adresse incontournable pour venir déguster cocktails et vins avec une musique d'ambiance branchée. Le restaurant propose une carte restreinte mais néanmoins à la hauteur de l'endroit. Sans doute l'un des meilleurs bars de la nouvelle ville.

■ CAFÉ AUVERGNE
Alexander The Great Square
✆ +30 22410 76100
www.auvergnecafe.gr
info@auvergnecafe.gr
Ouvert tous les jours de 9h à 2h du matin.
Un de nos endroits préférés dans la vieille ville de Rhodes, même si le lieu est assez touristique. Assis sur la terrasse sous un arbre majestueux, entouré de monuments historiques en pierre de taille, on se laisse agréablement aller à un café en journée après des heures de visite. Il existe aussi un menu limité de plats mais nous ne vous recommandons pas la cuisine.

■ MEVLANA
118 rue Sokratous
✆ +30 6942 210846
Ouvert tous les jours de 9h à 20h.
Un bel endroit où boire un véritable café turc dans la vieille ville. C'est aussi une sorte de cabinet de curiosités, un vrai capharnaüm où vous trouverez plein de petits trésors.On y fumera également la chicha, confortablement installé en regardant le monde qui passe.

■ RONDA
6 Kountourioti Square
✆ +30 69374 04446
http://ronda.gr
info@ronda.gr
Ouvert tous les jours de 10h jusqu'à tard dans la nuit.
Ronda donne sur la plage Elli et propose deux espaces : le bar de plage à proprement parler, avec ses transats et parasols élégants sur le sable et le grand intérieur moderne, tout en rondeurs et qui offre de superbes vues sur la mer et la ville. Un établissement très chic, à la programmation musicale réussie. Une belle adresse pour débuter une soirée ou pour se prélasser avec style en journée sur la plage.

Activités entre amis

■ CASINO DE RHODES
4 Georgiou Papanikolaou
✆ +30 22410 97400
www.casinorodos.gr
info@casinorodos.gr
Ouvert 24h sur 24 en saison.
Vous ne pourrez pas y échapper. Il s'affiche partout. La ville de Rhodes compte un grand casino de 1 700 m^2. Ce grand site comprend 300 machines à sous et 34 tables de jeu sur deux étages. L'entrée payante est valable 24 heures. C'est le seul casino du Dodécanèse : les insulaires de l'archipel viennent y passer quelques heures de loisir pendant leur passage sur l'île-capitale.

À voir – À faire

Vieille ville ★★★

La vieille ville compte un quartier turc. Une petite communauté turque est demeurée dans la ville après la fin de la période ottomane en 1913. Elle se retrouve le vendredi à la mosquée de la place Damagitou, à l'angle de la rue Sophocleous. Il existe aussi un quartier juif abritant la synagogue et la place Martyron Evreon.

■ CHORA ★

Chora, aussi appelé Hora, est le quartier ottoman de la vieille ville. C'est ici que la puissance ottomane installa les grands centres du pouvoir et de la religion. Les églises furent transformées en mosquées et l'architecture traditionnelle ottomane se développa partout. Vous observerez notamment les structures en bois le long de la rue Socratous, typiques de la période ottomane. La vieille ville se vide alors de sa population grecque autochtone qui migre à l'extérieur des murailles. En haut de la rue Socratous, notez les bâtiments suivants :

- **La mosquée de Soliman** est érigée en 1523 en l'honneur de Soliman le Magnifique à qui l'on doit la conquête de Rhodes par l'Empire ottoman. Le bâtiment actuel, facilement identifiable avec ses murs roses, date du XIXe siècle. C'est encore aujourd'hui une mosquée en activité qui n'est pas forcément ouverte aux visites.
- **La bibliothèque musulmane Hafiz Ahmed Agha** *(ouverte du lundi au samedi de 9h à 14h30)*, édifiée en 1794, abrite des manuscrits rares et des Corans enluminés, dont le plus ancien date de 1540. C'est un des joyaux de la période ottomane à Rhodes, un centre de connaissance et de sciences.

■ MUSÉE D'ART MODERNE GREC

2 Place Symis
✆ +30 22410 23766
mgamuseum.gr
education@mgamuseum.gr
Ouvert du mardi au samedi de 8h à 14h. Tarif 3 €, réduit 1 € et gratuit pour les moins de 18 ans.
Importante collection de peintures, gravures et sculptures du XXe siècle répartis en trois sites. Si le gros de la collection se trouve dans le bâtiment principal de la place Symis, à l'entrée de la cité médiévale, le billet d'entrée donne également accès aux autres sites. L'occasion de revenir sur l'histoire de la Grèce à travers l'œil d'artistes grecs.
Une intéressante et constructive visite qui illustre le lien entre les artistes grecs et les grands courants internationaux qui ont traversé l'art moderne en Europe. Egalement des expositions temporaires.

- **Autres adresses :** Centre d'Art contemporain, 179 rue Socrates +30 22410 36646 • Nouvelle Galerie d'Art, place G. Charitou et rue Paola Nestoridou +30 22410 25780

■ MUSÉE ARCHÉOLOGIQUE ★★

Place M. Alexandrou
✆ +30 22413 65257
http://odysseus.culture.gr
En été, ouvert tous les jours de 8h à 20h, sinon de 8h à 15h sauf le lundi). Entrée 8 €.
Voici un site incontournable. Au Moyen Age, ce magnifique ensemble abritait l'hôpital des

Epta Piges ou vallée aux Sept Sources.

Chevaliers de Saint-Jean. Débuté en 1440, il est achevé sous l'autorité de Pierre d'Aubusson, 40e Grand Maître de l'Ordre de Saint-Jean de Jérusalem de 1473 à 1503. Le bâtiment, de style gothique, comporte quelques éléments Renaissance. La cour intérieure est cernée d'une galerie à deux étages, qui dessert les salles du musée.
Aujourd'hui, celles-ci exposent les plus grands trésors archéologiques de Rhodes et des îles alentour. On notera particulièrement le chef-d'œuvre d'art hellénistique, *Aphrodite accroupie*, sculpture en marbre datant du Ier siècle avant J.-C. Dans la cour intérieure, admirez les mosaïques qui proviennent d'une basilique de l'île de Karpathos datant des premiers chrétiens.
A l'étage, vous pourrez admirer des sculptures tombales dans la grande salle des malades et dans la salle à manger. Elles datent de périodes éloignées : ainsi un sarcophage romain a été « récupéré » pour servir de tombeau à Pierre de Corneillan (nommé Grand Maître de 1353 à 1355) alors que certaines stèles funéraires datent de l'Antiquité tardive et ont été trouvées sur l'île de Nisyros.
La majorité des collections antiques provient des fouilles menées par les Italiens au cours de l'occupation fasciste. On verra notamment des trouvailles provenant des sites antiques de Ialissos et Kamiros.
Question pratique, une possibilité intéressante : la possibilité d'un billet couplé à peine plus cher avec l'église Panaghia tou Kastrou, le musée des Arts décoratifs, le palais des Grands Maîtres.

■ MUSÉE DES ARTS DÉCORATIFS

Place Argyrokastrou
✆ +30 22413 65200
Ouvert du lundi au samedi de 8h à 15h. Entrée 2 €. Billet couplé avec l'église Panaghia tou Kastrou, le musée des Arts décoratifs, le palais des Grands Maîtres : 10 €.
Le Musée des Arts décoratifs de Rhodes est abrité dans l'ancien arsenal médiéval. Il présente l'artisanat typique des îles du Dodécanèse et de Rhodes dans un ensemble de salles reconstituant une maison traditionnelle rhodienne de la période ottomane. Dans ces beaux intérieurs, vous remarquerez les fameuses assiettes de Rhodes aux motifs caractéristiques ainsi que les costumes traditionnels des îles de Symi, Karpathos, Nissyros ou encore Tilos.

■ ODOS IPPOTON (RUE DES CHEVALIERS) ★★★

Accès gratuit (sauf intérieur des auberges). Le palais du Grand-Maître est seul ouvert à la visite (voir descriptif).
C'est l'artère principale de la cité et du pouvoir au temps des Croisés et des Chevaliers de Saint-Jean, où s'établirent les auberges de l'Ordre. Celui-ci était divisé en trois catégories de Croisés : les Chevaliers, les Frères infirmiers et les Ecclésiastiques. Les Frères infirmiers, des roturiers, s'occupaient de soigner les malades en temps de paix et les blessés lors des batailles. Les Ecclésiastiques servaient les églises de l'Ordre. Les Chevaliers étaient chargés des fonctions militaires. Tous ces membres étaient originaires des grands pays européens catholiques et étaient divisés en sept groupes linguistiques distincts, les « Langues » : de Provence, d'Auvergne, de France, d'Allemagne, d'Italie, d'Angleterre et d'Espagne (à un moment divisée en Langue d'Aragon et de Castille).
La langue commune à tous était le latin à l'écrit, et le français à l'oral. La Langue de France, soutenue par la Langue d'Auvergne et la Langue de Provence, était majoritaire : sur les 19 Grands Maîtres qui se succédèrent, 14 furent des Français.
Les sept Langues ou auberges se répartissaient le pouvoir dans la cité. Chacune disposait de son propre palais, reconnaissable à l'écusson apposé sur la façade du bâtiment. A l'extrémité ouest de la rue, sur la place Kleovoulou, le Palais du Grand Maître représente le centre du pouvoir et son autorité suprême. En face, observez les restes de l'église de Saint-Jean qui était la chapelle principale des Chevaliers. C'est ici que les Grands Maîtres étaient enterrés. La chapelle fut transformée en réserve à poudre et une explosion en 1856 détruisit l'église.
En poursuivant vers l'est, vous tomberez d'abord sur l'auberge de Provence. Elle fait face à l'auberge d'Espagne, la plus grande avec sa salle de réunion de 150 m^2. Ces deux palais sont reliés par un pont ou arcade qui enjambe la rue des Chevaliers. Plus loin, l'auberge de France est la plus impressionnante. Nous l'avons dit, l'auberge de France est majoritaire pendant toute la période des Chevaliers de Saint-Jean et il n'est donc pas étonnant que les membres de la Langue de France aient voulu affirmer cette supériorité jusque dans l'architecture de leur auberge.
Juste avant l'auberge, vous trouverez la chapelle de France, l'église de la Sainte-Trinité. Il s'agit d'un édifice gothique des XIVe et XVe siècles qui fut transformé plus tard en mosquée par les Ottomans. Vient après l'auberge d'Italie qui date de 1519 et qui fait face à l'hôpital des Chevaliers qui abrite aujourd'hui le Musée archéologique. Enfin, et un peu en retrait de la rue des Chevaliers, autour de la place Argyrokastrou, vous trouverez l'auberge d'Auvergne construite en 1507.

Place Kleovoulou.

PALAIS DES GRANDS MAÎTRES ★★

Place Kleovoulou
Rue des Chevaliers
✆ +30 22413 65270
En été, ouvert tous les jours de 8h à 20h (sinon de 8h à 15h, sauf le lundi). Entrée 9 €.

Au début de la rue des Chevaliers, un passage voûté et un premier portail vous mèneront à l'entrée du Palais des Grands Maîtres, le cœur du pouvoir de la cité croisée. En effet, c'est ici que loge le Grand Maître, élu par les différents membres de l'Ordre et chargé jusqu'à sa mort de l'administration suprême des Chevaliers de Saint-Jean de Jérusalem.

Le bâtiment d'origine est construit au XIVe siècle sur le plus haut point de la cité afin de dominer simultanément les terres et le port. Partie intégrante de la forteresse et des remparts de la ville médiévale, le palais est cerné des fortifications et tours impressionnantes, que vous pourrez admirer dans la première cour rectangulaire pensée comme refuge ultime en cas d'attaque ennemie pour l'ensemble de la population de la cité.

Une explosion d'un stock de munitions ottoman détruisit presque entièrement le palais en 1856. Les Italiens l'ont rénové avec plus ou moins de fidélité historique : vous verrez notamment les armoiries de Victor Emmanuel II un peu partout dans le palais, ainsi qu'une stèle commémorative à la gloire de Mussolini au niveau de la billetterie. On accède à la cour intérieure et au cœur du pouvoir par un deuxième portail gigantesque. Elle est cernée d'une galerie d'arcades surmontées d'un étage où l'on visite des salles en enfilade décorées de mosaïques installées là par les Italiens pendant la « rénovation » quelque peu fantasque qu'ils ont menée ici.

Malheureusement, vous ne trouverez quasiment aucune explication à l'intérieur du Palais, ni en grec, ni en langue étrangère. Voici quelques points de repère qui pourront vous aider au cours de la visite.

- **Au rez-de-chaussée**, deux expositions permanentes sont organisées sous les arcades de la cour intérieure. Une première exposition traite de la Rhodes ancienne et célèbre les quelque 2 400 ans d'histoire de la ville depuis sa fondation en 408 av. J.-C. L'autre exposition traite de la période byzantine et croisée jusqu'à la capture de la ville par les Ottomans en 1522.

- **Le premier étage**, auquel on accède par un escalier monumental, est fait de salles de réception et appartements en enfilade. Les sols sont ornés de mosaïques des périodes hellénistique et romaine et du temps des premiers chrétiens et constituent le principal intérêt de la visite, au-delà de l'espace en lui-même. Le mobilier et tous les éléments d'origine ont été perdus au cours de l'explosion dramatique de 1856. Notez la salle des Muses ou encore la salle de la gorgone Méduse et leurs mosaïques magnifiques qui proviennent en grande partie de fouilles réalisées sur l'île de Kos.

TOUR DE L'HORLOGE

Ouvert tous les jours de 9h à 1h l'été, sinon jusqu'à 17h. Entrée 6 €.

La tour de l'horloge, ancienne tour byzantine de garde du VIIe siècle, fut grandement endommagée par l'explosion de 1856. Reconstruite néanmoins après la catastrophe, et avec au passage quelques rajouts baroques, on y monte avec enthousiasme pour avoir une magnifique vue panoramique sur la ville et l'Egée. Après la visite, vous pourrez vous rafraîchir dans le petit café attenant ou sur sa terrasse : une boisson est comprise dans le prix du billet pour vous récompenser de vos efforts. Entrée gratuite pour les enfants.

RHODES JEWISH MUSEUM

Rue Dossiadou
© +30 22410 22364
www.rhodesjewishmuseum.org
info@rhodesjewishmuseum.org

Entre avril et octobre, ouvert de 10h à 15h, fermé le samedi. Entrée libre mais donations bienvenues.

Le musée juif de Rhodes est situé dans la synagogue Kahal Shalom, la plus ancienne synagogue de Grèce (construite en 1577) et la dernière de Rhodes encore en activité. L'intérieur de la synagogue est de style sépharade traditionnel. Remarquez les sols et les mosaïques de galets, typiques de la vieille ville de Rhodes. Le musée retrace l'histoire de la communauté juive de Rhodes qui remonte à plusieurs siècles.

Au début du XXe siècle, la communauté juive sépharade comptait quelque 4 000 membres et le quartier juif (la *Juderia*) recensait quatre synagogues. Dans les années 1930, l'île est sous occupation italienne et les lois antisémites proclamées par le gouvernement fasciste poussent une grande partie de la population juive à quitter Rhodes. En 1944, l'île est finalement occupée par l'Allemagne nazie : le 23 juillet 1944, 1 673 juifs sont rassemblés et déportés. Seuls 151 reviendront des camps. Aujourd'hui, la communauté n'est plus constituée que d'environ 30 membres.

Ville nouvelle

L'héritage mussolinien. Parmi les bâtiments imposants de la ville nouvelle construits par les Italiens, vous remarquerez la Banque nationale de Grèce, le Théâtre national, la poste, le palais de justice, la mairie.

ACROPOLE DE RHODES

© +30 22413 65200

Ouverte en permanence, entrée libre.

L'Acropole antique de Rhodes – non fortifiée – domine toute la ville. On y trouvait des temples massifs ainsi que tous les lieux du pouvoir et de la vie publique de la cité. L'ensemble date de la période hellénistique tardive (entre le IIIe et le IIe siècles avant J.-C.). Les fouilles ont commencé sous l'occupation italienne en 1912 mais ne sont toujours pas terminées. Vous y verrez notamment une reconstitution impressionnante du stade avec ses 210 mètres de long, du théâtre qui pouvait accueillir 800 spectateurs et des temples dédiés à Zeus et à Athéna.

PLAGES

En plus de son patrimoine historique, la capitale du Dodécanèse a la chance de disposer de deux immenses plages de galets plats. Les plages, situées de part et d'autre du cap Mili, à la pointe de l'île, offrent une vue panoramique sur la Turquie.

A l'ouest du cap, la baie de Trianda file sur 10 km en une succession de beach bars, transats et parasols. Très fréquentée, elle est bordée de grands hôtels mais vous trouverez toujours une petite place si vous ne souhaitez pas quitter la ville, à la recherche d'un peu plus de sérénité.

A l'est, la plage Elli longe la rue de Kos et s'étend jusqu'au port de la ville. De taille plus modeste, elle a cependant l'avantage d'être plus proche de la vieille ville et d'être abritée des vents soufflant l'été vers le nord-ouest. Toutes deux se rejoignent au niveau de l'aquarium, placé à l'extrémité du centre-ville moderne.

© TUNART – ISTOCKPHOTO.COM

Tour de l'Horloge.

PORT DE MANDRAKI ★

L'entrée au port de plaisance de Mandraki est gardée par deux colonnes emblématiques de Rhodes : les colonnes du cerf et de la biche. Pendant longtemps, la légende urbaine voulait qu'elles marquent l'emplacement de l'antique et majestueux *Colosse* de Rhodes. Selon cette théorie répandue, les pieds du *Colosse* s'ancraient au niveau des colonnes actuelles pour s'élever à 31 m de hauteur (équivalant à un immeuble de douze étages). Une thèse battue en brèche par tous les archéologues...
C'est au port de Mandraki que vous trouverez les bateaux de croisière et d'excursions et un certain nombre de restaurants touristiques peu recommandables. Les quais abritent surtout une succession de bâtiments d'architecture fasciste. Parmi les bâtiments imposants de la ville nouvelle construits par les Italiens, vous remarquerez la Banque nationale de Grèce, le Théâtre national, la poste, le palais de justice et la mairie ainsi que le bâtiment au style éclectique du Nouveau Marché, ancien marché aux poissons construit en 1925 et où s'alignent aujourd'hui cafés et échoppes. En face des quais, le phare Agiou Nikolaou et les trois moulins à vents médiévaux gardent l'accès au port.

Sports - Détente - Loisirs

Les nombreux bateaux de plaisance et les trois moulins à vent rendent agréable une balade nocturne. Au bout du quai, la forteresse de Saint-Nicholas, patron des marins, garde la cité depuis 1464. Belle promenade sur la colline Monte Smith, à 2 km du centre. Vous pourrez y admirer les ruines de l'acropole de Rhodes (IIe siècle av. J.-C.) et une belle vue sur la mer. Si vous n'aimez pas la marche, prenez le bus n° 5.

TOUR DE L'ÎLE DE RHODES ★★★

Avec ses 1 398 km², ses 220 km de côtes et ses 120 000 habitants, Rhodes est une île de légendes. La mythologie antique y place l'une des sept merveilles du monde, le fameux Colosse de Rhodes. Quatrième île grecque par la taille, île principale du Dodécanèse, elle attire chaque année plus d'un million de touristes. Eté comme hiver, la vedette du Dodécanèse jouit d'un climat exceptionnel. Avec 300 jours de soleil par an, c'est l'île la plus chaude de Grèce. Rhodes possède un patrimoine historique unique parmi les îles du Dodécanèse, une vie nocturne extrêmement riche, de très beaux sites archéologiques et des plages splendides. Les amateurs de plage, de bronzage et de farniente seront comblés. Mais ils passeront à côté de l'essentiel : la nature verdoyante de l'arrière-pays avec des montagnes et des vallées, les ruines et les temples, les châteaux forts, la vieille ville médiévale inscrite au patrimoine mondial de l'Unesco et les recoins perdus qui ne demandent qu'à être découverts.

Histoire

Les Anciens croyaient que cette île de l'est de la mer Egée avait surgi de la mer. Son nom vient de Rhodi, fille de Poséidon ou encore des roses qui sont l'emblème de ses monnaies antiques. Les Rhodites sont les alliés des Athéniens contre les Spartiates. La ville de Rhodes a été construite en 408 av. J.-C. d'après le plan du célèbre urbaniste Hippodamos de Milet. En 304, pour fêter leur liberté après un siège de longue durée, ses habitants érigent à l'entrée du port l'une des sept merveilles du monde, le fameux colosse, statue géante du dieu Soleil. Dès cette époque, Rhodes commence à devenir un centre culturel rayonnant. *La Victoire de Samothrace* est un exemple caractéristique du talent exceptionnel de ses artistes. Selon Pline, on compte alors une centaine de petits colosses, dans la seule ville de Rhodes. Au IIIe siècle, Rhodes est aussi une importante puissance maritime qui continue à attirer les philosophes et les artistes jusqu'au Ier siècle. Des Romains, dont Jules César et Lucrèce, la visitent pour s'instruire. Plus tard, elle fait partie de l'Empire byzantin ; puis du XIe au XVIe siècle, elle passe progressivement sous le contrôle des Génois et des croisés. En 1306, elle est vendue aux chevaliers de l'ordre de Saint-Jean qui construisent la ville médiévale et la protègent par des murailles impressionnantes. De 1522 à 1912, elle tombe sous le joug turc, puis devient une partie de l'Italie. En 1947, elle est rattachée à la Grèce.

FALIRAKI - ΦΑΛΗΡΑΚΙ

A 15 km de Rhodes-Ville, cette station balnéaire est devenue le rendez-vous des touristes britanniques. Dans les pubs du front de mer, la bière importée coule à flots. Non sans provoquer quelques débordements. De manière générale, à éviter pour ceux qui veulent être au calme et qui ont du mal avec le tourisme de masse et les comportements un peu limite qui vont parfois avec l'excès de consommation d'alcool.

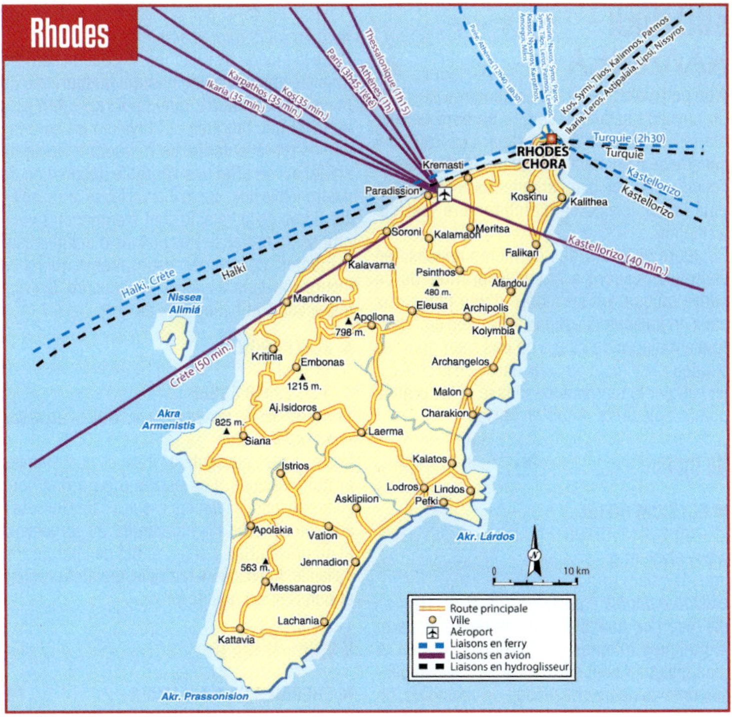

Seule attraction notable : pour les amateurs, le water-park de Faliraki a été élu à plusieurs reprises meilleur parc aquatique d'Europe. C'est dans tous les cas le plus grand. Parfait pour les familles avec enfants, à faire en activité à la journée.

■ ANTONIOS

A 5 minutes de la plage.
✆ +30 22410 87101
www.antonioshotel.eu
Chambre double à partir de 50 € en été. Petit-déjeuner en supplément : 4 € par personne.
Un petit hôtel de 23 chambres, abordable et qui tranche avec les gros complexes du littoral. En août, les places sont chères – entendez rares, car les chambres sont plutôt rustiques et économiques. Il y a quand même la télévision, un frigo et une piscine. Pour info, l'hôtel propose des semaines à prix cassés en octobre, quand il fait encore beau.

■ MITSIS FALIRAKI BEACH HOTEL

✆ +30 22410 85301
www.mitsishotels.com
info@mitsis-falirakibeach.com
Chambre double à partir de 110 € en été avec le petit déjeuner.
Le resort, en bord de mer, propose aussi des piscines et un spa. Ambiance « Club Med » avec des soirées à thème – et en plusieurs langues. Quant aux chambres de ce gros complexe, elles ont la télévision et un balcon. On peut aussi y jouer au billard, tennis de table, beach volley, prendre des cours d'aérobic ou encore louer un vélo ou monter à cheval. Plusieurs restaurants.

■ WATER PARK RHODES

✆ +30 22410 84403
www.water-park.gr
info@waterpark.gr
Des navettes gratuites font
la liaison une fois par jour avec Lindos.
Ouvert en été tous les jours de 9h30 à 19h et jusqu'à 18h en mai, septembre et octobre. Entrée : adultes 24 €, enfants de moins de 12 ans 16 €, gratuit pour les moins de 3 ans.
Le plus grand parc d'attractions aquatiques d'Europe est situé légèrement en retrait de la plage de Faliraki et s'étend sur une surface de 10 000 m². Piscines variées dont une énorme piscine à vagues, toboggans pour tous les âges et bateau de pirates raviront les plus jeunes. Vous trouverez également des transats pour vous reposer entre deux activités et des restaurants et snack-bars pour casser la croûte.

KALLITHEA – ΚΑΛΛΙΘΕΑ ★

A un peu moins de 10 km de Rhodes-ville, dans un paysage sauvage, ce site en bord de mer abrite les thermes de Kallithea. Les Italiens y construisent un établissement thermal pendant l'occupation : ce bijou architectural est un des plus beaux exemples d'architecture fasciste à Rhodes.

Restauré au cours des dernières années, les visiteurs peuvent à nouveau profiter de ce cadre unique, en surplomb d'une plage aux eaux cristallines. C'est une attraction architecturale majeure de l'île, à ne pas rater pour les amateurs. Le reste de cette partie de la côte est envahi par le tourisme de masse et les grands hôtels inélégants. A fuir en saison.

Se loger

■ ELYSIUM HOTEL

✆ +30 22410 45700
www.elysium.gr
info@elysium.gr
Chambre double à partir de 190 € en été.

Un *resort* de luxe sur la plage de Kallithéa et à quelques minutes à peine des thermes. A recommander pour ceux qui aiment les établissements du genre : beaucoup de chambres, un confort impeccable mais peu personnalisé, tous les services attendus dans ce genre d'hôtel tout compris, à savoir piscine, spa, accès à la plage avec transats et parasols, bars et restaurants menés d'une main de maître par le chef Yorgos Troumouchis.

■ HOTEL ROMANZA MARE

✆ +30 22410 62220
www.romantza.com
info@romantza.com
Chambre double à partir de 80 € en été.

A 6 km de Kallithea et à 40 m de la plage, vous trouverez 70 chambres et 20 studios avec kitchenette.

Souvent pris d'assaut en août, il faut s'y prendre tôt. Télévision, réfrigérateur, véranda. Petit déjeuner, restaurant et piscine. Boutique dans l'hôtel et location de véhicules. Un petit *resort* familial pour les amateurs de ce genre d'établissement.

Se restaurer

■ NOBLE GOURMET

Dans l'hôtel Elysium
✆ +30 22410 45700
www.elysium.gr
info@elysium.gr
A partir de 45 € par personne le soir. Ouvert tous les jours midi et soir.

Dans le monde de Kallithéa, il y a d'un côté les établissements bas de gamme du tourisme de masse et de l'autre quelques rares temples du luxe. Les thermes et l'Elysium en sont les dignes représentants. Le restaurant Noble de l'hôtel est en effet une véritable destination de gastronomie fine. Sur la merveilleuse terrasse en surplomb de la baie, le chef Troumouchis vous proposera des assiettes pleines d'imagination, élégantes, complexes, osant même quelques incursions dans la cuisine moléculaire. Service impeccable et belle carte de vins.

■ MAKKERONI

G. Drosini
✆ +30 22410 63366
Comptez 15 € par personne. Ouvert tous les jours, midi et soir.

Des assiettes qui sentent l'Italie du sud, simples et authentiques. Les pizzas à pâte fine sont cuites au four de manière irréprochable (essayez absolument celle à la mozzarella, au gorgonzola et au prosciutto). Large variété de charcuterie italienne. Atmosphère familiale, grandes portions et bon rapport qualité/prix.

À voir – À faire

■ THERMES DE KALLITHEA ★

✆ +30 22410 37090
www.kallitheasprings.gr
info@kallitheasprings.gr
En saison, ouvert tous les jours de 8h à 20h. Entrée 3 €.

La station thermale de Kallithéa a été aménagée par les Italiens en 1929. Très vite, les thermes, réputés pour leurs cures, accueillent des patients du monde entier. Après une période faste, l'activité se ralentit jusqu'à ce que les thermes soient totalement abandonnés. L'ensemble a rouvert ses portes en 2007 suite à des travaux de rénovation qui lui ont rendu sa splendeur d'antan. Aujourd'hui, on visite les bâtiments à l'architecture unique et on s'imprègne de l'ambiance rétro caractéristique des sanatoriums de l'entre-deux-guerres. Admirez les deux rotondes emblématiques, dont la principale est coiffée d'un dôme de 14 mètres, promenez-vous à l'ombre des pergolas fleuries et prenez le frais auprès de la fontaine ornée d'un joli Eros. Consacrez quelques heures à vous balader et finissez par un bain de mer sur la petite plage de sable. Aujourd'hui, on ne vient plus en cure mais pour baigner dans cette atmosphère unique, profiter des eaux claires et boire un verre au bar. Régulièrement, des expositions temporaires sont également organisées ici.

Ladikos.

LADIKOS - ΛΑΔΙΚΟΣ

A 16 km de Rhodes-ville. Les deux petites baies de Ladiko sont protégées du vent et vous pourrez vous y baigner agréablement. La plage la plus connue est celle surnommée Anthony Quinn Bay et elle est située à environ 200 mètres de la plage principale, en poursuivant sur la route. En effet, c'est ici que la plupart des scènes extérieures du film à succès *Les Canons de Navarone* ont été tournées. Réalisé par J. L. Thompson en 1961, il met en scène Anthony Quinn, Gregory Peck et David Niven dans un haut fait d'armes de la résistance grecque et des commandos britanniques contre l'occupant allemand pendant la Seconde Guerre mondiale. Considérée comme une des plus belles plages de Rhodes, la plage d'Anthony Quinn est bondée en saison. Etroite, vous aurez une chance de trouver un petit coin pour vous poser seulement si vous venez tôt le matin. En pleine journée, il faudra passer votre tour.

■ CATHRIN HOTEL

A 650 m de la première plage de Ladiko
✆ +30 22410 85080
www.cathrinhotel.gr
info@cathrinhotel.gr
Chambre double standard à partir de 100 € en été, avec possibilité de demi-pension.

Un peu moins bondé que les gros complexes de la région, cet hôtel dispose d'environ 170 chambres réparties en six bâtiments, une immense piscine de 850 m^2, un bassin pour enfants, un court de tennis et une salle de fitness. C'est l'établissement le plus proche des baies de Ladiko, à 650 mètres de la plage principale et 850 mètres de l'Anthony Quinn Bay.

■ LADIKO TAVERNA & BEACH BAR

Sur la première plage de Ladiko
✆ +30 22410 85482
Ouvert tous les jours de 9h à 19h. Comptez 15 € par personne.

La seule option restauration sur les baies de Ladiko est la taverne située sur la première plage. Rien d'exceptionnel, parfois même une qualité médiocre mais vous pourrez casser la croûte en cas de besoin. Compte tenu du monopole et de l'affluence touristique des lieux, attendez-vous à ce que les tables soient prises d'assaut pour le déjeuner. On viendra surtout pour une pause café à l'ombre, entre deux baignades.

AFANDOU - ΑΦΑΝΤΟΥ

À 20 kilomètres de Rhodes, un très vieux village construit de façon à ne pas être visible (*afando*) des pirates. S'y trouve un parcours de golf très correct.

■ AFANDOU GOLF COURSE

✆ +30 22410 51451
www.afandougolfcourse.com
info@afandougolfcourse.com
Ouvert toute l'année. Parcours 18-trous : green fees 30 €. Parcours 9-trous : green fees 20 €. Location de clubs 10 €.

Le club d'Afandou est l'unique club de golf de l'île. Le parcours 18-trous a été dessiné par l'architecte de golf britannique Donald Harradine et a ouvert dans les années 1970. Aujourd'hui, le terrain de golf manque un peu d'entretien et les prix ont été réduits ces dernières années. Pas facile avec la crise et le climat de Rhodes de maintenir des gazons verdoyants en saison... Malgré tout, les amateurs pourront se faire plaisir.

AVANTIS

✆ +30 22410 51280
www.avantisfishrestaurant.gr
info@avantisfishrestaurant.gr
Comptez 25 € par personne. Ouvert tous les jours de 10h à 2h du matin.
Quand Constantinos Avantis a ouvert sa taverne sur la plage en 1983, il n'aurait jamais pensé que toute l'île de Rhodes se presserait un jour à sa table. Les années ont passé et ce n'est plus aujourd'hui une petite paillote mais bien un restaurant tout blanc et chic où l'on sert en priorité du poisson et des fruits de mer, la spécialité. Laissez-vous tenter par les pêches du jour, vous ne le regretterez pas.

GOLF VIEW

✆ +30 22410 51935
www.rodos.com/golf-view
Chambre double autour de 40 € en été. Pension complète pour environ 15 € de plus.
A la sortie du village, face au golf. Construit sur une petite colline, il offre une jolie vue sur la mer. 42 chambres très correctes. Piscine, court de tennis et aire de jeux pour enfants.

EPTA PIGES - ΕΠΤΑ ΠΗΓΕΣ

Pour atteindre Epta Piges, il vous faudra quitter la grande route Rhodes-Lindos et rentrer dans les bois. Ce petit coin de verdure situé à l'abri de la côte doit son nom – Epta Piges – aux sept sources de l'endroit. Belle promenade entre fraîcheur et végétation.

TSAMBIKA - ΤΣΑΜΠΙΚΑ

Une des plus belles plages de Rhodes. Une longue bande de sable bordée de tavernes. Vous verrez aussi le monastère de la Vierge de Tsambika qui donne son nom au lieu.

ARCHANGELOS - ΑΡΧΑΓΓΕΛΟΣ

Village renommé pour ses manufactures de tapis et de bottes, il attire de plus en plus de touristes, peut-être à cause de sa forteresse, de ses jolies ruelles blanches autour de l'église. Il commence à déborder de tavernes et de boutiques.

HARAKI - ΧΑΡΑΚΙ

A 40 km de Rhodes-Ville, c'est le port des villages de Malona et de Massari. Sur un rocher à gauche se trouve la forteresse médiévale de Feraklos dominant la mer. A proximité d'Haraki, une multitude de plages sont accessibles par des sentiers au départ de la route pour Lindos et méritent d'être visitées car elles sont souvent un peu plus calmes qu'ailleurs au nord-ouest.

LINDOS - ΛΙΝΔΟΣ ★★★

A 46 km de la capitale, c'est peut-être le plus bel endroit de l'île malgré les nuées de touristes qui, en août, envahissent la cité et obligent les habitants à se terrer chez eux. Vous resterez difficilement insensible au charme de ce promontoire coiffé d'une acropole antique avec, en contrebas, un village fleuri, d'une blancheur éblouissante.
Grâce à sa situation géographique privilégiée, la zone est habitée dès l'époque préhistorique. Les Grecs y restent et fondent leur acropole en surplomb du village. Au IVe siècle av. J.-C., Cléobule, un tyran éclairé qui compte parmi les sept sages de Grèce, embellit le sanctuaire du Xe siècle av. J.-C. dédié à Athéna. Puis les Byzantins et les Chevaliers de Saint-Jean fortifient la cité antique en y construisant une imposante citadelle. En général, les touristes préfèrent visiter la ville piétonne en une journée d'excursion depuis Rhodes. Ils envahissent donc les ruelles entre 10h et 18h mais si vous avez la curiosité de rester après leur départ, vous aurez alors le village pour vous et vous profiterez autrement de la beauté et de la sérénité des lieux. Vous trouverez aussi trois plages, de part et d'autre de l'acropole. A gauche, celle connue sous le nom de « plage de Lindos » est la plus fréquentée. A droite, la plage de Saint-Paul est plus étroite et plus sauvage. Elle tient son nom de saint Paul apôtre qui aurait débarqué ici, apportant la chrétienté dans ses bagages, comme le dit la légende locale. Entre les deux, la petite plage de Pallas est agréable pour les familles avec enfants. Si vous cherchez du calme, continuez à droite au-delà de Pallas Beach et grimpez le long des rochers pour vous isoler et avoir la mer à vous.

Se loger

CAESAR'S GARDENS HOTEL & SPA

✆ +30 22440 31537
caesarsgardens.com
info@caesarsgardens.com
Chambre double à partir de 160 € en été.
Situé sur une colline à l'extérieur de Lindos, cet établissement magnifique de type boutique-hôtel est noyé dans un océan de verdure. On s'y relaxe dans un espace unique, au design à la fois contemporain et rustique. Les chambres, magiques, sont d'un confort absolu et ont accès à une belle piscine. L'ensemble est d'un raffinement discret et d'une beauté simple. Idéal pour les couples et la relaxation. Les enfants ne sont pas admis.

ERATO

✆ +30 22410 61488
www.eratolindos.gr
info@eratolindos.gr

Chambre double de 60 à 80 € en été sans petit déjeuner. Ouvert toute l'année.

Un bon compromis économique. Ces appartements situés au cœur de Lindos sont nichés dans une maison traditionnelle datant de 1915 - mais ils ont été modernisés et rénovés depuis. Bien équipés. Du balcon, on aperçoit l'acropole de Lindos et la mer à 150 m seulement. Une très bonne affaire.

LINDIAN JEWEL

Plage de Vlicha
✆ +30 22440 33033
www.lindianjewel.com
info@lindianjewel.com

Chambre double à partir de 110 € en été, petit-déjeuner inclus.

Sur la plage de Vlicha, dans la baie qui précède le village de Lindos, voici un bel établissement. On trouve plusieurs petits bâtiments reliés entre eux par des patios et des escaliers, pour un total de 36 chambres avec petits balcons et petites salles d'eau. Belle salle de restaurant en rotonde, avec vue sur la baie. Sur la terrasse inférieure, grand bar avec restauration légère ; et devant, une plage avec sunbeds et parasols de l'hôtel. Le restaurant est ouvert à tous et de bonne qualité. Si vous restez plusieurs nuits, demandez les forfaits.

LITTLE LINDOS SEAVIEW STUDIOS

✆ +30 69448 36561
www.littlelindos.com
littlelindos@gmail.com

Studio double à partir de 70 € en été. Wifi gratuit.

Voici une bonne affaire dans le village de Lindos, à quelques mètres de la plage de Saint-Paul. Ces petits studios partagent une grande terrasse avec vue sur la mer et l'acropole en surplomb. Ils sont équipés de l'essentiel et confortables.

Se restaurer

Bien et pas cher

LINDOS RESTAURANT

✆ +30 69480 57780

Comptez 15 € par personne. Ouvert tous les jours, midi et soir.

Restaurant familial se trouvant à l'entrée de la ville. Cuisine traditionnelle grecque et méditerranéenne très savoureuse. Carte généreuse et bon marché. La vue depuis le roof garden vaut vraiment le détour. Le personnel est chaleureux et vous accueillera en français.

OLYMPIA RESTAURANT

✆ +30 22440 31485
info@olympialindos.gr

Depuis la place principale, vers l'église de la Vierge, puis à droite et toujours tout droit en direction de l'amphithéâtre.

Environ 15 € par personne. Ouvert tous les jours midi et soir.

Michalis et sa famille gèrent L'Olympia et sa sublime terrasse sur le toit, surplombant toute la ville, d'où vous pourrez admirer les remparts de la forteresse, l'acropole et la mer. Cuisine méditerranéenne inspirée des traditions culinaires grecques et italiennes – l'épouse de Michalis est originaire d'Italie. Les vins maison sont aussi très corrects.

Forteresse des Chevaliers.

Bonnes tables

AMBROSIA

✆ +30 22440 31804
www.lindostreasures.com
george.ambrosia2002@gmail.com
Comptez 30 € par personne. Réservation conseillée le soir. Ouvert midi et soir.
Ce restaurant élégant se trouve dans une petite ruelle de Lindos. Pas de terrasse mais une ambiance feutrée et chic, alliant tradition et modernité. Le patron, Georges, est aux petits soins et assure un service professionnel et impeccable. La cuisine est de haute tenue et d'un très bon rapport qualité-prix compte tenu des plats proposés. Là encore, un effort particulier est fait pour allier recettes traditionnelles et approche contemporaine. Un établissement sur lequel on ne tarit plus d'éloges et qui s'est fait connaître bien au-delà des limites de Lindos.

BYZANTINO

✆ +30 69484 17313
www.byzantinolindos.gr
info@byzantinolindos.gr
Au-dessus du bar Byzantino.
Comptez 25 € par personne. Ouvert tous les jours de midi à minuit.
L'agneau à la feta, servi dans une croûte de pâte feuilletée, rehaussé de morceaux de tomates et de poivrons aux herbes aromatiques, avec ses pommes de terre, brocolis et riz est un vrai délice à moins que vous ne préfériez les spécialités iodées : le mérou frais aux crevettes et les fruits de mer valent aussi le détour. Pour la petite histoire : le grand-père du propriétaire était ambassadeur de France à Rhodes. L'accueil est impeccable et l'on parle le français. La terrasse est incontournable : en bref, ce restaurant reste une valeur sûre depuis de nombreuses années.

CESAR MEZE BAR

✆ +30 22440 31410
caesarslindos.com
info@caesarslindos.com
Comptez 30 € par personne, 45 € pour le menu dégustation. Ouvert tous les jours, midi et soir.
Caesar's possède l'une des plus belles terrasses de Lindos avec une piscine pour se rafraîchir en sirotant un de leurs délicieux cocktails et *mezzédes* au coucher du soleil après une journée de promenade. Kosmas le propriétaire a inventé les Grushis, des sushis à la grecque à essayer sans hésiter si vous en êtes amateur. L'accueil est le service sont dignes d'un grand restaurant, ne passez surtout pas à côté car vous rateriez un coup de cœur garanti.

À voir – À faire

ACROPOLE ★★

✆ +30 22413 65200
Ouvert en été tous les jours de 8h à 20h (sinon sauf le lundi et de 8h à 15h). Entrée 12 €.
Elle domine la ville d'une hauteur de 115 m, protégée par les murailles imposantes édifiées par les Croisés sur la base de fortifications byzantines. On y accède par deux chemins, à emprunter à pied ou à dos d'âne pour ceux qui craignent la montée en plein soleil.
Entre 1902 et 1905, les fouilles de l'Ecole Archéologique Danoise y ont révélé des outils

Acropole de Lindos.

néolithiques, des figurines du VIIIe siècle av. J.-C., et une plaque gravée par un prêtre d'Athéna, en 99 av. J.-C., portant la liste des personnages illustres qui ont visité le temple de la déesse, dont Hercule, Hélène de Troie, Ménélas et Alexandre le Grand. Les Italiens reprennent les fouilles pendant l'occupation italienne et font avancer les restaurations (parfois peu fidèles) au pas de charge.

Le temple d'Athéna se trouve au point culminant de l'acropole. C'est l'un des rares temples grecs qui ait conservé ses murs intérieurs et sa colonnade latérale. Remarquez l'imposante arcade dorique aux treize colonnes, les ruines du théâtre antique et une grotte sanctuaire d'Athéna, lieu de mystérieux sacrifices. En descendant, vous verrez, taillée dans le roc, la proue d'un navire qui servait de base à une statue de Poséidon. Cette sculpture (datée du début du IIe siècle av. J.-C.) aurait été un chef-d'œuvre du maître Pythocritos à qui l'on attribue notamment la célèbre statue ailée, *La Victoire de Samothrace*, exposée au Louvre.

Depuis ce site unique, la vue sur la mer Egée et sur le village blanc de Lindos est magnifique et on comprend qu'il constituât un emplacement stratégique pour les différents occupants de l'île, à travers les âges.

DE LARDOS À KATTAVIA ★

▶ **Lardos.** Le petit hameau commerçant de Lardos, avec sa plage à proximité, peut être un bon point de départ pour l'exploration du sud de l'île. En effet, à partir de Lardos, on quitte progressivement les grandes destinations touristiques de la côte est pour les landes plus arides et délaissées du sud jusqu'à la pointe battue par les vents de Prassonissi.

▶ **Asklipios.** A l'intérieur des terres, au sud de Lardos, se trouve d'abord le très beau village de montagne d'Asklipios, épargné par le tourisme de masse. Les maisons blanches et les ruelles du village dégagent une véritable sérénité. La chapelle date de 1060 et suit un plan en croix latine. Transformée au XVIIe siècle, elle est entièrement recouverte de fresques : ce sont parmi les plus belles peintures murales de l'île. Observez notamment la représentation de la Genèse dans la nef centrale et l'Apocalypse dans la nef transversale de droite. De la forteresse des Chevaliers en surplomb restent les crénaux, une citerne et la porte massive.

▶ **Gennadi.** En revenant sur la route côtière, vous tomberez plus au sud sur le village de Gennadi. C'est un village tout à fait charmant, où vous pourrez passer le temps dans les jolis cafés à discuter avec les locaux, à moins que vous ne souhaitiez vous rafraîchir sur la plage de galets.

Sur la dizaine de kilomètres qui sépare Gennadi de Lachania et Plimmiri, les grandes plages de galets se succèdent. Le temps est ralenti dans ces petits villages.

▶ **Lachania.** Ainsi à Lachania, vous trouverez trois cafés : le premier est tenu par le pope, le deuxième fait également office de poste et le dernier sert une bonne cuisine maison aux 50 habitants du village, dont la moitié est constituée d'étrangers installés à l'année. Cette ambiance calme et hors du temps se poursuit jusqu'à Kattavia, le village le plus méridional de l'île où vous n'aurez qu'à écouter passer le temps.

▶ **Les bus** pour Lardos et Gennadi partent du centre-ville de Rhodes environ toutes les heures pour Lardos, 1h30 pour Gennadi. Il n'y a pas d'accès en bus à Asklipios. Comptez 5,60 € l'aller simple pour Lardos et 7,10 € pour Gennadi.

PRASSONISSI - ΠΡΑΣΟΝΗΣΙ

Prasonisi est une presqu'île située à l'extrême pointe sud de l'île et reliée à la terre par une grande étendue de sable praticable uniquement l'été. L'hiver, le niveau de la mer augmente et coupe complètement le cap Prasonisi du reste de l'île. C'est ici que les courants – calmes à l'est, agités à l'ouest – se retrouvent sous un vent puissant. Avec ses dunes de sable et son phare isolé, battu par les vents, Prasonisi est un endroit magique et encore vierge. C'est le spot fétiche des windsurfers qui viennent ici de partout en Europe. Une école internationale de windsurf s'est d'ailleurs installée dans ce lieu impressionnant. Si vous souhaitez prendre des cours ou vous essayer à la planche à voile, adressez-vous au Pro Center Christof Kirschne (tél +30 22440 91045). Il y a aussi quelques chambres à louer pour les véliplanchistes.

IALYSSOS

Aussi appelée Trianta ou Trianda selon les transcriptions en lettres latines, Ialyssos était, avec Lindos et Kamiros, l'une des trois grandes cités prospères de l'île avant l'établissement de la ville antique de Rhodes. Il ne reste plus grand-chose de l'acropole dorique perchée sur la colline Filerimos et l'intérêt historique des lieux semble avoir été noyé dans les constructions modernes dédiées au tourisme.

Des fouilles successives, commencées par les Britanniques dans les années 1870 et poursuivies par les Italiens dès 1912 et les Grecs après 1978, ont établi que l'installation humaine sur ces terres date de l'Age de Bronze et qu'elle fut ininterrompue jusqu'à la période classique. L'apogée de Ialyssos se situe à la période minoenne puis mycénienne entre 1600 et 1300 av. J.-C. Le port sert alors de pont entre l'Egée et l'Orient et prend une importance stratégique dans les échanges commerciaux de la région.
Aujourd'hui, on monte à l'ancienne acropole de Ialyssos sur le mont Filerimos ou on profite des kilomètres de plage qui s'étendent en bord de mer.

PALEOS

20 rue Iraklidon
✆ +30 22410 92431
www.paleos-apartments.gr
info@paleos-apartments.gr
Chambre double à partir de 40 € en été. Forfaits de 7 jours intéressants.
A 700 m de la plage de Ialyssos-Trianta, des appartements de 48 m² qui peuvent accueillir entre 2 et 5 personnes. Télévision satellite, réfrigérateur et kitchenette. Et deux piscines, dont une pour les enfants.
Malgré des ameublements un peu vétustes, très bien pour les familles et économique. Location de vélos.

SUMMERLAND

4 rue Perdikaki
✆ +30 22410 94941
summerland-rodos.gr
info@summerland-rodos.gr
Chambre double de 60 à 80 € en été.
Complexe à la carte avec des chambres doubles, mais aussi des studios avec kitchenette ou de plus grands appartements, tous bon marché. Vous serez à 800 m de la mer. Piscine et tables de billard et de ping-pong. Les chambres ont un réfrigérateur et les studios sont entièrement équipés.

THE IXIAN GRAND

Sur la plage d'Ixia
✆ +30 22410 92944
www.theixiangrand.gr
info@theixiangrand.gr
La double à partir de 130 €, en demi-pension (petit-déjeuner et dîner). Possibilité de forfaits all inclusive.
211 chambres. Un grand resort sur la plage d'Ixia. Ce bel établissement de front de mer, récemment rénové, comprend 211 chambres et 69 suites luxueuses. Télévision satellite, et wifi gratuit dans le lobby. Deux piscines, dont une d'eau de mer.

MONT PHILERIMOS - ΦΙΛΕΡΙΜΟΣ

A 15 km de Rhodes-Ville. Un sublime cloître médiéval sur une colline boisée. Vous y admirerez également les ruines d'une fontaine dorique (IVe siècle av. J.-C.) ainsi qu'une église byzantine souterraine ornée de fresques du XIVe. De la grande croix, la vue est superbe (visite possible du lundi au vendredi de 8h45 à 15h, le samedi et le dimanche de 9h30 à 14h).

PETALOUDES - ΠΕΤΑΛΟΥΔΕΣ

A 10 km de l'aéroport de Rhodes, la vallée de Petaloudes, ou vallée des papillons, est connue pour un phénomène naturel étonnant : de mi-juin à mi-septembre, des milliers de papillons aux couleurs chatoyantes séjournent dans une belle forêt verte et fraîche. Vous les verrez sur les troncs d'arbre, à l'ombre du feuillage ou au niveau des racines. C'est surtout l'intérieur des ailes de ces papillons qui est coloré : vous vous en apercevrez lorsque ces insectes prennent leur envol. Ne les dérangez pas exprès pour autant : c'est formellement interdit car dangereux pour cette espèce dont la population diminue chaque année à cause de touristes malintentionnés.

VALLÉE DES PAPILLONS

PETALOUDES ✆ +30 22410 82822
Ouvert de 8h30 à 17h, en juillet et en août. Entrée 5 €.
Le visiteur se balade à travers des chemins habilement tracés dans le site d'une beauté pittoresque. Vous visiterez aussi le musée d'Histoire naturelle situé à l'entrée du site et consacré à cet écosystème unique, à la végétation luxuriante.

KAMIROS - ΚΑΜΕΙΡΟΣ

A 50 km de Rhodes, bâtie en amphithéâtre sur un versant, dans une région fertile, Kamiros comptait parmi les trois grandes cités de l'île, avec Lindos et Ialyssos. Les fouilles archéologiques entreprises en 1859 ont révélé une occupation minoenne. La légende prétend que Althéménée, petit-fils du roi Minos de Crète, en fut le fondateur, et qu'un fils d'Hercule, Tlipolèmos, y vécut.

SITE ANTIQUE DE KAMIROS ★★

KAMIROS
✆ +30 22410 40037
Ouvert tous les jours de 8h à 20h entre avril et octobre (sinon jusqu'à 15h et fermé le lundi). Billet : 6 €.

Les fouilles, relancées par les Italiens en 1928, ont révélé les ruines de trois ensembles : l'Agora et son temple du IIIe siècle av. J.-C. dédié à Apollon, ses deux sanctuaires et ses deux établissements de bains ; une zone résidentielle dense, faite de maisons successives organisées le long de ruelles étroites, elles-mêmes traversées d'une avenue centrale plus large ; l'acropole construite en amphithéâtre sur trois niveaux, dotée d'une *stoa* dorique particulièrement longue (204 mètres) datant du IIIe siècle av. J.-C. et d'un temple de la même époque, dédié à Athéna.

SKALA KAMIROS - ΚΑΜΕΙΡΟΣ ΣΚΑΛΑ

Construit au XIXe siècle lorsque la peur des pirates est enfin dissipée, le port de Skala Kamirou accueille gaiement le voyageur avec ses maisons blanches et ses cours fleuries. Les principaux bâtiments administratifs sont édifiés par les Italiens au début du siècle. C'est un port joyeux et agréable qui sert aussi de point de départ pour rejoindre l'île d'Halki, juste en face. Juste à la sortie du port, empruntez la route qui bifurque dans les terres vers le village de Kritinia. La route est superbe et grimpe en haut de la montagne pour rejoindre le château de Kritinia, établi par les Chevaliers de l'Ordre de Saint-Jean en 1472. C'est un des édifices médiévaux les mieux préservés de l'île et la vue sur la mer et l'île d'Halki en face est simplement magnifique. Si vous en avez l'occasion, attendez d'y monter pour voir le soleil se coucher à l'ouest. C'est un paysage et une ambiance inoubliables. La chapelle Saint-George au sein du château est en bon état. Ne ratez pas la petite taverne proche de l'entrée du château : le propriétaire des lieux, Giorgos Kritikakis, prépare son propre pesto, des *pitaroudia*, et ses chèvres rôtissent doucement toute la nuit pour assurer une cuisson parfaitement tendre.

- **En raison de sa proximité avec Halki,** un petit bateau effectue des liaisons quotidiennes pour les travailleurs et les touristes.

EMBONAS - ΈΜΠΩΝΑΣ

A 14 km de Skala Kamiros, accroché à la plus haute montagne de l'île (mont Attavyros, 1 215 m), le village d'Embonas se situe sur un site naturel assez beau mais le village est assez décevant. Vous trouverez toutefois de l'artisanat à bon marché. Pour les amateurs de folklore, un petit musée des arts et traditions n'est qu'aléatoirement ouvert. Pour les autres, la taverne Bakis Brothers propose une bonne chère carnivore : gibier, agneau, saucisses... tout ce qui se grille y passe.

MONOLITHOS - ΜΟΝΟΛΙΘΟΣ

Lorsqu'on arrive à la forteresse médiévale, perchée sur un rocher, un monolithe – d'où le nom donné au village -, on semble arrivé au bout du monde civilisé. Elle fut construite en 1476 par les Chevaliers de l'Ordre de Saint-Jean, vraisemblablement sur l'emplacement d'une forteresse byzantine. Aujourd'hui, il ne reste qu'une partie de ses murailles impressionnantes ainsi que la chapelle Saint-Pantaleon. Nous ne saurions que trop vous recommander de venir ici au coucher du soleil.

Site antique de Kamiros.

SYMI - ΣΥΜΗ ★★

Dès l'arrivée en bateau, le visiteur est pris d'émotion face au plus joli port du Dodécanèse. Gialos est construit en amphithéâtre sur une colline : cette cité du XIXe siècle étale comme des joyaux ses maisons roses, ocre, jaunes et bleues alors que sur les hauteurs domine la vieille ville de Horio, sobre et imposante. Du fait de sa proximité avec Rhodes, l'île est souvent présentée comme une destination à la journée mais c'est une grossière erreur que de la découvrir à la hâte. Son architecture néoclassique, ses plages et ses bonnes tables méritent plus que le détour.

Histoire

Dans l'Antiquité, Symi s'appelle Aigli, comme la nymphe qui donna naissance aux trois Grâces. Conquise par les Romains, les Byzantins, les chevaliers de Saint-Jean et les Ottomans, elle connaît un véritable âge d'or au XIXe siècle. Elle est alors une des îles les plus florissantes du pays, comme en témoignent ses villas néoclassiques : les 20 000 habitants de Symi sont pêcheurs, commerçants ou armateurs et on raconte à l'époque que les bateaux de Symi sont les plus rapides. Malheureusement, avec l'occupation italienne de 1912, commence une période de décadence. Symi est rattachée à la Grèce en 1948. Aujourd'hui, les Symiotes vivent surtout du tourisme.

ANO SYMI - ΆΝΩ ΣΥΜΗ ★★

Le port de Gialos, dans la baie, et la vieille ville de Horio, sur les hauteurs, sont reliés par les quelque 500 marches de Kali Strata, la rue bourgeoise qui serpente le long de la colline. On passe ainsi des villas néoclassiques et imposantes de Gialos, à deux ou trois étages et aux couleurs chaudes et gaies, aux habitations cubiques blanchies à la chaux, pour beaucoup en ruine et abandonnées, de Horio. Les rues deviennent alors plus étroites, les cours rétrécissent et débordent de vignes et de fleurs.

Visitez les maisons de ces deux villages pour admirer les boiseries intérieures qui les décorent. Depuis 1971, elles sont classées monuments historiques. Au sommet de la ville domine le fort des Chevaliers, construit sur les ruines de l'antique acropole. S'il a été détruit en 1944, vous pouvez encore y voir le blason de Philibert de Naillac, grand maître de l'Ordre des Chevaliers de 1396 à 1421. Originaire du village de Naillat (dans la Creuse), ce noble français a participé à la bataille de Nicopolis (1396) et a lancé les fortifications de Rhodes et de Bodrum, sur la côte turque.

En regardant vers Horio depuis le port, de nombreuses églises semblent incrustées dans la colline. C'est notamment le cas de l'église Lemonitsa. En ville, les visiteurs trouveront beaucoup de très jolies boutiques plutôt chics et toutes les bonnes tables de l'île. Le soir en été, il ne faut pas manquer de déambuler le long du port pour admirer les yachts et voiliers de millionnaires qui rivalisent de prestige et d'élégance.

Transports

■ GLAROS LOCATION DE VOITURES ET MOTOS

✆ +30 22460 71926
www.glarosrentacar.gr
info@glarosrentacar.gr
Modèles à partir de 40 €/jour en été.
Situé au milieu du port, Glaros met à votre disposition des voitures et des motos neuves pour toutes les bourses. Réservation en ligne possible.

■ PORT

✆ +30 22410 71205
Symi est très facilement accessible depuis Rhodes (jusqu'à quatre hydroglisseurs par jour). Le petit port de Panormitis est parfois également desservi.

- **Athènes-Symi.** L'île est reliée à la capitale grecque par ferry deux fois par semaine depuis Le Pirée (17 heures de traversée). Avant d'arriver à Symi, les bateaux desservent Patmos, Lipsi, Leros, Kalymnos et Kos pour ensuite rejoindre Rhodes.
- **Rhodes-Symi.** En plus des deux ferries suivant la route d'Athènes, l'île est reliée une fois par jour à Rhodes par des bateaux d'excursion qui font également escale au port de Panormitis. Trois autres liaisons en ferry sont possibles pendant la semaine. On compte en outre de deux à quatre hydroglisseurs par jour (50 minutes), tous les jours sauf le lundi.
- **Liaisons avec les autres îles.** Symi est reliée au moins une fois par jour en hydroglisseur à Kos et Kalymnos. On compte aussi des liaisons avec Leros, Patmos, Lipsi, Kos, Kalimnos.

■ SYMI TAXI BOAT

✆ +30 69364 44603
symitaxiboat@gmail.com
Départs tous les jours à 10h, 11h, 12h et 13h. Comptez environ 15 € pour un tour.

Sur le port, juste après le pont piéton, vous trouverez tous les stands de taxi boat. Cette compagnie propose ses services vers toutes les plages les plus visitées (Toli, Nanou, Aghios Georgios, Aghios Nikolaos).

Pratique

■ BUREAU D'INFORMATION TOURISTIQUE
www.symivisitor.com
symi-vis@otenet.gr
Situé près du débarcadère des bateaux venant de Rhodes.
Horaires aléatoires.
Les commerçants de l'île publient chaque mois un journal gratuit bilingue (anglais et grec), le *Symi Visitor*, dont les informations sont accessibles en ligne.

■ POLICE
✆ +30 22410 71111

Se loger

■ L'ALBATROS
✆ +30 22460 71707
www.albatrosymi.gr
fabienne@otenet.gr
Chambre double à partir de 70 € en haute saison (sinon 45 €), avec petit déjeuner.
Sur le port, un petit hôtel de 5 chambres dans une ruelle calme donnant sur la mer. De bon conseil, les propriétaires franco-grecs, Fabienne et Stelios (amateurs par ailleurs de vins de Bourgogne) ont aussi la gérance de villas et d'appartements entièrement équipés (linge de maison fourni).

■ ANASTASIA HOTEL
✆ +30 22460 71364
www.anastasiahotel-simi.gr
rizopoulosa@hotmail.gr
Chambre double à partir de 50 € en été, petit-déjeuner inclus, sinon à partir de 35 € sans petit-déjeuner.
Les chambres sont petites et pas folichonnes mais cet hôtel familial est propre, en plein cœur de Gialos, juste à côté du campanile, et bon marché. Pour les petits budgets qui souhaitent passer un peu de temps sur l'île, c'est une très bonne option.

■ HOTEL FIONA
✆ +30 22460 72088
www.fionahotel.com
info@fionahotel.com
Chambre double à partir de 50 € en été, petit-déjeuner inclus. Wifi gratuit.
Petite pension traditionnelle qui propose des chambres simples mais propres et bon marché. Il faut grimper un peu pour rejoindre cette belle bâtisse aux façades bleu et crème, mais vous ne le regretterez pas. La vue sur les côtes turques, à 3 km seulement, est imprenable.

■ IAPETOS VILLAGE
✆ +30 22460 72777
www.iapetos-village.gr
info@iapetos-village.gr
Chambre double à partir de 100 € en été.
Résidences et studios aux façades colorées, caractéristiques de l'architecture néoclassique de l'île, situés à proximité du port. Jolie cour dallée avec plantes exotiques, chambres élégantes et belle piscine. Les duplex, confortables, disposent de cuisines équipées, tout comme les studios. Petit déjeuner remarquable.

Se restaurer

■ LES CATHERINETTES
Sur le port.
✆ +30 22460 71671
Comptez 15 € par personne. Ouvert tous les jours, midi et soir.
L'intérêt de cette adresse est davantage historique que gastronomique. C'est là que le commandement allemand des îles du Dodécanèse a signé sa reddition au dernier jour de la Seconde Guerre mondiale, le 8 mai 1945. Pour ce qui est de la cuisine, il n'y là rien de bien intéressant et les lieux devenus touristiques n'offrent pas le meilleur de la gastronomie à Symi.

■ O THOLOS
✆ +30 22460 72033
Comptez 15 € par personne. Ouvert tous les jours, midi et soir.
Sur la route vers Nimborios, après le chantier naval et avec une vue splendide sur toute la baie de Gialos et le port, cet établissement propose de la bonne cuisine traditionnelle. C'est certainement la meilleure adresse de l'île pour les spécialités locales. On vous conseille notamment la *fava,* la meilleure qu'on ait mangée dans tout le Dodécanèse. Ambiance romantique avec guirlandes lumineuses et tables au bord de l'eau.

■ TAVERNE GEORGIO ET MARIA
Horio
✆ +30 22460 71984
Comptez 15 € par personne. Ouvert tous les jours, midi et soir.
Sur les hauteurs de Horio, la taverne de Georgio et Maria propose une cuisine traditionnelle savoureuse avec vue sur la baie en prime. La terrasse ombragée est un vrai régal et on y mange simplement mais très bien.

Sortir

OLIVE TREE
Horio
✆ +30 22460 72681
Ouvert tous les jours de 8h30 à 15h30.
Lorsqu'on a grimpé une bonne partie des 500 marches qui montent à Horio sur Kali Strata, c'est un vrai bonheur de s'arrêter quelques instants dans ce joli café pour se désaltérer et se rafraîchir. Goûtez notamment aux jus de fruits frais et aux smoothies, sous la tonnelle. On peut aussi y manger des salades et de bons desserts.

TSATI BAR
Quai Harani
✆ +30 22460 72498
Ouvert tous les jours de 11h au dernier client.
Sans conteste le meilleur bar de Symi : sur le quai en prolongeant vers le chantier naval, Tsati est un véritable bijou. On y boit l'apéro les pieds dans l'eau, face aux collines rousses et dorées du port en fin de journée. Les vagues clapotent doucement sur les barques multicolores pendant qu'on sirote un granité ou un cocktail maison. Le paradis.

Dans les environs

MONASTÈRE PANORMITIS ★
Panormitis ✆ +30 22460 71506
Ouvert de 11h à 12h puis de 14h30 à 16h. Tenue correcte exigée.
L'imposant monastère Saint-Michel, situé au milieu d'une crique, est fondé au XVIIIe siècle. Vous pouvez vous y rendre par la route en bus (15 km de la capitale) ou par bateau (1 heure). Selon la légende, le monastère a été construit à l'endroit où une vieille femme avait trouvé une icône du saint. A l'intérieur de l'église, peintures murales byzantines réalisées par deux artistes locaux et une iconostase en bois sculpté. Le monastère possède également une bibliothèque intéressante ainsi qu'un restaurant, et loue des cellules aux touristes.

PLAGES DE L'ÎLE

Les taxis préfèrent ne pas s'aventurer loin des routes carrossables. C'est donc à pied ou en caïque que vous accédez à la plupart des belles plages de galets de l'île. Préférez celles qui sont situées sur la côte est, car elles sont bien protégées des vents qui soufflent du nord-ouest pendant l'été.

Nimborios

A 2 km à l'ouest de Gialos, ce village de pêcheurs est abrité du vent par l'isthme de Diapora. Port commercial durant l'Antiquité, vous pouvez y admirer des mosaïques et les ruines d'un temple dédié à Zeus. Quelques maisons et tavernes. Vous y accédez, à pied, soit par l'intérieur, soit par un sentier longeant la côte. Le village est aussi appelé Emborio ou Emporio.

Pedi ★

Ancien village de pêcheurs à 30 minutes de marche de Horio, au fond d'une étroite baie bien protégée, Pedi a un côté désuet d'ancienne station balnéaire. C'est un village extrêmement calme et protégé, comme hors du temps.

▶ **Pour rejoindre Pedi à pied**, il faut d'abord monter à Horio avant de redescendre dans une vallée relativement fertile. Vous pouvez suivre la route goudronnée mais sinon il existe un sentier

Île de Syml.

qui part sur la droite, juste avant le monastère de la route de Pedi. Il vous mènera jusqu'à un stade de football que vous contournerez sur la droite avant de suivre le sentier qui reprend vers la gauche et la baie de Pedi.

- **Un bus part de Gialos toutes les heures** et vous dépose à Pedi et vice versa.

Nanou

La plus belle. Depuis Gialos, le trajet par mer dure de 30 à 45 minutes et coûte 9 €. Le dernier navire quitte la plage à 18h30. Eaux claires entourées de falaises et de pins. Parfait pour la plongée. Prévoyez des sandales pour marcher sur les galets. Location de chaises longues et d'un parasol pour 6 €. Une seule taverne.

Aghios Emilianos

Une heure de trajet par bateau est nécessaire pour atteindre ce petit port de pêche très calme. Si vous succombez à son charme, vous pouvez passer la nuit dans l'une des chambres que loue le monastère. Ambiance garantie car elles n'ont pas d'électricité.

TILOS - ΤΗΛΟΣ ★

Avec ses 60 km² et ses 500 habitants, Tilos est un secret bien gardé par ceux qui recherchent le calme et la nature sauvage, même en plein mois d'août. Ne vous attendez pas à y trouver des hôtels ou restaurants de luxe ni une vie nocturne agitée : Tilos est le paradis du campeur, du citadin en quête de désintoxication et du pêcheur en herbe. C'est une île riche de traditions mais qui a su combiner le maintien des pratiques ancestrales avec une vraie modernité. Par rapport aux autres îles du Dodécanèse, c'est une île fertile (sol volcanique) et donc plutôt verte, où vous pourrez faire de magnifiques balades sur des sentiers isolés et solitaires. C'est aussi une des destinations préférées des ornithologues qui y observent certaines espèces rares dans ce coin de la Méditerranée. Consciente de cette richesse naturelle unique, la municipalité de Tilos fait des efforts particuliers en termes d'écologie, de préservation de l'environnement et de promotion de la randonnée depuis plus de 20 ans.

Histoire

Tilos est habitée depuis la Préhistoire. Des restes mystérieux d'éléphants nains ont été découverts dans la cave de Charkadio dans les années 1970. Ces éléphants auraient disparu autour de 4000 avant J.-C. Des millénaires plus tard, dans l'Antiquité, Tilos était habitée par des Doriens et s'appelait Agathoussa. Alliée d'Athènes contre Sparte, elle est la patrie de la poétesse Erinna, contemporaine de Sappho, qui meurt vierge à 19 ans. Comme les autres îles du Dodécanèse, Tilos connaît beaucoup de conquérants avant l'arrivée, en 1310, des Chevaliers de l'Ordre de Saint-Jean. Ils y laissent plusieurs forteresses médiévales. En 1522, elle est occupée par les Ottomans qui y restent quatre siècles jusqu'à la colonisation italienne en 1912. Son rattachement à la Grèce date de 1948, comme le reste de l'archipel.

LIVADIA - ΛΙΒΑΔΙΑ

Le village principal et port de l'île est situé le long d'une large baie protégée qui s'étend sur des kilomètres de plage jusqu'à la minuscule marina d'Aghios Stefanos. Le village ne présente pas spécialement d'intérêt architectural : il ne s'est développé que dans la deuxième moitié du XXe siècle, une fois que les habitants de Mikro Horio ont quitté le village dans les terres pour le port. Vous y verrez des maisons récentes, dans le style traditionnel, à l'exception de la capitainerie et du poste de police qui témoignent de l'occupation italienne. Les quelques rues calmes sont organisées autour d'une place centrale agréable et qui prend vie en soirée avec quelques cafés et tavernes et deux-trois mini-markets. La plage de gros galets qui borde toute la baie est longée par de petits restaurants et hôtels ouverts en saison au niveau du village. Au-delà, vous serez seul pour vous baigner. De nombreux sentiers vous mèneront sur des plages isolées dans les environs. De retour au village, vous trouverez la quiétude nonchalante d'une petite station balnéaire en été.

Transports

■ **PORT**
✆ +30 22410 44350
Tilos est assez mal desservie, ce qui contribue à la préserver du tourisme de masse. Attention, donc, en cas d'annulation d'un navire, le prochain ne peut arriver que 24... ou 48 heures plus tard.

- **Athènes-Tilos** : deux ferries par semaine desservent l'île depuis Le Pirée (de 14 à 17 heures 30 de traversée selon le trajet).
- **Liaisons avec les autres îles.** Le Dodekanisos Express s'arrête deux fois par semaine à Tilos. Avec quelques escales dans les Cyclades et le Dodécanèse, les ferries vers Le Pirée constituent l'essentiel des liaisons avec le monde extérieur.

Pratique

POLICE
✆ +30 22460 44222

TILOS PARK ASSOCIATION
✆ +30 22460 70880
www.tilos.gr – tilopark@otenet.gr
Ouvert tous les jours sauf mercredi et dimanche de 10h à 13h et de 18h à 21h.
L'association Tilos Park a été établie avec le soutien de la municipalité de Tilos pour promouvoir la défense de l'environnement et la production d'énergie renouvelable sur l'île. Un bureau d'informations est situé sur le bord de mer, au niveau du petit pont de bois. Très bien fait, vous découvrirez tout de la faune et la flore de l'île et du projet énergétique soutenu par l'UE. Vous apprendrez aussi comment limiter le gaspillage d'eau et d'électricité.

Se loger

ELENI BEACH HOTEL
✆ +30 22460 44062
www.elenihoteltilos.gr
La double à partir de 60 € en été.
Ce petit hôtel propose des chambres simples mais avec tout le nécessaire et sur la plage. La plupart des chambres ont vue sur mer : il serait bien dommage de ne pas en profiter donc demandez clairement une chambre avec vue. Des transats et parasols sont installés sur la plage pour les clients de l'hôtel. Petit-déjeuner simple.

ILIDI ROCK
✆ +30 22460 44293
www.ilidirock.gr
maria_tilos@yahoo.gr
Chambre double à partir de 90 € en été. Petit-déjeuner en supplément. Wifi gratuit dans les espaces communs.
En surplomb du port, cet établissement est accroché à la colline qui ferme la baie de Livadia. Avec un accès privé à de petites criques, vous aurez une vue superbe sur tous les environs. Un emplacement idéal, à la fois à proximité de tout et au calme. Les chambres sont organisées en amphithéâtre et bénéficient toutes de vues sublimes. Le bar est ouvert à tous : vous pourrez y prendre un bon petit-déjeuner ou un café. L'accueil est chaleureux et professionnel dans cet établissement familial. L'adresse la plus confortable et agréable de Tilos.

IRINI HOTEL
✆ +30 22410 44293
www.ilidirock.gr
info@tilosholidays.gr
Chambre double à partir de 60 € en été. Wifi gratuit dans les parties communes.
Situé légèrement en retrait de la plage, l'hôtel Irini appartient à la même famille qui gère l'Ilidi Rock. Les chambres et studios sont situés dans un joli jardin avec piscine. Idéal pour les familles qui veulent pouvoir choisir leur baignade entre la piscine ou la plage voisine. Chambres confortables et agréables bien que simples.

Se restaurer

ARMENON
✆ +30 22460 44134
tilos-armenon.gr
Ouvert tous les jours pour le déjeuner et le dîner. Comptez 20 € par personne.
Nikos et Beba vous accueillent dans ce restaurant un peu plus raffiné que la moyenne des

Le petit port de Livadia.

Un incroyable écosystème

Les derniers faucons d'Eléonore nichent dans les îlots et les falaises de la côte, et notamment à Tilos. « A Tilos, ils se croient en sécurité, mais tout le monde ne mesure pas notre chance d'accueillir des rapaces si rares... », prévient Constantin Mentzelopoulos, un habitant de l'île qui a lancé, voilà dix ans, un projet de Parc national. Chaque année, 140 paires de faucons d'Eléonore, sur les 3 000 derniers recensés dans le monde, arrivent de Madagascar et nidifient en pleine mer Egée, à 100 km de Rhodes. Autres curiosités ornithologiques, on dénombre aussi ici trois couples d'aigles de Bonelli, sur les 800 qui restent en Europe, ainsi que deux paires d'aigles royaux, quelques vautours fauves, 60 paires de goélands égéens ou encore une colonie de bergeronnettes grises. L'interdiction de la chasse a favorisé la reproduction de ces espèces. Résultat : une véritable arche de Noé, où l'on trouve plus de 100 espèces, dont beaucoup sont protégées.

Renseignements : www.tilos-park.org.gr

tavernes à Tilos. Ici, un effort de présentation accompagne une bonne cuisine et la carte des vins est un peu plus recherchée qu'ailleurs. Tout est frais et savoureux et vous pourrez également profiter des transats mis à disposition des clients sur la plage.

■ **MICHALIS**
✆ +30 22460 44173
Comptez 15 € par personne. Ouvert tous les jours, midi et soir.
Cette table discrète mais réputée est située dans une jolie cour ouverte, dallée et fleurie. Michalis, véritable figure locale, propose du chevreau ou du cochon à la broche mais aussi divers plats de légumes.

■ **CHEZ SOFIA**
✆ +30 22460 44340
Comptez 15 € par personne. Ouvert tous les jours, midi et soir.
Au bord de l'eau, c'est la plus ancienne taverne de Livadia et même de Tilos. Vous y trouverez une bonne cuisine maison, simple mais de qualité. Un nouveau plat du jour est proposé tous les jours. Vous trouverez ici moussakas et stifados de porc, mais aussi du *fouki*, plus local (porc frit avec des oignons).

Sortir

■ **MIKRO CAFÉ**
✆ +30 69320 86094
contact@milios-studios.gr
Ouvert tous les jours de 11h à 1h du matin.
Sur le bord de plage, le Mikro Café est une institution à Livadia et l'un des endroits les plus agréables pour passer quelques heures à siroter un frappé en jouant au tavli. On peut également y manger quelques snacks en journée. Mais c'est surtout en soirée que les lieux s'animent. Montez sur la terrasse sur le toit pour voir le jour finir en buvant un bon verre d'ouzo puis regardez les étoiles dans le ciel d'un noir d'encre sur cette petite île perdue.

À voir – À faire

■ **KASTRO**
MEGALO HORIO
Les Chevaliers de l'Ordre de Saint-Jean ont bâti sept forteresses médiévales à Tilos. Le kastro que vous voyez en surplomb de Megalo Horio accroché aux monts Agios Stefanos est le château le mieux conservé. Un sentier y monte en une vingtaine de minutes (attention, la montée est raide donc évitez les heures chaudes). D'en haut, vous aurez une vue panoramique sur la baie d'Agios Antonios et la vallée fertile qui s'étend jusqu'à la baie d'Eristos. C'est possiblement le plus bel endroit pour regarder le coucher du soleil.

■ **MIKRO HORIO**
Jusqu'à la Seconde Guerre mondiale, Tilos abritait deux villages : Megalo et Mikro Horio. Le petit village médiéval de Mikro Horio se vide de ses 1 000 habitants progressivement dès la fin de la guerre : les résidents s'installent à Livadia où la vie et l'accès aux biens de consommation sont plus simples que dans le village perché et isolé dans les terres. Bientôt, une seule femme résiste et demeure dans le village, jusqu'à ce que sa maison se vide également. Depuis 1974, le village est complètement abandonné et on y visite les ruines de ces maisons éventrées où la vie semble s'être échappée à la suite d'une catastrophe. Petit à petit, la nature a repris ses droits, et aujourd'hui de nombreux oiseaux nidifient dans les ruines. Seule la grande église est maintenue en état et on y célèbre encore des fêtes à certaines occasions. L'été, le bar Mikro Horio accueille les fêtards de l'île, dans un cadre magique.

MUSÉE DE LA MAIRIE

MEGALO HORIO

Normalement tous les jours de la semaine de 10h à 15h.

A la mairie, il expose une collection d'idoles de l'époque classique et néo-hellénistique mais l'attraction principale est ailleurs. Vous verrez les ossements d'éléphants nains découverts dans la grotte d'Harkadio et datant de l'époque paléolithique. Cette trouvaille unique en Europe permet de dater l'existence des derniers éléphants nains d'Europe. Les chercheurs pensent que ces animaux seraient arrivés sur l'île à la nage depuis le continent africain et que la sélection naturelle et leur adaptation à leur nouvel environnement expliqueraient leur nanisme.

PLAGES ★

Au-delà de la longue plage de galets qui couvre toute la baie de Livadia et où vous pourrez évidemment faire une agréable baignade avec les familles, les touristes et les locaux, il existe un certain nombre de criques un peu plus sauvages et isolées.

▸ **Lethra**. La baie située juste au nord de Livadia est accessible à pied par un sentier côtier qui démarre au niveau de l'hôtel Ilidi Rock. Il faut compter environ 40 minutes de marche aisée pour s'y rendre mais vous pourrez aussi poursuivre par une boucle jusqu'à Mikro Horio qui vous ramènera à Livadia par la route. Comptez alors 3 heures pour l'ensemble du sentier n° 3. Alternativement, vous pourrez prendre le bus et demander au chauffeur de vous arrêter au niveau de Mikro Horio : le sentier part sur votre droite et arrive en 40 minutes à la belle plage de galets de Lethra.

▸ **Eristos** est une large baie de sable qui se situe sur la côte sud, au bout d'une grande vallée fertile en contrebas du village Megalo Horio. Comptez 30 minutes de marche depuis le village et le double depuis Livadia ou empruntez le bus. Il s'agit de la plus belle plage de Tilos, largement ombragée par de grands tamaris. Le camping sauvage y est pratiqué. Vous trouverez quelques tavernes et snacks aux abords de la plage.

AGHIOS ANTONIOS – ΆΓΙΟΣ ΑΝΤΩΝΙΟΣ

Aghios Antonios est un tout petit port de pêche en face des côtes de Nissiros. On y trouve quelques caïques, une bonne taverne et quelques rares maisons. A l'ouest de la baie, vous atteignez la baie de Plaka qui offre des eaux cristallines. Elle est bordée d'une oasis de verdure où des campeurs passent l'été et vous pourrez également vous y installer gratuitement. Attention, il n'y a pas d'arrivée d'eau ni de quoi se sustenter. Un des plus beaux sentiers de Tilos part d'Aghios Antonios pour rejoindre le monastère solitaire d'Aghios Panteleimon. Ne ratez pas l'occasion d'y faire un tour durant votre séjour.

MONASTÈRE D'AGHIOS PANTELEIMON ★★

Ouvert tous les jours de 8h à 18h.

Seul sur la côte occidentale de Tilos, ce monastère du XVe siècle est situé dans un océan de verdure, entre cyprès et platanes géants. Fondé en 1470, il est construit au niveau d'une source claire à laquelle vous pourrez boire et vous rafraîchir. Elle irrigue tous les jardins et potagers en étage aux alentours et explique cette végétation, unique à Tilos. Le site est somptueux et l'église, rénovée au XVIIIe siècle, est charmante, notamment ses fresques presque naïves. Le sol en mosaïque de galets est magnifique et la vue que vous aurez depuis l'étage vaut quelques instants de méditation. Vous pourrez rejoindre le monastère à pied depuis Aghios Antonios en empruntant le sentier n° 7 au départ de l'église Kamariani, en surplomb de la route asphaltée qui mène à Plaka. Comptez une heure de montée quasi continue et assez raide où vous croiserez parfois de petites chapelles byzantines oubliées et des boucs impressionnants. Si vous voulez poursuivre au-delà du monastère après la visite, un très beau sentier fait une boucle jusqu'à la baie d'Eristos. Il faut compter près de 4 heures pour accomplir cette randonnée rendue ardue par le manque de marquage, notamment dans le dernier tiers de la marche. Les paysages sont somptueux et sereins, isolés et solitaires. Vous croiserez une source d'eau claire à environ une heure de marche puis une succession de chapelles byzantines. La randonnée contourne le mont Profitis Ilias qui culmine à 650 mètres. L'arrivée sur la plage d'Eristos sonne comme une récompense divine.

TO DELFINI

✆ +30 22460 44252

Comptez 15 € par personne. Ouvert tous les jours, midi et soir.

Cette taverne située sur la jetée du petit port est particulièrement appréciable en soirée. On profite du clapotis des vagues sur les quelques bâteaux de pêche amarrés là, on s'installe sous les guirlandes accrochées aux arbres et on commande une bonne *souma* avant d'attaquer la meilleure chèvre au citron de Tilos. N'hésitez pas : ici vous ne retrouverez pas le goût un peu aigre et prononcé des plats de chèvre habituels. La cuisson est parfaite, les bêtes vivent en liberté dans les collines environnantes et se nourrissent du maquis, leur viande est parfumée et tendre.

ÎLES DU NORD DE L'ÉGÉE

Vue sur le village de Thassos.

ÎLES DU NORD DE L'ÉGÉE

Proches des côtes de l'Asie Mineure, les îles du nord de la mer Egée se trouvent dans une zone traditionnellement sensible aux tensions entre la Grèce et la Turquie.
Cette région habitée dès l'Antiquité par des Ioniens a connu un grand essor économique et culturel durant les VIIe et VIe siècles av. J.-C. Par la suite, envahisseurs et pirates de toutes sortes ont rendu bien difficile la vie des habitants de ces îles, dont le rattachement à la Grèce ne date que de 1912.
Cet archipel ne s'ouvre que peu à peu au tourisme. Cependant, à Samos comme à Lesbos, vous trouverez des structures d'accueil tout à fait correctes et assez de divertissements pour occuper vos nuits blanches. Les Européens du Nord sont les plus nombreux à séjourner dans ces îles.
Si Chios, avec ses beaux villages médiévaux, attire les amateurs de marche, Lemnos jouit pour le moment des faveurs des VIP qui ne jurent que par l'excellent et très onéreux hôtel Akti Marina Beach. Quant à ceux qui veulent vraiment sortir des sentiers battus, ils auront le choix entre Ikaria et ses sources thermales, et les minuscules îles d'Inousses, Psara et Efstratios.

AGHIOS EFSTRATIOS – ΆΓΙΟΣ ΕΥΣΤΡΑΤΙΟΣ

Avec ses 43 km² et ses 300 habitants, voici l'île, par excellence, pour échapper aux touristes et à la civilisation. Pendant les années 1930, elle a même servi de lieu d'isolement pour prisonniers politiques. Et depuis, le tourisme n'y a pas franchement fait ses affaires, d'autant qu'un violent séisme en 1967 a vite calmé toute velléité…
Habité depuis l'époque mycénienne, cet îlot triangulaire doit son nom au moine Efstratios, arrivé de Bithynie au IXe siècle.

AGHIOS EFSTRATIOS CHORA – ΆΓΙΟΣ ΕΥΣΤΡΑΤΙΟΣ ΧΩΡΑ

Cette « capitale » vous plaira si vous aimez la randonnée, les plages désertes, la solitude et les expériences linguistiques. Ici, le dico franco-grec est vraiment indispensable… En 1967, un séisme a détruit l'unique village d'Aghios Efstratios. La junte militaire l'a fait reconstruire d'une manière peu esthétique. L'îlot a toutefois de beaux paysages si vous aimez la marche et quelques plages isolées propices au camping.

Transports

■ **PORT**
✆ +30 22540 93393
Attention, île difficile d'accès ! L'île est le plus souvent une destination d'excursion à partir de l'île voisine de Lemnos (la liaison la plus rapide, seulement 1h20 de traversée). Sinon, d'Athènes, l'île est accessible deux fois par semaine depuis Lavrio (8 heures de traversée) avec Hellenic Seaways (hellenicseaways.gr). Elle se trouve en fait sur la route maritime qui mène au port de Kavala, en Macédoine-Orientale-et-Thrace, et qui dessert au passage l'île de Lemnos. De Kavala, deux liaisons hebdomadaires avec Hellenic Seaways (5 heures de traversée).

Les immanquables des îles de la mer Egée

- **Visiter** les villages de Pirgi et Mesta, mais aussi Olymbi et Volissos à Chios.
- **Goûter** au mastic local, vendu sous forme de chewing-gums.
- **Boire** un ouzo sur le port de Mytilini, près de la statue de Sappho à Lesbos.
- **Se promener** à Molyvos, l'un des plus jolis villages de Grèce, à Lesbos.
- **Rejoindre** la spectaculaire forêt pétrifiée, parc géologique classé par l'Unesco.
- **Visiter** le sanctuaire des Grands Dieux à Samothrace.

Pratique

■ **MÉDECIN**
✆ +30 22750 93222

■ **POLICE**
✆ +30 22750 93201

Se loger

■ **AGIOS EFSTRATIOS**
Dans le port.
✆ +30 22540 93329
Chambre double autour à 50 € en été.
Que dire de cet établissement à part que c'est le seul recensé par l'office de tourisme ? Il propose 15 chambres basiques, mais qui ont le mérite d'exister !
Vous pouvez aussi tenter Xenonas Aï-Stratis (+30 2540 93372), une autre pension « officielle » qui offre un hébergement confortable dans la partie nord du village. Sinon, il suffit de regarder les panneaux indiquant les « chambres à louer ». C'est ce qui fait le charme de l'endroit, encore hors des sentiers battus et du tourisme de masse. Pour vivre des vacances «à l'ancienne» !

Se restaurer

■ **VERANDA**
Sur le port.
✆ +30 694 705 01 53
A partir de 10 € par personne. Ouvert tous les jours, midi et soir.
Cette taverne située sur le port, meilleure représentante du genre ici, propose quelques plats simples et sans prétention. Difficile, pourtant, de ne pas être sous le charme de cet endroit pour ses délicieux plats familiaux en profitant de la vue sur la mer et des voyageurs qui arrivent. C'est aussi l'endroit idéal pour faire des rencontres avec des locaux car l'île est petite et les choix de tavernes pas nombreux ! La carte est classique avec des salades et des mezzés. Le petit déjeuner est également bon. Le café et l'omelette sont très bon marché.

À voir – À faire

Près du village, s'étend une plage de sable ; d'autres sont accessibles par caïque. Les plus belles sont Aghios Antonis, Trygari, Tripiti, Kalami, Panaghia, Maroulia et surtout Alonitsi, face à l'îlot Vrelia, avec ses 2 km de sable blanc.

CHIOS – ΧΙΟΣ ★★

Avec ses 842 km² et ses 54 000 habitants, chaque année de mai à novembre, la patrie légendaire d'Homère vit au rythme des lentisques, ces arbustes miraculeux qui « pleurent » des larmes de gomme : le mastic, principale ressource de l'île. Agenouillés sous les arbres pendant des semaines, les habitants de Chios récoltent cette résine solidifiée qui partira ensuite aux quatre coins du monde.
A quelques kilomètres seulement de la ville turque de Çeșme (où vous pourrez même partir en excursion), et malgré l'occupation ottomane, Chios a conservé son authenticité Si vous aimez la marche, vous pourrez découvrir plusieurs villages encore totalement préservés du virus touristique. A 6 km de la capitale, Kambos est une villégiature où se regroupent les imposantes maisons des familles d'armateurs de l'île. Une visite s'impose au monastère byzantin de Nea Moni (XIe siècle) où des centaines de moines ont été égorgés par les Turcs en 1822.
Les villages les plus pittoresques se trouvent dans la région où se cultive le mastic. On les appelle les *mastichohoria* et leurs maisons sont décorées de motifs géométriques caractéristiques. A Pyrgi, Olymbi, Emborio et Mesta, vous pourrez loger dans des maisons traditionnelles rénovées et louées par la Coopérative agrotouristique féminine. Et près de Vrontados se situe la célèbre *didascalopetra*, pierre du maître, l'endroit préféré d'Homère, d'où la vue sur la mer est magnifique.

▶ **Chios est l'île du mastic.** Unique, noble et riche, cette résine a été la richesse de l'île pendant longtemps. L'arbre à mastic est appelé lentisque : on nettoie, scalpe et coupe le tronc de stries horizontales qui vont donner une quinzaine de jours plus tard cette résine spéciale qui sera utilisée comme « chewing-gum » ou arôme en pâtisserie et distillerie. Cette résine est aussi utilisée dans la fabrication de vernis pour les meubles ou instruments de musique, de même que dans la parfumerie (crèmes et vernis à ongles) et en orthodontie et médecine. Quand vous arriverez sur l'île, cherchez des chewing-gums au mastic vendus sous la marque Elma. Hippocrate lui-même a vanté les vertus du mastic. Les sultans, paraît-il, étaient amateurs de cette pâte à mâcher. Quelques siècles plus tard, certains assurent également que le mastic stimule la tension artérielle et réduit le taux de cholestérol. Aujourd'hui encore, Chios exporte son mastic aux quatre coins du monde. Depuis 2016, cette ressource naturelle dispose également d'un musée près de Pyrgi.

Histoire

Chios a été officiellement libérée le 11 novembre 1912. Avant cela, l'île a subi la mainmise de l'Empire byzantin pendant plusieurs siècles. En 477 av. J.-C., l'île intègre l'Alliance de Délos, puis rejoint la Confédération maritime présidée par Athènes (en 378 av. J.-C.) peu avant d'être envahie par les Macédoniens. Au cours de la période byzantine, l'île est de nouveau victime de fréquentes incursions de pirates. En 1126 et en 1171, les Vénitiens tentent de s'emparer de Chios.

En 1204, après la prise de Constantinople par les Francs et l'éclatement de l'Empire, c'est au tour de l'empereur romain de Constantinople, Baudouin, de revendiquer la domination de l'île, et c'est l'empereur de Nice, Jean Vatatzis, qui la délivrera de son joug en 1225. La domination des Génois perdurera environ 2 siècles (à partir de 1344) et coïncide avec une époque d'essor économique et commercial pour Chios. Les Turcs succéderont aux Génois en 1566. L'illustre rébellion contre les Turcs, en 1822, aboutit à la dévastation de l'île et au massacre massif des insulaires.

CHIOS CHORA - ΧΙΟΣ ΧΩΡΑ

Elle n'apparaît pas comme une destination touristique de prime abord... et c'est ce que nous aimons. Capitale et port de l'île, nichée au sein d'une ample plaine sur les côtes orientales, Chios est une ville bruyante et vivante, aux parfums grecs et orientaux. Elle séduit peu à peu, avec ses anciens bâtiments néoclassiques, son marché haut en couleur et son Aplotaria, le quartier qui garde les traces de la domination turque. La place Vounakiou constitue le cœur de Chios. Vous pouvez aussi en faire votre base, surtout lorsque vous ne disposez pas de voiture : en 20 minutes, vous trouverez des plages urbaines à pied, mais surtout, en moins d'une heure de bus, vous serez sur la plage de galets noirs de Mavra Giola. Un peu en dehors de Chios, vous ne manquerez pas de visiter le fameux Kambos, décrit par tant de voyageurs du XVIIIe siècle, avec ses propriétés aux maisons patriciennes et ses jardins paradisiaques.

Transports

Comment y accéder et en partir

■ **AÉROPORT**
✆ +30 22710 23998
Situé à 3 km au sud de la ville de Chios.
L'aéroport est facilement accessible en bus. Proche du centre-ville, la course en taxi est inférieure à 10 €.
Les vols intérieurs proposés sont nombreux, avec plusieurs liaisons par jour avec Athènes (4 à 5 par jour, 45 à 50 minutes) et Thessalonique (4 hebdomadaires, 1 heure), les deux plus grandes villes. Il existe aussi des liaisons pratiques et intéressantes avec d'autres îles de la région comme Lemnos (2 hebdomadaires, 1h40). Mais vous pouvez aussi rejoindre Rhodes dans le Dodécanèse (2 par semaine, 1h45) ou Héraklion en Crète (2 par semaine, 3 heures). Ces vols sont assurés par les compagnies Aegean Airlines, Olympic Air, Astra Airlines et Sky Express.

■ **PORT**
✆ +30 22710 44433
Avec le continent, l'île est reliée à la capitale par ferry cinq fois par semaine depuis Le Pirée (de 7 heures de traversée) avec Blue Star Ferries ou Hellenic Seaways. Elle est aussi reliée deux fois par semaine avec Kavala (compter 12 heures). Vers les autres îles, la plupart des bateaux desservent Lesbos avant de repartir en sens inverse pour Le Pirée. Chios est aussi reliée à Samos et Patmos notamment.Sans oublier sa proximité avec la Turquie : en été, l'île est reliée au port turc de Çeşme au moins cinq fois par semaine par des ferries grecs et turcs (une heure).

Se déplacer

C'est aussi ce qui fait l'intérêt de Chios pour les voyageurs. Si, comme partout, il est toujours pratique de s'y déplacer en voiture, la densité de son réseau de bus peut vous éviter une location de véhicule.

■ **BUS KTEL**
14, avenue Aegeou ✆ +30 22710 24257
www.ktelchios.gr
Tickets : de 1,40 € à 4,20 € selon la distance.
C'est l'une des îles avec le réseau le plus efficace à la fois pour les locaux et les touristes. La gare routière de la compagnie nationale est située sur le port et très efficace. Moderne, elle dispose d'un café à l'intérieur. Elle permet de relier tous les villages de l'île, avec plusieurs bus par jour. Très pro, elle propose même des formules de billets à la journée intégrant des arrêts dans des villages touristiques, en fonction des départs et correspondances du jour. Les billets s'achètent auprès du conducteur ou à la gare routière.

■ **VASSILAKIS RENT A CAR**
3, rue Eugenia Chandris
✆ +30 22710 29300
www.rentacar-chios.com
vassilakisnic@yahoo.com
Véhicules à partir de 30 € par jour.
Une des agences historiques de la place. Une large gamme de voitures, jeep et 4x4 compris. Les véhicules possèdent une boîte de vitesse automatique ou manuelle (sur demande).

Pratique

■ **OFFICE DE TOURISME**
18, rue Kanari ✆ +30 22710 44389
www.chiosnet.gr
infochio@otenet.gr
En été, du lundi au vendredi de 7h à 14h30 et parfois en soirée.
On trouvera sur place tous les renseignements utiles concernant l'île : hôtels, locations de véhicule, balades, monuments, villages... Excellente base documentaire. A noter que le site Internet www.chiosnet.gr compile (aussi) beaucoup d'informations pratiques en anglais.

■ **POLICE**
35, rue Neorion
✆ +30 22710 44427

Se loger

Bien et pas cher

■ **KYMA**
1 Evghenias Handri
✆ +30 22710 44500
hotelkyma.com
kyma@chi.forthnet.gr
Au sud-est du port, à 30 m et 200 m avant la première plage.
Chambre double entre 55 et 100 € en été avec le petit déjeuner.
Si vous recherchez un hôtel idéalement situé dans le centre, offrant de bonnes liaisons de transport vers toutes les parties de l'île et le confort d'un hôtel donnant directement sur la mer Egée, à proximité du port et de la plage de la ville, voilà ce qu'il vous faut. Cette maison néoclassique, construite en 1917, a beaucoup de caractère, comme en témoignent de magnifiques peintures murales historiques. Accueil familial et sympathique dans une maison de caractère remplie d'histoire : c'est ici qu'a été signé le traité avec la Turquie en 1922.

TOPAKAS
Dimarchou Kalvokoresi 24.
✆ +30 22710 29979
www.topakas.gr
eleni@topakas.gr
A 4 km de Chios,
dans le quartier de Kambos.
Chambre double entre 40 et 70 € en été.
Un bon et joli plan, un peu en dehors de la ville, ce qui n'est pas forcément un défaut. Dans une rue étroite entre de hauts murs de pierre où s'alignent orangers et mandariniers, la maison Topakas est un ancien manoir qui a été transmis de génération en génération et régulièrement rénové au cours des vingt-cinq dernières années pour accueillir des visiteurs et des passionnés de l'île. Eleni gère ses chambres, dans une vieille maison de caractère, avec chaleur et efficacité. Le confort est un peu sommaire mais la nature luxuriante. Et la plage est à 800 m.

Confort ou charme

CHANDRIS
Sur le port
✆ +30 22710 44401
www.chioschandrishotel.gr
chios@chandris.gr
Chambre double standard à partir de 80 € avec le petit déjeuner. Ouvert toute l'année.
Sur le papier, c'est l'un des hôtels les plus confortables de la ville. Hôtel de standing moderne bien situé au bord de la mer, à 3 km de l'aéroport, avec tout le confort – et vue sur la Turquie, quand la météo est au rendez-vous. Air conditionné, piscine, restaurant... Récemment rénovées, dans un style moderne, les doubles standard sont dotées d'un balcon privé avec vue sur la ville. Avec un supplément, vous aurez droit à la mer. Des offres spéciales sont souvent proposées hors saison. Nouveauté depuis peu : dix-sept studios équipés de kitchenettes.

CHIOS CITY INN
2 Mitropolitou Platonos
✆ +306974175471
Chambre double à partir de 70 €, petit déjeuner 9,50 €.
Vous ne regretterez pas d'avoir posé vos valises dans cet établissement flambant neuf, réhabilité et ouvert en 2018. La taille réduite des chambres est largement compensée par la hauteur des plafonds et le soin apporté aux détails et à la décoration. L'accueil des propriétaires est à l'avenant. L'endroit est agréable et également très bien situé, dans le centre et avec une petite vue sur mer. Doté d'une terrasse et d'un bar, l'établissement vous permet de séjourner à moins de 300 mètres du port et à 400 mètres du musée archéologique.

GRECIAN CASTLE
6 Leoforos Enoseos
✆ +30 22710 44740
www.greciancastle.gr
info@greciancastle.gr
A 10 minutes du port.
Chambre double à partir de 80 € en été, avec petit déjeuner.
En direction de l'aéroport, une belle bâtisse sur le front de mer, à seulement 100 mètres de la plage de Bella Vista. L'architecture du complexe est composée de six bâtiments, dans le style médiéval propre à Chios, et espacés par des jardins bien entretenus, Calme, presque central et dépaysant. 65 chambres et 4 suites impeccables. Certaines chambres sont petites, mais compensées par beaux sols de marbre et des boiseries. Et par un copieux petit-déjeuner américain. Un peu excentré mais avec un beau terrain et une piscine avec vue sur la mer.

Se restaurer

BYZANTIO
9 Afon Ralli
✆ +30 22710 41035
À partir de 15 € par personne. Ouvert tous les jours, midi et soir.
Une taverne attachante qui n'a rien d'un attrape-touristes finalement. On a apprécié la fraîcheur des plats, notamment dans le choix de salades ou de poissons.
L'endroit est vivant car c'est une cuisine classique et familiale au cœur du marché de la ville, riche de cinquante ans d'histoire et dotée d'un petit hall rénové. Il ouvre le matin pour les soupes aux tripes et autres soupes (avec des légumineuses, de la viande, etc.) et poursuit avec des légumes cuits à l'huile, des ragoûts et des pâtes, que vous choisirez dans la vitrine.

HOTZAS
3 rue George Kondili
✆ +30 22710 23117
A partir de 15 € par personne. Ouvert le soir seulement à partir de 19h.
Un peu à l'écart, sur le hauteurs de Chios, cette petite taverne, un peu cachée dans une superbe cour, est l'une des meilleures adresses de la ville. Et une des plus anciennes : récemment rénovée, elle a en effet ouvert en 1882 ! Vous trouverez ainsi ici des assiettes uniques inspirées des produits du terroir et des plats classiques de la cuisine de Constantinople, comme les haricots cuits à la purée de mandarine. Les poissons ne sont pas sa spécialité, mais les viandes sont excellentes. Vin « au kilo » et excellents ouzos. Mieux vaut réserver.

Chios Chora

Eglise
Office du tourisme
Taxi
Banque
Police
Ferry
Police
Néorion
Place Frouriou
Dinokratias
JARDIN PUBLIC
Office du tourisme
Banque
Taxis
Taxis
Banques
Banque
Aghia Anargiri
Banques
Banque
Omirou
Boulevard Aghios Eou
Rodokanati
Psychari
Venizelou Eleftheriou
Banque
JARDIN HOREMI
Taxis
Ferrys
0
150 m
Boulevard Eou
Livamou
Aghios Theologos
Hôpital
Aghios Siméon

Sortir

METROPOLIS

92 Leoforos Aegeou
✆ +30 2271 043883
Ouvert tous les jours entre avril et octobre jusqu'à 2h du matin... et dès le petit déjeuner.
Ce chouette établissement, datant des années 1920, fait le tour du cadran, ou presque : café en journée, et bar avec musique live le soir jusque tard ans la nuit. Boissons, petite restauration et DJ sur place. Sur le front de mer, on peut souvent y danser l'été.

À voir - À faire

KASTRO

Entrée gratuite.
On y entre pour une balade, y boire un verre ou y manger. Jusqu'au tremblement de terre de 1881, le *kastro* était complètement intact. Les murailles de la forteresse abritent les restes des anciens quartiers musulman et juif. Cette citadelle fut le centre de l'administration politique et militaire de l'île et couvre environ 400 m². Construite par les Byzantins vers la fin du Xe siècle, elle est remaniée par les Génois et les Turcs. L'évêque catholique et les nobles grecs habitaient le *kastro*. Malheureusement, les palais, églises et tours qui ont été mentionnés dans les récits des voyageurs ne subsistent plus de nos jours.
Mais les tremblements de terre l'ont beaucoup endommagé et malgré les restaurations de certaines maisons, l'état général est très délabré. Aujourd'hui, le *kastro* comprend cependant les vieilles habitations ottomanes où vivaient jadis les Turcs et les juifs. Dans la partie nord du *kastro* se trouve un petit cimetière turc où ont été enterrés de nombreux dignitaires ottomans, ainsi que Pasha Kara Ali : il présente un intérêt artistique et historique certain. De nombreuses églises, dont celle de Saint-Georges, ont été transformées en mosquées. Même si des promoteurs ont rasé les murs donnant sur la mer, comblé les douves au sud et vendu les biens immobiliers ainsi créés le long des quais, il reste de grandes sections d'imposants remparts et l'entrée la plus spectaculaire de la citadelle se fait par la Porta Maggiora derrière la mairie. Une grande partie de l'intérieur commence à renaître comme le hammam turc récemment restauré au nord-est.

MUSÉE ARCHÉOLOGIQUE

5 rue Michalon
✆ +30 22710 44239
Ouvert du mardi au dimanche de 8h30 à 15h. Entrée 2 €.
Ce musée, très plaisant, possède une collection intéressante allant du Néolithique à l'époque romaine. Les points forts incluent des bases de colonnes du temple Apollo à Faná en forme de griffes de lions, de nombreuses statuettes et reliefs de Cybèle (une déesse asiatique) ou encore des miniatures en céramique en forme de chat ou de faucon. Certaines figurines viennent vraisemblablement d'un sanctuaire d'Aphrodite. Autre intérêt, pour les amateurs : il expose aussi une lettre d'Alexandre le Grand, un célèbre édit destiné aux habitants de Chios.

MUSÉE ARGENDI ET BIBLIOTHÈQUE MUNICIPALE

2 rue Korai
✆ +30 22710 44246

Ancien monasthère orthodoxe de Chios.

Ouvert en semaine de 8h à 15h, le vendredi aussi de 17h à 20h et le samedi de 9h à 14h. Entrée 2 €.

Au rez-de-chaussée, belle bibliothèque comportant notamment des œuvres d'Homère. A l'étage, des costumes, objets et gravures aident à comprendre l'histoire et la civilisation de l'île. En effet, le musée présente des portraits de personnalités et donateurs de l'île alors qu'une salle adjacente expose des costumes ruraux, ainsi que de nombreuses répliques du *Massacre de Chios* de Delacroix, une peinture très présente sur l'île sous différentes formes, qui a beaucoup contribué à susciter la sympathie pour la cause de l'indépendance grecque.

■ MUSÉE BYZANTIN

Place Plastira (anciennement Vounakiou)
✆ +30 22710 26866
Ouvert du mardi au dimanche de 8h30 à 13h. Entrée : 2 €.

Ce petit musée, central, est très intéressant à plusieurs égards. L'entrée, déjà, abrite une impressionnante reproduction du célèbre tableau de Delacroix, *Le Massacre de Chios*, souvenir d'un des épisodes les plus célèbres de la guerre d'indépendance grecque, perpétré par les Ottomans contre la population grecque de l'île de Chios en avril 1822. Situé dans l'ancienne mosquée Mecidiye, le musée expose surtout une collection de bas-reliefs et de pierres tombales des différentes communautés de l'île. C'est une grande salle très pédagogique.

KARFAS - ΚΑΡΦΑΣ ★★★

Ce n'est pas forcément le village le plus charmant, mais il faut l'avouer : ses plages sont agréables et bien équipées. Le village connaît un grand développement touristique et peut constituer une base intéressante pour se baigner et explorer l'île, en restant à 5 kilomètres de la ville de Chios.

Se loger

■ ERYTHA

1 rue Kartouli.
✆ +30 22710 32311
www.erytha.gr
erytha@erytha.gr
Chambre double à partir de 65 € en été avec le petit déjeuner.

L'environnement le plus « luxueux » près de la capitale. Le petit déjeuner se prend sur une grande terrasse au bord de la piscine qui surplombe une petite plage privée. Les chambres sont spacieuses et ont une belle vue. Ce resort est un ensemble de 6 complexes sur une superficie de 15 hectares, entourés de jardins verdoyants, de sentiers pittoresques et de coins romantiques. Célèbre pour sa vue à couper le souffle sur la mer Égée et les côtes turques, c'est un établissement idéal pour les voyageurs en quête de tranquillité, de confort et de détente.

■ GOLDEN SAND HOTEL

Sur le front de mer.
✆ +30 22710 32080
www.goldensand.gr
info@goldensand.gr
Chambre double standard à partir de 90 € en été, avec le petit déjeuner.

Grand hôtel luxueux, situé au bord de la mer, face à une très belle plage de sable, à 7 km du centre-ville de Chios et à 4 km de l'aéroport. Proposant 108 chambres dans un complexe moderne, l'hôtel est situé sur la plage de sable de Karfas, sur 3 hectares de propriété en front de mer. Equipées de l'air conditionné, d'un minibar, d'une TV, d'un coffre-fort, les chambres sont confortables. La terrasse, réservée aux clients, offre une vue magnifique sur la mer. Piscine, *night-club*, terrasse sur le toit. L'hôtel a mis la barre très haut en termes de qualité, de confort et de service impeccables.

■ PLAKA STUDIOS

✆ +30 22710 32955
www.plakastudios.gr
info@plakastudios.gr
Sur la route principale vers Agia Ermoni.
Beau studio standard avec vue sur mer à partir de 70 € en été.

A 250 m de la plage de Karfas, 10 studios économiques et récemment rénovés. Elégants (construits en pierre traditionnelle) et parfaitement équipés avec une kitchenette. Les chambres sur mer ont une vue spectaculaire sur la baie. En été, essayez d'éviter les chambres sur rue à cause du bruit.

Se restaurer

■ TO BAHARI

Sur le front de mer.
✆ +30 22710 32797
A partir de 15 € par personne. Ouvert tous les jours, midi et soir.

Une bonne adresse que vous trouverez sur la route entre Chios et Karfas. La salade de poulpe, notamment, est remarquable ! L'endroit est réputé pour sa carte, sa cuisine et son ambiance familiales. Appréciée par les familles, elle est connue pour ses généreuses portions et son accueil chaleureux. Copieux et avec une belle vue. Le soir, beaucoup de Grecs y dînent.

À voir - À faire

PLAGE ★

Le bus qui conduit à Karfas dessert également Megas Limnionas, une petite plage assez agréable. Mais il faut avoir votre propre moyen de transport pour continuer jusqu'à Aghia Fotini, une crique à l'eau translucide, avec quelques tavernes.

PYRGI - ΠΥΡΓΙ ★★

Voilà sans nul doute LE village de carte postale de Chios. Et pourtant, ce n'est pas une plage de sable blanc ! Dans les terres, « le village décoré » de Pyrgi est le plus important village médiéval de l'île. Ses ruelles étroites et ses façades admirablement préservées valent le détour et la halte. La structure de ses fortifications attribuée aux Génois est, en fait, l'application d'un plan de ville grecque développée dans des monastères médiévaux comme le mont Athos, Daphni ou Osios Meletios. L'entrée du village se faisait jadis par deux grandes et lourdes portes en fer (Kato Porta), qui étaient fermées la nuit pour des raisons de sécurité et pour repousser éventuellement toute attaque ennemie.

La tour principale comprenait trois niveaux à l'origine avec des bastions et des fenêtres à arcades, le tout sur une hauteur de 18 mètres. Malheureusement aujourd'hui, il n'en reste que quelques parties. Abandonnée pendant l'occupation turque, elle a été ensuite en partie détruite par le tremblement de terre de 1881.

Le village abrite aussi l'église des Saints-Apôtres datant de l'époque byzantine (XIIIe siècle), l'église de la Dormition construite en 1694 avec trois coupoles et la chapelle de Saint-Antoine.

Pour allier la culture à la baignade, vous pouvez vous rendre non loin à Emborios, belle plage de galets noirs à 6 kilomètres de Pyrgi, ou, encore mieux, sur les autres plages de galets noirs de Mavra à Volia, à Fana et à Karida.

CHIOS MASTIC MUSEUM ★

A Rachi (Tepeki).
✆ +30 22710 72212
Accessible en voiture en suivant la route principale entre Chios et Pyrgi.
Ouvert tous les jours, sauf le mardi, de 10h à 18h en saison. Entre le 15 octobre et la fin février, fermeture à 17h. Billet : 3 €.

Ici l'histoire et la tradition du mastic se dévoilent sous vos yeux dans un bâtiment de 3 000 m² abritant le musée et construit sur un terrain de 12 000 m² dont 5 000 m² sont recouverts d'arbres à mastic. Le musée a pour objectif de présenter l'histoire de la culture et de la récolte du mastic qui fait partie de la tradition culturelle de Chios et été inscrit par l'UNESCO sur la Liste représentative du patrimoine culturel immatériel de l'humanité en 2014.

Ce beau site récent, au milieu des plantations, est dédié, sur deux étages, au mastic dans son élément, entouré d'arbres. Ouvert depuis 2016, le musée présente les techniques traditionnelles de culture du mastic et son histoire. L'arbre à mastic est appelé lentisque : on nettoie, scalpe et coupe le tronc de stries horizontales qui vont donner, une quinzaine de jours plus tard, cette résine spéciale qui sera utilisée comme « chewing-gum » ou arôme en pâtisserie et distillerie. Cette résine est aussi utilisée dans la fabrication de vernis pour les meubles ou instruments de musique, de même que dans la parfumerie, en orthodontie et en médecine.

Ici, le visiteur peut toucher et sentir le mastic et comprendre les conséquences de sa production sur l'organisation sociale de la région. Une section du musée, gérée par la coopérative des producteurs de mastic, explique ses utilisations et ses exportations dans le monde entier. Animations multimédia, maquettes et expositions de machines de la première usine de mastic. Le café et l'agréable magasin rendent l'expérience vraiment agréable.

EMPORIOS BAY

Sur le port d'Emborios.
✆ +30 22710 81500
www.emporiosbay.com
travelshop@otenet.gr
A 5 km de Pyrgi sur la côte.
A partir de 60 € la double, en chambre ou en studio équipé.

Idéal un peu hors saison – car peu cher et moins fréquenté -, ce complexe reste en toute circonstance une excellente option, tout près des tavernes du port et à 10 minutes à pied de la magnifique plage de galets noirs de Mavra Gialos.

Ses studios disposent d'une agréable kitchenette, pratique pour prendre son petit déjeuner en terrasse. La piscine ravira plutôt les familles. Sinon, l'endroit est très professionnel et propose moult services (location de voitures, documentation...). Accessoirement, il est desservi par un arrêt de bus et permet de se passer de voiture.

MARIA'S GARDEN

Sur le port d'Emborios.
✆ +30 2271 070025
A partir de 15 € par personne. Ouvert tous les jours midi et soir.

Maria, sans surprise, est la maman, que l'on aperçoit parfois en cuisine et que des touristes viennent régulièrement féliciter. Nous avons même vu des clients la réclamer et revenir d'une année sur l'autre.
Difficile de faire mieux que cette adorable taverne, à la carte simple mais assez irréprochable, pas chère et quasiment les pieds dans l'eau... Nous avons particulièrement aimé les poissons frais du jour et les mezzés de la mer (tarama, petits poissons grillés et autres *gavros*...). Idéal aussi pour prendre un café ou un verre en journée.

■ **TO POUNTI**
25 Ioanni Psychari
✆ +30 22710 72739
www.chioshotel-pounti.gr
chioshotel-pounti@hotmail.com
Chambre double à partir de 65 € en été, petit déjeuner compris. Ouvert toute l'année.
Les chambres de ce minuscule et charmant hôtel, loti dans une maison en pierre du XIVe siècle, sont adorables. Le petit déjeuner est réalisé avec soin par Toula, la gérante. Propre, calme, avec un accueil très chaleureux. Les chambres doubles ont une cheminée. Les chambres triples disposent d'un lit double et d'une cheminée dans une pièce principale et en plus d'un autre lit double dans la petite chambre supérieure. Toutes deux communiquent entre elles par un escalier intérieur en bois et un escalier extérieur en pierre. Charmant et idéal pour les familles.

MESTA - ΜΕΣΤΑ ★★

Ce village de 400 habitants est à la fois célèbre pour ses arbres à mastic (on peut d'ailleurs participer à la récolte) et pour son architecture médiévale, avec son enceinte fortifiée et ses tours génoises du XIIe siècle. On circule dans le labyrinthe de ruelles pour aller admirer les fresques des églises Agia Paraskevi et Agios Giorgos, l'iconostase sculptée sur bois de l'ancienne église du Taxiarchis (1412) ou encore la tour de garde où se réfugiaient les habitants en cas de danger. A noter que la nouvelle église de Megalos Taxiarchis est la plus grande de Chios. Mesta déborde de vie en été, quand les tavernes offrent de la bonne chair et du bon vin, ainsi que de la *souma*, un ouzo local à base de figues. Les éléments de décoration et de sculpture des maisons, ainsi que les sols pavés de galets, sont autant d'atouts pour la visite de cette petite bourgade très bien conservée.

▶ **Plages.** On peut se baigner à Limenas Meston (4 km), Aghia Irini (9,5 km) et Lithi (10 km, plage de sable).

© FIVEPOINTSIX – ISTOCKPHOTO

Dans les rues de Pyrgi, Chios.

Transports

En bus, Mesta est relié à la capitale de l'île cinq fois par jour en semaine (entre 5h40 et 16h30).

Pratique

■ **MASTICULTURE**
✆ +30 22710 76084
www.masticulture.com
info@masticulture.com
Cette agence de voyages locale, située au cœur du village, est très branchée écotourisme. Elle propose notamment de participer à la récolte du mastic avec les habitants pendant l'été.

Se loger

■ **LIDA MARY**
✆ +30 22710 76217
www.lidamary.gr
info@lidamary.gr
Chambre double standard à partir de 60 € en été.
Si vous décidez de loger à Mesta, pour profiter du village après le départ des touristes, cet endroit est magique. On dirait que les chambres, rénovées dans les moindres détails en respectant l'architecture médiévale traditionnelle, ont été sculptées dans les murs de ce village médiéval. Les chambres sont assez vastes, propres et bien équipées. Plafonds voûtés, hauts murs en pierre, planchers en bois... Mais aussi une télévision, un réfrigérateur. Et surtout Tassos, le propriétaire, est d'une redoutable hospitalité !

■ **MEDIEVAL CASTLE SUITES**
✆ +30 22710 76345
www.mcsuites.gr
info@mcsuites.gr
Chaque suite a sa propre adresse dans le village médiéval.
20 studios à partir de 80 € en été. Petit déjeuner à 8 €. Ouvert toute l'année.
Manoir médiéval superbement rénové dans une ruelle juste à côté de la place principale, avec une grande partie de l'extérieur en pierre d'origine. Le village voit passer quelques touristes, mais vous aurez souvent la place pour vous le soir. A l'intérieur, vous trouverez des suites sublimes et personnalisées nichées dans la pierre, au caractère médiéval, somptueusement rénovées et meublées, avec tout ce qu'il faut. Elles disposent de tout le confort nécessaire pour un séjour romantique : cuisine équipée, TV, lecteur CD, baignoire...

Se restaurer

■ **O MESAIONAS**
✆ +30 22710 76050
Sur la place principale de Mesta.
15 € par personne. Ouvert tous les jours de 11h30 à minuit.
Allez-y les yeux fermés : vous serez assis sur l'une des plus charmantes places de Grèce. Despina est connue pour ses mezzés traditionnels, délaissés par les restaurants à touristes. Laissez-vous tenter par les tomates farcies aux noix et aux raisins, par les *tomatokeftedes* (boulettes de tomates aux herbes), les *tiropitakia* (boulettes de fromage) et le *melitzanopilafo* (aubergine au riz). Vous pouvez aussi y déguster la *souma* (l'alcool de figues sec). Mais tout n'est pas à la carte et il faut se laisser guider par les plats du jour en toute confiance.

Dans les environs

■ **NEA MONI** ★
A 15 km.
Monastère ouvert normalement tous les jours de 9h à 13h et de 16h à la tombée de la nuit.
Presque exactement au centre de l'île, le monastère de Néa Moní vaut absolument le détour. Il a été fondé par l'empereur byzantin Constantin IX Monomachos (1042-1055) en 1042, après une découverte miraculeuse. Selon la tradition, il fonda Nea Moni dans le but de récompenser deux moines de Chios qui avaient prophétisé, lorsqu'il était en exil à Mythylène, que son exil allait bientôt prendre fin et qu'il monterait sur le trône. Aujourd'hui encore, il fait partie des monastères byzantins les plus importants de Grèce avec ceux de Dafni et Osios Loukas sur le continent.
Ce monastère du XIe siècle reste un lieu emblématique de l'époque byzantine et du christianisme oriental. C'est ce qui fait sa valeur et attire les foules. Le monastère a été construit à peu près au centre de l'île, du côté ouest du mont Provateion, où quelques années auparavant les moines avaient trouvé l'icône miraculeuse de la Vierge suspendue à une branche de myrte. C'est un monument particulièrement important dont les fabuleuses mosaïques à fond d'or sont célèbres. Mais si Néa Moní abrita autrefois une puissante communauté de 600 moines, il fut aussi pillé en 1822. Admirez l'imposante table de marbre et les bancs de pierre du réfectoire. Le monastère est l'un des plus importants monuments byzantins de Grèce et a été classé au patrimoine mondial de l'Unesco en 1980. C'est l'un des plus beaux monuments de l'art byzantin, tant par son architecture que par ses mosaïques réalisées par des artisans de Constantinople au XIe siècle.

ANAVATOS - ΑΝΑΒΑΤΟΣ

Le village fortifié d'Anavatos, jouissant d'un accès unique, est établi sur une colline abrupte aux flancs escarpés.
Environ 16 kilomètres après Nea Moni, vous atteignez Anavatos, village fantôme agrippé sur un rocher en surplomb de la mer. Anavatos a connu un grand essor durant la période byzantine et ottomane, mais en 1822, lors de l'insurrection contre les Turcs, ses habitants choisissent de se jeter dans le précipice plutôt que de tomber aux mains de l'ennemi.
La situation stratégique naturelle du village a très bien protégé ses habitants contre les invasions de pirates. C'est peut-être aussi l'une des raisons pour laquelle les 400 maisons du village, bien serrées les unes contre les autres, ont relativement bien résisté à toutes les catastrophes, comme le tremblement de terre et l'occupation ottomane.

KARYES - ΚΑΡΥΕΣ

À 6 kilomètres, construit en amphithéâtre sur sa colline, le village de Karyes, comme celui d'Anavatos, constitue une base pour visiter le monastère de Nea Moni.

VRONTADOS - ΒΡΟΝΤΑΔΟΣ

À 5 kilomètres, avec ses moulins à vent, ce village touristique est célèbre pour sa *didascalopetra* (pierre du maître) où, selon la tradition,

Homère s'asseyait et enchantait ses disciples avec des récits colorés. Il est vrai que la vue du rocher du poète stimule l'imagination. Il semble toutefois que la fameuse pierre ne soit qu'un vestige du sanctuaire de Cybèle ! Sinon, le village n'a pas beaucoup d'intérêt.

■ AGHIA MARKELLA

Dimarchou Georganti Isidorou 6.
✆ +30 22710 93763
markellatom@yahoo.gr
Chambre double à partir de 60 € sans le petit déjeuner.
Sur le front de mer, petit hôtel au bord de la mer avec piscine. Les chambres sont plutôt simples mais bien situées. Chacune est équipée d'une télévision et d'un balcon privé pour profiter de la vue. Bonne base pour voyager dans l'île. Un petit-déjeuner buffet composé de produits faits est servi tous les jours dans le café de l'hôtel. Vous pourrez aussi prendre un verre près de la fontaine de l'hôtel dans le jardin fleuri. Le restaurant sert le déjeuner et le dîner. Ici, le bus passe à moins de 30 mètres, mais la célèbre plage de sable de Daskalopetra est à 1,5 km.

PANO HORIO ET KATO HORIO – ΠΑΝΩ ΧΩΡΙΟ – ΚΑΤΩ ΧΩΡΙΟ

À 28 kilomètres, à l'emplacement de l'antique Kardamyla, s'étend désormais une agglomération réunissant deux villages : Pano Horio, construit sur le flanc abrupt de la montagne tis Grias (de la Vieille), et Kato Horio, patrie d'armateurs et de capitaines qui ont construit de belles maisons. À Pano Horio, les églises d'Aghios Nikolaos et d'Aghios Ghiorghios s'ornent de fresques du XVIe siècle.
Vous pouvez vous baigner à Nagos (5 kilomètres, ruines d'un temple dédié à Athéna) et à Yassonas où Jason, le chef des Argonautes, a fait une escale lors de sa fameuse expédition.

VOLISSOS – ΒΟΛΙΣΣΟΣ ★★

À 66 kilomètres, au bout d'une très belle route qui serpente et au pied des ruines d'une forteresse byzantine, c'est certainement l'un des villages les plus pittoresques de l'île. De là, vous pouvez vous rendre à pied au monastère inhabité de Moundon au pied du Pelineon, le point culminant de l'île. Le site est tout aussi étonnant que les fresques à l'intérieur de l'église. Volissos est construit sur le versant d'une colline et couronné par une imposante forteresse byzantine construite par Bélisaire. De nombreuses familles de Grecs de Constantinople viennent s'installer dans ce village qui a gardé tout son charme et ses jolies maisons entourées de jardins fleuris. La région est aussi très connue pour ses cultures d'agrumes, légumes, céréales et figues. Elle est réputée pour ses amandes et, pendant l'époque génoise, pour son industrie de la soie. La région est également riche en minerais et une compagnie française s'y est installée pour les mines de zinc, exploitation reprise par les Grecs en 1960, qui finalement ont abandonné l'exploitation de nos jours.

■ AIGIALI STUDIOS

✆ +30 22740 21856
www.aigialirooms.gr
info@aigialirooms.gr
Chambre double à partir de 50 € en été. Petit déjeuner : 5 €.
12 studios et un appartement pouvant accueillir jusqu'à 6 personnes, bien équipés pour toutes les saisons : kitchenette, télévision, balcon et... cheminée pour les soirées d'hiver. Pour le wi-fi, il faudra toutefois se rendre au café de l'établissement.

■ MAISONS TRADITIONNELLES VOLISSOS

✆ +30 22710 21421
www.volissosholidayhomes.gr
info@volissosholidayhomes.gr
Chambre double à partir de 90 € en été.
Plus cher, mais autre catégorie. Les 16 maisons de ce « boutique-hôtel » ont été entièrement rénovées et pensées de façon assez singulière. Stella Tsakiri a privilégié certaines techniques décrites dans *L'Odyssée* d'Homère. Exemple : des troncs d'arbres utilisés pour maintenir les plafonds. Entouré de forêts de pins et de jardins avec des coins salons extérieurs, c'est une invitation à la méditation et la promenade, avec vue sur des couchers de soleil uniques. A la «maison», vous pourrez profiter d'une vue panoramique sur la mer ouverte, la forêt et les villages voisins.

AGHIO GALA – ΆΓΙΟ ΓΑΛΑ

À 80 kilomètres, tout au nord de l'île, c'est ici que vous pourrez visiter une grotte si vous avez pensé à vous munir d'une bonne lampe torche.

ÎLES DU NORD DE L'ÉGÉE

REPÉREZ LES MEILLEURES VISITES

★ INTÉRESSANT ★★ REMARQUABLE ★★★ IMMANQUABLE ★★★★ INOUBLIABLE

IKARIA - IKAPIA ★★

Avec ses 260 km² et ses 9 500 habitants, cette île montagneuse et verdoyante rappelle le mythe d'Icare et sa chute sur les côtes de l'île, après s'être trop approché du soleil avec ses ailes de cire. Dans l'Antiquité, on l'appelait encore Makri ou Dolioché, en raison de sa forme oblongue, et aussi Ichtyoussa pour ses eaux poissonneuses. Située à proximité de Samos, l'île est d'abord connue pour ses sources radioactives, remède miracle pour plusieurs maladies.
Puis, elle commence à attirer certains touristes séduits par sa beauté sauvage, sa mer froide et tourmentée, ses habitants fiers et aimables. Evdilos ou Armenisti constituent les meilleurs points de départ pour découvrir Ikaria.
Ikaria dispose de deux ports : Evdilos sur la côte ouest (une liaison par jour avec Athènes, mais aucun hydroglisseur pour les autres îles) et Aghios Kirikos sur la côte est (meilleures connexions avec les autres îles).

AGHIOS KIRIKOS - ÁΓΙΟΣ ΚΗΡΥΚΟΣ

C'est le chef-lieu de l'île avec ses maisons aux balcons fleuris qui s'étagent à flanc de colline. Vous pouvez y visiter un petit musée archéologique assez intéressant, qui renferme des objets datant des époques néolithiques. Attention : la petite ville, dont les bois environnants ont brûlé il y a quelques années, se remplit vite en été et il est alors souvent difficile d'y trouver une chambre.

Transports

■ AÉROPORT D'IKARIA
✆ +30 22750 32218
L'aéroport est relié à Aghios Kirikos (12 km) uniquement par taxi.
Il est relié par bus à Aghios Kirikos (11 km) en fonction des horaires des vols. Au moins un vol par jour (50 minutes) avec Olympic Air. Renseignements : www.olympicair.com – Tél +30 21096 66666.

■ PORT
✆ +30 22750 27890
Attention, l'île dispose de deux ports : Aghios Kirikos et Evdilos.
Avec le continent. Le port d'Aghios Kirikos est relié au Pirée au moins trois fois par semaine avec Hellenic Seaways, et avec Kavala deux fois par semaine. Evdilos est relié trois fois par semaine aussi au Pirée. Le Nissos Rodos qui relie lîle au Pirée, passe par Patmos, Naxos et Paros. Vers Kavala, le bateau passe par Samos, Chios, Lesbos et Limnos. Le Nissos Mikonos passe par Syros er Mykonos.

Pratique

■ HÔPITAL
✆ +30 22750 22 236

■ POLICE
✆ +30 22750 22222

Se loger

■ HOTEL KASTRO
✆ +30 22750 23480
ikariakastro.com
kastrohl@otenet.gr
Chambre double à partir de 50 € en été, sans petit déjeuner.
Cet hôtel ouvert toute l'année domine une falaise avec une vue incroyable. Ses chambres bien équipées ont un balcon et une vue panoramique. Télévision, réfrigérateur, toit terrasse et piscine. Bar. Idéalement situé et à distance de marche de la place et des moyens de transport, c'est une base pratique pour vos excursions et pour vous reposer. Le port d'Agios Kirikos est à seulement 200 mètres. À 150 m, des restau-

Écotourisme et sources thermales

La nature est ici une part essentielle du patrimoine touristique.

- **Côté écotourisme,** plusieurs régions de l'île (de même que des îles de Fourni) font partie de réseau européen Natura 2000, destiné à préserver l'environnement et la biodiversité. On y dénombre 21 espèces de plantes endémiques et 15 espèces d'invertébrés. Cet endémisme serait dû à la situation géographique de l'île (proche de l'Asie mineure) tout comme à son altitude et à la grande variété de ses biotopes.
- **Les sources thermales** sont mondialement renommées depuis le IVe siècle avant J.-C., comme en témoignent plusieurs textes historiques et la présence de ruines antiques.

rants et des cafés sont accessibles depuis l'établissement. La plage la plus proche est à 500 mètres. L'aéroport d'Ikaria est à 11 km.

■ **MARIA-ELENA**

✆ +30 22750 22835

www.mariaelena.gr

marelena@otenet.gr

Chambre double entre 50 € et 70 € en été. Petit déjeuner : 6 €.

Cette petite pension familiale ouverte aussi toute l'année renferme 16 chambres et 7 studios à 10 minutes de la plage. Toutes les chambres ont un balcon et une vue panoramique. Télévision et réfrigérateur. Jardin et wifi. Toutes les chambres disposent d'un balcon avec vue sur la mer et d'un coin salon. La plupart des chambres ont aussi été équipées d'un ordinateur à écran tactile. Vous pourrez prendre votre petit-déjeuner sur le patio spécialement aménagé avec des terrasses et des tables en pierre. Belle vue panoramique depuis les balcons des chambres et du jardin.

À voir - À faire

■ **PLAGES** ★

A proximité d'Aghios Kirikos, vous en trouverez quelques-unes, mais accessibles en caïque pour la plupart : Tsoukalas, Anemomylos, Lefkada, Kotsambi, Therma. Vous pouvez également atteindre par caïque la plage de sable de Faros. La plage la plus longue de la côte sud est celle de Faros, à 12 km au nord-est d'Aghios Kirikos, le long d'une bonne route desservant également l'aéroport. Vous pourrez vous reposer sous des tamaris le long du sable et de galets. des panneaux vous indiqueront de là une piste de 2 km vers le Cap Drakanos, plus isolé.

THERMA - ΘΕΡΜΑ ★★

À 2 kilomètres au nord d'Aghios Kirikos se trouve Therma, dont les bains municipaux sont ouverts de 8h à 13h. On a découvert sur le même emplacement des ruines de thermes antiques. L'eau chaude (de 43 à 58 degrés) est idéale pour les rhumatismes et les maladies articulaires. À 3 kilomètres au sud d'Aghios Kirikos, se trouve Therma Lefkados. Les amateurs découvriront d'autres installations au bord de la mer, réputées pour avoir guéri les maladies de la peau.

■ **IKARION**

✆ +30 22750 22481

ikarionhotel@yahoo.gr

Chambre double entre 45 et 70 €, petit déjeuner compris.

Récemment rénové, ce petit établissement estampillé spa se targue d'être le plus proche des plages et des sources chaudes. Doté d'une terrasse bien exposée, l'Ikarion Hotel vous accueille à Ikaria, à 30 mètres de la plage de Therma. Des sources chaudes et des cafétérias vous attendent à 20 mètres ! C'est en effet son principal intérêt, avec son prix. Les chambres simples avec télévision, réfrigérateur et balcon. Mais, autre charme inattendu, le « Roof top Bar » sur le toit permet de prendre son petit déjeuner ou de boire un verre en admirant la baie.

■ PENSION AGRYOLIKOS

✆ +30 22750 22433
www.agriolykos.gr
vmanolaros@yahoo.gr
Sur la falaise de Therma,
au bout d'un sentier.
Chambre double entre 50 et 65 € en été, petit déjeuner compris.
Voici un petit spa où vous serez tranquille : cette pension jouit d'un emplacement unique au sommet d'une falaise et il n'y a que 12 chambres ! Les chambres sont toutes dotées de la climatisation, d'une télévision et d'un réfrigérateur. Il y a aussi un balcon et une vue panoramique. Plage privée et sources chaudes avec un accès direct de l'hôtel. Et, surtout, des soins à la demande. Accès à la plage privée et aux sources d'eau chaude naturelles à proximité, se jetant dans la mer. Cour spacieuse avec vue sur la mer pour un café ou le petit déjeuner.

EVDILOS - ΕΥΔΗΛΟΣ

La route part ensuite à l'assaut du mont Athéras pour redescendre un peu plus loin vers la côte nord. La première étape sera le petit port d'Evdilos, jadis capitale de l'île.

■ ATHERAS

✆ +30 22750 31434
www.atherashotel.gr/fr
info@atherashotel.gr
Près du port.
Chambre double de 60 à 80 € en été, sinon moitié prix. Petit déjeuner : 7 €. Ouvert toute l'année.
L'hôtel Atheras, qui tire son nom de la plus haute montagne d'Ikaria, est situé à proximité d'Evilos. Au bord de la mer avec piscine, il propose 38 chambres agréables. Il est même possible d'occuper un vrai petit appartement ou de vraies villas familiales. Il y a aussi une piscine dans l'hôtel. Wifi. L'atmosphère familiale et l'hospitalité chaleureuse du propriétaire et du personnel vous donneront l'impression d'être chez vous, mais loin de chez vous. En outre, de cet établissement les visiteurs ont un accès rapide au port du village d'Evilos.

■ PORT

✆ +30 22750 22207
Attention, l'île dispose de deux ports, Aghios Kirikos et Evdilos.
Avec le continent, le port d'Aghios Kirikos est relié au Pirée au moins trois fois par semaine avec Hellenic Seaways et avec Kavala deux fois par semaine. Evdilos est relié trois fois par semaine aussi au Pirée. Vers les autres îles, le Nissos Rodos qui relie l'île au Pirée, passe par Patmos, Naxos et Paros. Vers Kavala, le bateau passe par Samos, Chios, Lesbos et Limnos. Le Nissos Mikonos passe par Syros er Mykonos.

■ STUDIOS KERAME

✆ +30 22750 31434
www.keramehotel.gr/fr
info@keramehotel.gr
Studio standard pour 2 de 60 € à 90 € en été. Petit déjeuner : 7 €.
Situé à 1 km d'Evdilos près des plages, cet hôtel dispose d'une piscine. Les studios standards ont une cuisine. Il compte 11 studios, 21 appartements, 5 suites, et 4 chambres en mezzanine. Pour un peu plus cher, on peut avoir un coin salon. Balcon. On peut même demander aux propriétaires une vraie villa pour les familles... À côté de l'hôtel Kerame se trouve le restaurant Mylos. Avec les meilleurs produits d'Ikaria, vous y trouverez des plats inspirés de la tradition de l'île. La cuisine y change tous les jours, avec des ingrédients frais et des produits de saison.

■ TO INOMAGIRIO TIS POPIS

Plage de Fitema.
✆ +30 22750 31928
A partir de 15 € par personne. Ouvert tous les jours, midi et soir.
Les locaux la surnomment la « gargote de Popi ». C'est une jolie taverne au vert, avec vue sur la mer, située juste à côté de la route principale, avec une vue sur la mer. Un cadre assez parfait pour s'asseoir dehors et profiter de l'ombre fournie par ses arbres. Kalliopi Karnaba, la propriétaire, utilise en général des ingrédients qu'elle produit elle-même. Essayez notamment ses pâtés en croûte faits maison. Un vrai plaisir et de belles saveurs en cuisine. Très joli cadre, une salle charmante et une sympathique propriétaire.

KAMBOS ET OINOÉ - ΚΑΜΠΟΣ

À 2,5 kilomètres d'Evdilos, Kambos est proche des ruines de l'antique Oinoé, des vestiges de palais byzantins et de l'église d'Aghia Irini (XIe siècle). Le village est construit sur l'empla-

cement de l'ancienne Oinoé, cité renommée pour ses vignes et où, selon la légende, aurait poussé le premier cep. Un petit musée regroupe les objets découverts à Oinoé, ainsi nommée pour ses vignobles qui recouvraient jadis la région. Ikaria produit toujours du vin et les raisins sont séchés au soleil sur de la paille, pour qu'ils conservent leur arôme.
Quelques chambres à louer et une taverne permettent à ceux qui le désirent de profiter de la plage et de découvrir les villages environnants : Dafni, Steli et Petropouli, qui ont une vue imprenable sur la mer.

■ KARRAS

✆ +30 22750 71024
www.karrasstarhotel.gr
info@karrasstarhotel.gr
Dans le village d'Avlaki, entre Kampos et la plage de Messakti beach, à 6 km du port d'Evdilos.
Chambre double entre 45 € et 80 € en été, petit déjeuner compris.
A 6 km du port, ce complexe comporte 37 chambres, réparties en quatre petit bâtiments. Toutes disposent d'un réfrigérateur, de la télévision et d'un balcon. Accès wifi dans tout l'hôtel. Les clients peuvent aussi profiter de la piscine et d'un petit court de tennis. L'hôtel est tellement charmant qu'il sert parfois de lieu de mariage ou comme base pour explorer l'île et participer à des activités sportives telles que la randonnée, le surf, le yoga, la méditation, la dégustation de vin ainsi que des cours de cuisine et de danse.

■ MUSÉE ARCHÉOLOGIQUE

✆ +30 22750 32935
Ouvert du mardi au dimanche de 8h30 à 15h. Entrée gratuite.
Expose une intéressante collection de stèles funéraires. Ce petit musée rassemble surtout les trouvailles de quelques fouilles locales (vases, statues, figurines et sarcophages) des sites de Frandato, d'Arethousa, de Petropouli et de l'ancienne Oinoe avec les principales tombes du cimetière de la ville antique. Dans la pièce principale se trouve un sarcophage de marbre de l'Antiquité tardive, avec des décorations en relief caractéristiques, venant du cimetière d'Agia Irini.

ARMENISTIS – ΑΡΜΕΝΙΣΤΗΣ

Peuplé d'à peine 50 habitants il y a quelques années, ce minuscule village a su conserver le cachet de ses maisons anciennes, malgré le développement touristique. La plage de sable à proximité immédiate est magnifique.

À 4 kilomètres d'Armenistis, sous le rocher rouge d'Ammoudia, se niche le petit village de Christos Rahon. Ses habitants ont gardé leur mode de vie traditionnel et surtout, ils pratiquent des horaires de vie quelque peu décalés par rapport aux besoins des touristes.

■ ATSACHAS ROOMS

Odos Agiou Kirikou
✆ +30 22750 71226
www.atsachas.gr
atsachas@gmail.com
Chambre double entre 40 € et 70 € en été, sans petit déjeuner.
Situé directement au-dessus de la plage de Livadi, à 500 mètres du centre-ville d'Armenistis, sur une colline surplombant la ville et la plage. Bon marché, ces 14 chambres offrent toutes une vue sur la plage de Livadi qui se trouve juste en contrebas de l'établissement. Aménagement basique mais le réfrigérateur, la vue panoramique et le prix sont assez séduisants. Pour les familles, deux chambres peuvent être combinées avec une seule entrée pour former un hébergement pouvant accueillir jusqu'à 4 personnes. Bon restaurant qui propose une cuisine grecque traditionnelle.

■ CAVOS BAY

Rue Principale
✆ +30 22750 71381
www.cavosbay.com.gr
info@cavosbay.com.gr
Chambre double entre 60 et 125 € en été, avec le petit déjeuner.
Complexe de 41 studios plutôt simple équipés pour la plupart d'une kitchenette. Piscine, vue panoramique et tout près de la mer. Vérandas avec vue : l'endroit vaut surtout pour sa très belle situation.
Les chambres et les studios sont lumineux et spacieux et comprennent un mobilier élégant et confortable, reposant avec ses tons pastel. Vous commencerez la journée en dégustant un somptueux petit-déjeuner et en savourant des spécialités locales. Et évidemment, la piscine, qui surplombe un panorama de bleu, est l'un des plus de l'hôtel !

CHRISTOS RAHON – ΧΡΙΣΤΟΣ ΡΑΧΩΝ

À 4 kilomètres d'Armenistis, sous le rocher rouge d'Ammoudia, se niche le petit village de Christos Rahon. Ses habitants ont gardé leur mode de vie traditionnel et surtout, ils pratiquent des horaires de vie quelque peu décalés par rapport aux besoins des touristes.

MONASTÈRE DE MONTE

Le monastère de Monte (XIe siècle), dans un paysage verdoyant, vous donnera un prétexte pour une belle promenade. Cependant, il se mérite.
En poursuivant vers le sud de l'île, une très mauvaise route conduit jusqu'au petit port de pêche de Karkinagri. Au passage, notez la rue baptisée Lénine qui illustre la tendance idéologique qui continue à prévaloir dans l'île. D'Ikaria, il est ensuite possible de visiter l'îlot Fourni qui abrite quelques villages (ainsi que des chambres à louer), ainsi que Thimena (sans infrastructures touristiques).

LEMNOS - ΛΗΜΝΟΣ ★

Venir à Lemnos, c'est prendre le risque de vivre un agréable moment de solitude, les pieds dans une eau cristalline. Certes, cet isolement reste relatif. Il y a un moment dans la journée où d'autres voyageurs finissent quand même par se manifester. Mais tout cela est plus que supportable, comparé à l'affluence d'autres îles alentour ! Si l'île en souffre un peu, le touriste, lui, appréciera cette île un peu à l'écart. Elle se gagne le plus facilement en avion. Accessible en bateau, le trajet le moins long part de Kavala, au nord de la Grèce continentale sur le continent. Bref, c'est un bon plan. Qui commence un peu à se connaître, mais pas encore trop vite...
Si l'on en croit les récits mythologiques, c'est ici, sur les hauteurs du mont Mosychlos, que Zeus a jeté Héphaïstos, nouveau-né. Selon Homère, les premiers habitants de l'île seraient les Sinties de Thrace. Ce sont eux qui ont pris soin du dieu du Feu en exil, lequel en échange, leur a dévoilé les mystères de l'art de la ferronnerie... A l'époque du roi Thoas, marié à Myrina, les femmes de Lemnos, fâchées d'être négligées par leurs maris, les enivrent avant de les assassiner. Plus tard, Jason réconciliera les deux sexes en épousant Ipsipilé, la fille de Thoantas. Lemnos ne présente pas de paysages d'une beauté spectaculaire, et sa découverte nécessite du temps, ainsi qu'un moyen de locomotion. Mais l'île offre l'avantage d'avoir été épargnée des conséquences fâcheuses du tourisme. Ses longues plages de sable sont particulièrement propices au camping.

Histoire

Lemnos est étroitement liée au culte initiatique des Kabires, démons chtoniens descendants d'Héphaïstos. Des restes du sanctuaire des Kabires ont été révélés au nord-est de l'île.

Thoas est le premier souverain de Lemnos, son épouse Mytrina est fille du roi Iolkos. C'est aussi à cette époque que se développent les deux anciennes cités de Lemnos : Héphaïstia – en l'honneur d'Héphaïstos – et Myrina. En 513 av. J.-C., Lemnos passe sous la domination perse, mais à l'issue des guerres médiques, l'île intègre la Confédération d'Athènes. Un peu plus tard, ce sera au tour des Byzantins de dicter leur loi aux habitants de l'île et au IVe siècle de notre ère, Lemnos devient siège épiscopal. Aux XIe et XIIe siècles, des commerçants vénitiens gagnent l'île. En 1204, Lemnos devient fief d'une famille vénitienne, qui en sera chassée par Michel Paléologue en 1268. L'an 1462 marque le début d'une longue dispute, opposant Vénitiens et Turcs qui revendiquent tous deux la domination de l'île. Les derniers utilisent Lemnos comme lieu d'exil après 1670. Lemnos se défait de l'occupation ottomane au cours de la Première Guerre des Balkans en 1912, lorsque la flotte grecque prend possession des lieux. En 1920, son intégration à la Grèce est officialisée par un traité. Lemnos a également joué un rôle dans la Première Guerre mondiale : le port de Moudros a abrité la base de la flotte hellénique et de la flotte alliée.

MYRINA - MYPINA

Si vous arrivez en bateau, ce sera le (bon) signe que vous arrivez à destination. Vous ne pouvez pas manquer l'impressionnante forteresse byzantine avec ses imposantes murailles et ses vestiges d'anciens bâtiments et réserves. La capitale de l'île (5 000 habitants) s'étend entre le port et la baie de Romeikos Yalos. Au milieu, se dresse encore le fort byzantin, construit par l'empereur Andronic Ier Comnène au XIIe siècle et renforcé par les Vénitiens. Vous vous perdrez sans regret dans la principale rue commerçante, parallèle au port, à l'ombre d'une agréable tonnelle. Difficile de ne pas être charmé par ses vieilles demeures néoclassiques, bâtiments et autres fontaines ottomanes. Le long du front de mer est constellé de nombreux restaurants et tavernes traditionnelles. Et levez les yeux : vous apercevrez l'une des plus belles églises de Myrina, la Panagia Kokoviotissa, perchée au sommet de la falaise.

Transports

■ AÉROPORT DE LEMNOS

✆ +30 22540 92700

Course en taxi pour Myrina : 25-30 €.

De la capitale, vous arriverez forcément en avion. C'est prévu. Entre Athènes et Lemnos, comptez deux à trois vols par jour avec Olympic Air (50 minutes). Vers le continent, d'autres compagnies comme Astra Airlines proposent aussi des liaisons avec Thessalonique. Vers les autres îles, Sky Express assure de deux à trois rotations par semaine avec Rhodes, Samos, Chios ou Lesbos et Lemnos. Et Astra Airlines propose aussi des rotations vers l'île d'Ikaria. Situé à mi-chemin entre Moudros et Myrina, l'aéroport est relié aux deux villes par taxi, et l'on peut aussi louer une voiture sur place.

■ PORT

✆ +30 22540 22823

Le port est à une dizaine de minutes à pied du centre de Myrina. Sinon, des taxis vous attendent.

Concernant les liaisons avec le continent, en été, l'île est reliée cinq fois par semaine avec le Pirée (Athènes) avec Hellenic Seaways. Chaque semaine, on compte également des ferries en provenance de Kavala et d'Alexandroupolis.Vers les autres îles, tablez sur au moins un ferry par jour pour Aghios Efstratios mais aussi des liaisons avec Lesbos, Chios, Samos, Samothrace, Alonissos, Skopelos, Skiathos, l'Eubée (Kimi), Psara, Ikaria, Kalimnos, Kos et Rhodes.Yachting. Vous pouvez vous approvisionner en essence et en eau à Myrina et à Moudros.

Pratique

■ PETRIDES

✆ +30 22540 22 039

www.petridestravel.gr

petrides@otenet.gr

Voitures à partir de 30 € par jour.

Cette agence touristique et de location de voitures propose, outre des tarifs attractifs, des excursions et idées de circuits intéressants (nature, culturels, militaires...). Exemple : une journée au cimetière allié de Moudros, l'un des deux monuments les plus importants de l'île et de l'expédition alliée contre Gallipoli. L'armée des Alliés s'était installée à Portianou en 1915. Là, Winston Churchill a même installé son quartier général. Ou autre idée dans un autre genre : une journée sur les traces des «secrets de Lemnos» où la mythologie et la nature se rejoignent.

■ POLICE

✆ +30 22540 22200

■ PREMIERS SECOURS

✆ +30 22540 22 203

Se loger

Bien et pas cher

■ ARION BEACH

14 rue Seferi

✆ +30 22540 22144

www.arion-beach.com

A partir de 60 € la nuit, sans petit déjeuner.

Voici un endroit où la notion d'accueil francophone n'est pas usurpée : ici, vous croiserez l'adorable Pauline dont le papa était français. En plus de cela, l'établissement présente l'avantage d'être très bien situé, à une minute à pied de la plage de Richa Nera. Les équipements sont sommaires et suffisants avec de quoi cuisiner et lézarder sur le balcon. Il s'agit de studios plus que de chambres mais il y a tout ce qu'il faut. L'offre dans le port étant rare et chère, on apprécie l'endroit, avec la mer et une bonne taverne juste de l'autre côté de la rue !

■ HOTEL POSEIDON
14 Sofokleous, Romeikos Galos
✆ +30 22540 23982
www.poseidonlemnos.gr
Double de 45 à 70 € en été avec le petit déjeuner.
L'hôtel, sans doute avec le meilleur rapport qualité-prix, est situé à côté de la plus célèbre plage de Myrina, Romeikos Gialos, et à côté du site archéologique : un plus culturel pour qui veut le visiter mais également un gage de tranquillité le soir ! Il a 20 chambres spacieuses et bien équipées (réfrigérateur, télévision...). Et toutes sont dotées d'un balcon. Pour la vue sur mer, demandez ou espérez une chambre au dernier étage. Dans la salle du petit-déjeuner, vous trouverez un buffet de saveurs locales, avec des produits locaux.

■ NEFELI
✆ +30 22540 23551
www.nefeli-lemnos.gr
info@nefeli-lemnos.gr
Au-dessus de la plage
de Romeikos Gialos.
Chambre double entre 60 € et 90 € en été, avec petit déjeuner. Ouvert toute l'année.
Tout confort, comme à la maison, avec télévision, wifi, coin canapé... Cet élégant complexe d'appartements est situé juste au-dessus de la plage de Romeikos. Une bonne idée pour des familles. Les installations comprennent un bar, une salle de loisirs, deux salons et un grand café en plein air, où l'on peut savourer un café et des boissons tout en admirant le coucher de soleil magnifique. Les appartements sont en bois et en pierre, conformément à la tradition des maisons du village. Chaque appartement comprend deux pièces, un salon, et une cuisine entièrement équipée.

Confort ou charme

■ ARHONTIKO
Sachtouri et Filellinon
✆ +30 22540 22230
www.arxontikohotel.gr
Chambre double à partir de 80 € en été, petit déjeuner compris.
Cet hôtel, datant de 1851, est une véritable *guesthouse*, assez rare dans les îles grecques. Mais les chambres y sont chères (trois, seulement...). Elégamment meublées avec des pièces anciennes, les chambres ont aussi le wifi. Dans le cœur du village, près du marché, et à 50 m des plages, vous commencerez chaque journée avec un délicieux petit-déjeuner grec dans la salle à manger traditionnelle, comprenant du miel de thym, du fromage local et des gâteaux et des confitures faits maison. Faute de place, vaut mieux tenter sa chance hors saison.

■ PORTO MYRINA PALACE
Baie d'Avlon
✆ +30 22540 24805
www.portomyrina.gr
Entre 70 et 120 € pour deux, avec le petit déjeuner.
Ici, l'offre est plus nombreuse (une centaine de chambres) et très professionnelle. Dans la baie d'Avlon, à 2 km au nord du port, ce complexe propose des chambres et des bungalows face à la mer. Cela fait un peu centre de vacances mais vous passerez un séjour très confortable sans vous soucier de rien : deux piscines (dont une réservée aux enfants), un terrain de tennis, un bar, et bien sûr un restaurant et une plage privée. Pour la touche culturelle et les visites, vous êtes ici à côté des vestiges du sanctuaire d'Artemis (IVe siècle av. J.-C.).

Se restaurer

■ O GLAROS
Sur le port.
Comptez 20 € par personne. Ouvert tous les jours midi et soir.
C'est l'un des restaurants de poisson de référence. Au bout de la jetée, l'établissement jouit d'une vue extraordinaire sur la mer et sur le fort à la nuit tombée. Heureusement, la carte, simple, est à l'avenant. Du poisson du jour, évidemment, et, souvent, du homard à prix raisonnable, mais aussi des spécialités locales mijotées. Signe assez rare pour être signalé : l'endroit propose une sélection (de pâtes notamment) de plats sans gluten. Il faut y aller surtout le soir : quand le kastro est éclairé, le cadre est merveilleux.

■ PLATANOS
Kida
Comptez 15 € par personne. Ouvert le midi seulement.
Un bon signe ici : la majorité de la clientèle est grecque et le restaurant n'a pas besoin d'ouvrir le soir. Quelques tables ombragées par deux gros platanes attendent tranquillement les

visiteurs sans rabatteur. Ici, les plats du jour (soutsoukakia, gemista et autres moussakas) partent très, très vite. Nous y avons goûté probablement un des meilleurs pasticio de l'île. A qui est la recette ? Mystère... On devine que l'établissement, ouvert depuis le siècle dernier, a vu défiler quelques générations. Vraiment un excellent rapport qualité-prix.

■ TAVERNA TZITZIFIES
6 Argonafton
✆ +30 2254 023756
A partir de 15 € par personne. Ouvert tous les jours midi et soir.
Si vous poussez votre promenade du front de mer un peu plus vers le nord, en dépassant Romaïkos, vous arriverez dans cette taverne familiale, détendue, et surtout les tables posées sur le sable. En quittant le centre de Myrina, on remonte un peu dans le temps avec des coutumes comme on les aime. Ici, on peut choisir ses plats du jour dans la cuisine de la maman de l'autre côté de la rue (salades, boulettes de viande, délicieuses feuilles de vigne...). Ouvert toute la journée, l'endroit est aussi idéal pour prendre un verre ou un café entre deux ploufs.

À voir - À faire

■ KASTRO
Ouvert tous les jours et accès libre.
Vous le verrez de loin en accostant au port. Ou en voiture en regagnant votre hôtel. Ce kastro imposant est en effet l'une des plus impressionnantes forteresses égéennes, il fut construit à partir du XIIe siècle par les Byzantins et achevé par les maîtres successifs de l'île (Vénitiens, Génois et Ottomans). Son promontoire mérite le coup d'œil et quelques efforts, mais la vue d'en haut est splendide. Pour rejoindre le kastro, le plus simple est d'emprunter la rue Themistokleous derrière la mairie. Privilégiez la montée tôt le matin ou en fin d'après-midi.

■ MUSÉE ARCHÉOLOGIQUE
✆ +30 22540 22990
Ouvert tous les jours sauf le lundi de 8h30 à 15h. Entrée 2 €.
Entièrement rénové, réagencé et rouvert en 2018, ce musée est logé dans une belle demeure néoclassique sur le front de mer, derrière Romeikos Yalos. Les vitrines sont superbement présentées, avec des panneaux explicatifs qui permettent de suivre la chronologie des pièces exposées, en fonction des sites où elles ont été trouvées.Vous y verrez notamment une collection intéressante et bien présentée d'objets en céramique et de pièces de monnaie. Le musée est petit mais charmant. Un film intéressant est aussi projeté dans la première salle.

■ PLAGES DE SABLE ★
L'option la plus pratique reste Romeikos Yalos. Sinon, à 1 km, vous pouvez vous aventurer sans risque jusqu'aux belles plages d'Avlonas, d'Ayios Ioannis et de Plati (2 km). A 2 km, Paralia Thanou et un peu plus loin, la plage volcanique d'Aghios Pavlos. C'est un paysage improbable et surréel qui attire aussi son lot de visiteurs. Sur la côte nord de l'île, ces collines de sable, formées d'alluvions de Lemnos, sont fameuses pour leurs formes incroyables. Il s'agit d'un phénomène rare créé par l'érosion et le dépôt de sable par le vent sur ces zones côtières.

NEA KOUTALI - ΝΕΑ ΚΟΥΤΑΛΗ

Construit par des réfugiés d'Asie Mineure, ce magnifique village, entre vert et bleu, est aussi réputé pour sa gastronomie. Testez notamment ses moules, sous différentes formes, dans ses tavernes. Vous trouverez aussi partout le souvenir d'un certain Panaghis Koutalianos : l'enfant du pays était un célèbre lutteur à qui les habitants ont élevé une statue. Il se raconte qu'il pliait des barres de fer comme si c'était un jeu d'enfant !

■ KONTIAS
Kontias
En quittant Myrina vers Moudros, une dizaine de kilomètres avant Nea Koutali, vous pourrez vous arrêter dans ce village authentique et préservé, dardé de maisons de pierre, de moulins à vent abandonnés et entourés de pins. Si la population est ici relativement modeste, ses belles bâtisses témoignent d'un riche passé. L'une de ses belles maisons de pierre abrite une galerie d'art réputée, la Picture Gallery of Modern Balkan Art, spécialisée dans les œuvres contemporaines de la région. À proximité, la plage de sable d'Evgati vous permettra de vous rafraîchir.

■ MARTHA
✆ +30 22540 92236
Environ 15 € par personne. Ouvert tous les jours midi et soir.
Ouverte depuis 1960, cette taverne est incontournable. Tout le monde s'arrête ici déjeuner chez Martha, une véritable petite institution locale. Sous une véranda encombrée de pots de fleurs, vous dégusterez moules, poissons frais, et d'excellentes viandes locales en sauce. En plus des moules, des spaghettis au homard et du poisson frais, elle sert également une délicieuse viande locale. Vous trouverez ainsi ici de très bonnes casseroles et autres ragoûts. Nous avons testé et recommandons chaleureusement, en particulier son agneau aux aubergines.

MOUDROS - ΜΟΥΔΡΟΣ

Deuxième port de Limnos, ce village de pêcheurs n'a pas énormément de charme, même s'il n'en est pas dénué. C'est surtout une étape pour manger et boire un verre avant de prolonger sa route vers sa baie protégée. Refuge idéal pour les bateaux, Moudros a servi jadis, en 1951, de base alliée pour la désastreuse campagne de Gallipoli. Le cimetière des victimes, à proximité, en témoigne.

■ ENNOIA PO'CHS
Lychna
✆ +30 22540 71742
A partir de 12 €/pers. Ouvert tous les jours midi et soir.
Faute d'avoir trouvé votre bonheur à Moudros, la ville la plus proche, ou sur le chemin de la plage, prévoyez de faire un détour d'une dizaine de kilomètres vers cette table étonnante. Cet ancien kafeneio datant du début des années 1900 a été transformé en un bistrot gastronomique proposant des versions modernes de plats insulaires à base d'ingrédients locaux. Parmi les classiques, on peut citer la fricassée de pêcheurs, la pieuvre rôtie aux petits oignons au vinaigre et sa purée d'œufs ou l'agneau rôti avec ses artichauts au vinaigre.

■ HOTEL ETHALEIA
Fanaraki
✆ +30 69443 55755
www.ethaleia.gr
info@ethaleia.gr
Chambre double entre 60 et 75 € en été avec le petit déjeuner.
Vous pourrez vous arrêter dans ce petit hôtel familial avec seulement 8 chambres et 2 appartements. Les chambres aux murs et sols en pierre sont joliment décorées et disposent d'un frigo et d'une télé. La vue sur la baie est splendide. Et le petit déjeuner bio fait maison est un vrai plus. Les chambres avec vue sur la mer sont équipées de lits doubles et simples et peuvent accueillir jusqu'à deux adultes et deux enfants ou trois adultes et un enfant. Ils ont un balcon privé ou une véranda avec une vue imprenable sur la baie de Moudros.

■ TO KYMA
Plage de Moudros.
✆ +30 22540 71333
www.kymalemnos.gr
A partir de 12 €/pers. Ouvert tous les jours midi et soir.
Facile à trouver, il s'agit, en réalité, de la taverne du petit hôtel To Kyma, l'un des seuls dans ce port paisible. Mais la population locale l'appelle Tzitzivakos, du nom de famille du propriétaire. A la salle de restaurant patinée par les ans, on préférera la cour ombragée de tamaris. Au menu : poisson, moules à la vapeur, casseroles et autres ragoûts. Délicieuse soupe de mérou. Une carte assez classique par ailleurs avec ses salades grecques et autres mezzes. Un restaurant honnête où l'on a plaisir à faire une petite halte.

KAMINIA

Kaminia, grâce à sa taverne, est une halte agréable pour visiter le site de Poliochni – ouvert de 9h30 à 17h30, entrée libre –, le plus ancien village néolithique de la mer Égée. En effet, les

L'île de Lemnos.

La poésie de l'exil de Yannis Ristos

A la fin de la guerre civile (1946-1949), Kontopouli fut transformé en centre de détention pour détenus politiques, parmi lesquels le poète Yiannis Ritsos, alors proche du KKE (parti communiste). Il y restera emprisonné de 1948 à 1952. Durant cet exil forcé, Ritsos sera particulièrement productif, avec une longue « chronique poétique » traitant de ses années de souffrance, *Les Quartiers du monde*, ainsi que plusieurs autres poèmes regroupés dans le recueil *Veille* et dans un ouvrage paru en version bilingue, *Journal de déportation* (éd. Epsilon, 2009).

archéologues italiens y ont découvert quatre cités superposées les unes sur les autres. La plus ancienne date du IVe millénaire av. J.-C. ; la plus récente a révélé les premières maisons avec salle d'eau du monde hellénique.

■ SITE DE POLIOCHNI

Poliochni
✆ +30 22540 22990
Ouvert tous les jours, sauf le lundi, de 8h à 15h. Entrée : 2 €.
Le site archéologique de Poliochni est l'un des plus anciens peuplements mis au jour en Europe. C'est ici la plus ancienne implantation connue dans l'île. Fondée au néolithique, vers 5000 av. J.-C, elle connut sa phase de prospérité à l'âge du bronze et disparut vraisemblablement après un séisme. Cette cité préhistorique fascine les amateurs car elle est antérieure à Troie et en même temps installée en face, sur la côte anatolienne. Son plan d'urbanisme, visible à travers ses fondations apparentes et ses fortifications, suggère une organisation avancée, comparable à celle d'une cité moderne.

KONTOPOULI - ΚΟΝΤΟΠΟΥΛΙ

Ce village de 650 habitants est l'un des plus peuplés de l'île. S'il a connu un fort développement jusqu'à la première moitié du XXe siècle, désormais, beaucoup de maisons et de hameaux des alentours sont à l'abandon. Dans le village, peu d'activité, si ce n'est un atelier de poterie et deux cafés, notamment le Bocca, qui propose une restauration légère. Le nom du Kontopouli lui-même pourrait venir des mots « proche » (*konda*) et « ville » (*polis*). C'est en effet à côté, dans la baie de Bournias, que se trouvent les ruines de la cité antique d'Hephaïsta, où fut vénéré pour la première fois le dieu Héphaïstos. Durant la période dite classique, ce fut la plus importante ville de l'île.
C'est aussi à Kontopouli que le poète Yiannis Ritsos a passé une partie de son exil pendant la Seconde Guerre mondiale.

■ GIANNAKAROS

Dans le port de Kotsinas.
✆ +30 2254 041744
A partir de 15 € par personne. Ouvert midi et soir.
Sea, beach and tavern... L'adresse nous avait été renseignée par notre hôtelier à Moudros : tout d'abord, vous pouvez nager et profiter du soleil, dans les eaux cristallines de la plage de sable... Ce patio est situé juste à côté de l'eau avec une belle vue sur la baie et les collines. Côté carte, que des classiques et une cuisine familiale. Accessoirement, c'est l'endroit idéal pour regarder le coucher du soleil... La vue sur le port et jusqu'au fort est charmante. La nourriture est typique et les portions sont généreuses. Le service est chaleureux.

■ PLAGES

On peut aller se baigner dans les environs à Neftina, Zematas et Keros, où se trouve un très étonnant camping, tenu par des surfeurs qui proposent de dormir dans des tentes safari de luxe ou dans un minibus Volkswagen ! Mais comment résister à cette plage de sable blanc et aux eaux cristallines ? Assez longue pour que l'on ne s'y sente pas trop serré, elle ne croule pas non plus sous les beach bars (mais avec juste ce qu'il faut pour trouver son café et son soda sous le cagnard). Plage familiale en sus, car elle n'est pas profonde trop vite.

■ SITE DE HEPHAISTA

Ouvert de 9h30 à 15h30. Entrée libre.
A l'époque classique, la cité la plus importante de l'île était dédiée à Héphaïstos, le dieu du feu et de la sidérurgie. Ici, les fouilles ont mis au jour le sanctuaire d'un dieu. Vous y verrez les ruines d'un théâtre gréco-romain et de quelques habitations, ainsi qu'une nécropole du Ve siècle av. J.-C. Au nord du site, vous arpenterez le sanctuaire des Kaviri, dédié à Héphaïstos. Selon la mythologie, ces Kaviri étaient les enfants du dieu et c'est dans ce sanctuaire qu'avaient lieu des cérémonies dédiées à la renaissance de la nature et à la fertilité.

SURF CLUB KEROS
✆ +30 69441 56679
www.surfclubkeros.com
Plusieurs formules de location de tente à partir de 35 € pour deux. Petit déjeuner : 12 €.
C'était un coin connu pour ses campings sauvages, c'est devenu un camping très hype. Ouvert par la même équipe qui tient le club de surf de la plage de Keros (à 10 minutes à pied), il dispose de peu d'emplacements, certes, mais depuis 2012, propose un service unique en Grèce, les tentes safari : des « bungalows en toile » de luxe, ultra-aménagés, comme on en trouve dans les réserves d'Afrique du Sud et du Kenya. On appelle cela du *glamping*, contraction de « glamour » et de « camping ». Outre les services habituels d'un camping, une tente spa est aussi prévue !

LESBOS - ΛΕΣΒΟΣ ★★

Avec ses 1 630 km² et ses 100 000 habitants, elle répond également au nom de Mytilène. Excentrée et proche de la Turquie, la troisième île de Grèce échappe souvent aux itinéraires touristiques, car elle est plus facilement accessible d'Athènes en avion qu'en ferry. Devenue aussi, malgré elle, l'un des ports d'entrée des migrants en Grèce, elle pourrait aussi en décourager certains, mais à tort.
En effet, l'île, tellement vaste, ne manque pourtant pas de charme. L'excellente infrastructure hôtelière et routière de l'île (et surtout sa grande taille) rend une voiture ou une moto indispensable. Les connaisseurs choisissent comme lieu de résidence le romantique hôtel Molyvos (une ancienne forteresse vénitienne) ou les maisons traditionnelles de Petra. Skala Eressos vaut le détour aussi, non seulement pour ses très belles plages, mais aussi parce qu'il est le berceau de la poétesse Sappho. Enfin, à 4 km de la capitale, le village de Varia offre deux promenades culturelles de choix : le musée Theophilos, consacré aux œuvres du grand peintre populaire grec, et le musée Teriade avec une collection de lithographies de Picasso, Miró, Chagall…
Cette île parsemée d'oliviers et de pins est la patrie de Sappho (ce qui lui vaut, chaque année, le pèlerinage discret de lesbiennes du monde entier), du prix Nobel de poésie Odysseas Elytis ou encore du meilleur ouzo de Grèce, celui de Plomari. Mais elle est aussi, désormais, devenue l'un des symboles de l'accueil des migrants en terre européenne. Susan Sarandon y a d'ailleurs passé Noël en 2015. Pas par plaisir ou volonté de se ressourcer : l'actrice américaine, ambassadrice de bonne volonté pour l'UNICEF, voulait rendre hommage à ses grands-parents, immigrés italiens, et surtout au courage et à la bienveillance de cette île grecque particulièrement touchée par l'afflux de migrants, ces naufragés fuyant en grande partie la guerre en Syrie. Aidés par des associations et des bénévoles du monde entier, et malgré la crise, les locaux gèrent le mieux possible cette catastrophe humanitaire. Pour saluer leur action humanitaire, un groupe d'intellectuels avait même proposé, en 2016, la nomination symbolique de l'île de Lesbos au Prix Nobel de la Paix.

Histoire

Si l'on en croit Homère, l'île est la cible des attaques achéennes pendant la Guerre de Troie. Les Eoliens s'y sont ensuite installés au Xe siècle av. J.-C.
Durant la période archaïque (aux VIIe et VIe siècles av. J.-C.), Lesbos incarne un centre culturel et commercial de première importance, en particulier sous le règne de Pittakos (589-579 av. J.-C.), l'un des Sept Sages de l'Antiquité. En 527 av. J.-C., elle est envahie par les Perses, puis les Macédoniens, les Ptolémées d'Egypte, Mithridate, roi du Pont (88-79 av. J.-C.), et les Romains.
A l'époque de Byzance, Lesbos est la cible d'incursions menées par les Slaves, les Sarrasins et les Catalans. Entre 1204 et 1247, elle fait partie de « l'Empire latin » de Constantinople (c'est-à-dire l'occupation de Byzance par les Francs). En 1354, l'empereur Michel Paléologue en cède le contrôle aux Génois, à titre de compensation. Ils ont en effet contribué à la reconquête de Constantinople par les Byzantins en 1261…
Les Ottomans leur succèdent en 1462 et entreprennent de convertir la population à l'islam. L'île n'est rattachée au nouvel Etat grec indépendant qu'en 1912.

MYTILINI - ΜΥΤΙΛΗΝΗ ★★

Il faut tout de suite dissiper un malentendu : cette ville étudiante animée, malgré d'excellentes ressources gastronomiques, ne saurait se résumer à ses tables et surtout son Ouzo ou son huile d'olive ! Ses musées y sont remarquables, notamment le Musée Teriade qui possède des peintures de Picasso, Chagall et Matisse, ainsi que des Theophilos, l'enfant du pays.
La ville, construite sur sept collines, capte immédiatement l'attention du visiteur avec son

château des Gattilusi et la statue de la Liberté qui domine le port. Entre la rue Ermou, artère principale du bazar, et le Kastro, se trouve un vieux quartier pittoresque. Vous verrez aussi de belles maisons de style néoclassique ou bavarois à Sourada et à Kioski. L'ancienne mosquée (Yeni Camii), à proximité de quelques boutiques d'antiquités et de brocante, abrite souvent des expositions. Aghios Nikolaos est, à l'origine, une mosquée construite à l'emplacement où Mehmed le Conquérant a planté sa tente, en 1462.
Dans l'Antiquité, la ville de Mytilène est entourée d'un mur d'enceinte polygonal : les restes de ce mur sont visibles de nos jours près d'Aghia Kyriaki, dans la partie nord du port. La ville moderne est aujourd'hui construite en amphithéâtre autour de la partie sud du port. Mytilène est le siège du ministère de l'Égée et de l'université de l'Égée. Entourée de montagnes, plantée d'oliviers et de forêts de pins, la ville est couronnée par une forteresse génoise. Sur un promontoire, se trouve le quartier aristocratique de Mytilène, le « Kioski ».

Transports

■ AÉROPORT DE LESBOS

✆ +30 22510 61279
www.mjt-airport.gr/en
Situé sur la côte, à 5 km au sud de Mytilène.
L'aéroport est relié par bus en fonction des horaires de la plupart des vols. Course en taxi pour Mytilène : 15 €.
A noter que pendant qu'on attend l'embarquement, on peut aller se baigner, puisqu'une plage se trouve juste de l'autre côté de la route, face à l'aéroport.

- **Athènes-Lesbos.** En été, on compte trois liaisons par jour avec Olympic Air et deux par jour avec Aegean Airlines. Astra Airlines propose également des rotations quotidiennes.
- **Thessalonique-Lesbos.** Une liaison par jour avec Olympic Air, une par jour avec Aegean Airlines (1 heure 05). Astra Airlines propose également des rotations quotidiennes.
- **Liaisons avec les autres îles.** Sky Express propose des liaisons avec Samos, Chios, Limnos, Rhodes et la Crète.

■ PORT

✆ +30 22510 20320
Lesbos dispose de deux ports : celui de Mytilène, la capitale, d'où arrivent et partent l'essentiel des navires, et celui de Sigri, à l'extrémité ouest de l'île, où n'accostent que deux ferries par semaine.

- **Athènes-Lesbos.** En été, le port de Mytilène est relié au moins deux fois par jour au Pirée (21 heures).
- **Liaisons avec les autres îles.** De Mytilène, on compte des liaisons pour Chios, Lemnos, Syros, Samos, Mykonos, Ikaria, Thessalonique et Kavala. Le port de Sigri est relié à Thessalonique, Chios, Samos, Kalimnos, Kos et Rhodes.
- **Liaisons avec la Turquie.** Le port de Mytilène est relié une fois par jour à la ville turque d'Ayvalık (1 heure 40).

Pratique

■ HÔPITAL

✆ +30 22510 43 777

■ POLICE

✆ +30 22510 22776

Ruelle de l'île de Lesbos.

Se loger

LESVION

Sur le port.
✆ +30 22510 28177
www.lesvion.gr
Chambre double entre 50 et 80 € en été, avec le petit déjeuner. Ouvert toute l'année.
Cet hôtel élégant est situé à mi-quai sur le front de mer. C'est un établissement très correct, même s'il y a beaucoup de passage. Si vous arrivez tard, le bar au premier étage, qui permet d'observer le va-et-vient du port, sera encore ouvert pour vous accueillir. A l'intérieur, les chambres sont un peu petites mais restent confortables. Si vous pouvez choisir, vous hésiterez entre une vue sur le port (jolie mais plus bruyante) ou une chambre à l'arrière. Les lève-tôt bénéficient d'inoubliables levers du soleil depuis les chambres. Possibilité de demi-pension.

PORTO LESVOS HOTEL

21 Komninaki
✆ +30 22510 41771
www.portolesvos.gr
portolesvos@yahoo.gr
Chambre double entre 40 et 70 €, avec le petit déjeuner.
Entièrement rénové, l'hôtel est au cœur du centre historique de la ville. Juste derrière le front de mer, ce bâtiment centenaire propose une option efficace et conviviale, avec un bon petit-déjeuner buffet. Avec quatre types de café, le petit déjeuner comprend également jus d'orange, céréales, œufs durs, jambon et fromage, fruits de saison, gâteaux et biscuits faits maison. Les chambres sont basiques, mais propres et confortables. Situé près de la place Sappho, il offre un bon rapport qualité-prix. Les chambres à l'étage ont vue sur mer ou sur l'ancien château.

PYRGOS OF MYTILENE

49 El. Venizelou Str.
✆ +30 22510 25069
www.pyrgoshotel.gr – info@pyrgoshotel.gr
Chambre double standard à partir de 90 € en saison avec le petit déjeuner.
Un vrai joyau. L'hôtel se niche dans une villa construite en 1916 dans un quartier agréable, à 15 minutes du centre. Il a fait l'objet d'une restauration de belle facture, avec un décor complètement extravagant dans les parties communes. La plupart des chambres ont un balcon, certaines ont une baignoire et il y a trois même trois chambres rondes dans la tour elle-même. Hauts plafonds, moulures et corniches : l'élégance d'autrefois est au rendez-vous, avec la télévision et le wifi quand même. Seul prix à payer pour le charme d'antan : pas d'ascenseur ni de piscine...

THEOFILOS PARADISE

7 rue Skra, Hatzidimitriou Park
✆ +30 22510 43300
www.theofilosparadise.gr
info@theofilosparadise.gr
A partir de 87 € hors saison pour une chambre double standard, avec le petit déjeuner.
Véritable joyau d'un autre âge, ce boutique-hôtel est un nouveau petit complexe au cœur de Mytilène. Cet hôtel de charme représente un excellent compromis à 300 m de la plage de Tsamakia Beach et du port de Mytilène. Voici 22 chambres élégantes dans un bâtiment restauré datant de 1912. Autre souci du détail : les peintures murales du peintre grec primé George Marouda, les étoffes luxueuses, les meubles anciens. Avec tout le confort moderne. La villa est élégante, mais on appréciera particulièrement la piscine sur le toit, les bains turcs et le sauna.

Se restaurer

ANTONIS OUZERI

Taxiarhes Kagiani
✆ +30 22510 61951
À partir de 15 € par personne. Ouvert tous les jours, midi et soir.
Un peu à l'écart de la ville, mais pas si loin, en direction de l'aéroport (juste 150 m après les « Taxiarches », bien indiqués). Mais ici, la ville entière de Mytilène est à vos pieds depuis la terrasse suspendue. Voici une belle halte gastronomique et un excellent restaurant de poisson à flanc de colline, avec une cuisine ouverte, deux terrasses et une vue sur la Turquie. Les boulettes de viande avec ouzo et cumin sont moelleuses et salées. Des produits frais, une cuisine authentique, familiale, un excellent tzatziki et un accueil extrêmement chaleureux.

AVEROF 1841

52 rue Ermou
✆ +30 22510 22180
Sur le port.
Autour de 15 € par personne. Ouvert toute la journée.
Cette taverne, ouverte depuis 1925, est une institution située près de l'hôtel Sappho. La maison appartient à la famille Kakambouras. Bien que maintenant rénové, l'établissement conserve la patine du temps. On apprécie ici particulièrement les généreuses portions : légumes farcis, ragoûts de viandes et de légumes, traditionnelle morue ou les boulettes de viande avec leurs pommes de terre frites fraîches. Vous choisissez vos plats dans une vitrine, comme dans un self. Si vous avez fait la fête, sachez que c'est ouvert à partir de 7h pour la soupe aux tripes. Avis aux amateurs !

Eftalou
Argenos
Sk. Sikaminias
Mithimna
Sikaminia
Tsonia
Limani
Klio
Vafios
Kapi
Pelopi
Palios
Petra
Anaxos
Lafionas
Stipsi
Moria
SARAKINA
Agios Stefanos
Ploridi
Gavathas
Skoutaros
Kalo Limani
Aspropotamos
Napi
Pedino
Filia
Skalahori
Neapoli
Ag. Paraskevi
Dafia
Andissa
Arisvi
Kaloni
Kidonies
Skala
Perama
Keramio
Skala Mistegnon
Sigri
Skala
Mistegna
Hidira
Marmaro
EGIROS
Komi
Loutropoli Thermis
Pigi
Pirgi
Paralia Thermis
Parakila
Eressos
Pirgi
GOLFE DE KALONI
Tarti
Pamfila
Agra
Lambou
Afalonas
Ahladeri
Panagiouda
Skamioudi
Keramia
Skala Eressou
Messotopos
Ipio
Apothikes
Sikounda
Skala
Lisvori
K. Tritos
Alifanda
MYTILINI
Tavari
Vassilika
Assomatos
Varia
Mihos
Nifida
POLIHNITOS
AYASSOS
Taxiarnes
Gerohari
Paleokipos
Loutra
Ambeliko
Papades
Ag. Marina
Skala Loutron
Vrissa
Messagros
Neohori
Akrassi
Skopelos
Vatera
Megalohori
Arg. Kratigos
Ag. Fokas
Ag. Ermogenis
Paleohori
Trigonas
0
12 km
Drota
PLOMARI
Malea Akra
Plagia
Ag. Issidoros

ERMIS

2, rue Kornarou
✆ +30 22510 26232
A partir de 15 € par personne. Ouvert tous les jours, midi et soir.
Sympathique ouzerie près de l'ancien port de l'île et cuisine grecque traditionnelle goûtée et approuvée par les locaux ! La fava (purée de pois cassés crémeuse) y est exceptionnelle, tout comme les anchois marinés, le poulpe cuit au vin, les sardines, les boulettes de viande et le très savoureux *tyrokafteri* (attention, c'est du fromage épicé) et de nombreuses autres spécialités bien cuites. Excellents mezzés en général et, bien sûr, une belle carte d'ouzos et de vins macédoniens. En été, il sert dans une cour. S'il y a beaucoup de monde, cela peut devenir très bruyant.

KALITERIMI

2 Thasou
✆ +30 2251 046577
A partir de 15 € par personne. Ouvert tous les jours midi et soir.
Arrêtez-vous dans cette sympathique taverne près du port de Mytilène. Les nappes blanches brodées et la jolie pergola de cet établissement central près de la route Ermou sont très prisées des locaux depuis 1960. Petit resto dans une petite rue avec seulement quelques tables pour déguster les « classiques » de la cuisine grecque. Une variété infinie de mezzes, parmi lesquels de délicates sardines grillées, du poulpe cuit au vin. La carte est bien fournie. Ajoutez à cela des variétés de tsipouros biologiques et une belle carte de vins (grecs).

À voir – À faire

ANCIEN ET NOUVEAU MUSÉE ARCHÉOLOGIQUE ★

Rue Arghiri Eftalioti
et rue du 8-Novembre
✆ +30 22510 28032
Ouvert du mardi au dimanche de 8h30 à 15h. Entrée : 3 €.
L'excellent musée archéologique de Mytilíni est le seul véritable «incontournable» de la ville. Il est aménagé dans deux galeries séparées, distantes de quelques centaines de mètres. Si vous n'avez le temps de visiter que l'un d'eux, l'ancienne aile est plus enrichissante. A découvrir : de très belles mosaïques de la villa romaine de Ménandre, protégées par une élégante surface en verre de protection. On y verra aussi des statuettes votives découvertes sur le sanctuaire de Déméter et des stèles avec des représentations de repas funéraires.

MUSÉE BYZANTIN

Aghiou Therapontos
✆ +30 22510 28916
Ouvert du lundi au samedi de 8h30 à 15h. Entrée 2 €.
Le musée abrite une jolie collection d'icônes de la période byzantine. C'est d'ailleurs le point de départ de ce petit musée ouvert après que l'archevêque Mitropolitis a trouvé, en 1958, une petite collection d'icônes et d'autres objets de culte laissés par son prédécesseur, un collectionneur passionné. Ouvert en 1978, le musée a ainsi été logé dans un immeuble au centre-ville.
À l'exception de la collection permanente d'icônes, les visiteurs pourront voir des portes sculptées en bois, des vêtements, des manuscrits et des vases sacrés.

MUSÉE TERIADE ★

Varia
✆ +30 22510 23372
museumteriade.gr
info@museumteriade.gr
A 3,5 km du port.
Ouvert du mardi au dimanche de 9h à 14h et de 17h à 20h. Entrée 2 €.
À côté du musée Theophilos, l'imposant musée Tériade célèbre un autre enfant du pays qui a quitté l'île à 18 ans pour Paris. Tériade (1897-1983), éditeur-mécène, a légué à son île une riche collection de dessins de Le Corbusier et des lithographies de Picasso, Léger, Chagall, Matisse, Miró et Villon ainsi que des copies de manuscrits médiévaux. Il met aussi en lumière des œuvres de Theophilos, l'enfant du pays. Ces lithographies, gravures, dessins à l'encre, estampes sur bois et autres aquarelles sont exposés sur deux étages. Une collection étonnante.

MUSÉE THEOPHILOS ★

46 rue Adramitiou
✆ +30 22510 41644
A Varia.
Ouvert du mardi au dimanche de 10h à 14h. Entrée : 2 €.
Le musée Theophilos rend hommage au peintre enfant du pays, né ici en 1873. Cette modeste demeure abrite 86 œuvres du peintre primitif, qui reste un héros de la culture grecque, tant il a illustré son histoire contemporaine à travers ses toiles. Vous pourrez vous initier ici et voir une belle exposition des œuvres les plus caractéristiques de ce peintre naïf remarquable. Theophilos a vécu très pauvrement et c'est seulement après sa mort, en 1934, que son talent a été reconnu à sa juste mesure. Un an après sa mort, son travail a été exposé au Louvre.

SKALA KALLONI - ΣΚΑΛΑ ΚΑΛΛΟΝΗΣ ★

Il serait dommage de passer à côté de la plage de Skala Kalloni. Les eaux y sont claires, peu profondes et la mangrove encore bien protégée. Il paraît même qu'on y trouve les meilleures sardines de Grèce ! Ce havre encore préservé comporte quelques petites tavernes et une petite boulangerie. Depuis quelques années, l'endroit cultive une sensibilité écologique très séduisante pour les visiteurs. Lesbos est à ce jour la seule île grecque à avoir reçu une distinction du label EDEN (pour « European Destinations of Excellence »), qui désigne les destinations européennes d'excellence en termes de tourisme durable, dans toute l'Union européenne. Lesbos est notamment distinguée pour la préservation de sa forêt pétrifiée, formée il y a plus de 20 millions d'années, mais aussi pour le refuge de Kalloni et son remarquable écosystème, qui attire les observateurs d'oiseaux du monde entier.

■ AEGEON HOTEL
Odos Kallonis-Skala Eresou.
✆ +30 22530 22398
www.aegeon-lesvos.gr
aegeonlesvos@in.gr
Chambre double à partir de 60 € en été, petit déjeuner compris.
Une affaire : situé à proximité de la plage, cet hôtel de 47 chambres a une très bonne situation. Situé dans un jardin verdoyant, avec un mobilier élégant, une grande piscine et des propriétaires sympathiques, c'est la meilleure option parmi les hôtels regroupés du côté ouest de la ville. Il est doté de bassins extérieurs pour les adultes comme pour les enfants. Terrain de jeu pour les enfants, jardin, bar, snack-bar, restaurant... Le petit déjeuner peut être pris sur le balcon près de la piscine. Les chambres sont propres. A recommander !

■ IMERTI
✆ +30 22530 28028
www.imerti.gr
info@imerti.gr
Chambre double à partir de 70 € en été, petit déjeuner compris.
Complexe familial bien équipé, dans un quartier verdoyant, à l'écart du bruit et de la pollution sonore. Il offre un accès facile à la plage ainsi qu'à toutes les destinations touristiques et culturelles. Chaque chambre dispose d'un balcon, d'une télévision, d'un réfrigérateur et d'un nécessaire à petit déjeuner. Piscine chauffée et bain à remous à l'extérieur. Sorties et cours de plongée, balades à vélo, randonnées... L'hôtel affiche aussi une philosophie écologique et a mis en avant ses excellentes installations et ses services pour décrocher des labels « verts ».

■ MIMIS
✆ +30 22530 22113
A partir de 10 € par personne. Ouvert toute l'année.
Une des restaurants de poisson les plus connus de Lesbos, avec notamment d'excellents fruits de mer en août. A la carte en particulier : du poisson frais du golfe de Kalloni, des coquilles Saint-Jacques, des palourdes, des sardines de Kalloni (en août) et de l'agneau à la broche ou du *kontosouvli* (gros morceaux de viande à la broche) ainsi que casseroles et ragoûts. Mais on y trouve aussi d'autres plats du jour et cuisinés souvent devant vous, au bar. Il est agréable de s'asseoir dans un coin de la place et de patienter, l'eau à la bouche...

PETRA - ΠΕΤΡΑ ★★

À 55 kilomètres. Achille fait escale à Petra avec sa flotte pendant la guerre de Troie. Ce village côtier doit son nom à son étrange rocher surmonté de l'église de Panaghia Glykofiloussa (XVIIIe siècle).
Récemment, grâce à sa plage de sable, Petra a commencé à connaître un grand développement touristique qui change un peu son caractère. Vous pouvez visiter la demeure seigneuriale des Vareltzidainos pour ses belles fresques et ses splendides balcons de bois.

■ AEGEAN VIEW
✆ +30 22530 41980
info@aegeanview.gr
Chambre double à partir de 65 € par personne en été en pension complète.
Au bord de la mer, 22 chambres dans un complexe d'appartements situé à côté de la plage d'Avlaka, à seulement 1 km du centre de Petra. Activités sportives, spa, massages et piscine. Toutes les chambres ont la télévision satellite, un réfrigérateur et un accès Internet. Possibilité de louer des maisonnettes. Toutes les chambres comprennent une kitchenette complète et les balcons offrent une vue imprenable sur la mer Égée et Molyvos. L'hôtel abrite aussi une piscine avec un bassin séparé pour enfants et un snack-bar où vous pourrez vous détendre.

■ ALMA
Avlaki
✆ +30 22530 41100
www.almahotel.gr
almalesv@otenet.gr
Chambre double standard entre 80 et 100 € en été, petit déjeuner compris.

Construit sur une colline verdoyante, avec des jardins et des arbres qui tombent jusqu'à la mer, ce complexe propose 63 chambres très bien équipées. Activités sportives, deux belles piscines, plage tout près et vue sur le château de Mythimnas. Toutes les chambres, récemment rénovées, sont entièrement équipées pour vous offrir un séjour confortable et relaxant. L'espace et la décoration sont attentifs aux belles couleurs qui donnent au visiteur un sentiment unique et tranquille. Sens du détail avec des oreillers hypoallergéniques et une machine à café ou à thé sur demande.

■ COOPÉRATIVE FÉMININE DE TOURISME RURAL

✆ +30 22530 41238

Ouvert tous les jours à partir de 10h.

En 1998, 25 femmes se sont unies pour faire revivre leurs recettes traditionnelles, donner vie à d'anciennes saveurs et en tirer un bénéfice. Cette coopérative féminine de tourisme rural propose aussi des chambres dans des maisons traditionnelles à des prix très raisonnables, toutes situées dans un périmètre proche. En outre, elle tient un restaurant sur ses toits avec une jolie vue et des plats à des prix très bon marché également.

MITHYMNA - ΜΉΘΥΜΝΑ ★★

Les Lesbiens vous le diront : Molyvos (Mithymna) est – sans exagération – l'un des plus beaux villages de Grèce. Bien préservé, le village est connu pour ses ruelles étroites pavées et des maisons en pierre aux balcons en bois fleuris, surplombant la plage... Bâti en amphithéâtre sur une colline rocheuse dominée par un fort byzantin, ce village attachant, à 62 kilomètres de la capitale, est également riche en demeures classées du XVIIIe siècle. Avec ses couchers de soleil spectaculaires et ses petites rues pavées, Molyvos ressemble à un décor de théâtre et continue d'attirer, malgré sa plage moyenne, des touristes haut de gamme. Son château byzantin du XIVe siècle, ses plages et son emplacement en font aussi une bonne base pour explorer Lesbos.

Terre d'écrivains et d'artistes depuis l'Antiquité, Molyvos est la patrie du romancier grec contemporain Ilias Venezis, auteur du classique grec *Galini*. Certaines parties de la cité ancienne ont subsisté : murailles, citernes, sarcophages... On ne manquera pas d'admirer les fontaines ottomanes qu'on trouve un peu partout, décorées et couvertes d'inscriptions.

Se loger

■ AMFITRITI

Près de la mer.

✆ +30 22530 71741

www.amfitriti-hotel.com

amfitritimolivos@gmail.com

Chambre double entre 60 et 90 € en été, avec le petit déjeuner.

À 50 mètres de la plage, cet hôtel traditionnel, perdu dans la verdure, offre un cadre romantique et de nombreux services. L'établissement propose 33 chambres modernes (avec climatisation et réfrigérateur) et surtout une grande piscine et un beau jardin. Le

Molyvos, sur l'île de Lesbos.

personnel est agréable et l'emplacement calme de l'hôtel est un vrai plus ! Accessoirement, si vous aimez les restaurants italiens, l'hôtel est situé à deux pas de la pizzeria Meltemi et du restaurant italien Castro. Le château est aussi tout près de l'hôtel.

■ CAMPING MOLYVOS
✆ +30 22530 71169
http://molivos-camping.com
110 emplacements, 5 € par adulte, tente à partir de 4 €.
Il s'agit du vieux camping municipal qui avait fermé pendant plusieurs années. La gestion est désormais confiée à un couple dynamique, accueillant et disponible. Les 66 emplacements sont bien ombragés, il y a une supérette. Mais, surtout, le camping se trouve à proximité d'Eftalou, célèbre pour ses plages et ses sources chaudes, ainsi que pour la magnifique plage de galets de 2 km de long. En outre, la plage de Tsipouri sur le chemin du château est à seulement 300 mètres. Service de bus publics réguliers pour Molivos et Eftalou, avec un arrêt à l'entrée du camping.

■ DELFINIA
Sur la plage.
✆ +30 22530 71522
www.hoteldelfinia.com
info@hoteldelfinia.com
Chambre double à partir de 85 € en été. Ouvert toute l'année.
Voici un complexe hôtelier de luxe entouré de verdure, comprenant des chambres et des bungalows. Ici, tout est pensé et compris : belle vue sur la ville, accès direct à la plage privée de Psiriara et piscine avec vue sur le château. Vous n'aurez besoin de penser à rien ! Les autres activités possibles comprennent des infrastructures de sports nautiques et un terrain de tennis. Les chambres, grandes et élégantes, ont toutes un balcon, une télé et un réfrigérateur. Gros complexe de 125 chambres avec possibilité de louer des bungalows un peu plus chers.

Se restaurer

■ OCTAPUS
Dans le port.
✆ +30 22530 71317
À partir de 12 € par personne. Ouvert tous les jours midi et soir.
Jolie taverne au bord de la jetée dont on vante... le poulpe. Mais la réputation n'est pas usurpée. Quasiment quarante ans d'expérience et d'histoire feront toujours la différence. Au bord du quai, vous trouverez ici d'excellents poissons frais grillés, cuits à la demande (si vous voulez que votre poisson soit servi sans huile ni sauce au citron, n'hésitez pas à le demander). Des plats de fruits de mer et des viandes plus classiques (casseroles et ragoûts de saison, ainsi que viandes grillées). Carte des vins intéressante. Bon et pas cher !

■ THE CAPTAIN'S TABLE
Sur le port.
✆ +30 22530 71005
Autour de 15 € par personne. Ouvert tous les jours midi et soir.
Encore un de nos coups de cœur à Molivos sur le port. C'est ici sans doute dans l'un des plus jolis et romantiques coins du village, un couple gréco-australien propose une belle carte de produits de la mer. Mais Melinda excelle dans la cuisine italienne alors que Theo est parfois surnommé le « roi des *keftedes* ». Une belle table et une belle vue, y compris à l'intérieur où sont souvent exposées les œuvres d'artistes locaux. Si vous avez le choix, allez-y plutôt pour le dîner, pour l'ambiance nocturne, et pour goûter, pourquoi pas, son homard.

■ VAFIOS
Dans le centre du village voisin de Vafios
✆ +30 22530 71752
A partir de 15 € par personne. Ouvert tous les jours, midi et soir.
Un grand espace de style architectural traditionnel avec beaucoup de verdure, une cour et une terrasse avec vue sur Molyvos. Dans une belle véranda avec vue, la taverne propose de beaux mezzes et autres spécialités revisitées : des *tyropitas* (feuilletés de fromage) traditionnels faits à la main avec pâte phyllo, des *sougania* (feuilles d'oignons farcies), et son agneau rôti farci de riz, raisins secs et écorces d'orange. A la carte figurent de nombreux (et bons) desserts, également, ce qui est moins courant. Belle carte des vins en prime.

À voir – À faire

■ CHÂTEAU DE MOLYVOS
Ouvert tous les jours de 8h30 à 15h. Entrée : 2 €.
Impossible de les rater et de ne pas les visiter. Les imposants remparts du château byzantin de Molyvos, restauré par l'architecte originaire de Gênes Francesco Gattelusi, sont visibles à plusieurs kilomètres. Plusieurs sections sont désormais accessibles de l'intérieur, offrant ainsi une vue splendide sur le port et au-delà. L'entrée se fait par l'impressionnante porte principale, en empruntant une longue série de marches et mène à un intérieur largement ouvert. Un amphithéâtre en bois est utilisé pour des représentations estivales occasionnelles.

ERESSOS - ΕΡΕΣΟΣ ★

À 106 kilomètres. Au cœur d'un paysage volcanique, le verdoyant Eressos, avec ses maisons aux toits rouges, offre un heureux contraste. Patrie de Sappho et du philosophe Théophraste, la ville attire des groupes de lesbiennes et de néo-hippies venus en pèlerinage.
Un petit musée archéologique expose une collection assez intéressante de stèles funéraires et de vases hellénistiques. Vous y trouvez également deux basiliques, Aghios Dimitrios et Aghios Andreas, des Ve et VIe siècles.

SKALA ERESSOU - ΣΚΑΛΑ ΕΡΕΣΟΥ ★★

À 110 kilomètres de la capitale, Sappho est née ici, sur l'île de Lesbos, en 650 av. J.-C. Chaque année, des milliers de femmes viennent en pèlerinage (ou en vacances) sur la petite plage de Skala Eressos, d'où la poétesse est originaire. Ce village à 4 kilomètres d'Eressos au bord de la mer affiche une ambiance calme et décontractée.
Certes, l'hôtel Sappho annonce directement la couleur sur la petite esplanade bordant la plage de sable brun. Le café de la place a été rebaptisé La Dixième Muse, en hommage au surnom de Sappho donné par Platon. Des femmes se tiennent par la main ou voyagent ensemble, mais le lieu paisible n'a rien d'ostentatoire et plaît beaucoup aux familles ou aux femmes voyageant seules.

■ HOTEL GALINI

✆ +30 22530 53137
www.hotelgalini-lesvos.gr
Chambre double à partir de 50 € en été. Petit déjeuner inclus.
Ce petit hôtel accueillant, resté largement dans son jus, propose 20 chambres coquettes, propres et fonctionnelles, avec télévision et balcon privatif. On retrouve ici une hospitalité à l'ancienne avec une cour colorée à l'extérieur, un mobilier un peu vintage mais une ambiance chaleureuse. Étonnamment, l'établissement affiche aussi une philosophie écolo : l'eau est ici chauffée par l'énergie solaire. Pragmatisme plutôt que militantisme, mais on apprécie. La plage est à seulement 80 m de l'hôtel et les points d'intérêt de Skala Eressos facilement accessibles à pied.

■ HOTEL SAPPHO

✆ +30 22530 53233
www.sappho-hotel.com
info@sappho-hotel.com
Chambre double à partir de 70 € en été, petit déjeuner compris.
Malgré son nom, l'hôtel Sappho se targue d'accueillir « tout le monde ». Cela n'a pas toujours été vrai car, sans rien interdire, l'établissement a longtemps privilégié les couples lesbiens. C'est aujourd'hui surtout le plus vieil établissement de la plage. Mobilier simple, mais télévision, réfrigérateur et wifi gratuit. On séjourne ici les pieds dans l'eau, à cinq mètres de la mer tout au plus ! Un endroit vraiment privilégié ! Et l'agréable snack-bar au rez-de-chaussée participe aussi à attirer le plus grand nombre.

■ ZORBA THE BUDDHA

Sur le front de mer.
✆ +30 22530 53777
Ouvert tous les jours de 9h à minuit en été. A partir de 15 €.
Avec sept cafés et bars qui s'animent en haute saison et proposent de la restauration sur le front de mer, vous aurez l'embarras du choix pour manger un morceau. Ce café-restaurant coloré et convivial, avec une ambiance orientale, dispose en plus d'une grande terrasse en bois où vous pourrez déguster des thés de qualité, des jus de fruits, des glaces et de la restauration légère toute la journée. Il y a quand même des plats du jour sérieux. En témoigne son très honorable agneau enveloppé de feuilles de vigne que nous avons particulièrement apprécié !

SIGRI - ΣΙΓΡΙ ★

En 2008, la forêt pétrifiée de Lesbos (à 93 kilomètres de Mytilène) a été classée premier parc géologique d'Europe lors d'un vote d'experts réunis sous l'égide de l'Unesco. Les efforts faits pour mettre en valeur ce « monument naturel » et son apport dans les ressources économiques de la région de l'île expliquent cette distinction. L'île a aménagé un musée, des espaces d'exposition et notamment un parc pour favoriser l'essor de l'écotourisme. La forêt pétrifiée est l'un des 25 sites du réseau mondial des géoparcs de l'Unesco. À 6 kilomètres du village, la forêt pétrifiée est un site particulièrement intéressant de Lesbos : ses arbres ont été recouverts de lave il y a plus d'un million d'années.
Protégé par une forteresse ottomane et par l'îlot Nissiopi, Sigri est un coin charmant, encore préservé de toute exploitation touristique. Outre la plage du village, vous en trouverez deux autres à quelques kilomètres (l'une à droite, l'autre à gauche), tranquilles et propres.

■ MUSÉE D'HISTOIRE NATURELLE

✆ +30 22530 54434
Ouvert en été du lundi au samedi de 8h à 18h, dimanche de 9h à 18h (sinon 10h-17h). Entrée : 5 €.

Au centre de la ville se dresse un musée d'histoire naturelle qui mérite largement le détour. Le ticket d'entrée est justifié pour ce complexe pédagogique à proximité de la forêt pétrifiée d'Eressos. Le parcours déroule l'histoire de cette géologie particulière à grand renfort d'échantillons de pierres et de cartes. Vous pourrez même décrypter quelles sont les zones sismiques, étonnamment proches. Mention spéciale aux bûches pétrifiées et aux fossiles de plantes issus des collines environnantes, à l'époque où elles étaient beaucoup plus végétalisées...

■ ORAMA HOTEL

A côté de la forêt pétrifiée.
✆ +30 22530 54226
www.orama-hotel-sigri.com
oramahotelsigri@yahoo.gr
Chambre double à partir de 50 € en été.
Situé à seulement 600 mètres de la plage, l'Orama Hotel est entouré d'un magnifique jardin et dispose d'une piscine extérieure avec une belle terrasse. Les 8 chambres doubles sont simples mais entièrement équipées avec salle de bain privée, climatisation, télévision, réfrigérateur, et un balcon privé avec vue sur la mer Égée. Un petit-déjeuner continental est servi dans le coin repas et un bar sert des rafraîchissements en journée. Trois chambres triples peuvent accueillir jusqu'à quatre personnes en utilisant un lit d'appoint.

■ REMEZZO

8 rue Dikastika.
✆ +30 22530 54327
A partir de 15 € par personne. Ouvert tous les jours midi et soir.
Près du château, au bout du village, cette taverne vous accueille sous une véranda et sur un balcon au-dessus de la mer. Cuisine simple et authentique (ici, le tarama est blanc). Le homard est aussi un centre d'attentions. Mais aussi une cuisine simple et des entrées maison : tarama, anchois poêlés, calamars farcis frais au fromage... Côté plats, goûtez les pâtes aux fruits de mer, les boulettes de viande, ou la salade dakos avec tomates, concombre et fromage. Enfin, les *ravani* (gâteaux de semoule au sirop) et les gâteaux aux noix faits maison valent le coup.

PLOMARI - ΠΛΩΜΑΡΙ ★★★

À 42 kilomètres, construite en 1842, cette ville de 4 000 habitants est renommée pour son ouzo et sa vue plongeante sur les eaux indigo de la mer Égée.
La vieille ville a conservé ses maisons néoclassiques et ses fontaines de marbre. Jusqu'au début de ce siècle, Plomari a connu un grand essor. La ville est alors réputée pour son savon et son huile.

■ ACHIVADA

✆ +30 22520 31430
Ouvert tous les jours midi et soir. 15 €/pers.
Si vous croisez cette adresse, arrêtez-vous ! Cette petite taverne propose une carte de fruits de mer tout à fait honorable sur la route côtière du village. Et vous mangerez en regardant la mer. Les classiques incontournables de la maison sont apparemment les boulettes de poulpe, ainsi que les fleurs de courgettes frites, les sardines salées et les *gavros* (anchois) marinés ou frits. Globalement, vous trouverez ici une cuisine familiale à base de poisson frais et de bonnes viandes, grillées, en casseroles ou en délicieux ragoûts.

■ AEGEAN SUN

Agios Isidoros.
✆ +30 22520 31830
www.aegeansun.gr
info@aegeansun.gr
Chambre double à partir de 50 en été €, petit déjeuner compris.
A 2 km de Plomari, près de la plage d'Agios Isidoros, 83 chambres confortables sont ici établies dans des petites maisons à deux étages, avec balcon. La plupart ont vue sur la mer. Tout le personnel de l'hôtel se consacrera à satisfaire vos besoins et à vous faire vous sentir comme chez vous. Côté décoration, l'hôtel allie résolument les tendances modernes en matière d'architecture et de décoration avec la technologie et un luxe discret. Objectif : la détente. Préférez juste celles qui sont les plus loin de la piscine, pour plus de tranquillité.

PSARA - ΨΑΡΑ

45 kilomètres carrés, 460 habitants. Habitée depuis l'Antiquité, cette petite île est connue surtout pour son rôle dans la lutte pour l'indépendance grecque. Patrie de l'héroïque amiral Kanaris, elle fut détruite en 1824. Aujourd'hui, avec un seul village, Psara est un choix idéal pour des vacances on ne peut plus dépaysantes. Attention néanmoins, certains lecteurs nous ont signalé que les habitants de l'île abusaient parfois de leur isolement et gonflaient exagérément les prix. Restez vigilant et aimable et tout se passera bien !

PSARA CHORA - ΧΩΡΑ

La première chose qui frappe le visiteur, c'est le calme. L'absence de voitures et le rythme oriental de la vie quotidienne créent une ambiance décontractée, délicieusement relaxante.

■ KATO YALOS

✆ +30 22740 61178 – www.katoyialos.gr

Chambre à partir de 50 €. Ouvert toute l'année.

5 chambres près de la plage pour dépanner. Ameublement sommaire mais propre et pratique. Ce qui est sûr, c'est que cet hôtel procure un isolement paisible et une vue imprenable sur la mer Égée scintillante ! Les chambres de l'hôtel sont situées dans le centre de l'île, à quelques pas de la plage principale de Psara, chaque chambre donnant sur la mer Égée et offrant une vue magnifique sur le coucher du soleil. Admirez la vue imprenable depuis votre charmante terrasse, détendez-vous dans le jardin et plongez dans l'une des atmosphères les plus paisibles de Grèce.

■ PORT

✆ +30 22890 22218

Sans surprise, en raison de la taille de l'île, c'est un port très isolé sur la carte. Psara dispose de liaisons de ferry correctes, surtout avec l'île voisine de Chios (6 hebdomadaires, 3 heures) en été. Cependant les fréquences baissent considérablement hors saison. Pour ce qui est des autres îles du coin, les liaisons vers Chios comprennent parfois des escales à Aghios Efstratios ou Lemnos. Il y a toutefois des liaisons pour rejoindre le continent avec deux ferries par semaine depuis Lavrio (5 heures) et un autre depuis Kavala (15 heures).

■ POLICE

✆ +30 22740 61222

■ SPITALIA

A partir de 15 €. Ouvert tous les jours, du petit déjeuner au dîner.

Du poisson frais, un cadre magnifique et un personnel sympathique. En en prime, on peut profiter de la vue et de la sérénité près des vagues ! Spitalia, installé dans les locaux de l'ancien hôpital, propose de bonnes spécialités locales (attention, c'est fermé en septembre). Après avoir testé l'offre de l'île, le même nom revient. C'est sans doute le meilleur de l'île compte tenu de la qualité des ingrédients, de la préparation et de la cuisson soigneuses et professionnelles et du service très aimable. Et les prix sont incroyablement bas !

SAMOS - ΣΑΜΟΣ ★

Avec ses 476 km² et ses 41 000 habitants, l'île de Pythagore et de la déesse Héra, à l'extrémité de la mer Egée, est réputée pour son vin doux, ses beautés naturelles, ses eaux cristallines, son soleil, sa végétation, et ses plages. Que demander de plus ? Avec ses collines vertes et boisées, ses longues plages de galets et de sable et ses monts culminant à plus de 1 400 m d'altitude, Samos est une île pour les amoureux de la balade, qu'elle soit à pied, en vélo ou en voiture. Il y en a ici pour tous les goûts. L'île est riche et verdoyante et accueille ses hôtes avec chaleur entre les pins, les oliviers et la vigne omniprésente. La légende veut que Dionysos ait enseigné l'art viticole aux habitants de Samos pour les remercier d'avoir tué les Amazones. Samos est donc une île agréable, mais il faut sortir des sentiers battus pour en profiter pleinement. Si peu de Français la connaissent, beaucoup d'Européens du Nord y passent leurs vacances depuis longtemps, un tourisme de masse qui fait perdre une partie de leur charme à de nombreux villages côtiers, reconvertis en stations balnéaires.

VATHI - ΒΑΘΥ

Le port principal, capitale de l'île depuis 1832, compte aujourd'hui 8 000 habitants. Construit dans une baie naturelle, le port se distingue avec sa large avenue et l'ancienne ville, perchée sur une colline et dont les toits de tuiles rouges dominent le paysage. Si Samos est souvent votre port d'arrivée, nous ne saurions vous conseiller d'y rester plus d'une nuit, car l'endroit n'a pas beaucoup de charme, excepté la vieille ville en hauteur, non accessible aux voitures. Il faut néanmoins admettre que Vathi est une bonne base si l'on dispose d'une voiture pour découvrir la partie est de l'île.

Histoire

La baie protégée, en eaux profondes, de Vathi offre un refuge idéal aux bateaux. Pourtant, les premiers habitants de l'île s'installent d'abord dans les collines avoisinantes et le port n'est peuplé qu'au Moyen Âge. Vathi devient la capitale de l'île au XVIIe siècle puis sera partiellement détruite par le séisme de 1953. Sa reconstruction a été réussie et les petites maisons aux toits de tuiles rouges ont un air coquet.

Transports

Comment y accéder et en partir

L'aéroport de Samos est situé près de Pythagorio, à 14 km de Vathi.

Samos
Ikaria-Ancona
Furni-Ikaria
Chios
Kusadasi
Akr. Kótsikas
Akr. Praso
Platanakia
Avlakia
Karlovassi
Ydrussa
Manolates
Potami
Kokkari
Kamara
SAMOS
Vathi
Kastanea
Kerketäus
1153 m.
Pandrosson
Mytilinii
Kallithea
Maratho kampos
Psili Ammos
1433 m.
Ormos Marathokampos
Koumaradi
Pirgos
Chora
Kumaika
Pythagorion
Aj. Kyriaki
Psili çmos
Akr. Fonias
Spathara
Pagondas
Iräon
Akr. Makriá Poœnda
Nissea Samiopoúla
STENÓ SÂMOU
0
10 km

■ **PORT**
✆ +30 22730 27318
Attention, l'île dispose de deux ports, Karlovassi et Vathi.
L'île dispose de trois ports : Vathi (le principal), Karlovassi et Pythagorio. Samos se révèle un bon point de départ pour partir à la découverte de toutes petites îles méconnues comme Fourni, Agathonisi, Arki et Thimena.

▸ **Athènes-Samos.** En été, au moins un ferry par jour relie Samos depuis Le Pirée avec Hellenic Seaways. En général, les navires venant d'Athènes desservent les ports de Karlovassi et de Vathi (9 heures de traversée).

▸ **Liaisons avec les autres îles.** Avec Ikaria, Naxos, Paros, Fourni, Mykonos, Syros, Chios, Lesbos et Lemnos. Vathi est également connectée avec Thessalonique et Kavala sur le continent.

▸ **Liaisons avec la Turquie.** Depuis Vathi, en été, deux navires effectuent une rotation quotidienne (matin et soir) avec le port turc de Kuşadası (1 heure 15), situé à 85 km au sud d'Izmir.

Pratique

■ **CENTRE DE SANTÉ**
✆ +30 26740 32222

Se loger

■ **GAGOU BEACH HOTEL**
Sur Gagou Beach
✆ +30 22730 80911
www.gagoubeach.gr
Chambre double entre 70 et 110 € en été avec le petit déjeuner. La vue sur la mer est beaucoup plus chère.
Situé sur la magnifique plage de Gagou, ce bel hôtel de 52 chambres permet de séjourner les pieds dans l'eau, à 500 mètres du port. Toutes les chambres ont un balcon et une vue sur la mer Egée. Tout confort, avec télévision satellite et accès wifi. Bonnes prestations (organisation d'excursions par exemple ou possibilité de location de voiture). Restaurant avec une délicieuse cuisine grecque. Certains soirs, l'hôtel organise des soirées grecques accompagnées de concerts. Le centre-ville animé de Samos est à seulement 700 mètres de l'hôtel.

■ **PENSION DREAMS**
9 rue Aeros
✆ +30 22730 24350
Chambre à partir de 50 € en été, sans petit déjeuner.
Au sommet d'un escalier de 60 marches, mais on peut aussi arriver par le haut en taxi ! Sinon, c'est à une vingtaine de minutes de la plage. Dans un immeuble de deux étages, quelques chambres dont trois possèdent un balcon terrasse avec une petite table (le studio sur le toit dispose d'une vue fantastique sur la baie de Vathi...). D'autres, moins grandes, donnent sur le jardin et sont très calmes. Jolies vues sur la mer également. Pas de service de petit déjeuner mais les chambres sont dotées de plaques chauffantes et de frigos.

■ **SAMOS HOTEL**
21 rue Kanari
✆ +30 22730 28377
www.samoshotel.gr
hotsamos@otenet.gr
Chambre double entre 60 et 95 €. Petit déjeuner à 10 €.
L'ancien hôtel de ville a été transformé dans les années 1970 en grand hôtel de 98 chambres, avec piscine et vue sur la baie. C'est davantage un lieu de passage, mais l'endroit est vraiment tout confort et très abordable. Les chambres ont été modernisées : accès wifi et même un bain à remous dans certaines. On apprécie aussi son agréable roof garden. Mais, sinon, toutes les chambres ont aussi leur propre balcon avec vue sur mer possible. Que ce soit pour des vacances ou juste pour s'arrêter prendre un café en ville, l'endroit gagne à être connu.

Se restaurer

■ **OI NOSTIMIES TIS OURANIAS**
Ano Vathy
✆ +30 22730 22488
100 m sous la place principale.
Ouvert tous les jours en été mais juste le soir. Compter 15 €/pers.
Traduit en français, le nom de l'établissement – « Les délices du ciel » – n'est pas usurpé. Une petite taverne familiale assez simple mais à la cuisine (salades, poulpe, légumes farcis) très authentique et loin des touristes.
Une taverne traditionnelle avec des plats qui changent tous les jours. Essayez l'étonnant bœuf en croûte aux trois fromages. Tout ce que nous avons essayé était délicieux : le calamar, le poulpe mariné au vin et à l'ail ou encore l'excellente salade d'aubergine fumée dans les mezzes. Un choix de restaurant que vous ne regretterez pas.

À voir – À faire

■ **MUSÉE ARCHÉOLOGIQUE**
Rue Katevani
✆ +30 22730 27469
De mardi à dimanche de 8h à 15h, 4 € ou ticket groupé (13 €) pour le musée de Pythagorion, le Heraion et le tunnel d'Evpalinos.

L'endroit vaut bien une petite déambulation. Le musée se trouve près de la mairie, derrière le jardin municipal. A 50 m en retrait du front de mer derrière la banque Pireus. Il est abrité dans deux bâtiments, un ancien, le Paskalion, et un moderne. Dans le bâtiment moderne, le kouros dédié à Apollon est particulièrement intéressant. Au Paskalion, importante collection de statues et d'objets provenant de Samos, mais aussi de Perse et d'Egypte. Dans l'ancien bâtiment, vous remarquerez la superbe collection de bronzes et d'ivoires.

■ POSIDONION

A 15 km au sud-est de Samos, plus loin sur la route de Kerveli, se trouve Posidonion, l'une des plus belles plages de l'île. Vous y distinguez parfaitement les montagnes de la côte turque. En été, la plage et les tavernes qui s'y trouvent sont souvent bondées. Vous pouvez aussi pousser vers la face nord, près du village de Kokkari, où se trouvent les célèbres plages de Tsamados et de Lemonakia. Le site a été élu à plusieurs reprises comme l'une des dix meilleures destinations touristiques du monde, par de grandes agences de voyages.

PYTHAGORION - ΠΥΘΑΓΟΡΕΙΟ

À 17 kilomètres au sud. Ainsi baptisé en l'honneur du célèbre mathématicien et philosophe, un enfant du pays, Pythagorion, qui occupe l'emplacement de l'antique Samos, est l'endroit le plus touristique de l'île. Sa tour de Logothetis (1824), ses ruelles fleuries de bougainvilliers et son port animé lui donnent une ambiance estivale plaisante. Sa bonne infrastructure hôtelière en fait une base d'exploration de Samos.

Transports

■ AÉROPORT DE SAMOS

Samos Airport (SMI)
Situé à 3 km de Pythagorion
et à 14 km de Vathi.
L'aéroport n'est pas relié par bus. Course en taxi pour Pythagorion : 8 €. Pour Vathi : 15 €.
L'aéroport est également appelé aéroport de Samos-Aristarque (en l'honneur d'un astronome et mathématicien né sur l'île vers le début du IIIe siècle av. J.-C.).

▸ **Athènes-Samos.** Olympic Air assure de deux à quatre vols par jour (55 minutes). Pour sa part, Aegean Airlines propose un vol par jour.

▸ **Thessalonique-Samos.** Plusieurs vols par semaine assurés par Aegean Airlines et Astra Airlines (1 heure).

▸ **Liaisons avec les autres îles.** La nouvelle compagnie grecque Sky Express propose des liaisons hebdomadaires avec Chios et Rhodes.

■ PORT

✆ +30 22730 27318
Liaisons maritimes avec les autres îles depuis Pythagorio uniquement : quatre fois par semaine avec Agathonisi (1 heure 10), Arki (2 heures 15), Partmos (3 heures), Lipsi (4 heures), Leros (5 heures 15) et Kalimnos (6 heures 35).

Pratique

■ POLICE

✆ +30 22730 27404

Se loger

■ ASTRA VILLAGE

Près de la place centrale.
✆ +30 22730 61752
www.astravillage.gr
astravil@otenet.gr
A 200 m de la plage en montant la côte.
Appartement pour deux à partir de 80 à 110 € en été avec le petit déjeuner.
L'Astra Village se compose de 20 appartements et maisonnettes de deux pièces (environ 65 m², pour 2 à 5 personnes) et de studios (environ 30 m², pour 1 à 3 personnes). C'est une formule idéale pour s'offrir un séjour agréable et confortable. Chaque maisonnette s'étend sur deux niveaux, l'un avec une cuisine entièrement équipée et l'autre avec une chambre séparée et la salle de bain. Chaque studio comprend un coin salon, une chambre et une véranda ou un balcon, une salle de bain et une cuisine entièrement équipée. Elégant, bien situé. Et la vue est belle, c'est vrai.

■ DORYSSA

✆ +30 22730 61826
www.doryssa.gr
doryssa@otenet.gr
Chambre double à partir de 180 € en été, petit déjeuner compris.
La station balnéaire de Doryssa est située dans la partie sud-est de l'île de Samos, à proximité du site historique de Pythagorion. Dans le village, à seulement 2 km de l'aéroport, vous trouverez 292 chambres élégantes, somptueuses même, avec des meubles design. Beaux meubles, papiers peints exceptionnels, pierre et marbre... Un peu cher, c'est sûr, mais les triples s'avèrent intéressantes, surtout en juin ou septembre. Piscine, tennis, activités sportives, thalassothérapie... En prime, on trouve sur place un très bon restaurant.

■ **FITO AQUA BLEU RESORT**
✆ +30 22730 61314
www.fabresort.gr
Chambre double de 105 à 140 € en été, petit déjeuner compris. Sinon à partir de 70 €.
Hôtel familial avec un accès direct à la plage de sable. Les 87 chambres sont bien équipées (réfrigérateur, balcon ou véranda et accès wifi), spacieuses et bien exposées, avec un balcon ou une véranda donnant sur le jardin, la piscine ou la mer. On apprécie évidemment aussi sa piscine extérieure. Proche de la mer et pas loin de la campagne tranquille. Sa taverne Almyra sur place sert une cuisine locale et des spécialités du monde entier, accompagnées de vins locaux, et le Sea You Beach Bar sert des boissons et des collations sur la plage.

Se restaurer

■ **ELIA**
✆ +30 22730 61436
www.eliarestaurant-samos.gr
A partir de 15 € par personne. Ouvert du mardi au dimanche de 8h à minuit (3h du matin les vendredi et samedi).
Sur le port, il change des tavernes touristiques de la région. Ici, les plats grecs sont agréablement revisités : aubergines à la sauce balsamique, moussakas à l'estragon et la cannelle, poulet au miel, sans parler des « spaghettis d'Emilie ». Le menu est varié et comprend des salades, des fruits de mer, des plats grecs traditionnels, de la viande au gril. Vue sur la mer et réservation conseillée. Nous avons aussi trouvé le service rapide et sympathique. Et les prix sont franchement assez modérés comparés à beaucoup d'établissements alentour.

■ **IRODION**
Aristarchou 34
✆ +30 22730 61642
A partir de 25 € par personne. Ouvert tous les jours midi et soir.
Cuisine traditionnelle de qualité servie dans un beau cadre (situé sur la rue principale, avec une terrasse donnant de l'autre côté). Vu qu'il n'est pas situé dans le port, on se sent tranquille. Le personnel est très professionnel. Le menu est composé de spécialités grecques traditionnelles, en passant par d'excellents plats originaux. L'un des meilleurs restaurants de la ville, mais ce n'est pas le moins cher. Il faut dire qu'il est tentant d'y prendre du poisson grillé qui est excellent. Cuisine traditionnelle grecque de bonne qualité.

À voir – À faire

■ **HERAION**
Ireon
✆ +30 22730 62811
De mardi à dimanche de 9h à 16h, 6 €. Ticket groupé (13 €) pour les musées de Vathi et Pythagorion et le tunnel d'Evpalinos.
« *Héraion* » signifie « temple d'Héra » . S'il y en a plusieurs dans le pays, c'est ici, à 8 km de Pythagorion, dans le sanctuaire de la déesse Héra, que, selon la légende, la déesse serait née à proximité de l'embouchure du fleuve Imvrassos. Le premier temple, construit au VIIIe siècle av. J.-C., abritait une statue en bois (*xoano*) d'Héra. Le site actuel réunit les ruines de plusieurs ouvrages, dont l'époque de construction s'étale jusqu'à la période romaine. Le sanctuaire était relié à la capitale par une voie bordée de statues.

Port de Pythagorion.

Heraion, sanctuaire de la déesse Héra.

■ MUSÉE ARCHÉOLOGIQUE

✆ +30 22730 27469

Mar.-dim. de 8h à 15h, 6 €. Ticket groupé (13 €) pour le musée de Vathi, le Heraion et le tunnel d'Evpalinos.

Le musée archéologique de Pythagorion a été inauguré en 2010 et attire de plus en plus de visiteurs chaque année. Dans son rez-de-chaussée, moderne et lumineux, les objets exposés racontent l'histoire de la ville antique de Samos. Parmi les pièces les plus émouvantes figurent des tombes d'enfants. Sinon, une collection de statues et de stèles provenant des fouilles menées sur l'île. Parmi les pièces les plus importantes, une statue de marbre d'Aiakes assis (père de Polycrates), dédiée à Hera et probablement acquise par piraterie, découverte en 540 av. J.-C.

KOKKARI - KOKKAPI

À 20 kilomètres au nord-ouest de Samos. Les maisons blanches avec leurs toits en tuiles ocre et le joli petit port rappellent que Kokkari était, il n'y a pas si longtemps encore, un simple village de pêcheurs.

Vous en verrez encore certains vérifiant les mailles de leurs filets sur le quai, et il subsiste sur le port quelques tavernes traditionnelles qui grillent le poisson du jour. Mais Kokkari est devenu une station balnéaire somme toute classique avec une longue plage de galets et une rue commerçante vraiment touristique longeant le front de mer. On y parle désormais plus allemand ou suédois que grec. Mais même s'il n'est plus vraiment authentique, Kokkari reste un village agréable et sympathique à taille humaine.

Se loger

■ ARION HOTEL

✆ +30 22730 92020

www.arion-hotel.com – arion@arion-hotel.gr

A 300 m de Kokkari.

Chambre double à partir de 85 € en saison, petit déjeuner compris.

Grand et beau complexe sur les hauteurs, avec les plages à proximité. On trouve ici 108 chambres (quand même), mais comme elles sont réparties entre le bâtiment principal et un complexe de bungalows, cela n'a rien d'étouffant. Les chambres sont très belles, spacieuses. Plusieurs animations, salle de billard. Piscine, bain à remous et sauna. Coin Internet. Petit déjeuner avec blinis et crêpes maison. Le restaurant organise également des « soirées grecques » une fois par semaine en saison. Sinon, de grandes vérandas donnent sur la mer et les environs verdoyants.

■ KOKKARI BEACH

✆ +30 22730 92263

www.kokkaribeach.com

Chambre double à partir de 60 € en été avec le petit déjeuner.

Hôtel familial avec piscine, quasiment sur la plage. Les chambres sont décorées avec des couleurs gaies, un mobilier moderne, et équipées d'un réfrigérateur et d'une télévision par satellite. La salle de bain est très confortable aussi. Les pieds dans l'eau : dans le jardin de l'hôtel, entre d'énormes palmiers et d'autres plantes exotiques, se trouvent la piscine et un bassin pour enfants. Demi-pension possible sur place. Restaurant-snack bar Samiotissa ou le beach bar Taj Mahal, pour une collation ou pour manger en journée.

Se restaurer

■ MARINA

Près de la plage
✆ +30 22730 92692
A partir de 15 € par personne. Ouvert midi et soir, tous les jours. Ouvert toute l'année.
Sachant que l'on n'a pas l'embarras du choix, on est content de tomber ici ! Vous pouvez regarder le menu, mais il faut absolument demander ce qui se prépare en cuisine (et la maman vous fera des suggestions). Vous pouvez aussi demander un mélange de différents mezzes. Dans cette taverne prisée par les locaux pour sa cour agréable, on mange de bonnes crêpes au fromage, des *domatokeftedes* (boulettes de tomate), du porc au romarin, des boulettes de viande de Smyrne, du lapin...Ce restaurant est un peu en dehors de la ville mais il vaut clairement le déplacement.

À voir – À faire

■ PLAGES ★

A 2 km de Kokkari en direction de Karlovassi, en contrebas de la route, se trouve la petite plage assez populaire de Lemonakia, mais facile à rater, donc soyez attentif ! A 3 km de Kokkari, en direction de Karlovassi toujours, la petite plage de Tsamadou est étroite et bordée d'arbres. L'eau y est peu profonde, c'est donc un endroit idéal pour les enfants. Et à 5 km de Kokkari, encore en direction de Karlovassi, la plage de Tsambou est une agréable étendue de galets de 250 mètres, située entre deux falaises, vraiment très belle. Accès facile depuis la route principale.

© LELEPADO – ISTOCKPHOTO

Kokkari.

VOURLIOTES

Après les plages, passez Avlakia. Après 1 km, prenez à gauche sur 5 km d'une superbe route qui serpente.
Vourliotes est un très joli village perché dans la montagne, offrant une vue superbe sur la vallée et la mer. Laissez votre voiture à l'entrée du village et flânez dans ce dédale de ruelles fraîches. Pour l'instant, peu de touristes s'y rendent.

AMBELAS

Sur la nationale menant de Kokkari en direction de Karlovassi, suivez le panneau en grec indiquant les 4,5 km à parcourir pour atteindre Ambelas, petit village authentique joliment perché au-dessus de la mer, au sein de collines boisées. Vous pourrez prendre un verre dans la taverne en face de l'église, après vous être baladé dans les quelques petites ruelles du village. La route sinueuse y menant est très belle.

KARLOVASSI – ΚΑΡΛΟΒΑΣΙ ★

Karlovassi, l'un des ports de l'île, est situé au nord-ouest, à 35 kilomètres de l'aéroport et 33 de la capitale Samos. Karlovassi est dominé par deux montagnes, Kerkis et Kervouris, et son nom signifie « vallée des fleurs », nom qu'il mérite au regard de la verdure du paysage. La ville se décompose en nouveau (Neo), moyen (Messeo) et ancien (Paleo) Karlovassi.
Neo Karlovassi est au centre de la ville, peu touché par le tourisme, car il est vrai qu'il ne présente que très peu d'intérêt en soi et manque cruellement de charme. S'y trouvent tous les services publics et commerçants. De la place principale, partent les bus et les taxis vers le port, Potami, Samos et le reste de l'île. Les quelques points d'intérêt sont l'église Aghios Nikolaos, quelques demeures néoclassiques et l'ancienne demeure du gouverneur.
Sur le front de mer, se trouve Messeo Karlovassi où il fait bon apprécier l'ouzo en début de soirée. À 1,5 kilomètre de là, le port de Karlovassi avec ses hôtels, ses restaurants, ses bars et boîtes de nuit. Vous y trouverez également une plage de galets bien équipée, mais sans vrai charme, ainsi que la célèbre maison des vins de Samos. Le port est dominé par Paleo Karlovassi et son

église Aghia Triada (Sainte-Trinité). La vue est superbe et le coucher de soleil particulièrement beau. Sur la route menant à Paleo Karlovassi, se trouve le départ du chemin vers la grotte de Saint-Antoine.

Transports

PORT

✆ +30 22730 32320

Athènes-Samos. En été, au moins un ferry par jour relie Samos depuis Le Pirée. En général, les navires venant d'Athènes desservent les ports de Karlovassi (8 heures de traversée) et de Vathi (9 heures).

Liaisons avec les autres îles. Avec Ikaria, Chios, Naxos, Paros, Fourni, Mykonos, Syros, Kalimnos, Kos, Lesbos, Rhodes et Lemnos. Karlovassi est reliée une fois par semaine à Kavala sur le continent.

Se loger

ANEMA BY THE SEA

✆ +30 22730 30500
www.anema.gr
info@anema.gr
Chambre double de 45 à 70 € en été avec le petit déjeuner.
Situé à 800 m à l'est du port, cet hôtel propose des studios spacieux et confortables avec la mer à portée de main. Un véritable village avec piscine, tennis et restaurant à prix raisonnables. Bref, une adresse idéale pour ceux qui ont l'esprit club. Outre un coin laverie, il y a aussi des appartements pour quatre. Les studios pour deux personnes, mesurant jusqu'à 25 m², sont confortables avec balcon ou terrasse. Les appartements mesurent jusqu'à 40 m² et peuvent facilement accueillir quatre personnes, pour se sentir un peu comme à la maison.

ASTIR

Près de la place Messaio Karlovassi.
✆ +30 22730 33150
www.astirofsamos.com
hastirkosmidis@yahoo.com
Chambre double de 39 à 52 € en été. Petit déjeuner : 9 €.
Petit prix, pas le grand luxe, mais vous êtes à 200 m de la mer. Dans ces 27 chambres plutôt économiques, vous trouverez tout ce qu'il faut : un petit réfrigérateur, un balcon, et la vue. Et du wifi en prime. Il y a aussi un petit restaurant. Cet hôtel à la gestion familiale procure chaque année une sensation chaleureuse et familiale et constitue un pied-à-terre tranquille pour les visiteurs qui souhaitent explorer la beauté de l'île. Pas besoin d'aller très loin : on apprécie aussi la possibilité de demi-pension en option.

Se restaurer

I PSARADES

A Aghios Nikolaos
✆ +30 22730 32489
A l'est de Karlovassi, à 6 km.
A partir de 15 € par personne. Ouvert tous les jours, midi et soir.
Ce restaurant est romantique à souhait. Le poisson est cuit au feu de bois et les mezzés sont particulièrement parfumés. Établissement magnifiquement situé au bord de l'eau : au moment du coucher du soleil, c'est superbe. Si la cuisine est très correcte avec de bons plats de poissons, vous choisirez aussi d'autres plats du jour directement dans la cuisine, tous plus frais les uns que les autres. On recommande la pêche du jour, vendue au kilo, mais aussi les entrées avec leur farandole de petites fritures et crudités.

À voir - À faire

CHUTES DE POTAMI

Le départ est à gauche,
juste après le Cafe del Mundo.
Balade agréable d'1 heure aller-retour environ.
Au début du chemin, vous passez à côté d'une chapelle byzantine du Xe siècle. La légende raconte qu'il y existe un passage secret menant directement à l'intérieur du château de Karlovassi en cas d'attaque des pirates. Ensuite, vous longez le ruisseau pendant 20 minutes jusqu'à ce qu'il n'y ait plus de chemin (il vous faudra changer de rive selon l'écoulement de l'eau). Vous pouvez continuer en nageant (l'eau est assez froide) pendant 2 minutes. Vous arrivez enfin à ces fameuses chutes, qui ressemblent plus à une grosse douche qu'au Niagara.

GROTTE DE SAINT-ANTHONY

Balade d'1 heure aller-retour.
Le départ se trouve sur la route menant vers Paleo Karlovassi. C'est indiqué : suivre les rares panneaux et les marquages rouges au sol. Lorsque vous aurez l'impression de redescendre vers la plage de Potami, la grotte se trouve derrière vous à droite. C'est une belle promenade : les paysages sont verdoyants et la vue superbe. Arrivé dans la grotte, vous trouverez la chapelle Saint-Anthony à une dizaine de mètres, et vous pourrez allumer un cierge. Prévoyez absolument une lampe torche, car il fait complètement noir dans la grotte.

PLAGES

A 1,5 km au sud-ouest du port par la route, la plage de Potami est une bande de sable séparée en deux anses et dominée par une grosse colline verdoyante que surplombe l'étonnante chapelle Aghios Nikolaos, sur la droite face à la mer. Pour vous restaurer, allez à la taverne Sunset qui sert de bons poissons frais ou pour prendre un verre au Cafe del Mundo. Les plages de Mikro et Megalo Seitani sont réputées pour être les plus belles de l'île. Vous pourrez y accéder par bateau à partir du port de Karlovassi ou à pied en une heure et demie de marche.

MARATHOKAMPOS - ΜΑΡΑΘΟΚΑΜΠΟΣ

L'un des principaux villages de l'île est situé sur la route principale menant de Karlovassi vers les plages du sud-ouest. Joli village avec des maisons traditionnelles entourées de pins, d'oliviers et de vignes.
Artisanats de tapis et de poteries. Une piste part du village vers la grotte de Pythagore, dont la légende dit que le mathématicien s'y serait réfugié pour échapper au tyran Polycrates.

HOTEL MARY

✆ +30 22730 37006
www.hotel-mary-samos.gr
charlie@hol.gr
Studio pour deux entre 50 € et 70 € en été, sans petit déjeuner.
Un petit hôtel de 15 petits studios entièrement meublés et équipés d'une kitchenette très pratique. L'hôtel se compose d'une variété de studios et d'appartements indépendants avec une petite cuisine. Cet hôtel à la gestion familiale jouit d'une atmosphère paisible la journée, entouré de vignes verdoyantes, de fleurs aux couleurs chatoyantes et d'un immense bougainvillier. Avec au loin, en toile de fond panoramique, le mont Kerkis et un contraste parfait avec la longue plage de sable et de galets située à 3 minutes à pied. Piscine sur place.

STUDIOS OCEANIS

A 300 m du port.
✆ +30 22730 37333
www.studios-oceanis.gr
stavroun@aol.com
A partir de 50 € la nuit en août (souvent à condition de rester 3 nuits).
De vrais appartements – on peut y loger jusqu'à 4 personnes – sur une colline à 300 m de la mer et tout près du village. Télévision, kitchenette. Vue sur le port depuis le toit-terrasse. Prix négociables selon la période et la durée du séjour. Vous serez à seulement 300 m de la plage de sable de Marathokambos, même s'il existe de nombreuses superbes plages pour nager tout autour de l'île. Et durant les chaudes journées d'été, les clients peuvent se détendre dans le jardin verdoyant et frais ou profiter du soleil et de la vue allongés sous la véranda.

ORMOS MARATHOKAMPOS

Petit port de pêche d'où partent le bateau *Manouela* (excursions, pique-niques) et certains hydroglisseurs (*Flying Dolphins*) vers les îles avoisinantes. Les quelques tavernes du port offrent du poisson frais à prix doux. La première sur la gauche avec son gril propose également d'excellents poulets fermiers rôtis à la broche.
Petite plage de galets sans intérêt, au bout du village. L'une des plus belles excursions est celle menant à l'îlot désert Samiopoula. Les plages y sont exotiques et sublimes et l'eau d'une clarté époustouflante. Si certains bateaux d'excursion y font halte, le mieux est d'en louer un pour vraiment profiter de cet endroit paradisiaque.

KAMPOS - VOTSALAKIA - ΚΑΜΠΟΣ - ΒΟΤΣΑΛΑΚΙΑ

Ces deux villages forment une station balnéaire longue de 3 kilomètres où se succèdent complexes hôteliers, tavernes, pensions, mini-markets et locations de scooters, le tout sur un front de mer avec la plus longue plage de l'île. Mais cela n'a vraiment ni charme, ni intérêt.

PSILI AMMOS - ΨΙΛΗ ΆΜΜΟΣ

À 12 kilomètres à l'est de Pythagorion, cette jolie plage de sable fin porte bien son nom (Psili Ammos signifie « Sable fin » en grec). Malheureusement, ceci en fait un lieu très prisé l'été et donc peuplé à outrance, d'autant plus que bon nombre de bateaux d'excursion s'y arrêtent. Parking payant.

LIMINIONAS - ΛΙΜΝΙΩΝΑΣ

La baie de Liminionas est bien abritée et dispose d'un petit yacht-club assez bien organisé. Plus loin le long de la côte, vous trouverez d'innombrables criques désertes magnifiques, qui ne demandent qu'à être (re) découvertes. Pour les atteindre, de nombreux sentiers partent de la route menant à Drakei. Attention néanmoins, celles plein ouest sont exposées aux vagues et au vent.

AGHIOS ISIDOROS - ΆΓΙΟΣ ΙΣΙΔΩΡΟΣ

Ce petit port est le berceau des meilleurs caïques de l'île. Un savoir-faire mûri au cours de plusieurs générations a fait la célébrité du lieu. En plus, la route y menant est à couper le souffle.

SAMOTHRACE - ΣΑΜΟΘΡΑΚΗ ★★★

A quoi pensez-vous spontanément ? Samothrace est surtout célèbre pour sa Victoire ailée, célèbre statue qui y a été découverte et qui se trouve aujourd'hui exposée au musée du Louvre (oui, elle aussi...). Voilà une île unique en grande partie inchangée par le tourisme, elle possède des forêts denses, une biodiversité riche et rare, ainsi que des sources, des ruisseaux et des cascades magnifiques. C'est également un site d'un profond intérêt archéologique, connu dans le monde entier.

Située au nord de la mer Égée, faisant face à Alexandroupoli dont elle est distante d'environ 40 kilomètres, Samothrace, avec ses 178 petits kilomètres carrés et ses 2 800 habitants, est une île montagneuse couverte de forêts. Dans les temps anciens, Samothrace était connue pour ses Mystères de Cabiria (ou Cabires), un cérémonial dont le contenu reste inconnu de nos jours. Paradis des campeurs, l'île offre plusieurs coins magnifiques entre Kamariotissa, point d'arrivée des ferries, et Pirgos Fonia (également une belle plage à Pahia Amnos).

Sept villages, plus beaux les uns que les autres, se répartissent sur cette île ronde. La plupart sont bordés d'immenses plages : Kamariotissa, Paleopoli, O Xiropotamos, Therma, Prophete, Elia et Lakhoma. Chora, la capitale, est bâtie en amphithéâtre assez loin de la mer. Ses maisons traditionnelles ont des toits en tuiles de céramique et la vue de la place centrale est sublime.

Histoire

L'île, peuplée dès l'Antiquité, renfermait le sanctuaire des Grands Dieux, sans doute d'origine préhellénique ou phénicienne, qui fait de l'île, aux yeux des Grecs, un lieu sacré. Elle a été peuplée successivement par des Pélasges, des Cariens puis des Thraces. Elle reçoit une colonie d'habitants de Samos à la fin du VIIIe siècle et prend alors le nom de Samos de Thrace, qui devient Samothrace.

Conquise en 508 av. J.-C. par les Perses, elle entre ensuite dans la confédération de Délos mise en place par Athènes. Récupérée par Philippe II pour la Macédoine, elle reste sujette de ce royaume jusqu'à la conquête romaine. Elle connaît alors une phase d'indépendance entre 168 av. J.-C. et 70 apr. J.-C. jusqu'à son annexion par Vespasien. L'île a été un lieu de refuge pour la reine Arsinoé II, vers 280 av. J.-C., et pour le roi Persée de Macédoine après sa défaite à Pydna (168 av. J.-C.).

Samothrace passe sous la tutelle byzantine jusqu'en 1204, puis vénitienne. En 1355 elle passe à une famille génoise (les Gattilusi) avant de tomber sous le joug turc en 1457 pour près de cinq siècles. Elle participe au soulèvement de 1821 mais la population est presque entièrement exterminée par la répression turque et l'île n'obtient son rattachement à la Grèce qu'en 1912.

Transports

■ **PORT**
✆ +30 25510 41305

▶ **Liaisons avec le continent.** L'île est plus facilement accessible depuis le port d'Alexandropoulis avec, en été, jusqu'à sept ferries (2 heures de traversée) et deux hydroglisseurs (1 heure 10) par semaine. Samothrace est aussi reliée deux fois par semaine à Lavrio (13 heures) et une fois par semaine à Kavala (3 heures 30). Renseignements : Tél +30 25510 28734.

▶ **Liaisons avec les autres îles.** En été, on ne compte que deux ferries par semaine pour Lemnos et Aghios Efstratio.

▶ **A Kamariotissa,** vous pourrez vous approvisionner en eau.

Pratique

■ **POLICE**
✆ +30 25510 41203

Se loger

Bien et pas cher

■ **MARIVA**
Therma
✆ +30 25510 98230
www.mariva.gr
hello@mariva.gr
A 1 km du front de mer.
Chambre double à partir de 50 € en été sans le petit déjeuner (ou 55 € avec).

A Therma, un des rares hôtels sur place. 50 bungalows individuels confortables avec télévision, réfrigérateur et connexion Internet. Vous pourrez choisir de dormir dans l'un des bungalows rénovés avec terrasse ou balcon privé. Ils ont une chambre (de 9 à 12 m²) avec vue sur la mer ou sur le jardin. Les plus grands mesurent 24 m² et certains ont des lits superposés disponibles. De belles activités nature sont proposées : trekking, canyoning mais aussi yoga. A noter, de jolies vérandas – mais avec une nature aussi luxuriante, qui pourrait rester à l'intérieur ?

Confort ou charme

NIKI BEACH
Kamariotissa
✆ +30 25510 41545
nikibeach.gr
info@nikibeach.gr
Chambre double standard entre 50 € et 60 € en été, petit déjeuner compris (sauf en très haute saison).
En bord de mer, sur la plage à 500 m du port et à 10 mètres de la plage au bout de la cité, ces 37 chambres sont parmi les plus agréables de l'île. Télévision, balcon et belle piscine. Wifi. Et comme l'hôtel est ouvert toute l'année, il y a une belle cheminée pour l'hiver dans le lobby. Opérationnel depuis 1982, il a été entièrement rénové en 2007. Le Niki Beach Hotel participe également au programme de la Chambre hellénique des Hôtels « Petit-déjeuner grec » depuis 2013. Il s'agit d'une tentative de promotion des produits locaux et des recettes traditionnelles.

Se restaurer

Profitis Ilias, le plus haut village de Samothrace, est réputé pour ses tavernes servant de la viande à la broche, ainsi que pour ses plus beaux couchers de soleil sur l'île.

KARYDIES
21 Ano Meria
✆ +30 2551 098266
À partir de 15 € par personne. Ouvert tous les jours midi et soir.
Un endroit authentique comme on les aime : pas de menu imprimé, un anglais approximatif, mais une nourriture savoureuse. À 3 kilomètres de la route principale (mais bien indiqué), l'atmosphère authentique et chaleureuse de ce lieu, avec ses tables placées sous des noyers ombragés, reflète sa cuisine maison. La viande de chèvre servie de différentes manières – avec des aubergines, des prunes ou des frites ou encore avec des coings et des raisins secs – figure parmi nos plats préférés. Mais la soupe aux haricots sautés est un autre classique de cet endroit.

Camper à Samothrace

CAMPING ELEFTHERIOS DIAVIOSIS
THERMA
✆ +30 25510 98244
A partir de 3,50 € par personne, emplacement à partir de 4,50 €.
Pour lutter contre le camping sauvage, l'île a créé ce site où l'on a vraiment l'impression de poser sa tente en pleine nature. Ici, le nettoyage est assuré par les clients, sur la base du volontariat avec, en contre-partie, beaucoup de place dans une vraie forêt de 3 hectares et des tarifs vraiment pas chers. Et il y a même des sanitaires bien entretenus et une petite supérette façon chalet en bois. Une formule dans l'esprit de l'écotourisme juste à côté de la plage, quoi.

CAMPING VARADES
THERMA
✆ +30 25510 98291
105 emplacements, à partir de 3,50 € par personne, emplacement à partir de 2,50 €.
C'est l'un des endroits les plus intéressants pour les amoureux de la nature. Il combine des montagnes avec des forêts de platanes, des petites rivières avec des lacs et des cascades et une mer claire. Un peu plus confortable et aussi bien tenu que le camping écotouristique Eleftherios Diviosis, situé non loin de là, celui-ci possède une supérette, un restaurant, une laverie, une aire de jeux, un coin cuisine et des emplacements pour caravane. Mais il n'est hélas ouvert qu'en haute saison. Un lieu sensationnel, à quelques mètres de la plage.

■ O VRACHOS

Profitis Ilias

✆ +30 25510 95264

Ouvert tous les jours midi et soir. Autour de 15 €/pers.

Son nom signifie « le rocher », position géographique oblige. S'il y a de tout, ce restaurant propose surtout d'excellents plats de viande. Son propriétaire, Apostolis, un maître du gril, propose de la chèvre à la broche, du *kontosouvli* (gros morceaux de viande rôtie) mais aussi des abats, et bien sûr du *kokoretsi* (des abats assaisonnés). Si c'est plein, la viande est également exceptionnelle dans la petite taverne située juste en dessous de l'église Panagia Krimniotissa : sa petite cuisine propose notamment du pilaf de chèvre bouilli.

Sortir

■ TRAPEZA

Sur la place centrale.

✆ +30 25510 42331

Ouvert tous les jours à partir de 8h et jusque tard.

Vous trouverez Ilias et Theodora dans le café avec la plus belle vue sur la citadelle médiévale et les toits rouges de la Chora. Ils ont ouvert ce café en plein centre du village. Son doux nom de Trapeza signifie «banque» en grec, parce qu'il y en avait une ici, jadis. Mais ces propriétaires ont transformé le vieil immeuble en un lieu charmant, plein de bonnes vibrations et que l'on a plaisir à fréquenter. Le matin, prenez un café grec ou/et une omelette à la feta, aux tomates et à l'origan. Plus tard, essayez sa crème glacée au lait de chèvre.

À voir - À faire

■ MUSÉE ARCHÉOLOGIQUE ★

Paleopolis

Ouvert de 8h30 à 15h. 6 €. Le billet est valable pour le Sanctuaire des Grands Dieux.

Si l'on veut profiter au mieux du site archéologique de Paleopolis, il est particulièrement utile de visiter le musée avant : il contient des maquettes des bâtiments tels qu'ils étaient originellement. Le petit musée est composé de quatre pièces et d'un atrium. Vous y verrez notamment des pièces restaurées et des objets miniatures et poteries du sanctuaire et de la cité antique.

Mais pas de *Victoire de Samothrace* ici : ailes déployées pour l'éternité, la célèbre statue de 2 200 ans a été déplacée du Louvre en septembre 2013 pour être méticuleusement nettoyée. Cette œuvre avait été découverte par un Français. La déesse de la victoire, une femme ailée, se dresse à la proue d'un navire, sur l'île de Samothrace. Il s'agit probablement d'un ex-voto offert par les Rhodiens pour commémorer une victoire navale remportée au début du IIe siècle av. J.-C. La statue a été exhumée à Samothrace, en 1863, par Charles Champoiseau, alors vice-consul de France à Andrinople (Turquie). Selon plusieurs études, elle aurait été conçue à l'occasion de la bataille de Myonnisos ou de la victoire remportée à Sidè, vers 190 av. J.-C., contre la flotte d'Antiochos III de Syrie. Encore aujourd'hui, la *Victoire de Samothrace* reste un des manifestes de la sculpture d'époque hellénistique. Sa richesse décorative ainsi que le sens du volume et du mouvement sont aussi caractéristiques d'un style rhodien, prélude aux créations baroques de l'école de Pergame (vers 180-160 av. J.-C.). La reverra-t-on ici un jour à nouveau, dans toute sa beauté ?

■ SANCTUAIRE DES GRANDS DIEUX ★★

Paleopolis

✆ +30 25510 41474

Ouvert du mardi au dimanche de 8h30 à 15h. Entrée 6 €, même billet que pour accéder au Musée archéologique.

Vous visiterez d'abord les ruines de l'Anaktoron, lieu d'initiation aux Kabires, bâti au VIe siècle av. J.-C. A côté, l'Arsinoeion est le plus grand bâtiment circulaire légué par la Grèce antique. Donation de la reine d'Egypte, Arsinoé (289-285 av. J.-C.) était un lieu de sacrifices. Un peu plus loin, le Temenos, avec sa cour dallée, abritait des danses rituelles. L'Hiéron, dont la construction débute à la fin du IVe siècle av. J.-C., est achevé 175 ans plus tard.

Le culte mystérieux de la Grande Mère (ou Mère des dieux) était au centre du culte et de nombreux personnages historiques y auraient été initiés, dont l'historien Hérodote, le général spartiate Lysandre et, peut-être le plus célèbre, Phillippe II de Macédoine, le père d'Alexandre le Grand. Le temple était également l'hôte d'empereurs romains tels qu'Hadrien mais la chute de Rome mit fin au culte du complexe.

Au sud du site se trouve la fontaine de Nikè où s'élevait la célèbre statue, aujourd'hui l'un des trésors du Louvre. Connue sous le nom de *Victoire de Samothrace*, cette statue aux bras et à la tête manquants est devenue une source d'inspiration pour les générations futures. L'ornement de capot des véhicules Rolls Royce et le nom du plus grand fabricant de vêtements de sport, Nike, utilisent les images de la statue comme symbole de victoire et de succès. Aujourd'hui, la célèbre statue se dresse au musée du Louvre à Paris, tandis qu'une réplique se trouve dans le musée archéologique local.

PLAGES ★

Les plages ne sont pas l'intérêt premier de l'île. Des excursions en bateau autour de l'île, en partant de Therma et comprenant une escale à Vatos, une plage exotique au sable fin et aux eaux turquoise, sont recommandées. Pendant cette balade, gardez un œil sur Tis Grias ta Pania, avec des rochers qui ressemblent à du tissu, et sur la cascade de Kremasto, qui plonge droit dans la mer d'une hauteur de 90 mètres. Au nord de l'île, les plages (de galets) sont exposées au vent. A proximité de Lakoma, Pahia Amnos est une plage de sable avec une source d'eau fraîche.

THERMA

A 13 km de Chora.

Ouvert tous les jours de 7h30 à 13h30 et de 17h30 à 20h30. Entrée piscine thermale : 4 €.

Profitez des sources thermales du centre municipal d'hydrothérapie de Therma : ces thermes occupent une maison blanche, à l'entrée de ce village pittoresque. Les sources hydrothermales attirent de nombreux visiteurs. Samothrace présente l'avantage de disposer de sources et de cours d'eau alimentés toute l'année, dans lesquels il est possible de se baigner, comme à Fonias. Mais Loutra (Therma) est la plus prisée depuis l'époque romaine. On s'immerge dans des eaux chaudes et fortement minéralisées qui soignent, paraît-il, maladies de peau et rhumatismes.

Sports - Détente - Loisirs

CASCADE KLIDOSI

Klidosi

Entre les piscines naturelles et les cascades, pourquoi s'évertuer à chercher la plage ? Pour compléter l'expérience, suivez la rivière Fonias, la voie navigable la plus importante de l'île. Elle traverse des paysages d'une beauté sans faille pour créer certaines des plus grandes piscines naturelles et des cascades impressionnantes, dont la plus haute est le Klidosi, d'une hauteur de 35 mètres. Une végétation luxuriante regorgeant de platanes, d'érables et de hêtres complète ce décor onirique sans égal des autres îles grecques.

PISCINES NATURELLES

Gria Vathra

Itinéraires partout clairement indiqués.

Plus d'une centaine de piscines naturelles formées à divers endroits de l'île par des dizaines de rivières et de ruisseaux qui cascadent du Mont Saos en direction de la mer. Avec cela, les baigneurs en eau douce auront l'embarras du choix. Gria Vathra, accessible depuis le village de Therma, est la plus renommée. Les itinéraires menant aux piscines naturelles sont clairement indiqués et peuvent être parcourus même par les randonneurs les plus inexpérimentés. Les piscines naturelles formées par la rivière Tsivdogianni sont également très impressionnantes.

THASSOS - ΘΑΣΟΣ ★★

Le saviez-vous ? Thassos est l'île la plus au nord de la Grèce. Avec ses 398 km² et ses 16 000 habitants. Des riches forêts de pins noirs et de sapins de Macédoine, plages en dentelles, rochers sauvages, grottes cachées ou piscines naturelles. Malgré un flux touristique important (notamment en provenance de la Turquie et des Balkans voisins), Thassos recèle des coins préservés et sublimes. Montagne, mer, hôtels de luxe, campings éloignés à l'ombre des arbres qui plongent dans la mer, *night-clubs* et bars pour des sorties nocturnes, promenades tranquilles… autant d'éléments qui composent la vie sur cette île.

Histoire

Thassos est habitée dès l'époque néolithique. Durant l'Antiquité, elle s'appelle Idonis. Après les guerres avec les Perses, elle est l'alliée des Athéniens, puis l'enjeu de la rivalité entre Athènes et Sparte dont elle est tour à tour la colonie. Elle subit les attaques des Slaves, des Arabes et des corsaires. Prise par les Turcs en 1455, elle est livrée en 1813 à Mohamed Ali, et retourne à la Grèce en 1912. D'après la mythologie, l'île tire son nom de Thasos, qui débarque sur l'île à la recherche de la sœur d'Europe, enlevée par Zeus.

THASSOS - LIMENAS - ΛΙΜΕΝΑΣ ΘΑΣΟΥ ★★

Petite ville d'environ 4 000 habitants et capitale de l'île, ses maisons ont presque toutes des murs blancs et des toits en tuiles de céramique. Le « nouveau » port est toujours très animé. Dans les petites rues, se succèdent nombre de boutiques, de tavernes et de clubs, où se bousculent les voyageurs. En été, la capitale organise un festival de théâtre antique.

Transports

Pour aller à Thassos, mieux vaut arriver à Thessalonique et faire deux heures de bus pour Kavala. Depuis Athènes, le plus simple pour rejoindre Thassos est de prendre un avion pour Kavala (deux vols quotidiens avec

Aegean Airlines, et un vol quotidien avec Olympic Air). Ensuite, on peut prendre un bateau dans l'un des deux ports reliés avec Thassos : Keramoti ou Kavala. L'île elle-même dispose de deux ports : Limenas Thassos et Skala Prinos. Renseignements au port de Kavala : ✆ +30 25102 23716 (ou au 24967) ou sur www.go-thassos.gr.

■ **PORT**
✆ +30 25930 22106
On peut embarquer de Kavala ou, pour plus de liaisons, du port de Kéramoti à l'est de la ville.

▶ **Liaisons avec Kavala**. Entre Limenas et le petit port de Kéramoti (10 km à l'est de Kavala), une dizaine de liaisons quotidiennes (35 minutes de traversée). Sinon, deux bateaux par jour entre Kavala et Prinos.

▶ **Renseignements :** Thassos Ferries (thassos-ferries.gr, ✆ +30 25930 24001).

Se loger

■ **CAMPING DE PRINOS**
Sur la plage de Prinos.
✆ +30 25930 71547
campingprinos@yahoo.com
300 emplacements. 3 € par personne, emplacement à partir de 3 €. Une partie du camping est ouverte toute l'année.
Thassos est abonnée aux campings géants, mais celui-ci possède une capacité d'accueil encore plus vaste que le camping de Pefkari. Imaginez plutôt : 300 espaces de 60 à 120 m² vous garantiront un minimum de tranquillité. C'est simple, c'est le plus grand camping de l'île. Les parties communes sont propres et agréables avec des cuisines, des réfrigérateur, des douches et de l'eau chaude 24h/24. Il y a aussi un supermarché. Grâce à sa situation, c'est également un excellent point de départ pour des excursions.

■ **HOTEL AETHRIA**
Rue Dimitriadou
✆ +30 25930 23310
www.aethriahotel.gr
aethriahotel@gmail.com
Chambre double à partir de 80 € en été avec le petit déjeuner.
Cet hôtel est situé dans la ville même de Thassos, à Limenas, dans un jardin de 11 000 mètres carrés comprenant une aire de jeux pour enfants, un court de tennis, un parking, une piscine et un bar-piscine où vous pourrez profiter du soleil en sirotant des cocktails exotiques et rafraîchissants. Ce complexe érigé dans un grand jardin, idéal pour les enfants, se présente comme un petit centre de vacances. Bar, animations. Chambres très correctes.

■ **HOTEL NIKOLETA**
Rue Dimitriadou ✆ +30 25930 22020
www.nikoletaluxuryvilla.gr
info@nikoletaluxuryvilla.gr
Chambre double entre 70 et 190 € en été, avec petit déjeuner.
A 1 km du village, 23 belles chambres avec une kitchenette et un balcon. C'est l'histoire d'un coup de cœur. Dimitris et son épouse Kety ont déménagé de Thessalonique à Thassos pour un an. Mais l'île les a envoûtés et dès la première occasion, ils ont acheté un lopin de terre rêvant de leur maison... qui a commencé à se matérialiser petit à petit. Ils ont d'abord construit leur maison principale, entourée de 8 chambres, puis ils ont ajouté une autre de 7 chambres, suivies de 8 autres quelques années plus tard. Piscine, bain bouillonnant et cadre romantique.

Se restaurer

■ SIMI RESTAURANT

✆ +30 25930 22517

A partir de 15 € par personne. Ouvert tous les jours à partir du petit déjeuner, midi et soir.

Une autre adresse réjouissante, à côté de Ta Platanakia. Comptez un peu d'attente le soir en pleine saison pour obtenir une table – entre 5 et 15 minutes – mais cela en vaut la peine. Sur les conseils de locaux, nous n'avons pas regretté de nous poser sur ses nappes à carreaux bleus et blancs. Un bel endroit pour profiter d'un ouzo à quelques pas de l'ancien marché. Au menu : poulet maison aux champignons (recette de grand-mère), poulpe et haloumi grillés... Et un service professionnel, efficace, rapide, et toujours courtois...

■ TA PLATANAKIA

✆ +30 25930 22145

A partir de 15 € par personne. Ouvert tous les jours midi et soir.

Le restaurant est très bien situé dans le vieux port au bord de la mer. C'est une belle taverne traditionnelle avec une jolie vue. Le restaurant est situé dans un très bel emplacement dans le vieux port, près de l'eau. Petits prix et carte savoureuse qui fait une belle place aux produits de la mer : vous trouverez ici des fruits de mer frais tels que des calamars, des gavros (petits poissons frits) avec un bon rapport qualité-prix. Et bien sûr les classiques (salades, légumes farcis, boulettes de viande à la sauce tomate). Enfin, le service est poli.

Petite maison typique grecque sur l'île de Thassos.

À voir – À faire

■ ANCIENNE AGORA DE LIMENAS ★

Cette ancienne agora, dans laquelle de nombreux monuments antiques ont été conservés, présente un intérêt. Vous trouverez le monument dédié à Théagène, champion thassien de pancrace et de boxe, qui a fait honneur à sa patrie en remportant deux victoires olympiques. L'ancienne agora dessine un quadrilatère avec, sur la gauche, un portique d'époque romaine (dont subsistent quelques colonnes et des bas-reliefs exposés au Louvre). Au sud, admirez les vestiges d'un gigantesque autel.

■ MUSÉE ARCHÉOLOGIQUE ★★

Près du vieux port

✆ +30 25930 22180

Ouvert du mardi au dimanche de 8h à 20h en été (sinon 15h). Entrée 2 €.

Cet musée a été construit en 1934 et il a été récemment rénové en 2010. Résultat : ce joli musée a la bonne idée d'afficher certaines indications en français dès que les objets émanent des fouilles réalisées par l'Ecole française d'Athènes. Belle collection d'objets antiques, colonnes, têtes de Dionysos, du Silène, de Korés et Kouros. Parmi les sculptures, on s'arrêtera devant l'impressionnant kouros de 6 mètres (VIe siècle av. J.-C.) et la tête de Silène. A voir aussi, les deux têtes de l'école de Skopas (IVe siècle av. J.-C.).

PANAGHIA – ΠΑΝΑΓΙΑ ★★

Ancienne capitale de l'île, ce village aux couleurs macédoniennes typiques est situé à 7 kilomètres au sud de Limenas et compte 1 200 habitants. À voir, les *archontikos*, l'église de Panaghia et surtout la grotte de Drakos qui a hérité son nom d'une stalactite évoquant un ogre.

▸ **Manifestation.** Le 15 août a lieu la fête du village.

■ CAMPING GOLDEN BEACH

✆ +30 25930 61472

www.camping-goldenbeach.gr

info@camping-goldenbeach.gr

195 emplacements, de 4,30 € à 5,40 € par personne (entre 2,60 € et 3,30 € par enfant), tente entre 4,10 € et 5,70 €.

Le Golden Beach, ou Chryssi Ammoudia (en version originale), est l'un des plus grands campings de Grèce. Dit comme cela, cela ne donne pas très envie. Mais reconnaissons que les propriétaires veillent à ce que cela ne tourne pas au chaos : interdiction de circuler en voiture dans les allées, horaires à respecter concernant le niveau sonore. C'est donc tout à fait indiqué

Le village de Limenaria.

pour les familles qui recherchent le calme. Les sanitaires sont très bien entretenus. Supérette, snack-bar, laverie, wifi. On trouvera une bonne taverne juste à côté.

■ **HOTEL HERMES**
✆ +30 25930 61220
www.sotirelis.gr/en
hotel-hermes@sotirelis.gr
A côté du musée de l'huile d'olive.
Chambre double de 35 € à 55 € en été sans le petit déjeuner.
Sans prétentions, l'hôtel propose 16 chambres avec balcon et télévision en haut d'un lacet qui mène à la mer. Le village est construit entre les montagnes et à 300 m d'altitude, une situation pas si désagréable qui crée un environnement frais, au milieu de ses rues pavées étroites sous les platanes. Vous pouvez aussi louer un studio pour 3, équipé d'une kitchenette et d'une véranda. Golden Beach, l'une des plus belles plages de l'île, se trouve à seulement 3 km. À une plus courte distance, vous trouverez la place principale avec ses tavernes et ses cafés.

■ **THASSOS INN**
Sur la place principale.
✆ +30 25930 61612
www.thassosinn.gr
info@thassosinn.gr
Chambre double à partir de 55 € en été. Petit déjeuner : 6 €.
L'hôtel est situé dans le centre du village de Panagia et propose une retraite chaleureuse et accueillante pour les mois d'été. Mais il est aussi ouvert pendant l'hiver. Il propose 15 chambres simples mais fonctionnelles avec un réfrigérateur et un téléviseur et un balcon en bois pour une vue sur mer ou sur montagne. Un café-bar est ouvert toute la journée pour prendre un jus de fruits frais, un café ou une collation. L'hôtel aime aussi rappeler qu'il se situe à côté d'une petite source dite « des amoureux ». Une pièce déposée, un vœu exaucé...

LIMENARIA - ΛΙΜΕΝΑΡΙΑ ★★

Le mouvement touristique est ici très important. À 40 kilomètres au sud de Limenas, Limenaria est une étape importante, avec de superbes paysages et d'immenses plages de sable fin. Le tout est bruyant, mais beau et vivant. Les hôtels sont nombreux et l'on compte des dizaines de chambres chez l'habitant.

Se loger

■ **CAMPING PEFKARI**
✆ +30 25930 51190
www.camping-pefkari.gr
info@camping-pefkari.gr
91 emplacements, 5 à 6,70 € par adulte (enfant entre 3,30 et 4,40 €), tente entre 6,70 et 9,50 €.
Après de nombreuses plaintes des clients concernant la propreté ou les tarifs pratiqués dans la supérette, les propriétaires semblent avoir repris les choses en main. C'est désormais un camping que l'on peut recommander, idéalement en bordure de plage. Seule petite ombre, l'ombre justement, puisque les oliviers sont régulièrement élagués (moins de branches, plus d'olives... et plus de soleil aussi). Heureusement, il y a aussi des pins et des acacias. Enfin, outre la supérette, on trouvera une laverie, un coin barbecue et un snack-bar.

GRAND BEACH HOTEL

✆ +30 25930 53470
www.grand-beach-hotel.gr
info@grand-beach-hotel.gr
Chambre double entre 60 et 100 € en été avec le petit déjeuner.
Mer ou piscine ? A vous de voir dans cet hôtel familial ! Les chambres sont bien équipées et récemment rénovées, avec des balcons immenses et une vue sur la piscine ou sur une plage de 2 km de long ! Sports nautiques à proximité sur la plage. Restaurant sur place. Petit déjeuner sous forme de buffet le matin. Le soir, goûtez les plats du restaurant. Et entre les deux, prenez un café ou une boisson pendant que vos enfants jouent dans la cour ou dans la partie spéciale de la piscine dédiée. Personnel agréable et disponible pour répondre à vos attentes.

HOTEL THALASSIES

Sur la plage.
✆ +30 25930 51163
www.thalassies-hotel.gr
thalassies@gmail.com
Chambre double autour de 120 € en été avec le petit déjeuner.
L'hôtel est situé à Liménaria, face à la mer, à 5 minutes à pied du centre du village. Les propriétaires, Vassilis et Maria, vous accueilleront très chaleureusement et sont à votre disposition tout au long du séjour. L'hôtel propose 51 chambres spacieuses avec tout le confort à disposition réparties entre deux établissements rénovés en boutiques-hôtels en octobre 2015 (ce qui se sent notamment au niveau de la bonne literie). Piscine, salle de fitness, sauna, spa, bar. Petit déjeuner continental copieux au bord de l'eau et restauration possible.

Se restaurer

ARMENO

✆ +30 25930 51277
15 € par personne. Ouvert tous les jours midi et soir.
Des petites tables en bois en terrasse près de la mer, avec des chaises pastel, bleues et blanches. C'est classique et charmant quand il n'y a pas trop de monde. Dans cette taverne en bord de mer de bonne réputation, sur la plage et avec une belle vue, on choisit son poisson dans le bac de la pêche du jour. Mezzes de poissons simples (gavros, tarama...) et de belles salades. Vous trouverez aussi parfois dans l'assiette quelques produits bio du jardin. Et si l'endroit vous plaît, il y a possibilité de s'y poser et de négocier une chambre.

PIATSA MICHALIS

Potos.
✆ +30 2593 052109
Le long de la côte au sud de Limenaria.
Environ 15 € par personne, ouvert tous les jours du petit déjeuner au dîner.
Le Piatsa Michalis est l'un des premiers établissements de Potos, une entreprise familiale créée dans les années 1960 et transmise de génération en génération. Très bon emplacement, juste sur la plage, très proche de la principale zone commerçante et piétonne. Les plats maison sont excellents (notamment le tzatziki). Les grandes salades sont aussi une belle option. C'est au bord de la mer, offrant une vue magnifique. Et les ingrédients sont de qualité, souvent combinés à une bonne musique grecque et une vue unique sur la mer Égée et le mont Athos.

À voir – À faire

LAGON DE GIOLA

C'est la balade, la photo et la plongée (pour les plus téméraires) incroyables à faire. À Giola, à l'est de Liménaria en suivant la côte, se trouve une étonnante piscine naturelle. La roche autour atteint une hauteur de 8 mètres d'où de nombreux baigneurs expérimentés plongent (mais on peut sauter de plus bas. Le chemin n'est pas facile mais la visite vaut le coup. Quand vous arrivez à Potos, dirigez-vous vers Astris. Après l'hôtel Aéria, un panneau à droite indique Sirines. Tournez à droite sur un chemin de terre et vous arriverez à cette « plage » insolite.

THEOLOGOS - ΘΕΟΛΟΓΟΣ

A 60 km au sud de Limenas. Beau et tranquille, le village de Theologos est l'un des plus beaux et anciens villages de l'île. Il est connu pour ses demeures en pierre aux couleurs ocres et bleues. Vous y visiterez les anciens archontikos, et l'église d'Aghia Paraskevis avec son icône de la Vierge faite en bougie et en mastic.

ÎLES IONIENNES

Les ruelles de Corfou Chora.

ÎLES IONIENNES ★★★

Les îles Ioniennes sont habitées depuis la préhistoire, mais c'est à l'époque de la domination mycénienne qu'elles ont développé une importante civilisation. C'est justement pendant cette période qu'Ulysse, le héros rusé de L'Odyssée, règne sur Ithaque.
Comme toutes les îles grecques, les Ioniennes ont connu maints conquérants mais seules la Céphalonie, Zante et Ithaque sont occupées par les Turcs, durant quelques années, au XVe siècle. Les occupants qui les marquent le plus sont les Vénitiens, et leur influence est encore très sensible dans l'architecture, la langue et le tempérament des habitants. Les Français ont aussi laissé leur trace durant le règne de Napoléon et sous le Premier Empire. L'esplanade de la ville de Corfou, inspirée par la rue de Rivoli, et le canon face au Pontikonissi témoignent de cette période. Puis, en 1815, ces îles sont placées sous la tutelle des Anglais qui leur laissent une certaine indépendance jusqu'à leur rattachement à la Grèce en 1864. Les terribles tremblements de terre de 1953 causent de nombreuses catastrophes. Seule Corfou a pu sauver sa superbe vieille ville.
Les Ioniennes ne constituent pas le même genre d'archipel que celui des Cyclades. Les îles diffèrent beaucoup l'une de l'autre. Mais leurs habitants ont de nombreux points communs, dont un grand amour pour la musique et les arts. Elles ont vu naître plusieurs grands poètes et écrivains. Les îles Ioniennes sont idéales pour des croisières en bateau. La mer ne souffre pas des meltemis tumultueux des autres archipels, et une multitude de plages désertes et d'îlots sont à découvrir. Ici plus qu'ailleurs, vous trouverez des criques de sable blanc et une mer au charme polynésien. Sachez pourtant qu'elles sont humides et que dans cette région, l'automne arrive plus tôt qu'ailleurs.

CÉPHALONIE - ΚΕΦΑΛΛΟΝΙΆ ★★

Avec ses 781 km² et ses 32 000 habitants, « l'île à moitié oubliée de Céphalonie s'élève imprudemment de la mer Ionienne. Elle est tellement chargée d'antiquité que les pierres elles-mêmes exhalent la nostalgie et que la terre rouge reste hébétée non seulement par le soleil mais aussi par le poids insupportable de la mémoire » . Extrait de *La Mandoline du capitaine Corelli*, de Louis de Bernières. L'écrivain a choisi cette île grecque, d'apparence discrète, comme toile de fond à sa célèbre fresque historique. Les faits sont avérés : dès 1939, l'occupation italienne fait place à l'invasion allemande. Et quand la paix est enfin signée, c'est le tremblement de terre de 1953 qui dévaste à son tour Céphalonie. Aujourd'hui encore, les habitants de Céphalonie (ou Kefalonia) ne s'emploient guère à attirer les touristes et, pourtant, de plus en plus de voyageurs commencent à apprécier sa nature contrastée et ses superbes plages de sable fin. Céphalonie est la plus grande et la plus montagneuse des Ioniennes. Le massif d'Ainos, avec sa variété de sapins unique en Grèce, atteint les 1 628 m.
Les terribles séismes de 1953 ont détruit presque en totalité les villages, aussi ne vous attendez point à y trouver l'ambiance médiévale de Corfou. Mais, si la reconstruction n'a guère réussi à la capitale Argostoli, dans la campagne, vous verrez de superbes petits villages aux jardins magnifiques. Fiskardo, rescapé miraculeusement du séisme, a conservé ses belles maisons anciennes autour du petit port de pêche.
On accède à la Céphalonie depuis les ports de Patras, Kilini, Astakos et Igoumesnitsa. L'île elle-même dispose de cinq ports : Argostoli, Fiskardo, Lixouri Pessada, Poros et Sami. Ce dernier est le mieux desservi. De la Céphalonie, on peut accéder aux îles de Corfou, Leucade, Ithaque, Zante et Paxi.

Classée grâce à ses parcs nationaux

L'île doit être préservée en raison de la rareté et de la diversité de sa faune et de sa flore. La plus grande des îles Ioniennes renferme le précieux mont Ainos, le plus haut sommet dans la région. Il culmine à plus de 1 600 m avec sa belle forêt de sapins de Céphalonie (*Abies cephalonica*), une espèce endémique grecque.

Corfou et les îles Ioniennes

Les immanquables des îles Ioniennes

- **Visiter** l'église du monastère Aghios Andreas et la forteresse Aghios Georgios à Céphalonie.
- **Découvrir** la baie de Vathi, l'antre d'Ulysse à Ithaque.
- **Photographier** l'îlot de Kanoni à Corfou.
- **Goûter** la spécialité de Cythère, le tsipouro, une eau-de-vie parfumée à la mandarine, à la cannelle et au clou de girofle à Chora.
- **Profiter** des criques et de la grotte marine d'Ipapanti, à Paxos.

ARGOSTOLI - ΑΡΓΟΣΤΌΛΙ ★

La capitale de l'île (10 000 habitants), fondée en 1757 par les Vénitiens, ne garde de sa splendeur passée que ce que le tremblement de terre de 1953 a bien voulu lui laisser. Bien qu'elle ait aujourd'hui surtout une vocation administrative, Argostoli reste aujourd'hui une grande ville moderne dont les avenues bordées de palmiers, lauriers et bougainvilliers masquent des immeubles aux façades monotones. Sa place principale, avec ses pâtisseries et ses restaurants, est très animée le soir. Une promenade le long du pont de Dranapos, construit en 1813 par les Anglais pour unir les deux côtés de la large baie, constitue une agréable détente à l'heure du crépuscule. A Argostoli, vous pouvez aussi découvrir le phénomène des *katavothres,* des trous d'eau où la mer a pénétré et qui communiquent par voie souterraine jusqu'au lac de Melissani. Économiquement active toute l'année, elle a l'avantage de proposer une vaste offre hôtelière (abordable à défaut d'avoir du charme) hors saison. Elle occupe aussi une place de choix sur l'île, plongeant dans la mer Ionienne d'un côté et ourlée de forêts et de reliefs de l'autre. C'est donc une bonne base vivante pour explorer le reste de l'île qui se laisse difficilement découvrir sans voiture...

Transports

■ AÉROPORT DE CÉPHALONIE

Argostolion Airport (EFL)
✆ +30 26710 29900
kefaloniaairport.info
Situé à 9 km d'Argostoli.
Pour Argostoli, liaisons seulement en taxi. Compter 20 €.
Pour arriver ou repartir d'Athènes, Aegean Air assure au moins deux vols quotidiens (1 heure) opérés par Olympic Air (+30 21092 69111). Pour rejoindre les autres îles, des rotations existent entre Corfou (3 fois par semaine,1h20), Prévéza (près de Leucade, 3 fois par semaine en été, 30 minutes) et Zákynthos (3 fois par semaine en été, 25 minutes). D'autres vols sont assurés par Sky Express (www.skyexpress.gr).

■ BUS KTEL

Leoforos Tritsi ✆ +30 26740 22276
www.ktelkefalonias.gr/en
transportation@ktelkefalonias.gr
La nouvelle gare routière se trouve au bout du port, 200 m après le pont Trapano.
Billets à partir de 1,40 €.
Les liaisons par bus KTEL à l'intérieur de Céphalonie existent mais ne sont pas forcément pratiques. Vous trouverez un bus à l'arrivée du bateau à Sami pour rejoindre la capitale Argostoli, mais guère plus. Il est indispensable de vous renseigner. Sinon, ils existe plusieurs bus par jour pour Sami, Poros, Skala et Fiskardo. Le réseau de bus de base KTEL de la Céphalonie part d'Argostoli. Il existe deux ou trois services par jour, vers toutes les principales destinations insulaires du lundi au vendredi, un ou deux le samedi, mais aucun bus le dimanche.

■ BUS KTEL

Rue Ioannis Metaxa
✆ +30 26710 22276
www.ktelkefalonias.gr/en
À côté du port
Billets à partir de 1,40 €
Des bus KTEL relient Argostoli à Athènes en passant par Poros (2 à 3 par jour, 7 heures) et par Patras (1 par jour, 4 heures). A Athènes, la gare routière se trouve au 100, rue Kifissou.

■ PORT

✆ +30 26740 91205
Bien qu'il s'agisse de la capitale, ce port n'est pas le mieux desservi de l'île. Pour les liaisons vers le continent, mieux vaut se diriger vers Sami et Poros. Vous pourrez rejoindre par exemple Astakós (de Sami, 2 fois par jour, 2h30) ou Killini (de Poros, 5 à 7 par jour, 1h15) ou l'île d'Ithaque voisine (de Sami, 2 à 3 fois par jour, 40 min). Les rotations à partir d'Argostoli sont plus épisodiques mais existent. Il reste quand même quelques rotations avec le continent vers Killini (3h15) et avec Patras. Sinon, Argostoli n'est pas reliée aux autres îles.

Pratique

■ HÔPITAL
✆ +30 26740 22434

Se loger

Bien et pas cher

■ CAMPING ARGOSTOLI BEACH
Fanari Argostoliou
✆ +30 26740 28013
www.camping-argostoli.gr
info@camping-argostoli.gr
156 emplacements, de 6 à 7 € par personne (2,50 à 4 € par enfant), tente entre 4,50 et 5,50 €.
Sur le papier, ce camping présente l'inconvénient d'être excentré, un peu à l'écart, à 2 km du centre-ville. Cependant, ce camping dispose d'installations de qualité (cuisine commune, restaurant, terrains de sport, barbecues, machine à laver et sèche-linge, aire de jeux pour enfants, congélateurs et location de réfrigérateur) et de services intéressants (possibilité de louer voitures, motos et vélos). Accès wifi dans chaque emplacement et supérette. Et la nature est belle. Les emplacements sont répartis sur 40 000 m² truffés d'oliviers.

■ MOUIKIS HOTEL
3 Rue Vironos
✆ +30 26740 23 281
www.mouikis.com.gr – info@mouikis.com.gr
Chambre double entre 70 et 105 € l'été, petit déjeuner inclus. Ouvert toute l'année.
En centre-ville, 39 chambres au design moderne à prix modérés avec air conditionné et wifi. Pas de piscine, mais deux navettes par jour vers Lakithra dont une à disposition des clients de l'hôtel. L'établissement organise également des mariages sur l'île.

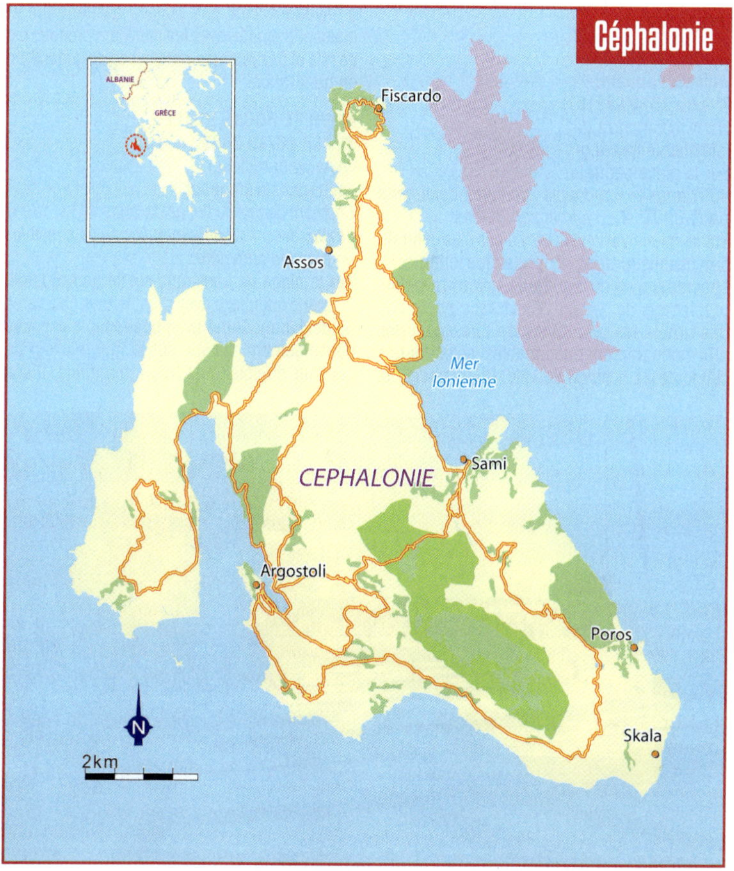

Confort ou charme

AENOS HOTEL

Sur Vallianou Square
✆ +30 26740 41178
http://aenoshotel.com
info@aenos.com
La double à partir de 70 € en juin et septembre, avec petit déjeuner. Ouvert toute l'année.

Ce petit hôtel de 33 chambres, ouvert toute l'année, vaut d'abord par son emplacement stratégique car il donne sur la place centrale d'Argostoli, où vous pourrez faire une agréable promenade. Récemment rénové, il est très confortable.

Mais un peu d'histoire quand même : construit à l'origine en 1780, cet établissement était la demeure du comte Metaxa. En 1941, il a abrité les troupes d'occupation de Mussolini. Mais inutile de rechercher des traces de sa longue histoire : il a été entièrement détruit dans le tremblement de terre de 1953 et reconstruit.

IONIAN PLAZA

Vallianou Square.
✆ +30 26740 23181
www.ionianplaza.gr
info@ionianplaza.gr
Sur la place centrale.
43 chambres. La double avec petit déjeuner à partir de 70 € en juin et septembre.

Sur la Plateia Vallianou (il n'y a pas plus central), cet établissement propose des chambres spacieuses, bien équipées, avec de belles prestations de service. C'est sans doute l'un des hôtels les plus chics de l'île, avec des prix étonnamment raisonnables, sans doute à cause de sa position en ville. Pour l'anecdote (car on n'ose écrire « pour les cinéphiles »), les vedettes du nanar *La Mandoline du Capitaine Corelli*, Nicolas Cage et Penélope Cruz, y ont logé pendant le tournage. Restaurant voisin aux saveurs italiennes et aux prix modérés.

MUSEUM HOTEL GEORGE MOLFETAS

Rue principale, Faraklata.
✆ +30 26710 84630
www.georgemolfetas.com
hotel@georgemolfetas.com
Chambre double à partir de 140 € avec le petit déjeuner.

Attention, les places sont rares (et chères) : la maison dispose de cinq chambres luxueuses donnant sur une cour fleurie. Mais quelle beauté : le bâtiment date de 1895 (les murs mesurent 60 cm d'épaisseur !), tranquillité et authenticité garanties. Ont seulement été rajoutés quelques éléments de technologie moderne, le reste du mobilier (lits, placards, tapis, chandeliers...) est superbe. Restaurant à l'avenant avec une cuisine authentique et maison, préparée avec les meilleurs produits bio de l'île et des recettes transmises de génération en génération.

WHITE ROCKS HOTEL

✆ +30 26740 28332
www.whiterocks.gr
whiterocks@otenet.gr
Chambre double ou bungalow entre 148 et 180 € en été, avec petit déjeuner. Formules possibles en pension complète.

Sur la plage de Lassi à la sortie de Argostoli, un grand complexe avec d'immenses chambres au design moderne avec beaucoup d'espaces de rangement. La vue sur la mer, surtout au coucher du soleil, est très romantique. Plage

Promenade en front de mer, Argostoli.

privée, grande piscine extérieure avec une terrasse bien exposée, un bar en bord de mer, deux restaurants, une bibliothèque et une galerie d'art. Tout est réuni pour passer de bonnes vacances dans un cadre paisible.

Se restaurer

■ CASA GREC

10 rue Metaxa
✆ +30 26710 24091
Comptez 15 € par personne. Ouvert toute l'année, le soir seulement.
Malgré son nom, l'établissement peut paraître plus italien que grec. En tout cas, cet endroit est considéré comme l'un des restaurants élégants où l'on peut sortir le soir sur l'île. Très belle cour, verdoyante avec une fontaine, où l'on déguste des assiettes classiques de cuisine internationale (cordon bleu, crevettes provencales...). Essayez le poulet au romarin ou le saumon au thym. Les desserts sont aussi délicieux et la carte des vins est bien remplie. Très bonne ambiance dans un beau cadre, avec du personnel attentif et poli.

■ DENIS

Sur la plage de trapezaki
✆ +30 698 299 9330
deniskefalonia.gr
info@deniskefalonia.gr
Carte : 16 € environ.
Chez Denis, le cadre est romantique, face aux flots de la mer Ionienne. La cuisine est succulente et la présentation des plats recherchée. L'établissement propose essentiellement des plats à base de produits biologiques : Imam Baildi (aubergines au four avec des oignons et des tomates), caviar d'aubergines, tzatziki, dolmadakia (feuilles de vigne farcies au riz)... Mais les spécialités de la maison sont les produits de la mer : espadon grillé, pieuvre et son lit de java (purée de légumes secs), *bakalaopita* (feuilleté au poisson), spaghettis aux crustacés.

■ KIANI AKTI

En face de l'Académie de marine.
Sur le quai.
À partir de 15 € par personne. Ouvert tous les jours midi et soir.
Sur une terrasse en bois, le clapotis de l'eau sous vos pieds. Comme son nom l'indique, ce restaurant se trouve sur les quais (akti). Cette taverne traditionnelle au bord de l'eau propose des grands classiques comme la moussaka, des tartes céphaloniennes, du lapin ou du poisson. Mais leurs spécialités comprennent aussi du porc à la compote de pommes ou du coq au vin avec ses pommes de terre maison. Ou, côté mer, de merveilleuses moules, des coquillages et des poissons frais (essayez l'espadon). Belle carte des vins et plats cuisinés de saison.

■ PORTSIDE

58 Rue Metaxa
✆ +30 26740 24130
Plats autour de 7-10 €.
Sur le front de mer, à 5 minutes du centre, une *psistaria* comme l'appellent les Grecs, c'est-à-dire une taverne spécialisée dans les grillades de viande et les poissons grillés. Pour les végétariens, les plats de pâtes, les légumes frits ou grillés, et les salades sont également très bons. Une belle adresse pour les petits déjeuners aussi, avec vue sur la vie du port.

À voir – À faire

■ CHÂTEAU DE SAINT-GEORGES

A 7 km de la ville d'Argostoli.
Ouvert de 10h30 à 15h30 tous les jours, sauf le lundi.
Le château de Saint-Georges domine tout le sud de l'île et la baie d'Argostoli. La vue panoramique vaut le détour ! Le château était le centre administratif de l'île jusqu'au XVIIIe siècle avant que la capitale ne devienne Argostoli. Les Byzantins, les Francs et les Turcs se sont succédé avant que les Vénitiens ne prennent le contrôle du château avec l'aide de l'Invincible Armada et des habitants de Céphalonie. Les Vénitiens ont solidifié les fortifications et la construction du château a été terminée en 1545.

■ MUSÉE ARCHÉOLOGIQUE ★

Rue Vergoti
✆ +30 26710 28300
Ouvert du mardi au dimanche de 8h30 à 15h. Entrée 3 €.
Ce musée fait la part belle à l'histoire ancienne de Céphalonie. Le vieux musée original, complètement détruit pendant le tremblement de terre de 1953, puis reconstruit en 1960, est aujourd'hui le meilleur endroit où aller pour en apprendre davantage sur l'histoire locale. On y verra une intéressante collection de poteries de l'époque préhistorique et romaine, mais aussi un grand nombre de pièces de l'ère mycénienne. A voir aussi : des pièces d'or, des épées de bronze, les sceaux officiels, des objets précieux et des outils de l'homme paléolithique de Céphalonie.

■ MUSÉE HISTORIQUE ET FOLKLORIQUE ★

Rue Ilia Zervou
✆ +30 26710 28835
Ouvert tous les jours de 8h30 à 15h, sauf le lundi. Entrée 3 €.

Le musée a été fondé en 1962 grâce à un mécène et fait figure d'institution culturelle réputée. Il retrace l'histoire de l'île dès le début du XVe siècle et le musée a pour mission de garder vivante la mémoire de la façon dont Céphalonie vivait avant le terrible tremblement de terre de 1953. Parmi les nombreuses expositions : des documents, collections d'objets personnels, outils de la vie de la ferme, cartes, lithographies et aquarelles.

Sports - Détente - Loisirs

PLAGES

Les meilleures plages aux environs d'Argostoli sont Makris Gialos et Platis Gialos, qui dispose d'un excellent hôtel. Plus loin, vous ne serez pas déçu par les plages d'Avithos et de Lourdas. Sur la route menant à Fiskardo, Myrtos est LA plage de carte postale avec une eau turquoise sur fond de sable blanc. Vous apercevrez ce magnifique croissant blanc en arrivant de la route. Attention, la mer y est très profonde et les courants sont dangereux.A 16 km d'Argostoli, à Lourdata, longue plage avec un hôtel sympathique bordé de citronniers et d'orangers.

PLAINE DU LIVATHOS - ΛΕΙΒΑΘΟΎΣ

Lourdata

Lourdata, également appelé Lourdas, est un village au sud d'Argostoli, sur la côte. On y descend par une longue route sinueuse. La longue plage est constituée pour moitié de cailloux, pour l'autre de sable. Très fréquenté en été, le village est bien pourvu en tavernes.

LARA

✆ +30 26710 31157
www.lara.gr
info@lara.gr
A 300 m de la plage de Lourdas.
Chambre double à partir de 55 € en juin et septembre avec le petit déjeuner.
24 chambres avec un petit réfrigérateur et un balcon avec vue. Simple mais fonctionnel. Internet à la réception, services de location de voitures et belle piscine extérieure.

THALASSINO TRIFYLLI

✆ +30 26710 31114
https://pension-trifilli.com/
info@trifilli.com
Chambre double à partir de 65 € en été avec le petit déjeuner.
Hôtel ouvert depuis 1987. Accueil chaleureux et quelques chambres simples (avec balcon) au milieu d'un grand jardin. A 300 m de la plage mais pas de vue. Restaurant.

Peratata

L'église du monastère Aghios Andreas (XVIIe siècle) mérite le détour. Épargnée par le tremblement de terre de 1953, elle abrite des fresques remarquables et de belles icônes sur bois et sur métal.

CHÂTEAU D'AGHIOS GEORGIOS ★

A 5 km à l'est de Fokata.
Ouvert du mardi au dimanche de 8h à 20h en été, sinon de 8h30 à 15h. Gratuit.
La capitale vénitienne médiévale de l'île est située à 7 km au sud-est d'Argostóli, mais non desservie par les transports en commun. Principal intérêt : le château vénitien d'Aghios Georgios datant du XIIIe siècle et situé dans Peratata village. Il a ensuite subi les différentes vagues d'occupation turque et occidentale. Très endommagée par les séismes, la citadelle ne possède plus que son pont-levis et quelques bâtiments délabrés, dont l'église Evangelistria. Perchée à 320 m d'altitude, la forteresse jouit d'une vue impressionnante sur la pleine fertile de Livathos.

Karavados

Après Peratata, à 2 kilomètres de la mer. Si l'offre hôtelière dans ce coin de l'île est encore moins développée, on appréciera justement la sérénité de la région. Prisée par certains touristes, elle est proche de l'aéroport et à environ une heure de route des deux ports de Sami et Argostoli.

KARAVADOS BEACH

A 300 m de la plage de St Thomas.
✆ +30 26710 69400
www.kbhotel.gr
info@kbhotel.gr
77 chambres. La double à partir de 60 € en juin et septembre, avec le petit déjeuner. Accès wi-fi gratuit dans les parties communes.
Complexe familial avec balcon et piscine. Pas le plus moderne de l'île mais avec des prestations honnêtes.

Vlahata

Abrite le monastère Panaghias ton Sission qui aurait été fondé au XIIIe siècle par saint François d'Assise.

ELENI STUDIOS

Lourdas.
✆ +30 26710 31413
http://elenistudios-kefalonia.co.uk
eleni.studios@yahoo.com

Chambre double à partir de 50 € en juin et septembre, sans petit déjeuner.
Des appartements un peu vétustes mais avec une vue incroyable sur la plage de Lourdas, jusqu'à l'île voisine de Zakynthos. Kitchenette et balcon. Un lieu pratique à proximité des tavernes et des supermarchés. Et une piscine.

■ **SIRINES**
Sur la route vers Lourdata.
✆ +30 26710 25311
www.sirines-apartments.gr
sirines@otenet.gr
Studio pour 2 entre 22 et 60 € en été. Petit déjeuner 5 €.
Les appartements sont situés à Vlahata, dans le quartier de Livathous. Construit sur un site offrant une vue imprenable sur la mer mais également sur le verdoyant mont Ainos, ce complexe offre une jolie vue panoramique de la mer jusqu'à la montagne. Mais surtout, ces jolis appartements aux murs en pierre, très bien équipés, offrent un accès facile aux plages de Lourdas et Trapezaki à 800 m. Malgré des tarifs très raisonnables, de belles prestations (sols en pierre traditionnels et coin salon confortables). Supermarché à côté. Grande piscine.

POROS - ΠΌΡΟΣ

À 41 kilomètres d'Agrostoli, au sud-est. Ce port, l'un des plus importants de l'île, se niche entre montagne et mer et constitue un lieu de villégiature agréable. Bien qu'assez touristique, Poros reste attrayant avec sa côte morcelée de plages de galets et de criques aux eaux émeraude. Pour vous restaurer, la meilleure adresse reste le restaurant O Tzivas, qui sert d'excellents poissons frais sur le port.
À l'intérieur des terres, se trouve le point culminant des îles Ioniennes, le mont Enos. S'élevant à 1 628 mètres, il est recouvert d'une forêt de sapins. Sur ses flancs, le monastère Atrios (XIIIe siècle) domine la mer et offre une vue extraordinaire. En revenant vers la capitale, vous pourrez découvrir le monastère d'Aghios Verassimos, saint patron de l'île.

Transports

■ **PORT**
✆ +30 26740 72460
Moins actif que le port de Sami, port principal de l'île.
Ce petit port propose essentiellement plusieurs transferts par jour pour Kilini sur le continent (1h30). Bien qu'Argostoli soit aussi un port, la capitale n'est pas le port le mieux desservi de l'île. Pour les liaisons vers le continent, mieux vaut se diriger vers Sami ou Poros. Vous pourrez rejoindre par exemple Astakós (de Sami, 2 fois par jour, 2h30) ou Killini (de Poros, 5 à 7 par jour). Pour l'île d'Ithaque voisine rejoignez Sami (2 à 3 fois par jour, 40 min) ou, avec de plus petits bateaux, depuis Fiskardo. Les rotations à partir d'Argostoli sont plus épisodiques.

Se loger

■ **FILOXENIA HOTEL**
Dans la rue principale, légèrement en retrait du front de mer.
✆ +30 26740 72926
www.filoxenia-kefalonia.gr
info@filoxenia-kefalonia.gr
Chambre double à partir de 55 € en été, sans petit déjeuner.
Au choix, des chambres ou de vrais petits studios, à 70 m de la plage. Un ensemble un peu vieillot mais avec ce qu'il faut et propre, dans un spot remarquable. Une halte bon marché.

■ **KRISTI**
✆ +30 26740 72569
www.kristi-apartments.gr
kristigr21@yahoo.gr
Studio à partir de 55 € en été (mais souvent avec un minimum de nuits imposé).
C'est modeste mais coquet. Des chambres grandes et fonctionnelles avec une kitchenette, un réfrigérateur, de la vaisselle, une télé et un balcon. Chambres propres, spacieuses et bien équipées. wi-fi gratuit et accès direct aux plages et aux commerces. Les appartements sont aussi bon marché.

Vue sur Poros et Galatos.

Se restaurer

APAGIO

✆ +30 695 841 0550
Carte : 12 € environ.
Sur le port de Poros, face à la mer, Apagio est connu des habitués et des locaux. Le poisson et les crustacés sont excellents. Mais vous pouvez aussi goûter aux plats cuisinés : tomates farcies, agneau au four, bœuf mijoté aux petits oignons... Le vin de la maison est très bon et les propriétaires aiment offrir une liqueur faite maison à base de feuilles de géranium.

LA MER

✆ +30 2671 03 1550
Fermé de novembre à mars. Carte : 12 € environ.
Natacha et Andrea tiennent le restaurant La Mer depuis près de 20 ans et accueillent toujours avec bonne humeur leurs clients. Ils utilisent les légumes biologiques de leur jardin, ainsi qu'une très bonne huile d'olive locale, biologique également. La vue sur la côte depuis la terrasse du restaurant est fantastique, au coucher du soleil particulièrement !

À voir - À faire

PARC NATUREL DU MONT AINOS

www.foreasainou.gr/en/
Le mont Ainos est une petite chaîne montagneuse qui est le prolongement de la chaîne du Pinde qui passe par la Serbie et l'Albanie. Le sommet le plus haut est Megas Soros à 1 628 m d'altitude. En 1962, le Parc national du mont Ainos a été créé car il regorge d'espèces rares. Parmi la flore, le sapin de Céphalonie est une espèce endémique, plusieurs orchidées très peu courantes poussent aussi sur les flancs de cette montagne. Outre des oiseaux, des pics-verts, des chouettes, la forêt du mont Ainos abrite aussi une espèce à moitié sauvage de chevaux surtout présents vers le sud-est de la chaîne montagneuse.
Le plus facile pour accéder au parc est d'aller en voiture jusqu'à l'antenne de transmission puis de continuer à pied. Plusieurs balades de tout niveau sont proposées sur le site du parc national. Au printemps en particulier, c'est une très belle idée de découvrir une face cachée de l'île en haut de la montagne !

SÁMI - ΣΆΜΗ

À 22 kilomètres, sur la côte ouest. Bien que son nom soit déjà mentionné dans le récit de *L'Odyssée*, Sámi est aujourd'hui un port moderne où accostent les ferries en provenance d'Italie. C'est néanmoins un endroit plaisant où vous pouvez passer quelques heures. Sur l'une de ses collines se trouve le site d'une ville antique, le plus important de l'île, dont on imagine aisément l'ampleur au vu des ruines restantes.

Transports

PORT

✆ +30 26740 22031
C'est le port de Céphalonie le mieux desservi. A noter que les ports d'Argostoli, Lixouri et Poros ne sont pas reliés aux autres îles.
Bien qu'Argostoli soit aussi un port, la capitale n'est pas le port le mieux desservi de l'île. Pour les liaisons vers le continent, mieux vaut se diriger vers Sami. Vous pourrez rejoindre l'île d'Ithaque voisine (2 à 3 fois par jour, 40 min). En été, Sami assure au moins une liaison par jour en ferry avec Patras (3h30), au moins une par jour avec Astakos (3h20) et de trois à cinq par semaine avec Igoumenitsa (1h45). Situé sur les lignes internationales entre Patras et l'Italie, le port de Sami est ponctuellement relié à Venise, Ancône, Bari et Brindisi.

Se loger

KASTRO

Sur le front de mer. ✆ +30 26740 22656
info@kastrohotel.com
54 chambres. La double à partir de 60 € en été, sans petit déjeuner.
Dans le centre du port, cet hôtel qui ne paye pas de mine a pourtant servi de décor au film *La Mandoline du Capitaine Corelli* avec Nicolas Cage et Penelope Cruz. 54 chambres avec un réfrigérateur et une télévision. A 10 m de la mer, mais il faut conduire une dizaine de minutes vers la plage d'Antisammos pour se baigner.

STUDIOS DIAMANTO

Karavomylos Village ✆ +30 26740 22758
www.diamantokefalonia.com/fr
diamantokefalonia@gmail.com
Chambre double à partir de 45 €. Ouvert d'avril à octobre.
De belles chambres spacieuses, équipées pour cuisiner, qui disposent pour certaines d'une vue imprenable sur l'île voisine d'Ithaque. A proximité des grottes bleues de Melissani, et de nombreuses plages pittoresques, cet établissement est bien placé pour visiter l'île, et la famille qui le tient est de très bon conseil et sera même ravie de vous apprendre quelques mots de grec !

Se restaurer

AMALIA RESTAURANT

À Agia Efimia
✆ +30 2674 061088
Carte : 15 € environ.

Une grande terrasse fleurie face à la mer. Chez Amalia, toute la famille vous accueille avec le sourire. Les plats sont tous faits maison à base de produits frais. Parmi les spécialités, le porc rôti pendant près de 12 heures, les feuilletés au fromage ou à la viande, le lapin à la casserole. Les déserts sont aussi faits maison : baklava et *galatobouriko* (gâteau à la crème de lait) sont à tomber !

■ **PARADISE BEACH TAVERNA**
Plage d'Agia Effymia
✆ +30 26740 61392
www.paradisebeachtaverna.com
A partir de 10 € par personne. Ouvert tous les jours midi et soir.
En prenant la route qui mène à Agia Effymia, le long d'une côte fantastique avec des petites plages de galets et des eaux turquoise incroyables, vous ne serez pas déçu. Outre un petit port pittoresque et la plage de Piso Lithovatis pour la baignade, vous trouverez une fabuleuse taverne surplombant la plage. Elle sert de délicieuses viandes, tartes, casseroles et poissons grillés maison. Pour le dessert, laissez-vous tenter par un soufflé au chocolat avec une crème d'orange parfumée sur l'une de ses petites tables placées sous une pergola.

■ **STOU THOMA**
Poulata ✆ +30 698 697 9412
www.stou-thoma.gr
A partir de 15 € par personne. Ouvert tous les jours à partir de 18h.
Pour sortir des sentiers battus culinaires, dirigez-vous vers Poulata, un village à l'écart du circuit touristique, à 5 km de Sami, qui abrite à lui seul deux des meilleures tavernes de l'île pour la viande. Chez Stou Thoma, votre hôte vous sert, au vert et sur sa terrasse, de la viande de sa propre ferme, grillée à la perfection. Vous mangerez au milieu des oliviers ou à l'intérieur l'hiver ou quand le temps se gâte. Dans le même esprit, nous pouvez aussi aller chez Robolis (www.robolis.com), autre taverne réputée pour son mouton et ses bifteki (galettes de viande).

À voir – À faire

■ **LAC SOUTERRAIN DE MELISSANI**
Ouvert tous les jours de 9h à 21h. Entrée 5 €.
A l'époque mycénienne, c'était un sanctuaire dédié à Pan. Une partie du plafond en calcaire s'est effondrée, laissant passer la lumière. Le lac, éclairé par ces quelques rayons de soleil qui s'engouffrent dans l'ouverture, suivant les heures du jour, offre un spectacle fantasmagorique. L'eau y est d'un bleu absolument magnifique. Un canal conduit à la partie ouverte, où, selon la légende, la nymphe Melissani, éconduite par Pan, se serait noyée.

ASSOS – ΆΣΣΟΣ

Sur la route venant d'Argostoli, à 10 km de Fiskardo, vous pourrez faire une halte au très beau village d'Assos, dominé par une forteresse vénitienne du XVIe siècle. Les collines des environs comportent toujours des terrasses empierrées, qui autrefois, couvraient l'île. Assos reçoit essentiellement des vacanciers qui y viennent pour la journée mais vous y trouverez quand même des chambres à louer chez l'habitant et, autour de la place, quelques tavernes conviviales. Une jolie péninsule et sans doute l'un des endroits les plus pittoresques de Céphalonie.

Le village d'Assos.

■ **ROI APARTMENTS**
ASSOS ✆ +30 26740 51001
www.apartmentsroi.com
Studios de 30 m² à partir de 150 € la nuit en été.
Une dizaine de studios très élégants dans une habitation néoclassique à l'entrée du village. Au choix, studios ou appartements de deux pièces avec une entrée indépendante. Dès l'instant où l'on franchit les portes de ces appartements, on est saisi par la vue sur mer magnifique. Beau et grand balcon privé et un grand salon et un coin cuisine à l'intérieur. Dans une cour enchanteresse, une piscine complète le romantisme de l'ensemble. Une beauté qui a juste un prix. Maria, la propriétaire, est très sympathique aussi. A recommander sans hésiter...

FISKARDO - ΦΙΣΚΆΡΔΟ ★★

A 50 km, à l'extrémité nord de l'île. Ce village est le seul à avoir été épargné par le tremblement de terre de 1953. Dans un cadre verdoyant de pins et de cyprès, c'est un endroit plein de charme ayant gardé sa couleur locale. Ce village, le plus pittoresque de l'île, doit son nom au Normand Robert Guiscard qui, au XIe siècle, fonde une colonie franque dans ce port. Ici, les maisons du XVIIIe siècle sont restées intactes et le port attire de nombreux yachts de plaisance. Aujourd'hui, Fiskardo a été conquis par les Anglais qui l'appellent le « Saint-Tropez anglais ». Les hôtels y étant rares, il faut réserver longtemps à l'avance. Vous pouvez également loger dans des maisons rénovées par l'office du tourisme. Cependant, même s'il reste un peu cher de s'y poser, le village vaut le détour. Il vaut aussi qu'on y passe pour embarquer sur l'un de ses petits bateaux vers le Nord de l'île d'Ithaque. Ce voyage est magique.

Transports

■ **PORT**
Bon plan : Fiskardo est un point de départ privilégié pour vous rendre à Ithaque. Des petits bateaux assurent la liaison tous les jours pour une poignée d'euros. Il est aussi possible de louer des bateaux à moteur ne nécessitant aucun permis.

Se loger

Bien et pas cher

■ **AGNANTIA APARTMENTS**
✆ +30 26740 51801
www.agnantia.com
info@agnantia.com
Studio pour deux personnes à partir de 110 € en été. Il faut souvent rester trois nuits en août.
Parmi les avantages et le charme de l'endroit : de grands balcons et des chambres et des vérandas qui offrent une vue étonnante jusqu'à l'île d'Ithaque voisine. Même si le bâtiment est rénové, il a réussi à conserver le charme de l'ancien. Les chambres confortables varient en taille et en décoration, mais avec toujours une touche romantique. Certaines ont un plafond en bois. Excellent petit déjeuner à base de produits locaux (pâtés en croûte, confitures maison...). 15 appartements seulement. Personnel et propriétaire très hospitaliers.

■ **STELLA**
✆ +30 26740 41211
www.stella-apartments.gr
info@staywet.gr
Des studios standard à partir de 70 € en été. Plus cher en haute saison et avec la vue. Petit déjeuner : 6 €.

Le village de Fiskardo.

Huit studios et un appartement agréables et très bien équipés. Un peu en retrait, dans la « deuxième » baie de Fiscardo, à 10 minutes du village.
On apprécie son caractère excentré et sa situation, qui allie la beauté de la mer d'un bleu profond au vert luxuriant des montagnes. Côté prestations, ces appartements offrent tout le confort moderne pour des vacances idéales dans ce magnifique village de pêcheurs. Petit déjeuner pas très cher en option. Accès Internet et kitchenette. La suite comprend deux chambres, un grand salon et une véranda avec vue sur la mer.

Confort ou charme

■ BALHAMBRA SUITES

place centrale
✆ +30 26740 41285
info@myrtoscorp.com
Suites à partir de 145 € en été selon la taille.
8 suites élégantes au style colonial avec de belles prestations, au centre du village. Pour info, la direction gère aussi les Villas Faros plus excentrées et plus chères. Pour des vacances loin de la foule dans un environnement nature, paisible et sans cris d'enfants. Romantisme garanti. Vue sur le port ou sur la place. Les plus belles chambres (141, 160 et 151) ont les pieds dans l'eau, et il y a aussi une piscine.

■ FAROS SUITES

Odos Matsouki, Zavalata
✆ +30 26740 41355
www.fiscardosuites.com/faros-suites
info@myrtoscorp.com
Suites à partir de 122 € la nuit selon la taille.
Villa de luxe dans le pur esprit du village de Fiscardo : nature, calme et relaxation. Entourées de forêts, les chambres sont aménagées jusque dans les moindres détails en respectant l'architecture et la décoration traditionnelles de l'île. Petite piscine avec option Jacuzzi, mais vous êtes aussi à 30 m de la mer. Pour vos vacances loin de la foule dans un environnement nature, paisible. Romantisme garanti.

Luxe

■ EMELISSE ART HOTEL

Rue Fiskardo,
sur les hauteurs de Fiskardo.
✆ +30 26740 41200
www.arthotel.gr/emelisse
emelisse@arthotel.gr
Suite à partir de 250 € en été, avec petit déjeuner.
Attention grand luxe. Probablement le plus bel hôtel de Céphalonie, si ce n'est ailleurs. Pour information, le complexe ne compte pas moins de... six piscines. Certaines suites ont même leur bassin individuel. La vue sidérante plonge sur la baie d'Emblissi. Et c'est également un hôtel spa... Si vous ne pouvez pas y séjourner, montez au moins prendre un verre au bord de la piscine pour admirer le coucher du soleil. Il est aussi possible de coupler sa réservation avec le sublime Perantzada Hotel à Ithaque, géré par les mêmes propriétaires.

Se restaurer

■ ELLI'S

Sur la marina
✆ +30 2674 041127
Carte : 25 € environ.
Une des meilleures tables de Fiskardo et de l'île. Le cadre au ras de l'eau est très romantique. La cuisine est raffinée et le service impeccable. La paella aux fruits de mer frais est à tomber ! En plus, un désert et une liqueur vous sont offerts avec l'addition ! En été, presque toutes les tables sont réservées, pensez aussi à le faire pour déguster cette cuisine succulente de Céphalonie.

■ LAGOUDERA

✆ +30 26740 41275
A partir de 15 € par personne. Ouvert tous les jours, midi et soir.
Sur le port très sympathique de Fiskardo, il faut le reconnaître, les restaurants et les tavernes se pressent les uns contre les autres. Que dire de plus de celle-ci ? On a les pieds dans l'eau, sur une agréable terrasse bien tenue avec un personnel agréable et des classiques au menu. S'il ne fallait prendre qu'un plat : les côtelettes d'agneau. Malgré un service assez lent (rançon d'une affluence souvent soutenue), on se presse ici pour des mezzes simples mais délicieux et surtout les excellentes grillades, un peu en retrait de l'agitation du port.

■ TASSIA

Dans le port.
✆ +30 26740 41205
www.tassia.gr
Comptez au moins 25 € par personne. Ouvert tous les jours, midi et soir.
Attention, célébrité en cuisine ! Fondé en 1972, ce restaurant a été le premier à ouvrir ses portes à Fiskardo, mais surtout c'est un restaurant familial, appartenant à Tassia Dendrinou, une chef de renommée internationale et auteure grecque de livres de cuisine, et à son frère Polychronis Dendrinos. La renommée de l'endroit tient aussi aujourd'hui aux célébrités qui s'assoient à ses tables ! Elle sert néanmoins des plats cuisinés saisonniers très honnêtes, des poissons et amuse-gueules aux saveurs doucement iodées.

VASSOS
✆ +30 26740 41276
À partir de 15 € par personne. Ouvert tous les jours, midi et soir.
Nous avons dîné plusieurs fois ici et nous avons toujours mangé du poisson et des fruits de mer frais à des prix raisonnables. Notre recommandation : le steak d'espadon ! Malgré quelques rénovations extérieures, la cuisine n'a pas bougé et reste bonne, avec un zeste d'originalité, et des portions généreuses. Essayez les croquettes de courgettes, les langoustines locales, les spaghettis au homard, la tourte à la viande ou la copieuse salade « Vasso's ». Belle carte des vins et service impeccable. Le personnel est sympathique et professionnel.

SKALA - ΣΚΆΛΑ

Cette station balnéaire animée, construite après le tremblement de terre de 1953, est située à 37 kilomètres de la capitale et 12 de Poros. Vous pouvez y voir les ruines de « l'ancienne skala » et les ruines d'une villa romaine qui abrite de très belles mosaïques. La plage de sable fin de Skala, bordée de pins et aux eaux cristallines, est d'une étonnante beauté.

Se loger

AELOS BEACH HOTEL
✆ + 30 26710 8 3002
www.hotelaeolos.gr
info@HotelAeolos.gr
Chambre double autour de 80 € en été.
Différents logements sont proposés : 19 chambres standards, 7 studios et 2 appartements, dont certains avec kitchenette. Les balcons ont une vue spectaculaire. Très belle piscine. Chris et Angela, les propriétaires, s'attellent à garder leur établissement impeccable et sont toujours plein d'attentions pour leurs clients.

MAREBLUE APOSTOLATA
Rue principale, sur une colline qui surplombe la mer.
✆ +30 26740 83581
apostolata.gr
apostolata@apostolata.gr
Chambre double à partir de 140 € en été, en demi-pension.
Sur une colline avec vue panoramique, cet hôtel – qui a récemment changé de nom – est un bel établissement aux lignes épurées. Les 166 chambres donnant sur la mer Ionienne ont tout le confort nécessaire et ont été entièrement rénovées récemment. Tout est très élégant. Piscine. L'hôtel fait aussi spa et organise des mariages. Saisissez l'opportunité de vous faire plaisir avec son service inoubliable. Les nouvelles suites à deux étages disposent d'une piscine privée. Possibilité de demi-pension. Mais souvent deux nuitées obligatoires en été.

PORTO SKALA HOTEL
✆ +30 26710 83501
www.portoskala.com
info@portoskala.com
Chambre standard double de 75 € à 120 € en été, selon le mois et la vue. Avec le petit déjeuner.
Groupe de bungalows auprès de la la mer avec 74 chambres fonctionnelles. L'architecture est celle d'un village grec traditionnel avec des chambres lumineuses, confortables, et avec vue sur la mer. Simples avec la télévision, un petit frigo, une bouilloire et Internet, mais l'essentiel y est à un bon prix. Certaines suites ont deux pièces et séduiront les familles grâce à leur environnement sûr pour les enfants et pratique : chambres standard à deux lits avec lits superposés pour les enfants ou chambres doubles avec porte communicante. Restaurant avec vue.

SAN GIORGIO SKALA
✆ +30 26740 83 267
www.sangiorgiohotel.gr
info@sangiorgiohotel.gr
Chambre double à 120 € en haute saison, moitié moins hors saison. Formules all inclusive souvent proposées.
Grand complexe construit au pied des montagnes, avec deux piscines, dont une réservée aux adultes, et une vue époustouflante. Les chambres sont spacieuses et des appartements pour 4 personnes sont également proposés. Le restaurant qui propose des buffets est vraiment de très bonne qualité. Pour ceux qui n'ont pas de véhicule, un service de bus pratique permet en été de se rendre toutes les demi-heures à Skala.

Se restaurer

GALERA
A côté du poste de police,
près de la rue principale.
Compter 15 € par personne. Ouvert tous les jours midi et soir.
Les propriétaires, originaires de Chypre, n'ont pas tardé à établir la (bonne) réputation de l'établissement. Essayez le *kotsi* (du porc roti avec des légumes), les poivrons au four, le *saganaki* de fruits de mer (gratinés à la féta) ou une des excellentes salades à la carte. Bonne ambiance aussi (et bonne conduite, forcément, avec le poste de police voisin !).

OLD TIMES
Odos Skala – Poros
✆ +30 2671 083575

La meilleure cuisine de Grèce

La tradition culinaire locale se distingue très nettement de celle du reste de la Grèce. Et pour cause, les îles Ioniennes n'ont pas été conquises par les Ottomans. Si l'on retrouve ici les mêmes épices et petits poissons marinés qu'à Istanbul, c'est que l'île a longtemps servi de point de passage obligé entre l'Occident vers l'Orient. Essentiellement vénitiennes, les origines de la cuisine corfiote sont teintées de quelques touches anglaises et plus modestement françaises. Même les oliviers, apportés d'Italie au XVe siècle sont d'une espèce différente de celle que l'on trouve dans le Péloponnèse ou dans les Cyclades. Grâce à ses nombreuses sources et rivières, l'île produit depuis toujours une large gamme de légumes, mais n'a jamais eu de réelle tradition d'élevage. Les rares viandes et laitages provenaient donc principalement des troupeaux de l'Albanie voisine. Sa géographie, son histoire et son terroir ont fait de Corfou la perle de la cuisine grecque. Quelques spécialités corfiotes :

- **Sofrito :** le mot vient de l'italien *soffriggere* qui signifie « cuire doucement ». Il s'agit de fines tranches de veau cuites au vinaigre, à l'ail, au persil et à la tomate. Légèrement relevé au piment rouge, ce ragoût est servi avec des pâtes ou des pommes de terre. Vous pourrez déguster un authentique *sofrito* face à la mer à la taverne Mourgia.
- **Pastisada :** ce plat que l'on retrouve encore aujourd'hui à Venise est composé des mêmes ingrédients que le *sofrito*, à l'exception du piment. On y ajoute de la cannelle et des oignons.
- **Bourdeto :** plat de poisson qui reprend les mêmes ingrédients que le *sofrito*. Le piment rouge est remplacé par du piment de Cayenne.
- **Pâte fyllo :** comme en Orient et au Maghreb, cette pâte très fine est employée pour réaliser des tourtes (*pitta*) aux légumes, au fromage et à la viande. Rien à voir avec les très lourds *tiraopittas* et *spinacopittas* grecs : ce plat est sans doute originaire de Toscane ou de France. C'est une des spécialités du restaurant La Famiglia.
- **Roca :** herbe proche du basilic, elle conserve toutefois tous ses arômes à la cuisson. A Kerkyra, le restaurant La Cuccina en glisse quelques feuilles sous les ravioles. Un délice.
- **Tourlou :** appelé aussi *ftohofago* ou « plat du pauvre », ce plat de légumes cuits se rapproche de la ratatouille et du *briam* grec.
- **Poutinga :** dérivé du mot *pudding*, ce dessert mélangeant le *trifle* anglais et la crème caramel française.
- **Kumquat :** ce fruit asiatique est cultivé dans l'île depuis qu'il a été importé sur l'île par les Vénitiens. On le mange glacé, en confiture, en liqueur, enrobé de chocolat ou pour accompagner un plat de viande, comme le propose le restaurant Venetian Well.

Carte : 15 € environ. Vin au verre. Jardin. Terrasse.
A peu à l'extérieur de Skala, ce restaurant avec vue sur la mer vaut le détour. La spécialité de la maison, ce sont les poissons et les crevettes cuisinées ou grillées. Mais pour les végétariens, l'aubergine au four, les boulettes de courgettes et les salades sont excellentes. Le vin maison est aussi succulent !

■ PINES
✆ +30 26710 83216
A partir de 15 € par personne. Ouvert midi et soir.
Adossé à une petite forêt de pins, un endroit rustique et dans son jus. Quelques classiques de la cuisine grecque et céphalonienne : tourte à la viande traditionnelle, saucisses locales farcies au fromage ou agneau farci aux pruneaux, abricots et raisins secs. A noter la possibilité d'un menu végétarien. Et pendant que vous y êtes, ne manquez pas les délicieux desserts, notamment le gâteau aux noix. Mais si vous souhaitez une cuisine moins traditionnelle, les propriétaires gèrent aussi le Symposium sur la plage, qui sert une cuisine essentiellement italienne.

Sortir

■ AKRI SEASIDE BAR
✆ +30 2671 083 229
Bar décontracté avec de la musique internationale et lounge. Les prix sont très raisonnables : bière 3-4 €, verre de vin 3 € et pendant l'happy hour de 17h30 à 20h30 les cocktails ne sont qu'à 5 € ! L'accueil est formidable et le cadre, avec une grande terrasse face à la mer, est relaxant.

PIKIONA
plage de Skala.
✆ +30 26710 83410
www.pikiona.gr – skala-pikiona@pikiona.gr
À partir de 15 € par personne. Ouvert tous les jours, midi et soir.
On ne vient pas ici, en premier lieu, pour la gastronomie. Entre restaurant et bar de plage, voici un endroit, plus contemporain, qui tranche avec les traditionnels snacks du coin. Bien que situé sur le bord de mer, il se distingue par son architecture originale : ce bar, qui sert des cocktails, mais aussi des petits déjeuners et de la restauration légère, dispose de sa propre piscine ! Un petit bijou avec ses chaises longues qui permet aussi de boire quelques verres ou des cocktails plus tard dans la journée en attendant de manger de façon plus consistante.

CORFOU - ΚΈΡΚΥΡΑ ★★★

Corfou (ou Kerkyra pour les Grecs), en a enchanté plus d'un. Lawrence Durrell y a passé 6 ans entre 1935 et 1941. Le célèbre écrivain voyageur britannique l'a décrite comme une « courtisane » qui « vous entraîne d'abord dans les douces vallées de l'intérieur, couvertes d'un épais tapis de fleurs sauvages et parsemées d'oliviers tordus mais du vert argenté le plus sain, ou dans les denses bosquets de coups de pinceau noirs formés par les cyprès qui se sont semés tout seuls, en un paysage tout droit sorti de la préhistoire ». Avec ses 592 km² et ses 89 600 habitants, cette île en forme de botte, située en face de l'Epire et de l'Albanie, ne peut que captiver ses visiteurs. Vous serez enchantés par sa végétation luxuriante, sa mer couleur d'émeraude et ce charme italien qui lui donne un caractère si romantique. Tant de beauté passe rarement inaperçue, et vous risquez de l'explorer en compagnie de bien d'autres voyageurs enthousiastes. Mais rassurez-vous, Corfou est une grande île qui permet de vous isoler en toute saison, et son infrastructure hôtelière est très bonne. Pour vraiment profiter de votre séjour, il est sage de louer une voiture, car les distances sont assez grandes.

Histoire. Riche et stratégiquement bien placée, Corfou a toujours suscité la convoitise des grandes puissances. L'île est pourtant toujours restée grecque, comme en témoigne Homère, qui en a fait le pays des marins Phéaciens, le refuge d'Ulysse et des Argonautes. Selon les archéologues, l'île est habitée dès l'époque paléolithique. Colonie corinthienne durant la période classique (VIIe siècle av. J.-C.), elle connaît un important essor, aussi bien économique que culturel. A partir de la fin du IVe siècle, elle passe successivement sous le contrôle des Spartiates, des tyrans de Syracuse et du royaume de l'Epire. Alliée d'Athènes, elle participe avec sa puissante flotte aux guerres du Péloponnèse, mais connaît ensuite une période de déclin et les raids constants des barbares et des pirates. Etat indépendant, Corfou décide pourtant de s'associer à Rome, le nouveau maître de la Méditerranée, en 229 av. J.-C. Après 6 siècles de calme, l'Empire vacille et l'île vit sous la menace des Huns, des Vandales et des Goths. Proche géographiquement de la Papauté et de l'Occident, elle reste pourtant sous la coupe de Byzance. A quelques encablures de l'Italie catholique, on pratique ici le culte orthodoxe. Les empereurs de Constantinople parviennent à conserver l'île grâce à un allié de circonstance : Venise. La Sérénissime République va dès lors accroître progressivement son influence sur Corfou. Cette première période vénitienne ne dure pas longtemps. L'île est dirigée par les derniers rois grecs de l'Epire (1214-1267), puis connaît plus d'un siècle de domination angevine (1267-1386). Premier Français à régner sur Corfou, le roi de Naples Charles d'Anjou aura laissé un mauvais souvenir aux habitants pour avoir lutté contre la culture hellénique et la religion orthodoxe. Lui et ses successeurs auront pourtant donné à l'île ses premières structures administratives et accueilli les juifs fuyant les pogroms en Occident. Mais la Cité des doges convoite toujours l'île et s'en empare en 1386. Cette deuxième période vénitienne va durer plus de 4 siècles (1386-1797) et profondément marquer l'île. Pour ses besoins propres, la Sérénissime va transformer Corfou en immense garde-manger, introduisant l'olivier et la tomate. Face aux pirates et aux sultans turcs, de puissantes fortifications sont érigées. Véritable colonie vénitienne, Corfou s'occidentalise tandis que le reste de la Grèce s'orientalise. Malgré la prospérité, de profondes inégalités sociales pèsent sur les habitants. Avec la prise de Venise par Bonaparte, l'île devient française en 1797. Mais le futur empereur, qui prépare déjà sa campagne d'Egypte, ne veut pas lâcher cette île stratégique sur la route de l'Orient. Selon lui, « Corfou vaut plus que toute l'Italie ». Pourtant, avec la déroute française en Méditerranée, les alliés : Russes, Turcs et Anglais, deviennent les nouveaux occupants en 1799. Puis les troupes napoléoniennes reviennent en 1807, jusqu'à la chute de l'Empire en 1814. La France aura marqué l'île en abolissant le système féodal, en réorganisant l'administration et en aménageant

le centre-ville. Débute alors la dernière longue occupation étrangère : le protectorat britannique (1814-1864). Corfou et les îles Ioniennes sont finalement rattachées au nouvel Etat grec indépendant, plus de 30 ans après sa création. Pendant la Première Guerre mondiale, l'île sert de base navale aux Anglais et aux Français. Corfou va alors connaître les heures les plus sombres de son histoire. Avec l'invasion de la Grèce par les forces de l'Axe en 1941, Corfou passe sous contrôle de Rome. Mussolini veut en faire une île italienne. En 1943, quand le régime fasciste s'écroule et que l'Italie passe du côté allié, les nazis débarquent. Les Italiens, colons et descendants de vieilles familles vénitiennes, sont massacrés ou contraints à s'enfuir. Quant aux juifs corfiotes, ils sont systématiquement déportés vers les camps de concentration, 2 000 d'entre eux meurent à Auschwitz. L'influence de ces deux populations martyrisées demeure pourtant. On continue de se transmettre de mère en fille certaines recettes juives, comme la salade de fenouil aux oranges.
Le vocabulaire vénitien a subsisté dans le dialecte local et l'on parle grec avec l'accent italien. Aujourd'hui, à l'heure où les touristes anglais ont colonisé l'île, la musique, la gastronomie et les mœurs corfiotes restent à part dans la culture hellénique. D'ailleurs, pour les autres Grecs, les habitants de Corfou font toujours figure d'excentriques.

CORFOU VILLE - ΚΈΡΚΥΡΑ ΧΏΡΑ

La capitale de l'île, l'une des plus belles et des plus agréables villes de Grèce, est divisée en deux parties : la vieille ville et la ville nouvelle. La vieille ville, qui est restée intacte malgré les bombardements, affiche toujours un mélange enchanteur d'influences européennes. D'élégants édifices vénitiens aux balcons et aux volets typiques dominent des colonnades de style français et font face avec harmonie aux maisons coloniales anglaises. La partie moderne complète très bien cet ensemble avec de grandes places vertes et aérées où l'on sent battre le cœur de la ville. Le centre d'animation est l'Esplanade ou Spianada, une grande place créée sous le premier Empire par Mathieu de Lesseps et inspirée de la rue de Rivoli. Comme dans la rue parisienne, le côté ouest est bordé de maisons à arcades qui abritent des magasins et des cafés.
Classée à l'Unesco, Corfou bénéficie d'un ensemble urbain et portuaire remarquable, dominé par ses forteresses d'origine vénitienne. Mais sa richesse culturelle tient aussi à son grand nombre de musées, comme le remarquable Musée archéologique, qui a rouvert avec ses trésors en 2019 après six ans de travaux.

Transports

■ AÉROPORT DE CORFOU

Corfu Airport (CFU)
✆ +30 26610 89600
www.corfu-airport.com
A 3 km du centre-ville.
L'aéroport est relié en bus (n° 5 ou 6) au centre de la ville de Corfou. Compter 10 € pour une course en taxi.

- **Vols directs depuis la France.** Easyjet assure des vols en haute saison.
- **Athènes-Corfou.** Quatre vols par jour en été avec Aegean Airlines, Olympic Air ou Ryanair.

La côte de l'île de Corfou.

Liaisons avec les autres îles. Des rotations existent entre Corfou, Leucade, Céphalonie et Zante *via* Preveza avec Sky Express.

Renseignements. Aegean Airlines : fr.aegeanair.com – ✆ +30 21062 61700. Olympic Air : olympicair.com – +30 21035 50500. Sky Express : www.skyexpress.gr – ✆ +30 28102 23500.

CAPITAINERIE DE KERKYRA
✆ +30 26610 32655
Corfou dispose de trois ports : Kerkyra (ou Corfou-ville), Lefkimi (au sud) et Aghios Stefanos (au nord). L'essentiel des navires accostent à Kerkyra.
Les ferries assurent au moins une liaison par heure avec Igoumenitsa (1 heure ou 1 heure 30 selon le bateau) et une par semaine avec Preveza (4 heures 20). De Lefkimi, comptez cinq liaisons par jour avec Igoumenitsa (30 minutes). Mais de Kerkyra vous pourrez aussi joindre Paxi (55 minutes en hydroglisseur, 1 heure 30 en ferry). Le port d'Aghios Stefanos est lui relié aux îlots situés au nord de Corfou (Mathraki, Othoni et Erikoussa). En été, le port assure des liaisons avec Brindisi (7 heures) et Bari (6 heures). On peut venir d'Ancône ou de Venise *via* Igoumenitsa.

KTEL INTERURBAIN
Terminus Place San Rocco.
✆ +30 26610 39985
www.ktelkerkyras.gr
nfo@greenbuses.gr
Tickets à partir de 1,40 €.
L'arrêt « green bus station » est toujours signalé par les conducteurs des autres bus de Corfou. Les green buses desservent Paleokastritsa, Glyfada, Kavos, Kassiopi, et la plupart des villes de l'île, mais aussi Athènes et Thessalonique. On trouve les horaires en anglais sur le site.

Pratique

HOPITAL A CORFOU
Rue Polichroni Kostanda
✆ +30 26610 45811

Se loger

Locations

SAINT NICHOLAS BEACH APARTMENTS
Dassia
✆ +30 2661 038403
A partir de 70 € en été.
Très joli complexe d'appartements à taille humaine idéalement situé, suffisamment excentré de Dassia, qui est très animée en été, et au calme face à une plage de galets privative. La vue sur la baie de Dassia est imprenable. Les logements sont spacieux et très propres, ils disposent d'une cuisine équipée et de tous les ustensiles nécessaires. Les jardins regorgent d'oliviers et de palmiers ainsi que de fleurs et d'arbres fruitiers. Le plus : la piscine d'eau salée !

Bien et pas cher

CITY MARINA HOTEL
15 rue Donzelot
✆ +30 26610 39505
www.citymarina.gr
info@citymarina.gr
52 chambres. La double de 60 à 110 € en été avec le petit déjeuner. Ouvert toute l'année.
A seulement 100 mètres de la place centrale de l'Esplanade. L'équivalent de l'Atlantis niveau prix a le mérite d'être plus récent, mieux placé, près du front de mer et à deux pas d'une plage municipale où vous pourrez piquer une tête sans besoin de piscine. L'établissement est moderne et avec des prestations correctes, et calme aussi (la direction insiste sur le double vitrage !). Les chambres économiques ont la télévision, un petit bureau, un réfrigérateur et une vue sur les toits de la vieille ville. Possibilité de louer des voitures ou des vélos sur place et sur demande.

HELLINIS
108 Figareto Kanoni
✆ +30 26610 81151
https://hellinis.cnichotels.com
hellinis@cnichotels.com
De 55 € à 80 € pour une chambre standard. Séjour de 4 nuits minimum en été.
A quatre kilomètres du centre de Corfou, et à seulement 600 mètres de la plage. Hôtel de 90 chambres, classique mais convenable, il offre un bon rapport qualité-prix. Les chambres disposent toutes d'un balcon et sont bien aménagées. Il y a une petite véranda, une grande piscine avec un bar et un restaurant qui sert de la nourriture grecque traditionnelle, bref de quoi passer un séjour reposant. Le personnel de la réception est disponible pour répondre aux questions des clients ou vous aider à organiser une excursion. Parking privé gratuit. Piscine extérieure. Jardin.

HOTEL ARCADION
44 rue Kapodistriou
✆ +30 26610 37670
www.arcadionhotel.com
info@arcadionhotel.com
33 chambres. La double standard entre 80 € et 120 € en été, avec petit déjeuner.

Corfou Ville
2- Terminal des bus de ville
3- Station de taxi
4- Hôtel de ville
5- Hôpital
6- Église Aghios Spiridonas
7- Musée d'art asiatique
8- Pinacothèque municipale
9- Police municipale
10- Police de la route
11- Terminal de bus de ville
12- Musée d'art Byzantin
13- Préfecture de Corfou
14- Théâtre municipal
15- Parlement Ionien
16- Fort nouveau
17- Plages
18- L'Esplanade
19- Savonnerie Patounis
20- Cathédrale Saint-Jacques et Saint-Christophe
MOURAYA
FALIRAKI
VIEUX PORT
FORT NOUVEAU
SPIANADA (Esplanade)
SPIANADA
SAN ROCCO
Office du Tourisme
vers le vieux fort
0
200 m
Arseniou
Pieri
Pierri
Komnidou
Petridou
Apolodorou
Donzelot
Oikoumenikou Patriarchou Athinagora
El. Venizelou
Kon. Zavitsanou
Konstantinou
Prosalendou
Kyriakis Bizarou
Mitropoleos
Filelinon
Agias Theodoras
Dousmani
Vouthrotou
Kaposdistriou
Agiou Spiridonos
Eleftherias
Nikiforou Theotoki
Therm. Kotardou
Korinthion
Agias Varvaras
S. Arvanitaki
Dionisiou Solomou
Palaiologou
Agias Sofias
Velissariou
Scholemvourgou
E. Voulgareos
Victoros Dousmani
Lavrentiou
Chroni
Stefanou Padova
D. Kolla
Gkilford
Moustoxidi
Kapodistriou
Agoniston Politechniou
N. Politi
N. Zambeli
Dessila
Mantzarou
G. Markora
Georgiou Theotoki
Iannou Theotoki
Polichroniou Konstanya
Ioulias Andreadi
Avramiou
Andreti

Surplombant la place Spianada et les arcades de Liston, cet hôtel dans la vieille ville dispose d'une situation exceptionnelle et de chambres confortables (mobilier en bois sur sol carrelé) avec balcon. Celles avec la meilleure vue donnent sur le terrain de cricket et sur le nouveau fort près de la mer. Les chambres sont agréables, surtout celles avec un balcon, et le petit déjeuner est très correct comparé à d'autres établissements. Vous pourrez aussi prendre un verre dans le grand salon doté d'un sol en marbre et d'un piano italien.

KONSTANTINOPOLIS
11 rue Zavitsianou
✆ +30 26610 48716
www.konstantinoupolis.gr
info@konstantinoupolis.gr
31 chambres, la double entre 50 et 95 € selon la saison. Ouvert toute l'année.
Elégant bâtiment construit près du port pendant le Protectorat britannique entre 1814 et 1864. Légèrement à l'écart, vous pourrez accéder à la célèbre place Spianada en moins de 10 minutes à pied. Le port, lui, est à 1 km. L'hôtel a été ouvert en 1878 par une famille de Constantinople, d'où son nom… Mais il vit avec son temps : il a été rénové et dispose d'un accès wifi, d'air conditionné et de télévision dans toutes les chambres. Le petit-déjeuner, un buffet bien garni avec des viennoiseries, des œufs, des confitures, est délicieux !

Confort ou charme

BELLA VENEZIA
4 rue Zambeli
✆ +30 26610 46500
www.bellaveneziahotel.com
belvenht@hol.gr
La double à partir de 125 € en été avec le petit déjeuner.
Peut-être un de nos hôtels préférés dans la vieille ville : près de la rue Guilford et des restaurants, une maison néoclassique restaurée au petit air d'Italie abrite 31 chambres (dont une grande chambre familiale) charmantes et très confortables avec air conditionné, télévision et réfrigérateur. Le petit déjeuner buffet est servi dans un ravissant jardin. Pour les amateurs, deux chambres doubles de luxe avec balcon ont été conçues pour les lunes de miel, avec des lits en fer traditionnels, des rideaux de soie colorés et un décor romantique.

CAVALIERI
4 rue Kapodistriou ✆ +30 26610 39041
www.cavalieri-hotel.com
info@cavalieri-hotel.com
Chambre double à partir de 125 € en été avec le petit déjeuner. Ouvert toute l'année.
Comment résister à la beauté et à la classe de cet endroit ? Cette ancienne maison du XVIIe siècle est somptueuse. Elle a été transformée en hôtel en 1967 après restauration de la façade. Située sur l'esplanade, dans l'ancien hôtel particulier de la famille Flambouriari, elle a beaucoup de cachet. Certaines chambres ont une décoration un peu désuète mais peu importe. Pour le plaisir des yeux, vous pouvez vous contenter d'une halte dans le restaurant sur terrasse et sa très belle vue sur la forteresse et la mer ou y boire un verre à partir de 18h.

CORFU PALACE
2 rue Demokratias
✆ +30 26610 39485
www.corfupalace.com
info@corfupalace.com

Vue sur Corfou Ville et sa forteresse.

Groupe de flamants roses.

Chambre avec petit déjeuner à partir de 220 € en été. Ouvert toute l'année.
Un véritable hôtel de luxe dans une ambiance du début du siècle dernier, sur la promenade du bord de mer et à deux pas de l'Esplanade. Situé à seulement 5 minutes du célèbre Liston, ce lieu légendaire a été construit en 1954 par le célèbre architecte Sakelarios.
Les 115 chambres et suites sont spacieuses, possèdent un bel ameublement classique (mention spéciale aux salles de bains en marbre) et ont vue sur la mer. Tennis, deux piscines, deux restaurants complètent le décor. Le rez-de-chaussée de l'hôtel héberge désormais le casino de Corfou.

Luxe

■ MON REPOS PALACE « ART HOTEL »
Dimokratias Av. & Iasonos Sosipatrou, Anemomylos
✆ +30 26610 32783
monrepos@mayorhotels.com
110 chambres. Chambre double à 75 € hors saison et quatre fois plus en été avec le petit déjeuner.
A seulement une vingtaine de minutes à pied du centre-ville, ce grand trois-étoiles dispose de beaucoup de chambres avec possibilité d'avoir une vue sur la mer ou sur le Vieux Fort. Mais sa particularité repose sur son authenticité : une partie du mobilier date du XVIIIe siècle et a été récupérée au palais Achilleion. Cependant, luxe et confort sont aussi au rendez-vous dans cet hôtel au charme d'antan. Un buffet généreux est préparé pour le petit déjeuner. Il y a également une petite plage en face de l'hôtel. A moins de préférer sa piscine extérieure et la vue...

Se restaurer

Bien et pas cher

■ MOURAGIA
15 rue Arseniou
✆ +30 26610 33815
A partir de 15 € par personne. Ouvert tous les jours, midi et soir.
Située au-dessus des « murs » (d'où le nom *mouragia*) surplombant la mer, vantée et fréquentée surtout par les locaux, à la sortie du Liston et sur le vieux-port de Corfou, cette taverne sert les grands classiques corfiotes comme la *pastitsada* et le *sofrito*. À 10 minutes du centre-ville, c'est une excellente adresse, très authentique. Ne pas se fier à la pancarte attrape-touristes « Traditional Greek food » : mis à part le service traditionnellement un peu long et le mobilier un chouia vétuste, la cuisine est parfaite. Clientèle essentiellement grecque.

■ OINOS KAI GEUSEIS
22 rue Mitropoleos
✆ +30 266108 3355
Ouvert toute l'année. Carte : 12 € environ.
Cadre intimiste en rez-de-chaussée d'une vieille demeure du centre de Corfou. Le nom de la taverne signifie « vin et saveurs », et il est ainsi recommandé d'associer un alcool ou du vin avec différents mezzedes : pieuvre en salade, courgettes frites, feuilletés aux épinards, tzatziki... Mais vous pouvez aussi prendre des plats grecs traditionnels : moussaka ou boulettes de viande à la sauce tomate. En été, l'établissement de petite taille est vite bondé, mieux vaut réserver !

■ **TAVERNAKI TIS MARINAS**
35 rue Velissariou
✆ +30 26611 00792
Ouvert toute l'année. Carte : 12 € environ.
Ce restaurant accueillant, avec ses tables dressées à l'extérieur dès que le temps le permet, sert l'une des meilleures cuisines corfiotes maison, créée ici par la respectée Marina Beska. Au cœur du vieux quartier juif, un peu à l'écart des rues prisées des touristes, prenez un *sofrito* (bœuf cuisiné au vin blanc et à l'ail), du poisson *bourdeto* (cuisiné au four avec une sauce tomate relevée)... Les pâtes à la pancetta de Corfou et aux champignons sont onctueuses et valent le détour ! La propriétaire vous accueillera en plus avec convivialité !

Bonnes tables

■ **POMO D'ORO**
13 place Skaramaga
✆ +30 26610 28680
A partir de 20 € par personne. Ouvert tous les jours midi et soir.
Le restaurant du Franco-Grec Aristotelis Megoulas est une adresse incontournable de la gastronomie corfiote. Aristotelis fait partie de ces cuisiniers minutieux qui travaillent sans relâche avec des produits locaux uniquement de saison et le résultat s'en ressent. De sa « cucina nobile » d'inspiration grecque, française et italienne, nous ne saurons que trop vous recommander les salades (qui changent au diapason des fruits et légumes de saison), le roast beef, le porc confit et notre coup de cœur : le plat From Corfu to Venice. Pour finir en beauté : le baba au metaxa est unique... au monde.

■ **RESTAURANT REX**
66 rue Kapodistriou
✆ +30 26610 39649
www.rexrestaurant.gr
Dans une rue piétonne, parallèle à l'esplanade.
A partir de 20 € par personne. Ouvert midi et soir.
L'un des restaurants les plus traditionnels de Corfou, avec une clientèle fidèle et un service rapide. Dans la vieille ville, derrière Liston, ce restaurant existe depuis 1932. Cuisine grecque et méditerranéenne : spaghettis au homard et assiettes locales de Corfou. La famille Katsaros perpétue la tradition avec aussi ses bruschettas au fromage de chèvre et *talagani* (fromage de chèvre grillé) en entrée, une daurade grillée ou un agneau rôti en plat principal, une panna cotta en dessert et un digestif Tandura pour la fin. Atmosphère amicale grâce à la clientèle locale.

■ **THE VENETIAN WELL**
Place Kremasti
✆ +30 26610 44761
www.venetianwell.gr/
info@venetianwell.gr
Compter 35 € par personne. Ouvert le soir seulement en été.
Installé dans un bâtiment vénitien du XVIIe siècle, laissez-vous étourdir par une combinaison sophistiquée de saveurs, de couleurs et de textures pour une gastronomie de haut niveau. L'agneau avec purée d'aubergines, son chutney aux figues et pommes de terre à la marjolaine et au thym figure parmi les « signatures » du chef. Sinon, tarte aux oignons caramélisés, joues de veau au gingembre, à la citronnelle et au miel. Accompagnez votre repas avec l'un des vins grecs du domaine, ou choisissez l'un des millésimes sélectionnés. Les clients peuvent également visiter la cave récemment ouverte.

Sortir

■ **PUPPET**
1 Dimarchou Kolla
✆ +30 26610 40707
Ouvert tous les jours midi et soir.
Voilà un lieu de rencontre agréable avec un décor rétro et des étagères remplies de disques vinyles et de vieilles radios. La bande-son privilégie la musique instrumentale, de John Coltrane à Ennio Morricone. Des espressos exceptionnels et des petits-déjeuners préparés avec soin sont servis ici, tandis que le soir, le bar propose aussi des cocktails. Un des seuls endroits à être vraiment non-fumeur dans la ville. Appréciable...

■ **SALTO**
23 rue Donzelot
✆ +30 26613 02325
http://saltowinebar.gr

Île de Corfou.

Ouvert tous les jours à partir de 18h30 et le dimanche entre 12h30 et 16h30 en plus sur réservation.
Ce bar à vin, dirigé par Pavlos Soueref, propose une belle carte pour un verre avant de manger, que vous pourrez notamment accompagner d'une assiette de *graviera* 24 mois d'âge. L'établissement dispose aussi d'un élégant coin repas avec des éléments de décoration liés au vin, tels que des bouchons en liège et des caisses de vin, ainsi que d'une cuisine ouverte, où vous aurez peut-être envie de vous attarder. Ses plats créatifs proposent une cuisine grecque revisitée et comprennent une délicieuse cocotte de poulpe au mastic, au thym, aux oignons caramélisés et à la fava.

À voir - À faire

■ ESPLANADE ★★
Présents pendant un demi-siècle de 1815 à 1864, les Anglais ont aménagé l'Esplanade où ils ont installé un terrain de cricket. Ils ont aussi construit, sous la commande de Sir Thomas Maitland et grâce à l'architecte Sir George Whitemore, le palais Saint-Michel-et-Saint-Georges au nord de l'Esplanade. Le palais a d'abord servi de siège au gouverneur britannique. Somptueux palais néoclassique avec 32 colonnes doriques, il devint l'un des palais royaux lorsque Corfou fut rattaché à la Grèce. Il abrite aujourd'hui un intéressant musée d'art asiatique.

■ FORT NOUVEAU (NEO FROURIO) ★
Au-dessus du vieux port
✆ +30 26610 27370
Ouvert tous les jours de 9h à 20h en été. Entrée gratuite.
On y accède par la rue Solomou, puis par un escalier pavé de galets qui longe l'église de la Panaghia : l'entrée est située derrière le marché. Construit par les Vénitiens en 1577 pour défendre les faubourgs nord-ouest de la ville contre les raids turcs, on dut alors démolir 2 000 maisons pour en construire les remparts dont une partie a été détruite lors de la Seconde Guerre mondiale. Il a été achevé trente ans après le Vieux Fort, d'où leurs noms respectifs. Le Neo Frourio est organisé sur deux niveaux : au niveau inférieur, les remparts qui protégeaient le vieux port et une petite forteresse, ainsi qu'un gigantesque bâtiment qui accueillaient les autorités portuaires pendant la domination anglaise. Le niveau supérieur de fortification protégeait la campagne, à l'ouest vous trouverez les « remparts des Sept Vents ». C'est à ce niveau qu'il y a aussi des expositions temporaires et une exposition permanente de céramique corfiote. Les souterrains ne se visitent pas encore, en revanche vous pouvez découvrir cellules et donjons. Les vues sur les alentours sont impressionnantes.

■ HÔTEL DE VILLE
Place Dirmarchiou
L'actuel hôtel de ville occupe un très bel édifice de la Renaissance vénitienne : bâtie au XVIIe siècle, la Loggia était le lieu de réunion des nobles et des officiers de marine vénitiens. A droite du bâtiment est érigé un monument en l'honneur de Morosini qui reprit le Péloponnèse aux Turcs en 1691. La Loggia fut d'abord transformée en théâtre au XVIIIe siècle, avant de devenir la mairie en 1903. La place autour de la mairie est très calme : il est agréable d'y boire un café ou d'y manger. Vous y trouvez notamment d'excellents restaurants italiens.

Immanquable à 8 km du centre de Corfou Ville

ACHILLEION ★★★★
✆ +30 26610 56245
www.achillion-corfu.gr
msachil@etasa.gr
Du 1er avril au 31 novembre : ouvert de 8h à 20h. Hiver : ouvert de 8h à 16h. Entrée : 8 €, tarif réduit : 6 €. Gratuit pour les moins de 5 ans.
La Sissi qui a vécu ici n'est plus l'adolescente lumineuse, fiancée à 17 ans à l'empereur François-Joseph, et immortalisée par Romy Schneider dans la célèbre trilogie d'Ernst Marischka. Elle a vieilli. En 1890, l'impératrice d'Autriche est déjà âgée de 52 ans. Elle a assisté au suicide de son fils, à l'assassinat de son père et de son beau-frère. Elle a besoin de reprendre des forces et de changer de paysage. Elle s'offre alors une odyssée blanche et bleue. Elisabeth d'Autriche aimait l'Italie et la Grèce...
Dans les salles du rez-de-chaussée, décorées de belles fresques, quelques souvenirs témoignent du passage de ses illustres hôtes. Sa passion pour la mythologie se perçoit dans tout l'édifice. Aux murs, de nombreux tableaux rappellent les scènes les plus héroïques de *L'Iliade*. La moindre pièce de mobilier est incrustée de motifs helléniques. Cette amoureuse des Arts a même offert une statue à chacune des neuf muses… Sissi se consacrera avec toute l'énergie du désespoir à cette demeure.Le vaste jardin, d'où s'étend une vue magnifique sur le Pontikonissi, est agrémenté de quelques statues. Au milieu des cyprès et des palmiers, un Achille de bronze salue le cortège de visiteurs qui s'engouffre dans la villa. Guillaume II, qui a ensuite racheté et occupé les lieux, a enlevé celle de Heine et l'a remplacée par un grossier Achille victorieux pour éclipser le bel Achille blessé de Herter. Mais l'histoire continue : le palais sert d'hôpital à partir de 1915. Le gouvernement grec en fera ensuite un casino, avant de le transformer en musée. Un siècle plus tard, le palais d'été n'a rien perdu de sa superbe.
En 1980, l'Achilleion reçoit la visite de James Bond. La villa et son jardin serviront de décor à un titre évocateur : *Rien que pour vos yeux*… Car reste un point de vue qui ne se discute guère : perchée sur les hauteurs de Gastouri, à une dizaine de kilomètres au sud de la capitale, l'Achilleion domine son monde. De la terrasse de cette bâtisse néo-classique, la vue embrasse des jardins à l'italienne peuplés de figures mythologiques. A l'horizon, des falaises à la végétation luxuriante dégringolent vers la mer émeraude. Et dans une crique ourlée d'écume, on devine une plage de sable blond léchée par la houle…
Seule ombre au tableau : Elisabeth d'Autriche n'a sans doute pas profité de la Grèce autant qu'elle l'aurait voulu. Huit ans après avoir « emménagé » à Corfou, le 9 septembre 1898, elle meurt à Genève, poignardée par un anarchiste italien. L'empereur Guillaume II reprendra l'Achilleion en 1907 où elle avait pris l'habitude de résider quand elle se trouvait à Corfou.

MUSÉE D'ART ASIATIQUE ★★
Palaia Anaktora
✆ +30 26610 30443
www.matk.gr
matk@culture.gr
Au bout du Liston et du terrain de cricket. Accessible du port en prenant le bus n° 2 Mantouki-Kanoni.
Ouvert du mardi au dimanche de 8h à 20h. Entrée 6 € en saison haute (sinon 3 €). Billet combiné (citadelle, Musée archéologique, Musée byzantin, Musée d'Art asiatique, musée de Paleopolis-Mon Repos) : 14 €.
C'est l'unique musée de Grèce consacré à l'art asiatique. Le musée est situé dans un bâtiment d'architecture vénitienne néoclassique construit en 1819 pour devenir le siège des hauts commissaires britanniques. Fondé en 1927, grâce à une donation de 10 000 objets d'un diplomate grec, il contient des laques chinoises, des armes de samouraïs et des statuettes et bronzes provenant d'autres pays d'Asie. La galerie d'art moderne adjacente abrite une petite collection d'art grec contemporain. Vous pouvez prendre un café dans le jardin du musée avec vue sur les côtes albanaises.

L'impératrice Elisabeth d'Autriche fit construire ce palais après la mort de son fils.

Le Triomphe d'Achille, peint par Franz von Matsch, représente la victoire du héros grec sur le prince troyen Hector.

Cette statue d'un assaillant orne le jardin des Muses.

L'escalier du Palais est fait de marbre et de bronze. Les deux statues représentent Zeus et Héra.

MUSÉE ARCHÉOLOGIQUE ★

1 rue Vraila Armeni
✆ +30 26610 30680
http://amcorfu.gr
Ouvert tous les jours sauf le mercredi de 8h à 20h en haute saison (sinon 16h et fermé le mardi). Entrée : 6 €. Billet combiné (citadelle, Musée archéologique, Musée byzantin, musée d'Art asiatique, musée de Paleopolis-Mon Repos) : 14 € (7 € de novembre à fin mars).

Ce musée entièrement rénové, installé dans un écrin architectural d'inspiration moderniste, a rouvert ses portes en mars 2019 après six ans de travaux. Initialement inauguré en 1967, il contient toujours l'une des plus belles sculptures de l'Antiquité grecque, le Fronton de Gorgone (VIe siècle av. J.-C.). Cette terrifiante créature couronnée de serpents trônait sur le fronton du temple archaïque d'Artémis, sur la péninsule de Kanoni. Vous y retrouverez également le célèbre Lion de Ménécrate (VIIe siècle av. J.-C.) et le fronton archaïque représentant le banquet dionysiaque. Mais suite à un grand nombre de découvertes lors de différentes fouilles, il a été jugé nécessaire de l'agrandir et d'organiser au mieux plus de 1 600 pièces constituant la collection permanente de l'institution. Dans l'ensemble, les différentes salles s'intéressent à différents aspects de la vie quotidienne des îles, du Paléolithique à la fin de l'Antiquité. Les coutumes funéraires, les rituels religieux, l'organisation politique, le commerce et les activités économiques, les arts et les traditions sont tous présentés en profondeur après la rénovation complète du musée.Les expositions sont présentées sur deux niveaux. Le rez-de-chaussée abrite la collection préhistorique et les découvertes liées à la fondation de la ville antique pendant la période de colonisation dorienne et durant son contact avec d'autres villes grecques puissantes. Les salles du premier étage proposent un parcours historique de l'île, de la période archaïque à l'époque romaine. La plupart des objets exposés ont été découverts dans la ville et dans les cimetières de l'ancienne Corfou.

MUSÉE D'ART BYZANTIN ★★

Rue Arseniou
✆ +30 26610 38313
Ouvert du mardi au dimanche de 8h à 15h. Entrée : 4 €. Billet combiné (citadelle, Musée archéologique, Musée byzantin, musée d'Art asiatique, musée de Paleopolis-Mon Repos) : 14 € (7 € de novembre à fin mars).

Le musée est situé en haut d'un escalier de 50 marches, dans la plus vieille église de Corfou, Notre-Dame Antivouniotissa (« Celle qui regarde la mer »), un lieu qui, en soi, vaut déjà le détour. Rénovée en 2000, elle accueille une superbe collection de tableaux et d'icônes grecs orthodoxes. Ce musée-église a pour particularité de montrer, dans un panorama assez exhaustif, les manifestations de l'art religieux des îles Ioniennes du XIVe au XVIe siècle. On y voit se dessiner les évolutions esthétiques de la société corfiote, notamment lors de la coexistence de la Grèce orthodoxe avec le catholicisme vénitien. Déjà établie au XVe siècle, comme en attestent les archives, c'est la plus vieille église de Corfou. Mais les historiens ne savent pas pas si l'église a été dédiée à la Vierge dès l'origine, ce que le visiteur peut cependant supposer en admirant la peinture murale peinte avec une représentation du Christ Pantocrator du côté droit du *templon*,

Centre historique de Corfou Ville.

la cloison en pierre ou en bois séparant le sanctuaire de la nef, caractéristique des églises byzantines. Toutefois, elle a aussi pu être dédiée à la Vierge de l'Incarcération, fête célébrée le 26 décembre par l'église orthodoxe sous le nom de « Synaxis de la Vierge ». Notez que l'église principale est constituée d'une seule nef centrale rectangulaire, avec des dimensions de 20,50 x 9,10 m, suivant les proportions classiques des églises de Corfou. Pour en savoir plus, avant ou après votre visite, faites un tour sur le site Internet du musée, un peu austère mais aux informations très détaillées. Un guide très complet est également vendu sur place.

PALACE MON REPOS / MUSÉE DE PALÉOPOLIS ★

Entrée : 3 €. Ouvert de mardi à dimanche de 8h à 15h. Billet combiné (citadelle, Musée archéologique, Musée byzantin, Musée d'Art asiatique, Musée de Paleopolis-Mon Repos) : 14 €.

Mon Repos est connu pour son palace construit en 1831, qui a accueilli bien d'honorables hôtes : l'impératrice Elisabeth d'Autriche, mais aussi le roi Georges Ier de Grèce – qui baptisa ainsi l'endroit car il s'agissait de sa résidence secondaire, où il venait justement chercher « son repos ». Le prince Philippe de Grèce, futur mari d'Elizabeth II d'Angleterre, y est né en 1921. La villa et le jardin, un peu excentrés, sont désormais une sorte de musée archéologique de la vieille ville de Corfou abritant quelques trouvailles de la région ionienne.

PÉNINSULE DE KANONI ★★★

A 4 km au sud de la capitale.

A une vingtaine de minutes du port et de la vieille ville.

A quelques kilomètres du centre ville de Corfou, voilà « la » carte postale par excellence, emblématique de l'île. Car aujourd'hui encore, Kanoni constitue toujours l'une des curiosités les plus célèbres de Corfou. Difficile d'y résister. Preuve en est : c'est encore aujourd'hui le site le plus photographié. A une vingtaine de minutes du port et de la vieille ville, cet îlot, rattaché à la terre par une longue digue, abrite une mignonne petite église blanchie à la chaux. Si le lieu doit son nom à un canon abandonné par les troupes napoléoniennes, l'histoire retiendra surtout que c'est aussi là que se dressait la capitale de l'île pendant l'Antiquité. Toutefois, à l'exception de deux sites de fouilles, les archéologues n'ont jamais vraiment mené de recherche sur place. Les occupants britanniques ont en revanche chamboulé la petite pointe au nord-est de la péninsule pour y aménager la Villa Mon Repos (et qui se visite et abrite un petit musée, passez-y). Cette résidence entourée d'un immense parc a vu naître en 1921 le

Péninsule de Kanoni.

prince Philippe d'Edimbourg, mari de la reine d'Angleterre, avant d'être attribuée à la famille royale grecque, puis cédée à l'Etat. Elle abrite aujourd'hui un musée. Le parc (ouvert de 8h à 19h, entrée gratuite) permet d'accéder aux îlots de Vlacherna et Pondikonissi.

La tradition populaire associe cette île au bateau des Phéaciens, qui après avoir ramené Ulysse à Ithaque, aurait été pétrifié par Poséidon. Regardez bien : selon Homère, ce petit coin de terre ne serait rien d'autre que le bateau qui avait reconduit Ulysse à Ithaque auprès de sa chère Pénélope... Cet îlot semble avoir inspiré le peintre suisse Boecklin pour son œuvre L'île aux Morts. Une fois sur place, visitez la petite église (XIIIe siècle) entourée de cyprès. Sur le mur, des plaques rappellent le passage de l'impératrice Elisabeth d'Autriche et de son fils Rodolphe.

Mais mieux vaut être prévenu, ce paysage se mérite. Seule (petite) ombre à ce tableau idyllique : vous ne serez sans doute pas les seuls sur le coup... Alors pour éviter les cars de touristes, inévitables à Corfou en saison, on vous conseille donc d'y aller tôt, très tôt. L'idéal, si vous avez loué une voiture, est d'y aller le matin au lever du soleil et de prendre un peu de hauteur. Vous ne le regretterez pas. A cet instant précis, le spectacle est magnifique, avec les premiers rayons de soleil qui éclairent au fur et à mesure les deux îlots voisins de Corfou : le Monastère de Vlacherna au premier plan, sur le premier îlot, relié au port uniquement par une digue, Pondikonissi, le rocher sur lequel aurait donc échoué Ulysse, et enfin l'église de Pantokrator à gauche.

■ **ÎLOT DE PONTIKONISI** ★

Pontikonisi

Des bateaux partent du port de Panagia Vlachernon (monastère des Vlachernes) ou de Kanoni vers « l'île souris » (car, de loin, elle ressemble au petit mammifère). Selon la légende, cette île serait le bateau d'Ulysse transformé en rocher par Poséidon lors d'un orage précédant son retour à Ithaque. Inhabitée, le point d'intérêt est la chapelle byzantine de Pantokrator, située sur le point culminant de l'île, qui date du XIe ou du XIIe siècle et contient les plaques commémoratives de l'impératrice Sissi (Elisabeth d'Autriche) et de son fils, l'archiduc Rodolphe.

■ **VIEUX FORT (PALEO FROURIO)** ★★★

En face du Liston

✆ +30 26610 48310

Ouvert tous les jours de 8h à 20h en été. Entrée : 6 €. Billet combiné (citadelle, Musée archéologique, Musée byzantin, Musée d'Art asiatique, Musée de Paleopolis-Mon Repos) : 14 €.

Ce lieu fut considéré comme idéal pour y construire une ville fortifiée. Facile de la défendre et surplombant la mer, elle peut servir de poste de contrôle pour observer les allées et venues sur le littoral. Sur le côté nord de l'acropole, vous verrez un petit port artificiel. Les premières fortifications furent effectuées par les Byzantins au début du VIIIe siècle. Au XVIe siècle, menacés par les Ottomans, les Corfiotes érigèrent des tours supplémentaires, la porte ouest, une deuxième fosse et une troisième ligne défensive tout autour des deux sommets.

© ISTOCKPHOTO.COM/SOKOL25

Paléo Frourio, la vieille forteresse vénitienne de Corfou.

Shopping

■ **LAZARIS DISTILLERIE**

Ethniki Achilleou ✆ +30 26610 33400

https://lazarisproducts.com

Ouvert tous les jours.

Pour voir de près la fabrication de la liqueur de kumquat de l'île, visitez la distillerie Lazaris dans la région d'Ethniki Achilleiou, au sud de la ville. Si la présence de l'olivier paraît naturelle, celle du kumquat surprend. Cet agrume originaire de Chine a été introduit en Grèce en 1924 par l'agronome britannique Merlyn et se décline depuis en alcool ou en savon. Vous trouverez à la distillerie des liqueurs et des crèmes, des fruits conflits, des bonbons, de la confiture, etc. Ces agrumes orange fluo ont décidément détrôné le citron ou l'orange !

■ **SALTY BAG**

14 Rue Erotokritou Moraiti

✆ +30 26610 81770 – saltybag.com

Ouvert toute l'année. Comptez au moins 120 € pour un sac.

Également conçus à Corfou et commercialisés à l'international, les délicieux sacs Salty Bag, fabriqués à la main à partir de vieilles voiles, sont disponibles dans l'atelier de la marque. Il s'agit de sacs, pochettes et autres portefeuilles tendance faits à partir de voiles de bateaux recyclées fabriquées à Corfou même et de pièces d'exception respectueuses de l'environnement qui feront de super cadeaux pour vous ou vos proches. Sinon, Giota Papailiopoulou (www.loner.gr) conçoit des sacs de ville et de vacances en toile cirée ainsi que des sacs pour appareils photo.

GOUVIA - ΓΟΥΒΙΆ

A 9 kilomètres de Corfou, ce port abritait autrefois l'arsenal de la marine vénitienne. Pendant la Première Guerre mondiale, c'est dans le port de Gouvia qu'ont débarqué les soldats du royaume de Serbie. Les plaisanciers préfèrent aujourd'hui accoster en face dans la même baie, près de la plage de Kondokali. Le village de Gouvia est festif, rempli de beach bars et de tavernes un peu kitsch qui séduisent essentiellement les touristes de l'Europe de l'Est. La ville de Kontokali, entre Corfou et Gouvia, est très connue pour ses tavernes de poisson en bord de mer.

Se loger

Locations

■ **APARTMENTS SPITI PRIFTI**

✆ +30 26610 91263

www.spitiprifti.gr

info@spitiprifti.gr

Camper à Gouvia

■ **CAMPING DIONYSUS**
Dassia, à 4 km au nord de Gouvia
✆ +30 26610 91417
www.dionysuscamping.gr
laskari7@otenet.gr
107 emplacements : de 6,10 à 7,10 € par personne, emplacement à partir de 4,30 €. 51 bungalows.
Probablement l'offre la plus complète. Piscine, supérette, restaurant et sanitaires relativement bien tenus... C'est un bon compromis qualité-prix. Avec même, en prime, la possibilité de coucher à la belle étoile, sans tente, dans son sac de couchage ! Les bungalows équipés avec 2 ou 4 lits et l'électricité complètent cette offre intéressante. Cependant les sanitaires, douche et cuisine ne sont pas disponibles à l'intérieur, mais dans des blocs séparés partagés avec le camping. Sinon, c'est bien situé entre le centre de Dassia et celui de Gouvia.

■ **CAMPING KARDA BEACH**
Dassia, à 4 km au nord de Gouvia
✆ +30 26610 93595
www.kardacamp.gr
campco@otenet.gr
71 emplacements : de 6,80 à 7,20 € par personne, emplacement à partir de 4,40 €. 36 bungalows à partir de 50 €.
Juste à côté de la plage et des restaurants. Bien entretenu et pas trop fréquenté par les fêtards, c'est le camping idéal pour des vacances en famille. Tous les emplacements sont aménagés avec branchement électrique et accès à l'eau. Dans tous les sanitaires il y a l'eau chaude et un espace laverie/repassage est à votre disposition, ainsi qu'un espace cuisine et des réfrigérateurs en location. Vous pourrez faire vos provisions au Karda Mini Market. Le camping dispose aussi de bungalows à louer, climatisés, meublés et équipés pour 4 personnes.

A partir de 82 € l'appartement pouvant héberger jusqu'à quatre personnes.
Dans un oasis de roses, de géranium et de palmiers, ces appartements de différentes tailles sont situés à seulement 500 mètres du village de Gouvia. Les appartements sont très bien équipés de cuisines modernes, et les salles de bains sont du dernier cri et très belles. L'établissement est géré avec brio par la famille Priftis qui sont aux petits soins pour leurs hôtes. Maria fait aussi une savoureuse cuisine que vous dégusterez lors de votre séjour.

Bien et pas cher

■ **OMIROS HOTEL**
✆ +30 26610 91839
www.hotelomiros.com
info@hotelomiros.com
A 7 km de la ville de Corfou.
Chambre double à partir de 60 € avec le petit déjeuner.
L'hôtel se trouve au centre de Gouvia, à 100 m de la plage et dans une région idéale pour vous amuser jusqu'au petit matin (restaurants, bars et discothèques...). Les 62 chambres sont assez petites et décorées de façon assez simple. Mais toutes disposent d'un balcon avec vue sur la mer, la piscine ou le jardin. Enfin, quelques studios sont disponibles avec une cuisine entièrement équipée, idéals pour les familles avec de jeunes enfants. Durant la journée, de petits mets sont servis au bar de la piscine, alors que le soir, vous pouvez y déguster des cocktails exotiques.

Confort ou charme

■ **CORFU IMPERIAL, GRECOTEL EXCLUSIVE RESORT**
Kommeno
✆ +30 2661 088400
www.corfuimperial.com
A partir de 185 € la chambre double.
Un grand complexe luxueux un peu à l'écart de l'agitation de l'île en été. La décoration est raffinée, la literie confortable, le personnel très dévoué, les repas de qualité. Les espaces verts, les deux piscines, la plage privative, apportent une véritable touche supplémentaire pour des vacances relaxantes et chics. Attention toutefois mieux vaut avoir un véhicule pour se déplacer et profiter de l'île !

ILIADA BEACH HOTEL
✆ +30 26610 91360
www.iliadabeach.com
A 7 km de la ville de Corfou.
Chambre double à partir de 56 €. Ouvert toute l'année.
Ce petit hôtel de 54 chambres se trouve sur la plage de galets dans la magnifique baie de Gouvia. Les chambres sont dotées d'une salle de bains moderne rénovée et offrent généralement une vue sur ses jardins luxuriants de fleurs et d'agrumes. Certaines chambres ont également une vue latérale sur la mer. Le restaurant propose des spécialités grecques, corfiotes et internationales. L'intérêt de l'endroit, c'est en même temps la vie nocturne et le calme du bord de mer. Cocktail bar, activités sportives, location de voiture, excursions, proche des transports en commun.

Se restaurer

DA ROBERTO E FEI
✆ +30 2661 099810
Ouvert toute l'année. Carte : 10 € environ.
Un vrai italien pas cher à Gouvia. Les pizzas sont à base de produits locaux et sont très copieuses. Les pâtes sont aussi fantastiques, celles aux crevettes en particulier ! L'été, l'établissement est vite pris d'assaut. Mieux vaut réserver !

ROULA
Kontokali
✆ +30 26610 91832
Ouvert tous les jours midi et soir. A partir de 10 €/pers.
Au fil des ans, cette taverne populaire et connue pour son poisson est devenue une référence de la scène culinaire corfiote. Récemment rénové, l'établissement est précisément situé sur la plage de Gerekos, en bord de mer, avec vue sur le port de plaisance de Gouvia. Assurez-vous de réserver une table. Très bons poissons frais, homard et fruits de mer, anchois marinés et poulpe au vinaigre. Et vous trouverez aussi ici tous les autres classiques de la gastronomie grecque : *horiatiki* (salade grecque), *gavros* (poissons frits), *gemista* (légumes farcis)...

À voir - À faire

MUSÉE DE CAPODISTRIAS
www.capodistriasmuseum.com
info@capodistriasmuseum.com
Ouvert de 10h à 16h du mardi au dimanche. Entrée : 5 €.
Ce petit musée retrace la vie passionnante de Ioannis Capodistrias (1776-1831), un aristocrate de Corfou qui deviendra le premier gouverneur de la Grèce indépendante. En 1827, il est nommé par l'Assemblée grecque premier gouverneur de la Grèce unifiée et entre le premier à Nauplie pour libérer la ville. Mais en 1831, il est assassiné par un rival politique dans cette même ville de Nauplie. La visite du musée est agréable, pédagogique et ne vous prendra qu'une trentaine de minutes à visiter. En prime, un joli cadre avec un jardin bien entretenu.

IPSOS

Petite ville située à 14 km de Corfou-Ville et organisée autour de sa longue plage étroite de sable et de galets, la Golden Mile. Pour les voyageurs à la recherche de calme et de tranquillité, passez votre chemin. Pour les autres, Ipsos fait la fête, jusque très tôt le matin, où deux types de vacanciers se croisent : ceux qui se couchent tard et ceux qui préparent leur journée de farniente. L'endroit est globalement agréable : la plage étant située côté continent, elle est abritée des vagues et du vent. Les côtes albanaises et grecques au loin et l'architecture d'inspiration italienne donnent au lieu une petite ambiance fort appréciable de bord de lac de Côme.

CAMPING CORFU
Ipsos, à 4 km au nord de Gouvia.
✆ +30 26610 93579
www.corfucampingipsos.com
70 emplacements. De 5 à 6 € par personne, à partir de 4 € par emplacement.
Très bien situé juste à côté de la plage.Camping globalement bien aménagé avec de l'ombre et des sanitaires bien entretenus. Supérette et café-restaurant pour compléter l'offre.

BARBATI

Situé à 18 km de Corfou-Ville, Barbati est née de la rencontre des roches du mont Pantocrator et de l'eau cristalline de la mer Ionienne. Ce village coincé entre ces deux éléments naturels spectaculaires parie beaucoup sur la beauté de sa plage d'un kilomètre pour attirer famille et touristes en quête d'une tranquillité relative. Précisons tout de même que l'offre d'hébergement y est de qualité, et que vous trouverez des parkings gratuits tout le long de la plage, qui la rendent facilement accessible.

LA RIVIERA BARBATI APPARTEMENTS ET VILLAS DE LUXE
✆ +302663091310
www.barbati.com
larivierabarbati@gmail.com
Ouvert de mi-avril à mi-octobre, prix variable en fonction du type de logement.
Dans ce grand complexe d'appartements et de villas, chacun pourra trouver un logement à son

goût. Des villas hyper modernes avec piscine à débordement aux appartements plus traditionnels, la Riviera Barbati offre à ses hôtes des vacances « comme à la maison ». Vous pourrez garer votre voiture devant votre maison, profiter de votre jardin, d'une piscine privée ou de la grande piscine en bord de mer, ou encore mieux de la sublime plage de Barbati, avec ses eaux claires aux variations infinies de bleu.

KATO KORAKIANA - ΚΆΤΩ ΚΟΡΑΚΙΆΝΑ ★★

À 14 kilomètres de Corfou. Un peu à l'écart de la côte, c'est l'un des plus beaux villages de l'île. On compte ici pas moins de 37 églises et chapelles.

■ CORFU PALMA BOUTIQUE HOTEL

✆ +30 26610 93941
www.corfupalmaboutiquehotel.com/en/
contact@corfupalmaboutiquehotel.com
Ouvert de fin mars à fin octobre. Chambre double autour de 160 € avec le petit-déjeuner.
Un hôtel design qui propose des chambres très confortables avec tout l'équipement nécessaire. L'établissement possède également un spa et une grande piscine agréable. Le petit-déjeuner en buffet est bien approvisionné et délicieux.

■ ETRUSCO

✆ +30 26610 93342
www.etrusco.gr
info@etrusco.gr
A partir de 45 € par personne. Ouvert de 20h à minuit.
Kato Korakiana est surtout connu pour son restaurant, élu meilleur établissement de Grèce par le magazine *Athinorama* en 2018. Sous la véranda sophistiquée d'une maison de campagne se cache l'Etrusco, considéré comme une des meilleures tables de Grèce. Marié à une Corfiote, le chef italien Ettore Bortini revisite la cuisine ionienne avec bonheur. Son menu est une odyssée qui raconte ses souvenirs de Corfou, du lieu de naissance de son père en Italie aux îles Ioniennes. Et la terrasse est merveilleuse. Réservation chaudement recommandée.

■ VICTORIA HILL

à Dassia
✆ +30 2661 097200
iontrvl@otenet.gr
Chambre double à partir de 80 € avec le petit déjeuner.
Charmant emplacement sur une colline verdoyante de 6 500 m², avec une jolie vue sur les magnifiques eaux bleues de la mer Ionienne et sur le mont Pantokrator. Situé à 400 m de la mer, l'établissement dispose de 42 chambres climatisées, avec un balcon. Toutes les chambres ont été rénovées et disposent de la climatisation et d'une télévision par satellite. Avantage des lieux, il est possible d'avoir une chambre mitoyenne. L'hôtel est tenu en famille, ce qui le rend chaleureux. Il est proche des transports en commun, et possède une piscine.

NISSAKI - ΝΗΣΆΚΙ

À 22,5 kilomètres de Corfou, la nature commence à reprendre ses droits. Le village est construit sur un rocher et la couleur azur de la mer est superbe. La route serpente ensuite le long des falaises. Juste avant Aghios Stephanos, le point le plus proche de l'Albanie, vous trouverez quelques bonnes tavernes à Agni et sur le port de Kouloura.
Entre les deux, s'étend la plage de galets de Kalami qui a inspiré à Lawrence Durrell *La Cellule de Prospéro*. Les pieds dans l'eau, White House, l'ancienne maison de l'écrivain, est aujourd'hui un restaurant de qualité moyenne qui sert quelques bons poissons. La vue est tout aussi belle et l'assiette plus appétissante à la taverne Agni.

Se loger

CORFU RESIDENCE

✆ +30 2663 091 713
www.corfuresidence.gr/en
cfuvacationclub@gmail.com
Environ 65 € la chambre double avec petit-déjeuner.
Résidence située près de la très belle crique de Nissaki à l'eau limpide. Les chambres ne sont pas toutes rénovées et sont un peu basiques. Mais les espaces communs, notamment autour de la grande piscine, sont agréables. Le personnel est arrangeant et sympathique.

KALAMI STUDIOS

✆ +30 2663 091055
www.kalamistudios.com
A partir de 41 € le studio pour deux personnes.
A deux minutes à pied de la plage, ces petits studios sont lumineux, spacieux et bien équipés avec des cuisines très complètes pour se préparer de bons dîners. Les propriétaires sont adorables et pourront même vous faire goûter les légumes de leur jardin !

VILLA OLYMPIA

Vigla ✆ +30 26610 73728
villaolympiacorfu@gmail.com
Environ 150 € la nuit. En été location d'une semaine minimum. Animaux domestiques acceptés.
Très belle résidence sur la colline surplombant la baie de Kalami, à 4 km de la plage. Maisons en pierres traditionnelles pouvant héberger jusqu'à 8 personnes et complètement équipées (cuisine, télévision, etc.). Les intérieurs sont inspirés de la tradition corfiote. Tout est soigné. La grande piscine avec des transats est aussi superbe avec vue panoramique sur la mer.

Se restaurer

ROUMELI

Garnelatika ✆ +30 26630 91638
www.roumeli-corfu.com
A partir de 15 € par personne. Ouvert tous les jours midi et soir.
Pendant votre séjour à Corfou, vous pourrez profiter ici de la meilleure viande cuite à la broche ou sur le gril. A 150 mètres après l'église du village, en direction de Kassiopi, Vangelis et Anna vous proposent leurs spécialités : *kokoretsi* et *kontosouvli* – viande rôtie et de grillades sur charbon de bois. La maîtresse des fourneaux prépare tout elle-même, roule sa propre pâtisserie pour les tartes, fait ses saucisses, son tzatziki, mais, aussi, des frites maison ! Dans une zone bondée en été et où la gastronomie n'est pas toujours une priorité, on apprécie !

TOULA

Ormos Agni
✆ +30 26630 91350
Ouvert tous les jours midi et soir. A partir de 30 €/pers.
Voilà une maison centenaire transformée en un restaurant élégant, avec des tables joliment dressées qui descendent jusqu'à la mer. En cuisine, Toula Katsarou-Vergeti prépare avec amour et maîtrise des plats influencés par la tradition grecque et corfiote, avec quelques touches internationales également présentes. Les salades sont pleines d'imagination, comme la salade corfiote (avec jambon cru et kumquat) qui se démarque. Les herbes proviennent du potager. Le meilleur dessert pour la fin : la poire farcie au mascarpone et au caramel. Excellente carte des vins.

AVLAKI - ΑΥΛΆΚΙ

À 36 kilomètres de la capitale, une petite plage de galets à l'écart de la bruyante « colonie anglaise » de Kassiopi. Car, dorénavant, l'Union Jack flotte sur cette ancienne cité romaine qui a reçu la visite de Cicéron et Néron. Vous remarquerez l'église Panaghia Kassopitra, détruite par les Ottomans lors du siège de l'île, puis reconstruite par les Vénitiens en 1580, et sur la colline qui domine le port, les ruines d'un château angevin. Si vous y passez, déjeunez au Cavo Barbaro, une excellente taverne.

BELLA MARE

✆ +30 26630 81997
www.belmare.gr
stay@belmare.gr
Chambre double standard à partir de 110 € en été avec le petit déjeuner.
Une trouvaille ! Petit complexe de 21 « appart'hôtels » de grand confort, situé juste sur la plage. L'établissement propose un hébergement paisible et confortable dans ses chambres et suites récemment rénovées. Toutes ont une kitchenette équipée et une vue sur le jardin. Pratique pour les familles avec beaucoup d'activités proposées. Piscine et centre aéré pour les enfants. Pratique : son Dolphin's club s'adresse aux enfants de 8 à 12 ans, avec en moyenne cinq heures d'activités par jour, six jours par semaine de mi-juillet à fin août.

CAVO BARBARO

Plage d'Avlaki
✆ +30 26630 81905
Environ 15 € par personne. Ouvert tous les jours midi et soir.
On comprend pourquoi il y a tant de monde, l'endroit le vaut bien. Voici une taverne simple, nichée au calme, près de la mer et bordée d'eucalyptus. On en oublierait presque la foule

Plage d'Avlaki.

des vacanciers autour. En plus, c'est l'une des adresses prisées par la population locale : excellente qualité des mets et recettes uniques. Ici, la *taramosalata* (le tarama) est blanche, les croquettes de courgettes ne sont pas trop grasses et les moules et anchois marinés sont élégamment parfumés et excellents. Poissons et viandes cuits au charbon, et bon rapport qualité-prix.

■ **EMILY'S APARTMENTS**
À Kassiopi
✆ +30 266 3081 312
emilysapartments.gr
Fermé de novembre à mai. Haute saison : studio / appartement de 110 € à 150 €. CB non acceptée.
Quatre beaux appartements spacieux et tout équipés qui peuvent accueillir des familles ou des groupe d'amis. Les salles de bains sont modernes et propres. La grande piscine et le jardin environnant où il est possible de faire des barbecues sont très bien entretenus. L'établissement est idéalement situé, les plages de Kalamionas et Votana sont à quelques minutes à pied et le centre de Kassiopi également. Les propriétaires se soucient vraiment de leurs clients et peuvent organiser des excursions, des balades à cheval, ou des séances de massage.

■ **KIMA RESTAURANT**
À Kassiopi, sur le port
✆ +30 2663 0812 05
Fermé de novembre à mai. Carte : 15 € environ.
Un restaurant familial donnant sur le port de Kassiopi. Malgré le lieu touristique, cette adresse sert une cuisine grecque authentique de qualité. Le bœuf à la sauce tomate, l'espadon grillé, et les spaghettis aux langoustines sont les plats les plus délicieux servis par la maison. Mais le choix est large. Le personnel est très accueillant et vous offrira un dessert à la fin du repas, comme le veut la tradition grecque !

KASSIOPI - ΚΑΣΣΙΌΠΗ ★★

Le port de Kassiopi est désormais voué au tourisme de masse. Mais ce n'est pas une raison pour oublier que Cicéron et Ptolémée y ont jadis fait une halte. Cette bourgade maritime pittoresque est située au pied du mont Pantocrator (à 37 km de Corfou) sur l'emplacement d'une ville romaine florissante qui possédait un port, un théâtre et un temple dédié à Jupiter Cassius (d'où vraisemblablement son nom). C'est sur l'emplacement de ce temple qu'a été érigée plus tard l'église de la Panagia Kassiopitissa, qui sera détruite lors du siège de 1537 et reconstruite en 1590. Elle renferme aujourd'hui une icône de la Vierge et du Christ (XVIIe siècle).

■ **LOFOS**
✆ +30 26630 81187
www.lofoskassiopi.com
info@lofoskassiopi.com
Entre 60 et 100 € pour 2 en été avec le petit déjeuner.
A 300 m de la plage de Soukia, 29 chambres, mais aussi des studios et des appartements avec cuisine. A 5 minutes du centre du village, les chambres sont de bonne facture. Les studios peuvent accueillir 2 ou 3 personnes avec des lits jumeaux, la climatisation (à payer sur place), une kitchenette avec deux plaques de cuisson et disposent d'un balcon ou d'une terrasse avec une vue sur les terres. Les appartements peuvent accueillir jusqu'à 4 personnes. La plage principale est à 600 m (mais il y en a une autre plus petite plus près). Piscine au pied de l'hôtel.

PALIA PERITHIA
✆ +30 69447 98567
A partir de 15 € par personne. Ouvert tous les jours, midi et soir.
Sur les hauteurs, isolé dans la montagne sur la route entre Kassiopi et Acharavi. Sur la place du village, cette taverne tapissée d'anciennes photographies du hall et la jolie cour sous la tonnelle rappellent que la famille d'Alkinoos Kassaris officie ici depuis 1863. Excellente variété de mezzes et de légumes de saison. Plats typiques, dont certains d'une autre époque comme la roussette. Bière au gingembre maison et gâteau à l'orange. A recommander pour sa cuisine familiale et son cadre très atypique où l'on mange très bien, et pour pas cher...

PYRAMID CITY VILLAS & APARTAMENTS
Agios Spyridion
✆ +30 6934573211
pyramidcitycorfu.com
info@pyramidcitycorfu.com
Prix sur demande.
C'est un concept de 8 villas magnifiques et 9 appartements au nord de Corfou, tous bien équipés et décorés. Le coin, avec son restaurant, une plage privée, un paysage naturel, est vraiment charmant et garantit un confort de vacance en toute intimité et sérénité.

MONT PANTOKRATOR – ΌΡΟΣ ΠΑΝΤΟΚΡΆΤΟΡΑΣ

Vous pouvez alors poursuivre en longeant la côte jusqu'à la plage encore préservée d'Almiros ou pénétrer dans les terres pour atteindre Ano Perithia (quatre bus par jour). Ce hameau, abandonné et classé monument historique, a été bâti sur le flanc du mont Pantokrator, le point culminant de l'île (903 m). Au sommet, s'élève un ancien monastère angevin, reconstruit au XVIIe siècle. En revenant vers Pirghi à travers la montagne, vous pourrez faire halte dans les villages de pierre de Pétalia et de Strinylas.

SIDARI – ΣΙΔΆΡΙ

À 41 kilomètres de Corfou, Sidari est devenu un important lieu de villégiature, bordé de belles plages de sable et possédant tous les types d'infrastructures touristiques, ce qui lui enlève probablement un peu de son charme. Vous y accédez soit par les routes traversant la montagne, soit en longeant la côte est puis la côte nord en passant par Kassiopi. Ici, s'étend la plus longue plage de l'île (8 kilomètres). Malheureusement, le village possède peu de charme. Plus à l'ouest, se trouve Sidari qui a été peuplé dès l'époque néolithique. C'est aujourd'hui une station balnéaire sans autre intérêt que ses plages.
L'une des principales beautés du site est constituée par le passage naturel que forment les reliefs sablonneux émergeant de la mer et portant le nom de « Canal d'Amour ». Sidari est sans aucun doute le pôle touristique de cette partie de l'île.

Se loger

Locations

TOULAS APARTMENTS
Melitsa
✆ +30 697 201 4347
www.toulascorfuapartments.com
info@toulascorfuapartments.com
A partir de 30 € la chambre double.
A seulement quelques minutes à pied du Canal d'Amour, et à proximité de restaurants et de bars, ce petit hôtel familial offre un très bon qualité prix. Toula et Nikos, les propriétaires, entretiennent avec soin leur jardin fleuri. Ils sont aussi très serviables !

Bien et pas cher

AFRODITI
A Roda
✆ +30 266 306 3103
Ouvert de mars à octobre. Chambre double à partir de 50 €. Petit déjeuner 5 €
Ce petit complexe de 59 chambres est doté d'une piscine et situé littéralement sur la plage. La décoration des chambres peut paraître un peu démodée mais le personnel est tellement sympathique qu'il nous fait oublier les petits défauts de l'établissement.

CAMPING DOLPHIN
Karoussades, à 1 km à l'est de Sidari
✆ +30 26630 31846
www.dolphin-camping.gr
info@dolphin-camping.gr
63 emplacements. De 4 à 4,80 € par personne, tente à partir de 3 €.
A l'ombre des oliviers, ce camping plutôt familial dispose d'un accès à la mer (au bout d'un charmant sentier) et d'un bon niveau de confort, avec sanitaires propres et wi-fi gratuit. La femme du propriétaire parle français.

CAMPING RODA BEACH
Roda, à 10 km à l'est de Sidari
✆ +30 26630 63120
www.rodacamping.gr
info@rodacamping.gr

83 emplacements. De 5,50 à 6 € par personne, à partir de 3 € l'emplacement.
Tout confort avec piscine, restaurant, sanitaires propres, supérette... Il y a un café Internet sur place et plein d'activités pour les enfants. En été, les moustiques aussi adorent l'endroit... Roda est desservi depuis la ville de Corfou (cinq bus par jour). Le camping, bien indiqué pour les automobilistes, se trouve à environ 300 mètres de l'arrêt de bus.

■ **CHRISTAKIS HOTEL**
✆ +30 693 229 2625
www.christakishotel.com
info@christakishotel.com
A partir de 23 € pour une chambre double.
Un établissement à taille humaine face à la plage. Les chambres sont spacieuses et possèdent du matériel pour cuisiner de façon assez basique.
Le petit déjeuner et les repas sont en général excellents. La piscine et le pool bar sont très agréables. Une nuit grecque tous les mardis soir est également organisée.

Se restaurer

■ **TO STEKI TIS PAREAS**
Sur la route Skriperou-Peroulades
✆ +30 2663 09 5591
Carte : 12 € environ.
Une taverne qui a réussi à rester authentique malgré l'afflux touristique. *Dolmadakia* (feuilles de vigne farcies), côtelettes d'agneau, bœuf à la sauce rouge, *spanakopita* (feuilleté d'épinards)...
Des plats traditionnels grecs bien cuisinés et à un prix raisonnable. À la fin du repas, un petit dessert est offert, comme partout en Grèce hors des coins touristiques !

■ **CAPRICCIO**
Sur la plage.
A partir de 15 € par personne. Ouvert tous les jours midi et soir de mai à fin octobre.
Cette taverne traditionnelle et à la cuisine honnête offre une belle vue sur la mer un peu à l'écart du centre touristique de Sidari. La carte propose beaucoup de poisson et un agneau à la broche tous les mardis en été, du porc en général le samedi, et le *kleftiko* (agneau) servi avec du pain maison tous les jours.

AGHIOS STEFANOS - ΆΓΙΟΣ ΣΤΈΦΑΝΟΣ

Cet adorable village de pêcheurs, niché entre deux collines, a la chance d'être encore un peu préservé du tourisme de masse. C'est un point de chute intéressant, à une demi-heure de marche de la plage d'Avlaki, un paradis de surfers, et de la baie de Kerasia. Pour du dépaysement supplémentaire, cette station offre aussi une vue imprenable sur les côtes albanaises.

Se loger

■ **CAMPING SAN GEORGE**
Aghios Georgios, Kavades,
à 3 km au sud d'Aghios Stefanos
✆ +30 26630 51759
45 emplacements, de 4,50 € à 5,50 € par personne, emplacement à partir de 3 €.
Au nord de la très belle baie d'Aghios Giorgos, ce camping est surtout fréquenté par les jeunes et les petits budgets. Les emplacements pour les tentes se trouvent sous les oliviers. Une navette est possible pour plusieurs plages du nord de Corfou. Sanitaires plutôt convenables, restaurant, café, coin Internet et supérette sur place.

Aghios Stefanos.

DELFINO BLU BOUTIQUE HOTEL

Agios Stefanos Avlioton.
✆ +30 26630 51629
www.delfinoblu.gr
info@delfinoblu.gr
Studio de 30 m² pour 2 ou 3 personnes à partir de 250 € en été, avec le petit déjeuner.
Ce petit hôtel plutôt luxueux se trouve sur la plage d'Aghios Stefanos au nord-ouest de l'île. Tous les appartements sont équipés de balcons spacieux, s'ouvrant sur une vue magnifique. Espace, confort, parfaitement équipé : cuisine, réfrigérateur, air conditionné, cheminée, sauna, gym mais aussi bain à remous et ordinateur portable dans toutes les chambres avec Internet sans fil gratuit.
Le petit déjeuner est royal. Très bon rapport qualité/prix. Repos au calme assuré. Petite précision : l'hôtel reverse 5 % de ses recettes à l'Unicef.

FATIRAS STUDIOS

8 rue Amoutsa Kassiopi
✆ +30 694 574 3867
A partir de 45 € le studio.
A 150 mètres de la plage de Kassiopi, ces studios bien équipés avec une kitchenette ont surtout une vue magnifique sur le baie de Kassiopi. Le must est de prendre un petit-déjeuner préparé minutieusement par les hôtes sur le balcon. Les chambres sont assez simples mais très propres et le personnel charmant.

KOSTAS APARTMENTS

Agios Georgios Pagon
✆ +30 266 309 6337
www.kostasapartments.gr
straelena@gmail.com
A partir de 35 € la chambre. Animaux domestiques acceptés.
Des studios et appartements propres et confortables dans un coin magnifique de l'île, pas pris d'assaut par les touristes. La cour et le jardin sont particulièrement agréables en été. L'accueil est parfait et le rapport qualité-prix est correct.

Se restaurer

GALINI TAVERNA

✆ +30 2663 081 492
Fermé d'octobre à avril. Carte : 20 € environ.
En terrasse, vous aurez pratiquement les pieds dans l'eau. Au coucher du soleil, c'est divin, et le soir, lorsque les tables sont illuminées par des bougies et lampions, très romantique ! A la carte, des spécialités corfiotes : moussaka et côtes d'agneau excellentes, steak d'espadon et calamars frits époustouflants ! Service professionnel.

PEROULADES - ΠΕΡΟΥΛΆΔΕΣ ★★

À 56 kilomètres, la mer a sculpté les falaises poreuses pour leur donner des formes étranges. Vous pouvez notamment vous baigner dans une sorte de fjord connu sous le nom de « Canal d'Amour » (en français dans le texte). L'érosion a rendu le lieu moins spectaculaire, mais ce sont les constructions anarchiques de chambres d'hôte qui ont fait les plus gros dégâts... En descendant vers le sud, vous trouverez des plages mieux préservées à Aghia Pelaghia, à Aghios Stefanos Avlioton, à Arilas et dans la verdoyante baie d'Aghios Giorghos.

BIKOLIS

✆ +30 2663 095 291
Ouvert toute l'année. Carte : 10 € environ.
A priori cette taverne ne paie pas de mine au bord de la route dans le village de Peroulades. Mais Eleni et Nikos vont vous surprendre ! Les plats sont préparés à la perfection : bœuf aux petits oignons, poissons grillés, légumes frits, agneau au four... Si vous séjournez à Sidari, il est préférable de faire quelques kilomètres et de venir se restaurer chez les Bikolis, une valeur sûre !

LOGAS BEACH STUDIOS

✆ +30 2663 095412
www.hotelperoulades.com
info@hotelperoulades.com
A partir de 34 € la chambre double.
Belle bâtisse rouge dans le village pittoresque de Peroulades. Les chambres disposent d'un coin cuisine et d'un balcon agréable d'où vous pourrez admirer de jolis couchers de soleil. Les hôtes sont adorables, ils aiment aussi cuisiner et faire goûter leurs spécialités aux visiteurs. Vous pouvez aussi aller prendre un cocktail ou dîner au 7th Heaven au bout de la route de l'hôtel, un excellent choix !

VILLA DE LOULIA

✆ +30 26630 95394 – www.villadeloulia.gr
info@villadeloulia.gr
Chambre double à partir de 700 €/semaine.
Sur la gauche en entrant dans le village, il s'agit d'un manoir construit par grand-mère Loulia en 1803 et classé monument historique depuis. Magnifiquement restauré, l'établissement est entouré de verdure et d'un jardin biologique, la piscine et les bâtiments en vieille pierre baignent dans le calme. La plage n'est qu'à 400 m. Les 7 chambres et 2 suites que compte l'hôtel bénéficient de tout le confort. Egalement un spa pour la relaxation. Restaurées en 2000 dans leur splendeur d'origine, toutes les chambres ont leurs propres spécificités.

Baie de Peroulades.

ÎLE ERIKOUSSA - ΕΡΕΙΚΟΎΣΑ

Cet archipel au large de Sidari est composé de cinq petites îles. Ses 1 600 habitants se répartissent entre les trois plus grandes : Erikoussa, Othini et Mathraki. Fréquentées par quelques Corfiotes et très prisées des Italiens, ces îles ne comptent qu'un seul hôtel à Erikoussa et quelques chambres d'hôte à Othini. Vous y accédez en caïque depuis Aghios Stefanos et Sidari (durée 1 heure 30). Le petit ferry *Alexandros* fait également la navette tous les jours depuis Corfou (durée 3 heures).

■ ERIKOUSSA
✆ +30 26630 71555
hotelerikousa.gr
erikousa@otenet.gr
Chambre double à partir de 45 €.
L'hôtel dispose de 20 chambres, qui ont toutes été récemment rénovées. Confortables, élégantes et très bien équipées (télévision, réfrigérateur et wifi), elles offrent une vue imprenable sur la mer. Inspirées par la nature, elles allient astucieusement design moderne et esthétique locale. Chaque petit détail de la pièce reflète une fusion de luxe et de confort. Les chambres simples mesurent 20 m² et les supérieures affichent le double (et un canapé en plus). Bar et restaurant sur place.

PALEOKASTRITSA - ΠΑΛΑΙΟ-ΚΑΣΤΡΊΤΣΑ ★★★

À 25 kilomètres au nord-ouest de Corfou, en passant par les villages de Tzavros et de Lakones, ce site naturel, l'un des plus beaux de Grèce, a été loué par Henry Miller dans *Le Colosse de Maroussi*. En sortant de Lakones, vous débouchez sur la falaise de Bella Vista. De là, la vue sur Paleokastritsa est fantastique : la côte se découpe en six anses rocheuses recouvertes de végétation qui tombent dans une eau turquoise cristalline. D'une plage à l'autre, le sable alterne avec les galets. Le site semble avoir fortement inspiré les récits d'Homère. Au large, le rocher de Petrokaravo (« bateau de pierre ») serait ainsi un ancien navire phéacien qui, après avoir ramené Ulysse à Ithaque, aurait été pétrifié par Poséidon. C'est dans une rivière voisine que le même Ulysse aurait rencontré la princesse Nausicaa. Aujourd'hui, c'est un excellent spot pour la plongée. Vous pourrez admirer la forteresse byzantine d'Angelokastro (XIIIe siècle) et visiter le monastère de la Vierge (entrée 2 €). Fondé en 1228, l'endroit est toujours habité par les moines et abrite une petite collection d'icônes ainsi qu'un très surprenant squelette de... baleine. Lieu de villégiature des riches Anglais au XIXe siècle, Paleokastritsa compte aujourd'hui de nombreux bars, restaurants et boîtes de nuit. Vous pourrez vous restaurer dans la sympathique taverne de Vrachos : bons plats grecs et prix raisonnables.

Se loger

Locations

■ RENA STUDIOS
Via Ethniki Odos Palaiokastritsis
✆ +30 26610 41642
www.renaholidayscorfu.com
info@renaholidayscorfu.com

Baie de Paleokastritsa.

A partir de 30 € la chambre double.
Des studios à un prix très abordables avec une vue époustouflante sur la baie de Paleokastritsa et son monastère. Les chambres sont assez sommaires mais propres. Rena la propriétaire est toujours disponible pour rendre service.

Bien et pas cher

■ APOLLON HOTEL

✆ +30 26630 41211
www.corfu-apollon-hotel.com
info@corfu-apollon-hotel.com
42 chambres. Chambre double 75 € en haute saison (demi-pension 110 €). Petit déjeuner. Ouvert du 18 avril au 30 octobre. Pas de parking.
Bel hôtel avec un personnel aux petits soins. Très bien situé, la vue que l'on a du balcon de l'hôtel est sensationnelle et on se trouve à 40 m de la plage. On lui concède aussi la mention spéciale « excellent rapport qualité-prix » ! Très bon petit déjeuner compris dans la nuitée et possibilité de demi-pension (avec option végétarienne). L'hôtel dispose d'un bâtiment central et d'une annexe : cette dernière est peut-être à favoriser lorsqu'on veut être au calme. Excellent point de départ pour de nombreuses excursions (bateaux au port) et balades (monastère).

■ CAMPING PALEOKASTRITSA

✆ +30 26630 41101
www.campingpaleokastritsa.com
info@campingpaleokastritsa.com
103 emplacements. De 4,50 à 5 € par personne, emplacement à partir de 3,50 €.
Le confort est assez sommaire (pour toutes traces de civilisation, deux blocs douches, deux blocs WC, généralement propres), mais on peut ici planter sa tente sous les oliviers. La plage la plus proche se trouve à 1 km.

■ FUNDANA VILLAS

✆ +30 26630 22532
www.fundanavillas.com
info@fundanavillas.com
Studio ou bungalow à partir de 100 € la nuit en été. 6 bungalows appartements (4 pers. + 2 enfants), 4 studios (2-3 pers.) 2 suites. 1 villa indépendante 3 chambres + piscine privée.
Pour découvrir Fundana Villas, il faudra d'abord emprunter un chemin de campagne qui vous amènera dans la véritable Corfou, celle des oliviers, du silence paisible de l'intérieur de l'île, du sublime plafond étoilé qu'offre ce lieu unique une fois la nuit tombée. Spyros, le propriétaire, parle français et bien d'autres langues, n'hésitez pas à lui poser des questions sur les visites que vous pouvez faire, c'est un guide diplômé depuis des décennies. Il propose également des visites botaniques du gigantesque jardin de l'hôtel pour apprendre à connaître la flore de l'île. Côté logement, le bâtiment en impose par son histoire mais ne vous y trompez pas, tout le confort moderne est à votre disposition dans les chambres, avec en prime une grande piscine avec une vue panoramique sur le maquis environnant.

Confort ou charme

■ PARADISE INN

Doulies area
Liapades
✆ +30 26630 41119
http://paradise-inn.gr
info@paradise-inn.gr
A partir de 50 € la nuit en été en chambre standard selon la période et la catégorie.
Un hôtel avec une grande piscine, véranda et bibliothèque qui offre confort et repos. 20 chambres juste rénovées, bien équipées, au milieu de la belle nature ionienne. Possibilité de louer des vélos et voitures sur place. Des prix qui sont attrayants pour la qualité des services à disposition. Le restaurant de l'hôtel peut vous restaurer convenablement et le petit-déjeuner est fait maison ! Le personnel est à l'écoute. Assez loin du village et des plages à pied toutefois.

Se restaurer

■ AKRON

Plage d'Aghia Triada
✆ +30 2663 041226
Fermé de novembre à avril. Carte : 30 € environ.
Cadre idyllique pour ce restaurant-beach bar qui dispose également d'une piscine et de transats gratuits pour la clientèle. Le décor est soigné, le service et la présentation des plats impeccables. La maison est spécialisée dans les produits de la mer : gambas grillées, spaghettis aux crustacés, poissons cuits à point... Vous pouvez aussi juste prendre un cocktail et un dessert le soir !

■ NEREID RESTAURANT

Près de la plage
✆ +30 26630 41013
A partir de 15 € par personne. Ouvert tous les jours midi et soir.
Cette taverne bien située a la chance de disposer d'un beau jardin où l'on mange avec le doux bruit de la fontaine sous une terrasse ombragée. On y mange des plats traditionnels, on y danse le sirtaki et, tous les soirs, on peut y boire des cocktails.

■ TAVERNA BOULIS

Lakones
✆ +30 26630 49429
Fermé d'avril à octobre. Ouvert tous les jours. Jusqu'à 23h. A partir de 15 € par personne.
Cette taverne familiale est l'endroit à privilégier pour se restaurer dans le village de Lakones. Elle offre, comme les établissements voisins, une petite terrasse avec une vue imprenable sur la baie et un large choix de plats faits maison. Elle ne présente pas de spécificités gustatives mais reste tout à fait convenable, et le service est rapide.

Sortir

■ SPIROS BOND 007

Pagoi, route entre Arkadades et Agiou Georgiou
✆ +30 2663 096423
Ouvert de mai à octobre.
Un couple fan de James Bond a tapissé ce café de photos des films de l'agent 007. *Rien que pour vos yeux*, sorti en 1981, a été en partie filmé à Corfou et notamment dans cette région de Paleokastritsa.
Une scène a même été tournée précisément à l'endroit du café. Eleni, la propriétaire, prépare d'excellents gâteaux au citron et à la pomme. Vous pouvez aussi prendre des mezzedes arrosés d'ouzo. Pour couronner le tout, l'accueil est très amical

À voir - À faire

■ ANGELOKASTRO

Krini
En direction de Palaiokatritsa en arrivant de Corfou, passez le village de Lakones, authentique, et celui de Makrades, touristique. Continuez après Krini sur le chemin imparfait qui mène à Angelokastro.
Ouvert de 10h à 18h. Fermé le lundi.
Le « château des anges » n'est autre qu'un bâtiment historique byzantin, perché à 305 mètres au-dessus du niveau de la mer – ce qui en faisait un point de défense stratégique contre les pirates puis contre les tentatives de siège des Ottomans. Du XIVe au XVIIe siècle, le château faisait office de capitale de l'île. Il regroupe une église, une chapelle et une tour circulaire dans son enceinte. Il offre surtout un point de vue impressionnant sur toute la baie de Palaiokatritsa.

■ MONASTÈRE DE PALEOKASTRITSA ★★

Chaque jour depuis la place Théotoki, à Corfou Ville, une dizaine de bus partent pour Paléokastritsa.
Entrée gratuite. Tenue correcte exigée.
Situé sur le promontoire de la petite péninsule, il offre une très belle vue sur la baie où l'eau est d'une rare limpidité. Construit au XIIIe siècle, il a été entièrement rénové au XVIIIe. Le monastère, blanc, avec de très belles coupoles en tuiles rouges, est inmanquable. C'est un plaisir pour les yeux : d'une architecture complexe, les escaliers et les passages couverts s'enchevêtrent les uns aux autres et mènent à de petites cours fleuries. A l'intérieur, un petit musée byzantin propose de très belles icônes et une boutique, des objets artisanaux.

PELEKAS - ΠΈΛΕΚΑΣ ★

À 16 kilomètres, le village est perché sur une haute colline boisée (272 mètres) au-dessus d'une longue plage de sable. Guillaume II d'Allemagne venait y admirer les couchers de soleil depuis son sommet, aujourd'hui appelé « Trône du Kaiser ». De là, vous pouvez accéder, à pied, aux plages de Glyfada et de Myrtiotissa (près de Vatos) et, par la route, à celles de Kontoyalo (nudistes) et d'Ermones. À proximité, se trouve le prestigieux terrain de golf de Corfou.

Se loger

■ JIMMY'S

✆ +30 6973596644
www.jimmyspelekas.com
info@jimmyspelekas.com

Chambre double à partir de 30 €. Petit-déjeuner 8 €, dîner 18 €. Restaurant ouvert de 15h à minuit.

Jimmy propose une solution idéale et résolument économique pour séjourner dans l'un des quartiers les plus attrayants de Corfou. Les chambres font partie d'une petite unité avec des lits simples et doubles. Et toutes les chambres ont de jolis balcons. Pas les mêmes services hôteliers qu'ailleurs, mais cela ne manque pas car les draps et les serviettes sont changés tous les deux jours. Le rapport qualité-prix est le grand atout de l'établissement et l'hôtel est calme. Vous pouvez également manger dans le restaurant de l'hôtel où la nourriture locale est savoureuse.

■ **LEVANT HOTEL**
✆ +30 26610 94230
www.levantcorfu.com
levant@otenet.gr
Chambre double standard à partir de 70 € en haute saison.

25 chambres simples et romantiques avec une jolie vue panoramique sur les terrasses privées. Il y a une piscine et un bain à bulles dans l'hôtel, mais également de belles plages à proximité. En outre, les activités foisonnent aux environs : les enfants aimeront le parc Aqualand, et les plus grands le terrain de golf à 4 km. Un restaurant, ambiance lounge, sert des plats convenables. Profitez aussi du coucher de soleil sur la grande terrasse. Parking. Animaux acceptés.

■ **PELECAS COUNTRY CLUB**
✆ +30 26610 52918
www.country-club.gr
A 3 km du village de Pelekas sur la route entre Pelekas et Corfou.
Ouvert de mai à octobre. Chambre double 125 €. CB non acceptée.

Une demeure familiale du XVIIIe siècle transformée en hôtel qui a un charme fou ! Les chambres sont décorées avec des meubles d'époque, tout en étant confortables et équipées avec modernité. Le jardin luxuriant environnant est somptueux. Grande et sublime piscine extérieure et court de tennis sont par ailleurs disponibles. Le véritable atout de cet hôtel : il est isolé, bien placé au centre de l'île, et offre calme et tranquillité dans un cadre exceptionnel. Un vrai coup de cœur à Corfou, mais qui a un prix !

Se restaurer

■ **ELIA RESTAURANT**
✆ +30 698 231 6598
info@eliamirtiotissa.com
Fermé d'octobre à avril. Carte : 14 € environ.

Cadre cosy avec des grandes tables en bois entourées d'oliviers. Le chef Stefanos n'utilise que des produits locaux et utilise un four à bois traditionnel. Vous pouvez goûter des spécialités corfiotes comme le *sofrito* (bœuf mijoté avec du persil et de l'ail), du *bianco* (poisson cuit dans une sauce au vin blanc), ou du *bourdeto* (du cabillaud relevé avec des épices). Les grillades, les salades et les poissons frits sont également de bonnes options. En prime, l'été, des concerts sont régulièrement organisés.

■ **JIMMY'S**
✆ +30 6973596644
www.jimmyspelekas.com
info@jimmyspelekas.com
Ouvert tous les jours de 18h à 23h. Entre 15 € et 30 € par personne.

Un coup de cœur culinaire à Pelekas. Cette taverne typique mérite sa réputation car son cadre, son atmosphère et sa cuisine ont été travaillés avec professionnalisme. Des spécialités corfiotes s'inscrivent sur la carte qui propose un large choix de saveurs – tous les plats étant confectionné à partir de produits frais et locaux. Le personnel est plein de petites attentions hospitalières qui participent à faire de ce repas un moment agréable de votre visite de l'île. Le patron, Jimmy, incarne à lui-tout seul la bonne humeur et le bon goût inaltérable des Grecs.

À voir – À faire

SINARADES

Le village de Sinarades a été habité dès l'époque byzantine. Les habitants venaient du sud de l'Italie, mais en 1669 les premiers réfugiés de Crète fuyant le joug ottoman sont arrivés. Dans les venelles du village, des maisons en pierre avec des tuiles colorées, des balcons fleuris où mènent des escaliers en pierre. A Sinarades, il n'y a pas moins de douze églises ! Les plus impressionnantes sont celles du centre de la commune, Saint-Nicolas et Saint-Spiridon, avec un très beau campanile du XVIIe siècle et à l'intérieur un orgue venant d'Italie. Vous pourrez aussi visiter le musée folklorique dans une magnifique maison traditionnelle du XVIIIe siècle.

VATOS - ΒΑΤΌΣ

Voici un village pittoresque situé à l'intérieur des terres entre les stations balnéaires d'Ermones et de Glyfada. L'occasion d'une halte plaisante.

GLYFADA BEACH

Glyfada
✆ +30 26610 94257
www.glyfadabeachhotel.com
info@glyfadabeachhotel.com
Chambre double à partir de 60 € en été, avec petit déjeuner.

Ces 35 chambres, rénovées, ont toutes un balcon et une jolie vue pour la plupart. Restaurant agréable. Pratique : permet d'accéder à toutes les plages.

SPIROS 97

Kellia
✆ +30 2661 094 309
Carte : 11 € environ.

Un restaurant familial à l'écart de la foule qui a gardé toute son authenticité. La carte est restreinte et les plats du jour changent selon les envies des cuisinières. La moussaka, les beignets de courgette, les côtelettes d'agneau et les feuilletés au fromage sont inoubliables pour beaucoup de visiteurs, tout comme la gentillesse des serveurs ! A la fin du repas, ils vous offriront volontiers un digestif ou de la pastèque fraîche.

BENITSES - ΜΠΕΝΊΤΣΕΣ

A 13,5 kilomètres, chaque été, ce village de pêcheurs est littéralement occupé par les touristes anglais. Vous pourrez cependant y faire halte pour visiter les anciens thermes romains et le petit Musée de la Mer consacré aux fonds marins – et y trouver, en outre, de très bons endroits pour dormir ou pour manger. En continuant au sud, les plages de la côte de Perama offrent un peu plus de tranquillité à Aghios Ioannis, à Moraitaki et à Messonghi. Le pittoresque village Stavros se situe à quelques kilomètres : il est le plus haut de la vallée et la vue y est grandiose.

Se loger

ANDROMACHES HOLIDAY APARTMENTS

✆ +30 2661 071130
www.andromachesapartments.com
A partir de 55 € la chambre double.

A seulement 200 mètres de la plage de Benitses, l'établissement à taille humaine propose des chambres simples, doubles, et des appartements tout équipés pour les familles. Les chambres ont une belle vue sur la mer Ionienne et le jardin est fleuri et rafraîchissant en plein été. Les propriétaires, un Greco-Américain et sa femme allemande, vous accueillent avec le sourire.

GALINI ON SEA APARTMENTS

Corfu-lefkimmi National Road
✆ +30 690 903 5090
www.galiniseaapartments.com
galinibenitses@hotmail.com
A partir de 56 € la chambre double. Ouvert d'avril à octobre.

Emplacement privilégié, tout juste sur la plage de Benitses, vous pourrez prendre le petit-déjeuner les pieds dans l'eau. Les appartements sont très propres, neufs, et bien équipés. Sur la plage, vous pourrez disposer des chaises longues de l'établissement gratuitement. Même pour ceux qui n'ont pas de véhicule, l'établissement est bien situé puisque proche de la station de bus.

MARBELLA BEACH HOTEL

✆ +30 26610 71183
www.marbella.gr
info@marbella.gr
Chambre double standard à partir de 260 € en été en demi-pension.

Grand complexe de 420 chambres, ce 5-étoiles est situé sur la très renommée plage d'Agios Ioannis Peristeron.
Les chambres standard (20 m^2) ont un balcon ou une terrasse face aux jardins luxuriants ou à la montagne. Tout est à disposition : location de voiture, deux restaurants, barbecue sur la plage, garde d'enfants, sport pour tous les âges, sauna, massages. L'hôtel offre toutes sortes de divertissements : concerts, danses folkloriques et autres événements. Certaines chambres ont une vue exceptionnelle. Attention, en été la demi-pension est souvent imposée.

Se restaurer

■ AVRA TAVERNA ON THE BEACH

✆ +30 69428 46575
Le bus s'arrête à la station « Avra ».
Ouvert d'avril à octobre tous les jours du matin au soir. A partir de 15 € par personne.
Ambiance musicale lounge, terrasse en bord de mer, Avra a le mérite d'offrir un cadre propice tant à une soirée romantique qu'à une bière entre amis. Le personnel est attentif et souriant mais c'est surtout la cuisine que l'on recommande : les fruits de mer et le poisson bien sûr, mais aussi les salades, les beignets de courgettes, les desserts... Terrasse. Transats sur la plage également. Tout cela pour des prix raisonnables.

■ BENITSES BIG BITE

✆ +30 26610 72509
Sur la marina.
Ouvert toute l'année. Tous les jours de 10h30 à 23h30. Carte : 5 € environ. Accueil des groupes. Terrasse. Vente à emporter.
Ne pas se fier à l'allure peu attrayante du restaurant dans la rue et traversez-le pour découvrir la terrasse. Les prix, peu chers, ne sont pourtant pas la promesse de portions minuscules ou de saveurs réduites : les plats, grecs et italiens, sont très bons, et les quantités très généreuses. Testez la « Bruschetta Big Bite » avec des tomates cerises, de la feta et des olives déposées sur une grande tartine de pain grillé : la recette est italienne mais pas les aliments. Dès lors que vous consommez, vous pouvez utiliser les transats de la petite plage.

■ TAVERNE AKROGIALI

✆ +30 26610 75256
En face de l'hôtel Marbella.
Ouvert tous les jours de 10h à 23h30. A partir de 15 € par personne.
Cette taverne existe depuis 1948 comme indiqué sur sa devanture. Elle sert des plats traditionnels grecs et corfiotes, à base de viande et de poisson frais. C'est surtout l'ambiance pittoresque de l'établissement, grâce à sa proximité avec la mer et aux familles de Grecs qui y mangent, qui en fait un endroit singulier. Un peu cher pour une taverne cependant.

MESSONGHI

Si Messonghi est connu pour sa plage et son ambiance resort, c'est aussi une excellente base pour pouvoir explorer la magnifique partie sud de l'île, paradoxalement très peu exploitée. Si le village a perdu son âme de petit village de pêcheurs depuis longtemps, il reste un très bon compromis pour vivre des vacances détente le long de la longue plage de Messonghi, ou prendre sa voiture tous les matins et se perdre dans des recoins de l'île plus calme.

Benitses.

Pratique

■ **MESSONGHI TRAVEL CENTER**
A Messonghi ✆ +30 26610 71271
www.messonghi-travel-center.gr
info@messonghi-travel-center.gr
Ouvert de 9h à 23h en haute saison.
Un tour-opérateur local qui propose des formules de visite des points les plus intéressants de Corfou ou des îles Ioniennes mais aussi des activités comme de la plongée. L'agence est représentée dans les villages de Benitses, Moraitika, Messonghi, Perama et Aghios Giorgos.

■ **CORFU TRIPS**
✆ +30 2661075631
www.corfutrips.com
info@corfutrips.com
Cet organisateur de tours offre une approche variée des merveilles corfiotes via une sélection de tours bien conçus : tour en bateau, tour à pied dans des sites culturels (palais d'Achilleion, Paleosktratisa, vieille ville de Corfou, Sidari...), tours « actifs » (kitesurf, plongée, sports nautiques). Professionnels et attentifs, ils sauront occuper vos journées et vous éviter le tourisme de parasol que proposent les resorts de l'île.

Se loger

■ **CNIC GEMINI**
A Messonghi
✆ +30 26610 75211
https://gemini.cnichotels.com
Info@GeminiHotel.gr

Chambre double à 80 € en été, sinon quasiment moitié moins cher.
Réparti sur deux bâtiments, cet hôtel, récemment rénové, dispose de plus de 100 chambres. Situé à seulement 50 mètres de la plage de Mesonghi à Corfou, le Gemini Hotel dispose d'une piscine extérieure avec un bassin séparé pour enfants et d'une aire de jeux dans un jardin luxuriant. L'ensemble est un peu vétuste mais le rapport qualité-prix est excellent et l'établissement propose de nombreuses activités comme le minigolf, la pétanque et des jeux pour les enfants. Vous trouverez des activités nautiques sur la plage voisine et un arrêt de bus juste en face de l'hôtel.

■ IONIAN EYE STUDIO DESIGN ET SPA

✆ +30 2661075631
www.ionianeye.com
sales@ionianeye.com
Ouvert de pâques jusque fin octobre. Chambre double de 85 € en basse saison à 130 € en haute saison.
Le cadre, le design, le confort : tout y est. L'hôtel offre à ses invités des chambres superbement décorées, une belle vue sur la mer, des suites premium, un pool bar très bien desservi, et un spa des « Quatre Eléments », où l'eau, le feu, l'air et la terre se rencontrent pour parachever un séjour que l'on sait déjà plus que réussi.

■ IONIAN PEARL VILLA

✆ +302661075631
www.ionianpearl.com/
info@ionianpearl.com
Villa 4 chambres, louée 850 € par nuit.
Piscine, bain à remous, salle de fitness, cinéma en sous-sol, rien n'est trop beau pour les hôtes de la villa Ionian Pearl. Et le nom de l'établissement n'est en rien prétentieux : cette villa suréquipée au style incomparable promet des séjours exceptionnels aux groupes d'amis ou aux familles qui peuvent se l'offrir. A noter que des massages sont proposés sur place, ainsi que l'accès au spa de l'Ionian Eye situé en contrebas.

LAC DE KORISSIA - ΚΟΡΙΣΣΙΆ

A 28 km, sur la côte ouest. Après Messonghi, la route qui descend de Corfou vers le sud bifurque vers la droite et passe à côté de cette grande réserve ornithologique. Malheureusement, aucune visite n'est prévue.
Plus loin, toujours sur la côte ouest, se trouvent les plages encore peu fréquentées d'Aghios Giorgios et de Vitalades.

LEFKIMMI ★

Charmant village, idéal pour prendre un café. Contournez l'église, qui ne se visite malheureusement pas, et une petite terrasse vous permet d'observer les environs.

■ ALYKES ★

Alykes, à la pointe nord de Lefkimmi, est le lieu principal où l'on peut assister à la fabrication de sel sur l'île. Cet écosystème riche accueille les oiseaux migrateurs en transition et, si vous êtes chanceux, vous pourrez voir un bon nombre de flamants roses se baignant dans les étangs salés.
Une petite plage borde le village de pêcheurs : l'eau y est belle, et la nature luxuriante vous permet de trouver facilement un coin isolé. Une agréable petite taverne offre restauration et repos.

■ **MAYOR CAPO DI CORFU**
Agios Petros Lefkimmi
✆ +30 26620 29077
www.mayorcapodicorfu.com/en
capodicorfu@mayorhotels.com
Chambre double à partir de 200 € en été, en demi-pension.
Environ 250 chambres convenables sont installées dans de petites maisonnettes mais le charme de l'hôtel réside surtout dans les parties communes : piscine extérieure, terrasse et bar lounge, jardin, restaurant-buffet, salon de massage, aire de jeux pour les enfants... Les services mis à disposition y sont des plus profitables et rendront tout séjour relaxant. Il y a également une plage privée, que des bougies illuminent la nuit afin de rendre le cadre encore plus romantique. Le personnel y est très amical et à l'écoute. La proximité avec la mer est un véritable atout.

■ **MONASTÈRE DE PANAGHIA ARKOUDILA**
Le monastère, en ruine aujourd'hui, date du XVIIe siècle. Sa tour fortifiée servait de cachette aux moines lors des attaques de pirates. Il est entouré d'une grande forêt qui se prête volontiers aux randonnées et dont la diversité de la flore est surprenante. A pied, de Kavos jusqu'au monastère, cela prend environ une heure.

■ **TAVERNE BEBIS**
Sur la plage de Gardenos
✆ +30 2662 024378
Carte : 11 € environ.
Face à la plage grandiose de Gardenos, la taverne Bebis sert de l'excellente cuisine grecque à petits prix. Poulpe grillé, poissons frais, mais aussi plats de viande traditionnels comme le bœuf en sauce rouge sont au menu. Accueil remarquable.

CYTHÈRE - ΚΎΘΗΡΑ ★★★

Chantée par Baudelaire, décrite par Nerval dans le *Voyage en Orient*, peinte par Watteau dans *L'Embarquement pour Cythère*, elle sied bien aux couples qui voudraient se placer sous la protection de la déesse. Mais pas que. Avec ses 278 km² et ses 3 100 habitants, Cythère ou Kythira (en grec) est l'île où les Zéphyrs ont poussé Aphrodite, née de l'écume. Située au-dessous du Péloponnèse et isolée des autres archipels, Cythère n'a rien de commun avec les autres îles Ioniennes. Les arbres y sont rares, les paysages austères, les habitants sympathiques mais peu sociables, et les infrastructures touristiques presque inexistantes. Mais vous y découvrirez une nature préservée, des plages isolées, des grottes inexplorées, du poisson frais à volonté.

Histoire

Depuis l'Antiquité, Cythère est connue comme l'île d'Aphrodite. Un titre contesté à l'autre bout de la Méditerranée par la petite république de Chypre, qui fait visiter à qui veut le voir le temple dédié à la fameuse déesse de l'Amour. De leur côté, les habitants de Cythère n'ont encore trouvé aucune preuve formelle attestant d'un véritable culte à la belle. Ils n'en continuent pas moins d'affirmer que la déesse vénérée chez eux était celle de l'Innocence et de l'Amour pur, tandis que leurs cousins chypriotes célébraient plus prosaïquement la déesse du Sexe... C'est à Skandia, connu aujourd'hui sous le nom de Paléopolis (« vieille ville »), à l'est de Cythère que certains situent la construction du premier temple d'Aphrodite. Creusé, fouillé et passé au peigne fin, le site n'a jamais rien révélé. Mais les archéologues y ont trouvé les premières traces d'habitations minoennes puis crétoises. Ce n'est toutefois qu'au VIe siècle que Cythère commence à se développer et à attirer durablement des populations venues du Péloponnèse. L'île va ensuite passer sous contrôle vénitien pendant près de 6 siècles (1207-1797). Une longue occupation tout juste interrompue par un raid du pirate Barberousse en 1537 et une courte année de présence ottomane. Fortifiant ce verrou stratégique vers l'Orient, les Vénitiens n'ont en revanche pas cherché à en assurer le développement. Les traces de leur passage restent ainsi beaucoup moins visibles qu'à Corfou. A partir de la fin du XVIIIe siècle, Cythère va pourtant connaître le même destin que les autres îles Ioniennes : révoltes populaires contre Venise, « libération » par les troupes napoléoniennes en 1797, administration britannique à partir de 1809 et rattachement à la Grèce en 1864.

KYTHIRA - ΚΎΘΗΡΑ ★★★

Eloignée du port d'Aghia Pelaghia et de l'aéroport, la capitale offre un bon point de départ pour explorer le sud de l'île. Le village en lui-même, peuplé de 600 habitants, est constitué de maisons blanches et d'églises concentrées au pied de la citadelle vénitienne (1503). De là-haut, la vue sur la mer et l'île d'Anticythère est imprenable. En vous promenant dans les ruelles, vous pourrez

visiter la modeste collection d'objets minoens et mycéniens exposée au Musée archéologique dès qu'il sera réouvert.

En longeant la baie qui s'ouvre sur la pleine mer, vous découvrirez une plage de sable préservée au fond de la crique de Sparagario avant d'arriver à Kaspsali. Avec ses deux plages et son port de plaisance, c'est sans doute le lieu le plus touristique de l'île. Autrefois, c'est pourtant ici que saint Jean commence l'écriture de l'Apocalypse avant d'aller terminer son œuvre à Patmos. A 4 km à l'intérieur des terres, les Britanniques ont laissé leur empreinte à Livadi, en construisant un pont de pierre et une école aux fenêtres gothiques. En cheminant vers la côte ouest, vous pourrez vous baigner à Limnaria et admirer le monastère de Panaghia Myrtidiotissa. Son église renferme une icône de la Vierge noire qu'un berger du XIIIe siècle affirme avoir trouvée dans les buissons de myrte. En revenant à Chora par la côte, vous croiserez une belle plage à Melindoni, d'où vous pourrez apercevoir l'îlot Avgo (« œuf »). Selon la mythologie, c'est ici que Vénus a vu le jour.

Transports

Comment y accéder et en partir

L'aéroport est situé à 23 km au nord-ouest de Kythira, vers Potamos. Un vol par jour en été avec Athènes, assuré par Olympic Air.

■ **AÉROPORT**
Kithira Island National Airport (KIT)
✆ +30 2736 033297
L'aéroport de Cythère est situé à 23 km au nord-est de Chora. Pour vos déplacements, vous devrez utiliser un véhicule particulier ou emprunter un taxi, car il n'y a pas de service de bus disponible.

PORT
✆ +30 27360 33280
Les navires accostent à Diakofiti (l'ancien port d'Aghia Pelagia n'est plus utilisé).
Située à 12 km de la pointe sud du Péloponnèse et sur la ligne Athènes-Kastelli (Crète), Cythère reste mal desservie.

Liaisons avec le continent. Outre deux liaisons en ferry par semaine avec Le Pirée (6 heures 40), l'île est reliée au Péloponnèse par les ports de Neapoli (1/jour, 1 heure 15) et Gythio (1/semaine, 2 heures 20).

Liaisons avec les autres îles. Deux liaisons par semaine pour Anticythère (1 heure 40).

Yachting. Vous pouvez vous approvisionner en eau et en essence dans le port de Kapsali. Aghia Pelaghia est plus exposée au vent.

Se déplacer

BUS
✆ +30 27360 31556
www.kythira.info/en/bus/
info@kithiratravel.gr
Il existe même des liaisons en bus avec Athènes (terminal du 100 r. Kifisou).
L'essentiel des bus relie la capitale et les villages intérieurs en fonction des horaires scolaires.

Pratique

HÔPITAL
✆ +30 27360 31243

POLICE
A Kythira et Potamos
✆ +30 27360 31226

Se loger

ANEMES
AVLEMONAS
✆ +30 27360 34067
anemes@kytheraisland.gr
Chambre double à partir de 110 € en été.
Avec une vue sur la plage de Paleopolis, ce bâtiment blanchi à la chaux propose des chambres indépendantes avec une grande véranda donnant sur la mer Égée, les paysages de Cythère et le jardin. La décoration est romantique avec du mobilier en bois sombre, des couleurs ocres et un sol en pierre. Petit déjeuner fantastique et personnel charmant.

EL SOL HOTEL
A Kapsali
✆ +30 27360 31629
www.elsolhotel.gr – info@elsolhotel.gr
Fermé de novembre à avril. 24 chambres. Haute saison : chambre double à partir de 100 €.
Avec une vue sur la mer et sur le kastro, cet établissement avec piscine est bien agencé et offre des chambres confortables. Les grands balcons des maisonnettes blanches aux volets bleus disposent d'un panorama sublime. Vanessa la propriétaire est toujours à l'accueil pour vous renseigner et vous donner de bonnes informations sur l'île.

WINDMILL SUITES
A Livadi
✆ +30 273 603 4015
Fermé de novembre à mai. Haute saison : studio / appartement de 60 € à 80 €. Wifi.
Loger dans un moulin du XVIIe siècle vous tente ? Les studios sont très bien aménagés en conservant le style authentique d'époque mais en ajoutant une touche moderne. Ils peuvent accueillir trois ou quatre personnes et sont tous équipés avec une cuisine moderne. Un cadre atypique et magique !

Se restaurer

PIERROS
A Livadi, rue principale
✆ +30 2736 031 014
Fermé d'octobre à mai. Carte : 12 € environ.
Une adresse réputée à Cythère où l'on mange une cuisine grecque traditionnelle : moussaka, boulettes de viande et sauce tomate, *bamies* (des okras cuisinés avec des tomates et des oignons), des tomates farcies... Le menu change selon les envies du chef. Vous pouvez visiter la cuisine et choisir ce qui vous inspire. Les prix sont corrects et l'accueil remarquable !

À voir - À faire

KASTRO DE CHORA
Le Kastro de la ville haute Chora a été construit par les Vénitiens entre le XIIe et le XIIIe siècle. La forteresse est surnommée «l'œil crétois», car elle permettait d'observer la mer Egée et la mer de Crète en même temps.
En entrant à gauche, vous pourrez voir les anciennes prisons, si vous prenez à droite en entrant par contre vous pourrez observer une citerne. Le château comprend quatre églises. La plus vieille est l'église Pantokrator, construite en 1545 et qui a des fresques bien conservées. L'église la plus grande est Panagia Myrtidiotissa, construite en 1580. Juste à côté du Kastro se trouve Panagia Orfané («La Vierge Marie orpheline»).

MUSÉE ARCHÉOLOGIQUE ★
✆ +30 27360 31739
Ouvert mardi, mercredi, samedi et dimanche de 9h à 16h. Gratuit.

Ville de Kythira.

Vous pourrez visiter la modeste collection d'objets minoens et mycéniens exposée au Musée archéologique. Le bâtiment qui abritait le musée archéologique a été endommagé par un séisme. L'exposition contenait des stèles funéraires, des pièces de monnaie, des vases, des statues. Parmi ces dernières, celle de Vénus accompagnée d'Eros ainsi que le Lion de Cythère. Mais à cause de la fragilité de l'endroit et de ses horaires aléatoires, la plupart des objets trouvés aux fouilles qui ont eu lieu sur l'île se trouvent dans les dépôts du musée archéologique du Pirée.

■ MUSÉE BYZANTIN DE CYTHÈRE ★

Eglise d'Analipsi, à Kato Livadi.
✆ +30 27360 31731
Ouvert mardi, mercredi et jeudi de 9h à 16h. Entrée : 2 €.
Une précieuse collection d'œuvres d'art byzantin et méta-byzantin est exposée dans la petite chapelle méta-byzantine d'Analipsis à Kato Livadi. Vous verrez des fresques byzantines ainsi que des icônes et divers objets de service. Mais l'héritage byzantin est bien trop grand pour ce petit musée. La plupart des œuvres sont conservées dans les dépôts de l'église métropolitaine de Cythère... Une petite visite pédagogique à faire ici.

MYLOPOTAMOS - ΜΥΛΟΠΌΤΑΜΟΣ ★

A 15 km, à l'ouest. Mylopotamos est une oasis de verdure à visiter impérativement ! La cascade de Neraida dissimulée par un rideau de végétation luxuriante est particulièrement agréable lors des chaudes journées d'été. La forteresse vénitienne de Kato Hora, dont le portail d'entrée est orné du lion de saint Marc, abrite plusieurs remarquables églises renfermant des fresques byzantines. En vous dirigeant vers la côte, vous pourrez visiter la grotte d'Aghia Sofia. Belle plage de sable fin au cap Limonias.

Se loger

■ ATHENA HOTEL

✆ +30 27360 31942
www.athena-hotel.gr
info@athena-hotel.gr
Chambre double à partir de 90 € en été.
11 chambres modernes, sobres et zen conçues par un architecte d'intérieur. Les chambres disposent de grands balcons surplombant les environs avec une vue incroyable sur la mer. L'ensemble est très correct !

■ PORFYROUSSA

✆ +30 27360 38281
porfyrousa.gr
info@porfyrousa.gr
Environ 200 € la villa. 9 € le petit-déjeuner.
Maison construite pendant l'époque vénitienne et située dans la partie médiévale du village de Mylopotamos. Tous les meubles sont en bois, réalisés par des artisans locaux, et le design des chambres est authentique et traditionnel. Le petit-déjeuner fait à base de produits locaux est délicieux.
Elena, la propriétaire, s'est lancée dans l'agriculture biologique et produit du vin, de l'huile d'olive et du raki à consommer sur place ou à emporter. Pour info, elle parle un peu français.

KAMARI
Matina Stratigos
✆ +30 27360 33627 – kamari@kythera.gr
Studio standard à partir de 70 € en été. Appartement disponible aussi.
Si les places sont chères, c'est qu'il y en a peu. Tout petit hôtel très économique avec des chambres équipées d'une kitchenette. Certains studios peuvent loger jusqu'à cinq personnes pour 90 € la nuit.

Se restaurer

MICHALIS
Dans le village de Mitata ✆ +30 2736 033626
Fermé d'octobre à mai. Carte : 12 € environ.
On vient chez Michalis surtout pour la vue et le cadre. La place du village avec son église est pittoresque et offre une vue imprenable sur la vallée jusqu'à la mer. La cuisine est simple mais à base de produits frais : le porc à la sauce au citron ainsi que le poulet au four et ses pommes de terre sont les spécialités de la maison.

O PLATANOS
✆ +30 27360 33397
Fermé de novembre à avril. Carte : 10 € environ.
Dans un cadre bucolique, sous les platanes, laissez-vous tenter par cette taverne familiale. Les plats cuisinés sont préparés avec amour tout comme les desserts qui valent vraiment le coup. Le galatobouriko, feuilleté à la crème de lait et au miel, est tout simplement somptueux !

À voir - À faire

PANAGIA MYRTIDIOTISSA
✆ +30 273 6031 184
Ouvert de 8h à 19h.
Dans ce monastère se trouve une icône de la Vierge retrouvée par un berger au XIIIe siècle au milieu des myrtes, d'où le nom du monastère : Myrtidiotissa. Ce qui est inhabituel, ce sont les visages noirs de la Vierge et de l'Enfant. Le monastère actuel n'a été construit qu'au XIXe siècle, mais les jardins luxuriants entourant les lieux valent le détour. Le 15 août, une grande fête est organisée pour la Vierge Marie, avec un grand buffet, et les habitants viennent de toute l'île faire la fête jusqu'à la fin de la nuit.

AVLEMONAS - ΑΒΛΈΜΟΝΑΣ ★

A 26 km. C'est là, au large de ce petit village de pêcheurs gardé par un fort vénitien (XVIe siècle), qu'ont été perdues certaines frises du Parthénon lors de leur voyage vers l'Angleterre en 1802. Sur la plage de sable rose, deux tavernes montent désormais la garde, dont le très recommandé Sotiris. Juste à côté se trouve l'ancienne colonie crétoise de Paléopolis. Ce site archéologique abriterait un temple dédié à Aphrodite. Les historiens cherchent encore... Vous pourrez également vous baigner vers Diakofti (4 km), le deuxième port de l'île.

ANEMES
✆ +30 27360 34067
Voir page 610.

KYTHERA BEACH
A Diakofti
✆ +30 27360 33 750
www.visitkythira.com
kytbeach@otenet.gr
Studios à partir de 50 € proposés en été. Petit déjeuner 7,50 €.

La baie d'Avlemonas, sur l'île de Cythere.

L'établissement propose 13 studios pour 5 à 6 personnes juste en face de la mer, et tout près d'une des plus belles plages de l'île. Les studios sont bien entretenus et Sofia s'occupe de vous accueillir comme il se doit avec des cookies ou des confiseries !

■ MANOLIS
À Diakofti
✆ +30 2736 038230
Carte : 15 € environ.
Chez Manolis, vous déjeunerez les pieds dans l'eau face à la belle plage de Diakofti. Le poisson frais et les spaghettis aux crevettes et crustacés sont les spécialités de l'établissement. Personnel serviable.

■ PSOMOLADEA
✆ +30 698 652 0617
Fermé de novembre à mai. Carte : 12 € environ.
Un excellent restaurant avec un jardin rafraîchissant et un personnel serviable. Thon grillé à point, spaghettis aux crevettes, soupe de poissons, calamars grillés, les produits de la mer sont à l'honneur dans cette taverne. Mais néanmoins des plats végétariens sont aussi disponibles.

AGHIA PELAGHIA - ΑΓΊΑ ΠΕΛΑΓΊΑ

A 26 km. Le principal port de l'île possède une église particulière, Aghios Nikolaos Krassas (« Saint-Nicolas-du-Vin »). Celle-ci, selon la tradition, a été construite grâce à une cargaison de vin sauvée d'un naufrage. Deux belles plages : Fourni et Platia Ammos. A 6 km à l'intérieur des terres, le ravissant village de Karavas offre ses amandiers, ses platanes et ses sources. Non loin s'étend la plage de Platia Ammos et ses tavernes.

■ KALERIS
Sur la plage.
✆ +30 27360 33461
À partir de 15 € par personne. Ouvert tous les jours midi et soir.
Une très agréable taverne les pieds dans l'eau. Giannis, le chef, vous invite à découvrir la cuisine traditionnelle de Cythère avec une (petite) touche de modernité bienvenue. Carte méditerranéenne et d'excellents *mezze*.

■ KYTHERA IRIDA
✆ +30 2736 034273
www.kythera-irida.gr
info@kythera-irida.gr
Chambre double à environ 90 € en été.
Hôtel à taille humaine et au design épuré et moderne. Les chambres possèdent des lits king size et de grands balcons agréables pour prendre l'apéritif en soirée. Petit-déjeuner avec du choix et des produits frais.

■ PLATIA AMMOS BEACH
A Platia Ammos
✆ +30 27360 33 960
www.platiaammosbeachhotel.blogspot.com
Chambre double à 90 € en été.
Cet hôtel installé directement sur la plage dispose de 8 chambres équipées d'une kitchenette.
Assez basique mais le cadre est splendide et vous avez une grande plage de sable à perte de vue rien que pour vous (ou presque) !

POTAMOS - ΠΟΤΑΜΌΣ

A 20 km. Considéré comme la capitale économique de Cythère, ce village traditionnel compte un bazar ouvert pendant l'occupation anglaise et s'anime le dimanche matin, lorsque toute la population se retrouve au marché.
A 9 km à l'est de Potamos, Paliohora est l'ancienne capitale de Cythère. Dans un paysage impressionnant se dressent les ruines de cette citadelle fondée au XVIe siècle par des nobles byzantins de Monemvassia, et détruite, en 1537, par Barberousse.

Transports

■ AÉROPORT DE CYTHÈRE
✆ +30 27360 38395
Situé à 23 km au nord-ouest de Kythira et à 8 km à l'est de Potamos.
L'aéroport n'est pas desservi par des bus. Course en taxi : 30 € pour Kythira, 15 € pour Potamos.

▸ **Athènes-Cythère.** Un vol par jour en été avec Olympic Air (50 minutes). La compagnie possède des bureaux à l'aéroport et à Potamos. Renseignements : www.olympicair.com – Tél +30 27360 33362.

▸ **Liaisons avec les autres îles.** Des rotations directes existent entre Cythère et Rhodes avec Sky Express. Renseignements : www.skyexpress.gr – Tél +30 28102 23500.

Se loger

■ KAMARES
Aroniadika Village
✆ +30 27360 33 420
www.apartmentskamares.com
Chambre double 80 € en haute saison. Petit déjeuner 5 €.
A Aroniadika, à quelques kilomètres en dessous de Potamos. Dans une ancienne demeure, l'établissement propose 16 chambres décorées de manière traditionnelle. Très fraîche l'été, la maison possède également des espaces communs et un grand patio agréable pour prendre le café.

L'énigme d'Anticythère...

En 1901, un groupe de pêcheurs découvre une étrange horloge dans l'épave d'un navire antique échoué au large d'Anticythère. Connue sous le nom de « mécanisme d'Anticythère », cette machine, dotée d'une vingtaine de roues dentées, est restée une énigme pour les scientifiques, pendant près d'un siècle. « Trouver une chose comme celle-là équivaut à découvrir un avion à réaction dans le tombeau de Toutankhamon », expliquera un chercheur britannique. Construit à Rhodes en 86 av. J.-C et destiné à l'étude des cycles solaires et lunaires, cet engin d'une folle complexité n'a toujours pas révélé tous ses secrets. Aujourd'hui exposé au musée d'Archéologie maritime d'Athènes, il est considéré comme le premier ordinateur de l'humanité.

■ **LANOS**
✆ +30 69729 23927
lanoskyt@otenet.gr
Chambre double à 70 € en été. A partir de 40 € hors saison.
A tout juste 50 m de la place du village de Potamos, Lanos propose 11 chambres toute l'année, aménagées comme de vrais petits studios avec cuisine décorés de façon traditionnelle, avec coin cheminée très pratique pour l'hiver !

Se restaurer

■ **PANARETOS**
Sur la place centrale.
✆ +30 27360 34290
Comptez 15 € par personne. Ouvert tous les jours, midi et soir, toute l'année.
Taverne classique qui propose des tables sur une belle place parmi les pins. Excellente cuisine du chef Dimitri Panaretou ; essayez par exemple le bouquetin à la sauce rouge ou à l'huile et à l'origan, ou encore la salade du littoral...

À voir - À faire

■ **GORGES DE PALEOHORA**
Les gorges de Paleohora offrent de belles opportunités de randonnées. Elles commencent à partir de la forteresse d'Aghios Dimitrios jusqu'aux environs d'Aghia Pelagia. Vous pouvez choisir de commencer la randonnée à partir du village Trifylianikon et suivre le chemin vers Paleohora. Ou vous pouvez aller jusqu'au parking de Paleohora et prendre le chemin derrière l'église d'Agia Varvara qui descend. De Paleohora jusqu'à la fin du chemin qui mène à un petit lac, comptez deux heures de marche. Il faut être bien équipé, le sol peut être glissant. Avoir une corde peut même être une bonne idée. En pleine nature, cette randonnée ravira les aventuriers et les amoureux d'espaces sauvages.

ANTICYTHÈRE - ΑΝΤΙΚΎΘΗΡΑ

Située à mi-chemin entre Cythère (à 2 heures en ferry) et la Crète, cette petite île de 20 km² de long ne compte que 80 habitants concentrés dans le port de Potamos. On y trouve un médecin, une école (6 élèves), deux tavernes et 10 chambres rudimentaires ouvertes par la municipalité pendant l'été. A 1,5 km de là, vous pouvez visiter les ruines de la cité antique d'Aigila et vous baigner à Xeropotamos, Kamarella et Halara. Refuge par excellence des pirates depuis le IVe siècle av. J.-C, ce rocher est toujours livré aux humeurs du vent. D'innombrables bateaux ont été engloutis par les vagues écumantes qui se brisent sur ses côtes. C'est d'un tel naufrage qu'a été sauvé le célèbre Ephèbe d'Anticythère.

ELAFONISSOS - ΕΛΑΦΌΝΗΣΟΣ

Avec ses 19 km² et ses 270 habitants, l'îlot est renommé pour ses plages de sable blanc. Situé à 300 m du Péloponnèse, en face de Néapolis, il est très agréable sauf au mois d'août, car il peut difficilement accueillir un grand nombre de visiteurs.

■ **ARONIS**
✆ +30 697 284 7082
Fermé de novembre à avril. Carte : 15 € environ.
Une excellente taverne à poisson tout près du port d'Elafonisos face à la mer. Les poissons sont frais et cuisinés à la perfection. La fava, les aubergines au four, les tomates farcies au riz sont aussi succulentes. Mais le must, ce sont les spaghettis au homard. A commander à l'avance si possible !

■ **ELAFONISSOS**
Elafonissos
✆ +30 273 406 1268
hotelelafonisos.gr

Chambre double à partir de 50 €. Ouvert de début juin à fin septembre.
Un hôtel à taille humaine donnant sur la plage. Complètement rénové, il possède de très belles chambres lumineuses aux tons pâles. Un bon choix pour passer quelques jours à Elafonissos et profiter d'une des plus belles plages de Grèce.

■ **CALYPSO**
Elafonisos Lakonias ✆ +30 2734 061245
A partir de 50 € la chambre double.
Une maison rose qui possède de grandes chambres avec des balcons immenses particulièrement agréables. Les chambres sont modernes et nettoyées tous les jours.

ITHAQUE - ΙΘΆΚΗ ★★

Avec ses 96 km² et ses 4 000 habitants, bienvenue sur l'île d'Ulysse. Les fouilles ont en effet confirmé que le héros homérique a bien entrepris un long périple pour retrouver son sol natal, et que c'est sur cette terre que Pénélope a tissé et retissé son ouvrage en attendant son mari adoré. Ne vous attendez pas à trouver un site grandiose. Ithaque est d'une simplicité poignante, telle qu'Homère l'a décrite. Formée de deux massifs montagneux, la plus petite des Ioniennes abrite un pittoresque port en forme de sabot entouré d'arbres, quelques villages préservés, et s'auréole de son passé légendaire. Une ascension d'une trentaine de minutes vous conduira à la grotte des Nymphes où Ulysse a caché le trésor des Phéaciens. A Perapigadi, vous verrez la « fontaine d'Aréthuse ».
Sinon, le palais d'Ulysse était probablement à Stavros et Perahori a peut-être été la résidence du berger Eumée…

VATHI - ΒΑΘΎ ★★

La baie protégée de Vathi, en eaux profondes, offre un refuge idéal aux bateaux. Pourtant, les premiers habitants de l'île s'installent d'abord dans les collines avoisinantes et le port n'est peuplé qu'au Moyen Âge. Vathi devient la capitale de l'île au XVIIe siècle puis sera partiellement détruite par le séisme de 1953. Sa reconstruction a été réussie et les petites maisons aux toits de tuiles rouges ont un air coquet.

Transports

Comment y accéder et en partir

■ **BUS KTEL**
✆ +30 21051 36185
Athènes est reliée quotidiennement à Ithaque par six bus KTEL, en passant par le port d'Astakos (3h30 de route et 2h20 de traversée en ferry). Départ au 100, rue Kifissou, à Athènes. Des bus relient également toutes les heures Patras, d'où l'on embarque aussi pour Ithaque (2h30 de route et 4 heures de ferry).

■ **PORT**
✆ +30 26740 32909
On accède à Ithaque depuis les ports de Patras et d'Astakos. L'île elle-même dispose de trois ports : Frikes, Piso Aetos (ou Pisaetos) et Vathi. Renseignements : Tél +30 26460 41052.

Plage près de Kioni.

Liaisons avec le continent. Piso Aetos : de une à deux liaisons par jour en ferry avec Astakos (2 heures 20), six par semaine avec Patras (3 heures 45). Vathi : deux par jour avec Patras (4 heures).

Liaisons avec les autres îles. Frikes : trois liaisons par jour en ferry avec Leucade (1 heure 15 pour Vassikiki, 1 heure 30 pour Nidri), deux par jour avec la Céphalonie (Fiskardo, 50 minutes). Piso Aetos : deux par jour avec la Céphalonie (Sami, 30 minutes). Vathi : deux par jour avec la Céphalonie (Sami, 45 minutes).

Yachting. Approvisionnement possible en eau et en essence à Vathi.

Se déplacer

Il n'y a que des bus scolaires sur l'île, le mieux est de prendre un taxi ou de louer une voiture !

BATEAU TAXI ODYSSÉE

✆ +30 26740 33581
Le bateau-taxi d'Odyssée vous emmènera sur la plage de votre choix à Ithaque (comptez entre 10 et 20 euros selon la distance et le nombre de personnes concernées). Il peut également venir vous chercher à Céphalonie ou à Leucade et vous emmener en excursion pour la journée. Il faut cependant réserver quelques jours à l'avance en haute saison.

Pratique

HÔPITAL

✆ +30 26740 32222

POLICE

✆ +30 26740 32205

Se loger

Il y a peu d'hôtels et guère de chambres à louer, à Ithaque en général et à Vathi en particulier. Réservez à l'avance, c'est plus prudent.

ADASTRA LUXURY SUITES

✆ +30 2674 033 522
www.adastrasuites.com
info@adastrasuites.com
Entre 160 et 260 € la suite avec le petit-déjeuner.
Sur une colline verdoyante surplombant le port de Vathi, cet établissement de luxe propose des suites toutes décorées différemment sur des thématiques et avec un mobilier choisis avec goût. Elles disposent d'un grand balcon et d'une cuisine entièrement équipée. Le petit-déjeuner maison servi dans le jardin magnifique regardant la baie de Vathi est un must !

HOTEL FAMILIA

Dans le port. ✆ +30 26740 33366
www.hotel-familia.com
info@hotel-familia.com
Chambre double de 85 € à 150 € en été, petit déjeuner compris. Ouvert toute l'année.
Un ancien édifice de 1890 transformé en boutique hôtel de 7 chambres, qui marie l'esthétique industrielle et une certaine sensibilité écologique. Les chambres, très graphiques, ont des meubles et des lits en fer forgé et des œuvres d'art, composant un ensemble sophistiqué. On adore aussi le riz au lait au petit déjeuner (maison).

MENTOR

✆ +30 26740 32433
www.hotelmentor.gr
welcome@hotelmentor.gr
Chambre double de 70 à 120 €, petit-déjeuner compris.
L'hôtel Mentor propose 36 chambres avec balcon et télévision et 2 suites de 4 lits dans un site pittoresque dans la baie de Vathi face à la mer. Les chambres spacieuses ont une literie confortable et un balcon agréable pour prendre un petit-déjeuner copieux.

PERANTZADA

Dans le port. ✆ +30 26740 33496
www.arthotel.gr/perantzada
perantzada@arthotel.gr
Suite standard sans vue à partir de 110 € en été, petit déjeuner compris. Ouvert toute l'année.
Très bel hôtel, au calme, dans une ruelle près du port. Le plus beau et le plus élégant de l'île (il appartient au réseau Art hotels). Peu de chambres, toutes décorées de façons différentes dans un esprit design. Et surtout, le must : la piscine chauffée (en hiver) façon *roof garden*. Vous nagez sur le toit de l'établissement avec vue sur le port et le reste de l'île. Sublime ! Possibilité d'une réservation couplée avec le magnifique hôtel Emelisse, en Céphalonie. Encore plus sublime !

Se restaurer

PORTO

✆ +30 26740 32549
Près de l'hôtel Mentor,
légèrement en retrait du front de mer.
A partir de 15 € par personne. Ouvert tous les jours, midi et soir.
Voilà une taverne simple, près du port où sont amarrés les bateaux. Valeur sûre pour les plats cuisinés : essayez les boulettes de viande farcies aux aromates, mais aussi le poulet au fromage, aux tomates et au piment, délicieusement rôti au four. Et évidemment, du poisson frais ! Bref, une simple taverne près de l'endroit où les bateaux sont amarrés et une solution sûre pour des plats cuisinés de qualité. Essayez le poulet rôti au fromage, à la tomate et au poivre, ou les spaghettis au homard (s'ils sont à la carte quand vous y passez).

N
ALBANIE
GRÈCE
Plage
Plage Ithaki Wild
Plage Marmagkas
Plage Afales
Exogi
Frikes
Kioni
Stavros
Plage Pólis
ITHAQUE
Anoghi
Lefki
Mer Ionienne
Plage Kédros
Plage Gidaki
Plage Skinos
Plage Filiatro
Plage Sarakiniko
Aetos
Perachori
Plage Kamínia
Lygia
Plage Antrí
1 km

■ **SPADIS**
Rue Georges Drakouli
✆ +30 2674 033344
Ouvert de mai à octobre.
Une boulangerie-pâtisserie qui nourrit tout le village ! Le matin, leur café vous réveillera avec de bons petits cookies, des feuilletés avec de la crème de lait (bougatsa), et des petits pains en tout genre. En fin d'après-midi ou en soirée, venez faire un tour pour une douceur bien grecque comme le kataifi (fils d'ange avec du miel) ou le baklava (gâteau oriental à base de miel). Vous pouvez aussi vous laisser tenter par leurs glaces faites maison qui sont délicieuses !

■ **TAVERNE KANTOYNI**
Sur le port
✆ +30 2674 033405
Environ 15 €.
Cette taverne sert une cuisine locale bonne et du poisson frais délivré directement par les pêcheurs du coin. Les calamars, les sardines, les spaghettis aux fruits de mer sont délicieux ! Vous pouvez y déguster également une belle sélection de plats grecs typiques (agneau et pommes de terre, bœuf en sauce, moussaka).

À voir - À faire

■ **AGHIOS NIKOLAOS**
D'après la légende, le bateau qui transportait les reliques de saint Nicolas est arrivé depuis l'Italie à Ithaque dans le port de Vathi le 20 mai 1807. C'est pour cette raison que cette petite église organise une grande célébration tous les ans le 20 mai. A l'intérieur de l'église, vous pourrez surtout voir une œuvre du peintre El Greco représentant le Christ flagellé sous les ordres de Ponce Pilate.

■ **GROTTE DES NYMPHES** ★★
Route indiquée à 2,5 km
au-dessus de la plage de Dhexa.
Quoique plus élevée et plus éloignée du port que ne semble l'indiquer Homère, elle répond assez bien à la description de cette « grotte obscure et charmante » où Ulysse, le héros de *L'Odyssée,* aurait caché les présents remis par les Phéaciens.

Sports - Détente - Loisirs

■ **RENT A BOAT ITHACA**
✆ +30 6949035 670
rentaboatithaca.com
info@rentaboatithaca.com
Environ 80 € la journée de location.
Comme de nombreuses plages et criques sont inaccessibles par la route, cela peut être une bonne idée de louer un petit bateau pour une journée. Les bateaux « compass » à moteur ne nécessitent pas de permis, le moniteur vous montrera brièvement comme le conduire et vous pourrez profiter des eaux cristallines des criques d'Ithaque !

ANOGHI - ΑΝΩΓΗ

À 16 kilomètres. À 600 mètres d'altitude, ce village entouré d'étranges formations rocheuses jouit d'un point de vue magnifique sur Vathi. L'église de la Theotokos est décorée d'intéressantes fresques byzantines et le monastère ton Katharon, 3 kilomètres plus loin, invite au silence. La date de sa fondation reste inconnue, mais il a été restauré en 1696. Vous pouvez vous reposer dans ses cellules pendant quelques jours. Renseignements : +30 26740 31366.

Le village de Kioni.

■ **DONA LEFKI**
A Lefki
✆ +30 2674 031363
Carte : 16 € environ.
Une cuisine fusion raffinée, mélangeant les traditions grecques et les recettes venues d'ailleurs. Le filet mignon avec sa purée de carotte, le filet de bar et ses petits légumes, le risotto aux gambas et aux zestes de citron sont extras ! Pour couronner le tout, la vue sur Céphalonie vaut tout l'or du monde !

■ **EGLISE « KOIMISEOS THEOTOKOU »** ★★
L'église construite à 500 m de hauteur est une des églises les plus vieilles des Balkans, probablement du XIIe siècle. L'intérieur de l'église est impressionnant car il est recouvert de fresques de l'époque byzantine. D'après une inscription sur le mur, nous pouvons voir que le peintre est Antonios Ex Agrafon, et il aurait réalisé les fresques en 1680. A cette époque, l'église était la métropole de l'île et Anogi la capitale d'Ithaque. Le campanile vénitien mérite aussi toute votre attention. Une église remarquable à ne pas manquer lors de votre séjour !

FRIKES - ΦΡΊΚΕΣ ★

À 13 kilomètres. Ce petit port sympathique est un endroit tranquille connu pour ses deux moulins à vent. Vous y trouverez un hôtel avec des chambres très correctes.

■ **AGERI**
✆ +30 2674 031465
Fermé de novembre à avril. Carte : 15 € environ.
Une petite maison néoclassique jaune sur le port romantique de Frikes. Ce restaurant vous réserve une cuisine recherchée, qui revisite avec brio les classiques de la cuisine grecque. Le *savoro*, un plat de poisson traditionnel d'Ithaque, est à tomber et se marie parfaitement au vin blanc Gentilini. Les crevettes cuisinées à l'ouzo, la salade de betterave, le *kritharoto* (avec une sorte de petites pâtes en forme de riz) aux champignons sont d'autres options au menu. Une adresse gastronomique dans un petit coin de paradis !

■ **ARISTOTELIS APARTMENTS**
✆ +30 26740 31 079
aristotelisithaca@gmail.com
Fermé de novembre à avril. Studio / appartement de 60 € à 90 €.
A proximité du petit village de Frikes, l'établissement est situé face à la mer et a de spacieux studios équipés de kitchenettes. La vue depuis les balcons des chambres est fantastique. La piscine extérieure et le jardin environnant permettent de se détendre et de profiter aussi du beau panorama. Un bon rapport qualité-prix.

■ **NOSTOS**
✆ +30 26740 31644
www.hotelnostos-ithaki.gr
A 200 m de la mer.
Chambre double de 100 à 130 € en été, avec petit déjeuner.
Cet élégant hôtel avec piscine a été rénové récemment. Les chambres simples, carrelées et correctement équipées, avec une vue, affichent le beau bleu des eaux grecques.

■ **YEFURI**
Dans le village de Platrithias
✆ +30 2674 031131
Fermé d'octobre à avril. Carte : 15 € environ.
Yefuri est un restaurant qui sort de l'ordinaire et une des meilleures tables de l'île. En été, il faut absolument réserver une table tellement le lieu a du succès ! Les plats grecs sont ici revisités à la façon des chefs : salade avec des noix et de l'orange, bar avec un riz basmati, moussaka végétarienne, pommes de terre au four cuites avec du romarin... Le must : le brunch du dimanche, succulent. L'ambiance à Yefuri est également magique : petites guirlandes illuminées le soir et musique relaxante, quelques soirs par semaine des musiciens viennent même donner un concert *live*.

KIONI - ΚΊΟΝΙ

A proximité de Frikes, le pittoresque village de Kioni a résisté au séisme. Deux de ses églises, Evangelistria et Aghios Ioannis Loumbardiaris, présentent de belles fresques. Vous trouverez des tavernes pour déjeuner les pieds dans l'eau, dans un cadre vraiment charmant.

STRAVOS - ΣΤΑΥΡΌΣ

A 16 km. Le véritable palais d'Ulysse se trouvait en fait non loin de ce grand village qui compte aujourd'hui 700 habitants. C'est sur la colline de Pilikata (panorama extraordinaire) qu'ont été découverts les vestiges de murailles datant du IIIe millénaire.

Se loger

■ **PORTO THIAKI**
✆ +30 26610 31245
www.portothiaki.com – athaso@otenet.gr
Chambre pour deux entre 40 € et 70 € en été, sans petit déjeuner. Ouvert toute l'année.
Cette famille propose 12 chambres, dont 4 avec une kitchenette dans le village. Avec un réfrigérateur et une télévision au minimum, les chambres sont modestes mais bon marché, mais aussi au calme. On peut aller à la plage à pied et profiter de la piscine d'un établissement voisin.

TESORO OF ITHACA
Sur la route entre
Stavros et Frikes
✆ +30 698 683 9455
www.tesoroithaca.com
4 chambres. Studio / appartement de 70 € à 130 €.
Au sein d'un champ d'oliviers et d'un grand jardin, le Tesoro d'Ithaque propose 4 appartements meublés de façon moderne avec un coin cuisine et des installations modernes (TV, DVD, climatisation, wifi...). Les studios sont spacieux et idéals pour des familles.

Se restaurer

KANENAS
✆ +30 2674 031777
Carte : 10 € environ.
Marinos et Aphrodite vous accueillent comme des rois dans leur taverne. Les plats sont cuisinés uniquement à base de produits locaux. Les pâtes aux crustacés, les aubergines fourrées à la viande hachée, les boulettes de bœuf à la sauce rouge sont des plats incontournables. Pour les amateurs de poissons, goûtez à la spécialité de l'île, le *Savoro*, un poisson blanc du type du cabillaud cuisiné avec des raisins, du romarin et de l'ail. Grande sélection de bières et de vins pour accompagner ce festin.

À voir - À faire

ÉCOLE D'HOMÈRE
A 1,5 km de Stavros,
suivez les panneaux indicatifs.
Dans le village de Stavros, ne manquez pas la maquette en 3D qui représente le site tel qu'il était à l'époque mycénienne. Depuis le village, suivez les panneaux, une petite marche vous attend. Un musée gratuit est à disposition en arrivant sur le site, une acropole mycénienne où ont été retrouvés également des objets des périodes hellénistique et romaine. Certains pensent que les vestiges pourraient correspondre au palais d'Ulysse mais des fouilles sont toujours en cours et le mystère reste entier.

MUSÉE ARCHÉOLOGIQUE
Ouvert tous les jours sauf le lundi de 8h30 à 15h30, entrée gratuite.
Vous pourrez voir quelques-uns des trésors qui ont été retrouvés dans le village dans ce petit musée archéologique. Ses vitrines exposent des objets datant de la période protohelladique qui passent pour les plus vieux jamais trouvés en Grèce.

LEUCADE - ΛΕΥΚΆΔΑ ★

Avec ses 303 km² et ses 25 000 habitants Leucade (ou Lefkas pour les Grecs) est une île montagneuse aux plages exceptionnelles. Selon Thucydide, c'était une presqu'île qui avait été séparée du continent par un canal au Ve siècle av. J.-C. L'archéologue allemand Dorpfeld affirmait que Leucade était le siège d'Ithaque, la patrie d'Ulysse. Aujourd'hui, il suffit de traverser un pont pour atteindre cette île. L'idéal serait de louer un bateau pour explorer à sa guise ses innombrables criques et la multitude d'îlots qui l'entourent.
Ici, la mer a une transparence et une couleur turquoise qui font penser à des lieux bien plus exotiques. Nidri est l'endroit le plus touristique de Leucade. Juste en face, se profile la fameuse île Skorpios d'Onassis.

LEFKADA - ΛΕΥΚΆΔΑ ★

La capitale de Leucade est reliée à la Grèce continentale par un pont. À l'entrée du port, vous trouverez une très belle place verdoyante. C'est dans ce quartier que se situent la majorité des locations. Elle a été, dans l'Antiquité, l'une des plus grandes cités grecques. Mais Leucade a terriblement souffert des séismes de 1948 et de 1953. Seules quelques maisons basses très anciennes et quelques églises byzantines ont été épargnées. C'est ce qui fait son charme aussi : afin de se protéger des tremblements de terre, la ville a été reconstruite avec des maisons en bois qui possèdent des tôles ondulées multicolores. Même les clochers sont érigés sur des échafaudages. Vous le vérifierez en visitant les très belles églises de la ville : Aghios Nikolaos (XVIIIe siècle), Aghios Dimitrios (XVIIe siècle), église de l'Apparition de la Vierge Marie, monastère de la Panaghia Faneromeni…
Aujourd'hui, malgré les reconstructions qui ont suivi les différents séismes, la ville a conservé un certain charme, avec ses ruelles étroites très animées le soir, son port de plaisance bordé de tavernes, et surtout la forteresse vénitienne d'Aghia Maura du XVIe siècle, à côté du canal artificiel. La ville ne compte qu'une seule plage assez proche (5 kilomètres), Gyra.

Transports

AÉROPORT
PRÉVEZA
✆ +30 26820 26113

L'aéroport est relié aux villes de Preveza (4 km) et de Leucade (20 km) par les bus KTEL (+30 26450 22364).

Il n'y a pas d'aéroport à Leucade. Mais l'aéroport d'Aktion, près de Preveza, sur le continent, se trouve à 15 minutes en voiture de la ville de Leucade.

Attention, en été, il est difficile de trouver un taxi ou une place de parking libre le dimanche aux abords de l'aéroport à cause de la forte affluence des vols charters pour l'Angleterre.

BUS

ktel-lefkadas.gr

info@ktel-lefkadas.gr

Tickets sur l'île entre 1,80 et 3,70 € selon la distance.

▶ **Athènes-Leucade.** Quatre liaisons quotidiennes par les bus KTEL. Départ et arrivé : 100, rue Kifissou, à Athènes. Renseignements : +30 21051 24910.

▶ **Autres liaisons.** Six par jour avec Preveza (20 minutes), deux par semaine avec Patras (3 heures). Renseignements : Tél +30 26450 22364.

PORT

✆ +30 26450 22176

Pas de liaison en bateau avec le continent. L'île est reliée par un pont routier au Péloponnèse, juste à côté de Lefkada. Elle dispose de deux ports : Nidri (au centre-est) et Vassiliki (au sud).

▶ **Liaisons avec les autres îles.** Nidri : six liaisons par jour avec Meganisi (25 minutes pour Vathi, 40 minutes pour Meganisi), quatre par jour avec la Céphalonie (Fiskardo, 1 heure) et deux par jour avec Ithaque (Frikes, 2 heures). Vassiliki : une liaison par jour pour Ithaque (1 heure 30 pour Piso Aetos une fois par semaine, 2 heures pour Frikes six fois par semaine), deux liaisons par semaine avec la Céphalonie (1 heure pour Fiskardo, 2 heures 15 pour Sámi) et une par semaine avec Corfou (6 heures 20).

▶ **Liaisons avec l'Italie.** Depuis Vassiliki, un bateau par semaine pour Brindisi.

▶ **Excursions.** Vasiliki : rotations quotidiennes pour Meganisi (en passant aux abords de l'île privée de Skorpios), les grottes sous-marines de Papanikolis (Meganisi) et les plages de Sivota et de Porto Katsiki. Nidri : rotations quotidiennes pour les plages d'Aghio Fili, de Porto Katsiki et d'Egremni.

▶ **Yachting.** Possibilité de vous approvisionner en eau et en essence à Lefkada et Nydri.

Pratique

HOPITAL
✆ +30 26450 22371

POLICE
✆ +30 26450 22346

Se loger

Bien et pas cher

IONIAN STAR
✆ +30 26450 24762
ionion-star.gr
info@ionion-star.gr
Chambre double à partir de 100 € en été, avec le petit déjeuner. Ouvert toute l'année.
Rénové en 2016, le Ionion Star est situé dans la plus belle partie de la ville de Leucade, en face du port et à proximité du parc des poètes. Il offre une vue magnifique sur la mer depuis la plupart de ses chambres. Idéalement situé, cet hôtel central est près du port et des tavernes, mais il dispose aussi de son propre restaurant. Il propose 64 chambres très modernes et élégantes avec télévision et wifi gratuit. Et vous aurez bien sûr un balcon et une vue sur le bleu profond de la mer Ionienne, pour des moments uniques de calme. Un bon choix.

NIRIKOS
Rue Aghia Maura.
✆ +30 26450 24132
www.nirikos.gr
nirikos@otenet.gr
A l'entrée de la ville.
Chambre double à partir de 50 € en été, avec petit déjeuner.
Cet hôtel de 43 chambres central a eu la bonne idée de se rénover en 2008. Il offre aussi l'avantage d'être situé en face de la forteresse vénitienne. Chambres très correctes avec vue, un restaurant, et de bonnes prestations (du baby-sitting par exemple). Tous les espaces de l'hôtel, du café extérieur au bar, en passant par la salle à manger avec cheminée, sont assez chaleureux.

RED TOWER
A Nikiana, à 10 km de Lefkada
✆ +30 26450 92951
www.redtowerhotel.com
info@redtowerhotel.com
Chambre double à partir de 70 €. Suite pour quatre personnes à environ 150 €.
Situation parfaite, sur une colline imposante dominant l'île et avec vue sur le continent. Ce bâtiment évoque vraiment une tour rouge. Piscine agréable avec vue imprenable sur les îlots Madouri, Skorpios et Meganissi, l'idéal pour siroter un cocktail au coucher du soleil. Très romantique et aménagé avec goût, les couples y trouveront leur bonheur.

Confort ou charme

MIRA RESORT MAISONETTES
✆ +30 26450 24967
www.miraresort.com
info@miraresort.com
Maisonnette pour 2 ou 3 entre 95 et 145 € la nuit en été.
Sur les hauteurs des côtes abruptes du littoral nord-ouest de l'île, dans des oliveraies argentées, des pins et des cyprès, l'établissement offre à ses résidents une vue splendide et impressionnante sur la mer avec ses vastes plages blanches. Un havre de paix et d'harmonie entouré d'oliveraies et d'une mer turquoise. Facile d'accès depuis la capitale de l'île. Dans un cadre très privé (environ 20 clients), les résidents peuvent pleinement profiter de leur intimité. Avec une vue imprenable sur des plages de sable blanc et la mer jusqu'à la chaîne de l'Épire.

Luxe

PAVEZZO COUNTRY RETREAT
✆ +30 2645 071782
pavezzo.gr
info@pavezzo.gr
Fermé de novembre à mars. à partir de 140 €. Animaux acceptés (mais avertir à l'avance la direction de l'hôtel).
En dialecte de Lefkada, *pavezzo* veut dire « abri », « paradis caché », ce n'est donc pas un hasard que l'établissement se nomme ainsi. Les 9 studios et villas ont tous leur touche particulière, évoquant les traditions de l'île et le côté bucolique des lieux. Au milieu d'une nature impressionnante, vous pourrez vous rafraîchir dans les piscines de l'établissement et même vous faire faire un massage au chocolat puisqu'un spa est caché dans l'hôtel. Le petit-déjeuner est aussi magnifique : les produits sont frais, le menu change au gré des envies de la cuisinière...

Se restaurer

ELENI TAVERNA
A Karia
✆ +30 697886 9630
Fermé de novembre à avril. Carte : 10 € environ.
A l'ombre d'un vieux platane dans le village de Karia, cette taverne sert une cuisine authentique sans chichis. Eleni la patronne met les produits locaux à l'honneur : coq au vin, soupe de lentilles, porc sauce citron, *papoutsakia*

(aubergines au four avec de la viande hachée et de la béchamel)... Une adresse qui laisse de bons souvenirs culinaires !

■ **ELENI TAVERNA**
A Karia
✆ +30 697886 9630
Fermé de novembre à avril. Carte : 10 € environ.
A l'ombre d'un vieux platane dans le village de Karia, cette taverne sert une cuisine authentique sans chichis. Eleni la patronne met les produits locaux à l'honneur : coq au vin, soupe de lentilles, porc sauce citron, *papoutsakia* (aubergines au four avec de la viande hachée et de la béchamel)... Une adresse qui laisse de bons souvenirs culinaires !

■ **TAVERNA EUTUXIA 1960**
3 rue Stambogli ✆ +30 2645 400236
Carte : 15 € environ.
Dans une petite ruelle, cette taverne surprend par la présentation des plats et la qualité des produits. Vous trouverez des plats raffinés et sortant de l'ordinaire : gratin d'aubergine à la feta, risotto de thon, lentilles cuisinées avec du gingembre, tomates farcies au couscous... Bon rapport qualité-prix.

■ **TAVERNA KANIORIA**
A Ligia ✆ +30 2645 072229
Ouvert le soir. Carte : 15 € environ.
Dans un cadre apaisant, face à la mer, cette taverne authentique du petit village de Ligia sert une cuisine de Leucade succulente. Le poisson y est particulièrement bien cuisiné. Ne manquez pas le *savouro*, une spécialité des îles Ioniennes, un poisson blanc cuit avec de l'ail, du romarin et des raisins blancs. Les spaghettis à la pieuvre sont fondants, et le vin proposé par la maison se marie parfaitement avec les plats.

À voir - À faire

■ **AGHIOS IOANNIS ANTZOUSSIS**
A 3 km à l'ouest de la ville de Leucade.
L'église d'Aghios Ioannis Antzoussis est la plus vieille de l'île de Leucade. Elle est construite dans la roche au-dessus de la plage d'Aghios Ioannis. Elle a été bâtie sur le site d'une plus ancienne église au XVIe siècle. Saint Paul aurait prêché à cet endroit au Ier siècle après J.-C. A l'intérieur de l'église, des icônes représentant des saints et des scènes de la Bible ont été bien conservées.

■ **ÉGLISE CHRISTOU PANTOKRATORA**
A 3 km du centre-ville.
Parmi les jolies petites églises de la ville, arrêtez-vous dans l'église vénitienne dédiée au Christ le Tout-Puissant (Christou Pantokratora) qui remonte au XVIIe siècle. Elle a été construite en 1664 après la victoire des Vénitiens contre les Turcs. La plus vieille église de Leucade se trouve à 3 km à l'ouest de la capitale. Selon la légende, sur la route de Rome, l'apôtre Saint Paul s'y serait arrêté pour prêcher.

■ **MONASTÈRE DE PANAGIA FANEROMENI**
Entrée 3 €.
Selon la tradition, l'apôtre saint Paul y aurait prêché, et vous verrez à l'intérieur une église dédiée à saint Paul et à saint Pierre. Le monastère a probablement été construit sur un ancien sanctuaire, peut-être dédié à Artémis ou à Héra. Sur la belle colline qui couronne la ville de Leucade, il domine la baie. L'icône miraculeuse de la Vierge qui est abritée par le monastère a été réalisée par le moine Vèniamin Kontrakis en 1876 sur le mont Athos.

Cap Lefkatas.

AGHIOS NIKITAS - ΆΓΙΟΣ ΝΙΚΉΤΑΣ

A 12 km, sur la côte ouest. Village pittoresque de pêcheurs avec de belles maisons aux toits de tuiles rouges et aux murs chaulés de blanc. La rue principale est bordée d'appétissantes tavernes souvent bondées au mois d'août. Le village dispose d'une petite plage, mais vous pourrez vous baigner dans les environs à Porto Katsiki, à Kathisma et à Pefkoulia. A 10 km à l'intérieur des terres, le pittoresque petit village de Karia. L'ancienne capitale de l'île est réputée pour ses broderies. Le musée tenu par les artisans permet d'apprendre comment cet art s'est transmis de mère en fille. Vous pouvez vous y rendre en voiture depuis Lekfada (15 km) ou à pied par les sentiers de montagne pour profiter d'une vue sur les côtes de l'île. La place, bordée de platanes et de vieux cafés, est le lieu idéal pour une pause loin du tumulte de la côte.

Se loger

■ AGHIOS NIKITAS

✆ +30 26450 97460

Chambre double à partir de 60 €.

Trois bâtisses bleues et blanches contenant 28 chambres et 7 appartements ayant tous un balcon avec vue sur la mer ou la montagne. La situation est parfaite à côté d'une des plus belles plages de l'île et à quelques minutes à pied du village où vous trouverez des tavernes, des cafés et des supérettes. Accueil chaleureux.

■ KAPROS LUXURY SEA SIDE

Ouvert toute l'année. Studio / appartement de 150 € à 190 €.

Toute neuve, ouverte à la location début 2019, cette grande villa sur deux étages peut accueillir jusqu'à cinq personnes. Décorée avec goût avec des touches traditionnelles, la villa dispose d'une grande terrasse et d'une piscine extérieure privée avec vue sur la mer. Un très grand confort.

■ NEFELI

✆ +30 26450 97 400

www.nefelihotel.gr

nefelisa@otenet.gr

Chambre double entre 70 et 100 € l'été.

A 100 m de la mer, un établissement familial à taille humaine. Les chambres sobres ont des salles de bains récemment rénovées et très propres. Les propriétaires sympathiques parlent français.

■ SANTA MARINA

✆ +30 26450 97111

www.santamarina.gr

sanmar@in.gr

Chambre double standard de 60 € à 85 € en été.

Complexe hôtelier moderne et très bien équipé, sur le flanc d'une colline, à 250 m de la plage. L'établissement dispose de 56 chambres confortables avec télévision et air conditionné. Belle piscine. Vous prendrez votre petit déjeuner sur une terrasse offrant une très belle vue. Accessible aux personnes à mobilité réduite.

Se restaurer

■ ASPEROUS

✆ +30 2645 097528

Fermé de novembre à avril. Carte : 10 € environ.

Près de Milos Beach, une adresse aux portions généreuses et aux petits prix. Les lentilles de Leucade, les boulettes de courgettes, l'espadon grillé sont délicieux. A la fin du repas, des fruits frais vous sont offerts. Le top !

Aghios Nikitas, sur l'île de Leucade.

■ **PORTONI**

✆ +30 2645 097120

Fermé de novembre à avril. Carte : 12 € environ.

Sur une terrasse ombragée près de la mer, Portoni est un lieu convivial tenu avec malice par Thanassis. Les femmes en cuisine s'affairent pour préparer des plats typiques grecs : bœuf mijoté aux oignons, feuilleté d'épinards, courgettes frites, poissons frais grillés... Les prix sont abordables et l'accueil exceptionnel !

À voir - À faire

■ **PLAGE DE MYLOS** ★

Derrière le cap Aghios Nikitas.

Accessible soit par bateau (2 liaisons par jour depuis Aghios Nikitas) soit à pied.

Mylos est considérée comme la plus belle plage de l'île. C'est un véritable petit bijou caché au sud du village d'Agios Nikitas. Jusqu'à il y a quelques années, il n'était pas facile d'y accéder, ce qui était parfait pour ceux qui aiment s'éloigner de la foule.

Même si son accessibilité s'est améliorée, elle reste encore un bel endroit préservé avec du sable doux et brillant. De nos jours, Mylos est accessible toujours par bateau avec des navettes depuis Aghios Nikitas, ou en empruntant l'un des deux chemins partant du village. Comptez 20 min de marche.

NIDRI - ΝΥΔΡΊ ★

À 17 kilomètres. Attention, culte… L'île privée où reposent Aristote Onassis et ses deux enfants, Christina et Alexandre, se trouve en mer Ionienne, juste en face de Nidri, au large de l'île de Leucade. Sans aucun doute le lieu le plus touristique de l'île. La ville est toujours animée par le va-et-vient des ferries et des bateaux de plaisance. Ce n'est pourtant pas l'endroit le plus séduisant de l'île, et nous ne pouvons le recommander qu'à ceux qui ne peuvent pas se passer de bars, de discothèques et de restaurants de cuisine internationale. Nidri abrite la tombe de l'archéologue allemand Dörpfeld qui y situait l'antique Ithaque, patrie d'Ulysse.

Se loger

■ **ARMONIA**

✆ +30 26450 92751

www.armonialefkada.gr

armonia_gr@yahoo.com.au

Chambre double à partir de 44 €.

A 200 m d'une belle plage de sable, ce boutique-hôtel propose des chambres décorées avec soin, avec des matériaux nobles, dans des tons clairs et lumineux. Autour de la piscine, le petit-déjeuner composé uniquement de produits locaux est servi. Le soir, vous pouvez aussi prendre un cocktail ou dîner. Service impeccable à un prix plus que correct !

■ **ATHOS HOTEL**

✆ +30 26450 92384

info@athoshotel.com

90 € pour une chambre double en été, petit-déjeuner compris.

En plein sur le front de mer, à quelques minutes du centre de Nidri, les 43 chambres de l'établissement sont spacieuses et confortables, et disposent de grands balcons. La piscine très grande est un véritable plus.

■ **CAMPING SANTA MAVRA**

✆ +30 26450 95270

www.campingsantamaura.com

campingsantamavra@yahoo.gr

À 5 km de Nidri, près du village de Vlycho.

58 emplacements. De 4 à 6 € par personne.

Le camping Santa Mavra (ou Santa Maura) dispose d'une plage privée et d'équipements bien tenus, avec notamment une taverne, une supérette et un café Internet. Wifi. Et le complexe s'est récemment enrichi d'une piscine. Assez spacieux avec des emplacements ombragés si vous le souhaitez ou des endroits en bord de la mer.

■ **LEFKO**

✆ +30 26450 93069

www.hotel-lefko.gr

tourismos@lefkada.gr

Chambre double entre 52 et 110 € en août. Ouvert de mars à octobre.

A 200 m de la plage, l'établissement propose 32 chambres confortables avec réfrigérateur et balcon, et dispose d'une grande piscine. Il est aussi possible de louer l'un des 14 appartements. La décoration est épurée avec pour dominante le blanc, *lefko* en grec, comme le nom de l'hôtel. Un bon rapport qualité-prix.

Se restaurer

■ **FLISVOS**

Sur le port

✆ +30 26450 92270

A partir de 15 € par personne. Ouvert tous les jours, midi et soir.

Ne vous fiez pas à son petit nom. La taverne *Flisvos* (Le « clapotis des vagues »), a essuyé son lot de tempêtes médiatiques sur le port de Nidri. « J'ai rencontré Athina Onasis Roussel quand elle avait treize ans », se souvient Dimitris Stavrakas, le propriétaire. Comme l'atteste le cliché accroché au mur « Elle a dîné ici avec son père, Thierry Roussel, la première fois qu'elle s'est rendue à Skorpios et cela s'est transformé en émeute ! ».

■ **VLIHO YACHT CLUB**
A Vliho au sud de Nidri
✆ +30 2645 029 282
vlihoyc@hotmail.com
Carte : 12 € environ. Vin au verre.
Le Yacht club de Vliho, face à la marina, propose des plats et des snacks à un prix correct. Si vous en avez un peu marre des plats typiques grecs, vous pourrez déguster du poulet tikka massala à l'indienne, un risotto aux crevettes, ou des fajitas mexicaines. L'établissement a une large carte de vins locaux succulents.

À voir – À faire

■ **GROTTE DE PAPANIKOLIS**
Spartochori
Au large de l'île de Skorpios, la grotte Papanikolis mérite également une visite. C'est une grotte de stalactites de taille importante qui ne peut être atteinte que par bateau. Pendant la Seconde Guerre mondiale, un sous-marin y resta longtemps caché : c'est la deuxième plus large grotte de tout le pays ! Amateurs de plongée et de baignade dans les eaux claires, vous vous régalerez.

■ **ÎLOT PRIVÉ DE SKORPIOS**
Bien que deux plages soient théoriquement autorisées à la baignade, cet îlot privé, ancienne propriété des Onassis, reste quand même sous surveillance étroite. Egalement propriétaire de l'îlot de Sparti, le milliardaire accostait à Skorpios avec son yacht *Christina* pour y recevoir ses amis Maria Callas, Greta Garbo ou la famille Kennedy. La minuscule église a servi de cadre à son mariage avec Jacqueline Kennedy. Le richissime armateur est enterré là, juste à côté de ses enfants, Alexandre et Christina. L'île a été vendue en 2013 à un milliardaire russe anonyme...

POROS - ΠΌΡΟΣ

A 27 km, au sud. Village traditionnel étagé sur la montagne, Poros offre quelques chambres à louer. Belles fresques du XVIe siècle dans l'église d'Analipsis. A proximité, la plage de Mikros Gialos abrite un camping (avec studios) et le port pittoresque de Syvota, rendez-vous des bateaux de plaisance, compte quelques tavernes spécialisées (poissons frais et fruits de mer). Vous y trouverez aussi une école de voile.

■ **CAMPING POROS BEACH**
Mikros Gialos,
sur la plage en contrebas de Poros
✆ +30 26450 95452
www.porosbeach.com.gr
porosb@otenet.gr
50 emplacements, 6 € par personne et 5 € par tente. 21 studios, 70 € pour deux en été.
Situé à 30 mètres de la plage, ce camping de bon standing dispose d'une supérette, d'un restaurant, d'un café, d'une laverie et d'un accès Internet (mais pas de wi-fi). Les studios se trouvent sur les hauteurs ; ils sont donc plus loin de la plage, mais offrent en contrepartie une très belle vue.

■ **CAPTAIN NICK HOTEL**
Mikro Gialos
✆ +30 697 404 4862
Fermé de novembre à avril. De 50 € à 80 €.
Face à la mer, ces studios et appartements pouvant accueillir jusqu'à cinq personnes sont confortables, bien équipés et possèdent de grands balcons avec une vue fantastique. Les prix sont très corrects, même en haute saison. Si vous pouvez, choisissez les studios au premier étage ou les appartements au deuxième étage qui ont été récemment rénovés.

■ **O MOLOS**
Sur la plage de Mikros Gialos
✆ +30 2645 095548
Fermé de novembre à mai.
Quoi de mieux que de manger de délicieux crustacés face à la mer ? O Molos est une adresse typique avec des tables en bois avec des nappes à carreaux bleus. Philippe vous conseillera sur les plats du jour, sa mère Eleni est en cuisine et elle ne manquera pas de vous surprendre. Crevettes marinées à l'ouzo, spaghettis à l'encre de seiche, calamars servis avec du couscous, carpaccio de pieuvre... tout est maîtrisé à la perfection, la cuisson, l'assaisonnement, le service, la présentation !

■ **ZOLITHROS**
A Mikros Gialos
✆ +30 697 231 8385
Fermé de novembre à avril. Carte : 20 € environ.
Super restaurant face à la mer. Une des meilleures adresses sur l'île pour manger du poisson. Petits rougets frits, dorades grillées avec des légumes, spaghettis cuisinés avec du homard, tout est divin ! Le vin blanc accompagne parfaitement le repas.

VASSILIKI - ΒΑΣΙΛΙΚΗ

À 38 kilomètres. Situé dans la partie la plus fertile de l'île, ce village côtier, assez exposé au vent, est idéal pour faire de la planche à voile. Les ferries pour Ithaque et Céphalonie font escale à Vassiliki.
À 6 kilomètres, sur la montagne, à Aghios Petros, vous respirez une atmosphère beaucoup moins touristique. Vous pouvez manger une cuisine familiale dans les tavernes de la place principale. Chaque jour, des caïques relient les plages de Porto Katsiki, Ayofili et Alektori.

Port de Nidri.

Se loger

CAMPING VASSILIKI BEACH

✆ +30 26450 31308
www.campingvassilikibeach.com
campingvassilikibeach@hotmail.com
73 emplacements. 6 à 7 € par personne, 4,50 à 7 € l'emplacement.
A 500 mètres de la plage, proche de la route principale. Bien choisir son emplacement pour éviter d'être dérangé par la circulation... Le camping dispose d'une supérette, d'un restaurant, d'un bar et du wi-fi (mais le réseau est de mauvaise qualité). L'état des sanitaires laisse aussi parfois à désirer. Le propriétaire organise des balades à cheval dans les collines environnantes.

ENODIA HOTEL

✆ +30 26450 31646
www.enodiahotel.com
De 90 € à 140 € la chambre standard.
L'hôtel de luxe Enodia (4 étoiles) a été construit en 2008 et est situé à Vassiliki Lefkada dans un espace de 2 000 m². Belles prestations : sont inclus dans le prix de la chambre l'accès à une piscine de 130 m², un bassin pour les enfants ou encore un sauna. Sans compter le reste du confort et la vue dans ce complexe moderne et récent de vingt-sept chambres. Les chambres et suites sont entièrement équipées pour répondre à tous vos besoins.

HOTEL GRAND NEFELI

✆ +30 26450 31378
www.grandnefeli.com
hotelgrandnefeli@gmail.com
Environ 80 € la chambre double en été.

© VLADISLAV GAJIC – SHUTTERSTOCK.COM

Planches à voile dans la baie de Vassiliki.

L'hôtel donne sur une très belle plage, réputée pour les windsurfers. Les chambres sont spacieuses et disposent de cuisines bien équipées. Les petits-déjeuners sont aussi succulents et peuvent être dégustés depuis les balcons avec vue sur la mer.

PONTI BEACH

Ponti beach. ✆ +30 26450 31572
www.pontibeachhotel.com
pontibeachhotel@gmail.com
Chambre double entre 70 € et 120 € en été.
Grand hôtel un peu vieillot de 63 chambres mais bien situé, adossé à une colline avec vue sur Vassiliki. Chambres confortables et bien équipées. S'ouvrant sur un balcon meublé avec vue sur les montagnes, les chambres standards comprennent un mini-réfrigérateur, la climatisation, une télévision à écran plat et une connexion wifi gratuite. Les chambres «deluxe» bénéficient en plus d'une vue imprenable sur la mer. Il y a aussi un excellent restaurant, et une grande piscine. Un parking gratuit et privé est disponible sur place.

Se restaurer

STELIOS

✆ +30 2645 031566
Fermé de novembre à avril. Carte : 12 € environ.
Des tables avec des nappes à carreaux face à la mer. Au menu : des moules farcies, des crevettes saganaki (cuisinées dans des pots de céramique avec de la tomate et de l'ail), de la pieuvre grillée, des boulettes de poisson, des feuilletés aux herbes sauvages... Un festin !

VAGELARAS

✆ +30 2645 031224
Fermé de novembre à avril. Carte : 12 € environ.
Sur le port de Vassiliki, une taverne familiale souvent pleine. Elle sert des plats grecs classiques : stifado (bœuf aux oignons), moussaka mais aussi calamars grillés, pâtes aux crevettes... Mais c'est surtout le poisson qui est ici roi ! Le service est rapide et sympathique, un café grec vous est offert à la fin du repas.

ATHANI - ΑΘΆΝΙ ★

À 40 kilomètres, sur la côte ouest. Situé sur la montagne, ce village est réputé pour la qualité de son miel. Les plages les plus proches sont magnifiques : Egremni (4 kilomètres) et surtout Porto Katsiki (10 kilomètres, dont 3 de piste), au bas d'une falaise, avec du sable épais blanc et une mer turquoise digne d'une carte postale. Des marches permettent d'y descendre, mais il faut penser à apporter de l'eau. La route qui passe par le monastère d'Aghios Nikolaos (XVIIe siècle), construit sur l'emplacement d'un temple d'Apollon, conduit au cap Lefkatas, appelé aussi Kavos tis Kyras (à la mémoire de la poétesse Sappho qui s'est suicidée en se jetant du haut de cette falaise de 72 mètres), telle est du moins la légende. On sait que dans l'Antiquité, au même endroit, était pratiqué le *katapondismos* : des prêtres du temple d'Apollon choisissaient des personnes porteuses du mal et les précipitaient dans la mer.

■ **LEFKATAS**
✆ +30 2645 033149
Fermé de novembre à avril. Carte : 12 € environ.
Cadre magnifique avec vue sur la mer. La cuisine est raffinée et les portions généreuses. La soupe de poisson, les lasagnes aux crevettes, les boulettes de lentilles vous laissent un goût mémorable dans la bouche. Les touristes et les Grecs apprécient tout autant l'endroit et nous les comprenons !

■ **SERENITY BOUTIQUE HOTEL**
En allant vers Porto Katziki.
✆ +30 26450 33639 – www.serenity-th.com
serenitylefkada@gmail.com
Entre 165 et 240 € la suite en été avec le petit déjeuner. Possibilité de demi-pension.
Piscine, bain bouillonnant et spa dans la forêt, le tout sur une colline qui domine la côte. Et 5 suites d'exception de 20 m² ou 45 m² (pour 2 ou 4 personnes). Elégance et belles prestations. L'hôtel, accessoirement, promet le Nirvana ! Possibilité de demi-pension.

■ **T'ALONI**
Village de Chortata,
sur la route entre Lefkada et Vassiliki
✆ +30 2645 033 240
Fermé de novembre à avril. Carte : 12 € environ.
La taverne attire tout Leucade tellement sa cuisine est délicieuse ! Installé sur une terrasse d'où vous aurez une vue grandiose sur les montagnes verdoyantes des environs, vous dégusterez un feuilleté de fêta enroulé dans le miel, une brochette d'agneau cuisinée avec des petites tomates et des pommes de terre, une salade de lentilles, de la moussaka... Même les desserts sont sublimes : le gâteau à l'orange, en particulier.

■ **VAROLI APARTMENTS**
à Athanion ✆ +30 69 378 28 165
Fermé de novembre à avril. Chambre double de 60 € à 80 €.
Dans les hauteurs d'Athani, des appartements avec une décoration traditionnelle et une belle cheminée de coin. La vue depuis l'établissement est superbe, vous pourrez admirer un coucher de soleil exceptionnel. Le plus : un grand jardin où les chiens sont les bienvenus si vous voyagez avec vos animaux de compagnie ! Les prix sont par ailleurs abordables, même en plein été.

MEGASSINI ET SES ÎLOTS - ΜΕΓΑΝΗΣΙ

Parmi la vingtaine d'îlots que compte l'archipel de Leucade, Meganissi (« Grande Île ») est le seul qui soit desservi par ferry depuis Nidri (une liaison par jour, durée 20 minutes). Vous pouvez également y accéder en caïque, le seul moyen de transport pour les autres îlots. Malgré les voiliers qui viennent y accoster en nombre, Meganissi a conservé son authenticité. Le port de Vathi compte quelques bonnes tavernes, comme Asteria. Vous pouvez vous y baigner, mais vous trouverez les plus belles plages à Limenari (côte est) et à Aghios Ioannis (côte ouest). Au sud, sur l'étroite péninsule allant au cap Kefali, la grotte Papanikolis est accessible soit à pied, soit avec un bateau d'excursion venant de Nidri. Vous visiterez à pied les villages de Katomeri et Spartohori dont les habitants, au sens de l'hospitalité encore intact, vous offriront volontiers un verre sur leur terrasse et un hôtel à Katomeri. L'accueil y est beaucoup plus chaleureux qu'à Skorpios ! Bien que deux plages soient autorisées à la baignade, cet îlot privé, propriété des Onassis depuis 1963, reste sous surveillance étroite. Également propriétaire de l'îlot de Sparti, le milliardaire accostait à Skorpios avec son yacht *Christina* pour y recevoir ses amis Maria Callas, Greta Garbo ou la famille Kennedy. La minuscule église a servi de cadre à son mariage avec Jacqueline Kennedy. Le richissime armateur est enterré là, juste à côté de ses enfants, Alexandre et Christina.
Autre îlot privé, Madouri appartient aux descendants du célèbre poète grec Aristote Valaoritis. Surmonté d'une maison néoclassique au bord de l'eau, il a été acheté par le fils du poète, Yiannis Valoritis, alors directeur de la Banque nationale de Grèce. Vous pouvez sans problème venir vous promener à travers les cyprès à Kalamos, un gros rocher de 24 kilomètres carrés peuplé de 700 habitants. Situé à 10 minutes de bateau du village côtier de Mytica, il a été décrit par Homère comme l'île de Kranos. Ses nombreuses criques sont propices à la baignade. En face, Kastos (7 kilomètres carrés) est réputé comme bon point de mouillage et pour ses jolies plages de sable.

■ **HOTEL MEGANISSI**
✆ +30 26450 51240
http://hotelmeganisi.gr – pol123@otenet.gr
Chambre double à partir de 50 €.
Un charmant hôtel à gestion familiale, vraiment. L'établissement très simple met 35 chambres correctes à la disposition des visiteurs (attention, les lits sont un peu durs !). La nourriture du restaurant est excellente. Une petite piscine pour les clients et quelques petites plages de galets accessibles à pied.

PAXOS - ΠΑΞΟΙ ★

Tournée vers l'Italie, cette virgule apostrophe le voyageur. C'est un petit paradis : avec ses 25 km² et ses 2 500 habitants, Paxos est la plus petite des sept grandes îles de la mer Ionienne. Ponctuée de pins, d'oliviers et de vignes, la nature y est d'une rare beauté : des plages dentelées, des côtes abruptes et rocheuses, des grottes secrètes, composent aussi le paysage. Ce petit paradis au relief peu accidenté (point culminant : 217 m), offre la possibilité de randonnées idylliques à pied ou à bicyclette. Les amateurs de marche y trouveront de nombreux sentiers conduisant à des plages isolées. Mais l'île est également dotée d'un bon réseau routier et d'une ligne d'autobus desservant les villages de l'île.

Au-dessous de Corfou et en face de Parga, Paxos est une île qui ferait pâlir une carte postale. Ses villages coquets entourés d'oliviers, ses petites criques à l'eau translucide, son ambiance cosmopolite attirent un tourisme de haut niveau, avec les répercussions inévitables que cette fréquentation entraîne sur les prix. Pour mieux apprécier cet îlot de paradis, mieux vaut venir en juin ou début septembre. A 3 m au sud se trouve Antipaxos. Les Grecs désignent ces deux îles sous le nom de « Paxi », le pluriel de « Paxos ».

Histoire

Selon le mythe, Paxos serait un bout de terre arraché à Corfou par Poséidon afin d'y créer un sanctuaire pour sa femme Amphitriti. Le mythe qui entoure la naissance de Paxos est évocateur : d'un coup de trident, Poséidon aurait arraché la pointe de Corfou, la grande île voisine, pour créer un refuge pour ses amours. De fait, l'histoire des deux îles est intimement liée. Comme Corfou, Paxos a été occupée pendant 4 siècles par les Vénitiens, puis par les Français et les troupes russo-turques, avant de passer sous la coupe de l'Angleterre. Depuis son rattachement à la Grèce en 1854, elle fait partie de la circonscription administrative de Corfou. Située à 14 km au sud de sa grande sœur et à 16 km à l'ouest de la côte grecque, Paxos a toutefois échappé jusqu'à présent au tourisme de masse.

GAÏOS - ΓΆΙΟΣ ★★

Capitale de l'île aux maisons pastel, l'entrée de son port ressemble à un croissant de terre ponctué par l'îlot d'Aghios Nikolaos, confetti boisé, surmonté d'une forteresse vénitienne du XVe siècle et Panaghia, dont le monastère du même nom sert de scène centrale à une grande fête célébrée chaque année le 15 août. Le Musée municipal ne présente guère d'intérêt, mais les maisons du XIXe siècle et celles reconstruites après le tremblement de terre de 1953 méritent bien une balade jusqu'au monastère au sommet du village. Les quais de Gaïos sont malheureusement encombrés de boutiques de souvenirs et de touristes venus passer quelques heures à Gaïos. Mieux vaut rester au moins deux jours afin de découvrir le reste de l'île en profondeur. Large de 5 km et longue de 10 km, elle est encore plus verdoyante que Corfou, puisqu'on n'y compte pas moins de 100 oliviers par habitant.

Transports

■ **PORT**
✆ +30 26620 32259
En arrivant du continent, en été, au moins trois liaisons par jour avec Igoumenitsa (1 heure 30 ou 2 heures selon la compagnie), une par semaine avec Patras (4 heures 30).
Pour ce qui est des liaisons avec les autres îles, trois à cinq liaisons par jour existent avec Corfou (55 minutes en hydroglisseur). Située à seulement 2 km, Antipaxi est accessible en caïque et par bateau d'excursion plusieurs fois dans la journée (20 minutes).

Pratique

■ **CENTRE DE SANTÉ**
✆ +30 26620 32100

■ **PAXOS MAGIC HOLIDAYS**
✆ +30 26620 32269
paxosmagic.com
info@paxosmagic.com
Prix sur demande, selon les studios et maisons.
Faute de trouver un office de tourisme sur le port, le voyageur se consolera aisément avec l'agence Paxos Magic Holidays qui organise des excursions et vous aidera, si nécessaire, à trouver un hébergement. Depuis plus de 35 ans, l'agence propose des hébergements de qualité et un service personnalisé pour des vacances inoubliables. Le site Internet de cette agence est très bien fait et vous permet de visualiser de multiples studios et appartements à louer sur l'île. Possibilité de louer des villas sur le site et carte interactive pour préparer votre séjour.

■ **POLICE**
✆ +30 26620 31222

Se loger

C'est le point fort ou faible de l'île selon le point de vue d'où l'on se place. L'île compte peu d'hôtels.

Vous pouvez loger chez l'habitant ou louer à la semaine un appartement ou une villa dans tous les villages de l'île. Si vous trouvez à vous loger, vous serez merveilleusement tranquilles. Mais il reste peu de choix en juillet et en août. Les agences de voyages proposent des locations.

■ **ADAMANDIA**
à 1 km de Gaios
✆ +30 26610 46561
www.adamantiahotel.gr
info@adamantiahotel.gr
A Bogdanatika, dans le centre
de l'île, à 1 km de Gaïos
et de la baie d'Agrilas.
Studio équipé pour deux à partir de 70 € hors saison et le double en été.
Dans le style traditionnel des îles Ioniennes, l'endroit propose maisons, appartements, studios et chambres, tous étant indépendants et bâtis en pierre, avec leur propre cour ou jardin, pouvant accueillir de deux à six personnes. Caché au milieu d'une oliveraie, Adamania a un charme fou et offre le calme nécessaire pour des vacances reposantes. Les plages les plus proches sont à 1,5 km. Il vaut mieux avoir une voiture pour se déplacer.

■ **PAXOS BEACH**
✆ +30 26620 32211
www.paxosbeachhotel.gr
info@paxosbeachhotel.gr
Chambre double standard à partir de 105 € en été, avec petit déjeuner.
Lieu idyllique dans une baie à l'avenant, à 1,5 km de Gaïos. Construit en pierre de Paxos, ses lignes tombent dans l'eau. Chambres très belles. Piscine extérieure d'eau de mer. Tout confort. Et un sentier bordé d'oliviers descend vers une plage de galets, où se trouvent un bar et un restaurant. Les chambres standards offrent un nid douillet, avec un balcon offrant une vue magnifique sur la mer Ionienne. Les chambres triples disposent également d'un coin salon avec un canapé convertible pour une troisième personne. Les chambres «Sea front» ont une spacieuse véranda.

■ **PAXOS BLUE**
✆ +30 26620 32026
www.paxosblue.com
paxosblue1@gmail.com
A partir de 80 € la nuit hors saison, le double en plein été. Petit déjeuner : 10 €.

A proximité du nouveau port, ce petit paradis est un peu excentré du centre de Gaios. Mais quelle tranquillité ! Cette magnifique villa ne propose que deux studios (avec kitchenette)... et une piscine. Balcon et terrasse avec une vue à couper le souffle. Pour les plus long séjours, l'hébergement propose également un lave-linge et un service de livraison de courses. Et Konstantina, la propriétaire, sera aux petits soins si besoin ! Une solution idéale si l'on est à la recherche d'un appartement spacieux et bien placé, sans voiture nécessaire.

■ PAXOS CLUB RESORT

Gaios
✆ +30 2662 032450
www.paxosclub.gr
info@paxosclub.gr
A partir de 95 € pour deux personnes, petit-déjeuner compris.
Une oasis à l'ambiance familiale en pleine nature. Piscine, salle de sport, spa, le resort est parfait pour des vacances idylliques. Le service est impeccable, les chambres spacieuses et décorées avec modernité.

Se restaurer

Gaïos compte quelques bonnes adresses (Dodo, Mediterraneo et Mambo, un peu à l'écart du village), mais les meilleures tables se trouveront pour beaucoup plutôt à Lakka.

■ CARNAYO

Entre le port et la place principale
✆ +30 69741 58814
À partir de 15 € par personne. Ouvert tous les jours midi et soir.
En été, sa cour luxuriante est l'un des endroits les plus agréables de l'île. Cet établissement ouvert toute l'année mérite une visite. Entouré d'oliviers et à l'ombre de trois eucalyptus, vous pourrez goûter des spécialités de la mer Ionienne. Belle carte avec de nombreux plats corfiotes, originaires de l'île voisine, tels que *sofrito* (bœuf et sauce à l'ail), *bourdeto* (du poisson dans de la sauce rouge) et *pastitsada* (poulet et bœuf en sauce avec des pâtes), mais aussi des mets propres à Paxos comme le *tsilichourdopita*, une tarte aux abats d'agneau...

■ MAMBO

Près de la plage
✆ +30 26620 32670
A partir de 15 € par personne. Ouvert tous les jours midi et soir.
Peut-être le meilleur restaurant de Gaios (réservation conseillée en été !). Le cadre est agréable et on peut regarder les bateaux passer en attendant de se faire servir. Les tables en terrasse sont toujours pleines et l'établissement prisé par la population locale. Mambo propose une des meilleures fetas grillées de l'île, mais aussi d'excellents *souvlakis* (poulet), du poulpe grillé ou des boulettes de viande. Ne ratez pas quelques spécialités maison intéressantes comme les calamars, les croquettes de courgettes ou les poivrons farcis.

■ TAKA TAKA

✆ +30 26620 32329
Environ 10-15 € par personne.
Dans une cour merveilleuse, près du port, où la fraîcheur est au rendez-vous, même pendant les grandes chaleurs, on se régale de langoustines, de crabes et de bons poissons en abondance. Pour les carnivores, le porc au citron et les filets de poulet grillés au barbecue sont aussi à tomber. Les desserts maison sont particulièrement réussis. Service rapide, même lorsque c'est plein.

La charmante petite ville de Gaïos.

Sortir

■ CAFÉ KALIMERA

✆ +30 2662 032318

Ouvert de fin mai à début octobre.

Un café branché dans une ruelle de Gaios où le bougainvillier en fleurs est suspendu au-dessus des tables.

C'est au café Kalimera que vous pourrez prendre une bière rafraîchissante avec les locaux ou un petit-déjeuner, composé d'un yaourt grec et de fruits, en terrasse.

À voir - À faire

■ FORTERESSE D'AGHIOS NIKOLAOS

✆ +30 26620 32100

Par des bateaux d'excursion.

Cet îlot est surmonté d'une forteresse vénitienne du XVe siècle que l'on peut visiter sur demande. En 1423, le seigneur vénitien local Adam II San Ippolito demanda au Sénat vénitien l'autorisation de construire un château – à ses propres frais – afin de protéger le petit complexe insulaire de la piraterie. La permission a été accordée et le château a été construit. Il en reste aujourd'hui quelques fortifications, des canons, et deux églises.

■ MONASTÈRE DE PANAGHIA ★

Sur l'îlot de Panaghia

Ce monastère, sur un îlot, sert surtout de scène centrale à une grande fête célébrée chaque année le 15 août. Historiquement, le monastère existant semble avoir été construit sur le site d'une ancienne église chrétienne. Il est mentionné dans certains écrits de 1686 comme étant déjà vieux et en ruine. Il a probablement été restauré depuis par la famille Vellianitis. En 1720, un monastère composé de dix moines fut créé, dont les revenus étaient considérables. Le 15 août est une fête importante et une soupe au bœuf est offerte aux fidèles.

■ MUSÉE MUNICIPAL

✆ +30 26620 32556

Ouvert de mai à octobre. Entrée 3 €.

Le Musée municipal ne présente pas un immense intérêt, mais vaut un petit coup d'œil. La maison, une ancienne école datant de 1906, est belle. Il a ouvert en 1996 grâce aux dons d'objets des habitants : il collecte une foule de matériels provenant du passé de l'île et tente, par leur biais, d'en retransmettre l'histoire. Vous trouverez des reproductions de salles de l'époque, avec des objets de la vie quotidienne, des outils de travail ou encore des armes. Il y a également des fossiles et des poteries, datant en majorité de l'époque vénitienne.

Sports - Détente - Loisirs

Vous pouvez vous baigner sur les îlots d'Aghios Nikolaos et de Panaghia, à Gaïos, et sur celui de Mogonissi, tout au sud de l'île, face à Porto Sputza. Tous trois sont accessibles par caïque. L'idéal, s'il reste des locations disponibles, est de faire le tour de l'île au volant d'un bateau à moteur (sans permis) soit deux heures de navigation tranquille. Egalement de belles plages sur la côte ouest, dans la baie d'Argilas, à proximité des villages de Bogdanatika et de Vellianitakia. Mais les meilleures sont à Longos et à Lakka. Mieux vaut partir tôt le matin car un petit vent marin se lève généralement vers 13h.

LONGOS - ΛΌΓΓΟΣ ★

A 5,5 km de Gaïos, Longos est le centre de ralliement des adeptes de ski nautique et de parachute ascensionnel. Bien que ce soit le plus petit port de l'île, le village offre un grand choix de tavernes en conséquence. Vous pouvez également y voir les fresques des églises de Zoodohos Pighi et d'Aghios Nikolaos et trouver des criques de galets à Levrechiou et Marmaria. Pour y aller, le bus assure de nombreuses liaisons par jour.

Se loger

Malgré le manque d'offres d'hôtels, on trouve quand même à se loger ici. Mais il faut plutôt envisager de louer une villa, voire d'investir dans une maison avec piscine. En réservant tôt et à plusieurs, ce n'est pas si ruineux.

■ HARMONY HOTEL APARTMENTS

12 rue Apollonos

www.harmony-apartments.com

Environ 110 € l'appartement en été.

A 100 mètres de la plage de petits galets Selianitika, ces studios sont tout équipés avec une cuisine et une salle de bain modernes. Les appartements ont tous un grand balcon avec une vue magnifique sur les côtes montagneuses de la Grèce continentale et donnent accès à une piscine où l'on peut s'allonger sur des transats et siroter de bons cocktails. Christos et toute l'équipe de l'hôtel vous accueillent avec un grand sourire et sont de très bon conseil sur l'île.

■ VILLA CHRISTINA

✆ +30 26620 32574

Villa pour six personnes à environ 300 €.

Très chère et sélecte, cette villa pouvant accueillir six personnes au moins est très raffinée et bien équipée. Une piscine somptueuse, un grand balcon donnant sur la nature avec une vue sur la mer viennent compléter ce tableau parfait pour des vacances reposantes et luxueuses.

ZAKSPITAKI

A Kangatica

✆ +30 26620 31243

www.zakspitaki.com

2 chambres. De 120 € à 170 €.

Un bed and breakfast adorable tenu par Nick et Helen. La maison en pierres de taille avec des volets bleus est entourée d'un jardin luxuriant : jasmin odorant, géraniums roses et rouges... Les villas sont décorées avec beaucoup de goût, inspirées des voyages du couple qui a vécu un moment à Zanzibar. Attention, ce petit paradis est vite réservé par les habitués, donc mieux vaut prévoir à l'avance sa visite !

Se restaurer

BOULOUKOS

✆ +30 26620 31336

A partir de 15 € par personne. Ouvert tous les jours, midi et soir.

Dîner à quelques mètres de la plage, quel bonheur ! Surtout quand, en plus, la cuisine est savoureuse. A la carte, des courgettes du jardin, ragoûts, tourtes ou risotto de fruits de mer au milieu des oliviers. Au milieu des oliviers, le poisson frais grillé et les fruits de mer frais dominent le menu de cette taverne. Plats cuisinés, tartes, pâtes et risotto, plats de viande, desserts faits maison, glaces fraîchement préparées et cocktails servis au bar à droite de la cour. Service rapide et poli. A moins de juste y prendre un cocktail pour admirer le coucher du soleil...

VASSILIS

Place centrale

✆ +30 26620 31587

À partir de 25 € par personne. Ouvert midi et soir.

La taverne Vassilis est bien placée face à l'horizon : une route la sépare de la mer. Pendant trente ans, Vassilis y a préparé du poisson frais et de délicieux plats cuisinés. Maintenant, même si le prénom du patriarche est resté, c'est au tour de son fils Kostas, devenu le digne gardien de la tradition. Il a repris le flambeau avec des plats tels que le poisson cuit au four à l'orange et à l'aneth ou son homard frais. Tout est bien cuit. Elle figure de loin parmi les meilleurs établissements, ce qui justifie son prix. Excellent service, agréable.

Sortir

ROXI BAR

✆ +30 697 339 5569

Les pieds dans l'eau, ou sur la terrasse un peu surélevée avec vue sur la mer, vous pouvez siroter d'excellents cocktails ou un verre de vin des cépages locaux. Le cadre est envoûtant. Kostas met l'ambiance dans son bar et se rappelle de tous ses clients avec qui il aime entamer une discussion.

LAKKA - ΛΑΚΚΑ

A 8,5 km, 4 liaisons par jour. A l'extrémité nord de l'île, ce petit port trône au fond d'une baie bordée d'oliviers et de pins. Plutôt sélect, la petite baie est souvent bordée de jolis voiliers connaisseurs... Vous vous baignerez à Haramis et à Monodendri. Depuis Lakka, vous pouvez accéder par caïque aux grottes marines d'Ipapanti.

Se loger

AMFITRITI

✆ +30 26620 30 011

Fermé d'octobre à mai. Chambre double de 50 € à 105 €.

A seulement quelques mètres de la plage de Harami, cet établissement familial propose de jolies chambres sans fioritures avec balcon à des prix corrects. Préférez les chambres avec vue sur la mer. Le personnel est en outre d'une grande gentillesse et vous accueillera avec le sourire.

TORRI E MERLI

✆ +30 26212 34123

www.torriemerli.com

info@torriemerli.com

Suite à partir de 250 € la nuit en été, avec le petit déjeuner.

Chic et romantique, voici le meilleur hôtel de l'île selon *Le Figaro magazine*. Dans une une ancienne villa vénitienne fortifiée, il propose sept suites élégantes. Jolie piscine, restaurant raffiné et un bar original dans une cave. Vous apprécierez aussi l'espace de massage niché dans le jardin.

Se restaurer

LA ROSA DI PAXOS

✆ +30 26620 31471

Sur la plage de Lakka.

De 20 à 25 € par personne. Ouvert tous les jours midi et soir.

Vous pouvez déjeuner à la Rosa di Paxos sur la plage. Ce restaurant sert une cuisine grecque d'inspiration italienne sur une belle terrasse fleurie. Dans la baie pittoresque, vous vous installerez à des tables avec chaises de metteur en scène. A l'affiche : une cuisine italienne de haut niveau (table ouverte dès le matin au petit-déjeuner), avec quinze sortes de spaghettis et quelques suggestions de plats à base de viande.

Carpaccio (poulpe, thon, espadon), poisson frais et homard exquis. Les délicieuses moules cuites à la vapeur sont à ne pas manquer.

■ NIONIOS TAVERNA

✆ +30 2662 031315

Fermé de novembre à avril. Carte : 12 € environ. Vin au verre.

Chez Nionios, vous goûterez la cuisine grecque authentique. Le patron vous convie dans sa cuisine pour vous montrer tous les plats cuisinés et il y a du choix ! *Gemista* (tomates ou poivrons farcis), bœuf *stifado* (cuisiné avec du vin), lasagnes aux légumes, moussaka, feuilletés de fromage... Les végétariens auront aussi un grand choix de plats à leur disposition !

■ TO PAXOIMADI

✆ +30 2662 003098

Fermé de novembre à avril. Carte : 10 € environ.

Face au port de Lakka, cet établissement est souvent bondé en été. La cuisine y est simple mais savoureuse : salade grecque, tzatziki, crevettes saganaki (cuites dans un petit pot de terre avec des tomates et des oignons), sardines grillées... Les portions sont généreuses et les prix très corrects.

ANTIPAXOS - ΑΝΤΊΠΑΞΟΙ ★

Peuplé par une centaine d'habitants et quelques riches étrangers, l'îlot est relié chaque jour depuis Gaïos (30 minutes de traversée), Porto Sputza (20 minutes) et Parga (1 heure). Les navires accostent à Omos Agrapidias. Vous trouvez sur place quelques tavernes, mais aucun logement. Possibilité toutefois de camper près de la plage de sable blanc de Vrika, à 1 km à pied au nord du port. Moins fréquentée et tout aussi agréable, Voutoumi se trouve quelques centaines de mètres plus loin. Sur la colline surplombant la baie, vous pourrez goûter au vin d'Antipaxos en appréciant le bleu de la mer à la Bella Vista Taverna.

Comme Paxos, c'est une île très verdoyante, aux belles plages de sable et aux nombreuses grottes, d'où vous pouvez vous rendre en barque aux îlots voisins d'Exolitharo et de Daskalio. Toute la région environnante est idéale pour la pêche sous-marine. Ses eaux particulièrement poissonneuses servent les principaux fournisseurs de Corfou en poisson.

■ BELLA VISTA BAR RESTAURANT

Sur la plage de Voutoumi

✆ +30 697 7784 133

Fermé d'octobre à avril. Carte : 16 € environ.

Surplombant la belle plage aux eaux translucides de Voutoumi, ce restaurant offre une vue paradisiaque, une « Bella vista » comme l'indique son nom. Petits poissons grillés, salades grecques, brochettes de viande... Les plats sont corrects, les prix un peu plus élevés qu'ailleurs mais le panorama en vaut bien la chandelle, surtout lors du coucher du soleil !

■ TAVERNA SPIROS

Sur la plage de Vrika

✆ +30 697 2816 229

Fermé d'octobre à avril. Carte : 12 € environ.

Une taverne sur une des plages les plus magnifiques de Grèce ! On se croirait aux Caraïbes mais l'ouzo servi chez Spiros nous rappelle bien qu'on est à Antipaxos. Poissons grillés, mezzedes, spaghettis aux crustacés voire au homard, vous vous régalerez ! Le personnel est amical et les prix ne sont pas exagérés.

Les eaux turquoise d'Antipaxos.

ZANTE ★★

Avec ses 402 km² et ses 32 000 habitants, appelée également Zakinthos, l'île a tiré son nom du fils du roi de Troie, Dardanos, qui y a construit une cité. Les Vénitiens l'ont tant aimée qu'ils l'ont surnommée la « Fleur du Levant ». Elle serait encore le « petit Dubrovnik », si l'horrible séisme de 1953 n'avait fait son œuvre. Mais rassurez-vous, la reconstruction de la capitale, contrairement à l'Argostoli de Céphalonie, a respecté fidèlement l'architecture du passé. Ile de poètes et de musiciens, Zante est la plus joyeuse des îles Ioniennes. Le poète Dionysos Solomos (1788-1857) y rédige l'*Hymne à la liberté* qui deviendra l'hymne national. Les deux chaînes montagneuses qui entourent une vallée fertile créent de très beaux paysages verdoyants, et les falaises abruptes contrastent avec de longues plages de sable. La plupart des touristes qui visitent Zante résident sur la plage de Laganas, belle mais vraiment surpeuplée. Installez-vous plutôt sur le sable blanc de Vassilikos, village côtier calme et préservé, entouré de très belles plages. Pour jouir pleinement des criques nombreuses et splendides, l'idéal est de louer un bateau.

ZAKYNTHOS - ΖΆΚΥΝΘΟΣ ★★

La capitale, qui compte environ 10 000 habitants, a été reconstruite après le séisme et l'incendie de 1953 dans le même style néoclassique. Seule subsiste la citadelle vénitienne perchée à 400 m en haut de la colline dominant la baie. Cet ensemble artificiel donne à Zakynthos des allures de décor de cinéma italien. S'étalant le long de l'immense port, entre les places Solonos (au nord) et Aghios Dyonisos (au sud), l'essentiel de l'activité se concentre près des quais, le long de la Strata Marina. C'est là qu'on trouvera la plupart des cafés, agences touristiques et loueurs de voitures (rue Lamabardou). Le « centre » se situe derrière la place Solonos, autour de la place Aghios Markos avec la cathédrale et le musée Solonos.

Transports

■ AÉROPORT DE ZANTE
✆ +30 26950 29500
www.zakynthos-airport.com
info@zakynthos-airport.com
Une course en taxi pour Chora coûte environ 15 €.
Malgré la construction d'un nouveau terminal en 2008, l'aéroport est souvent congestionné par les nombreux vols charters, notamment le week-end. Cela d'autant plus que les vols de nuit sont interdits, afin de ne pas déranger les tortues Caretta Caretta, espèce protégée.

- **Athènes-Zante.** De un à deux vols quotidiens avec Olympic Air (10/semaine, 55 minutes).
- **Liaisons avec les autres îles.** Des rotations existent entre Corfou, la Céphalonie, Zante et Cythère avec Sky Express.
- **Renseignements.** Olympic Air : www.olympicair.com – ✆ +30 26950 28322 à l'aéroport. Sky Express : www.skyexpress.gr – ✆ +30 28102 23500.

■ BUS
www.ktel-zakynthos.gr
info@ktel-zakynthos.gr
Prix d'un billet à partir ou pour Athènes : 28,60 € (hors ferry).

- **Depuis Athènes.** Les bus KTEL relient le port de Kyllini (5 par jour, 4h30 de route, puis liaison en bateau). A Athènes, la gare routière se trouve au 100, rue Kifissou. ✆ +30 21051 50785.
- Liaisons aussi avec Patras et Thessalonique.

■ BUS KTEL
42 rue Filita
✆ +30 26950 22255
https://ktel-zakynthos.gr
La gare routière se trouve derrière le port.
À l'intérieur de l'île, le réseau KTEL est de qualité moyenne. Depuis Chora, il y a 2 liaisons par jour avec Vassilikos, 2 liaisons par jour avec Aghios Nikolaos, 1 liaison par semaine avec Limni et 13 liaisons par jour avec Laganas. Le week-end, certaines liaisons ne sont pas assurées.

■ PORT
✆ +30 26950 28117
Zante dispose de trois petits ports : Zante (ou Zakinthos ou Chora, au sud-est) relié avec le continent, Skinari (au nord) par lequel passent les ferries pour la Céphalonie, et Laganas d'où partent certains bateaux d'excursion. Billets de ferry en vente à la coopérative maritime de Zakinthos, 40, rue Lambardou. Renseignements : Tél +30 26950 41500.

- **Liaisons avec le continent.** Huit liaisons par jour avec Kilini (1 heure) et une par semaine avec Patras (4 heures).
- **Liaisons avec les autres îles.** Deux liaisons par jour avec la Céphalonie (Pesada, 1 heure 15).
- **Liaisons avec l'Italie.** Depuis le port de Zante, une liaison par semaine avec Brindisi.

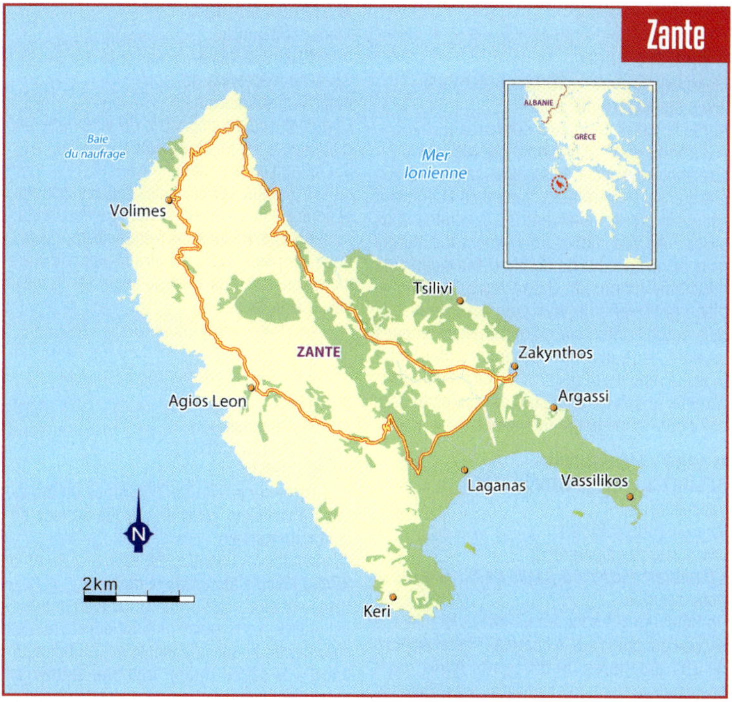

Pratique

■ HÔPITAL
✆ +30 26950 42514

■ POLICE
✆ +30 269 502 7367

Se loger

Bien et pas cher

■ ATHINA APARTMENTS
Kalamaki
✆ +30 26950 26809
www.athinaapts.gr
info@athinaapts.gr
Chambre double à partir de 30 € et appartement à partir de 45 € en mi-saison.
A quelques kilomètres du centre-ville, cet hôtel est tenu par des francophones, la famille Kivetos (qui gère aussi d'autres studios sur l'île). Les 39 chambres pouvant héberger de 2 à 4 personnes sont bien équipées avec une cuisine pratique. Les chambres sont assez simples, sans grand luxe, mais le jardin est idéal en plein été. Et s'il n'y a pas de piscine, celle, voisine, du Vanessa Hôtel est ouverte aux clients.

■ PHOENIX
✆ +30 26950 42 419
www.zantephoenix.gr
info@zantephoenix.gr
Chambres doubles à partir de 60 €. Chambres familiales et suites à partir de 110 €.
Sur la magnifique place Solomou, l'établissement, récemment rénové, propose 35 chambres très confortables avec télévision et air conditionné.
Les chambres sont décorées de façon épurée et moderne. Selon la vue, sur la mer ou sur la ville, les prix varient. *Roof garden* époustouflant !

■ PLAZA
✆ +30 26950 45059
www.plazazante.gr
info@plazazante.gr
Chambre double à partir de 70 € avec le petit déjeuner.
Etablissement situé sur la plage municipale de Saint-Triadas, l'une des plus belles de Zakynthos, mais pas loin non plus de la place Saint-Marcos et des musées.
Chambres simples et élégantes avec de mignons balcons. Léger supplément pour la vue sur la mer.

Confort ou charme

■ ARTEMIS ROOM

Meso Gerakario ✆ +30 693 808 6684
www.studiosartemis.com
Après la plage de Planos sur la côte.
A partir de 45 € la chambre double.
Le complexe propose 12 studios spacieux et bien entretenus, entièrement climatisés et pouvant accueillir confortablement 2 à 3 adultes mais aussi... une villa ! Situés à seulement 100 mètres de la plage de sable de Gerakari, les logements d'Artémis disposent d'une terrasse fleurie, d'une petite aire de jeux pour les enfants, et d'un endroit détente avec des chaises longues au bord de la piscine. Les appartements ont tous été rénovés et décorés de façon moderne. Artémis et ses enfants sont adorables et sont aux petits soins pour leurs clients.

■ MIRO ZANTE ROYAL RESORT & WATERPARK

Vassilikos
✆ +30 2695 035029
www.zanteroyalpalace.gr
Chambres doubles à partir de 80 € avec le petit-déjeuner.
Un hôtel parfait pour les enfants ! Ici, c'est le service qui prime sur le charme : l'hôtel dispose de 154 chambres de différents types, dont beaucoup de chambres familiales supérieures et même des «maisonnettes» de deux chambres. Tous les types de chambres possèdent un balcon avec vue sur le jardin ou la mer. Sinon, piscines, toboggans, salle de jeux, minigolf, cinéma : tout est organisé pour séduire les plus jeunes. Mais les adultes pourront aussi profiter du spa, du hammam, des soirées karaoké ou des soirées grecques avec de la musique live...

■ STRADA MARINA

14 rue Lomvardou
✆ +30 26950 42761
www.stradamarina.gr
hotel@stradamarina.gr
Chambre double affichée à 60 € en été, petit déjeuner compris. Ouvert toute l'année.
Sur le front de mer, cet imposant établissement de 112 chambres propose des doubles modernes et confortables avec wi-fi. *Roof garden*, restaurant, piscine. Réductions fréquentes après trois nuits sur place. Les prix varient selon la vue et c'est souvent plus cher de regarder la vieille ville que la mer !

Se restaurer

■ ANTETI

48 rue Athanasiou
✆ +30 26950 23612
info@anteti.gr
A la sortie de la ville de Zakynthos en direction de Vasilikos, tourner à droite en face de la station-service.
Ouvert toute l'année de 12h à 17h et de 19h30 jusqu'à tard dans la nuit.
Cela veut dire « client » dans l'ancien patois de Zakynthos. La terrasse ombragée est vraiment charmante. La cuisine locale est à l'honneur : bœuf à la sauce rouge, fromage ladotyri un peu épicé, lapin au four avec des pommes de terre... Une adresse un peu à l'écart des centres touristiques qui respire l'authenticité !

■ ARESTI

✆ +30 26950 27379
www.aresti.com.gr/restaurant.
A 1 km de la ville de Zakynthos, à côté du phare Krioneriou.

L'ancienne citadelle vénitienne de Zakynthos.

Plage de Zakynthos.

Autour de 18-20 € par personne. Ouvert midi et soir toute l'année.

Sans doute le restaurant le plus « mondain » de Zante, il sert souvent de cadre pour des mariages. Il se trouve dans le quartier « aristocratique » de la ville : de très beaux espaces extérieurs avec vue sur la mer Ionienne et un cadre idyllique les soirs, avec pianiste sur place. Spécialités de porc aux piments rouges et aux champignons entiers, risottos et pomme de terre farcie cuite, ou encore l'exceptionnel coq farci de Zakynthos... Toutes les viandes et produits viennent de la ferme des propriétaires qui se trouve dans les hauteurs de l'île.

■ MALANOS
27 rue Athanassiou
✆ +30 26950 45936
Environ 15 € par personne. Ouvert midi et soir toute l'année.

Taverne populaire et familiale (d'aucuns diraient un peu bruyante, même !) où les ouvriers et les familles se retrouvent toute l'année. Quelle atmosphère ! Les plats cuisinés maison sont succulents : saganaki de fromage local, boulettes de courgette, moussaka, agneau au four avec des pommes de terre, veau au citron et au romarin, lapin farci... Vin au kilo issu des tonneaux du propriétaire. Musique live tous les jours en été et du jeudi au samedi en hiver.

■ STATHMOS
42 rue Filita
✆ +30 2695 024040
Ouvert toute l'année. Menu unique à 10 €. Vente à emporter.

Un restaurant essentiellement de viandes : grillades, bœuf en sauce, porc cuisiné avec des champignons... Les produits et la viande proviennent de l'île, très verte en hiver, où l'élevage est répandu. Les portions sont très généreuses et les prix corrects !

À voir – À faire

■ MUSEE DE ZAKYNTHOS ★
Platia Solomou.
✆ +30 26950 42714
Ouvert du mardi au samedi 8h30 à 15h. Entrée : 4 €.

Cet impressionnant bâtiment néoclassique rassemble une magnifique collection d'icônes du XVIIe siècle et différents objets religieux sauvés de la destruction en 1953. Quelque 800 œuvres sont enregistrées et permettent au visiteur de se forger une impression sur l'influence des îles Ioniennes dans l'art occidental. Mention spéciale aux *Litanies de la relique de Saint-Charalambos* peintes par Yannakis Korais. Ces dernières années, le musée Zakynthos a été un lieu d'activités qui a renforcé son rôle de pôle culturel avec des expositions d'œuvres d'artistes contemporains.

■ SAINT DIONYSIOS
10 rue Kapodistriou

Saint Dionysios est né à Zante en 1547 et est le saint patron de l»île : la métropole porte donc son nom. Elle conserve les reliques du saint et accueille de nombreux pèlerins durant toute l'année. La métropole a été fondée en 1926 suivant les plans d'A. Orlando, et appartient au type de basilique en trois parties avec voûte intérieure. A l'intérieur, vous pourrez admirer de jolies mosaïques. Le grand tremblement de terre de 1953 les a laissées intactes.

ARGASSI - ΑΡΓΆΣΙ

Une toute petite ville agréable construite le long de la mer, à 3 kilomètres au sud de la capitale. Les plages ne sont pas les plus grandes et les plus belles de l'île, mais c'est du sable et elles sont propres.
Les bars, hôtels, restaurants, loueurs de voitures et scooters ne manquent pas, bien que ce ne soit pas la ville la plus agitée, bien au contraire. Pas mal pour un pied-à-terre.

Transports

■ BUS KTEL
10, rue Fllita
✆ +30 26950 22255
www.ktel-zakynthos.gr
info@ktel-zakynthos.gr
Prix d'un billet à partir ou pour Athènes à partir de 30 € (hors ferry).
Bus, taxi, location de voitures ou scooters. Tout se trouve sur l'avenue principale qui traverse la ville, le long de la mer. Les lignes de bus desservent l'ensemble de l'île, mais aussi Athènes (au moins trois fois par jour) et Patras.

Se loger

■ CAPTAINS HOTEL
✆ +30 26950 44142
www.captainshotel.gr
info@captainshotel.gr
A 350 m de la plage d'Argassi sur les hauteurs.
Chambre double à partir de 85 € en été avec le petit déjeuner. Possibilité de demi-pension.
Gros complexe tout confort avec piscine, surplombant la mer et disposant d'un beau panorama. Soirée barbecue et karaoké pour les amateurs : un vrai centre de vacances, quoi... Côté chambres, du mobilier simple avec parfois une kitchenette. Le personnel très accueillant fait la différence dans cet hôtel sans grand charme mais pratique.

■ DIANA PALACE HOTEL
Argassi
✆ +30 2695 028 547
www.dianahotels.gr/en
info@dianahotels.gr
Environ 95 € la chambre double avec petit-déjeuner. Possibilité de demi-pension.
Complexe très bien entretenu près de la plage d'Argassi. Deux piscines, des animations, des excursions organisées, des soirées à thème. Ambiance Club Med, et un personnel chaleureux qui sait mettre de l'ambiance. Si vous êtes adepte de cet univers et que vous voulez faire des rencontres en vacances, c'est un bon choix !

■ HOTEL PALMYRA
✆ +30 26950 45707 – www.hotelpalmyra.gr
Chambre double entre 55 et 70 € en été, avec le petit déjeuner.
L'avantage d'être dans le centre-ville, c'est que tout est à proximité. Hôtel bien au calme. C'est l'un des lieux les plus cotés de la ville. D'aspect traditionnel à l'extérieur et élégant à l'intérieur, les bâtiments de deux étages entourent un jardin verdoyant avec piscine. L'hôtel dispose d'un bassin séparé pour enfants entouré d'un magnifique jardin. Les 70 chambres qui composent l'hôtel ont un balcon privé. Petit déjeuner copieux sous forme de buffet. La plage d'Argassi n'est peut-être pas la plus large de l'île, mais elle est longue, propre et sablonneuse.

■ INIOCHOS HOTEL (EX APOLLO HOTEL)
✆ +30 26950 41270
www.zanteapollohotel.gr
Chambre double à partir de 30 € hors saison, autour de 70 € en juillet et août.
A 50 m de la plage, cet hôtel a été récemment rénové et les chambres dans des tons clairs sont très confortables. Les studios pour les familles disposent d'un coin cuisine bien équipé. La vue des balcons donnant sur la piscine ou la mer est agréable. Nikos, le propriétaire, accueille les visiteurs chaleureusement et leur prodigue ses conseils sur l'île.

Se restaurer

■ AGNADI
À Xyrokastello ✆ +30 697 231 1768
Carte : 12 € environ.
Sur les hauteurs de Xyrokastello, cette taverne dispose d'une grande terrasse ombragée surplombant les champs d'oliviers avec la mer à l'horizon. La cuisine est typiquement grecque : espadon grillé, poivrons farcis, calamars frits... Les portions sont généreuses et les prix petits !

■ STAR TAVERNA
✆ +30 26950 42 875
Sur la route principale en face de la pharmacie. Comptez 15 € par personne. Midi et soir.
En apparence très touristique, Star Taverna sert une cuisine grecque traditionnelle savoureuse : moussaka, poissons grillés, calamars frits, boulettes de viande... Les portions sont généreuses, les prix corrects, et surtout le personnel est très chaleureux !

À voir - À faire

■ MONASTÈRE DE PANAGIA SKOPIOTISSA
Au dessus d'Argassi
Vous pouvez monter au monastère facilement si vous avez un 4x4, mais sinon vous devez

laisser votre voiture et prendre un chemin de terre depuis Argassi qui vous mène jusqu'au monastère sur le mont Skopos. Soyez bien équipé de chaussures de sport et d'eau ! Le monastère a été construit en 1446 sur les ruines d'un temple dédié à Apollon et à Artémis, mais il a été détruit par des tremblements de terre et reconstruit en 1638. Le monastère est dédié à la Vierge Marie qui est célébrée le 15 août lors d'une grande fête avec de la musique. La vue depuis le monastère est incroyable, vous dominez toute l'île et vous pouvez apercevoir l'île de Céphalonie au loin.

TSILIVI - ΤΣΙΛΙΒΊ

Tsilivi est situé au nord-est de Zante, à 9 kilomètres de l'aéroport et à 5 km de la capitale de l'île. Le village est peu à peu devenu une des principales stations balnéaires de Zante avec de nombreux restaurants, bars et autres clubs.

Se loger

Locations

■ LAZAROS HOTEL APARTMENTS
✆ +30 26950 26218
zakynthos-lazaros.com
info@zakynthos-lazaros.com
Ouvert de mai à octobre. Chambre double à partir de 54 € en été.
Situé au centre, le complexe se compose de trois bâtiments entourés de palmiers et de beaux jardins colorés. Cet hôtel est à 200 mètres de la plage dispose d'une grande piscine bien entretenue et de studios récemment rénovés. Les chambres qui ne donnent pas sur la route sont à privilégier, elles disposent de larges balcons avec vue sur la mer et les oliviers. Tous les studios et appartements comprennent une kitchenette entièrement équipée. Sinon, prenez un cocktail au bord de la piscine ou promenez-vous sur la magnifique plage de sable à proximité.

■ NERAIDA STUDIOS
✆ +30 26950 44125
www.neraidastudios.gr
neraidas@otenet.gr
Studio pour deux personnes à partir de 50 € la nuit.
Des petits studios, bien équipés et décorés dans des tons colorés harmonieux. Situés à 50 m de la plage, ils disposent également d'une piscine. Rien d'exceptionnel, mais un bon rapport qualité-prix, surtout en haute saison ! Neraida se compose de huit studios pouvant accueillir 2 ou 3 personnes avec un lit supplémentaire. Chaque studio comprend un lit double. Un minimum de trois nuits est parfois requis.

Confort ou charme

■ ARKADIA HOTEL
Rue principale à Kipseli
29100
✆ +30 269 506 5087
www.arkadiahotel.com
info@arkadiahotel.com
Chambre double standard entre 85 € et 100 € en été. Moitié moins hors saison. Ouvert entre la fin avril et mi-octobre.
Un peu éloigné du centre-ville de Tsilivi, à Kipseli, c'est tout nouveau tout propre, un endroit idéal pour des vacances de tout repos, au calme près de la plage.
Elégant et spacieux, le bâtiment de deux étages offre des chambres tout confort avec cuisine équipée. Parking privé, belle piscine, snack-bar, garde d'enfants, laverie, restaurant, l'hôtel est très pratique... La cuisine servie par l'établissement est succulente et le petit-déjeuner bien complet. Le propriétaire possède aussi une compagnie de location de voiture, vous pouvez sans doute négocier un *package.*

■ SENTIDO ALEXANDRA BEACH HOTEL
Planos Tsilivi
✆ +30 26950 26190
info.alexandrabeach@sentidohotels.com
Ouvert du 1er mai au 31 octobre. Chambre double standard autour de 115 € en plein été.
Planté sur une colline avec une vue magnifique à l'écart des autres hôtels de Tsivili, c'est un grand complexe élégant. Etablissement tout confort avec piscine, plage semi-privée, restaurant, snack-bar...
Toutes les chambres ont un balcon avec une belle vue sur la mer ou sur la forêt. Programme d'activités : randonnée, équitation, excursions en bateau, route des vins... L'endroit est prisé par les tour-opérateurs, à éviter en été si vous êtes allergique à la foule !

■ THERIANOS VILLAS
A Kallithea, à 5 min de la plage d'Alykes et 12 km de Zakynthos
✆ +30 26950 833 73
Fermé de novembre à mars. Studio / appartement de 90 € à 150 €.
Des gîtes très bien tenus par une famille d'agriculteurs qui sera ravie de vous faire découvrir sa production biologique, notamment d'huile d'olive, et sa cuisine. Dans l'exploitation, vous trouverez chats, chiens, paons, poules et lapins, de quoi ravir les enfants ! Quatre villas de taille différente sont proposées, toutes bien décorées et bien équipées. Pour un séjour authentique à Zakynthos, n'hésitez pas à venir chez les Therianos.

Le coin du campeur…

CAMPING ALYKES
Katastari, village d'Alykes, à 12 km à l'est de Tsivili
✆ +30 26950 83233
www.alykescamping.gr
papagos1@otenet.gr
72 emplacements, de 5 à 6,50 € par personne, emplacement à partir de 5 €. 16 studios, de 45 à 72 €.
Un camping directement sur la plage. Attention aux moustiques ! Et puis l'air marin rend ici la vie dure aux sanitaires, même s'ils sont entretenus. De préférence, choisir de dormir dans l'un des studios. Ils sont très agréables, à l'écart du camping et juste à côté de la piscine avec vue sur la mer – et donc très courus, aussi veillez à réserver à l'avance. Sinon, toutes les installations d'un camping moderne : douches avec eau chaude courante, toilettes, lave-linge, supérette, une piscine et un snack-bar fonctionnant toute la journée.

CAMPING PARADISE
Messo Gerakari, à 7 km à l'est de Tsivili en passant par Kipseli
✆ +30 26950 61888
krezant@otenet.gr
54 emplacements, 10 € pour deux avec une tente.
A 300 mètres de la plage de Psarou, ce camping est bien équipé et propose les prix les plus bas de l'île. Il dispose d'une supérette, d'un restaurant pas cher, d'aires de jeu pour les enfants, et de sanitaires très propres. L'accueil est chaleureux, et les emplacements plutôt bien ombragés. wi-fi.

CAMPING ZANTE
Tragaki, à 3 km à l'est de de Tsivili
✆ +30 26950 61710
zantecamping@gmail.com
90 emplacements, environ 12 € pour deux personnes avec une tente.
A deux pas de la plage d'Amboula. Piscine, restaurant, supérette, aires de jeux, wifi... Sanitaires bien entretenus. Le camping est idéalement situé à seulement 15 minutes de la ville. Il est très proche de la mer et la région est très agréable pour la randonnée.

Se restaurer

BOOMERANG
Sur la plage de Tsilivi
✆ +30 269 5048 476
Fermé de novembre à avril. Carte : 20 € environ.
Cette adresse est tenue avec brio par trois frères et sœurs. Des plats typiquement grecs sont revisités : risotto aux légumes, *saganaki* avec du fromage local (fromage frit), pizzas maison... Le *tsipouro*, l'eau-de-vie répandue dans toute la Grèce, est aussi préparé artisanalement par les propriétaires.

OLIVE TREE
✆ +30 69500 45452
À partir de 15 € par personne. Ouvert tous les jours, midi et soir.
Très bon accueil, cuisine excellente et bon rapport qualité/prix. De la cusine grecque très convenable et, ce qui ne gâche rien, un excellent bar à cocktails juste à côté géré par les mêmes patrons. On comprend que les locaux s'y pressent.

À voir – À faire

MUSÉE D'HISTOIRE NATURELLE
a Aghia Marina, sur la route vers Katastari
✆ +30 2695 065040
Ouvert de 9h à 14h tous les jours. 6 € l'entrée.
Un petit musée agréable qui permet d'en savoir plus sur l'écosystème de Zante. Une grande collection de 2 500 insectes, de papillons, de 8 700 oiseaux empaillés... Vous en apprendrez plus sur la faune et la flore de l'île et les gardes du musée sont toujours disponibles pour vous donner plus d'informations.

VASSILIKOS - ΒΑΣΙΛΙΚΌΣ

À 16 kilomètres, au sud-est de Chora, entouré de champs d'oliviers, ce village se situe au bout d'une péninsule cernée par les plages. Aux alentours, ce sont de longues étendues de sable fin de Gerakas, Banana, Porto Zoro, Porta Roma, Aghios Nikolaos, avec une prédilection pour celle de Mavrantzi. À Vassilikos, vous pourrez visiter les églises d'Aghios Nikolaos et de Panaghia i Dakreyroussa (la Vierge larmoyante), ornées de belles fresques.

Se loger

■ **AQUARIUS**
✆ +30 26950 35300
www.hotelaquarius.gr
aquar@otenet.gr
Chambre double entre 70 et 90 € en été avec le petit déjeuner.
Situé à 150 m de la mer, ce petit hôtel possède 36 chambres avec ou sans TV (moins chères), mais toutes possédant un balcon et un minibar. Climatisation sur demande. En face, une piscine est accessible gratuitement aux clients. Petit déjeuner copieux avec des spécialités maison.

■ **ARGINUSA HOLIDAY HOUSES**
✆ +30 26950 53313
www.arginusahouses.gr
arginusa@otenet.gr
Studio entre 60 et 85 € en été.
Un choix écologique. Le paradis pour des vacances au vert à seulement 500 m de la célèbre plage de Gerakas tout au bout de Vassilikos sur la droite. Plusieurs maisonnettes joliment décorées et équipées dans un environnement naturel parmi oliviers, pins et cyprès. Ménage tous les jours, draps et serviettes changés deux fois par semaine. Tranquillité garantie depuis 1998. Animaux acceptés.

■ **LEVANTINO STUDIOS**
Xirokastello, à 9 km de la plage Kaminia
✆ +30 6944 35 40 64
www.levantino.gr
levantinostudios@yahoo.gr
Studio pour deux personnes entre 40 et 80 € selon le mois. Ouvert de mai à octobre.
Le cadre au bord de la mer, dans un coin calme de l'île, est idyllique. Les studios sont équipés de kitchenettes et sont très propres. Privilégiez si vous le pouvez l'appartement dans la maison de pierres traditionnelles qui a plus de charme que les autres appartements et studios. Au coucher du soleil, vous pourrez déguster un cocktail sur la plage de l'hôtel, un moment inoubliable !

■ **SEA VIEW VILLAGE**
Xirokastello ✆ +30 26950 35178
www.seaviewvillage.gr
reservation@seaviewvillage.gr
Environ 90 € le studio pour deux personnes.
Un hôtel familial à taille humaine dans un coin préservé de Zante, au milieu des pins. Le petit-déjeuner est délicieux, avec chaque matin des gâteaux faits maison, des fruits frais du jardin, et des confitures concoctées par la propriétaire. Cependant, mieux vaut avoir un véhicule pour séjourner dans cet établissement, un peu à l'écart des attractions, supermarchés et restaurants. Des suites et appartements plus grands sont aussi disponibles. Les studios et les appartements sont pratiques pour des familles et bien décorés par des artisans locaux.

Se restaurer

■ **DA CAMILLO**
✆ +30 2695 035149
Carte : 12 € environ.
Une trattoria italienne qui sent bon l'Italie ! Les deux propriétaires sont italiens, Daniela et Camillo, et vous ne serez pas déçu. Les pizzas sont bonnes comme à Naples, et les pâtes fraîches tout aussi succulentes. En dessert, ne manquez pas le tiramisu de Daniela !

Animaux en danger et vacances responsables

Symbole de l'île, la tortue caouane Caretta Caretta est en danger. Cette espèce en voie de disparition, qui vit entre les côtes du Péloponnèse et de Crète, vient tous les ans depuis 150 millions d'années déposer ses œufs sur les plages du sud de Zakynthos, sur la péninsule de Vassilikos et la baie de Laganas… précisément là où le tourisme s'est le plus développé. Ces dernières années, la présence de baigneurs sur les lieux de ponte a eu pour conséquence d'empêcher les femelles d'enfouir leurs œufs dans le sable. Le visiteur doit donc adopter une attitude responsable et ne pas se laisser séduire par les organisateurs d'excursion se présentant comme d'authentiques amoureux de la nature.

Sur terre aussi, il vous faudra rester vigilant. L'île compte en effet de nombreux chevaux, importés de Grèce et utilisés par les visiteurs pour des balades. Or, la SPA de Zakynthos a constaté que les propriétaires ne prodiguent pas toujours les soins nécessaires : certains équidés continuent même à travailler alors qu'ils sont malades.

■ **PORTO MELA**
Plage de Dafni
✆ +30 698 724 0929
Carte : 15 € environ.
Une adresse incontournable de Zante pour manger du bon poisson, des calamars farcis à la feta et des crevettes grillées. Le pain fait maison servi avec une sauce tomate est aussi parfait ! En plus de l'excellente nourriture, vous pourrez profiter des transats de l'établissement sur la plage !

■ **SKARTSOFOLI**
✆ +30 698 051 8506
Fermé de mai à octobre. Carte : 12 € environ.
Le plus de cette taverne : sa jolie cour remplie de fleurs dans une maison en pierre, un havre de paix en plein été ! Les plats sont assez classiques, avec grillades, plats cuisinés grecs comme la moussaka, les calamars frits, les boulettes de bœuf... Le week-end et certains soirs d'été, un musicien vient chanter des airs traditionnels de l'île. Dépaysant !

À voir – À faire

■ **CENTRE D'EXPOSITION DU PARC NATIONAL MARITIME**
A 2km de la plage de Dafni
✆ +30 26950 29870
Ouvert de mai à octobre de 10h à 18h tous les jours. Entrée libre.
Pour tout savoir sur les *Caretta caretta*, ces tortures devenues l'emblème de l'île qui pondent sur les grandes plages de sable de Zante. Vous en apprendrez plus aussi sur les espèces endémiques de l'île, sur sa faune et sa flore. Assez ludique, ce centre d'exposition vaut bien un petit détour.

BAIE DE LAGANAS – ΛΑΓΑΝΆΣ ★★

À 11 km au sud de Chora. Surnommée, à juste titre, la « baie des Tortues », cette plage de sable blanc de 7 km de longueur abrite chaque année la reproduction des tortues Caouanne. En 2014, l'association Archelon (www.archelon.gr) dénombrait déjà près de 500 nids sur la plage ! Visiblement, les tortues n'ont pas pris ombrage du développement touristique de la côte. Car, par ailleurs, le village de Laganas accueille aussi volontiers quelques complexes, bars et autres boîtes de nuit. Pour retrouver du calme et ne pas accabler davantage les pauvres bêtes à carapace, il faut aller à Keri, 10 km vers le sud. Ce village perché sur une colline a été relativement épargné par le tremblement de terre et les visiteurs. Ceux-ci viennent surtout le soir, pour admirer les couchers de soleil sur la plage de galets de Limni et les îlots rocheux de Mizithres, près du phare, à 2 km.

Se loger

■ **ANAGENESSIS VILLAGE HOTEL**
Kalamaki
✆ +30 269 504 5115
www.anagenessis-zakynthos.com
info@anagenessis-zakynthos.com
200 € la villa pour quatre personnes.
Un établissement qui mise tout sur la zen attitude ou sur la «renaissance» comme le suggère le nom grec Anagenessis. Les appartements sont décorés dans des tons harmonieux et pâles, la piscine avec des transats, et entourée d'arbres et de fleurs, est très agréable. Le spa propose des massages et des traitements de qualité. Le restaurant et le petit-déjeuner sont succulents.

■ **CAMPING TARTAROUGA**
Lithakia, à 3 km au-dessus de la plage d'Aghios Sostis
✆ +30 26950 51967
www.tartaruga-camping.com
taranna@otenet.gr
100 emplacements, de 5 à 6 € par personne (de 2,80 à 3,40 € par enfant), emplacement à partir de 4,50 €.
Très belle vue de la baie de Laganas (ne pas manquer le lever du soleil). Les emplacements pour les tentes et caravanes se trouvent à l'ombre des oliviers. Propriétaires chaleureux, bonne cuisine au restaurant, mais aussi supérette et sanitaires bien entretenus. Calme et fréquenté plutôt par des Allemands. Le site s'étend de la taverne et de sa splendide situation à une plage de galets étroite, à 60 m, qui vous invite à la baignade. Au début de l'été, les tortues peuvent être observées depuis la terrasse quand elles passent dans ces eaux cristallines.

■ **CASTELLI**
Aghios Sostis
✆ +30 26950 52367
www.castellihotel.com
info@castellihotel.com
A 9 km de la plage de Laganas.
Chambre double standard à environ 135 € en été.
L'hôtel Castelli dispose de 54 chambres joliment aménagées, rénovées en 2015, soignées dans les moindres détails. L'établissement, respectueux de l'environnement, affiche un design épuré et simple. Le personnel est très serviable, cultivant une atmosphère chaleureuse et accueillante. Au rang des équipements, vous trouverez une télévision à écran plat avec chaînes par satellite, un mini-réfrigé-

rateur et surtout un balcon ou une terrasse. L'établissement a plusieurs fois été distingué pour ses initiatives en faveur de l'environnement.

■ ZANTE PARK HOTEL

A 300 m de la plage de Laganas.
✆ +30 26950 52310
www.zanteparkhotels.gr
zantepark@zanteparkhotels.gr
Chambre double à partir de 199 € en été avec le petit déjeuner.
Unité moderne d'approximativement 300 mètres carrés, près de la plage de Lagana, avec des éléments architecturaux et des espaces extérieurs agréables. L'hôtel propose 140 chambres entièrement équipées et élégamment décorées, conçues pour répondre aux besoins de chaque visiteur. Grandes chambres, bien équipées. Vous trouverez ici 12 types de chambres : suites de luxe, chambres supérieures ou familiales... Privilégiez celles de la nouvelle aile, plus grandes et plus calmes grâce au double-vitrage. Buffet au petit déjeuner, d'une grande variété.

Se restaurer

■ ELLIE'S PLACE

Sur la plage de Kalamaki
✆ +30 2695 033 381
Fermé de novembre à avril. Carte : 12 € environ.
Près de la plage de Kalamaki, une taverne qui propose des plats typiques grecs : moussaka, grillades, agneau au four, salade grecque... Des produits locaux de bonne qualité et à un prix abordable !

■ I TAVERNA TOU SKLOUBOU

Aghios Sostis
✆ +30 26950 53336
Environ 15 € par personne. Ouvert tous les jours midi et soir.
Une nourriture incroyable, des portions généreuses et délicieuses et une ambiance très sympathique. C'est une taverne simple au milieu d'un beau jardin. La maman mijote les plats cuisinés, le père s'occupe des grillades et de la rôtisserie, et le fiston est en salle. La spécialité de la maison est le coq farci au four. Le vin est au « au kilo ». Tous les mercredis, des chanteurs traditionnels grecs viennent faire une représentation qui vaut le coup. Réservez alors, car l'endroit est vite pris d'assaut. Idéal pour une soirée grecque authentique.

VOLIMES - ΒΟΛΊΜΕΣ ★

À 30 kilomètres à l'ouest de Cora. Épargné par le tremblement de terre, ce joli village se divise entre Ano Volimes et Kato Volimes, qui possèdent deux églises des XIIe et XIIIe siècles. De là, vous pouvez partir à la découverte de la côte ouest encore relativement préservée. À 3 kilomètres, le monastère d'Aghios Giorgios (Saint-Georges-des-Précipices), fondé au XVIe siècle, offre une vue panoramique époustouflante.
À 4 kilomètres, Anafonitria est célèbre pour son monastère du XVIe siècle, surmonté d'une tour médiévale où a vécu le saint patron de l'île, saint Denys. Vous y verrez une icône miraculeuse qui, selon la tradition, apporte la pluie aux époques de sécheresse. Puis une mauvaise route de 7 kilomètres conduit à Porto Vromi, une crique à l'eau turquoise. Ici, les bateaux d'excursion vous emmènent jusqu'à la plus célèbre « carte postale » de Grèce : Navagio, la baie du Naufrage, un navire échoué sur une minuscule plage de sable blanc cernée par les falaises et l'eau cristalline. Vous pouvez également vous contenter d'aller voir le site du haut des falaises en prenant un sentier depuis Maries. La petite plage est constamment envahie par les touristes, puisque des navires partent aussi de Laganas et de Chora. De Chora, le voyage est un peu long mais permet également de découvrir la fameuse Grotte bleue au nord de l'île.

Se loger

■ AGROTOURISME KATSAROS

✆ +30 6940 751 206
www.villas-zante-katsaros.com
zantekatsaros@gmail.com
Ouvert toute l'année. Haute saison : studio / appartement à partir de 200 €.
Villas en pierres traditionnelles pouvant accueillir jusqu'à six personnes. Piscine et vue époustouflante. Activités dans la ferme : préparation des repas avec les propriétaires, randonnées, visite dans les champs, balades à cheval... Pour des vacances responsables, mémorables et écologiques !

■ LA GROTTA

Agios Nikolaos
✆ +30 26950 31224
www.lagrottazante.com
Repas autour de 15-20 €. Chambre double à 30 € en été, petit déjeuner compris.
L'établissement fait hôtel et restaurant. La taverne propose du poisson frais et des plats cuisinés à un prix correct. L'hôtel est très basique mais aussi très économique. Avec 15 chambres simples et propres, l'établissement est situé dans un cadre agréable face au petit port de Saint Nikolaos d'où partent des excursions vers les grottes bleues et la baie du Naufrage.

MAKRIS GIALOS SUITES

Près de Mikro Nisi,
sur la route vers Volimes
✆ +30 2695 031558
www.makrisgialos.gr
Fermé de novembre à avril. Haute saison : studio / appartement de 80 € à 100 €.
Des maisonnettes en pierre face à la mer et à l'île de Céphalonie, toutes équipées avec notamment une grande cuisine et un balcon agréable face à la mer, les chambres sont propres et décorées sobrement. En contrebas des studios se trouve une crique privée aux eaux limpides où vous pourrez vous baigner. Dionysis et Ivanka sont aux petits soins pour leurs clients. Ils ont un restaurant également, To Petrino, sur la plage de Makris Gialos. Dionysis produit sa propre huile d'olive et son vin. Vous ne serez pas déçu par la nourriture succulente !

ORFOS VILLAS

Agios Nikolaos
✆ +30 6972 385 988
www.orfos-villas.gr
info@orfos-villas.gr
A partir de 160 € la nuit.
A 300 mètres du port pittoresque de Aghios Nikolaos, ces quatre villas uniques ont une vue imprenable sur la mer et sur l'île voisine de Céphalonie. Les maisons en pierre, très élégantes, avec des poutres en bois, un mobilier traditionnel et des lits à baldaquin, sont très bien aménagées et disposent en plus d'une piscine privée. Idéal pour des vacances luxueuses en famille loin du tourisme de masse !

Se restaurer

GALAXY TAVERNA

Dans le village d'Anafonitria
✆ +30 2695 031032
Ouvert toute l'année. Carte : 10 € environ.
Un restaurant bien situé pour une halte pour un café ou pour déjeuner après avoir été voir le promontoire avec la vue sur la baie du Naufrage ou après avoir visité les monastères environnants. Des grillades, des plats typiquement grecs comme la moussaka ou le bœuf à la sauce rouge, et des pizzas maison sont proposés. Le personnel est très accueillant et les prix très corrects.

TAVERN NIREAS

A 1km de la plage de Xigia,
sur la route Zakynthos Volimes
✆ +30 697 398 8483
Ouvert toute l'année. Carte : 10 € environ.
Surplombant la côte, ce restaurant dispose d'une grande terrasse avec une vue impressionnante sur Céphalonie. En plus du cadre, la nourriture y est excellente et l'établissement est même ouvert l'hiver car le propriétaire cuisine le gibier à la perfection ! En été, vous pourrez déguster calamars frits, poissons frais mais aussi bœuf au vin rouge, agneau au four, moussaka...

À voir - À faire

GROTTES BLEUES

Il faut compter autour de 12 € et vous pouvez partir d'Aghios Nikolaos ou du Cap Skinari pour les visiter.
Les grottes bleues sont parmi les sites géologiques les plus impressionnants à visiter sur l'île. Découvertes en 1897, ces grottes ont pris leur nom de la couleur bleue majestueuse de la mer à cet endroit. Vous pouvez habituellement visiter ces grottes en même temps que l'excursion à la baie du Naufrage. Le meilleur moment pour les visiter est le matin, lorsque les rayons du soleil dessinent de jolis motifs sur l'eau.

MONASTÈRE D'ANAFONITRIA

Le monastère d'Anafonitria est dédié à la Vierge Marie et a été fondé au milieu du XVe siècle pendant l'occupation vénitienne. Dans ce monastère a vécu saint Dionysos le saint patron de l'île, il y est devenu moine et y a passé les derniers jours de sa vie. A l'intérieur de l'église se trouve une icône qui a donné son nom au monastère *La Vierge Anafonitria*. L'icône a été ramenée d'Istanbul quand la ville a été envahie par les Turcs. Les fresques de l'église sont impressionnantes et valent un coup d'œil. Dans l'enceinte, vous verrez également une tour défensive.

NAVAGIO (BAIE DU NAUFRAGE)

Une des plages les plus belles et les plus connues de Grèce. Navagio, ou baie du Naufrage, porte ce nom à cause d'un navire, le *Panagiotis*, qui a échoué sur la plage en 1980 et qui est devenu depuis un symbole de l'île. La plage de sable blanc étincelant avec des eaux turquoise magnifiques vaut vraiment le détour, même si en été elle est prise d'assaut ! Elle n'est par contre accessible qu'en bateau à partir de Porto Vromi ou d'Agios Nikolaos (il faut compter environ 12-15 euros pour l'excursion). Vous pouvez aussi voir la plage depuis un promontoire sur la route entre Volimes et à Anafonitria, avant d'arriver au monastère Saint-George Kremnon. La route dans le maquis boisé est splendide.

PENSE FUTÉ

Monastère de Panaghia Hozoviotissa, Amorgos.

ARGENT

Monnaie

La Grèce fait partie comme la France de la zone euro. Même si la drachme était la plus ancienne de toutes les monnaies européennes, les Grecs se sont habitués à l'euro (et ce, malgré une conversion, pour eux, complètement psychédélique !).

Taux de change

Au moment où nous mettons sous presse, un euro équivaut à 1,10 US$, 1,47 CAD$, et 1,09 CHF.

Coût de la vie

Malgré – ou à cause de – la crise, le coût de la vie en Grèce reste globalement un peu moins cher qu'en France. A Athènes, mais surtout dans le reste de la Grèce et surtout hors saison, le voyageur sera encore surpris par la douceur de certains prix dans les bars et les restaurants. Et dans les hôtels, il est encore possible de trouver une chambre à prix avantageux et négociable en dehors du mois d'août, toujours saturé de touristes.

Budget

Les prix sont assez variables en fonction des îles et, surtout, de la période. Il suffit parfois de décaler son séjour d'une semaine, plutôt au début du mois de juillet, pour voir son budget fondre de 30 %.

- **1 café frappé :** 4 €.
- **1 jus de fruit frais pressé :** 4 €.
- **1 repas complet** composé d'un mezzé, d'un plat de résistance copieux, pain, boisson : 15 €.
- **1 billet de cinéma :** 8 €.
- **1 paquet de cigarettes :** 4 €.
- **1 chambre double premier prix à l'hôtel ou chez l'habitant :** entre 30 € en basse saison, 60 € en juillet et 80 € en août.
- **Idées de budget quotidien pour 1 personne en été :** 30 € en dormant au camping, 60 € en pension, 80 € à l'hôtel.

Banques

Vous n'aurez aucun problème pour en dénicher une dans n'importe quelle ville du pays. Elles sont omniprésentes et généralement ouvertes de 8h30 à 13h ou 14h, du lundi au vendredi. Permanence assurée à l'aéroport d'Athènes ou sur la place Syntagma à la Banque nationale de Grèce . A Athènes, vous trouverez des succursales de la plupart des grandes banques étrangères ainsi que des distributeurs 24h/24 dans les îles et autres lieux touristiques. Mais attention dans les petites îles où certains distributeurs peuvent se vider, toujours prévoir du liquide.

- **(Mauvaise) surprise :** depuis juillet 2018, la plupart des banques grecques appliquent des frais fixes à tout retrait réalisé avec une carte étrangère. La somme est la même, quel que soit le montant retiré. A l'heure où nous finalisons ce guide, les retraits étaient encore gratuits chez Alpha Bank mais pouvaient monter jusqu'à 3 € dans d'autres.

Carte bancaire

La Grèce étant un pays de la zone euro, vous pouvez y effectuer vos retraits et paiements par carte bancaire (Visa, MasterCard, etc.) comme vous le feriez en France. En revanche, mieux vaut garder du liquide sur soi pour les établissements encore réticents à prendre les paiements par carte bancaire. Tous vos paiements par carte sont gratuits et vos retraits sont soumis aux mêmes conditions tarifaires que ceux effectués en France (ils sont donc gratuits pour la plupart des cartes bancaires). De plus, les distributeurs et terminaux de paiement sont aussi sécurisés que dans l'Hexagone et les paiements sont majoritairement validés par code PIN. En cas de perte ou de vol de votre carte à l'étranger, votre banque vous proposera des solutions adéquates pour que vous poursuiviez votre séjour en toute quiétude. Pour cela, pensez à noter avant de partir le numéro d'assistance indiqué au dos de votre carte bancaire ou disponible sur Internet. Ce service est accessible 7j/7 et 24h/24. En cas d'opposition, celle-ci est immédiate et confirmée dès lors que vous pouvez fournir votre numéro de carte bancaire. Sinon, l'opposition est enregistrée mais vous devez confirmer l'annulation à votre banque par fax ou lettre recommandée.

- **Conseils avant départ.** Pensez à prévenir votre conseiller bancaire de votre voyage. Il pourra vérifier avec vous la limitation de votre plafond de paiement et de retrait. Si besoin, demandez une autorisation exceptionnelle de relèvement de ce plafond.

POUR AIDER LES PLUS PAUVRES,
JE CHOISIS D'AGIR AVEC EUX
FAITES UN DON
secours-catholique.org
BP455-75007 PARIS
caritasfrance
Secours Catholique-Caritas France
Secours Catholique
Caritas France
ENSEMBLE,
CONSTRUIRE
UN MONDE JUSTE
ET FRATERNEL
Photo : Jean-Luc Perreard

Retrait

Trouver un distributeur. Des distributeurs automatiques de billets sont disponibles 24h/24 dans les îles et autres lieux touristiques. Sur les plus petites îles, les distributeurs ne sont approvisionnés qu'une fois par jour, prévoyez donc de retirer des espèces avant de vous y rendre. Pour connaître le plus proche, un outil de géolocalisation de distributeurs est à votre disposition. Rendez-vous sur visa.fr/services-en-ligne/trouver-un-distributeur.

Utilisation d'un distributeur anglophone. De manière générale, le mode d'utilisation des distributeurs automatiques de billets (« ATM » en anglais) est identique à la France. Si la langue française n'est pas disponible, ce qui est relativement assez rare en Europe, sélectionnez l'anglais. « Retrait » se dit alors « withdrawal ». Si l'on vous demande de choisir entre retirer d'un « checking account » (compte courant), d'un « credit account » (compte crédit) ou d'un « saving account » (compte épargne), optez pour « checking account ». Entre une opération de débit ou de crédit, sélectionnez « débit » (si toutefois vous vous trompez dans ces différentes options, pas d'inquiétude, le seul risque est que la transaction soit refusée). Indiquez le montant (« amount ») souhaité et validez (« enter »). A la question « Would you like a receipt ? », répondez « Yes » et conservez soigneusement votre reçu.

Cash advance. Si vous avez atteint votre plafond de retrait ou que votre carte connaît un disfonctionnement, vous pouvez bénéficier d'un *cash advance.* Proposé dans la plupart des grandes banques, ce service permet de retirer du liquide sur simple présentation de votre carte bancaire au guichet d'un établissement bancaire, que ce soit le vôtre ou non. On vous demandera souvent une pièce d'identité. En général, le plafond du *cash advance* est identique à celui des retraits, et les deux se cumulent (si votre plafond est fixé à 500 €, vous pouvez retirer 1 000 € : 500 € au distributeur, 500 € en *cash advance*). Quant au coût de l'opération, c'est celui d'un retrait à l'étranger.

Paiement par carte

De façon générale, évitez d'avoir trop d'espèces sur vous. Celles-ci pourraient être perdues ou volées sans recours possible. Préférez payer avec votre carte bancaire quand cela est possible.

Acceptation de la carte bancaire. La carte bancaire (Visa, MasterCard, etc.) est acceptée dans la plupart des hôtels, restaurants, musées et autres services liés au tourisme. Cependant, certaines habitudes ont la vie dure et dans les petites pensions et certaines tavernes la carte bancaire n'est pas encore acceptée. Lorsque vous vous rendez dans de ce type de lieux, pensez donc à retirer de l'argent au distributeur au préalable.

Transfert d'argent

Avec ce système, on peut envoyer et recevoir de l'argent de n'importe où dans le monde en quelques minutes. Le principe est simple : un de vos proches se rend dans un point MoneyGram® ou Western Union® (poste, banque, station-service, épicerie...), il donne votre nom et verse une somme à son interlocuteur. De votre côté de la planète, vous vous rendez dans un point de la même filiale. Sur simple présentation d'une pièce d'identité avec photo et la référence du transfert, on vous remettra aussitôt l'argent.

Pourboires, marchandage et taxes

Il est d'usage de laisser de 5 à 10 % dans les restaurants, les grands hôtels, les taxis et dans certains cafés, selon la qualité du service et si la note n'est pas ronde.

ASSURANCES

Touristes, étudiants, expatriés ou professionnels, chacun peut s'assurer selon ses besoins et pour une durée correspondant à son séjour. De la simple couverture temporaire s'adressant aux baroudeurs occasionnels à la garantie annuelle, très avantageuse pour les grands voyageurs, chacun pourra trouver le bon compromis. À condition toutefois de savoir lire entre les lignes.

Choisir son assureur

Voyagistes, assureurs, secteur bancaire et même employeurs : les prestataires sont aujourd'hui très nombreux et la qualité des produits proposés varie considérablement d'une enseigne à une autre. Pour bénéficier de la meilleure protection au prix le plus attractif, demandez des devis et faites jouer la concurrence. Quelques sites Internet peuvent être utiles dans ces démarches comme celui de la Fédération française des sociétés d'assurances (www.ffsa.fr), qui saura vous aiguiller selon vos besoins, ou le portail de l'Administration française (www.service-public.fr) pour toute question relative aux démarches à entreprendre.

Pensez à la carte européenne d'assurance maladie

Depuis 2006, la carte européenne d'assurance maladie remplace les multiples formulaires E111, E126 et autres. Cette carte permet la prise en charge des frais médicaux dans les mêmes conditions que pour les assurés du pays d'accueil. Il faut la demander au moins deux semaines avant le départ à votre caisse d'assurance maladie. La carte est valable un an et est personnelle : chaque enfant doit aussi avoir la sienne. Si les délais sont trop courts, il vous sera délivré un certificat provisoire de remplacement. Cette carte fonctionne dans tous les pays membres de l'Espace économique européen, c'est-à-dire l'Union européenne, l'Islande, la Suisse et la Norvège. Il vous suffit de la présenter chez le médecin, le pharmacien et dans les hôpitaux du service public : soit vous serez dispensé de l'avance des frais médicaux, soit vous serez remboursé sur place par l'organisme de Sécurité sociale du pays (pour en savoir plus : www.ameli.fr).

Êtes-vous couvert avec votre carte bancaire ? Avant d'entamer toute démarche de souscription à une assurance complémentaire pour votre voyage, vérifiez que vous n'êtes pas déjà couvert par les assurances-assistance incluses avec votre carte bancaire. Visa®, MasterCard®, American Express®, toutes incluent une couverture spécifique qui varie selon le modèle de carte possédé. Responsabilité civile à l'étranger, aide juridique, avance des fonds, remboursement des frais médicaux : les prestations couvrent aussi bien les volets assurance (garanties contractuelles) qu'assistance (médicale, aide technique, juridique, etc.). Les cartes bancaires haut de gamme de type Gold® ou Visa Premier® permettent aisément de se passer d'assurance complémentaire (Voir encadré plus haut détaillant les prestations incluses avec la carte Visa Premier). Ces services attachés à la carte peuvent donc se révéler d'un grand secours, l'étendue des prestations ne dépendant que de l'abonnement choisi. Il est néanmoins impératif de vérifier la liste des pays couverts, tous ne donnant pas droit aux mêmes prestations. De plus, certaines cartes bancaires assurent non seulement leurs titulaires mais aussi leurs proches parents lorsqu'ils voyagent ensemble, voire séparément. Pensez cependant à vérifier la date de validité de votre carte car l'expiration de celle-ci vous laisserait sans recours.

Voyagistes. Ils ont développé leurs propres gammes d'assurances et ne manqueront pas de vous les proposer. Le premier avantage est celui de la simplicité. Pas besoin de courir après une police d'assurance. L'offre est faite pour s'adapter à la destination choisie et prend normalement en compte toutes les spécificités de celle-ci. Mais ces formules sont habituellement plus onéreuses que les prestations équivalentes proposées par des assureurs privés. C'est pourquoi il est plus judicieux de faire appel à son apériteur habituel si l'on dispose de temps et que l'on recherche le meilleur prix.

Assureurs. Les contrats souscrits à l'année comme l'assurance responsabilité civile couvrent parfois les risques liés au voyage. Il est important de connaître la portée de cette protection qui vous évitera peut-être d'avoir à souscrire un nouvel engagement. Dans le cas contraire, des produits spécifiques pourront vous être proposés à un coût généralement moindre. Les mutuelles couvrent également quelques risques liés au voyage. Il en est ainsi de certaines couvertures maladie qui incluent une protection concernant par exemple tout ce qui touche à des prestations médicales.

Employeurs. C'est une piste largement méconnue mais qui peut s'avérer payante. Les plus généreux accordent en effet à leurs employés quelques garanties applicables à l'étranger. Pensez à vérifier votre contrat de travail ou la convention collective en vigueur dans votre entreprise. Certains avantages non négligeables peuvent s'y cacher.

Précision utile. Beaucoup pensent qu'il est nécessaire de régler son billet d'avion à l'aide de sa carte bancaire pour bénéficier de l'ensemble de ces avantages. Cette règle s'applique à toutes les assurances voyage (garantie annulation du billet de transport, retard du transport, retard des bagages) – si elles sont prévues au contrat – et ne concerne en aucun cas l'assistance sur place. Cette règle s'applique également à la location de voiture, vous ne pourrez bénéficier de l'assurance que si vous payez la prestation avec votre carte bancaire.

Choisir ses prestations

Garantie annulation. Elle reste l'une des prestations les plus utiles et offre la possibilité à un voyageur défaillant d'annuler tout ou partie de son voyage pour l'une des raisons mentionnées au contrat. Ce type de garantie peut couvrir toute sorte d'annulation : billet d'avion, séjour, location... Cela évite ainsi d'avoir à pâtir d'un événement imprévu en devant régler des pénalités bien souvent exorbitantes. Le remboursement est la plupart du temps conditionné à la survenance d'une maladie ou d'un accident grave, au décès du voyageur ayant contracté l'assurance ou à celui d'un membre de sa famille. L'attestation d'un médecin assermenté doit alors être fournie. Elle s'étend également à d'autres cas comme un licenciement économique, des dommages graves à son habitation ou son véhicule, ou encore à un refus de visa des autorités locales. Moyennant une surtaxe, il est également possible d'élargir sa couverture à d'autres motifs comme la modification de ses congés ou des examens de rattrapage. Les prix pouvant atteindre 5 % du montant global du séjour, il est donc important de bien vérifier les conditions de mise en œuvre qui peuvent réserver quelques surprises. Dernier conseil : s'assurer que l'indemnité prévue en cas d'annulation couvre bien l'intégralité du coût du voyage.

Autres services. Les prestataires proposent la plupart du temps des formules dites « complètes » et y intègrent des services tels que des assurances contre le vol ou une assistance juridique et technique. Mais il est parfois recommandé de souscrire à des offres plus spécifiques afin d'être paré contre toute éventualité. L'assurance contre le vol en est un bon exemple. Les plafonds pour ce type d'incident se révèlent généralement trop faibles pour couvrir les biens perdus et les franchises peuvent finir par vous décourager. Pour tout ce qui est matériel photo ou vidéo, il peut donc être intéressant de choisir une couverture spécifique garantissant un remboursement à hauteur des frais engagés.

BAGAGES

Que mettre dans ses bagages ?

S'il ne s'agit que d'aller à la plage, un maillot de bain et une serviette suffiront en été. N'oubliez pas aussi couvre-chef, crème solaire et lunettes de soleil, car la luminosité est très forte. Athènes, par exemple, est l'une des capitales les plus ensoleillées d'Europe. En été, les soirées, encore chaudes, sont particulièrement agréables. Prévoyez en général des chaussures confortables et solides si vous voulez aller par les sentiers battus. En demi-saison, pensez à prendre une petite laine et éventuellement un petit coupe-vent pour se promener sur le pont lors des voyages en bateau !

Réglementation

Bagages en soute. Généralement, 23 kg de bagages sont autorisés en soute pour la classe économique (exception sur l'Afrique pour la majorité des compagnies : 2 x 23 kg) et 30 à 40 kg pour la première classe et la classe affaires. Certaines compagnies autorisent deux bagages en soute pour un poids total de 40 kg. Renseignez-vous avant votre départ pour connaître les dispositions de votre billet.

Bagages à main. En classe éco, un bagage à main et un accessoire (sac à main, ordinateur portable) sont autorisés, le tout ne devant pas dépasser les 12 kg ni les 115 cm de dimension. En première et en classe affaires, deux bagages sont autorisés en cabine. Les liquides et gels sont interdits : seuls les tubes et flacons de 100 ml maximum sont tolérés, et ce dans un sac en plastique transparent fermé (20 cm x 20 cm). Seules exceptions à la règle : les aliments pour bébé et médicaments accompagnés de leur ordonnance.

Excédent

Lorsqu'on en vient à parler d'excédent de bagages, les compagnies aériennes sont désormais plutôt strictes. Si elles vous laisseront parfois tranquille pour 1 ou 2 kg de trop sur certaines destinations, vous n'aurez aucune marge sur les destinations africaines, tant la demande des passagers est importante ! Si vous voyagez léger, ne soyez pas étonné d'être plusieurs fois accosté en salle d'enregistrement par d'autres voyageurs afin de prendre, à votre compte, ces kilos que vous n'utilisez pas. Libre à vous de choisir, mais cette pratique est interdite, surtout si vous ne savez pas ce que l'on vous demande de transporter. Car il est vrai que passé le poids autorisé, le couperet tombe, et il tombe sévèrement : 30 € par kilo supplémentaire sur un vol long-courrier chez Air France, 120 € par bagage supplémentaire chez British Airways. A noter que les compagnies pratiquent parfois des remises de 20 à 30 % si vous réglez votre excédent de bagages sur leur site Web avant de vous rendre à l'aéroport. Si le coût demeure trop important, il vous reste la possibilité d'acheminer une partie de vos biens par voie postale, si la destination le permet.

Perte – Vol

En moyenne, 16 passagers sur 1 000 ne trouvent pas leurs bagages sur le tapis à l'arrivée. Si vous faites partie de ces malchanceux, rendez-vous au comptoir de votre compagnie pour déclarer l'absence de vos bagages. Pour que votre demande soit recevable, vous devez réagir dans les 21 jours suivant la perte. La compagnie vous remettra un formulaire qu'il faudra renvoyer en lettre recommandée avec accusé de réception à son service clientèle ou litiges bagages. Vous récupérerez le plus souvent vos valises au bout de quelques jours. Dans tous les cas, la compagnie est seule responsable et devra vous indemniser si vous ne revoyez pas la couleur de vos biens (ou si certains biens manquent à l'intérieur de votre bagage). Le plafond de remboursement est fixé à 20 € par kilo ou à une indemnisation forfaitaire de 1 200 €. Si vous considérez que la valeur de vos affaires dépasse ces plafonds, il est fortement conseillé de le préciser à votre compagnie au moment de l'enregistrement (le plafond sera augmenté moyennant finance) ou de souscrire à une assurance bagages. À noter que les bagages à main sont sous votre responsabilité et non sous celle de la compagnie.

Matériel de voyage

■ **TREKKING**
www.trekking.fr
Trekking propose dans son catalogue tout ce dont le voyageur a besoin : trousses de voyage, ceintures multi-poches, sacs à dos, sacoches, étuis… Une mine d'objets de qualité pour voyager futé et dans les meilleures conditions.

DÉCALAGE HORAIRE

GMT + 2, c'est-à-dire une heure de décalage avec la France : quand il est midi à Paris, il est 13h à Athènes, l'hiver comme l'été.

ÉLECTRICITÉ, POIDS ET MESURES

La Grèce est branchée sur 220 volts CA, 50 Hz comme le reste de l'Europe continentale. Les prises sont semblables aux prises françaises.

FORMALITÉS, VISA ET DOUANES

Pour les ressortissants de l'Union européenne, la carte d'identité suffit ou le passeport. Pour les mineurs non accompagnés, une autorisation de sortie du territoire est exigée (formulaires dans les mairies ou commissariats de police). Il n'est pas demandé de visa pour les ressortissants canadiens si leur séjour est d'une durée inférieure à trois mois. Pour les Suisses, il est nécessaire de pouvoir présenter une carte d'identité ou un passeport en cours de validité. Documents nécessaires si vous venez en voiture : permis de conduire national rose à trois volets (à ne pas oublier aussi si l'on a prévu de louer sur place voiture ou moto) ou permis international, carte verte d'assurance.

Obtention du passeport

Tous les passeports délivrés en France sont désormais biométriques. Ils comportent votre photo, vos empreintes digitales et une puce sécurisée. Pour l'obtenir, rendez-vous en mairie muni d'un timbre fiscal, d'un justificatif de domicile, d'une pièce d'identité et de deux photos d'identité. Le passeport est délivré sous trois semaines environ. Il est valable dix ans. Les enfants doivent disposer d'un passeport personnel (valable cinq ans).

▶ **Conseil.** Avant de partir, pensez à photocopier tous les documents que vous emportez avec vous. Vous emporterez un exemplaire de chaque document et laisserez l'autre à quelqu'un en France. En cas de perte ou de vol, les démarches de renouvellement seront ainsi beaucoup plus simples auprès des autorités consulaires. Vous pouvez également conserver des copies sur le site Internet officiel (mon.service-public.fr). Il vous suffit de créer un compte et de scanner toutes vos pièces d'identité et autres documents importants dans l'espace confidentiel.

Douanes

■ **INFO DOUANE SERVICE**
✆ 08 11 20 44 44
www.douane.gouv.fr
ids@douane.finances.gouv.fr

Standard téléphonique ouvert du lundi au vendredi de 8h30 à 18h.
Le service de renseignement des douanes françaises à la disposition des particuliers. Les téléconseillers sont des douaniers qui répondent aux questions générales, qu'il s'agisse des formalités à accomplir à l'occasion d'un voyage, des marchandises que vous pouvez ramener dans vos bagages ou des informations utiles pour monter votre société d'import-export. À noter qu'une application mobile est également disponible sur le site de la douane.

HORAIRES D'OUVERTURE

A Athènes, les plus grands magasins sont généralement ouverts du lundi au vendredi, de 8h à 20h. Les lundi, mercredi et samedi après-midi, la plupart des commerces sont fermés en général à partir de 15h – les autres jours, ils ne ferment aussi qu'à vingt heures. Les petits commerces de quartier ouvrent parfois le dimanche matin, mais seulement jusqu'à 13h. Evidemment, les zones touristiques font figures d'exception et leurs magasins sont en général ouverts toute la journée, du lundi au dimanche. Dans les îles, en haute saison bien sûr, les horaires sont quasiment les mêmes hormis qu'ils s'adaptent à la fréquentation touristique dense : il n'est pas rare qu'un magasin ferme à 22h, voire plus. Sur les îles, les magasins sont souvent fermés de 15h à 18h, ce qui correspond à l'heure du déjeuner et de la sieste.

INTERNET

Ils furent un temps très à la mode : aujourd'hui, les cafés Internet ont fermé. Mais essentiellement parce que de plus en plus de connections wi-fi sont proposées dans les cafés. Souvent même gratuitement.

JOURS FÉRIÉS

- **1er janvier :** jour de la Saint-Basile, on offre les cadeaux de Noël.
- **6 janvier :** Epiphanie. On plonge dans la mer pour récupérer une croix qui y a été jetée.
- **Lundi pur :** avant Mardi gras. On fête les Koulouma avant le début du carême.
- **25 mars :** fête nationale. Début de la guerre d'indépendance du pays. Défilés.
- **En avril (généralement) :** Semaine sainte de Pâques, fixée par les hautes autorités religieuses orthodoxes. Très importante chez les Grecs. Le lundi et le Vendredi saints ainsi que le dimanche et le lundi de Pâques.
- **1er mai :** fête du Travail, et par la même occasion celle du printemps et des fleurs.
- **Pentecôte, Ascension et 15 août :** fêtes religieuses très importantes pour les Grecs.
- **28 octobre :** fête nationale.
- **25 et 26 décembre :** respectivement jour de Noël et de la Saint-Emmanuel.

LANGUES PARLÉES

La langue officielle est le grec moderne. La plupart des Grecs maîtrisent l'anglais, et les plus âgées parlent parfois français. Dans certains lieux peu fréquentés par les touristes, les langues étrangères ne sont pas toujours pratiquées.
Un petit effort linguistique vous ouvrira des portes en grand et facilitera les échanges avec l'habitant.

- **Apprendre la langue.** Il existe différents moyens d'apprendre quelques bases de la langue et l'offre pour l'auto-apprentissage peut se faire sur différents supports : CD, DVD, cahiers d'exercices ou même directement sur Internet.

■ LIBRAIRIE HELLÉNIQUE DESMOS
14, rue Vandamme (14e), Paris
✆ 01 43 20 84 04
www.desmos-grece.com
M° Gaité
Ouvert du mardi au samedi de 15h à 19h.
Littérature grecque en français et en grec, publication d'une revue, d'ouvrages et de recueils de poèmes. Quelques offres de cours de grec pour tous niveaux.

PHOTO

Vous pourrez vous faire plaisir partout en Grèce et photographier des paysages somptueux. Les seules restrictions sont indiquées dans certains lieux de culte.

Conseils pratiques

- **Vous prendrez les meilleures photos tôt le matin** ou aux dernières heures de la journée. Un ciel bleu de midi ne correspond pas aux conditions optimales : la lumière est souvent trop verticale et trop blanche. En outre, une météo capricieuse offre souvent des atmosphères singulières, des sujets inhabituels et, par conséquent, des clichés plus intéressants.
- **Prenez votre temps.** Promenez-vous jusqu'à découvrir le point de vue idéal pour prendre votre photo. Multipliez les essais : changez les angles, la composition, l'objectif… Vous avez réussi à cadrer un beau paysage, mais il manque un petit quelque chose ? Attendez que quelqu'un passe dans le champ ! Tous les grands photographes vous le diront : pour obtenir un bon cliché, il faut en prendre plusieurs.
- **Appliquez la règle des tiers.** Divisez mentalement votre image en trois parties horizontales et verticales égales. Les points forts de votre photo doivent se trouver à l'intersection de ces lignes imaginaires. En effet, si on cadre son sujet au centre de l'image, la photo devient plate, car cela provoque une symétrie trop monotone. Pour un portrait, il faut donc placer les yeux sur un point fort et non au centre. Essayez aussi de laisser de l'espace dans le sens du regard.
- **Un coup d'œil** aux cartes postales et livres de photos sur la région vous donnera des idées de prises de vue.
- **À savoir :** les tons jaunes, orange, rouges et les volumes focalisent l'attention ; ils donnent une sensation de proximité à l'observateur. Les tons plus froids (vert ou bleu) créent de leur côté une impression d'éloignement.
- **Pour les détenteurs d'appareil photo reflex :** n'oubliez pas de vous munir d'un filtre polarisant (voire aussi d'un filtre UV) très utile dans les endroits lumineux. Sans oublier un filtre gris (ND) pour faire des pauses longues en pleine journée (cascades...). Enfin, une protection pour votre appareil photo (même tropicalisé) peut s'avérer prudent en raison des nombreuses intempéries.

POSTE

Vous trouverez des bureaux de poste dans chaque île. Les postes ferment à 14h au plus tard, du lundi au vendredi, et sont fermées le week-end, sauf celle d'Athènes, place Omonia. Vous pourrez y acheter des timbres ou envoyer des colis. Un timbre pour la France ou l'Union européenne vaut 0,85 €. Il faut compter environ 3 jours ouvrés pour qu'une carte arrive à destination en Europe. Les boîtes aux lettres sont jaunes.

Paradise Beach à Mykonos.

QUAND PARTIR ?

Les meilleures périodes pour visiter les Cyclades sont mai, juin, septembre et début octobre. Pendant les vacances scolaires, mieux vaut privilégier les trois premières semaines de juillet, quand les Grecs ne sont pas encore en vacances. Avant mai et après la fin septembre, les bateaux relient moins souvent les îles au Pirée et plusieurs hôtels et restaurants sont fermés, les bus locaux ont des horaires différents. Mais cela a son charme aussi...Il suffit parfois de décaler votre voyage d'une semaine (début juillet notamment) pour voir la différence de prix. En mai ou septembre, certains hôtels sont facilement deux à trois fois moins chers. Si vous décidez d'entreprendre votre voyage en juillet et août, il est prudent de réserver votre hôtel à l'avance ainsi que les billets d'avion sur les lignes intérieures, sinon vous risquez de connaître quelques mésaventures.Mais la conjoncture, il est vrai, a bousculé beaucoup de repères. L'archipel des Cyclades est aussi, depuis 2 ans, celui dont les prix sont les plus fluctuants. Cette région, très prisée par les voyageurs grecs et étrangers, a été un peu délaissée à cause de la crise. Nombeux établissements nous ont confié avoir baissé leurs tarifs, parfois jusqu'à 20 %. Une tendance qui risque de se prolonger. A suivre... Evitez néanmoins de voyager vers Tinos le 15 août – le jour de la fête de la Vierge – au milieu de la foule en délire. Surveillez aussi les dates de la Pâque grecque (orthodoxe), en avril ou mai, où les prix flambent aussi.

Les conditions y sont aussi idéales entre Pâques et la fin du mois de juin : le temps est doux et les sites ne sont pas encore bondés, alors que les transports sont déjà organisés pour la saison d'été. De plus, les prix des hôtels ne sont pas encore ceux de la haute saison. L'hiver, la plupart des hôtels et des restaurants ferment, sauf bien sûr dans les villes.

Climat

Le climat est très chaud en juillet et août et agréable dès le mois de mai et jusqu'en octobre. Bien sûr, plus vous descendez au sud, plus il fait chaud : à Rhodes, par exemple, vous vous baignerez encore en novembre...

Haute et basse saisons touristiques

Dans les îles, la saison touristique dure de début mai où le temps commence à devenir clément, jusqu'à mi-octobre – voire fin octobre – où la pluie commence à tomber. Les mois de juillet et d'août sont considérés comme ailleurs comme la haute (voire très haute en août) saison. Il faut savoir que le climat des îles vous permet de les découvrir dans des périodes beaucoup plus calmes et sereines, c'est-à-dire aux mois de mai, juin et septembre. Avis aux amateurs.

Manifestations spéciales

Pour un séjour à l'occasion d'une grande fête populaire, optez pour un voyage à Pâques (attention : vérifier sur un calendrier la date de la Pâque orthodoxe !). C'est une grande fête populaire et chaleureuse pendant une dizaine de jours. Mais qui a un prix, aussi : les prix augmentent de 9 % partout à cause d'une taxe religieuse.

SANTÉ

Les îles grecques, à l'instar de la Grèce, ne présentent aucun risque majeur sur le plan sanitaire. L'eau est potable et l'hygiène équivalente à la France. Aucun vaccin n'est recommandé avant de partir. Faites attention tout de même aux piqûres de moustiques et aux brûlures de soleil.

Conseils

Pour recevoir des conseils avant votre voyage, n'hésitez pas à consulter votre médecin. Vous pouvez aussi vous adresser à la société de médecine des voyages du centre médical de l'Institut Pasteur au © 01 45 68 80 88 (www.pasteur.fr/fr/sante/centre-medical) ou vous rendre sur le site du ministère des Affaires étrangères à la rubrique « Conseils aux voyageurs » (www.diplomatie.gouv.fr/voyageurs).

- **En cas de maladie** ou de problème grave durant votre voyage, consultez rapidement un pharmacien puis un médecin.

Maladies et vaccins

Il n'y a *a priori* aucun risque en vous rendant dans les îles grecques. Aucun vaccin n'est recommandé. En cas de maladie, il faut contacter le consulat français. Il se chargera de vous aider, de vous accompagner et vous fournira la liste des médecins francophones. En cas de problème grave, c'est aussi lui qui prévient la famille et qui décide du rapatriement.

Hépatite A

Pour l'hépatite A, l'existence d'une immunité antérieure rend la vaccination inutile. Elle est fréquente lorsque vous avez des antécédents de jaunisse, de séjour prolongé à l'étranger ou êtes âgé de plus de 45 ans. L'hépatite A est le plus souvent bénigne mais elle peut se révéler grave, notamment au-delà de 45 ans et en cas de maladie hépatique préexistante. Elle s'attrape par l'eau ou les aliments mal lavés. Si vous êtes porteur d'une maladie du foie, la vaccination contre l'hépatite A est hautement recommandée avant tout type de voyage où l'hygiène est précaire. Elle doit être effectuée en deux fois mais la première injection, un mois avant le départ, suffit à assurer une protection pour un voyage de courte durée. La deuxième (six mois à un an plus tard) renforce la durée de l'immunité pour des dizaines d'années.

Centres de vaccination

Pour plus d'informations, vous pouvez consulter le site Internet du ministère de la Santé (www.sante.gouv.fr) pour connaître les centres de vaccination proches de chez vous.

■ **INSTITUT PASTEUR**
25-28, rue du Dr Roux (15e)
Paris
✆ 01 45 68 80 00
www.pasteur.fr
Sur le site Internet, vous pouvez consulter la liste des vaccins obligatoires pays par pays.
L'Institut Pasteur, créé en 1888 par Louis Pasteur, est une fondation privée à but non lucratif dont la mission est de contribuer à la prévention et au traitement des maladies, en priorité infectieuses, par la recherche, l'enseignement, et des actions de santé publique. Tout en restant fidèle à l'esprit humaniste de son fondateur Louis Pasteur, le centre de recherche biomédicale s'est toujours situé à l'avant-garde de la science, et a été à la source de plusieurs disciplines majeures : berceau de la microbiologie, il a aussi contribué à poser les bases de l'immunologie et de la biologie moléculaire. Le réseau des Instituts Pasteur, situé sur les 5 continents et fort de 8 500 collaborateurs, fait de cette institution une structure unique au monde. C'est au Centre médical que vous devez vous rendre pour vous faire vacciner avant de partir en voyage.

▸ **Autre adresse :** Centre médical : 213 bis rue de Vaugirard, Paris 15e.

En cas de maladie

Un réflexe : contacter le consulat de France. Il se chargera de vous aider, de vous accompagner et vous fournira la liste des médecins francophones. En cas de problème grave, c'est aussi lui qui prévient la famille et qui décide du rapatriement. Pour connaître les urgences et établissements aux standards internationaux : consulter les sites www.diplomatie.gouv.fr et www.pasteur.fr

Assistance rapatriement – Assistance médicale

Si vous possédez une carte bancaire Visa® et MasterCard®, vous bénéficiez automatiquement d'une assurance médicale et d'une assistance rapatriement sanitaire valables pour tout déplacement à l'étranger de moins de 90 jours (le paiement de votre voyage avec la carte n'est pas nécessaire pour être couvert, la simple détention d'une carte valide vous assure une couverture). Renseignez-vous auprès de votre banque et vérifiez attentivement le montant global de la couverture et des franchises ainsi que les conditions de prise en charge et les clauses d'exclusion. Si vous n'êtes pas couvert par l'une de ces cartes, n'oubliez surtout pas de souscrire une assistance médicale avant de partir.

Trousse à pharmacie

Aucune précaution spéciale à signaler à part de la crème solaire et, éventuellement, des cachets contre le mal de mer...

Médecins parlant français

Selon l'endroit où vous vous rendrez, vous trouverez une liste actualisée des médecins francophones sur le site de l'ambassade de France en Grèce : www.ambafrance-gr.org. Ils sont nombreux.

SÉCURITÉ ET ACCESSIBILITÉ

On entendra parfois dire que la Grèce est l'un des pays les plus sûrs d'Europe (en tout cas, la chose est sûre pour les îles !). Il faudra juste rester prudent dans certains quartiers d'Athènes la nuit, notamment autour de la place Omonia, du quartier de Victoria et du parc Pedion Areos, et dans le quartier des deux gares (Stasmos Larissis et Peloponnisos). Quant à Exarchia, réputé quartier dangereux, il convient de ne pas se soucier plus que nécessaire et de se contenter d'éviter la zone les soirs de manifestations politiques (après une marche ou une protestation pacifique, Exarchia est le recueil des violences canalisées). Plus précisément, aux dates spéciales et chargées d'histoire que sont le 17 novembre et le 6 décembre, il faut absolument se tenir loin d'Exarchia – délimité par les stations de métro Panespistimio, Omonia et Ambelokipoi – car les affrontements entre policiers et jeunesse révoltée sont, traditionnellement, denses et violents. Le seul véritable et réel danger auquel vous pouvez être confronté en Grèce se trouve sur la route : le pays écope d'une étonnante quatrième place mondiale sur la liste des pays les plus meurtriers pour les conducteurs. Les Grecs sont encore allergiques au port de la ceinture, au port du casque et adorent téléphoner en conduisant. A ceux qui se déplacent en voiture, on recommandera donc la plus grande prudence sur les routes.Comme dans la plupart des grands pôles touristiques, les pickpockets sont en action. Vérifiez donc les fermetures de vos sacs et évitez absolument de mettre papiers d'identité, portefeuille et sommes d'argent importantes dans la poche arrière de votre sac à dos... Il existe enfin en Grèce un risque sismique. Il y a encore eu un tremblement de terre (sans victimes) à Athènes en juillet 2019.

Dangers potentiels et conseils

Pour connaître les dernières informations sur la sécurité sur place, consultez la rubrique « Conseils aux voyageurs » du site du ministère des Affaires étrangères : www.diplomatie.gouv.fr/voyageurs.

Femme seule en voyage

Avec toutes les précautions d'usage, la Grèce est un pays extrêmement sûr pour les femmes voyageant seules.

Voyager avec des enfants

La première impression n'est pas forcément la bonne. Si certains (vieux) Grecs crachotent à côté de votre poussette, n'y voyez pas malice : une vieille superstition veut que les petits postillons chassent les démons...En général, la Grèce est, vraiment, un pays assez idéal et sûr à pratiquer avec les enfants. Vous vous y sentirez en sécurité, et votre progéniture, même turbulente, sera généralement observée avec bienveillance. Cependant, ne vous attendez pas à ce que le pays en fasse trop en matière d'infrastructures. Il y a le minimum syndical : demi-tarif dans les musées, sur les bateaux, tarifs modérés dans les hôtels et gratuité, en général, pour les moins de 4 ans. Les ferries les plus récents sont équipés de tables à langer. Mais la taverne de base ne vous fournira pas une chaise haute comme en Scandinavie. Et beaucoup de musées n'ont pas (encore) pensé à proposer des activités aux enfants.

Voyageur handicapé

Si vous présentez un handicap physique ou mental ou que vous partez en vacances avec une personne dans cette situation, différents organismes et associations s'adressent à vous. Si les musées ont fait des progrès, beaucoup d'îles et de sites restent difficilement accessibles aux personnes à mobilité réduite.

Voyageur gay ou lesbien

Si le rainbow flag flotte volontiers à Mykonos la festive et dans un nombre croissant de bars et clubs athéniens, on ne peut pas réellement dire que les habitants de Grèce soient foncièrement tolérants et ouverts sur la question de l'homosexualité. En effet, pays religieux très pratiquant, la Grèce est relativement conservatrice. Bien que l'on ne rapporte que très peu d'épisodes de violence subie par des homosexuels en Grèce, la violence symbolique reste présente et il convient de prendre les précautions nécessaires dans des contextes ressentis malveillants pour que rien ne dégénère. Toutefois, dans les zones touristiques, il n'y a en général pas à s'en faire. D'autres îles comme Lesbos et Santorin proposent beaucoup d'établissements LGBT-friendly et la ville de Thessalonique n'est pas en reste non plus.

TÉLÉPHONE

Comment téléphoner ?

Pour appeler de la Grèce vers la France, composez le 00 33 suivi du numéro de votre correspondant sans le 0. Pour appeler de France vers la Grèce, composez le 00 30, suivi du numéro. En vertu d'une nouvelle législation du Parlement européen, les frais d'itinérance (le « *roaming* ») ont été supprimés en 2017. Les touristes originaires d'un pays de l'Union européenne en vacances en Grèce doivent normalement pouvoir utiliser leur forfait sans surcoût.

Téléphone mobile

Bonne nouvelle pour les voyageurs ! Depuis le 15 juin 2017, adieu les surcoûts lors de vos voyages en Europe. En effet, les frais d'itinérances n'ont plus cours dans les 28 pays membres de l'Union européenne.

En supprimant les frontières téléphoniques, la commission européenne empêche dorénavant les opérateurs européens de vous imputer des frais supplémentaires – parfois exorbitants – lors de vos voyages.

Concrètement, vos appels, SMS, MMS et votre consommation de gigaoctet Internet sont à présent facturés aux mêmes tarifs qu'en France. Vous pouvez utiliser GoogleMaps à Athènes, comme vous le feriez à Paris. Vous pouvez aussi passer un coup de téléphone depuis Oia sans vous empresser d'écourter la conversation par peur des frais d'itinérance ! L'inverse, par contre, n'est pas vrai : les appels passés depuis la France vers un autre pays de l'UE peuvent toujours être surtaxés.

À VOIR – À LIRE

Librairies de voyage

Paris

■ AU VIEUX CAMPEUR
48, rue des Écoles (5e) ✆ 01 53 10 48 48
www.auvieuxcampeur.fr
infos@auvieuxcampeur.fr
M° Maubert-Mutualité
Ouvert du lundi au mercredi et le vendredi de 11h à 19h30 ; le jeudi de 11h à 21h ; le samedi de 10h à 19h30. Livraison possible. Boutique en ligne.
Le Vieux Campeur est le temple du voyageur : vous trouverez tout le nécessaire pour préparer votre voyage, que ce soit dans la Cordillère des Andes ou dans un fjord de Laponie. Mais le Vieux Campeur c'est aussi et bien sûr une librairie, une véritable institution qui propose beaucoup d'ouvrages sur la randonnée, de documentation pour organiser son voyage et des guides à thème : eau, neige, terre, tout y est. Au sous-sol se trouvent les cartographies et les guides étrangers. Au rez-de-chaussée, le tourisme vert avec les randonnées, les balades et les raids aventure. Enfin, l'étage fait la part belle à l'escalade, à la spéléo ainsi qu'à la voile et à la plongée. Les commandes sont possibles sur le site Internet. A Paris, près de 30 boutiques de l'enseigne autour de la rue des Écoles dans le Ve arrondissement. Chacune étant spécialisée dans un domaine très précis : chasse, alpinisme, marche à pied, etc. Au Vieux Campeur est aussi présent dans de nombreuses villes en France : Strasbourg, Toulouse, Grenoble ou encore Sallanches. Vous y trouverez forcément votre bonheur.

Bordeaux

■ LIBRAIRIE MOLLAT
15, rue Vital-Carles ✆ 05 56 56 40 40
www.mollat.com
Tram B arrêt Gambetta.
Ouvert du lundi au samedi de 9h30 à 19h30 ; le dimanche de 14h à 18h.
La librairie Mollat est plus que centenaire ! On ne présente plus vraiment cette librairie connue de tous : près de 180 000 références, professionnalisme parfait des employés et l'une des plus grandes librairies indépendantes de France. Outre les romans, les poches, les polars, les rayons littérature étrangère, bien-être, tourisme, enseignement, histoire, sciences humaines, droit, économie, jeunesse, le magasin propose également des CD, des DVD, des livres audios, et des BD et mangas. Le seul risque, pas très dangereux cela dit, est de rester des heures à flâner car la librairie est non seulement très agréable, mais aussi animée par 350 événements par an, dont de nombreuses conférences avec les auteurs (certaines sont retransmises en direct sur le site internet). Possibilité de commander en ligne où l'on retrouve les coups de cœur des libraires, des *podcasts* des rencontres avec les auteurs, une *newsletter* hebdomadaire, et plus de 2 000 portraits vidéos d'auteurs.

▶ **De plus, la librairie Mollat a créé le portail culturel Station Ausone** qui propose un agenda d'évènements enrichi par des vidéos, des bibliographies, des liens vers des ressources en ligne et un blog avec des billets hebdomadaires. Le site internet a également été entièrement réactualisé.

▶ **Associée au quotidien *Sud-Ouest*, la librairie Mollat crée le Prix du Réel**. Ce prix distinguera chaque année un titre de langue française et un titre traduit.

Lille

■ LIBRAIRIE AUTOUR DU MONDE
65, Rue Pierre Mauroy ✆ 03 20 78 19 33
www.autourdumonde.biz
contact@autourdumonde.biz
Ouvert du lundi au samedi de 10h à 19h. Ouvert les dimanches de décembre.
Il règne dans cette librairie une atmosphère presque magique. Sans doute est-ce dû à la présence de tous ces guides et atlas qui invitent à la découverte de contrées lointaines. Riche de centaines de références, qu'il s'agisse de romans ou d'essais, de livres de photos ou d'albums jeunesse, cette librairie est une ode au voyage et à l'évasion. L'équipe, composée de voyageurs curieux et passionnés, prodigue astuces et conseils non seulement sur les ouvrages proposés, mais aussi et surtout sur les destinations choisies. De libraires, les membres de l'équipe deviennent en quelque sorte guides de voyage, et c'est cela qui fait de la librairie Autour du Monde un lieu unique et essentiel.

Lyon

RACONTE-MOI LA TERRE

14, rue du Plat
✆ 04 78 92 60 22
www.racontemoilaterre.com
Ouvert du lundi au samedi de 10h à 19h30. Vegan friendly.

Le paradis des *globe-trotters* et des rêveurs de la planète Terre ! Un espace convivial, où l'on trouve des guides de voyage, des cartes, mappemondes, globes terrestres, des livres de cuisine, un rayon enfants, la littérature classée par régions du monde mais aussi des romans, des polars en passant par les livres spécialisés bien-être. Un conseil avisé et sympathique des libraires qui connaissent aussi bien leur ville, la France, l'Europe, les cinq continents ! Il y a aussi des objets artisanaux, de la musique, des produits issus du commerce équitable. La librairie dispose d'un restaurant, situé sous une verrière, où vous aurez le loisir de déguster des plats originaux et surtout équitables et bio. A l'étage, un café où l'on propose un espace Internet et des rencontres thématiques, souvent des récits de voyageurs. Vous avez aussi la possibilité de commander vos livres directement sur le site Internet, où des nombreux ouvrages sont accompagnés des conseils du libraire.

▶ **Autre adresse :** Village Oxylane Décathlon – 332, avenue Général-de-Gaulle, BRON.

Nantes

LA GÉOTHÈQUE

14, rue Racine
✆ 02 40 74 50 36
lageotheque@gmail.com
Ouvert le lundi de 14h à 19h ; du mardi au samedi de 10h à 19h.

Autrefois installée sur la place du Pilori, la librairie La Géothèque avait fermé ses portes en juillet 2015... Bonne nouvelle, tel le phœnix, elle a rouvert ses portes le 24 novembre 2015, au 14 de la rue Racine. Sur pas moins de 160 m² (un sacré gain de place par rapport à l'ancienne librairie) Benoît Albert et toute son équipe proposent ici de nombreux ouvrages de cartographie, des guides et bien sûr de la littérature de voyage, et ils étoffent l'assortiment de la librairie depuis sa réouverture. On trouvera également dans ce haut lieu « des ailleurs » des expos photos, tableaux et des rencontres avec des auteurs/voyageurs, ainsi que des objets insolites. Une bonne adresse à fréquenter assidûment avant tout début de périple, hexagonal ou plus lointain... Et bien sûr la collection des guides *Petit Futé* est bien représentée. Qualifiée d'accessible, d'humaine et de chaleureuse, elle a bénéficié du soutien de deux éditeurs et d'un maraîcher pour sa réouverture, ainsi que de nombreux lecteurs tant elle est indispensable à la ville de Nantes. Pour se tenir au courant des dernières nouveautés ainsi que des rencontres et expositions à venir, la page Facebook de la librairie est actualisée régulièrement.

Rennes

ARIANE LIBRAIRIE DU VOYAGE

20, rue du Capitaine-Dreyfus
✆ 02 99 79 68 47
librairie-voyage.com
pascal@librairie-voyage.com
Ouvert le lundi de 14h à 19h ; du mardi au samedi de 9h30 à 12h30 et de 14h à 19h.

Il est des endroits qu'il est essentiel de fréquenter lorsqu'on est un grand baroudeur ou un voyageur en quête de bonnes adresses. La librairie du voyage Ariane fourmille de guides, de récits de voyage, de cartes, d'accessoires variés et de livres divers qui vous feront faire le tour du monde en quelques pages. Depuis 1989, Ariane décline et communique l'amour du voyage à tous ceux qui en franchissent la porte. Les randonneurs y trouveront des cartes détaillées, les amateurs de destinations extrêmes des ouvrages pratiques, et ceux qui cherchent à entrer en contact avec la population locale des guides de conversation. Pratique pour éviter les malentendus ou se munir d'une variété d'accessoires pour voyager en toute sécurité : ceintures à billets, boussoles, oreillers pour l'avion, pochettes à divers usages. Ariane dispose aussi d'un rayon beaux-livres et d'une section récits de voyage, avec des auteurs comme Jack Kerouac, Mac Orlan ou Cendrars. Explorez ainsi les rayons au gré de vos envies, de vos besoins, arrêtez-vous un instant pour feuilleter la magnifique *Bible des camping-cars* et n'hésitez surtout pas à solliciter l'équipe, accueillante et de bon conseil. Si le monde est un labyrinthe, Ariane tisse le fil pour vous y guider.

Belgique

ANTICYCLONE DES AÇORES

Rue Fossé aux Loups 34
BRUXELLES – BRUSSEL
✆ +32 2 217 52 46
www.anticyclonedesacores.be
anticyclone@craenen.be
Ouvert du lundi au samedi de 11h à 18h.

Véritable spécialiste dans les ouvrages de voyages, la librairie est sans conteste la première étape de chaque périple. Voulez-vous jouer à Phileas Fogg et faire le tour du monde en 80 jours ? Ou cherchez–vous une idée de balade tout aussi dépaysante dans la périphérie bruxelloise ? Les deux sont possibles et servis avec autant de professionnalisme. Entrer ici, c'est déjà voyager !

URGENCE
ÉDUCATION
© Naïade Plante

Cartographie et bibliographie

C'est le moment de relire vos classiques : avant de partir, courez vous procurer l'*Iliade et* l'*Odyssée* d'Homère (la collection Hachette est très bien faite). Ils vous replongeront dans l'histoire passionnante du départ des Grecs pour Troie et du périple d'Ulysse lors de son retour à Ithaque. Pour vous familiariser avec la mythologie, le petit livre de Lucilla Burn, intitulé *Mythes grecs* (collection « Points »), est parfait et se lit vite. Ceux qui voudront plus de matière pourront acheter l'inégalable ouvrage de Robert Graves, *Les Mythes grecs* (Fayard, 674 pages). Enfin, si vous cherchez un livre où l'auteur s'implique davantage et donne son interprétation des mythes, on vous conseille *L'Univers, les dieux, les hommes*, de Jean-Pierre Vernant (Editions Seuil). Très accessible et très intelligent. Côté philo, lire ou relire les œuvres de Platon et Aristote reste le meilleur moyen d'approcher la philosophie grecque. Sinon lisez les autres classiques plus contemporains :

- **Jul**, *50 nuances de grec*, Dargaud, 2017.
- **Chryssopoulos (Christos),** *La Tentation du vide,* Actes Sud, 2016.
- **Alexakis (Vassilis)**, *La Clarinette,* Stock, 2015.
- **Markaris (Petros),** *Liquidations à la grecque*, Seuil, 2012.
- **Prudhomme (David),** *Rébétiko (La mauvaise herbe)*, Futuropolis, 2009.
- **Arthus-Bertrand (Yann),** *La Grèce vue d'en haut*, Éd. de la Martinière, 2004.
- **Vernant (Jean-Pierre),** *L'Homme grec,* coll. Points Histoire, Seuil, 2000.
- **Déon (Michel),** *Le Balcon de Spetsai* et *Le Rendez-vous de Patmos*, Gallimard, 1960 – Table Ronde, 1965, réunis sous le titre de *Pages grecques*, Folio, 1993.
- **Durrell (Lawrence),** *Les Iles Grecques*, Albin Michel, 1978.
- **Ginouvès (René),** *L'Art grec*, PUF, 1993.
- **Lacarrière (Jacques)**, *L'Eté grec*, Plon, 1976 ou Presses Pocket, 1984 et *Dictionnaire amoureux de la Grèce*, Plon, 2001.
- **Miller (Henry),** *Le Colosse de Maroussi,* Stock, 1941, LGF.
- **Fakinos (Aris),** *Grèce,* Seuil, collection « Points Planète », 1988.

AVANT SON DÉPART

AMBASSADE DE GRÈCE EN FRANCE

17, rue Auguste-Vacquerie (16e)
Paris
✆ 01 47 23 72 28
www.mfa.gr/france
gremb.par@mfa.gr

CONSULAT GÉNÉRAL

23, rue Galilée (16e)
Paris
✆ 01 47 20 40 64
Ouvert du lundi au vendredi de 9h30 à 13h.

SERVICE ARIANE

www.diplomatie.gouv.fr
Ariane est un portail, proposé sur le site du ministère des Affaires étrangères, qui permet, lors d'un voyage de moins de 6 mois, de s'identifier gratuitement auprès du Ministère. Une fois les données saisies, le voyageur pourra recevoir des recommandations liées (par SMS ou mail) à la sécurité dans le pays. En outre, la personne désignée par le voyageur comme « contact » en France sera prévenue en cas de danger. De nombreux conseils et avertissements sont également fournis grâce à ce service !

OFFICE NATIONAL HELLÉNIQUE DU TOURISME

3, avenue de l'Opéra (1er)
Paris
✆ 01 42 60 65 75
www.visitgreece.gr
info@ot-grece.fr
Ouvert au public du lundi au vendredi de 10h à 13h.

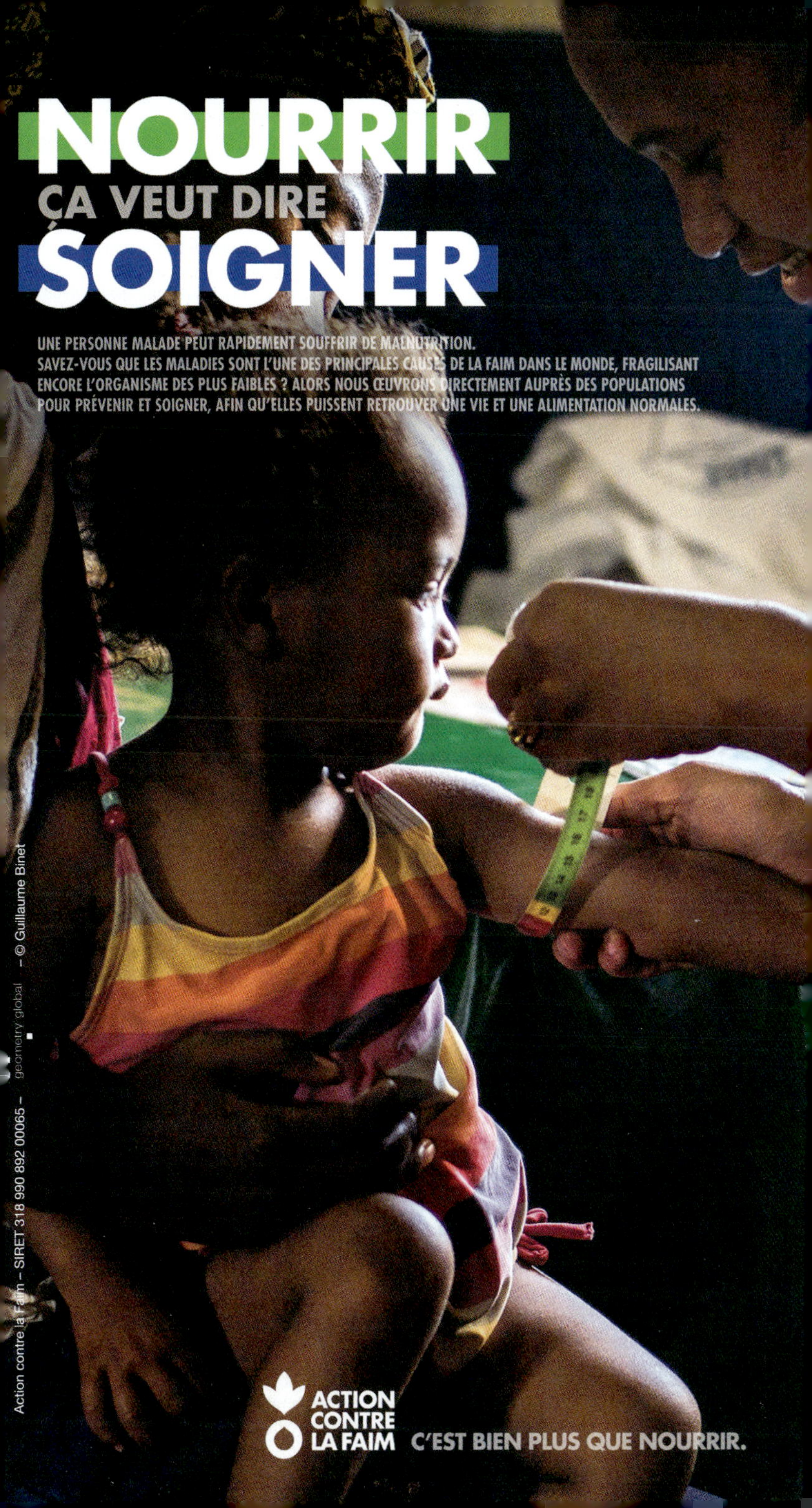
NOURRIR
ÇA VEUT DIRE
SOIGNER
UNE PERSONNE MALADE PEUT RAPIDEMENT SOUFFRIR DE MALNUTRITION.
SAVEZ-VOUS QUE LES MALADIES SONT L'UNE DES PRINCIPALES CAUSES DE LA FAIM DANS LE MONDE, FRAGILISANT ENCORE L'ORGANISME DES PLUS FAIBLES ? ALORS NOUS ŒUVRONS DIRECTEMENT AUPRÈS DES POPULATIONS POUR PRÉVENIR ET SOIGNER, AFIN QU'ELLES PUISSENT RETROUVER UNE VIE ET UNE ALIMENTATION NORMALES.
ACTION CONTRE LA FAIM
C'EST BIEN PLUS QUE NOURRIR.
Action contre la Faim – SIRET 318 990 892 00065 – geometry global – © Guillaume Binet

MAGAZINES ET ÉMISSIONS

Presse

COURRIER INTERNATIONAL

6-8, rue Jean-Antoine de Baïf (12e)
Paris ✆ 01 46 46 16 00
www.courrierinternational.com
abo@courrierinternational.com
Hebdomadaire regroupant les meilleurs articles de la presse internationale en version française.

PETIT FUTÉ MAG

www.petitfute.com
Notre journal vous offre une foule de conseils pratiques pour vos voyages, des interviews, un agenda, le courrier des lecteurs... Le complément parfait à votre guide !

Radio

RFI

80, rue Camille Desmoulins
Issy-les-Moulineaux
✆ 01 84 22 84 84
www.rfi.fr
RFI (Radio France Internationale) est une radio française d'actualité diffusée mondialement en français et en 13 autres langues*, disponible en direct sur Internet (rfi.fr) et applications connectées. Grâce à l'expertise de ses rédactions basées à Paris et de son réseau de 400 correspondants, RFI propose à ses auditeurs des rendez-vous d'information et des magazines offrant les clés de compréhension du monde.
*anglais, cambodgien, chinois, espagnol, haoussa, kiswahili, mandingue, persan, portugais, roumain, russe, vietnamien.

Télévision

FRANCE 24

80, rue Camille Desmoulins
Issy-les-Moulineaux
✆ 01 84 22 84 84
www.france24.com
France 24, quatre chaînes internationales d'information en français, anglais, arabe et en espagnol. Émettant 24h/24 et 7j/7 sur les 5 continents. La rédaction de France 24 propose depuis Paris une approche française du monde et s'appuie sur un réseau de 160 bureaux de correspondants couvrant la quasi-totalité des pays du globe. Disponible en Italie sur la TNT : 241 (en français) – sur Tivu : 73 (en français), 69 (en anglais) – sur Sky : 541 (en français), 531 (en anglais). Également sur Internet (france24.com) et applications connectées.

RMC DÉCOUVERTE

✆ 01 71 19 11 91
https://rmcdecouverte.bfmtv.com
Média d'information thématique, cette chaîne – diffusée en HD – propose un florilège de programmes dédiés à la découverte, et plus particulièrement des documentaires liés aux thématiques suivantes : aventure, animaux, science et technologie, histoire et investigations, automobile et moto, mais également voyages, découverte et art de vivre.

THALASSA – FRANCE 3

www.thalassa.france3.fr
thalassa@francetv.fr
Rendez-vous incontournable de France Télévision, quasi historique, *Thalassa*, le magazine de la mer, existe depuis 1975. L'équipe de journalistes part à la rencontre de tous les acteurs du monde marin.
Dans cette émission hebdomadaire, où il est souvent question d'environnement, d'écologie, de pêche et de pêcheurs, de navigants, de tours du monde à la voile, la découverte du littoral français et les grandes aventures du bout du monde y sont régulièrement à l'honneur pour mieux comprendre les enjeux actuels et les actions en faveur de la planète bleue.

TREK

www.trekhd.tv
Chaîne thématique.
Chaîne du Groupe AB consacrée aux sports en contact avec la nature qui propose une grille composée le lundi par les sports extrêmes ; mardi, les sports en extérieur ; mercredi, les sports de glisse sur neige ; jeudi, les expéditions, avec des voyages extrêmes ; vendredi, le jour des défis avec des jeux télévisés de TV réalité ; samedi, deuxième jour de sports de glisse sur mer ; dimanche, l'escalade, à main nue ou à la pioche. Remplaçant la chaîne Escales, Trek est disponible sur les réseaux câble, satellite et box ADSL.

TV5 MONDE

www.tv5monde.com
La chaîne de télévision internationale francophone diffuse des émissions de ses partenaires nationaux (France Télévisions, RTBF, TSR et CTQC) et ses propres programmes. La grille de TV5 Monde reflète la diversité de la création audiovisuelle francophone : cinéma, fiction, documentaire, jeux, divertissement, musique, jeunesse, sport, spectacles... TV5 Monde est diffusée dans plus de 200 pays et propose

9 chaînes régionalisées et 2 chaînes thématiques. Son audience moyenne hebdomadaire est de 55 millions de téléspectateurs.

Sites Internet

- **www.visitgreece.gr** – Un très beau site. Dommage qu'il soit uniquement en anglais (ou en allemand si vous préférez !), mais il regorge d'infos sur les destinations, les hôtels et les différents moyens de transport. Vous éviterez souvent un laborieux détour par l'office du tourisme d'Athènes... Et les plus hermétiques aux langues pourront toujours télécharger de jolies photos et autres fonds d'écran.
- **www.gtp.gr** – Encore un site en anglais mais indispensable pour consulter les routes et les horaires maritimes de toutes les compagnies grecques. Incontournable si l'on souhaite préparer correctement son itinéraire. Cliquez sur « ferry schedules » pour accéder directement aux horaires de bateaux. Attention : Pirée s'écrit *Piraeus* en anglais.
- **www.lepetitjournal.com/athenes** – Le site a été l'un des premiers a annoncer que Éleusis, à 20 kilomètres environ à l'ouest d'Athènes, sur le golfe Saronique, avait été choisie comme capitale européenne de le culture en 2021. Un excellent site d'actualité enrichi de beaucoup de bons plans.
- **Athenslive.gr** – En anglais et spécialisé dans la Grèce d'aujourd'hui, ce média indépendant et très pro est notamment spécialisé dans toutes les initiatives du pays après la crise.

INDEX

A

B

C

D

E

F

G

H

I

J

K

L

M

N

O

P